法北 大 pkulaw.cn
中国法律资源阅读检索系统

北大法宝法律人高级助手书系

劳动法
精要与依据指引（增订本）

编著／范　围

北京大学出版社
PEKING UNIVERSITY PRESS

图书在版编目(CIP)数据

劳动法精要与依据指引/范围编著.—增订本.—北京:北京大学出版社,2011.1
(北大法宝法律人高级助手书系)
ISBN 978-7-301-18228-4

Ⅰ.①劳… Ⅱ.①范… Ⅲ.①劳动法-基本知识-中国 Ⅳ.①DD922.5

中国版本图书馆 CIP 数据核字(2010)第 242147 号

书　　名:劳动法精要与依据指引(增订本)
著作责任者:范　围　编著
责 任 编 辑:陆建华
标 准 书 号:ISBN 978-7-301-18228-4/D·2768
出 版 发 行:北京大学出版社
地　　址:北京市海淀区成府路 205 号　100871
网　　址:http://www.yandayuanzhao.com　电子邮箱:law@pup.pku.edu.cn
电　　话:邮购部 62752015　发行部 62750672　编辑部 62117788　出版部 62754962
印 刷 者:三河市欣欣印刷有限公司
经 销 者:新华书店
787 毫米×1092 毫米　16 开本　43.25 印张　1424 千字
2011 年 1 月第 2 版　2012 年 3 月第 2 次印刷
定　　价:78.00 元

总目录

编写说明 ………………………………………………………………………… 001
凡例 ……………………………………………………………………………… 003
北大法宝引证码说明 …………………………………………………………… 005
目录 ……………………………………………………………………………… 007

正文 ……………………………………………………………………… 001—642
本书所引法律规范性文件与北大法宝引证码对照表 ……………………………… 643
本书所引司法案例与北大法宝引证码对照索引表 ………………………………… 651
本书所引法学论文与北大法宝引证码对照索引表 ………………………………… 659
法律问题拼音索引 ……………………………………………………………… 663

编写说明

最高人民法院一位资深法官曾经说过，在中国这样一个成文法国家，法官判案的过程实际上就是一个查找法律依据和运用法理解释法律的过程。对此，很多法律专家深有同感。

事实上，无论是法官、律师还是其他法律从业人员，遇到具体法律问题着重需要做的事情，一方面是判断该问题在法理上属于什么性质和范畴，另一方面就是查找相关的法律依据，并在此基础上运用法理、适用法律，参考司法判例解决问题。但是，日渐庞杂的法律体系中法律文件频繁的立、改、废，使对法律文献的检索面临困境。传统的纸本法律图书已跟不上这种变化，从这个意义上说，目前的专业法律实务出版物与法律从业人员的实际需求衔接得还不够紧密，要么是简单的法律条文释义，要么是有可能失效的法律、法规的罗列汇编，实在难以满足法律从业人员的深层次需求。

基于以上认识，我们先后召开了多次由资深法官、律师参加的论证会，在充分了解法律专业人员实际需求的基础上，组织近百位法律专家，按不同的法律门类，分成十八个专家小组，历时三年，编写了《法律专业人员高级助手书系》。2005 年，本书系首批图书在人民出版社出版后，以其资料性、系统性、实用性强，使用便捷，体例独特等优点，在法律界和读者中产生了较大反响，受到广泛欢迎。一些读者通过写信或打电话的方式，询问或交流有关问题，把作者或编者当成了他们的“法律顾问”，表现出很大的信任和期待。书系一度成为一些法律图书专门销售店的月度最畅销品种，成为 2005 年相对平稳的法律专业图书市场的一个亮点。《法制日报》、《检察日报》、《中国图书商报》等有关媒体对书系的读者反应和销售情况纷纷予以关注、报道。

为了解决法律、法规更新过快，纸本工具书成本高、内容更新不及时的问题，北京大学出版社与北大英华公司合作，引入了“北大法宝引证码”的概念，在对原书系部分分册进行了深度“改造”后，于 2011 年推出新产品——《北大法宝法律人高级助手书系》，首次实现了法律专业纸本工具书与网络数据库的结合。

本书系按学科门类分册，正文由众多“法律问题”依章、节组成，“法律问题”下一般设置了“法律问题解读”、“法条指引”、“案例链接”和“学者观点”四个项目（后三个项目按需设置）。“法条指引”列明了“法律问题”所涉及的法规名称及相关法条，完整的法规可以通过文后所附“本书所引法律规范性文件与北大法宝引证码对照表”到北大法宝数据库中查询；“案例链接”和“学者观点”中所引用的案例、论文也可以根据其引证码，分别结合文后所附“本书所引司法案例与北大法宝引证码对照索引表”或“本书所引法学论文与北大法宝引证码对照索引表”进行查询。

需要说明的是，由于本书系涉及的法律门类众多，编写工作量大，参与编写的作者有的来自司法实践部门，有的来自教学、科研部门，分属不同行业和专业，尽管我们力求做到编写体例上的统一，但在语言风格、表述方式等方面，不同图书还存在一些差别。对以上方面存在的问题，希望专家和从事法律实践工作的读者为我们及时提供宝贵意见，以便再版时一并修订、补正。

本书纸本出版物使用资料的截止时间为 2010 年 12 月。北大法宝数据库中的文献资料将在专业人士的维护下即时在线更新。

欢迎读者按照本书的指引，进入北大法宝数据库，检索专业、准确的法律资源。

编者

2010 年 12 月

凡例

一、分册与体例概述

本书系按学科门类分册，正文由众多“法律问题”按章、节构成，“法律问题”下一般设置了“法律问题解读”、“法条指引”、“案例链接”和“学者观点”四个项目（后三个项目按需设置）。“法条指引”列明了“法律问题”所涉及的法规名称及相关法条，完整的法规可以通过文后所附“本书所引法律规范性文件与北大法宝引证码对照表”到北大法宝数据库中查询；“案例链接”和“学者观点”中所引用的案例、论文也可以根据其引证码，分别结合文后所附“本书所引司法案例与北大法宝引证码对照索引表”或“本书所引法学论文与北大法宝引证码对照索引表”进行查询。

二、具体说明

（一）法律问题

“法律问题”项是由编者根据法律实务工作中经常会遇到的具体法律问题提炼出来的一个个主题。读者既可按图书章节阅读，也可通过文后“法律问题拼音索引”进行查询。

（二）法律问题解读

“法律问题解读”项是由作者根据法律实务经验，对“法律问题”所作出的解读，对法律人具有较高的参考价值。

（三）法条指引

“法条指引”列明了“法律问题”所涉及的法规名称及相关法条，方便读者在看完法律问题的解读后，即时获得准确的法条依据。完整的法规可以通过文后所附“本书所引法律规范性文件与北大法宝引证码对照表”到北大法宝数据库中查询。

（四）案例链接

“案例链接”列明了北大法宝司法案例库中与当前“法律问题”相关的部分重要司法案例名称及案例的北大法宝引证码，读者欲了解案例详情，可以在北大法宝网站（www. pkulaw. cn）的地址栏或者引证码检索框中查询。

（五）学者观点

“学者观点”列明了北大法宝法学论文库中与当前“法律问题”相关的部分重要法学论文名称及论文的北大法宝引证码，读者欲了解论文全文，可以在北大法宝网站（www. pkulaw. cn）的地址栏或者引证码检索框中查询。

（六）法律问题拼音索引

为便于读者在遇到法律问题后能够迅速地查找到与解决该法律问题相关的法律信息，特设置了此项。

（七）本书所引法律规范性文件与北大法宝引证码对照表

虽然“法条指引”列明了“法律问题”所涉及的法规名称及相关法条，但其列明的未必就是相关法律文件的全文，完整的法律文件可以通过文后所附“本书所引法律规范性文件与北大法宝引证码对照表”到北大法宝数据库中查询。此表在平时要查询某个法律文件时也非常有用。

（八）本书所引司法案例与北大法宝引证码对照索引表

虽然“案例链接”列明了北大法宝司法案例库中与当前“法律问题”相关的部分重要司法案例名称及案例的北大法宝引证码，但独立的“本书所引司法案例与北大法宝引证码对照索引表”也非常具有使用价值。

（九）本书所引法学论文与北大法宝引证码对照索引表

虽然“学者观点”列明了北大法宝法学论文库中与当前“法律问题”相关的部分重要法学论文名称及论文的北大法宝引证码，但独立的“本书所引法学论文与北大法宝引证码对照索引表”也非常具有使用价值。

（十）北大法宝引证码

本书“法条指引”中所引用的法律、法规，“案例链接”中所引的司法案例，“学者观点”中所引的法学论文，均源自“北大法宝”专业法律数据库。为方便读者使用，书中引用资料采用了“北大法宝引证码”作为标志。凡购买《北大法宝法律人高级助手书系》的读者，在“北大法宝”数据库网站（www. pkulaw. cn）的地址栏或者引证码检索框（www. pkulaw. cn/fbm）中输入“北大法宝引证码”，即可免费使用书中所引用的资料。

编者

2010 年 12 月

北大法宝引证码说明

随着互联网的迅速发展，数字化已成为时代的标志，读者已不再满足单纯地从传统的纸本书上获取知识，而是希望通过图书这个媒介得到更多及时、准确的信息。在此形势下，纸本书面临从传统的编纂和出版模式向数字化转变的挑战。

《北大法宝法律人高级助手书系》是北京大学出版社首次尝试将纸本工具书与专业法律数据库相结合之作。通过与国内最大的法律数据库研发者“北大法宝”合作，将纸本书的内容延伸到互联网，极大地丰富了纸本工具书的内容比重，可满足读者的深度需求。北京大学出版社和“北大法宝”希冀由此在业界首开先河，开创一种新的法律图书编撰模式，实现纸本书向数字出版的华丽转身。

“北大法宝”法律专业数据库于1985年在北京大学法律学系诞生，是国内最早的法律信息检索系统，作为国家科委重点科技项目，曾荣获省部级科技进步奖。旗下拥有法律、司法案例、法学期刊、法律英文译本等多个检索系统，内容全面涵盖法律、法规、规章，司法解释，地方法规、规章，司法案例，仲裁裁决，中外条约，合同范本，法律文书，法学论文，法学期刊，专题参考及英文法规案例译本等中国法律信息的各个方面。

本书“法条指引”中所引的法律、法规，“案例链接”中所引的司法案例，“学者观点”中所引的法学论文，均源自“北大法宝”专业法律数据库，引用的资料数量近一万一千篇，极大地丰富了书籍的知识含量。为方便读者使用，书中所引用近一万一千篇资料均采用了“北大法宝引证码”作为标志。

“北大法宝引证码”缘起2004、2005年在北京大学法学院召开的两次“中国法律文献引用注释标准论证会”，该会由美国华盛顿大学法学院图书馆罗伟博士提议，北大法制信息中心主办。根据会议成果，“北大法宝”针对国内法律文献引用领域对法律数据库引证码研究的空白及对法律数据库和网络资源引证不规范的现状，借鉴美国通行引注标准——《蓝皮书：统一注释体系》模式，同时根据数据库的发展趋势，积极探索，自主研发出一套专业化程度高、实用性强的引证编码体系。希望以此推动业内对法律信息引证码体系的重视，建立法律数据库引证码规范，引领该领域引证码的发展方向，开创法律信息检索领域引证趋势。

“北大法宝引证码”主要用于引证和检索，现已在“北大法宝”法律法规、司法案例、法学期刊、法学文献、英文译本五个数据库中应用。凡购买《北大法宝法律人高级助手书系》的读者，在“北大法宝”数据库网站（www. pkulaw. cn）的地址栏或者引证码检索框中输入北大法宝引证码，即可免费参考使用书中所引用的资料。

下面将“北大法宝引证码”的编写规则进行说明。

“北大法宝引证码”的统一标志为CLI，即“Chinalawinfo”的简写，意即中国法律信息编码。中文部分编写体例为“CLI. 文件类型代码. 文件编码”，英文部分编写体例为“CLI. 文件类型代码. 文件编码（EN）”，其中文件编码具有唯一性。

法律法规、司法案例、法学期刊、法学文献和英文译本的引证码编写规范分述如下。

一、法律法规

1. 文件类型代码

法律：1

行政法规：2

司法解释：3

部门规章：4

团体规定：5

行业规定：6

军事法规：7

军事规章：8

军事规范性文件：9

地方性法规：10

地方政府规章：11

地方规范性文件：12

地方司法文件：13

2. 例如：《中华人民共和国保险法》（2009 年 2 月 28 日修订）

北大法宝引证码：CLI. 1. 113980

二、司法案例

1. 文件类型代码：C（case）

2. 例如：郑筱萸受贿、玩忽职守案

北大法宝引证码：CLI. C. 99328

三、法学期刊、法学文献

1. 文件类型代码：A（Article）

2. 例如：陈兴良：《四要件：没有构成要件的犯罪构成》

北大法宝引证码：CLI. A. 1143788

四、英文译本（法律法规、司法案例、法学期刊、法学文献）

1. 文件类型代码与中文部分相同

2. 例如：Law of the Application of Law for Foreign-related Civil Relations of the People's Republic of China《中华人民共和国涉外民事关系法律适用法》（2010. 10. 28）

北大法宝引证码：CLI. 1. 139684(EN)

编者

2010 年 12 月

目录

第一章　劳动关系　001

• 本章为读者提供与以下题目有关的法律问题的解读及相关法律文献依据

劳动法上的劳动者 ……… 001
用人单位 …………………… 003
劳动关系 …………………… 004
劳务关系 …………………… 005
劳动关系与劳务关系的联系与区别 ……………… 006

第二章　劳动就业　008

• 本章为读者提供与以下题目有关的法律问题的解读及相关法律文献依据

失业与失业登记 ………… 008
就业与就业登记 ………… 009
特殊群体人员的就业 …… 010
残疾人就业 ……………… 010
退役军人就业 …………… 014
童工与未成年工 ………… 018
外国人在华就业 ………… 020
台港澳居民在内地就业 … 022
职业介绍机构 …………… 023
中外合资合作职业介绍机构 ………………………… 028
境外就业中介机构 ……… 030

第三章　劳动合同　034

• 本章为读者提供与以下题目有关的法律问题的解读及相关法律文献依据

劳动者的基本权利和义务 ………………………… 034
用人单位的规章制度 …… 035
劳务派遣 ………………… 037
劳务派遣中各方的权利义务 ………………………… 038
人员招聘 ………………… 039
离退休人员的聘用 ……… 041
非全日制劳动者 ………… 041
双重劳动关系 …………… 043
劳动合同 ………………… 045
订立劳动合同的原则 …… 048
特殊人员劳动合同的订立与变更 ………………… 049
用人单位遇有特殊情形劳动合同的订立与变更 … 051
劳动合同的内容 ………… 052
劳动合同期限 …………… 054
无固定期限的劳动合同 … 054
劳动合同试用期 ………… 056
见习期、学徒期、实习期 ………………………… 057
商业秘密的保护 ………… 058
劳动合同的生效 ………… 062
劳动合同变更 …………… 063
劳动合同中止 …………… 064
劳动合同解除 …………… 064
法定解除 ………………… 066
过错解除 ………………… 067
违纪职工的处理 ………… 069
经济性裁员的解除 ……… 070
用人单位解除劳动合同的限制 …………………… 071

协商解除合同 …………… 072
工会在解除合同中维护职工的职责 …………… 073
劳动合同终止 …………… 073
劳动合同解除与终止的手续 …………… 075
合同解除、终止的法律责任 …………… 076
劳动合同中的违约金 …… 078
劳动合同的续订 ………… 079
解除和终止劳动合同的经济补偿 …………… 080
本单位工作年限 ………… 082
经济补偿金的纳税 ……… 083
军队随军家属的安置 …… 085
军人配偶随军未就业期间的基本生活补贴 ……… 086
国有企业安置富余人员的主要方式 …………… 088
破产企业职工安置 ……… 089
资源枯竭矿山关闭破产企业职工安置 …………… 095
下岗职工安置 …………… 098
西藏内调人员安置 ……… 102
进藏内调大中专毕业生的安置 …………… 105

第四章 集体合同 108

• 本章为读者提供与以下题目有关的法律问题的解读及相关法律文献依据

集体合同 …………… 108
集体协商 …………… 114
集体合同制度的适用范围 …………… 115
集体合同的内容 ………… 116
集体合同的期限 ………… 118
集体协商的程序 ………… 118
集体协商的原则 ………… 120
集体协商义务与责任 …… 121
集体协商代表 …………… 121
对职工方集体协商代表的特殊保护 …………… 122
信息披露义务 …………… 123
集体协商会议 …………… 123
集体协商的中止 ………… 124
集体合同草案的审议 …… 125
集体合同的订立 ………… 126
集体合同的审查和生效 … 126
集体合同的公布 ………… 128
集体合同的效力 ………… 128
集体合同的履行 ………… 129
集体合同的变更 ………… 130
集体合同的解除 ………… 131
集体合同的终止 ………… 132
集体合同的续订 ………… 132
集体合同的无效 ………… 133
违反集体合同的责任 …… 133
集体合同争议 …………… 134
因签订集体合同发生的争议 …………… 136
因履行集体合同发生的争议 …………… 137
工资集体协商和工资协议 …………… 138
区域性集体合同和行业性集体合同 …………… 138

第五章 工资 140

• 本章为读者提供与以下题目有关的法律问题的解读及相关法律文献依据

收入分配制度 …………… 140
工资 …………… 143
工资总额 …………… 144
计时工资 …………… 145
计件工资 …………… 146
奖金 …………… 147
津贴 …………… 147
补贴 …………… 149
加班加点工资 …………… 149
特殊情况下支付的工资 … 152
社会平均工资 …………… 152
破产企业工资 …………… 152
停工停产工资 …………… 153
年休假工资 …………… 154
探亲假工资 …………… 154
婚丧假工资 …………… 155
参加社会活动工资 ……… 155
事假期间的待遇 ………… 156
病假工资 …………… 156
职业病工资 …………… 156
女工“三期”内工资 …… 158
军队转业干部工资 ……… 159
工资支付项目 …………… 161
工资支付形式 …………… 161
工资支付对象和方式 …… 161
工资支付时间 …………… 161
克扣及拖欠工资的违法责任

…… 162
最低工资 …… 163
经营者年薪制 …… 166
股权激励 …… 167
基本工资制度 …… 167
岗位工资制 …… 168
结构工资制 …… 168
岗位技能工资制 …… 168
岗效薪级工资制 …… 172
岗位薪点工资制 …… 174
欠薪保障制度 …… 174
工资控制线 …… 175
工资指导线 …… 175
工资指导价位 …… 176
工资基金管理手册 …… 176
工资集体协商 …… 177

第六章 福利 180

• 本章为读者提供与以下题目有关的法律问题的解读及相关法律文献依据

社会福利 …… 180
职工福利 …… 180
带薪假期 …… 181
年休假 …… 182
婚假与丧假 …… 185
探亲假 …… 185
职工探亲路费补贴 …… 189
公派出国留学人员回国休假 …… 190
公派出国研究生配偶的探亲假 …… 191
职工冬季取暖补贴 …… 193
职工生活困难补助 …… 193
因工死亡职工供养亲属抚恤金 …… 194
职工供养亲属医疗及死亡待遇 …… 195
职工遗属待遇 …… 195
工龄 …… 196
军龄与本单位工作年限 …… 197

第七章 劳动保护 198

• 本章为读者提供与以下题目有关的法律问题的解读及相关法律文献依据

劳动保护 …… 198
矿山安全 …… 199
劳动防护用品 …… 207
特种作业 …… 209
职业病 …… 210
职业卫生监督制度 …… 215
工作场所避免职业病危害的规定 …… 216
新、扩、改建项目避免职业病危害的规定 …… 216
职业病防治管理措施 …… 217
劳动者对职业危害的知情权 …… 218
劳动者的职业卫生保护权 …… 219
接触职业病危害作业者的保护措施 …… 220
职业病危害的救治和控制 …… 220
工会组织在防止职业病危害中的作用 …… 221
职业病诊断 …… 222
职业病诊断异议 …… 226
职业病诊断鉴定委员会 …… 228
用人单位违反职业病防治规定的责任 …… 229
未按规定报告职业病的处罚 …… 231
建设单位违反职业病防治规定的责任 …… 231
设备、材料供应商违反职业病防治规定的责任 …… 232
职业卫生、诊断机构违反职业病防治规定的责任 …… 232
职业病诊断鉴定委员会人员受贿的责任 …… 233
擅自从事职业病检查诊断的责任 …… 233
工作时间 …… 233
标准工作时间制度 …… 234
不定时工作时间制度 …… 235
综合计算工作时间制度 …… 235
制度工时 …… 238
不定时和综合计算工时工作制的审批 …… 239
延长工作时间制度 …… 240
组织劳动者加班加点不受限制的情形 …… 244
缩短工作时间 …… 245

第八章 女职工、未成年工特殊劳动保护 247

• 本章为读者提供与以下题目有关的法律问题的解读及相关法律文献依据

女职工劳动保护 …………… 247
女职工禁忌从事劳动范围 ………………………… 249
女职工经期劳动保护及禁忌 ………………………… 250
女职工孕期劳动保护 …… 250
已婚待孕、孕期、哺乳期禁忌的劳动保护 ……… 253
女职工产假 ……………… 254
女职工怀孕流产的假期 … 255
女职工保胎、怀孕反应、葡萄胎、宫外孕的休息 ………………………… 255
女职工在病伤假期间生育待遇 …………………… 256
工厂停工等特殊情况下的产假工资 ……………… 256
违反计划生育规定怀孕、生育问题的处理 ……… 256
女职工非婚生育待遇 …… 256
哺乳期及哺乳时间 ……… 257
女职工在孕期、产期、哺乳期间工资发放 ……… 257
孕期、产期、哺乳期劳动合同的解除 …………… 257
孕期、产期、哺乳期劳动合同的终止 …………… 258
未成年工 ………………… 259
未成年工特殊保护 ……… 263
未成年工禁忌劳动范围 … 263
未成年工患病或有缺陷禁忌劳动范围 …………… 264
未成年工体检 …………… 265
未成年工的使用和登记 … 266
童工 ……………………… 266
国家禁止招用童工的规定 ………………………… 267
招用不满16周岁文体工作者和艺徒的规定 ……… 267
童工问题的处理 ………… 268
用人单位违反《禁止使用童工规定》的责任 …… 269
国家工作人员违反《禁止使用童工规定》的责任 ………………………… 270

第九章 职业培训 272

• 本章为读者提供与以下题目有关的法律问题的解读及相关法律文献依据

职业培训 ………………… 272
就业前培训 ……………… 275
学徒培训 ………………… 278
特种作业人员培训 ……… 279
特殊群体培训 …………… 280
企业职工培训 …………… 281
职业培训机构 …………… 283
技工学校 ………………… 284
就业训练中心 …………… 290
综合培训基地和培训集团 ………………………… 292
劳动预备制度 …………… 293
职业技能鉴定 …………… 296
职业资格证书制度 ……… 301
就业准入制度 …………… 305
工种分类目录 …………… 306
职业分类大典 …………… 307
职业技能鉴定机构 ……… 308

第十章 社会保险 313

• 本章为读者提供与以下题目有关的法律问题的解读及相关法律文献依据

社会保险 ………………… 313
社会保险基金 …………… 314
社会保险基金统筹 ……… 315
社会保险费征缴 ………… 315
社会保险金 ……………… 316
社会保险基金经办机构 … 317
社会保险基金监督机构 … 318
社会保险登记 …………… 321
社会保险变更登记 ……… 323

社会保险登记注销 ……… 324
社会保险缴费申报 ……… 324
社会保险缴费方式 ……… 326
社会保险费滞纳金 ……… 327
个人社会保障号码 ……… 327
社会保险争议 …………… 328

第十一章 养老保险 333

• 本章为读者提供与以下题目有关的法律问题的解读及相关法律文献依据

基本养老保险 …………… 333
基本养老保险费率 ……… 337
基本养老保险缴费基数 … 338
基本养老保险基金统筹 … 339
基本养老保险个人账户 … 339
养老保险关系的转移接续 ……………………… 346
基本养老保险个人账户的继承 …………………… 349
基本养老保险覆盖范围 … 349
新型农村社会养老保险 … 350
进城务工的农村居民参加养老保险 …………… 353
城镇居民社会养老保险 … 353
在机关、事业单位与企业之间流动人员参加养老保险的规定 …………… 353
原行业统筹移交地方后基本养老保险费的缴纳 … 354
养老保险缴费年限 ……… 357
退休制度与退休年龄 …… 358
提前退休工种 …………… 359
户籍不在参保地的人员退休手续的办理 ………… 361
机关事业单位养老保险制度 ……………………… 362
国家公务员退休条件 …… 365
高级专家离退休年龄 …… 366
离休 ……………………… 367
退职 ……………………… 369
离职 ……………………… 369
基本养老保险待遇 ……… 371
基础养老金 ……………… 372
个人账户养老金 ………… 372
过渡性养老金 …………… 374
基本养老金调整机制 …… 374
基本养老保险金的社会化发放 …………………… 375
建国前参加革命工作的老工人的养老待遇 ……… 377
高原地区工作的工人退休金标准 ………………… 378
因私出境离退休人员基本养老金的领取 ………… 379
下落不明退休人员的养老金 ……………………… 381
被判刑退休人员的养老金 ……………………… 381
原行业统筹企业移交地方前已离退休人员的养老待遇 …………………… 382
原行业统筹企业1999年以后退休人员的基本养老保险待遇 ……………… 384
军人配偶随军未就业的养老保险 ………………… 385
科研等单位转制前离退休人员养老待遇的调整 … 386
破产企业离退休人员基本养老金的支付 ………… 388
机关离退休费的计发办法 ……………………… 390
事业单位退休费的计发办法 ……………………… 391
机关、事业单位因公（工）致残人员的退休费 …… 392
基本养老金不能抵偿债务 ……………………… 393
退休人员死亡后其家属等人冒领基本养老金的处理 ……………………… 393
基本养老金的停发 ……… 394
企业年金 ………………… 394
个人储蓄性养老保险 …… 402

第十二章 医疗保险 403

• 本章为读者提供与以下题目有关的法律问题的解读及相关法律文献依据

职工基本医疗保险制度 … 403
城镇居民基本医疗保险 … 406
新型农村合作医疗 ……… 411
进城务工的农村居民参加医疗保险 …………… 416
基本医疗保险费率 ……… 417
基本医疗保险缴费基数 … 417
基本医疗保险统筹 ……… 419
基本医疗保险基金 ……… 421

基本医疗保险统筹基金 …… 421
用人单位缴纳医疗保险费的列支 …… 422
基本医疗保险个人账户 …… 424
社会统筹基金与个人账户基金分开管理 …… 426
基本医疗保险用药范围 …… 427
基本医疗保险诊疗项目 …… 430
基本医疗保险医疗服务设施范围 …… 432
基本医疗保险定点医疗机构 …… 433
基本医疗保险定点零售药店 …… 437
基本医疗保险社会化管理与服务 …… 438
医疗保险基金的管理与监督 …… 440
城镇职工基本医疗保险覆盖范围 …… 441
灵活就业人员参加基本医疗保险 …… 442
基本医疗保险待遇 …… 443
社会统筹基金起付标准与最高支付限额 …… 445
特殊群体人员的医疗待遇 …… 446
破产企业离退休人员的医疗保险 …… 448
国家公务员的医疗补助 …… 450
军人退役的医疗保险 …… 452
军人配偶随军未就业期间的医疗保险 …… 454
企业补充医疗保险 …… 454
“医疗照顾人员”的医疗待遇 …… 455
出境定居归侨、侨眷职工的医疗保险 …… 456
职工计划生育手术费列支渠道 …… 457
对个人负担较重患者的措施 …… 458
对异地就医人员的措施 …… 458
医疗期 …… 459
医疗期的延长 …… 461

第十三章　工伤保险　462

• 本章为读者提供与以下题目有关的法律问题的解读及相关法律文献依据

工伤保险制度 …… 462
工伤保险的适用范围 …… 462
进城务工的农村居民参加工伤保险 …… 464
工伤保险基金 …… 464
工伤保险费率 …… 465
工伤保险储备金 …… 466
应认定为工伤的情形 …… 467
视同工伤的情形 …… 468
不能认定为工伤的情形 …… 469
职业病 …… 469
工伤认定 …… 471
工伤认定举证 …… 473
工伤认定申请时限 …… 474
工伤认定申请时效 …… 474
劳动能力鉴定 …… 475
劳动能力鉴定委员会 …… 476
劳动能力鉴定的程序 …… 477
工伤保险待遇 …… 478
工伤医疗待遇 …… 481
生活护理费 …… 482
一至四级伤残待遇 …… 482
五至六级伤残待遇 …… 483
七至十级伤残待遇 …… 484
因工死亡待遇 …… 484
本人工资 …… 486
供养亲属的范围 …… 486
停止享受工伤保险待遇的情形 …… 487
工伤保险责任的承继 …… 488
派遣出境职工的工伤保险关系 …… 489
再次发生工伤的处理 …… 489
非法经营单位伤亡人员的处理 …… 489
交通事故引起的工伤 …… 491
工伤保险纠纷的处理 …… 492
用人单位与职工违反工伤保险规定的法律责任 …… 493

第十四章　失业保险　495

• 本章为读者提供与以下题目有关的法律问题的解读及相关法律文献依据

失业保险制度 …… 495
失业保险覆盖范围 …… 496
银行系统如何参加失业保险 …… 498
可不参加失业保险的单位 …… 498

城镇企业事业单位如何参加失业保险 …… 499
失业保险费率 …… 500
失业保险费征收 …… 502
失业保险基金 …… 503
拒不缴纳失业保险费的责任 …… 504
骗取失业保险待遇人员的责任 …… 506
失业保险基金统筹 …… 506
失业保险调剂金 …… 506
失业保险金标准 …… 507
领取失业保险金的条件 …… 508
停止领取失业保险金的情形 …… 508
其他失业保险待遇 …… 509
特殊人员失业保险待遇的享受 …… 510
军人退役随迁未就业配偶的失业保险待遇 …… 510
职业培训和职业介绍补贴 …… 511
农民合同制工人一次性生活补助 …… 511
失业保险关系转迁 …… 512

第十五章　生育保险　514

• 本章为读者提供与以下题目有关的法律问题的解读及相关法律文献依据

生育保险制度 …… 514
生育保险适用范围 …… 516
生育保险基金 …… 516
生育保险费率 …… 517
生育保险待遇 …… 517
产假 …… 518
生育津贴 …… 518
生育医疗费 …… 519
享受生育保险的手续 …… 520
女职工生育保险权益的保护 …… 520
生育保险定点医疗机构 …… 521

第十六章　劳动争议　525

• 本章为读者提供与以下题目有关的法律问题的解读及相关法律文献依据

劳动争议 …… 525
劳动争议处理制度 …… 527
劳动争议处理方式 …… 528
劳动争议处理原则 …… 529
劳动争议处理机构 …… 530
劳动争议处理法律依据 …… 533
劳动争议的分类 …… 533
劳动争议当事人 …… 534
劳动争议第三人 …… 536
劳动争议当事人的权利 …… 536
劳动争议当事人的义务 …… 537
劳动争议当事人的举证责任 …… 537
劳动争议的受理范围 …… 538
除名争议 …… 539
辞退争议 …… 539
辞职争议 …… 541
自动离职争议 …… 542
工资争议 …… 543
社会保险争议 …… 544
福利争议 …… 545
劳动保护争议 …… 545
培训争议 …… 547
履行劳动合同争议 …… 548
认定无效劳动合同争议 …… 549
法律、法规规定的其他争议 …… 550
劳动争议调解 …… 551
劳动争议调解组织 …… 552
劳动争议调解的原则 …… 553
劳动争议调解的申请 …… 553
劳动争议调解的步骤与时限 …… 554
劳动争议仲裁 …… 554
劳动争议仲裁委员会 …… 555
劳动争议仲裁管辖 …… 556
仲裁申请时效 …… 556
仲裁的申诉与答辩 …… 558
仲裁案件受理 …… 558
劳动仲裁员 …… 558
劳动仲裁庭 …… 559
仲裁员的回避 …… 559
仲裁案件审理程序 …… 559
仲裁案件处理时限 …… 560
仲裁调解 …… 560
仲裁裁决 …… 560
一裁终局 …… 561
仲裁先予执行 …… 562
仲裁程序中止 …… 563
仲裁结案与送达 …… 563
劳动争议诉讼 …… 564

诉讼时效与处理时限 …… 568
法院审理劳动争议案件的程序 …… 569
申请强制执行 …… 570
劳动争议诉讼须知 …… 571

第十七章 劳动保障行政执法与监督 573

• 本章为读者提供与以下题目有关的法律问题的解读及相关法律文献依据

劳动保障监察 …… 573
劳动保障监察与劳动争议仲裁的关系 …… 574
劳动保障监察机构的职责 …… 575
劳动保障监察机构和人员的权利 …… 577
劳动保障监察机构和人员的义务 …… 578
劳动保障监察的内容 …… 579
常规监察的规则 …… 579
查处违法行为的程序 …… 580
劳动保障监察回避制度 …… 580
劳动保障监察的管辖 …… 581
劳动保障行政管理相对人 …… 582
劳动保障行政处罚 …… 582
劳动保障行政处罚的实施机关 …… 585
劳动保障行政处罚的基本原则 …… 585
劳动保障行政处罚的种类设定 …… 586
劳动保障行政处罚决定书 …… 587
劳动保障行政处罚决定书的送达 …… 589
行政处罚决定的当场作出 …… 590
劳动合同的监督检查 …… 591
对超时加班加点的处罚 …… 592
对违反女职工和未成年工保护规定的处罚 …… 592
对拖欠工资、加班费、经济补偿金的处罚 …… 593
对安全措施、卫生条件不合规定的处罚 …… 594
对违反职业培训规定的处罚 …… 594
对无理阻挠或拒绝监察行为的处罚 …… 596
对违反社会保险有关规定的处罚 …… 596
对数次或数种违反《劳动法》行为的处罚 …… 598
劳动保障行政处罚听证 …… 598
劳动保障行政处罚听证的程序 …… 600
劳动保障行政复议 …… 601
劳动保障行政复议应遵循的原则 …… 601
劳动保障行政复议的受案范围 …… 602
对规范性文件的审查 …… 609
劳动保障行政复议的管辖 …… 610
劳动保障行政复议的受理 …… 610
劳动保障行政复议的申请人 …… 612
行政复议的被申请人 …… 613
行政复议的第三人 …… 614
申请行政复议的形式 …… 614
申请行政复议的期限 …… 615
行政复议期间具体行政行为的处理 …… 616
错误的行政行为的赔偿 …… 617
行政复议决定 …… 618
行政复议决定的履行 …… 618
对行政复议决定不服的处理 …… 619
被申请人的违法责任 …… 619
行政诉讼 …… 620
行政诉讼的受理范围 …… 620
行政诉讼的时效 …… 621
行政诉讼与行政复议的衔接 …… 622

第十八章 违反劳动法的法律责任 623

• 本章为读者提供与以下题目有关的法律问题的解读及相关法律文献依据

违反劳动法的法律责任 …… 623
违反劳动法的行政责任 …… 625
违反劳动法的民事责任 …… 627
违反劳动法的刑事责任 …… 629
用人单位制定规章制度违反法律、法规的责任 …… 631
用人单位违反工作时间规定的责任 …… 631
用人单位违反工资规定的

责任 …………………… 631
用人单位违反劳动安全卫生规定的责任 ………… 632
用人单位招用童工的责任 ………………………… 635
用人单位违反女职工和未成年工特殊保护规定的责任 …………………… 636
用人单位侵犯人身权的责任 ………………………… 637
违反劳动合同及相关法律规定的责任 …………… 637
劳务派遣单位的违法责任 ………………………… 640
用人单位违反社会保险规定的责任 ……………… 641
用人单位无理阻挠执行公务的责任 ……………… 641

第一章　劳动关系

● 本章为读者提供与以下题目有关的法律问题的解读及相关法律文献依据

劳动法上的劳动者（001）　**用人单位**（003）　**劳动关系**（004）　**劳务关系**（005）　**劳动关系与劳务关系的联系与区别**（006）

【劳动法上的劳动者】

法律问题解读

劳动法上的劳动者是指达到法定年龄，具有劳动能力，并实际参加社会劳动，以自己的劳动收入为生活资料主要来源的自然人。劳动者的资格包括两方面，即劳动权利能力和劳动行为能力。劳动权利能力，是指劳动主体有依法享有劳动权利、承担劳动义务的资格，其始于法定的最低就业年龄16周岁。劳动行为能力，是指劳动主体能够以自己的行为实际取得权利和履行义务的资格。

劳动行为能力，必须满足法律规定的下列条件：

（1）年龄条件。我国《劳动法》规定，公民的最低就业年龄是16周岁，不满16周岁的不能就业，不能与用人单位发生劳动法律关系。

（2）劳动能力条件。劳动者必须具有劳动能力，对于特定行业还必须满足该行业的特殊要求；此外还必须具有行为自由。

属于《劳动法》调整对象的劳动者包括：

（1）与企业、个体经济组织之间形成劳动关系的劳动者。

（2）国家机关、事业组织、社会团体的工勤人员。

（3）实行企业化管理的事业组织的非工勤人员。

（4）其他通过劳动合同与国家机关、事业单位、社会团体建立劳动关系的劳动者。

不包括下列人员：

（1）公务员和比照实行公务员制度的事业组织和社会团体的工作人员。

（2）农业劳动者（乡镇企业职工和进城务工、经商的农民除外）。

（3）现役军人。

（4）家庭保姆。

（5）事业单位、社会团体未建立劳动合同关系的干部。

《劳动合同法》扩大了《劳动法》的适用范围：

《劳动法》自1995年1月1日起施行后，随着社会的发展和客观情况的变化，一些新的用工主体、用工形式不断出现，要求劳动合同制度进行相应的改革。一是民办非企业单位、基金会、合作或合伙律师事务所等新的单位类型出现，对这类单位与其劳动者之间的权利义务关系如何规范缺乏法律规定，不利于维护这类单位的劳动者权益。二是一些国家机关、事业单位、社会团体在编制外招用劳动者，并且没有与招用的劳动者订立劳动合同或者聘用合同。而根据《劳动法》规定，在国家机关、事业单位、社会团体中，只有与单位建立劳动合同关系的劳动者，才依照《劳动法》执行。因此，这些劳动者往往既不能享受《公务员法》或者国家有关人事管理政策规定的权利，也不能依据《劳动法》维护自身权益。三是随着我国社会主义市场经济体制的建立和加入世界贸易组织，迫切要求转换事业单位用人机制，建立充满生机和活力的用人制度。为此，国家在事业单位试行人员聘用制度，以加快推进事业单位人事制度改革、提高队伍整体素质、增强事业单位活力。事业单位人员聘用制度也是一种双向选择的用人制度，单位与劳动者之间合同的订立、履行、变更、解除、终止等行为也需要依法规范，在打破“能进不能出”僵化用人制度的同时也需要维护其劳动者的就业稳定。而且，从建立统一的劳动力市场的角度考虑，也需要将除公务员以外的其他单位劳动者纳入同一用人制度。

鉴于以上新的情况，《劳动合同法》扩大了《劳动法》的适用范围：

（1）规定中华人民共和国境内的企业、个体经济组织、民办非企业单位等组织与劳动者建立劳动关系，订立、履行、变更、解除或者终止劳动合同，适用本法。也就是在适用范围中增加了民办非企业单位等组织及其劳动者。

（2）规定事业单位与实行聘用制的工作人员订立、履行、变更、解除或者终止劳动合同，法律、行政法规或者国务院另有规定的，依照其规定；未作规定的，依照本法有关规定执行。也就是明确事业单位与实行聘用制的工作人员之间也应订立劳动合同，但考虑到事业单位实行的聘用制度与一般劳动合同制度在劳动关系双方的权利和义务方面、管理体制方面存在一定的差别，因此允许其优先适用特别规定。

法条指引

❶《中华人民共和国劳动法》（1994 年 7 月 5 日　国家主席令第 28 号）

第二条　在中华人民共和国境内的企业、个体经济组织（以下统称用人单位）和与之形成劳动关系的劳动者，适用本法。

国家机关、事业组织、社会团体和与之建立劳动合同关系的劳动者，依照本法执行。

❷《中华人民共和国劳动合同法》（2007 年 6 月 29 日　国家主席令第 65 号）

第二条　中华人民共和国境内的企业、个体经济组织、民办非企业单位等组织（以下称用人单位）与劳动者建立劳动关系，订立、履行、变更、解除或者终止劳动合同，适用本法。

国家机关、事业单位、社会团体和与其建立劳动关系的劳动者，订立、履行、变更、解除或者终止劳动合同，依照本法执行。

第九十六条　事业单位与实行聘用制的工作人员订立、履行、变更、解除或者终止劳动合同，法律、行政法规或者国务院另有规定的，依照其规定；未作规定的，依照本法有关规定执行。

❸《中华人民共和国劳动合同法实施条例》（2008 年 9 月 3 日　第 535 号国务院令）

第三条　依法成立的会计师事务所、律师事务所等合伙组织和基金会，属于劳动合同法规定的用人单位。

❹《关于贯彻执行〈中华人民共和国劳动法〉若干问题的意见》（1995 年 8 月 4 日　劳部发［1995］309 号）

1. 劳动法第二条中的“个体经济组织”是指一般雇工在七人以下的个体工商户。

2. 中国境内的企业、个体经济组织与劳动者之间，只要形成劳动关系，即劳动者事实上已成为企业、个体经济组织的成员，并为其提供有偿劳动，适用劳动法。

3. 国家机关、事业组织、社会团体实行劳动合同制度的以及按规定应实行劳动合同制度的工勤人员；实行企业化管理的事业组织的人员；其他通过劳动合同与国家机关、事业组织、社会团体建立劳动关系的劳动者，适用劳动法。

4. 公务员和比照实行公务员制度的事业组织和社会团体的工作人员，以及农村劳动者（乡镇企业职工和进城务工、经商的农民除外）、现役军人和家庭保姆等不适用劳动法。

5. 中国境内的企业、个体经济组织在劳动法中被称为用人单位。国家机关、事业组织、社会团体和与之建立劳动合同关系的劳动者依照劳动法执行。根据劳动法的这一规定，国家机关、事业组织、社会团体应当视为用人单位。

❺《关于〈劳动法〉若干条文的说明》（1994 年 9 月 5 日　劳办发［1994］289 号）

第二条　在中华人民共和国境内的企业、个体经济组织（以下统称用人单位）和与之形成劳动关系的劳动者，适用本法。

国家机关、事业组织、社会团体和与之建立劳动合同关系的劳动者，依照本法执行。

本条第一款中的“企业”是指从事产品生产、流通或服务性活动等实行独立经济核算的经济单位，包括各种所有制类型的企业，如工厂、农场、公司等。

本条第二款所指劳动法对劳动者的适用范围，包括三个方面：

① 国家机关、事业组织、社会团体的工勤人员；

② 实行企业化管理的事业组织的非工勤人员；

③ 其他通过劳动合同（包括聘用合同）与国家机关、事业单位、社会团体建立劳动关系的劳动者。

本法的适用范围除了公务员和比照实行公务员制度的事业组织和社会团体的工作人员，以及农业劳动者、现役军人和家庭保姆等。

案例链接

❶《陈维礼诉赖国发雇佣合同纠纷案》，参见北大法宝引证码：Pkulaw. cn/CLI. C. 66934。

❷《张欢与广州市南沙区黄阁镇东里村民委员会劳务(雇佣)合同纠纷上诉案》，参见北大法宝引证码：Pkulaw. cn/CLI. C. 114914。

学者观点

❶ 田思路：《有偿志愿者的劳动者性》，参见北大法宝引证码：Pkulaw. cn/CLI. A. 044632。

❷ 李燚：《谁说兼职大学生不是劳动者》，参见北大法宝引证码：Pkulaw. cn/CLI. A. 043660。

【用人单位】

法律问题解读

用人单位是指具有用人权利能力和用人行为能力，运用劳动力组织生产劳动，且向劳动者支付工资等劳动报酬的单位。用人单位的用人权利能力和用人行为能力，自其依法成立之时产生，自其依法撤销之时消灭。目前适用劳动法的用人单位包括：企业、个体经济组织、民办非企业单位、国家机关、事业组织、社会团体。其中，企业是指我国境内的所有企业，包括：法人企业和非法人企业，国有企业和非国有企业，内资企业和外资企业；个体经济组织是指经工商登记注册、并招用雇工的个体工商户；国家机关、事业组织和社会团体是指通过劳动合同或应通过劳动合同与其工作人员建立劳动关系的单位。

《劳动合同法》增加了民办非企业单位：民办非企业单位是指企业事业单位、社会团体和其他社会力量以及公民个人利用非国有资产举办的，从事非营利性社会服务活动的社会组织。民办非企业单位在我国是一种新型的社会组织，根据《民办非企业单位登记管理条例》的规定，登记管理机关对准予登记的民办非企业单位，要分别发给《民办非企业单位法人登记证书》、《民办非企业单位合伙登记证书》、《民办非企业单位体登记证书》。因此民办非企业单位具有法人、合伙和个体三种不同的组织形式。

法条指引

❶**《中华人民共和国劳动法》**（1994 年 7 月 5 日　国家主席令第 28 号）

第二条　在中华人民共和国境内的企业、个体经济组织（以下统称用人单位）和与之形成劳动关系的劳动者，适用本法。

国家机关、事业组织、社会团体和与之建立劳动合同关系的劳动者，依照本法执行。

❷**《中华人民共和国劳动合同法》**（2007 年 6 月 29 日　国家主席令第 65 号）

第二条　中华人民共和国境内的企业、个体经济组织、民办非企业单位等组织（以下称用人单位）与劳动者建立劳动关系，订立、履行、变更、解除或者终止劳动合同，适用本法。

国家机关、事业单位、社会团体和与其建立劳动关系的劳动者，订立、履行、变更、解除或者终止劳动合同，依照本法执行。

第九十六条　事业单位与实行聘用制的工作人员订立、履行、变更、解除或者终止劳动合同，法律、行政法规或者国务院另有规定的，依照其规定；未作规定的，依照本法有关规定执行。

❸**《关于贯彻执行〈中华人民共和国劳动法〉若干问题的意见》**（1995 年 8 月 4 日　劳部发［1995］309 号）

1. 劳动法第二条中的“个体经济组织”是指一般雇工在七人以下的个体工商户。

2. 中国境内的企业、个体经济组织与劳动者之间，只要形成劳动关系，即劳动者事实上已成为企业、个体经济组织的成员，并为其提供有偿劳动，适用劳动法。

3. 国家机关、事业组织、社会团体实行劳动合同制度的以及按规定应实行劳动合同制度的工勤人员；实行企业化管理的事业组织的人员；其他通过劳动合同与国家机关、事业组织、社会团体建立劳动关系的劳动者，适用劳动法。

4. 公务员和比照实行公务员制度的事业组织和社会团体的工作人员，以及农村劳动者（乡镇企业职工和进城务工、经商的农民除外）、现役军人和家庭保姆等不适用劳动法。

5. 中国境内的企业、个体经济组织在劳动法中被称为用人单位。国家机关、事业组织、社会团体和与之建立劳动合同关系的劳动者依照劳动法执行。根据劳动法的这一规定，国家机关、事业组织、社会团体应当视为用人单位。

❹**《关于〈劳动法〉若干条文的说明》**（1994 年 9 月 5 日　劳办发［1994］289 号）

第二条　在中华人民共和国境内的企业、个体经济组织（以下统称用人单位）和与之形成劳动关系的劳动者，适用本法。

国家机关、事业组织、社会团体和与之建立劳动合同关系的劳动者，依照本法执行。

本条第一款中的“企业”是指从事产品生产、流通或服务性活动等实行独立经济核算的经济单位，包括各种所有制类型的企业，如工厂、农场、公司等。

本条第二款所指劳动法对劳动者的适用范围，包括三个方面：

① 国家机关、事业组织、社会团体的工勤人员；

② 实行企业化管理的事业组织的非工勤人员；

③ 其他通过劳动合同（包括聘用合同）与国家机关、事业单位、社会团体建立劳动关系的劳动者。

本法的适用范围除了公务员和比照实行公务员制度的事业组织和社会团体的工作人员，以及农业劳动者、现役军人和家庭保姆等。

❺《民办非企业单位登记管理暂行条例》（1998年10月25日　国务院令251号）

第二条　本条例所称民办非企业单位，是指企业事业单位、社会团体和其他社会力量以及公民个人利用非国有资产举办的，从事非营利性社会服务活动的社会组织。

案例链接

❶《孙彦军与濮阳市商务局劳动争议纠纷上诉案》，参见北大法宝引证码：Pkulaw. cn/CLI. C. 204016。

❷《时保平与上海市民办金苹果学校劳动合同纠纷上诉案》，参见北大法宝引证码：Pkulaw. cn/CLI. C. 211969。

学者观点

❶ 谢会生、王瑞杰：《律师与律师事务所非劳动关系分析》，参见北大法宝引证码：Pkulaw. cn/CLI. A. 042919。

【劳动关系】

法律问题解读

劳动关系是指用人单位与劳动者运用劳动能力实现劳动过程中形成的一种社会关系。其主体是确定的，即一方是用人单位，另一方必然是劳动者。个体工商户雇请帮工，则个体工商户属于用人单位的范畴。国家机关、事业组织、社会团体招用劳动者（公务员除外），双方之间的关系，也属于劳动关系范畴。按照规定，建立劳动关系须签定书面劳动合同。

根据不同标准，可以将劳动关系分为不同类型：

（1）从用人单位外部形态的角度，可以把劳动法律关系划分为企业的劳动法律关系，个体经济组织的劳动法律关系，民办非企业单位的劳动法律关系，国家机关、事业单位、社会团体的劳动法律关系以及其他用人单位的劳动法律关系等五种。

（2）从主体是否具有团体性的角度，可以把劳动法律关系划分为个别劳动法律关系和集体劳动法律关系两种。

（3）从劳动法律关系个数的角度，可以把劳动法律关系划分为单一劳动法律关系和多重劳动法律关系两种。

（4）从劳动法律关系是否具有涉外因素的角度，可以把劳动法律关系划分为国内劳动法律关系和涉外劳动法律关系两种。（参见林嘉主编：《劳动法和社会保障法》，中国人民大学出版社2009年版，61—63页。）

法条指引

❶《中华人民共和国劳动合同法》（2007年6月29日　国家主席令第65号）

第二条　中华人民共和国境内的企业、个体经济组织、民办非企业单位等组织（以下称用人单位）与劳动者建立劳动关系，订立、履行、变更、解除或者终止劳动合同，适用本法。

国家机关、事业单位、社会团体和与其建立劳动关系的劳动者，订立、履行、变更、解除或者终止劳动合同，依照本法执行。

第七条　用人单位自用工之日起即与劳动者建立劳动关系。用人单位应当建立职工名册备查。

❷《中华人民共和国劳动法》（1994年7月5日　国家主席令第28号）

第二条　在中华人民共和国境内的企业、个体经济组织（以下统称用人单位）和与之形成劳动关系的劳动者，适用本法。

国家机关、事业组织、社会团体和与之建立劳动合同关系的劳动者，依照本法执行。

第十六条　劳动合同是劳动者与用人单位确立劳动关系、明确双方权利和义务的协议。

建立劳动关系应当订立劳动合同。

❸ **《国有企业富余职工安置规定》**（1993 年 4 月 20 日　国务院令第 111 号）

第七条　企业可以对富余职工实行待岗和转业培训，培训期间的工资待遇由企业自行确定。

第八条　经企业职工代表大会讨论同意并报企业行政主管部门备案，企业可以对职工实行有限期的放假。职工放假期间，由企业发给生活费。

孕期或者哺乳期的女职工，经本人申请，企业可以给予不超过 2 年的假期，放假期间发给生活费。假期内含产假的，产假期间按照国家规定发给工资。

第九条　职工距退休年龄不到 5 年的，经本人申请，企业领导批准，可以退出工作岗位休养。职工退出工作岗位休养期间，由企业发给生活费。已经实行退休费用统筹的地方，企业和退出工作岗位休养的职工应当按照有关规定缴纳基本养老保险费。职工退出工作岗位休养期间达到国家规定的退休年龄时，按照规定办理退休手续。职工退出工作岗位休养期间视为工龄，与其以前的工龄合并计算。

第十三条　各级劳动行政主管部门和企业行政主管部门应当做好富余职工的社会安置和调剂工作，鼓励和帮助富余职工组织起来就业和自谋职业。企业之间调剂职工，可以正式调动，也可以临时借调；临时借调的，借调期间的工资和福利待遇由双方企业在协议中商定。

❹ **《关于贯彻执行〈中华人民共和国劳动法〉若干问题的意见》**（1995 年 8 月 4 日　劳动部）

2. 中国境内的企业、个体经济组织与劳动者之间，只要形成劳动关系，即劳动者事实上已成为企业、个体经济组织的成员，并为其提供有偿劳动，适用劳动法。

6. 用人单位应与其富余人员、放长假的职工，签订劳动合同，但其劳动合同与在岗职工的劳动合同在内容上可以有所区别。用人单位与劳动者经协商一致可以在劳动合同中就不在岗期间的有关事项作出规定。

7. 用人单位应与其长期被外单位借用的人员、带薪上学人员、以及其他非在岗但仍保持劳动关系的人员签订劳动合同，但在外借和上学期间，劳动合同中的某些相关条款经双方协商可以变更。

8. 请长病假的职工，在病假期间与原单位保持着劳动关系，用人单位应与其签订劳动合同。

9. 原固定工中经批准的停薪留职人员，愿意回原单位继续工作的，原单位应与其签订劳动合同；不愿回原单位继续工作的，原单位可以与其解除劳动关系。

案例链接

❶《龙建康诉中洲建筑工程公司、姜建国、永胜县交通局损害赔偿纠纷案》，参见北大法宝引证码：Pkulaw. cn/CLI. C. 66933。

❷《陈维礼诉赖国发雇佣合同纠纷案》，参见北大法宝引证码：Pkulaw. cn/CLI. C. 66934。

学者观点

❶ 张国华：《劳动关系法律适用研究》，参见北大法宝引证码：Pkulaw. cn/CLI. A. 0301。

❷ 吴永新：《从〈劳动合同法〉谈劳动关系》，参见北大法宝引证码：Pkulaw. cn/CLI. A. 041636。

【劳务关系】

法律问题解读

劳务关系是指两个或两个以上的平等主体之间就劳务事项进行等价交换过程中形成的一种经济关系。其主体是不确定的，可以是法人之间的关系，也可以是自然人之间的关系，还可以是法人与自然人之间的关系。其内容和表现形式是多样化的。

劳务关系是由两个或两个以上的平等主体，通过劳务合同建立的一种民事权利义务关系。该合同可以是书面形式，也可以是口头形式和其他形式。其适用的法律不是《劳动法》而是《合同法》。劳务关系、劳务合同是一种顾名思义的通俗称呼，在《合同法》中没有这类名称。劳务合同与劳动合同不同，没有固定的格式，必备的条款。其内容可依照《合同法》第 12 条规定，由当事人根据具体情况自主随机选择条款，具体约定。

通常而言，实践中被纳入劳务关系的法律关系主要包括：（1）加工承揽关系；（2）雇佣关系等。

法条指引

❶ **《中华人民共和国合同法》**（1999 年 3 月 15 日　国家主席令第 15 号）

第十二条　合同的内容由当事人约定，一般包括以下条款：

（一）当事人的名称或者姓名和住所；

（二）标的；
（三）数量；
（四）质量；
（五）价款或者报酬；
（六）履行期限、地点和方式；
（七）违约责任；
（八）解决争议的方法。

当事人可以参照各类合同的示范文本订立合同。

【劳动关系与劳务关系的联系与区别】

法律问题解读

当劳务关系的平等主体是两个，而且一方是用人单位，另一方是自然人时，它的情形与劳动关系很相近，从现象上看都是一方提供劳动力，另一方支付劳动报酬，因此两者很容易混淆。还有一种派遣劳务人员或借用人员的情形，致使两个单位之间的劳务关系与派出或借出单位与劳动者之间的劳动关系紧密地交叉在一起。这是劳动关系与劳务关系相联系的一面。

在劳动关系调整工作中，时常遇到劳动关系与劳务关系并存的情况，弄清两者的区别，对于做好劳动人事工作，正确适用法律、妥善处理各类纠纷，显得特别重要。从整体上看，劳动关系与劳务关系的区别主要有五点：

(1) 主体不同。劳动关系的主体是确定的，即一方是用人单位，另一方必然是劳动者。而劳务关系的主体是不确定的，可能是两个平等主体，也可能是两个以上的平等主体；可能是法人之间的关系，也可能是自然人之间的关系，还可能是法人与自然人之间的关系。

(2) 关系不同。劳动关系两个主体之间不仅存在财产关系即经济关系，还存在着人身关系，即行政隶属关系。也就是说，劳动者除提供劳动之外，还要接受用人单位的管理，服从其安排，遵守其规章制度等。劳动关系双方当事人，虽然法律地位是平等的，但实际生活中的地位是不平等的。这就是我们常说的用人单位是强者，劳动者是弱者。而与劳动关系相近的劳务关系两个主体之间只存在财产关系，或者说是经济关系。即劳动者提供劳务服务，用人单位支付劳务报酬。彼此之间不存在行政隶属关系。

(3) 劳动主体的待遇不同。劳动关系中的劳动者除获得工资报酬外，还有保险、福利待遇等；而劳务关系中的劳动主体，一般只获得劳务报酬。

(4) 适用的法律不同。劳动关系适用《劳动法》，而劳务关系则适用《合同法》。

(5) 合同的法定形式不同。劳动关系用劳动合同来确立，其法定形式是书面的。而劳务关系须用劳务合同来确立，其法定形式除书面的以外，还可以是口头和其他形式。

法条指引

❶**《中华人民共和国劳动法》**（1994年7月5日　国家主席令第28号）

第二条　在中华人民共和国境内的企业、个体经济组织（以下统称用人单位）和与之形成劳动关系的劳动者，适用本法。

国家机关、事业组织、社会团体和与之建立劳动合同关系的劳动者，依照本法执行。

第十六条　劳动合同是劳动者与用人单位确立劳动关系、明确双方权利和义务的协议。

建立劳动关系应当订立劳动合同。

❷**《中华人民共和国劳动合同法》**（2007年6月29日　国家主席令第65号）

第二条　中华人民共和国境内的企业、个体经济组织、民办非企业单位等组织（以下称用人单位）与劳动者建立劳动关系，订立、履行、变更、解除或者终止劳动合同，适用本法。

国家机关、事业单位、社会团体和与其建立劳动关系的劳动者，订立、履行、变更、解除或者终止劳动合同，依照本法执行。

第七条　用人单位自用工之日起即与劳动者建立劳动关系。用人单位应当建立职工名册备查。

第十条　建立劳动关系，应当订立书面劳动合同。

已建立劳动关系，未同时订立书面劳动合同的，应当自用工之日起一个月内订立书面劳动合同。

用人单位与劳动者在用工前订立劳动合同的，劳动关系自用工之日起建立。

❸**《中华人民共和国合同法》**（1999年3月15日　国家主席令第15号）

第二条　本法所称合同是平等主体的自然人、法人、其他组织之间设立、变更、终止民事权利义务关系的协议。

婚姻、收养、监护等有关身份关系的协议，适用其他法律的规定。

第十二条　合同的内容由当事人约定，一般包括以下条款：

（一）当事人的名称或者姓名和住所；

（二）标的；

（三）数量；

（四）质量；

（五）价款或者报酬；

（六）履行期限、地点和方式；

（七）违约责任；

（八）解决争议的方法。

当事人可以参照各类合同的示范文本订立合同。

第二百五十一条　承揽合同是承揽人按照定作人的要求完成工作，交付工作成果，定作人给付报酬的合同。

承揽包括加工、定作、修理、复制、测试、检验等工作。

案例链接

❶《鞍钢集团矿业公司生活协力中心与庄志新劳动争议纠纷上诉案》，参见北大法宝引证码：Pkulaw. cn/CLI. C. 213736。

第二章　劳动就业

● 本章为读者提供与以下题目有关的法律问题的解读及相关法律文献依据

失业与失业登记（008）　**就业与就业登记**（009）　**特殊群体人员的就业**（010）　**残疾人就业**（010）　**退役军人就业**（014）　**童工与未成年工**（018）　**外国人在华就业**（020）　**台港澳居民在内地就业**（022）　**职业介绍机构**（023）　**中外合资合作职业介绍机构**（028）　**境外就业中介机构**（030）

【失业与失业登记】

法律问题解读

在我国，失业是指在劳动年龄内，有劳动能力、有就业要求，但无职业的劳动者。一般指的是城镇失业人员，主要包括城镇青年失业者和社会闲散劳动力这两部分人。青年失业者是指16—25岁的未能升学的初、高中毕业生，也叫新成长劳动力。社会闲散劳动力，是指男25—50岁、女25—45岁的城镇就业转失业人员，包括因解除合同、合同期满终止合同以及企业倒闭等原因失去工作的职工等。

失业登记是指在法定年龄内，有劳动能力且有就业愿望的城镇失业人员，应到户口所在地劳动保障行政部门办理的登记手续。没有就业经历的失业人员，须持本人身份证件和原身份的有关证明以及职业指导培训证明；有就业经历的失业人员，还须持有原单位出具的终止或解除劳动关系证明，办理失业登记。办理失业登记手续时，一般需要填写《城镇失业人员登记卡》，领取《求职证》和《失业保险金领取证》等。

法条指引

❶ **《就业服务与就业管理规定》**（2007年10月30日　劳动和社会保障部）

第六十一条　劳动保障行政部门应当建立健全就业登记制度和失业登记制度，完善就业管理和失业管理。

公共就业服务机构负责就业登记与失业登记工作，建立专门台账，及时、准确地记录劳动者就业与失业变动情况，并做好相应统计工作。

就业登记和失业登记在各省、自治区、直辖市范围内实行统一的就业失业登记证（以下简称登记证），向劳动者免费发放，并注明可享受的相应扶持政策。

就业登记、失业登记的具体程序和登记证的样式，由省级劳动保障行政部门规定。

第六十四条　劳动者进行失业登记时，须持本人身份证件和证明原身份的有关证明；有单位就业经历的，还须持与原单位终止、解除劳动关系或者解聘的证明。

登记失业人员凭登记证享受公共就业服务和就业扶持政策；其中符合条件的，按规定申领失业保险金。

登记失业人员应当定期向公共就业服务机构报告就业失业状况，积极求职，参加公共就业服务机构安排的就业培训。

第六十五条　失业登记的范围包括下列失业人员：

（一）年满16周岁，从各类学校毕业、肄业的；

（二）从企业、机关、事业单位等各类用人单位失业的；

（三）个体工商户业主或私营企业业主停业、破产停止经营的；

（四）承包土地被征用，符合当地规定条件的；

（五）军人退出现役、且未纳入国家统一安置的；

（六）刑满释放、假释、监外执行或解除劳动教养的；

（七）各地确定的其他失业人员。

第六十六条 登记失业人员出现下列情形之一的，由公共就业服务机构注销其失业登记：

（一）被用人单位录用的；

（二）从事个体经营或创办企业，并领取工商营业执照的；

（三）已从事有稳定收入的劳动，并且月收入不低于当地最低工资标准的；

（四）已享受基本养老保险待遇的；

（五）完全丧失劳动能力的；

（六）入学、服兵役、移居境外的；

（七）被判刑收监执行或被劳动教养的；

（八）终止就业要求或拒绝接受公共就业服务的；

（九）连续6个月未与公共就业服务机构联系的；

（十）已进行就业登记的其他人员或各地规定的其他情形。

【就业与就业登记】

法律问题解读

就业是指具有劳动能力的人，运用生产资料从事合法社会劳动，并获得相应的劳动报酬或经营收入的职业活动。也就是说，一个人如果同时满足四个基本条件，就可以被认为是实现了就业：一是必须具有劳动能力或部分劳动能力；二是必须在法定就业年龄内，即年满16周岁且未达到退休年龄；三是所从事的是某种合法的职业活动，是以提供满足社会需要的商品或服务为目的；四是从事这种社会劳动可以获得相应的收入。

我国对求职人员有四点要求：

（1）须年满16周岁，有劳动能力且有就业愿望，符合法律规定条件。

（2）就业前，应当接受必要的职业教育或职业培训。

（3）城镇初高中毕业生就业前应参加劳动预备制培训。

（4）凭本人身份证和接受教育、培训的相关证明，方可通过职业介绍机构介绍或直接联系用人单位等渠道求职。

就业登记是指用人单位招用人员后，按规定自录用之日起30日内，到其所在地劳动保障行政部门举办的公共职业介绍机构，办理录用备案手续的同时，为被录用人员办理的登记手续。其具体办法由省级劳动保障行政部门制定。失业人员就业后，应持以下证明材料到户口所在地公共职业介绍服务中心办理就业登记：

（1）《城镇失业人员求职证》；

（2）就业登记申请书；

（3）《城镇失业人员就业登记卡》。

该公共职业介绍服务中心对上述材料审核无误后，开具《提档通知单》，与其签订委托《存档协议书》并在《就业登记卡》加盖“城镇招聘专用章”，收回其《求职证》。失业人员凭职业介绍服务中心开具的《提档通知单》到户口所在地的街道提取人事档案，街道劳动部门对正在领取失业救济金的失业人员，可将失业救济金的余额部分一次性支付给本人，并收回其《失业救济金领取证》。

失业人员自办理就业登记之日起，按规定参加社会保险，其缴费年限累计计算。

法条指引

❶ **《中华人民共和国就业促进法》**（2007年8月30日 国家主席令第70号）

第二条 国家把扩大就业放在经济社会发展的突出位置，实施积极的就业政策，坚持劳动者自主择业、市场调节就业、政府促进就业的方针，多渠道扩大就业。

第四条 县级以上人民政府把扩大就业作为经济和社会发展的重要目标，纳入国民经济和社会发展规划，并制定促进就业的中长期规划和年度工作计划。

第五条 县级以上人民政府通过发展经济和调整产业结构、规范人力资源市场、完善就业服务、加强职业教育和培训、提供就业援助等措施，创造就业条件，扩大就业。

第三十五条 县级以上人民政府建立健全公共就业服务体系，设立公共就业服务机构，为劳动者免费提供下列服务：

（五）办理就业登记、失业登记等事务；

第四十三条 国家建立劳动力调查统计制度和就业登记、失业登记制度，开展劳动力资源和就业、失业状况调查统计，并公布调查统计结果。

统计部门和劳动行政部门进行劳动力调查统计和就业、失业登记时，用人单位和个人应当如实提供调查统计和登记所需要的情况。

❷《就业服务与就业管理规定》（2007 年 10 月 30 日 劳动和社会保障部）

第六十一条 劳动保障行政部门应当建立健全就业登记制度和失业登记制度，完善就业管理和失业管理。

公共就业服务机构负责就业登记与失业登记工作，建立专门台账，及时、准确地记录劳动者就业与失业变动情况，并做好相应统计工作。

就业登记和失业登记在各省、自治区、直辖市范围内实行统一的就业失业登记证（以下简称登记证），向劳动者免费发放，并注明可享受的相应扶持政策。

就业登记、失业登记的具体程序和登记证的样式，由省级劳动保障行政部门规定。

第六十二条 劳动者被用人单位招用的，由用人单位为劳动者办理就业登记。用人单位招用劳动者和与劳动者终止或者解除劳动关系，应当到当地公共就业服务机构备案，为劳动者办理就业登记手续。用人单位招用人员后，应当于录用之日起 30 日内办理登记手续；用人单位与职工终止或者解除劳动关系后，应当于 15 日内办理登记手续。

劳动者从事个体经营或灵活就业的，由本人在街道、乡镇公共就业服务机构办理就业登记。

就业登记的内容主要包括劳动者个人信息、就业类型、就业时间、就业单位以及订立、终止或者解除劳动合同情况等。就业登记的具体内容和所需材料由省级劳动保障行政部门规定。

公共就业服务机构应当对用人单位办理就业登记及相关手续设立专门服务窗口，简化程序，方便用人单位办理。

【特殊群体人员的就业】

法律问题解读

特殊群体是指妇女、残疾人、退役军人和少数民族人员以及患有某些疾病的人员。法律对特殊群体的就业问题作了专门规定，强调妇女与男子享有平等的就业权利，强调残疾人、退役军人、少数民族人员的就业按法律、法规的特别规定予以照顾。这些特别规定包括两方面内容，一是现行法律、法规的规定，二是以后根据新情况新问题制定的特别规定。

法条指引

❶《中华人民共和国劳动法》（1994 年 7 月 5 日 国家主席令第 28 号）

第十三条 妇女享有与男子平等的就业权利。在录用职工时，除国家规定的不适合妇女的工种或者岗位外，不得以性别为由拒绝录用妇女或者提高对妇女的录用标准。

第十四条 残疾人、少数民族人员、退出现役的军人的就业，法律、法规有特别规定的，从其规定。

❷《中华人民共和国就业促进法》（2007 年 8 月 30 日 国家主席令第 70 号）

第二十七条 国家保障妇女享有与男子平等的劳动权利。

用人单位招用人员，除国家规定的不适合妇女的工种或者岗位外，不得以性别为由拒绝录用妇女或者提高对妇女的录用标准。

用人单位录用女职工，不得在劳动合同中规定限制女职工结婚、生育的内容。

第二十八条 各民族劳动者享有平等的劳动权利。

用人单位招用人员，应当依法对少数民族劳动者给予适当照顾。

第二十九条 国家保障残疾人的劳动权利。

各级人民政府应当对残疾人就业统筹规划，为残疾人创造就业条件。

用人单位招用人员，不得歧视残疾人。

第三十条 用人单位招用人员，不得以是传染病病原携带者为由拒绝录用。但是，经医学鉴定传染病病原携带者在治愈前或者排除传染嫌疑前，不得从事法律、行政法规和国务院卫生行政部门规定禁止从事的易使传染病扩散的工作。

案例链接

❶《刘叶文与中国长城铝业公司劳动争议纠纷上诉案》，参见北大法宝引证码：Pkulaw. cn/CLI. C. 208388。

学者观点

❶ 张步峰：《男女退休不同龄制度的宪法学思考》，参见北大法宝引证码：Pkulaw. cn/CLI. A. 052504。

【残疾人就业】

法律问题解读

法律规定，国家和社会举办残疾人福利企业、工疗机构、按摩医疗机构和其他福利性企业事业组织，集中安排残疾人就业。各用人单位实行按一定比例安排残疾人就业的制度和残疾人劳动就业基金制度。对吸纳残疾人就业没达到规定比例的单位，应交纳一定数量的“残疾人劳动就业基金”，对超过规定比例的单位，给予适当奖励。对未达到规定比例且不交纳残疾人劳动就业基金的，则给予相应处罚，如加收滞纳金等。同时，政府有关部门鼓励、帮助残疾人自愿组织起来从业或者个体开业，并给予一系列优惠政策。

法条指引

❶《中华人民共和国残疾人保障法》（2008年4月24日　国家主席令第3号）

第三十条　国家保障残疾人劳动的权利。

各级人民政府应当对残疾人劳动就业统筹规划，为残疾人创造劳动就业条件。

第三十一条　残疾人劳动就业，实行集中与分散相结合的方针，采取优惠政策和扶持保护措施，通过多渠道、多层次、多种形式，使残疾人劳动就业逐步普及、稳定、合理。

第三十二条　政府和社会举办残疾人福利企业、盲人按摩机构和其他福利性单位，集中安排残疾人就业。

第三十三条　国家实行按比例安排残疾人就业制度。

国家机关、社会团体、企业事业单位、民办非企业单位应当按照规定的比例安排残疾人就业，并为其选择适当的工种和岗位。达不到规定比例的，按照国家有关规定履行保障残疾人就业义务。国家鼓励用人单位超过规定比例安排残疾人就业。

残疾人就业的具体办法由国务院规定。

❷《中华人民共和国就业促进法》（2007年8月30日　国家主席令第70号）

第十七条　国家鼓励企业增加就业岗位，扶持失业人员和残疾人就业，对下列企业、人员依法给予税收优惠：

（三）安置残疾人员达到规定比例或者集中使用残疾人的企业；

（五）从事个体经营的残疾人；

第二十九条　国家保障残疾人的劳动权利。

各级人民政府应当对残疾人就业统筹规划，为残疾人创造就业条件。

用人单位招用人员，不得歧视残疾人。

❸《残疾人就业条例》（2007年2月14日　国务院令第488号）

第二条　国家对残疾人就业实行集中就业与分散就业相结合的方针，促进残疾人就业。

县级以上人民政府应当将残疾人就业纳入国民经济和社会发展规划，并制定优惠政策和具体扶持保护措施，为残疾人就业创造条件。

第八条　用人单位应当按照一定比例安排残疾人就业，并为其提供适当的工种、岗位。

用人单位安排残疾人就业的比例不得低于本单位在职职工总数的1.5%。具体比例由省、自治区、直辖市人民政府根据本地区的实际情况规定。

用人单位跨地区招用残疾人的，应当计入所安排的残疾人职工人数之内。

第九条　用人单位安排残疾人就业达不到其所在地省、自治区、直辖市人民政府规定比例的，应当缴纳残疾人就业保障金。

第二十二条　中国残疾人联合会及其地方组织所属的残疾人就业服务机构应当免费为残疾人就业提供下列服务：

（一）发布残疾人就业信息；

（二）组织开展残疾人职业培训；

（三）为残疾人提供职业心理咨询、职业适应评估、职业康复训练、求职定向指导、职业介绍等服务；

（四）为残疾人自主择业提供必要的帮助；

（五）为用人单位安排残疾人就业提供必要的支持。

国家鼓励其他就业服务机构为残疾人就业提供免费服务。

❹《关于在部分城市开展残疾人劳动就业服务和按比例就业试点工作的通知》（1992年5月25日　[1992]残联群字第81号）

二、2. 根据《中华人民共和国残疾人保障法》，机关、团体、企业事业组织、城乡集体经济组织应当按一定比例安排残疾人就业的规定，各试点城市应根据本地情况，制定出具体的比例和实施办法，要求社会各单位按规定比例吸纳确有相应能力的残疾人在适宜的岗位上工作；试行残疾人劳动就业基金制度。对吸纳残疾人就业没达到规定比例的单位，应交纳一定数量的“残疾人劳动就业基金”，对超过规定比例的单位，给予适当奖励。

❺《残疾人就业服务机构建设规范（试行）》（残联发[2010]13号）

第一章　总则

第一条　为进一步加强残疾人就业服务机构

规范化建设，提高残疾人就业服务机构服务能力，依据国家有关法律法规，制定本规范。

第二条 本规范适用于地方各级残疾人联合会（以下简称“残联”）所属的残疾人就业服务机构。

第三条 残疾人就业服务机构是公共就业服务机构的重要组成部分，应当按照国家公共就业服务机构建设基本要求和本规范规定，加强建设，做好残疾人就业服务工作。

第二章 机构与人员队伍建设

第四条 县级以上残联设立残疾人就业服务机构。残疾人就业服务机构是同级残联所属事业单位，在同级残联就业部门指导下开展工作，同时接受上级残疾人就业服务机构和同级人力资源社会保障部门的业务指导。

第五条 残疾人就业服务机构的人员配备、岗位设置，应满足当地残疾人就业服务工作需要，符合事业单位规范管理的要求，相关岗位工作人员必须具备相应的职业资格，持证上岗。

第六条 残疾人就业服务机构使用统一的名称和标识，具体规范和标准按照中国残联教育就业部和原劳动保障部培训就业司《关于残疾人就业服务机构使用统一标识的通知》（［2003］教就函字第3号）规定执行。

第七条 残疾人就业服务机构的经费要按照公共就业服务机构的管理要求，纳入同级财政预算。

第三章 主要职责与任务

第八条 残疾人就业服务机构要按照省级以指导、示范性就业服务为主，市、县级以直接服务为主的原则，开展残疾人就业服务工作。

县级残联依托人力资源社会保障部门和残疾人组织，搭建基层残疾人就业服务平台；以乡镇（街道）残联专干、村（社区）残疾人专职委员为骨干，建立残疾人就业指导员队伍，做好基层残疾人就业服务。

第九条 省级残疾人就业服务机构的主要职责与任务：

（一）按照全省残疾人就业工作总体安排，制定本省残疾人就业服务工作计划并组织实施；对辖区内各级残疾人就业服务机构进行指导；

（二）在省级残联就业部门指导下，组织实施按比例安排残疾人就业；

（三）组织实施盲人按摩机构、工疗机构及其他集中安置残疾人用人单位资格认定工作，指导推动市、县残疾人集中就业发展；

（四）指导市、县级残疾人就业服务机构开展残疾人失业登记、就业与失业统计，进行残疾人劳动力资源和社会用人单位用工需求调查，发布残疾人求职信息和用人单位用工信息；

（五）示范并指导市、县残疾人就业服务机构开展残疾人职业培训、职业心理咨询、职业适应评估、职业康复训练、职业指导、职业介绍等服务；开展残疾人职业技能鉴定；为残疾人托养服务机构开展智力、精神和重度残疾人职业技能培养和职业康复劳动提供服务并进行技术指导；

（六）制定并实施残疾人职业技能人才培养计划，组织开展市、县级残疾人就业服务机构人员培训，定期组织残疾人职业技能竞赛；

（七）建立省级残疾人就业信息监测中心，指导市、县建立完善残疾人就业信息网，并纳入同级公共就业服务信息网络，实现信息共享。

第十条 市、县级残疾人就业服务机构的主要职责与任务：

（一）制定本地残疾人就业服务工作计划并组织实施；

（二）在同级残联就业部门指导下，组织实施区域内按比例安排残疾人就业；

（三）对盲人按摩机构、工疗机构及其他集中安置残疾人用人单位进行资格认定，为用人单位享受政策、安置残疾人就业提供服务；

（四）组织开展残疾人劳动力资源和社会用人单位用工需求调查，发布残疾人求职信息和用人单位用工信息；受同级人力资源社会保障部门委托开展残疾人失业登记、就业与失业统计；经所在地人力资源社会保障部门批准，进行残疾人职业技能鉴定；

（五）组织开展乡镇（街道）、村（社区）基层残疾人就业指导员业务培训；

（六）为残疾人托养服务机构开展智力、精神和重度残疾人职业技能培养和职业康复劳动提供服务并进行技术指导；

（七）开展残疾人职业培训、职业心理咨询、职业适应评估、职业康复训练、职业指导、职业介绍、就业行为观察跟踪服务，开发残疾人就业岗位，帮助残疾人自谋职业和自主创业。为用人单位提供支持性服务；

（八）建立与用人单位的联系制度，协助残疾人职工和用人单位处理好劳资关系，指导用人单位建设方便残疾人职工的无障碍环境；

（九）为农村残疾人从事种植业、养殖业、手工业和其他形式的生产劳动，提供信息、技术、培训和资金等方面的支持和服务；

（十）建立完善残疾人就业信息网，并纳入同级公共就业服务信息网络，实行信息共享。建立城市残疾人就业信息网络中心和残疾人就业信息监测点，发布辖区残疾人就业信息综合数据和分析报告，并按相关规定上报数据。通过公网与其他城市网络中心实现信息交换。

第四章　服务设施与功能

第十一条　残疾人就业服务机构应根据残疾人就业服务基本需求，建设服务场所，完善服务功能。

第十二条　残疾人就业服务场所均应符合国家无障碍建设标准，具有残疾人职业能力评估与测评、模拟仿真教学、职业技能展示和宣传栏等设施设备，配备业务信息和劳动力供求信息显示系统、无障碍触摸查询系统并确保完好和方便使用。

第十三条　市、县级残疾人就业服务机构应设置以下功能区域：

（一）窗口服务功能：包括失业登记、就业登记、培训登记、咨询服务、按比例就业审核和残疾人劳动保障事务代理等；

（二）信息查询发布功能：包括求职信息、用工信息、培训信息、法规政策信息等；

（三）职业介绍功能：包括对求职残疾人和用人单位提供职业匹配等；

（四）职业指导功能：包括职业能力评估、技能鉴定、求职指导、职业设计、心理辅导等；

（五）招聘洽谈功能：包括面试洽谈、用工推荐、用工指导等；

（六）信息管理功能：包括数据库管理、信息统计、信息监测及分析等。

第五章　制度建设

第十四条　残疾人就业服务机构应当建立健全各项业务工作规章制度，包括职业培训制度、职业介绍工作流程、就业年审工作操作流程、求职登记工作流程、就业和失业登记工作流程、残疾人招聘工作流程、与社会用人单位联系制度、残疾人就业援助制度等。

第十五条　残疾人就业服务机构应加强岗位和人员管理，制定相应的内部管理制度，包括内设机构工作职责、组织结构说明、岗位职责、服务人员行为准则、服务人员选聘、考核和培训制度等。

第十六条　残疾人就业服务机构应当公开服务制度、服务内容、服务流程、服务承诺等，主动接受残疾人和社会监督。

第六章　附则

第十七条　中国残联根据本规范制定残疾人就业服务机构建设评估验收标准。

第十八条　本规范由中国残联教育就业部负责解释。

第十九条　本规范自印发之日起执行。

❻《（残疾人）职业康复与就业公约》（1983年6月20日　国际劳工公约［1983］159号）

经国际劳工局理事会召集，于一九八三年六月一日在日内瓦举行其第六十九届会议，并注意到包含于一九五五年（残疾人）职业康复建议书和一九七五年人力资源开发建议书中的现行国际标准，并注意到自一九五五年（残疾人）职业康复建议书通过以来，在对康复需要的认识，康复服务的范围和组织，以及许多会员国在该建议书所涉及问题的法律和实践等方面都有重大发展，并考虑到联合国大会已宣布一九八一年为国际残疾人年，其主题为“充分参与和平等”，同时，一项关于残疾人的综合性世界行动计划将在国际和国家级别上为实现残疾人“充分参与”社会生活和社会发展的目标，以及“平等”的目标而提供有效措施，并考虑到这些发展已使得宜于就此主题通过新的国际标准，这些新标准特别考虑到保障城市和农村地区各类残疾人在就业和与社会结合方面对机会和待遇均等的需要，并经决定采纳本届会议议程第四项关于职业康复的某些提议，并经确定这些提议应采取国际公约的形式，于一九八三年六月二十日通过以下公约，引用时得称之为一九八三年（残疾人）职业康复和就业公约。

第一部分　定义和范围

第一条　1. 就本公约而言，“残疾人”一词系指由于被正当承认的身体或精神上的损伤致使其获得和保持合适的职业并得以提升的前景大为减低的个人。

2. 就本公约而言，各会员国应把职业康复的目的视为使残疾人能获得和保持合适的职业并得以提升，从而促使其与社会结合或重新结合为一体。

3. 本公约各项规定应由各会员国通过适合国家条件和符合国家实践的措施予以实施。

4. 本公约各项规定应适用于各类残疾人。

第二部分　残疾人职业康复原则和就业政策

第二条　各会员国应根据国家条件、实践和可能，制定和实施有关残疾人职业康复和就业的国家政策，并定期进行审查。

第三条 上述政策应旨在保证为各类残疾人提供适当的职业康复措施，增加残疾人在公开的劳力市场中的就业机会。

第四条 上述政策应以残疾工人与一般工人机会均等的原则为基础。应尊重男女残疾工人的机会和待遇均等。为落实残疾工人与其他工人机会和待遇均等而采取的特殊积极措施，不应视为对其他工人的歧视。

第五条 实施上述政策，包括为促进从事职业康复活动的公、私机构间的合作和协调而采取的措施，应与有代表性的雇主组织和工人组织进行协商。还应与有代表性的残疾人组织和为残疾人服务的组织进行协商。

第三部分 发展残疾人职业康复和就业服务的国家级的行动

第六条 各会员国应通过法律或条例或符合国家条件和实践的任何其他方法，采取必要步骤实行本公约第二、三、四和第五条。

第七条 主管当局应采取措施提供职业指导、职业培训、安置、就业和其他有关服务项目并对之进行评估，以便使残疾人获得和保持职业并得以提升；现有为一般工人的服务项目，只要可能并且合适，均应经必要调整后加以利用。

第八条 应采取措施促进在农村和边远地区建立及发展残疾人职业康复和就业服务。

第九条 各会员国应致力于保证提供培训和康复顾问以及负责残疾人职业指导、职业培训、安置和就业的其他适当的合格工作人员。

第四部分 最后条款

第十条 本公约的正式批准书应送请国际劳工局长登记。

第十一条 1. 本公约应仅对其批准书已经局长登记的国际劳工组织会员国有约束力。

2. 本公约应自两个会员国的批准书已经局长登记之日起十二个月后生效。

3. 此后，对于任何会员国，本公约应自其批准书已经登记之日起十二个月后生效。

第十二条 1. 凡批准本公约的会员国，自本公约初次生效之日起满十年后可向国际劳工局长通知解约，并请其登记。此项解约通知书自登记之日起满一年后始得生效。

2. 凡批准本公约的会员国，在前款所述十年期满后的一年内未行使本条所规定的解约权利者，即须再遵守十年，此后每当十年期满，可依本条规定通知解约。

第十三条 1. 国际劳工局长应将国际劳工组织各会员国所送达的一切批准书和解约通知书的登记情况，通知本组织的全体会员国。

2. 局长在将所送达的第二份批准书的登记通知本组织各会员国时，应提请本组织各会员国注意本公约开始生效的日期。

第十四条 国际劳工局长应将他按照以上各条规定所登记的一切批准书和解约通知书的详细情况，按照联合国宪章第102条的规定，送请联合国秘书长进行登记。

第十五条 国际劳工局理事会在必要时，应将本公约的实施情况向大会提出报告，并审查应否将本公约的全部或部分修订问题列入大会议程。

第十六条 1. 如大会通过新公约对本公约作全部或部分修订时，除新公约另有规定外，应：

(a) 如新修订公约生效和当其生效之时，会员国对于新修订公约的批准，不须按照上述第十二条的规定，依法应为对本公约的立即解约；

(b) 自新修订公约生效之日起，本公约应即停止接受会员国的批准。

2. 对于已批准本公约而未批准修订公约的会员国，本公约以其现有的形式和内容，在任何情况下仍应有效。

第十七条 本公约的英文本和法文本同等为准。

案例链接

❶《孙庆国诉濮阳市园林绿化队追索工资案》，参见北大法宝引证码：Pkulaw. cn/CLI. C. 228001。

学者观点

❶ 金剑：《论残疾人的劳动权与企业尊重残疾人劳动权双赢的发展》，参见北大法宝引证码：Pkulaw. cn/CLI. A. 046995。

❷ 刘翠霄：《中国残疾人就业立法及其实施状况》，参见北大法宝引证码：Pkulaw. cn/CLI. A. 040031。

【退役军人就业】

法律问题解读

国家对退役军人实行就业安置等特殊保障措施。主要包括：

1. 对参战或因公伤致残退役军人的安置

现役军人参战或者因公负伤致残的，由部队评定残疾等级，发给革命残疾军人抚恤证。退出现役的特等、一等革命残疾军人，由国家供养终身。二等、三等革命残疾军人，家居城镇的，由所在地的县、自治县、市、市辖区的人民政府安排力所能及的工作；家居农村的，其所在地区有条件的，可以在企业事业单位安排适当工作，不能安排的，按照规定增发残疾抚恤金，保障他们的生活。

2. 对义务兵退役后的安置

义务兵退出现役后，按照从哪里来、回哪里去的原则，由原征集的县、自治县、市、市辖区的人民政府根据以下情况分别接收安置：

（1）家居农村的义务兵退出现役后，由乡、民族乡、镇的人民政府妥善安排他们的生产和生活，机关、团体、企业事业单位在农村招收员工时，在同等条件下，应当优先录用退伍军人，荣获二等功以上奖励的，按照家居城镇义务兵退役安置规定，安排工作。

（2）家居城镇的义务兵退出现役后，由县、自治县、市、市辖区的人民政府安排工作，也可以由上一级或者省、自治区、直辖市的人民政府在本地区内统筹安排。机关、团体、企业事业单位，不分所有制性质和组织形式，都有按照国家有关规定安置退伍军人的义务，入伍前是机关、团体、企业事业单位职工的，允许复工、复职。

（3）城镇退伍军人待安置期间，由当地人民政府按照不低于当地最低生活水平的原则发给生活补助费。

（4）城镇退伍军人自谋职业的，由当地人民政府给予一次性经济补助，并给予政策上的优惠。

（5）义务兵退出现役后，报考国家公务员、高等院校和中等专业学校，按照有关规定予以优待。

3. 对志愿兵退役后的安置

（1）志愿兵退出现役后，服现役不满 10 年的，按照义务兵退役安置的规定安置。

（2）满 10 年的，由原征集的县、自治县、市、市辖区的人民政府安排工作，也可以由上一级或者省、自治区、直辖市的人民政府在本地区内统筹安排。

（3）自愿回乡参加农业生产或者自谋职业的，给予鼓励，由当地人民政府增发安家补助费。

（4）服现役满 30 年或者年满 55 岁的，作退休安置，根据地方需要和本人自愿也可以作转业安置。

（5）志愿兵在服现役期间，参战或者因公致残，积劳成疾基本丧失工作能力的，办理退休手续，由原征集的县、自治县、市、市辖区的人民政府或者其直系亲属所在地的县、自治县、市、市辖区的人民政府接收安置。

4. 对军官退役后的安置

军官退出现役后，由国家妥善安置。

法条指引

❶《中华人民共和国兵役法》（1998 年 12 月 29 日修正）

第五十三条　现役军人参战或者因公负伤致残的，由部队评定残废等级，发给革命残废军人抚恤证。退出现役的特等、一等革命残废军人，由国家供养终身。二等、三等革命残废军人，家居城镇的，由本人所在地的县、自治县、市、市辖区的人民政府安排力所能及的工作；家居农村的，其所在地区有条件的，可以在企业事业单位安排适当工作，不能安排的，按照规定增发残废抚恤金，保障他们的生活。

第五十六条　义务兵退出现役后，按照从哪里来、回哪里去的原则，由原征集的县、自治县、市、市辖区的人民政府接收安置：

（一）家居农村的义务兵退出现役后，由乡、民族乡、镇的人民政府妥善安排他们的生产和生活。机关、团体、企业事业单位在农村招收员工时，在同等条件下，应当优先录用退伍军人。荣获二等功以上奖励的，按照本条第（二）项规定安排工作。

（二）家居城镇的义务兵退出现役后，由县、自治县、市、市辖区的人民政府安排工作，也可以由上一级或者省、自治区、直辖市的人民政府在本地区内统筹安排。机关、团体、企业事业单位，不分所有制性质和组织形式，都有按照国家有关规定安置退伍军人的义务。入伍前是机关、团体、企业事业单位职工的，允许复工、复职。

（三）城镇退伍军人待安置期间，由当地人民政府按照不低于当地最低生活水平的原则发给生活补助费。

（四）城镇退伍军人自谋职业的，由当地人民政府给予一次性经济补助，并给予政策上的优惠。

（五）义务兵退出现役后，报考国家公务员、高等院校和中等专业学校，按照有关规定予以优待。

第五十八条 志愿兵退出现役后，服现役不满10年的，按照本法第五十六条的规定安置；满10年的，由原征集的县、自治县、市、市辖区的人民政府安排工作，也可以由上一级或者省、自治区、直辖市的人民政府在本地区内统筹安排；自愿回乡参加农业生产或者自谋职业的，给予鼓励，由当地人民政府增发安家补助费；服现役满30年或者年满55岁的作退休安置，根据地方需要和本人自愿也可以作转业安置。

志愿兵在服现役期间，参战或者因公致残、积劳成疾基本丧失工作能力的，办理退休手续，由原征集的县、自治县、市、市辖区的人民政府或者其直系亲属所在地的县、自治县、市、市辖区的人民政府接收安置。

第五十九条 军官退出现役后，由国家妥善安置。

❷《中国人民解放军士官退出现役安置暂行办法》（1999年12月13日 国发［1999］27号）

一、根据《中华人民共和国兵役法》（以下简称《兵役法》）和《中国人民解放军现役士兵服役条例》的有关规定，制定本办法。

二、士官符合下列情况之一的，退出现役：

（一）服现役满本期规定的年限，未被批准继续服现役的；

（二）服现役满30年或者年满55岁的；

（三）军队编制员额缩减需要退出现役的；

（四）国家建设需要调出军队的；

（五）经驻军医院诊断证明本人健康状况不适于继续服现役的。

三、退出现役的士官符合下列条件之一的，作复员安置：

（一）服现役满第一期或者第二期规定年限的；

（二）符合转业或者退休条件，本人要求复员并经批准的。

四、退出现役的士官符合下列条件之一的，作转业安置：

（一）服现役满10年的；

（二）服现役期间荣获二等功以上奖励的；

（三）服现役期间因战、因公致残被评为二等、三等伤残等级的；

（四）服现役未满10年，符合本办法第二条第（四）项情况的；

（五）符合退休条件，地方需要和本人自愿转业的。

五、退出现役的士官符合下列条件之一的，作退休安置：

（一）年满55岁的；

（二）服现役满30年的；

（三）服现役期间因战、因公致残，被评为特等、一等伤残等级的；

（四）服现役期间因病基本丧失工作能力，并经驻军医院诊断证明，军以上卫生部门鉴定确认的。

六、士官服现役未满本期规定年限，严重违反纪律或者无正当理由坚持要求退出现役的，经批准，可按义务兵作退伍处理；家居城镇的，人民政府不负责安排工作。

士官无正当理由坚持要求退出现役的，须附本人书面申请。

七、士官因家庭发生重大变故，服现役未满本期规定年限要求退出现役的，需有县级以上人民政府民政部门证明，经批准，不满10年的作复员安置，满10年的作转业安置。

八、士官退出现役作复员或者转业安置的，第一期、第二期由团（旅）级单位批准；第三期、第四期由师（旅）级单位批准；第五期、第六期由军级单位批准。

士官退出现役作退休安置的，由军级单位批准；改按义务兵退伍的，由师（旅）级以上单位批准。

九、士官退出现役，由批准单位的司令机关填写《士官退出现役登记表》（其中改按义务兵退伍的填写《士官改按义务兵退伍审批表》），发给国防部制发的《中国人民解放军士官退出现役证》。

十、作复员和转业安置的士官退出现役后，原则上回入伍时户口所在地的县（市）安置。符合下列情况之一的，可以易地安置：

（一）国家或者军队建设需要的；

（二）服现役期间，家庭常住户口所在地变动的；

（三）结婚满2年且配偶在其常住户口所在地有生活基础的；

（四）因其他特殊情况经省级以上人民政府安置主管部门批准的。

十一、士官退出现役的时间：

（一）因国家建设需要调出军队的，随时办理；

（二）作复员安置的，与当年义务兵退伍同步进行；

（三）作转业安置的，按民政部、总参谋部当年的规定执行；

（四）作退休安置的，在符合退休条件时下达退休命令。

十二、士官复员后，由征集地的县（市）人民政府按退伍义务兵的有关规定妥善安置。

农村入伍的初级士官服现役期间，保留承包土地、自留地；中级以上士官复员后，没有承包土地、自留地的，重新划给。

农村入伍符合转业条件的士官，本人要求并经批准作复员安置的，允许落城镇户口。

十三、士官转业后，按照《兵役法》和国务院、中央军委的有关文件以及国务院、中央军委当年度退伍工作通知的有关规定执行。

十四、转业士官和城镇入伍的复员士官待安置期间，由当地人民政府按照不低于当地最低生活水平的原则发给生活补助费。

十五、退休士官符合本办法第五条第（一）、第（二）或者第（三）项条件的，参照军队退休干部的安置办法执行；符合本办法第五条第（四）项条件的，在原征集地或者直系亲属所在地分散安置，其待遇按照有关规定执行，其中患精神病的士官不符合转业安置条件的，按退伍义务兵的接收安置规定执行。

十六、士官退出现役离队时，应办妥党（团）组织关系、供给关系的转移手续，按照规定发给工资、伙食费以及各种补助费和返回安置地途中的差旅费。到达安置地的县（市）时，持批准机关的行政介绍信，到县（市）人民政府民政部门报到；确定服预备役的，并到人民武装部进行预备役登记。

十七、士官退出现役后，到安置地的县（市）人民政府民政部门报到前发生的问题，由原部队负责处理；报到后发生的问题，由当地人民政府负责处理。

十八、本办法适用于中国人民武装警察部队。

十九、本办法自下发之日起施行。以往有关规定与此不符的即行废止。执行中的有关问题，由民政部、总参谋部负责解释。

❸《退伍义务兵安置条例》（1987 年 12 月 12 日 国务院令发布）

第一条 为了做好退伍义务兵安置工作，根据《中华人民共和国兵役法》的有关规定，制定本条例。

第二条 本条例所称退伍义务兵是指中国人民解放军和中国人民武装警察部队的下列人员：

（一）服现役期满（包括超期服役）退出现役的；

（二）服现役期未满，因下列原因之一，经部队师级以上机关批准提前退出现役的：

(1) 因战、因公负伤（包括因病）致残，部队发给《革命伤残军人抚恤证》的；

(2) 经驻军医院证明，患病基本治愈，但不适宜在部队继续服现役以及精神病患者经治疗半年未愈的；

(3) 部队编制员额缩减，需要退出现役的；

(4) 家庭发生重大变故，经家庭所在地的县、市、市辖区民政部门和人民武装部证明，需要退出现役的；

(5) 国家建设需要调出部队的。

第三条 退伍义务兵安置工作必须贯彻从哪里来、回哪里去的原则和妥善安置、各得其所的方针。

第四条 退伍义务兵安置工作，在地方各级人民政府领导下进行。

地方各级人民政府，可以根据安置工作的情况设置退伍军人安置机构或者指定工作人员负责办理退伍义务兵安置的日常工作。退伍军人安置机构设在民政部门，人民武装、计划、劳动人事等各有关部门应当协助民政部门做好退伍义务兵的安置工作。

第五条 接收退伍义务兵时间，按照国务院、中央军委当年的规定执行。因气候或地理原因，经国防部批准提前或者推迟退伍的，可相应提前或推迟接收。

第六条 退伍义务兵回到原征集地时，当地人民政府应当认真组织接待。

第七条 退伍义务兵回到原征集地 30 天内，持退伍证和部队介绍信到县、市、市辖区兵役机关办理预备役登记，然后向退伍军人安置机构报到，凭退伍军人安置机构介绍信办理落户手续。

第八条 退伍义务兵原是农业户口的，由当地退伍军人安置机构按下列规定安置：

（一）对确无住房或者严重缺房而自建和靠集体帮助又确有困难的，应当按照国家规定安排一定数量的建筑材料和经费帮助解决；

（二）在服役期间荣立二等功（含二等功，下同）以上的，应当安排工作；

（三）对有一定专长的，应当向有关部门推荐录用；

（四）各用人单位向农村招收工人时，在同等条件下应当优先录用退伍义务兵。对在服役期间荣立三等功、超期服役的退伍义务兵和女性退伍义务兵，应当给予适当照顾。

第九条 原是城镇户口的退伍义务兵，服役前没有参加工作的，由国家统一分配工作，实行按系统分配任务、包干安置办法，各接收单位必须妥善安排。

具体安置按下列规定办理：

（一）每年退伍义务兵回到原征集地前，省、自治区、直辖市应当下达预分劳动指标，退伍义务兵回到原征集地后先安置，待国家计划下达后统一结算；

（二）在部队获得大军区（含大军区）以上单位授予的荣誉称号和立二等功以上的，安排工作时，应优先照顾本人志愿；

（三）在部队荣立三等功和超期服役的，安排工作时，在条件允许的情况下，应当照顾本人特长和志愿；

（四）在部队被培养成为有一定专业和特长的，安排工作时，应当尽量做到专业对口；

（五）无正当理由，本人要求中途退伍的；被部队开除军籍或除名的；在部队或者退伍后待安排期间犯有刑事罪（过失罪除外）被判处有期徒刑以上处罚的，退伍军人安置机构不负责安排工作，按社会待业人员对待。

第十条 因战、因公致残的二等、三等革命伤残军人，原是城市户口的，由原征集地的退伍军人安置机构安排力所能及的工作。原是农业户口的，原征集地区有条件的，可以在企业、事业单位安排适当工作；不能安排的，按照规定增发残废抚恤金，保障他们的生活。

第十一条 义务兵入伍前原是国家机关、人民团体、企业、事业单位正式职工，退伍后原则上回原单位复工复职。对于因残、因病不能坚持8小时工作的，原工作单位应当按照对具有同样情况的一般工作人员的安排原则予以妥善安置。退伍义务兵原工作单位已撤销或合并的，由上一级机关或合并后的单位负责安置。

第十二条 义务兵入伍前原是学校（含中等专业学校和技术学校）未毕业的学生，退伍后要求继续学习而本人又符合学习条件的，在年龄上可适当放宽，原学校应在他们退伍后的下一学期准予复学。如果原学校已经撤销、合并或者由于其他原因在原学校复学确有困难，可以由本人或者原学校申请县、市以上教育部门另行安排他们到相应的学校学习。

第十三条 退伍义务兵报考高等院校和中等专业学校，在与其他考生同等条件下，优先录取。

第十四条 对在服役期间家庭住址变迁，退伍时要求到父母所在地落户安置的，经父母所在单位和当地公安机关证明，应当允许。但国家另有规定者除外。

第十五条 义务兵从兵役机关批准入伍之日起至部队批准退出现役止，为服现役的军龄，满10个月的，按周年计算。退伍后新分配参加工作的，其军龄和待分配的时间应计算为连续工龄。入伍前原是国家机关、企业、事业单位的职工，其入伍前的工龄和军龄连同待分配的时间一并计算为连续工龄，享受与所在单位职工同等待遇。

第十六条 退伍义务兵接到安排工作的通知后，逾期半年无正当理由，并经多次教育仍不报到的，退伍军人安置机构不再负责安排工作，由当地人民政府按社会待业人员对待。

第十七条 本条例由民政部负责解释。

第十八条 省、自治区、直辖市人民政府可根据本条例，制定实施细则。

第十九条 本条例自发布之日起施行。1958年3月17日《国务院关于处理义务兵退伍的暂行规定》同时废止。

案例链接

❶《李某与河南省临颍县国家税务局劳动争议纠纷上诉案》，参见北大法宝引证码：Pkulaw. cn/CLI. C. 251590。

❷《吕艳飞诉阳泉市民政局不履行安置退伍兵法定职责案》，参见北大法宝引证码：Pkulaw. cn/CLI. C. 23863。

【童工与未成年工】

法律问题解读

童工是指未满16周岁，从事有经济收入的劳动或从事个体劳动的未成年人。童工尚不具备作为一个完全的劳动者的条件。属于法律所禁止录用的范围，但特殊情况经政府批准的除外。

未成年工是年龄在16周岁至18周岁的未成年人，是允许被录用的劳动主体，但要给予特别保护。

国家对于童工招用的禁止性规定主要有：

（1）禁止国家机关、社会团体、企事业单位和个体工商户、农户和城镇居民使用童工。

（2）禁止各类职业介绍机构以及其他单位和个人为未满16周岁的少年儿童介绍就业。

(3) 各级工商行政管理部门不得为未满16周岁的少年、儿童核发个体营业执照。

(4) 父母或者其他监护人不得允许未满16周岁的子女或者被监护人做童工。

国家对于童工招用的限制性规定主要有：

(1) 未满16周岁的少年、儿童，参加家庭劳动、学校组织的勤工俭学和省、自治区、直辖市人民政府允许从事的无损于身心健康的、力所能及的辅助性的劳动，不受关于禁止使用童工从事劳动的限制。

(2) 文艺、体育和特种工艺单位，确需招用未满16周岁的文艺工作者、运动员和艺徒时，须报经县级以上（含县级）劳动行政部门批准。

法条指引

❶《中华人民共和国未成年人保护法》（1991年9月4日）

第二十八条 任何组织和个人不得招用未满16周岁的未成年人，国家另有规定的除外。

任何组织和个人依照国家有关规定招收已满16周岁未满18周岁的未成年人的，应当在工种、劳动时间、劳动强度和保护措施等方面执行国家有关规定，不得安排其从事过重、有毒、有害的劳动或者危险作业。

第四十九条 企业事业组织、个体工商户非法招用未满16周岁的未成年人的，由劳动部门责令改正，处以罚款；情节严重的，由工商行政管理部门吊销营业执照。

第五十四条 当事人对依照本法作出的行政处罚决定不服的，可以先向上一级行政机关或者有关法律、法规规定的行政机关申请复议，对复议决定不服的，再向人民法院提起诉讼；也可以直接向人民法院提起诉讼。有关法律、法规规定应当先向行政机关申请复议，对复议决定不服再向人民法院提起诉讼的，依照有关法律、法规的规定办理。

当事人对行政处罚决定在法定期限内不申请复议，也不向人民法院提起诉讼，又不履行的，作出处罚决定的机关可以申请人民法院强制执行，或者依法强制执行。

❷《禁止使用童工规定》（2002年10月1日国务院令第364号）

第一条 为保护未成年人的身心健康，促进义务教育制度的实施，维护未成年人的合法权益，根据宪法和劳动法、未成年人保护法，制定本规定。

第二条 童工为16岁以下的未成年人国家机关、社会团体、企业事业单位、民办非企业单位或者个体工商户（以下统称用人单位）均不得招用不满16周岁的未成年人（招用不满16周岁的未成年人，以下统称使用童工）。

禁止任何单位或者个人为不满16周岁的未成年人介绍就业。

禁止不满16周岁的未成年人开业从事个体经营活动。

第三条 不满16周岁的未成年人的父母或者其他监护人应当保护其身心健康，保障其接受义务教育的权利，不得允许其被用人单位非法招用。

不满16周岁的未成年人的父母或者其他监护人允许其被用人单位非法招用的，所在地的乡（镇）人民政府、城市街道办事处以及村民委员会、居民委员会应当给予批评教育。

第四条 用人单位必须核查招用人员的身份证用人单位招用人员时，必须核查被招用人员的身份证；对不满16周岁的未成年人，一律不得录用。用人单位录用人员的录用登记、核查材料应当妥善保管。

第五条 县级以上各级人民政府劳动保障行政部门负责本规定执行情况的监督检查。

县级以上各级人民政府公安、工商行政管理、教育、卫生等行政部门在各自职责范围内对本规定的执行情况进行监督检查，并对劳动保障行政部门的监督检查给予配合。

工会、共青团、妇联等群众组织应当依法维护未成年人的合法权益。

任何单位或者个人发现使用童工的，均有权向县级以上人民政府劳动保障行政部门举报。

第六条 用人单位使用童工的，由劳动保障行政部门按照每使用一名童工每月处5000元罚款的标准给予处罚；在使用有毒物品的作业场所使用童工的，按照《使用有毒物品作业场所劳动保护条例》规定的罚款幅度，或者按照每使用一名童工每月处5000元罚款的标准，从重处罚。劳动保障行政部门并应当责令用人单位限期将童工送回原居住地交其父母或者其他监护人，所需交通和食宿费用全部由用人单位承担。

用人单位经劳动保障行政部门依照前款规定责令限期改正，逾期仍不将童工送交其父母或者其他监护人的，从责令限期改正之日起，由劳动保障行政部门按照每使用一名童工每月处1万元罚款的标准处罚，并由工商行政管理部门吊销其营业执照或者由民政部门撤销民办非企业单位登记；用人单位是国家机关、事业单位的，由有关单位依法对直接负责的主管人员和其他直接责任人员给予降级或者撤职的行政处分或者纪律处分。

第七条 单位或者个人为不满16周岁的未成年人介绍就业的，由劳动保障行政部门按照每介绍一人处5000元罚款的标准给予处罚；职业中介机构为不满16周岁的未成年人介绍就业的，并由劳动保障行政部门吊销其职业介绍许可证。

第八条 用人单位未按照本规定第四条的规定保存录用登记材料，或者伪造录用登记材料的，由劳动保障行政部门处1万元的罚款。

第九条 无营业执照、被依法吊销营业执照的单位以及未依法登记、备案的单位使用童工或者介绍童工就业的，依照本规定第六条、第七条、第八条规定的标准加一倍罚款，该非法单位由有关的行政主管部门予以取缔。

第十条 童工患病、受伤及伤残、死亡的待遇。参见《非法用工单位伤亡人员一次性赔偿办法》，本书第114页童工患病或者受伤的，用人单位应当负责送到医疗机构治疗，并负担治疗期间的全部医疗和生活费用。

童工伤残或者死亡的，用人单位由工商行政管理部门吊销营业执照或者由民政部门撤销民办非企业单位登记；用人单位是国家机关、事业单位的，由有关单位依法对直接负责的主管人员和其他直接责任人员给予降级或者撤职的行政处分或者纪律处分；用人单位还应当一次性地对伤残的童工、死亡童工的直系亲属给予赔偿，赔偿金额按照国家工伤保险的有关规定计算。

第十一条 拐骗童工，强迫童工劳动，使用童工从事高空、井下、放射性、高毒、易燃易爆以及国家规定的第四级体力劳动强度的劳动，使用不满14周岁的童工，或者造成童工死亡或者严重伤残的，依照刑法关于拐卖儿童罪、强迫劳动罪或者其他罪的规定，依法追究刑事责任。

第十二条 国家行政机关工作人员有下列行为之一的，依法给予记大过或者降级的行政处分；情节严重的，依法给予撤职或者开除的行政处分；构成犯罪的，依照刑法关于滥用职权罪、玩忽职守罪或者其他罪的规定，依法追究刑事责任：

（一）劳动保障等有关部门工作人员在禁止使用童工的监督检查工作中发现使用童工的情况，不予制止、纠正、查处的；

（二）公安机关的人民警察违反规定发放身份证或者在身份证上登录虚假出生年月的；

（三）工商行政管理部门工作人员发现申请人是不满16周岁的未成年人，仍然为其从事个体经营发放营业执照的。

第十三条 文艺、体育单位经未成年人的父母或者其他监护人同意，可以招用不满16周岁的专业文艺工作者、运动员。用人单位应当保障被招用的不满16周岁的未成年人的身心健康，保障其接受义务教育的权利。文艺、体育单位招用不满16周岁的专业文艺工作者、运动员的办法，由国务院劳动保障行政部门会同国务院文化、体育行政部门制定。

学校、其他教育机构以及职业培训机构按照国家有关规定组织不满16周岁的未成年人进行不影响其人身安全和身心健康的教育实践劳动、职业技能培训劳动，不属于使用童工。

第十四条 本规定自2002年12月1日起施行。1991年4月15日国务院发布的《禁止使用童工规定》同时废止。

案例链接

❶《杨梁建坤等诉长泰马洋漂流公司等其子在工间休息时下漂流公司改造过的河道游泳溺亡人身损害赔偿案》，参见北大法宝引证码：Pkulaw.cn/CLI.C.23532。

❷《杨某与赵某、建水县碗窑砖厂人身损害赔偿纠纷案》，参见北大法宝引证码：Pkulaw.cn/CLI.C.5948。

【外国人在华就业】

法律问题解读

这是指没有取得定居权的外国人在中国境内依法从事社会劳动并获得相应劳动报酬的行为。外国人包括具有外国国籍的人和无国籍的人。外国人在华就业必须具备以下条件：

（1）年满18周岁，身体健康。

（2）具有从事其工作所必须的专业技能和相应的工作经历。

（3）无犯罪记录。

（4）有确定的聘用单位。

（5）持有效护照或能代替护照的其他国际旅行证件。

（6）在中国就业的外国人应持职业签证入境，入境后取得《外国人就业证》和外国人居留证，方可在中国就业。

不得在中国就业的外国人一般包括：未取得居留证件的外国人、在中国留学、学习的外国人及持职业签证外国人的随行家属。

用人单位聘用外国人从事的岗位应当是具有特殊需要、国内暂缺适当人员，且不违反国家有关规定的岗位。国家规定，用人单位不得聘用外国人从事营业性文艺演出，但经文化部批准持《临时营业演出许可证》进行营业性文艺演出的外国人除外。因此，任何用人单位都不得聘用外国人从事营业性文艺演出。用人单位招聘外国人须为该外国人申请就业许可证，经获准并取得《外国人就业许可证书》后，方可聘用。申办程序是：对于有行业主管部门的用人单位，应填写《聘用外国人就业申请表》，向其与劳动保障行政主管部门同级的行业主管部门提出申请，并提供下列有效文件：

（1）拟聘用的外国人履历证明；

（2）聘用意向书；

（3）拟聘用外国人原因的报告；

（4）拟聘用的外国人从事该项工作的资格证明；

（5）拟聘用的外国人健康状况证明；

（6）法律、法规规定的其他文件。

行业主管部门应按照有关法律、法规的规定进行审批。批准后，用人单位应持申请表到其所在地区的省、自治区、直辖市劳动保障行政部门或其授权的地市级劳动保障行政部门办理核准手续。劳动保障行政部门依据行业主管部门的意见和劳动力市场的需求状况进行核准，核准后向用人单位签发就业许可证书。

中央级用人单位、无行业主管部门的用人单位聘用外国人，可直接到主管的劳动保障行政部门发证机关提出申请和办理就业手续。

外商投资企业聘用外国人，无需行业主管部门审批，可凭合同、章程、批准证书、营业执照和规定的有效文件直接到劳动保障行政部门的发证机关申领许可证书。

对符合下列条件之一的外国人可免办就业许可：

（1）由我国政府直接出资聘请的外籍专业技术和管理人员，或由国家机关和事业单位出资聘请，具有本国和国际权威技术管理部门或行业协会确认的高级技术职称或特殊技能资格证书的外籍专业技术和管理人员，并持有外国专家局签发的《外国专家证》的外国人；

（2）持有《外国人在中华人民共和国从事海上石油作业工作准许证》，从事海上石油作用、不需登陆、有特殊技能的外籍劳务人员；

（3）经文化部批准持《临时营业演出许可证》进行营业性文艺演出的外国人。

对违反规定未办理许可证擅自聘用外国人的用人单位，由公安机关依照有关规定，在终止其聘用行为的同时，可处以5000元以上、50000元以下的罚款，并责令其承担遣送私自雇用的外国人的全部费用。

法条指引

❶《外国人在中国就业管理规定》（1996年1月22日　劳部发［1996］29号）

第六条　用人单位聘用外国人从事的岗位应是有特殊需要，国内暂缺适当人选，且不违反国家有关规定的岗位。

用人单位不得聘用外国人从事营业性文艺演出，但符合本规定第九条第三项规定的人员除外。

第七条　外国人在中国就业须具备下列条件：

（一）年满18周岁，身体健康；

（二）具有从事其工作所必须的专业技能和相应的工作经历；

（三）无犯罪记录；

（四）有确定的聘用单位；

（五）持有有效护照或能代替护照的其他国际旅行证件（以下简称代替护照的证件）。

第九条　凡符合下列条件之一的外国人可免办就业许可和就业证：

（一）由我政府直接出资聘请的外籍专业技术和管理人员，或由国家机关和事业单位出资聘请，具有本国或国际权威技术管理部门或行业协会确认的高级技术职称或特殊技能资格证书的外籍专业技术和管理人员，并持有外国专家局签发的《外国专家证》的外国人；

（二）持有《外国人在中华人民共和国从事海上石油作业工作准证》从事海上石油作业、不需登陆、有特殊技能的外籍劳务人员；

（三）经文化部批准持《临时营业演出许可证》进行营业性文艺演出的外国人。

第十一条　用人单位聘用外国人，须填写《聘用外国人就业申请表》（以下简称申请表），向其与劳动行政主管部门同级的行业主管部门（以下简称行业主管部门）提出申请，并提供下列有效文件：

（一）拟聘用的外国人履历证明；

（二）聘用意向书；

（三）拟聘用外国人原因的报告；

（四）拟聘用的外国人从事该项工作的资格证明；

（五）拟聘用的外国人健康状况证明；

（六）法律、法规规定的其他文件。

行业主管部门应按照本规定第六条、第七条及有关法律、法规的规定进行审批。

第二十八条 对违反本规定未申领就业证擅自就业的外国人和未办理许可证书擅自聘用外国人的用人单位，由公安机关按《中华人民共和国外国人入境出境管理法实施细则》第四十四条处理。

❷**《就业服务与就业管理规定》**（2007年10月30日 劳动和社会保障部）

第二十三条 用人单位招用外国人，应当在外国人入境前，按有关规定到当地劳动保障行政部门为其申请就业许可，经批准并获得《中华人民共和国外国人就业许可证书》后方可招用。

用人单位招用外国人的岗位必须是有特殊技能要求、国内暂无适当人选的岗位，并且不违反国家有关规定。

❸**《中华人民共和国外国人入境出境管理法实施细则》**（1994年7月15日修订 公安部、外交部发布）

第四十四条 对未经中华人民共和国劳动部或者其授权的部门批准私自谋职的外国人，在终止其任职或者就业的同时，可以处1000元以下的罚款；情节严重的，并处限期出境。

对私自雇用外国人的单位和个人，在终止其雇用行为的同时，可以处5000元以上、5万元以下的罚款，并责令其承担遣送私自雇用的外国人的全部费用。

【台港澳居民在内地就业】

法律问题解读

台、港、澳人员在内地就业是指：台、港、澳人员依法应聘受雇于内地用人单位从事一定社会劳动并取得劳动报酬或经营收入的行为。在内地就业的台、港、澳人员包括：（1）与用人单位建立劳动关系的人员；（2）在内地从事个体经营的香港、澳门人员；（3）与境外或台、港、澳地区用人单位建立劳动关系并受其派遣到内地1年内（公历年1月1日起至12月31日止）在同一用人单位累计工作3个月以上的人员。

为保护在内地就业的台、港、澳人员的合法权益，2005年10月1日起施行了《台湾香港澳门居民在内地就业管理规定》。根据这一规定，台、港、澳人员在内地就业实行就业许可制度。用人单位拟聘雇或者接受被派遣台、港、澳人员的，应当为其申请办理“台港澳人员就业证”；香港、澳门人员在内地从事个体工商经营的，应当由本人申请办理就业证。

用人单位拟聘雇或者接受被派遣台、港、澳人员，应当具备下列条件：（1）年龄18至60周岁（直接参与经营的投资者和内地急需的专业技术人员可超过60周岁）；（2）身体健康；（3）持有有效旅行证件（包括内地主管机关签发的台湾居民来往大陆通行证、港澳居民往来内地通行证等有效证件）；（4）从事国家规定的职业（技术工种）的，应当按照国家有关规定，具有相应的资格证明；（5）法律、法规规定的其他条件。

用人单位为台、港、澳人员在内地就业申请办理就业证，应当向所在地的地（市）级劳动保障行政部门提交《台湾香港澳门居民就业申请表》和下列有效文件：（1）用人单位营业执照或登记证明；（2）拟聘雇或者接受被派遣人员的个人有效旅行证件；（3）拟聘雇或者接受被派遣人员的健康状况证明；（4）聘雇意向书或者任职证明；（5）拟聘雇人员从事国家规定的职业（技术工种）的，提供拟聘雇人员相应的职业资格证书；（6）法律、法规规定的其他文件。

香港、澳门人员在内地从事个体工商经营的，由本人持个体经营执照、健康证明和个人有效旅游证件向所在地的地（市）级劳动保障行政部门申请办理就业证。

法条指引

❶**《台湾香港澳门居民在内地就业管理规定》**（2005年6月2日 劳部发［2005］26号）

第二条 本规定适用于在内地就业的台、港、澳人员和聘雇或者接受被派遣台、港、澳人员的内地 企业 事业单位、体工商户以及其他依法登记的组织（以下简称用人单位）。台湾、香港、澳门地区专家在内地就业的管理，国家另有规定的，从其规定。

第三条 本规定所称在内地就业的台、港、澳人员，是指：（一）与用人单位建立劳动关系的人员；（二）在内地从事个体经营的香港、澳门人员；（三）与境外或台、港、澳地区用人单位建立劳动关系并受其派遣到内地一年内（公历年1月1日起至12月31日止）在同一用人单位累计工作三个月以上的人员。

第四条 台、港、澳人员在内地就业实行就业许可制度。用人单位拟聘雇或者接受被派遣台、港、澳人员的，应当为其申请办理《台港澳人员就业证》（以下简称就业证）；香港、澳门人员在内地从事个体工商经营的，应当由本人申请办理就业证。经许可并取得就业证的台、港、澳人员在内地就业受法律保护。用人单位聘雇或者接受被派遣台、港、澳人员，实行备案制度。就业证由劳动保障部统一印制。

第六条 用人单位拟聘雇或者接受被派遣的台、港、澳人员，应当具备下列条件：（一）年龄18至60周岁（直接参与经营的投资者和内地急需的专业技术人员可超过60周岁）；（二）身体健康；（三）持有有效旅行证件（包括内地主管机关签发的台湾居民来往大陆通行证、港澳居民往来内地通行证等有效证件）；（四）从事国家规定的职业（技术工种）的，应当按照国家有关规定，具有相应的资格证明；（五）法律、法规规定的其他条件。

第七条 用人单位为台、港、澳人员在内地就业申请办理就业证，应当向所在地的地（市）级劳动保障行政部门提交《台湾香港澳门居民就业申请表》和下列有效文件：（一）用人单位营业执照或登记证明；（二）拟聘雇或者接受被派遣人员的个人有效旅行证件；（三）拟聘雇或者接受被派遣人员的健康状况证明；（四）聘雇意向书或者任职证明；（五）拟聘雇人员从事国家规定的职业（技术工种）的，提供拟聘雇人员相应的职业资格证书；（六）法律、法规规定的其他文件。

第十一条 用人单位与聘雇的台、港、澳人员应当签订劳动合同，并按照《社会保险费征缴暂行条例》的规定缴纳社会保险费。

❷**《就业服务与就业管理规定》**（2007年10月30日 劳动和社会保障部）

第二十二条 用人单位招用台港澳人员后，应当按有关规定到当地劳动保障行政部门备案，并为其办理《台港澳人员就业证》。

【职业介绍机构】

法律问题解读

我国的职业介绍机构分为非营利性职业介绍机构和营利性职业介绍机构。其中，非营利性职业介绍机构包括公共职业介绍机构和其他非营利性职业介绍机构。

公共职业介绍机构，是指各级劳动保障行政部门举办，承担公共就业服务职能的公益性服务机构。公共职业介绍机构使用全国统一标识。

其他非营利性职业介绍机构，是指由劳动保障行政部门以外的其他政府部门、企事业单位、社会团体和其他社会力量举办，从事非营利性职业介绍活动的服务机构。

营利性职业介绍机构，是指由法人、其他组织和公民个人举办，从事营利性职业介绍活动的服务机构。

我国实行职业介绍行政许可制度，开办职业介绍机构应经劳动保障部门批准，并按有关规定开展业务。

法条指引

❶**《中华人民共和国就业促进法》**（2007年8月30日 国家主席令第70号）

第三十五条 县级以上人民政府建立健全公共就业服务体系，设立公共就业服务机构，为劳动者免费提供下列服务：

（一）就业政策法规咨询；

（二）职业供求信息、市场工资指导价位信息和职业培训信息发布；

（三）职业指导和职业介绍；

（四）对就业困难人员实施就业援助；

（五）办理就业登记、失业登记等事务；

（六）其他公共就业服务。

公共就业服务机构应当不断提高服务的质量和效率，不得从事经营性活动。

公共就业服务经费纳入同级财政预算。

第四十条 设立职业中介机构应当具备下列条件：

（一）有明确的章程和管理制度；

（二）有开展业务必备的固定场所、办公设施和一定数额的开办资金；

（三）有一定数量具备相应职业资格的专职工作人员；

（四）法律、法规规定的其他条件。

设立职业中介机构，应当依法办理行政许可。经许可的职业中介机构，应当向工商行政部门办理登记。

未经依法许可和登记的机构，不得从事职业中介活动。

国家对外商投资职业中介机构和向劳动者提供境外就业服务的职业中介机构另有规定的，依照其规定。

第四十一条 职业中介机构不得有下列行为：

（一）提供虚假就业信息；

（二）为无合法证照的用人单位提供职业中介服务；

（三）伪造、涂改、转让职业中介许可证；

（四）扣押劳动者的居民身份证和其他证件，或者向劳动者收取押金；

（五）其他违反法律、法规规定的行为。

❷**《就业服务与就业管理规定》**（2007年10月30日 劳动和社会保障部）

第六章 职业中介服务

第四十五条 县级以上劳动保障行政部门应当加强对职业中介机构的管理，鼓励其提高服务质量，发挥其在促进就业中的作用。

本规定所称职业中介机构，是指由法人、其他组织和公民个人举办，为用人单位招用人员和劳动者求职提供中介服务以及其他相关服务的经营性组织。

政府部门不得举办或者与他人联合举办经营性的职业中介机构。

第四十六条 从事职业中介活动，应当遵循合法、诚实信用、公平、公开的原则。

禁止任何组织或者个人利用职业中介活动侵害劳动者和用人单位的合法权益。

第四十七条 职业中介实行行政许可制度。设立职业中介机构或其他机构开展职业中介活动，须经劳动保障行政部门批准，并获得职业中介许可证。

经批准获得职业中介许可证的职业中介机构，应当持许可证向工商行政管理部门办理登记。

未经依法许可和登记的机构，不得从事职业中介活动。

职业中介许可证由劳动和社会保障部统一印制并免费发放。

第四十八条 设立职业中介机构应当具备下列条件：

（一）有明确的机构章程和管理制度；

（二）有开展业务必备的固定场所、办公设施和一定数额的开办资金；

（三）有一定数量具备相应职业资格的专职工作人员；

（四）法律、法规规定的其他条件。

第四十九条 设立职业中介机构，应当向当地县级以上劳动保障行政部门提出申请，提交下列文件：

（一）设立申请书；

（二）机构章程和管理制度草案；

（三）场所使用权证明；

（四）注册资本（金）验资报告；

（五）拟任负责人的基本情况、身份证明；

（六）具备相应职业资格的专职工作人员的相关证明；

（七）法律、法规规定的其他文件。

第五十条 劳动保障行政部门接到设立职业中介机构的申请后，应当自受理申请之日起20日内审理完毕。对符合条件的，应当予以批准；不予批准的，应当说明理由。

劳动保障行政部门对经批准设立的职业中介机构实行年度审验。

职业中介机构的具体设立条件、审批和年度审验程序，由省级劳动保障行政部门统一规定。

第五十一条 职业中介机构变更名称、住所、法定代表人等或者终止的，应当按照设立许可程序办理变更或者注销登记手续。

设立分支机构的，应当在征得原审批机关的书面同意后，由拟设立分支机构所在地县级以上劳动保障行政部门审批。

第五十二条 职业中介机构可以从事下列业务：

（一）为劳动者介绍用人单位；

（二）为用人单位和居民家庭推荐劳动者；

（三）开展职业指导、人力资源管理咨询服务；

（四）收集和发布职业供求信息；

（五）根据国家有关规定从事互联网职业信息服务；

（六）组织职业招聘洽谈会；

（七）经劳动保障行政部门核准的其他服务项目。

第五十三条 职业中介机构应当在服务场所明示营业执照、职业中介许可证、服务项目、收费标准、监督机关名称和监督电话等，并接受劳动保障行政部门及其他有关部门的监督检查。

第五十四条 职业中介机构应当建立服务台账，记录服务对象、服务过程、服务结果和收费情况等，并接受劳动保障行政部门的监督检查。

第五十五条 职业中介机构提供职业中介服务不成功的，应当退还向劳动者收取的中介服务费。

第五十六条　职业中介机构租用场地举办大规模职业招聘洽谈会，应当制定相应的组织实施办法和安全保卫工作方案，并向批准其设立的机关报告。

职业中介机构应当对入场招聘用人单位的主体资格真实性和招用人员简章真实性进行核实。

第五十七条　职业中介机构为特定对象提供公益性就业服务的，可以按照规定给予补贴。可以给予补贴的公益性就业服务的范围、对象、服务效果和补贴办法，由省级劳动保障行政部门会同有关部门制定。

第五十八条　禁止职业中介机构有下列行为：

（一）提供虚假就业信息；

（二）发布的就业信息中包含歧视性内容；

（三）伪造、涂改、转让职业中介许可证；

（四）为无合法证照的用人单位提供职业中介服务；

（五）介绍未满16周岁的未成年人就业；

（六）为无合法身份证件的劳动者提供职业中介服务；

（七）介绍劳动者从事法律、法规禁止从事的职业；

（八）扣押劳动者的居民身份证和其他证件，或者向劳动者收取押金；

（九）以暴力、胁迫、欺诈等方式进行职业中介活动；

（十）超出核准的业务范围经营；

（十一）其他违反法律、法规规定的行为。

第五十九条　县级以上劳动保障行政部门应当依法对经审批设立的职业中介机构开展职业中介活动进行监督指导，定期组织对其服务信用和服务质量进行评估，并将评估结果向社会公布。

县级以上劳动保障行政部门应当指导职业中介机构开展工作人员培训，提高服务质量。

县级以上劳动保障行政部门对在诚信服务、优质服务和公益性服务等方面表现突出的职业中介机构和个人，报经同级人民政府批准后，给予表彰和奖励。

第六十条　设立外商投资职业中介机构以及职业中介机构从事境外就业中介服务的，按照有关规定执行。

❸《职业介绍服务规程（试行）》（1998年1月6日　劳动部发布）

为健全劳动部门职业介绍机构的服务规则和服务秩序，进一步规范职业介绍服务方式，更好地帮助劳动者求职和单位用人，促进就业，制定本规程。

一、职业介绍服务标准

职业介绍机构提供服务遵循以下服务标准：

1. 文明服务。场所整洁、设施便利；工作人员挂牌服务，语言文明；尊重隐私，保守秘密，诚实守信。

2. 公平服务。对各类求职人员和用人单位一律平等对待，公平服务，不歧视。

3. 优先服务。对于就业困难的求职人员，特别是就业困难的下岗职工和失业6个月以上的长期失业者，应提供优先服务和重点帮助。

4. 高效服务。尽最大努力提供全面、快捷、准确的服务，使求职人员和用人单位满意。注重增强求职人员竞争就业能力，培养其自主就业意识。

5. 灵活服务。服务方式多样化，能满足不同求职人员和用人单位的服务需求；服务内容和服务约定建立在与求职人员和用人单位共同协商的基础上。

6. 公开服务。公开服务规章制度和服务结果，公开收费标准，设立服务监督电话和监督信箱。

二、职业介绍服务范围

职业介绍机构在以下范围内，开展对求职人员和用人单位的服务活动：

1. 信息服务。包括劳动力市场信息收集、信息交流与信息发布等。

2. 咨询服务。包括就业政策法规及服务咨询、职业培训信息咨询、求职和用人咨询、个人开业咨询和企业劳动人事管理咨询等。

3. 指导服务。包括职业能力测试评估、职业分析与评价、职业生涯设计、求职及用人观念和方法指导等。

4. 介绍服务。包括求职和用人面谈、介绍就业和推荐用人、举办招聘洽谈会、引导劳动者流动就业等。

5. 委托服务。包括受用人单位委托组织招聘、受求职人员委托存放档案，以及受劳动行政部门委托，办理劳动合同鉴证及有关职业培训和社会保险等事务。

6. 管理服务。包括就业登记、单位用人备案、职业介绍服务中的争议处理、协助进行劳动力市场监督检查、协助组织和管理劳动者流动就业等。

三、职业介绍服务程序

求职人员和用人单位进入职业介绍机构以后，职业介绍机构按以下基本程序提供服务：

（一）接待登记

求职人员和用人单位到职业介绍机构求职和招聘人员，职业介绍工作人员应要求他们进行就业登记或用人登记。随后，根据他们的不同情况，确定服务形式，并引导他们进入相应服务程序。

（二）提供信息

通过电视屏幕、计算机或广播等设备，以及广告、报纸、手册或卡片等书面材料，向求职人员和用人单位提供用人和求职信息及其他劳动力市场信息。提供的信息主要应包括：

——岗位空缺信息；

——劳动力供给信息；

——职业培训信息；

——职业供求分析预测信息；

——相关就业服务项目；

——劳动就业政策法规；

——其他劳动力市场信息。

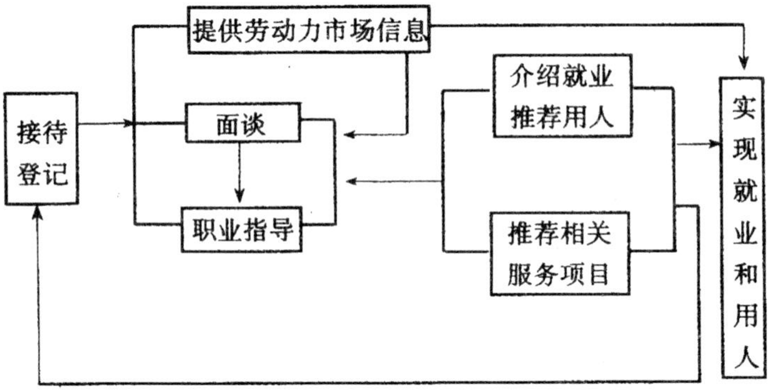

（三）求职和用人面谈

求职和用人面谈分为初次面谈和再次面谈。初次面谈的主要任务是：了解基本需求，确定服务形式，介绍就业和推荐用人，或推荐相关服务项目；再次面谈的主要任务是：深入了解并研究服务需求，调整服务形式，再次介绍就业和推荐用人，或推荐相关服务项目。

1. 求职面谈的基本程序

——收集信息。了解求职人员求职意愿和其他相关情况。

——确定需求。根据了解的基本情况，确定求职人员的服务需求，明确职业介绍机构应承担的义务和求职人员应开展的活动，向求职人员提出迅速和有效实现就业的建议。

——介绍就业。如有适合的空缺岗位，要安排求职人员与用人单位面谈；否则，待有适合的空缺岗位时，及时与求职人员和用人单位联系，迅速介绍就业；若本辖区内没有适合的空缺岗位，应与求职人员协商，向其他地区的职业介绍机构推荐。

——推荐相关服务。在求职人员不能直接通过配置实现就业，或本地和其他地区没有合适的空缺岗位时，应根据该求职人员具体情况和要求，向其建议接受求职指导，参加就业训练、生产自救或其他就业服务项目。

——再次面谈。对接受相关就业服务，或经3次介绍就业仍未能实现就业的求职人员，在要求其确认登记后，应与他们进行再次面谈，并重新开展相应的服务。

2. 用人面谈的基本程序

——了解情况。了解用人单位的用人要求及相关情况。

——确定需求。根据所了解的情况，确定用人单位的用人要求和实现用人所必要的服务，明确职业介绍机构应承担的义务和用人单位需要开展的活动，并向用人单位提出招聘用人建议。

——推荐用人。若有合适的求职人员，要迅速向用人单位推荐；否则，应积极寻找适合的求职人员；若在本辖区未能找到合适的求职人员，应与其他地区的职业介绍机构联系选择人员，推荐用人。

——推荐相关服务。对于一时难以招聘到人员的空缺岗位，应根据该用人单位的具体情况和要求，建议其接受用人指导或相关服务。

——再次面谈。对接受相关服务，或经3次推荐用人仍不能填补的岗位空缺，应及时与用人单位再次面谈，重新开展相应的服务。

（四）职业指导

职业指导分为求职指导和用人指导。它的主要任务是：提供职业咨询，开发职业潜力；引导调整就业观念和用人观念；指导设计职业生涯，提高求职和招聘技巧。

1. 求职指导的基本程序

——能力评估。根据求职人员提供的个人基本情况及其职业倾向测试结果，对求职人员职业能力进行分析和评估。

——职业分析。进行职业分析预测，并结合对求职人员的能力评估，帮助他们调整就业观念和求职意愿，指导其确定新的职业目标，提出职业培训建议。

——就业计划。在能力评估和职业分析后，对于就业困难的求职人员，应根据职业介绍机构服务能力，在协商的基础上，与其共同制定为期3个月的就业计划，确定职业介绍机构可提供的服务和求职人员的求职活动安排。对于其他求职人员，可在自愿的基础上，帮助他们制定就业计划。

——约见服务。根据就业计划，每隔3至4周约见一次就业困难的求职人员，检查计划执行情况，并根据实际情况对职业介绍服务内容和求职人员的求职活动进行相应调整。

——再指导。对于就业计划期满仍未能实现就业的求职人员，要帮助其研究求职过程，并修改或重新制定就业计划；对于未制定就业计划、经初次求职指导30日后仍未实现就业、并继续寻找工作的其他求职人员，也应提供相应的再指导服务。

2. 用人指导的基本程序

——空岗分析。根据用人单位提供的基本情况和用人要求，以及劳动力市场供求状况等信息，对难以填补的空缺岗位及其用人单位的要求进行分析，帮助用人单位了解该职业在劳动力市场职业供求中的状况。

——服务约定。根据空岗分析情况，向用人单位建议确保空缺岗位填补所需要的职业介绍服务和其他活动安排。

——调整用人。对于不能通过现有职业介绍服务及时填补的空缺岗位，可与用人单位协商，建议其调整工作要求和用人条件。

——人事咨询。及时了解用人单位劳动人事管理中的问题，主动帮助用人单位调整相关政策和管理方式。提出培训单位内部有关工作人员的建议，并向用人单位适时提供相关信息和服务，促其树立正确的用人观念，规范用人行为。

对于接受相应职业介绍服务后未实现就业的求职人员和未满足需求的用人单位，要根据他们的不同要求，指导其再进入其他服务程序。

四、对就业困难求职人员的服务程序

对于到职业介绍机构登记求职的就业困难人员，职业介绍机构还需按以下内容和程序提供服务。

1. 求职登记1个月内

在求职人员登记求职1个月内，应向他们提供以下服务：

——登记和咨询；

——劳动力市场信息服务；

——求职面谈；

——介绍与推荐；

——职业指导；

——其他就业服务建议；

——其他服务。

2. 求职登记1个月以后

对登记求职1个月内没有实现就业的求职人员，应要求其自登记之日起3个月内，每隔30日到职业介绍机构确认登记一次。职业介绍机构可与求职人员一起研究改进求职方法。对制定就业计划的求职人员，应检查计划的执行情况。

3. 求职登记3个月以后

对登记求职3个月后仍未找到工作的求职人员，应与他们共同研究求职经过，并提供进一步的职业指导服务，帮助他们制定就业计划。对已经制定就业计划的人员，要帮助其修改或重新制定就业计划，寻求最佳求职效果。在此期间，应要求求职人员参加以下两项活动：

——求职培训班：讲授各类求职方法和技巧，帮助求职人员分析问题，提高求职成功率；

——就业讨论会：主要是针对求职人员就业难的状况，研究求职经过、就业计划、帮助求职人员确定新的职业方向，选择适合的培训项目和培训形式。

4. 求职登记6个月以后

对求职登记6个月以上的人员，应提供以下专项服务，帮助其进一步修改并实施就业计划：

——再就业培训班：帮助求职人员制定再就业计划，提供求职方法培训和职业指导服务，提高其就业自信心和求职能力。这是要求求职人员必须参加的服务项目。

——职业培训：对需要提高或更新职业技能的人员，提供有关职业培训信息，帮助他们制定参加职业培训的计划，并与职业培训机构联系，推荐其参加合适的职业培训。

——求职交流：开展求职人员之间求职和就业经验交流，并进一步提供各类求职指导，提高求职人员自主就业能力。

——职业设计培训班：帮助想从事新职业的

求职人员，进行职业分析和评估，测试职业能力，并进行职业设计，与求职人员共同研究确立新的职业方向。

——社区服务：组织求职人员开展社区服务，从事一些临时性、自愿性的工作，从事非正规就业。

——自谋职业服务：对开办小企业，从事自谋职业的求职人员，提供规划、投资、经营管理等方面的咨询和其他相应的服务。

——生产自救：与劳动就业服务企业指导管理部门共同组织一部分失业人员到劳动部门指定的生产自救基地安置就业，或接受在岗技能培训、开展生产自救活动。

——新的再就业计划：对于求职登记1年以上的人员，需利用1周的时间，帮助其开发新的再就业计划，重新安排服务项目和求职活动，并逐步实施。这是要求求职人员必须参加的服务项目。

对于接受相应职业介绍服务后未实现就业的就业困难的求职人员，应根据不同情况和要求，指导他们再进入相应的服务程序。

【中外合资合作职业介绍机构】

法律问题解读

我国自2001年12月1日起允许在国内设立中外合资、合作职业介绍机构。对其应具备的条件规定了三项：

1. 申请设立中外合资、中外合作职业介绍机构的外方投资者应是从事职业介绍的法人，在注册国，有开展职业介绍服务的经历，并具有良好信誉；

2. 申请设立中外合资、中外合作职业介绍机构的中方投资者应是具有从事职业介绍资格的法人，并具有良好信誉；

3. 拟设立的中外合资、中外合作职业介绍机构应具有不低于30万美元注册资本，有3名以上具备职业介绍资格的专职工作人员，有明确的业务范围、机构章程、管理制度，有与开展业务相适应的固定场所、办公设施，主要经营者应具有从事职业介绍服务的工作经历。

只有具备上述三项条件的投资者方可申请办理开办中外合资、中外合作职业介绍所。申办程序是：

1. 应依法向拟设立企业住所地省级外经贸行政部门提出申请，并呈报申请设立中外合资、中外合作职业介绍机构的有关文件。省级外经贸行政部门在接到申请后，应将其中下列文件转交同级劳动保障行政部门：

（1）中、外双方各自的登记注册证明（复印件）；

（2）主要经营者的资历证明（复印件）和简历；

（3）拟任专职工作人员的简历和职业资格证明；

（4）住所使用证明；

（5）拟开展经营范围的文件；

（6）法律、法规规定的其他文件。

2. 省级劳动保障行政部门接到按前款规定转来的申请文件后，应在15日内作出答复。符合条件的，应出具同意设立中外合资、中外合作职业介绍机构的证明文件；不符合条件的，应当说明理由，并将上述文件退回省级外经贸行政部门。

3. 省级外经贸行政部门接到同级劳动保障行政部门同意设立中外合资、中外合作职业介绍机构的证明文件后，应在30日内作出批准或不批准的决定。予以批准的，发给中外合资、中外合作企业批准证书；不予批准的，应通知申请者。

4. 获得批准的申请者，自接到中外合资、中外合作企业批准证书之日起30日内，到拟设立企业住所地国家工商行政管理总局授权的地方工商行政管理局申请登记注册，并应于登记注册之日起10日内，到省级劳动保障行政部门或其授权的地市级劳动保障行政部门办理备案手续。

法条指引

❶**《中华人民共和国中外合资经营企业法》**（2001年3月15日修正）（略）

❷**《中华人民共和国中外合作经营企业法》**（2000年10月31日修正）（略）

❸**《中外合资中外合作职业介绍机构设立管理暂行规定》**（2001年10月9日）

第一条 为规范中外合资、中外合作职业介绍机构的设立，保障求职者和用人单位的合法权益，根据劳动法、中外合资经营企业法和中外合作经营企业法的有关规定，制定本规定。

第二条 设立从事职业介绍的中外合资、中外合作机构应当按照本规定执行。

第三条 劳动保障行政部门、外经贸行政部门和工商行政管理部门在各自职权范围内负责中外合资、中外合作职业介绍机构的审批、登记、管理和监督检查工作。

设立中外合资、中外合作职业介绍机构应当经省级人民政府劳动保障行政部门（以下简称省级劳动保障行政部门）和省级人民政府外经贸行政部门（以下简称省级外经贸行政部门）批准，并到企业住所地国家工商行政管理总局授权的地方工商行政管理局进行登记注册。

不得设立外商独资职业介绍机构。

外国企业常驻中国代表机构和在中国成立的外国商会不得在中国从事职业介绍服务。

第四条 中外合资、中外合作职业介绍机构应当依法开展经营活动，其依法开展的经营活动受中国法律保护。

第五条 中外合资、中外合作职业介绍机构可以从事下列业务：

（一）为中外求职者和用人单位提供职业介绍服务；

（二）提供职业指导、咨询服务；

（三）收集和发布劳动力市场信息；

（四）经省级劳动保障行政部门或其授权的地市级劳动保障行政部门同意，举办职业招聘洽谈会；

（五）经省级劳动保障行政部门或其授权的地市级劳动保障行政部门核准的其他服务项目。

中外合资、中外合作职业介绍机构介绍中国公民出境就业和外国企业常驻中国代表机构聘用中方雇员按照国家有关规定执行。

第六条 申请设立中外合资、中外合作职业介绍机构应当具备以下条件，并应按本规定第七条至第十条规定的程序办理审批手续：

（一）申请设立中外合资、中外合作职业介绍机构的外方投资者应是从事职业介绍的法人，在注册国有开展职业介绍服务的经历，并具有良好信誉；

（二）申请设立中外合资、中外合作职业介绍机构的中方投资者应是具有从事职业介绍资格的法人，并具有良好信誉；

（三）拟设立的中外合资、中外合作职业介绍机构应具有不低于30万美元注册资本，有3名以上具备职业介绍资格的专职工作人员，有明确的业务范围、机构章程、管理制度，有与开展业务相适应的固定场所、办公设施，主要经营者应具有从事职业介绍服务工作经历。

第七条 设立中外合资、中外合作职业介绍机构，应依法向拟设立企业住所地省级外经贸行政部门提出申请，并呈报申请设立中外合资、中外合作职业介绍机构的有关文件。

省级外经贸行政部门在接到申请后，应将其中下列文件转交同级劳动保障行政部门：

（一）中、外双方各自的登记注册证明（复印件）；

（二）主要经营者的资历证明（复印件）和简历；

（三）拟任专职工作人员的简历和职业资格证明；

（四）住所使用证明；

（五）拟开展经营范围的文件；

（六）法律、法规规定的其他文件。

第八条 省级劳动保障行政部门接到按本规定第七条规定转来的申请文件后，应在15日内作出答复。符合条件的，应出具同意设立中外合资、中外合作职业介绍机构的证明文件；不符合条件的，应当说明理由，并将上述文件退回省级外经贸行政部门。

第九条 省级外经贸行政部门接到同级劳动保障行政部门同意设立中外合资、中外合作职业介绍机构的证明文件后，应在30日内作出批准或不批准的决定。予以批准的，发给中外合资、中外合作企业批准证书；不予批准的，应通知申请者。

第十条 获得批准的申请者，自接到中外合资、中外合作企业批准证书之日起30日内，到拟设立企业住所所在地国家工商行政管理总局授权的地方工商行政管理局申请登记注册，并应于登记注册之日起10日内，到省级劳动保障行政部门或其授权的地市级劳动保障行政部门办理备案手续。

第十一条 中外合资、中外合作职业介绍机构投资者变更、股权比例发生变化或设立分支机构，应按本规定的审批程序经原审批机关审批同意后，到工商行政管理部门办理相关变更登记手续，并到劳动保障行政部门办理变更备案手续。

第十二条 中外合资、中外合作职业介绍机构的管理适用《劳动力市场管理规定》和外商投资企业的有关管理规定。

第十三条 香港特别行政区、澳门特别行政区投资者在内地以及台湾地区投资者在大陆投资设立中外合资、中外合作的职业介绍机构，参照本规定执行。

第十四条 本规定自2001年12月1日起施行。

【境外就业中介机构】

法律问题解读

为中国公民境外就业或者为境外雇主在中国境内招聘中国公民到境外就业提供相关服务的机构，是境外就业中介机构。境外就业中介实行行政许可制度。未经批准及登记注册，任何单位和个人不得从事境外就业中介活动。经批准从事该项活动的机构为境外就业中介机构。其所从事的业务范围是：

（1）为中国公民提供境外就业信息、咨询。

（2）接受境外雇主的委托，为其推荐所需招聘人员。

（3）为境外就业人员进行出境前培训，并协助其办理有关职业资格证书公证等手续。

（4）协助境外就业人员办理出境所需要护照、签证、公证材料、体检、防疫注射等手续和证件。

（5）为境外就业人员代办社会保险。

（6）协助境外就业人员通过调解、仲裁、诉讼等程序维护其合法权益。

境外就业中介机构在开展业务过程中，应当依法履行下列义务：

（1）核查境外雇主的合法开业证明、资信证明、境外雇主所在国家或者地区移民部门或者其他有关政府主管部门批准的招聘外籍人员许可证明等有关材料。

（2）协助、指导境外就业人员同境外雇主签订劳动合同，并对劳动合同的内容进行确认。劳动合同内容应当包括合同期限、工作地点、工作内容、工作时间、劳动条件、劳动报酬、社会保险、劳动保护、休息休假、食宿条件、变更或者解除劳动合同的条件以及劳动争议处理、违约责任等条款。

按照国家规定，境外就业中介机构应当依法与境外就业人员签订境外就业中介服务协议书。协议书应当包括：双方当事人的权利和义务、境外就业中介机构的服务项目、收费标准、违约责任、赔偿条款等内容。

法条指引

❶ **《境外就业中介管理规定》**（2002年5月14日 劳动保障部、公安部、国家工商行政管理局发布）

第一章 总则

第一条 为规范境外就业中介活动，维护境外就业人员合法权益，根据《中华人民共和国劳动法》和国务院有关规定，制定本规定。

第二条 本规定适用于在中国境内从事境外就业中介活动的管理。

本规定所称境外就业，是指中国公民与境外雇主签订劳动合同，在境外提供劳动并获取劳动报酬的就业行为。

本规定所称境外就业中介，是指为中国公民境外就业或者为境外雇主在中国境内招聘中国公民到境外就业提供相关服务的活动。经批准，从事该项活动的机构为境外就业中介机构。

第三条 境外就业中介实行行政许可制度。未经批准及登记注册，任何单位和个人不得从事境外就业中介活动。

第四条 劳动保障部门负责境外就业活动的管理和监督检查。

公安机关负责境外就业中介活动出入境秩序的管理。

工商行政管理部门负责境外就业中介机构登记注册和境外就业中介活动市场经济秩序的监督管理。

第二章 中介机构的设立

第五条 从事境外就业中介活动应当具备以下条件：

（一）符合企业法人设立的条件；

（二）具有法律、外语、财会专业资格的专职工作人员，有健全的工作制度和工作人员守则；

（三）备用金不低于50万元；

（四）法律、行政法规规定的其他条件。

第六条 申请从事境外就业中介活动的机构（以下简称申请机构）应当向其所在地的省级劳动保障行政部门提出申请，经初审同意并征得同级公安机关同意后，报劳动和社会保障部审批。劳动和社会保障部自收到申请之日起60日内做出答复。新设境外就业中介机构报劳动和社会保障部审批前，应当到工商行政管理机关办理名称预先核准登记。劳动和社会保障部审查批准并抄送公安部后，向该机构颁发境外就业中介许可证（以下简称许可证）。

许可证自颁发之日起有效期为3年。

境外机构、个人及外国驻华机构不得在中国境内从事境外就业中介活动。

第七条 申请机构应当向审核机关提交以下文件材料：

（一）填写完整的境外就业中介资格申请表；

（二）企业名称预先核准通知书；

（三）法定代表人或者拟任人选、主要工作人员或者拟聘用人选的简历和有关资格证明；

（四）具有法定资格的验资机构出具的验资报告；

（五）机构章程及内部有关规章、制度；

（六）拟开展境外就业中介活动的行政区域和可行性报告；

（七）住所和经营场所使用证明；

（八）省级劳动保障行政部门认可的备用金存款证明；

（九）劳动和社会保障部规定的其他材料。

第八条 申请机构应当自领取许可证之日起30日内，到工商行政管理机关申请企业法人设立登记或者变更登记，并应当于设立登记或者变更登记核准之日起10日内，到所在地的省级劳动保障行政部门和公安机关备案。

第三章 经营和管理

第九条 境外就业中介机构依法从事下列业务：

（一）为中国公民提供境外就业信息、咨询；

（二）接受境外雇主的委托，为其推荐所需招聘人员；

（三）为境外就业人员进行出境前培训，并协助其办理有关职业资格证书公证等手续；

（四）协助境外就业人员办理出境所需要护照、签证、公证材料、体检、防疫注射等手续和证件；

（五）为境外就业人员代办社会保险；

（六）协助境外就业人员通过调解、仲裁、诉讼等程序维护其合法权益。

第十条 境外就业中介机构应当依法履行下列义务：

（一）核查境外雇主的合法开业证明、资信证明、境外雇主所在国家或者地区移民部门或者其他有关政府主管部门批准的招聘外籍人员许可证明等有关资料；

（二）协助、指导境外就业人员同境外雇主签订劳动合同，并对劳动合同的内容进行确认。

劳动合同内容应当包括合同期限、工作地点、工作内容、工作时间、劳动条件、劳动报酬、社会保险、劳动保护、休息休假、食宿条件、变更或者解除合同的条件以及劳动争议处理、违约责任等条款。

第十一条 境外就业中介机构应当依法与境外就业人员签订境外就业中介服务协议书。协议书应当对双方的权利和义务、服务项目、收费标准、违约责任、赔偿条款等内容作出明确规定。

第十二条 境外就业中介机构应当将签订的境外就业中介服务协议书和经其确认的境外就业劳动合同报省级劳动保障行政部门备案。省级劳动保障行政部门在10日内未提出异议的，境外就业中介机构可以向境外就业人员发出境外就业确认书。公安机关依据有关规定，凭境外就业确认书为境外就业人员办理出入境证件。

第十三条 境外就业中介机构设立分支机构的，应当按照本规定第二章的规定办理申请审批、登记和备案手续。

第十四条 境外就业中介机构不得以承包、转包等方式交由其他未经批准的中介机构或者个人开展境外就业中介活动。

第十五条 境外就业中介机构不得组织非法出入境，不得组织中国公民到境外从事中国法律所禁止的违法犯罪活动。

第十六条 发布有关境外就业中介服务广告，发布前必须经中介机构所在地省、自治区、直辖市工商行政管理局批准。无批准文件的，不得发布。

第十七条 境外就业中介机构可向境外就业人员或者境外雇主收取合理的中介服务费，并接受当地物价部门监督。

第十八条 境外就业中介机构应当在服务场所明示合法证照、服务项目、收费标准、监督机关名称和监督电话等，并接受劳动保障行政部门及其他有关部门的监督检查。

第十九条 境外就业中介机构的名称、住所或者经营场所、法定代表人发生变更的，应当按照本规定规定的申办程序办理许可证变更，并凭新的许可证到原企业登记主管机关申请变更登记。其中，涉及名称变更的，应当在申请新的许可证时提交工商行政管理机关同意变更名称的证明文件。其他登记事项的变更，按照现行企业登记管理的有关规定办理。

第二十条 境外就业中介机构拟在许可证有效期届满后继续从事境外就业中介活动的，应当在许可证有效期届满前90日内，依照本规定规定的申办程序办理更换许可证手续。许可证有效期届满，境外就业中介机构未申请更换的，由劳动和社会保障部予以注销。

第二十一条 境外就业中介许可证实行年审制度。境外就业中介机构应当向所在地省级劳动保障行政部门提交上一年度经营情况以及其他相关材料。对审验不合格的境外就业中介机构，省级劳动保障行政部门应当报劳动和社会保障部，由劳动和社会保障部注销许可证，并通报公安机关和工商行政管理机关。

第二十三条 境外就业中介机构在破产、解散前，应当以书面形式向省级劳动保障行政部门提出注销许可证申请和善后事宜处理措施，并办理注销许可证手续。

第二十四条 凡违反本规定被注销境外就业中介许可证的，其法定代表人和主要责任人3年内不得从事境外就业中介活动。

第四章 备用金

第二十五条 境外就业中介实行备用金制度。备用金用于因境外就业中介机构责任造成其服务对象合法权益受到损害时的赔偿及支付罚款、罚金。

第二十六条 境外就业中介机构按照规定将备用金存入省级劳动保障行政部门指定的国有商业银行中该境外就业中介机构专门账户，实行专款专用。

第二十七条 备用金及其利息由境外就业中介机构所在地省级劳动保障行政部门实行监管。未经监管部门的许可，任何单位和个人不得擅自动用备用金。

第二十八条 备用金及其利息归境外就业中介机构所有。境外就业中介机构破产、解散时，其备用金及其利息作为境外就业中介机构资产的一部分，按照有关规定处置。

第二十九条 境外就业中介机构无力按照仲裁机构的裁决或者人民法院的判决进行赔偿，或者无力支付罚款、罚金时，可以书面形式向备用金监管部门提出动用备用金及其利息的申请。

境外就业中介机构拒不支付罚款、罚金，拒不执行仲裁机构或者人民法院的裁决或者判决的，由执行机关依法强制执行。

第三十条 备用金不足以补偿服务对象合法权益受到侵害造成的经济损失时，境外就业中介机构必须按照国家有关规定承担民事责任。

第三十一条 备用金被动用后低于本规定所规定数额时，境外就业中介机构应在60日内将备用金补足至规定数额，逾期未补足的，不得开展境外就业中介业务。

第三十二条 境外就业中介机构自行解散、破产或许可证被注销后，如2年内未发生针对该境外就业中介机构的投诉或者诉讼，可凭备用金监管部门开具的证明，到开户银行领取其备用金及其利息。

第五章 罚则

第三十三条 单位或者个人未经劳动保障行政部门批准和工商行政管理机关登记注册，擅自从事境外就业中介活动的，由劳动保障行政部门会同工商行政管理机关依法取缔、没收其经营物品和违法所得。因非法从事境外就业中介活动，给当事人造成损害的，应当承担赔偿责任。

第三十四条 境外就业中介机构违反本规定，有下列行为之一的，由劳动保障行政部门责令改正，没有违法所得的，处以10000元以下罚款；有违法所得的，处以违法所得3倍以下但不超过30000元的罚款；对当事人造成损害的，应当承担赔偿责任；构成犯罪的，依法追究刑事责任。

（一）提供虚假材料骗领许可证的；

（二）以承包、转包等方式交由其他未经批准的中介机构或者个人开展境外就业中介活动的；

（三）拒不履行本规定第十条规定义务的；

（四）不与其服务对象签订境外就业中介服务协议书的；

（五）逾期未补足备用金而开展境外就业中介业务的；

（六）违反本规定，严重损害境外就业人员合法权益的。

第三十五条 违反本规定第十二条规定，未将境外就业中介服务协议书和劳动合同备案的，由劳动保障行政部门处以1000元以下罚款。

第三十六条 境外就业中介机构在中介活动中为他人编造情况和提供假证明，骗取出入境证件，没有违法所得的，由县级以上公安机关处以10000元以下的罚款；有违法所得的，没收违法所得，并可处以违法所得3倍以下但不超过30000元的罚款；构成犯罪的，依法追究刑事责任。

第三十七条 境外就业中介机构违反工商行政管理法规，由工商行政管理机关依法查处。

对未经批准发布境外就业中介服务广告的，由工商行政管理机关责令停止发布，没有违法所得的，处以10000元以下的罚款；有违法所得的，没收违法所得，并可处以违法所得3倍以下但不超过30000元的罚款。

第六章 附则

第三十八条 境外就业中介资格申请表、境外就业中介许可证由劳动和社会保障部统一制定。

第三十九条　本规定实施前已领取境外就业中介许可证的，应当自本规定实施之日起 90 日内重新申请许可证和登记注册。

第四十条　劳动和社会保障部及时向社会公布获得或者被注销许可证的境外就业中介机构名单。

第四十一条　省、自治区、直辖市劳动保障行政部门可以会同同级公安机关、工商行政管理机关根据本规定制定实施办法，并报劳动和社会保障部、公安部、国家工商行政管理总局备案。

第四十二条　为内地公民到香港、澳门特别行政区和台湾地区就业提供中介服务活动，不适用本规定。

第四十三条　本规定自 2002 年 7 月 1 日起施行。原劳动部 1992 年 11 月 14 日公布的《境外就业服务机构管理规定》同时废止。

第三章　劳动合同

● 本章为读者提供与以下题目有关的法律问题的解读及相关法律文献依据

劳动者的基本权利和义务（034）　用人单位的规章制度（035）　劳务派遣（037）　劳务派遣中各方的权利义务（038）　人员招聘（039）　离退休人员的聘用（041）　非全日制劳动者（041）　双重劳动关系（043）　劳动合同（045）　订立劳动合同的原则（048）　特殊人员劳动合同的订立与变更（049）　用人单位遇有特殊情形劳动合同的订立与变更（051）　劳动合同的内容（052）　劳动合同期限（054）　无固定期限的劳动合同（054）　劳动合同试用期（056）　见习期、学徒期、实习期（057）　商业秘密的保护（058）　劳动合同的生效（062）　劳动合同变更（063）　劳动合同中止（064）　劳动合同解除（064）　法定解除（066）　过错解除（067）　违纪职工的处理（069）　经济性裁员的解除（070）　用人单位解除劳动合同的限制（071）　协商解除合同（072）　工会在解除合同中维护职工的职责（073）　劳动合同终止（073）　劳动合同解除与终止的手续（075）　合同解除、终止的法律责任（076）　劳动合同中的违约金（078）　劳动合同的续订（079）　解除和终止劳动合同的经济补偿（080）　本单位工作年限（082）　经济补偿金的纳税（083）　军队随军家属的安置（085）　军人配偶随军未就业期间的基本生活补贴（086）　国有企业安置富余人员的主要方式（088）　破产企业职工安置（089）　资源枯竭矿山关闭破产企业职工安置（095）　下岗职工安置（098）　西藏内调人员安置（102）　进藏内调大中专毕业生的安置（105）

【劳动者的基本权利和义务】

法律问题解读

劳动者的权利和义务与用人单位的权利和义务基本是对称的，也就是说，劳动者的权利即是用人单位的义务，劳动者的义务即是用人单位的权利。

国家法律规定，劳动者的基本权利有八项，即：平等就业和选择职业的权利；取得劳动报酬的权利；休息休假的权利；获得劳动安全卫生保护的权利；接受职业技能培训的权利；享受社会保险和福利的权利；提请劳动争议处理的权利；法律规定的其他劳动权利，如依法参加工会的权利，提出合理化建议的权利，依法解除劳动合同的权利，对用人单位管理人员违章指挥、强令冒险作业拒绝执行的权利，对危害生命安全和身体健康的行为有权提出批评、检举和控告的权利等。

劳动者的基本义务主要有四项：即完成劳动任务；提高职业技能；执行劳动安全卫生规程；遵守劳动纪律和职业道德。

法条指引

❶**《中华人民共和国劳动法》**（1994 年 7 月 5 日　国家主席令第 28 号）

第三条　劳动者享有平等就业和选择职业的权利、取得劳动报酬的权利、休息休假的权利、获得劳动安全卫生保护的权利、接受职业技能培训的权利、享受社会保险和福利的权利、提请劳动争议处理的权利以及法律规定的其他劳动权利。

劳动者应当完成劳动任务，提高职业技能，执行劳动安全卫生规程，遵守劳动纪律和职业道德。

❷**《中华人民共和国劳动合同法》**（2007 年 6 月 29 日　国家主席令第 65 号）

第八条　用人单位招用劳动者时，应当如实告知劳动者工作内容、工作条件、工作地点、职业危害、安全生产状况、劳动报酬，以及劳动者要求了解的其他情况；用人单位有权了解劳动者与劳动合同直接相关的基本情况，劳动者应当如实说明。

第七十七条 劳动者合法权益受到侵害的，有权要求有关部门依法处理，或者依法申请仲裁、提起诉讼。

❸**《中华人民共和国就业促进法》**（2007 年 8 月 30 日 国家主席令第 70 号）

第三条劳动者依法享有平等就业和自主择业的权利。

劳动者就业，不因民族、种族、性别、宗教信仰等不同而受歧视。

❹**《关于〈劳动法〉若干条文的说明》**（1994 年 9 月 5 日 劳办发［1994］289 号）

第三条 劳动者享有平等就业和选择职业的权利、取得劳动报酬的权利、休息休假的权利、获得劳动安全卫生保护的权利、接受职业技能培训的权利、享受社会保险和福利的权利、提请劳动争议处理的权利以及法律规定的其他劳动权利。劳动者应当完成劳动任务，提高职业技能，执行劳动安全卫生规程，遵守劳动纪律和职业道德。

本条中的“劳动报酬”是指，劳动者从用人单位得到的全部工资收入。

本条中“法律规定的其他劳动权利”是指劳动者依法享有参加和组织工会的权利，参加职工民主管理权利，参加社会义务劳动的权利，参加劳动竞赛的权利，提出合理化建议的权利，从事科学研究、技术革新、发明创造的权利，依法解除劳动者合同的权利，对用人单位管理人员违章指挥、强令冒险作业有拒绝执行的权利，对危害生命安全和身体健康的行为有权得出批评、检举和控告的权利，对违反劳动法的行为进行监督的权利等。

案例链接

❶《索某诉上海某电子线材有限公司追索劳动报酬纠纷案》，参见北大法宝引证码：Pkulaw. cn/CLI. C. 165397。

❷《甄雪峰诉河南省尚品家具有限公司工伤事故损害赔偿纠纷案》，参见北大法宝引证码：Pkulaw. cn/CLI. C. 222833。

学者观点

❶ 李绍章：《论丑女的法律保护》，参见北大法宝引证码：Pkulaw. cn/CLI. A. 032967。

❷ 龚刃韧：《不歧视原则与中国农民权利》，参见北大法宝引证码：Pkulaw. cn/CLI. A. 045478。

【用人单位的规章制度】

法律问题解读

用人单位的规章制度是由用人单位依据法律法规和本单位的实际情况，建立的内部生产、经营和管理等诸方面的行为规范。这既是法律授予企业的自主权，又是为其规定的义务。用人单位规章制度主要有七方面的内容：（1）人事管理制度；（2）考勤制度；（3）考核制度；（4）保密制度；（5）工资、福利、保险制度；（6）奖惩制度；（7）财务制度。

规章制度是用人单位用工管理的重要工具，是其用工自主权的具体体现，但是，《劳动合同法》对用人单位规章制度的制定予以了多重限制。

1. 职工对于涉及劳动者切身利益的重大事项的提议权和协商权——用人单位规章制定权的限制之一

劳动者切身利益的重大事项，则需要经职工代表大会或者全体职工讨论，提出方案和意见，与工会或者职工代表平等协商确定。劳动合同法赋予了职工提议权和协商权利，从而削弱了其单方性。并且，该条规定强调“直接涉及劳动者切身利益”主要是为了实现用人单位内部管理权和劳动者利益保护的协调，一方面，企业规章制度的订立是用人单位经营自主权的体现，如果需要职工民主表决或者集体协商，则会导致对用人单位的激励不够，使得企业经营的效率降低；另一方面，不受限制的单方权利（力）容易滥用，而成为侵犯劳动者利益的“恰当理由”。因此，对于关涉劳动者重大利益的事项应该有劳动者的参与，他们享有讨论、提议和协商的权利。

“直接涉及劳动者切身利益”主要包括：“劳动报酬、工作时间、休息休假、劳动安全卫生、保险福利、职工培训等”，而我们认为，原则上只要是用人单位涉及劳动者进行管理的规章制度的内容，原则上都应该根据职工协商。需要注意的是，上述“直接涉及劳动者切身利益”主与集体合同内容具有一定的重合性，《劳动合同法》第 51 条第 1 款规定：“企业职工一方与用人单位通过平等协商，就劳动报酬、工作时间、休息休假、劳动安全卫生、保险福利等事项，可以订立集体合同。集体合同草案应当提交职工代表大会或者全体职工讨论通过。”因此，企业规章制度的内容应该要符合集体合同的规定。

2. 工会对不适当规章制度的疑义权和协商修改权——用人单位规章制定权的限制之二

《工会法》第6条第1款规定："维护职工合法权益是工会的基本职责。工会在维护全国人民总体利益的同时，代表和维护职工的合法权益。工会通过平等协商和集体合同制度，协调劳动关系，维护企业职工劳动权益。"用人单位规章制度的制定和实施过程中，工会主要是通过制定过程中就部分内容的协商（第2款）以及实施过程中对不当内容的疑义权和协商修改权来维护职工的利益。

工会的疑义权和协商修改权利产生的前提条件是规章制度在实施过程，工会或职工认为不适当，这种不适当既包括实体方面的内容规定，也包括程序方面的不适当，如：规章制度规定权利义务对于劳动者来说过于苛刻，以及规章制度的制定程序没有遵循第二款的规定等。在劳动合同立法中具体表现为：《劳动合同法》第43条规定，如果用人单位以违反规章制度为由单方解除劳动合同，应当事先将理由通知工会。工会认为不适当的，有权提出意见。用人单位违反法律、行政法规规定或者劳动合同约定的，工会有权要求用人单位纠正。用人单位应当研究工会的意见，并将处理结果书面通知工会。第78条规定用人单位违反劳动法律、法规和劳动合同、集体合同的，工会有权提出意见或者要求重新处理；劳动者申请仲裁或者提起诉讼的，工会依法给予支持和帮助。

3. 劳动者对于涉及自身切身利益的规章制度的知情权——用人单位规章制定权的限制之三

劳动者对于涉及自身切身利益的规章制度的知情权，相对应的则是用人单位的公示告知义务。并且公示是规范性文件生效的前提，规章制度的公示关系到规章的生效。《最高人民法院关于审理劳动争议案件适用法律若干问题的解释（一）》第19条规定用人单位规章可以作为人民法院审理劳动争议案件的依据，但是前提条件是该规章已向劳动者公示。

4. 劳动行政部门对规章的审查权——用人单位规章制定权的限制之四

1997年11月25日劳动部颁布《关于对新开办用人单位实行劳动规章制度备案制度的通知》（劳部发［1997］338号）明确对新开办用人单位实行劳动规章制度进行审查备案。根据劳动部《关于对新开办用人单位实行劳动规章制度备案制度的通知》（劳部发［1997］338号）劳动行政部门主要是对新开办用人单位规章制度的合法性进行备案审查，具体包括：劳动规章制度内容是否符合法律法规、规定；制定劳动规章制度的程序是否符合有关规定。经审查，发现用人单位的劳动规章制度内容违反法律、法规规定的，应责令其限期改正。（参见林嘉、范围著：《员工关系管理指南》，北京大学出版山2009年版。）

法条指引

❶《中华人民共和国劳动法》（1994年7月5日 国家主席令第28号）

第四条 用人单位应当依法建立和完善规章制度，保障劳动者享有劳动权利和履行劳动义务。

第八十九条 用人单位制定的劳动规章制度违反法律、法规规定的，由劳动行政部门给予警告，责令改正；对劳动者造成损害的，应当承担赔偿责任。

❷《中华人民共和国劳动合同法》（2007年6月29日 国家主席令第65号）

第四条 用人单位应当依法建立和完善劳动规章制度，保障劳动者享有劳动权利、履行劳动义务。

用人单位在制定、修改或者决定有关劳动报酬、工作时间、休息休假、劳动安全卫生、保险福利、职工培训、劳动纪律以及劳动定额管理等直接涉及劳动者切身利益的规章制度或者重大事项时，应当经职工代表大会或者全体职工讨论，提出方案和意见，与工会或者职工代表平等协商确定。

在规章制度和重大事项决定实施过程中，工会或者职工认为不适当的，有权向用人单位提出，通过协商予以修改完善。

用人单位应当将直接涉及劳动者切身利益的规章制度和重大事项决定公示，或者告知劳动者。

❸《最高人民法院关于审理劳动争议案件适用法律若干问题的解释》（2001年4月16日）

第十九条 用人单位根据《劳动法》第四条之规定，通过民主程序制定的规章制度，不违反国家法律、行政法规及政策规定，并已向劳动者公示的，可以作为人民法院审理劳动争议案件的依据。

案例链接

❶《季志勇与北京鸿联九五信息产业有限公司河南省分公司劳动争议纠纷上诉案》，参见北大

法宝引证码:Pkulaw. cn/CLI. C. 178000。

❷《秦钧诉河南省漯周界高速公路有限责任公司劳动争议纠纷案》,参见北大法宝引证码:Pkulaw. cn/CLI. C. 242599。

学者观点

❶ 黄建中、高圣平:《用人单位内部规章制度的性质与司法控制》,参见北大法宝引证码:Pkulaw. cn/CLI. A. 037658。

❷ 石先广:《〈劳动合同法〉之下企业规章制度的重要性》,参见北大法宝引证码:Pkulaw. cn/CLI. A. 042760。

【劳务派遣】

法律问题解读

劳务派遣是指劳务派遣单位与劳动者签订劳动合同、建立劳动关系并承担雇主责任，与用工单位签订劳务派遣协议，然后按照用工单位需求，将符合要求的劳动者外派到用工单位，并向用工单位收取相关费用的经营行为。劳务派遣是在“三方当事人、两种契约”模式下运作的，这种三角互动关系是劳务派遣最大的特点。三方当事人是指劳务派遣单位、用工单位和被派遣劳动者。两种契约是指劳务派遣单位与被派遣劳动者签订劳动合同、劳务派遣单位与用工单位签订劳务派遣协议。(1) 劳务派遣单位与被派遣劳动者之间是劳动关系。(2) 用工单位与被派遣劳动者之间既是一种劳务服务关系，也存在着部分劳动关系。(3) 劳务派遣单位与用工单位之间是劳务关系。《劳动合同法》明确了劳务派遣三方的权、责、利，重新设定了劳务派遣三角互动关系的平衡点，为劳务派遣的有效运行带来了新的游戏规则。

《劳动合同法》实施后，从事劳务派遣的单位势必会面临更多挑战，具体体现在：大幅度提高了劳务派遣行业的准入门槛；规定劳务派遣单位不得克扣被派遣劳动者工资、不得向被派遣劳动者收取费用，改变了原来普遍适用的盈利规则；规定了劳务派遣单位的用人单位身份，履行用人单位的一切职责；规定劳务派遣单位应当与被派遣劳动者订立两年以上的固定期限劳动合同，按月支付劳动报酬。另外《劳动合同法》中还加大了对于劳务派遣市场的行政监管力度，规定了对劳务派遣中违法行为的处罚措施。《劳动合同法》提高了对劳动者的保护力度，增加了对用工单位直接聘用制灵活性的限制。同时对用工单位而言，在临时性、辅助性的岗位上采用劳务派遣，具有更多优势。

法条指引

❶**《中华人民共和国劳动合同法》**(2007 年 6 月 29 日　国家主席令第 65 号)

第五十八条　劳务派遣单位是本法所称用人单位，应当履行用人单位对劳动者的义务。劳务派遣单位与被派遣劳动者订立的劳动合同，除应当载明本法第十七条规定的事项外，还应当载明被派遣劳动者的用工单位以及派遣期限、工作岗位等情况。

劳务派遣单位应当与被派遣劳动者订立二年以上的固定期限劳动合同，按月支付劳动报酬；被派遣劳动者在无工作期间，劳务派遣单位应当按照所在地人民政府规定的最低工资标准，向其按月支付报酬。

第五十九条　劳务派遣单位派遣劳动者应当与接受以劳务派遣形式用工的单位(以下称用工单位)订立劳务派遣协议。劳务派遣协议应当约定派遣岗位和人员数量、派遣期限、劳动报酬和社会保险费的数额与支付方式以及违反协议的责任。

用工单位应当根据工作岗位的实际需要与劳务派遣单位确定派遣期限，不得将连续用工期限分割订立数个短期劳务派遣协议。

❷**《关于管理外国企业常驻代表机构的暂行规定》**(1980 年 10 月 30 日　国发〔1980〕272 号)

第十一条　常驻代表机构租用房屋、聘请工作人员，应当委托当地外事服务单位或者中国政府指定的其他单位办理。

❸**《关于进一步做好对派往外国企业常驻代表机构中国雇员劳动管理工作的通知》**(1996 年 5 月 31 日　北京市劳动局发)

各有关外事服务单位：

为了更好地为外国企业常驻代表机构提供有效、可靠的服务，进一步改善外商投资环境，规范各外事服务单位招收、录用外派中国雇员行为，保障外国企业常驻代表机构和中国雇员的合法权益，根据《中华人民共和国劳动法》、北京市人民政府《关于外国企业常驻代表机构聘用中国雇员的管理规定》，现就进一步加强对外事服务单位向外国企业常驻代表机构提供中国雇员劳动管理的有关问题通知如下：

一、外事服务单位举办招聘洽谈会，应根据《关于外国企业常驻代表机构聘用中国雇员的管理规定》（北京市人民政府［1996］第6号令）精神，到北京市劳动局办理审批手续。通过新闻媒介刊播招聘洽谈会及其他招聘广告须按照北京市劳动局《关于职业介绍服务机构发布招工招

聘广告信息有关问题的通知》（京劳管发字［1994］544号）、《关于企业招用人员发布招工、招聘广告有关问题的通知》（京劳管发字［1994］543号），经北京市劳动局职业介绍服务中心审核、批准。

二、外事服务单位向外国企业常驻代表机构提供的中国雇员中有外地来京人员的，须按《北京市外地来京务工人员管理规定》（北京市人民政府［1995］第14号令）及北京市劳动局的有关规定执行。

三、根据《北京市实施劳动合同制度若干规定》（北京市人民政府［1995］第1号令）精神，各外事服务单位须与所派中国雇员签订劳动合同。外事服务单位还要与聘用中国雇员的外国企业常驻代表机构订立劳动合同，明确中国雇员的劳动报酬、劳动时间、劳动安全卫生、休息休假等项内容。

四、外事服务单位须按照《北京市企业城镇劳动者养老保险规定》（北京市人民政府［1996］第1号令）、《北京市企业职工失业保险规定》（北京市人民政府［1994］第7号令），到所在地区、县劳动局为中国雇员缴纳养老保险费和失业保险费。市属外事服务单位还应根据

《北京市地方所属城镇企业职工和退休人员大病医疗费用社会统筹的规定》（北京市人民政府［1995］第6号令），为中国雇员缴纳大病医疗社会统筹费用。

五、外事服务单位与所派中国雇员发生劳动争议时，当事人双方应自劳动争议发生之日起六十日内，向北京市劳动争议仲裁委员会提出书面申请。对仲裁裁决不服的，可自收到仲裁裁决书之日起十五日内，向北京市人民法院提起诉讼。如一方当事人在法定期限内不起诉，又不履行仲裁

裁决的，另一方当事人可向北京市人民法院申请强制执行。

六、各外事服务单位尚未与已派往外国企业常驻代表机构的中国雇员签订劳动合同，未缴纳社会保险费的，须在6月15日至9月15日按本《通知》要求为所派中国雇员补办有关手续。9月15日以后，北京市劳动监察部门将依法开展对外事服务单位的劳动监察。对未与中国雇员签

订劳动合同和缴纳社会保险费用的外事服务单位，依法予以处罚。

案例链接

❶《某服务公司诉吴某等劳动合同纠纷案》，参见北大法宝引证码：Pkulaw.cn/CLI.C.247375。

学者观点

❶ 李迎春：《劳务派遣相关法律问题分析》，参见北大法宝引证码：Pkulaw.cn/CLI.A.045717。

【劳务派遣中各方的权利义务】

法律问题解读

在劳务派遣关系中，劳动者的权利没有受到任何限制，按照劳动法以及劳动合同法的规定，劳动者同样享有普通劳动者中的其他权利。这些权利包括：劳动权、休息权、劳动报酬权、劳动保护权、社会保险和福利权、提请劳动争议处理权、参加企业民主管理权等。

劳务派遣中劳动者还享有某些特殊权利，这些权利包括：（1）请求签订2年以上的劳动合同的权利。（2）劳动者有权知悉劳务派遣协议的内容。（3）劳务派遣中劳动者的劳动报酬权：劳务派遣协议中，派遣单位必须按月支付劳动报酬；劳务派遣中必须实行同工同酬，派遣单位必须向劳动者支付不低于当地最低工资标准的劳动报酬。（4）参加工会组织的权利。在劳务派遣中，劳动者的义务同普通劳动关系中的劳动义务相同。

《劳动合同法》对派遣单位的规制更多地体现在限制其权利，赋予其更多的义务。派遣单位作为用人单位，除享有用人单位的权利外，还承担用人单位的职责。这些责任包括：订立书面劳动合同的义务、支付劳动报酬的义务、提供生产和工作条件的义务、支付各种社会保险和福利待遇的义务、对劳动者进行培训的义务等。除此之外，派遣单位还承担同用工单位签订劳务派遣协议的义务等。

在劳务派遣中，用工单位是劳动力的实际使用者。《劳动合同法》第59条、第62条对于用工单位的责任作出了规定：（1）执行国家劳动标准，提供相应的劳动条件和劳动保护；（2）告知被派

遣劳动者的工作要求和劳动报酬；（3）支付加班费、绩效奖金，提供与工作岗位相关的福利待遇；（4）对在岗被派遣劳动者进行工作岗位所必需的培训；（5）连续用工的，实行正常的工资调整机制。（6）用工单位不得将被派遣劳动者再派遣到其他用人单位。（7）用工单位应当根据工作岗位的实际需要与劳务派遣单位确定派遣期限，不得将连续用工期限分割订立数个短期劳务派遣协议。

法条指引

❶ **《中华人民共和国劳动合同法》**（2007年6月29日　国家主席令第65号）

第五十八条　劳务派遣单位是本法所称用人单位，应当履行用人单位对劳动者的义务。劳务派遣单位与被派遣劳动者订立的劳动合同，除应当载明本法第十七条规定的事项外，还应当载明被派遣劳动者的用工单位以及派遣期限、工作岗位等情况。

劳务派遣单位应当与被派遣劳动者订立二年以上的固定期限劳动合同，按月支付劳动报酬；被派遣劳动者在无工作期间，劳务派遣单位应当按照所在地人民政府规定的最低工资标准，向其按月支付报酬。

第五十九条　劳务派遣单位派遣劳动者应当与接受以劳务派遣形式用工的单位（以下称用工单位）订立劳务派遣协议。劳务派遣协议应当约定派遣岗位和人员数量、派遣期限、劳动报酬和社会保险费的数额与支付方式以及违反协议的责任。

用工单位应当根据工作岗位的实际需要与劳务派遣单位确定派遣期限，不得将连续用工期限分割订立数个短期劳务派遣协议。

第六十条　劳务派遣单位应当将劳务派遣协议的内容告知被派遣劳动者。

劳务派遣单位不得克扣用工单位按照劳务派遣协议支付给被派遣劳动者的劳动报酬。

劳务派遣单位和用工单位不得向被派遣劳动者收取费用。

第六十一条　劳务派遣单位跨地区派遣劳动者的，被派遣劳动者享有的劳动报酬和劳动条件，按照用工单位所在地的标准执行。

第六十二条　用工单位应当履行下列义务：

（一）执行国家劳动标准，提供相应的劳动条件和劳动保护；

（二）告知被派遣劳动者的工作要求和劳动报酬；

（三）支付加班费、绩效奖金，提供与工作岗位相关的福利待遇；

（四）对在岗被派遣劳动者进行工作岗位所必需的培训；

（五）连续用工的，实行正常的工资调整机制。

用工单位不得将被派遣劳动者再派遣到其他用人单位。

第六十三条　被派遣劳动者享有与用工单位的劳动者同工同酬的权利。用工单位无同类岗位劳动者的，参照用工单位所在地相同或者相近岗位劳动者的劳动报酬确定。

第六十四条　被派遣劳动者有权在劳务派遣单位或者用工单位依法参加或者组织工会，维护自身的合法权益。

第六十五条　被派遣劳动者可以依照本法第三十六条、第三十八条的规定与劳务派遣单位解除劳动合同。

被派遣劳动者有本法第三十九条和第四十条第一项、第二项规定情形的，用工单位可以将劳动者退回劳务派遣单位，劳务派遣单位依照本法有关规定，可以与劳动者解除劳动合同。

第六十六条　劳务派遣一般在临时性、辅助性或者替代性的工作岗位上实施。

第六十七条　用人单位不得设立劳务派遣单位向本单位或者所属单位派遣劳动者。

案例链接

❶《余庆明与徐晓航船员劳务派遣合同纠纷上诉案》，参见北大法宝引证码：Pkulaw. cn/CLI. C. 226519。

学者观点

❶ 侯玲玲：《我国劳动派遣连带责任规定之法理分析》，参见北大法宝引证码：Pkulaw. cn/CLI. A. 050848。

【人员招聘】

法律问题解读

用人单位招聘人员，应遵循面向社会、公开招收、公平竞争、择优录用的原则。其招聘的方式主要有四个：

（1）委托职业介绍机构。采用这种方式，应出示单位介绍信、营业执照（副本）或其他法人登记文件、招聘人员简章和经办人身份证件。

（2）参加劳动力交流洽谈活动。

（3）通过大众传播媒介刊播招用信息。采用这种方式，招聘广告须经单位所在地劳动保障行政部门审核后，按国家有关规定办理。

（4）利用互联网进行网上招聘。

用人单位招聘人员，一般须有招聘简章。其内容主要包括：用人单位基本情况、招用人数、职业工种、岗位要求、录用条件、劳动报酬、福利待遇、劳动保护等。

用人单位招聘职工时应查验终止、解除劳动合同证明，以及其他能证明该职工与任何用人单位不存在劳动关系的凭证；招聘须持证上岗的技术工种人员时，应按照《招用技术工种从业人员规定》办理；招聘外国人或台、港、澳人员，以及跨地区外来人员时，应按照国家相关的特别规定执行。

用人单位招聘人员后，应自录用之日起30日之内，到单位所在地劳动保障行政部门的公共职业介绍机构办理录用备案手续，同时为被录用人员办理就业登记。还应即时与被录用人员订立劳动合同。

在招聘人员过程中，应避免的禁止性行为是：

（1）提供虚假招聘信息；

（2）招用无合法证件的人员；

（3）向求职者收取招聘费用；

（4）向被录用人员收取保证金或抵押金；

（5）扣押被录用人员的身份证等证件；

（6）以招用人员为名牟取不正当利益或进行其他违法活动。

法条指引

❶**《中华人民共和国就业促进法》**（2007年8月30日　国家主席令第70号）

第二十六条　用人单位招用人员、职业中介机构从事职业中介活动，应当向劳动者提供平等的就业机会和公平的就业条件，不得实施就业歧视。

第二十七条　国家保障妇女享有与男子平等的劳动权利。

用人单位招用人员，除国家规定的不适合妇女的工种或者岗位外，不得以性别为由拒绝录用妇女或者提高对妇女的录用标准。

第三十一条　农村劳动者进城就业享有与城镇劳动者平等的劳动权利，不得对农村劳动者进城就业设置歧视性限制。

❷**《就业服务与就业管理规定》**（2007年10月30日　劳动和社会保障部）

第三章　招用人员

第九条　用人单位依法享有自主用人的权利。用人单位招用人员，应当向劳动者提供平等的就业机会和公平的就业条件。

第十条　用人单位可以通过下列途径自主招用人员：

（一）委托公共就业服务机构或职业中介机构；

（二）参加职业招聘洽谈会；

（三）委托报纸、广播、电视、互联网站等大众传播媒介发布招聘信息；

（四）利用本企业场所、企业网站等自有途径发布招聘信息；

（五）其他合法途径。

第十一条　用人单位委托公共就业服务机构或职业中介机构招用人员，或者参加招聘洽谈会时，应当提供招用人员简章，并出示营业执照（副本）或者有关部门批准其设立的文件、经办人的身份证件和受用人单位委托的证明。

招用人员简章应当包括用人单位基本情况、招用人数、工作内容、招录条件、劳动报酬、福利待遇、社会保险等内容，以及法律、法规规定的其他内容。

第十二条　用人单位招用人员时，应当依法如实告知劳动者有关工作内容、工作条件、工作地点、职业危害、安全生产状况、劳动报酬以及劳动者要求了解的其他情况。

用人单位应当根据劳动者的要求，及时向其反馈是否录用的情况。

第十三条　用人单位应当对劳动者的个人资料予以保密。公开劳动者的个人资料信息和使用劳动者的技术、智力成果，须经劳动者本人书面同意。

第十四条　用人单位招用人员不得有下列行为：

（一）提供虚假招聘信息，发布虚假招聘广告；

（二）扣押被录用人员的居民身份证和其他证件；

（三）以担保或者其他名义向劳动者收取财物；

（四）招用未满16周岁的未成年人以及国家法律、行政法规规定不得招用的其他人员；

（五）招用无合法身份证件的人员；

（六）以招用人员为名牟取不正当利益或进行其他违法活动。

第十五条　用人单位不得以诋毁其他用人单位信誉、商业贿赂等不正当手段招聘人员。

第十六条　用人单位在招用人员时，除国家规定的不适合妇女从事的工种或者岗位外，不得以性别为由拒绝录用妇女或者提高对妇女的录用标准。

用人单位录用女职工，不得在劳动合同中规定限制女职工结婚、生育的内容。

第十七条　用人单位招用人员，应当依法对少数民族劳动者给予适当照顾。

第十八条　用人单位招用人员，不得歧视残疾人。

第十九条　用人单位招用人员，不得以是传染病病原携带者为由拒绝录用。但是，经医学鉴定传染病病原携带者在治愈前或者排除传染嫌疑前，不得从事法律、行政法规和国务院卫生行政部门规定禁止从事的易使传染病扩散的工作。

用人单位招用人员，除国家法律、行政法规和国务院卫生行政部门规定禁止乙肝病原携带者从事的工作外，不得强行将乙肝病毒血清学指标作为体检标准。

第二十条　用人单位发布的招用人员简章或招聘广告，不得包含歧视性内容。

第二十一条　用人单位招用从事涉及公共安全、人身健康、生命财产安全等特殊工种的劳动者，应当依法招用持相应工种职业资格证书的人员；招用未持相应工种职业资格证书人员的，须组织其在上岗前参加专门培训，使其取得职业资格证书后方可上岗。

第二十二条　用人单位招用台港澳人员后，应当按有关规定到当地劳动保障行政部门备案，并为其办理《台港澳人员就业证》。

第二十三条　用人单位招用外国人，应当在外国人入境前，按有关规定到当地劳动保障行政部门为其申请就业许可，经批准并获得《中华人民共和国外国人就业许可证书》后方可招用。

用人单位招用外国人的岗位必须是有特殊技能要求、国内暂无适当人选的岗位，并且不违反国家有关规定。

【离退休人员的聘用】

法律问题解读

根据国家政策，在优先解决适龄劳动者就业的前提下，离退休人员是可以被用人单位聘用而从事工作的，并且应当签订聘用合同。其内容应包括聘用期限，工作内容，报酬、医疗、劳保等权利和义务。被聘用的离退休人员与其聘用单位之间的关系既具有劳动关系的某些特性，如：接受聘用单位的管理、遵守其规章制度等；又具有劳务关系的特性，如：不须缴纳社会保险费、可以支付劳务费等。目前，国家没有明确界定这种关系的性质。但规定被聘用的离退休人员与其聘用单位之间发生争议，劳动争议仲裁委员会可予以受理。而有的地方则规定，这种关系属于劳务关系，双方当事人之间的争议，劳动争议仲裁委员会可不予受理。由于国家对于调整这类社会关系尚无明确的规定，所以解决离退休人员与其聘用单位之间的纠纷，主要依据是双方当事人签订的聘用合同。

法条指引

❶ **《关于劳动争议受理问题的复函》**（1994 年 3 月 24 日　劳办发［1994］96 号）

二、根据《国务院关于严格执行工人退休、退职暂行规定的通知》和中共中央办公厅、国务院办公厅转发的《关于发挥离退休专业技术人员作用的暂行规定》精神，以及国家工商行政管理局关于离、退休专业技术人员和党政机关离、退休专业技术人员从事个体经营问题的有关规定精神，在目前情况下，退休人员是可以被其他用人单位聘用而从事工作的，并且应签订聘用合同。因此，退休人员与用人单位发生劳动争议，如属于《条例》规定的受理范围，劳动争议仲裁委员会应予受理。

❷ **《关于实行劳动合同制度若干问题的通知》**（1996 年 10 月 31 日　劳部发［1996］354 号）

13. 已享受养老保险待遇的离退休人员被再次聘用时，用人单位应与其签订书面协议，明确聘用期内的工作内容、报酬、医疗、劳保待遇等权利和义务。

❸ **劳动部办公厅《对〈关于实行劳动合同制度若干问题的请示〉的复函》**（1997 年 9 月 15 日　劳办发［1997］88 号）（略）

【非全日制劳动者】

法律问题解读

非全日制职工是指以小时计酬，在同一用人

单位平均每日工作时间在4小时以内，累计每周工作时间不超过24小时的劳动者。其与用人单位应以口头或书面劳动合同建立劳动关系。

非全日制劳动者与全日制劳动者的区别主要表现在四个方面：

（1）劳动合同的形式及解除有不同之处。全日制职工应以书面劳动合同建立劳动关系；而非全日制职工除可用书面合同建立劳动关系以外，还可用口头合同建立劳动关系。

全日制劳动者解除劳动合同应提前30天书面通知，且用人单位不得随意解除；但非全日制劳动者及其用人单位可随时解除劳动合同。

（2）劳动者的工作时间不同。全日制职工在同一用人单位的每日工作时间在5小时以上，8小时以下，每周不超过40小时；而非全日制职工在同一用人单位的工作时间，平均每日在5小时以内，累计每周不超过30小时。

（3）社会保险缴纳方式不同。全日制职工社会保险须由用人单位向社会保险经办机构办理缴纳手续，职工应承担的费用，由用人单位从其工资中代扣代缴。而非全日制职工的社会保险须由个人向社会保险经办机构办理缴纳手续，用人单位应承担的费用，在支付工资时一并支付给个人。

（4）劳动关系的管理不同。全日制职工原则上只允许建立一个劳动关系，往往用人单位还要求其将档案和社会保险关系转移至指定的部门，管理比较严格。而非全日制职工可以建立一个以上的劳动关系，无须转移档案和社会保险关系，管理比较宽松。

法条指引

❶《中华人民共和国劳动法》（1994年7月5日　国家主席令第28号）（略）

❷《中华人民共和国劳动合同法》（2007年6月29日　国家主席令第65号）

第六十八条　非全日制用工，是指以小时计酬为主，劳动者在同一用人单位一般平均每日工作时间不超过四小时，每周工作时间累计不超过二十四小时的用工形式。

第六十九条　非全日制用工双方当事人可以订立口头协议。

从事非全日制用工的劳动者可以与一个或者一个以上用人单位订立劳动合同；但是，后订立的劳动合同不得影响先订立的劳动合同的履行。

第七十条　非全日制用工双方当事人不得约定试用期。

第七十一条　非全日制用工双方当事人任何一方都可以随时通知对方终止用工。终止用工，用人单位不向劳动者支付经济补偿。

第七十二条　非全日制用工小时计酬标准不得低于用人单位所在地人民政府规定的最低小时工资标准。

非全日制用工劳动报酬结算支付周期最长不得超过十五日。

❸《关于非全日制用工若干问题的意见》（2003年5月30日　劳社部发［2003］12号）

各省、自治区、直辖市劳动和社会保障厅（局）：

近年来，以小时工为主要形式的非全日制用工发展较快。这一用工形式突破了传统的全日制用工模式，适应了用人单位灵活用工和劳动者自主择业的需要，已成为促进就业的重要途径。为规范用人单位非全日制用工行为，保障劳动者的合法权益，促进非全日制就业健康发展，根据《中共中央国务院关于进一步做好下岗失业人员再就业工作的通知》（中发［2002］12号）精神，对非全日制用工劳动关系等问题，提出以下意见：

一、关于非全日制用工的劳动关系

2. 劳动者通过依法成立的劳务派遣组织为其他单位、家庭或个人提供非全日制劳动的，由劳务派遣组织与非全日制劳动者签订劳动合同。

3. 非全日制劳动合同的内容由双方协商确定，应当包括工作时间和期限、工作内容、劳动报酬、劳动保护和劳动条件五项必备条款，但不得约定试用期。

5. 用人单位招用劳动者从事非全日制工作，应当在录用后到当地劳动保障行政部门办理录用备案手续。

6. 从事非全日制工作的劳动者档案可由本人户口所在地劳动保障部门的公共职业介绍机构代管。

二、关于非全日制用工的工资支付

7. 用人单位应当按时足额支付非全日制劳动者的工资。用人单位支付非全日制劳动者的小时工资不得低于当地政府颁布的小时最低工资标准。

8. 非全日制用工的小时最低工资标准由省、自治区、直辖市规定，并报劳动保障部备案。确定和调整小时最低工资标准应当综合参考以下因素：当地政府颁布的月最低工资标准；单位应缴纳的基本养老保险费和基本医疗保险费（当地政府颁布的月最低工资标准未包含个人缴纳社会保险费因素的，还应考虑个人应缴纳的社会保险费）；非全日制劳动者在工作稳定性、劳动条件和劳动强度、福利等方面与全日制就业人员之间的差异。小时最低工资标准的测算方法为：

小时最低工资标准＝［（月最低工资标准÷20.92÷8）×（1＋单位应当缴纳的基本养老保险费和基本医疗保险费比例之和）］×（1＋浮动系数）

9. 非全日制用工的工资支付可以按小时、日、周或月为单位结算。

三、关于非全日制用工的社会保险

10. 从事非全日制工作的劳动者应当参加基本养老保险，原则上参照个体工商户的参保办法执行。对于已参加过基本养老保险和建立个人账户的人员，前后缴费年限合并计算，跨统筹地区转移的，应办理基本养老保险关系和个人账户的转移、接续手续。符合退休条件时，按国家规定计发基本养老金。

11. 从事非全日制工作的劳动者可以以个人身份参加基本医疗保险，并按照待遇水平与缴费水平相挂钩的原则，享受相应的基本医疗保险待遇。参加基本医疗保险的具体办法由各地劳动保障部门研究制定。

12. 用人单位应当按照国家有关规定为建立劳动关系的非全日制劳动者缴纳工伤保险费。从事非全日制工作的劳动者发生工伤，依法享受工伤保险待遇；被鉴定为伤残5—10级的，经劳动者与用人单位协商一致，可以一次性结算伤残待遇及有关费用。

四、关于非全日制用工的劳动争议处理

13. 从事非全日制工作的劳动者与用人单位因履行劳动合同引发的劳动争议，按照国家劳动争议处理规定执行。

14. 劳动者直接向其他家庭或个人提供非全日制劳动的，当事人双方发生的争议不适用劳动争议处理规定。

五、关于非全日制用工的管理与服务

15. 非全日制用工是劳动用工制度的一种重要形式，是灵活就业的主要方式。各级劳动保障部门要高度重视，从有利于维护非全日制劳动者的权益、有利于促进灵活就业、有利于规范非全日制用工的劳动关系出发，结合本地实际，制定相应的政策措施。要在劳动关系建立、工资支付、劳动争议处理等方面为非全日制用工提供政策指导和服务。

16. 各级劳动保障部门要切实加强劳动保障监察执法工作，对用人单位不按照本意见要求订立劳动合同、低于最低小时工资标准支付工资以及拖欠克扣工资的行为，应当严肃查处，维护从事非全日制工作劳动者的合法权益。

17. 各级社会保险经办机构要为非全日制劳动者参保缴费提供便利条件，开设专门窗口，可以采取按月、季或半年缴费的办法，及时为非全日制劳动者办理社会保险关系及个人账户的接续和转移手续；按规定发放社会保险缴费对账单，及时支付各项社会保险待遇，维护他们的社会保障权益。

18. 各级公共职业介绍机构要积极为从事非全日制工作的劳动者提供档案保管、社会保险代理等服务，推动这项工作顺利开展。

案例链接

❶《泸州建新标准件工业有限公司诉泸州市劳动和社会保障局工伤认定案》，参见北大法宝引证码：Pkulaw. cn/CLI. C. 81816。

❷《杨孟杰与广东金羊发行有限公司劳动争议纠纷上诉案》，参见北大法宝引证码：Pkulaw. cn/CLI. C. 109734。

学者观点

❶ 李迎春：《劳务派遣及非全日制用工相关法律问题》，参见北大法宝引证码：Pkulaw. cn/CLI. A. 042773。

【双重劳动关系】

法律问题解读

双重劳动关系指的是劳动者与两家用人单位之间形成实质上的或形式上的劳动关系。我国，双重劳动关系有几种情形：一是非全日制劳动者在两家用人单位工作，形成双重非全日制劳动关系；二是劳动者在一家用人单位全日制工作，利用工作之余，到另一家用人单位兼职；三是劳动者与一家用人单位保留劳动关系，并由该用人单位为其支付工资、缴纳社会保险费，但劳动者却不为该用人单位提供劳动，而为另一家单位提供劳动，并领取劳动报酬。

《劳动合同法》实施前，我国司法实践中对于全日制劳动者不承认双重劳动关系，通常将第二个劳动关系认定为劳务关系。尽管相关的规范性文件也曾规定中、高级科学技术人才以及职工离岗退养和停薪留职期间，在征得原单位同意的前提下，可在其他单位从事有收入的工作。但是，上述文件未明确其“兼职”的法律性质。

《劳动合同法》第39条规定，劳动者同时与其他用人单位建立劳动关系，对完成本单位的工作任务造成严重影响，或者经用人单位提出，拒不改正的，用人单位可以与其解除劳动合同。该规定从反面的角度为双重劳动关系的适用提供了基础性规则。但是从反面理解可以看出，双重劳动关系的建立，需要满足以下要件：一是，劳动者与两个以上的用人单位建立劳动关系；二是，后建立的劳动关系不得影响在先的劳动关系的履行；三是，在先劳动关系的用人单位对于后建立的劳动关系不表示反对。

法条指引

❶**《中华人民共和国劳动合同法》**（2007年6月29日 国家主席令第65号）

第三十九条 劳动者有下列情形之一的，用人单位可以解除劳动合同：

（一）在试用期间被证明不符合录用条件的；

（二）严重违反用人单位的规章制度的；

（三）严重失职，营私舞弊，给用人单位造成重大损害的；

（四）劳动者同时与其他用人单位建立劳动关系，对完成本单位的工作任务造成严重影响，或者经用人单位提出，拒不改正的；

（五）因本法第二十六条第一款第一项规定的情形致使劳动合同无效的；

（六）被依法追究刑事责任的。

❷**《聘请科学技术人员兼职的暂行办法》**（1982年3月15日 国务院科技干部局）

根据《科学技术干部管理工作试行条例》第九条规定，为充分发挥科学技术人员的作用，促进科学技术事业的发展，特制定本暂行办法。

第一条 科学研究、教学、医疗、工农生产等单位，根据科学技术工作的需要，可以临时聘请中、高级科学技术人员担任顾问（学术技术指导）或承担讲课、讲学、科研、设计等兼职任务。

第二条 凡中、高级科学技术人员，在完成本职工作任务的前提下，经所在单位的同意，可以接受外单位的临时聘请，也可以凭自己的科技专长到有关单位申请兼职，经聘请单位考核聘请，原单位应予以支持。

第三条 各单位聘请兼职人员，除须征得本人所在单位或部门的同意外，可以采用合同形式规定聘请兼职人员的工作内容、兼职期限和待遇等。

第四条 兼职人员在兼职期间的工作成绩或科技成果，由聘请单位负责鉴定，并将鉴定材料转给原单位记入本人业务考绩档案。

第五条 对科学技术人员兼职，在精神鼓励的同时，还应当给予一定的物质报酬。聘请单位可根据兼职人员的工作量和工作成绩，给予适当的职务（技术）津贴。津贴费发放标准及项目开支，可参照教育部、财政部、国家劳动总局一九七八年九月二十六日批转的《关于高等学校兼课教师酬金和教师编译教材稿酬的暂行规定》有关规定办理。

各单位发放津贴应区分不同情况处理。凡不脱离本职工作且保质保量完成任务的业余兼职人员，原则上可全部领取聘请单位所发津贴费；凡在工作时间担任兼职的人员应按单位和个人商定的比例提取聘请单位所发津贴费。

第六条 边远地区聘请沿海地区或内地的科学技术人员兼职时，兼职人员还可以临时享受边远地区的工资差额补助，具体办法参照教育部、财政部、国家劳动总局一九八一年六月十六日《关于高等学校教师赴外地任教期间工资待遇、生活津贴的暂行规定》办理。签订兼职合同时，双方单位和本人参加，合同要规定工作期限，并将合同分别上报双方单位的上一级主管部门备案。本人编制、户口粮食关系不动，期满后仍回原单位工作。

第七条 各单位在聘请兼职工作中，要树立全局观点，克服本位主义和分散主义，应当支持和鼓励科学技术人员为社会主义建设多作贡献。同时，要注意做好思想政治工作，适当控制科学技术人员兼职任务和工作时间，以保证科学技术人员完成本职工作、自修业务和身体健康。

第八条 具体实施办法由省、市、自治区制定。

❸**《劳动部办公厅关于劳动争议受理问题的复函》**（1994年3月24日 劳办发［1994］96号）

江苏省劳动局：

你局《关于贯彻〈中华人民共和国企业劳动争议处理条例〉有关问题的请示》（苏劳仲［1993］18号）收悉。经研究，答复如下：

二、根据《国务院关于严格执行工人退休、退职暂行规定的通知》和中共中央办公厅、国务院办公厅转发的《关于发挥离退休专业技术人员作用的暂行规定》精神，以及国家工商行政管理局关于离、退休专业技术人员和党政机关离、退休专业技术人员从事个体经营问题的有关规定精神，在目前情况下，退休人员是可以被其他用人单位聘用而从事工作的，并且应签订聘用合同。因此，退休人员与用人单位发生劳动争议，如属于《条例》规定的受理范围，劳动争议仲裁委员会应予受理。

三、按照《国有企业富余职工安置规定》（国务院令 1993 第 111 号）和《关于企业职工要求"停薪留职"问题的通知》（劳人计［1983］61 号）的精神，职工离岗退养和停薪留职期间仍是该企业职工。职工离岗退养或停薪留职期间要与其他单位签订劳动合同，从事有收入的工作，应与原单位协商并征得其同意。停薪留职期满，本人继续在其他单位工作的，应与原单位终止劳动关系。发生劳动争议，如属于《条例》规定的受理范围，劳动争议仲裁委员会应予受理。

❹**《劳动部办公厅关于职工从事业余兼职劳动发生劳动争议如何处理的复函》**（劳办发［1995］209 号）

湖南省劳动厅：

你厅《关于职工从事业余兼职劳动发生劳动争议如何处理的请示》（湘劳函［1995］51 号）收悉。经研究，答复如下：

按照我部劳办发［1994］248 号文件规定精神，职工因业余兼职与用人单位发生劳动争议，劳动争议仲裁委员会可依据《中华人民共和国企业劳动争议处理条例》第二条规定予以受理，并依据上述文件规定和聘用合同予以处理。

在处理这类劳动争议过程中，如果职工不属于规定允许业余兼职的人员范围，仲裁委员会应要求其停止兼职劳动，同时根据职工兼职劳动的具体情况，要求用人单位依法支付其兼职劳动期间劳动报酬等，并终止兼职劳动关系。

❺**《中华人民共和国劳动法》**（1994 年 7 月 5 日　国家主席令第 28 号）

第九十九条　用人单位招用尚未解除劳动合同的劳动者，对原用人单位造成经济损失的，该用人单位应当依法承担连带赔偿责任。

❻**《关于非全日制用工若干问题的意见》**（2003 年 5 月 30 日　劳社部发［2003］12 号）（略）

案例链接

❶《昆明老拨云堂药业有限公司与司洋劳动争议纠纷上诉案》，参见北大法宝引证码：Pkulaw.cn/CLI.C.133599。

❷《沈阳杂技团等与辽宁歌舞团人事争议纠纷上诉案》，参见北大法宝引证码：Pkulaw.cn/CLI.C.117241。

学者观点

❶ 蒋月：《论兼职劳动关系的劳动法律规制》，参见北大法宝引证码：Pkulaw.cn/CLI.A.044098。

❷ 齐精至：《多重劳动关系的法律保护》，参见北大法宝引证码：Pkulaw.cn/CLI.A.053930。

【劳动合同】

法律问题解读

劳动合同是指用人单位与被招聘录用的劳动者依法确立劳动关系，明确双方权利和义务的协议。其法定形式是书面形式。用人单位与劳动者是两个平等的社会主体，订立劳动合同一般需要经过的程序是：

（1）双方协商要约和承诺，也就是协商合同的条款。

（2）达成一致后双方签字或盖章。用人单位盖法人的章，必要时可书面委托所属的有关部门代为盖章，或由法定代表人签字或受委托人代为签字；劳动者应自己签字或盖章，遇有极特殊的情况，如本人因故远出在外而合同又须即时订立，也可书面委托他人代签。

（3）为保证合同的有效性，可以送劳动保障行政部门进行审核、鉴证。

（4）劳动合同一般应一式两份，用人单位与劳动者各持 1 份，若合同鉴证部门需要，也可一式 3 份。

劳动合同可以约定合同的生效时间。没有约定生效时间的，当事人签字之日即视为该合同生效时间。劳动合同的终止时间，应当以劳动合同期限最后 1 日的 24 时为准。外商投资企业与职工签订合同，须用中文书写，亦可同时用外文书写，但中外文本必须一致，中文合同文本为正本。合同鉴证机关只鉴证中文文本合同。依法订立的劳动合同，受国家法律保护，对订立合同的用人单位和劳动者产生法律约束力，是处理劳动争议的直接证据和依据。

法条指引

❶**《中华人民共和国劳动合同法》**（2007 年 6

月29日　国家主席令第65号）

第二条　中华人民共和国境内的企业、个体经济组织、民办非企业单位等组织（以下称用人单位）与劳动者建立劳动关系，订立、履行、变更、解除或者终止劳动合同，适用本法。

国家机关、事业单位、社会团体和与其建立劳动关系的劳动者，订立、履行、变更、解除或者终止劳动合同，依照本法执行。

第三条　订立劳动合同，应当遵循合法、公平、平等自愿、协商一致、诚实信用的原则。

依法订立的劳动合同具有约束力，用人单位与劳动者应当履行劳动合同约定的义务。

第十条　建立劳动关系，应当订立书面劳动合同。

已建立劳动关系，未同时订立书面劳动合同的，应当自用工之日起一个月内订立书面劳动合同。

用人单位与劳动者在用工前订立劳动合同的，劳动关系自用工之日起建立。

第十七条　劳动合同应当具备以下条款：

（一）用人单位的名称、住所和法定代表人或者主要负责人；

（二）劳动者的姓名、住址和居民身份证或者其他有效身份证件号码；

（三）劳动合同期限；

（四）工作内容和工作地点；

（五）工作时间和休息休假；

（六）劳动报酬；

（七）社会保险；

（八）劳动保护、劳动条件和职业危害防护；

（九）法律、法规规定应当纳入劳动合同的其他事项。

劳动合同除前款规定的必备条款外，用人单位与劳动者可以约定试用期、培训、保守秘密、补充保险和福利待遇等其他事项。

❷《中华人民共和国劳动法》（1994年7月5日　国家主席令第28号）

第二条　在中华人民共和国境内的企业、个体经济组织（以下统称用人单位）和与之形成劳动关系的劳动者，适用本法。

国家机关、事业组织、社会团体和与之建立劳动合同关系的劳动者，依照本法执行。

第十六条　劳动合同是劳动者与用人单位确立劳动关系、明确双方权利和义务的协议。

建立劳动关系应当订立劳动合同。

第十七条　订立和变更劳动合同，应当遵循平等自愿、协商一致的原则，不得违反法律、行政法规的规定。

劳动合同依法订立即具有法律约束力，当事人必须履行劳动合同规定的义务。

第十九条　劳动合同应当以书面形式订立，并具备以下条款：

（一）劳动合同期限；

（二）工作内容；

（三）劳动保护和劳动条件；

（四）劳动报酬；

（五）劳动纪律；

（六）劳动合同终止的条件；

（七）违反劳动合同的责任。

劳动合同除前款规定的必备条款外，当事人可以协商约定其他内容。

❸《中华人民共和国劳动合同法实施条例》（2008年9月3日　第535号国务院令）

第五条　自用工之日起一个月内，经用人单位书面通知后，劳动者不与用人单位订立书面劳动合同的，用人单位应当书面通知劳动者终止劳动关系，无需向劳动者支付经济补偿，但是应当依法向劳动者支付其实际工作时间的劳动报酬。

第六条　用人单位自用工之日起超过一个月不满一年未与劳动者订立书面劳动合同的，应当依照劳动合同法第八十二条的规定向劳动者每月支付两倍的工资，并与劳动者补订书面劳动合同；劳动者不与用人单位订立书面劳动合同的，用人单位应当书面通知劳动者终止劳动关系，并依照劳动合同法第四十七条的规定支付经济补偿。

前款规定的用人单位向劳动者每月支付两倍工资的起算时间为用工之日起满一个月的次日，截止时间为补订书面劳动合同的前一日。

第七条　用人单位自用工之日起满一年未与劳动者订立书面劳动合同的，自用工之日起满一个月的次日至满一年的前一日应当依照劳动合同法第八十二条的规定向劳动者每月支付两倍的工资，并视为自用工之日起满一年的当日已经与劳动者订立无固定期限劳动合同，应当立即与劳动者补订书面劳动合同。

❹《违反〈劳动法〉有关劳动合同规定的赔偿办法》（1995年5月10日　劳动部发布）

第一条　为明确违反劳动法有关劳动合同规定的赔偿责任，维护劳动合同双方当事人的合法权益，根据《中华人民共和国劳动法》的有关规定，制定本办法。

第二条　用人单位有下列情形之一，对劳动者造成损害的，应赔偿劳动者损失：

（一）用人单位故意拖延不订立劳动合同，即招用后故意不按规定订立劳动合同以及劳动合同到期后故意不及时续订劳动合同的；

（二）由于用人单位的原因订立无效劳动合同，或订立部分无效劳动合同的；

（三）用人单位违反规定或劳动合同的约定侵害女职工或未成年工合法权益的；

（四）用人单位违反规定或劳动合同的约定解除劳动合同的。

第三条　本办法第二条规定的赔偿，按下列规定执行：

（一）造成劳动者工资收入损失的，按劳动者本人应得工资收入支付给劳动者，并加付应得工资收入25%的赔偿费用；

（二）造成劳动者劳动保护待遇损失的，应按国家规定补足劳动者的劳动保护津贴和用品；

（三）造成劳动者工伤、医疗待遇损失的，除按国家规定为劳动者提供工伤、医疗待遇外，还应支付劳动者相当于医疗费用25%的赔偿费用；

（四）造成女职工和未成年工身体健康损害的，除按国家规定提供治疗期间的医疗待遇外，还应支付相当于其医疗费用25%的赔偿费用；

（五）劳动合同约定的其他赔偿费用。

第四条　劳动者违反规定或劳动合同的约定解除劳动合同，对用人单位造成损失的，劳动者应赔偿用人单位下列损失：

（一）用人单位招收录用其所支付的费用；

（二）用人单位为其支付的培训费用，双方另有约定的按约定办理；

（三）对生产、经营和工作造成的直接经济损失；

（四）劳动合同约定的其他赔偿费用。

第五条　劳动者违反劳动合同中约定的保密事项，对用人单位造成经济损失的，按《反不正当竞争法》第二十条的规定支付用人单位赔偿费用。

第六条　用人单位招用尚未解除劳动合同的劳动者，对原用人单位造成经济损失的，除该劳动者承担直接赔偿责任外，该用人单位应当承担连带赔偿责任。其连带赔偿的份额应不低于对原用人单位造成经济损失总额的70%。向原用人单位赔偿下列损失：

（一）对生产、经营和工作造成的直接经济损失；

（二）因获取商业秘密给原用人单位造成的经济损失。

赔偿本条第（二）项规定的损失，按《反不正当竞争法》第二十条的规定执行。

第七条　因赔偿引起争议的，按照国家有关劳动争议处理的规定办理。

第八条　本办法自发布之日起施行。

❺《关于实行劳动合同制度若干问题的通知》（1996年10月31日　劳部发［1996］354号）

5. 劳动合同可以规定合同的生效时间。没有规定劳动合同生效时间的，当事人签字之日即视为该劳动合同生效时间。

劳动合同的终止时间，应当以劳动合同期限最后一日的24时为准。

❻《劳动部办公厅关于贯彻〈外商投资企业劳动管理规定〉有关问题的复函》（1995年7月14日　劳办发［1995］163号）

二、关于劳动合同和集体合同（以下简称合同）中的有关问题

1. 企业与职工签订合同，须用中文书写，亦可同时用外文书写，但中外文本必须一致，中文合同文本为正本。合同鉴证机关只鉴证中文文本合同。

2. 劳动合同期满，但职工医疗期未满，或女职工孕期、产期、哺乳期未满，企业不得终止劳动合同，须待医疗期、孕期、产期、哺乳期满后方可终止。职工患病或非因工负伤的医疗期限，按国家现行规定执行。

3. 劳动合同期满终止的，用人单位可以不给予职工经济补偿。

4. 对解除合同的职工，凡符合享受生活补助费和医疗补助费的（即《违反和解除劳动合同的经济补偿办法》及《违反〈中华人民共和国劳动法〉行政处罚办法中所指的经济补偿金和医疗补助费，下同》，企业应当将其一次性支付给职工本人。此项费用在成本中列支。

5. 被企业终止或解除劳动合同的中方职工，原系中方合资、合作单位安排到合资、合作企业的，按离开中方单位时的协议办理。其余的到其户口所在地的职业介绍机构进行求职登记，也可自谋职业。

6. 由合资、合作的中方单位安排到合资、合作企业工作的中方职工，其连续工龄按在原单位工作时间和在合资、合作企业工作时间合并计算。

当事人双方同意续延劳动合同时，如果职工连续工龄满10年以上，并提出订立无固定期限劳动合同，企业应与其订立无固定期限劳动合同。

❼《劳动部办公厅关于用人单位不签订劳动合同，员工要求经济补偿问题的复函》（劳办发〔1996〕181号）

海南省人事劳动厅：

你厅《关于用人单位不签订劳动合同，员工要求经济补偿问题的请示》（琼人劳关〔1996〕9号）收悉。经研究，现函复如下：

根据《关于贯彻执行〈中华人民共和国劳动法〉若干问题的意见》（劳部发〔1995〕309号）第十七条和《关于劳动争议受理问题的复函》（劳办发〔1994〕96号）第四条规定精神，用人单位与劳动者之间形成事实劳动关系后，用人单位故意拖延不订立劳动合同并解除与劳动者的劳动关系，劳动者因要求经济补偿与用人单位发生劳动争议后，如果劳动者向劳动争议仲裁委员会申请仲裁，劳动争议仲裁委员会应予受理，并依据《劳动法》第九十八条、《违反和解除劳动合同的经济补偿办法》（劳部发〔1994〕481号）和《违反〈劳动法〉有关劳动合同规定的赔偿办法》（劳部发〔1995〕223号）的有关规定处理。如果劳动者向劳动监察机构举报，劳动监察机构应依据《劳动法》、《违反〈中华人民共和国劳动法〉行政处罚办法》（劳部发〔1994〕532号）等规定查处。

案例链接

❶《王某诉上海某通讯设备有限公司劳动合同纠纷案》，参见北大法宝引证码：Pkulaw. cn/CLI. C. 244228。

❷《袁某诉上海某家具有限公司劳动合同纠纷案》，参见北大法宝引证码：Pkulaw. cn/CLI. C. 247333。

学者观点

❶ 苟亿强：《在校大学生勤工俭学应签订劳动合同的讨论》，参见北大法宝引证码：Pkulaw. cn/CLI. A. 041016。

【订立劳动合同的原则】

法律问题解读

这是指用人单位与劳动者订立劳动合同应当遵循的五项基本准则。具体是：

1. 平等自愿原则。平等是指用人单位与劳动者在法律地位上是完全平等的。自愿是指订立合同完全出自当事人自己的意志，不能使用强加于人和欺骗等手段订立劳动合同。比如，用人单位在与劳动者订立劳动合同时，以向劳动者收取定金、保险金、抵押金为先决条件的行为，就违反了这项基本原则。

2. 协商一致的原则。是指合同文本可以由用人单位拟定，也可以由双方共同拟定，但是劳动合同的内容必须经双方当事人进行充分的协商，以求达成共识。

3. 合法原则。是指用人单位与劳动者须依法订立劳动合同。具体表现在三个方面：

（1）主体合法。即用人主体和劳动主体都必须具有合法的资格。用人单位必须是法人或依法成立的组织；劳动者必须是具有劳动权利能力和劳动行为能力的自然人。

（2）内容合法。即劳动合同的内容不能与法律、法规的规定相抵触。否则，会发生劳动合同无效的情况。

（3）形式合法。即用人单位与劳动者订立劳动合同，应当以书面形式订立。不过，根据国家规定，非全日制职工与用人单位也可以订立口头合同。

4. 公平原则：公平原则要求劳动合同内容公平合理，用人单位不得以强势地位压制劳动者而制定显失公平的合同条款。

5. 诚实信用原则：诚实信用原则是一项社会基本道德原则，为人处世均应当遵循该原则。用人单位和劳动者在订立劳动合同时要诚实，讲信用，不得欺诈对方。根据劳动合同法的规定，用人单位招用劳动者时，应当如实告知劳动者工作内容、工作条件、工作地点、职业危害、安全生产状况、劳动报酬，以及劳动者要求了解的其他情况；用人单位有权了解劳动者与劳动合同直接相关的基本情况，劳动者应当如实说明。

法条指引

❶《中华人民共和国劳动合同法》（2007年6月29日　国家主席令第65号）

第三条　订立劳动合同，应当遵循合法、公平、平等自愿、协商一致、诚实信用的原则。

依法订立的劳动合同具有约束力，用人单位与劳动者应当履行劳动合同约定的义务。

❷《中华人民共和国劳动法》（1994年7月5日　国家主席令第28号）

第二条　在中华人民共和国境内的企业、个体经济组织（以下统称用人单位）和与之形成劳动关系的劳动者，适用本法。

国家机关、事业组织、社会团体和与之建立劳动合同关系的劳动者，依照本法执行。

第十七条　订立和变更劳动合同，应当遵循平等自愿、协商一致的原则，不得违反法律、行政法规的规定。

劳动合同依法订立即具有法律约束力，当事人必须履行劳动合同规定的义务。

❸《关于贯彻执行〈中华人民共和国劳动法〉若干问题的意见》（1995年8月4日　劳部发[1995] 309号）

16. 用人单位与劳动者签订劳动合同时，劳动合同可以由用人单位拟定，也可以由双方当事人共同拟定，但劳动合同必须经双方当事人协商一致后才能签订，职工被迫签订的劳动合同或未经协商一致签订的劳动合同为无效劳动合同。

24. 用人单位在与劳动者订立劳动合同时，不得以任何形式向劳动者收取定金、保证金（物）或抵押金（物）。对违反以上规定的，应按照劳动部、公安部、全国总工会《关于加强外商投资企业和私营企业劳动管理切实保障职工合法权益的通知》（劳部发[1994] 118号）和劳动部办公厅《对“关于国有企业和集体所有制企业能否参照执行劳部发[1994] 118号文件中的有关规定的请示”的复函》（劳办发[1994] 256号）的规定，由公安部门和劳动行政部门责令用人单位立即退还给劳动者本人。

案例链接

❶《广州新快达媒体服务有限公司诉谢创立劳动争议纠纷案》，参见北大法宝引证码：Pkulaw.cn/CLI. C. 235478。

【特殊人员劳动合同的订立与变更】

法律问题解读

特殊人员订立劳动合同的情形，主要有以下几种：

（1）国有企业的厂长、经理，由于其是上级部门聘任（委任）的，所以应与聘任（委任）部门签订劳动合同。实行公司制的企业厂长、经理和有关经营管理人员，应根据《中华人民共和国公司法》中有关经理和经营管理人员的规定与董事会签订劳动合同。

（2）国有企业的党委书记和工会主席，由于其特殊情况，也采取与厂长、经理同样的方式，与上级主管部门订立劳动合同。

（3）派出到合资、参股单位的职工如果与原单位仍保持着劳动关系，应当与原单位签订劳动合同，原单位可就劳动合同的有关内容在与合资、参股单位订立劳务合同时，明确职工的工资、保险、福利、休假等有关待遇。这是一种劳动关系与劳务关系相交叉的情况。

（4）用人单位长期被外单位借用的人员、带薪上学人员，以及其他非在岗但仍保持劳动关系的人员，单位应与其签订劳动合同，但在外借和上学期间，劳动合同中的某些相关条款经双方协商可以变更。“停薪留职”的职工愿意回原单位工作的，如果用人单位不能安排工作岗位，而职工又愿意到其他单位工作并继续与原单位保留劳动关系的，也属于非在岗但仍保持劳动关系的特殊人员。

（5）对待岗或放长假的特殊人员，用人单位应当与之变更劳动合同相关内容，并就有关内容协商签订专项协议。

另外，还有一种特殊情况，即在校学生利用业余时间勤工助学，按现行规定，不视为就业，未建立劳动关系，可以不签订劳动合同。这种在校学生与用人单位之间的关系，类似于劳务关系，若双方因彼此的合同发生纠纷，当事人可以追索劳动报酬的民事案件向法院提起诉讼。

法条指引

❶《关于贯彻执行〈中华人民共和国劳动法〉若干问题的意见》（1995年8月4日　劳部发[1995] 309号）

6. 用人单位应与其富余人员、放长假的职工，签订劳动合同，但其劳动合同与在岗职工的劳动合同在内容上可以有所区别。用人单位与劳动者经协商一致可以在劳动合同中就不在岗期间的有关事项作出规定。

7. 用人单位应与其长期被外单位借用的人员、带薪上学人员、以及其他非在岗但仍保持劳动关系的人员签订劳动合同，但在外借和上学期间，劳动合同中的某些相关条款经双方协商可以变更。

12. 在校生利用业余时间勤工助学，不视为就业，未建立劳动关系，可以不签订劳动合同。

13. 用人单位发生分立或合并后，分立或合并后的用人单位可依据其实际情况与原用人单位的劳动者遵循平等自愿、协商一致的原则变更原劳动合同。

14. 派出到合资、参股单位的职工如果与原单位仍保持着劳动关系，应当与原单位签订劳动合同，原单位可就劳动合同的有关内容在与合资、参股单位订立的劳务合同时，明确职工的工资、保险、福利、休假等有关待遇。

❷《实施〈中华人民共和国劳动法〉有关劳动合同问题的解答》（1995年4月27日　劳动部）

一、关于厂长、经理签订劳动合同的问题

按照劳动部劳部发［1994］360号文的规定，厂长、经理是由其上级部门聘任（委任）的，应与聘任（委任）部门签订劳动合同。实行公司制的企业厂长、经理和有关经营管理人员，应根据《中华人民共和国公司法》中有关经理和经营管理人员的规定与董事会签订劳动合同。

二、关于党委书记、工会主席签订劳动合同的问题

按照劳动部劳办发［1995］19号和33号文件的规定，党委书记、工会主席等党群专职人员也是职工的一员，按照《劳动法》的规定，应当与用人单位签订劳动合同。对于有特殊规定的，可以按有关规定办理。

三、关于固定工签定劳动合同的问题

按照劳动部劳部发［1994］360号文件和劳动部劳办发［1995］19号文件的规定，为使固定工制度向劳动合同制度平稳过渡，应根据《劳动法》规定的不同合同期限，对工作时间较长，距退休年龄10年以内的老职工，如本人提出要求，可签订无固定期限的劳动合同。对其他固定职工，在当前新旧用人制度转换过程中，作为一次性的过渡办法，各省、自治区、直辖市可以根据当地情况，从保护工作时间较长职工的利益出发，作出一些特别规定。

四、关于长期病休、放长假和提前退养职工签订劳动合同的问题

企业中长期病休、放长假和提前退养的职工，仍是企业职工，与用人单位保持着劳动关系，按照《劳动法》关于建立劳动关系应当订立劳动合同的规定，上述职工也应与企业签订劳动合同。

五、关于农民轮换工的劳动合同期限问题

1991年国务院发布的第87号令规定，在国务院劳动行政主管部门确定的有害身体健康的工种、岗位招用的农民工，劳动合同期限最多不超过8年，是为了保护劳动者的身体健康。《劳动法》实施后，为了继续保护这部分职工的利益，仍应执行这一规定。

用人单位经批准招用农民工从事非有害身体健康工种、岗位工作的，其劳动合同期限，可以由用人单位和劳动者协商确定。

❸《关于订立劳动合同有关问题的通知》（1996年2月13日　劳部发［1996］51号）

各省、自治区、直辖市劳动（劳动人事）厅（局），国务院有关部委、直属机构，解放军总后勤部生产管理部，新疆生产建设兵团：

1995年全国已有80%以上的企业职工签订了劳动合同，企业新型的劳动用人制度正在逐步建立。为了保证这项工作的顺利进行，现就一些地方和单位在党委书记签订劳动合同方式上反映的问题提出如下意见，这些意见已商中组部同意。

《劳动法》规定："劳动合同是劳动者与用人单位确立劳动关系、明确双方权利和义务的协议。建立劳动关系应当订立劳动合同。"订立劳动合同的目的是为了更好地保护劳动者的合法权益，使劳动关系纳入法制管理的轨道。因此，企业党委书记作为劳动者，也应当签订劳动合同。但在订立劳动合同的方式上，可采取党委书记和厂长、经理一起，与企业的上级主管部门签订劳动合同的方式来完成。

❹《关于企业工会主席签订劳动合同问题的通知》（1996年4月12日　劳部发［1996］122号）

各省、自治区、直辖市劳动（劳动人事）厅（局），国务院有关部委、直属机构，解放军总后勤部生产管理部，新疆生产建设兵团：

1995年全国已有85%以上的企业职工签订了劳动合同，企业新型的劳动用人制度已基本确立。为了保证这项工作的顺利进行，现就一些地方和单位在企业工会主席签订劳动合同方式上反映的问题，经商全国总工会同意，提出如下意见。

《劳动法》规定："劳动合同是劳动者与用人单位确立劳动关系、明确双方权利和义务的协议。建立劳动关系应当订立劳动合同。"订立劳动合同的目的是为了更好地保证劳动者的合法权益，使劳动关系纳入法制管理的轨道。企业工会主席作为劳动者，也应当与用人单位签订劳动合同。但考虑到劳动制度转轨时期的实际情况，在订立劳动合同的方式上，对尚未签订劳动合同的工会主席，可以和党委书记、厂长、经理一样，与企业的上级主管部门签订劳动合同。已经与企业签订了劳动合同的工会主席，双方应继续履行劳动合同，不经本单位工会委员会和上级工会同意，企业不得解除劳动合同。

❺《关于实行劳动合同制度若干问题的通知》（1996年10月31日 劳部发［1996］354号）

7.“停薪留职”的职工愿意回原单位工作的，用人单位应当与其签订劳动合同，明确权利义务关系。如果用人单位不能安排工作岗位，而职工又愿意到其他单位工作并继续与原单位保留劳动关系的，应当按照劳动部《关于贯彻实施〈中华人民共和国劳动法〉若干问题的意见》第7条规定办理，即职工与原单位保持劳动关系但不在岗的，可以变更劳动合同相关内容。

8. 用人单位应与本单位富余人员签订劳动合同，对待岗或放长假的应当变更劳动合同相关内容，并就有关内容协商签订专项协议。

【用人单位遇有特殊情形劳动合同的订立与变更】

法律问题解读

在我国经济体制改革的大环境中，用人单位常遇到以下一些特殊情形，劳动者的劳动合同也应作相应处理：

（1）用人单位发生分立或合并后，分立或合并后的用人单位可依据其实际情况与原用人单位的劳动者遵循平等自愿、协商一致的原则变更原劳动合同。

（2）租赁经营（生产）、承包经营（生产）的企业，由于其所有权并没有发生改变，法人名称未变，所以在与职工订立劳动合同时，该企业仍为用人单位一方。依据租赁合同或承包合同，租赁人、承包人如果作为该企业的法定代表人或者该法定代表人的授权委托人时，可代表该企业（用人单位）与劳动者订立劳动合同。

（3）企业实施股份制或股份合作制改造后，用人单位主体发生变化的，应当由变化后的用工主体继续与职工履行原劳动合同。由于企业改制导致原劳动合同不能履行的，企业与职工应当依法变更劳动合同。

（4）生产经营发生严重困难的企业，在与劳动者签订劳动合同时，其中有关工作岗位、劳动报酬等内容可在协商一致的基础上通过签订专项协议来规定。专项协议作为劳动合同的附件，具有与劳动合同同等的法律约束力。

（5）企业法定代表人的变更，不影响劳动合同的履行，用人单位和劳动者不需因此重新签订劳动合同。

法条指引

❶《中华人民共和国劳动合同法实施条例》（2008年9月3日 第535号国务院令）

第三条 劳动合同法规定的用人单位设立的分支机构，依法取得营业执照或者登记证书的，可以作为用人单位与劳动者订立劳动合同；未依法取得营业执照或者登记证书的，受用人单位委托可以与劳动者订立劳动合同。

❷《关于贯彻执行〈中华人民共和国劳动法〉若干问题的意见》（1995年8月4日 劳部发［1995］309号）

13. 用人单位发生分立或合并后，分立或合并后的用人单位可依据其实际情况与原用人单位的劳动者遵循平等自愿、协商一致的原则变更原劳动合同。

15. 租赁经营（生产）、承包经营（生产）的企业，所有权并没有发生改变，法人名称未变，在与职工订立劳动合同时，该企业仍为用人单位一方。依据租赁合同或承包合同，租赁人、承包人如果作为该企业的法定代表人或者该法定代表人的授权委托人时，可代表该企业（用人单位）与劳动者订立劳动合同。

37. 根据《民法通则》第四十四条第二款“企业法人分立、合并，它的权利和义务由变更后的法人享有和承担”的规定，用人单位发生分立或合并后，分立或合并后的用人单位可依据其实际情况与原用人单位的劳动者遵循平等自愿、协商一致的原则变更、解除或重新签订劳动合同。在此种情况下的重新签订劳动合同视为原劳动合同的变更，用人单位变更劳动合同，劳动者不能依据劳动法第二十八条要求经济补偿。

❸《关于企业实施股份制和股份合作制改造中履行劳动合同问题的通知》（1998年2月6日 劳部发［1998］34号）

一、在企业实施股份制或股份合作制改造后，用人单位主体发生变化的，应当由变化后的用工主体继续与职工履行原劳动合同。由于企业改制导致原劳动合同不能履行的，企业与职工应当依法变更劳动合同。

❹《关于实行劳动合同制度若干问题的通知》（1996年10月31日 劳部发［1996］354号）

6. 生产经营发生严重困难的企业应当与劳动者签订劳动合同，但劳动合同中有关工作岗位、劳动报酬等内容可在协商一致的基础上通过签订专项协议来规定。专项协议作为劳动合同的附件，具有与劳动合同同等的约束力。

9. 企业法定代表人的变更，不影响劳动合同的履行，用人单位和劳动者不需因此重新签订劳动合同。

【劳动合同的内容】

法律问题解读

劳动合同虽然具有合同的一般特征，但其独有的特征更加明显，也更加重要。即法律对劳动合同限制性规定较多。在劳动合同内容方面的规定，就充分体现了这一点。按照法律规定，劳动合同包括三方面的内容，即必备条款、约定条款和专项协议。

1. 必备条款

必备条款，是指合同中必须约定的九项内容，包括：(1) 用人单位的名称、住所和法定代表人或者主要负责人；(2) 劳动者的姓名、住址和居民身份证或者其他有效身份证件号码；(3) 劳动合同期限；(4) 工作内容和工作地点；(5) 工作时间和休息休假；(6) 劳动报酬；(7) 社会保险；(8) 劳动保护、劳动条件和职业危害防护；(9) 法律、法规规定应当纳入劳动合同的其他事项。这些条款的具体内容，有些在法律上有原则的规定，合同双方当事人应当依据该规定协商其具体内容；有些在法律上没有规定，或规定不明确，合同双方当事人则应结合双方的实际情况约定其具体内容。也就是说，必备条款的具体内容不是照搬法律条文，而主要是靠双方当事人结合实际情况依法具体约定。

2. 约定条款

约定条款，是指在法定的七项必备条款以外，合同双方当事人可以结合实际情况，约定增加的合同条款。例如：试用期、商业秘密、业务培训、变更合同等，均属约定条款。约定条款的具体内容基本上是由合同双方当事人具体约定，但也不能与法律规定的原则相违背。

3. 专项协议

专项协议，是指由于合同条款的篇幅所限，需要专门依法详细约定、作为合同附件的一种书面协议。例如：岗位协议、保密协议、培训协议、退养协议、待岗协议、放长假协议等。劳动关系双方当事人只要认为需要专门约定的事项，均可订立专项协议，并将其约定为劳动合同的附件。其法律约束力与劳动合同相同。需注意的是，专项协议的内容一定要与合同的内容相互衔接、保持一致。否则，会招来意外的法律风险。另外，企业的各项内部规章等，可列为劳动合同的附件，也属于合同内容的范围。

法条指引

❶ **《中华人民共和国劳动合同法》**（2007 年 6 月 29 日　国家主席令第 65 号）

第十七条　劳动合同应当具备以下条款：

（一）用人单位的名称、住所和法定代表人或者主要负责人；

（二）劳动者的姓名、住址和居民身份证或者其他有效身份证件号码；

（三）劳动合同期限；

（四）工作内容和工作地点；

（五）工作时间和休息休假；

（六）劳动报酬；

（七）社会保险；

（八）劳动保护、劳动条件和职业危害防护；

（九）法律、法规规定应当纳入劳动合同的其他事项。

劳动合同除前款规定的必备条款外，用人单位与劳动者可以约定试用期、培训、保守秘密、补充保险和福利待遇等其他事项。

第十八条　劳动合同对劳动报酬和劳动条件等标准约定不明确，引发争议的，用人单位与劳动者可以重新协商；协商不成的，适用集体合同规定；没有集体合同或者集体合同未规定劳动报酬的，实行同工同酬；没有集体合同或者集体合同未规定劳动条件等标准的，适用国家有关规定。

❷ **《关于实行劳动合同制度若干问题的通知》**（1996 年 10 月 31 日　劳部发［1996］354 号）

各省、自治区、直辖市劳动（劳动人事）厅（局），国务院有关部委、直属机构，解放军总后勤部生产管理部，新疆生产建设兵团：

《劳动法》实施以来，全国推行劳动合同制度的工作进展顺利，但部分地区、企业在实行劳动合同制度过程中提出一些问题，需要予以明确。为此，经研究，现就有关问题通知如下：

1. 在签订劳动合同时，按照《劳动法》的规定，只要当事人双方协商一致，即可签订有固定期限、无固定期限或以完成一定工作为期限的劳动合同。

4. 用人单位对工作岗位没有发生变化的同一

劳动者只能试用一次。

5. 劳动合同可以规定合同的生效时间。没有规定劳动合同生效时间的，当事人签字之日即视为该劳动合同生效时间。

劳动合同的终止时间，应当以劳动合同期限最后1日的24时为准。

6. 生产经营发生严重困难的企业应当与劳动者签订劳动合同，但劳动合同中有关工作岗位、劳动报酬等内容可在协商一致的基础上通过签订专项协议来规定。专项协议作为劳动合同的附件，具有与劳动合同同等的约束力。

7. “停薪留职”的职工愿意回原单位工作的，用人单位应当与其签订劳动合同，明确权利义务关系。如果用人单位不能安排工作岗位，而职工又愿意到其他单位工作并继续与原单位保留劳动关系的，应当按照劳动部《关于贯彻实施〈中华人民共和国劳动法〉若干问题的意见》第7条规定办理，即职工与原单位保持劳动关系但不在岗的，可以变更劳动合同相关内容。

8. 用人单位应与本单位富余人员签订劳动合同，对待岗或放长假的应当变更劳动合同相关内容，并就有关内容协商签订专项协议。

9. 企业法定代表人的变更，不影响劳动合同的履行，用人单位和劳动者不需因此重新签订劳动合同。

10. 有固定工制度向劳动合同制度转变过程中，对已经患有精神病但病情得到控制的职工，用人单位应当安排适当工作，签订劳动合同；对病情严重不能控制的，应当送医院治疗。医疗终结后，按照国家有关规定办理退休或退职手续。

11. 用人单位对新招用的职工，在试用期内发现并经有关机构确认患有精神病的，可以解除劳动合同。

12. 已办理厂内离岗休养或退养手续的原固定工，用人单位应当与其签订劳动合同，明确权利义务关系，其离岗休养或退养的有关文件作为劳动合同的附件。

13. 已享受养老保险待遇的离退休人员被再次聘用时，用人单位应与其签订书面协议，明确聘用期内的工作内容、报酬、医疗、劳保待遇等权利和义务。

14. 有固定期限的劳动合同期满后，因用人单位方面的原因未办理终止或续订手续而形成事实劳动关系的，视为续订劳动合同。用人单位应及时与劳动者协商合同期限，办理续订手续。由此给劳动者造成损失的，该用人单位应当依法承担赔偿责任。

15. 在劳动者履行了有关义务终止、解除劳动合同时，用人单位应当出具终止、解除劳动合同证明书，作为该劳动者按规定享受失业保险待遇和失业登记、求职登记的凭证。

证明书应写明劳动合同期限、终止或解除的日期、所担任的工作。如果劳动者要求，用人单位可在证明中客观地说明解除劳动合同的原因。

16. 职工劳动合同期限届满，终止劳动合同后符合退休条件的，可以办理退休手续，领取养老保险金；不符合退休条件的，应当到就业服务机构进行失业登记，按规定领取失业救济金。

17. 用人单位招用职工时应查验终止、解除劳动合同证明，以及其他能证明该职工与任何用人单位不存在劳动关系的凭证，方可与其签订劳动合同。

18. 职工解除劳动合同，应当严格按照《劳动法》的规定，提前30日以书面形式向用人单位提出。职工自动离职属于违法解除劳动合同，应当按照《违反〈劳动法〉有关劳动合同规定的赔偿办法》承担赔偿责任。

19. 按照《劳动法》第二十七条的规定，进行经济性裁员的企业在6个月内录用人员的，应当优先从被裁减的人员中录用。因经济性裁员而被用人单位裁减的职工，在6个月内又被原单位重新录用的，对职工裁减前和重新录用的后工作年限应当连续计算为单位工作时间。

20. 劳动者按照《劳动法》第二十四条的规定，主动提出解除劳动合同的，用人单位可以不支付经济补偿金。

21. 劳动者在劳动合同期限内，由于主管部门调动或转移工作单位而被解除劳动合同，未造成失业的，用人单位可以不支付经济补偿金。

22. 劳动者患病或者非因工负伤，合同期满终止劳动合同的，用人单位应当支付不低于6个月工资的医疗补助费；对患重病或绝症的，还应适当增加医疗补助费。

❸《关于贯彻执行〈中华人民共和国劳动法〉若干问题的意见》（1995年8月4日　劳部发〔1995〕309号）

23. 用人单位用于劳动者职业技能培训费用的支付和劳动者违约时培训费的赔偿可以在劳动合同中约定，但约定劳动者违约时负担的培训费和赔偿金的标准不得违反劳动部《违反〈劳动法〉有关劳动合同规定的赔偿办法》（劳部发〔1995〕223号）等有关规定。

案例链接

❶《夏莉娜与广州舒曼钢琴培训学校劳动合同纠纷上诉案》，参见北大法宝引证码：Pkulaw. cn/CLI. C. 118916。

❷《广东大厦与龚炎辉劳动争议纠纷上诉案》，参见北大法宝引证码：Pkulaw. cn/CLI. C. 230759。

学者观点

❶ 胡立峰：《劳动规章制度与劳动合同之效力冲突》，参见北大法宝引证码：Pkulaw. cn/CLI. A. 050082。

【劳动合同期限】

法律问题解读

劳动合同期限是劳动合同的一项必备条款。按照法律规定，劳动合同期限分为三种：固定期限、无固定期限和以完成一定工作为期限。只要双方当事人协商一致，即可签订其中任何一种期限的劳动合同。三种期限的合同各有特点。

固定期限合同的灵活性表现为合同期限可长可短，短期合同可签半年、1年，长期合同可签5年、10年。

无固定期限合同只有起始时间，没有截止时间，因此，需要约定合同终止的条件。无特殊情况，这种合同可存续到劳动者达到退休的年龄。它有利于稳定职工队伍，特别是技术骨干人员和年老体弱人员，可以解除他们的后顾之忧，安心为用人单位服务。然而，这种合同当事人结束劳动关系，采用终止方式的机会较少，一般须采用解除合同的方式。因此，对用人单位来说，离职成本要高一些。

以完成一定工作为期限的合同更具灵活性，合同的起始时间为某项工作的开始之日，截止时间为该项工作的结束之日，对用人单位来讲，可减少人浮于事的开支。

法条指引

❶《中华人民共和国劳动法》（1994年7月5日 国家主席令第28号）

第二十条 劳动合同的期限分为有固定期限、无固定期限和以完成一定的工作为期限。

❷《关于实行劳动合同制度若干问题的通知》（1996年10月31日 劳部发［1996］354号）

1. 在签订劳动合同时，按照《劳动法》的规定，只要当事人双方协商一致，即可签订有固定期限、无固定期限或以完成一定工作为期限的劳动合同。

案例链接

❶《秦录萍与郑州豫欣纺织有限公司劳动争议纠纷上诉案》，参见北大法宝引证码：Pkulaw. cn/CLI. C. 246254。

❷《王红梅与郑州豫欣纺织有限公司劳动争议纠纷上诉案》，参见北大法宝引证码：Pkulaw. cn/CLI. C. 246291。

学者观点

❶ 李迎春：《无固定期限劳动合同实务操作指引》，参见北大法宝引证码：Pkulaw. cn/CLI. A. 051969。

【无固定期限的劳动合同】

法律问题解读

无固定期限劳动合同是指用人单位与劳动者约定不确定终止日期的劳动合同。

《劳动合同法》强化了无固定期限劳动合同制度，对此应该注意以下两点：

1. 无固定期限劳动合同不是"铁饭碗"、"固定工"

"铁饭碗"、"固定工"都是计划经济时代，国家统筹就业，企业员工通常还具有干部身份。而随着劳动合同制度的改革，逐渐打破"铁饭碗"，劳动力市场逐步完善，劳动者就业主要是依托市场就业。因此，首先要强调的是"铁饭碗"、"固定工"与"无固定期限制度"的时代背景存在区别，前者是基于计划经济时代，国家的统包统分；而后者则是基于市场经济时代，劳动者与用人单位基于劳动力市场自主选择、自由协商确定的。

2.《劳动合同法》关于无固定期限劳动合同的规定不同于《劳动法》的相关规定

与《劳动法》关于无固定期限劳动合同制度的规定相比，《劳动合同法》关于无固定期限劳动合同的规定有以下几方面的区别：

（1）《劳动合同法》增加了必须签订无固定期限劳动合同的情形，即对于初次实行合同制和国企改制的用人单位实行“双十规定”；对于劳动者连续签订两次固定期限劳动合同的，第三次签订劳动合同必须是无固定期限劳动合同。以及用人单位自用工之日起满一年不与劳动者订立书面劳动合同便视为已订立无固定期限劳动合同。

(2) 在是否签订无固定期限劳动合同方面，《劳动合同法》赋予了劳动者主动权。根据《劳动法》的规定签订无固定期限劳动合同应该要符合以下三个条件：① 在同一用人单位连续工作满 10 年以上；② 双方同意续延劳动合同；③ 劳动者提出订立无固定期限的劳动合同。而《劳动合同法》将“当事人双方同意”变为“劳动者提出或同意”，从而取消了用人单位在订立无固定期限劳动合同制度方面的自主权，即在符合条件的情况下，只要劳动者提出，就必须签订，而不管用人单位是否同意续签。

(3)《劳动合同法》确定了劳动者订立无固定期限劳动合同的意愿推定的原则。根据《劳动法》的规定，劳动者应该主动提出订立无固定期限的劳动合同，也就是说如果劳动者没有提出，则意味着签订固定期限的劳动合同是可以的。而《劳动合同法》采取了推定的方式，即除劳动者提出订立固定期限劳动合同外，应当订立无固定期限劳动合同，也就是说除非劳动者明确提出订立固定期限劳动合同，就应该订立无固定期限劳动合同。而根据该规定，要提醒用人单位的是，如果因为订立无固定期限劳动合同发生争议，即应该订立无固定期限劳动合同的情形下，而定了固定期限的劳动合同发生争议，则用人单位应该要承担劳动者提出订立固定期限劳动合同的证明责任。(参见林嘉、范围著：《员工关系管理指南》，北京大学出版山 2009 年版。)

法条指引

❶《中华人民共和国劳动合同法》（2007 年 6 月 29 日　国家主席令第 65 号）

第十四条　无固定期限劳动合同，是指用人单位与劳动者约定无确定终止时间的劳动合同。用人单位与劳动者协商一致，可以订立无固定期限劳动合同。有下列情形之一，劳动者提出或者同意续订、订立劳动合同的，除劳动者提出订立固定期限劳动合同外，应当订立无固定期限劳动合同：

（一）劳动者在该用人单位连续工作满十年的；

（二）用人单位初次实行劳动合同制度或者国有企业改制重新订立劳动合同时，劳动者在该用人单位连续工作满十年且距法定退休年龄不足十年的；

（三）连续订立二次固定期限劳动合同，且劳动者没有本法第三十九条和第四十条第一项、第二项规定的情形，续订劳动合同的。

用人单位自用工之日起满一年不与劳动者订立书面劳动合同的，视为用人单位与劳动者已订立无固定期限劳动合同。

第四十一条　有下列情形之一，需要裁减人员二十人以上或者裁减不足二十人但占企业职工总数百分之十以上的，用人单位提前三十日向工会或者全体职工说明情况，听取工会或者职工的意见后，裁减人员方案经向劳动行政部门报告，可以裁减人员：

（一）依照企业破产法规定进行重整的；

（二）生产经营发生严重困难的；

（三）企业转产、重大技术革新或者经营方式调整，经变更劳动合同后，仍需裁减人员的；

（四）其他因劳动合同订立时所依据的客观经济情况发生重大变化，致使劳动合同无法履行的。

裁减人员时，应当优先留用下列人员：

（一）与本单位订立较长期限的固定期限劳动合同的；

（二）与本单位订立无固定期限劳动合同的；

（三）家庭无其他就业人员，有需要扶养的老人或者未成年人的。

用人单位依照本条第一款规定裁减人员，在六个月内重新招用人员的，应当通知被裁减的人员，并在同等条件下优先招用被裁减的人员。

第八十二条　用人单位自用工之日起超过一个月不满一年未与劳动者订立书面劳动合同的，应当向劳动者每月支付二倍的工资。

用人单位违反本法规定不与劳动者订立无固定期限劳动合同的，自应当订立无固定期限劳动合同之日起向劳动者每月支付二倍的工资。

❷《关于实行劳动合同制度若干问题的通知》（1996 年 10 月 31 日　劳部发［1996］354 号）

2. 在固定工制度向劳动合同制度转变过程中，用人单位对符合下列条件之一的劳动者，如果其提出订立无固定期限的劳动合同，应当与其订立无固定期限的劳动合同：

(1) 按照《劳动法》的规定，在同一用人单位连续工作满 10 年以上，当事人双方同意续延劳动合同的；

（2）工作年限较长，且距法定退休年龄10年以内的；

（3）复员、转业军人初次就业的；

（4）法律、法规规定的其他情形。

❸《关于贯彻执行〈中华人民共和国劳动法〉若干问题的意见》（1995年8月4日 劳部发［1995］309号）

20. 无固定期限的劳动合同是指不约定终止日期的劳动合同。按照平等自愿、协商一致的原则，用人单位和劳动者只要达成一致，无论是初次就业的，还是由固定工转制的，都可以签订无固定期限的劳动合同。

无固定期限的劳动合同不得将法定解除条件约定为终止条件，以规避解除劳动合同时用人单位应承担支付给劳动者经济补偿的义务。

案例链接

❶《登封市少林水泥有限公司与刘志高劳动争议纠纷上诉案》，参见北大法宝引证码：Pkulaw.cn/CLI.C.246040。

❷《三门峡市中医院与张念环劳动争议纠纷上诉案》，参见北大法宝引证码：Pkulaw.cn/CLI.C.238626。

学者观点

❶ 李迎春：《无固定期限劳动合同实务操作指引》，参见北大法宝引证码：Pkulaw.cn/CLI.A.051969。

【劳动合同试用期】

法律问题解读

劳动合同试用期是指用人单位和劳动者为相互了解、选择而约定的不超过6个月的考察期。它是合同的约定条款之一，应包括在劳动合同期限内。一般对初次就业或再就业时改变工作岗位或工种的职工可以约定。按照国家规定，劳动合同期限3个月以上不满1年的，试用期不得超过1个月；劳动合同期限1年以上不满3年的，试用期不得超过2个月；3年以上固定期限和无固定期限的劳动合同，试用期不得超过6个月。在试用期内，用人单位可以解除被证明不符合录用条件的劳动者的劳动合同；劳动者提前3日通知用人单位可以与用人单位解除劳动合同。

法条指引

❶《中华人民共和国劳动合同法》（2007年6月29日 国家主席令第65号）

第十九条 劳动合同期限三个月以上不满一年的，试用期不得超过一个月；劳动合同期限一年以上不满三年的，试用期不得超过二个月；三年以上固定期限和无固定期限的劳动合同，试用期不得超过六个月。

同一用人单位与同一劳动者只能约定一次试用期。

以完成一定工作任务为期限的劳动合同或者劳动合同期限不满三个月的，不得约定试用期。

试用期包含在劳动合同期限内。劳动合同仅约定试用期的，试用期不成立，该期限为劳动合同期限。

第三十七条 劳动者提前三十日以书面形式通知用人单位，可以解除劳动合同。劳动者在试用期内提前三日通知用人单位，可以解除劳动合同。

第三十九条 劳动者有下列情形之一的，用人单位可以解除劳动合同：

（一）在试用期间被证明不符合录用条件的；

（二）严重违反用人单位的规章制度的；

（三）严重失职，营私舞弊，给用人单位造成重大损害的；

（四）劳动者同时与其他用人单位建立劳动关系，对完成本单位的工作任务造成严重影响，或者经用人单位提出，拒不改正的；

（五）因本法第二十六条第一款第一项规定的情形致使劳动合同无效的；

（六）被依法追究刑事责任的。

❷《关于贯彻执行〈中华人民共和国劳动法〉若干问题的意见》（1995年8月4日 劳部发［1995］309号）

18. 劳动者被用人单位录用后，双方可以在劳动合同中约定试用期，试用期应包括在劳动合同期限内。

19. 试用期是用人单位和劳动者为相互了解、选择而约定的不超过6个月的考察期。一般对初次就业或再次就业的职工可以约定。在原固定工进行劳动合同制度的转制过程中，用人单位与原固定工签订劳动合同时，可以不再约定试用期。

❸《劳动部办公厅关于试用期内解除劳动合同处理依据问题的复函》（劳办发［1995］264号）

浙江省劳动厅：

你厅《关于试用期内解除劳动合同处理依据问题的请示》（浙劳仲［1995］106号）收悉。经研究，答复如下：

一、关于解除劳动合同的程序问题

根据《劳动法》第三十二条的规定，劳动者在试用期内可以随时通知用人单位解除劳动合同。因此，用人单位与劳动者在劳动合同中有关试用期内解除劳动合同的程序约定应符合上述规定。劳动争议仲裁委员会处理此类劳动争议应严格按照《劳动法》的有关规定执行。

二、关于违反劳动合同的责任问题

根据《劳动法》第十九条规定，用人单位与劳动者可以劳动合同中约定“违反劳动合同的责任”，但必须经双方当事人平等协商，不能由任何一方单独决定。只要约定内容不与法律、法规、规章相抵触，且公平、合理、合乎实际，劳动争议仲裁委员会可将其作为处理劳动争议的依据。

三、关于解除劳动合同涉及的培训费用问题

用人单位出资（指有支付货币凭证的情况）对职工进行各类技术培训，职工提出与单位解除劳动关系的，如果在试用期内，则用人单位不得要求劳动者支付该项培训费用。如果试用期满，在合同期内，则用人单位可以要求劳动者支付该项培训费用，具体支付方法是：约定服务期的，按服务期等分出资金额，以职工已履行的服务期限递减支付；没约定服务期的，按劳动合同期等分出资金额，以职工已履行的合同期限递减支付；没有约定合同期的，按5年服务期等分出资金额，以职工已履行的服务期限递减支付；双方对递减计算方式已有约定的，从其约定。如果合同期满，职工要求终止合同，则用人单位不得要求劳动者支付该项培训费用。如果是由用人单位出资招用的职工，职工在合同期内（包括试用期）解除与用人单位的劳动合同，则该用人单位可按照《违反〈劳动法〉有关劳动合同规定的赔偿办法》（劳部发［1995］223号）第四条第（一）项规定向职工索赔。

案例链接

❶《上海某某广告有限公司诉苏某某追索劳动报酬纠纷案》，参见北大法宝引证码：Pkulaw. cn/CLI. C. 203888。

学者观点

❶ 李迎春：《新劳动合同法下试用期法律适用指引》，参见北大法宝引证码：Pkulaw. cn/CLI. A. 039398。

❷ 李迎春：《用人单位试用期疑难法律问题解析与操作指引》，参见北大法宝引证码：Pkulaw. cn/CLI. A. 042482。

【见习期、学徒期、实习期】

法律问题解读

见习期是见习制度中的一种期限。见习制度是国家对大中专毕业生分配、派遣到用人单位的一种实习、考核制度，适用于国家机关、企业事业单位。见习制度的具体内容是：见习期为1年；期间实行见习工资，不能调动工作；期满经考核合格转正定级，不合格可延长见习期，以至低定工资一级。虽然见习期尚未被明令废止，但是从公务员试用期和聘用合同试用期的规定可以看出，见习期将被各种试用期取而代之，逐步退出历史舞台。

学徒期是学徒制度中的一种期限。学徒制度是对进入某些工作岗位的新招工人熟悉业务、提高技能的一种培训制度或称培训方式。它是建立劳动关系之后的一种岗上培训。目前，这种培训制度仍在实行，并根据技术等级标准确定学徒期限。

实习期是实习制度中的一种期限。实习制度是国家对技工学校、中等专业学校、职业高中等学员实行的一种培训教育制度。一般是由学校与对口的用人单位签订实习协议，由用人单位为学员提供实习场所和设备条件。它是建立劳动关系之前的一种岗上培训。目前这种实习培训的做法已在实际生活中扩大了范围，许多大学生在毕业前夕先去寻找实习单位，目的是为毕业后就业作准备。因此，用人单位与实习生签订的协议，不属于劳动合同，而是一种民事合同。

根据国家规定，见习期、学徒期与试用期分属于三种不同的制度，其适用对象、目的、作用与内容均不相同。因此，见习期与试用期、学徒期与试用期是可以同时并用的，只是应各自执行各自的规定。

法条指引

❶**《劳动部办公厅对〈关于劳动用工管理有关问题的请示〉的复函》**（1996年1月16日 劳办发［1996］5号）

新疆维吾尔自治区劳动厅：

你厅《关于劳动用工管理有关问题的请示》（新劳力字［1995］263号）收悉。经研究，现函复如下：

一、关于企业招工时，劳动行政部门是否办理录用手续问题。根据《全民所有制工业企业转换经营机制条例》（国务院令第103号）的规定，企业拥有根据生产和工作需要自行确定用人形式、条件，灵活调节劳动力数量的自主权。因此，企业在招工时，劳动行政部门不再办理录用审批手续。但企业录用职工后，要按照劳动部《关于实施〈全民所有制工业企业转换经营机制条例〉的意见》（劳政字［1993］3号）的要求，到当地劳动行政部门登记备案、办理社会保险等手续。

职工跨地区流动的，劳动行政部门办理有关手续时，不应要求职工原工作单位所在地劳动行政部门补办录用手续。企业招用农村劳动力（包括跨地区招用的），仍按国家有关规定执行。

企业实施经济性裁员后重新招用人员时，应按照《劳动法》和《企业经济性裁减人员规定》的规定，裁减人员单位在六个月内录用人员的，应当优先录用被裁减的人员，并向当地劳动行政部门报告录用人员的数量、时间、条件以及优先录用人员的情况。

二、关于《劳动手册》。《劳动法》颁布后，一些地方对《劳动手册》进行了修订，并在全体职工中使用，在职工管理和流动方面起到了一定作用。鉴于各地这几年改革进展情况不同，在全面实行劳动合同制度以后，是否对职工办理《劳动手册》问题，由各省、自治区、直辖市根据本地实际情况作出规定。但应注意简化手续，尽量与有关手册合并使用，减少企业负担。

三、关于学徒期与试用期。学徒期是对进入某些工作岗位的新招工人熟悉业务、提高工作技能的一种培训方式，在实行劳动合同制度后，这一培训方式仍应继续采用，并按照技术等级标准规定的期限执行。试用期是用人单位和劳动者建立劳动关系后为相互了解、选择而约定的不超过六个月的考察期。试用期和学徒期包含在劳动合同的期限内，试用期和学徒期可以同时约定，但试用期不得超过半年。

四、关于见习期与试用期。大中专、技校毕业生新分配到用人单位工作的，仍应按原规定执行为期一年的见习期制度，见习期内可以约定不超过半年的试用期。

五、关于被判监外执行的原固定工是否签订劳动合同问题。在实行劳动合同制度过程中，被判监外执行交企业负责管理的原固定工，服刑期间暂不签订劳动合同。

【商业秘密的保护】

法律问题解读

按照国家法律的规定，商业秘密是指不为公众所知悉；能为权利人带来经济利益、具有实用性；且经权利人采取保密措施的技术信息和经营信息。这里所讲的三个条件同时具备的信息、资料，方能称之为商业秘密。其具体内容包括：设计、程序、产品配方、制作工艺、制作方法、管理诀窍、客户名单、货源情况、产销策略、招投标中的标底及标书的内容等信息和资料。如果掌握商业秘密的员工在离职前后，将企业的商业秘密带走或向外泄露，则会使企业为员工离职付出无法估量的成本。因此，企业应重视高级人才的离职，切实做好保护商业秘密的工作。

首先，企业应制定保密规章制度。这是能证明企业对自己认定为商业秘密的信息和资料采取保密措施的凭据，也是保护商业秘密的重要措施。该规章制度的主要内容包括：确定本单位所拥有的商业秘密的范围、种类、保密级别、保密期限、保密方法、泄密责任等。

其次，可在劳动合同中约定商业秘密条款；也可签订保密协议，以专项协议的形式作为劳动合同的附件存在。双方约定的内容，一般有两种。一是竞业限制的内容，即掌握商业秘密的员工离职后在一定期限内（最长不超过3年）不得到生产同类产品或经营同类业务且与原单位有竞争关系的其他企业任职，也不得自己生产与原单位有竞争关系的同类产品或经营同类业务，同时双方还应约定企业支付离职员工一定数额的经济补偿。对这种经济补偿的数额、支付方式，国家尚无规定，但有的地方有规定，如北京市中关村科技园区规定，竞业限制经济补偿标准为劳动者年薪的1/2，该区域内的企业与员工应执行当地的规定。如果地方也无规定，则应由劳动关系双方当事人依据合情合理的原则在合同中约定。二是脱密期的内容，即掌握商业秘密的员工在劳动合同终止前或该员工提出解除合同后的一定时间内（最长不超过6个月），企业可将其调整到非商业秘密的工作岗位，变更合同相关内容，逐步使其淡忘所知道的一些商业秘密。待此期间届满，员工方可办理离职手续。

最后，企业一旦发现自己的商业秘密有被侵害的迹象，或者离职员工有违约、违规行为，一定要千方百计收集证据，依法向劳动争议仲裁委员会申诉，维护自己的合法权益，把员工离职的损失减少到最低限度。这类损失的追索标准，可按照《反不正当竞争法》的规定计算。

法条指引

❶**《中华人民共和国劳动合同法》**（2007 年 6 月 29 日　国家主席令第 65 号）

第二十三条　用人单位与劳动者可以在劳动合同中约定保守用人单位的商业秘密和与知识产权相关的保密事项。

对负有保密义务的劳动者，用人单位可以在劳动合同或者保密协议中与劳动者约定竞业限制条款，并约定在解除或者终止劳动合同后，在竞业限制期限内按月给予劳动者经济补偿。劳动者违反竞业限制约定的，应当按照约定向用人单位支付违约金。

第二十四条　竞业限制的人员限于用人单位的高级管理人员、高级技术人员和其他负有保密义务的人员。竞业限制的范围、地域、期限由用人单位与劳动者约定，竞业限制的约定不得违反法律、法规的规定。

在解除或者终止劳动合同后，前款规定的人员到与本单位生产或者经营同类产品、从事同类业务的有竞争关系的其他用人单位，或者自己开业生产或者经营同类产品、从事同类业务的竞业限制期限，不得超过二年。

❷**《中华人民共和国反不正当竞争法》**（1993 年 9 月 2 日　国家主席令第 10 号）

第十条　经营者不得采用下列手段侵犯商业秘密：

（一）以盗窃、利诱、胁迫或者其他不正当手段获取权利人的商业秘密；

（二）披露、使用或者允许他人使用以前项手段获取的权利人的商业秘密；

（三）违反约定或者违反权利人有关保守商业秘密的要求，披露、使用或者允许他人使用其所掌握的商业秘密。

第三人明知或者应知前款所列违法行为，获取、使用或者披露他人的商业秘密，视为侵犯商业秘密。

本条所称的商业秘密，是指不为公众所知悉、能为权利人带来经济利益、具有实用性并经权利人采取保密措施的技术信息和经营信息。

第二十条　经营者违反本法规定，给被侵害的经营者造成损害的，应当承担损害赔偿责任，被侵害的经营者的损失难以计算的，赔偿额为侵权人在侵权期间因侵权所获得的利润；并应当承担被侵害的经营者因调查该经营者侵害其合法权益的不正当竞争行为所支付的合理费用。

被侵害的经营者的合法权益受到不正当竞争行为损害的，可以向人民法院提起诉讼。

❸**《中华人民共和国劳动法》**（1994 年 7 月 5 日　国家主席令第 28 号）

第二十二条　劳动合同当事人可以在劳动合同中约定保守用人单位商业秘密的有关事项。

❹**《关于禁止侵犯商业秘密行为的若干规定》**（1998 年 12 月 3 日　国家工商总局修正）

第二条　本规定所称商业秘密，是指不为公众所知悉、能为权利人带来经济利益、具有实用性并经权利人采取保密措施的技术信息和经营信息。

本规定所称不为公众所知悉，是指该信息是不能从公开渠道直接获取的。

本规定所称能为权利人带来经济利益、具有实用性，是指该信息具有确定的可应用性，能为权利人带来现实的或者潜在的经济利益或者竞争优势。

本规定所称权利人采取保密措施，包括订立保密协议，建立保密制度及采取其他合理的保密措施。

本规定所称技术信息和经营信息，包括设计、程序、产品配方、制作工艺、制作方法、管理诀窍、客户名单、货源情报、产销策略、招投标中的标底及标书内容等信息。

本规定所称权利人，是指依法对商业秘密享有所有权或者使用权的公民、法人或者其他组织。

❺**《关于加强科技人员流动中技术秘密管理的若干意见》**（1997 年 7 月 2 日　国科发政字［1997］317 号）

随着社会主义市场经济体制的逐步建立和完善，科技、经济体制改革的不断深入和发展，我国的科技人员流动工作有了新的发展，对促进科技成果转化，科研结构调整、人才分流，实现在社会主义市场经济体制下科技人才和技术资源的优化配置，深化科技体制改革，发挥了积极的作用。当前，随着社会经济生活的日益活跃，经济、技术竞争日益加剧，在科技人员流动中，也出现了一些值得重视的问题，如少数承担国家重点科技计划项目或者在科研、国防、军工等关键岗位上工作的科技人员擅自离职，给国家利益造成重大损失；科技人员在离职后侵犯原单位的知识产权和技术权益，特别是将原单位拥有的技术秘密，甚至经法定程序确定的国家科技秘密擅自披露、使用或允许他人使用；一些单位采取不正当手段挖走人才，破坏正常的科研秩序和市场竞争秩序，等等。因此，如何正确处理科技人员流动中所涉及的国家、单位和个人三者的利益关系，鼓励正当的人才流动活动，制止在流动中对国家科技秘密和单位技术秘密的侵犯行为，是当前科技体制改革中亟待解决的一个重要问题，需要明确有关具体的政策界限和管理措施，为此，提出如下意见：

一、科技人员流动是社会主义市场经济体制下劳动择业自由的体现，也是深化科技体制改革，促进科研结构调整、人才分流，实现科技人才和技术资源优化配置的一项重要措施。鼓励和支持部分科技人员以调离、辞职等方式到社会主义现代化建设中最能发挥其作用的岗位去工作。

科技人员流动应当依法有序地进行。科技人员在流动中，应当遵守国家的有关法律、法规和本单位的各项管理制度，自觉维护国家或者单位的合法权益。国家机关和企业事业单位要加强对科技人员流动的管理工作，对科研任务不饱满或者学科专业不适合本单位发展需要、自愿流动的科技人员，在组织和人事管理上应提供便利和支持。各级科技行政主管部门也应当加强对科技人员流动的宏观管理和政策引导，支持正当合理的科技人员流动活动。

二、本单位所拥有的技术秘密，是指由单位研制开发或者以其他合法方式掌握的、未公开的、能给单位带来经济利益或竞争优势，具有实用性且本单位采取了保密措施的技术信息，包括但不限于设施图纸（含草图）、试验结果和试验记录、工艺、配方、样品、数据、计算机程序等等。技术信息可以是有特定的完整的技术内容，构成一项产品、工艺、材料及其改进的技术方案，也可以是某一产品、工艺、材料等技术或产品中的部分技术要素。

技术秘密是一种重要的知识产权，其开发和完成凝聚着国家或者有关单位大量的人力和物力投入。因此，科技人员在流动中不得将本人在工作中掌握的、由本单位拥有的技术秘密（包括本人完成或参与完成的职务技术成果）非法披露给用人单位、转让给第三者或者自行使用。

三、企事业单位要驾驶对承担国家科技计划项目或者本单位重要科研任务的科技人员进行管理。对列入确定为国家重大科技计划项目的计划任务书或者有关合同课题组成员名单的科技人员，在科研任务尚未结束前要求调离、辞职，并可能泄漏国家重大科技计划项目或者科研任务所涉及的技术秘密，危及国家安全和利益的，原则上不予批准。擅自离职，并给国家或者原单位造成经济损失或泄漏有关技术秘密的，可以依据有关法律规定，要求其承担经济责任；用人单位有过错的，也应当依法承担连带赔偿责任。

四、企事业单位所拥有的技术秘密，凡依据国家科委、国家保密局发布的《科学技术保密规定》确定为国家科学技术秘密的，应当按该规定并参照本意见进行管理。各企事业单位和科技人员负有保守国家科学技术秘密的义务。在依据国家科委、国家保密局《科学技术保密规定》确定国家科学技术秘密时，应当确定涉密人员范围、涉密人员调离、辞职时，应当经确定密级的主管部门批准，并对其进行保密教育。未经批准擅自离职的，依法追究当事人及用人单位负责人的行政责任。故意或者过失泄露国家科学技术秘密，情节严重，并致使国家利益遭受重大损失的，依法追究当事人的刑事责任。

五、企事业单位应当对本单位拥有的技术秘密采取合法、有效的保密措施，并使这些措施有针对性地适用于科技成果的完成人、与因业务上可能知悉该技术秘密的人员或者业务相关人员，以及有关的行政管理人员。这些措施包括订立保密协议、建立保密制度、采用保密技术、采用适当的保密设施和装置以及采用其他合理的保密方法。有关保密措施应当是明确、明示的，并能够具体确定本单位所拥有的技术秘密的范围、种类、保密期限、保密方法以及泄密责任。单位未采取适当保密措施，或者有关技术信息的内容已公开、能够从公开渠道直接得到的，科技人员可以自行使用。

科技人员可以与其工作单位就该单位的技术秘密、职务技术成果的使用、转让等有关事项签订书面协议，约定科技人员可以自行使用的范围、方式、条件等具体问题。

六、企事业单位可以按照有关法律规定，与本单位的科技人员、行政管理人员，以及因业务上可能知悉技术秘密的人员或业务相关人员，签订技术保密协议。该保密协议可以与劳动聘用合同订为一个合同，也可以与有关知识产权权利归属协议合订为一个合同，也可以单独签订。

签订技术保密协议，应当遵循公平、合理的原则，其主要内容包括：保密的内容和范围、双方的权利和义务、保密期限、违约责任等。技术保密协议可以在有关人员调入本单位时签订，也可以与已在单位工作的人员协商后签订。拒不签订保密协议的，单位有权不调入，或者不予聘用。但是，有关技术保密协议不得违反法律、法规规定，或非法限制科技人员的正当流动。协议条款所确定的双方权利义务不得显失公平。

承担保密义务的科技人员享有因从事技术开发活动而获取相应报酬和奖励的权利。单位无正当理由，拒不支付奖励和报酬的，科技人员或者有关人员有权要求变更或者终止技术保密协议。技术保密协议一经双方当事人签字盖章，即发生法律效力，任何一方违反协议的，另一方可以依法向有关仲裁机构申请仲裁或向人民法院提起诉讼。

七、单位可以在劳动聘用合同、知识产权权利归属协议或者技术保密协议中，与对本单位技术权益和经济利益有重要影响的有关行政管理人员、科技人员和其他相关人员协商，约定竞业限制条款，约定有关人员在离开单位后一定期限内不得在生产同类产品或经营同类业务且有竞争关系或者其他利害关系的其他单位内任职，或者自己生产、经营与原单位有竞争关系的同类产品或业务。凡有这种约定的，单位应向有关人员支付一定数额的补偿费。竞业限制的期限最长不得超过三年。

竞业限制条款一般应当包括竞业限制的具体范围、竞业限制的期限、补偿费的数额及支付方法、违约责任等内容。但与竞业限制内容相关的技术秘密已为公众所知悉，或者已不能为本单位带来经济利益或竞争优势，不具有实用性，或负有竞业限制义务的人员有足够证据证明该单位未执行国家有关科技人员的政策，受到显失公平待遇以及本单位违反竞业限制条款，不支付或者无正当理由拖欠补偿费的，竞业限制条款自行终止。

单位与有关人员就竞业限制条款发生争议的，任何一方有权依法向有关仲裁机构申请仲裁或向人民法院起诉。

八、企事业单位应当在科技人员或者有关人员离开本单位时，以书面或者口头形式向该人员重申其保密义务和竞业限制义务，并可以向其新任职的单位通报该人员在原单位所承担的保密义务和竞业限制义务。用人单位在科技人员或有关人员调入本单位时，应当主动了解该人员在原单位所承担的保密义务和竞业限制义务，并自觉尊重上述协议。明知该人员承担原单位保密义务或者竞业限制义务，并以获取有关技术秘密为目的故意聘用的，应当承担相应的法律责任。

九、科技人员或者其他有关人员在离开原单位后，利用在原单位掌握或接触的由原单位所拥有的技术秘密，并在此基础上作出新的技术成果或技术创新，有权就新的技术成果或技术创新予以实施或者使用，但在实施或者使用时利用了原单位所拥有的，且其本人负有保密义务的技术秘密时，应当征得原单位的同意，并支付一定的使用费；未征得原单位同意或者无证据证明有关技术内容为自行开发的新的技术成果或技术创新的，有关人员和用人单位应当承担相应的法律责任。

十、在工作期间接触或掌握本单位所拥有的技术秘密的离退休人员、行政管理人员以及其他因业务上可能知悉本单位拥有的技术秘密的人员，可以依照本意见进行管理。

十一、科技人员在完成本职工作和不侵犯本单位技术权益、经济利益的前提下，业余兼职从事技术开发和技术创新等活动的，应当依照国家有关法律、法规和 1988 年 1 月国务院批准的《国家科委关于科技人员业余兼职若干问题的意见》的规定，正确处理本职和兼职关系，不得在业余兼职活动中将本单位的技术秘密擅自提供给兼职单位，也不得利用兼职关系从兼职单位套取技术秘密，侵害兼职单位的技术权益。企事业单位可以参照本意见对有关兼职人员进行管理。

❻《违反〈中华人民共和国劳动法〉有关劳动合同规定的赔偿办法》（1995 年 5 月 10 日　劳部发〔1995〕223 号）

第五条　劳动者违反劳动合同中约定的保密事项，对用人单位造成经济损失的，按《反不正当竞争法》第二十条的规定支付用人单位赔偿费用。

案例链接

❶《北京盛杰佳鑫科技有限公司等与北京盛泰达科技有限公司侵犯商业秘密纠纷上诉案》，参见北大法宝引证码：Pkulaw. cn/CLI. C. 183935。

❷《贺礼华与上海仟代中田阀门有限公司劳动合同纠纷上诉案》，参见北大法宝引证码：Pkulaw. cn/CLI. C. 201616。

学者观点

❶ 李迎春:《竞业限制协议未约定经济补偿与协议的效力》,参见北大法宝引证码:Pkulaw. cn/CLI. A. 052168。

❷ 麻增伟:《竞业禁止协议和保密协议的区别》,参见北大法宝引证码:Pkulaw. cn/CLI. A. 045552。

【劳动合同的生效】

法律问题解读

劳动合同的生效,是指具备有效要件的劳动合同按其意思表示的内容产生了法律效力,此时这份劳动合同的内容才对签约双方具有法律约束力。劳动合同的成立,是指用人单位与劳动者达成协议而建立劳动合同关系。双方在劳动合同上签字或者盖章即代表劳动合同成立,但是劳动合同的成立并不代表着合同生效。如果双方当事人根据特定的需要,在劳动合同中对生效的期限或者条件作出特别约定的,那么当事人约定的期限或条件一旦成立,劳动合同即生效。

劳动合同生效的条件。一份劳动合同发生法律效力必须具备一些条件,这些条件包括:

(1) 劳动合同的双方当事人必须具备法定的资格;行为能力是签订合同的任何一方必须有法律上认可的签订劳动合同的资格。

(2) 劳动合同的内容和形式必须合法,不得违反法律的强制性规定或者社会公共利益。所谓强制性规定就是当事人不能约定,只能按照法律规定办的权利义务。

(3) 劳动合同需由用人单位与劳动者协商一致订立。订立劳动合同的双方必须意思表示真实,任何一方采用欺诈、胁迫等手段与另一方签订的劳动合同是无效的。

无效的劳动合同是指由当事人签订成立而国家不予承认其法律效力的劳动合同。一般合同一旦依法成立,就具有法律拘束力,但是无效合同却即使其成立,也不具有法律拘束力,不发生履行效力。《劳动合同法》第26条规定,下列劳动合同无效或者部分无效:

(1) 以欺诈、胁迫的手段或者乘人之危,使对方在违背真实意思的情况下订立劳动合同的;

(2) 用人单位免除自己的法定责任、排除劳动者的权利的;

(3) 违反法律、行政法规强制性规定的。劳动合同的无效或者部分无效,由劳动行政部门、劳动争议仲裁机构或者人民法院确认。

法条指引

❶ **《中华人民共和国劳动合同法》**(2007年6月29日 国家主席令第65号)

第十条 建立劳动关系,应当订立书面劳动合同。

已建立劳动关系,未同时订立书面劳动合同的,应当自用工之日起一个月内订立书面劳动合同。

用人单位与劳动者在用工前订立劳动合同的,劳动关系自用工之日起建立。

第十六条 劳动合同由用人单位与劳动者协商一致,并经用人单位与劳动者在劳动合同文本上签字或者盖章生效。

劳动合同文本由用人单位和劳动者各执一份。

第二十六条 下列劳动合同无效或者部分无效:

(一) 以欺诈、胁迫的手段或者乘人之危,使对方在违背真实意思的情况下订立或者变更劳动合同的;

(二) 用人单位免除自己的法定责任、排除劳动者权利的;

(三) 违反法律、行政法规强制性规定的。

对劳动合同的无效或者部分无效有争议的,由劳动争议仲裁机构或者人民法院确认。

第二十七条 劳动合同部分无效,不影响其他部分效力的,其他部分仍然有效。

第二十八条 劳动合同被确认无效,劳动者已付出劳动的,用人单位应当向劳动者支付劳动报酬。劳动报酬的数额,参照本单位相同或者相近岗位劳动者的劳动报酬确定。

第八十六条 劳动合同依照本法第二十六条规定被确认无效,给对方造成损害的,有过错的一方应当承担赔偿责任。

❷ **《违反〈劳动法〉有关劳动合同规定的赔偿办法》**(1995年5月10日 劳动部发布)

第一条 为明确违反劳动法有关劳动合同规定的赔偿责任,维护劳动合同双方当事人的合法权益,根据《中华人民共和国劳动法》的有关规定,制定本办法。

第二条 用人单位有下列情形之一,对劳动者造成损害的,应赔偿劳动者损失:

（一）用人单位故意拖延不订立劳动合同，即招用后故意不按规定订立劳动合同以及劳动合同到期后故意不及时续订劳动合同的；

（二）由于用人单位的原因订立无效劳动合同，或订立部分无效劳动合同的；

（三）用人单位违反规定或劳动合同的约定侵害女职工或未成年工合法权益的；

（四）用人单位违反规定或劳动合同的约定解除劳动合同的。

第三条 本办法第二条规定的赔偿，按下列规定执行：

（一）造成劳动者工资收入损失的，按劳动者本人应得工资收入支付给劳动者，并加付应得工资收入25％的赔偿费用；

（二）造成劳动者劳动保护待遇损失的，应按国家规定补足劳动者的劳动保护津贴和用品；

（三）造成劳动者工伤、医疗待遇损失的，除按国家规定为劳动者提供工伤、医疗待遇外，还应支付劳动者相当于医疗费用25％的赔偿费用；

（四）造成女职工和未成年工身体健康损害的，除按国家规定提供治疗期间的医疗待遇外，还应支付相当于其医疗费用25％的赔偿费用；

（五）劳动合同约定的其他赔偿费用。

第四条 劳动者违反规定或劳动合同的约定解除劳动合同，对用人单位造成损失的，劳动者应赔偿用人单位下列损失：

（一）用人单位招收录用其所支付的费用；

（二）用人单位为其支付的培训费用，双方另有约定的按约定办理；

（三）对生产、经营和工作造成的直接经济损失；

（四）劳动合同约定的其他赔偿费用。

第五条 劳动者违反劳动合同中约定的保密事项，对用人单位造成经济损失的，按《反不正当竞争法》第二十条的规定支付用人单位赔偿费用。

第六条 用人单位招用尚未解除劳动合同的劳动者，对原用人单位造成经济损失的，除该劳动者承担直接赔偿责任外，该用人单位应当承担连带赔偿责任。其连带赔偿的份额应不低于对原用人单位造成经济损失总额的70％。向原用人单位赔偿下列损失：

（一）对生产、经营和工作造成的直接经济损失；

（二）因获取商业秘密给原用人单位造成的经济损失。

赔偿本条第（二）项规定的损失，按《反不正当竞争法》第二十条的规定执行。

第七条 因赔偿引起争议的，按照国家有关劳动争议处理的规定办理。

第八条 本办法自发布之日起施行。

❸《劳动部办公厅关于劳动合同有关问题的复函》（1995年9月8日 劳办发〔1995〕223号）

一、根据《劳动法》第十六条、第十八条和第十九条规定，只要是劳动者与用人单位为确立劳动关系而订立的以劳动权利与义务为主体内容的书面协议，则应视为劳动合同。劳动合同中除必备条款外，双方当事人可以平等协商约定条款，约定内容应是劳动权利和义务，以及与其密切关联的权利和义务，且应合法、合理、合乎实际。至于劳动合同内容有效与否，应由劳动争议仲裁委员会或者人民法院确认。对劳动合同当事人在合同中约定的非劳动权利、义务方面的内容，只要其与劳动争议标的相互关联，劳动争议仲裁委员会则应商有关部门，依据有关法律、法规、规章，以及企业依法制定的规章制度予以确认，并与劳动争议标的一并统筹处理；如果其与劳动争议标的没有关联，劳动争议仲裁委员会则应不予处理，并加以说明。

案例链接

❶《袁子雄与乌鲁木齐辉昊杰装卸有限责任公司劳动争议纠纷上诉案》，参见北大法宝引证码：Pkulaw. cn/CLI. C. 251285。

❷《赣州福珍针织制衣有限公司与张兰花事实劳动关系纠纷上诉案》，参见北大法宝引证码：Pkulaw. cn/CLI. C. 259097。

【劳动合同变更】

法律问题解读

劳动合同变更是指劳动合同订立时所依据的客观情况发生变化，致使某些条款内容无法继续履行，从而经双方当事人协商一致调整劳动合同部分内容的法律行为。用人单位与劳动者变更劳动合同应遵循的原则，也是平等自愿，协商一致和符合法律等三项原则。变更合同的方式分为两种，一种是依法变更，即根据法律规定的原则、条件，双方协商一致变更合同的情形；另一种是依约变更，也就是双方当事人在订立合同时就将某些需要变更合同的条件、程序作具体约定，当须变更合同的条件出现时，则按约定的程序办理变更合同的事宜。

法条指引

❶《中华人民共和国劳动合同法》（2007 年 6 月 29 日　国家主席令第 65 号）

第三十四条　用人单位发生合并或者分立等情况，原劳动合同继续有效，劳动合同由承继其权利和义务的用人单位继续履行。

第三十五条　用人单位与劳动者协商一致，可以变更劳动合同约定的内容。变更劳动合同，应当采用书面形式。

变更后的劳动合同文本由用人单位和劳动者各执一份。

❷《关于贯彻执行〈中华人民共和国劳动法〉若干问题的意见》（1995 年 8 月 4 日　劳部发［1995］309 号）

13. 用人单位发生分立或合并后，分立或合并后的用人单位可依据其实际情况与原用人单位的劳动者遵循平等自愿、协商一致的原则变更原劳动合同。

37. 根据《民法通则》第四十四条第二款“企业法人分立、合并，它的权利和义务由变更后的法人享有和承担”的规定，用人单位发生分立或合并后，分立或合并后的用人单位可依据其实际情况与原用人单位的劳动者遵循平等自愿、协商一致的原则变更、解除或重新签订劳动合同。在此种情况下的重新签订劳动合同视为原劳动合同的变更，用人单位变更劳动合同，劳动者不能依据劳动法第二十八条要求经济补偿。

案例链接

❶《河南绿业电脑职业培训学校与朱小辉劳动争议纠纷上诉案》，参见北大法宝引证码：Pkulaw. cn/CLI. C. 246097。

❷《杜寅峰与上海明芳汽车零件有限公司劳动合同纠纷上诉案》，参见北大法宝引证码：Pkulaw. cn/CLI. C. 226681。

【劳动合同中止】

法律问题解读

劳动合同中止是指因某种特殊的原因，致使劳动合同一方主体暂时无法履行劳动合同，另一方主体采取暂停履行劳动合同的行为。从现实生活中看，劳动合同中止履行的情形只有一种，即：劳动者涉嫌违法犯罪被有关机关收容审查、拘留或逮捕的，用人单位在劳动者被限制人身自由期间，可与其暂时停止劳动合同的履行。期间，用人单位不承担劳动合同规定的相应义务。劳动者经证明被错误限制人身自由的，暂时停止履行劳动合同期间劳动者的损失，可由其依据《国家赔偿法》要求有关部门赔偿。

另外还有一种类似的情形，即：对原固定工在取保候审期间，用人单位可以暂缓与其签订劳动合同，但不能以此为由予以辞退。这实际上是一种劳动关系终止的状态。在审理结束后，可视具体情况，依据有关法律法规进行处理。

法条指引

❶《关于贯彻执行〈中华人民共和国劳动法〉若干问题的意见》（1995 年 8 月 4 日　劳部发［1995］309 号）

28. 劳动者涉嫌违法犯罪被有关机关收容审查、拘留或逮捕的，用人单位在劳动者被限制人身自由期间，可与其暂时停止劳动合同的履行。

暂时停止履行劳动合同期间，用人单位不承担劳动合同规定的相应义务。劳动者经证明被错误限制人身自由的，暂时停止履行劳动合同期间劳动者的损失，可由其依据《国家赔偿法》要求有关部门赔偿。

❷《劳动部办公厅对〈关于取保候审的原固定工不签订劳动合同的请示〉的复函》（1997 年 3 月 3 日　劳办发［1997］23 号）（略）

案例链接

❶《程雪昌诉重庆和康机械制造有限公司劳动争议纠纷案》，参见北大法宝引证码：Pkulaw. cn/CLI. C. 249211。

❷《孙光祥诉重庆弘扬建材（集团）有限公司劳动争议纠纷案》，参见北大法宝引证码：Pkulaw. cn/CLI. C. 202482。

学者观点

❶ 黄卉：《德国劳动法中的解雇保护制度》，参见北大法宝引证码：Pkulaw. cn/CLI. A. 053454。

【劳动合同解除】

法律问题解读

劳动合同的解除，是指在劳动合同有效成立

以后，当解除的条件具备时，因当事人一方或双方的意思表示，使劳动合同向将来消灭的行为。

按照解除劳动合同的方式不同，劳动合同的解除可分为单方解除和协议解除。单方解除，是解除权人行使解除权将合同解除的行为。它不必经过对方当事人的同意，只要解除权人将解除合同的意思表示直接通知对方，或经过人民法院或仲裁机构向对方主张，即可发生合同解除的效果。协议解除，是当事人双方通过协商同意将合同解除的行为。它不以解除权的存在为必要，解除行为也不是解除权的行使。

按照解除劳动合同的依据不同，劳动合同的解除又可分为法定解除和约定解除。在法定解除中，解除权是依据劳动法律规定产生的，在约定解除中，解除权则是依据当事人的约定产生的。

法条指引

❶**《中华人民共和国劳动合同法》**（2007 年 6 月 29 日　国家主席令第 65 号）

第三十六条　用人单位与劳动者协商一致，可以解除劳动合同。

第三十七条　劳动者提前三十日以书面形式通知用人单位，可以解除劳动合同。劳动者在试用期内提前三日通知用人单位，可以解除劳动合同。

第三十八条　用人单位有下列情形之一的，劳动者可以解除劳动合同：

（一）未按照劳动合同约定提供劳动保护或者劳动条件的；

（二）未及时足额支付劳动报酬的；

（三）未依法为劳动者缴纳社会保险费的；

（四）用人单位的规章制度违反法律、法规的规定，损害劳动者权益的；

（五）因本法第二十六条第一款规定的情形致使劳动合同无效的；

（六）法律、行政法规规定劳动者可以解除劳动合同的其他情形。

用人单位以暴力、威胁或者非法限制人身自由的手段强迫劳动者劳动的，或者用人单位违章指挥、强令冒险作业危及劳动者人身安全的，劳动者可以立即解除劳动合同，不需事先告知用人单位。

第三十九条　劳动者有下列情形之一的，用人单位可以解除劳动合同：

（一）在试用期间被证明不符合录用条件的；

（二）严重违反用人单位的规章制度的；

（三）严重失职，营私舞弊，给用人单位造成重大损害的；

（四）劳动者同时与其他用人单位建立劳动关系，对完成本单位的工作任务造成严重影响，或者经用人单位提出，拒不改正的；

（五）因本法第二十六条第一款第一项规定的情形致使劳动合同无效的；

（六）被依法追究刑事责任的。

第四十条　有下列情形之一的，用人单位提前三十日以书面形式通知劳动者本人或者额外支付劳动者一个月工资后，可以解除劳动合同：

（一）劳动者患病或者非因工负伤，在规定的医疗期满后不能从事原工作，也不能从事由用人单位另行安排的工作的；

（二）劳动者不能胜任工作，经过培训或者调整工作岗位，仍不能胜任工作的；

（三）劳动合同订立时所依据的客观情况发生重大变化，致使劳动合同无法履行，经用人单位与劳动者协商，未能就变更劳动合同内容达成协议的。

第四十一条　有下列情形之一，需要裁减人员二十人以上或者裁减不足二十人但占企业职工总数百分之十以上的，用人单位提前三十日向工会或者全体职工说明情况，听取工会或者职工的意见后，裁减人员方案经向劳动行政部门报告，可以裁减人员：

（一）依照企业破产法规定进行重整的；

（二）生产经营发生严重困难的；

（三）企业转产、重大技术革新或者经营方式调整，经变更劳动合同后，仍需裁减人员的；

（四）其他因劳动合同订立时所依据的客观经济情况发生重大变化，致使劳动合同无法履行的。

裁减人员时，应当优先留用下列人员：

（一）与本单位订立较长期限的固定期限劳动合同的；

（二）与本单位订立无固定期限劳动合同的；

（三）家庭无其他就业人员，有需要扶养的老人或者未成年人的。

用人单位依照本条第一款规定裁减人员，在六个月内重新招用人员的，应当通知被裁减的人员，并在同等条件下优先招用被裁减的人员。

❷**《关于贯彻执行〈中华人民共和国劳动法〉若干问题的意见》**（1995 年 8 月 4 日　劳部发［1995］309 号）

26. 劳动合同的解除是指劳动合同订立后，尚未全部履行以前，由于某种原因导致劳动合同一方或双方当事人提前消灭劳动关系的法律行为。劳动合同的解除分为法定解除和约定解除两种。根据劳动法的规定，劳动合同既可以由单方依法解除，也可以双方协商解除。劳动合同的解除，只对未履行的部分发生效力，不涉及已履行的部分。

【法定解除】

法律问题解读

法定解除合同是指劳动者和用人单位基于法律规定的事由而解除劳动合同。《劳动合同法》对于用人单位和劳动者的法定解除权有明确的限制性规定，一是适用情形的限制，即只有法定的情形下，才能行使解除劳动合同；二是解除程序的限制，即劳动者和用人单位行使法定解除权需遵守程序性规定。

根据《劳动合同法》的规定，法定解除分为以下两种：

一是劳动者的法定解除权。劳动者提前 30 日以书面形式通知用人单位，可以解除劳动合同。

二是用人单位的法定解除权。《劳动合同法》第 40 条规定，有下列情形之一的，用人单位在提前 30 日以书面形式通知劳动者本人或者额外支付劳动者 1 个月工资后，可以解除劳动合同：(1) 劳动者患病或者非因工负伤，在规定的医疗期满后不能从事原工作，也不能从事由用人单位另行安排的工作的；(2) 劳动者不能胜任工作，经过培训或者调整工作岗位，仍不能胜任工作的；(3) 劳动合同订立时所依据的客观情况发生重大变化，致使劳动合同无法履行，经用人单位与劳动者协商，未能就变更劳动合同内容达成协议的。

法条指引

❶ **《中华人民共和国劳动合同法》**（2007 年 6 月 29 日　国家主席令第 65 号）

第三十七条　劳动者提前三十日以书面形式通知用人单位，可以解除劳动合同。劳动者在试用期内提前三日通知用人单位，可以解除劳动合同。

第四十条　有下列情形之一的，用人单位提前三十日以书面形式通知劳动者本人或者额外支付劳动者一个月工资后，可以解除劳动合同：

（一）劳动者患病或者非因工负伤，在规定的医疗期满后不能从事原工作，也不能从事由用人单位另行安排的工作的；

（二）劳动者不能胜任工作，经过培训或者调整工作岗位，仍不能胜任工作的；

（三）劳动合同订立时所依据的客观情况发生重大变化，致使劳动合同无法履行，经用人单位与劳动者协商，未能就变更劳动合同内容达成协议的。

❷ **《关于〈中华人民共和国劳动法〉若干条文的说明》**（1994 年 9 月 5 日　劳办发［1994］289 号）

第三十一条　劳动者解除劳动合同，应当提前三十日以书面形式通知用人单位。

本条规定了劳动者的辞职权，除此条规定的程序外，对劳动者行使辞职权不附加任何条件。但违反劳动合同约定者要依法承担责任。

❸ **《关于实行劳动合同制度若干问题的通知》**（1996 年 10 月 31 日劳部发［1996］354 号）

18. 职工解除劳动合同，应当严格按照《劳动法》的规定，提前三十日以书面形式向用人单位提出。职工自动离职属于违法解除劳动合同，应当按照《违反〈劳动法〉有关劳动合同规定的赔偿办法》承担赔偿责任。

❹ **《关于贯彻执行〈中华人民共和国劳动法〉若干问题的意见》**（1995 年 8 月 4 日　劳部发［1995］309 号）

32. 按照劳动法第三十一条的规定，劳动者解除劳动合同，应当提前三十日以书面形式通知用人单位。超过三十日，劳动者可以向用人单位提出办理解除劳动合同手续，用人单位予以办理。如果劳动者违法解除劳动合同给原用人单位造成经济损失，应当承担赔偿责任。

案例链接

❶《李毓刚与安阳钢铁股份有限公司等劳动争议纠纷上诉案》，参见北大法宝引证码：Pkulaw.cn/CLI.C.240853。

❷《闫文彬诉商丘市天宇电力工程有限公司劳动争议纠纷案》，参见北大法宝引证码：Pkulaw.cn/CLI.C.224495。

学者观点

❶ 王桦宇、金佳：《患病员工真的很难管理吗?》，参见北大法宝引证码：Pkulaw.cn/CLI.A.046571。

【过错解除】

法律问题解读

过错解除是指由于劳动者或用人单位的违法或违约行为，导致对方解除劳动合同。根据《劳动合同法》的规定，过错解除包括：

1. 劳动者享有的因为用人单位的过错而解除劳动合同的权利

劳动者享有的因为用人单位的过错而解除劳动合同的权利，又被称为“推定解雇的解除”《劳动合同法》第 38 条规定，用人单位有下列情形之一的，劳动者可以解除劳动合同：

（1）用人单位未按照劳动合同约定提供劳动保护和劳动条件的；

（2）用人单位未及时足额支付劳动报酬的；

（3）用人单位未依法为劳动者缴纳社会保险费的；

（4）用人单位的规章制度违反法律、法规的规定，损害劳动者权益的；

（5）因本法第 26 条第 1 款规定的情形致使劳动合同无效的；

（6）法律、行政法规规定的其他情形。用人单位以暴力、威胁或者非法限制人身自由的手段强迫劳动者劳动的，或者用人单位违章指挥、强令冒险作业危及劳动者人身安全的，劳动者可以立即解除劳动合同，无需事先告知用人单位。

2. 用人单位享有的因为劳动者的过错而解除劳动合同的权利

用人单位享有的因为劳动者的过错而解除劳动合同的权利，又称为“推定辞职的解除权”。包括：

（1）在试用期间被证明不符合录用条件的。试用期是当事人双方的考察期，其核心在于当事人可以基于考察结果，单方决定合同继续履行还是解除合同。但是，我们必须明确劳动者的试用期解除权与用人单位的试用期解除权的行使是存有差别的，劳动者的试用期解除权是附期限的，在试用期限内解除权的行使具有随意性；而用人单位试用期解除权则是附有条件的，需要用人单位证明劳动者试用期不符合录用条件才能解除劳动合同，这体现了劳动法对于劳动者的倾斜保护。

（2）严重违反用人单位的规章制度的。规章制度用人单位内部规章制度，是指用人单位单方面制定的用人本单位的劳动组织和管理的规则。其对于劳动合同的双方当事人具有重要意义，一方面，对于用人单位而言，内部规章制度是其对劳动者进行管理指挥的重要依据。《最高人民法院关于审理劳动争议案件适用法律若干问题的解释（一）》（法释［2001］14 号）第 19 条规定：“用人单位根据《劳动法》第四条之规定，通过民主程序制定的规章制度，不违反国家法律、行政法规及政策规定，并已向劳动者公示的，可以作为人民法院审理劳动争议案件的依据。”《劳动合同法》第三十九条规定：“劳动者有下列情形之一的，用人单位可以解除劳动合同：……（二）严重违反用人单位的规章制度的……”《劳动部关于贯彻执行〈中华人民共和国劳动法〉若干问题的意见》（劳部发［1995］309 号）第 87 条规定：“劳动法第二十五条第（三）项中的‘重大损害’，应由公司内部规章来规定。”另一方面，内部规章制度对于劳动者履行劳动合同具有重要的指示作用，根据《劳动合同法》第 38 条规定：“有下列情形之一的，劳动者可以随时通知用人单位解除劳动合同：……（四）用人单位的规章制度违反法律、法规的规定，损害劳动者权益的……”劳动者严重违反规章制度，用人单位可以基于其管理权单方解除劳动合同。而内部规章制度如需对劳动者产生拘束力，需要满足以下条件：① 需经过法定程序制定；② 内容合法；③ 采取合理的方式公示，使劳动者了解其内容。

（3）严重失职，营私舞弊，给用人单位的利益造成重大损害的。劳动合同的履行过程中，劳动者应该严格按照约定和工作规程履行自己的劳动给付义务，同时应该基于忠诚义务，为了用人单位的利益恪尽职守。本项规定严重失职，营私舞弊的情形是属于劳动者违反合同的劳动给付义务和忠诚义务，并且给用人单位造成重担损害。

（4）劳动者同时与其他用人单位建立劳动关系，对完成本单位的工作任务造成严重影响，或者经用人单位提出，拒不改正的。根据我国的劳动法实践，除法律有特别规定以外，我国一般不承认双重劳动关系的存在。但是《劳动合同法》的该规定，从反面的角度为双重劳动关系的适用提供了基础性规则。“一个已经产生的劳动关系不会阻止签订其他有效的劳动合同。这里只产生履行问题、双方解约或者双方劳动关系解除以及损害赔偿的问题。”本项规定尽管是关于过失性解雇的规定，但是从反面理解可以看出，双重劳动关系的建立，需要满足以下要件：一是，劳动者与两个以上的用人单位建立劳动关系；二是，后建立的劳动关系不得影响在先的劳动关系的履行；三是，在先劳动关系的用人单位对于后建立的劳动关系不表示反对。

（5）因《劳动合同法》第26条第1项规定的情形致使劳动合同无效的。《劳动合同法》第26条第1项规定，在此实际上是指劳动者以欺诈、胁迫的手段或者乘人之危，使用人单位在违背其真实意思的情况下订立劳动合同的……一是，劳动者在缔约阶段实施了欺诈、胁迫或乘人之危的行为；二是，劳动者的欺诈、胁迫或乘人之危的行为使得用人单位违背真实意思而订立了劳动合同。所以，用人单位享有单方解除劳动合同的权利。但需要注意的是第26条第1项规定："以欺诈、胁迫的手段或者乘人之危，使对方在违背真实意思的情况下订立或者变更劳动合同的"，没有明确是用人单位还是劳动者实施欺诈、胁迫的手段或者乘人之危的行为，但是在第39条第5项的情形下，应该是指劳动者。

（6）被依法追究刑事责任的。劳动合同的履行具有高度的人身属性，一般而言不可由他人替代履行。因此，劳动者被追究刑事责任将导致劳动合同履行不能，因此，用人单位享有单方解除劳动合同的权利。

法条指引

❶**《中华人民共和国劳动合同法》**（2007年6月29日　国家主席令第65号）

第三十八条　用人单位有下列情形之一的，劳动者可以解除劳动合同：

（一）未按照劳动合同约定提供劳动保护或者劳动条件的；

（二）未及时足额支付劳动报酬的；

（三）未依法为劳动者缴纳社会保险费的；

（四）用人单位的规章制度违反法律、法规的规定，损害劳动者权益的；

（五）因本法第二十六条第一款规定的情形致使劳动合同无效的；

（六）法律、行政法规规定劳动者可以解除劳动合同的其他情形。

用人单位以暴力、威胁或者非法限制人身自由的手段强迫劳动者劳动的，或者用人单位违章指挥、强令冒险作业危及劳动者人身安全的，劳动者可以立即解除劳动合同，不需事先告知用人单位。

第三十九条　劳动者有下列情形之一的，用人单位可以解除劳动合同：

（一）在试用期间被证明不符合录用条件的；

（二）严重违反用人单位的规章制度的；

（三）严重失职，营私舞弊，给用人单位造成重大损害的；

（四）劳动者同时与其他用人单位建立劳动关系，对完成本单位的工作任务造成严重影响，或者经用人单位提出，拒不改正的；

（五）因本法第二十六条第一款第一项规定的情形致使劳动合同无效的；

（六）被依法追究刑事责任的。

❷**《关于〈中华人民共和国劳动法〉若干条文的说明》**（1994年9月5日劳办发［1994］289号）

第三十二条　有下列情形之一的，劳动者可以随时通知用人单位解除劳动合同：

（一）在试用期内的；

（二）用人单位以暴力、威胁或者非法限制人身自由的手段强迫劳动的；

（三）用人单位未按照劳动合同约定支付劳动报酬或者提供劳动条件的。

本条中的"非法限制人身自由"是指采用拘留、禁闭或其他强制方法非法剥夺或限制他人按照自己的意志支配自己的身体活动的自由的行为。

❸**《中华人民共和国工会法》**（2001年10月27日修正）

第二十一条　企业、事业单位处分职工，工会认为不适当的，有权提出意见。

企业单方面解除职工劳动合同时，应当事先将理由通知工会，工会认为企业违反法律、法规和有关合同，要求重新研究处理时，企业应当研究工会的意见，并将处理结果书面通知工会。

职工认为企业侵犯其劳动权益而申请劳动争议仲裁或者向人民法院提起诉讼的，工会应当给予支持和帮助。

❹**《关于〈中华人民共和国劳动法〉若干条文的说明》**（1994年9月5日　劳办发［1994］289号）

第25条的说明。

本条中"严重违反劳动纪律"的行为，可根据《企业职工奖惩条例》和《国营企业辞退违纪职工暂行规定》等有关法规认定。

本条中的"重大损害"由企业内部规章来规定。因为企业类型各有不同，对重大损害的界定也千差万别，故不便于对重大损害作统一的解释。若由此发生劳动争议，可以通过劳动争议仲裁委员会对其规章规定的重大损害进行认定。

本条中"被依法追究刑事责任"，具体指出：①被人民检察院免予起诉的；②被人民法院判处刑罚（刑罚包括：主刑：管制、拘役、有期徒刑、无期徒刑、死刑；附加刑：罚金、剥夺政治权利、没收财产）的；③被人民法院依据刑法第32条免予刑事处分的。

❺《关于贯彻执行〈中华人民共和国劳动法〉若干问题的意见》（1995年8月4日 劳部发［1995］309号）

29. 劳动者被依法追究刑事责任的，用人单位可依据劳动法第二十五条解除劳动合同。

"被依法追究刑事责任"是指：被人民检察院免予起诉的、被人民法院判处刑罚的、被人民法院依据刑法第三十二条免予刑事处分的。

劳动者被人民法院判处拘役、3年以下有期徒刑缓刑的，用人单位可以解除劳动合同。

31. 劳动者被劳动教养的，用人单位可以依据被劳教的事实解除与该劳动者的劳动合同。

❻《劳动部办公厅对〈关于职工被公安机关"收容教育"企业能否与之解除劳动合同的请示〉的复函》（1996年9月27日 劳办发［1996］209号）

江苏省劳动厅：

你厅《关于职工被公安机关"收容教育"企业能否与之解除劳动合同的请示》（苏劳关系［1996］22号）收悉，经研究，现函复如下：

企业职工因卖淫、嫖娼等违法犯罪活动被公安机关执行收容教育的，企业可以根据《劳动法》第二十五条第二款的规定，解除与该职工的劳动合同。

❼《劳动和社会保障部办公厅关于职工被人民检察院作出不予起诉决定用人单位能否据此解除劳动合同问题的复函》（略）

案例链接

❶《于彦苹等与开封金明智晟信息咨询有限公司劳动争议纠纷上诉案》，参见北大法宝引证码：Pkulaw. cn/CLI. C. 251632。

❷《陈建诉开封亚太啤酒有限公司劳动争议纠纷案》，参见北大法宝引证码：Pkulaw. cn/CLI. C. 226200。

学者观点

❶ 李迎春：《解聘"先跑老师"范美忠违反劳动合同法》，参见北大法宝引证码：Pkulaw. cn/CLI. A. 043262。

【违纪职工的处理】

法律问题解读

违纪职工是对违法、违纪、违反用人单位规章制度劳动者的统称。处理违纪职工应遵循教育为主、惩罚为辅；区别情节、分类对待；实事求是、依法处理的原则。

对一般用人单位来讲，处理违纪职工主要有四种方式：

（1）经济处罚。包括罚款（最多不超过当月工资的20%）；经济赔偿（由用人单位酌情确定具体数额，可以由违纪员工交付，也可以从其工资中扣除，但每月扣除数额不能超过当月工资的20%）；违约金（可在合同中约定，数额应依据员工的承受能力确定，地方有规定的从其规定）。

（2）书面警告。这是对员工违纪等行为的一种书面记载和证据。一般对未严重违纪的员工采取这种处理方式。

（3）调岗降薪。这种处理方式应在内部规章制度中有规定，或者在劳动合同中有约定，否则会出现缺乏依据的情况，给用人单位带来法律风险。

（4）违纪辞退解除合同。对严重违纪职工才采取这种处理方式。处理时应重证据、讲原则、严格依据内部规章制度、劳动合同和国家规定按程序处理。

法条指引

❶《中华人民共和国劳动法》（1994年7月5日 国家主席令第28号）

第二十五条 劳动者有下列情形之一的，用人单位可以解除劳动合同：

（一）在试用期间被证明不符合录用条件的；

（二）严重违反劳动纪律或者用人单位规章制度的；

（三）严重失职，营私舞弊，对用人单位利益造成重大损害的；

（四）被依法追究刑事责任的。

❷《中华人民共和国工会法》（2001年10月27日修正）

第二十一条 企业、事业单位处分职工，工会认为不适当的，有权提出意见。

企业单方面解除职工劳动合同时，应当事先将理由通知工会，工会认为企业违反法律、法规和有关合同，要求重新研究处理时，企业应当研究工会的意见，并将处理结果书面通知工会。

职工认为企业侵犯其劳动权益而申请劳动争议仲裁或者向人民法院提起诉讼的，工会应当给予支持和帮助。

❸ **《工资支付暂行规定》**（1994 年 12 月 6 日 劳部发［1994］489 号）

第十六条 因劳动者本人原因给用人单位造成经济损失的，用人单位可按照劳动合同的约定要求其赔偿经济损失。经济损失的赔偿，可从劳动者本人的工资中扣除。但每月扣除的部分不得超过劳动者当月工资的 20%。若扣除后的剩余工资部分低于当地月最低工资标准，则按最低工资标准支付。

案例链接

❶《赵媛斌与河南省郑州市服装进出口公司破产清算组劳动争议纠纷上诉案》，参见北大法宝引证码：Pkulaw. cn/CLI. C. 239430。

学者观点

❶ 陈朝晖：《金钱诚可贵，生命价更高——姚丽事件的法律意义》，参见北大法宝引证码：Pkulaw. cn/CLI. A. 031072。

【经济性裁员的解除】

法律问题解读

经济性裁员，是用人单位濒临破产进行法定整顿期间或者生产经营状况发生严重困难，为改善生产经营状况而辞退成批人员。根据《企业经济性裁减人员规定》第 2 条规定："用人单位濒临破产，被人民法院宣告进入法定整顿期间或生产经营发生严重困难，达到当地政府规定的严重困难企业标准，确需裁减人员的，可以裁员。"经济性裁员具有以下特点：

1. 经济性裁员中主要是由于用人单位的客观的经营状况发生的变化，使得企业负担沉重，意图通过裁员来实现自救；

2. 经济性裁员的具有规模性，也就是说用人单位一次裁减的职员数量较多，对于社会稳定性的影响较大，根据《劳动合同法》第 41 条规定，需要裁减人员 20 人以上或者裁减不足 20 人但占企业职工总数 10%以上的，才适用经济性裁员的规定。

3. 经济性裁员的程序要求更为严格，其中需要向劳动行政部门的报告，体现了社会法中国家干预的理念。

根据《劳动合同法》第 41 条的规定，用人单位经济性裁员必须满足以下条件：

1. 实体性要件

（1）依照企业破产法规定进行重整的；

（2）生产经营发生严重困难的；

（3）企业转产、技术革新、经营方式调整，经变更劳动合同后，仍需裁减人员的；

（4）因防治污染搬迁的；

（5）其他因劳动合同订立时所依据的客观经济情况发生重大变化，致使劳动合同无法履行的。

2. 程序性要件

（1）提前 30 日向工会或全体职工说明情况，提出裁减人员方案，听取工会或者全体职工的意见；

（2）提出裁减人员方案，包括裁减人员的名单、裁减的时间，实施步骤等。

（3）向劳动行政部门报告。并向劳动行政部门提交企业裁减人员方案、工会或全体职工对裁减人员方案的意见以及企业被人民法院宣告进入法定整顿期的证明书或市国有资产管理部门认可的资产评估机构对企业资产盈亏情况评估后出具的资产证明书等材料。

《劳动合同法》第 41 条第 2 款对于裁减人员的顺序作了明确安排：对于用人单位的裁员方案应该，应当优先留用下列劳动者：（1）与本单位订立较长期限的固定期限劳动合同的；（2）订立无固定期限劳动合同的；（3）家庭无其他就业人员，有需要扶养的老人或者未成年人的。此外，如果用人单位经营状况好转，在 6 个月内重新招用人员的，应当通知被裁减人员，并在同等条件下优先招用被裁减的人员。

法条指引

❶ **《中华人民共和国劳动合同法》**（2007 年 6 月 29 日 国家主席令第 65 号）

第四十一条 有下列情形之一，需要裁减人员二十人以上或者裁减不足二十人但占企业职工总数百分之十以上的，用人单位提前三十日向工会或者全体职工说明情况，听取工会或者职工的意见后，裁减人员方案经向劳动行政部门报告，可以裁减人员：

（一）依照企业破产法规定进行重整的；

（二）生产经营发生严重困难的；

（三）企业转产、重大技术革新或者经营方式调整，经变更劳动合同后，仍需裁减人员的；

（四）其他因劳动合同订立时所依据的客观经济情况发生重大变化，致使劳动合同无法履行的。

裁减人员时，应当优先留用下列人员：

（一）与本单位订立较长期限的固定期限劳动合同的；

（二）与本单位订立无固定期限劳动合同的；

（三）家庭无其他就业人员，有需要扶养的老人或者未成年人的。

用人单位依照本条第一款规定裁减人员，在六个月内重新招用人员的，应当通知被裁减的人员，并在同等条件下优先招用被裁减的人员。

❷**《企业经济性裁减人员规定》**（1994 年 12 月 14 日 劳部发［1994］447 号）

第四条 用人单位确需裁减人员，应按下列程序进行：

（一）提前 30 日向工会或者全体职工说明情况，并提供有关生产经营状况的资料；

（二）提出裁减人员方案，内容包括：被裁减人员名单，裁减时间及实施步骤，符合法律、法规规定和集体合同约定的被裁减人员经济补偿办法；

（三）将裁减人员方案征求工会或者全体职工的意见，并对方案进行修改和完善；

（四）向当地劳动行政部门报告裁减人员方案以及工会或者全体职工的意见，并听取劳动行政部门的意见；

（五）由用人单位正式公布裁减人员方案，与被裁减人员办理解除劳动合同手续，按照有关规定向被裁减人员本人支付经济补偿金，出具裁减人员证明书。

第五条 用人单位不得裁减下列人员：

（一）患职业病或者因工负伤并被确认丧失或者部分丧失劳动能力的；

（二）患病或者负伤，在规定的医疗期内的；

（三）女职工在孕期、产期、哺乳期内的；

（四）法律、行政法规规定的其他情形。

❸**《关于实行劳动合同制度若干问题的通知》**（1996 年 10 月 31 日 劳部发［1996］354 号）

19. 按照《劳动法》第二十七条的规定，进行经济性裁员的企业在 6 个月内录用人员的，应当优先从被裁减的人员中录用。因经济性裁员而被用人单位裁减的职工，在 6 个月内又被原单位重新录用的，对职工裁减前和重新录用的后工作年限应当连续计算为单位工作时间。

案例链接

❶《徐玉娟与中国大酒店经济补偿金纠纷上诉案》，参见北大法宝引证码：Pkulaw. cn/CLI. C. 217679。

学者观点

❶ 甄灵宇：《实施经济性裁员需要掌握的几个问题》，参见北大法宝引证码：Pkulaw. cn/CLI. A. 052032。

❷ 李迎春：《金融危机专题：经济性裁员与实务操作分析》，参见北大法宝引证码：Pkulaw. cn/CLI. A. 045150。

【用人单位解除劳动合同的限制】

法律问题解读

由于劳动关系中劳资双方的地位不等，劳动者处于弱势地位，而用人单位容易滥用强势地位，随意解雇员工，侵害劳动者的权益。因此，《劳动合同法》对于用人单位解除劳动合同设定了相应的限制。

1. 用人单位单方解除权行使的实体性限制规定

劳动者有下列情形之一的，用人单位不得依照本法第 40 条、第 41 条的规定解除劳动合同：(1) 从事接触职业病危害作业的劳动者未进行离岗前职业健康检查，或者疑似职业病病人在诊断或者医学观察期间的；(2) 在本单位患职业病或者因工负伤并被确认丧失或者部分丧失劳动能力的；(3) 患病或者负伤，在规定的医疗期内的；(4) 女职工在孕期、产期、哺乳期的；(5) 在本单位连续工作满 15 年，且距法定退休年龄不足五年的；(6) 法律、行政法规规定的其他情形。该规定主要是从限定解雇的对象来限制用人单位解除权的行使，其中第 (1)、(2) 项是对于患工伤或职业病的劳动者的特殊保护的体现；第 (3) 项则是对于处于医疗期的劳动者的保护；第 (4) 项是对于处于"三期"的女职工的保护；第 (5) 项是对于工作年限较长的劳动者的保护，一方面，他们长期在用人单位劳动，对于用人单位贡献较大；另一方面，他们由于年龄偏大，在就业市场的激烈竞争中相对的居于劣势。

2. 用人单位行使单方解除权的程序性限制

用人单位单方解除劳动合同，应当事先将理由通知工会。工会认为不适当的，有权提出意见。用人单位违反法律、行政法规规定或者劳动合同约定的，工会有权要求用人单位纠正。用人单位应当研究工会的意见，并将处理结果书面通知工会。通过解除权行使的程序限制，强化了工会在保护劳动者权益方面的作用。一是，明确了用人单位单方解除劳动合同的说明理由义务，以及对于工会意见进行书面答复的义务；二是，明确了工会的建议权，并且对于用人单位违法或违约行为，工会要求其纠正的权利。

法条指引

❶ **《中华人民共和国劳动合同法》**（2007 年 6 月 29 日　国家主席令第 65 号）

第四十二条　劳动者有下列情形之一的，用人单位不得依照本法第四十条、第四十一条的规定解除劳动合同：

（一）从事接触职业病危害作业的劳动者未进行离岗前职业健康检查，或者疑似职业病病人在诊断或者医学观察期间的；

（二）在本单位患职业病或者因工负伤并被确认丧失或者部分丧失劳动能力的；

（三）患病或者非因工负伤，在规定的医疗期内的；

（四）女职工在孕期、产期、哺乳期的；

（五）在本单位连续工作满十五年，且距法定退休年龄不足五年的；

（六）法律、行政法规规定的其他情形。

❷ **《关于〈中华人民共和国劳动法〉若干条文的说明》**（1994 年 9 月 5 日　劳办发［1994］289 号）

第 29 条的说明。

本条第（一）项、第（二）项、第（三）项之所以法律的形式规定不得解除劳动合同，是为了保证劳动者在特殊情况下的权益不受侵害。在第（二）项、第（三）项规定的情形下劳动合同到期的，应延续劳动合同到医疗期满或女职工“三期”届满为止。

本条第（四）项中的“法律、法规规定的其他情形”，这类规定是立法时经常采用的技术性手段，其立法用意是：① 在该条款列举情况时，为避免遗漏现行法律、法规规定的其他情况，采用此种办法使该法与其他法相衔接。② 便于与以后颁布的法律相衔接，即与新法相衔接。本法第四十二条规定第（三）项的解释与此相同。

❸ **《关于贯彻执行〈中华人民共和国劳动法〉若干问题的意见》**（1995 年 8 月 4 日　劳部发［1995］309 号）

30. 劳动法第二十五条为用人单位可以解除劳动合同的条款，即使存在第二十九条规定的情况，只要劳动者同时存在第二十五条规定的四种情形之一，用人单位也可以根据第二十五条的规定解除劳动合同。

34. 除劳动法第二十五条规定的情形外，劳动者在医疗期、孕期、产期和哺乳期内，劳动合同期限届满时，用人单位不得终止劳动合同。劳动合同的期限应自动延续至医疗期、孕期、产期和哺乳期期满为止。

案例链接

❶《胡贺诉中山大学达安基因股份有限公司劳动合同纠纷案》，参见北大法宝引证码：Pkulaw.cn/CLI.C.249145。

❷《中牟县恒大百货有限责任公司与张仁旺劳动争议纠纷上诉案》，参见北大法宝引证码：Pkulaw.cn/CLI.C.211572。

学者观点

❶ 麻增伟：《劳动者工伤期间严重违反规章制度，用人单位仍可解除劳动合同》，参见北大法宝引证码：Pkulaw.cn/CLI.A.053302。

【协商解除合同】

法律问题解读

协商解除合同，是指在解除合同的条件不很成熟，而又希望解除合同，或者解除合同的条件虽然成熟，但希望友好分手时，当事人所采取的一种解除合同的方式。这种方式比较灵活，当事人的自由度很大，往往可以收到不伤和气，圆满令束劳动关系的效果。其操作程序和要点主要有以下四项：

（1）一方当事人提出解除合同的事由。

（2）双方当事人进行具体协商。

（3）就达成一致的事由和条件拟制协议书。

（4）履行协议办理解除合同手续。

协商解除合同，究其原因可分为是用人单位提议和劳动者提议两种类型。若是前一类，则属辞退解除合同的情形；若是后一类，则属于辞职解除合同的情形。对这一点区分清楚，对于劳动者应否得到经济补偿金是有意义的。

法条指引

❶《中华人民共和国劳动法》（1994 年 7 月 5 日　国家主席令第 28 号）

第二十四条　经劳动合同当事人协商一致，劳动合同可以解除。

❷《中华人民共和国劳动合同法》（2007 年 6 月 29 日　国家主席令第 65 号）

第二十六条　下列劳动合同无效或者部分无效：

（一）以欺诈、胁迫的手段或者乘人之危，使对方在违背真实意思的情况下订立或者变更劳动合同的；

（二）用人单位免除自己的法定责任、排除劳动者权利的；

（三）违反法律、行政法规强制性规定的。

对劳动合同的无效或者部分无效有争议的，由劳动争议仲裁机构或者人民法院确认。

案例链接

❶《许某诉某投资顾问（上海）有限公司劳动合同纠纷案》，参见北大法宝引证码：Pkulaw. cn/CLI. C. 248487。

❷《曹小伍等与舞钢市金海纺织有限公司劳动争议纠纷上诉案》，参见北大法宝引证码：Pkulaw. cn/CLI. C. 226493。

【工会在解除合同中维护职工的职责】

法律问题解读

法律规定，我国工会的基本职责是维护职工的合法权益。在调整劳动关系过程中，用人单位辞退职工或进行经济性裁员时，必须征求工会的意见，工会认为企业违反法律、法规和有关合同，要求重新研究处理时，企业应当研究工会的意见，并将处理结果书面通知工会。职工认为企业侵犯其劳动权益而申请劳动争议仲裁或者向人民法院提起诉讼的，工会应当给予支持和帮助。

法条指引

❶《中华人民共和国劳动法》（1994 年 7 月 5 日　国家主席令第 28 号）

第三十条　用人单位解除劳动合同，工会认为不适当的，有权提出意见。如果用人单位违反法律、法规或者劳动合同，工会有权要求重新处理；劳动者申请仲裁或者提起诉讼的，工会应当依法给予支持和帮助。

❷《中华人民共和国工会法》（2001 年 10 月 27 日修正）

第二十一条　企业、事业单位处分职工，工会认为不适当的，有权提出意见。

企业单方面解除职工劳动合同时，应当事先将理由通知工会，工会认为企业违反法律、法规和有关合同，要求重新研究处理时，企业应当研究工会的意见，并将处理结果书面通知工会。

职工认为企业侵犯其劳动权益而申请劳动争议仲裁或者向人民法院提起诉讼的，工会应当给予支持和帮助。

❸《中华人民共和国劳动合同法》（2007 年 6 月 29 日　国家主席令第 65 号）

第四十三条　用人单位单方解除劳动合同，应当事先将理由通知工会。用人单位违反法律、行政法规规定或者劳动合同约定的，工会有权要求用人单位纠正。用人单位应当研究工会的意见，并将处理结果书面通知工会。

【劳动合同终止】

法律问题解读

劳动合同终止，是指在劳动合同期满或终止合同的条件出现时，用人单位与劳动者双方当事人结束劳动关系的一种法律行为。从常用的角度进行综合分类，劳动合同终止有两类：

1. 劳动合同期满时终止

法律规定，劳动合同期限届满，双方当事人均拥有终止合同的权利。因此，又可分为辞退终止和辞职终止。对用人单位来说，除因工负伤被鉴定为伤残等级 1 至 6 级的职工不得辞退终止合同，患病在医疗期内的职工和在孕期、产期、哺乳期内的女职工，须将合同期限延长至医疗期满和“三期”满，方可与之终止合同以外，其他职工合同期满时均可与之终止合同。按照法律规定，终止合同无须提前 30 日通知对方当事人。但有的地方规定应提前 30 日通知对方当事人。地方有规定的，应执行地方的规定。无论是否须要提前通知，当事人终止劳动合同，一定要在合同期满时即行办理终止合同手续。用人单位辞退终止合同，还应为劳动者出具终止合同证明书。超过合同期满时日，仍未办理终止手续，当事人则失去提出终止合同的权利。由于合同期满，其效力立即终止，所以双方当事人形成了事实劳动关系。按照国家规定，双方只能续订劳动合同或者解除事实劳动关系。

2. 劳动者退休或当事人主体资格灭失

劳动者开始依法享受基本养老保险待遇的；劳动者死亡，或者被人民法院宣告死亡或者宣告失踪的；用人单位被依法宣告破产的；用人单位被吊销营业执照、责令关闭、撤销或者用人单位决定提前解散的；法律、行政法规规定的其他情形。

法条指引

❶**《中华人民共和国劳动合同法》**（2007 年 6 月 29 日　国家主席令第 65 号）

第四十四条　有下列情形之一的，劳动合同终止：

（一）劳动合同期满的；

（二）劳动者开始依法享受基本养老保险待遇的；

（三）劳动者死亡，或者被人民法院宣告死亡或者宣告失踪的；

（四）用人单位被依法宣告破产的；

（五）用人单位被吊销营业执照、责令关闭、撤销或者用人单位决定提前解散的；

（六）法律、行政法规规定的其他情形。

第四十五条　劳动合同期满，有本法第四十二条规定情形之一的，劳动合同应当续延至相应的情形消失时终止。但是，本法第四十二条第二项规定丧失或者部分丧失劳动能力劳动者的劳动合同的终止，按照国家有关工伤保险的规定执行。

❷**《中华人民共和国劳动合同法实施条例》**（2008 年 9 月 3 日　第 535 号国务院令）

第二十一条　劳动者达到法定退休年龄的，劳动合同终止。

第二十二条　以完成一定工作任务为期限的劳动合同因任务完成而终止的，用人单位应当依照劳动合同法第四十七条的规定向劳动者支付经济补偿。

❸**《工伤保险条例》**（2003 年 4 月 27 日　国务院令第 375 号）

第三十三条　职工因工致残被鉴定为一级至四级伤残的，保留劳动关系，退出工作岗位，享受以下待遇：

（一）从工伤保险基金按伤残等级支付一次性伤残补助金，标准为：一级伤残为 24 个月的本人工资，二级伤残为 22 个月的本人工资，三级伤残为 20 个月的本人工资，四级伤残为 18 个月的本人工资；

（二）从工伤保险基金按月支付伤残津贴，标准为：一级伤残为本人工资的 90%，二级伤残为本人工资的 85%，三级伤残为本人工资的 80%，四级伤残为本人工资的 75%。伤残津贴实际金额低于当地最低工资标准的，由工伤保险基金补足差额；

（三）工伤职工达到退休年龄并办理退休手续后，停发伤残津贴，享受基本养老保险待遇。基本养老保险待遇低于伤残津贴的，由工伤保险基金补足差额。

职工因工致残被鉴定为一级至四级伤残的，由用人单位和职工个人以伤残津贴为基数，缴纳基本医疗保险费。

第三十四条　职工因工致残被鉴定为五级、六级伤残的，享受以下待遇：

（一）从工伤保险基金按伤残等级支付一次性伤残补助金，标准为：五级伤残为 16 个月的本人工资，六级伤残为 14 个月的本人工资；

（二）保留与用人单位的劳动关系，由用人单位安排适当工作。难以安排工作的，由用人单位按月发给伤残津贴，标准为：五级伤残为本人工资的 70%，六级伤残为本人工资的 60%，并由用人单位按照规定为其缴纳应缴纳的各项社会保险费。伤残津贴实际金额低于当地最低工资标准的，由用人单位补足差额。

经工伤职工本人提出，该职工可以与用人单位解除或者终止劳动关系，由用人单位支付一次性工伤医疗补助金和伤残就业补助金。具体标准由省、自治区、直辖市人民政府规定。

❹**《关于实行劳动合同制度若干问题的通知》**（1996 年 10 月 31 日　劳部发〔1996〕354 号）

14. 有固定期限的劳动合同期满后，因用人单位方面的原因未办理终止或续订手续而形成事实劳动关系的，视为续订劳动合同。用人单位应及时与劳动者协商合同期限，办理续订手续。由此给劳动者造成损失的，该用人单位应当依法承担赔偿责任。

15. 在劳动者履行了有关义务终止、解除劳动合同时，用人单位应当出具终止、解除劳动合同证明书，作为该劳动者按规定享受失业保险待遇和失业登记、求职登记的凭证。

证明书应写明劳动合同期限、终止或解除的日期、所担任的工作。如果劳动者要求，用人单位可在证明中客观地说明解除劳动合同的原因。

案例链接

❶《缑秋霞与郑州豫欣纺织有限公司劳动争议纠纷上诉案》，参见北大法宝引证码：Pkulaw. cn/CLI. C. 246084。

❷《康俊英与郑州豫欣纺织有限公司劳动争议纠纷上诉案》，参见北大法宝引证码：Pkulaw. cn/CLI. C. 246171。

【劳动合同解除与终止的手续】

法律问题解读

这是指由于劳动合同解除或终止，致使劳动者离职而履行的必要程序。一般有这样几个：

(1) 将辞退通知书或辞职报告送达对方当事人。送达主要有三种方式。首先是直接交给对方当事人，由其签收；若有困难，可采取邮寄送达方式，须向邮局索要信件签收回单；邮寄不成，则可采取公告方式送达，可在报刊上刊登通告，自刊登之日起满30日，即为送达。总之，一定要有送达的凭证。

(2) 劳动者按用人单位的要求办理工作交接手续。如办理《离职会签单》；向用人单位指定的人员交接财、物和工作，应有书面交接单据。

(3) 履行违法、违约责任。违法、违约一方当事人，应依法或依约向对方支付赔偿金、经济补偿金或违约金等。

(4) 用人单位按劳动者的要求为其办理档案关系和社会保险关系的转移手续。如劳动者不予提供转移去向，用人单位应自劳动者离职15日之内，按国家规定将其档案转移至其户口所在地有关部门。

(5) 用人单位应当出具终止、解除劳动合同证明书，作为该劳动者按规定享受失业保险待遇和失业登记、求职登记的凭证。该证明书应写明劳动合同期限、终止或解除的日期、所担任的工作。如果劳动者要求，用人单位可在证明中客观地说明终止或解除劳动合同的原因。

法条指引

❶**《中华人民共和国劳动合同法》**（2007年6月29日 国家主席令第65号）

第四十三条 用人单位单方解除劳动合同，应当事先将理由通知工会。用人单位违反法律、行政法规规定或者劳动合同约定的，工会有权要求用人单位纠正。用人单位应当研究工会的意见，并将处理结果书面通知工会。

第四十六条 有下列情形之一的，用人单位应当向劳动者支付经济补偿：

（一）劳动者依照本法第三十八条规定解除劳动合同的；

（二）用人单位依照本法第三十六条规定向劳动者提出解除劳动合同并与劳动者协商一致解除劳动合同的；

（三）用人单位依照本法第四十条规定解除劳动合同的；

（四）用人单位依照本法第四十一条第一款规定解除劳动合同的；

（五）除用人单位维持或者提高劳动合同约定条件续订劳动合同，劳动者不同意续订的情形外，依照本法第四十四条第一项规定终止固定期限劳动合同的；

（六）依照本法第四十四条第四项、第五项规定终止劳动合同的；

（七）法律、行政法规规定的其他情形。

第四十八条 用人单位违反本法规定解除或者终止劳动合同，劳动者要求继续履行劳动合同的，用人单位应当继续履行；劳动者不要求继续履行劳动合同或者劳动合同已经不能继续履行的，用人单位应当依照本法第八十七条规定支付赔偿金。

第四十九条 国家采取措施，建立健全劳动者社会保险关系跨地区转移接续制度。

第五十条 用人单位应当在解除或者终止劳动合同时出具解除或者终止劳动合同的证明，并在十五日内为劳动者办理档案和社会保险关系转移手续。

劳动者应当按照双方约定，办理工作交接。用人单位依照本法有关规定应当向劳动者支付经济补偿的，在办结工作交接时支付。

用人单位对已经解除或者终止的劳动合同的文本，至少保存二年备查。

❷**《中华人民共和国劳动合同法实施条例》**（2008年9月3日 第535号国务院令）

第二十四条 用人单位出具的解除、终止劳动合同的证明，应当写明劳动合同期限、解除或者终止劳动合同的日期、工作岗位、在本单位的工作年限。

❸《违反和解除劳动合同的经济补偿办法》(1994年12月3日　劳部发［1994］481号)(略)

❹《违反〈中华人民共和国劳动法〉有关劳动合同规定的赔偿办法》(1995年5月10日　劳部发［1995］223号)(略)

❺《企业职工档案管理工作规定》(1992年6月9日　劳动部劳力字［1992］33号)

第十八条　企业职工调动、辞职、解除劳动合同或被开除、辞退等，应由职工所在单位在一个月内将其档案转交其新的工作单位或其户口所在地的街道劳动（组织人事）部门。职工被劳教、劳改，原所在单位今后还准备录用的，其档案由原所在单位保管。

❻《关于实行劳动合同制度若干问题的通知》(1996年10月31日　劳部发［1996］354号)

15. 在劳动者履行了有关义务终止、解除劳动合同时，用人单位应当出具终止、解除劳动合同证明书，作为该劳动者按规定享受失业保险待遇和失业登记、求职登记的凭证。

证明书应写明劳动合同期限、终止或解除的日期、所担任的工作。如果劳动者要求，用人单位可在证明中客观地说明解除劳动合同的原因。

案例链接

❶《赵玉红与郑州市金水区人民政府劳动争议纠纷上诉案》，参见北大法宝引证码：Pkulaw. cn/CLI. C. 246847。

【合同解除、终止的法律责任】

法律问题解读

在劳动合同解除、终止过程中，用人单位和劳动者应承担的责任，一般是指经济方面的责任，主要包括三类：

1. 赔偿金

这是指在劳动合同解除、终止过程中，用人单位或劳动者的违法、违约行为，给对方造成经济损失，依据国家的规定或合同的约定，向对方支付的损失赔偿费用。例如：违反保密规定的损失赔偿，培训费的损失赔偿等。一般是按直接经济损失额来计算。

2. 违约金

这是指在劳动合同解除、终止过程中，由发生违约行为的用人单位或劳动者，按照劳动合同的约定向对方承担违约责任的费用。违约金一般是以员工的承受能力作为计算、约定具体金额的依据和原则。地方若有具体标准、限额规定，应执行该规定。合同没有约定违约金的，则违约方可不承担支付违约金的责任。

3. 经济补偿金

这是指按照国家规定，用人单位辞退解除或终止劳动者劳动合同造成其失业，而向劳动者支付的补偿性费用。被解除合同的劳动者，可获得用人单位支付的经济补偿金。

法条指引

❶《中华人民共和国劳动合同法》(2007年6月29日　国家主席令第65号)

第二十三条　用人单位与劳动者可以在劳动合同中约定保守用人单位的商业秘密和与知识产权相关的保密事项。

对负有保密义务的劳动者，用人单位可以在劳动合同或者保密协议中与劳动者约定竞业限制条款，并约定在解除或者终止劳动合同后，在竞业限制期限内按月给予劳动者经济补偿。劳动者违反竞业限制约定的，应当按照约定向用人单位支付违约金。

第四十六条　有下列情形之一的，用人单位应当向劳动者支付经济补偿：

（一）劳动者依照本法第三十八条规定解除劳动合同的；

（二）用人单位依照本法第三十六条规定向劳动者提出解除劳动合同并与劳动者协商一致解除劳动合同的；

（三）用人单位依照本法第四十条规定解除劳动合同的；

（四）用人单位依照本法第四十一条第一款规定解除劳动合同的；

（五）除用人单位维持或者提高劳动合同约定条件续订劳动合同，劳动者不同意续订的情形外，依照本法第四十四条第一项规定终止固定期限劳动合同的；

（六）依照本法第四十四条第四项、第五项规定终止劳动合同的；

（七）法律、行政法规规定的其他情形。

第四十七条　经济补偿按劳动者在本单位工作的年限，每满一年支付一个月工资的标准向劳动者支付。六个月以上不满一年的，按一年计算；

不满六个月的，向劳动者支付半个月工资的经济补偿。

劳动者月工资高于用人单位所在直辖市、设区的市级人民政府公布的本地区上年度职工月平均工资三倍的，向其支付经济补偿的标准按职工月平均工资三倍的数额支付，向其支付经济补偿的年限最高不超过十二年。

本条所称月工资是指劳动者在劳动合同解除或者终止前十二个月的平均工资。

第四十八条　用人单位违反本法规定解除或者终止劳动合同，劳动者要求继续履行劳动合同的，用人单位应当继续履行；劳动者不要求继续履行劳动合同或者劳动合同已经不能继续履行的，用人单位应当依照本法第八十七条规定支付赔偿金。

❷《中华人民共和国劳动合同法实施条例》（2008年9月3日　第535号国务院令）

第二十二条　以完成一定工作任务为期限的劳动合同因任务完成而终止的，用人单位应当依照劳动合同法第四十七条的规定向劳动者支付经济补偿。

第二十六条　用人单位与劳动者约定了服务期，劳动者依照劳动合同法第三十八条的规定解除劳动合同的，不属于违反服务期的约定，用人单位不得要求劳动者支付违约金。

有下列情形之一，用人单位与劳动者解除约定服务期的劳动合同的，劳动者应当按照劳动合同的约定向用人单位支付违约金：

（一）劳动者严重违反用人单位的规章制度的；

（二）劳动者严重失职，营私舞弊，给用人单位造成重大损害的；

（三）劳动者同时与其他用人单位建立劳动关系，对完成本单位的工作任务造成严重影响，或者经用人单位提出，拒不改正的；

（四）劳动者以欺诈、胁迫的手段或者乘人之危，使用人单位在违背真实意思的情况下订立或者变更劳动合同的；

（五）劳动者被依法追究刑事责任的。

第二十七条　劳动合同法第四十七条规定的经济补偿的月工资按照劳动者应得工资计算，包括计时工资或者计件工资以及奖金、津贴和补贴等货币性收入。劳动者在劳动合同解除或者终止前12个月的平均工资低于当地最低工资标准的，按照当地最低工资标准计算。劳动者工作不满12个月的，按照实际工作的月数计算平均工资。

❸《违反〈中华人民共和国劳动法〉有关劳动合同规定的赔偿办法》（1995年5月10日　劳部发［1995］223号）

第一条　为明确违反劳动法有关劳动合同规定的赔偿责任，维护劳动合同双方当事人的合法权益，根据《中华人民共和国劳动法》的有关规定，制定本办法。

第二条　用人单位有下列情形之一，对劳动者造成损害的，应赔偿劳动者损失：

（一）用人单位故意拖延不订立劳动合同，即招用后故意不按规定订立劳动合同以及劳动合同到期后故意不及时续订劳动合同的；

（二）由于用人单位的原因订立无效劳动合同，或订立部分无效劳动合同的；

（三）用人单位违反规定或劳动合同的约定侵害女职工或未成年工合法权益的；

（四）用人单位违反规定或劳动合同的约定解除劳动合同的。

第三条　本办法第二条规定的赔偿，按下列规定执行：

（一）造成劳动者工资收入损失的，按劳动者本人应得工资收入支付给劳动者，并加付应得工资收入25%的赔偿费用；

（二）造成劳动者劳动保护待遇损失的，应按国家规定补足劳动者的劳动保护津贴和用品；

（三）造成劳动者工伤、医疗待遇损失的，除按国家规定为劳动者提供工伤、医疗待遇外，还应支付劳动者相当于医疗费用25%的赔偿费用；

（四）造成女职工和未成年工身体健康损害的，除按国家规定提供治疗期间的医疗待遇外，还应支付相当于其医疗费用25%的赔偿费用；

（五）劳动合同约定的其他赔偿费用。

第四条　劳动者违反规定或劳动合同的约定解除劳动合同，对用人单位造成损失的，劳动者应赔偿用人单位下列损失：

（一）用人单位招收录用其所支付的费用；

（二）用人单位为其支付的培训费用，双方另有约定的按约定办理；

（三）对生产、经营和工作造成的直接经济损失；

（四）劳动合同约定的其他赔偿费用。

第五条　劳动者违反劳动合同中约定的保密事项，对用人单位造成经济损失的，按《反不正当竞争法》第二十条的规定支付用人单位赔偿费用。

第六条　用人单位招用尚未解除劳动合同的

劳动者，对原用人单位造成经济损失的，除该劳动者承担直接赔偿责任外，该用人单位应当承担连带赔偿责任。其连带赔偿的份额应不低于对原用人单位造成经济损失总额的70%。向原用人单位赔偿下列损失：

（一）对生产、经营和工作造成的直接经济损失；

（二）因获取商业秘密给原用人单位造成的经济损失。

赔偿本条第（二）项规定的损失，按《反不正当竞争法》第二十条的规定执行。

第七条 因赔偿引起争议的，按照国家有关劳动争议处理的规定办理。

第八条 本办法自发布之日起施行。

❹《关于企业职工流动若干问题的通知》（1996年10月31日 劳部发［1996］355号）

三、用人单位与职工可以在劳动合同中约定违约金。解除劳动合同，应当按照《劳动法》的有关规定执行。未经当事人双方协商一致或劳动合同中约定的工作任务尚未完成，任何一方解除劳动合同给对方造成损失的，应按照《违反〈劳动法〉有关劳动合同规定的赔偿办法》承担赔偿责任。

❺《劳动部办公厅关于〈国营企业实行劳动合同制度暂行规定〉废止后有关终止劳动合同支付生活补助费问题的复函》（2001年12月26日 劳社厅函［2001］280号）

江苏省劳动和社会保障厅：

你厅《关于〈国营企业实行劳动合同制度暂行规定〉废止后有关终止合同支付生活费问题的请示》（苏劳社法［2001］8号）收悉，经研究，现答复如下：

一、《国营企业实行劳动合同制度暂行规定》（国发［1986］77号）（以下简称《规定》）废止后，国有企业职工劳动合同期满与企业终止劳动关系后有关生活补助费的支付问题，地方有规定的，可以按地方规定执行。地方没有规定的，以《规定》废止时间为准，对在《规定》废止前企业录用的职工，劳动合同期满后与企业终止劳动关系时，应计发劳动者至《规定》废止前工作年限的生活补助费，最多不超过12个月；对在《规定》废止后企业录用的职工，劳动合同期满终止劳动关系时，可以不支付生活补助费。

二、对于国有企业改制的，企业中的原国有企业职工终止劳动合同后是否支付生活补助费，由各省、自治区、直辖市根据实际情况确定。

案例链接

❶《武化昌诉中信物流有限公司劳动争议纠纷案》，参见北大法宝引证码：Pkulaw.cn/CLI.C.251752。

❷《赵玉金诉新乡市天龙装卸有限公司劳动争议纠纷案》，参见北大法宝引证码：Pkulaw.cn/CLI.C.254875。

学者观点

❶ 董保华：《劳动合同法中经济补偿金的定性及其制度构建》，参见北大法宝引证码：Pkulaw.cn/CLI.A.053262。

❷ 金剑：《劳动合同法中的经济赔偿金、经济补偿金、代通知金区别与运用》，参见北大法宝引证码：Pkulaw.cn/CLI.A.046562。

【劳动合同中的违约金】

法律问题解读

劳动合同约定的违约金，指的是劳动合同中约定的在用人单位或者劳动者违反了劳动合同中其他有关约定时，应当向对方支付的赔偿金。

根据《劳动法》规定，用人单位与劳动者可以在不违法的前提下自由约定违约责任。一些用人单位借此与劳动者约定在劳动者单方解除劳动合同时必须支付明显过高的违约金，从而实际上剥夺了劳动者依法解除劳动合同权、自主择业权。为了防止用人单位滥用违约金条款，保护劳动者的自主择业权，《劳动合同法》规定，只有在两种情形下，用人单位可以约定由劳动者承担违约金：

（1）在培训服务期约定中约定违约金。用人单位为劳动者提供专项培训费用，对其进行专业技术培训的，可以与该劳动者订立协议，约定服务期。劳动者违反服务期约定的，应当按照约定向用人单位支付违约金。违约金的数额不得超过用人单位提供的培训费用。用人单位要求劳动者支付的违约金不得超过服务期尚未履行部分所应分摊的培训费用。

（2）在竞业限制约定中约定违约金。用人单位与劳动者可以在劳动合同中约定保守用人单位的商业秘密和与知识产权相关的保密事项。对负有保密义务的劳动者，用人单位可以在劳动合同或者保密协议中与劳动者约定竞业限制条款，并约定在解除或者终止劳动合同后，在竞业限制期限内按月给予劳动者经济补偿。劳动者违反竞业限制约定的，应当按照约定向用人单位支付违约金。竞业限制的人员限于用人单位的高级管理人员、高级技术人员和其他负有保密义务的人员。竞业限制的范围、地域、期限由用人单位与劳动者约定，竞业限制的约定不得违反法律、法规的规定。在解除或者终止劳动合同后，以上规定的人员到与本单位生产或者经营同类产品、从事同类业务的有竞争关系的其他用人单位，或者自己开业生产或者经营同类产品、从事同类业务的竞业限制期限，不得超过2年。

除以上两种情形外，用人单位不得与劳动者约定由劳动者承担的违约金，或者以赔偿金、违约赔偿金、违约责任金等其他名义约定由劳动者承担违约责任。对于约定由用人单位承担的违约金，《劳动合同法》没有作出禁止性规定。

法条指引

❶ **《中华人民共和国劳动合同法》**（2007年6月29日　国家主席令第65号）

第二十二条　用人单位为劳动者提供专项培训费用，对其进行专业技术培训的，可以与该劳动者订立协议，约定服务期。

劳动者违反服务期约定的，应当按照约定向用人单位支付违约金。违约金的数额不得超过用人单位提供的培训费用。用人单位要求劳动者支付的违约金不得超过服务期尚未履行部分所应分摊的培训费用。

用人单位与劳动者约定服务期的，不影响按照正常的工资调整机制提高劳动者在服务期期间的劳动报酬。

第二十三条　用人单位与劳动者可以在劳动合同中约定保守用人单位的商业秘密和与知识产权相关的保密事项。

对负有保密义务的劳动者，用人单位可以在劳动合同或者保密协议中与劳动者约定竞业限制条款，并约定在解除或者终止劳动合同后，在竞业限制期限内按月给予劳动者经济补偿。劳动者违反竞业限制约定的，应当按照约定向用人单位支付违约金。

第二十四条　竞业限制的人员限于用人单位的高级管理人员、高级技术人员和其他负有保密义务的人员。竞业限制的范围、地域、期限由用人单位与劳动者约定，竞业限制的约定不得违反法律、法规的规定。

在解除或者终止劳动合同后，前款规定的人员到与本单位生产或者经营同类产品、从事同类业务的有竞争关系的其他用人单位，或者自己开业生产或者经营同类产品、从事同类业务的竞业限制期限，不得超过2年。

案例链接

❶《大连思创信息材料有限公司诉张连斌侵犯商业秘密纠纷案》，参见北大法宝引证码：Pkulaw. cn/CLI. C. 133836。

❷《北京达内科技有限公司上海分公司诉邓远辉等劳动合同纠纷案》，参见北大法宝引证码：Pkulaw. cn/CLI. C. 231083。

学者观点

❶ 宋晓锋：《劳动合同违约金纠纷——兼谈"户口管理违约金"》，参见北大法宝引证码：Pkulaw. cn/CLI. A. 053945。

【劳动合同的续订】

法律问题解读

这是指劳动合同期限届满前，双方当事人经协商一致，同意继续双方的劳动关系，而在原劳动合同终止前续延劳动合同效力的法律行为。如果合同期满后，因用人单位的原因未办理终止或续订手续而形成事实劳动关系，则应视为双方同意续订劳动合同。双方须及时协商合同期限，办理续订手续。如果合同期满时，双方同意续订合同，而劳动者已在同一用人单位连续工作满10年，则劳动者有提出订立无固定期限合同要求的权利。只要劳动者提出这一要求，用人单位就应当与之订立无固定期限的合同。对于在本企业连续工作已满10年的临时工，续订劳动合同时，也应当按照《劳动法》的规定，只要本人要求，则用人单位应当订立无固定期限的劳动合同。

法条指引

❶ **《中华人民共和国劳动法》**（1994年7月5日　国家主席令第28号）

第二十条　劳动合同的期限分为有固定期限、无固定期限和以完成一定的工作为期限。

劳动在同一用人单位连续工作满10年以上，当事人双方同意续延劳动合同的，如果劳动者提出订立无固定期限的劳动合同，应订立无固定期限的劳动合同。

❷《中华人民共和国劳动合同法》（2007年6月29日 国家主席令第65号）

第十四条 无固定期限劳动合同，是指用人单位与劳动者约定无确定终止时间的劳动合同。

用人单位与劳动者协商一致，可以订立无固定期限劳动合同。有下列情形之一，劳动者提出或者同意续订、订立劳动合同的，除劳动者提出订立固定期限劳动合同外，应当订立无固定期限劳动合同：

（一）劳动者在该用人单位连续工作满十年的；

（二）用人单位初次实行劳动合同制度或者国有企业改制重新订立劳动合同时，劳动者在该用人单位连续工作满十年且距法定退休年龄不足十年的；

（三）连续订立二次固定期限劳动合同，且劳动者没有本法第三十九条和第四十条第一项、第二项规定的情形，续订劳动合同的。

用人单位自用工之日起满一年不与劳动者订立书面劳动合同的，视为用人单位与劳动者已订立无固定期限劳动合同。

❸《关于实行劳动合同制度若干问题的通知》（1996年10月31日 劳部发［1996］354号）

14. 有固定期限的劳动合同期满后，因用人单位方面的原因未办理终止或续订手续而形成事实劳动关系的，视为续订劳动合同。用人单位应及时与劳动者协商合同期限，办理续订手续。由此给劳动者造成损失的，该用人单位应当依法承担赔偿责任。

❹《劳动部办公厅对〈关于实行劳动合同制度若干问题的请示〉的复函》（1997年9月15日 劳办发［1997］88号）（略）

案例链接

❶《马红丽与郑州豫欣纺织有限公司劳动争议纠纷上诉案》，参见北大法宝引证码：Pkulaw. cn/CLI. C. 246246。

❷《登封市少林水泥有限公司与栗仁义劳动争议纠纷上诉案》，参见北大法宝引证码：Pkulaw. cn/CLI. C. 227610。

学者观点

❶ 李迎春：《无固定期限劳动合同实务操作指引》，参见北大法宝引证码：Pkulaw. cn/CLI. A. 051969。

【解除和终止劳动合同的经济补偿】

法律问题解读

《劳动法》规定，用人单位依法经协商与劳动者解除劳动合同的，提前30日以书面形式通知劳动者解除劳动合同的，因裁减人员而与劳动者解除劳动合同的，应当依照国家有关规定给予经济补偿。原劳动部《违反和解除劳动合同的经济补偿办法》对支付经济补偿的具体办法作出了规定。《劳动合同法》在延续以上规定的同时，对用人单位在解除和终止劳动合同时支付经济补偿作出了一些新规定：

（1）增加规定劳动者依照《劳动合同法》第38条规定因用人单位违法行为解除劳动合同的，用人单位也应当依法支付经济补偿。这是因为，劳动者依照《劳动合同法》第38条规定解除劳动合同，其原因是用人单位存在违反工资支付、社会保险等方面的法律规定的行为，损害了劳动者的合法权益。增加规定在这种情形下劳动者提出解除劳动合同的，用人单位也必须支付经济补偿，一则可以督促用人单位遵守有关工资支付、社会保险等方面的法律规定，二则可以防止用人单位故意违法，逼迫劳动者提出解除劳动合同，以规避支付经济补偿。

（2）增加规定劳动合同因下列情形而终止时，用人单位也应当依法支付经济补偿：① 除用人单位维持或者提高劳动合同约定条件续订劳动合同，劳动者不同意续订的情况外，固定期限劳动合同期满终止；② 因用人单位被依法宣告破产，或者用人单位被吊销营业执照、责令关闭、撤销或者用人单位决定提前解散，而终止劳动合同的。根据《劳动法》规定，用人单位在解除劳动合同时，一般需要支付经济补偿金，而在终止劳动合同时，一般不需要支付经济补偿金。用人单位订立短期劳动合同并终止与订立长期劳动合同并解除相比，可以减少解雇成本。增加规定固定期限劳动合同期满终止也应当支付经济补偿金，可以消除用人单位减少解雇成本的动机，以经济手段引导用人单位与劳动者订立长期或者无固定期限劳动合同。

（3）增加规定了向高收入劳动者支付经济补偿的限额。即劳动者月工资高于用人单位所在直辖市、设区的市级人民政府公布的上年度职工月平均工资3倍的，向其支付经济补偿的标准按职工月平均工资 3 倍的数额支付，向其支付经济补偿的年限最高不超过 12 年。这一规定的目的是避免过于加重用人单位的人工成本，同时合理调节高收入劳动者的收入水平。

法条指引

❶**《中华人民共和国劳动合同法》**（2007 年 6 月 29 日　国家主席令第 65 号）

第四十六条　有下列情形之一的，用人单位应当向劳动者支付经济补偿：

（一）劳动者依照本法第三十八条规定解除劳动合同的；

（二）用人单位依照本法第三十六条规定向劳动者提出解除劳动合同并与劳动者协商一致解除劳动合同的；

（三）用人单位依照本法第四十条规定解除劳动合同的；

（四）用人单位依照本法第四十一条第一款规定解除劳动合同的；

（五）除用人单位维持或者提高劳动合同约定条件续订劳动合同，劳动者不同意续订的情形外，依照本法第四十四条第一项规定终止固定期限劳动合同的；

（六）依照本法第四十四条第四项、第五项规定终止劳动合同的；

（七）法律、行政法规规定的其他情形。

第四十七条　经济补偿按劳动者在本单位工作的年限，每满一年支付一个月工资的标准向劳动者支付。六个月以上不满一年的，按一年计算；不满六个月的，向劳动者支付半个月工资的经济补偿。

劳动者月工资高于用人单位所在直辖市、设区的市级人民政府公布的本地区上年度职工月平均工资三倍的，向其支付经济补偿的标准按职工月平均工资三倍的数额支付，向其支付经济补偿的年限最高不超过十二年。

本条所称月工资是指劳动者在劳动合同解除或者终止前十二个月的平均工资。

❷**《违反和解除劳动合同的经济补偿办法》**（1994 年 12 月 3 日　劳部发［1994］481 号）

第一条　为了规范违反和解除劳动合同对劳动者的经济补偿标准，根据《中华人民共和国劳动法》的规定，制定本办法。

第二条　对劳动者的经济补偿金，由用人单位一次性发给。

第三条　用人单位克扣或者无故拖欠劳动者工资的，以及拒不支付劳动者延长工作时间工资报酬的，除在规定的时间内全额支付劳动者工资报酬外，还需加发相当于工资报酬百分之二十五的经济补偿金。

第四条　用人单位支付劳动者的工资报酬低于当地最低工资标准的，要在补足低于标准部分的同时，另外支付相当于低于部分百分之二十五的经济补偿金。

第五条　经劳动合同当事人协商一致，由用人单位解除劳动合同的，用人单位应根据劳动者在本单位工作年限，每满一年发给相当于一个月工资的经济补偿金，最多不超过十二个月。工作时间不满一年的按一年的标准发给经济补偿金。

第六条　劳动者患病或者非因工负伤，经劳动鉴定委员会确认不能从事原工作、也不能从事用人单位另行安排的工作而解除劳动合同的，用人单位应按其在本单位的工作年限，每满一年发给相当于一个月工资的经济补偿金，同时还应发给不低于六个月工资的医疗补助费。患重病和绝症的还应增加医疗补助费，患重病的增加部分不低于医疗补助费的百分之五十，患绝症的增加部分不低于医疗补助费的百分之百。

第七条　劳动者不胜任工作，经过培训或者调整工作岗位仍不能胜任工作，由用人单位解除劳动合同的，用人单位应按其在本单位工作的年限，工作时间每满一年，发给相当于一个月工资的经济补偿金，最多不超过十二个月。

第八条　劳动合同订立时所依据的客观情况发生重大变化，致使原劳动合同无法履行，经当事人协商不能就变更劳动合同达成协议，由用人单位解除劳动合同的，用人单位按劳动者在本单位工作的年限，工作时间每满一年发给相当于一个月工资的经济补偿金。

第九条　用人单位濒临破产进行法定整顿期间或者生产经营状况发生严重困难，必须裁减人员的，用人单位按被裁减人员在本单位工作的年限支付经济补偿金。在本单位工作的时间每满一年，发给相当于一个月工资的经济补偿金。

第十条　用人单位解除劳动合同后，未按规定给予劳动者经济补偿的，除全额发给经济补偿金外，还须按该经济补偿金数额的百分之五十支付额外经济补偿金。

第十一条　本办法中经济补偿金的工资计算标准是指企业正常生产情况下劳动者解除合同前十二个月的月平均工资。

用人单位依据本办法第六条、第八条、第九条解除劳动合同时，劳动者的月平均工资低于企业月平均工资的，按企业月平均工资的标准支付。

第十二条 经济补偿金在企业成本中列支，不得占用企业按规定比例应提取的福利费用。

❸**《〈关于终止或解除劳动合同计发经济补偿金有关问题的请示〉的复函》**（1996年2月15日 劳办发［1996］33号）

河北省劳动厅：

你厅《关于终止或解除劳动合同计发经济补偿金有关问题的请示》（冀劳办［1996］31号）收悉。经研究，现答复如下：

一、关于终止劳动合同的经济补偿金计发问题。《关于贯彻执行〈中华人民共和国劳动法〉若干问题的意见》（劳部发［1995］309号）规定："劳动合同期满或者当事人约定的劳动合同终止条件出现，劳动合同即行终止，用人单位可以不支付劳动者经济补偿金"。同时规定："国家另有规定的，可以从其规定"，是指现在仍然有效的《国营企业实行劳动合同制暂行规定》（国发［1986］77号）及《全民所有制企业招用农民合同制工人的规定》（1993年国务院令第87号）中的有关规定，即：凡属国有企业职工和与国家机关、事业组织、社会团体建立劳动合同关系的职工以及全民所有制企业招用的农民合同制工人，在劳动合同终止以后，仍应执行其中有关支付经济补偿金的规定。

二、关于合同制职工调动、转移工作单位经济补偿金计发问题。在全面实行劳动合同制度以后，职工调动、转移工作单位，均应通过与原用人单位终止劳动关系，再与新用人单位建立劳动关系来实现。职工提出调动、转移工作单位的，应当在与原用人单位解除劳动合同后，与新用人单位签订劳动合同。用人单位依据《劳动法》第二下四条向职工提出并经双方协商一致解除劳动合同的，应当向劳动者支付经济补偿金。由劳动者本人提出解除劳动合同的，用人单位可以不支付经济补偿金。

三、劳动合同制度实行以前原固定工在本单位的工作年限，应当作为计发经济补偿金的年限。

四、因用人单位的合并、兼并、合资、单位改变性质、法人改变名称等原因而改变工作单位的，其改变前的工作时间可以计算为"在本单位的工作时间"。由于成建制调动、组织调动等原因而改变工作单位的，是否计算为"在本单位的工作时间"。由于成建制调动、组织调动等原因而改变工作单位的，是否计算为"在本单位的工作时间"，在行业直属企业间成建制调动或组织调动等，由行业主管部门作出规定；其他调动，由各省、自治区、直辖市作出规定。

案例链接

❶《登封市嵩颖电力机械修造有限公司与刘瑞红劳动争议纠纷上诉案》，参见北大法宝引证码：Pkulaw. cn/CLI. C. 246055。

❷《陈树青诉商丘市天宇电力工程有限公司劳动争议纠纷案》，参见北大法宝引证码：Pkulaw. cn/CLI. C. 240431。

学者观点

❶ 旷继东：《劳动合同解除的经济补偿问题法规总结》，参见北大法宝引证码：Pkulaw. cn/CLI. A. 051834。

【本单位工作年限】

法律问题解读

又称"同一用人单位连续工作时间"，是指劳动者与同一用人单位不间断地保持劳动关系的时间。它是劳动者享受本单位职工福利、用人单位辞退劳动者计发经济补偿金的重要因素之一。在实际工作中，常有一些特殊情况难以界定劳动者在同一用人单位的工作年限，需要国家作一些专门规定。目前，主要有以下几种规定：

（1）由合资、合作的中方单位安排到合资、合作企业工作的中方职工，其连续工龄按在原单位工作时间和在合资、合作企业工作时间合并计算。这里所说的连续工龄与同一用人单位的连续工作时间是相同的。如果该职工离开所在的合资、合作企业，与另外一个单位建立了劳动关系，则其在同一用人单位的连续工作时间将重新计算。

（2）军队退伍、复员、转业军人的军龄，计算为接收安置单位的连续工龄。即为接收安置单位的本单位连续工作年限。如被该单位解除合同，应按该工作年限计发经济补偿金。然而，该退役军人与其他单位再次建立劳动关系后，其同一单位的工作年限则应重新计算，原有的工作时间，包括其军龄，不再计入新单位的连续工作年限。

（3）劳动合同制度实行以前原固定工在本单位的工作年限，应当作为计发经济补偿金的年限。也就是计为本单位的连续工作时间。

(4) 因用人单位的合并、兼并、合资、单位改变性质、法人改变名称等原因而改变工作单位的，其改变前的工作时间可以计算为“在本单位的工作时间”。但是，对企业改制改组中已经向职工支付经济补偿金，职工被改制改组后企业重新录用的，其在改制前单位的工作年限可以不计算为改制后单位的工作年限。

(5) 由于成建制调动、组织调动等原因而改变工作单位的，是否计算为“在本单位的工作时间”，在行业直属企业间成建制调动或组织调动的，由行业主管部门作出规定；其他调动的，由各省、自治区、直辖市作出规定。

法条指引

❶《劳动部办公厅对〈关于如何理解“同一用人单位连续工作时间”和“本单位工作年限”的请示〉的复函》（1996 年 9 月 16 日 劳办发［1996］191 号）

上海市劳动局：

你局《关于如何理解“同一用人单位连续工作时间”和“本单位工作年限”的请示》（沪劳保字［1996］18 号）收悉，经研究，现函复如下：

一、“同一用人单位连续工作时间”是指劳动者与同一用人单位保持劳动关系的时间。

二、按照《劳动法》及有关配套规章的规定，劳动者患病或非因工负伤，依法享有医疗期，因此在计算“同一用人单位连续工作时间”时，不应扣除劳动者依法享有的医疗期时间。

三、在计算医疗期、经济补偿时，“本单位工作年限”与“同一用人单位连续工作时间”为同一概念，也不应扣除劳动者此前依法享有的医疗期时间。

❷《劳动部办公厅关于贯彻〈外商投资企业劳动管理规定〉有关问题的复函》（1995 年 7 月 14 日 劳办发［1995］163 号）（略）

❸《劳动部办公厅对〈关于终止或解除劳动合同计发经济补偿金有关问题的请示〉的复函》（1996 年 2 月 15 日 劳办发［1996］33 号）

三、劳动合同制度实行以来原固定工在本单位的工作年限，应当作为计发经济补偿金的年限。

四、因用人单位的合并、兼并、合资、单位改变性质、法人改变名称等原因而改变工作单位的，其改变前的工作时间可以计算为“在本单位的工作时间”。

由于成建制调动、组织调动等原因而改变工作单位的，是否计算为“在本单位的工作时间”，在行业直属企业间成建制调动或组织调动等，由行业主管部门做出规定；其他调动，由各省、自治区、直辖市做出规定。

❹《劳动和社会保障部办公厅关于复转军人军龄及有关人员工龄是否作为计算职工经济补偿金年限的答复意见》（2002 年 1 月 28 日 劳社厅函［2002］20 号）（略）

❺《中华人民共和国兵役法》（1998 年 12 月 29 日修正）（略）

❻《军队转业干部安置暂行办法》（2001 年 02 月 15 日 中发［2001］3 号）

第三十七条 军队转业干部的军龄，计算为接收安置单位的连续工龄（工作年限），享受相应的待遇。在军队从事护理飞教学工作，转业后仍从事该职业的，其在军队的护龄、教龄应当连续计算，享受接收安置单位同类人员的待遇。

❼《关于退伍义务兵安置工作随用人单位改革实行劳动合同制的意见》（1993 年 7 月 21 日 国发［1993］54 号）

五、妥善解决养老、待业保险、住房等待遇。退伍义务兵的军龄连同待分配时间应一并计算为所在单位的连续工龄和待业、养老保险投保年限，并在工资、住房和其他方面享受同工龄、同工种职工待遇。

【经济补偿金的纳税】

法律问题解读

目前，国家对经济补偿金的纳税规定主要有以下几点：

(1) 企业对已达一定工作年限、一定年龄或接近退休年龄的职工内部退养支付的一次性生活补贴，以及企业支付给解除劳动合同职工的一次性补偿支出（包括买断工龄支出）等，原则上可以在企业所得税税前扣除。各种补偿性支出数额较大，一次性摊销对当年企业所得税收入影响较大的，可以在以后年度均匀摊销。具体摊销年限，由省（自治区、直辖市）税务局根据当地实际情况确定。

(2) 个人因与用人单位解除劳动关系而取得的一次性补偿收入（包括用人单位发放的经济补偿金、生活补助费和其他补助费用），其收入在当地上年职工年平均工资 3 倍数额以内的部分，免征个人所得税；超过的部分按照有关规定，计算征收个人所得税。

(3) 对于个人取得的一次性经济补偿收入中应计征个人所得税的部分，可视为一次取得数月的工资、薪金收入，允许在一定期限内进行平均。具体平均办法为：以个人取得的一次性经济补偿收入中应计征个人所得税的部分，除以个人在本企业的工作年限数，以其商数作为个人的月工资、薪金收入，按照税法规定计算缴纳个人所得税。个人在本企业的工作年限数按实际工作年限数计算，超过12年的按12年计算。

法条指引

❶《国家税务总局关于企业支付给职工的一次性补偿金在企业所得税税前扣除问题的批复》（2001年12月6日 国税函［2001］18号）

江西省国家税务局：

你局《关于中国电信集团江西省电信公司企业所得税税前扣除的请示》（赣国税发［2001］243号）收悉。经研究，现批复如下：

企业对已达一定工作年限、一定年龄或接近退休年龄的职工内部退养支付的一次性生活补贴，以及企业支付给解除劳动合同职工的一次性补偿支出（包括买断工龄支出）等，属于《企业所得税税前扣除办法》（国税发［2000］84号）第二条规定的“与取得应纳税收入有关的所有必要和正常的支出”，原则上可以在企业所得税税前扣除。各种补偿性支出数额较大，一次性摊销对当年企业所得税收入影响较大的，可以在以后年度均匀摊销。具体摊销年限，由省（自治区、直辖市）税务局根据当地实际情况确定。

本规定自2001年1月1日起执行。

❷《关于个人与用人单位解除劳动关系取得的一次性补偿收入征免个人所得税问题的通知》（2001年9月10日 财政部 国家税务总局财税［2001］157号）

各省、自治区、直辖市、计划单列市财政厅（局）、地方税务局，新疆生产建设兵团财务局：

为进一步支持企业、事业单位、机关、社会团体等用人单位推进劳动人事制度改革，妥善安置有关人员，维护社会稳定，现对个人因与用人单位解除劳动关系而取得的一次性补偿收入征免个人所得税的有关问题通知如下：

一、个人因与用人单位解除劳动关系而取得的一次性补偿收入（包括用人单位发放的经济补偿金、生活补助费和其他补助费用），其收入在当地上年职工平均工资3倍数额以内的部分，免征个人所得税；超过的部分按照《国家税务总局关于个人因解除劳动合同取得经济补偿金征收个人所得税问题的通知》（国税发［1999］178号）的有关规定，计算征收个人所得税。

二、个人领取一次性补偿收入时按照国家和地方政府规定的比例实际缴纳的住房公积金、医疗保险费、基本养老保险费、失业保险费，可以在计征其一次性补偿收入的个人所得税时予以扣除。

三、企业依照国家有关法律规定宣告破产，企业职工从该破产企业取得的一次性安置费收入，免征个人所得税。

本通知自2001年10月1日起执行。以前规定与本通知规定不符的，一律按本通知规定执行。对于此前已发生而尚未进行税务处理的一次性补偿收入也按本通知规定执行。

❸《劳动和社会保障部办公厅关于转发财政部国家税务总局关于个人与用人单位解除劳动关系取得的一次性补偿收入征免个人所得税问题的通知的通知》（2001年9月27日 劳社厅函［2001］212号）

各省、自治区、直辖市、计划单列市财政厅（局）、地方税务局，新疆生产建设兵团财务局：

为进一步支持企业、事业单位、机关、社会团体等用人单位推进劳动人事制度改革，妥善安置有人员，维护社会稳定，现对个人因与用人单位解除劳动关系而取得的一次性补偿收入征免个人所得税的有关问题通知如下：

一、个人因与用人单位解除劳动关系而取得的一次性补偿收入（包括用人单位发放的经济补偿金、生活补助费和其他补助费用），其收入在当地上年职工平均工资3倍数额以内的部分，免征个人所得税；超过的部分按照《国家税务总局关于个人因解除劳动合同取得经济补偿金征收个人所得税问题的通知》（国税发［1999］178号）的有关规定，计算征收个人所得税。

二、个人领取一次性补偿收入时按照国家和地方政府规定的比例实际缴纳的住房公积金、医疗保险费、基本养老保险费、失业保险费，可以在计征其一次性补偿收入的个人所得税时予以扣除。

三、企业依照国家有关法律规定宣告破产，企业职工从该破产企业取得的一次性安置费收入，免征个人所得税。

本通知自2001年10月1日起执行。以前规定与本通知规定不符的，一律按本通知规定执行。对于此前已发生而尚未进行税务处理的一次性补偿收入也按本通知规定执行。

❹**《关于个人因解除劳动合同取得经济补偿金征收个人所得税问题的通知》**（1999年9月23日 国家税务总局国税发［1999］178号）

近接一些地区请示，要求对企业在改组、改制或减员增效过程中解除职工的劳动合同而支付给被解聘职工的一次性经济补偿金征收个人所得税政策问题加以明确。经研究，现规定如下：

一、对于个人因解除劳动合同而取得一次性经济补偿收入，应按“工资、薪金所得”项目计征个人所得税。

二、考虑到个人取得的一次性经济补偿收入数额较大，而且被解聘的人员可能在一段时间内没有固定收入，因此，对于个人取得的一次性经济补偿收入，可视为一次取得数月的工资、薪金收入，允许在一定期限内进行平均。具体平均办法为：以个人取得的一次性经济补偿收入，除以个

人在本企业的工作年限数，以其商数作为个人的月工资、薪金收入，按照税法规定计算缴纳个人所得税。个人在本企业的工作年限数按实际工作年限数计算，超过12年的按12计算。

三、按照上述方法计算的个人一次性经济补偿收入应纳的个人所得税税款，由支付单位在支付时一次性代扣，并于次月7日内缴入国库。

四、个人按国家和地方政府规定比例实际缴纳的住房公积金、医疗保险金、基本养老保险金、失业保险基金在计税时应予以扣除。

五、个人在解除劳动合同后又再次任职、受雇的，对个人已缴纳个人所得税的一次性经济补偿收入，不再与再次任职、受雇的工资、薪金所得合并计算补缴个人所得税。

六、本通知自1999年10月1日起执行，此前规定与本通知规定不一致的，按本通知执行。

【军队随军家属的安置】

法律问题解读

军队干部随军家属安置的规定较多，主要内容有三个方面：

1. 边防海岛等部队军官家属的安置

（1）在驻边疆国境县（市）、沙漠区、国家确定的边远地区中的三类地区和解放军总部确定的一、二类岛屿的部队工作满3年以上的军官，家属在农村符合随军条件的，由于部队驻地无企事业单位（包括乡镇企业），配偶及子女随军后解决不了就业和入学问题的，经师（旅）级以上单位的政治机关批准，其配偶和未成年子女、无独立生活能力的子女，可以在原籍由农村户口转为城镇户口。

（2）军官配偶及子女在原籍由农村户口转为城镇户口的，其自留地、自留山、宅基地可以保留，但不再承包责任田。对军官家属，当地政府劳动、人事部门应积极给予安排适当的工作。被安排工作的军官配偶或子女，本人的自留地、自留山，应于翌年一月一日退还给村民委员会。军官配偶及子女要服从工作单位、当地城镇街道居民委员会和村民委员会的管理。

（3）军官转业时，其配偶及子女已在原籍由农村户口转为城镇户口的，接收安置地区和单位凭《军官家属在原籍农转非审批表》和师（旅）级以上单位政治机关的证明，按随军家属的待遇给其分配住房。无工作的军官配偶及子女的户口可迁到军官转业后的工作单位所在地落户，符合招工条件的，由当地劳动、人事部门安排就业。

（4）对随军前有正式工作的干部家属，应继续由当地政府负责安排适当工作。其中，驻边疆国境县（市）、沙漠区、国家确定的边远地区中的三类地区和军队确定的一、二类岛屿部队的干部随军家属，确实安排不了工作的，经本人申请和单位领导批准可保留公职，并与原单位协商签订保留公职协议书。保留公职期满，本人可回原单位工作。

（5）对随军前没有正式工作的干部家属，企业、事业单位招工时应在同等条件下优先录用，并按国家规定办理有关手续。

（6）对随军后确实安排不了工作的边防、海岛等艰苦地区部队的干部家属，由部队按平均每人每月100元的标准，发给生活困难补助费。

2. 部分牺牲、病故军官随军家属易地移交政府的安置

（1）驻新疆、青海、西藏的部队和驻其他省、自治区、直辖市的县城（含）以下地区的部队，驻海岛的部队以及驻上述地区以外的师（含）以下作战部队中的随军遗属（军官的配偶和未成年子女、无独立生活能力的子女及经师、旅级以上单位的政治机关和驻地县以上公安部门批准投靠军官生活的父母），可以易地移交政府安置管理。

（2）随军遗属可到军官或军官配偶原籍（含

随军时户口迁出地）城镇安置，也可到军官或军官配偶的父母常住户口所在地安置。军官配偶身边无成年子女的，可到其成年子女常住户口所在地安置。

（3）易地安置的随军遗属的住房，国家规定了具体的分配标准和解决办法。

（4）无工资收入的随军遗属易地安置时，当年所剩月份的定期生活补助费，由部队一次发给本人。从下一年度起，由接收地区的民政部门发给定期抚恤金，原按军队规定标准领取的定期生活补助费，高于地方规定的定期抚恤金的部分，予以保留。

（5）易地安置的随军遗属，由当地政府卫生部门确定其医疗关系和合同医疗单位，医疗待遇按照《军人抚恤优待条例》的有关规定执行。

（6）易地安置的牺牲军官配偶是正式职工的，办理调动手续，由接收安置地区的人事、劳动部门安排适当工作。病故军官配偶是正式职工的，由接收安置地区的人事、劳动部门负责向用人单位推荐。有劳动能力无正式工作的军官配偶及待业子女，由当地政府纳入劳动就业与社会发展计划，企事业单位在招工时，同等条件下优先录用。

3. 随军家属的正常安置

（1）随军家属劳动就业工作，实行行政调配和市场调节相结合的原则。各级劳动保障部门，负有为随军家属做好就业服务工作的责任，如提供职业介绍和培训，指导和推荐就业等；通过协调用人单位，现场办公、举办专题招聘会等形式，帮助随军家属就业。

（2）国家机关、事业单位以及国有企业、合资企业、民营企业等，都有接收安置随军家属的义务。有用工需求的单位，在同等条件下应优先安置随军家属就业。

（3）凡在实行全员劳动合同制企业单位工作的军队干部随军家属，应给他们不低于1年的适应期，使其有学习技术和熟悉工作的机会。经过考核，符合条件的，优先安排上岗；确实不能上岗的，在企业内部安排适当工作。对不能坚持正常工作且接近退休年龄的，经本人申请可提前退养。

（4）为安置随军家属就业新开办的企业，自领取税务登记证之日起，3年内免征营业税和企业所得税；从事个体经营的随军家属，自领取税务登记证之日起，3年内免征营业税和个人所得税。

（5）各级劳动保障部门负有指导随军家属所在单位做好社会保险关系的接续工作。对非个人原因不能就业的随军家属，可允许其按照当地社会平均工资的一定比例，自愿缴纳基本养老保险费，其档案可由当地劳动就业服务机构等接收保管，并减免各项管理费用。

（6）有生产任务的企业，一般不安排现役军人配偶下岗。随军家属确因所在企业破产、停产等原因下岗的，企业或当地劳动保障部门应按照有关政策规定，在保障其基本生活的同时，在1年内至少提供1次免费职业指导、3次免费职业介绍；对参加技能培训的下岗随军家属，提供1次免费或部分免费的职业培训，并优先推荐其再就业。

法条指引

❶**《关于边防、海岛等部队部分农村户口军官家属可在原籍转为城镇户口的意见》**（1989年2月21日　国发［1989］14号）（略）

❷**《关于进一步做好军队干部随军家属安置工作意见的通知》**（1993年6月14日　国发［1993］43号）（略）

❸**《关于部分牺牲病故军官随军家属易地移交政府安置管理问题意见》的通知**（1994年8月29日　国办发［1994］87号）（略）

❹**《关于进一步做好军队干部随军家属劳动就业和社会保障工作意见》的通知**（2000年7月13日　国发［2000］19号）（略）

【军人配偶随军未就业期间的基本生活补贴】

法律问题解读

为了解除军人后顾之忧，激励军人安心服役，国家建立了军人配偶随军未就业期间基本生活补贴制度。随军配偶符合以下条件之一的，可享受基本生活补贴：

（1）随军前未就业、经批准随军后未就业且无收入的；

（2）随军前已就业但未参加基本养老保险、经批准随军后未就业且无收入的；

（3）经批准随军后未就业且无收入，已参加基本养老保险，并将基本养老保险关系和个人账户资金转入军队的。

军人配偶随军未就业期间基本生活补贴按照下列标准，由军人所在单位后勤机关按月发放：

（1）驻国家确定的一类艰苦边远地区和军队

确定的三类岛屿，以及一般地区部队的军人，其配偶随军未就业期间基本生活补贴标准，为每人每月320元。

（2）驻国家确定的三、四类艰苦边远地区和军队确定的特、一、二类岛屿部队的军人，其配偶随军未就业期间基本生活补贴标准，为每人每月410元。

驻国家确定的一、二类艰苦边远地区和军队确定的三类岛屿部队的军人，其配偶随军未就业期间领取基本生活补贴标准全额的期限最长为60个月；驻一般地区部队的军人，其配偶随军未就业期间领取基本生活补贴标准全额的期限最长为36个月。未就业随军配偶领取基本生活补贴标准全额期满后，按本人基本生活补贴标准8%的比例逐年递减。递减后的基本生活补贴最低标准，由总后勤部参照省会城市失业保险金标准确定。驻国家确定的三、四类艰苦边远地区和军队确定的特、一、二类岛屿部队的军人，其配偶随军未就业期间基本生活补贴标准不实行递减。

所谓国家确定的艰苦边远地区是指国务院"国办发［2001］14号"通知所规定的范围和类别。所谓军队确定的岛屿类别是指"［1998］后财字第331号"通知所作的规定。军队政治机关和后勤机关按照职责分工负责未就业随军配偶基本生活补贴的审批和发放。军人配偶随军未就业期间基本生活补贴标准的调整，由解放军总政治部、总后勤部商国务院有关部门确定。

有下列情形之一的，停止享受基本生活补贴待遇：

（1）未就业随军配偶已就业且有收入的；

（2）未就业随军配偶无正当理由，拒不接受当地人民政府有关部门或者机构安排工作的；

（3）未就业随军配偶出国定居或者移居港、澳、台地区的；

（4）未就业随军配偶与军队解除婚姻关系的；

（5）未就业随军配偶被判刑收监执行或者被劳动教养的；

（6）军人被取消军籍的；

（7）军人退出现役的；

（8）军人死亡的。

法条指引

❶**《关于调整机关事业单位工作人员工资和增加离退休人员离退休费四个实施方案》**（2001年2月24日　国办发［2001］14号）（略）

❷**《军队地区津贴规定》**（［1998］后财字第331号）（略）

❸**《中国人民解放军军人配偶随军未就业期间社会保险暂行办法》**（2003年12月25日　国办发［2003］102号）

三、随军配偶符合下列条件之一的（以下称未就业随军配偶），依照本办法规定享受基本生活补贴和养老、医疗保险个人账户补贴待遇：

（一）随军前未就业、经批准随军随队后未就业且无收入的；

（二）随军前已就业但未参加基本养老保险、经批准随军随队后未就业且无收入的；

（三）经批准随军随队后未就业且无收入，已参加基本养老保险，并将基本养老保险关系和个人账户资金转入军队的。

四、军队政治机关和后勤机关按照职责分工负责军人配偶随军未就业期间基本生活补贴的审批与支付、建立养老和医疗保险个人账户的资格认定，以及基本生活补贴资金和个人账户资金的管理，并会同地方人民政府劳动保障部门及其社会保险经办机构，办理未就业随军配偶社会保险关系和个人账户资金的转移、接续工作。

五、军人配偶随军未就业期间基本生活补贴按照下列标准，由军人所在单位后勤机关按月发放：

（一）驻国家确定的一、二类艰苦边远地区和军队确定的三类岛屿，以及一般地区部队的军人，其配偶随军未就业期间基本生活补贴标准，为每人每月320元。

（二）驻国家确定的三、四类艰苦边远地区和军队确定的特、一、二类岛屿部队的军人，其配偶随军未就业期间基本生活补贴标准，为每人每月410元。

国家确定的艰苦边远地区具体范围和类别按《国务院办公厅转发人事部、财政部关于调整机关事业单位工作人员工资和增加离退休人员离退休费四个实施方案的通知》（国办发［2001］14号）执行。军队确定的岛屿类别按《总后勤部关于印发〈军队地区津贴规定〉的通知》（［1998］后财字第331号）执行。

六、驻国家确定的一、二类艰苦边远地区和军队确定的三类岛屿部队的军人，其配偶随军未就业期间领取基本生活补贴标准全额的期限最长为60个月；驻一般地区部队的军人，其配偶随军未就业期间领取基本生活补贴标准全额的期限最长为36个月。未就业随军配偶领取基本生活补贴标准全额期满后，按本人基本生活补贴标准8%的比例逐年递减。递减后的基本生活补贴最低标准，由总后勤部参照省会城市失业保险金标准确定。

驻国家确定的三、四类艰苦边远地区和军队确定的特、一、二类岛屿部队的军人，其配偶随军未就业期间基本生活补贴标准不实行递减。

七、军人配偶随军未就业期间基本生活补贴标准的调整，由总政治部、总后勤部商国务院有关部门确定。

十七、有下列情形之一的，停止享受军人配偶随军未就业期间基本生活补贴和养老、医疗保险个人账户补贴待遇：

（一）未就业随军配偶已就业且有收入的；

（二）未就业随军配偶无正当理由，拒不接受当地人民政府有关部门或者机构安排工作的；

（三）未就业随军配偶出国定居或者移居港、澳、台地区的；

（四）未就业随军配偶与军人解除婚姻关系的；

（五）未就业随军配偶被判刑收监执行或者被劳动教养的；

（六）军人被取消军籍的；

（七）军人退出现役的；

（八）军人死亡的。

【国有企业安置富余人员的主要方式】

法律问题解读

国有企业安置富余人员的主要方式和相应优惠政策，大致有以下八种：

（1）企业为安置富余职工可举办从事第三产业的独立核算的企业，该企业在缴税方面享受优惠政策。

（2）企业开办的劳服企业应承担安置本企业富余职工的任务，也就是说富余职工可安置在劳服企业。

（3）企业可以对富余职工实行待岗和转业培训，培训期间的工资待遇由企业自行确定。

（4）经职代会讨论同意并报企业行政主管部门备案，企业可对富余职工实行有限期的放假，职工放假期间，由企业发给生活费（安置富余职工需由企业发给生活费的标准，均由企业自主确定，但不得低于当地政府规定的最低标准）。女职工在孕期、产期、哺乳期期间，经本人申请，企业可以给予不超过2年的长假，假期发给生活费。长假包含产假的，产假期间按国家规定发给工资或生育津贴。

（5）企业富余职工距退休年龄不到5年的，经本人申请，企业领导批准，可以退出工作岗位休养。提前退养期间，由企业发给生活费。

（6）企业富余职工可以申请辞职，经企业批准的，办理辞职手续时，由企业按国家规定发给一次性生活补助费。

（7）企业因生产经营发生重大变化，必须裁减职工的，对合同制职工可以解除劳动合同，但应按合同约定履行义务，按国家规定给予经济补偿。

（8）企业之间可以调剂富余职工，既可正式调动，即与原单位解除劳动合同，与新单位订立劳动合同；也可临时借调（即劳务输出），借调期间职工的工资、福利待遇由双方企业在劳务协议中约定。

国家除上述一般国有企业通用的富余人员安置政策外，对特殊行业常常又制定一些特殊的富余人员的安置政策。例如：国家对纺织企业、粮食企业等又有一些特殊的规定。因此，在适用富余人员安置政策时应注意，特殊政策只能适用于特殊行业。

许多非国有企业也有富余人员问题，原则上是不能适用国有企业安置富余人员政策的，特别是不能享受国家给予国有企业安置富余人员在税收、经费等方面的优惠政策。非国有企业可运用企业自主权，决定该企业比照国有企业安置富余人员的方式和政策来制定内部安置富余人员的规章、制度，并予以实施。

法条指引

❶**《国有企业富余职工安置规定》**（1993年4月20日　国务院令第111号）

第一条　为了妥善安置国有企业富余职工，增强企业活力，提高企业经济效益，制定本规定。

第二条　安置国有企业（以下简称企业）中的富余职工，应当遵循企业自行安置为主、社会帮助安置为辅，保障富余职工基本生活的原则。

第三条　企业安置富余职工应当依照本规定采取拓展多种经营、组织劳务活动、发展第三产业、综合利用资源和其他措施。

企业行政主管部门、劳动行政主管部门和工会组织应当指导、帮助和支持企业做好富余职工安置工作，积极创造条件，培育和完善劳务市场，开辟社会安置渠道。

第四条　企业为安置富余职工而兴办的从事第三产业的独立核算企业，自开业之日起两年免征、3年减半征收企业所得税。

第五条　企业开办的劳动就业服务企业，应当承担安置本企业富余职工的任务。企业应当按照国家有关国有资产管理的规定，在资金、场地、原材料和设备等方面给予扶持。

第六条　企业组织本企业富余职工依法兴办的独立核算企业，可以承担本企业中原由外单位承包的技术改造或者劳务项目。

第七条　企业可以对富余职工实行待岗和转业培训，培训期间的工资待遇由企业自行确定。

第八条　经企业职工代表大会讨论同意并报企业行政主管部门备案，企业可以对职工实行有限期的放假。职工放假期间，由企业发给生活费。

孕期或者哺乳期的女职工，经本人申请，企业可以给予不超过2年的假期，放假期间发给生活费。假期内含产假的，产假期间按照国家规定发给工资。

第九条　职工距退休年龄不到5年的，经本人申请，企业领导批准，可以退出工作岗位休养。职工退出工作岗位休养期间，由企业发给生活费。已经实行退休费用统筹的地方，企业和退出工作岗位休养的职工应当按照有关规定缴纳基本养老保险费。职工退出工作岗位休养期间达到国家规定的退休年龄时，按照规定办理退休手续。职工退出工作岗位休养期间视为工龄，与其以前的工龄合并计算。

第十条　职工可以申请辞职。经企业批准辞职的职工，在办理辞职手续时，企业应当按照国家有关规定发给一次性生活补助费。

第十一条　按照本规定第八条、第九条规定发放的生活费在企业工资基金中列支，生活费标准由企业自主确定，但是不得低于省、自治区、直辖市人民政府规定的最低标准。

第十二条　企业因生产经营发生重大变化，必须裁减职工的，对劳动合同制职工，经企业职工代表大会讨论同意，可以提前解除劳动合同，但是应当按照合同约定履行义务；合同没有约定的，企业对被提前解除劳动合同的职工，按照其在本企业工作的年限，工龄每满1年，发给相当于本人1个月标准工资的补偿费。

第十三条　各级劳动行政主管部门和企业行政主管部门应当做好富余职工的社会安置和调剂工作，鼓励和帮助富余职工组织起来就业和自谋职业。企业之间调剂职工，可以正式调动，也可以临时借调；临时借调的，借调期间的工资和福利待遇由双方企业在协议中商定。

第十四条　富余职工由企业自行安置有困难到社会待业的，在待业期间，依法享受待业保险待遇。劳动行政主管部门和有关行政主管部门应当创造条件，帮助职工再就业。

第十五条　企业依照本规定兴办的独立核算企业安置的职工，按照国家有关规定纳入新办企业的职工人数和经济指标的统计范围。

第十六条　省、自治区、直辖市人民政府可以根据本规定制定实施办法。

第十七条　本规定由国务院劳动行政主管部门负责解释。

第十八条　本规定自发布之日起施行。

❷**《关于促进粮食系统扭亏增盈减员增效分流安置富余人员的通知》**（1997年11月24日　劳部发［1997］346号）（略）

❸**国务院办公厅转发国家计委《关于做好国有粮食企业减员分流工作意见的通知》**（1998年5月19日　国办发［1998］20号）（略）

❹**《关于做好纺织行业压锭减员分流安置工作的通知》**（1998年2月5日　劳部发［1998］34号）（略）

❺**《关于切实做好纺织行业压锭减员分流安置工作的补充通知》**（1998年6月22日　劳社部发［1998］6号）（略）

❻**《劳动和社会保障部办公厅关于政法机关撤销和移交企业职工安置意见的函》**（1998年9月16日　劳社厅函［1998］84号）（略）

案例链接

❶《河南省平顶山市中原（集团）有限公司与胡进忠劳动争议纠纷上诉案》，参见北大法宝引证码：Pkulaw. cn/CLI. C. 253148。

❷《新乡市白鹭化纤集团有限责任公司诉郝长洲劳动争议纠纷案》，参见北大法宝引证码：Pkulaw. cn/CLI. C. 240675。

【破产企业职工安置】

法律问题解读

对破产企业职工的安置规定，主要有五个方面：

（1）破产企业职工自谋职业的，政府可以根据当地的实际情况，发放一次性安置费。一次性安置费原则上按照破产企业所在市的企业职工上年平均工资收入的3倍发放，具体发放标准由各有关市人民政府规定。在这一标准范围内，各地可根据安置对象的不同情况确定不同的安置费标准，对不同工龄的破产企业职工可有所区别。对这种自谋职业的破产企业职工，原养老保险关系依然保留。自谋职业者应按照当地政府的有关规定，向所在地的社会保险经办机构缴纳养老保险费，继续参加基本养老保险社会统筹。破产企业领取一次性安置费的人员再就业后，其原在国有企业的工龄及再就业后的工龄可合并计算为连续工龄。但在重新就业的单位与职工解除劳动关系支付经济补偿金时，原单位的工作年限不计算为新单位的工作年限。这一政策适用于破产企业的各类职工，包括合同制工人。

（2）破产企业离退休职工的离退休费和医疗费由当地社会养老、医疗保险机构负责管理。破产企业参加养老保险、医疗保险基金社会统筹的，其离退休费、医疗费由所在试点城市社会养老、医疗保险机构分别从养老保险、医疗保险基金社会统筹中支付。

已经参加养老保险社会统筹的企业，破产时，需补交欠缴的养老保险费及其利息。没有参加养老保险、医疗保险基金社会统筹或者养老保险、医疗保险基金社会统筹不足的企业，应按照支付离退休人员养老金的实际需要，从企业土地使用权出让所得中支付；处置土地使用权所得不足以支付的，不足部分从处置其他破产财产所得中拨付。破产企业一次性向社会保险经办机构划拨了费用，社会保险经办机构则负责支付该破产企业离退休人员的基本老养金和医疗费。具体办法由省级政府制定。破产企业社会保险统筹费用应当缴纳至人民法院裁定宣告破产之日。因此，被申请破产的企业在整顿或重整期间，应当为职工缴纳社会保险费；在破产企业清算期间，受清算组委托或同意，进行生产、经营自救活动，并仍在给职工发放工资的，应按规定缴纳社会保险费。

对于养老保险基金确实不足，支付困难的地区，为弥补资金不足，可以从破产企业资产中划拨一定费用给社会保险经办机构，以保证离退休人员基本养老金的发放。具体办法由省级政府根据实际情况确定。

（3）破产企业中因工致残或者患严重职业病、全部或者大部分丧失劳动能力的职工，即被鉴定为1—6级伤残等级的职工，作为离退休职工安置。距离退休年龄不足5年的职工，经本人申请，可以提前离退休。

（4）未选择自谋职业，而领取解除劳动关系经济补偿金的，在失业期间，依照有关规定享受失业保险待遇。失业保险期满无法重新就业的职工，符合社会救济条件的，由当地民政部门按照规定发给社会救济金。已领取一次性安置费的职工，不再享受失业保险待遇。

（5）破产财产优先拨付破产费用后，按照下列顺序清偿：

① 破产企业所欠职工工资和劳动保险费用；

② 破产企业所欠税款；

③ 破产债权。

破产企业职工的安置费用来源不足的，按照企业隶属关系，由破产企业所在地的市或者市辖区、县的人民政府负担。

需要注意的是，有关破产方面的政策，只适用于国务院“优化资本结构”试点城市范围内的国有工业企业。非试点城市和地区的国有企业破产，只能按照《破产法》的规定，即破产企业财产处置所得，必须用于按比例清偿债务，安置破产企业职工的费用只能从当地政府补贴、民政救济和社会保障等渠道解决。非国有企业的破产，要严格按照《民事诉讼法》的规定执行。

法条指引

❶ **《中华人民共和国破产法》**（2006年8月27日 国家主席令第54号）

第四十八条 债权人应当在人民法院确定的债权申报期限内向管理人申报债权。

债务人所欠职工的工资和医疗、伤残补助、抚恤费用，所欠的应当划入职工个人账户的基本养老保险、基本医疗保险费用，以及法律、行政法规规定应当支付给职工的补偿金，不必申报，由管理人调查后列出清单并予以公示。职工对清单记载有异议的，可以要求管理人更正；管理人不予更正的，职工可以向人民法院提起诉讼。

第八十二条 下列各类债权的债权人参加讨论重整计划草案的债权人会议，依照下列债权分类，分组对重整计划草案进行表决：

（一）对债务人的特定财产享有担保权的债权；

（二）债务人所欠职工的工资和医疗、伤残补助、抚恤费用，所欠的应当划入职工个人账户的基本养老保险、基本医疗保险费用，以及法律、行政法规规定应当支付给职工的补偿金；

（三）债务人所欠税款；

（四）普通债权。

人民法院在必要时可以决定在普通债权组中设小额债权组对重整计划草案进行表决。

第一百一十三条 破产财产在优先清偿破产费用和共益债务后，依照下列顺序清偿：

（一）破产人所欠职工的工资和医疗、伤残补助、抚恤费用，所欠的应当划入职工个人账户的基本养老保险、基本医疗保险费用，以及法律、行政法规规定应当支付给职工的补偿金；

（二）破产人欠缴的除前项规定以外的社会保险费用和破产人所欠税款；

（三）普通破产债权。

破产财产不足以清偿同一顺序的清偿要求的，按照比例分配。

破产企业的董事、监事和高级管理人员的工资按照该企业职工的平均工资计算。

第一百三十二条 本法施行后，破产人在本法公布之日前所欠职工的工资和医疗、伤残补助、抚恤费用，所欠的应当划入职工个人账户的基本养老保险、基本医疗保险费用，以及法律、行政法规规定应当支付给职工的补偿金，依照本法第一百一十三条的规定清偿后不足以清偿的部分，以本法第一百零九条规定的特定财产优先于对该特定财产享有担保权的权利人受偿。

❷《关于在若干城市试行国有企业破产有关问题的通知》（1994年10月25日　国发［1994］59号）

五、破产企业职工的安置

破产企业所在地的市或者市辖区、县人民政府应当采取转业培训、介绍就业、生产自救、劳务输出等各种措施，妥善安排破产企业职工重新就业，并保障他们在重新就业前的基本生活需要。

政府鼓励破产企业职工自谋职业。对自谋职业的，政府可以根据当地的实际情况，发放一次性安置费，不再保留国有企业职工身份。一次性安置费原则上按照破产企业所在市的企业职工上年平均工资收入的3倍发放，具体发放标准由各有关市人民政府规定。

破产企业职工失业期间，依照《国有企业职工待业保险规定》享受失业保险待遇。失业保险期满无法重新就业的职工，符合社会救济条件的，由当地民政部门按照规定发给社会救济金。

破产企业离退休职工的离退休费和医疗费由当地社会养老、医疗保险机构负责管理。破产企业参加养老保险、医疗保险基金社会统筹的，其离退休职工的离退休费、医疗费由当地社会养老、医疗保险机构分别从养老保险、医疗保险基金社会统筹中支付。没有参加养老保险、医疗保险基金社会统筹或者养老保险、医疗保险基金社会统筹不足的，从企业土地使用权出让所得支付；处置土地使用权所得不足以支付的，不足部分从处置其他破产财产所得中拨付。

破产企业中因工致残或者患严重职业病、全部或者大部分丧失劳动能力的职工，作为离退休职工安置。距离退休年龄不足5年的职工，经本人申请，可以提前离退休。

破产企业中的劳动合同制职工的安排，依照《国营企业实行劳动合同制暂行规定》等法律、行政法规的规定办理；临时工的安排，依照《全民所有制企业临时工管理暂行规定》办理。

破产企业职工的安置费用来源不足的，按照企业隶属关系，由破产企业所在地的市或者市辖区、县的人民政府负担。

❸《最高人民法院关于实行社会保险的企业破产后各种社会保险统筹费用应缴纳至何时的批复》（1996年11月22日　法复［1996］17号）

四川省高级人民法院：

你院川高法（1995）167号《关于实行社会保险的企业破产后，各种社会保险统筹费用应缴纳至何时的请示》已收悉。经研究，现答复如下：

参加社会保险的企业破产的，欠缴的社会保险统筹费用应当缴纳至人民法院裁定宣告破产之日。

❹《关于在若干城市试行国有企业兼并破产和职工再就业有关问题的补充通知》（1997年3月2日　国发［1997］10号）

各省、自治区、直辖市人民政府，国务院各部委、各直属机构：

根据《中华人民共和国企业破产法（试行）》（以下简称《破产法》）、《国务院关于若干城市试行国有企业破产有关问题的通知》（国发［1994］59号）的精神和有关规定，企业兼并破产工作已逐步展开，工作是有成绩的。但是，也出现了一些城市和地区违反国发［1994］50号文件适用范围实施企业破产的问题。国务院强调：国发［1994］59号文件中有关破产方面的政策，只适用于国务院确定的企业“优化资本结构”试点城市（以下简称试点城市，名单见附件）范围内的国有工业企业。非试点城市和地区的国有企业破产。只能按照《破产法》的规定实施，即破产企业财产处置所得，必须用于按比例清偿债务，安置破产企业职工的费用只能从当地政府补贴、民政救济和社会保障等渠道解决。非国有企业的破产，要严格按照《中华人民共和国民事诉讼法》实施。为规范企业破产，鼓励企业兼并，对国有企业富余职工实施再就业工程，促进产业结构调整、企业优化资本结构和转换经营机制，现就试点城市国有企业（以下简称企业）兼并破产和职工再就业有关问题补充通知如下：

一、企业兼并破产和职工再就业工作的组织领导国家经贸委负责全国企业兼并破产和职工再就业的组织协调工作。为加强对试点城市企业兼并破产和职工再就业工作的组织领导，成立全国企业兼并破产和职工再就业领导小组（以下简称全国领导小组），由国家经贸委（组长）、国家体改委、财政部、劳动部、中国人民银行、国家土地局、国家国有资产管理局等部门组成，并邀请全国人大法工委、最高人民法院参加。其中主要职责是：负责全国试点城市企业兼并破产和职工再就业工作的组织领导与协调；制订《企业兼并破产和职工再就业工作计划》的编制办法；下达省、自治区、直辖市（以下简称省、区、市）核销呆、坏账准备金的预分配规模；审核省、区、市《企业兼并破产和职工再就业工作计划》；指导省、区、市企业兼并破产和职工再就业工作协调小组（以下简称、省、区、市协调小组）的工作；制订《全国企业兼并破产和职工再就业工作计划》并监督执行。全国领导小组的日常工作由国家经贸委负责，有关部门要通过合作、协调一致，重大问题提交国务院国有企业改革工作联席会议讨论决定。

省、区、市成立由经贸委（经委、计经委，下同）为组长，有关部门组成，并邀请省、区、市人大法工委、高级人民法院参加的省、区、市协调小组。其主要职责是：负责本地区试点城市企业兼并破产和职工再就业工作的组织协调；审核试点城市《企业兼并破产和职工再就业工作计划》，制订本省、区、市《企业兼并破产和职工再就业工作计划》。

试点城市成立由市经贸委（组长）、体改委、财政局、中国人民银行和各债权银行分行、劳动局、土地局、国有资产管理局等部门组成，并邀请市人大法工委、人民法院参加的试点城市企业兼并破产和职工再就业工作协调小组（以下简称试点城市协调小组）。其主要职责是：

负责企业兼并及进入破产程序前、终结后和职工再就业工作的组织协调；制订本市《企业兼并破产和职工再就业工作计划》；负责制订企业破产预案；组织实施企业兼并和职工再就业工作；监督、查处、纠正不规范的做法。

二、《企业兼并破产和职工再就业工作计划》的制订与审批各试点城市协调小组要在深入调查研究、充分听取主要债权银行意见的基础上，提出兼并、破产、和解困企业名单（中国、省属企业要由主管部门商国家经贸委及地方经贸委后提出），按照下达的核销呆、坏账准备金的预分配规模，制订本市《企业兼并破产和职工再就业工作计划》。各债权银行总行派人或总行授权当地分行参加计划编制，财政部门、银行要对企业兼并破产和职工再就业拟核销的银行呆、坏账准备金进行审核。

试点城市《企业兼并破产和职工再就业工作计划》每年编制一次。试点城市要在11月底以前将下一年度本市《企业兼并破产和职工再就业工作计划》报省、区协调小组；由省、区协调小组审核汇总后，在12月底以前报全国领导小组。全国领导小组在审核省、区、市《企业兼并破产和职工再就业工作计划》的基础上，统筹研究制订当年《全国企业兼并破产和职工再就业工作计划》，报国务院国有企业改革工作联席会议审议，一般应于2月底以前下达。《全国企业兼并破产和职工再就业工作计划》下达后，由全国领导小组会同有关部门和省、区、市人民政府，对各试点城市计划的执行情况负责检查落实。

各试点城市《企业兼并破产和职工再就业工作计划》批准下达后，在执行中不得突破经过批准的计划规模，需要在计划规模内进行调整的，由省、区、市协调小组审核并汇总后，报全国领导小组审定。

各省、区、市和试点城市协调小组每季度要向全国领导小组报告一次企业兼并破产和职工再就业工作计划执行情况；中国人民银行总行每季度要向国务院国有企业改革工作联席会议报告一次呆、坏账准备金核销情况。

三、企业破产预案的制订各试点城市要依据《全国企业兼并破产和职工再就业工作计划》，由拟破产企业主管部门负责向试点城市协调小组提供制订企业破产预案所需材料。其主要内容包括：企业概况，会计报表及亏损情况说明，债权、债务状况，资产处置方案，职工安置渠道及费用标准，拟核销呆、坏账准备金数额等。

试点城市协调小组制订企业破产预案后，方

可进入破产程序，并报省、区、市协调小组备案。主要债权银行对企业破产预案有异议的，须提请省、区、市协调小组决定，同时将情况报全国领导小组备案。经省、区、市协调小组协调仍不能形成决议的，报全国领导小组决定。

四、资产评估机构资格及破产财产处置企业破产财产处置前，应由破产清算组委托具有国务院国有资产管理行政主管部门认证的资产评估机构进行评估，并由国有资产管理行政主管部门确认评估结果。

其中，涉及以划拨方式取得的土地使用权或涉及改变出让合同条件的土地使用权价格评估的，须由具有土地估价能力的资产评估机构进行评估，并由土地行政主管部门确认评估结果后，并入整体资产评估结果。资产评估及地价评估要努力降低评估费用，不得重复收取评估费用。凡确认有误的，须承担相应的行政和经济责任。

企业破产财产应以评估确认的价格为依据，按国家有关规定确定底价，以拍卖方式为主，依照有关法律、法规转让。转让价格由市确定。

五、妥善安置破产企业职工各试点城市人民政府要积极推广上海市实施再就业工程的经验，结合劳动就业、社会保障制度的改革和当地具体情况，从上到下建立再就业服务中心，积极开拓就业门路，关心破产企业职工生活，妥善安置破产企业职工，保持社会稳定。

安置破产企业职工的费用，从破产企业依法取得的土地使用权转让所得中拨付。

破产企业以土地使用权为抵押物的，其转让所得也应首先用于安置职工，不足以支付的，不足部分从处置无抵押财产、抵押财产所得中依次支付。破产企业财产拍卖所得安置职工仍不足的，按照企业隶属关系，由同级人民政府负担。

职工安置费一律拨付到再就业服务中心，统筹使用。安置费标准，原则上按照破产企业所在试点城市的企业职工上年平均工资收入的3倍计算，试点城市人民政府根据当地实际情况从严掌握，不得随意突破。暂时尚未就业的职工，由再就业服务中心发给基本生活费，再就业后即停止拨付。自谋职业的可一次性付给安置费，标准不高于试点城市的企业职工上年平均工资收入的3倍。

破产企业离退休职工的离退休费和医疗费由当地社会养老、医疗保险机构负责管理。破产企业参加养老保险、医疗机构基金社会统筹的，其离退休费、医疗费由所在试点城市社会养老、医疗保险机构分别从养老保险、医疗保险基金社会统筹中支付。没有参加养老、医疗保险基金社会统筹或者养老保险、医疗保险基金社会统筹不足的，从企业土地使用权出让所得中支付；处置土地使用权所得不足以支付的，不足部分从处置无抵押财产、抵押财产所得中依次支付。

破产企业进入破产程序后，职工的生活费从破产清算费中支付，具体支付办法按照财政部《国有企业试行破产有关财务问题的暂行规定》（财工字［1996］226号）执行。

破产企业财产处置所得，在支付安置职工的费用后，其剩余部分按照《破产法》的规定，按比例清偿债务。

六、简化呆、坏账核销手续因实施《全国企业兼并破产和职工再就业工作计划》而形成的银行贷款本金、利息损失需核销呆、坏账准备金的，由各债权银行总行依照《中华人民共和国商业银行法》和有关规定，在国务院确定的用于企业兼并破产和职工再就业工作的银行呆、坏账准备金总规模内审批并核销。具体办法按照《财政部关于修订〈关于国家专业银行建立贷款呆账准备金的暂行规定〉的通知》（（92）财商字232号）执行。

要简化银行呆、坏账准备金的核销手续。具体操作办法由中国人民银行总行会同各债权银行总行商国家经贸委、财政部等有关部门提出，经全国领导小组批准，在本通知发布后2个月内下发。

七、破产责任的追究企业被宣告破产后，政府有关部门应按照《破产法》的有关规定，对企业破产原因和责任进行调查和审计，依据情节轻重严肃处理。对企业破产负有重要责任的法定代表人，不得再担任其他企业的负责人；构成犯罪的，要依法追究刑事责任。

对企业破产负有重要责任、情节严重的企业主管部门负责人，也要追究责任。对利用企业破产逃废债务的，一经查实，要依法追究相应责任。对于企业被宣告破产后，企业的组织机构、人员不变，仍在原场地继续生产的，要坚决制止并予以纠正。

八、严格按照有关文件规定规范企业破产国发［1994］59号文件及本通知有关破产方面的政策，适用于试点城市市区内的国有工业企业和试点城市管辖的县（市）内的市属以上（含市属）国有工业企业，不包括试点城市管辖的县（市）属企业。非试点城市和地区以及试点城市的非国有工业企业擅自使用试点城市有关破产法规政策的，要依法予以纠正，由政府有关部门采取善后措施。对因越权超范围使用有关文件政策而形成的银行呆、坏账损失不予核销，该损失由银行在其上缴当地的营业税中抵扣，处理结果报全国领导小组。

只有破产企业真正做到停产关闭（取消法人资格）、土地使用权及企业财产被拍卖变现、职工得到妥善安置的，其银行贷款本金和利息损失，方可按照国发［1994］59号文件及本通知的有关规定，从银行提取的呆、坏账准备金中核销。

九、加大鼓励企业兼并的政策力度国家鼓励优势企业兼并困难企业，兼并企业要全部承担被兼并企业的债务并负责人员安置，不能搞“假破产、真逃债”的“整体接收”或“整体收购”方式。被兼并企业的富余职工也要实行下岗分流，下岗职工进入兼并企业再就业服务中心。

兼并企业承担被兼并企业的全部债务，其中银行债务可按《中国人民银行、国家经贸委、财政部关于鼓励和支持18个试点城市优势国有企业兼并困难国有工业生产企业后有关银行贷款及利息处理问题的通知》（银发［1995］130号）的有关规定精神，享受免除利息、分年还本的优惠。优势企业（包括国有控股企业）兼并连续3年亏损的企业，经银行核准，可免除被兼并企业原欠贷款利息；被兼并企业原欠贷款本金分5年还清，如5年内还本仍有困难，可给予1至2年的宽限期。

在宽限期和计划还款期内，对被兼并企业原贷款本金免息，不能按约定计划还款部分，恢复计息。对免除利息造成的损失，在银行提取的坏账准备金中核销，坏账准备金不足，可用呆账准备金核销。

有关企业兼并政策的适用范围可以扩大到：

试点城市内国有内贸、外贸、建筑和安装企业；兼并和被兼并企业有一方属于国务院确定的大中型重点企业或被兼并方属于试点城市的企业。对缺乏兼并条件而又需要进行兼并的企业，须由省、区、市协调小组报全国领导小组审批。借用外国政府贷款或转贷款，偿还任务尚未落实的企业，不适用此项规定。

十、以产定人，下岗分流，适应减免贷款利息，缓解企业困难对那些产品有市场、企业经营管理比较好，但债务负担较重，又缺乏兼并破产条件的亏损企业，也要列入《企业兼并破产和职工再就业工作计划》，采取在一定期限内不同程序减免银行贷款利息，实施再就业工程的办法，缓解企业困难。

要把以产定人，富余职工下岗分流作为缓解企业困难的基本做法，把实施再就业工程与缓解企业困难工作紧密结合起来，富余职工下岗后，可进入再就业服务中心，领取基本生活费，通过再就业培训，帮助下岗职工逐步重新就业。

对一些生产经营十分困难、确无支付职工工资能力的企业，按照《中共中央办公厅国务院办公厅关于进一步解决部分企业职工生活困难问题的通知》（中办发［1996］29号）规定，经当地政府主管机构核定，实行地方财政贴息、企业主管部门调剂一部分资金、银行提供一部分工资性贷款的“三家抬”办法解决职工的基本生活费。

除上述规定外，有关企业破产案件的审理程序、法律适用问题，按照《破产法》、《中华人民共和国担保法》、《中华人民共和国民事诉讼法》、和《最高人民法院关于当前人民法院审理企业破产案件应当注意的几个问题的通知》（法发［1997］2号）执行。

有关企业兼并破产和职工再就业政策方面的实施细则，各有关部门提出后一律由国务院国有企业改革工作联席会议审定后下发。

❺《劳动部办公厅关于对破产企业职工安置问题的复函》（1997年9月22日 劳办函［1997］159号）

海南省人事劳动厅：

你厅《关于破产企业职工安置问题的请示》（琼人劳关［1997］1号）收悉。经与国家经贸委协商，现将有关问题答复如下：

一、关于在优化资本结构试点城市对自谋职业的职工付给安置费的标准问题。国务院国发［1997］10号文件规定，对破产企业职工自谋职业的可一次性付给安置费，标准不高于试点城市的企业职工上年平均工资收入的3倍。我们认为，在这一范围内。各地可根据安置对象的不同情况确定不同的安置费标准，对不同工龄的破产企业职工有所区别。

二、破产企业职工在领取了一次性安置费后自谋职业，即为在业人员，不再享受失业救济。

❻《劳动和社会保障部办公厅关于破产企业职工安置有关政策问题的复函》（1998年10月26日 劳社厅函［1998］118号）

山西省劳动厅：

你厅《关于国有企业破产职工安置中有关政策问题的请示》（晋劳关字［1998］210号）收悉，

现函复如下：

一、关于国有企业破产后职工安置政策依据问题。根据《中共中央国务院关于切实做好国有企业下岗职工基本生活保障和再就业工作的通知》（中发［1998］10号）及劳动和社会保障部等六部门发布的《关于加强国有企业下岗职工管理和再就业服务中心建设有关问题的通知》（劳社部发［1998］8号）规定，国务院确定的111家试点城市执行现行有关规定的精神，破产企业职工安置政策仍应执行《国务院关于若干城市试行国有企业兼并破产和职工再就业有关问题的补充通知》（国发［1997］10号，以下简称“国发［1997］10号文件”）。其中规定对职工“自谋职业的可一次性付给安置费，标准不高于试点城市的企业职工上年平均工资收入的3倍”。这一政策适用于破产企业的各类职工，包括合同制工人。

二、关于国发［1997］10号文件规定的“一次性安置费标准不高于试点城市的企业职工上年平均工资收入的3倍”，是否考虑工龄因素问题。根据原劳动部《关于破产企业职工安置问题的复函》（劳办函［1997］159号）规定，各地可根据安置对象的不同情况确定不同的安置费标准，对不同工龄的破产企业职工有所区别，但一次性付给安置费的标准不得高于国发［1997］10号文件的规定。

三、关于自谋职业的职工是否保留养老保险关系问题。我们认为，自谋职业者领取一次性安置费后，原养老保险关系依然保留。自谋职业者应按照当地政府的有关规定，向所在地的社会保险经办机构缴纳养老保险费，继续参加基本养老保险社会统筹。

❼《劳动和社会保障部办公厅关于对破产企业离退休人员养老保险有关问题的复函》（1999年2月24日 劳社厅函［1999］12号）

吉林省劳动厅：

你厅《关于破产企业离退休职工养老保险有关问题的请示》（吉劳险字［1999］1号）收悉。经研究，现答复如下：

一、《国务院关于在若干城市试行国有企业破产有关问题的通知》（国发［1994］59号）和《国务院关于在若干城市试行国有企业兼并破产和职工再就业有关问题的补充通知》（国发［1997］10号）的有关规定，仅限于在国务院确定的111个企业优化资本结构改革试点城市执行。

二、已经参加养老保险社会统筹的企业，破产时，需补交欠缴的养老保险费（含差额缴拨时企业欠发离退休人员的养老金）及其利息，社会保险经办机构负责支付离退休人员的基本养老金。考虑到近年企业改革及企业破产力度较大，地方在确定企业养老保险缴费比例时没有这方面的支出因素，且破产企业职工分流需要一个吸收安置过程，对于养老保险基金确实不足，支付困难的地区，为弥补资金不足，可以从破产企业资产中划拨一定费用给社会保险经办机构，以保证离退休人员基本养老金的发放。具体办法由你省根据实际情况确定。

三、未参加养老保险社会统筹的企业，破产时，应按照支付离退休人员养老金的实际需要，一次性向社会保险经办机构划拨养老费用，社会保险经办机构负责支付该破产企业离退休人员的基本养老金。具体办法请你省研究确定。

❽《劳动和社会保障部办公厅关于对破产企业生产自救期间应否缴纳社会保险费问题的复函》（2001年12月30日 劳社厅函［2001］286号）（略）

❾《劳动和社会保障部办公厅关于破产企业一次性安置人员再就业后工龄计算问题的复函》（2002年5月20日 劳社厅函［2002］179号）

青海省劳动和社会保障厅：

你厅《关于破产企业一次性安置人员再就业后工龄计算问题的请示》（青劳社厅发［2002］28号）收悉。经研究，现答复如下：

关于破产企业领取一次性安置费的人员再就业后工龄计算问题，同意你厅意见，即其原在国有企业的工龄及再就业后的工龄可合并计算为连续工龄。但在重新就业的单位与职工解除劳动关系支付经济补偿金时，原单位的工作年限不计算为新单位的工作年限。

【资源枯竭矿山关闭破产企业职工安置】

法律问题解读

由于矿产资源不可再生，一批煤炭、有色金属和核工业矿山经过长期开采，资源逐渐萎缩和枯竭。企业生产大幅度下降，有的长期停产，亏损严重，矿区职工生活困难。因此，国家决定对一批资源枯竭矿山实施关闭破产。同时，对其职工安置作出一系列规定：

1. 关于在职职工安置

（1）关闭破产矿山的全民所有制职工执行提前5年（男55周岁，女45周岁）退休的政策。其中，从事井下、有毒、有害等特殊工种的职工，可提前10年（男50周岁，女40周岁）退休。凡符合提前退休条件的职工不再享受其他安置政策，养老金发放标准按规定适当扣减。

（2）实行劳动合同制以前参加工作的全民所有制职工，不符合提前退休条件的，可从两种安置办法中任选一种，并与企业解除劳动关系：①按每满1年工龄发1个月本人工资的标准，发给经济补偿金，并按规定享受失业保险。享受失业保险期满仍未就业的，按规定享受城市居民最低生活保障。②一次性发给相当于企业所在地上年平均工资3倍的安置费，自谋职业，不再享受失业保险。安置费每人平均不足2万元的，可按2万元计发标准安排，具体发放时应体现工龄差别。

对于实行劳动合同制以前参加工作，从事井下、有毒、有害等特殊工种，且距提前退休年龄5年（含）以内的全民所有制职工，实行一次性安置，与企业解除劳动关系，但不将安置费一次性支付给本人，而由社区管理机构比照下岗职工基本生活保障标准发放基本生活费，并代缴社会保险费，待其达到提前退休年龄时办理退休手续。

（3）对实行劳动合同制以后参加工作的合同制职工，按每满1年工龄发1个月本人工资的标准，发给经济补偿金，并解除劳动关系，按规定享受失业保险直至享受城市居民最低生活保障。属于城市居民的混岗集体工，比照合同制职工的政策安置；属于农村居民的混岗集体工，只发给经济补偿金。

（4）随同关闭破产的矿山所属集体企业的职工，属于城市居民并已参加失业保险的，按规定享受失业保险。未参加失业保险和享受失业保险期满仍未就业的，按规定享受城市居民最低生活保障待遇。

（5）关闭破产矿山所办的学校、医院、公安、消防、供水、供电等生活和公用服务单位，其设施和职工成建制移交给地方政府管理，所需费用按关闭破产矿山上年实际支付费用水平，由中央财政给予3年的补助。3年后对经费保障有困难的老工业基地和经济欠发达地区，可适当延长补助年限或一次性增加补助额。

（6）矿山关闭破产后，可将部分有效资产适当作价重组企业，对其所安置的职工，不发安置费或经济补偿金。

（7）支付经鉴定丧失劳动能力的工伤工残人员和职业病患者的伤残补助费、生活费、医疗费等经常性费用以及因工死亡职工家属的抚恤金等所需资金，由中央财政给予补助。

（8）进入关闭破产程序后，矿山可安排少量职工骨干组成专门机构，负责矿区离退休等人员社会保险资金的发放和管理，破产终结后转由地方社区管理机构发放和管理，所需经费由中央财政负担。被安置的职工不再作为破产企业职工安置。

（9）与关闭破产矿山解除劳动关系的职工，被其他单位招用的，由用人单位与个人按规定继续为其缴纳社会保险费；未被其他单位招用，个人自愿参加养老保险的职工，参保办法比照个体劳动者执行。继续参加养老保险的职工，其安置前的养老保险缴费年限、视同缴费年限与安置后缴费年限可以合并计发养老金；如一次性安置后不再缴费，则到达退休年龄时，按已缴费年限和视同缴费年限计发养老金。

（10）以上各渠道安置的关闭破产矿山的职工，其家庭成员属于城市居民的，如其家庭人均实际收入仍未达到城市居民最低生活保障标准，可享受城市居民最低生活保障，其标准根据当地居民生活水平和财政承受能力确定，并体现鼓励就业的原则。地方负担确有困难的，由中央财政给予适当补助。享受城市居民最低生活保障待遇，按《城市居民最低生活保障条例》规定的程序由专门机构审查批准，并张榜公布，做到公正、公平、公开。

2. 关于离退休人员安置

（1）关闭破产矿山的离退休人员全部交由地方统一管理，养老保险实行省级管理，养老金实行社会化发放，离退休人员由社区管理机构管理。

（2）基本养老保险统筹项目内的基金和医疗保险基金，原则上分别按企业在职职工年工资总额的25%和6%计算10年，再折半核定，由中央财政拨付给社会保险经办机构，用于发放离退休人员的基本养老金和医疗费。5年后资金如有缺口，国家另行研究解决。

（3）统筹项目外的养老保险费用原则上不予解决，对确需保留的项目，由地方从中央财政继续拨付的亏损补贴和留给地方的盈利企业所得税中解决。如缺口较大，经劳动和社会保障部和财政部核实后，由中央财政给予一次性适当补助。

（4）随同破产但未参加养老保险统筹的矿山所属集体企业，不一同纳入养老保险统筹范围，其退休职工本人由民政部门按企业所在地城市居民最低生活保障标准按月发放生活费，所需资金由中央财政专项解决。

3. 关于历史拖欠问题的处理

（1）关闭破产矿山拖欠的在职职工工资、已经进入再就业服务中心的下岗职工基本生活费以及抚恤金、伤残补助金和丧葬补助金应予以补发，所需资金从企业资产变现中解决，资产变现不足以支付的部分，由企业上报，经劳动和社会保障部和财政部核实后，中央财政予以补足。

（2）关闭破产矿山拖欠的离退休人员统筹项目内的基本养老金，经劳动和社会保障部和财政部核实后，由中央财政一次性补发。

（3）拖欠的职工医药费，原则上由地方从中央财政继续拨付的亏损补贴和留给地方的盈利企业所得税中解决。

（4）对所欠职工的集资款，不在关闭破产时一次性解决，待清理核实并分清责任后另行研究解决。

（5）被挪用的职工个人缴纳的住房公积金，可以在售房时相应抵扣。

上述各项规定适用于中央所属的有色金属和核工业矿以及原中央所属、现下放地方管理的煤矿。

法条指引

❶《关于进一步做好资源枯竭矿山关闭破产工作的通知》（2000年6月1日　中办发［2000］11号）

各省、自治区、直辖市党委和人民政府，中央和国家机关各部委，军委总政治部，各人民团体：

建国50年来，煤炭、有色金属和核工业矿山为经济发展和国防建设作出了重大贡献。由于矿产资源不可再生，一批矿山经过长期开采，资源逐渐萎缩和枯竭。企业生产大幅度下降，有的长期停产，亏损严重，矿区职工生活困难。党中央、国务院高度重视这个问题，决定对一批资源枯竭矿山实施关闭破产。这是贯彻党的十五大和十五届四中全会精神，推进结构调整，深化企业改革，实现扭亏脱困目标的重大举措，关系社会稳定的大局，是一项亟待解决的紧迫任务。各有关方面要高度重视。为了扎实稳妥地推进这项工作，现将有关问题通知如下：

一、资源枯竭矿山实施关闭破产的政策规定

（一）关于在职职工安置

1. 关闭破产矿山的全民所有制职工执行提前5年（男55周岁，女45周岁）退休的政策。其中，从事井下、有毒、有害等特殊工种的职工，可提前10年（男50周岁，女40周岁）退休。凡符合提前退休条件的职工不再享受其他安置政策，养老金发放标准按规定适当扣减。

2. 实行劳动合同制以前参加工作的全民所有制职工，不符合前款安置条件的，可从以下两种安置办法中任选一种，并与企业解除劳动关系：（1）按每满1年工龄发1个月本人工资的标准，发给经济补偿金，并按规定享受失业保险。享受失业保险期满仍未就业的，按规定享受城市居民最低生活保障。（2）一次性发给相当于企业所在地上年平均工资3倍的安置费，不再享受失业保险，自谋职业。安置费每人平均不足2万元的，可按2万元计发标准安排，具体发放时应体现工龄差别。

对于实行劳动合同制以前参加工作，从事井下、有毒、有害等特殊工种，且距提前退休年龄5年（含）以内的全民所有制职工，实行一次性安置，与企业解除劳动关系，但不将安置费一次性支付给本人，而由社区管理机构比照下岗职工基本生活保障标准发放基本生活费，并代缴社会保险费，待其达到提前退休年龄时办理退休手续。

3. 对实行劳动合同制以后参加工作的合同制职工，按每满1年工龄发1个月本人工资的标准，发给经济补偿金，并解除劳动关系，按规定享受失业保险直至享受城市居民最低生活保障。属于城市居民的混岗集体工，比照合同制职工的政策安置；属于农村居民的混岗集体工，只发给经济补偿金。

4. 随同关闭破产的矿山所属集体企业的职工，属于城市居民并已参加失业保险的，按规定享受失业保险。未参加失业保险和享受失业保险期满仍未就业的，按规定享受城市居民最低生活保障待遇。

5. 关闭破产矿山所办的学校、医院、公安、消防、供水、供电等生活和公用服务单位，其设施和职工成建制移交给地方政府管理，所需费用按关闭破产矿山上年实际支付费用水平，由中央财政给予3年的补助。3年后对经费保障有困难的老工业基地和经济欠发达地区，可适当延长补助年限或一次性增加补助额。

6. 矿山关闭破产后，可将部分有效资产适当作价重组企业，对其所安排的职工，不发安置费或经济补偿金。

7. 支付经鉴定丧失劳动能力的工伤工残人员和职业病患者的伤残补助费、生活费、医疗费等经常性费用以及因工死亡职工家属的抚恤金等所需资金，由中央财政给予补助。

8. 进入关闭破产程序后，矿山可安排少量职工骨干组成专门机构，负责矿区离退休等人员社会保障资金的发放和管理，破产终结后转由地方社区管理机构发放和管理，所需经费由中央财政负担。被安排的职工不再作为破产企业职工安置。

9. 与关闭破产矿山解除劳动关系的职工，被其他单位招用的，由用人单位和个人按规定继续为其缴纳社会保险费；未被其他单位招用，个人自愿参加养老保险的职工，参保办法比照个体劳动者执行。继续参加养老保险的职工，其安置前的养老保险缴费年限、视同缴费年限与安置后的缴费年限可以合并计发养老金；如一次性安置后不再缴费，则到达退休年龄时，按已缴费年限和视同缴费年限计发养老金。解除劳动关系的职工。可享受下岗职工在再就业和户籍管理等方面的优惠政策。

10. 以上各渠道安置的关闭破产矿山的职工，其家庭成员属于城市居民的，如其家庭人均实际收入仍未达到城市居民最低生活保障标准，可享受城市居民最低生活保障，其标准根据当地居民生活水平和财政承受能力确定，并体现鼓励就业的原则。地方负担确有困难的，由中央财政给予适当补助。享受堀市居民最低生活保障待遇，按《城市居民最低生活保障条例》规定的程序由专门机构审查批准，并张榜公布，做到公正、公平、公开。

（二）关于离退休人员安置

1. 关闭破产矿山的离退休人员全部交由地方统一管理，养老保险实行省级管理，养老金实行社会化发放，离退休人员由社区管理机构管理。

2. 基本养老保险统筹项目内的基金和医疗保险基金，原则上分别按企业在职职工年工资总额的25%和6%计算10年，再折半核定，由中央财政拨付给社会保险经办机构，用于发放离退休人员的基本养老金和医疗费。5年后资金如有缺口，统筹研究解决。

3. 统筹项目外的养老保险费用原则上不予解决，对确需保留的项目，由地方从中央财政继续拨付的亏损补贴和留给地方的盈利利企业所得税中解决。如缺口较大，经劳动和社会保障部和财政部核实后，由中央财政给予一次性适当补助。

4. 随同破产但未参加养老保险统筹的矿山所属集体企业，不再纳入养老保险统筹范围，其退休职工本人由民政部门按企业所在地城市居民最低生活保障标准按月发放生活费，所需资金由中央财政专项解决。

（三）关于历史拖欠问题的处理

1. 关闭破产矿山拖欠的在职职工工资、已经进入再就业中心的下岗职工基本生活费以及抚恤金、伤残补助金和丧葬补助金应予以补发，所需资金从企业资产变现中解决，资产变现不足以支付的部分，由企业上报，经劳动和社会保障部和财政部核实后，中央财政予以补足。

2. 关闭破产矿山拖欠的离退休人员统筹项目内的基本养老金，经劳动和社会保障部和财政部核实后，由中央财政一次性补发。

3. 拖欠的职工医药费，原则上由地方从中央财政继续拨付的亏损补贴和留给地方的盈利企业所得税中解决。

4. 对所欠职工的集资款，不在关闭破产时一次性解决，待清理核实并分清责任后另行研究解决。

5. 挪用的职工个人缴纳的住房公积金，可以在住房时相应抵扣。

（四）适用范围

以上各项政策规定适用于中央所属的有色金属和核工业矿以及原中央所属、现下放地方管理的煤矿。实施关闭破产中遇到的其他问题个案处理。

【下岗职工安置】

法律问题解读

下岗职工是指国有企业实行劳动合同制以前参加工作的国有企业的正式职工（不含从农村招收的临时合同工），以及实行劳动合同制以后参加工作且合同期未满的合同制职工中，因企业生产经营等原因而下岗，但尚未与企业解除劳动关系、没有在社会上找到其他工作的人员。确定国有企业下岗职工的人员范围包括两部分人，一是实行劳动合同制以前参加工作的正式职工即所谓固定工，不包括临时工；二是实行劳动合同制以后参加工作且合同期未满的合同制职工。在这两部分人中，只要是由于企业生产经营等原因，致使其与企业有劳动关系、没有工作岗位，有就业愿望和劳动能力、尚未在社会上找到工作，成为具有“两有两无”条件的人员，均为下岗职工。而厂内带薪轮训、停薪留职、提前退养、从事多种经营、协议保留劳动关系、因本人原因下岗、已在社会上从事有收入劳动等各类人员，均不属于下岗职工。国家对国有企业下岗职工安置的规定主要有三方面的内容：

1. 企业确定下岗职工的原则和程序

国家规定，国有企业安排职工下岗，应坚持公开、公正的原则，要说明原因，讲清政策。有生产任务的企业，一般不安排下列人员下岗：配偶方已经下岗的；离异或丧偶抚养未成年子女的；省（部）级以上劳动模范；烈士遗属；现役军人配偶；残疾人等。

安排职工下岗须遵循的一般程序：一是在企业领导集体研究的基础上，至少提前15天向工会或者职代会说明企业的生产经营状况和职工下岗分流意见；二是制定职工下岗及再就业方案，内容包括安排下岗人数、实施步骤、建立再就业服务中心及促进再就业措施等；三是由企业填报《职工下岗登记表》，报送地方劳动保障部门或其委托的企业主管部门，由其核实、认定并备案。此外，企业在制定职工下岗方案的同时，要组建再就业服务中心，否则企业不得安排职工下岗。

2. 企业管理下岗职工的具体内容

企业对下岗职工管理的主要内容：一是由当地劳动保障部门通过企业再就业服务中心发放"下岗职工证明"。下岗职工凭"证明"领取基本生活费，享受有关政策的服务和待遇。下岗职工均应进入企业再就业服务中心，对无故不进中心的，不发给"下岗职工证明"。该"证明"由省级劳动保障部门制作，免费发放，有效期最长为3年。二是企业再就业服务中心应与下岗或已下岗的职工签订"基本生活保障和再就业协议"，此协议实际是对原劳动合同的变更，期限原则上不超过3年。对与企业存在欠工资、医疗费、集资款等债权债务关系的下岗职工，应在协议中明确，此关系不因职工下岗或劳动关系变更而改变。对协商不一致又不愿进中心的，可依据《劳动法》第26条第1款第3项规定，由企业提前30天以书面形式通知该职工解除劳动关系。三是对进入中心的下岗职工，在协议期内被其他用人单位招聘或自谋职业的，可即解除协议，劳动合同也相应解除。招用下岗职工的用人单位应与其签订劳动合同，并按规定为其缴纳社会保险费用；自谋职业的，可按当地劳动保障部门的规定，续缴社会保险费。

3. 下岗职工安置规定是过渡性政策

从全国来看，下岗职工安置政策是从1998年开始实施。从2001年1月1日起，国有企业原则上不再建立新的再就业服务中心，企业新的减员原则上不再进入再就业服务中心，由企业依法与其解除劳动关系，凡所在单位参加了失业保险并依法足额缴费的，按规定享受失业保险待遇。此前，已经进入再就业服务中心的下岗职工，协议期满仍未实现再就业的，要按规定解除劳动关系，并依法享受失业保险或城市居民最低生活保障待遇。有困难的企业要本着劳动关系和债权债务关系分开处理的原则，妥善处理好经济补偿、拖欠职工工资和集资款等债权债务问题。具体办法由省级人民政府结合本地实际制定。对距法定退休年龄不足5年或工龄已满30年、实现再就业有困难的下岗职工，可以实行企业内部退养，由企业发给基本生活费，并按规定继续为其缴纳社会保险费，达到退休年龄时正式办理退休手续。各地区要区分不同企业情况，实行分类指导，用3年左右时间有步骤地完成向失业保险并轨。也就是说，于2003年12月31日，下岗安置政策的实施基本结束。

法条指引

❶《关于加强国有企业下岗职工管理和再就业服务中心建设有关问题的通知》（1998年8月3日 劳社部发〔1998〕8号）

各省、自治区、直辖市劳动（劳动和社会保障）厅（局）、经贸（计经）委、财政厅（局）、教委、统计局、总工会，国务院有关部门劳动和社会保障工作机构：

为贯彻落实《中共中央国务院关于切实做好国有企业下岗职工基本生活保障和再就业工作的通知》（中发〔1998〕10号，以下简称中央10号文件）精神，加强国有企业下岗职工管理和再就业服务中心（包括类似机构或代管科室，以下简称再就业服务中心）建设，现就有关问题通知如下：

一、关于国有企业职工下岗程序

国有企业下岗职工是指：实行劳动合同制以前参加工作的国有企业的正式职工（不含从农村招收的临时合同工），以及实行劳动合同制以后参加工作且合同期未满的合同制职工中，因企业生产经营等原因而下岗，但尚未与企业解除劳动关系、没有在社会上找到其他工作的人员。

企业安排职工下岗，应坚持公开、公正的原则，要说明原因，讲清政策，作出计划，认真组织。要做好职工群众的思想工作，保证下岗分流工作的顺利进行。有生产任务的企业，一般不安排下列人员下岗：配偶方已经下岗的，离异或丧偶抚养未成年子女者，省（部）级以上劳动模范，烈士遗属，现役军人配偶，残疾人，省、自治区、直辖市人民政府确定的其他职工。企业安排职工下岗应按以下程序进行：

（一）在企业领导集体研究的基础上，至少提前15日向工会或者职代会说明企业的生产经营状况以及职工下岗分流的意见；

（二）制定职工下岗及再就业方案，内容主要包括：拟安排下岗的人数、实施步骤、建立再就业服务中心及促进再就业的措施，并征求工会或职代会的意见，做好宣传和准备工作，同时组建再就业服务中心。企业不组建再就业服务中心，不得安排职工下岗；

（三）由企业填报《职工下岗登记表》，内容应包括：职工基本情况、企业工会或职代会意见，报送地方劳动和社会保障部门或其委托的企业主管部门，由其核实、认定并备案。

二、关于下岗职工的管理

对符合条件的下岗职工，由当地劳动和社会保障部门通过所在企业再就业服务中心发放“下岗职工证明”。下岗职工凭“下岗职工证明”领取基本生活费，享受有关政策规定的服务和待遇。下岗职工都应进入企业再就业服务中心。对无故不进再就业服务中心的，不发给“下岗职工证明”。“下岗职工证明”由省级劳动和社会保障部门制作，免费发放，有效期限最长为三年，并可根据需要实行年度检查。

中央企业下岗职工的认定和“下岗职工证明”发放办法由省级劳动和社会保障部门制定。

企业再就业服务中心应与拟安排下岗的职工签订基本生活保障和再就业协议（以下简称协议），明确双方的责任、权利和义务，并藉此变更劳动合同，替代劳动合同中的相关内容。协议期限原则上不超过三年。对与企业存有欠工资、医疗费、集资款等债权债务关系的下岗职工，应在协议中明确，债权债务关系不因职工下岗或劳动关系变更而改变。

企业再就业服务中心应与已离开劳动岗位，但尚未与企业解除劳动关系的人员，协商签订基本生活保障和再就业协议，并藉此变更劳动合同，替代劳动合同中的相关内容，进入再就业服务中心，对协商不一致、又不愿进中心的，可依法解除劳动关系。

对进入再就业服务中心的下岗职工，在协议期内被其他用人单位招聘或自谋职业，即解除协议，劳动合同相应解除。招用下岗职工的用人单位应与之签订劳动合同，并按规定缴纳社会保险费用；自谋职业的，可按当地劳动和社会保障部门的规定，续缴社会保险费。各级劳动和社会保障部门要加强对招用下岗职工用人单位的监察，保障下岗职工再就业的合法权益。

企业再就业服务中心和下岗职工所在街道基层组织要相互配合，及时了解掌握和相互通报下岗职工的有关情况，切实做好下岗职工的思想工作，努力帮助下岗职工解决生活中的实际困难和问题。对再就业难度较大且生活困难的下岗职工，要列出名单，重点帮助。

对生活特别困难的下岗职工子女就学，经企业、街道出具证明，学校应酌情减免学杂费，具体减免幅度由各地根据实际情况确定。

三、关于企业再就业服务中心的建立和运作

再就业服务中心必须建在企业。各地劳动和社会保障部门、经贸委和企业的主管部门应根据中央10号文件规定，制订再就业服务中心组建计划，负责督促和指导有下岗职工的企业建立再就业服务中心，确保所有国有企业下岗职工都进入再就业服务中心，领到基本生活费。

再就业服务中心应配备相应的工作人员，制定规章制度，拟订培训与再就业计划，并与社会公共就业服务机构建立联系。企业要切实加强再就业服务中心的建设，充分发挥再就业服务中心的各项职能。

企业主管部门（企业集团）可根据需要建立再就业服务指导机构，负责指导本系统企业再就业服务中心的工作。

再就业服务中心要按照中央10号文件的要求，认真履行为下岗职工发放基本生活费，缴纳养老、医疗（或按规定报销医疗费用）、失业等社会保险费，组织下岗职工进行职业培训，为下岗职工提供就业指导等项职能。

下岗职工的基本生活费标准，应按略高于当地失业救济的标准确定，并按适当比例逐年递减，具体递减比例由各地根据实际情况确定，但最低不得低于失业救济标准。养老、医疗、失业保险费用（包括个人缴费部分），以当地上年度职工平均工资的60%为缴费基数，按规定的缴费比例，由再就业服务中心为进入中心的下岗职工缴纳，其中养老、医疗保险费按规定记入个人账户。

再就业服务中心应对下岗职工建档建卡，并将下岗职工变动情况按月报告当地劳动和社会保障部门。县级及县级以上劳动和社会保障部门应建立健全下岗职工基本生活保障和再就业情况统计制度，并认真组织实施，准确及时填报，逐级上报汇总。

再就业服务中心在做好下岗职工基本生活保障工作的同时，要积极促进下岗职工再就业。要为下岗职工提供岗位需求信息，组织劳务输出，开展职业指导和再就业培训。再就业服务中心要主动接受劳动和社会保障部门的工作指导。公共职业介绍机构要积极为再就业服务中心提供岗位需求信息等服务，职业培训机构要主动上门，针对市场需要和下岗职工特点，做好再就业培训工作。各级劳动和社会保障部门要会同有关部门，深入基层，了解下岗职工的困难和问题，切实将促进下岗职工再就业的政策落实到位。

四、关于再就业服务中心的费用

再就业服务中心基本生活保障和再就业费用的管理和使用，按照财政部与劳动和社会保障部的有关规定执行。

中央财政承担的资金划拨给中央企业再就业服务中心的程序，按《关于印发〈中央企业下岗职工中央财政补助资金使用管理办法〉的通知》（财工字［1998］329号）执行。社会筹集的资金，由中央企业向受理其失业保险统筹的劳动和社会保障部门提出用款申请，经劳动和社会保障部门核实后向企业再就业服务中心拨付。地方财政承担部分和社会筹集部分资金向地方企业再就业服务中心拨付的程序为：由企业再就业服务中心按月提出申请报告，并附企业自筹资金到位证明，报当地劳动和社会保障部门商同级财政部门研究提出意见，然后由财政部门统一拨付。从申请报告上报之日起10日内，财政承担和社会筹集的资金，应拨付到再就业服务中心。

企业承担资金确有困难的，经企业主管部门核实，向同级财政部门提出申请，由财政部门审核，给以补助。

对企业没有建立再就业服务中心，或没有组织下岗职工进入再就业服务中心的，财政部门一律不予拨付经费。

要切实加强对下岗职工基本生活保障费用的管理。企业再就业服务中心应设立下岗职工基本生活保障和再就业资金的单独账户，严格执行收支两条线规定，保证专款专用，严禁挤占挪用。下岗职工基本生活费必须及时足额发放，社会保障费用必须按规定缴纳。

再就业服务中心的办公经费和工作人员经费，根据人员的隶属关系分别按原列支渠道解决，不得在下岗职工基本生活保障费用和再就业资金中列支。

各级劳动和社会保障、财政部门要加强对下岗职工基本生活保障费用收支情况的监督检查，对挪用下岗职工基本生活保障费用、冒领财政拨付和社会筹集资金的行为，一经查实，要追究有关人员的责任，并从严处理。

劳动力市场建设和促进再就业的经费，由劳动和社会保障部门根据需要提出用款计划，报同级人民政府批准，财政部门核拨。

五、关于调整失业保险基金缴费比例

按照中央10号文件要求，各地应从1998年起，将缴纳失业保险费的比例调整为职工工资总额的3%，由企业和职工共同负担，其中个人缴纳1%，企业缴纳2%，具体调整日期由各省、自治区、直辖市人民政府确定。调整失业保险基金征缴比例、实行企业和职工共同负担制度的范围，为各地现行覆盖范围。

要加强对提高失业保险缴费比例和实行个人缴费重要意义的宣传。各级劳动和社会保障部门要采取切实有效的措施，加大征缴力度，确保失业保险费按时足额征缴。

企业与职工缴纳的失业保险费统筹使用。失业保险基金在保证失业人员所需费用的前提下，新增部分主要用于国有企业下岗职工基本生活保障和为其缴纳社会保险费用。不得从新增收缴部分中提取管理费和促进再就业费。

国务院确定的111个企业“优化资本结构”试点城市，以及兵器工业总公司、航天工业总公司列入《全国企业兼并破产和职工再就业工作计划》的企业和纺织行业下岗职工的分流安置和再就业工作，仍按国务院的有关规定执行。

地方劳动保障、经贸、财政、教育、统计部门和总工会，要在当地党委、政府的领导下，切实按照本《通知》的要求，做好落实工作。执行中出现的问题，应及时向主管部门报告。

❷《关于切实做好国有企业下岗职工基本生活保障和再就业工作的通知》（1998年6月9日 中发［1998］10号）（略）

❸《关于完善城镇社会保障体系的试点方案》（2000年12月25日 国发［2000］42号）

五、推动国有企业下岗职工基本生活保障向失业保险并轨

（二）从二○○一年一月一日起，国有企业原则上不再建立新的再就业服务中心，企业新的减员原则上不再进入再就业服务中心，由企业依法与其解除劳动关系，凡所在单位参加了失业保险并依法足额缴费的，按规定享受失业保险待遇。各地区要区分不同企业情况，实行分类指导，用三年左右时间有步骤地完成向失业保险并轨。

（三）已经进入再就业服务中心的下岗职工，其基本生活保障和再就业协议的内容保持不变。协议期满仍未实现再就业的下岗职工，要按规定解除劳动关系，并依法享受失业保险或城市居民最低生活保障待遇。

（四）有困难的企业要本着劳动关系和债权债务关系分开处理的原则，妥善处理好经济补偿、拖欠职工工资和集资款等债权债务问题。具体办法由各省（自治区、直辖市）人民政府结合本地实际制定。

（五）对距法定退休年龄不足五年或工龄已满三十年、实现再就业有困难的下岗职工，可以实行企业内部退养，由企业发给基本生活费，并按规定继续为其缴纳社会保险费，达到退休年龄时正式办理退休手续。

（六）下岗职工原租住的公有住房，可按当地房改政策购买。

（七）从二〇〇一年起，各级财政原来安排用于下岗职工基本生活保障的预算资金，规模不减少，但要调整使用方向，除用于下岗职工基本生活保障外，主要用于补充失业保险基金和城市居民最低生活保障资金的不足。为鼓励下岗职工提前出再就业服务中心、解除劳动关系、促进再就业，允许地方对下岗职工基本生活保障资金灵活运用。具体办法由省级人民政府制定。

【西藏内调人员安置】

法律问题解读

由于援藏工作的需要，每年都有内地人员奔赴西藏。因此，西藏内调人员安置工作已成为经常性、制度性的工作。国家对西藏内调人员安置的规定，主要有以下内容：

(1) 内调的主要对象，是那些长期在藏工作，现因家庭和个人有特殊情况确需照顾或由于其他原因不宜继续留藏工作的干部、工人。需跨省安置的离退休人员。1982 年以后进藏工作的大中专毕业生。

(2) 内调和安置的去向，本着从哪里来回到哪里去的原则办理。原工作单位已经撤销的，可由原单位上级主管部门或原单位所在地区安排；没有原单位的，可以回原籍或爱人所在地区安排；夫妇双方同时内调的，可到其中一方的原籍或调出单位安排；退（离）休的同志还可以到子女所在地安置。对到京、津、沪三大市安排和安置的，要从严掌握。

(3) 内调人员的工作安排，要从工作的实际需要出发，但也要适当考虑内调人员原来担任的职务（包括专业技术职务）或从事的专业和工种。对党政机关干部，安排同级或相应职务确有困难的，可安排稍低一些的职务。劳动合同制工人，内调后仍实行劳动合同制。对内调回来的合同制工人，各地区和部门要先接收安排工作，然后再按有关规定重新签订劳动合同。集体所有制单位的干部和工人，内调后仍安排到集体所有制单位工作。

(4) 邮电、地质、气象、银行、海关、商检等垂直管理系统的内调干部、工人，由有关系统负责接收安排工作，地方上协助办理落户。个别在垂直管理系统安排有困难的，有关地区可协助安排。非垂直管理系统内调的干部和工人，如专业与有关系统的业务对口或相近，而地方上难以安排的，有关垂直管理系统要协助安排。

(5) 现在干部岗位工作或被聘任做干部工作的工人，按工人安排内调和分配工作。

(6) 凡因身体健康原因不能坚持正常工作的干部、工人，不列入内调，由西藏自治区通过其他途径予以妥善安置。对犯有错误的干部、工人，由西藏自治区有关部门负责作出结论或组织处理后再行安排内调。

(7) 关于内调干部、工人的工资、补贴和各种福利待遇，应根据有关规定，按调入地区调入单位的规定执行。安排较低职务的党政机关干部按调入地区类别享受原职务工资待遇；已获得专业技术职务的干部，接收单位应尽可能按其获得的职务予以聘任，并规定聘任期限，如确有困难需要低聘的，也要保留原任职务的工资待遇。待新的聘任期满后，同本单位其他专业技术人员一样，按有关规定办理。

(8) 内调干部和工人无工作的家属子女，凡在藏有正式城镇户口的可以随迁。

(9) 西藏退休职工到区外安置和随调迁子女的接收安置，由各地劳动保障部门会同有关部门妥善解决，要求与接收退休职工同步进行，与当地退休职工子女同样对待。各地社会保险机构具体负责管理和服务。

(10)关于安置离退休人员中的费用问题，凡属国家统一规定的费用，如住房费、离退休费、医药费，离休干部特需费和西藏规定的各种补贴，应由西藏负责支付。至于地方性的附加费用，不能作为接收安置西藏退（离）休干部的条件，应予全部免收。

法条指引

❶《关于做好西藏干部、工人内调工作的通知》（1987年7月29日　劳人干［1987］27号）

经中央同意，从现在开始，西藏干部、工人内调工作将作为一项经常性的工作，成熟一个办理一个。内调工作要从西藏经济文化事业的发展和各项工作的实际出发，既要照顾进藏干部、工人的实际困难，又要适当保留部分专业技术骨干和领导骨干，使工作不受影响。为此，特作如下通知：

一、内调的主要对象是，那些长期在藏工作，现因家庭和个人有特殊情况确需照顾或由于其他原因不宜继续留藏工作的干部、工人。一九八二年以后进藏工作的大中专毕业生，按国务院国发［1983］68号文件的有关规定执行。

二、内调的去向，要按照中共中央、国务院批转西藏自治区党委和人民政府《关于大批调出进藏干部、工人的请示报告》的通知［中发(1980) 61号］规定的原则执行，即坚持从哪里来调回到哪里去的原则。没有原单位的，可回原籍或爱人所在的省、市、自治区安排。夫妇双方同时内调的，可到其中一方的原籍或原调出单位分配安排。对去北京、上海、天津三大市的从严掌握。

邮电、银行、气象、地质等垂直管理系统的内调干部和工人，由有关系统接收安排。个别在本系统安排确有困难的，有关省、自治区、直辖市可协助安排。非垂直系统内调的干部和工人，如专业与有关垂直系统对口而地方又难以安排的，有关系统应协助安排。

三、内调干部和工人的工作安排。首先要从工作需要出发，同时考虑本人的实际情况和在西藏担任的职务、专业和工种予以适当安排。对安排了较低职务的干部，可按他们的原职务享受调入单位同级职务干部的工资待遇。劳动合同制工人，内调后仍实行劳动合同制。集体所有制企业的干部和工人，内调后仍安排到集体所有制单位。

四、内调干部和工人无工作的家属子女，凡在藏有正式城镇户口的可以随迁。

五、凡不能坚持正常工作的干部和工人，不作内调安排。

对犯有错误的干部和工人，由西藏有关部门负责调查清楚，作出结论或组织处理后再安排内调。

六、本通知下达后，需要内调的干部和工人，均由西藏自治区组织、劳动人事部门直接与有关省、自治区、直辖市或中央国家机关有关部门联系安排。西藏自治区有关部门应及时掌握内调工作的进度，并定期向中共中央组织部和劳动人事部报告情况。

在西藏工作的广大干部、工人，长期在高寒缺氧的条件下辛勤地工作，为维护祖国统一，加强民族团结，建设边疆，做出了贡献。做好内调工作，对调动广大在藏工作的干部、工人的积极性，巩固和发展西藏安定团结的政治局面，加快西藏经济和文化事业的发展，都具有重要的意义。

凡有接收安排任务的地区的组织、劳动人事部门，应将内调工作作为一项重要任务来完成，积极接收，抓紧落实，妥善安排。西藏自治区要做好内调干部和工人的思想工作，教育他们顾全大局，体谅内地的困难，自觉服从组织分配。西藏和内地省、自治区、直辖市要互相支持，互相体谅，互相配合，齐心协力地做好内调工作，保证内调干部和工人顺利返回内地，愉快走上新的工作岗位。

❷《西藏汉族干部、工人内调、退（离）休回内地安置工作会议纪要》（1989年3月31日　组通字［1989］10号）

一九八九年三月三日至六日，中央组织部、人事部、劳动部在北京联合召开了西藏汉族干部、工人内调、退（离）休回内地安置工作会议。二十八个省、自治区、直辖市和部分中央国家机关部委的有关同志参加了会议。中央组织部副部长赵宗鼐同志，人事部副部长张汉夫同志，劳动部副部长李伯勇同志在会上讲了话，传达了党中央关于抓紧做好西藏汉族干部、工人内调、安置工作的重要指示，部署了这次内调、安置工作的任务。西藏自治区党委副书记热地、田聪明同志介绍了内调、安置工作的有关情况。与会同志就如何贯彻党中央的指示，做好内调、安置工作，进行了认真的讨论，结合实际情况，研究了做好这次内调、安置工作的具体政策和方法。同志们一致认为，这次会议充分体现了党中央、国务院对西藏工作的关心和对广大援藏干部、工人的关怀，体现了各兄弟省、自治区、直辖市对内调、安置工作的支持。会议开得适时、成功，对完成党中央交给的内调、安置任务将起到重要的推动作用。

（一）认真做好汉族干部、工人内调、安置工作是党和国家的一项重要政策。

西藏地处西南边疆，是我们伟大祖国不可分割的一部分。党和国家为建设一个团结、富裕、文明的新西藏，投入了相当大的人力、物力和财力。广大汉族干部、工人积极响应党和国家的号召进藏工作，与藏族人民一起艰苦创业，为西藏的革命和建设事业做出了贡献。但由于西藏地区地理环境和气候条件比较特殊，一些长期在藏工作的汉族同志患有不同程度的高原反应症，需要返回内地另行分配工作；还有一些同志的家属、子女在内地，长期分居，家庭生活确有实际困难，也不宜继续留藏工作。特别是有些老同志把自己的青春年华献给了西藏，如今已到了退（离）休年龄，更需要回内地进行妥善安置。中央十分关心长期援藏汉族干部、工人的身体健康和实际困难。中组部和劳动人事部门根据中央的指示，曾多次组织援藏干部、工人内调。这次汉族干部、工人的内调和安置工作，在去年三月就提出来了。当时中央政治局常委会议在研究进一步稳定西藏局势时曾指出：要尽快解决西藏机构改革中编外进藏职工的安置问题。当西藏将内调方案提出后，去年年底，中央政治局常委会议又研究了西藏汉族干部、工人内调、安置问题，要求切实把这项工作做好并指出应克服困难，抓紧进行。与会同志认为，中央的决策，不仅稳定了在藏的汉族干部、工人队伍，解除了他们的后顾之忧，而且还有利于民族团结，有利于西藏的稳定，也有利于西藏改革的深化和建设的发展。大家表示，要认真贯彻执行中央的指示，克服困难，努力工作，把这次接收安置的任务完成好。

（二）根据中央批准的方案，这次内调和安置的干部、工人有一万五千人左右。其中，内调一万零五百多人（干部三千四百多人，工人七千一百多人）；退（离）休回内地安置四千多人（干部一千七百多人，工人两千四百多人）。

会议确定，为积极稳妥地做好内调、安置工作，各省、自治区、直辖市及中央有关部门的接收安置任务一次下达，接收安置四百人以下的地区和部门，要求在今年年底以前完成；接收安置四百人以上，今年年底以前完成有困难的地区，可在今明两年内分批完成；四川省接收安置七千多人，困难会更多一些，在时间上可以适当延长，但至迟不要超过一九九一年年底。

（三）会议重申了中发［1980］61号文件和国办发［1983］33号文件关于西藏汉族干部、工人内调、安置的基本原则，结合这次内调、安置工作的实际情况，并根据以往内调、安置工作的经验，提出以下具体政策要求：

1. 内调和安置的去向，本着从哪里来回到哪里去的原则办理。原工作单位已经撤销的，可由原单位上级主管部门或原单位所在地区安排；没有原单位的，可以回原籍或爱人所在地区安排；夫妇双方同时内调的，可到其中一方的原籍或调出单位安排；退（离）休的同志还可以到子女所在地安置。对到京、津、沪三大市安排和安置的，要从严掌握。

2. 内调人员的工作安排，要从工作的实际需要出发，但也要适当考虑内调人员原来担任的职务（包括专业技术职务）或从事的专业和工种。对党政机关干部，安排同级或相应职务确有困难的，可安排稍低一些的职务。劳动合同制工人，内调后仍实行劳动合同制。对内调回来的合同制工人，各地区和部门要先接收安排工作，然后再按有关规定重新签订劳动合同。集体所有制单位的干部和工人，内调后仍安排到集体所有制单位工作。

3. 邮电、地质、气象、银行、海关、商检等垂直管理系统的内调干部、工人，由有关系统负责接收安排工作，地方上协助办理落户。个别在垂直管理系统安排有困难的，有关地区可协助安排。非垂直管理系统内调的干部和工人，如专业与有关系统的业务对口或相近，而地方上难以安排的，有关垂直管理系统要协助安排。

4. 现在干部岗位工作或被聘任做干部工作的工人，按工人安排内调和分配工作。

5. 凡因身体健康原因不能坚持正常工作的干部、工人，不列入内调，由西藏自治区通过其他途径予以妥善安置。对犯有错误的干部、工人，由西藏自治区有关部门负责作出结论或组织处理后再行安排内调。

6. 关于内调干部、工人的工资、补贴和各种福利待遇，应根据有关规定，按调入地区调入单位的规定执行。安排较低职务的党政机关干部按调入地区类别享受原职务工资待遇；已获得专业技术职务的干部，接收单位应尽可能按其获得的职务予以聘任，并规定聘任期限，如确有困难需要低聘的，也要保留原任职务的工资待遇。待新的聘任期满后，同本单位其他专业技术人员一样，按有关规定办理。

7. 接收地区因接收安排内调职工所需要增加的职工人数、工资总额，由调入的省、自治区、直辖市、计划单列市劳动人事部门统一审核后，按调入的实际人数予以增加，西藏地区作相应减少，劳动部、人事部在年终检查劳动工资计划执行情况时，如实予以核认。

8. 退（离）休的干部回内地后，由人事部门、老干部工作部门接收安置；工人由劳动部门接收安置。安置后的具体管理问题，由各地根据国办发［1983］33号文件规定的原则，结合各自的实际情况研究确定。退（离）休干部、工人易地安置的各种费用，均按国务院规定的标准执行。各接收安置地区要比照本地干部在省内易地安置的标准，向西藏合理收取退（离）休干部、工人的管理费用。在解决回内地安置同志的住房时，要给予照顾。

9. 中央财政以建房补助费的名义，给了一点补贴。为使这笔数额有限的补助费发挥效益，帮助接收任务较重的地区解决一些特殊困难，要相对集中使用，对接收二百人以下的省、自治区、直辖市，就不拨给了。

10. 各接收安置地区不要征收内调、安置人员的所谓入城费、落户费以及其他附加费用。

（四）各省、自治区、直辖市参加会议的同志表示，他们回去后，要根据这次会议的精神和各自的接收安置任务，尽快研究、提出具体的贯彻落实意见，报请省（区、市）委、省（区、市）政府批准后组织实施。同时，也要向公安、民政、教育、粮食等部门通报情况，取得这些部门的支持和帮助。接收安置任务较重的一些省（区、市）可从组织、人事、劳动及老干部工作部门抽调一些同志组成临时工作班子，负责组织、协调这项工作。内调、安置工作一定要向前赶，安排落实一个，通知一个，安排落实一批，通知一批。

西藏自治区参加会议的同志表示，一定要做好内调、安置干部、工人的思想政治工作，讲清内地在接收、安置工作中的困难，要求他们识大体，顾大局，服从组织安排，严格按规定办事。要求各部门和各单位不借内调之机提职级、提待遇、转干和突击发展党员。有关部门要制定相应的具体措施，确保内调、安置工作的顺利进行。

会议要求，各地区、各部门都必须把这次内调、安置工作作为一项政治任务来完成，各级党委和政府要加强领导，克服困难，精心组织，把接收、安置工作抓紧、抓细，落到实处，圆满完成中央交给的任务。

❸《关于对西藏回内地安置退（离）休干部收费问题的复函》（1993年2月3日 中组函字［1993］2号）（略）

❹《关于做好西藏退休职工跨省安置工作的通知》（1994年12月30日 劳部发［1994］526号）（略）

【进藏内调大中专毕业生的安置】

法律问题解读

对进藏连续工作满8年的大中专毕业生和研究生申请内调人员，国家有专门的规定，主要内容是：

（1）内调范围为1982年以来，中央和国家机关有关部委和内地有关省、自治区、直辖市按计划分配进西藏，并在西藏连续工作满8年、本人申请内调的内地生源的大中专毕业生和毕业研究生。对于在西藏经选举产生的领导干部、签有合同的干部、承包项目的干部和科研项目（课题）的主持人及主要参加人员等，应根据西藏工作的需要，在任期、合同期满或承担的科研项目（课题）完成后，再申请内调。1980年以后分配去西藏的毕业生，也可参照这一规定办理。干部在西藏工作时间从去西藏报到之日算起。1980年以前去西藏的毕业生，可按中发［1980］61号文件有关调去西藏工作的干部的规定执行。

（2）内调人员的配偶，在西藏有正式工作的，可以随调，在西藏没有正式工作，但有城镇户口的家属、子女可以随迁。

（3）内调的去向，可以是入学前其常住户口所在地或其父母、配偶所在地区。夫妻双方在西藏工作的，可回到其中一方入学前常住户口所在地或原调出单位。原工作单位已经撤销的，由原单位上级主管部门或原单位所在地区安排。对到京、津、沪三大城市安排的要从严掌握。

（4）内调、随调人员的工作，对党政干部，要根据实际需要，参照他们在西藏工作期间的任职情况，尽量按原来担任的同级职务安排。一时安排原职务确有困难的，可暂安排稍低一些的职务。对专业技术干部，事业单位可按人事部《关于全民所有制事业单位增补专业技术岗位有关问题的通知》（人职发［1991］19号）第2条的规定执行；企业单位也可参照此文件精神执行。随调人员系劳动合同制工人的，回内地后仍实行劳动合同制。集体所有制单位的干部和工人，仍安排到集体所有制单位工作。现在干部岗位工作或被聘任做干部工作的工人，仍按工人安排工作。

（5）因公、因病致残回内地不能坚持正常工作的干部、工人，不安排内调，由西藏自治区通过其他途径迁回内地妥善安置。对犯有错误的干部、工人，由西藏自治区有关部门负责作出结论或组织处理后再行安排内调、随调。

（6）关于内调及随调的干部、工人的工资、补贴和各种福利待遇，根据有关规定，按调入地区调入单位的标准执行。对在西藏连续工作满8年毕业生浮动一级的工资，根据国发［1983］68号文件规定，回内地后，予以保留。安排较低职务的党政机关干部，可按原职务享受调入地区同级干部的工资待遇及政治、生活待遇。对低聘的专业技术干部，也要保留原职务的工资待遇并规定聘任期限，待新的聘任期满后，同本单位其他专业技术人员一样，按有关规定办理。

法条指引

❶**《关于到西藏连续工作满八年的大中专毕业生和毕业研究生内调问题的通知》**（1992年3月15日　人调发［1992］4号）

各省、自治区、直辖市党委和人民政府，中央和国家机关各部委、各直属机构：

根据国务院《批转国家计委等部门关于一九八二年全国毕业研究生和高等学校毕业生分配问题报告的通知》（国发［1982］90号）和《批转劳动人事部、国家民委关于加强边远地区科技队伍建设若干政策问题的报告的通知》（国发［1983］68号）的精神，现将到西藏连续工作满八年的大中专毕业生和毕业研究生内调的有关问题通知如下：

一、内调范围为1982年以来，中央和国家机关有关部委和内地有关省、自治区、直辖市按计划分配进西藏，并在西藏连续工作满八年、本人申请内调的内地生源的大中专毕业生和毕业研究生。对于在西藏经选举产生的领导干部、签有合同的干部、承包项目的干部和科研项目（课题）的主持人及主要参加人员等，应根据西藏工作的需要，在任期、合同期满或承担的科研项目（课题）完成后，再申请内调。1980年以后分配去西藏的毕业生，也可参照这一规定办理。干部在西藏工作时间从去西藏报到之日算起。1980年以前去西藏的毕业生，可按中发［1980］61号文件有关调去西藏工作的干部的规定执行。

对于那些在西藏工作虽满八年，但志愿留西藏工作的，特别是与藏族人结婚的大中专毕业生和毕业研究生，应鼓励他们继续留西藏工作。对他们要妥善安排，合理使用，充分发挥他们的作用。

二、内调人员的配偶，在西藏有正式工作的，可以随调，在西藏没有正式工作，但有城镇户口的家属、子女可以随迁。

三、内调的去向，可以是入学前其常住户口所在地或其父母、配偶所在地区。夫妻双方在西藏工作的，可回到其中一方入学前常住户口所在地或原调出单位。原工作单位已经撤销的，由原单位上级主管部门或原单位所在地区安排。对到京、津、沪三大城市安排的要从严掌握。

四、内调、随调人员的工作，对党政干部，要根据实际需要，参照他们在西藏工作期间的任职情况，尽量按原来担任的同级职务安排。一时安排原职务确有困难的，可暂安排稍低一些的职务。对专业技术干部，事业单位可按人事部《关于全民所有制事业单位增补专业技术岗位有关问题的通知》（人职发［1991］19号）第二条的规定执行；企业单位也可参照此文件精神执行。随调人员系劳动合同制工人的，回内地后仍实行劳动合同制。集体所有制单位的干部和工人，仍安排到集体所有制单位工作。现在干部岗位工作或被聘任做干部工作的工人，仍按工人安排工作。

五、因公、因病致残回内地不能坚持正常工作的干部、工人，不安排内调，由西藏自治区通过其他途径迁回内地妥善安置。对犯有错误的干部、工人，由西藏自治区有关部门负责作出结论或组织处理后再行安排内调、随调。

六、关于内调及随调的干部、工人的工资、补贴和各种福利待遇，应根据有关规定，按调入地区调入单位的标准执行。对在西藏连续工作满八年毕业生浮动一级的工资，根据国发［1983］68号文件规定，回内地后，应予保留。安排较低职务的党政机关干部，可按原职务享受调入地区同级干部的工资待遇及政治、生活待遇。对低聘的专业技术干部，也要保留原职务的工资待遇并规定聘任期限，待新的聘任期满后，同本单位其他专业技术人员一样，按有关规定办理。

七、接收地区、部门因安排内调人员和随调职工所需的劳动工资计划指标，按现行计划管理范围，由西藏自治区计经委每年按实际内调和随调职工人数和工资总额统一办理向调入地区和部门划拨劳动工资计划指标手续，待国家在年终检查劳动工资计划执行情况时，如实予以核认。

八、为便于接收单位安排好内调人员的住房，财政部根据实际接收的人数，按人均1500元的标准拨给有关接收单位建房补助费，接收单位要切实解决好内调人员的住房。

九、各接收安置地区不得征收内调及随调、随迁人员的所谓入城费、落户费以及其他附加费用。

十、需要内调的人员由西藏自治区组织、人事、劳动部门报中组部、人事部、劳动部，经批准下达计划后，直接与有关省、自治区、直辖市或中央国家机关有关部门联系安排。西藏自治区有关部门应及时掌握内调工作的进度，每年向中央组织部和人事部、劳动部报告一次情况。

十一、一九八三年以来，中央和国家机关有关部委和内地有关省、自治区、直辖市按计划分配进青海高原地区的内地生源大中专毕业生和毕业研究生，在青海省三类边远地区连续工作满八年，本人申请要求回内地的，可参照本通知精神办理。

第四章　集体合同

● 本章为读者提供与以下题目有关的法律问题的解读及相关法律文献依据

集体合同（108）　**集体协商**（114）　**集体合同制度的适用范围**（115）　**集体合同的内容**（116）　**集体合同的期限**（118）　**集体协商的程序**（118）　**集体协商的原则**（120）　**集体协商义务与责任**（121）　**集体协商代表**（121）　**对职工方集体协商代表的特殊保护**（122）　**信息披露义务**（123）　**集体协商会议**（123）　**集体协商的中止**（124）　**集体合同草案的审议**（125）　**集体合同的订立**（126）　**集体合同的审查和生效**（126）　**集体合同的公布**（128）　**集体合同的效力**（128）　**集体合同的履行**（129）　**集体合同的变更**（130）　**集体合同的解除**（131）　**集体合同的终止**（132）　**集体合同的续订**（132）　**集体合同的无效**（133）　**违反集体合同的责任**（133）　**集体合同争议**（134）　**因签订集体合同发生的争议**（136）　**因履行集体合同发生的争议**（137）　**工资集体协商和工资协议**（138）　**区域性集体合同和行业性集体合同**（138）

【集体合同】

法律问题解读

集体合同是工会组织或劳动关系中的职工一方与雇主（或称用人单位）或雇主组织（或称用人单位团体）经过协商谈判就劳动报酬、工作时间、休息休假、劳动安全卫生、保险福利等事项签订的书面协议。集体合同还有团体协约、集体协议等多种称谓。集体合同有企业级集体合同、行业级集体合同、地区级集体合同、国家级集体合同之分。目前，我国法律规范的集体合同主要是企业级集体合同，但是并不禁止工会组织和雇主组织签订行业级集体合同、地区级集体合同和国家级集体合同。

集体合同制度和劳动合同制度都是劳动法的核心制度。集体合同制度允许个体劳动者团结起来成立自己的团体，由具备与雇主方相抗衡能力的劳动者团体（一般情况下是工会）与雇主进行协商谈判，签订集体合同，在不低于劳动法所确定的全国最低劳动标准的前提下根据本行业、本区域、本单位的具体情况确定本行业、本区域、本单位在劳动报酬、工作时间、休息休假、劳动安全卫生、保险福利等方面的最低劳动标准，从而一定程度上限制雇主和个体劳动者签订劳动合同时的契约自由，防止个体劳动者的权益受到雇主的侵害。

劳动法和工会法就集体合同制度的一些最基本的问题作出了原则性的规定，劳动和社会保障部制定了两个规章，许多省市的人大或政府也就集体合同问题制定了专门的地方性法规或规章。《劳动合同法》对集体合同的制定作出了进一步的规定，集体合同不是民法上的民事合同，不能直接适用《中华人民共和国合同法》的规定。集体合同与劳动合同都是调整劳动关系的依据，但属于劳动法上不同性质的合同，因此对于集体合同来说，也不能直接适用《劳动法》关于劳动合同的规定。行业性集体合同和区域性集体合同在《劳动合同法》中也作出了规定，个别省市的地方性法规或规章对这两种集体合同作出了一些规定。对于这两种集体合同的有关问题，如果没有相应的法律规范，可以参照适用《劳动合同法》等法律、法规、规章关于企业集体合同相关问题的规定。

法条指引

❶ **《中华人民共和国劳动法》**（1994 年 7 月 5 日　国家主席令第 28 号）

第三十三条　企业职工一方与企业可以就劳

动报酬、工作时间、休息休假、劳动安全卫生、保险福利等事项，签订集体合同。集体合同草案应当提交职工代表大会或者全体职工讨论通过。

集体合同由工会代表职工与企业签订。

第三十四条 集体合同签订后应当报送劳动行政部门；劳动行政部门自收到集体合同文本之日起15日内未提出异议的，集体合同即行生效。

第三十五条 依法签订的集体合同对企业和企业全体职工具有约束力。职工个人与企业订立的劳动合同中劳动条件和劳动报酬等标准不得低于集体合同的规定。

第八十四条 因签订集体合同发生争议，当事人协商解决不成的，当地人民政府劳动行政部门可以组织有关各方协调处理。

因履行集体合同发生争议，当事人协商解决不成的，可以向劳动争议仲裁委员会申请仲裁；对仲裁裁决不服的，可以自收到仲裁裁决书之日起15日内向人民法院提起诉讼。

第九十七条 由于用人单位的原因订立的无效合同，对劳动者造成损害的，应当承担赔偿责任。

❷**《中华人民共和国劳动合同法》**（2007年6月29日 国家主席令第65号）

第五十一条 企业职工一方与用人单位通过平等协商，可以就劳动报酬、工作时间、休息休假、劳动安全卫生、保险福利等事项订立集体合同。集体合同草案应当提交职工代表大会或者全体职工讨论通过。

集体合同由工会代表企业职工一方与用人单位订立；尚未建立工会的用人单位，由上级工会指导劳动者推举的代表与用人单位订立。（与劳动法不同）

第五十四条 集体合同订立后，应当报送劳动行政部门；劳动行政部门自收到集体合同文本之日起十五日内未提出异议的，集体合同即行生效。

依法订立的集体合同对用人单位和劳动者具有约束力。行业性、区域性集体合同对当地本行业、本区域的用人单位和劳动者具有约束力。

第五十五条 集体合同中劳动报酬和劳动条件等标准不得低于当地人民政府规定的最低标准；用人单位与劳动者订立的劳动合同中劳动报酬和劳动条件等标准不得低于集体合同规定的标准。

❸**《中华人民共和国工会法》**（2001年10月27日修正）

第六条 维护职工合法权益是工会的基本职责。工会在维护全国人民总体利益的同时，代表和维护职工的合法权益。

工会通过平等协商和集体合同制度，协调劳动关系，维护企业职工劳动权益。

工会依照法律规定通过职工代表大会或者其他形式，组织职工参与本单位的民主决策、民主管理和民主监督。

工会必须密切联系职工，听取和反映职工的意见和要求，关心职工的生活，帮助职工解决困难，全心全意为职工服务。

第二十条 工会帮助、指导职工与企业以及实行企业化管理的事业单位签订劳动合同。

工会代表职工与企业以及实行企业化管理的事业单位进行平等协商，签订集体合同。集体合同草案应当提交职工代表大会或者全体职工讨论通过。

工会签订集体合同，上级工会应当给予支持和帮助。

企业违反集体合同，侵犯职工劳动权益的，工会可以依法要求企业承担责任；因履行集体合同发生争议，经协商解决不成的，工会可以向劳动争议仲裁机构提请仲裁，仲裁机构不予受理或者对仲裁裁决不服的，可以向人民法院提起诉讼。

❹**《集体合同规定》**（自2004年5月1日起施行 劳动和社会保障部令第22号）

第二条 中华人民共和国境内的企业和实行企业化管理的事业单位（以下统称用人单位）与本单位职工之间进行集体协商，签订集体合同，适用本规定。

第三条 本规定所称集体合同，是指用人单位与本单位职工根据法律、法规、规章的规定，就劳动报酬、工作时间、休息休假、劳动安全卫生、职业培训、保险福利等事项，通过集体协商签订的书面协议；所称专项集体合同，是指用人单位与本单位职工根据法律、法规、规章的规定，就集体协商的某项内容签订的专项书面协议。

第四条 用人单位与本单位职工签订集体合同或专项集体合同，以及确定相关事宜，应当采取集体协商的方式。集体协商主要采取协商会议的形式。

第五条 进行集体协商，签订集体合同或专项集体合同，应当遵循下列原则：

（一）遵守法律、法规、规章及国家有关规定；

（二）相互尊重，平等协商；

（三）诚实守信，公平合作；

（四）兼顾双方合法权益；

（五）不得采取过激行为。

第六条 符合本规定的集体合同或专项集体合同，对用人单位和本单位的全体职工具有法律约束力。

用人单位与职工个人签订的劳动合同约定的劳动条件和劳动报酬等标准，不得低于集体合同或专项集体合同的规定。

第七条 县级以上劳动保障行政部门对本行政区域内用人单位与本单位职工开展集体协商、签订、履行集体合同的情况进行监督，并负责审查集体合同或专项集体合同。

❺《工资集体协商试行办法》（2000年11月8日 劳动和社会保障部令第9号）

第一章 总 则

第一条 为规范工资集体协商和签订工资集体协议（以下简称工资协议）的行为，保障劳动关系双方的合法权益，促进劳动关系的和谐稳定，依据《中华人民共和国劳动法》和国家有关规定，制定本办法。

第二条 中华人民共和国境内的企业依法开展工资集体协商，签订工资协议，适用本办法。

第三条 本办法所称工资集体协商，是指职工代表与企业代表依法就企业内部工资分配制度、工资分配形式、工资收入水平等事项进行平等协商，在协商一致的基础上签订工资协议的行为。

本办法所称工资协议，是指专门就工资事项签订的专项集体合同。已订立集体合同的，工资协议作为集体合同的附件，并与集体合同具有同等效力。

第四条 依法订立的工资协议对企业和职工双方具有同等约束力。双方必须全面履行工资协议规定的义务，任何一方不得擅自变更或解除工资协议。

第五条 职工个人与企业订立的劳动合同中关于工资报酬的标准，不得低于工资协议规定的最低标准。

第六条 县级以上劳动保障行政部门依法对工资协议进行审查，对协议的履行情况进行监督检查。

第二章 工资集体协商内容

第七条 工资集体协商一般包括以下内容：

（一）工资协议的期限；

（二）工资分配制度、工资标准和工资分配形式；

（三）职工年度平均工资水平及其调整幅度；

（四）奖金、津贴、补贴等分配办法；

（五）工资支付办法；

（六）变更、解除工资协议的程序；

（七）工资协议的终止条件；

（八）工资协议的违约责任；

（九）双方认为应当协商约定的其他事项。

第八条 协商确定职工年度工资水平应符合国家有关工资分配的宏观调控政策，并综合参考下列因素：

（一）地区、行业、企业的人工成本水平；

（二）地区、行业的职工平均工资水平；

（三）当地政府发布的工资指导线、劳动力市场工资指导价位；

（四）本地区城镇居民消费价格指数；

（五）企业劳动生产率和经济效益；

（六）国有资产保值增值；

（七）上年度企业职工工资总额和职工平均工资水平；

（八）其他与工资集体协商有关的情况。

第三章 工资集体协商代表

第九条 工资集体协商代表应依照法定程序产生。职工一方由工会代表。未建工会的企业由职工民主推举代表，并得到半数以上职工的同意。企业代表由法定代表人和法定代表人指定的其他人员担任。

第十条 协商双方各确定一名首席代表。职工首席代表应当由工会主席担任，工会主席可以书面委托其他人员作为自己的代理人；未成立工会的，由职工集体协商代表推举。企业首席代表应当由法定代表人担任，法定代表人可以书面委托其他管理人员作为自己的代理人。

第十一条 协商双方的首席代表在工资集体协商期间轮流担任协商会议执行主席。协商会议执行主席的主要职责是负责工资集体协商有关组织协调工作，并对协商过程中发生的问题提出处理建议。

第十二条 协商双方可书面委托本企业以外的专业人士作为本方协商代表。委托人数不得超过本方代表的1/3。

第十三条 协商双方享有平等的建议权、否决权和陈述权。

第十四条 由企业内部产生的协商代表参加工资集体协商的活动应视为提供正常劳动，享受的工资、奖金、津贴、补贴、保险福利待遇不变。其中，职工协商代表的合法权益受法律保护。企业不得对职工协商代表采取歧视性行为，不得违法解除或变更其劳动合同。

第十五条　协商代表应遵守双方确定的协商规则，履行代表职责，并负有保守企业商业秘密的责任。协商代表任何一方不得采取过激、威胁、收买、欺骗等行为。

第十六条　协商代表应了解和掌握工资分配的有关情况，广泛征求各方面的意见，接受本方人员对工资集体协商有关问题的质询。

第四章　工资集体协商程序

第十七条　职工和企业任何一方均可提出进行工资集体协商的要求。工资集体协商的提出方应向另一方提出书面的协商意向书，明确协商的时间、地点、内容等。另一方接到协商意向书后，应于20日内予以书面答复，并与提出方共同进行工资集体协商。

第十八条　在不违反有关法律、法规的前提下，协商双方有义务按照对方要求，在协商开始前5日内，提供与工资集体协商有关的真实情况和资料。

第十九条　工资协议草案应提交职工代表大会或职工大会讨论审议。

第二十条　工资集体协商双方达成一致意见后，由企业行政方制作工资协议文本。工资协议经双方首席代表签字盖章后成立。

第五章　工资协议审查

第二十一条　工资协议签订后，应于7日内由企业将工资协议一式三份及说明，报送劳动保障行政部门审查。

第二十二条　劳动保障行政部门应在收到工资协议15日内，对工资集体协商双方代表资格、工资协议的条款内容和签订程序等进行审查。劳动保障行政部门经审查对工资协议无异议，应及时向协商双方送达《工资协议审查意见书》，工资协议即行生效。

劳动保障行政部门对工资协议有修改意见，应将修改意见在《工资协议审查意见书》中通知协商双方。双方应就修改意见及时协商，修改工资协议，并重新报送劳动保障行政部门。

工资协议向劳动保障行政部门报送经过15日后，协议双方未收到劳动保障行政部门的《工资协议审查意见书》，视为已经劳动保障行政部门同意，该工资协议即行生效。

第二十三条　协商双方应于5日内将已经生效的工资协议以适当形式向本方全体人员公布。

第二十四条　工资集体协商一般情况下一年进行一次。职工和企业双方均可在原工资协议期满前60日内，向对方书面提出协商意向书，进行下一轮的工资集体协商，做好新旧工资协议的相互衔接。

第六章　附　　则

第二十五条　本办法对工资集体协商和工资协议的有关内容未做规定的，按《集体合同规定》的有关规定执行。

第二十六条　本办法自发布之日起施行。

❻《工会参加平等协商和签订集体合同试行办法》（1995年8月17日　总工发［1995］12号）

第一章　总　　则

第一条　为了规范和指导工会代表职工依法与企业进行平等协商和签订集体合同，维护职工的合法权益，建立稳定和谐的劳动关系，促进企业发展，根据《中华人民共和国劳动法》和《中华人民共和国工会法》，制定本办法。

第二条　本办法适用于各类企业工会。上级工会依照本办法对企业工会与企业平等协商和签订集体合同的工作进行帮助、指导和监督检查。

第三条　平等协商是指企业工会代表职工与企业就涉及职工合法权益等事项进行商谈的行为。

企业工会应当与企业建立平等协商制度，定期或不定期就涉及职工合法权益等事项进行平等协商。

第四条　集体合同是企业工会代表职工与企业就劳动报酬、工作时间、休息休假、劳动安全卫生、保险福利等事项通过平等协商订立的书面协议。

第五条　工会与企业平等协商订立集体合同应当遵循下列原则：

（一）合法；

（二）平等合作；

（三）协商一致；

（四）兼顾国家、企业和职工利益；

（五）维护正常的生产、工作秩序。

第六条　劳动合同规定的劳动标准不得低于集体合同的规定。

第二章　平等协商

第七条　企业工会应当就下列涉及职工合法权益的事项与企业进行平等协商：

（一）集体合同和劳动合同的订立、变更、续订、解除，已订立的集体合同和劳动合同的履行监督检查；

（二）企业涉及职工利益的规章制度的制定和修改；

（三）企业职工的劳动报酬、工作时间和休息休假、保险、福利、劳动安全卫生、女职工和未成年工的特殊保护、职业培训及职工文化体育生活；

（四）劳动争议的预防和处理；

（五）职工民主管理；

（六）双方认为需要协商的其他事项。

第八条 参加平等协商的工会一方首席代表为工会主席；工会主席可以书面委托工会其他负责人为首席代表。

工会一方的其他代表可以由工会各工作委员会主任、女职工组织的代表和职工代表大会议定的职工代表组成。

工会可以聘请有关专业人员作为顾问参加平等协商。

第九条 工会代表一经产生，无特殊情况必须履行其义务。因特殊情况造成空缺的，应当由工会重新指派代表。

第十条 工会代表在劳动合同期内自担任代表之日起5年内除个人严重过失外，企业不得与其解除劳动合同。

个人严重过失包括严重违反劳动纪律或用人单位规章制度和严重失职、营私舞弊，对用人单位造成重大损害以及被依法追究刑事责任等。

第十一条 工会应当按照以下程序与企业进行平等协商：

（一）建立定期协商机制的企业，双方首席代表应当在协商前一周，将拟定协商的事项通知对方，属不定期协商的事项，提议方应当与对方共同商定平等协商的内容、时间和地点；

（二）协商开始时，由提议方将协商事项按双方议定的程序，逐一提交协商会议讨论；

（三）一般问题，经双方代表协商一致，协议即可成立，重大问题的协议草案，应当提交职工代表大会或全体职工审议通过；

（四）协商中如有临时提议，应当在各项议程讨论完毕后始得提出，取得对方同意后方可列入协商程序；

（五）经协商形成一致意见，由双方代表分别在有关人员及职工中传达或共同召集会议传达；

（六）平等协商未达成一致或出现事先未预料的问题时，经双方同意，可以暂时中止协商，协商中止期限最长不超过60天，具体中止期限及下次协商的具体时间、地点、内容由双方共同商定。

第十二条 在不违反法律、法规规定的情况下，工会有权要求企业提供与平等协商有关的情况和资料。

第十三条 平等协商意见一致，应当订立单项协议或集体合同。

第三章 集体合同的内容

第十四条 集体合同主要规定当事人的义务和履行义务的措施。

第十五条 集体合同包括以下内容：

（一）企业劳动标准；

（二）集体合同的期限，变更、解除与终止，监督、检查；

（三）争议处理；

（四）违约责任；

（五）双方约定的其他事项。

第十六条 集体合同所规定的企业劳动标准包括：

（一）劳动报酬：包括工资分配方式，工资支付办法，工资增减幅度，最低工资，计件工资标准，延长工作时间付酬标准，特殊情况下工资标准等；

（二）工作时间：包括日工作时间，周工作时间，延长工作时间和夜班工作时间，劳动定额的确定，轮班岗位的轮班形式及时间等；

（三）休息休假：包括日休息时间，周休息日安排，法定休假日，年休假标准，不能实行标准工时的职工休息休假等；

（四）保险：包括职工工伤、医疗、养老、失业、生育等依法参加社会保险，企业补充保险的设立项目、资金来源及享受的条件和标准，职工死亡后遗属的待遇和企业补贴或救济等；

（五）福利待遇：包括企业集体福利设施的修建，职工文化和体育活动的经费来源，职工生活条件和住房条件的改善，职工补贴和津贴标准，困难职工救济，职工疗养、休养等；

（六）职业培训：包括职工上岗前和工作中的培训，转岗培训，培训的周期和时间及培训期间的工资及福利待遇等；

（七）劳动安全卫生：包括劳动安全卫生的目标，劳动保护的具体措施，劳动条件和作业环境改善的具体标准和实施项目，新建、改建、扩建工程的设计、施工中的劳动安全卫生设施与主体工程配套的内容，有职业危害作业劳动者的健康检查，劳动保护用品发放，特殊作业的抢险救护办法，以及劳动安全卫生监督检查等；

（八）企业富余职工的安置办法；

（九）女职工和未成年工特殊保护；

（十）其他经双方商定的事项。

第十七条　集体合同规定的企业劳动标准，不得低于劳动法律、法规和当地政府规定的最低标准。

第四章　集体合同的签订程序

第十八条　签订集体合同之前工会应当收集职工和企业有关部门的意见，单独或与企业共同拟定集体合同草案。

第十九条　工会拟定集体合同草案，可以参照下列资料：

（一）有关法律、法规和政策；

（二）与本企业有关的国家宏观调控的政策措施；

（三）同行业和具有可比性企业的劳动标准；

（四）企业生产经营情况及有关的计划、指标；

（五）政府部门公布的有关物价指数等数据资料；

（六）本地区就业状况资料；

（七）集体合同范本；

（八）其他与签订集体合同有关的资料。

第二十条　工会根据拟定的集体合同草案按照本办法第二章的有关规定与企业进行平等协商。

第二十一条　经协商达成一致的集体合同草案文本应当提交职工代表大会或全体职工审议，工会代表应当就草案的产生过程、主要劳动标准条件的确定依据及各自承担的主要义务作出说明。

第二十二条　集体合同草案经职工代表大会或全体职工审议通过后，由企业法定代表人与企业工会主席签字。

集体合同草案经审议未获通过的，由双方重新协商，进行修改。

第二十三条　集体合同签字后，在报送劳动行政部门的同时，企业工会应当将集体合同文本、附件及说明报送上一级工会。

第二十四条　集体合同生效后，应依法向全体职工公布。

第五章　集体合同的变更、解除和终止

第二十五条　在集体合同有效期内，由于环境和条件发生变化，致使集体合同难以履行时，双方均有权要求就变更或解除集体合同进行协商。

当一方就集体合同的变更或解除提出协商要求时，双方应当在7日内进行协商。

第二十六条　变更或解除集体合同，应当经双方协商一致，并制作《变更（解除）集体合同说明书》。

第二十七条　发生下列情况之一，集体合同的相应条款可以变更或解除：

（一）订立集体合同所依据的法律、法规和政策被修改或废止；

（二）订立集体合同所依据的国家宏观调控的政策措施被修改或取消；

（三）因不可抗力的原因使集体合同全部不能履行或部分不能履行；

（四）企业破产、停产、兼并、转产，使集体合同全部不能履行或部分不能履行；

（五）双方约定的变更或解除集体合同的条件出现；

（六）其他需要变更或解除集体合同的情况出现。

第二十八条　变更或解除集体合同的程序：

（一）一方提出建议，向对方说明需要变更或解除的集体合同的条款和理由；

（二）双方就变更或解除的集体合同条款经协商一致，达成书面协议；

（三）协议书应当提交职工代表大会或全体职工审议通过，并报送集体合同管理机关登记备案，审议未获通过，由双方重新协商；

（四）变更或解除集体合同的协议书，在报送劳动行政部门的同时，企业工会报送上一级工会。

第二十九条　集体合同期限届满或双方约定的终止条件出现，集体合同即行终止。

集体合同期满前，企业工会应当会同企业商定续订下期集体合同事项。

第六章　集体合同的监督检查

第三十条　企业工会应当定期组织有关人员对集体合同的履行情况进行监督检查，发现问题后，及时与企业协商解决。

第三十一条　企业工会可以与企业协商，建立集体合同履行的联合监督检查制度，定期或不定期对履行集体合同的情况进行监督检查。

第三十二条　工会小组和车间工会应当及时向企业工会报告集体合同在本班组和车间的履行情况。

第三十三条　职工代表大会有权对集体合同的履行实行民主监督。

企业工会应当定期向职工代表大会或全体职工通报集体合同的履行情况，组织职工代表对集体合同的履行进行监督检查。

第七章　上级工会的职责

第三十四条　上级工会对企业工会与企业进行平等协商和签订集体合同负有帮助、指导和监督检查的责任。

上级工会根据企业工会的要求，可以派工作人员作为顾问参与平等协商，帮助企业工会签订集体合同。

第三十五条 上级工会收到企业工会报送的集体合同文本，应当进行审查、登记、备案。

第三十六条 上级工会在审查集体合同时，如发现问题，应当及时通知企业工会，并协同同级劳动行政部门协调解决。

第三十七条 上级工会应当参与处理平等协商和签订集体合同中出现的争议。

第三十八条 对尚未建立工会的企业，上级工会在组织职工依法组建工会的同时，帮助、指导职工与企业进行平等协商、签订集体合同。

第八章 集体合同争议处理

第三十九条 工会与企业因签订集体合同发生争议，应当协商解决。协商解决不成的，提请上级工会和当地政府劳动行政部门协调处理。

第四十条 县级以上工会参加同级集体合同争议协调处理机构，及时、公正地解决争议，并监督《协调处理协议书》的执行。

第四十一条 因履行集体合同发生争议，工会代表应当与企业协商解决，协商解决不成的，可以向当地劳动争议仲裁委员会申请仲裁。对仲裁委员会的裁决不服的，可以自收到仲裁裁决书之日起15日内向人民法院提起诉讼。

第九章 附 则

第四十二条 事业单位工会与行政进行平等协商签订集体合同以及因签订和履行集体合同发生争议，依照本办法执行。

案例链接

❶《蒋光元与成都飞大置业有限公司劳动争议纠纷上诉案》，参见北大法宝引证码：Pkulaw. cn/CLI. C. 112137。

学者观点

❶ 石先广：《企业规章制度与劳动合同、集体合同的关系》，参见北大法宝引证码：Pkulaw. cn/CLI. A. 042786。

【集体协商】

法律问题解读

集体协商是工会组织或职工代表与相应的雇主代表为签订集体合同所进行的协商行为，在西方市场经济国家被称为“集体谈判”。虽然“集体协商”可以淡化“集体谈判”所包含的对立意味，强调集体合同双方的合作，然而“集体谈判”比“集体协商”更能显示出工会组织与雇主的对等地位。

集体谈判是订立集体合同的方式、手段和过程，而集体合同则是集体谈判的“结晶”和结果。因此，集体谈判被认为是集体合同制度的灵魂，各国法律都十分重视对集体谈判的规制。

政府为集体谈判所提供的服务包括：（1）建立用以支持谈判的法律和机构框架；（2）制定最低劳动标准，为集体谈判提供基础；（3）提供处理双方不能自行处理的争议的独立和公正的机制。

集体谈判比民事合同的订立方式——要约和承诺方式要复杂得多，它是一种高度规范化、程序化的商谈行为，因此进行集体谈判必须严格遵守法律的程序性规范，严重违反集体谈判的程序性规范所签订的集体合同应认定为无效。

法条指引

❶**《中华人民共和国劳动法》**（1994年7月5日 国家主席令第28号）

第三十三条 企业职工一方与企业可以就劳动报酬、工作时间、休息休假、劳动安全卫生、保险福利等事项，签订集体合同。集体合同草案应当提交职工代表大会或者全体职工讨论通过。

集体合同由工会代表职工与企业签订。

第三十四条 集体合同签订后应当报送劳动行政部门；劳动行政部门自收到集体合同文本之日起15日内未提出异议的，集体合同即行生效。

❷**《中华人民共和国劳动合同法》**（2007年6月29日 国家主席令第65号）

第五十一条 企业职工一方与用人单位通过平等协商，可以就劳动报酬、工作时间、休息休假、劳动安全卫生、保险福利等事项订立集体合同。集体合同草案应当提交职工代表大会或者全体职工讨论通过。

❸**《中华人民共和国工会法》**（2001年10月27日修正）

第二十条 工会帮助、指导职工与企业以及实行企业化管理的事业单位签订劳动合同。

工会代表职工与企业以及实行企业化管理的事业单位进行平等协商，签订集体合同。集体合同草案应当提交职工代表大会或者全体职工讨论通过。

工会签订集体合同，上级工会应当给予支持和帮助。

企业违反集体合同，侵犯职工劳动权益的，工会可以依法要求企业承担责任；因履行集体合同发生争议，经协商解决不成的，工会可以向劳动争议仲裁机构提请仲裁，仲裁机构不予受理或者对仲裁裁决不服的，可以向人民法院提起诉讼。

第五十三条　违反本法规定，有下列情形之一的，由县级以上人民政府责令改正，依法处理：

（一）妨碍工会组织职工通过职工代表大会和其他形式依法行使民主权利的；

（二）非法撤销、合并工会组织的；

（三）妨碍工会参加职工因工伤亡事故以及其他侵犯职工合法权益问题的调查处理的；

（四）无正当理由拒绝进行平等协商的。

❹《集体合同规定》（2004 年 5 月 1 日施行　劳动和社会保障部令第 22 号）（略）

❺《工资集体协商试行办法》（2000 年 11 月 8 日　劳动和社会保障部令第 9 号）（略）

❻《工会参加平等协商和签订集体合同试行办法》（1995 年 8 月 17 日　总工发［1995］12 号）（略）

【集体合同制度的适用范围】

法律问题解读

集体合同制度的实施范围决定了哪些单位和相应的工会组织可以依法进行集体协商、订立集体合同。我国《劳动法》规定集体合同制度的实施范围为“企业”，而《工会法》规定集体合同制度的实施范围为“企业以及实行企业化管理的事业单位”，因此两部法律的规定不完全一致。根据劳动法学理论，工会法属于劳动法的一个组成部分，即劳动法是一般法，工会法是特别法。另外，从制定时间上看，《劳动法》属于旧法，而《工会法》经过 2001 年的修正已经成为新法。在法律的适用上，我国立法法确立了“特别法优于一般法”和“新法优于旧法”这两个规则，无论按照哪一个规则，当《工会法》和《劳动法》对同一事项的规定不一致时，都应当适用工会法的规定。因此，我国集体合同制度的法定实施范围为“企业以及实行企业化管理的事业单位”。这意味着，在国家机关、政党机关、社会团体和不实行企业化管理的事业单位中，用人单位和工会不负有进行集体协商的义务，即一方提出进行集体协商时另一方可以拒绝；即使双方通过集体协商签订了集体合同，该集体合同也不受法律保护，不具有法律效力。

法条指引

❶《中华人民共和国劳动法》（1994 年 7 月 5 日　国家主席令第 28 号）

第二条　在中华人民共和国境内的企业、个体经济组织（以下统称用人单位）和与之形成劳动关系的劳动者，适用本法。

国家机关、事业组织、社会团体和与之建立劳动合同关系的劳动者，依照本法执行。

第三十三条　企业职工一方与企业可以就劳动报酬、工作时间、休息休假、劳动安全卫生、保险福利等事项，签订集体合同。集体合同草案应当提交职工代表大会或者全体职工讨论通过。

集体合同由工会代表职工与企业签订。

❷《中华人民共和国劳动合同法》（2007 年 6 月 29 日　国家主席令第 65 号）

第五十一条　企业职工一方与用人单位通过平等协商，可以就劳动报酬、工作时间、休息休假、劳动安全卫生、保险福利等事项订立集体合同。集体合同草案应当提交职工代表大会或者全体职工讨论通过。

集体合同由工会代表企业职工一方与用人单位订立；尚未建立工会的用人单位，由上级工会指导劳动者推举的代表与用人单位订立。

第五十二条　企业职工一方与用人单位可以订立劳动安全卫生、女职工权益保护、工资调整机制等专项集体合同。

第五十三条　在县级以下区域内，建筑业、采矿业、餐饮服务业等行业可以由工会与企业方面代表订立行业性集体合同，或者订立区域性集体合同。

❸《中华人民共和国工会法》（2001 年 10 月 27 日修正）

第六条　维护职工合法权益是工会的基本职责。工会在维护全国人民总体利益的同时，代表和维护职工的合法权益。

工会通过平等协商和集体合同制度，协调劳动关系，维护企业职工劳动权益。

工会依照法律规定通过职工代表大会或者其他形式，组织职工参与本单位的民主决策、民主管理和民主监督。

工会必须密切联系职工，听取和反映职工的

意见和要求，关心职工的生活，帮助职工解决困难，全心全意为职工服务。

第二十条 工会帮助、指导职工与企业以及实行企业化管理的事业单位签订劳动合同。

工会代表职工与企业以及实行企业化管理的事业单位进行平等协商，签订集体合同。集体合同草案应当提交职工代表大会或者全体职工讨论通过。

工会签订集体合同，上级工会应当给予支持和帮助。

企业违反集体合同，侵犯职工劳动权益的，工会可以依法要求企业承担责任；因履行集体合同发生争议，经协商解决不成的，工会可以向劳动争议仲裁机构提请仲裁，仲裁机构不予受理或者对仲裁裁决不服的，可以向人民法院提起诉讼。

❹《中华人民共和国立法法》（2000 年 3 月 15 日 国家主席令第 31 号）

第八十三条 同一机关制定的法律、行政法规、地方性法规、自治条例和单行条例、规章，特别规定与一般规定不一致的，适用特别规定；新的规定与旧的规定不一致的，适用新的规定。

❺《集体合同规定》（自 2004 年 5 月 1 日起施行 劳动和社会保障部令第 22 号）

第二条 中华人民共和国境内的企业和实行企业化管理的事业单位（以下统称用人单位）与本单位职工之间进行集体协商，签订集体合同，适用本规定。

第三条 本规定所称集体合同，是指用人单位与本单位职工根据法律、法规、规章的规定，就劳动报酬、工作时间、休息休假、劳动安全卫生、职业培训、保险福利等事项，通过集体协商签订的书面协议；所称专项集体合同，是指用人单位与本单位职工根据法律、法规、规章的规定，就集体协商的某项内容签订的专项书面协议。

❻《工资集体协商试行办法》（2000 年 11 月 8 日 劳动和社会保障部令第 9 号）

第二条 中华人民共和国境内的企业依法开展工资集体协商，签订工资协议，适用本办法。

第二十五条 本办法对工资集体协商和工资协议的有关内容未做规定的，按《集体合同规定》的有关规定执行。

❼《工会参加平等协商和签订集体合同试行办法》（1995 年 8 月 17 日 总工发［1995］12 号）

第二条 本办法适用于各类企业工会。上级工会依照本办法对企业工会与企业平等协商和签订集体合同的工作进行帮助、指导和监督检查。

第三条 平等协商是指企业工会代表职工与企业就涉及职工合法权益等事项进行商谈的行为。

企业工会应当与企业建立平等协商制度，定期或不定期就涉及职工合法权益等事项进行平等协商。

第四条 集体合同是企业工会代表职工与企业就劳动报酬、工作时间、休息休假、劳动安全卫生、保险福利等事项通过平等协商订立的书面协议。

【集体合同的内容】

法律问题解读

集体合同的条款依其性质基本上可以分为四类：一是标准性条款，即规定劳动标准的条款，主要包括劳动报酬、工作时间、休息休假、劳动安全卫生、保险福利、职业培训、女职工和未成年工劳动保护等方面的标准。二是目标性条款，即规定完成某项任务、实现某个目标的条款，譬如建成某项劳动保护工程、增设某项生活福利设施等。三是保障性条款，即保障标准性条款和目标性条款所确定的义务能够顺利实现的条款，包括集体合同的监督检查、集体合同的解释、集体合同争议处理、违约责任等。四是运行性条款，即确定集体合同的运行规则的条款，包括集体合同的成立、生效、变更、解除、终止、续订等事项。

需要注意的是，集体合同中的标准性条款具有特殊的效力，它们对劳动合同具有约束力，劳动合同中约定的个人劳动标准不得低于集体合同中的标准性条款所确定的标准，否则无效。

从集体合同的内容来看，集体合同有综合性集体合同和专项集体合同（有时称为专项协议或单项协议）之分，综合性集体合同是指规定多方面劳动标准的集体合同，而专项集体合同是指仅仅规定某一方面劳动标准的集体合同，如工资集体合同。用人单位和工会根据本单位劳动关系的实际情况和客观需要，既可以签订综合性集体合同，也可以就劳动关系中比较突出的一项内容签订专项集体合同，以便使集体合同贴近本单位的实际状况，能够解决本单位劳动关系中的实际问题。因此，不能认为用人单位必须签订综合性集体合同。

法条指引

❶《中华人民共和国劳动法》（1994 年 7 月 5 日　国家主席令第 28 号）

第三十三条　企业职工一方与企业可以就劳动报酬、工作时间、休息休假、劳动安全卫生、保险福利等事项，签订集体合同。集体合同草案应当提交职工代表大会或者全体职工讨论通过。

集体合同由工会代表职工与企业签订。

第三十五条　依法签订的集体合同对企业和企业全体职工具有约束力。职工个人与企业订立的劳动合同中劳动条件和劳动报酬等标准不得低于集体合同的规定。

❷《中华人民共和国劳动合同法》（2007 年 6 月 29 日　国家主席令第 65 号）

第五十二条　企业职工一方与用人单位可以订立劳动安全卫生、女职工权益保护、工资调整机制等专项集体合同。

第五十五条　集体合同中劳动报酬和劳动条件等标准不得低于当地人民政府规定的最低标准；用人单位与劳动者订立的劳动合同中劳动报酬和劳动条件等标准不得低于集体合同规定的标准。

❸《集体合同规定》（自 2004 年 5 月 1 日起施行 劳动和社会保障部令第 22 号）

第八条　集体协商双方可以就下列多项或某项内容进行集体协商，签订集体合同或专项集体合同：

（一）劳动报酬；

（二）工作时间；

（三）休息休假；

（四）劳动安全与卫生；

（五）补充保险和福利；

（六）女职工和未成年工特殊保护；

（七）职业技能培训；

（八）劳动合同管理；

（九）奖惩；

（十）裁员；

（十一）集体合同期限；

（十二）变更、解除集体合同的程序；

（十三）履行集体合同发生争议时的协商处理办法；

（十四）违反集体合同的责任；

（十五）双方认为应当协商的其他内容。

❹《工资集体协商试行办法》（2000 年 11 月 8 日　劳动和社会保障部令第 9 号）

第三条　本办法所称工资集体协商，是指职工代表与企业代表依法就企业内部工资分配制度、工资分配形式、工资收入水平等事项进行平等协商，在协商一致的基础上签订工资协议的行为。

本办法所称工资协议，是指专门就工资事项签订的专项集体合同。已订立集体合同的，工资协议作为集体合同的附件，并与集体合同具有同等效力。

第四条　依法订立的工资协议对企业和职工双方具有同等约束力。双方必须全面履行工资协议规定的义务，任何一方不得擅自变更或解除工资协议。

第七条　工资集体协商一般包括以下内容：

（一）工资协议的期限；

（二）工资分配制度、工资标准和工资分配形式；

（三）职工年度平均工资水平及其调整幅度；

（四）奖金、津贴、补贴等分配办法；

（五）工资支付办法；

（六）变更、解除工资协议的程序；

（七）工资协议的终止条件；

（八）工资协议的违约责任；

（九）双方认为应当协商约定的其他事项。

❺《工会参加平等协商和签订集体合同试行办法》（1995 年 8 月 17 日　总工发［1995］12 号）

第六条　劳动合同规定的劳动标准不得低于集体合同的规定。

第十三条　平等协商意见一致，应当订立单项协议或集体合同。

第十五条　集体合同包括以下内容：

（一）企业劳动标准；

（二）集体合同的期限，变更、解除与终止，监督、检查；

（三）争议处理；

（四）违约责任；

（五）双方约定的其他事项。

第十六条　集体合同所规定的企业劳动标准包括：

（一）劳动报酬：包括工资分配方式，工资支付办法，工资增减幅度，最低工资，计件工资标准，延长工作时间付酬标准，特殊情况下工资标准等；

（二）工作时间：包括日工作时间，周工作时间，延长工作时间和夜班工作时间，劳动定额的确定，轮班岗位的轮班形式及时间等；

（三）休息休假：包括日休息时间，周休息日安排，法定休假日，年休假标准，不能实行标准工时的职工休息休假等；

（四）保险：包括职工工伤、医疗、养老、失业、生育等依法参加社会保险，企业补充保险的设立项目、资金来源及享受的条件和标准，职工死亡后遗属的待遇和企业补贴或救济等；

（五）福利待遇：包括企业集体福利设施的修建，职工文化和体育活动的经费来源，职工生活条件和住房条件的改善，职工补贴和津贴标准，困难职工救济，职工疗养、休养等；

（六）职业培训：包括职工上岗前和工作中的培训，转岗培训，培训的周期和时间及培训期间的工资及福利待遇等；

（七）劳动安全卫生：包括劳动安全卫生的目标，劳动保护的具体措施，劳动条件和作业环境改善的具体标准和实施项目，新建、改建、扩建工程的设计、施工中的劳动安全卫生设施与主体工程配套的内容，有职业危害作业劳动者的健康检查，劳动保护用品发放，特殊作业的抢险救护办法，以及劳动安全卫生监督检查等；

（八）企业富余职工的安置办法；

（九）女职工和未成年工特殊保护；

（十）其他经双方商定的事项。

【集体合同的期限】

法律问题解读

我国规定集体合同的期限为1至3年。期限过短，集体协商过于频繁，不利于劳动关系的稳定；期限过长，又会导致劳动关系呆滞，缺乏适时的调整，尤其不利于保障劳动者的劳动条件随着企业的发展而不断改善。由于法律限定了集体合同的期限，因此劳动关系双方约定的期限不得短于或长于法定期限；如果短于和长于法定期限，期限条款无效，应当以法定的最短期限或最长期限替代集体合同的期限。

法条指引

❶ **《集体合同规定》**（自2004年5月1日起施行 劳动和社会保障部令第22号）

第三十八条 集体合同或专项集体合同期限一般为1至3年，期满或双方约定的终止条件出现，即行终止。

集体合同或专项集体合同期满前3个月内，任何一方均可向对方提出重新签订或续订的要求。

❷ **《工资集体协商试行办法》**（2000年11月8日 劳动和社会保障部令第9号）

第二十四条 工资集体协商一般情况下一年进行一次。职工和企业双方均可在原工资协议期满前60日内，向对方书面提出协商意向书，进行下一轮的工资集体协商，做好新旧工资协议的相互衔接。

第二十五条 本办法对工资集体协商和工资协议的有关内容未做规定的，按《集体合同规定》的有关规定执行。

【集体协商的程序】

法律问题解读

从程序上来讲，我国的集体协商一般包括以下几个阶段：一是集体协商的启动，即工会和用人单位中的一方主动提议进行集体协商并被对方所接受，从而就启动集体协商程序达成一致意见；二是集体协商的筹备，即双方各自委派或选举集体协商代表，收集有关信息资料，并由其中一方或双方共同拟订集体合同草案；三是举行集体协商会议，就集体合同草案的内容进行充分的协商讨论；四是集体合同草案的审议，即双方集体协商代表就集体合同的内容达成一致意见后，将集体合同草案提交职工代表大会或全体职工讨论通过；五是集体合同的签订，即集体合同草案经职工代表大会或全体职工讨论通过后，由工会和用人单位双方的法定代表人或首席代表签字，双方的签字意味着集体合同的成立；六是集体合同的审查，即签订集体合同之后报送劳动保障行政部门，由劳动保障行政部门审查其合法性，审查通过之后集体合同即生效；七是集体合同的公布，即在集体合同生效之后，及时向用人单位的管理阶层和全体职工公布集体合同的内容。综上所述，为签订集体合同而进行的集体协商不是一般意义上的协商活动，而是一项具有法律意义、关系重大、程序复杂、技术性极强的专门活动，必须严格依法进行；违背法定程序签订的集体合同属于无效合同，不受法律保护。

法条指引

❶ **《中华人民共和国劳动法》**（1994年7月5日 国家主席令第28号）

第三十三条 企业职工一方与企业可以就劳

动报酬、工作时间、休息休假、劳动安全卫生、保险福利等事项，签订集体合同。集体合同草案应当提交职工代表大会或者全体职工讨论通过。

集体合同由工会代表职工与企业签订。

第三十四条　集体合同签订后应当报送劳动行政部门；劳动行政部门自收到集体合同文本之日起15日内未提出异议的，集体合同即行生效。

❷**《中华人民共和国劳动合同法》**（2007年6月29日　国家主席令第65号）

第五十一条　企业职工一方与用人单位通过平等协商，可以就劳动报酬、工作时间、休息休假、劳动安全卫生、保险福利等事项订立集体合同。集体合同草案应当提交职工代表大会或者全体职工讨论通过。

集体合同由工会代表企业职工一方与用人单位订立；尚未建立工会的用人单位，由上级工会指导劳动者推举的代表与用人单位订立。

❸**《中华人民共和国工会法》**（2001年10月27修正）

第二十条　工会帮助、指导职工与企业以及实行企业化管理的事业单位签订劳动合同。

工会代表职工与企业以及实行企业化管理的事业单位进行平等协商，签订集体合同。集体合同草案应当提交职工代表大会或者全体职工讨论通过。

工会签订集体合同，上级工会应当给予支持和帮助。

企业违反集体合同，侵犯职工劳动权益的，工会可以依法要求企业承担责任；因履行集体合同发生争议，经协商解决不成的，工会可以向劳动争议仲裁机构提请仲裁，仲裁机构不予受理或者对仲裁裁决不服的，可以向人民法院提起诉讼。

第五十三条　违反本法规定，有下列情形之一的，由县级以上人民政府责令改正，依法处理：

（一）妨碍工会组织职工通过职工代表大会和其他形式依法行使民主权利的；

（二）非法撤销、合并工会组织的；

（三）妨碍工会参加职工因工伤亡事故以及其他侵犯职工合法权益问题的调查处理的；

（四）无正当理由拒绝进行平等协商的。

❹**《集体合同规定》**（自2004年5月1日起施行 劳动和社会保障部令第22号）

第三十二条　集体协商任何一方均可就签订集体合同或专项集体合同以及相关事宜，以书面形式向对方提出进行集体协商的要求。

一方提出进行集体协商要求的，另一方应当在收到集体协商要求之日起20日内以书面形式给以回应，无正当理由不得拒绝进行集体协商。

第三十三条　协商代表在协商前应进行下列准备工作：

（一）熟悉与集体协商内容有关的法律、法规、规章和制度；

（二）了解与集体协商内容有关的情况和资料，收集用人单位和职工对协商意向所持的意见；

（三）拟定集体协商议题，集体协商议题可由提出协商一方起草，也可由双方指派代表共同起草；

（四）确定集体协商的时间、地点等事项；

（五）共同确定一名非协商代表担任集体协商记录员。记录员应保持中立、公正，并为集体协商双方保密。

第三十四条　集体协商会议由双方首席代表轮流主持，并按下列程序进行：

（一）宣布议程和会议纪律；

（二）一方首席代表提出协商的具体内容和要求，另一方首席代表就对方的要求作出回应；

（三）协商双方就商谈事项发表各自意见，开展充分讨论；

（四）双方首席代表归纳意见。达成一致的，应当形成集体合同草案或专项集体合同草案，由双方首席代表签字。

第三十五条　集体协商未达成一致意见或出现事先未预料的问题时，经双方协商，可以中止协商。中止期限及下次协商时间、地点、内容由双方商定。

❺**《工资集体协商试行办法》**（2000年11月8日　劳动和社会保障部令第9号）

第十七条　职工和企业任何一方均可提出进行工资集体协商的要求。工资集体协商的提出方应向另一方提出书面的协商意向书，明确协商的时间、地点、内容等。另一方接到协商意向书后，应于20日内予以书面答复，并与提出方共同进行工资集体协商。

第十八条　在不违反有关法律、法规的前提下，协商双方有义务按照对方要求，在协商开始前5日内，提供与工资集体协商有关的真实情况和资料。

第十九条　工资协议草案应提交职工代表大会或职工大会讨论审议。

第二十条　工资集体协商双方达成一致意见后，由企业行政方制作工资协议文本。工资协议经双方首席代表签字盖章后成立。

❻《工会参加平等协商和签订集体合同试行办法》（1995年8月17日 总工发〔1995〕12号）

第十八条 签订集体合同之前工会应当收集职工和企业有关部门的意见，单独或与企业共同拟定集体合同草案。

第十九条 工会拟定集体合同草案，可以参照下列资料：

（一）有关法律、法规和政策；

（二）与本企业有关的国家宏观调控的政策措施；

（三）同行业和具有可比性企业的劳动标准；

（四）企业生产经营情况及有关的计划、指标；

（五）政府部门公布的有关物价指数等数据资料；

（六）本地区就业状况资料；

（七）集体合同范本；

（八）其他与签订集体合同有关的资料。

第二十条 工会根据拟定的集体合同草案按照本办法第二章的有关规定与企业进行平等协商。

第二十一条 经协商达成一致的集体合同草案文本应当提交职工代表大会或全体职工审议，工会代表应当就草案的产生过程、主要劳动标准条件的确定依据及各自承担的主要义务作出说明。

第二十二条 集体合同草案经职工代表大会或全体职工审议通过后，由企业法定代表人与企业工会主席签字。

集体合同草案经审议未获通过的，由双方重新协商，进行修改。

第二十三条 集体合同签字后，在报送劳动行政部门的同时，企业工会应当将集体合同文本、附件及说明报送上一级工会。

第二十四条 集体合同生效后，应依法向全体职工公布。

【集体协商的原则】

法律问题解读

工会和用人单位在集体协商中应当遵守几项原则：一是平等原则，即双方的法律地位是平等的；二是合作原则，即双方要努力合作，实现双赢；三是诚信原则，即双方不得在集体协商中采用收买、欺骗等手段；四是协商一致原则，即集体协商中重要的程序性问题的决策和集体合同的达成都必须是双方协商一致的结果。在集体协商中可能会出现罢工现象，这就涉及罢工行为的法律性质问题。我国现行法律并没有确认工人或工会享有罢工权，但也没有笼统地禁止一切罢工行为，只是禁止公务员罢工，并且规定戒严期间可以禁止罢工。因此，公务员之外的其他劳动者在通常情况下罢工并不违反法律，不属于违法行为。总的来看，我国现行法律对罢工行为采取了一种既不提倡也不禁止的态度。从发展趋势来看，我国法律应当尽快对罢工行为进行规范，既保障劳动者的罢工权，使工会有能力制约用人单位，以维护劳动者的利益，又最大限度地减少罢工行为的危害。

法条指引

❶《中华人民共和国劳动合同法》（2007年6月29日 国家主席令第65号）

第五十一条 企业职工一方与用人单位通过平等协商，可以就劳动报酬、工作时间、休息休假、劳动安全卫生、保险福利等事项订立集体合同。集体合同草案应当提交职工代表大会或者全体职工讨论通过。

集体合同由工会代表企业职工一方与用人单位订立；尚未建立工会的用人单位，由上级工会指导劳动者推举的代表与用人单位订立。

❷《集体合同规定》（自2004年5月1日起施行 劳动和社会保障部令第22号）

第五条 进行集体协商，签订集体合同或专项集体合同，应当遵循下列原则：

（一）遵守法律、法规、规章及国家有关规定；

（二）相互尊重，平等协商；

（三）诚实守信，公平合作；

（四）兼顾双方合法权益；

（五）不得采取过激行为。

❸《工资集体协商试行办法》（2000年11月8日 劳动和社会保障部令第9号）

第十五条 协商代表应遵守双方确定的协商规则，履行代表职责，并负有保守企业商业秘密的责任。协商代表任何一方不得采取过激、威胁、收买、欺骗等行为。

❹《工会参加平等协商和签订集体合同试行办法》（1995年8月17日 总工发〔1995〕12号）

第五条 工会与企业平等协商订立集体合同

应当遵循下列原则：

（一）合法；

（二）平等合作；

（三）协商一致；

（四）兼顾国家、企业和职工利益；

（五）维护正常的生产、工作秩序。

【集体协商义务与责任】

法律问题解读

我国《劳动法》只规定双方享有签订集体合同的权利，而未规定工会和企业负有接受对方提议进行集体协商的义务。但是，我国《工会法》将“无正当理由拒绝进行平等协商”的行为规定为必须承担法律责任的违法行为，这样就等于明确了用人单位和工会的集体协商义务。用人单位和工会无正当理由拒绝进行集体协商的行为属于违法行为，而一方不能接受对方提出的条件从而拒绝签订集体合同的行为不属于违法行为。此处所谓的“正当理由”必须严格掌握，只有那些既不可避免又不可克服并且足以妨碍集体协商正常进行或者勉强举行集体协商会妨碍更大利益实现的情形才能构成“正当理由”。此外，构成“正当理由”的情形消灭之后，不得再拒绝进行集体协商。

法条指引

❶**《中华人民共和国劳动法》**（1994年7月5日　国家主席令第28号）

第三十三条　企业职工一方与企业可以就劳动报酬、工作时间、休息休假、劳动安全卫生、保险福利等事项，签订集体合同。集体合同草案应当提交职工代表大会或者全体职工讨论通过。

集体合同由工会代表职工与企业签订。

❷**《中华人民共和国工会法》**（2001年10月27日修正）

第五十三条　违反本法规定，有下列情形之一的，由县级以上人民政府责令改正，依法处理：

（一）妨碍工会组织职工通过职工代表大会和其他形式依法行使民主权利的；

（二）非法撤销、合并工会组织的；

（三）妨碍工会参加职工因工伤亡事故以及其他侵犯职工合法权益问题的调查处理的；

（四）无正当理由拒绝进行平等协商的。

❸**《集体合同规定》**（自2004年5月1日起施行　劳动和社会保障部令第22号）

第三十二条　集体协商任何一方均可就签订集体合同或专项集体合同以及相关事宜，以书面形式向对方提出进行集体协商的要求。

一方提出进行集体协商要求的，另一方应当在收到集体协商要求之日起20日内以书面形式给以回应，无正当理由不得拒绝进行集体协商。

❹**《工资集体协商试行办法》**（2000年11月8日　劳动和社会保障部令第9号）

第十七条　职工和企业任何一方均可提出进行工资集体协商的要求。工资集体协商的提出方应向另一方提出书面的协商意向书，明确协商的时间、地点、内容等。另一方接到协商意向书后，应于20日内予以书面答复，并与提出方共同进行工资集体协商。

❺**《工会参加平等协商和签订集体合同试行办法》**（1995年8月17日　总工发［1995］12号）

第三条　平等协商是指企业工会代表职工与企业就涉及职工合法权益等事项进行商谈的行为。

企业工会应当与企业建立平等协商制度，定期或不定期就涉及职工合法权益等事项进行平等协商。

【集体协商代表】

法律问题解读

用人单位和工会之间的集体协商是通过双方委派的集体协商代表来进行的。集体协商代表必须依照法定程序产生，只有依照法定程序产生的集体协商代表才有资格参加集体协商并行使法定权利、履行法定义务，集体协商代表不合格，集体合同就是无效的。双方可以委托律师、注册会计师、执业医师、工程师等外部专业人士担任本方协商代表，以弥补本方代表在专业知识、经验、谈判技能等方面的不足，加强谈判能力。双方必须在集体协商代表中指定一名首席代表，工会方的首席代表一般由工会主席担任，用人单位一方的首席代表一般由法定代表人担任。

集体协商代表必须承担法定的外部义务和内部义务。所谓外部义务，是指集体协商代表对集体协商的另一方当事人所承担的义务。外部义务包括：遵守双方确定的协商规则，保守用人单位的商业秘密（用人单位的代表所承担的此项义务属于内部义务），不得采取过激、威胁、收买、欺骗等行为。所谓内部义务，是指集体协商代表对自己所代表的工会或用人单位所承担的义务。内部义务包括：忠实地履行自己的职责，接受本方的指令和监督等。

双方除了可以委托外部专业人士担任本方协商代表外，也可以委托外部专业人士担任本方的集体协商顾问。

法条指引

❶《**集体合同规定**》（自2004年5月1日起施行　劳动和社会保障部令第22号）

第十九条　本规定所称集体协商代表（以下统称协商代表），是指按照法定程序产生并有权代表本方利益进行集体协商的人员。

集体协商双方的代表人数应当对等，每方至少3人，并各确定1名首席代表。

第二十条　职工一方的协商代表由本单位工会选派。未建立工会的，由本单位职工民主推荐，并经本单位半数以上职工同意。

职工一方的首席代表由本单位工会主席担任。工会主席可以书面委托其他协商代表代理首席代表。工会主席空缺的，首席代表由工会主要负责人担任。未建立工会的，职工一方的首席代表从协商代表中民主推举产生。

第二十一条　用人单位一方的协商代表，由用人单位法定代表人指派，首席代表由单位法定代表人担任或由其书面委托的其他管理人员担任。

❷《**工资集体协商试行办法**》（2000年11月8日　劳动和社会保障部令第9号）

第九条　工资集体协商代表应依照法定程序产生。职工一方由工会代表。未建工会的企业由职工民主推举代表，并得到半数以上职工的同意。企业代表由法定代表人和法定代表人指定的其他人员担任。

第十条　协商双方各确定一名首席代表。职工首席代表应当由工会主席担任，工会主席可以书面委托其他人员作为自己的代理人；未成立工会的，由职工集体协商代表推举。企业首席代表应当由法定代表人担任，法定代表人可以书面委托其他管理人员作为自己的代理人。

第十二条　协商双方可书面委托本企业以外的专业人士作为本方协商代表。委托人数不得超过本方代表的1/3。

第十五条　协商代表应遵守双方确定的协商规则，履行代表职责，并负有保守企业商业秘密的责任。协商代表任何一方不得采取过激、威胁、收买、欺骗等行为。

第十六条　协商代表应了解和掌握工资分配的有关情况，广泛征求各方面的意见，接受本方人员对工资集体协商有关问题的质询。

❸《**工会参加平等协商和签订集体合同试行办法**》（1995年8月17日　总工发［1995］12号）

第八条　参加平等协商的工会一方首席代表为工会主席；工会主席可以书面委托工会其他负责人为首席代表。

工会一方的其他代表可以由工会各工作委员会主任、女职工组织的代表和职工代表大会议定的职工代表组成。

工会可以聘请有关专业人员作为顾问参加平等协商。

第九条　工会代表一经产生，无特殊情况必须履行其义务。因特殊情况造成空缺的，应当由工会重新指派代表。

案例链接

❶《梁文放与雅来（佛山）制药有限公司劳动合同纠纷上诉案》，参见北大法宝引证码：Pkulaw.cn/CLI.C.50453。

❷《付胜军诉四川和益电力股份有限公司解除劳动合同案》，参见北大法宝引证码：Pkulaw.cn/CLI.C.47783。

【对职工方集体协商代表的特殊保护】

法律问题解读

为防止用人单位打击工会方集体协商代表，解除工会方集体协商代表的后顾之忧，使他们敢于在集体协商中积极大胆地行使权利、履行职责，在法律上对工会方代表规定了特殊的保护措施：

（1）由用人单位内部产生的集体协商代表参加集体协商的活动应视为提供了正常劳动，享受的工资、奖金、津贴、保险福利待遇不变。

（2）用人单位不得对工会方协商代表采取歧视性行为，不得违法解除或变更其劳动合同。

（3）用人单位打击报复工会方集体协商代表的，必须承担相应的法律责任。

法条指引

❶《**中华人民共和国工会法**》（2001年10月

27日修正）

第五十一条　违反本法规定，对依法履行职责的工会工作人员无正当理由调动工作岗位，进行打击报复的，由劳动行政部门责令改正、恢复原工作；造成损失的，给予赔偿。

对依法履行职责的工会工作人员进行侮辱、诽谤或者进行人身伤害，构成犯罪的，依法追究刑事责任；尚未构成犯罪的，由公安机关依照治安管理处罚条例的规定处罚。

第五十二条　违反本法规定，有下列情形之一的，由劳动行政部门责令恢复其工作，并补发被解除劳动合同期间应得的报酬，或者责令给予本人年收入2倍的赔偿：

（一）职工因参加工会活动而被解除劳动合同的；

（二）工会工作人员因履行本法规定的职责而被解除劳动合同的。

❷**《集体合同规定》**（自2004年5月1日起施行　劳动和社会保障部令第22号）

第二十八条　职工一方协商代表在其履行协商代表职责期间劳动合同期满的，劳动合同期限自动延长至完成履行协商代表职责之时，除出现下列情形之一的，用人单位不得与其解除劳动合同：

（一）严重违反劳动纪律或用人单位依法制定的规章制度的；

（二）严重失职、营私舞弊，对用人单位利益造成重大损害的；

（三）被依法追究刑事责任的。

职工一方协商代表履行协商代表职责期间，用人单位无正当理由不得调整其工作岗位。

❸**《工资集体协商试行办法》**（2000年11月8日　劳动和社会保障部令第9号）

第十四条　由企业内部产生的协商代表参加工资集体协商的活动应视为提供正常劳动，享受的工资、奖金、津贴、补贴、保险福利待遇不变。其中，职工协商代表的合法权益受法律保护。企业不得对职工协商代表采取歧视性行为，不得违法解除或变更其劳动合同。

❹**《工会参加平等协商和签订集体合同试行办法》**（1995年8月17日　总工发［1995］12号）

第十条　工会代表在劳动合同期内自担任代表之日起5年内除个人严重过失外，企业不得与其解除劳动合同。

个人严重过失包括严重违反劳动纪律或用人单位规章制度和严重失职、营私舞弊，对用人单位造成重大损害以及被依法追究刑事责任等。

【信息披露义务】

法律问题解读

工会和用人单位双方在法律上负有向对方提供与集体协商有关的情况和资料的义务，即信息披露义务，以保障双方能够充分了解相关情况，使集体合同确定的权利义务切合实际并且公平。只要工会要求提供的信息确实与集体协商有关，即使属于用人单位的商业秘密，用人单位也应提供。当然，工会负有保守用人单位商业秘密的义务，这也是法律对工会方的要求。

法条指引

❶**《集体合同规定》**（自2004年5月1日起施行　劳动和社会保障部令第22号）

第二十五条　协商代表应履行下列职责：

（一）参加集体协商；

（二）接受本方人员质询，及时向本方人员公布协商情况并征求意见；

（三）提供与集体协商有关的情况和资料；

（四）代表本方参加集体协商争议的处理；

（五）监督集体合同或专项集体合同的履行；

（六）法律、法规和规章规定的其他职责。

❷**《工资集体协商试行办法》**（2000年11月8日　劳动和社会保障部令第9号）

第十五条　协商代表应遵守双方确定的协商规则，履行代表职责，并负有保守企业商业秘密的责任。协商代表任何一方不得采取过激、威胁、收买、欺骗等行为。

第十八条　在不违反有关法律、法规的前提下，协商双方有义务按照对方要求，在协商开始前5日内，提供与工资集体协商有关的真实情况和资料。

❸**《工会参加平等协商和签订集体合同试行办法》**（1995年8月17日　总工发［1995］12号）

第十二条　在不违反法律、法规规定的情况下，工会有权要求企业提供与平等协商有关的情况和资料。

【集体协商会议】

法律问题解读

双方集体协商代表进行集体协商时一般采取

集体协商会议的形式。集体协商会议的内容、时间、地点应由双方共同商定。协商双方的首席代表在集体协商期间轮流担任协商会议执行主席，主要职责是负责集体协商的有关组织协调工作，并对协商过程中发生的问题提出处理建议。在集体协商中，双方享有平等的建议权、否决权和陈述权。

法条指引

❶《集体合同规定》（自2004年5月1日起施行 劳动和社会保障部令第22号）

第三十四条 集体协商会议由双方首席代表轮流主持，并按下列程序进行：

（一）宣布议程和会议纪律；

（二）一方首席代表提出协商的具体内容和要求，另一方首席代表就对方的要求作出回应；

（三）协商双方就商谈事项发表各自意见，开展充分讨论；

（四）双方首席代表归纳意见。达成一致的，应当形成集体合同草案或专项集体合同草案，由双方首席代表签字。

❷《工资集体协商试行办法》（2000年11月8日 劳动和社会保障部令第9号）

第十一条 协商双方的首席代表在工资集体协商期间轮流担任协商会议执行主席。协商会议执行主席的主要职责是负责工资集体协商有关组织协调工作，并对协商过程中发生的问题提出处理建议。

第十三条 协商双方享有平等的建议权、否决权和陈述权。

❸《工会参加平等协商和签订集体合同试行办法》（1995年8月17日 总工发［1995］12号）

第十一条 工会应当按照以下程序与企业进行平等协商：

（一）建立定期协商机制的企业，双方首席代表应当在协商前一周，将拟定协商的事项通知对方，属不定期协商的事项，提议方应当与对方共同商定平等协商的内容、时间和地点；

（二）协商开始时，由提议方将协商事项按双方议定的程序，逐一提交协商会议讨论；

（三）一般问题，经双方代表协商一致，协议即可成立，重大问题的协议草案，应当提交职工代表大会或全体职工审议通过；

（四）协商中如有临时提议，应当在各项议程讨论完毕后始得提出，取得对方同意后方可列入协商程序；

（五）经协商形成一致意见，由双方代表分别在有关人员及职工中传达或共同召集会议传达；

（六）平等协商未达成一致或出现事先未预料的问题时，经双方同意，可以暂时中止协商，协商中止期限最长不超过60天，具体中止期限及下次协商的具体时间、地点、内容由双方共同商定。

【集体协商的中止】

法律问题解读

工会和用人单位通过集体协商会议等形式进行集体协商时，很可能由于存在较大分歧而一时难以达成一致意见，也可能会遇到事先未预料到的问题，集体协商难以继续进行下去。在这种情况下，双方需要一定的时间冷静地、仔细地分析遇到的问题，权衡各种利弊，寻找可以解决问题的新方案。因此，经双方协商一致，可以暂时中止协商。中止期限及下次协商时间、地点、内容由双方商定。

法条指引

❶《集体合同规定》（自2004年5月1日起施行 劳动和社会保障部令第22号）

第三十五条 集体协商未达成一致意见或出现事先未预料的问题时，经双方协商，可以中止协商。中止期限及下次协商时间、地点、内容由双方商定。

❷《工会参加平等协商和签订集体合同试行办法》（1995年8月17日 总工发［1995］12号）

第十一条 工会应当按照以下程序与企业进行平等协商：

（一）建立定期协商机制的企业，双方首席代表应当在协商前一周，将拟定协商的事项通知对方，属不定期协商的事项，提议方应当与对方共同商定平等协商的内容、时间和地点；

（二）协商开始时，由提议方将协商事项按双方议定的程序，逐一提交协商会议讨论；

（三）一般问题，经双方代表协商一致，协议即可成立，重大问题的协议草案，应当提交职工代表大会或全体职工审议通过；

（四）协商中如有临时提议，应当在各项议程讨论完毕后始得提出，取得对方同意后方可列入协商程序；

（五）经协商形成一致意见，由双方代表分别在有关人员及职工中传达或共同召集会议传达；

（六）平等协商未达成一致或出现事先未预料的问题时，经双方同意，可以暂时中止协商，协商中止期限最长不超过60天，具体中止期限及下次协商的具体时间、地点、内容由双方共同商定。

【集体合同草案的审议】

法律问题解读

集体合同草案的审议是指双方的集体协商代表就集体合同草案达成一致意见之后，将集体合同草案提交职工代表大会或者全体职工讨论，决定是否批准通过。获得通过之后，才能由工会和用人单位双方的法定代表人或首席代表签字，使得集体合同成立。集体合同草案经审议未获通过的，由双方重新协商，进行修改。集体合同草案的审议程序使订立集体合同的最终决策权掌握在广大劳动者的手里而不是工会负责人的手里，有利于保证集体合同符合广大劳动者的利益。显而易见，未经审议的集体合同属于无效合同。

法条指引

❶**《中华人民共和国劳动法》**（1994年7月5日）

第三十三条 企业职工一方与企业可以就劳动报酬、工作时间、休息休假、劳动安全卫生、保险福利等事项，签订集体合同。集体合同草案应当提交职工代表大会或者全体职工讨论通过。

集体合同由工会代表职工与企业签订；没有建立工会的企业，由职工推举的代表与企业签订。

❷**《中华人民共和国工会法》**（2001年10月27日修正）

第二十条 工会帮助、指导职工与企业以及实行企业化管理的事业单位签订劳动合同。

工会代表职工与企业以及实行企业化管理的事业单位进行平等协商，签订集体合同。集体合同草案应当提交职工代表大会或者全体职工讨论通过。

工会签订集体合同，上级工会应当给予支持和帮助。

企业违反集体合同，侵犯职工劳动权益的，工会可以依法要求企业承担责任；因履行集体合同发生争议，经协商解决不成的，工会可以向劳动争议仲裁机构提请仲裁，仲裁机构不予受理或者对仲裁裁决不服的，可以向人民法院提起诉讼。

❸**《工资集体协商试行办法》**（2000年11月8日 劳动和社会保障部令第9号）

第十九条 工资协议草案应提交职工代表大会或职工大会讨论审议。

❹**《工会参加平等协商和签订集体合同试行办法》**（1995年8月17日 总工发［1995］12号）

第十一条 工会应当按照以下程序与企业进行平等协商：

（一）建立定期协商机制的企业，双方首席代表应当在协商前一周，将拟定协商的事项通知对方，属不定期协商的事项，提议方应当与对方共同商定平等协商的内容、时间和地点；

（二）协商开始时，由提议方将协商事项按双方议定的程序，逐一提交协商会议讨论；

（三）一般问题，经双方代表协商一致，协议即可成立，重大问题的协议草案，应当提交职工代表大会或全体职工审议通过；

（四）协商中如有临时提议，应当在各项议程讨论完毕后始得提出，取得对方同意后方可列入协商程序；

（五）经协商形成一致意见，由双方代表分别在有关人员及职工中传达或共同召集会议传达；

（六）平等协商未达成一致或出现事先未预料的问题时，经双方同意，可以暂时中止协商，协商中止期限最长不超过60天，具体中止期限及下次协商的具体时间、地点、内容由双方共同商定。

第二十二条 集体合同草案经职工代表大会或全体职工审议通过后，由企业法定代表人与企业工会主席签字。

集体合同草案经审议未获通过的，由双方重新协商，进行修改。

第二十八条 变更或解除集体合同的程序：

（一）一方提出建议，向对方说明需要变更或解除的集体合同的条款和理由；

（二）双方就变更或解除的集体合同条款经协商一致，达成书面协议；

（三）协议书应当提交职工代表大会或全体职工审议通过，并报送集体合同管理机关登记备案，审议未获通过，由双方重新协商；

（四）变更或解除集体合同的协议书，在报送劳动行政部门的同时，企业工会报送上一级工会。

【集体合同的订立】

法律问题解读

集体合同的订立是指工会和用人单位双方的集体协商代表就集体合同的内容达成一致意见，并且集体合同草案经职工代表大会或全体职工讨论通过后，由工会和用人单位双方的法定代表人或首席代表签字。双方的签字意味着双方对集体合同内容的正式认可，意味着集体合同的成立（即集体合同的诞生）。

法条指引

❶《中华人民共和国劳动法》（1994 年 7 月 5 日 国家主席令第 28 号）

第三十三条 企业职工一方与企业可以就劳动报酬、工作时间、休息休假、劳动安全卫生、保险福利等事项，签订集体合同。集体合同草案应当提交职工代表大会或者全体职工讨论通过。

集体合同由工会代表职工与企业签订；没有建立工会的企业，由职工推举的代表与企业签订。

❷《中华人民共和国劳动合同法》（2007 年 6 月 29 日 国家主席令第 65 号）

第五十一条 企业职工一方与用人单位通过平等协商，可以就劳动报酬、工作时间、休息休假、劳动安全卫生、保险福利等事项订立集体合同。集体合同草案应当提交职工代表大会或者全体职工讨论通过。

集体合同由工会代表企业职工一方与用人单位订立；尚未建立工会的用人单位，由上级工会指导劳动者推举的代表与用人单位订立。

❸《中华人民共和国工会法》（2001 年 10 月 27 日修正）

第二十条 工会帮助、指导职工与企业以及实行企业化管理的事业单位签订劳动合同。

工会代表职工与企业以及实行企业化管理的事业单位进行平等协商，签订集体合同。集体合同草案应当提交职工代表大会或者全体职工讨论通过。

工会签订集体合同，上级工会应当给予支持和帮助。

企业违反集体合同，侵犯职工劳动权益的，工会可以依法要求企业承担责任；因履行集体合同发生争议，经协商解决不成的，工会可以向劳动争议仲裁机构提请仲裁，仲裁机构不予受理或者对仲裁裁决不服的，可以向人民法院提起诉讼。

❹《集体合同规定》（自 2004 年 5 月 1 日起施行 劳动和社会保障部令第 22 号）**第三十六条** 经双方协商代表协商一致的集体合同草案或专项集体合同草案应当提交职工代表大会或者全体职工讨论。

职工代表大会或者全体职工讨论集体合同草案或专项集体合同草案，应当有三分之二以上职工代表或者职工出席，且须经全体职工代表半数以上或者全体职工半数以上同意，集体合同草案或专项集体合同草案方获通过。

第三十七条 集体合同草案或专项集体合同草案经职工代表大会或者职工大会通过后，由集体协商双方首席代表签字。

❺《工资集体协商试行办法》（2000 年 11 月 8 日 劳动和社会保障部令第 9 号）

第二十条 工资集体协商双方达成一致意见后，由企业行政方制作工资协议文本。工资协议经双方首席代表签字盖章后成立。

❻《工会参加平等协商和签订集体合同试行办法》（1995 年 8 月 17 日 总工发［1995］12 号）

第二十二条 集体合同草案经职工代表大会或全体职工审议通过后，由企业法定代表人与企业工会主席签字。

集体合同草案经审议未获通过的，由双方重新协商，进行修改。

【集体合同的审查和生效】

法律问题解读

我国法律则规定，集体合同要报送劳动保障行政部门进行合法性审查，经审查无异议才生效。劳动保障行政部门主要审查以下内容：（1）合同双方的资格是否符合法律、法规的规定；（2）集体协商是否按照法律、法规规定的原则和程序进行；（3）集体合同中的各项具体劳动标准是否符合法律、法规规定的最低标准。如果劳动保障行政部门的审查意见书对集体合同的内容提出了异议，集体合同双方应当对其中无效或部分无效的条款进行修改，并重新报送劳动保障行政部门审查。需要注意的是，双方如果对集体合同的内容进行修改，仍然要按照集体协商的法定程序进行，即仍然要经过集体协商会议、集体合同草案的审议、集体合同的签订、集体合同的审查等阶段。

法条指引

❶**《中华人民共和国劳动法》**（1994 年 7 月 5 日 国家主席令第 28 号）

第三十四条 集体合同签订后应当报送劳动行政部门；劳动行政部门自收到集体合同文本之日起 15 日内未提出异议的，集体合同即行生效。

❷**《中华人民共和国劳动合同法》**（2007 年 6 月 29 日 国家主席令第 65 号）

第五十四条 集体合同订立后，应当报送劳动行政部门；劳动行政部门自收到集体合同文本之日起十五日内未提出异议的，集体合同即行生效。

依法订立的集体合同对用人单位和劳动者具有约束力。行业性、区域性集体合同对当地本行业、本区域的用人单位和劳动者具有约束力。

❸**《集体合同规定》**（自 2004 年 5 月 1 日起施行 劳动和社会保障部令第 22 号）

第四十二条 集体合同或专项集体合同签订或变更后，应当自双方首席代表签字之日起 10 日内，由用人单位一方将文本一式三份报送劳动保障行政部门审查。

劳动保障行政部门对报送的集体合同或专项集体合同应当办理登记手续。

第四十三条 集体合同或专项集体合同审查实行属地管辖，具体管辖范围由省级劳动保障行政部门规定。

中央管辖的企业以及跨省、自治区、直辖市的用人单位的集体合同应当报送劳动保障部或劳动保障部指定的省级劳动保障行政部门。

第四十四条 劳动保障行政部门应当对报送的集体合同或专项集体合同的下列事项进行合法性审查：

（一）集体协商双方的主体资格是否符合法律、法规和规章规定；

（二）集体协商程序是否违反法律、法规、规章规定；

（三）集体合同或专项集体合同内容是否与国家规定相抵触。

第四十五条 劳动保障行政部门对集体合同或专项集体合同有异议的，应当自收到文本之日起 15 日内将《审查意见书》送达双方协商代表。《审查意见书》应当载明以下内容：

（一）集体合同或专项集体合同当事人双方的名称、地址；

（二）劳动保障行政部门收到集体合同或专项集体合同的时间；

（三）审查意见；

（四）作出审查意见的时间。

《审查意见书》应当加盖劳动保障行政部门印章。

第四十六条 用人单位与本单位职工就劳动保障行政部门提出异议的事项经集体协商重新签订集体合同或专项集体合同的，用人单位一方应当根据本规定第四十二条的规定将文本报送劳动保障行政部门审查。

第四十七条 劳动保障行政部门自收到文本之日起 15 日内未提出异议的，集体合同或专项集体合同即行生效。

第四十八条 生效的集体合同或专项集体合同，应当自其生效之日起由协商代表及时以适当的形式向本方全体人员公布。

❹**《工资集体协商试行办法》**（2000 年 11 月 8 日 劳动和社会保障部令第 9 号）

第二十二条 劳动保障行政部门应在收到工资协议 15 日内，对工资集体协商双方代表资格、工资协议的条款内容和签订程序等进行审查。劳动保障行政部门经审查对工资协议无异议，应及时向协商双方送达《工资协议审查意见书》，工资协议即行生效。

劳动保障行政部门对工资协议有修改意见，应将修改意见在《工资协议审查意见书》中通知协商双方。双方应就修改意见及时协商，修改工资协议，并重新报送劳动保障行政部门。

工资协议向劳动保障行政部门报送经过 15 日后，协议双方未收到劳动保障行政部门的《工资协议审查意见书》，视为已经劳动保障行政部门同意，该工资协议即行生效。

❺**《工会参加平等协商和签订集体合同试行办法》**（1995 年 8 月 17 日 总工发［1995］12 号）

第二十三条 集体合同签字后，在报送劳动行政部门的同时，企业工会应当将集体合同文本、附件及说明报送上一级工会。

第二十八条 变更或解除集体合同的程序：

（一）一方提出建议，向对方说明需要变更或解除的集体合同的条款和理由；

（二）双方就变更或解除的集体合同条款经协商一致，达成书面协议；

（三）协议书应当提交职工代表大会或全体职工审议通过，并报送集体合同管理机关登记备案，审议未获通过，由双方重新协商；

（四）变更或解除集体合同的协议书，在报送劳动行政部门的同时，企业工会报送上一级工会。

第三十五条 上级工会收到企业工会报送的集体合同文本，应当进行审查、登记、备案。

第三十六条 上级工会在审查集体合同时，如发现问题，应当及时通知企业工会，并协同同级劳动行政部门协调解决。

【集体合同的公布】

法律问题解读

集体合同对用人单位和用人单位的全体劳动者都具有约束力，因此集体合同生效后应当及时公布，使用人单位的管理人员和劳动者都能知晓其内容，并按照集体合同的规定行使权利、履行义务。集体合同的公布不是集体合同生效的条件，而是集体合同双方在集体合同生效后所负的一项法律义务。

法条指引

❶《集体合同规定》（自2004年5月1日起施行 劳动和社会保障部令第22号）

第四十八条 生效的集体合同或专项集体合同，应当自其生效之日起由协商代表及时以适当的形式向本方全体人员公布。

❷《工资集体协商试行办法》（2000年11月8日 劳动和社会保障部令第9号）

第二十三条 协商双方应于5日内将已经生效的工资协议以适当形式向本方全体人员公布。

❸《工会参加平等协商和签订集体合同试行办法》（1995年8月17日 总工发［1995］12号）

第二十四条 集体合同生效后，应依法向全体职工公布。

【集体合同的效力】

法律问题解读

关于集体合同的效力，需要把握几点：（1）即使工会组织和用人单位团体中的某些成员反对签订集体合同，他们也必须遵守该集体合同，因为签订集体合同的权利属于集体劳权，由劳动者团体和用人单位团体行使，并非由劳动者和用人单位单独行使；（2）在集体合同订立之后加入用人单位的劳动者和加入用人单位团体的用人单位自加入之日起也成为集体合同的关系人，适用原先已经签订的集体合同，除非该集体合同另有规定；（3）根据国际惯例，集体合同订立之后退出用人单位团体的用人单位在原集体合同有效期内仍然受其约束；（4）集体合同生效之前已经订立的劳动合同自集体合同生效之日起受集体合同约束，劳动合同中与集体合同相违背的条款自集体合同生效之日起视为无效，并开始适用集体合同的规定。（5）集体合同有企业级集体合同、行业级集体合同、地区级集体合同、国家级集体合同之分，他们分别在企业内、行业内、地区内、全国范围内发生效力。低级别集体合同确定的劳动标准不能低于高级别集体合同确定的标准。（6）集体合同具有不可贬低性效力和具有补充性效力。劳动合同规定的劳动标准可以高于但不得低于集体合同规定的劳动标准，否则属无效条款；当劳动合同无规定或规定无效的，集体合同的相应内容就当然地视为劳动合同的内容。

法条指引

❶《中华人民共和国劳动法》（1994年7月5日 国家主席令第28号）

第三十五条 依法签订的集体合同对企业和企业全体职工具有约束力。职工个人与企业订立的劳动合同中劳动条件和劳动报酬等标准不得低于集体合同的规定。

❷《中华人民共和国劳动合同法》（2007年6月29日 国家主席令第65号）

第五十四条 集体合同订立后，应当报送劳动行政部门；劳动行政部门自收到集体合同文本之日起十五日内未提出异议的，集体合同即行生效。

依法订立的集体合同对用人单位和劳动者具有约束力。行业性、区域性集体合同对当地本行业、本区域的用人单位和劳动者具有约束力。

第五十五条 集体合同中劳动报酬和劳动条件等标准不得低于当地人民政府规定的最低标准；用人单位与劳动者订立的劳动合同中劳动报酬和劳动条件等标准不得低于集体合同规定的标准。

❸《集体合同规定》（自2004年5月1日起施行 劳动和社会保障部令第22号）

第六条 工会应当帮助、指导劳动者与用人单位依法订立和履行劳动合同，并与用人单位建立集体协商机制，维护劳动者的合法权益。

❹《工资集体协商试行办法》（2000年11月8日 劳动和社会保障部令第9号）

第四条 依法订立的工资协议对企业和职工双方具有同等约束力。双方必须全面履行工资协议规定的义务，任何一方不得擅自变更或解除工资协议。

第五条 职工个人与企业订立的劳动合同中关于工资报酬的标准，不得低于工资协议规定的最低标准。

❺《工会参加平等协商和签订集体合同试行办法》（1995年8月17日 总工发〔1995〕12号）

第六条 劳动合同规定的劳动标准不得低于集体合同的规定。

第十七条 集体合同规定的企业劳动标准，不得低于劳动法律、法规和当地政府规定的最低标准。

案例链接

❶《陈复进与广东万家乐燃气具有限公司劳动争议纠纷上诉案》，参见北大法宝引证码：Pkulaw.cn/CLI.C.49534。

【集体合同的履行】

法律问题解读

集体合同的履行是指集体合同的当事人根据集体合同的约定完成各自所承担的义务。保障集体合同履行的法律手段大致有四种：一是规定集体合同的履行原则，从宏观上规范集体合同当事人的履行行为；二是规定违约责任，对违约行为进行制裁；三是建立集体合同履行的监督检查制度，督促当事人认真履行集体合同，并及时纠正履行中的不当行为；四是建立集体合同争议处理制度，及时处理集体合同履行中的争议，排除集体合同履行中的障碍。

法条指引

❶《中华人民共和国劳动法》（1994年7月5日 国家主席令第28号）

第八十四条 因签订集体合同发生争议，当事人协商解决不成的，当地人民政府劳动行政部门可以组织有关各方协调处理。

因履行集体合同发生争议，当事人协商解决不成的，可以向劳动争议仲裁委员会申请仲裁；对仲裁裁决不服的，可以自收到仲裁裁决书之日起15日内向人民法院提起诉讼。

第八十五条 县级以上各级人民政府劳动行政部门依法对用人单位遵守劳动法律、法规的情况进行监督检查，对违反劳动法律、法规的行为有权制止，并责令改正。

第八十六条 县级以上各级人民政府劳动行政部门监督检查人员执行公务，有权进入用人单位了解执行劳动法律、法规的情况，查阅必要的资料，并对劳动场所进行检查。

县级以上各级人民政府劳动行政部门监督检查人员执行公务，必须出示证件，秉公执法并遵守有关规定。

第八十七条 县级以上各级人民政府有关部门在各自职责范围内，对用人单位遵守劳动法律、法规的情况进行监督。

第八十八条 各级工会依法维护劳动者的合法权益，对用人单位遵守劳动法律、法规的情况进行监督。

任何组织和个人对于违反劳动法律、法规的行为有权检举和控告。

❷《中华人民共和国劳动合同法》（2007年6月29日 国家主席令第65号）

第五十六条 用人单位违反集体合同，侵犯职工劳动权益的，工会可以依法要求用人单位承担责任；因履行集体合同发生争议，经协商解决不成的，工会可以依法申请仲裁、提起诉讼。

❸《中华人民共和国工会法》（2001年10月27日修正）

第二十条 工会帮助、指导职工与企业以及实行企业化管理的事业单位签订劳动合同。

工会代表职工与企业以及实行企业化管理的事业单位进行平等协商，签订集体合同。集体合同草案应当提交职工代表大会或者全体职工讨论通过。

工会签订集体合同，上级工会应当给予支持和帮助。

企业违反集体合同，侵犯职工劳动权益的，工会可以依法要求企业承担责任；因履行集体合同发生争议，经协商解决不成的，工会可以向劳动争议仲裁机构提请仲裁，仲裁机构不予受理或者对仲裁裁决不服的，可以向人民法院提起诉讼。

❹《集体合同规定》（自2004年5月1日起施行 劳动和社会保障部令第22号）

第三十八条 集体合同或专项集体合同期限一般为1至3年，期满或双方约定的终止条件出现，即行终止。

集体合同或专项集体合同期满前3个月内，任何一方均可向对方提出重新签订或续订的要求。

第三十九条 双方协商代表协商一致，可以变更或解除集体合同或专项集体合同。

❺**《工资集体协商试行办法》**（2000年11月8日 劳动和社会保障部令第9号）

第四条 依法订立的工资协议对企业和职工双方具有同等约束力。双方必须全面履行工资协议规定的义务，任何一方不得擅自变更或解除工资协议。

第六条 县级以上劳动保障行政部门依法对工资协议进行审查，对协议的履行情况进行监督检查。

❻**《工会参加平等协商和签订集体合同试行办法》**（1995年8月17日 总工发［1995］12号）

第七条 企业工会应当就下列涉及职工合法权益的事项与企业进行平等协商：

（一）集体合同和劳动合同的订立、变更、续订、解除，已订立的集体合同和劳动合同的履行监督检查；

（二）企业涉及职工利益的规章制度的制定和修改；

（三）企业职工的劳动报酬、工作时间和休息休假、保险、福利、劳动安全卫生、女职工和未成年工的特殊保护、职业培训及职工文化体育生活；

（四）劳动争议的预防和处理；

（五）职工民主管理；

（六）双方认为需要协商的其他事项。

第三十条 企业工会应当定期组织有关人员对集体合同的履行情况进行监督检查，发现问题后，及时与企业协商解决。

第三十一条 企业工会可以与企业协商，建立集体合同履行的联合监督检查制度，定期或不定期对履行集体合同的情况进行监督检查。

第三十二条 工会小组和车间工会应当及时向企业工会报告集体合同在本班组和车间的履行情况。

第三十三条 职工代表大会有权对集体合同的履行实行民主监督。

企业工会应当定期向职工代表大会或全体职工通报集体合同的履行情况，组织职工代表对集体合同的履行进行监督检查。

第四十一条 因履行集体合同发生争议，工会代表应当与企业协商解决，协商解决不成的，可以向当地劳动争议仲裁委员会申请仲裁。对仲裁委员会的裁决不服的，可以自收到仲裁裁决书之日起15日内向人民法院提起诉讼。

案例链接

❶《汤晋诉当涂县劳动局不履行保护人身权、财产权法定职责案》，参见北大法宝引证码：Pkulaw. cn/CLI. C. 66810。

❷《周群与佛山市禅城区劳动和社会保障局行政处理决定纠纷上诉案》，参见北大法宝引证码：Pkulaw. cn/CLI. C. 43075。

【集体合同的变更】

法律问题解读

集体合同的变更，是指集体合同成立以后，尚未履行或者尚未履行完毕之前，当事人在协商一致的基础上就合同的内容进行修改、补充或删减。必须指出，双方就变更集体合同进行的协商实质上是一种集体协商，其性质同订立集体合同时的集体协商类似，因此变更集体合同的协商应当遵守集体协商的程序，不能随意进行，违背集体协商程序的变更属于无效行为，不能产生变更的法律效果。

法条指引

❶**《集体合同规定》**（自2004年5月1日起施行 劳动和社会保障部令第22号）

第三十九条 双方协商代表协商一致，可以变更或解除集体合同或专项集体合同。

❷**《工会参加平等协商和签订集体合同试行办法》**（1995年8月17日 总工发［1995］12号）

第二十六条 变更或解除集体合同，应当经双方协商一致，并制作《变更（解除）集体合同说明书》。

第二十七条 发生下列情况之一，集体合同的相应条款可以变更或解除：

（一）订立集体合同所依据的法律、法规和政策被修改或废止；

（二）订立集体合同所依据的国家宏观调控的政策措施被修改或取消；

（三）因不可抗力的原因使集体合同全部不能履行或部分不能履行；

（四）企业破产、停产、兼并、转产，使集体合同全部不能履行或部分不能履行；

（五）双方约定的变更或解除集体合同的条件出现；

（六）其他需要变更或解除集体合同的情况出现。

第二十八条　变更或解除集体合同的程序：

（一）一方提出建议，向对方说明需要变更或解除的集体合同的条款和理由；

（二）双方就变更或解除的集体合同条款经协商一致，达成书面协议；

（三）协议书应当提交职工代表大会或全体职工审议通过，并报送集体合同管理机关登记备案，审议未获通过，由双方重新协商；

（四）变更或解除集体合同的协议书，在报送劳动行政部门的同时，企业工会报送上一级工会。

【集体合同的解除】

法律问题解读

集体合同的解除，是指集体合同成立以后，具备法定条件或约定的条件时，当事人一方或双方作出意思表示而使合同关系自始消灭或将来消灭。在学理上和立法上，合同的解除有约定解除和法定解除之分。法定解除，是指法律规定了当事人享有解除权的情形，具备此种情形时，当事人一方行使法定的解除权而使合同消灭。约定解除又分为协议解除和行使约定的解除权两种情况。协议解除是指双方通过协商一致的方式解除合同。行使约定的解除权，是指双方在合同中预先约定了一方享有解除权的情形，具备此种情形时，当事人一方行使约定的解除权而使合同消灭。需要指出的是，具备法定或约定的情形时，是否行使解除权是当事人的权利，当事人也可以不行使解除权，不让集体合同消灭。关于集体合同的解除，我国目前只规定了协议解除。在协议解除中，双方为解除集体合同进行的协商同订立集体合同时进行的集体协商在性质上是完全不同的，后者的目的在于订立一份集体合同，而前者的目的在于消灭一份集体合同。但是，从重要性上来讲，解除集体合同同订立集体合同一样关系重大，一样涉及劳动者权益的保障，不能任由工会和用人单位随意为之。因此，集体合同的协议解除应当采用同集体协商一致的程序。

法条指引

❶ **《集体合同规定》**（自2004年5月1日起施行　劳动和社会保障部令第22号）

第三十九条　双方协商代表协商一致，可以变更或解除集体合同或专项集体合同。

第四十条　有下列情形之一的，可以变更或解除集体合同或专项集体合同：

（一）用人单位因被兼并、解散、破产等原因，致使集体合同或专项集体合同无法履行的；

（二）因不可抗力等原因致使集体合同或专项集体合同无法履行或部分无法履行的；

（三）集体合同或专项集体合同约定的变更或解除条件出现的；

（四）法律、法规、规章规定的其他情形。

第四十一条　变更或解除集体合同或专项集体合同适用本规定的集体协商程序。

❷ **《工会参加平等协商和签订集体合同试行办法》**（1995年8月17日　总工发［1995］12号）

第二十五条　在集体合同有效期内，由于环境和条件发生变化，致使集体合同难以履行时，双方均有权要求就变更或解除集体合同进行协商。

当一方就集体合同的变更或解除提出协商要求时，双方应当在7日内进行协商。

第二十六条　变更或解除集体合同，应当经双方协商一致，并制作《变更（解除）集体合同说明书》。

第二十七条　发生下列情况之一，集体合同的相应条款可以变更或解除：

（一）订立集体合同所依据的法律、法规和政策被修改或废止；

（二）订立集体合同所依据的国家宏观调控的政策措施被修改或取消；

（三）因不可抗力的原因使集体合同全部不能履行或部分不能履行；

（四）企业破产、停产、兼并、转产，使集体合同全部不能履行或部分不能履行；

（五）双方约定的变更或解除集体合同的条件出现；

（六）其他需要变更或解除集体合同的情况出现。

第二十八条　变更或解除集体合同的程序：

（一）一方提出建议，向对方说明需要变更或解除的集体合同的条款和理由；

（二）双方就变更或解除的集体合同条款经协商一致，达成书面协议；

（三）协议书应当提交职工代表大会或全体职工审议通过，并报送集体合同管理机关登记备案，审议未获通过，由双方重新协商；

（四）变更或解除集体合同的协议书，在报送劳动行政部门的同时，企业工会报送上一级工会。

【集体合同的终止】

法律问题解读

集体合同的终止，是指集体合同具备法定或约定的情形时自动消灭。常见的导致集体合同终止的情形有两种：一是集体合同期限届满，即双方预先约定的集体合同“寿终正寝”的时限已到；二是双方约定的某种终止条件出现。集体合同终止之后，集体合同便不复存在，不再有法律约束力。

法条指引

❶**《集体合同规定》**（自2004年5月1日起施行　劳动和社会保障部令第22号）

第三十八条　用人单位有下列情形之一的，劳动者可以解除劳动合同：

（一）未按照劳动合同约定提供劳动保护或者劳动条件的；

（二）未及时足额支付劳动报酬的；

（三）未依法为劳动者缴纳社会保险费的；

（四）用人单位的规章制度违反法律、法规的规定，损害劳动者权益的；

（五）因本法第二十六条第一款规定的情形致使劳动合同无效的；

（六）法律、行政法规规定劳动者可以解除劳动合同的其他情形。

用人单位以暴力、威胁或者非法限制人身自由的手段强迫劳动者劳动的，或者用人单位违章指挥、强令冒险作业危及劳动者人身安全的，劳动者可以立即解除劳动合同，不需事先告知用人单位。

❷**《工会参加平等协商和签订集体合同试行办法》**（1995年8月17日　总工发〔1995〕12号）

第二十九条　集体合同期限届满或双方约定的终止条件出现，集体合同即行终止。

集体合同期满前，企业工会应当会同企业商定续订下期集体合同事项。

【集体合同的续订】

法律问题解读

集体合同是有期限的，旧的集体合同终止之时，需要续订新的集体合同来代替它发挥作用。集体合同的续订应当在旧的集体合同终止之前进行，这样可以使集体协商成为一种前后相连、周而复始的活动，使新旧集体合同相互衔接，防止新旧集体合同之间出现“集体合同真空”，从而使劳动关系双方自始至终生活在集体合同的“阳光”下，使劳动关系既能得到适时调整又能保持相对稳定。

法条指引

❶**《工资集体协商试行办法》**（2000年11月8日　劳动和社会保障部令第9号）

第二十四条　工资集体协商一般情况下一年进行一次。职工和企业双方均可在原工资协议期满前60日内，向对方书面提出协商意向书，进行下一轮的工资集体协商，做好新旧工资协议的相互衔接。

❷**《工会参加平等协商和签订集体合同试行办法》**（1995年8月17日　总工发〔1995〕12号）

第七条　企业工会应当就下列涉及职工合法权益的事项与企业进行平等协商：

（一）集体合同和劳动合同的订立、变更、续订、解除，已订立的集体合同和劳动合同的履行监督检查；

（二）企业涉及职工利益的规章制度的制定和修改；

（三）企业职工的劳动报酬、工作时间和休息休假、保险、福利、劳动安全卫生、女职工和未成年工的特殊保护、职业培训及职工文化体育生活；

（四）劳动争议的预防和处理；

（五）职工民主管理；

（六）双方认为需要协商的其他事项。

第二十九条　集体合同期限届满或双方约定的终止条件出现，集体合同即行终止。

集体合同期满前，企业工会应当会同企业商定续订下期集体合同事项。

【集体合同的无效】

法律问题解读

集体合同的无效是指集体合同因不具备法律规定的生效条件而不具有法律效力。总的来讲，具有下列情形之一的集体合同或其部分条款无效：(1) 合同双方的主体资格不符合法律、法规的规定；(2) 集体协商未按照法律、法规规定的原则和程序进行；(3) 集体合同中的具体劳动标准不符合法律、法规规定的最低标准。集体合同的部分条款无效的，不影响其他条款的效力。由于用人单位的原因订立的无效集体合同，对劳动者造成损害的，用人单位应当承担赔偿责任。

法条指引

❶**《中华人民共和国劳动法》**（1994年7月5日　国家主席令第28号）

第九十七条　由于用人单位的原因订立的无效合同，对劳动者造成损害的，应当承担赔偿责任。

❷**《中华人民共和国劳动合同法》**（2007年6月29日　国家主席令第65号）

第二十六条　下列劳动合同无效或者部分无效：

（一）以欺诈、胁迫的手段或者乘人之危，使对方在违背真实意思的情况下订立或者变更劳动合同的；

（二）用人单位免除自己的法定责任、排除劳动者权利的；

（三）违反法律、行政法规强制性规定的。

对劳动合同的无效或者部分无效有争议的，由劳动争议仲裁机构或者人民法院确认。

❸**《集体合同规定》**（自2004年5月1日起施行　劳动和社会保障部令第22号）

第四十四条　有下列情形之一的，劳动合同终止：

（一）劳动合同期满的；

（二）劳动者开始依法享受基本养老保险待遇的；

（三）劳动者死亡，或者被人民法院宣告死亡或者宣告失踪的；

（四）用人单位被依法宣告破产的；

（五）用人单位被吊销营业执照、责令关闭、撤销或者用人单位决定提前解散的；

（六）法律、行政法规规定的其他情形。

【违反集体合同的责任】

法律问题解读

违反集体合同的责任，是指集体合同当事人和关系人未履行或未完全履行集体合同时，依照法律和集体合同的规定应当承担的责任。我国目前尚未对违反集体合同的责任作出具体的规定，而是把这一问题交给了集体合同的当事人，即由当事人在集体合同中约定违约责任。当事人可以约定的责任形式包括继续履行、解除合同、支付违约金、赔偿损失、赔礼道歉等。

法条指引

❶**《中华人民共和国工会法》**（2001年10月27日修正）

第二十条　工会帮助、指导职工与企业以及实行企业化管理的事业单位签订劳动合同。

工会代表职工与企业以及实行企业化管理的事业单位进行平等协商，签订集体合同。集体合同草案应当提交职工代表大会或者全体职工讨论通过。

工会签订集体合同，上级工会应当给予支持和帮助。

企业违反集体合同，侵犯职工劳动权益的，工会可以依法要求企业承担责任；因履行集体合同发生争议，经协商解决不成的，工会可以向劳动争议仲裁机构提请仲裁，仲裁机构不予受理或者对仲裁裁决不服的，可以向人民法院提起诉讼。

❷**《中华人民共和国劳动合同法》**（2007年6月29日　国家主席令第65号）

第五十六条　用人单位违反集体合同，侵犯职工劳动权益的，工会可以依法要求用人单位承担责任；因履行集体合同发生争议，经协商解决不成的，工会可以依法申请仲裁、提起诉讼。

❸**《集体合同规定》**（自2004年5月1日起施行　劳动和社会保障部令第22号）

第七条　县级以上劳动保障行政部门对本行政区域内用人单位与本单位职工开展集体协商、签订、履行集体合同的情况进行监督，并负责审查集体合同或专项集体合同。

❹**《工资集体协商试行办法》**（2000年11月8日　劳动和社会保障部令第9号）

第七条　工资集体协商一般包括以下内容：

（一）工资协议的期限；

（二）工资分配制度、工资标准和工资分配形式；

（三）职工年度平均工资水平及其调整幅度；

（四）奖金、津贴、补贴等分配办法；

（五）工资支付办法；

（六）变更、解除工资协议的程序；

（七）工资协议的终止条件；

（八）工资协议的违约责任；

（九）双方认为应当协商约定的其他事项。

❺《工会参加平等协商和签订集体合同试行办法》（1995 年 8 月 17 日　总工发［1995］12 号）

第十五条　集体合同包括以下内容：

（一）企业劳动标准；

（二）集体合同的期限，变更、解除与终止，监督、检查；

（三）争议处理；

（四）违约责任；

（五）双方约定的其他事项。

【集体合同争议】

法律问题解读

集体合同争议是指工会和用人单位因订立和履行集体合同发生的纠纷、争执，属于劳动争议的一种。世界各国一般将集体合同争议划分为权利争议和利益争议。权利争议与立法和集体合同所表述的工人、工会和雇主的权利的实现和解释有关，它是指双方在执行劳动法律法规和集体合同的规定时所发生的争议。在权利争议中，集体合同双方之间的权利义务是既定的，或者已有劳动法律法规加以规定，或者已通过集体合同加以确认；如果双方对立法和集体合同规定的有关权利义务在解释上没有分歧，并且双方都按照这种规定行使权利和承担义务，那么争议就不会发生。利益争议涉及的是未来的权利义务，它是指集体合同双方在集体谈判中就双方权利义务的安排产生的分歧。在利益争议中，集体合同双方所主张的权利义务尚未确定，争议的目的在于使己方的某种利益得到集体合同的确认，从而上升为受法律保护的权利。利益争议往往表现为一方或双方提出新的权利要求，如增加工资、缩短工时等。处理权利争议的通常方式是劳动争议仲裁和劳动争议诉讼，处理利益争议的主要方式是调解。调解之所以成为处理利益争议的主要方式，有下述几个原因：首先，集体合同双方在集体谈判中是就将要达成的合同条款进行谈判，每一方都努力为自己寻求最佳条款，双方因此而产生的问题不是法律问题，不在司法解决的范围之内；其次，利益争议的处理不是一个确定谁是谁非的问题，而是一个如何在双方的不同利益需求之间找到平衡点的问题；再次，从利益争议的性质来看，在处理利益争议时，双方达成妥协的可能性比处理权利争议时要大得多。

我国法律将集体合同争议划分为"因签订集体合同发生的争议"和"因履行集体合同发生的争议"。从实质上看，"因签订集体合同发生的争议"指的就是利益争议，而"因履行集体合同发生的争议"指的就是权利争议，只是表述的方式不同而已。同世界各国的通常做法一样，在我国，"因履行集体合同发生的争议"通过劳动争议仲裁和劳动争议诉讼来解决，而"因签订集体合同发生的争议"由劳动保障行政部门组织有关各方"协调处理"，这种"协调处理"实质上就是一种调解。处理集体合同争议时，必须首先判明争议的性质，即属于权利争议还是利益争议，然后依法采取不同的处理方式。处理方式不同，管辖的机构也不同，参与者也不同。

法条指引

❶《中华人民共和国劳动法》（1994 年 7 月 5 日）

第八十四条　因签订集体合同发生争议，当事人协商解决不成的，当地人民政府劳动行政部门可以组织有关各方协调处理。

因履行集体合同发生争议，当事人协商解决不成的，可以向劳动争议仲裁委员会申请仲裁；对仲裁裁决不服的，可以自收到仲裁裁决书之日起 15 日内向人民法院提起诉讼。

❷《中华人民共和国工会法》（2001 年 10 月 27 日修正）

第二十条　工会帮助、指导职工与企业以及实行企业化管理的事业单位签订劳动合同。

工会代表职工与企业以及实行企业化管理的事业单位进行平等协商，签订集体合同。集体合同草案应当提交职工代表大会或者全体职工讨论通过。

工会签订集体合同，上级工会应当给予支持和帮助。

企业违反集体合同，侵犯职工劳动权益的，工会可以依法要求企业承担责任；因履行集体合同发生争议，经协商解决不成的，工会可以向劳动争议仲裁机构提请仲裁，仲裁机构不予受理或者对仲裁裁决不服的，可以向人民法院提起诉讼。

❸**《中华人民共和国企业劳动争议处理条例》**（1993年7月6日　国务院令第117号）（略）

❹**《最高人民法院关于审理劳动争议案件适用法律若干问题的解释》**（2001年3月22日　法释［2001］14号）（略）

❺**《集体合同规定》**（自2004年5月1日起施行　劳动和社会保障部令第22号）

第四十九条　集体协商过程中发生争议，双方当事人不能协商解决的，当事人一方或双方可以书面向劳动保障行政部门提出协调处理申请；未提出申请的，劳动保障行政部门认为必要时也可以进行协调处理。

第五十条　劳动保障行政部门应当组织同级工会和企业组织等三方面的人员，共同协调处理集体协商争议。

第五十一条　集体协商争议处理实行属地管辖，具体管辖范围由省级劳动保障行政部门规定。

中央管辖的企业以及跨省、自治区、直辖市用人单位因集体协商发生的争议，由劳动保障部指定的省级劳动保障行政部门组织同级工会和企业组织等三方面的人员协调处理，必要时，劳动保障部也可以组织有关方面协调处理。

第五十二条　协调处理集体协商争议，应当自受理协调处理申请之日起30日内结束协调处理工作。期满未结束的，可以适当延长协调期限，但延长期限不得超过15日。

第五十三条　协调处理集体协商争议应当按照以下程序进行：

（一）受理协调处理申请；

（二）调查了解争议的情况；

（三）研究制定协调处理争议的方案；

（四）对争议进行协调处理；

（五）制作《协调处理协议书》。

第五十四条　《协调处理协议书》应当载明协调处理申请、争议的事实和协调结果，双方当事人就某些协商事项不能达成一致的，应将继续协商的有关事项予以载明。《协调处理协议书》由集体协商争议协调处理人员和争议双方首席代表签字盖章后生效。争议双方均应遵守生效后的《协调处理协议书》。

第五十五条　因履行集体合同发生的争议，当事人协商解决不成的，可以依法向劳动争议仲裁委员会申请仲裁。

第五十六条　用人单位无正当理由拒绝工会或职工代表提出的集体协商要求的，按照《工会法》及有关法律、法规的规定处理。

❻**《工会参加平等协商和签订集体合同试行办法》**（1995年8月17日　总工发［1995］12号）

第七条　企业工会应当就下列涉及职工合法权益的事项与企业进行平等协商：

（一）集体合同和劳动合同的订立、变更、续订、解除，已订立的集体合同和劳动合同的履行监督检查；

（二）企业涉及职工利益的规章制度的制定和修改；

（三）企业职工的劳动报酬、工作时间和休息休假、保险、福利、劳动安全卫生、女职工和未成年工的特殊保护、职业培训及职工文化体育生活；

（四）劳动争议的预防和处理；

（五）职工民主管理；

（六）双方认为需要协商的其他事项。

第三十九条　工会与企业因签订集体合同发生争议，应当协商解决。协商解决不成的，提请上级工会和当地政府劳动行政部门协调处理。

第四十条　县级以上工会参加同级集体合同争议协调处理机构，及时、公正地解决争议，并监督《协调处理协议书》的执行。

第四十一条　因履行集体合同发生争议，工会代表应当与企业协商解决，协商解决不成的，可以向当地劳动争议仲裁委员会申请仲裁。对仲裁委员会的裁决不服的，可以自收到仲裁裁决书之日起15日内向人民法院提起诉讼。

案例链接

❶《蒋光元与成都飞大置业有限公司劳动争议纠纷上诉案》，参见北大法宝引证码：Pkulaw. cn/CLI. C. 112137。

学者观点

❶ 彭光华：《集体争议处理机制初探》，参见北大法宝引证码：Pkulaw. cn/CLI. A. 043271。

【因签订集体合同发生的争议】

法律问题解读

“因签订集体合同发生的争议”指的就是利益争议，只是表述的方式不同而已。同世界各国的通常做法一样，在我国，“因签订集体合同发生的争议”由劳动保障行政部门组织有关各方“协调处理”，这种“协调处理”实质上就是一种调解。具体而言，因签订集体合同发生争议，双方当事人不能自行协商解决的，当事人一方或双方可向劳动行政部门的劳动争议协调处理机构书面提出协调处理申请；未提出申请的，劳动行政部门认为必要时可视情况进行协调处理。劳动行政部门协调处理因签订集体合同发生的争议时，组织同级工会代表、企业方面的代表以及其他有关方面的代表共同进行，双方当事人应各选派代表三至十名，并指定一名首席代表参加。协调处理因签订集体合同发生的争议结束后，由劳动行政部门制作协调处理协议书，双方当事人的首席代表和协调处理负责人共同签字盖章。协调处理协议书下达后，双方应当执行。协调处理协议书实质上是一种调解协议书，它的履行有两种方式：一是工会和用人单位双方将协议书的内容直接纳入集体合同之中，使之成为集体合同的组成部分，通过集体合同的履行得到履行；二是在工会和用人单位双方未将协议书的内容直接纳入集体合同之中的情况下，协议书应当视为集体合同的附件或“准集体合同”，具有集体合同的效力，双方必须依法履行其在协议书中承担的法律义务。

法条指引

❶ **《中华人民共和国劳动法》**（1994 年 7 月 5 日 国家主席令第 28 号）

第八十四条 因签订集体合同发生争议，当事人协商解决不成的，当地人民政府劳动行政部门可以组织有关各方协调处理。

因履行集体合同发生争议，当事人协商解决不成的，可以向劳动争议仲裁委员会申请仲裁；对仲裁裁决不服的，可以自收到仲裁裁决书之日起 15 日内向人民法院提起诉讼。

❷ **《中华人民共和国工会法》**（2001 年 10 月 27 日修正）

第二十条 工会帮助、指导职工与企业以及实行企业化管理的事业单位签订劳动合同。

工会代表职工与企业以及实行企业化管理的事业单位进行平等协商，签订集体合同。集体合同草案应当提交职工代表大会或者全体职工讨论通过。

工会签订集体合同，上级工会应当给予支持和帮助。

企业违反集体合同，侵犯职工劳动权益的，工会可以依法要求企业承担责任；因履行集体合同发生争议，经协商解决不成的，工会可以向劳动争议仲裁机构提请仲裁，仲裁机构不予受理或者对仲裁裁决不服的，可以向人民法院提起诉讼。

❸ **《集体合同规定》**（自 2004 年 5 月 1 日起施行 劳动和社会保障部令第 22 号）

第四十九条 集体协商过程中发生争议，双方当事人不能协商解决的，当事人一方或双方可以书面向劳动保障行政部门提出协调处理申请；未提出申请的，劳动保障行政部门认为必要时也可以进行协调处理。

第五十条 劳动保障行政部门应当组织同级工会和企业组织等三方面的人员，共同协调处理集体协商争议。

第五十一条 集体协商争议处理实行属地管辖，具体管辖范围由省级劳动保障行政部门规定。

中央管辖的企业以及跨省、自治区、直辖市用人单位因集体协商发生的争议，由劳动保障部指定的省级劳动保障行政部门组织同级工会和企业组织等三方面的人员协调处理，必要时，劳动保障部也可以组织有关方面协调处理。

第五十二条 协调处理集体协商争议，应当自受理协调处理申请之日起 30 日内结束协调处理工作。期满未结束的，可以适当延长协调期限，但延长期限不得超过 15 日。

第五十三条 协调处理集体协商争议应当按照以下程序进行：

（一）受理协调处理申请；

（二）调查了解争议的情况；

（三）研究制定协调处理争议的方案；

（四）对争议进行协调处理；

（五）制作《协调处理协议书》。

第五十四条 《协调处理协议书》应当载明协调处理申请、争议的事实和协调结果，双方当事人就某些协商事项不能达成一致的，应将继续协商的有关事项予以载明。《协调处理协议书》由集体协商争议协调处理人员和争议双方首席代表签字盖章后生效。争议双方均应遵守生效后的《协调处理协议书》。

❹《工会参加平等协商和签订集体合同试行办法》（1995年8月17日　总工发［1995］12号）

第三十九条　工会与企业因签订集体合同发生争议，应当协商解决。协商解决不成的，提请上级工会和当地政府劳动行政部门协调处理。

第四十条　县级以上工会参加同级集体合同争议协调处理机构，及时、公正地解决争议，并监督《协调处理协议书》的执行。

【因履行集体合同发生的争议】

法律问题解读

"因履行集体合同发生的争议"指的就是权利争议。同世界各国的通常做法一样，在我国，"因履行集体合同发生的争议"通过劳动争议仲裁和劳动争议诉讼来解决。具体而言，因履行集体合同发生争议，当事人协商解决不成的，可以向劳动争议仲裁委员会申请仲裁；对仲裁裁决不服的，可以自收到仲裁裁决书之日起15日内向人民法院提起诉讼。

法条指引

❶《中华人民共和国劳动法》（1994年7月5日　国家主席令第28号）

第八十四条　因签订集体合同发生争议，当事人协商解决不成的，当地人民政府劳动行政部门可以组织有关各方协调处理。

因履行集体合同发生争议，当事人协商解决不成的，可以向劳动争议仲裁委员会申请仲裁；对仲裁裁决不服的，可以自收到仲裁裁决书之日起15日内向人民法院提起诉讼。

❷《中华人民共和国工会法》（2001年10月27日修正）

第二十条　工会帮助、指导职工与企业以及实行企业化管理的事业单位签订劳动合同。

工会代表职工与企业以及实行企业化管理的事业单位进行平等协商，签订集体合同。集体合同草案应当提交职工代表大会或者全体职工讨论通过。

工会签订集体合同，上级工会应当给予支持和帮助。

企业违反集体合同，侵犯职工劳动权益的，工会可以依法要求企业承担责任；因履行集体合同发生争议，经协商解决不成的，工会可以向劳动争议仲裁机构提请仲裁，仲裁机构不予受理或者对仲裁裁决不服的，可以向人民法院提起诉讼。

❸《集体合同规定》（自2004年5月1日起施行　劳动和社会保障部令第22号）

第五十五条　因履行集体合同发生的争议，当事人协商解决不成的，可以依法向劳动争议仲裁委员会申请仲裁。

第五十六条　用人单位无正当理由拒绝工会或职工代表提出的集体协商要求的，按照《工会法》及有关法律、法规的规定处理。

❹《工会参加平等协商和签订集体合同试行办法》（1995年8月17日　总工发［1995］12号）

第四十一条　因履行集体合同发生争议，工会代表应当与企业协商解决，协商解决不成的，可以向当地劳动争议仲裁委员会申请仲裁。对仲裁委员会的裁决不服的，可以自收到仲裁裁决书之日起15日内向人民法院提起诉讼。

❺《中华人民共和国企业劳动争议处理条例》（1993年7月6日　国务院发布）

第二条　本条例适用于中华人民共和国境内的企业与职工之间的下列劳动争议：

（一）因企业开除、除名、辞退职工和职工辞职、自动离职发生的争议；

（二）因执行国家有关工资、保险、福利、培训、劳动保护的规定发生的争议；

（三）因履行劳动合同发生的争议；

（四）法律、法规规定应当依照本条例处理的其他劳动争议。

第六条　劳动争议发生后，当事人应当协商解决；不愿协商或者协商不成的，可以向本企业劳动争议调解委员会申请调解；调解不成的，可以向劳动争议仲裁委员会申请仲裁。当事人也可以直接向劳动争议仲裁委员会申请仲裁。对仲裁裁决不服的，可以向人民法院起诉。

劳动争议处理过程中，当事人不得有激化矛盾的行为。

❻《劳动部〈中华人民共和国企业劳动争议处理条例〉若干问题的解释》（1993年9月23日劳动部发布）

五、《条例》第二条第（三）项规定的"因履行劳动合同发生的争议"具体包括哪些内容？

答："因履行劳动合同发生的争议"包括因执行、变更、解除、终止劳动合同发生的争议。

【工资集体协商和工资协议】

法律问题解读

工资集体协商，是指工会和用人单位依法就企业内部工资分配制度、工资分配形式、工资收入水平等事项进行平等协商，在协商一致的基础上签订工资协议的行为。所谓工资协议，就是指专门就工资事项签订的专项集体合同。已订立集体合同的，工资协议作为集体合同的附件，并与集体合同具有同等效力。工资集体协商的程序与一般的集体协商基本上是相同的，没有太多的特殊性，区别主要体现在集体协商和集体合同的内容上。工资集体协商和工资协议一般包括以下内容：工资协议的期限，工资分配制度、工资标准和工资分配形式，职工年度平均工资水平及其调整幅度，奖金、津贴、补贴等分配办法，工资支付办法，等等。

法条指引

❶ **《工资集体协商试行办法》**（2000 年 11 月 8 日　劳动和社会保障部令第 9 号）

第七条　工资集体协商一般包括以下内容：

（一）工资协议的期限；

（二）工资分配制度、工资标准和工资分配形式；

（三）职工年度平均工资水平及其调整幅度；

（四）奖金、津贴、补贴等分配办法；

（五）工资支付办法；

（六）变更、解除工资协议的程序；

（七）工资协议的终止条件；

（八）工资协议的违约责任；

（九）双方认为应当协商约定的其他事项。

❷ **《工会参加平等协商和签订集体合同试行办法》**（1995 年 8 月 17 日　总工发［1995］12 号）

第十三条　平等协商意见一致，应当订立单项协议或集体合同。

第十六条　集体合同所规定的企业劳动标准包括：

（一）劳动报酬：包括工资分配方式，工资支付办法，工资增减幅度，最低工资，计件工资标准，延长工作时间付酬标准，特殊情况下工资标准等；

（二）工作时间：包括日工作时间，周工作时间，延长工作时间和夜班工作时间，劳动定额的确定，轮班岗位的轮班形式及时间等；

（三）休息休假：包括日休息时间，周休息日安排，法定休假日，年休假标准，不能实行标准工时的职工休息休假等；

（四）保险：包括职工工伤、医疗、养老、失业、生育等依法参加社会保险，企业补充保险的设立项目、资金来源及享受的条件和标准，职工死亡后遗属的待遇和企业补贴或救济等；

（五）福利待遇：包括企业集体福利设施的修建，职工文化和体育活动的经费来源，职工生活条件和住房条件的改善，职工补贴和津贴标准，困难职工救济，职工疗养、休养等；

（六）职业培训：包括职工上岗前和工作中的培训，转岗培训，培训的周期和时间及培训期间的工资及福利待遇等；

（七）劳动安全卫生：包括劳动安全卫生的目标，劳动保护的具体措施，劳动条件和作业环境改善的具体标准和实施项目，新建、改建、扩建工程的设计、施工中的劳动安全卫生设施与主体工程配套的内容，有职业危害作业劳动者的健康检查，劳动保护用品发放，特殊作业的抢险救护办法，以及劳动安全卫生监督检查等；

（八）企业富余职工的安置办法；

（九）女职工和未成年工特殊保护；

（十）其他经双方商定的事项。

第十七条　集体合同规定的企业劳动标准，不得低于劳动法律、法规和当地政府规定的最低标准。

【区域性集体合同和行业性集体合同】

法律问题解读

工会组织和雇主组织（我国又称为用人单位团体）都有不同的级别，不同级别的工会组织和雇主组织进行不同级别的集体谈判，就会签订不同级别的集体合同。根据集体合同的主体的级别和适用范围的不同，集体合同有企业级集体合同、行业级集体合同、地区级集体合同、国家级集体合同之分。我国法律目前规制的集体合同主要是企业级集体合同，但是并不禁止工会组织和雇主组织签订行业级集体合同、地区级集体合同。

从理论上讲，区域性、行业性集体合同同企业级集体合同相比具有很大的优越性，它们能在十分广泛的范围内将劳动者团结起来，统一地和雇主组织议定劳动条件，避免不同单位的劳动者互相竞争，因而能够在集体协商中争取到对劳动者更公平、更有利的劳动条件。

针对一些规模较小的用人单位中职工流动性较大、职工合法权益受侵害的现象时有发生，而这些单位内工会力量薄弱，难以有效开展集体协商的问题，《劳动合同法》规定：在县级以下区域内，建筑业、采矿业、餐饮服务业等行业可以由工会与企业方面代表订立行业性集体合同，或者订立区域性集体合同。行业性、区域性集体合同对当地本行业、本区域的用人单位和劳动者具有约束力。

不少地方的人大、政府制定的集体合同方面的地方性法规和地方规章对区域性集体合同和行业性集体合同作出了一些规定。这些规定的内容大致如下：（1）区域性、行业性雇主组织和工会组织可以进行区域性、行业性集体协商，签订区域性、行业性集体合同。（2）用人单位方的协商主体为区域性、行业性的企业联合会，也可以是区域、行业内企业委托的代表。工会方协商主体为区域性、行业性的工会组织。（3）区域性、行业性集体合同应当明确适用集体合同的用人单位。（4）区域性、行业性集体合同草案应当征求集体合同适用范围内的企业和职工的意见。（5）区域性、行业性集体合同的协商、签订、报送以及生效公布等，参照关于企业级集体合同的有关规定执行。（6）区域、行业集体合同适用范围内的企业，又单独签订企业级集体合同的，企业级集体合同的标准不得低于区域性、行业性集体合同的规定。

法条指引

❶**《中华人民共和国劳动合同法》**（2007 年 6 月 29 日　国家主席令第 65 号）

第五十三条　在县级以下区域内，建筑业、采矿业、餐饮服务业等行业可以由工会与企业方面代表订立行业性集体合同，或者订立区域性集体合同。

第五十四条　集体合同订立后，应当报送劳动行政部门；劳动行政部门自收到集体合同文本之日起十五日内未提出异议的，集体合同即行生效。

依法订立的集体合同对用人单位和劳动者具有约束力。行业性、区域性集体合同对当地本行业、本区域的用人单位和劳动者具有约束力。

❷**《江苏省企业集体协商和集体合同规定》**（2000 年 11 月 7 日　省政府令第 173 号）

第四章　区域、行业集体合同

第二十条　企业和职工可以通过区域、行业的企业组织和工会组织进行区域、行业集体协商，签订区域、行业集体合同。

企业方的协商主体为区域、行业的企业联合会，也可以是区域、行业内企业委托的代表。

职工方协商主体为区域、行业的工会联合会或者联合基层工会。

双方首席代表由其各自确定。

第二十一条　区域、行业集体合同应当明确适用主体，体现区域、行业劳动关系特点。

区域、行业集体合同草案应当征求集体合同适用范围内的企业和职工的意见。

第二十二条　区域、行业集体合同的协商签订、报送以及生效公布等，参照本规定集体协商和集体合同的有关规定执行。

第二十三条　区域、行业集体合同适用范围内的企业，又单独签订企业集体合同的，企业集体合同的标准不得低于区域、行业集体合同的规定。

第五章　工资

本章为读者提供与以下题目有关的法律问题的解读及相关法律文献依据

收入分配制度（140）　工资（143）　工资总额（144）　计时工资（145）　计件工资（146）　奖金（147）　津贴（147）　补贴（149）　加班加点工资（149）　特殊情况下支付的工资（152）　社会平均工资（152）　破产企业工资（152）　停工停产工资（153）　年休假工资（154）　探亲假工资（154）　婚丧假工资（155）　参加社会活动工资（155）　事假期间的待遇（156）　病假工资（156）　职业病工资（156）　女工“三期”内工资（158）　军队转业干部工资（159）　工资支付项目（161）　工资支付形式（161）　工资支付对象和方式（161）　工资支付时间（161）　克扣及拖欠工资的违法责任（162）　最低工资（163）　经营者年薪制（166）　股权激励（167）　基本工资制度（167）　岗位工资制（168）　结构工资制（168）　岗位技能工资制（168）　岗效薪级工资制（172）　岗位薪点工资制（174）　欠薪保障制度（174）　工资控制线（175）　工资指导线（175）　工资指导价位（176）　工资基金管理手册（176）　工资集体协商（177）

【收入分配制度】

法律问题解读

我国现阶段实行以按劳分配为主体，多种分配方式并存的分配制度。具体讲，就是把按劳分配和按生产要素分配结合起来，确立劳动、资本、技术和管理等生产要素按贡献参与分配，以及效率优先、兼顾公平的分配原则，强调初次分配注重效率，再次分配注重公平。我国在工资分配制度改革实践中出现的劳动分红、技术分红、风险收入、股份收入、经营成果收入和私营企业家的部分非劳动收入等分配方式，就是我国现阶段收入分配制度和分配原则的具体体现。

法条指引

❶ **《中华人民共和国劳动法》**（1994 年 7 月 5 日　国家主席令第 28 号）

第四十六条　工资分配应当遵循按劳分配原则，实行同工同酬。

工资水平在经济发展的基础上逐步提高。国家对工资总量实行宏观调控。

第四十七条　用人单位根据本单位的生产经营特点和经济效益，依法自主确定本单位的工资分配方式和工资水平。

第四十八条　国家实行最低工资保障制度。最低工资的具体标准由省、自治区、直辖市人民政府规定，报国务院备案。

用人单位支付劳动者的工资不得低于当地最低工资标准。

第四十九条　确定和调整最低工资标准应当综合参考下列因素：

（一）劳动者本人及平均赡养人口的最低生活费用；

（二）社会平均工资水平；

（三）劳动生产率；

（四）就业状况；

（五）地区之间经济发展水平的差异。

第五十条　工资应当以货币形式按月支付给劳动者本人。不得克扣或者无故拖欠劳动者的工资。

第五十一条　劳动者在法定休假日和婚丧假期间以及依法参加社会活动期间，用人单位应当依法支付工资。

❷ **《关于印发进一步深化企业内部分配制度改革指导意见的通知》**（2000 年 11 月 6 日　劳社

部发［2000］21号）

各省、自治区、直辖市劳动和社会保障厅（局），国务院有关部委劳动和社会保障工作机构：

为了深化企业内部分配制度改革，加快建立与现代企业制度相适应的工资收入分配制度，建立工资分配的激励和约束机制，我们提出了《进一步深化企业内部分配制度改革的指导意见》，现印发给你们，希望各地区加强这项工作的指导，坚持改革方向，认真总结经验，结合地区实际情况贯彻执行。

进一步深化企业内部分配制度改革的指导意见

为贯彻落实党的十五届四中全会《决定》和五中全会《建议》的精神，建立与现代企业制度相适应的工资收入分配制度，现就进一步深化企业内部分配制度改革提出如下指导意见。

一、指导思想

紧紧围绕建立现代企业工资收入分配制度的总体目标，坚持以按劳分配为主体，多种分配方式并存和效率优先、兼顾公平的原则，允许和鼓励资本、技术等生产要素参与收益分配；在国家的宏观指导下，企业结合推进劳动用人制度等项配套改革，根据生产经营特点自主建立科学、规范的工资收入分配制度；充分发挥劳动力市场价格的调节作用，合理确定职工工资水平，拉开各类人员工资收入分配差距。通过改革形成有效的分配激励与约束机制，以及工资能增能减的机制，充分调动各方面的积极性，促进企业经济效益的提高。

二、建立健全企业内部工资收入分配激励机制

1. 建立以岗位工资为主的基本工资制度。

按照建立现代企业工资收入分配制度的要求并根据人力资源管理的特点，积极探索建立以岗位工资为主的基本工资制度。提倡推行各种形式的岗位工资制，如岗位绩效工资制、岗位薪点工资制、岗位等级工资制等。要进行科学的岗位设置、定员定额和岗位测评，做到以岗定薪。要以岗位测评为依据，参照劳动力市场工资指导价位合理确定岗位工资标准和工资差距。提高关键性管理、技术岗位和高素质短缺人才岗位的工资水平。岗位工资标准要与企业经济效益相联系，随之上下浮动。职工个人工资根据其劳动贡献大小能增能减。企业内部实行竞争上岗，人员能上能下，岗变薪变。

企业可以根据生产经营特点采取灵活多样的工资支付形式，如计件工资、浮动工资以及营销人员的销售收入提成等办法。无论哪一种形式，都应与职工的岗位职责、工作业绩和实际贡献挂钩，真正形成重实绩、重贡献的分配激励机制。

结合基本工资制度改革调整工资收入结构，使职工收入工资化、货币化、透明化。把工资总额中的部分补贴、津贴纳入岗位工资，提高岗位工资的比重。清理并取缔企业违规违纪发放的工资外收入，净化收入渠道。通过调整收入结构，提高工资占人工成本的比重。积极推行银行代发工资和企业代扣代缴个人所得税的办法。

2. 实行董事会、经理层成员按职责和贡献取得报酬的办法。

要在具备条件的企业积极试行董事长、总经理年薪制。董事会和经理层其他成员的工资分配，执行企业内部工资分配制度，按照其承担的岗位职责和做出的贡献确定工资收入，并实行严格的考核和管理办法。一般情况下，对董事会成员要考核其资产运营和投资决策方面的业绩，主要以资产保值增值为评价标准3对经理层成员要考核其履行经营管理职责和取得业绩情况。要将考核结果与董事会、经理层成员的工资收入相联系，拉开工资收入差距。董事会成员的工资分配办法要通过股东大会讨论决定，经理层成员的工资分配办法要通过董事会讨论决定。

3. 对科技人员实行收入激励政策。

科技人员实行按岗位、按任务、按业绩确定报酬的工资收入分配制度。要合理拉开科技人员与普通职工、做出重大贡献的科技人员与一般科技人员的工资收入差距。企业可以根据生产经营需要并参照劳动力市场工资指导价位，同科技人员分别签订工资协议。实行按科技成果奖励办法，如项目成果奖、科技产品销售收入或利润提成等，对做出突出贡献的科技人员给予重奖。奖励办法，公司制企业由企业董事会提出，经股东会讨论后决定；非公司制企业由企业领导班子提出，经职代会讨论后决定。

三、积极稳妥开展按生产要素分配的试点工作

1. 探索进行企业内部职工持股试点。

按照建立现代企业制度的要求，实行股份制改造或产权管理清晰的竞争性企业，可以进行职工持股试点，试点方案要因地制宜、因企制宜，经过审批后稳步推行。

坚持职工持股自愿原则。职工持股资格、认购股份数额和股份认购方案，要通过职工集体讨论或其他方式民主决定，并经股东大会或产权单位同意后执行。经营管理人员、业务和技术骨干的持股数额可适当高于一般职工，但企业股份不能过分集中在少数人手里。经营者持股数额一般以本企业职工平均持股数的5至15倍为宜。要严格资产评估，防止国有资产流失。

职工持股可以实行多种形式，要以职工出资认购股份为主，也可对职工实行奖励股份等办法。

2. 积极试行技术入股，探索技术要素参与收益分配办法。

具备条件的企业可以试行科技成果和技术专利作价折股，由科技发明者和贡献者持有。以科技成果入股的，科技成果作价金额一般不超过企业注册资本的20%。以高新技术成果入股的，高新技术成果的作价金额一般不超过企业注册资本的35%。

由本企业形成的科技成果，可根据《中华人民共和国促进科技成果转化法》规定，将过去3—5年实施转化成功的科技成果所形成利润按规定的比例折股分配。群体或个人从企业外带入的科技成果和专利技术，可直接在企业作价折股分配。在研究开发和科技成果转化中做出主要贡献的人员，所得股份应占有较大的比重。

科技成果评估作价可由企业与科技发明、贡献者协商确定，也可委托具有法定资格的评估机构评估确定。

技术入股方案，公司制企业由董事会提出，非公司制企业由经营领导班子提出，经股东大会或职工代表大会讨论决定，并报产权主管部门和劳动保障部门审核。

3. 具备条件的小企业可以探索试行劳动分红办法。

劳动分红办法，原则上只在资本回报率和净资产收益率高于社会平均水平的小企业试行。公司制企业，经董事会或股东大会同意，非公司制企业，经产权主管部门同意，可以试行劳动分红办法。劳动分红的方案要征求职代会或工会的意见，并报劳动保障部门和产权主管部门审核。

4. 正确处理按劳分配与按生产要素分配的关系。

按资本、技术等生产要素分配要遵循国家有关法律法规和政策规定。股份分红应以企业盈利为前提，按照《中华人民共和国公司法》进行利润分配，既要维护劳动者的合法权益，又不得损害国家和其他股东的合法利益。股份分红不能侵蚀工资，工资分配不能侵蚀利润。实行职工持股和技术入股的企业，要完善工资支付制度，按照当地政府颁布的工资指导线和政府的有关政策规定，合理增加工资。要坚持投资风险与收益一致的原则，职工持股、技术入股与其他股份实行同股同利原则。不论职工以何种形式入股，均应承担相应的风险，不得实行与经济效益相脱离的“保底分红”和“保息分红”办法。

四、加强基础管理，建立健全企业内部工资分配约束机制

1. 加强企业内部分配基础管理工作。

要继续建立健全岗位测评、定员定额和考试考核制度，搞好工资统计、管理台账、职工奖惩、经济核算等各项基础管理工作，并在日常管理中狠抓制度的落实。要根据国家有关法律法规，结合企业内部用人制度、职工培训制度改革，制订适合本企业特点的工资支付办法，规范工资支付行为。要规范经营管理人员的职位消费行为，提高收入分配透明度。

2. 实行人工成本的合理约束。

企业内部要建立以人工成本管理为主要内容的约束机制，从有利于产品市场竞争和节约人工成本目的出发，加强人工成本的监控与管理，对工资增长进行合理约束。提倡实行“模拟市场核算、实行成本否决”的人工成本控制办法。

3. 职工民主参与决策和监督。

要进一步完善职工民主参与收入分配决策和民主监督的制度。在明确股东会、董事会、监事会职责，建立有效制衡的公司法人治理结构的基础上，结合实行厂务公开制度，充分发挥工会和职工代表大会在工资收入管理和改革中的积极作用。

探索建立具有中国特色的工资集体协商制度。在非国有企业，只要建立了企业工会的，都要大力推行工资集体协商制度；在国有企业特别是已改制的国有企业中要积极进行工资集体协商试点。

五、进一步转变政府职能，加强对企业内部分配的指导工作

劳动保障行政部门要按照社会主义市场经济的要求，切实转变工资收入管理职能，尊重企业分配自主权，进一步加强对企业内部分配的指导工作。要加强对企业工资改革、职工持股、技术入股、工资集体协商等方面的政策指导，并根据实际情况，会同有关部门完善按生产要素分配的有关政策。通过建立和组织实施工资指导线制度、劳动力市场工资指导价位和人工成本预测预警制度，指导企业合理确定工资水平和工资关系。通过完善工资支付有关法律法规和政策，督促企业严格执行最低工资保障制度，规范工资支付行为。要及时总结企业工资分配的典型经验加以推广，积极为企业提供咨询和信息服务。

案例链接

❶《登封市嵩颖电力机械修造有限公司与陈建设劳动争议纠纷上诉案》，参见北大法宝引证码：Pkulaw. cn/CLI. C. 246043。

❷《张自勇诉许昌恒源发制品股份有限公司劳动争议纠纷案》，参见北大法宝引证码：Pkulaw. cn/CLI. C. 258355。

学者观点

❶ 王桦宇：《国企改制与职工劳动报酬权保护》，参见北大法宝引证码：Pkulaw. cn/CLI. A. 039997。

【工资】

法律问题解读

工资是指建立劳动关系的劳动者为用人单位付出正常劳动的情况下，用人单位依据劳动合同的约定，以货币形式支付给劳动者的劳动报酬。一般包括计时工资、计件工资、奖金、津贴和补贴、加班加点工资，以及在患病、工伤、产假、婚丧假、年休假等特殊情况下，按计时工资标准或计时工资标准的一定比例支付的工资。工资是劳动者获得的劳动报酬的主要组成部分，但不是全部。也就是说，劳动者的劳动报酬并非都是工资。按照国家规定，劳动者的以下劳动报酬不属于工资范围：（1）单位支付给劳动者个人的社会保险福利费用，如离休、退休、退职人员的待遇、丧葬抚恤救济费、生活困难补助费、计划生育补贴等；（2）劳动保护方面的费用，如用人单位支付给劳动者的工作服、解毒剂、清凉饮料费用等；（3）按规定未列入工资总额的各种劳动报酬及其他劳动收入，如根据国家规定发放的创造发明奖、国家星火奖、自然科学奖、科学技术进步奖、合理化建议和技术改进奖、中华技术大奖等，以及稿费、讲课费、翻译费，出差补助费、误餐补助费、调动工作的旅费和安家费，对购买本企业股票和债券的职工所支付的股息（包括股金分红）和利息，企业向被解除或终止劳动合同的劳动者支付的医疗补助费、经济补偿金、生活补助费，支付给家庭工人的加工费和按加工订货办法支付给承包单位的发包费等。

工资一般可分为标准工资（又称基本工资）和非标准工资（又称辅助工资）。标准工资是指按规定或劳动合同约定的工资标准计算的工资，包括实行结构工资制的基础工资，职务工资、岗位工资、工龄津贴、教龄津贴、护士工龄津贴等。人们形象地称之为“死”工资。非标准工资是指标准工资以外的各种工资，如奖金、津贴、加班加点工资等。人们形象地称之为“活”工资。目前国家积极倡导建立的现代企业分配制度，就是以岗位工资为主的基本工资制度，明确规定岗位职责和技能要求，实行以岗定薪，岗变薪变。

法条指引

❶**《劳动部关于贯彻执行〈中华人民共和国劳动法〉若干问题的意见》**（1995年8月4日　劳动部）

53. 劳动法中的“工资”是指用人单位依据国家有关规定或劳动合同的约定，以货币形式直接支付给本单位劳动者的劳动报酬，一般包括计时工资、计件工资、奖金、津贴和补贴、延长工作时间的工资报酬以及特殊情况下支付的工资等。“工资”是劳动者劳动收入的主要组成部分。

劳动者的以下劳动收入不属于工资范围：（1）单位支付给劳动者个人的社会保险福利费用，如丧葬抚恤救济费、生活困难补助费、计划生育补贴等；（2）劳动保护方面的费用，如用人单位支付给劳动者的工作服、解毒剂、清凉饮料费用等；（3）按规定未列入工资总额的各种劳动报酬及其他劳动收入，如根据国家规定发放的创造发明奖、国家星火奖、自然科学奖、科学技术进步奖、合理化建议和技术改进奖、中华技能大奖等，以及稿费、讲课费、翻译费等。

❷**《关于工资总额组成的规定》**（1990年1月1日　国家统计局发布）

第四条　工资总额由下列6个部分组成：

（一）计时工资；

（二）计件工资；

（三）奖金；

（四）津贴和补贴；

（五）加班加点工资；

（六）特殊情况下支付的工资。

第十条　特殊情况下支付的工资。包括：

（一）根据国家法律、法规和政策规定，因病、工伤、产假、计划生育假、婚丧假、事假、探亲假、定期休假、停工学习、执行国家或社会义务等原因按计时工资标准或计时工资标准的一定比例支付的工资；

（二）附加工资、保留工资。

第十一条 下列各项不列入工资总额的范围：

（一）根据国务院发布的有关规定颁发的创造发明奖、自然科学奖、科学技术进步奖和支付的合理化建议和技术改进奖以及支付给运动员、教练员的奖金；

（二）有关劳动保险和职工福利方面的各项费用；

（三）有关离休、退休、退职人员待遇的各项支出；

（四）劳动保护的各项支出；

（五）稿费、讲课费及其他专门工作报酬；

（六）出差伙食补助费、误餐补助、调动工作的旅费和安家费；

（七）对自带工具、牲畜来企业工作职工所支付的工具、牲畜等的补偿费用；

（八）实行租赁经营单位的承租人的风险性补偿收入；

（九）对购买本企业股票和债券的职工所支付的股息（包括股金分红）和利息；

（十）劳动合同制职工解除劳动合同时由企业支付的医疗补助费、生活补助费等；

（十一）因录用临时工而在工资以外向提供劳动力单位支付的手续费或管理费；

（十二）支付给家庭工人的加工费和按加工订货办法支付给承包单位的发包费用；

（十三）支付给参加企业劳动的在校学生的补贴；

（十四）计划生育独生子女补贴。

❸《〈关于工资总额组成的规定〉若干具体范围的解释》（1990年1月1日 国家统计局发布）

四、关于工资总额不包括的项目的范围

（一）有关劳动保险和职工福利方面的费用。具体有：职工死亡丧葬费及抚恤费、医疗卫生费或公费医疗费用、职工生活困难补助费、集体福利事业补贴、工会文教费、集体福利费、探亲路费、冬季取暖补贴、上下班交通补贴以及洗理费等。

（二）劳动保护的各种支出。具体有：工作服、手套等劳保用品、解毒剂、清凉饮料，以及按照1963年7月19日劳动部等七单位规定的范围对接触有毒物质、矽尘作业、放射线作业和潜水、沉箱作业、高温作业等五类工种所享受的由劳动保护费开支的保健食品待遇。

五、关于标准工资（基本工资，下同）和非标准工资（辅助工资，下同）的定义

（一）标准工资是指按规定的工资标准计算的工资（包括实行结构工资制的基础工资、职务工资和工龄津贴）。

（二）非标准工资是指标准工资以外的各种工资。

案例链接

❶《重庆尚联置业有限公司与熊安劳动争议纠纷上诉案》，参见北大法宝引证码：Pkulaw. cn/CLI. C. 168767。

❷《广州正坤信息咨询有限公司诉李逸啸劳动合同纠纷案》，参见北大法宝引证码：Pkulaw. cn/CLI. C. 232750。

【工资总额】

法律问题解读

工资总额是指在一定时期内通过各种形式实际支付给职工的货币工资总和。即凡企业、事业单位和机关团体以货币形式或实物形式（需折算成货币）支付给职工的劳动报酬，不论其经费来源如何，均应包括在工资总额内。构成工资总额的项目主要有：计时工资，计件工资，各种经常性奖金，工资性津贴和补贴，加班加点工资以及特殊情况下支付的工资等。不属于劳动报酬性质的经费开支，如用于职工生活福利、劳动保险、劳动保护等方面的费用，不包含在工资总额内。工资总额是计算平均工资的依据，一般是用人单位在从事统计、缴费等劳动工资工作中常用的一个概念。与劳动者全额工资的概念有联系，但不是同一概念。它的统计范围需按国家的统一规定执行。

法条指引

❶《关于工资总额组成的规定》（1990年1月1日 国家统计局发布）

第三条 工资总额是指各单位在一定时期内直接支付给本单位全部职工的劳动报酬总额。

工资总额的计算应以直接支付给职工的全部劳动报酬为根据。

第四条 工资总额由下列6个部分组成：

（一）计时工资；
（二）计件工资；
（三）奖金；
（四）津贴和补贴；
（五）加班加点工资；
（六）特殊情况下支付的工资。

案例链接

❶《海南航空股份有限公司与姚金虎劳动合同纠纷上诉案》，参见北大法宝引证码：Pkulaw. cn/CLI. C. 103319。

❷《中国太平洋财产保险股份有限公司佛山中心支公司与叶晓儿债务纠纷上诉案》，参见北大法宝引证码：Pkulaw. cn/CLI. C. 61152。

【计时工资】

法律问题解读

计时工资是指按照劳动者本人的技术、业务等级水平，或者是劳动者所在工作岗位、职位的劳动等级预先规定的相应工资标准及劳动者实际有效工作时间计付工资的形式。按计算时间的单位不同，一般分为小时工资制、日工资制、月工资制和年薪制。计时工资一般应包括：对已做工作按计时工资标准支付的工资，含地区生活费补贴；实行结构工资制的单位支付给职工的基础工资和职务（岗位）工资；新参加工作的见习或试用工资、学徒的生活费；运动员的体育津贴。

由于计时工资是以劳动时间计算报酬，简便易行，便于计算，所以，它的适应性很强，实行范围广，任何部门、任何单位和各类工种、岗位均可采用。其中，最适用于以下行业、企业和工种、岗位：

（1）机械化、自动化水平较高、技术性强、操作复杂、产品需要经过多道工序、多道操作才能完成，不易单独计算个人的劳动成果的行业和工种。

（2）主要为生产第一线服务和从事辅助劳动，其劳动量不便于用产品产量准确计量的工人和服务人员。

（3）劳动量不便于统计计量的企业行政管理人员和技术人员等。

（4）产品、经营项目和生产条件多变的企业。随着企业内部工资分配制度改革的深化，需要把计时工资与其他工资形式有机地结合起来，以利于全面考核职工劳动的数量和质量，以更好地体现按劳分配原则。

计时工资的三种主要形式是：

（1）小时工资制。是指按照小时工资标准和实际工作的小时数来计算工资。小时工资标准按日工资标准除以日法定工作时数求得。

（2）日工资制。是指根据劳动者的日工资标准和实际工作日数来计算工资。日工资的计算方法是：先求得制度工时天数，即用全年天数减去国家法定节假日天数和休息日天数，以其之差除以 12 个月，得出每月平均应出勤天数，然后用职工本人月工资标准除以制度工时天数，即可求得日工资。

（3）月工资制。是指按照劳动者的岗位、等级工资制的工资标准来计发工资。企业职工如果出满勤，就按月工资标准支付工资；缺勤则按实际缺勤天数或小时数减发工资。

法条指引

❶**《中华人民共和国劳动法》**（1994 年 7 月 5 日）

第三十六条 国家实行劳动者每日工作时间不超过八小时、平均每周工作时间不超过四十四小时的工时制度。

第三十八条 用人单位应当保证劳动者每周至少休息一日。

第四十七条 用人单位根据本单位的生产经营特点和经济效益，依法自主确定本单位的工资分配方式和工资水平。

❷**《国务院关于职工工作时间的规定》**（1995 年 3 月 25 日修订）

第一条 为了合理安排职工的工作和休息时间，维护职工的休息权利，调动职工的积极性，促进社会主义现代化建设的事业发展，根据宪法有关规定，制定本规定。

第二条 本规定适用于在中华人民共和国境内的国家机关、社会团体、企业事业单位以及其他组织的职工。

第三条 职工每日工作 8 小时，每周工作 40 小时。

第四条 在特殊条件下从事劳动和有特殊情况，需要适当缩短工作时间的，按照国家有关规定执行。

第五条 因工作性质或者生产特点的限制，不能实行每日工作 8 小时，每周工作 40 小时标准工时制度的，按照国家有关规定，可以实行其他工作和休息办法。

第六条 任何单位和个人不得擅自延长职工工作时间。因特殊情况和紧急任务确需延长工作时间的，按照国家有关规定执行。

第七条 国家机关、事业单位实行统一的工作时间，星期六和星期日为周休息日。企业和不能实行前款规定的统一工作时间的事业单位，可以根据实际情况灵活安排周休息日。

第八条 本规定由劳动部、人事部负责解释；实施办法由劳动部、人事部制定。

第九条 本规定自1995年5月1日起施行。1995年5月1日施行有困难的企业、事业单位，可以适当延期；但是，事业单位最迟应当自1996年1月1日起施行，企业最迟应当自1997年5月1日起施行。

❸**《关于工资总额组成的规定》**（1990年1月1日　国家统计局发布）

第五条 计时工资是指按计时工资标准（包括地区生活费补贴）和工作时间支付给个人的劳动报酬。包括：

（一）对已做工作按计时工资标准支付的工资；

（二）实行结构工资制的单位支付给职工的基础工资和职务（岗位）工资；

（三）新参加工作职工的见习工资（学徒的生活费）；

（四）运动员体育津贴。

❹**《劳动部关于贯彻执行〈中华人民共和国劳动法〉若干问题的意见》**（1995年8月4日　劳动部发布）

61. 实行计时工资制的劳动者的日工资，按其本人月工资标准除以平均每月法定工作天数（实行每周40小时工作制的为21.16天，实行每周44小时工作制的为23.33天）进行计算。

62. 实行综合计算工时工作制的企业职工，工作日正好是周休息日的，属于正常工作；工作日正好是法定节假日时，要依照劳动法第四十四条第（三）项的规定支付职工的工资报酬。

案例链接

❶《佛山市顺德区粤鸿基房产有限公司与罗肖娟劳动争议纠纷上诉案》，参见北大法宝引证码：Pkulaw. cn/CLI. C. 68281。

❷《朱秋月诉广州市万婴教育咨询有限公司追索劳动报酬及解除劳动合同经济补偿金纠纷案》，参见北大法宝引证码：Pkulaw. cn/CLI. C. 232737。

学者观点

❶ 孙瑞玺、信鸿狄：《关于延长工作时间、报酬及救济的问答》，参见北大法宝引证码：Pkulaw. cn/CLI. A. 031328。

【计件工资】

法律问题解读

计件工资是指按照劳动者生产的合格产品数量或完成的工作量，根据企业内部确定的计件工资单价，计算并支付工资的一种形式。它由工作物等级、劳动定额和计件单价所组成。

“工作物等级”是根据某种工作物的技术复杂程度、劳动强度、劳动责任和不同的设备状况而划分的等级。它是确定劳动定额水平，计算计件单价和合理安排劳动力的科学依据。

“劳动定额”分产量定额和工时定额。产量定额就是在单位时间内应该生产的合格产品的数量。工时定额就是在一定条件下完成某一产品所必须消耗的劳动时间。

“计件单价”是工人完成某种产品或某项工作的单位工资，即单位产品的工资率。

实行计件工资的条件是：

（1）必须是产品的数量能够准确计量，并能正确反映工人所支出的劳动量的工种或单位。

（2）必须是产品的数量和质量主要取决于工人主观努力的工种或单位。

（3）必须是具有明确的产品质量标准，能够检验产品质量的单位或工种才能实行计件工资。

（4）必须是具有先进合理的劳动定额和比较健全的原始记录统计制度，并有严格的计量标准的单位或工种。

（5）必须是生产任务饱满，原材料、燃料、动力供应和产品销路比较正常，能够组织均衡生产，并鼓励增加产量的单位，才能实行计件工资制。

目前我国企业中通常采用的计件工资形式主要有：

（1）全额无限计件工资。

（2）超额无限计件工资。

（3）超额有限计件工资。

（4）按质计价的计件工资。

（5）累进计件工资。
（6）间接计件工资。
（7）集体计件工资制。

法条指引

❶**《中华人民共和国劳动法》**（1994年7月5日）

第三十六条　国家实行劳动者每日工作时间不超过八小时、平均每周工作时间不超过四十四小时的工时制度。

第三十七条　对实行计件工作的劳动者，用人单位应当根据本法第三十六条规定的工时制度合理确定其劳动定额和计件报酬标准。

第四十七条　用人单位根据本单位的生产经营特点和经济效益，依法自主确定本单位的工资分配方式和工资水平。

❷**《关于工资总额组成的规定》**（1990年1月1日　国家统计局发布）

第六条　计件工资是指对已做工作按计件单价支付的劳动报酬。包括：

（一）实行超额累进计件、直接无限计件、限额计件、超定额计件等工资制，按劳动部门或主管部门批准的定额和计件单价支付给个人的工资；

（二）按工作任务包干方法支付给个人的工资；

（三）按营业额提成或利润提成办法支付给个人的工资。

案例链接

❶《中科越秀（广州）信息产业发展有限公司与詹小燕劳动合同纠纷上诉案》，参见北大法宝引证码：Pkulaw. cn/CLI. C. 113200。

❷《麦广源与广州携程国际旅行社有限公司追索劳动报酬纠纷上诉案》，参见北大法宝引证码：Pkulaw. cn/CLI. C. 234962。

【奖金】

法律问题解读

奖金是指支付给职工的超额劳动报酬和增收节支的劳动报酬。包括：生产奖；节约奖；劳动竞赛奖；机关事业单位各类人员的年终一次性奖金，机关工人的奖金；体育运动员的平时训练奖；以及其他奖金。基本工资是定额内劳动的报酬，不能充分反映职工的劳动差别。而多种多样的奖金则是超额劳动的报酬，能较灵活地反映职工的实际劳动差别。奖金作为基本工资的补充，在整个工资结构中只应于处于次要或从属地位。

奖金有四个特点：一是单一性，奖金可以在报酬上只反映职工某方面的实际劳动效果的差别；二是灵活性，奖金的形式灵活多样，奖励的对象、数额及获奖人数均可随生产（工作）的变化而变化；三是及时性，奖金的使用不受工资发放的限制，能及时反映劳动者向社会提供劳动量的变化情况；四是鼓励的双重性，奖金不仅是对职工的物质奖励，还有精神鼓励的作用。

法条指引

❶**《关于工资总额组成的规定》**（1990年1月1日　国家统计局发布）

第七条　奖金是指支付给职工的超额劳动报酬和增收节支的劳动报酬。包括：

（一）生产奖；
（二）节约奖；
（三）劳动竞赛奖；
（四）机关、事业单位的奖励工资；
（五）其他奖金。

❷**《〈关于工资总额组成的规定〉若干具体范围的解释》**（1990年1月1日　国家统计局统制字[1990]1号）

二、关于奖金的范围

（一）生产（业务）奖包括超产奖、质量奖、安全（无事故）奖、考核各项经济指标的综合奖、提前竣工奖、外轮速遣奖、年终奖（劳动分红）等。

（二）节约奖包括各种动力、燃料、原材料等节约奖。

（三）劳动竞赛奖包括发给劳动模范、先进个人的各种奖金和实物奖励。

（四）其他奖金包括从兼课酬金和业余医疗卫生服务收入提成中支付的奖金等。

案例链接

❶《海口港集团公司与彭湃劳动争议纠纷上诉案》，参见北大法宝引证码：Pkulaw. cn/CLI. C. 83848。

【津贴】

法律问题解读

津贴是指为了补偿职工特殊或额外的劳动消

耗和因其他特殊原因而支付给职工的一种辅助性工资。主要包括特殊劳动消耗津贴、保健津贴、技术性津贴、年功津贴和地区性津贴等几种类型。例如：高温津贴、野外地质勘探津贴、矿山井下津贴、化工行业实行的有毒有害津贴；卫生防疫津贴、医疗卫生津贴、科技保健津贴；特级教师补贴、科研津贴、工人技师津贴等。上述津贴可统称为特殊工种岗位津贴。年功津贴一般包括工龄津贴、教龄津贴、护士工龄津贴等。地区性津贴是为了补偿职工在某些特殊的地理、自然条件下生活费用的额外支出而设立的津贴。例如：林区津贴、高寒山区津贴、海岛津贴、高原地区临时补贴等。至于地区生活费补贴，似乎也应属于地区性津贴的范围，但是按照国家的规定，却将其列为计时工资的内容。也就是说，地区生活费补贴属于基本工资的范围。此外，其他的工资性津贴还有：火车司机和乘务员的乘务津贴、航行和空勤人员的伙食津贴、专业车队汽车司机的行车津贴、体育运动员的教练员的伙食补助费、少数民族的伙食津贴、书报费等。

津贴同其他工资形式相比，有以下几个特点：

（1）津贴是一种补偿性的劳动报酬，是对劳动者在特殊的环境和条件下超常劳动消耗和额外支出的一种补偿。

（2）大多数津贴所体现的主要不是劳动本身，即劳动数量和质量的差别，而是劳动所处的环境和条件的差别，主要功能是调节工种、行业、地区之间在这方面的工资关系。

（3）津贴具有单一性的特点，往往是一事一贴。多数津贴是根据某一特定条件，为了某一特定要求而制定的。

（4）津贴具有较大的灵活性，随着工作环境和条件的变化而变化。而不像基本工资那样，一经确定，在较长一段时间内不会变动。

从津贴的管理层次区分，可以分为两类：一类是国家或地区、部门统一制定的津贴；另一类是企业自行建立的津贴。国家统一建立的津贴，一般在企业成本中列支；企业自建的津贴，一般在企业留存的奖励基金或效益工资中开支。

法条指引

❶ **《关于工资总额组成的规定》**（1990 年 1 月 1 日 国家统计局发布）

第八条 津贴和补贴是指为了补偿职工特殊或额外的劳动消耗和因其他特殊原因支付给职工的津贴，以及为了保证职工工资水平不受物价影响支付给职工的物价补贴。

（一）津贴。包括：补偿职工特殊或额外劳动消耗的津贴，保健性津贴，技术性津贴，年功性津贴及其他津贴。

（二）物价补贴。包括：为保证职工工资水平不受物价上涨或变动影响而支付的各种补贴。

❷ **《〈关于工资总额组成的规定〉若干具体范围的解释》**（1990 年 1 月 1 日 国家统计局发布）

三、关于津贴和补贴的范围

（一）津贴。包括：

1. 补偿职工特殊或额外劳动消耗的津贴。具体有：高空津贴、井下津贴、流动施工津贴、野外工作津贴、林区津贴、高温作业临时补贴、海岛津贴、艰苦气象台（站）津贴、微波站津贴、高原地区临时补贴、冷库低温津贴、基层审计人员外勤工作补贴、邮电人员外勤津贴、夜班津贴、中班津贴、班（组）长津贴、学校班主任津贴、三种艺术（舞蹈、武功、管乐）人员工种补贴、运动队班（队）干部驻队补贴、公安干警值勤岗位津贴、环卫人员岗位津贴、广播电视天线岗位津贴、盐业岗位津贴、废品回收人员岗位津贴、殡葬特殊行业津贴、城市社会福利事业单位岗位津贴、环境监测津贴、收容遣送岗位津贴等。

2. 保健性津贴。具体有：卫生防疫津贴、医疗卫生津贴、科技保健津贴、各种社会福利院职工特殊保健津贴等。

3. 技术性津贴。具体有：特级教师补贴、科研津贴、工人技师津贴、中药老药工技术津贴、特殊教育津贴等。

4. 年功性津贴。具体有：工龄津贴、教龄津贴和护士工龄津贴等。

5. 其他津贴。具体有：直接支付给个人的伙食津贴（火车司机和乘务员的乘务津贴、航行和空勤人员伙食津贴、水产捕捞人员伙食津贴、专业车队汽车司机行车津贴、体育运动员和教练员伙食补助费、少数民族伙食津贴、小伙食单位补贴等）、合同制职工的工资性补贴以及书报费等。

（二）补贴。包括：

为保证职工工资水平不受物价上涨或变动影响而支付的各种补贴，如肉类等价格补贴、副食品价格补贴、粮价补贴、煤价补贴、房贴、水电贴等。

案例链接

❶《赖盛翘与广东万家乐燃气具有限公司劳

动争议纠纷上诉案》，参见北大法宝引证码：Pkulaw.cn/CLI.C.36688。

❷《谭维文与广东万家乐燃气具有限公司劳动争议纠纷上诉案》，参见北大法宝引证码：Pkulaw.cn/CLI.C.49015。

【补贴】

法律问题解读

补贴是指为了保证职工工资水平不受物价等因素的影响，而支付给职工的工资性补贴。它是职工工资的一种辅助形式，也是工资的一个组成部分。通常把补偿生产（工作）条件方面的叫做津贴，而把弥补生活开支方面的叫补贴。

从补贴的管理层次区分可以分为两类：一类是国家或地区、部门统一建立的补贴；另一类是企业自行建立的补贴。国家统一建立的补贴，一般在企业成本中开支；企业自建的补贴，一般在企业留利的效益工资中开支。补贴主要包括：为保证职工工资水平不受物价上涨或变动等因素影响而支付的各种补贴，如副食品价格补贴（含肉类等价格补贴）粮、油、蔬菜等价格补贴，煤价补贴、房贴，以及提高煤炭价格后部分地区实行民用燃料和照明电价补贴等。我国的物价补贴有两种方式，一种是明补（补给居民或职工）方式，另一种是暗补（补给企业或流通环节）。纳入工资总额范围的物价补贴是指明补。

法条指引

❶**《关于工资总额组成的规定》**（1990年1月1日 国家统计局发布）

第八条 津贴和补贴是指为了补偿职工特殊或额外的劳动消耗和因其他特殊原因支付给职工的津贴，以及为了保证职工工资水平不受物价影响支付给职工的物价补贴。

（一）津贴。包括：补偿职工特殊或额外劳动消耗的津贴，保健性津贴，技术性津贴，年功性津贴及其他津贴。

（二）物价补贴。包括：为保证职工工资水平不受物价上涨或变动影响而支付的各种补贴。

❷**《〈关于工资总额组成的规定〉若干具体范围的解释》**（1990年1月1日 国家统计局发布）

三、关于津贴和补贴的范围

（一）津贴。包括：

1. 补偿职工特殊或额外劳动消耗的津贴。具体有：高空津贴、井下津贴、流动施工津贴、野外工作津贴、林区津贴、高温作业临时补贴、海岛津贴、艰苦气象台（站）津贴、微波站津贴、高原地区临时补贴、冷库低温津贴、基层审计人员外勤工作补贴、邮电人员外勤津贴、夜班津贴、中班津贴、班（组）长津贴、学校班主任津贴、三种艺术（舞蹈、武功、管乐）人员工种补贴、运动队班（队）干部驻队补贴、公安干警值勤岗位津贴、环卫人员岗位津贴、广播电视天线岗位津贴、盐业岗位津贴、废品回收人员岗位津贴、殡葬特殊行业津贴、城市社会福利事业单位岗位津贴、环境监测津贴、收容遣送岗位津贴等。

2. 保健性津贴。具体有：卫生防疫津贴、医疗卫生津贴、科技保健津贴、各种社会福利院职工特殊保健津贴等。

3. 技术性津贴。具体有：特级教师补贴、科研津贴、工人技师津贴、中药老药工技术津贴、特殊教育津贴等。

4. 年功性津贴。具体有：工龄津贴、教龄津贴和护士工龄津贴等。

5. 其他津贴。具体有：直接支付给个人的伙食津贴（火车司机和乘务员的乘务津贴、航行和空勤人员伙食津贴、水产捕捞人员伙食津贴、专业车队汽车司机行车津贴、体育运动员和教练员伙食补助费、少数民族伙食津贴、小伙食单位补贴等）、合同制职工的工资性补贴以及书报费等。

（二）补贴。包括：

为保证职工工资水平不受物价上涨或变动影响而支付的各种补贴，如肉类等价格补贴、副食品价格补贴、粮价补贴、煤价补贴、房贴、水电贴等。

案例链接

❶《王捷与广东京投节能有限公司劳动合同纠纷上诉案》，参见北大法宝引证码：Pkulaw.cn/CLI.C.115241。

❷《何启明与广东京投节能有限公司劳动合同纠纷上诉案》，参见北大法宝引证码：Pkulaw.cn/CLI.C.115206。

【加班加点工资】

法律问题解读

加班加点工资是指用人单位根据生产、工作需要，安排劳动者在法定节假日和公休假日内，或在法定日标准工作时间以外继续生产劳动所支付的工资。

加班加点工资应按以下标准支付：

（1）用人单位依法安排劳动者在日法定标准工作时间以外加点的，按照不低于劳动合同规定的劳动者本人小时工资标准的150%支付劳动者工资；

（2）用人单位依法安排劳动者在公休假日内工作，而又不能安排补休的，按照不低于劳动合同规定的劳动者本人日或小时工资标准的200%支付劳动者工资；

（3）用人单位依法安排劳动者在法定节假日工作的，按照不低于劳动合同规定的劳动者本人的日或小时工资标准的300%支付劳动者工资。

实行计件工资的劳动者，只有在完成定额任务且实际工作时间达到标准日工作时间之后，根据用人单位的命令和要求从事劳动的，才视为加点；在休息日或节假日，根据用人单位的命令和要求从事劳动的，即视为加班。加班加点工资的计算方法，是将加班加点期间完成的产品件数乘以单位产品的工资金额，再按《劳动法》规定乘以150%、200%、300%。劳动者在标准日工作时间内未完成定额任务而延长工作时间的，不视为加班加点；在标准日工作时间内超额完成定额任务的部分，由于不是加班加点时间干的，所以不能按加班加点工资支付，可按超额奖金支付。

经劳动保障行政部门批准实行综合计算工时制的劳动者，工作日正好是休息日的，属于正常工作；工作日正好是法定节假日的，则应按本人日工资标准的300%支付加班工资。综合计算周期内的实际工作时间超过法定标准工作时间的部分，应视为加班加点的时间，均按本人日或小时工资标准的150%支付加班加点工资。

经批准实行不定时工作制的劳动者，由于其工作时间不确定，所以无法实行加班加点工资制度。

对“三八”国际妇女节、回民“大尔代”节假间，参加庆祝活动和放假的职工，不扣工资，照常工作的也不加发工资。

实行三班制生产的工人，在法定节日照常生产，应按照规定发给加班工资。对于不是整班的，按小时计算加班工资。如果在法定节日恰好本人轮休，则应不发加班工资。三班制工人的法定节日的起止时间，应从法定全民节日的当天0时起到24时止。

法条指引

❶《中华人民共和国劳动法》（1994年7月5日）

第三十六条 国家实行劳动者每日工作时间不得超过8小时、平均每周工作时间不超过44小时的工时制度。

第三十七条 对实行计件工作的劳动者，用人单位应当根据本法第三十六条规定的工时制度合理确定其劳动定额和计件报酬标准。

第四十四条 有下列情形之一的，用人单位应当按照下列标准支付高于劳动者正常工作时间工资的工资报酬：

（一）安排劳动者延长工作时间的，支付不低于工资的150%的工资报酬；

（二）休息日安排劳动者工作又不能安排补休的，支付不低于工资的200%的工资报酬；

（三）法定休假日安排劳动者工作的，支付不低于工资的300%的工资报酬。

❷《工资支付暂行规定》（1994年12月6日劳部发［1994］489号）

第十三条 用人单位在劳动者完成劳动定额或规定的工作任务后，根据实际需要安排劳动者在法定标准工作时间以外工作的，应按以下标准支付工资：

（一）用人单位依法安排劳动者在日法定标准工作时间以外延长工作时间的，按照不低于劳动合同规定的劳动者本人小时工资标准的150%支付劳动者工资；

（二）用人单位依法安排劳动者在休息日工作，而又不能安排补休的，按照不低于劳动合同规定的劳动者本人日或小时工资标准的200%支付劳动者工资；

（三）用人单位依法安排劳动者在法定休假节日工作的，按照不低于劳动合同规定的劳动者本人日或小时工资标准的300%支付劳动者工资。

实行计件工资的劳动者，在完成计件定额任务后，由用人单位安排延长工作时间的，应根据上述规定的原则，分别按照不低于其本人法定工作时间计件单价的150%、200%、300%支付其工资。

经劳动行政部门批准实行综合计算工时工作制的，其综合计算工作时间超过法定标准工作时间的部分，应视为延长工作时间，并应按本规定支付劳动者延长工作时间的工资。

实行不定时工时制度的劳动者，不执行上述规定。

❸**《对〈工资支付暂行规定〉有关问题的补充规定》**（1995年5月12日 劳部发［1995］226号）

二、关于加班加点的工资支付问题

1.《规定》第十三条第（一）（二）（三）款规定的在符合法定标准工作时间的制度工时以外延长工作时间及安排休息日和法定休假节日工作应支付的工资，是根据加班加点的多少，以劳动合同确定的正常工作时间工资标准的一定倍数所支付的劳动报酬，即凡是安排劳动者在法定工作日延长工作时间或安排在休息日工作而又不能补休的，均应支付给劳动者不低于劳动合同规定的劳动者本人小时或日工资标准150%、200%的工资；安排在法定休假节日工作的，应另外支付给劳动者不低于劳动合同规定的劳动者本人小时或日工资标准300%的工资。

2.关于劳动者日工资的折算。由于劳动定额等劳动标准都与制度工时相联系，因此，劳动者日工资可统一按劳动者本人的月工资标准除以每月制度工作天数进行折算。

根据国家关于职工每日工作8小时，每周工作时间40小时的规定，每月制度工时天数为21.5天。考虑到国家允许施行每周40小时工时制度有困难的企业最迟可以延期到1997年5月1日施行，因此，在过渡期内，实行每周44小时工时制度的企业，其日工资折算可仍按每月制度工作天数23.5天执行。

❹**《关于贯彻执行〈劳动法〉若干问题的意见》**（1995年8月4日 劳部发［1995］309号）

60.实行每天不超过8小时，每周不超过44小时或40小时标准工作时间制度的企业，以及经批准实行综合计算工时工作制的企业，应当按照劳动法的规定支付劳动者延长工作时间的工资报酬。全体职工已实行劳动合同制度的企业，一般管理人员（实行不定时工作制人员除外）经批准延长工作时间的，可以支付延长工作时间的工资报酬。

62.实行综合计算工时工作制的企业职工，工作日正好是周休息日的，属于正常工作；工作日正好是法定节假日时，要依照劳动法第四十四条第（三）项的规定支付职工的工资报酬。

67.经批准实行不定时工作制的职工，不受劳动法第四十一条规定的日延长工作时间标准和月延长工作时间标准的限制，但用人单位应采用弹性工作时间等适当的工作和休息方式，确保职工的休息休假权利和生产、工作任务的完成。

70.休息日安排劳动者工作的，应先按同等时间安排其补休，不能安排补休的应按劳动法第四十四条第（二）项的规定支付劳动者延长工作时间的工资报酬。法定节假日（元旦、春节、劳动节、国庆节）安排劳动者工作的，应按劳动法第四十四条第（三）项支付劳动者延长工作时间的工资报酬。

❺**《关于职工工作时间有关问题的复函》**（1997年9月10日 劳部发［1997］271号）

五、经批准实行综合计算工时工作制的用人单位，在计算周期内若日（或周）的平均工作时间没超过法定标准工作时间，但某一具体日（或周）的实际工作时间超过8小时（或40小时），“超过”部分是否视为加点（或加班）且受《劳动法》第四十一条的限制？

依据劳动部《关于企业实行不定时工作制和综合计算工时工作制的审批办法》第五条的规定，综合计算工时工作制采用的是以周、月、季、年等为周期综合计算工作时间，但其平均日工作时间和平均周工作时间应与法定标准工作时间基本相同。也就是说，在综合计算周期内，某一具体日（或周）的实际工作时间可以超过8小时（或40小时），但综合计算周期内的总实际工作时间不应超过总法定标准工作时间，超过部分应视为延长工作时间并按《劳动法》第四十四条第一款的规定支付工资报酬，其中法定休假日安排劳动者工作的，按《劳动法》第四十四条第三款的规定支付工资报酬。而且延长工作时间的小时数平均每月不得超过36小时。

案例链接

❶《漯河市某药业有限公司诉王某劳动争议纠纷案》，参见北大法宝引证码：Pkulaw.cn/CLI.C.253942。

❷《高建灵与郑州天瑞水泥有限公司劳动争议纠纷上诉案》，参见北大法宝引证码：Pkulaw.cn/CLI.C.225194。

学者观点

❶ 孙瑞玺、信鸿狄：《关于延长工作时间、报酬及救济的问答》，参见北大法宝引证码：Pkulaw.cn/CLI.A.031328。

【特殊情况下支付的工资】

法律问题解读

这是指正常情况以外用人单位须向劳动者支付的工资待遇。包括根据国家和用人单位的规定，因病、工伤、产假、计划生育假、婚假、丧假、探亲假、年休假、停工学习、参加社会活动等原因，按计时或计件工资标准，或者计时或计件工资标准的一定比例支付的工资，以及附加工资、保留工资等。

法条指引

❶**《关于工资总额组成的规定》**（1990年1月1日　国家统计局发布）

第十条　特殊情况下支付的工资。包括：

（一）根据国家法律、法规和政策规定，因病、工伤、产假、计划生育假、婚丧假、事假、探亲假、定期休假、停工学习、执行国家或社会义务等原因按计时工资标准或计时工资标准的一定比例支付的工资；

（二）附加工资、保留工资。

【社会平均工资】

法律问题解读

社会平均工资，是指一定时期一定范围内平均每一个职工的工资数额。它通过该时期该范围全体职工的工资总额与职工平均人数之比求得。了解社会平均工资的意义在于：（1）在物价比较稳定、职工构成变动不大的情况下，社会平均工资基本上反映出职工的工资水平和生活水平。（2）不同地区、不同行业、不同企业、不同岗位职工的平均工资，在一定程度上体现不同类别职工的工资关系。（3）社会平均工资是正确处理生产与生活、积累与消费等各项比例关系，为合理安排工农消费水平提供重要依据。（4）社会平均工资也是研究工资宏观调控的重要因素之一。（5）社会平均工资在计费、计酬、计算赔偿额等方面具有参考价值。

法条指引

❶**《关于国有企业改革和发展若干重大问题的决定》**（1999年9月22日　中国共产党第15届中央委员会第4次全体会议通过）

五、（四）面向市场着力转换企业经营机制。要逐步形成企业优胜劣汰、经营者能上能下、人员能进能出、收入能增能减、技术不断创新、国有资产保值增值等机制。建立与现代企业制度相适应的收入分配制度，在国家政策指导下，实行董事会、经理层等成员按照各自职责和贡献取得报酬的办法；企业职工工资水平，由企业根据当地社会平均工资和本企业经济效益决定；企业内部实行按劳分配原则，适当拉开差距，允许和鼓励资本、技术等生产要素参与收益分配。要采取切实措施，解决目前某些垄断行业个人收入过高的问题。

❷**《劳动和社会保障事业发展总体规划(1998—2002年)》**（1999年3月1日　劳社部发［1999］6号）（略）

【破产企业工资】

法律问题解读

企业破产后，原有职工因企业破产而引发的安置、工资、保险福利待遇等问题的争议较多，影响了社会的稳定。为解决好这些问题，国家都做出了相应的规定。在工资处理上，国家规定：用人单位依法破产时，劳动者有权获得其工资。在破产清偿中用人单位应按《中华人民共和国企业破产法》的规定，首先支付欠付本单位劳动者的工资。

法条指引

❶**《中华人民共和国企业破产法》**（2006年8月27日　国家主席令第45号）

第一百一十三条　破产财产在优先清偿破产费用和共益债务后，依照下列顺序清偿：

（一）破产人所欠职工的工资和医疗、伤残补助、抚恤费用，所欠的应当划入职工个人账户的基本养老保险、基本医疗保险费用，以及法律、行政法规规定应当支付给职工的补偿金；

（二）破产人欠缴的除前项规定以外的社会保险费用和破产人所欠税款；

（三）普通破产债权。

破产财产不足以清偿同一顺序的清偿要求的，按照比例分配。

破产企业的董事、监事和高级管理人员的工资按照该企业职工的平均工资计算。

❷《工资支付暂行规定》(1994年12月6日 劳部发［1994］489号)

第十四条 用人单位依法破产时，劳动者有权获得其工资。在破产清偿中用人单位应按《中华人民共和国企业破产法》规定的清偿顺序，首先支付欠付本单位劳动者的工资。

案例链接

❶《重庆广益摩托车有限公司与重庆康尔威药业股份有限公司破产还债纠纷上诉案》，参见北大法宝引证码：Pkulaw. cn/CLI. C. 249268。

【停工停产工资】

法律问题解读

由于在用人单位原因造成停工停产期间，用人单位应支付给劳动者停工工资（亦称停工津贴）。停工停产在一个工资支付周期内，用人单位应按劳动合同规定的标准支付劳动者工资。超过一个工资支付周期的，若劳动者提供了正常劳动，则支付给劳动者的劳动报酬，不得低于当地的最低工资标准；若劳动者没有提供正常劳动，应按国家有关规定办理，目前应按职工基本生活保障制度的规定，向劳动者支付基本生活费。由于劳动者原因造成停工停产期间，除因工负伤在停工治疗的停工留薪期间，用人单位应向劳动者支付原工资待遇以外，一般是可以不支付工资或基本生活费的。

法条指引

❶《中华人民共和国劳动法》(1994年7月5日 国家主席令)

第九十一条 用人单位有下列侵害劳动者合法权益情形之一的，由劳动行政部门责令支付劳动者的工资报酬、经济补偿，并可以责令支付赔偿金：

(一) 克扣或者无故拖欠劳动者工资的；

(二) 拒不支付劳动者延长工作时间工资报酬的；

(三) 低于当地最低工资标准支付劳动者工资的；

(四) 解除劳动合同后，未依照本法规定给予劳动者经济补偿的。

❷《工资支付暂行规定》(1994年12月6日 劳部发［1994］489号)

第十二条 非因劳动者原因造成单位停工、停产在一个工资支付周期内的，用人单位应按劳动合同规定的标准支付劳动者工资。超过一个工资支付周期的，若劳动者提供了正常劳动，则支付给劳动者的劳动报酬不得低于当地的最低工资标准；若劳动者没有提供正常劳动，应按国家有关规定办理。

第十八条 各级劳动行政部门有权监察用人单位工资支付的情况。用人单位有下列侵害劳动者合法权益行为的，由劳动行政部门责令其支付劳动者工资和经济补偿，并可责令其支付赔偿金：

(一) 克扣或者无故拖欠劳动者工资的；

(二) 拒不支付劳动者延长工作时间工资的；

(三) 低于当地最低工资标准支付劳动者工资的。

经济补偿和赔偿金的标准，按国家有关规定执行。

❸《工伤保险条例》(2003年4月27日 国务院第375号令)

第三十一条 职工因工作遭受事故伤害或者患职业病需要暂停工作接受工伤医疗的，在停工留薪期内，原工资福利待遇不变，由所在单位按月支付。

停工留薪期一般不超过12个月。伤情严重或者情况特殊，经设区的市级劳动能力鉴定委员会确认，可以适当延长，但延长不得超过12个月。工伤职工评定伤残等级后，停发原待遇，按照本章的有关规定享受伤残待遇。工伤职工在停工留薪期满后仍需治疗的，继续享受工伤医疗待遇。

生活不能自理的工伤职工在停工留薪期需要护理的，由所在单位负责。

案例链接

❶《郑州水晶股份有限公司与杨九慎劳务合同纠纷上诉案》，参见北大法宝引证码：Pkulaw. cn/CLI. C. 221696。

❷《周口市隆发药业有限公司与王国治劳动争议纠纷上诉案》，参见北大法宝引证码：Pkulaw. cn/CLI. C. 242783。

学者观点

❶ 孙瑞玺：《职工工伤与职工患病或非因工负伤医疗期及待遇规定的不同》，参见北大法宝引证码：Pkulaw. cn/CLI. A. 026940。

【年休假工资】

法律问题解读

根据规定，国家实行带薪年休假制度。凡劳动者连续工作1年以上的，都可以享受年休假。年休假期间，用人单位应按劳动合同约定的标准支付劳动者工资。地方有支付标准规定的，按其规定执行。合同中约定的工资标准可以是全额工资，也可以是结构工资中的基本工资。须注意的是，基本工资应是结构工资中的主要部分。

法条指引

❶**《中华人民共和国劳动法》**（1994年7月5日 国家主席令第28号）

第四十五条 国家实行带薪年休假制度。

劳动者连续工作1年以上的，享受带薪年休假。具体办法由国务院规定。

第五十一条 劳动者在法定休假日和婚丧假期间以及依法参加社会活动期间，用人单位应当依法支付工资。

❷**《工资支付暂行规定》**（1994年12月6日 劳部发［1994］489号）

第十一条 劳动者依法享受年休假、探亲假、婚假、丧假期间，用人单位应按劳动合同规定的标准支付劳动者工资。

案例链接

❶《广州新快达媒体服务有限公司诉谢创立劳动争议纠纷案》，参见北大法宝引证码：Pkulaw.cn/CLI.C.235478。

❷《李治雄与广州市番禺区旧水坑丰达电机厂劳动合同纠纷上诉案》，参见北大法宝引证码：Pkulaw.cn/CLI.C.230785。

学者观点

❶ 黄秩和：《评议〈职工带薪年休假规定（草案）〉（征求意见稿）》，参见北大法宝引证码：Pkulaw.cn/CLI.A.040568。

【探亲假工资】

法律问题解读

凡在国家机关、人民团体、和全民所有制、企事业单位工作满一年的职工，与配偶或父母不住在一起，又不能在公休假日团聚的，可以享受探望配偶或父母的待遇。职工探望配偶每年给予一方探亲一次，假期为30天。未婚职工探望父母每年给假一次，假期为20天。已婚职工探望父母的，每4年给假一次，假期为20天。凡享受其他休假制度（例如寒、暑假，年休假）的职工，应在休假期间探亲，如果休假期较短，可由本单位适当安排，补足其探亲假的天数。

根据国家规定，劳动者依法享受探亲假期间，用人单位应按劳动合同规定的标准支付劳动者工资。实行计件工资的，按计件工资标准发给。利用单位停工期间探亲的，探亲假期间工资仍按本人计时标准工资发给。地方有支付标准规定的，按其规定执行。职工探望配偶和未婚职工探望父母的往返路费，由所在单位负担。已婚职工探望父母的往返路费，在本人标准工资的30%以内的，由本人自理，超过部分由所在单位负担。

对非国有企事业单位的职工是否有探亲假，国家无规定。因此，这类用人单位可根据本单位的实际情况，决定是否参考国务院有关规定制定本单位有关探亲假的规章制度。

法条指引

❶**《国务院关于职工探亲待遇的规定》**（1981年3月14日 国发［1981］36号）

第一条 为了适当地解决职工同亲属长期远居两地的探亲问题，特制定本规定。

第二条 凡在国家机关、人民团体和全民所有制企业、事业单位工作满1年的固定职工，与配偶不住在一起，又不能在公休假日团聚的，可以享受本规定探望配偶的待遇；与父亲、母亲都不住在一起，又不能在公休假日团聚的，可以享受本规定探望父母的待遇。但是，职工与父亲或与母亲一方能够在公休假日团聚的，不能享受本规定探望父母的待遇。

第三条 职工探亲假期：

（一）职工探望配偶的，每年给予一方探亲假一次，假期为30天。

（二）未婚职工探望父母，原则上每年给假一次，假期为20天。如果因为工作需要，本单位当年不能给予假期，或者职工自愿两年探亲一次的，可以两年给假一次，假期为45天。

（三）已婚职工探望父母的，每4年给假一次，假期为20天。

探亲假期是指职工与配偶、父、母团聚的时间，另外，根据实际需要给予路程假。上述假期均包括公休假日和法定节日在内。

第四条 凡实行休假制度的职工（例如学校的教职工），应该在休假期间探亲；如果休假期较短，可由本单位适当安排，补足其探亲假的天数。

第五条 职工在规定的探亲假期和路程假期内，按照本人的标准工资发给工资。

第六条 职工探望配偶和未婚职工探望父母的往返路费，由所在单位负担。已婚职工探望父母的往返路费，在本人月标准工资30%以内的，由本人自理，超过部分由所在单位负担。

第七条 各省、直辖市人民政府可以根据本规定制定实施细则，并抄送国家劳动总局备案。

自治区可以根据本规定的精神制定探亲规定，报国务院批准执行。

第八条 集体所有制企业、事业单位职工的探亲待遇，由各省、自治区、直辖市人民政府根据本地区的实际情况自行规定。

第九条 本规定自发布之日起施行。1958年2月9日《国务院关于工人、职员回家探亲的假期和工资待遇的暂行规定》同时废止。

❷**《工资支付暂行规定》**（1994年12月6日劳部发［1994］489号文发布）

第十一条 劳动者依法享受年休假、探亲假、婚假、丧假期间，用人单位应按劳动合同规定的标准支付劳动者工资。

【婚丧假工资】

法律问题解读

按照国家规定，职工本人结婚或职工直系亲属（父母、配偶和子女）死亡时，可以根据具体情况，经用人单位批准，给予婚丧假3天，工资照发。同时还规定，职工结婚时双方不在一地工作，或职工在外地的直系亲属死亡时，可根据路程远近，给予路程假，并工资照发。如地方有支付标准规定的，按其规定执行。

此外，为了鼓励计划生育，各地对大龄晚婚青年的婚假均有奖励假期的规定，除了国家规定的3天假期外，各地一般另给7天左右的有薪假期。对请丧假范围的划定，有的地方规定除直系亲属死亡时可给丧假外，岳父母和公婆死亡时也可给予丧假。

法条指引

❶**《工资支付暂行规定》**（1994年12月6日劳部发［1994］489号）

第十一条 劳动者依法享受年休假、探亲假、婚假、丧假期间，用人单位应按劳动合同规定的标准支付劳动者工资。

【参加社会活动工资】

法律问题解读

劳动者在法定工作时间，依法参加社会活动，用人单位应当依法支付工资。这里的社会活动主要包括：

（1）依法行使选举权或被选举权；

（2）当选代表出席乡（镇）、区以上政府、党派、共青团、妇女联合会等组织召开的会议；

（3）出任人民法庭证明人；

（4）出席劳动模范、先进工作者大会；

（5）不脱产的工会基层委员会委员参加工会活动等。

国家规定，劳动者在法定工作时间内依法参加社会活动期间，用人单位应视同提供正常劳动而依法支付工资。这里的工资一般是指全额工资，而不仅是标准工资。

法条指引

❶**《中华人民共和国劳动法》**（1994年7月5日）

第五十一条 劳动者在法定休假日和婚丧假期间以及依法参加社会活动期间，用人单位应当依法支付工资。

❷**《中华人民共和国工会法》**（2001年10月27日修正）

第四十条 基层工会委员会召开会议或者组织职工活动，应当在生产或者工作时间以外进行，需要占用生产或者工作时间的，应当事先征得企业、事业单位的同意。

基层工会的非专职委员占用生产或者工作时间参加会议或者从事工会工作，每月不超过3个工作日，其工资照发，其他待遇不受影响。

❸**《工资支付暂行规定》**（1994年12月6日劳部发［1994］489号）

第十条 劳动者在法定工作时间内依法参加社会活动期间，用人单位应视同其提供了正常劳动而支付工资。社会活动包括：依法行使选举权或被选举权；当选代表出席乡（镇）、区以上政府、党派、工会、青年团、妇女联合会等组织召开的会议；出任人民法院证明人；出席劳动模范、先进工作者大会；《工会法》规定的不脱产工会基层委员会委员因工会活动占用的生产或工作时间；其他依法参加的社会活动。

案例链接

❶《田丰银与重庆冠忠公共交通有限公司劳动争议纠纷上诉案》，参见北大法宝引证码：Pkulaw. cn/CLI. C. 183250。

❷《陈招山与海南宝华海景大酒店管理有限公司劳动争议纠纷上诉案》，参见北大法宝引证码：Pkulaw. cn/CLI. C. 90398。

【事假期间的待遇】

法律问题解读

职工因事请假期间的待遇，国家现行法律规范中没有具体规定。因此，关于职工因私事请假期间的待遇问题，可以由用人单位根据本单位的实际情况通过内部规章制度加以规定。有的单位规定按计时工资标准的一定比例支付待遇，有的单位则规定事假期间没有任何待遇。这些规定都与国家法律规范不抵触，因而都是有效的。职工因私事请假，没有为用人单位提供正常劳动，用人单位向其支付一定的生活费是可以的，不向其支付任何待遇也是可以的。不过，目前，不享受加班加点工资待遇的国家机关和事业单位的工作人员，经批准的事假期间，工资是照发的。

法条指引

❶**《中华人民共和国劳动法》**（1994 年 7 月 5 日）

第四条 用人单位应当依法建立和完善规章制度，保障劳动者享有劳动权利和履行劳动义务。

第四十七条 用人单位根据本单位的生产经营特点和经济效益，依法自主确定本单位的工资分配方式和工资水平。

【病假工资】

法律问题解读

根据国家有关规定，职工因病或非因工负伤停止工作医疗时，其停止工作连续医疗期在 6 个月以内的，按连续工龄的长短发给病伤假工资，其标准为：连续工龄不满 2 年者，发给本人工资的 60%；满 2 年不满 4 年者，发给本人工资的 70%；满 4 年不满 6 年者发给本人工资的 80%；满 6 年不满 8 年者，发给本人工资的 90%；满 8 年及以上者，发给本人工资的 100%。停止工作医疗期超过 6 个月的，按连续工龄长短发给疾病救济费，其标准为：连续工龄不满 1 年者，发给本人工资的 40%；满 1 年不满 3 年者，发给本人工资的 50%；满 3 年及以上者，发给本人工资的 60%。

目前，许多地方制定了新规定，许多企业对职工的病伤假待遇也进行了改革。因此，这些地方和企业可按其规定执行。另外，如果按上述规定支付给职工的病假工资或疾病救济费低于当地最低工资的 80%，则应按当地最低工资的 80%支付。

法条指引

❶**《关于贯彻执行〈中华人民共和国劳动法〉若干问题的意见》**（1995 年 8 月 4 日 劳部发［1995］309 号）

59. 职工患病或非因工负伤治疗期间，在规定的医疗期间内由企业按有关规定支付其病假工资或疾病救济费，病假工资或疾病救济费可以低于当地最低工资标准支付，但不能低于最低工资标准的 80%。

【职业病工资】

法律问题解读

目前，国家对职业病患者的工资和生活待遇规定比较详细的是矽肺病患者。国家规定：对于调任轻工作的矽肺病患者，不降低其原标准工资。对于二、三期矽肺病患者，需要脱产休养的，在一年以内发给原标准工资的 100%，一年以后发给原标准工资的 90%。对患一期矽肺病合并活动性肺结核或代偿机能属于乙、丙两类需要脱产休养的，可按二、三期矽肺病患者的待遇处理。一期矽肺病患者回乡休养的，发给本人标准工资的 60%。患矽肺病的职工调到其他单位工作时，不降低本人原标准工资，其原来享受的保健待遇，由调入单位发给。

其他没有具体工资待遇规定的职业病工资，

应按照工伤保险的规定执行。

法条指引

❶《工伤保险条例》（2003 年 4 月 27 日　国务院第 375 号令）

第十四条　职工有下列情形之一的，应当认定为工伤：

（一）在工作时间和工作场所内，因工作原因受到事故伤害的；

（二）工作时间前后在工作场所内，从事与工作有关的预备性或者收尾性工作受到事故伤害的；

（三）在工作时间和工作场所内，因履行工作职责受到暴力等意外伤害的；

（四）患职业病的；

（五）因工外出期间，由于工作原因受到伤害或者发生事故下落不明的；

（六）在上下班途中，受到机动车事故伤害的；

（七）法律、行政法规规定应当认定为工伤的其他情形。

第二十九条　职工因工作遭受事故伤害或者患职业病进行治疗，享受工伤医疗待遇。

职工治疗工伤应当在签订服务协议的医疗机构就医，情况紧急时可以先到就近的医疗机构急救。

治疗工伤所需费用符合工伤保险诊疗项目目录、工伤保险药品目录、工伤保险住院服务标准的，从工伤保险基金支付。工伤保险诊疗项目目录、工伤保险药品目录、工伤保险住院服务标准，由国务院劳动保障行政部门会同国务院卫生行政部门、药品监督管理部门等部门规定。

职工住院治疗工伤的，由所在单位按照本单位因公出差伙食补助标准的 70%发给住院伙食补助费；经医疗机构出具证明，报经办机构同意，工伤职工到统筹地区以外就医的，所需交通、食宿费用由所在单位按照本单位职工因公出差标准报销。

工伤职工治疗非工伤引发的疾病，不享受工伤医疗待遇，按照基本医疗保险办法处理。

工伤职工到签订服务协议的医疗机构进行康复性治疗的费用，符合本条第三款规定的，从工伤保险基金支付。

第三十条　工伤职工因日常生活或者就业需要，经劳动能力鉴定委员会确认，可以安装假肢、矫形器、假眼、假牙和配置轮椅等辅助器具，所需费用按照国家规定的标准从工伤保险基金支付。

第三十一条　职工因工作遭受事故伤害或者患职业病需要暂停工作接受工伤医疗的，在停工留薪期内，原工资福利待遇不变，由所在单位按月支付。

停工留薪期一般不超过 12 个月。伤情严重或者情况特殊，经设区的市级劳动能力鉴定委员会确认，可以适当延长，但延长不得超过 12 个月。工伤职工评定伤残等级后，停发原待遇，按照本章的有关规定享受伤残待遇。工伤职工在停工留薪期满后仍需治疗的，继续享受工伤医疗待遇。

生活不能自理的工伤职工在停工留薪期需要护理的，由所在单位负责。

第三十二条　工伤职工已经评定伤残等级并经劳动能力鉴定委员会确认需要生活护理的，从工伤保险基金按月支付生活护理费。

生活护理费按照生活完全不能自理、生活大部分不能自理或者生活部分不能自理 3 个不同等级支付，其标准分别为统筹地区上年度职工月平均工资的 50%、40%或者 30%。

第三十三条　职工因工致残被鉴定为一级至四级伤残的，保留劳动关系，退出工作岗位，享受以下待遇：

（一）从工伤保险基金按伤残等级支付一次性伤残补助金，标准为：一级伤残为 24 个月的本人工资，二级伤残为 22 个月的本人工资，三级伤残为 20 个月的本人工资，四级伤残为 18 个月的本人工资；

（二）从工伤保险基金按月支付伤残津贴，标准为：一级伤残为本人工资的 90%，二级伤残为本人工资的 85%，三级伤残为本人工资的 80%，四级伤残为本人工资的 75%。伤残津贴实际金额低于当地最低工资标准的，由工伤保险基金补足差额；

（三）工伤职工达到退休年龄并办理退休手续后，停发伤残津贴，享受基本养老保险待遇。基本养老保险待遇低于伤残津贴的，由工伤保险基金补足差额。

职工因工致残被鉴定为一级至四级伤残的，由用人单位和职工个人以伤残津贴为基数，缴纳基本医疗保险费。

第三十四条　职工因工致残被鉴定为五级、六级伤残的，享受以下待遇：

（一）从工伤保险基金按伤残等级支付一次性伤残补助金，标准为：五级伤残为 16 个月的本人工资，六级伤残为 14 个月的本人工资；

（二）保留与用人单位的劳动关系，由用人单位安排适当工作。难以安排工作的，由用人单位按月发给伤残津贴，标准为：五级伤残为本人工资的70%，六级伤残为本人工资的60%，并由用人单位按照规定为其缴纳应缴纳的各项社会保险费。伤残津贴实际金额低于当地最低工资标准的，由用人单位补足差额。

经工伤职工本人提出，该职工可以与用人单位解除或者终止劳动关系，由用人单位支付一次性工伤医疗补助金和伤残就业补助金。具体标准由省、自治区、直辖市人民政府规定。

第三十五条 职工因工致残被鉴定为七级至十级伤残的，享受以下待遇：

（一）从工伤保险基金按伤残等级支付一次性伤残补助金，标准为：七级伤残为12个月的本人工资，八级伤残为10个月的本人工资，九级伤残为8个月的本人工资，十级伤残为6个月的本人工资；

（二）劳动合同期满终止，或者职工本人提出解除劳动合同的，由用人单位支付一次性工伤医疗补助金和伤残就业补助金。具体标准由省、自治区、直辖市人民政府规定。

第三十六条 工伤职工工伤复发，确认需要治疗的，享受本条例第二十九条、第三十条和第三十一条规定的工伤待遇。

第三十七条 职工因工死亡，其直系亲属按照下列规定从工伤保险基金领取丧葬补助金、供养亲属抚恤金和一次性工亡补助金：

（一）丧葬补助金为6个月的统筹地区上年度职工月平均工资；

（二）供养亲属抚恤金按照职工本人工资的一定比例发给由因工死亡职工生前提供主要生活来源、无劳动能力的亲属。标准为：配偶每月40%，其他亲属每人每月30%，孤寡老人或者孤儿每人每月在上述标准的基础上增加10%。核定的各供养亲属的抚恤金之和不应高于因工死亡职工生前的工资。供养亲属的具体范围由国务院劳动保障行政部门规定；

（三）一次性工亡补助金标准为48个月至60个月的统筹地区上年度职工月平均工资。具体标准由统筹地区的人民政府根据当地经济、社会发展状况规定，报省、自治区、直辖市人民政府备案。

伤残职工在停工留薪期内因工伤导致死亡的，其直系亲属享受本条第一款规定的待遇。

一级至四级伤残职工在停工留薪期满后死亡的，其直系亲属可以享受本条第一款第（一）项、第（二）项规定的待遇。

第三十八条 伤残津贴、供养亲属抚恤金、生活护理费由统筹地区劳动保障行政部门根据职工平均工资和生活费用变化等情况适时调整。调整办法由省、自治区、直辖市人民政府规定。

第三十九条 职工因工外出期间发生事故或者在抢险救灾中下落不明的，从事故发生当月起3个月内照发工资，从第4个月起停发工资，由工伤保险基金向其供养亲属按月支付供养亲属抚恤金。生活有困难的，可以预支一次性工亡补助金的50%。职工被人民法院宣告死亡的，按照本条例第三十七条职工因工死亡的规定处理。

案例链接

❶《武化昌诉中信物流有限公司劳动争议纠纷案》，参见北大法宝引证码：Pkulaw. cn/CLI. C. 251752。

❷《赵玉金诉新乡市天龙装卸有限公司劳动争议纠纷案》，参见北大法宝引证码：Pkulaw. cn/CLI. C. 254875。

学者观点

❶ 孙瑞玺：《职工工伤与职工患病或非因工负伤医疗期及待遇规定的不同》，参见北大法宝引证码：Pkulaw. cn/CLI. A. 026940。

【女工“三期”内工资】

法律问题解读

根据国家规定，女职工在孕期、产期、哺乳期期间的工资不得低于其基本工资。在实行了生育保险社会统筹的地区，女职工产期享受生育津贴。生育津贴由该地区的社会保险机构从生育保险基金中支付，女职工所在用人单位不再支付其产假工资。生育津贴的标准应按照本单位上年度职工社会月平均工资计发。

法条指引

❶ **《女职工劳动保护规定》**（1988年7月21日 国务院令第9号）

第四条 不得在女职工怀孕期、产期、哺乳期降低其基本工资，或者解除劳动合同。

❷ **《企业职工生育保险试行办法》**（1994年12月14日 劳部发［1994］504号）

第一条　为了维护企业女职工的合法权益，保障她们在生育期间得到必要的经济补偿和医疗保健，均衡企业间生育保险费用的负担，根据有关法律、法规的规定，制定本办法。

第二条　本办法适用于城镇企业及其职工。

第三条　生育保险按属地原则组织。生育保险费用实行社会统筹。

第四条　生育保险根据“以支定收，收支基本平衡”的原则筹集资金，由企业按照其工资总额的一定比例向社会保险经办机构缴纳生育保险费，建立生育保险基金。生育保险费的提取比例由当地人民政府根据计划内生育人数和生育津贴、生育医疗费等项费用确定，并可根据费用支出情况适时调整，但最高不得超过工资总额的1%。企业缴纳的生育保险费作为期间费用处理，列入企业管理费用。

职工个人不缴纳生育保险费。

第五条　女职工生育按照法律、法规的规定享受产假。产假期间的生育津贴按照本企业上年度职工月平均工资计发，由生育保险基金支付。

第六条　女职工生育的检查费、接生费、手术费、住院费和药费由生育保险基金支付。超出规定的医疗服务费和药费（含自费药品和营养药品的药费）由职工个人负担。

女职工生育出院后，因生育引起疾病的医疗费，由生育保险基金支付；其他疾病的医疗费，按照医疗保险待遇的规定办理。女职工产假期满后，因病需要休息治疗的，按照有关病假待遇和医疗保险待遇规定办理。

第七条　女职工生育或流产后，由本人或所在企业持当地计划生育部门签发的计划生育证明，婴儿出生、死亡或流产证明，到当地社会保险经办机构办理手续，领取生育津贴和报销生育医疗费。

第八条　生育保险基金由劳动部门所属的社会保险经办机构负责收缴、支付和管理。

生育保险基金应存入社会保险经办机构在银行开设的生育保险基金专户。银行应按照城乡居民个人储蓄同期存款利率计息，所得利息转入生育保险基金。

第九条　社会保险经办机构可从生育保险基金中提取管理费，用于本机构经办生育保险工作所需的人员经费、办公费及其他业务经费。管理费标准，各地根据社会保险经办机构人员设置情况，由劳动部门提出，经财政部门核定后，报当地人民政府批准。管理费提取比例最高不得超过生育保险基金的2%。

生育保险基金及管理费不征税、费。

第十条　生育保险基金的筹集和使用，实行财务预、决算制度，由社会保险经办机构作出年度报告，并接受同级财政、审计监督。

第十一条　市（县）社会保险监督机构定期监督生育保险基金管理工作。

第十二条　企业必须按期缴纳生育保险费。对逾期不缴纳的，按日加收2‰的滞纳金。滞纳金转入生育保险基金。滞纳金计入营业外支出，纳税时进行调整。

第十三条　企业虚报、冒领生育津贴或生育医疗费的，社会保险经办机构应追回全部虚报、冒领金额，并由劳动行政部门给予处罚。

企业欠付或拒付职工生育津贴、生育医疗费的，由劳动行政部门责令企业限期支付；对职工造成损害的，企业应承担赔偿责任。

第十四条　劳动行政部门或社会保险经办机构的工作人员滥用职权、玩忽职守、徇私舞弊，贪污、挪用生育保险基金，构成犯罪的，依法追究刑事责任；不构成犯罪的，给予行政处分。

第十五条　省、自治区、直辖市人民政府劳动行政部门可以按照本办法的规定，结合本地区实际情况制定实施办法。

第十六条　本办法自1995年1月1日起试行。

案例链接

❶《刘惠英与广州市硕园贸易有限公司劳动争议纠纷案》，参见北大法宝引证码：Pkulaw.cn/CLI.C.230749。

❷《佛山市顺德区创虹广告有限公司与任秋华劳动合同纠纷上诉案》，参见北大法宝引证码：Pkulaw.cn/CLI.C.54947。

学者观点

❶ 陈兴杰：《女职工生育期间权利研究》，参见北大法宝引证码：Pkulaw.cn/CLI.A.035089。

【军队转业干部工资】

法律问题解读

1995年7月7日国务院、中央军委就1993年10月1日以后转业到地方的军队干部如何与地方自1993年10月1日起实行的新工资制度相衔接作出规定：

一是分配到机关的军队转业干部，其职务工资按照本人原军队职务（技术等级）工资80%的数额就近套入机关对应职务的工资档次（达到或超过半个档差的套入上一档次，低于半个档差的套入下一档次），但套入后的职务工资档次最多不超过机关同等条件人员的4个档次，超过部分不予保留。凡低于机关对应职务最低职务工资档次的，均套入最低职务工资档次；达到或超过机关对应职务最高职务工资档次的，均套入最高职务工资档次，高出部分不予保留。其级别工资根据本人原在军队职务和军龄（含曾在地方工作的时间），按照《国务院办公厅关于印发机关、事业单位工资制度改革三个实施办法的通知》（国办发［1993］85号）的有关规定确定；其基础工资和工龄工资按照《国务院关于机关和事业单位工作人员工资制度改革问题的通知》（国发［1993］79号）的有关规定执行。

二是分配到事业单位的军队转业干部，其工资的固定部分按照分配到机关的同等条件军队转业干部基本工资（职务工资、级别工资、基础工资和工龄工资四项之和）70%的数额，就近就高套入所在单位对应专业技术职务工资或职员职务工资档次；其津贴部分按照国家有关规定执行。

三是分配到企业的军队转业干部，其工资按照本人原在军队职务（技术等级）工资、军衔（文职级别）工资、基础工资和军龄工资四项之和80%的数额，就近就高套入所在企业相当职务的工资标准（不含奖金和各种补贴）。

四是军队转业干部的津贴、补贴、奖金及其他生活福利待遇，均按照国家有关规定执行。

五是1993年9月30日以前批准转业尚未离队的干部，由于未参加1993年军队工资改革，在1993年10月1日以后转业时，其工资待遇仍按照1993年9月30日前军队转业干部工资套改的规定执行。

2001年1月19日中共中央、国务院在《军转干部安置暂行办法》中规定，军转干部的工资待遇按照不低于接收安置单位与其军队职务等级相应或者同等条件人员的标准确定，津贴、补贴、奖金以及其他生活福利待遇，按照国家有关规定执行。

法条指引

❶《关于确定军队转业干部工资待遇问题的通知》（1995年7月7日　国发［1995］19号）

军队和地方机关、事业单位自1993年10月1日起已实行新的工资制度。为此，现将确定1993年10月1日以后批准转业到地方工作的军队干部工资待遇的办法通知如下：

一、分配到机关的军队转业干部，其职务工资按照本人原军队职务（技术等级）工资80%的数额就近套入机关对应职务的工资档次（达到或超过半个档差的套入上一档次，低于半个档差的套入下一档次），但套入后的职务工资档次最多不超过机关同等条件人员的4个档次，超过部分不予保留。凡低于机关对应职务最低职务工资档次的，均套入最低职务工资档次；达到或超过机关对应职务最高职务工资档次的，均套入最高职务工资档次，高出部分不予保留。其级别工资根据本人原在军队职务和军龄（含曾在地方工作的时间），按照《国务院办公厅关于印发机关、事业单位工资制度改革三个实施办法的通知》（国办发［1993］85号）的有关规定确定；其基础工资和工龄工资按照《国务院关于机关和事业单位工作人员工资制度改革问题的通知》（国发［1993］79号）的有关规定执行。

二、分配到事业单位的军队转业干部，其工资的固定部分按照分配到机关的同等条件军队转业干部基本工资（职务工资、级别工资、基础工资和工龄工资四项之和）70%的数额，就近就高套入所在单位对应专业技术职务工资或职员职务工资档次；其津贴部分按照国家有关规定执行。

三、分配到企业的军队转业干部，其工资按照本人原在军队职务（技术等级）工资、军衔（文职级别）工资、基础工资和军龄工资四项之和80%的数额，就近就高套入所在企业相当职务的工资标准（不含奖金和各种补贴）。

四、军队转业干部的津贴、补贴、奖金及其他生活福利待遇，均按照国家有关规定执行。

五、1993年9月30日以前批准转业尚未离队的干部，由于未参加1993年军队工资改革，在1993年10月1日以后转业时，其工资待遇仍按照1993年9月30日前军队转业干部工资套改的规定执行。

六、确定军队转业干部工资待遇，是一项政策性很强的工作。各地区、各部门、各单位必须按照本通知的规定认真落实。同时要注意做好军队转业干部特别是先期转业干部的思想政治工作，使他们顾全大局，为国家的改革、发展、稳定做出积极的贡献。

❷《对〈工资支付暂行规定〉有关问题的补充规定》（劳部发［1995］226号）

五、3. 新就业复员军人的工资待遇由用人单位自主确定；分配到企业的军队转业干部的工资待遇，按国家有关规定执行。

❸《军队转业干部安置暂行办法》（2001年1月19日）（略）

【工资支付项目】

法律问题解读

用人单位在支付工资时，应向劳动者提供一份工资清单，又称工资条。工资清单上应载明支付工资的各种名目，即工资支付项目。对工资支付项目的设定，国家没有统一的规定，须由用人单位结合自己的实际情况，在工资所包括的范围内具体设定。

法条指引

❶《工资支付暂行规定》（1994年12月6日劳部发［1994］489号）

第六条 用人单位应将工资支付给劳动者本人。劳动者本人因故不能领取工资时，可由其亲属或委托他人代领。

用人单位可委托银行代发工资。

用人单位必须书面记录支付劳动者工资的数额、时间、领取者的姓名以及签字，并保存两年以上备查。用人单位在支付工资时应向劳动者提供一份其个人的工资清单。

案例链接

❶《赵长有诉罗广轩追索劳动报酬纠纷案》，参见北大法宝引证码：Pkulaw. cn/CLI. C. 259612。

❷《安远县高云山矿业有限公司与杜美旺等劳动争议纠纷上诉案》，参见北大法宝引证码：Pkulaw. cn/CLI. C. 194968。

【工资支付形式】

法律问题解读

我国法律规定，工资应当以货币形式支付，不得以实物及有价证券替代货币支付。以币值形式支付工资，可以更好地体现按劳分配，实现劳动者的消费愿望，强化个人所得税调节收入分配的功能，同时也符合国际通行的做法。

法条指引

❶《中华人民共和国劳动法》（1994年7月5日）

第五十条 工资应当以货币形式按月支付给劳动者本人。不得克扣或者无故拖欠劳动者的工资。

❷《工资支付暂行规定》（1994年12月6日劳部发［1994］489号）

第五条 工资应当以法定货币支付。不得以实物及有价证券替代货币支付。

【工资支付对象和方式】

法律问题解读

我国法律规定，用人单位支付工资的对象是劳动者本人。若本人因故不能领取工资，则可由其亲属或委托他人代领。

用人单位可以采取签单的方式直接将工资支付给劳动者，也可以委托银行代发工资。无论采取哪种支付方式，用人单位均须向劳动者提供一份清单，书面记录支付劳动者工资的数额、时间、领取者的姓名以及签字，并保存两年以上备查。

法条指引

❶《工资支付暂行规定》（1994年12月6日劳部发［1994］489号）

第六条 用人单位应将工资支付给劳动者本人。劳动者本人因故不能领取工资时，可由其亲属或委托他人代领。

用人单位可委托银行代发工资。

用人单位必须书面记录支付劳动者工资的数额、时间、领取者的姓名以及签字，并保存两年以上备查。用人单位在支付工资时应向劳动者提供一份其个人的工资清单。

案例链接

❶《郗谦与广州康臣药业有限公司劳动报酬支付纠纷上诉案》，参见北大法宝引证码：Pkulaw. cn/CLI. C. 111187。

【工资支付时间】

法律问题解读

我国法律规定，用人单位应当按月向劳动者支付工资。所谓按月支付，是指按照用人单位与劳动者约定的每月支付工资的日期。如支付工资的日期恰遇节假日或休息日，则用人单位应提前在最近的工作日向劳动者支付工资。工资至少每月支付一次，对于实行周、日、小时工资制的人员，工资也可以按周、日、小时发放。对完成一次性临时劳动和某项具体工作的劳动者，用人单位应按有关协议或合同规定在其完成劳动任务后即支付工资。

法条指引

❶《中华人民共和国劳动法》（1994 年 7 月 5 日）

第五十条 工资应当以货币形式按月支付给劳动者本人。不得克扣或者无故拖欠劳动者的工资。

❷《工资支付暂行规定》（1994 年 12 月 6 日 劳部发［1994］489 号）

第七条 工资必须在用人单位与劳动者约定的日期支付。如遇节假日或休息日，则应提前在最近的工作日支付。工资至少每月支付一次，实行周、日、小时工资制的可按周、日、小时支付工资。

第八条 对完成一次性临时劳动或某项具体工作的劳动者，用人单位应按有关协议或合同规定在其完成劳动任务后即支付工资。

案例链接

❶《福州市劳动和社会保障局与福建丽景天下大酒店有限公司行政处理决定纠纷上诉案》，参见北大法宝引证码：Pkulaw. cn/CLI. C. 42005。

❷《佛山市美津陶瓷有限公司与梁杨光劳动合同纠纷上诉案》，参见北大法宝引证码：Pkulaw. cn/CLI. C. 49037。

【克扣及拖欠工资的违法责任】

法律问题解读

“克扣”是指用人单位无正当理由扣减劳动者应得工资报酬（即在劳动者已提供正常劳动的前提下，用人单位按劳动合同约定的标准应支付给劳动者的全额工资）的行为。但不包括以下减发工资的情况：（1）国家法律法规中有明确规定的（如法院判决、裁定中要求代扣的抚养费、赡养费等）；（2）依法签订的劳动合同中有明确约定的（如用人单位代扣代缴的个人所得税和应由劳动者个人缴纳的各项社会保险费用等）；（3）用人单位依法制定并经职代会批准的厂规、厂纪中有明确规定的；（4）企业工资总额与经济效益相联系，经济效益下浮时，工资必须相应下浮的，但支付给劳动者的工资不得低于当地最低工资标准；（5）因劳动者请事假等相应减发的工资等。

“拖欠”是指用人单位无正当理由超过规定的工资发放时间而未付给劳动者工资的行为。但不包括下列情况：（1）用人单位遇到非人力所能抗拒的自然灾害、战争等原因，无法正常支付工资；（2）用人单位确因生产经营困难、资金周转受到影响，在征得本单位工会同意后，可暂时延期支付劳动者工资，延期时间的最长限制，可由各省、自治区、直辖市劳动保障行政部门根据各地情况确定。其他情况的拖欠工资均属无故拖欠。

用人单位克扣或无故拖欠劳动者工资的，劳动保障监察部门可责令其支付应支付劳动者工资报酬及其 50%至 1 倍的赔偿金。

法条指引

❶《中华人民共和国劳动合同法》（2007 年 6 月 29 日 国家主席令第 65 号）

第八十五条 用人单位有下列情形之一的，由劳动行政部门责令限期支付劳动报酬、加班费或者经济补偿；劳动报酬低于当地最低工资标准的，应当支付其差额部分；逾期不支付的，责令用人单位按应付金额百分之五十以上百分之一百以下的标准向劳动者加付赔偿金：

（一）未按照劳动合同的约定或者国家规定及时足额支付劳动者劳动报酬的；

（二）低于当地最低工资标准支付劳动者工资的；

（三）安排加班不支付加班费的；

（四）解除或者终止劳动合同，未依照本法规定向劳动者支付经济补偿的。

❷《中华人民共和国劳动法》（1994 年 7 月 5 日）

第五十条 工资应当以货币形式按月支付给劳动者本人。不得克扣或者无故拖欠劳动者的工资。

第九十条 用人单位违反本法规定，延长劳动者工作时间的，由劳动行政部门给予警告，责令改正，并可以处以罚款。

❸《劳动保障监察条例》（2004 年 10 月 26 日 国务院令第 423 号）

第二十六条 用人单位有下列行为之一的，由劳动保障行政部门分别责令限期支付劳动者的工资报酬、劳动者工资低于当地最低工资标准的差额或者解除劳动合同的经济补偿；逾期不支付的，责令用人单位按照应付金额50%以上1倍以下的标准计算，向劳动者加付赔偿金：

（一）克扣或者无故拖欠劳动者工资报酬的；

（二）支付劳动者的工资低于当地最低工资标准的；

（三）解除劳动合同未依法给予劳动者经济补偿的。

❹**《工资支付暂行规定》**（1994年12月6日 劳部发［1994］489号）

第十五条 用人单位不得克扣劳动者工资。有下列情况之一的，用人单位可以代扣劳动者工资：

（一）用人单位代扣代缴的个人所得税；

（二）用人单位代扣代缴的应由劳动者个人负担的各项社会保险费用；

（三）法院判决、裁定中要求代扣的抚养费、赡养费；

（四）法律、法规规定可以从劳动者工资中扣除的其他费用。

第十六条 因劳动者本人原因给用人单位造成经济损失的，用人单位可按照劳动合同的约定要求其赔偿经济损失。经济损失的赔偿，可从劳动者本人的工资中扣除。但每月扣除的部分不得超过劳动者当月工资的20%。若扣除后的剩余工资部分低于当地月最低工资标准，则按最低工资标准支付。

第十八条 各级劳动行政部门有权监察用人单位工资支付的情况。用人单位有下列侵害劳动者合法权益行为的，由劳动行政部门责令其支付劳动者工资和经济补偿，并可责令其支付赔偿金：

（一）克扣或者无故拖欠劳动者工资的；

（二）拒不支付劳动者延长工作时间工资的；

（三）低于当地最低工资标准支付劳动者工资的。

经济补偿和赔偿金的标准，按国家有关规定执行。

❺**《关于贯彻执行〈中华人民共和国劳动法〉若干问题的意见》**（1995年8月4日 劳部发［1995］309号）

63. 企业克扣或无故拖欠劳动者工资的，劳动监察部门应根据劳动法第九十一条、劳动部《违反和解除劳动合同的经济补偿办法》第三条、《违反〈中华人民共和国劳动法〉行政处罚办法》第六条予以处理。

❻**《对〈工资支付暂行规定〉有关问题的补充规定》**（1995年5月12日 劳部发［1995］226号）

三、《规定》第十五条中所称"克扣"系指用人单位无正当理由扣减劳动者应得工资（即在劳动者已提供正常劳动的前提下用人单位按劳动合同规定的标准应当支付给劳动者的全部劳动报酬）。不包括以下减发工资的情况：(1) 国家的法律、法规中有明确规定的；(2) 依法签订的劳动合同中有明确规定的；(3) 用人单位依法制定并经职代会批准的厂规、厂纪中有明确规定的；(4) 企业工资总额与经济效益相联系，经济效益下浮时，工资必须下浮的（但支付给劳动者工资不得低于当地的最低工资标准)；(5) 因劳动者请事假等相应减发工资等。

四、《规定》第十八条所称"无故拖欠"系指用人单位无正当理由超过规定付薪时间未支付劳动者工资。不包括：(1) 用人单位遇到非人力所能抗拒的自然灾害、战争等原因，无法按时支付工资；(2) 用人单位确因生产经营困难、资金周转受到影响，在征得本单位工会同意后，可暂时延期支付劳动者工资，延期时间的最长限制可由各省、自治区、直辖市劳动行政部门根据各地情况确定。其他情况下拖欠工资均属无故拖欠。

案例链接

❶《朱宣万与酉阳土家族苗族自治县百货文化用品公司劳动争议纠纷上诉案》，参见北大法宝引证码：Pkulaw. cn/CLI. C. 89415。

❷《南海市兴桂房地产有限公司与郑国发劳动争议纠纷上诉案》，参见北大法宝引证码：Pkulaw. cn/CLI. C. 59493。

学者观点

❶ 朱海波：《货款要不回能不能扣工资?》，参见北大法宝引证码：Pkulaw. cn/CLI. A. 053888。

【最低工资】

法律问题解读

最低工资是指劳动者在法定工作时间内履行了正常劳动义务的前提下，由其所在单位支付的最低劳动报酬。最低工资不包括延长工作时间的加班加点工资，以货币形式支付的住房补贴和用人单位支付的伙食补贴，中班、夜班、高温、低温、高空、井下有毒有害等特殊工作环境和劳动条件下的津贴（补贴），以及国家法律、法规、规章规定的社会保险和福利待遇。

最低工资保障制度的适用范围是中华人民共和国境内各种经济类型的企业及其以领取工资为生活来源的劳动者。乡镇企业及其劳动者是否执行，由省、自治区、直辖市人民政府决定。其主要原因是乡镇企业中的劳动者比较复杂，有相当部分的劳动者是亦农亦工的农民，其生活来源是多种渠道。

最低工资标准的确定，实行政府、工会、企业三方代表民主协商的原则，参考政府统计部门提供的当地就业者及其赡养人口的最低生活费、社会职工平均工资、劳动生产率、城镇就业状况和经济发展水平等因素，一般应等于当地社会低保和失业保险标准，低于社会平均工资标准；考虑同一地区不同区域和行业的特点，对不同经济发展区域和行业，可确定不同的最低工资标准；对全日制职工和非全日制职工的最低工资标准，也应有所区别：一般情况下是按月确定，也可按周、日或小时确定，各种单位时间的最低工资标准可以转换。

用人单位支付劳动者的工资不得低于其所适用的最低工资标准。实行计件或提成等工资形式的企业，必须进行合理的折算，其相应的折算额不得低于按时、日、周、月确定的相应的最低工资标准。

特别需要说明的是，由于最低工资不包括国家规定的社会保险费用，所以用人单位不能再从支付给劳动者的最低工资中扣除由劳动者应承担的社会保险费用，而是由用人单位另外支付这笔社会保险费用，支付给劳动者的工资金额应是最低工资的标准。

国务院劳动保障行政主管部门负责对全国最低工资制度实行统一管理；省、自治区、直辖市人民政府劳动保障行政主管部门负责对本行政区域的最低工资制度实施统一管理。最低工资标准经当地人民政府批准后，应自批准之日起 7 日内在当地政府公报和至少一种全地区报纸上发布。

法条指引

❶《**中华人民共和国劳动法**》（1994 年 7 月 5 日　国家主席令第 28 号）

第四十八条　国家实行最低工资保障制度。最低工资的具体标准由省、自治区、直辖市人民政府规定，抱国务院备案。

第四十九条　确定和调整最低工资标准应当综合参考下列因素：

（一）劳动者本人及平均赡养人口的最低生活费用；

（二）社会平均工资水平；

（三）劳动生产率；

（四）就业状况；

（五）地区之间经济发展水平的差异。

❷《**最低工资规定**》（2004 年 1 月 20 日　劳动和社会保障部发布）

第一条　为了维护劳动者取得劳动报酬的合法权益，保障劳动者个人及其家庭成员的基本生活，根据劳动法和国务院有关规定，制定本规定。

第二条　本规定适用于在中华人民共和国境内的企业、民办非企业单位、有雇工的个体工商户（以下统称用人单位）和与之形成劳动关系的劳动者。

国家机关、事业单位、社会团体和与之建立劳动合同关系的劳动者，依照本规定执行。

第三条　本规定所称最低工资标准，是指劳动者在法定工作时间或依法签订的劳动合同约定的工作时间内提供了正常劳动的前提下，用人单位依法应支付的最低劳动报酬。

本规定所称正常劳动，是指劳动者按依法签订的劳动合同约定，在法定工作时间或劳动合同约定的工作时间内从事的劳动。劳动者依法享受带薪年休假、探亲假、婚丧假、生育（产）假、节育手术假等国家规定的假期间，以及法定工作时间内依法参加社会活动期间，视为提供了正常劳动。

第四条　县级以上地方人民政府劳动保障行政部门负责对本行政区域内用人单位执行本规定情况进行监督检查。

各级工会组织依法对本规定执行情况进行监督，发现用人单位支付劳动者工资违反本规定的，有权要求当地劳动保障行政部门处理。

第五条　最低工资标准一般采取月最低工资标准和小时最低工资标准的形式。月最低工资标准适用于全日制就业劳动者，小时最低工资标准适用于非全日制就业劳动者。

第六条　确定和调整月最低工资标准，应参考当地就业者及其赡养人口的最低生活费用、城镇居民消费价格指数、职工个人缴纳的社会保险费和住房公积金、职工平均工资、经济发展水平、就业状况等因素。

确定和调整小时最低工资标准，应在颁布的月最低工资标准的基础上，考虑单位应缴纳的基本养老保险费和基本医疗保险费因素，同时还应适当考虑非全日制劳动者在工作稳定性、劳动条件和劳动强度、福利等方面与全日制就业人员之间的差异。

月最低工资标准和小时最低工资标准具体测算方法见附件。

第七条 省、自治区、直辖市范围内的不同行政区域可以有不同的最低工资标准。

第八条 最低工资标准的确定和调整方案，由省、自治区、直辖市人民政府劳动保障行政部门会同同级工会、企业联合会/企业家协会研究拟订，并将拟订的方案报送劳动保障部。方案内容包括最低工资确定和调整的依据、适用范围、拟订标准和说明。劳动保障部在收到拟订方案后，应征求全国总工会、中国企业联合会/企业家协会的意见。

劳动保障部对方案可以提出修订意见，若在方案收到后14日内未提出修订意见的，视为同意。

第九条 省、自治区、直辖市劳动保障行政部门应将本地区最低工资标准方案报省、自治区、直辖市人民政府批准，并在批准后7日内在当地政府公报上和至少一种全地区性报纸上发布。省、自治区、直辖市劳动保障行政部门应在发布后10日内将最低工资标准报劳动保障部。

第十条 最低工资标准发布实施后，如本规定第六条所规定的相关因素发生变化，应当适时调整。最低工资标准每两年至少调整一次。

第十一条 用人单位应在最低工资标准发布后10日内将该标准向本单位全体劳动者公示。

第十二条 在劳动者提供正常劳动的情况下，用人单位应支付给劳动者的工资在剔除下列各项以后，不得低于当地最低工资标准：

（一）延长工作时间工资；

（二）中班、夜班、高温、低温、井下、有毒有害等特殊工作环境、条件下的津贴；

（三）法律、法规和国家规定的劳动者福利待遇等。

实行计件工资或提成工资等工资形式的用人单位，在科学合理的劳动定额基础上，其支付劳动者的工资不得低于相应的最低工资标准。

劳动者由于本人原因造成在法定工作时间内或依法签订的劳动合同约定的工作时间内未提供正常劳动的，不适用于本条规定。

第十三条 用人单位违反本规定第十一条规定的，由劳动保障行政部门责令其限期改正；违反本规定第十二条规定的，由劳动保障行政部门责令其限期补发所欠劳动者工资，并可责令其按所欠工资的1至5倍支付劳动者赔偿金。

第十四条 劳动者与用人单位之间就执行最低工资标准发生争议，按劳动争议处理有关规定处理。

第十五条 本规定自2004年3月1日起实施。1993年11月24日原劳动部发布的《企业最低工资规定》同时废止。

附件：最低工资标准测算方法

一、确定最低工资标准应考虑的因素

确定最低工资标准一般考虑城镇居民生活费用支出、职工个人缴纳社会保险费、住房公积金、职工平均工资、失业率、经济发展水平等因素。可用公式表示为：

M=f（C、S、A、U、E、a）

M最低工资标准；

C城镇居民人均生活费用；

S职工个人缴纳社会保险费、住房公积金；

A职工平均工资；

U失业率；

E经济发展水平；

a调整因素。

二、确定最低工资标准的通用方法

1. 比重法即根据城镇居民家计调查资料，确定一定比例的最低人均收入户为贫困户，统计出贫困户的人均生活费用支出水平，乘以每一就业者的赡养系数，再加上一个调整数。

2. 恩格尔系数法即根据国家营养学会提供的年度标准食物谱及标准食物摄取量，结合标准食物的市场价格，计算出最低食物支出标准，除以恩格尔系数，得出最低生活费用标准，再乘以每一就业者的赡养系数，再加上一个调整数。

以上方法计算出月最低工资标准后，再考虑职工个人缴纳社会保险费、住房公积金、职工平均工资水平、社会救济金和失业保险金标准、就业状况、经济发展水平等进行必要的修正。

举例：某地区最低收入组人均每月生活费支出为210元，每一就业者赡养系数为1.87，最低食物费用为127元，恩格尔系数为0.604，平均工资为900元。

1. 按比重法计算得出该地区月最低工资标准

为：

月最低工资标准＝210×1.87＋a＝393＋a（元）(1)

2. 按恩格尔系数法计算得出该地区月最低工资标准为：

月最低工资标准＝127÷0.604×1.87＋a＝393＋a（元）(2)

公式（1）与（2）中a的调整因素主要考虑当地个人缴纳养老、失业、医疗保险费和住房公积金等费用。

另，按照国际上一般月最低工资标准相当于月平均工资的40—60%，则该地区月最低工资标准范围应在360元—540元之间。

小时最低工资标准＝［（月最低工资标准÷20.92÷8）×（1＋单位应当缴纳的基本养老保险费、基本医疗保险费比例之和）］×（1＋浮动系数）

浮动系数的确定主要考虑非全日制就业劳动者工作稳定性、劳动条件和劳动强度、福利等方面与全日制就业人员之间的差异。

各地可参照以上测算办法，根据当地实际情况合理确定月、小时最低工资标准。

❸《关于贯彻执行〈劳动法〉若干问题的意见》（1995年8月4日　劳动部发布）

54. 劳动法第四十八条中的"最低工资"是指劳动者在法定工作时间内履行了正常劳动义务的前提下，由其所在单位支付的最低劳动报酬。最低工资不包括延长工作时间的工资报酬，以货币形式支付的住房和用人单位支付的伙食补贴，中班、夜班、高温、低温、井下、有毒、有害等特殊工作环境和劳动条件下的津贴，国家法律、法规、规章规定的社会保险福利待遇。

56. 在劳动合同中，双方当事人约定的劳动者在未完成劳动定额或承包任务的情况下，用人单位可低于最低工资标准支付劳动者工资的条款不具有法律效力。

57. 劳动者与用人单位形成或建立劳动关系后，试用、熟练、见习期间，在法定工作时间内提供了正常劳动，其所在的用人单位应当支付其不低于最低工资标准的工资。

58. 企业下岗待工人员，由企业依据当地政府的有关规定支付其生活费，生活费可以低于最低工资标准，下岗待工人员中重新就业的，企业应停发其生活费。女职工因生育、哺乳请长假而下岗的，在其享受法定产假期间，依法领取生育津贴；没有参加生育保险的企业，由企业照发原工资。

59. 职工患病或非因工负伤治疗期间，在规定的医疗期间内由企业按有关规定支付其病假工资或疾病救济费，病假工资或疾病救济费可以低于当地最低工资标准支付，但不能低于最低工资标准的80%。

❹《违反和解除劳动合同的经济补偿办法》（1994年12月3日　劳部发［1994］481号）

第四条　用人单位支付劳动者的工资报酬低于当地最低工资标准的，要在补足低于标准部分的同时，另外支付相当于低于部分25%的经济补偿金。

案例链接

❶《上海熊猫玩具有限公司诉江九月劳动报酬案》，参见北大法宝引证码：Pkulaw. cn/CLI. C. 517。

❷《程永权与广州市嘉逸国际酒店有限公司追索劳动报酬纠纷上诉案》，参见北大法宝引证码：Pkulaw. cn/CLI. C. 232853。

学者观点

❶ 李昌麒：《中国实施反贫困战略的法学分析》，参见北大法宝引证码：Pkulaw. cn/CLI. A. 030118。

【经营者年薪制】

法律问题解读

经营者年薪制是建立经营者收入分配激励和约束机制的重要内容。经营者是指以实现企业利润最大化和企业资产增值为目标，对企业资产具有法人财产权并承担经营风险的人；是以个人的经营管理能力，对企业整体资产及其生产要素进行优化组合，独立地、创造性地组织管理和指挥企业的人；是变革生产方式，将科学技术转化为现实生产力的人；是先进生产方式的创造者和实践者；是开拓市场，根据市场需求在生产、流通和服务等领域进行经营活动，将劳动者的劳动转化为企业经济效益的人。随着国有企业改革的深化，政企分开、产权明晰、责权明确、管理科学的现代企业制度的建立，真正意义上的经营者群体将会应运而生。

目前，经营者年薪制主要在国有企业或国有控股企业实行。一般来说，其对象为公司制企业的董事长、总经理和非公司制企业的厂长。经营者年薪收入分为两部分，即基本收入和效益收入。基本收入部分一般采取分月预付办法发放。效益收入主要同经营者的经营管理业绩挂钩浮动，分档确定，上不封顶。对经营者主要考核国有资产保值增值率、实现税利、资本收益率等指标完成情况。效益收入须在年终考核后兑现。经营者年薪收入一般从企业支付，部分地区从地方财政列支。经营者除年薪收入外，一律不得再从企业取得各种奖金、津贴等工资性报酬。经营者年薪收入坚持先考核，后兑现的原则。

法条指引

❶ 国务院办公厅《关于转发国家经贸委国有大中型企业建立现代企业制度和加强管理基本规范（试行）的通知》（2000 年 9 月 28 日　国办发［2000］64 号）

（二十七）建立健全对企业经营管理者的激励机制和约束机制。企业经营管理者的薪酬必须与其职责、贡献挂钩。监督约束机制健全的企业，在严格考核的基础上，对经营管理者可以试行年薪制、持有股权、股票期权等分配方式。

【股权激励】

法律问题解读

股票期权是指经营者享有在与企业资产所有者约定的期限内（如 3—5 年内）以某一预先确定的价格购买一定数量本企业股票的权利。即享有本企业股票期权的经营者，在约定期限内，按照预先确定的价格购买本公司股票，待该股票价格上涨时，经营者在他认为合适的价位上抛出股票，即能赚得买进股价与卖出股价之间的差价。它是企业资产所有者对经营者实行的一种长期激励的报酬制度，是比较有效的股权激励方式之一。

股票期权具有三个特点：一是具有选择性，股票期权是一种权利而不是义务，经营者有买与不买的自由，公司无权干涉。二是具有无偿授予性，即由公司无偿授予经营者股票期权的“期权价”（股票期权本身的价格）。三是具有有偿性，经营者不能免费获得股票期权，必须支付“施权价”（股票期权所规定的经营者据以购买股票的价格）。股票期权的最大作用是按企业经营成果对经营者进行激励，具有长期性，使经营者的个人利益与企业的长远发展紧密地结合在一起，促使经营者的经营行为长期化。西方市场经济国家的薪酬体系一般由基本工资、奖金、福利计划、股权激励计划等部分构成，体现了现金激励与非现金激励相补充、即期激励与长期激励相结合的精神。

我国自 1998 年武汉、上海、北京、深圳等部分城市开始探索试点经营者股权激励制度，但都不是现代经济意义上的股票期权制度。这是因为我国实行股票期权制度尚存在若干制约因素。比如，我国证券方面的立法还不完善，股票市场的发育尚不成熟，股票价格与经营业绩的关联性比较弱，上市公司内部管理比较混乱等。

法条指引

❶ 国务院办公厅《关于转发国家经贸委国有大中型企业建立现代企业制度和加强管理基本规范（试行）的通知》（2000 年 9 月 28 日　国办发［2000］64 号）

（二十七）建立健全对企业经营管理者的激励机制和约束机制。企业经营管理者的薪酬必须与其职责、贡献挂钩。监督约束机制健全的企业，在严格考核的基础上，对经营管理者可以试行年薪制、持有股权、股票期权等分配方式。

❷ 财政部《关于印发企业国有资本与财务管理暂行办法的通知》（2001 年 4 月 28 日　财企［2001］325 号）（略）

❸ 国家经贸委　人事部　劳动保障部《关于深化国有企业内部人事、劳动、分配制度改革的意见》（2001 年 3 月 13 日　国经贸企改［2001］230 号）（略）

【基本工资制度】

法律问题解读

基本工资制度是指定额劳动、标准报酬的工资分配制度。它是企业内部多种工资分配形式的基础，是确定和调整企业内部各类人员工资关系的重要依据。一般包括：岗位工资制、结构工资制、岗位技能工资制、岗效薪级工资制、岗位薪点工资制等。

法条指引

❶ 国家经贸委、劳动保障部、人事部《关于深化国有企业内部人事、劳动分配制度改革的意见》（2001 年 3 月 13 日　国经贸企改［2001］230 号）（略）

❷ 劳动部《关于印发进一步深化企业内部分配制度改革指导意见的通知》（2000 年 11 月 6 日 劳社部发［2000］21 号）（略）

【岗位工资制】

法律问题解读

是指按照职工不同的劳动工作岗位，分别确定工资的制度。岗位工资标准主要是依据劳动四要素，即劳动技能、劳动责任、劳动强度和劳动条件等测评确定的，一般是一个岗位一个工资标准，有技术业务熟练程度差别的岗位，则采用两个或两个以上的工资标准。岗位工资一般适合于生产自动化、流水线企业，或者是劳动场所固定、劳动操作规范的非生产自动化、流水线企业。岗位工资制的形式较多，一般包括：岗效薪级工资制、岗位薪点工资制、岗位技能工资制、岗位等级工资制等。

法条指引

❶《国务院批转国家经贸委、劳动人事部、纺织部等五部门关于完善纺织、丝绸工人工资待遇的请示的通知》（1986 年 3 月 26 日 国发［1986］39 号）（略）

❷《关于印发进一步深化企业内部分配制度改革指导意见的通知》（2000 年 11 月 6 日 劳社部发［2000］21 号）（略）

【结构工资制】

法律问题解读

又称分解工资制或组合工资制。是指依据工资的各种职能，将工资分解为几个组成部分，分别确定工资额的一种工资制度。它的各个组成部分，均有其质的规定性和量的规定性，各有其职能特点和作用方式；同时，各个组成部分又具有内在的联系，互相依存，互相制约，形成一个有机的统一体。结构工资制主要适用于技术密集型企业，其他类型的企业也可以根据实际需要和可能采用结构工资制。

结构工资制的构成一般应包括以下基本内容：

（1）基础工资：即保障职工基本生活需要的工资。

（2）岗位（职务）工资或技能工资：是根据岗位（职务）的技术、业务要求、劳动繁重程度、劳动条件好差、所负责任大小等因素来确定的，是结构工资制的主要组成部分。

（3）效益工资：是根据企业的经济效益和职工实际完成的劳动的数量和质量支付给职工的工资。

（4）年功工资：是根据职工参加工作的年限，按照一定标准支付给职工的工资。它是用来体现企业职工逐年积累的劳动贡献的一种工资形式。

法条指引

❶《关于工资总额组成的规定》（1990 年 1 月 1 日 国家统计局发布）

第五条 计时工资是指按计时工资标准（包括地区生活费补贴）和工作时间支付给个人的劳动报酬。包括：

（一）对已做工作按计时工资标准支付的工资；

（二）实行结构工资制的单位支付给职工的基础工资和职务（岗位）工资；

（三）新参加工作职工的见习工资（学徒的生活费）；

（四）运动员体育津贴。

【岗位技能工资制】

法律问题解读

这是指以按劳分配为原则，以加强工资宏观调控为前提，以劳动技能、劳动责任、劳动强度和劳动条件等基本劳动要素评价为基础，以岗位、技能工资为主要内容，按职工实际劳动贡献（劳动质量和数量）确定工资的制度。它既具有岗位工资的特征，又具有结构工资的特征。

岗位技能工资制是通过劳动评价体系来确定不同岗位的劳动报酬的。劳动评价体系是建立岗位技能工资制的前提条件，它由岗位劳动评价和职工劳效评价两部分所组成。岗位劳动评价是将各类岗位、职位劳动对职工的要求和影响，综合归纳为劳动技能、劳动责任、劳动强度、劳动条件四项基本劳动要素，通过测试和评定不同岗位的基本劳动要素，科学地评价不同岗位的规范劳动的差别，并以此作为确定岗位工资标准的主要依据。职工劳效评价是通过考试考核办法，对职工本人（包括工人和管理人员、专业技术人员）技术业务水平的高低和实际付出劳动量（劳动质量和数量）的大小，进行科学、定量的评价，正确区分职工的劳动差别，并以此作为确定职工实得岗位工资的依据。

法条指引

❶《关于进行岗位技能工资制试点工作的通知》（1992年1月7日 劳薪字［1992］8号）

各省、自治区、直辖市及计划单列市劳动（劳动人事）厅（局），国务院有关部、委、直属机构：

根据《中华人民共和国国民经济和社会发展十年规划和第八个五年计划纲要》在企业"逐步实行以岗位技能工资制为主要形式的内部分配制度"的精神，按照"一切经过试点，先立后破"的原则，经国务院领导同志原则同意，现就进行岗位技能工资制试点工作提出以下意见，请结合各地，各部门实际研究执行。

一、关于试点工作的指导思想。进行以岗位技能工资制为主要形式的内部分配制度的改革试点工作，要坚持以转换企业机制，增强企业活力为中心，重点是打破"大锅饭"和"铁饭碗"，认真贯彻按劳分配原则，从而达到调动职工劳动积极性，提高劳动生产率和经济效益、促进搞好国营大中型企业的目的。试点工作要从实际出发，不搞一刀切。通过试点，进一步总结企业实行岗位技能工资制的经验，完善工资制度改革方案，为逐步扩大试点，深化企业工资制度改革打好基础。

二、关于试点条件和范围。为确保试点质量，抓好典型，要坚持少而精的原则，严格控制试点面。按照条块结合的方法，先从地区和部门中选择少数既有行业特色和代表性，又具备以下条件的国营企业进行：一是实行了工资总额同经济效益挂钩办法的企业；二是基础管理工作较好，定员定额、记录统计、考查考核、经济核算等项规章制度健全；三是企业劳动、人事、培训、考核等项制度的配套改革有较好基础；四是领导班子较强，劳资干部队伍素质较高，对试行岗位技能工资制认识一致，自愿进行试点的企业。试点企业可以是经济效益较好的，也可选一些经济效益较差的。有些企业虽未实行工资总额同经济效益挂钩，但其他各项条件都具备，也可列入试点范围，以利总结经验，指导面上工作。对近年来自发进行改革探索，试行以岗位、技能工资为主要内容的内部分配制度的企业，要进一步加以改进和完善。

各地区、各部门应按照上述条件，本着从严掌握的精神，从实际出发，提出试点计划，报送劳动部审核。

三、关于试点办法和步骤。遵照国务院领导同志最近关于工资工作的指示精神，试点工作一定要积极稳妥，有领导、有计划、分步骤地进行，防止一哄而起。为此，试点工作基本上应按以下步骤进行：第一，自愿要求试点的企业，从实际情况出发研究拟订试点方案（包括岗位劳动评价办法、岗位劳动规范、考核办法等），经本单位职工代表大会讨论通过，并征得主管部门同意后，报劳动部门审批；第二，搞好宣传动员，发挥职代会和工会作用，统一职工认识，做好培训干部的工作；第三，认真进行岗位劳动测评，按劳动技能、责任、强度和劳动条件等基本要素的测评结果，合理区分岗位劳动差别；第四，健全培训、考核制度，加强职工业务培训并对职工的劳动技能和劳动贡献进行严格考核，正确区分职工实际完成的劳动质量和数量的差别；第五，岗位技能工资标准经劳动部门批准后进行模拟测算，并对岗位劳动测评和考核结果进行验收；第六，依据按劳分配原则，制定分配方案并报劳动部门审批，在劳动部门审核批准的基本工资调整幅度内，对验收合格的试点企业职工兑现岗位、技能工资；第七，及时总结经验，不断改进、完善，建立健全岗位技能工资制的运行机制。试点的各个阶段要自始至终贯穿以提高经济效益为中心的原则，同时，必须搞好综合配套改革，结合贯彻落实国务院批准劳动部发布的《工人考核条例》、《国务院关于企业职工养老保险制度改革的决定》（国发［1991］33号）以及国务院关于劳动用工制度改革等有关文件精神，把试行岗位技能工资制与推进其他各项制度的改革有机地衔接起来，并以此作为试点验收是否合格的重要标志。试点中，首先要抓好拟订试点方案和岗位劳动测评、定额、定员及健全考核制度等基础工作。我部拟订的《岗位技能工资制试行方案》，现一并印发，供各地、各部门在制定自己的方案时参考，以便一方面在宏观上指导各地区、部门及企业的试点工作，另一方面在实践中继续改进完善。

四、关于基本工资水平的调整及资金来源等问题。企业工资改革一定要坚持企业自己挣出钱来搞改革的原则，要确保完成承包和上缴任务，要提高企业经济效益，从而促进国民经济的发展和财政收入的稳定增长，不能形成试点就是长工资。试点工作要在国家下达的工资计划总盘子以内，通过合理调控工资总量，调整工资结构的办法，提高基本工资的水平。要真正做到职工工资随企业经济效益好差和本人劳动贡献大小浮动，能升能降。试点企业职工的基本工资基数，先按照符合国家规定的标准工资基数与一九七九年、一九八八年国家规定的副食品价格补贴及一九九一年粮油调价补偿之和，并结合各自实际认真核定，某些行业符合国家规定的特殊岗位津贴经批准也可核入基数，其调整幅度应根据调整结构的需要、岗位劳动测评情况和企业效益工资或奖励基金（包括历年结余）的多少，按照国家下达的工资计划区别情况合理核定（一般掌握在人均每月10～15元幅度内）。实行工效挂钩的企业在节存的效益工资中解决，未实行工效挂钩的企业在工资总额包干内解决，增人不增资，减人不减资。要引导企业把新增效益工资或资金用在深化企业改革的刀刃上。

五、关于审批权限。根据“国家宏观调控，分级分类管理”的原则，改革试点工作一律按工资管理体制和隶属关系实行分级管理和审批。劳动部负责审核各省、自治区、直辖市、各部门的试点计划，负责协调平衡地区、行业之间工资关系和有关政策（包括基本工资总量基数和基本工资调整幅度及水平），负责审核各省、自治区、直辖市各部门岗位技能工资制试点方案，协调平衡和审批行业、地区工资标准；各省、自治区、直辖市劳动部门和各产业部门审批所属地区和企业的实施方案（包括岗位、技能工资标准，基本工资基数和人均调整幅度等），并加强宏观控制，指导企业搞好试点和内部分配。

试点工作中各级劳动部门要主动争取计委、财政、生产办、体改委、工会等部门的支持和帮助。做到互相支持、互相配合。要做好职工的思想政治工作，及时发现和解决出现的问题，把试点工作做好。

六、面上企业要进一步搞好搞活内部分配，对多数暂不进行试点的企业，应进一步搞好内部分配，按照劳动部《印发〈关于进一步搞好全民所有制企业内部工资分配的意见〉的通知》（劳薪字［1991］19号）提出的原则意见，大力加强企业内部工资分配的基础管理工作，继续改进、完善工资分配形式和办法，特别是要稳定生产第一线，向苦、脏、累、险岗位和技术要求高、责任重岗位倾斜，把职工的工资收入切实同其劳动实绩紧密联系起来，要进一步改进、完善工资总额同经济效益挂钩办法，深入贯彻落实中央关于进一步搞好国营大中型企业的各项措施，积极推进劳动工资制度的改革，促进企业经济效益的提高。

七、加强企业工资制度改革的宣传舆论工作，及时掌握试点动态，注意总结和交流经验。各级劳动部门要深入试点企业，深入实际，认真调查研究，确保改革试点工作健康发展。

❷《关于进一步深化岗位技能工资制度试点工作的意见》（1993年5月13日　劳部发［1993］41号）

一、积极稳妥地推行岗位技能工资制

岗位技能工资制是按照“按劳分配”原则实行企业自主分配的一种基本工资制度。推行岗位技能工资制，是为了贯彻落实《全民所有制工业企业转换经营机制条例》精神，适应建立社会主义市场经济体制的需要，把企业推向市场，并逐步实行企业自主分配的具体措施。其目的是：指导企业贯彻按劳分配原则，建立科学、合理的内部分配制度，合理拉开工资、奖金分配档次，安排好各类人员的工资关系，从而帮助企业建立一个符合各自特点的搞活搞好内部分配的良性运行机制。因此，凡是以劳动责任、劳动技能、劳动强度、劳动条件等基本劳动要素评价为基础，以劳动贡献（劳动的数量和质量）确定劳动报酬的工资制度，都属于岗位技能工资制的范畴。岗位技能工资制的实质是将职工的劳动报酬与岗位劳动责任、劳动技能、劳动强度、劳动条件和劳动贡献紧密联系起来，建立起“岗位靠竞争，报酬靠贡献”的激励机制。

二、进行岗位劳动评价要因地制宜、简化手续、简便易行

岗位劳动评价是综合运用各种科学手段确定企业内部各类岗位之间劳动差别的科学方法，是搞好岗位技能工资制试点的基础和前提。正确进行岗位劳动评价对于制定科学、合理的劳动定员、定额标准，加强职工技能培训，进行优化劳动组合、实现劳动力与生产资料的最佳配置以及改善劳动条件、搞好劳动保护具有重要作用。试点企业的实践表明，搞好岗位劳动评价，企业将长期受益。

企业进行岗位劳动评价，既要尊重科学，尽量做到准确、规范，又要从实际出发，因地制宜、因厂制宜。当前工作中要注意两个问题：

（一）企业在岗位劳动评价中，要力争做到既科学合理又简便易行。当前应强调搞好三个结合：一是把历史资料与现实结合起来。要充分利用历史上成功的考核、测评等基础资料，避免一些不必要的重复劳动；二是把科学测评与经验评估结合起来。要根据企业实际情况，有条件的可以采

取科学测评的方法，不具备条件的则可以采取经验评估及其他简便易行而又行之有效的办法；三是把本行业测评结果及试点企业岗位测评的做法与本企业的实际结合起来。同行业同等条件试点企业的评价办法或评价结果，在结合本企业实际的基础上可以直接借用。

（二）要注意抓好企业管理人员和专业技术人员的岗位劳动评价工作。当前应注意处理好四个关系：一是处理好干部岗位劳动评价与企业人事制度改革的关系，注意把干部岗位劳动评价和人事制度改革结合起来，打破干部、工人的身份界限，实行干部职务的聘任制、聘用制，建立起干部岗位的竞争机制；二是处理好责任重、技术要求高的岗位及生产一线管理岗位、专业技术岗位与一般岗位在工资分配上的关系，根据按劳分配原则向关键岗位倾斜；三是处理好管理岗位之间的关系，既要注意从加强党的领导、坚持企业的社会主义方向的高度认识党群部门管理岗位的地位，又要坚持按四项基本劳动要素客观地评价各类管理岗位之间的劳动差别，切实把个人工资收入同岗位劳动差别和实际劳动贡献（成果）结合起来；四是在干部岗位劳动评价的方法上处理好定量分析和定性分析的关系，在尽量做到定量分析的基础上，注意把两者有机地结合起来，以适应管理岗位、专业技术岗位劳动评价的特点。

三、关于岗位技能工资制基本工资单元的设置和工资标准的确定

企业可以根据实际和需要设置岗位技能工资制的基本工资单元和具体的工资标准及工资单元的比重。地区和行业提出的岗位技能工资制方案和工资标准供企业参考。为适应目前多数工业企业调动职工学习技术、钻研业务的积极性和引导职工到艰苦岗位、技术要求高、责任重的岗位去工作的需要，同时也便于企业的工资管理，提倡岗位技能工资制的基本工资单元只设置技能工资和岗位工资两个单元。

关于岗位技能工资制基本工资的起点工资和最高工资，企业应按照国家提出的起点工资和最高工资的指导意见，同时参考行业、地区制定的参考工资标准确定。在《最低工资条例》公布后，可根据各地区发布的最低工资标准相应调整起点工资。当前要注意坚持以下原则：1. 要以岗位劳动评价为依据，根据各类岗位的劳动差别确定各类岗位的基本工资差别，合理拉开条件艰苦、责任重、技术高岗位与一般岗位的基本工资差距；2. 在标准水平上，要考虑企业经济效益的增长情况、资金支付能力和企业职工现行标准工资水平以及调整工资结构的需要综合确定，工资标准水平不宜定得过高，避免造成职工工资一次增加过多或企业资金负担不起等问题；3. 可适当增加工资标准的弹性幅度，以适应随企业经济效益水平变化适时调整工资标准的需要；4. 要妥善安排企业内部各类人员的工资关系，并恰当处理相关类人员的工资标准的衔接和交叉程度。

四、建立健全岗位技能工资制的正常运行机制

为了保持岗位技能工资制的活力，充分发挥其职能作用，试点企业必须建立健全岗位技能工资制的正常运行机制。其中实行工资总额同经济效益挂钩办法的企业，对每年新增效益工资的使用，除留足必要的工资储备金外，可以用来增加职工的基本工资，或根据国家的有关政策调整企业的工资标准。把基本工资的正常增长与调整职工工资结构结合起来，充分发挥基本工资的职能作用。尚未实行工资总额同经济效益挂钩办法的企业，可以在国家确定的包干工资总额范围内建立职工正常增资的制度。增资幅度大小可视企业经济效益情况（减亏、扭亏程度）合理安排。

五、把岗位技能工资制试点与净化工资发放渠道等工作结合起来 进行岗位技能工资制试点的企业，经国家或地区、部门核准的当年新增基本工资可先在新增效益工资或自有资金中列支，从第二年起核入挂钩工资总额基数或列入成本，一次纳入有困难的可以分两年解决。企业要按照《全民所有制工业企业转换经营机制条例》的规定精神，把岗位技能工资制试点与净化工资发放渠道结合起来，并在工资收入结构的调整过程中，注意保持工资各组成部分的适当比例关系，以发挥各组成部分的效能作用。同时，要逐步改变奖金的发放办法，企业可根据职工劳动特点和超额劳动情况拉开奖金分配差距。具备条件的企业可逐步实行按季度、半年或年终发放奖金的办法。

六、加强对企业内部工资分配的指导和监督检查

各级劳动部门在帮助企业搞好岗位技能工资制试点的同时，要在落实宏观调控措施的基础上，加强对企业内部工资分配的指导和监督检查工作。指导和监督检查的主要内容是：企业内部分配的民主管理程序和制度是否建立健全；企业内部各类岗位的劳动评价以及职工劳动技能的考试和实际劳动贡献的考核等基础管理工作是否落实；企业内部各类人员工资关系安排是否合理；企业职工基本工资增长幅度和起点工资与最高工资的比例以及工资结构是否合理；各项配套改革措施是否落实等。

七、简化岗位技能工资制试点审批程序，进一步加快试点步伐，扩大试点面

今后，凡自愿要求试点，并基本具备试点条件的企业，各级劳动部门应加强指导，积极支持改革，并及时组织信息交流，总结经验。同时，应对试点企业的试行方案及基本工资增量等进行必要的审核，以保证岗位技能工资制试点工作的顺利进行。

以上意见仅供各试行岗位技能工资制的企业参考，希望企业在试行中创造出更加丰富的新鲜经验。

【岗效薪级工资制】

法律问题解读

这是指以岗位劳动为主体，以岗位责任、技能、负荷、环境条件四要素为尺度，以劳动效率和经济效益为分配依据的多元组合的工资制度。这种工资制度体现了岗位劳动和岗位技能要求的差异，从根本上革除了八级工资制的局限性和技能工资的潜在性、过渡性，可以更有效地发挥工资按劳分配的职能。例如某些单位实行的岗效薪级工资制有四个特点：（1）实行职称、级别与工资分离的办法，即打破原岗位技能工资中对企业技术岗位和管理岗位实行以职称、级别定工资的不合理做法，完全按其岗位的责任大小、技术难度高低确定其岗位薪级工资。（2）简化工资单元，将原结构工资中的技术工资单元并入岗位工资单元，解决了日益突出的岗位、技能分离的问题。（3）设置“一岗多薪”，即对技术复杂岗位、生产操作岗位和设备检修岗位，设置“一岗多薪”，以区别复杂劳动与简单劳动的差异，既考虑不同岗位之间的劳动差异，又考虑同一岗位上的劳动差异，还考虑各工种之间的劳动差异。（4）体现“科技是第一生产力”的原理，即在工资制度中设立高技能岗位工资，工资水平可高于公司领导，这种措施有利于增强企业对人才的吸引和竞争。

法条指引

❶ **《关于印发进一步深化企业内部分配制度改革指导意见的通知》**（2000年11月6日　劳社部发［2000］21号）

为贯彻落实党的十五届四中全会《决定》和五中全会《建议》的精神，建立与现代企业制度相适应的工资收入分配制度，现就进一步深化企业内部分配制度改革提出如下指导意见。

一、指导思想

紧紧围绕建立现代企业工资收入分配制度的总体目标，坚持以按劳分配为主体，多种分配方式并存和效率优先、兼顾公平的原则，允许和鼓励资本、技术等生产要素参与收益分配；在国家的宏观指导下，企业结合推进劳动用人制度等项配套改革，根据生产经营特点自主建立科学、规范的工资收入分配制度；充分发挥劳动力市场价格的调节作用，合理确定职工工资水平，拉开各类人员工资收入分配差距。通过改革形成有效的分配激励与约束机制，以及工资能增能减的机制，充分调动各方面的积极性，促进企业经济效益的提高。

二、建立健全企业内部工资收入分配激励机制

1. 建立以岗位工资为主的基本工资制度。

按照建立现代企业工资收入分配制度的要求并根据人力资源管理的特点，积极探索建立以岗位工资为主的基本工资制度。提倡推行各种形式的岗位工资制，如岗位绩效工资制、岗位薪点工资制、岗位等级工资制等。要进行科学的岗位设置、定员定额和岗位测评，做到以岗定薪。要以岗位测评为依据，参照劳动力市场工资指导价位合理确 定岗位工资标准和工资差距。提高关键性管理、技术岗位和高素质短缺人才岗位的工资水平。岗位工资标准要与企业经济效益相联系，随之上下浮动。职工个人工资根据其劳动贡献大小能增能减。企业内部实行竞争上岗，人员能上能下，岗变薪变。企业可以根据生产经营特点采取灵活多样的工资支付形式，如计件工资、浮动工资以及营销人员的销售收入提成等办法。无论哪一种形式，都应与职工的岗位职责、工作业绩和实际贡献挂钩，真正形成重实绩、重贡献的分配激励机制。

结合基本工资制度改革调整工资收入结构，使职工收入工资化、货币化、透明化。把工资总额中的部分补贴、津贴纳入岗位工资，提高岗位工资的比重。清理并取缔企业违规违纪发放的工资外收入，净化收入渠道。通过调整收入结构，提高工资占人工成本的比重。积极推行银行代发工资和企业代扣代缴个人所得税的办法。

2. 实行董事会、经理层成员按职责和贡献取

得报酬的办法。

要在具备条件的企业积极试行董事长、总经理年薪制。董事会和经理层其他成员的工资分配，执行企业内部工资分配制度，按照其承担的岗位职责和做出的贡献确定工资收入，并实行严格的考核和管理办法。一般情况下，对董事会成员要考核其资产运营和投资决策方面的业绩，主要以资产保值增值为评价标准3对经理层成员要考核其履行经营管理职责和取得业绩情况。要将考核结果与董事会、经理层成员的工资收入相联系，拉开工资收入差距。董事会成员的工资分配办法要通过股东大会讨论决定，经理层成员的工资分配办法要通过董事会讨论决定。

3. 对科技人员实行收入激励政策。

科技人员实行按岗位、按任务、按业绩确定报酬的工资收入分配制度。要合理拉开科技人员与普通职工、做出重大贡献的科技人员与一般科技人员的工资收入差距。企业可以根据生产经营需要并参照劳动力市场工资指导价位，同科技人员分别签订工资协议。实行按科技成果奖励办法，如项目成果奖、科技产品销售收入或利润提成等，对做出突出贡献的科技人员给予重奖。奖励办法，公司制企业由企业董事会提出，经股东会讨论后决定；非公司制企业由企业领导班子提出，经职代会讨论后决定。

三、积极稳妥开展按生产要素分配的试点工作

1. 探索进行企业内部职工持股试点。

按照建立现代企业制度的要求，实行股份制改造或产权管理清晰的竞争性企业，可以进行职工持股试点，试点方案要因地制宜、因企制宜，经过审批后稳步推行。

坚持职工持股自愿原则。职工持股资格、认购股份数额和股份认购方案，要通过职工集体讨论或其他方式民主决定，并经股东大会或产权单位同意后执行。经营管理人员、业务和技术骨干的持股数额可适当高于一般职工，但企业股份不能过分集中在少数人手里。经营者持股数额一般以本企业职工平均持股数的5至15倍为宜。要严格资产评估，防止国有资产流失。

职工持股可以实行多种形式，要以职工出资认购股份为主，也可对职工实行奖励股份等办法。

2. 积极试行技术入股，探索技术要素参与收益分配办法。

具备条件的企业可以试行科技成果和技术专利作价折股，由科技发明者和贡献者持有。以科技成果入股的，科技成果作价金额一般不超过企业注册资本的20%。以高新技术成果入股的，高新技术成果的作价金额一般不超过企业注册资本的35%。

由本企业形成的科技成果，可根据《中华人民共和国促进科技成果转化法》规定，将过去3—5年实施转化成功的科技成果所形成利润按规定的比例折股分配。群体或个人从企业外带入的科技成果和专利技术，可直接在企业作价折股分配。在研究开发和科技成果转化中做出主要贡献的人员，所得股份应占有较大的比重。

科技成果评估作价可由企业与科技发明、贡献者协商确定，也可委托具有法定资格的评估机构评估确定。

技术入股方案，公司制企业由董事会提出，非公司制企业由经营领导班子提出，经股东大会或职工代表大会讨论决定，并报产权主管部门和劳动保障部门审核。

3. 具备条件的小企业可以探索试行劳动分红办法。

劳动分红办法，原则上只在资本回报率和净资产收益率高于社会平均水平的小企业试行。公司制企业，经董事会或股东大会同意，非公司制企业，经产权主管部门同意，可以试行劳动分红办法。劳动分红的方案要征求职代会或工会的意见，并报劳动保障部门和产权主管部门审核。

4. 正确处理按劳分配与按生产要素分配的关系。

按资本、技术等生产要素分配要遵循国家有关法律法规和政策规定。股份分红应以企业盈利为前提，按照《中华人民共和国公司法》进行利润分配，既要维护劳动者的合法权益，又不得损害国家和其他股东的合法利益。股份分红不能侵蚀工资，工资分配不能侵蚀利润。实行职工持股和技术入股的企业，要完善工资支付制度，按照当地政府颁布的工资指导线和政府的有关政策规定，合理增加工资。要坚持投资风险与收益一致的原则，职工持股、技术入股与其他股份实行同股同利原则。不论职工以何种形式入股，均应承担相应的风险，不得实行与经济效益相脱离的“保底分红”和“保息分红”办法。

四、加强基础管理，建立健全企业内部工资分配约束机制

1. 加强企业内部分配基础管理工作。

要继续建立健全岗位测评、定员定额和考试考核制度，搞好工资统计、管理台账、职工奖惩、经济核算等各项基础管理工作，并在日常管理中狠抓制度的落实。要根据国家有关法律法规，结合企业内部用人制度、职工培训制度改革，制订适合本企业特点的工资支付办法，规范工资支付行为。要规范经营管理人员的职位消费行为，提高收入分配透明度。

2. 实行人工成本的合理约束。

企业内部要建立以人工成本管理为主要内容的约束机制，从有利于产品市场竞争和节约人工成本目的出发，加强人工成本的监控与管理，对工资增长进行合理约束。提倡实行“模拟市场核算、实行成本否决”的人工成本控制办法。

3. 职工民主参与决策和监督。

要进一步完善职工民主参与收入分配决策和民主监督的制度。在明确股东会、董事会、监事会职责，建立有效制衡的公司法人治理结构的基础上，结合实行厂务公开制度，充分发挥工会和职工代表大会在工资收入管理和改革中的积极作用。

探索建立具有中国特色的工资集体协商制度。在非国有企业，只要建立了企业工会的，都要大力推行工资集体协商制度；在国有企业特别是已改制的国有企业中要积极进行工资集体协商试点。

五、进一步转变政府职能，加强对企业内部分配的指导工作

劳动保障行政部门要按照社会主义市场经济的要求，切实转变工资收入管理职能，尊重企业分配自主权，进一步加强对企业内部分配的指导工作。要加强对企业工资改革、职工持股、技术入股、工资集体协商等方面的政策指导，并根据实际情况，会同有关部门完善按生产要素分配的有关政策。通过建立和组织实施工资指导线制度、劳动力市场工资指导价位和人工成本预测预警制度，指导企业合理确定工资水平和工资关系。通过完善工资支付有关法律法规和政策，督促企业严格执行最低工资保障制度，规范工资支付行为。要及时总结企业工资分配的典型经验加以推广，积极为企业提供咨询和信息服务。

【岗位薪点工资制】

法律问题解读

这是指在岗位劳动评价四要素的基础上，用点数和点值来确定职工的工资的制度。其工资标准不是以金额表示，而是用薪点数表示；薪点值与企业或部门的效益、实绩挂钩；通过量化考核确定职工实际工资。薪点工资的内涵和基本操作过程类似于岗位工资，但其操作过程更为灵活。因此，它也属于岗位工资制的一种形式。目前，一些单位实行的岗位薪点工资制的总点数是由岗位点数、表现点数和加分点数构成。岗位点数，是对每个岗位运用经验评估或仪器设备手段进行测评，并经过综合分析评价后得出。表现点数，一般是按工人和管理人员分别制订计分标准，对员工表现经考核评定，得出其在考核期内的表现点数。加分点数，是对岗位点数和表现点数所不能体现的，而且现阶段又必须鼓励、照顾的合理因素，采用的一种点数，比如对职工的本企业工龄、学历、职称或作出的突出贡献，可采用加分点数的办法增加其点数。职工的工资标准等于其工资总点数乘以企业当年确定的点值。

法条指引

❶ **《关于印发进一步深化企业内部分配制度改革指导意见的通知》**（2000 年 11 月 6 日　劳社部发［2000］21 号）（略）

【欠薪保障制度】

法律问题解读

这是指通过国家和地方立法及政策规定，在企业因破产、歇业或发生突发事件，欠付职工工资或其他报酬又无法追偿时，由政府运用社会共济资金先期垫付、事后追偿或动用企业工资预留账户资金等方式，保障劳动者合法权益的一种制度。

在社会主义市场经济发展过程中，出现了一些企业长期拖欠劳动者工资的现象，特别是建筑等行业一些企业三角债等情况的存在，以及一些小企业经营风险大，破产、歇业和业主逃匿等情况的发生，导致欠付劳动者、尤其是农民工的工资、社会保险费。不仅侵害了劳动者的合法权益，还严重影响着社会的安定。于是欠薪保障制度便应运而生。欠薪保障工作主要是由政府的劳动保障、财政、工商行政等部门相互配合、共同负责。欠薪保障资金一般是委托各级社会保险经办机构负责向划定范围内的企业征收，或委托银行为划定范围内的企业设立工资预留账户。对于欠薪保障金垫付的项目，一次垫付的最高额度，申请欠薪保障金垫付必须具备的条件，偿还垫付金的程序，以及如何运用、管理工资预留账户资金等，均由地方政府作出规定。

法条指引

❶《关于印发 2003 年劳动和社会保障工作要点的通知》（2003 年 1 月 22 日　劳社部发［2003］1 号）（略）

❷《北京市工资支付规定》（2003 年 12 月 22 日　市政府令第 142 号）（略）

【工资控制线】

法律问题解读

工资控制线是指国家对职工工资水平偏高、增长过快的行业、企业采取的一种阶段性从紧调控工资总额增长的具体措施。它的主要内容是：控制职工工资水平偏高、增长过快的行业的工资发放；对部分行业（部门）、企业工资总额发放增长速度实行上限控制；调节行业、企业职工工资水平，逐步协调工资分配关系，缓解分配不公问题。

工资控制线的实施对象是：上年职工平均工资水平达到全国职工平均工资水平 180%以上的国务院各部门（含国务院直属总公司）、国家计划单列企业集团。对地方部门和企业工资控制线的实施对象，由省、自治区、直辖市及计划单列市根据本地区重点行业、企业的具体情况确定。

工资控制线的水平，要根据实施对象的职工平均工资与全国职工平均工资的差距、经济效益完成情况等相关因素区别确定，其年度货币工资总额增长速度要低于全国企业货币工资总额计划的增长速度。

工资控制线采取分级制定的办法，即国务院业务主管部门负责提出并确定国务院所属部门、企业的工资控制线的实施对象和控制线水平；各省、自治区、直辖市及计划单列市的业务主管部门提出并确定本地区的工资控制线的实施对象和控制线水平。

法条指引

❶《关于对部分行业、企业实行工资控制线办法的通知》（1996 年 6 月 7 日　劳部发［1996］198 号）（略）

❷《关于进一步做好 1997 年工资控制线工作的通知》（1997 年 9 月 5 日　劳部发［1997］267 号）（略）

【工资指导线】

法律问题解读

工资指导线是指政府对企业的工资分配进行规范与调控，使企业工资增长符合经济和社会发展要求，是企业年度货币工资水平增长幅度的标准线，它包括工资增长基准线，上线和下线。基准线：是当年企业工资增长的适度水平，是地区企业工资增长的总体调控目标；上线：是企业工资增长的高限或最高调控线；下线：是企业工资增长的低限。

工资指导线制度，是社会主义市场经济体制下，国家对企业工资分配进行宏观调控的一种制度。其目的是在国家宏观指导下，促进企业的工资微观分配与国家的宏观政策相协调，引导企业在生产发展，经济效益提高的基础上，合理进行工资分配。

制定工资指导线应遵循以下原则：

（1）坚持“两低于”原则，即地区企业工资总额增长低于经济效益增长，地区职工实际平均工资增长低于劳动生产率增长。

（2）结合地区、行业、企业特点，实行分级管理、分类调控的原则。

（3）实行协商的原则，即以劳动保障行政部门为主，商政府有关部门、工会、企业家协会等组织共同制定。

制定工资指导线是以本地区年度经济增长率、社会劳动生产率、城镇居民消费价格指数为主要依据，并综合考虑城镇就业状况、劳动力市场价格、人工成本水平和对外贸易状况等相关因素。

工资指导线的基本内容包括：工资指导线水平和对企业工资增长的有关要求和建议。工资指导线水平包括本年度企业货币工资水平增长基准线、上线、下线。

各地劳动保障行政部门，依据劳动保障部当年全国工资指导意见，制定本地区工资指导线，送劳动保障部审核后，经地方政府批准，由地方政府（或由其委托劳动保障行政部门）于每年 3 月底以前颁布，劳动保障行政部门组织实施。工资指导线执行时间为一个日历年度（1 月 1 日至 12 月 31 日）。

法条指引

❶《试点地区工资指导线制度试行办法》

（1997年1月30日　劳部发〔1997〕27号）（略）

【工资指导价位】

法律问题解读

这是指国家劳动保障行政部门按照国家统一规范和制度的要求，在广泛调查和统计汇总、分析加工的基础上，向社会发布的用以指导企业合理确定职工工资水平和工资关系，反映和调节劳动力市场价格的各类职业（工种）的工资水平信息。它是企业工资宏观调控措施的重要组成部分。形成劳动力市场工资指导价位的主要因素有劳动力供求状况、劳动者年龄、学历、资历、性别、职业、行业、地区、国籍以及地区经济发展水平等。

劳动力市场工资指导价位每年发布一次，一般是在6月底以前，由公共职业介绍机构采用文件形式或资料形式发布。

劳动力市场工资指导价位的作用主要是：

（1）有利于政府劳动工资管理部的转变职能，由直接的行政管理，转变为充分利用劳动力市场价格信号指导企业合理进行工资分配；

（2）有利于将市场机制引入企业内部分配，为企业合理确定工资水平和各类人员的工资关系提供重要依据；

（3）有利于促进劳动力市场形成合理的价格水平，为劳动力供求双方协商确定工资水平提供客观市场参考标准，减少供求双方的盲目性，提高劳动者求职的成功率和劳动力市场运作的整体效率；

（4）有利于劳动力的合理、有序流动，调节地区、行业之间的就业结构，使劳动力价格机制与劳动力供求机制紧密结合，构建完整的劳动力市场体系；

（5）有利于企业开展工资集体协商和签定工资协议。

法条指引

❶ **《关于建立劳动力市场工资指导价位制度的通知》**（1999年10月25日　劳社部发〔1999〕34号）（略）

【工资基金管理手册】

法律问题解读

这是我国基层单位支取工资的重要凭证，是国家对工资基金管理的措施之一。工资基金是用于职工各项工资支付的专用资金。凡属于国家统计局列为工资总额组成范围的资金，均纳入工资基金管理的内容。工资基金管理方面的规定，最初适用于全民所有制企业、事业、机关、团体单位，城镇集体所有制单位参照执行；后来扩大适用于所有基层单位。目前，负责工资基金管理的部门为国家发展与改革委员会、财政部、劳动保障部、人事部和中国人民银行等。

根据国家的规定，各地区、各部门将国家下达的工资总额计划按隶属关系落实到基层单位。各基层单位要根据核定的年度工资总额，编制工资基金使用计划，经主管部门审核并经同级劳动部门会同有关部门（如人事部门）批准后列入《工资基金管理手册》。实行工效挂钩的单位，应按照挂钩基数和比例核定效益工资，并列入《工资基金管理手册》。开户银行据此监督支付工资，超过《工资基金管理手册》列定数额的，一律拒付。各基层单位只能在本单位进行现金结算的开户银行设立一个工资基金专户，所有工资支出均须通过开户银行，从工资基金专用账户中列支。

随着我国行政管理体制改革的逐步深化，为了切实转变政府职能，优化经济发展环境，减轻企业负担，有的地方开始停止采用《工资基金管理手册》进行工资基金管理的措施，但仍采用其他措施加强对工资基金的宏观管理。

法条指引

❶ **国务院《关于发布工资基金暂行管理办法的通知》**（1985年9月24日　国发〔1985〕115号）（略）

❷ **国务院《关于进一步加强工资基金管理的通知》**（1989年3月30日　国发〔1989〕31号）（略）

❸ **人事部　中国人民银行《关于印发国家机关、事业单位工资基金管理暂行办法的通知》**（1990年11月9日　人计发〔1990〕20号）（略）

❹ **劳动部　中国人民银行《关于修改工资基金管理手册的通知》**（1992年9月29日　劳计字〔1992〕66号）（略）

❺ **北京市发展与改革委员会　市劳动和社会保障局《关于停止北京市工资总额使用手册核发工作有关问题的通知》**（2003年12月25日　京发改〔2003〕2218号）（略）

【工资集体协商】

法律问题解读

工资集体协商，是指职工代表与企业代表依法就企业内部工资分配制度、工资分配形式、工资收入水平等事项进行平等协商，在协商一致的基础上签订工资协议的行为。工资协议，是指专门就工资事项签定的专项集体合同。工资集体协商的作用是维护劳动关系双方的合法权益，促进劳动关系的和谐与稳定。工资集体协商是工资决定机制改革的方向。

工资集体协商一般包括以下内容：

（1）工资协议的期限；

（2）工资分配制度、工资标准和工资分配形式；

（3）职工年度平均工资水平及其调整幅度；

（4）奖金、津贴、补贴等分配办法；

（5）工资支付办法；

（6）变更、解除工资协议的程序；

（7）工资协议的终止条件；

（8）工资协议的违约责任；

（9）双方认为应当协商约定的其他事项。

协商确定职工年度工资水平应符合国家有关工资分配的宏观调控政策，并综合参考下列因素：

（1）地区、行业、企业的人工成本水平；

（2）地区、行业的职工平均工资水平；

（3）当地政府发布的工资指导线、劳动力市场工资指导价位；

（4）本地区城镇居民消费价格指数；

（5）企业劳动生产率和经济效益；

（6）国有资产保值增值；

（7）上年度企业职工工资总额和职工平均工资水平

（8）其他与工资集体协商有关情况。

工资集体协商代表应依照法定程序产生。职工一方由工会代表；未建立工会的企业，由职工民主推举代表，并得到半数以上职工同意。企业一方代表由法定代表人和法定代表人指定的有关人员担任。

协商双方均可书面委托本企业以外的专业人士作为本方协商代表，但委托人数不得超过本方代表 1/3。协商双方享有平等的建议权、否决权和陈述权。

职工协商代表的合法权益受法律保护，企业不得对其采取歧视性行为，不得违法解除或变更其劳动合同。由企业内部产生的协商代表参加工资集体协商活动，应视为提供了正常劳动，原来所享受的工资、奖金、津贴、补贴、保险福利待遇不变。

工资集体协商应按法定程序进行。协商形成的工资协议草案应提交职工代表大会或职工大会讨论审议。审议通过后，由双方首席代表签字盖章，并报当地县以上劳动保障行政部门审查。审查无异议，应及时向协商双方送达《工资协议审查意见书》，工资协议即行生效。

工资集体协商，一般情况下一年进行一次。职工和企业双方均可在原工资协议期满前 60 日内向对方书面提出协商意向书，进行下一轮的工资集体协商。

法条指引

❶《工资集体协商试行办法》（2000 年 11 月 8 日 劳动保障部令第 9 号）

第一章 总 则

第一条 为规范工资集体协商和签订工资集体协议（以下简称工资协议）的行为，保障劳动关系双方的合法权益，促进劳动关系的和谐稳定，依据《中华人民共和国劳动法》和国家有关规定，制定本办法。

第二条 中华人民共和国境内的企业依法开展工资集体协商，签订工资协议，适用本办法。

第三条 本办法所称工资集体协商，是指职工代表与企业代表依法就企业内部工资分配制度、工资分配形式、工资收入水平等事项进行平等协商，在协商一致的基础上签订工资协议的行为。

本办法所称工资协议，是指专门就工资事项签订的专项集体合同。已订立集体合同的，工资协议作为集体合同的附件，并与集体合同具有同等效力。

第四条 依法订立的工资协议对企业和职工双方具有同等约束力。双方必须全面履行工资协议规定的义务，任何一方不得擅自变更或解除工资协议。

第五条 职工个人与企业订立的劳动合同中关于工资报酬的标准，不得低于工资协议规定的最低标准。

第六条 县级以上劳动保障行政部门依法对工资协议进行审查，对协议的履行情况进行监督检查。

第二章 工资集体协商内容

第七条 工资集体协商一般包括以下内容：

（一）工资协议的期限；

（二）工资分配制度、工资标准和工资分配形式；

（三）职工年度平均工资水平及其调整幅度；

（四）奖金、津贴、补贴等分配办法；

（五）工资支付办法；

（六）变更、解除工资协议的程序；

（七）工资协议的终止条件；

（八）工资协议的违约责任；

（九）双方认为应当协商约定的其他事项。

第八条 协商确定职工年度工资水平应符合国家有关工资分配的宏观调控政策，并综合参考下列因素：

（一）地区、行业、企业的人工成本水平；

（二）地区、行业的职工平均工资水平；

（三）当地政府发布的工资指导线、劳动力市场工资指导价位；

（四）本地区城镇居民消费价格指数；

（五）企业劳动生产率和经济效益；

（六）国有资产保值增值；

（七）上年度企业职工工资总额和职工平均工资水平；

（八）其他与工资集体协商有关的情况。

第三章 工资集体协商代表

第九条 工资集体协商代表应依照法定程序产生。职工一方由工会代表。未建工会的企业由职工民主推举代表，并得到半数以上职工的同意。企业代表由法定代表人和法定代表人指定的其他人员担任。

第十条 协商双方各确定一名首席代表。职工首席代表应当由工会主席担任，工会主席可以书面委托其他人员作为自己的代理人；未成立工会的，由职工集体协商代表推举。企业首席代表应当由法定代表人担任，法定代表人可以书面委托其他管理人员作为自己的代理人。

第十一条 协商双方的首席代表在工资集体协商期间轮流担任协商会议执行主席。协商会议执行主席的主要职责是负责工资集体协商有关组织协调工作，并对协商过程中发生的问题提出处理建议。

第十二条 协商双方可书面委托本企业以外的专业人士作为本方协商代表。委托人数不得超过本方代表的1/3。

第十三条 协商双方享有平等的建议权、否决权和陈述权。

第十四条 由企业内部产生的协商代表参加工资集体协商的活动应视为提供正常劳动，享受的工资、奖金、津贴、补贴、保险福利待遇不变。其中，职工协商代表的合法权益受法律保护。企业不得对职工协商代表采取歧视性行为，不得违法解除或变更其劳动合同。

第十五条 协商代表应遵守双方确定的协商规则，履行代表职责，并负有保守企业商业秘密的责任。协商代表任何一方不得采取过激、威胁、收买、欺骗等行为。

第十六条 协商代表应了解和掌握工资分配的有关情况，广泛征求各方面的意见，接受本方人员对工资集体协商有关问题的质询。

第四章 工资集体协商程序

第十七条 职工和企业任何一方均可提出进行工资集体协商的要求。工资集体协商的提出方应向另一方提出书面的协商意向书，明确协商的时间、地点、内容等。另一方接到协商意向书后，应于20日内予以书面答复，并与提出方共同进行工资集体协商。

第十八条 在不违反有关法律、法规的前提下，协商双方有义务按照对方要求，在协商开始前5日内，提供与工资集体协商有关的真实情况和资料。

第十九条 工资协议草案应提交职工代表大会或职工大会讨论审议。

第二十条 工资集体协商双方达成一致意见后，由企业行政方制作工资协议文本。工资协议经双方首席代表签字盖章后成立。

第五章 工资协议审查

第二十一条 工资协议签订后，应于7日内由企业将工资协议一式三份及说明，报送劳动保障行政部门审查。

第二十二条 劳动保障行政部门应在收到工资协议15日内，对工资集体协商双方代表资格、工资协议的条款内容和签订程序等进行审查。劳动保障行政部门经审查对工资协议无异议，应及时向协商双方送达《工资协议审查意见书》，工资协议即行生效。

劳动保障行政部门对工资协议有修改意见，应将修改意见在《工资协议审查意见书》中通知协商双方。双方应就修改意见及时协商，修改工资协议，并重新报送劳动保障行政部门。

工资协议向劳动保障行政部门报送经过15日后，协议双方未收到劳动保障行政部门的《工资协议审查意见书》，视为已经劳动保障行政部门同意，该工资协议即行生效。

第二十三条　协商双方应于5日内将已经生效的工资协议以适当形式向本方全体人员公布。

第二十四条　工资集体协商一般情况下一年进行一次。职工和企业双方均可在原工资协议期满前60日内，向对方书面提出协商意向书，进行下一轮的工资集体协商，做好新旧工资协议的相互衔接。

第六章　附　　则

第二十五条　本办法对工资集体协商和工资协议的有关内容未做规定的，按《集体合同规定》的有关规定执行。

第二十六条　本办法自发布之日起施行。

第六章 福利

● 本章为读者提供与以下题目有关的法律问题的解读及相关法律文献依据

社会福利（180） **职工福利**（180） **带薪假期**（181） **年休假**（182） **婚假与丧假**（185） **探亲假**（185） **职工探亲路费补贴**（189） **公派出国留学人员回国休假**（190） **公派出国研究生配偶的探亲假**（191） **职工冬季取暖补贴**（193） **职工生活困难补助**（193） **因工死亡职工供养亲属抚恤金**（194） **职工供养亲属医疗及死亡待遇**（195） **职工遗属待遇**（195） **工龄**（196） **军龄与本单位工作年限**（197）

【社会福利】

法律问题解读

社会福利是指由国家、社会组织和个人举办的能够给人们生活提供帮助、提供方便或带来利益的事业。主要包括四方面内容：一是由国家或社会组织举办的以全体人民为对象的社会公共福利事业，包括教育、科学、环境保护、文化艺术、体育、卫生等公益性设施、场馆，以及公园等。二是由国家、集体和个人举办，以社会特殊困难群体为主要对象的专门性社会福利事业。主要包括为无劳动能力、无生活来源、无法定抚养人或赡养人的残疾人、老年人、孤儿、弃婴等提供养护、康复、托管服务的机构。如社会福利院、养老院、儿童福利院、精神病院、SOS儿童村，以及各类康复中心等。三是国家为照顾一定地区或一定范围内的居民对部分必要生活资料的需求，所采取的福利性补贴措施。如对寒冷地区冬季取暖补贴，对住公房的居民给予房租补贴等。这些福利性补贴措施随着生产的发展、条件的改变，会有所增加、减少或取消。四是在国家政策指导下，以本单位职工为特定对象，由用人单位举办的福利事业、实施的福利措施。

法条指引

❶**《中华人民共和国劳动法》**（1994年7月5日 国家主席令第28号）

第七十六条 国家发展社会福利事业，兴建公共福利设施，为劳动者休息、休养和疗养提供条件。

用人单位应当创造条件，改善集体福利，提高劳动者的福利待遇。

❷**《关于加快实现社会福利社会化意见的通知》**（2000年2月27日 国办发［2000］19号）（略）

❸**《社会福利机构管理暂行办法》**（1999年12月30日 民政部令第19号）（略）

案例链接

❶《屈光荣诉湖南通达联运有限责任公司等投保年限更改纠纷案》，参见北大法宝引证码：Pkulaw. cn/CLI. C. 46983。

❷《张素珍诉泰州友谊印刷总厂劳动福利争议案》，参见北大法宝引证码：Pkulaw. cn/CLI. C. 232711。

【职工福利】

法律问题解读

职工福利是指由国家机关、社会团体、企业、事业等单位通过建立各种补贴制度和举办集体福利事业，解决职工个人难以解决的生活困难，方便、改善职工生活，保证职工身体健康和正常工作的一种社会福利事业。福利可划分为职工集体福利和职工个人福利。职工集体福利又划分为集体生活福利和集体文化娱乐设施两个方面。职工集体生活福利在50年代称为集体劳动保险事业，包括：职工食堂、职工宿舍、疗养所、休养所、哺乳室、托儿所、幼儿园以及理发室、浴室等内容；集体文化娱乐设施包括：企业主办的职工文化馆、图书馆、阅览室、俱乐部、运动器械和场所、职工业余学校等内容。职工个人福利又称劳动者的福利待遇，其内容包括：冬季取暖补贴、探亲假路费补贴、上下班交通费补贴、职工生活困难补助、职工正常死亡丧葬补助费等福利性补贴和职工遗属待遇、供养亲属半费医疗待遇以及带薪假期等。职工福利费在不同的用人单位开支渠道不同。国家机关、事业单位的职工福利费是按照职工人数和规定标准在行政和事业经费中提取。企业单位的职工福利费主要在职工福利基金中列支。

由于历史的原因，国有企业职工集体福利越来越成为无所不包的“企业办社会”的沉重负担。从各种本应由社会举办的集体生活福利设施，集体文化娱乐设施到退休人员的管理，无一不是企业自办，致使国有企业效益长期低下，职工普遍存在事事依赖企业的心理。因此，自改革开放以来，国有企业正逐步进行主业与辅业分离的改革，将其后勤服务的单位、设施，改为自主经营、自负盈亏的独立单位，面向社会服务，以减轻国有企业负担，使其轻装进入市场进行平等竞争，成为真正意义上的现代企业。改革之后的职工集体福利依然存在，而且变得更加切合实际，与职工个人福利共同起着稳定劳动关系，增强自身吸引力、凝聚力的作用。

法条指引

❶ **《中华人民共和国劳动保险条例》**（1953年1月2日　政务院修正公布）（略）

❷ **劳动部《劳动保险条例实施细则修改草案》**（1953年1月26日）（略）

❸ **《关于改进职工宿舍取暖补贴问题的意见》**（1978年2月20日）（略）

❹ **《关于执行〈国家机关、事业单位工作人员死亡后遗嘱生活困难补助暂行规定〉的通知》**（1980年2月3日　财事［1980］34号）（略）

❺ **《关于职工探亲路费的规定》**（1981年4月8日　［91］财事字第113号）

❻ **《关于印发国有大中型企业主辅分离辅业改制分流安置富余人员的劳动关系处理办法的通知》**（2003年7月31日　劳社部发［2003］21号）（略）

❼ **《关于进一步明确国有大中型企业主辅分离辅业改制有关问题的通知》**（2003年7月4日　国资分配［2003］21号）（略）

❽ **《关于国有大中型企业主辅分离辅业改制分流安置富余人员的实施办法》**（2002年11月18日　国经贸企改［2002］859号）（略）

案例链接

❶《焦作市科艺纺织有限公司与席某等劳动合同纠纷上诉案》，参见北大法宝引证码：Pkulaw.cn/CLI.C.251601。

【带薪假期】

法律问题解读

国家除规定法定节日为带薪假期以外，还规定职工在年休假、婚假、丧假、探亲假期间，用人单位须照发标准工资。这些假期不仅为职工提供了休息、健身、处理家务及其他个人事务的时间和方便，还保证了职工的基本收入。因此，带薪假期是职工个人福利的内容之一。

法条指引

❶ **《中华人民共和国劳动法》**（1994年7月5日　国主席令第28号）

第四十五条　国家实行带薪年休假制度。

劳动者连续工作1年以上的，享受带薪年休假。具体办法由国务院规定。

第五十一条　劳动者在法定休假日和婚丧假期间以及依法参加社会活动期间，用人单位应当依法支付工资。

❷ **《关于职工休假问题的通知》**（1991年6月15日　中发电［1991］2号）

根据中共中央、国务院关于职工休假问题的通知精神，从今年起，各企事业单位、社会团体、部机关，可根据实际情况适当安排职工的休假。现将有关事项通知如下：

一、各单位在确保完成工作任务，不另增加人员编制的前提下可以安排职工的年休假。

二、确定职工休假天数时，要根据各单位的工作任务和各类人员的资历、岗位等不同情况，有所区别，最多不得超过两周。休假时间的安排不要影响工作。

三、休假方式一般以就地休假为主，一律不准搞公费旅游，也不得以不休假为由向职工发放或变相发放钱物。

四、各单位可恢复离休干部健康休养制度，经费开支要严格控制在国家统一规定的标准之内。

五、企业职工休假，由企业根据具体条件和实际情况，参照上述精神自行确定。

六、各单位职工休假的具体实施办法，报我部人事司备案。

七、各单位原自行拟定的休假办法和临时措施，凡与本通知规定相抵触的，应按本通知规定办理。

案例链接

❶《甘佩霞与广州市番禺区旧水坑丰达电机厂劳动合同纠纷上诉案》，参见北大法宝引证码：Pkulaw. cn/CLI. C. 230789。

❷《上海核所日环光电仪器有限公司与闵某劳动合同纠纷上诉案》，参见北大法宝引证码：Pkulaw. cn/CLI. C. 194232。

学者观点

❶ 黄秩和：《评议〈职工带薪年休假规定（草案）〉（征求意见稿）》，参见北大法宝引证码：Pkulaw. cn/CLI. A. 040568。

【年休假】

法律问题解读

按照国家规定，职工连续工作年限满1年以上，才可享受年休假。用人单位确定职工休假天数，须根据工作任务和各类人员的资历、岗位等不同情况，有所区别，最长不超过15天。至于是一次性休完还是可累计休完，假期是否包括公休日和法定节日，国家没有明确规定，用人单位可以自行规定。年休假的规定适用于各种类型的用人单位。

法条指引

❶**《中华人民共和国劳动法》**（1994年7月5日 国主席令第28号）

第四十五条 国家实行带薪年休假制度。

劳动者连续工作1年以上的，享受带薪年休假。具体办法由国务院规定。

❷**《职工带薪年休假条例》**（2007年12月7日 国务院令第514号）

第一条 为了维护职工休息休假权利，调动职工工作积极性，根据劳动法和公务员法，制定本条例。

第二条 机关、团体、企业、事业单位、民办非企业单位、有雇工的个体工商户等单位的职工连续工作1年以上的，享受带薪年休假（以下简称年休假）。单位应当保证职工享受年休假。职工在年休假期间享受与正常工作期间相同的工资收入。

第三条 职工累计工作已满1年不满10年的，年休假5天；已满10年不满20年的，年休假10天；已满20年的，年休假15天。国家法定休假日、休息日不计入年休假的假期。

第四条 职工有下列情形之一的，不享受当年的年休假：

（一）职工依法享受寒暑假，其休假天数多于年休假天数的；

（二）职工请事假累计20天以上且单位按照规定不扣工资的；

（三）累计工作满1年不满10年的职工，请病假累计2个月以上的；

（四）累计工作满10年不满20年的职工，请病假累计3个月以上的；

（五）累计工作满20年以上的职工，请病假累计4个月以上的。

第五条 单位根据生产、工作的具体情况，并考虑职工本人意愿，统筹安排职工年休假。

年休假在1个年度内可以集中安排，也可以分段安排，一般不跨年度安排。单位因生产、工作特点确有必要跨年度安排职工年休假的，可以跨1个年度安排。单位确因工作需要不能安排职工休年休假的，经职工本人同意，可以不安排职工休年休假。对职工应休未休的年休假天数，单位应当按照该职工日工资收入的300%支付年休假工资报酬。

第六条 县级以上地方人民政府人事部门、劳动保障部门应当依据职权对单位执行本条例的情况主动进行监督检查。工会组织依法维护职工的年休假权利。

第七条 单位不安排职工休年休假又不依照本条例规定给予年休假工资报酬的，由县级以上地方人民政府人事部门或者劳动保障部门依据职权责令限期改正；对逾期不改正的，除责令该单位支付年休假工资报酬外，单位还应当按照年休假工资报酬的数额向职工加付赔偿金；对拒不支付年休假工资报酬、赔偿金的，属于公务员和参照公务员法管理的人员所在单位的，对直接负责的主管人员以及其他直接责任人员依法给予处分；属于其他单位的，由劳动保障部门、人事部门或者职工申请人民法院强制执行。

第八条 职工与单位因年休假发生的争议，依照国家有关法律、行政法规的规定处理。

第九条 国务院人事部门、国务院劳动保障部门依据职权，分别制定本条例的实施办法。

第十条 本条例自2008年1月1日起施行。

❸《企业职工带薪年休假实施办法》（2008年7月17日 人力资源和社会保障部）

第一条 为了实施《职工带薪年休假条例》（以下简称条例），制定本实施办法。

第二条 中华人民共和国境内的企业、民办非企业单位、有雇工的个体工商户等单位（以下称用人单位）和与其建立劳动关系的职工，适用本办法。

第三条 职工连续工作满12个月以上的，享受带薪年休假（以下简称年休假）。

第四条 年休假天数根据职工累计工作时间确定。职工在同一或者不同用人单位工作期间，以及依照法律、行政法规或者国务院规定视同工作期间，应当计为累计工作时间。

第五条 职工新进用人单位且符合本办法第三条规定的，当年度年休假天数，按照在本单位剩余日历天数折算确定，折算后不足1整天的部分不享受年休假。

前款规定的折算方法为：（当年度在本单位剩余日历天数÷365天）×职工本人全年应当享受的年休假天数。

第六条 职工依法享受的探亲假、婚丧假、产假等国家规定的假期以及因工伤停工留薪期间不计入年休假假期。

第七条 职工享受寒暑假天数多于其年休假天数的，不享受当年的年休假。确因工作需要，职工享受的寒暑假天数少于其年休假天数的，用人单位应当安排补足年休假天数。

第八条 职工已享受当年的年休假，年度内又出现条例第四条第（二）、（三）、（四）、（五）项规定情形之一的，不享受下一年度的年休假。

第九条 用人单位根据生产、工作的具体情况，并考虑职工本人意愿，统筹安排年休假。用人单位确因工作需要不能安排职工年休假或者跨1个年度安排年休假的，应征得职工本人同意。

第十条 用人单位经职工同意不安排年休假或者安排职工年休假天数少于应休年休假天数，应当在本年度内对职工应休未休年休假天数，按照其日工资收入的300%支付未休年休假工资报酬，其中包含用人单位支付职工正常工作期间的工资收入。

用人单位安排职工休年休假，但是职工因本人原因且书面提出不休年休假的，用人单位可以只支付其正常工作期间的工资收入。

第十一条 计算未休年休假工资报酬的日工资收入按照职工本人的月工资除以月计薪天数（21.75天）进行折算。

前款所称月工资是指职工在用人单位支付其未休年休假工资报酬前12个月剔除加班工资后的月平均工资。在本用人单位工作时间不满12个月的，按实际月份计算月平均工资。

职工在年休假期间享受与正常工作期间相同的工资收入。实行计件工资、提成工资或者其他绩效工资制的职工，日工资收入的计发办法按照本条第一款、第二款的规定执行。

第十二条 用人单位与职工解除或者终止劳动合同时，当年度未安排职工休满应休年休假的，应当按照职工当年已工作时间折算应休未休年休假天数并支付未休年休假工资报酬，但折算后不足1整天的部分不支付未休年休假工资报酬。

前款规定的折算方法为：（当年度在本单位已过日历天数÷365天）×职工本人全年应当享受的年休假天数－当年度已安排年休假天数。

用人单位当年已安排职工年休假的，多于折算应休年休假的天数不再扣回。

第十三条 劳动合同、集体合同约定的或者用人单位规章制度规定的年休假天数、未休年休假工资报酬高于法定标准的，用人单位应当按照有关约定或者规定执行。

第十四条 劳务派遣单位的职工符合本办法第三条规定条件的，享受年休假。

被派遣职工在劳动合同期限内无工作期间由劳务派遣单位依法支付劳动报酬的天数多于其全年应当享受的年休假天数的，不享受当年的年休假；少于其全年应当享受的年休假天数的，劳务派遣单位、用工单位应当协商安排补足被派遣职工年休假天数。

第十五条 县级以上地方人民政府劳动行政部门应当依法监督检查用人单位执行条例及本办法的情况。

用人单位不安排职工休年休假又不依照条例及本办法规定支付未休年休假工资报酬的，由县级以上地方人民政府劳动行政部门依据职权责令限期改正；对逾期不改正的，除责令该用人单位支付未休年休假工资报酬外，用人单位还应当按照未休年休假工资报酬的数额向职工加付赔偿金；对拒不执行支付未休年休假工资报酬、赔偿金行政处理决定的，由劳动行政部门申请人民法院强制执行。

第十六条 职工与用人单位因年休假发生劳动争议的，依照劳动争议处理的规定处理。

第十七条 除法律、行政法规或者国务院另有规定外，机关、事业单位、社会团体和与其建立劳动关系的职工，依照本办法执行。

船员的年休假按《中华人民共和国船员条例》执行。

第十八条 本办法中的“年度”是指公历年度。

第十九条 本办法自发布之日起施行。

❹《机关事业单位工作人员带薪年休假实施办法》（2008年2月15日 人事部）

第一条 为了规范机关、事业单位实施带薪年休假（以下简称年休假）制度，根据《职工带薪年休假条例》（以下简称《条例》）及国家有关规定，制定本办法。

第二条 《条例》第二条中所称“连续工作”的时间和第三条、第四条中所称“累计工作”的时间，机关、事业单位工作人员（以下简称工作人员）均按工作年限计算。

工作人员工作年限满1年、满10年、满20年后，从下月起享受相应的年休假天数。

第三条 国家规定的探亲假、婚丧假、产假的假期，不计入年休假的假期。

第四条 工作人员已享受当年的年休假，年内又出现《条例》第四条第（二）、（三）、（四）、（五）项规定的情形之一的，不享受下一年的年休假。

第五条 依法应享受寒暑假的工作人员，因工作需要未休寒暑假的，所在单位应当安排其休年休假；因工作需要休寒暑假天数少于年休假天数的，所在单位应当安排补足其年休假天数。

第六条 工作人员因承担野外地质勘察、野外测绘、远洋科学考察、极地科学考察以及其他特殊工作任务，所在单位不能在本年度安排其休年休假的，可以跨1个年度安排。

第七条 机关、事业单位因工作需要不安排工作人员休年休假，应当征求工作人员本人的意见。

机关、事业单位应当根据工作人员应休未休的年休假天数，对其支付年休假工资报酬。年休假工资报酬的支付标准是：每应休未休1天，按照本人应休年休假当年日工资收入的300%支付，其中包含工作人员正常工作期间的工资收入。

工作人员年休假工资报酬中，除正常工作期间工资收入外，其余部分应当由所在单位在下一年第一季度一次性支付，所需经费按现行经费渠道解决。实行工资统发的单位，应当纳入工资统发。

第八条 工作人员应休年休假当年日工资收入的计算办法是：本人全年工资收入除以全年计薪天数（261天）。

机关工作人员的全年工资收入，为本人全年应发的基本工资、国家规定的津贴补贴、年终一次性奖金之和；事业单位工作人员的全年工资收入，为本人全年应发的基本工资、国家规定的津贴补贴、绩效工资之和。其中，国家规定的津贴补贴不含根据住房、用车等制度改革向工作人员直接发放的货币补贴。

第九条 机关、事业单位已安排年休假，工作人员未休且有下列情形之一的，只享受正常工作期间的工资收入：

（一）因个人原因不休年休假的；

（二）请事假累计已超过本人应休年休假天数，但不足20天的。

第十条 机关、事业单位根据工作的具体情况，并考虑工作人员本人意愿，统筹安排，保证工作人员享受年休假。机关、事业单位应当加强年休假管理，严格考勤制度。

县级以上地方人民政府人事行政部门应当依据职权，主动对机关、事业单位执行年休假的情况进行监督检查。

第十一条 机关、事业单位不安排工作人员休年休假又不按本办法规定支付年休假工资报酬的，由县级以上地方人民政府人事行政部门责令限期改正。对逾期不改正的，除责令该单位支付年休假工资报酬外，单位还应当按照年休假工资报酬的数额向工作人员加付赔偿金。

对拒不支付年休假工资报酬、赔偿金的，属于机关和参照公务员法管理的事业单位的，应当按照干部管理权限，对直接负责的主管人员以及其他直接责任人员依法给予处分，并责令支付；属于其他事业单位的，应当按照干部管理权限，对直接负责的主管人员以及其他直接责任人员依法给予处分，并由同级人事行政部门或工作人员本人申请人民法院强制执行。

第十二条 工作人员与所在单位因年休假发生的争议，依照国家有关公务员申诉控告和人事争议处理的规定处理。

第十三条 驻外使领馆工作人员、驻港澳地区内派人员以及机关、事业单位驻外非外交人员的年休假，按照《条例》和本办法的规定执行。

按照国家规定经批准执行机关、事业单位工资收入分配制度的其他单位工作人员的年休假，参照《条例》和本办法的规定执行。

第十四条 本办法自发布之日起施行。

❺《关于职工休假问题的通知》（1991年6月15日 中发电［1991］2号）（略）

案例链接

❶《广州新快达媒体服务有限公司诉谢创立劳动争议纠纷案》，参见北大法宝引证码：Pkulaw.cn/CLI.C.235478。

❷《王细春与广州市番禺区旧水坑丰达电机厂劳动合同纠纷上诉案》，参见北大法宝引证码：Pkulaw.cn/CLI.C.230794。

【婚假与丧假】

法律问题解读

国家根据我国的传统习惯规定，职工本人结婚或职工的直系亲属（父母、配偶和子女）死亡时，可以根据具体情况，由用人单位领导批准，酌情给予一至三天的婚假或丧假。有的地方规定岳父母或公婆死亡时，也可给予丧假。职工结婚时双方不在一地工作的；职工在外地直系亲属死亡时需要职工本人去外地料理丧事的，可以根据路程远近，另给予路程假。途中的车船费等全部由职工自理。婚丧假的适用范围国家没有明确规定。但从规定的背景及条款的内容看，应当适用各种类型的用人单位。从假期性质来看，应当是一次性休完。至于假期是否包括公休日和法定节日，可由用人单位规定。

法条指引

❶《中华人民共和国劳动法》（1994年7月5日 国家主席令第28号）

第五十一条 劳动者在法定休假日和婚丧假期间以及依法参加社会活动期间，用人单位应当依法支付工资。

❷《对企业单位工人、职员加班加点、事假、病假和停工期间工资待遇的意见》（1959年6月1日 ［59］中劳薪字第67号）（略）

❸《关于国营企业职工请婚丧假和路程假问题的通知》（1980年2月20日 ［80］劳总薪字29号）

原劳动部一九五九年六月一日发出的（59）中劳薪字第67号通知中曾规定，企业单位的职工请婚丧假在三个工作日以内的，工资照发。这个办法试行以来，有些单位和职工反映，职工结婚时双方不在一地工作，职工的直系亲属死亡时需要职工本人到外地料理丧事的，由于没有路程假，给职工带来了一些实际困难。经研究，现对职工请婚丧假和路程假的问题，作如下通知：

一、职工本人结婚或职工的直系亲属（父母、配偶和子女）死亡时，可以根据具体情况，由本单位行政领导批准，酌情给予一至三天的婚丧假。

二、职工结婚时双方不在一地工作的；职工在外地的直系亲属死亡时需要职工本人去外地料理丧事的，都可以根据路程远近，另给予路程假。

三、在批准的婚丧假和路程假期间，职工的工资照发。途中的车船费等，全部由职工自理。

四、以上规定从本通知下达之月起执行。

案例链接

❶《何宝娥与广州市第一建筑工程有限公司劳动争议纠纷上诉案》，参见北大法宝引证码：Pkulaw.cn/CLI.C.97396。

【探亲假】

法律问题解读

探亲假的规定比较复杂，主要内容有：

1. 适用范围是国家机关、人民团体和全民所有制企业、事业单位工作满1年的职工。因此非国有企业的职工可否享有探亲假，可由其根据自身的情况自行确定。

2. 探亲条件是职工与配偶不住在一起，又不能在公休假日团聚的，可以享受探望配偶的待遇；与父亲、母亲都不住在一起，又不能在公休假日团聚的，可以享受探望父母的待遇。但是，职工与父亲或与母亲一方能够在公休假日团聚的，不能享受探望父母的待遇。这里所说的“不能在公休假日团聚”是指不能利用公休假日在家居住一夜和休息半个白天的情形。

3. 探亲假期分三种情形：

（1）职工探望配偶的，每年给予一方探亲假一次，假期为 30 天。

（2）未婚职工探望父母，原则上每年给假一次，假期为 20 天。如果因为工作需要，本单位当年不能给予假期，或者职工自愿两年探亲一次的，可以两年给假 1 次，假期为 45 天。

（3）已婚职工探望父母的，每 4 年给假 1 次，假期为 20 天。

探亲假期是指职工与配偶、父、母团聚的时间，另外，根据实际需要给予路程假。不论是探亲假期还是路程假期均包括公休假日和法定节日在内。

4. 相关规定

（1）凡实行休假制度的职工，包括享受年休假的职工、实行寒暑假的学校教职工等，应该在休假期间探亲；如果休假期较短，可由本单位适当安排，补足其探亲假的天数。

（2）符合探望配偶条件的职工，因工作需要当年不能探望配偶时，其不实行探亲制度的配偶，可以到职工工作地点探亲，职工所在单位应按规定报销其往返路费。职工本人当年则不应再享受探亲待遇。

（3）女职工到配偶工作地点生育，在生育休假期间，超过 90 天（难产、双生 105 天）产假以后，与配偶团聚 30 天以上的，不再享受当年探亲待遇。

（4）职工的父亲或母亲和职工的配偶同居一地的，职工在探望配偶时，即可同时探望其父亲或者母亲，因此，不能再享受探望父母的待遇。

（5）职工配偶是军官或士官的，其可按下列规定享受探亲待遇：

① 军官或士官一方如果已经利用年休假假期探亲，职工一方因有特殊情况需要再到部队探亲时，经所在单位领导批准，可给予 1 次探亲假。假期按探亲规定执行。假期内，本人的标准工资照发。探亲往返所需车船费，由职工自理。

② 军人一方因工作需要当年不能利用年休假假期到职工一方所在地团聚时，职工一方可以按照国务院的规定享受探亲假和报销路费的待遇。

③ 在同 1 年内，如果职工一方已经享受探亲假待遇，而军人一方又利用年休假假期进行探亲时，职工一方原领的路费，原则上应该退回。

（6）归侨、侨眷职工，台、港、澳同胞、眷属职工应按以下规定享受探亲待遇：

① 符合国家规定享受出境探亲待遇的职工，因种种原因不能出境探亲，可在内地会见从海外回来的配偶或父母。

② 父母已经去世的职工，可以探望其在海外的亲兄弟姐妹。出境探望的，每 4 年给假一次，假期 40 天；在境内探望的，每 4 年给假一次，假期 20 天。

③ 职工出境探望配偶，4 年以上（含 4 年）一次的，给假半年；不足 4 年的，按每年给假一个月计算。未婚职工出境探望父母，四年以上（含四年）一次的，给假四个月；3 年 1 次的，给假 70 天；1 年或 2 年 1 次的，按国务院探亲的规定给假。已婚职工出境探望父母，每 4 年给假一次，假期为 40 天。

④ 归侨职工回国参加工作 10 年以上，以往没有出境探亲或因私事出境，也没有在国内（内地）会见从国外或港澳回来的配偶和父母的，第一次出境探亲，可给假半年；以后再次出境探亲，按上述规定办理。

⑤ 职工出境探亲一般不得续假，如确有特殊情况，不能按期返回原单位，本人应向所在单位申请事假。经批准的事假待遇，按国内职工事假的规定办理。

法条指引

❶ **《关于职工探亲待遇的规定》**（1981 年 3 月 14 日　国发［1981］36 号）

第一条　为了适当地解决职工同亲属长期远居两地的探亲问题，特制定本规定。

第二条　凡在国家机关、人民团体和全民所有制企业、事业单位工作满一年的固定职工，与配偶不住在一起，又不能在公休假日团聚的，可以享受本规定探望配偶的待遇；与父亲、母亲都不住在一起，又不能在公休假日团聚的，可以享受本规定探望父母的待遇。但是，职工与父亲或与母亲一方能够在公休假日团聚的，不能享受本规定探望父母的待遇。

第三条　职工探亲假期：

（一）职工探望配偶的，每年给予一方探亲假一次，假期为三十天。

（二）未婚职工探望父母，原则上每年给假一次，假期为二十天。如果因为工作需要，本单位当年不能给予假期，或者职工自愿两年探亲一次的，可以两年给假一次，假期为四十五天。

（三）已婚职工探望父母的，每四年给假一次，假期为二十天。

探亲假期是指职工与配偶、父、母团聚的时间，另外，根据实际需要给予路程假。上述假期均包括公休假日和法定节日在内。

第四条 凡实行休假制度的职工（例如学校的教职工），应该在休假期间探亲；如果休假期较短，可由本单位适当安排，补足其探亲假的天数。

第五条 职工在规定的探亲假期和路程假期内，按照本人的标准工资发给工资。

第六条 职工探望配偶和未婚职工探望父母的往返路费，由所在单位负担。已婚职工探望父母的往返路费，在本人月标准工资百分之三十以内的，由本人自理，超过部分由所在单位负担。

第七条 各省、直辖市人民政府可以根据本规定制定实施细则，并抄送国家劳动总局备案。

自治区可以根据本规定的精神制定探亲规定，报国务院批准执行。

第八条 集体所有制企业、事业单位职工的探亲待遇，由各省、自治区、直辖市人民政府根据本地区的实际情况自行规定。

第九条 本规定自发布之日起施行。一九五八年二月九日《国务院关于工人、职员回家探亲的假期和工资待遇的暂行规定》同时废止。

❷《关于制定〈国务院关于职工探亲待遇的规定〉实施细则的若干问题的意见》（1981 年 3 月 26 日 国家劳动总局［81］劳总险字 12 号）

为便于各地区制定《国务院关于职工探亲待遇的规定》的实施细则，现就若干问题提出如下意见：

一、《国务院关于职工探亲待遇的规定》（以下简称《探亲规定》）所称的父母，包括自幼抚养职工长大，现在由职工供养的亲属。不包括岳父母、公婆。

二、学徒、见习生、实习生在学习、见习、实习期间不能享受《探亲规定》的待遇。

三、《探亲规定》所称的“不能在公休假日团聚”是指不能利用公休假日在家居住一夜和休息半个白天。

四、符合探望配偶条件的职工，因工作需要当年不能探望配偶时，其不实行探亲制度的配偶，可以到职工工作地点探亲，职工所在单位应按规定报销其往返路费。职工本人当年则不应再享受探亲待遇。

五、女职工到配偶工作地点生育，在生育休假期间，超过五十六天（难产、双生七十天）产假以后，与配偶团聚三十天以上的，不再享受当年探亲待遇。

六、职工的父亲或母亲和职工的配偶同居一地的，职工在探望配偶时，即可同时探望其父亲或者母亲，因此，不能再享受探望父母的待遇。

七、具备探望父母条件的已婚职工，每四年给假一次，在这四年中的任何一年，经过单位领导批准即可探亲。

八、职工配偶是军队干部的，其探亲待遇仍按一九六四年七月二十七日《劳动部关于配偶是军官的工人、职员是否享受探亲假待遇问题的通知》办理。

九、职工在探亲往返旅途中，遇到意外交通事故，例如坍方、洪水冲毁道路等，造成交通停顿，以致职工不能按期返回工作岗位的，在持有当地交通机关证明，向所在单位行政提出申请后，其超假日期可以算作探亲路程假期。

十、各单位要合理安排职工探亲的假期，务求不要妨碍生产和工作的正常进行，并且不得因此而增加人员编制。

十一、各单位对职工探亲要建立严格的审批、登记、请假、销假制度。对无故超假的，要按旷工处理。

十二、有关探亲路费的具体开支办法按财政部的规定办理。

十三、一九五八年四月二十三日《劳动部对于制定国务院关于工人、职员回家探亲的假期和工资待遇的暂行规定实施细则中若干问题的意见》予以废止。

铁道部、交通部也可以根据《探亲规定》，参照上述意见制定铁道、航运系统的实施细则，在本系统内统一执行，并抄送国家劳动总局备案。

❸《关于配偶是军官的工人、职员是否享受探亲假待遇问题的通知》（1964 年 7 月 27 日［64］中劳薪字第 296 号）

不少地方来信询问：配偶是军官的工人、职员，由于军官一方可以利用年休假假期探亲，工人、职员一方是否仍然可以享受探亲假待遇？……鉴于部队的不同情况，经与有关部门研究后，认为可给予适当照顾。为此特作如下通知：

一、军官一方如果已经利用年休假假期探亲，工人、职员一方因有特殊情况需要再到部队探亲时，经所在单位领导批准，可给予一次探亲假。假期最多不得超过国务院“关于工人、职员回家探亲的假期和工资待遇的暂行规定”中第四条的规定。假期内，本人的计时标准工资照发。探亲往返所需车船费，由工人、职员自理。

二、军官一方因工作需要当年不能利用年休假假期到工人、职员一方所在地团聚时，工人、职员一方可以按照国务院的规定享受探亲假和报销车船费的待遇。

三、在同一年内，如果工人、职员一方已经享受探亲假待遇，而军官一方又利用年休假假期进行探亲时，工人、职员一方原领的车船费，原则上应该退回。

❹《关于归侨、侨眷职工出境探亲待遇问题的通知》（1982年4月9日 ［82］侨政会字第011号）

根据国务院国发［1981］36号《国务院关于职工探亲待遇的规定》和对归侨、侨眷“一视同仁，不得歧视，根据特点，适当照顾”的原则，考虑到归侨、侨眷职工出境探亲，有受前往国家和地区的入境限制，相距路程远、筹措外汇困难等实际问题，现将他们出境探亲待遇通知如下：

一、归侨、侨眷职工出境探望配偶，四年以上（含四年）一次的，给假半年；不足四年的，按每年给假一个月计算。

未婚归侨、侨眷职工出境探望父母，四年以上（含四年）一次的，给假四个月；三年一次的，给假七十天；一年或两年一次的，按国务院国发［1981］36号文件的规定给假。

已婚归侨、侨眷职工出境探望父母，每四年给假一次，假期为四十天，不予累计。

归侨职工回国参加工作十年以上，以往没有出境探亲或因私事出境，也没有在国内（内地）会见从国外或港澳回来的配偶和父母的，第一次出境探亲，可给假半年；以后再次出境探亲，按上述规定办理。

出境探亲假期，是指与配偶、父、母团聚的时间，包括公休假日和法定节日。另外，按实际需要给予路程假。

归侨、侨眷职工出境探亲一般不得续假，如确有特殊情况，不能按期返回原单位，本人应向所在单位申请事假。经批准的事假待遇，按国内职工事假的规定办理。

二、凡符合国家规定探亲条件的归侨、侨眷职工出境探亲，其境内段（从工作单位至出境口岸）往返路费，按国务院国发［1981］36号和财政部（81）财事字第113号文件的规定报销。境外路费自理。

三、归侨、侨眷职工按国家规定享受的探亲待遇，可用于在国内会见国外（不包括港澳）回来的配偶或父母。如归侨、侨眷职工不能出国探亲（不包括港澳），其配偶或父母又不能回国会亲时，可改探国内的抚养人、配偶的父母，或改为会见国外回来会亲的同胞兄弟姐妹。

归侨、侨眷职工符合在国内会亲或改探条件，其假期和路费，比照国务院国发［1981］36号文件的规定办理。即：在国内会见国外回来的配偶或父母的，享受国内探亲的同等待遇。未婚归侨、侨眷职工改探国内的抚养人或改为会见国外回来会亲的同胞兄弟姐妹的，享受国内未婚

职工探望父母的同等待遇。已婚归侨、侨眷职工改探国内的抚养人、配偶的父母或改为会见国外回来会亲的同胞兄弟姐妹的，享受国内已婚职工探望父母的同等待遇。

会亲地点批准在外地的，其路费按职工所在地至第一次见面地点的路程计算；陪同会亲对象旅游、访亲、治病等的路费自理。

四、归侨、侨眷职工在规定的出境探亲假期内，其工资和副食品价格补贴，与国内职工探亲待遇相同。在境外的医疗费自理。

五、集体所有制企业、事业单位的归侨、侨眷职工的探亲待遇，由各省、市、自治区人民政府的有关部门参照本通知的规定制定。

六、凡符合国家规定探亲条件和出境条件的归侨、侨眷职工，申请出境探亲，如前往国家和地区不拒绝或不限制我国公民入境，各地公安部门应尽快审批。

七、本通知自公布之日起施行。过去有关归侨、侨眷职工探亲待遇的规定，同时废止。

八、本通知除第三条外，均适用于港澳同胞眷属职工。本通知也适用于外籍华人眷属职工。

❺《关于台胞职工出境探亲待遇的通知》（1983年4月6日 劳人险［1983］16号）

五届人大五次会议代表提案（1495号）建议解决台胞职工出境探亲待遇问题。经研究，台胞职工出境探亲，可按以下规定办理：

一、台胞职工出境探望配偶，四年以上（含四年）一次的，给假半年；不足四年的，按每年给假一个月计算。

未婚台胞职工出境探望父母，四年以上（含四年）一次的，给假四个月；三年一次的，给假七十天；一年或两年一次的，按《国务院关于职工探亲待遇的规定》给假。

已婚台胞职工出境探望父母，每四年给假一次，假期为四十天。

台胞职工回大陆参加工作十年以上，以往没

有出境探亲或因私事出境，也没有在大陆会见从国外或港澳、台湾回来的配偶和父母的，第一次出境探亲，可给假半年；以后再次出境探亲，按上述规定办理。

出境探亲假期是指与配偶、父母团聚的时间，包括公休假日和法定节日。另外，按实际需要给予路程假。

台胞职工出境探亲一般不得续假，如确有特殊情况，不能按期返回原单位，本人应向所在单位申请事假。经批准的事假待遇，按国内职工事假的规定办理。

二、凡符合国家规定探亲条件的台胞职工出境探亲，其境内段（从工作单位至出境口岸）往返路费，按《国务院关于职工探亲待遇的规定》和财政部（81）财事字第113号文《关于职工探亲路费的规定》报销。境外路费自理。

三、台胞职工按国家规定享受的探亲待遇，可用于在大陆会见国外回来的配偶或父母。会亲的假期和路费，比照《国务院关于职工探亲待遇的规定》办理。

会亲地点批准在外地的，其路费按职工所在地至第一次见面地点的路程计算。陪同会亲对象旅游、访亲等的路费自理。

四、台胞职工在规定的出境探亲假期内，其工资和副食品价格补贴，与职工在国内探亲待遇相同。在境外的医疗费自理。

五、经批准出境探亲所需外汇，由当地中国银行按《审批个人外汇申请施行细则》的有关规定审核批给。

六、申请出境探亲，只要前往国家和地区不拒绝或不限制我公民入境，各地公安部门应尽快批准。

七、在集体所有制单位工作的台胞职工，其出境探亲待遇由各省、市、自治区根据具体情况确定。

八、本通知自公布之日起执行。

❻《关于父母已经去世的归侨职工探望亲兄弟姐妹问题的复函》（1983年9月9日　劳人险［1983］71号）（略）

❼《关于台属职工和台胞职工探亲问题的补充通知》（1984年8月14日　劳人险［1984］13号）（略）

❽《关于港澳同胞眷属职工探亲待遇问题的通知》（1986年4月1日　［86］侨政会字第006号）。

《关于归侨、侨眷职工出境探亲待遇问题的通知》（（82）侨政会字第011号）下达后，不少归侨、侨眷职工享受了《通知》规定的出境探望父母或配偶的待遇，因故不能出境探亲的，可在境内会见从国外回来的父母或配偶。对此，海外侨胞和归侨、侨眷反映良好。最近，有些单位反映，符合国家规定出境探亲条件的港澳同胞眷属职工，由于受去港澳名额的限制或其他原因不能出境探亲，要求在内地会见从港澳回来的配偶或父母，享受探亲假待遇。对他们的这一要求，我们认为是合理的。经研究，现通知如下：

港澳同胞眷属职工，符合国家规定享受出境探亲待遇，因种种原因不能出境探亲的，可在内地会见从港澳回来的配偶或父母。其假期和路费（只限于从职工工作地点至出境口岸路程）可按照《国务院关于职工探亲待遇的规定》（国发［1981］36号）办理。过去规定与本文有抵触的，以本通知为准。

【职工探亲路费补贴】

法律问题解读

凡是符合国家规定的条件可以享受探亲假的职工，其探亲往返的路费可按有关规定由所在用人单位承担，但须凭有效票据报销。从整体上看，用人单位所承担的职工探亲路费是低标准的，甚至有的不是全额承担。因此，是带有补贴性的。探亲路费规定的内容主要是：

1. 可予报销路费的标准

（1）乘火车（包括直快、特快）的，不分职级，一律报硬席座位费。年满50周岁以上并连续乘火车48小时以上的，可报硬席卧铺费。

（2）乘轮船的，报四等舱位（或比统舱高一级舱位）费。

（3）乘长途公共汽车及其他民用交通工具的，凭票据按实支报销。其他民用交通工具的范围和乘坐条件，由各省级政府自行规定。

（4）探亲途中的市内交通费，可按起止站的直线公共电车、汽车、轮渡费凭票据报销。但乘坐市内出租机动车辆的开支，应由职工自理，不予报销。

（5）职工探亲不能报销飞机票。因故乘坐飞机的，可按直线车、船票价报销，多支部分由职工自理。

2. 特殊情况费用的处理

（1）职工探亲往返途中，限于交通条件，必须中途转车、转船并在中转地点住宿的，每中转一次，可凭票据报销一天的普通房间床位的住宿费。如中转住宿费超过规定天数，其超过部分由职工自理。

（2）职工探亲途中连续乘长途汽车及其他民用交通工具，夜间停驶必须住宿的，其住宿费凭票据报销。

（3）职工探亲途中，遇到意外交通事故造成交通暂时停顿，其等待恢复期间的住宿费，要凭当地交通机关证明和住宿费单据报销。

3. 区别探亲对象予以补贴

职工探望配偶和未婚职工探望父母的往返路费，由所在单位负担，已婚职工探望父母的往返路费在本人月标准工资30%以内的，由本人自理，超过部分，由所在单位负担。

4. 不予报销费用的范围

职工探亲期间的伙食费，行李物品寄存费，托运费，以及趁便参观、游览等项开支，均由职工自理，不予报销。

5. 归侨、侨眷职工，台、港、澳同胞、眷属职工探亲路费报销原则

（1）在国内探亲的，按上述规定办理。

（2）出国或去台、港、澳探亲的，其国内段（自出发地至出入境口岸）路费按上述规定办理；国外段路费原则上职工自理，对自理路费确有困难的，本人可提出申请，由所在单位酌情补贴。

法条指引

❶**《财政部关于职工探亲路费的规定》**（1981年4月8日 〔81〕财事字第113号）

第一条 根据《国务院关于职工探亲待遇的规定》制定本规定 。

第二条 职工探亲往返车船费，按下列标准开支：

一、乘火车（包括直快、特快）的，不分职级，一律报硬席座位费，年满50周岁以上并连续乘火车48小时以上的可报硬席卧铺费。

二、乘轮船的，报四等舱位（或比统舱高一级舱位）费。

三、乘长途公共汽车及其他民用交通工具的，凭据按实支报销。其他民用交通工具的范围和乘坐条件，由各省、直辖市自行规定。

四、探亲途中的市内交通费，可按起止站的直线公共电车、汽车、轮渡费凭据报销。但乘坐市内出租机动车辆的开支，应由职工自理，不予报销。

五、职工探亲不得报销飞机票，因故乘坐飞机的，可按直线车、船票价报销，多支部分由职工自理。

第三条 职工探亲往返途中，限于交通条件，必须中途转车、转船并在中转地点住宿的，每中转一次，可凭据报销一天的普通房间床位的住宿费。如中转住宿费超过规定天数的，其超过部分由职工自理。

职工探亲途中连续乘长途汽车及其他民用交通工具，夜间停驶必须住宿的，其住宿费凭据报销。

职工探亲途中，遇到意外交通事故（如坍方道路受阻，洪水冲毁桥梁）造成交通暂时停顿，其等待恢复期间的住宿费，可凭当地交通机关证明和住宿费单据报销。

第四条 已婚职工探望父母的往返路费（包括车船费、市内交通费、住宿费），在本人标准工资30%以内的，由职工本人自理，超过部分由所在单位负担。

第五条 职工探亲期间的伙食费，行李物品寄存费，托运费，以及趁便参观、游览等项开支，均由职工自理，不得报销。

第六条 各省、直辖市可根据本规定制定具体实施法，在本省、直辖市范围内统一执行，并报财政部备案。自治区的职工探亲路费规定，可根据本规定的精神，由自治区制定，并报财政部备案。

第七条 本规定自《国务院关于职工探亲待遇的规定》发布之日起执行，过去有关职工探亲路费的规定同时废止。

❷**《关于港澳同胞眷属职工探亲待遇问题的通知》**（1986年4月1日 〔86〕侨政字第006号）（略）

❸**《关于台胞职工赴台探亲路费问题的通知》**（1989年8月5日 （89）财文字第310号）（略）

【公派出国留学人员回国休假】

法律问题解读

随着我国改革开放的进程，出国留学人员日益增多。于是，国家对公派出国留学人员回国休假作出了规定，主要内容是：

（1）对公派出国大学生、出国攻读博士学位的研究生，在国外留学规定期限在三年以上的，满二年（其间出国攻读博士学位的研究生须获得

攻读博士学位资格）后，享受公费回国休假一次。

（2）公费回国休假由本人按规定向我国驻外使、领馆申请，并按规定的路线回国。

（3）公派大学生、研究生自费回国休假、探亲，以不影响学习为前提，由我国驻外使、领馆审批。

（4）公派大学生、研究生，在国外享受国家或单位公费留学期间，公费或自费回国休假、探亲，国外费用停发，国内生活费，凭我驻外使、领馆证明，由派出单位按国家统一规定办理。

（5）公派大学生、研究生回国休假的时间根据所在国学校假期长短确定。

从国家规定可知，回国休假的待遇，只有公派出国留学人员可以享受，自费出国人员不能享受。

法条指引

❶ 国务院批转国家教育委员会《关于出国留学人员工作的若干暂行规定》的通知（1986 年 12 月 13 日 国发［1986］107 号）

五、公派出国留学人员回国休假及其配偶出国探亲

（一）公派出国留学人员回国休假及其配偶出国探亲的办法要有利于出国留学人员了解国家建设的发展和需要，要合理照顾出国留学人员的学习和生活，又要考虑国内有关单位的工作秩序。

（二）对公派出国大学生、出国攻读博士学位的研究生，在国外留学规定期限在三年以上的，满二年（其间出国攻读博士学位的研究生须获得攻读博士学位资格）后，享受公费回国休假一次。

（三）公费回国休假由本人按规定向我驻外使、领馆申请，并按规定的路线回国。

（四）公派大学生、研究生自费回国休假、探亲、以不影响学习为前提，由驻外使、领馆审批。

（五）公派大学生、研究生，在国外享受国家或单位公费留学期间，公费或自费回国休假、探亲，国外费用停发，国内生活费，凭我驻外使、领馆证明，由派出单位按国家统一规定办理。

（六）公派大学生、研究生回国休假的时间根据所在国学校假期长短确定。

（七）公派出国研究生在国外时间较长，其在国内的配偶申请自费出国探亲，按照《中华人民共和国公民入境管理法》的规定办理。公派出国研究生的配偶如系在职职工，应按规定向所在单位申请探亲假。经单位批准后，出国探亲假一般为三个月，最多不得超过六个月。前三个月国内工资照发，从第四个月起，停薪留职，从第七个月起，是否保留公职，视情况由其所在单位决定。

研究生配偶在探亲期间，联系到国外奖学金、资助金，申请留学的，在探亲假期内报经国内工作单位批准，可以按规定办理有关手续为公派或自费留学。

（八）对于公派出国研究生的配偶，如系国内高等学校应届毕业班的学生和在学研究生，为了不影响学业和研究计划，一般不批准请假出国探亲。

（九）公派出国进修人员、访问学者在国外时间较短，按规定不享受回国假的待遇。他们在国内的配偶，属在职职工的，一般也不给予出国探亲的假期。

【公派出国研究生配偶的探亲假】

法律问题解读

为了照顾公派出国研究生的学习和生活，国家对其配偶出国探亲假及请假手续等作了明确规定，主要内容是：

（1）出国探亲的条件为：公派出国研究生出国前确定的留学年限在 3 年以上，且婚后在国外学习期限达 1 年以上者，其国内配偶如系在职职工，可向所在单位申请出国探亲假。

（2）公派出国研究生配偶申请出国探亲假，须填写《公派出国研究生配偶出国探亲申请表》，由所在单位根据出国探亲的条件，并在征求公派出国研究生派出单位（学校）意见后，进行审批。

（3）公派出国研究生配偶申请出国探亲假时，公派出国研究生本人须同时向其国内选派单位提出书面申请，并将书面申请的复印件报我驻外使、领馆备案。

（4）被批准出国探亲的公派出国研究生配偶，由所在单位出具准假证明，到当地公安部门申请办理出国探亲手续。

（5）公派出国研究生配偶出国探亲假一般为 3 个月，最多不得超过 6 个月。前 3 个月国内工资照发，从第 4 个月起，停薪留职，从第 7 个月起，是否保留公职，视情况由其所在单位决定。

（6）公派出国研究生配偶出国探亲的一切费用自理。

（7）已探过亲的公派出国研究生配偶，回国后申请再次出国探亲，亦按上述规定申报、审批。

（8）公派出国研究生配偶如系国内的在学学生，所在单位（学校）不给予出国探亲假。

从国家规定可知，自费出国研究生的配偶是不能享受出国探亲假的。

法条指引

❶ 国务院批转国家教育委员会《关于出国留学人员工作的若干暂行规定》的通知（1986 年 12 月 13 日　国发［1986］107 号）

五、公派出国留学人员回国休假及其配偶出国探亲

（一）公派出国留学人员回国休假及其配偶出国探亲的办法要有利于出国留学人员了解国家建设的发展和需要，要合理照顾出国留学人员的学习和生活，又要考虑国内有关单位的工作秩序。

（二）对公派出国大学生、出国攻读博士学位的研究生，在国外留学规定期限在三年以上的，满二年（其间出国攻读博士学位的研究生须获得攻读博士学位资格）后，享受公费回国休假一次。

（三）公费回国休假由本人按规定向我驻外使、领馆申请，并按规定的路线回国。

（四）公派大学生、研究生自费回国休假、探亲、以不影响学习为前提，由驻外使、领馆审批。

（五）公派大学生、研究生，在国外享受国家或单位公费留学期间，公费或自费回国休假、探亲，国外费用停发，国内生活费，凭我驻外使、领馆证明，由派出单位按国家统一规定办理。

（六）公派大学生、研究生回国休假的时间根据所在国学校假期长短确定。

（七）公派出国研究生在国外时间较长，其在国内的配偶申请自费出国探亲，按照《中华人民共和国公民入境管理法》的规定办理。公派出国研究生的配偶如系在职职工，应按规定向所在单位申请探亲假。经单位批准后，出国探亲假一般为三个月，最多不得超过六个月。前三个月国内工资照发，从第四个月起，停薪留职，从第七个月起，是否保留公职，视情况由其所在单位决定。

研究生配偶在探亲期间，联系到国外奖学金、资助金，申请留学的，在探亲假期内报经国内工作单位批准，可以按规定办理有关手续为公派或自费留学。

（八）对于公派出国研究生的配偶，如系国内高等学校应届毕业班的学生和在学研究生，为了不影响学业和研究计划，一般不批准请假出国探亲。

（九）公派出国进修人员、访问学者在国外时间较短，按规定不享受回国假的待遇。他们在国内的配偶，属在职职工的，一般也不给予出国探亲的假期。

❷ 国家教委　劳动人事部　公安部《关于公派出国研究生配偶申请出国探亲假等事项的管理细则》（1988 年 1 月 12 日　［88］教外综字 003 号）

一、出国前确定的留学年限在三年以上的公派出国研究生，婚后在国外学习期限达一年以上者，其国内配偶如系在职职工，可向所在单位申请出国探亲假。

二、审批公派出国研究生配偶出国探亲假时，既要考虑对在国外学习时间较长的研究生及其配偶的照顾，又要考虑国内的工作安排和需要。

三、公派出国研究生配偶如系国内的在学学生，所在单位（学校）不给予出国探亲假。

四、公派出国研究生配偶申请出国探亲假时，公派出国研究生本人须同时向其国内选派单位提出书面申请，并将书面申请的复印件报我驻外使、领馆备案。

五、公派出国研究生配偶申请出国探亲假，须填写《公派出国研究生配偶出国探亲申请表》（附表，本刊略），由所在单位根据本细则第一条规定的条件，并在征求公派出国研究生派出单位（学校）意见后，进行审批。

六、被批准出国探亲的公派出国研究生配偶，由所在单位出具准假证明，到当地公安部门申请办理出国探亲手续。

七、公派出国研究生配偶出国探亲的一切费用自理。

八、公派出国研究生配偶出国探亲假一般为三个月，最多不得超过六个月。前三个月国内工资照发，从第四个月起，停薪留职，从第七个月起，是否保留公职，视情况由其所在单位决定。

九、已探过亲的公派出国研究生配偶，回国后申请再次出国探亲，亦按上述规定申报、审批。

十、公派出国研究生配偶，在探亲假期间取得可靠的经费保证及入学证明，要求在国外转为自费或公派留学的审批办法如下：

1. 申请者须在批准的探亲假期满前至少两个月，向原工作单位提出申请，并填写《公派出国研究生配偶申请由探亲转留学审批表》（简称“JW106”表，另发）。

2. 申请人的原工作单位审核其经费来源的可靠性、拟去学校的情况及申请人配偶的学习期限等后，按隶属关系报部委或省、自治区、直辖市一级主管部门审批。

3. 部委或省、自治区、直辖市一级主管部门审批同意后通知我驻外使、领馆，由使、领馆通知本人。

4. 申请转为自费留学者，其留学资助应来自定居国外的亲属。

凡出国前为国内专业技术骨干人员（包括助理研究员、讲师、工程师、主治医师及相当以上职务的人员、毕业研究生以及优秀文艺骨干、优秀运动员、机关工作业务骨干和具有特殊技艺的人才等），或探亲期间联系到的资助为国外高等院校或科研机构的奖学金、资助金，均应转为单位公派留学人员。被批准者，须与国内工作单位签定出国留学协议书，协议书内容由双方协商一致，并经公证。协议书中的保证人由申请人在申请时提名，并须经国内所在单位同意。

十一、凡经批准转为公派或自费留学者，均须在我驻外使、领馆登记。

十二、对符合上述规定转为留学的公派出国研究生配偶，驻外使、领馆可为其出具在国外学习所必需的证明。但其原持护照不变。

十三、公派出国进修人员、访问学者在国内的配偶，不享受出国探亲待遇。

【职工冬季取暖补贴】

法律问题解读

这是指国家为保证一部分寒冷地区的职工不因冬季取暖费用支出，而影响正常生活水平所设立的补贴制度。实行冬季取暖补贴制度的地区范围包括：北京、天津、河北、山西、内蒙、辽宁、吉林、黑龙江、甘肃、青海、宁夏、新疆、山东等省、市、自治区，以及陕西省秦岭以北，江苏、安徽、河南等省淮河以北，云南省中甸、德钦等县，四川省琼山、甘孜彝族自治州等地区。西藏自治区是否实行，由该区政府自行决定。

职工冬季取暖补贴标准由地方政府按职工工资的一定比例确定，可随着社会经济发展的水平进行适时调整。自1977年冬季起，国家各部、委及部分省市改进了补贴的方式，即：对住在有暖气设备宿舍的职工，实行由国家免费供暖的办法，不发取暖补贴，也不收供暖费；对职工宿舍部分房间有暖气设备，部分房间没有暖气设备的，根据没有暖气设备的住房面积占住房总面积的比例计发取暖补贴。

法条指引

❶**《关于改进职工宿舍冬季取暖补贴问题的意见》**（1978年2月20日）（略）

❷**《关于实行职工宿舍取暖补贴制度的乙类地区的县和县以下全民所有制单位实行取暖补贴制度的通知》**（1978年12月29日 [78] 劳薪字101号）（略）

【职工生活困难补助】

法律问题解读

为了保障城镇低收入职工（包括离退休人员）家庭的基本生活，国家要求国有企业对家庭人均收入低于困难补助标准的职工给予生活困难补助。各地生活困难补助标准，参考本地区职工家计调查和职工家庭生活必需品消费支出中的人均最低生活费用水平。困难补助经费，行政事业单位在职职工的由福利费开支；离退休人员的由原渠道开支；企业单位在职职工的由职工福利基金解决，福利基金不足由企业其他自有资金解决。

各企业、事业单位和国家机关对低收入职工进行困难补助应履行的程序，基本是由本人申请，听取群众意见，最后经领导批准。

法条指引

❶**《关于适当提高城镇职工生活困难补助标准的通知》**（1988年6月1日 劳字[1988]51号）

为了保障城镇低收入职工（包括离退休职工，下同）家庭的基本生活，经国务院批准，各地可以适当提高职工生活困难补助标准，对家庭人均生活费收入低于困难补助标准的职工给予补助。现将有关事项通知如下：

一、关于困难补助的标准，各地可以在现行困难补助标准的基础上，参考本地区职工家计调查和职工家庭生活必需品消费支出中的人均最低生活费用水平，加以确定。鉴于当前财政困难，补助标准要从严掌握，不宜提高过多。原则上提高后的困难补助标准，特大城市大体上人均生活费收入每月不超过50元者（不包括国发[1988]23号文件规定的四种副食品价格补贴，下同），大中城市大体上不超过45元者，小城市和县镇大体上不超过40元者可予以补助。具体补助标准和补助办法，由各省、自治区、直辖市规定。

二、各地区提高困难补助标准的办法要在本地区四种副食品价格补贴实行以后，再公布实施。

三、提高困难补助标准所增加的经费，行政事业单位在职职工的由福利费开支；离退休人员的由原渠道开支。企业单位在职职工的由职工福利基金解决，福利基金不足由企业其他自有资金解决，自有资金确有困难的，经同级财政部门审查批准，可由营业外列支；企业离退休人员的由原渠道开支。微利企业、政策性亏损企业自有资金负担确有困难的，同级财政部门可酌情予以补助。企业不能因此调整承包基数。

四、因提高职工困难补助标准影响财政收支的，按现行财政体制负担。

五、各企业、事业单位和国家机关对低收入职工进行困难补助时，应由本人申请，领导批准，注意走群众路线，发挥群众的监督作用。

六、城镇集体所有制企业可以参照上述精神，由各省、自治区、直辖市人民政府自行决定。

【因工死亡职工供养亲属抚恤金】

法律问题解读

根据国务院的授权，劳动和社会保障部对因工死亡职工供养亲属的范围及条件等，作了明确规定。

因工死亡职工供养亲属的范围，包括该职工的配偶、子女、父母、祖父母、外祖父母、孙子女、外孙子女、兄弟姐妹。所称子女，包括婚生子女、非婚生子女、养子女和有抚养关系的继子女，其中婚生子女、非婚生子女包括遗腹子女；所称父母，包括生父母、养父母和有抚养关系的继父母；所称兄弟姐妹，包括同父母的兄弟姐妹、同父异母或者同母异父的兄弟姐妹、养兄弟姐妹、有抚养关系的继兄弟姐妹。

在供养亲属范围内的人员中，只有依靠因工死亡职工生前提供主要生活来源，并有以下情形之一的，方可按规定申请供养亲属抚恤金：

(1) 完全丧失劳动能力的；

(2) 工亡职工配偶男年满60周岁、女年满55周岁的；

(3) 工亡职工父母男年满60周岁、女年满55周岁的；

(4) 工亡职工子女未满18周岁的；

(5) 工亡职工父母均已死亡，其祖父、外祖父年满60周岁，祖母、外祖母年满55周岁的；

(6) 工亡职工子女已经死亡或完全丧失劳动能力，其孙子女、外孙子女未满18周岁的；

(7) 工亡职工父母均已死亡或完全丧失劳动能力，其兄弟姐妹未满18周岁的。

法条指引

❶ **《因工死亡职工供养亲属范围规定》**（2003年9月23日 劳动和社会保障部发布）

第二条 本规定所称因工死亡职工供养亲属，是指该职工的配偶、子女、父母、祖父母、外祖父母、孙子女、外孙子女、兄弟姐妹。

本规定所称子女，包括婚生子女、非婚生子女、养子女和有抚养关系的继子女，其中，婚生子女、非婚生子女包括遗腹子女；

本规定所称父母，包括生父母、养父母和有抚养关系的继父母；

本规定所称兄弟姐妹，包括同父母的兄弟姐妹、同父异母或者同母异父的兄弟姐妹、养兄弟姐妹、有抚养关系的继兄弟姐妹。

第三条 上条规定的人员，依靠因工死亡职工生前提供主要生活来源，并有下列情形之一的，可按规定申请供养亲属抚恤金：

（一）完全丧失劳动能力的；

（二）工亡职工配偶男年满60周岁、女年满55周岁的；

（三）工亡职工父母男年满60周岁、女年满55周岁的；

（四）工亡职工子女未满18周岁的；

（五）工亡职工父母均已死亡，其祖父、外祖父年满60周岁，祖母、外祖母年满55周岁的；

（六）工亡职工子女已经死亡或完全丧失劳动能力，其孙子女、外孙子女未满18周岁的；

（七）工亡职工父母均已死亡或完全丧失劳动能力，其兄弟姐妹未满18周岁的。

❷ **《关于对违反计划生育政策超生子女可否列为职工供养直系亲属等问题的意见》**（1990年8月5日 人薪司函［1990］16号）（略）

案例链接

❶《邓表全等诉卢卫明等水上工伤事故赔偿纠纷案》，参见北大法宝引证码：Pkulaw. cn/CLI. C. 77511。

❷《李绍兰诉聊城市劳动和社会保障局工伤行政复议决定案》，参见北大法宝引证码：Pkulaw.

cn/CLI. C. 176014。

学者观点

❶ 陈晓云:《工亡赔偿金怎么分割》,参见北大法宝引证码:Pkulaw. cn/CLI. A. 046725。

【职工供养亲属医疗及死亡待遇】

法律问题解读

国家早年规定，职工供养的直系亲属患病时，在该企业医疗机构或者指定的医疗机构诊治，手术费及普通药费，由职工所在单位负担1/2，贵重药费、就医路费、住院费、住院时的膳费及其他一切费用，均由本人自理。目前职工供养的直系亲属享受的医疗待遇，可由省级人民政府有关部门作出规定。若地方作出新规定，则从其规定，不再执行国家早年的规定。农民合同制职工应按国务院第87号令的规定执行，家属不享受半费医疗待遇。

职工供养的直系亲属死亡时，用人单位付给供养直系亲属丧葬补助费：死者年龄在10周岁以上者，其数额为该单位全部工人与职工平均工资一个月的1/2；1周岁至10周岁者，为平均工资一个月的1/3；不满1周岁者不给。全家有两人或两人以上在用人单位工作，其共同供养的直系亲属死亡时，丧葬补助费应由其中一人领取，不得重领。如地方政府有新的规定，则应按地方政府新规定执行。农民工非因工死亡的（含因病死亡)，由企业发给丧葬补助费和一次性供养直系亲属救济费。具体发放标准由省、自治区、直辖市人民政府规定。

法条指引

❶ **《中华人民共和国劳动保险条例》**（1953年1月2日)

丁、工人与职员供养的直系亲属死亡时，由劳动保险基金项下付给供养直系亲属丧葬补助费：死者年龄在十周岁以上者，其数额为该企业全部工人与职员平均工资一个月的二分之一；一周岁至十周岁者，为平均工资一个月的三分之一；不满一周岁者不给。

❷ **《〈劳动保险条例〉实施细则（修正草案)》**（1953年1月26日)

第二十五条 全家有两人或两人以上在实行劳动保险的企业内工作，其共同供养的直系亲属死亡时，丧葬补助费应由其中一人领取，不得重领。

案例链接

❶《廖永刚等诉浙江鸿佳鞋业有限公司劳动争议纠纷案》,参见北大法宝引证码:Pkulaw. cn/CLI. C. 80031。

【职工遗属待遇】

法律问题解读

这是指职工正常死亡，即职工因病或非因工负伤死亡、退休养老后死亡或非因工残疾完全丧失劳动能力提前退休后死亡时，其所供养的直系亲属可享受的待遇。包括死亡职工的丧葬补助费和供养直系亲属救济费（又称遗属津贴)。丧葬补助费标准为：2个月的死亡职工所在单位全体职工平均工资。一次性供养直系亲属救济费的标准为：其供养直系亲属1人者，为死者本人工资6个月；2人者，为死者本人工资9个月；3人或3人以上者，为死者本人工资12个月。如果地方政府另有规定，应按其规定执行。

法条指引

❶ **《中华人民共和国劳动保障条例》**（1953年1月2日)

第十四条 工人与职员及其供养的直系亲属死亡时待遇的规定：

乙、工人与职员因病或非因工负伤死亡时，由劳动保险基金项下付给丧葬补助费，其数额为该企业全部工人与职员平均工资两个月；另由劳动保险基金项下，按其供养直系亲属人数，付给供养直系亲属救济费，其数额为死者本人工资六个月到十二个月。详细办法在实施细则中规定之。

❷ **《〈劳动保险条例〉实施细则（修正草案)》**（1953年1月26日)

第二十三条 工人职员因病或非因工负伤死亡时、退职养老后死亡时或非因工残废完全丧失劳动力退职后死亡时，根据劳动保险条例第十四条乙款的规定，除由劳动保险基金项下付给本企业的平均工资2个月作为丧葬补助费外，并按下列规定由劳动保险基金项下一次付给供养直系亲属救济费：其供养直系亲属1人者，为死者本人工资6个月；2人者，为死者本人工资9个月；3人或3人以上者，为死者本人工资12个月。

案例链接

❶《焦作市科艺纺织有限公司与席某等劳动合同纠纷上诉案》，参见北大法宝引证码：Pkulaw.cn/CLI.C.251601。

❷《佛山市石湾华艺盛腰线工艺厂与李廷双等劳动争议纠纷上诉案》，参见北大法宝引证码：Pkulaw.cn/CLI.C.28078。

【工龄】

法律问题解读

工龄是指职工以工资收入为生活资料的全部或者主要来源的工作年限。工龄是在固定工制度下常用的一个概念，分为一般工龄和连续工龄两种。一般工龄包括上述全部工作时间。连续工龄是一般工龄的组成部分，也称本企业工龄，即职工在一个工作单位的连续工作时间。职工如果曾经离职或被开除，离职期间和离职以前的工作时间除法律有特别规定的以外，一般不能与重新参加工作的工作时间合并计算为连续工龄。对国家机关、事业单位的工作人员，有时称“工作年限”。工作年限与工龄作用相同。职工在企业和国家机关、事业单位之间经过组织批准调动工作，其前后工龄可以合并按连续工龄计算。在固定工制度下及目前在国家机关和事业单位，工龄长短是固定职工能否退休的一个条件，也是计发工资和病假、退休等保险待遇的依据。

1995年1月1日实施《劳动法》以后，企业职工全部实行了劳动合同制，工龄的提法在逐步减少，而被“投保年限”和“同一用人单位连续工作时间”（或者“本单位工作年限”）所替代。随着时间的推移，有关工龄的概念将会逐步淡化直至消失。

法条指引

❶**《〈劳动保险条例〉实施细则（修正草案）》**（1953年1月26日）

第十章　关于工龄的规定

第三十八条　一般工龄系指工人职员以工资收入为生活资料之全部或主要来源的工作时间而言。在计算一般工龄时，应包括本企业工龄在内。

第三十九条　本企业工龄应以工人职员在本企业连续工作的时间计算之，如曾离职，应自最后一次回本企业工作之日算起。但有下列情况之一者，不在此限：

一、凡经企业管理机关、企业行政方面或资方调动工作者，其调动前后的本企业工龄，均应连续计算。但解放前确因业务需要调动工作具有确实证明者，其本企业工龄，始得连续计算。

二、解放前在本企业工作，曾经被迫离职又回本企业工作者，如有确实证明，经工会小组讨论通过后，并经劳动保险委员会批准，其离职前与回本企业后的工作时间，可合并作本企业工龄计算。

三、解放后经企业管理机关、企业行政方面或资方调派国内外学习者，其学习期间及调派前后的本企业工龄，应连续计算。解放前经企业管理机关、企业行政方面或资方调派国内外学习业务者，如有确实证明，除学习期间不计工龄外，其调派前与回本企业后的本企业工龄，得合并计算。

四、解放后因企业停工歇业或缩减生产，其工人职员经企业管理机关调派至其他企业工作者，其调派前后的本企业工龄，应连续计算。被遣散的工人职员在该企业复工复业或扩大生产时，仍回本企业工作者，其遣散前与复工后的本企业工龄，应合并计算。

五、企业经转让、改组或合并，原有工人职员仍留企业工作者，其转让、改组或合并前后的本企业工龄，应连续计算。

六、因工负伤停止工作医疗期间，应全部作为本企业工龄计算。

七、疾病或非因工负伤停止工作医疗期间，在6个月以内者，得连续作本企业工龄计算；超过6个月病愈后，仍回原企业工作者，除超过6个月的期间不算工龄外，其前后本企业工龄，应合并计算。

八、在敌伪及国民党反动统治下为反对其统治压迫而被迫离职，在离职期间被敌伪及国民党政府监禁仍继续斗争者，其在监禁期间及离职前与复职后或转入其他企业工作的本企业工龄，均应连续计算。

第四十条　转入企业工作的专门从事革命工作者及革命军人，其从事革命工作的年限及军龄，均应作本企业工龄计算。

第四十一条　凡工人职员在敌伪及国民党反动统治时期，充任下列职务之一者，其从事该项职务的时间，一律不作工龄计算：

一、把头、监工、厂警、矿警等有压迫剥削行为者。

二、敌伪及国民党军队宪兵中的官兵，警察中的警官警察，敌伪及国民党政府机关中的官吏，但不包括企业机关中的人员。

三、国民党区分部委员以上，三民主义青年团分队长以上，青年党区党部委员以上及民主社会党区支部委员以上的人员，反动会道门主要负责人。

第四十二条 凡被剥夺政治权利者，其被剥夺政治权利期间，不作工龄计算。因反革命罪行而被剥夺政治权利者，其本企业工龄，应自恢复政治权利之日算起；因其他犯罪行为而被剥夺政治权利者，其被剥夺政治权利前与恢复政治权利后的本企业工龄，应合并计算。

第四十三条 劳动保险条例第十五条丙、丁两款关于折算一般工龄及本企业工龄的规定，在计算各项劳动保险待遇时，均同样适用。

第四十四条 学徒在本企业学习期间，应作本企业工龄计算，临时工、试用人员转为正式工人职员时，其本企业工龄，应自入该企业工作之日算起。

案例链接

❶《王莲与上海市社会保险事业基金结算管理中心调整连续工龄纠纷上诉案》，参见北大法宝引证码：Pkulaw. cn/CLI. C. 154876。

❷《朱文和与上海市社会保险事业基金结算管理中心社会保障行政管理纠纷上诉案》，参见北大法宝引证码：Pkulaw. cn/CLI. C. 16673。

【军龄与本单位工作年限】

法律问题解读

军龄是指军队中的士兵、士官和军官服现役的时间。计算军龄的方法是从入伍时间起始，到退役时间截止。在固定工制度下，军龄应计算为职工的连续工龄，作为该职工计发工资、病假和退休待遇的依据。在劳动合同制度下，军龄可计算为军人退役后首次被安置的用人单位本单位工作年限之中，作为计发解除合同经济补偿金等待遇的依据。不过，对不同的退役军人，应分别情况区别对待。例如：对于入伍前就是该单位职工，退役后又回来的，用人单位应将其入伍前的工作时间、军龄、待分配时间一并计算为本单位工作年限。对于入伍的在职职工退役后未回原单位，而被分配到其他用人单位参加工作的，只能将其军龄、待分配时间计算为新用人单位的本单位工作年限。

法条指引

❶**《中华人民共和国兵役法》**（1998 年 12 月 29 日修正）（略）

❷**《关于退伍义务兵安置工作随用工单位改革实行劳动合同制的意见》**（1993 年 7 月 21 日 国发〔1993〕54 号）

五、妥善解决养老、待业保险、住房等待遇。退伍义务兵的军龄连同待分配时间应一并计算为所在单位的连续工龄和待业、养老保险投保年限，并在工资、住房和其他方面享受同工龄、同工种职工待遇。

❸**《关于中国人民解放军志愿兵退出现役安置暂行办法》**（国发〔1983〕16 号）（略）

❹**《关于做好军队复员干部安置工作的通知》**（1993 年 2 月 17 日 国安〔1993〕2 号、〔1993〕政联字第 1 号）（略）

❺**《军队转业干部安置暂行办法》**（2001 年 1 月 19 日 中发〔2001〕3 号）（略）

第七章 劳动保护

● 本章为读者提供与以下题目有关的法律问题的解读及相关法律文献依据

劳动保护（198） **矿山安全**（199） **劳动防护用品**（207） **特种作业**（209） **职业病**（210） **职业卫生监督制度**（215） **工作场所避免职业病危害的规定**（216） **新、扩、改建项目避免职业病危害的规定**（216） **职业病防治管理措施**（217） **劳动者对职业危害的知情权**（218） **劳动者的职业卫生保护权**（219） **接触职业病危害作业者的保护措施**（220） **职业病危害的救治和控制**（220） **工会组织在防止职业病危害中的作用**（221） **职业病诊断**（222） **职业病诊断异议**（226） **职业病诊断鉴定委员会**（228） **用人单位违反职业病防治规定的责任**（229） **未按规定报告职业病的处罚**（231） **建设单位违反职业病防治规定的责任**（231） **设备、材料供应商违反职业病防治规定的责任**（232） **职业卫生、诊断机构违反职业病防治规定的责任**（232） **职业病诊断鉴定委员会人员受贿的责任**（233） **擅自从事职业病检查诊断的责任**（233） **工作时间**（233） **标准工作时间制度**（234） **不定时工作时间制度**（235） **综合计算工作时间制度**（235） **制度工时**（238） **不定时和综合计算工时工作制的审批**（239） **延长工作时间制度**（240） **组织劳动者加班加点不受限制的情形**（244） **缩短工作时间**（245）

【劳动保护】

法律问题解读

劳动保护，其广义是指对劳动者各个方面合法权益的保护，即通常所称的劳动者保护；其狭义仅指对劳动者在劳动过程中的安全和健康的保护，又称劳动安全卫生或职业安全卫生。而在劳动法领域，主要是适用狭义的劳动保护，其主要包括以下三个方面：

（1）劳动基准，即工作时间以及休息休假制度，主要是限制劳动者的工作时间，保障劳动者的工作安全；

（2）职业安全卫生，即安全生产和职业病的防治。

（3）女职工和未成年工的保护，即对相对弱势的劳动者群体的保护。

法条指引

❶**《中华人民共和国劳动法》**（1994 年 7 月 5 日　国家主席令第 28 号）

第三条　劳动者享有平等就业和选择职业的权利、取得劳动报酬的权利、休息休假的权利、获得劳动安全卫生保护的权利、接受职业技能培训的权利、享受社会保险和福利的权利、提请劳动争议处理的权利以及法律规定的其他劳动权利。

劳动者应当完成劳动任务，提高职业技能，执行劳动安全卫生规程，遵守劳动纪律和职业道德。

第五十二条　用人单位必须建立、健全劳动安全卫生制度，严格执行国家劳动安全卫生规程和标准，对劳动者进行劳动安全卫生教育，防止劳动过程中的事故，减少职业危害。

第五十三条　劳动安全卫生设施必须符合国家规定的标准。

新建、改建、扩建工程的劳动安全卫生设施必须与主体工程同时设计、同时施工、同时投入生产和使用。

第五十四条　用人单位必须为劳动者提供符合国家规定的劳动安全卫生条件和必要的劳动防护用品，对从事有职业危害作业的劳动者应当定期进行健康检查。

第五十五条 从事特种作业的劳动者必须经过专门培训并取得特种作业资格。

第五十六条 劳动者在劳动过程中必须严格遵守安全操作规程。

劳动者对用人单位管理人员违章指挥、强令冒险作业，有权拒绝执行；对危害生命安全和身体健康的行为，有权提出批评、检举和控告。

第五十七条 国家建立伤亡事故和职业病统计报告和处理制度。县级以上各级人民政府劳动行政部门、有关部门和用人单位应当依法对劳动者在劳动过程中发生的伤亡事故和劳动者的职业病状况，进行统计、报告和处理。

❷《女职工劳动保护规定》（1988年7月21日 国务院令第9号发布）（略）

❸《未成年工特殊保护规定》（1994年12月9日 劳部发［1994］498号）

❹《国务院关于职工工作时间的规定》（1995年3月25日修订）（略）

案例链接

❶《重庆中天大桥混凝土工程有限责任公司诉汪坤明劳动争议纠纷案》，参见北大法宝引证码：Pkulaw. cn/CLI. C. 249986。

❷《周坚与海口市海甸港务公司劳动争议纠纷上诉案》，参见北大法宝引证码：Pkulaw. cn/CLI. C. 90179。

【矿山安全】

法律问题解读

矿山安全是劳动安全卫生的重要组成部分，由于矿山尤其自身的特殊性，其安全监察具有较强的专业性和技术性，且由于矿山安全事故的发上往往造成大规模的伤亡，导致巨额的财产损失，因此，各个国家通常将矿山安全在劳动安全卫生立法中单列。

法条指引

❶《中华人民共和国矿山安全法》（1992年11月7日 国家主席令第65号）

第一章 总则

第一条 为了保障矿山生产安全，防止矿山事故，保护矿山职工人身安全，促进采矿业的发展，制定本法。

第二条 在中华人民共和国领域和中华人民共和国管辖的其他海域从事矿产资源开采活动，必须遵守本法。

第三条 矿山企业必须具有保障安全生产的设施，建立、健全安全管理制度，采取有效措施改善职工劳动条件，加强矿山安全管理工作，保证安全生产。

第四条 国务院劳动行政主管部门对全国矿山安全工作实施统一监督。

县级以上地方各级人民政府劳动行政主管部门对本行政区域内的矿山安全工作实施统一监督。

县级以上人民政府管理矿山企业的主管部门对矿山安全工作进行管理。

第五条 国家鼓励矿山安全科学技术研究，推广先进技术，改进安全设施，提高矿山安全生产水平。

第六条 对坚持矿山安全生产，防止矿山事故，参加矿山抢险救护，进行矿山安全科学技术研究等方面取得显著成绩的单位和个人，给予奖励。

第二章 矿山建设的安全保障

第七条 矿山建设工程的安全设施必须和主体工程同时设计、同时施工、同时投入生产和使用。

第八条 矿山建设工程的设计文件，必须符合矿山安全规程和行业技术规范，并按照国家规定经管理矿山企业的主管部门批准；不符合矿山安全规程和行业技术规范的，不得批准。

矿山建设工程安全设施的设计必须有劳动行政主管部门参加审查。

矿山安全规程和行业技术规范，由国务院管理矿山企业的主管部门制定。

第九条 矿山设计下列项目必须符合矿山安全规程和行业技术规范：

（一）矿井的通风系统和供风量、风质、风速；

（二）露天矿的边坡角和台阶的宽度、高度；

（三）供电系统；

（四）提升、运输系统；

（五）防水、排水系统和防火、灭火系统；

（六）防瓦斯系统和防尘系统；

（七）有关矿山安全的其他项目。

第十条 每个矿井必须有两个以上能行人的安全出口，出口之间的直线水平距离必须符合矿山安全规程和行业技术规范。

第十一条 矿山必须有与外界相通的、符合安全要求的运输和通讯设施。

第十二条 矿山建设工程必须按照管理矿山企业的主管部门批准的设计文件施工。

矿山建设工程安全设施竣工后，由管理矿山企业的主管部门验收，并须有劳动行政主管部门参加；不符合矿山安全规程和行业技术规范的，不得验收，不得投入生产。

第三章 矿山开采的安全保障

第十三条 矿山开采必须具备保障安全生产的条件，执行开采不同矿种的矿山安全规程和行业技术规范。

第十四条 矿山设计规定保留的矿柱、岩柱，在规定的期限内，应当予以保护，不得开采或者毁坏。

第十五条 矿山使用的有特殊安全要求的设备、器材、防护用品和安全检测仪器，必须符合国家安全标准或者行业安全标准；不符合国家安全标准或者行业安全标准的，不得使用。

第十六条 矿山企业必须对机电设备及其防护装置、安全检测仪器，定期检查、维修，保证使用安全。

第十七条 矿山企业必须对作业场所中的有毒有害物质和井下空气含氧量进行检测，保证符合安全要求。

第十八条 矿山企业必须对下列危害安全的事故隐患采取预防措施：

（一）冒顶、片帮、边坡滑落和地表塌陷；

（二）瓦斯爆炸、煤尘爆炸；

（三）冲击地压、瓦斯突出、井喷；

（四）地面和井下的火灾、水害；

（五）爆破器材和爆破作业发生的危害；

（六）粉尘、有毒有害气体、放射性物质和其他有害物质引起的危害；

（七）其他危害。

第十九条 矿山企业对使用机械、电气设备，排土场、矸石山、尾矿库和矿山闭坑后可能引起的危害，应当采取预防措施。

第四章 矿山企业的安全管理

第二十条 矿山企业必须建立、健全安全生产责任制。

矿长对本企业的安全生产工作负责。

第二十一条 矿长应当定期向职工代表大会或者职工大会报告安全生产工作，发挥职工代表大会的监督作用。

第二十二条 矿山企业职工必须遵守有关矿山安全的法律、法规和企业规章制度。

矿山企业职工有权对危害安全的行为，提出批评、检举和控告。

第二十三条 矿山企业工会依法维护职工生产安全的合法权益，组织职工对矿山安全工作进行监督。

第二十四条 矿山企业违反有关安全的法律、法规，工会有权要求企业行政方面或者有关部门认真处理。

矿山企业召开讨论有关安全生产的会议，应当有工会代表参加，工会有权提出意见和建议。

第二十五条 矿山企业工会发现企业行政方面违章指挥、强令工人冒险作业或者生产过程中发现明显重大事故隐患和职业危害，有权提出解决的建议；发现危及职工生命安全的情况时，有权向矿山企业行政方面建议组织职工撤离危险现场，矿山企业行政方面必须及时作出处理决定。

第二十六条 矿山企业必须对职工进行安全教育、培训；未经安全教育、培训的，不得上岗作业。

矿山企业安全生产的特种作业人员必须接受专门培训，经考核合格取得操作资格证书的，方可上岗作业。

第二十七条 矿长必须经过考核，具备安全专业知识，具有领导安全生产和处理矿山事故的能力。

矿山企业安全工作人员必须具备必要的安全专业知识和矿山安全工作经验。

第二十八条 矿山企业必须向职工发放保障安全生产所需的劳动防护用品。

第二十九条 矿山企业不得录用未成年人从事矿山井下劳动。

矿山企业对女职工按照国家规定实行特殊劳动保护，不得分配女职工从事矿山井下劳动。

第三十条 矿山企业必须制定矿山事故防范措施，并组织落实。

第三十一条 矿山企业应当建立由专职或者兼职人员组成的救护和医疗急救组织，配备必要的装备、器材和药物。

第三十二条 矿山企业必须从矿产品销售额中按照国家规定提取安全技术措施专项费用。安全技术措施专项费用必须全部用于改善矿山安全生产条件，不得挪作他用。

第五章 矿山安全的监督和管理

第三十三条 县级以上各级人民政府劳动行政主管部门对矿山安全工作行使下列监督职责：

（一）检查矿山企业和管理矿山企业的主管部

门贯彻执行矿山安全法律、法规的情况；

（二）参加矿山建设工程安全设施的设计审查和竣工验收；

（三）检查矿山劳动条件和安全状况；

（四）检查矿山企业职工安全教育、培训工作；

（五）监督矿山企业提取和使用安全技术措施专项费用的情况；

（六）参加并监督矿山事故的调查和处理；

（七）法律、行政法规规定的其他监督职责。

第三十四条　县级以上人民政府管理矿山企业的主管部门对矿山安全工作行使下列管理职责：

（一）检查矿山企业贯彻执行矿山安全法律、法规的情况；

（二）审查批准矿山建设工程安全设施的设计；

（三）负责矿山建设工程安全设施的竣工验收；

（四）组织矿长和矿山企业安全工作人员的培训工作；

（五）调查和处理重大矿山事故；

（六）法律、行政法规规定的其他管理职责。

第三十五条　劳动行政主管部门的矿山安全监督人员有权进入矿山企业，在现场检查安全状况；发现有危及职工安全的紧急险情时，应当要求矿山企业立即处理。

第六章　矿山事故处理

第三十六条　发生矿山事故，矿山企业必须立即组织抢救，防止事故扩大，减少人员伤亡和财产损失，对伤亡事故必须立即如实报告劳动行政主管部门和管理矿山企业的主管部门。

第三十七条　发生一般矿山事故，由矿山企业负责调查和处理。

发生重大矿山事故，由政府及其有关部门、工会和矿山企业按照行政法规的规定进行调查和处理。

第三十八条　矿山企业对矿山事故中伤亡的职工按照国家规定给予抚恤或者补偿。

第三十九条　矿山事故发生后，应当尽快消除现场危险，查明事故原因，提出防范措施。现场危险消除后，方可恢复生产。

第七章　法律责任

第四十条　违反本法规定，有下列行为之一的，由劳动行政主管部门责令改正，可以并处罚款；情节严重的，提请县级以上人民政府决定责令停产整顿；对主管人员和直接责任人员由其所在单位或者上级主管机关给予行政处分：

（一）未对职工进行安全教育、培训，分配职工上岗作业的；

（二）使用不符合国家安全标准或者行业安全标准的设备、器材、防护用品、安全检测仪器的；

（三）未按照规定提取或者使用安全技术措施专项费用的；

（四）拒绝矿山安全监督人员现场检查或者在被检查时隐瞒事故隐患、不如实反映情况的；

（五）未按照规定及时、如实报告矿山事故的。

第四十一条　矿长不具备安全专业知识的，安全生产的特种作业人员未取得操作资格证书上岗作业的，由劳动行政主管部门责令限期改正；逾期不改正的，提请县级以上人民政府决定责令停产，调整配备合格人员后，方可恢复生产。

第四十二条　矿山建设工程安全设施的设计未经批准擅自施工的，由管理矿山企业的主管部门责令停止施工；拒不执行的，由管理矿山企业的主管部门提请县级以上人民政府决定由有关主管部门吊销其采矿许可证和营业执照。

第四十三条　矿山建设工程的安全设施未经验收或者验收不合格擅自投入生产的，由劳动行政主管部门会同管理矿山企业的主管部门责令停止生产，并由劳动行政主管部门处以罚款；拒不停止生产的，由劳动行政主管部门提请县级以上人民政府决定由有关主管部门吊销其采矿许可证和营业执照。

第四十四条　已经投入生产的矿山企业，不具备安全生产条件而强行开采的，由劳动行政主管部门会同管理矿山企业的主管部门责令限期改进；逾期仍不具备安全生产条件的，由劳动行政主管部门提请县级以上人民政府决定责令停产整顿或者由有关主管部门吊销其采矿许可证和营业执照。

第四十五条　当事人对行政处罚决定不服的，可以在接到处罚决定通知之日起十五日内向作出处罚决定的机关的上一级机关申请复议；当事人也可以在接到处罚决定通知之日起十五日内直接向人民法院起诉。

复议机关应当在接到复议申请之日起六十日内作出复议决定。当事人对复议决定不服的，可以在接到复议决定之日起十五日内向人民法院起诉。复议机关逾期不作出复议决定的，当事人可以在复议期满之日起十五日内向人民法院起诉。

当事人逾期不申请复议也不向人民法院起诉、

又不履行处罚决定的，作出处罚决定的机关可以申请人民法院强制执行。

第四十六条 矿山企业主管人员违章指挥、强令工人冒险作业，因而发生重大伤亡事故的，依照刑法第一百一十四条的规定追究刑事责任。

第四十七条 矿山企业主管人员对矿山事故隐患不采取措施，因而发生重大伤亡事故的，比照刑法第一百八十七条的规定追究刑事责任。

第四十八条 矿山安全监督人员和安全管理人员滥用职权、玩忽职守、徇私舞弊，构成犯罪的，依法追究刑事责任；不构成犯罪的，给予行政处分。

第八章 附则

第四十九条 国务院劳动行政主管部门根据本法制定实施条例，报国务院批准施行。

省、自治区、直辖市人民代表大会常务委员会可以根据本法和本地区的实际情况，制定实施办法。

第五十条 本法自1993年5月1日起施行。

❷《中华人民共和国矿山安全法实施条例》（1996年10月11日 劳动部令第4号）

第一章 总则

第一条 根据《中华人民共和国矿山安全法》（以下简称《矿山安全法》），制定本条例。

第二条 《矿山安全法》及本条例中下列用语的含义：

矿山，是指在依法批准的矿区范围内从事矿产资源开采活动的场所及其附属设施。

矿产资源开采活动，是指在依法批准的矿区范围内从事矿产资源勘探和矿山建设、生产、闭坑及有关活动。

第三条 国家采取政策和措施，支持发展矿山安全教育，鼓励矿山安全开采技术、安全管理方法、安全设备与仪器的研究和推广，促进矿山安全科学技术进步。

第四条 各级人民政府、政府有关部门或者企业事业单位对有下列情形之一的单位和个人，按照国家有关规定给予奖励：

（一）在矿山安全管理和监督工作中，忠于职守，作出显著成绩的；

（二）防止矿山事故或者抢险救护有功的；

（三）在推广矿山安全技术、改进矿山安全设施方面，作出显著成绩的；

（四）在矿山安全生产方面提出合理化建议，效果显著的；

（五）在改善矿山劳动条件或者预防矿山事故方面有发明创造和科研成果，效果显著的。

第二章 矿山建设的安全保障

第五条 矿山设计使用的地质勘探报告书，应当包括下列技术资料：

（一）较大的断层、破碎带、滑坡、泥石流的性质和规模；

（二）含水层（包括溶洞）和隔水层的岩性、层厚、产状，含水层之间、地面水和地下水之间的水力联系，地下水的潜水位、水质、水量和流向，地面水流系统和有关水利工程的疏水能力以及当地历年降水量和最高洪水位；

（三）矿山设计范围内原有小窑、老窑的分布范围、开采深度和积水情况；

（四）沼气、二氧化碳赋存情况，矿物自然发火和矿尘爆炸的可能性；

（五）对人体有害的矿物组份、含量和变化规律，勘探区至少一年的天然放射性本底数据；

（六）地温异常和热水矿区的岩石热导率、地温梯度、热水来源、水温、水压和水量，以及圈定的热害区范围；

（七）工业、生活用水的水源和水质；

（八）钻孔封孔资料；

（九）矿山设计需要的其他资料。

第六条 编制矿山建设项目的可行性研究报告和总体设计，应当对矿山开采的安全条件进行论证。

矿山建设项目的初步设计，应当编制安全专篇。安全专篇的编写要求，由国务院劳动行政主管部门规定。

第七条 根据《矿山安全法》第八条的规定，矿山建设单位在向管理矿山企业的主管部门报送审批矿山建设工程安全设施设计文件时，应当同时报送劳动行政主管部门审查；没有劳动行政主管部门的审查意见，管理矿山企业的主管部门不得批准。

经批准的矿山建设工程安全设施设计需要修改时，应当征求原参加审查的劳动行政主管部门的意见。

第八条 矿山建设工程应当按照经批准的设计文件施工，保证施工质量；工程竣工后，应当按照国家有关规定申请验收。

建设单位应当在验收前60日向管理矿山企业的主管部门、劳动行政主管部门报送矿山建设工程安全设施施工、竣工情况的综合报告。

第九条 管理矿山企业的主管部门、劳动行政主管部门应当自收到建设单位报送的矿山建设工程安全设施施工、竣工情况的综合报告之日起30日内，对矿山建设工程的安全设施进行检查；不符合矿山安全规程、行业技术规范的，不得验收，不得投入生产或者使用。

第十条　矿山应当有保障安全生产、预防事故和职业危害的安全设施，并符合下列基本要求：

（一）每个矿井至少有两个独立的能行人的直达地面的安全出口。矿井的每个生产水平（中段）和各个采区（盘区）至少有两个能行人的安全出口，并与直达地面的出口相通。

（二）每个矿井有独立的采用机械通风的通风系统，保证井下作业场所有足够的风量；但是，小型非沼气矿井在保证井下作业场所所需风量的前提下，可以采用自然通风。

（三）井巷断面能满足行人、运输、通风和安全设施、设备的安装、维修及施工需要。

（四）井巷支护和采场顶板管理能保证作业场所的安全。

（五）相邻矿井之间、矿井与露天矿之间、矿井与老窑之间留有足够的安全隔离矿柱。矿山井巷布置留有足够的保障井上和井下安全的矿柱或者岩柱。

（六）露天矿山的阶段高度、平台宽度和边坡角能满足安全作业和边坡稳定的需要。船采沙矿的采池边界与地面建筑物、设备之间有足够的安全距离。

（七）有地面和井下的防水、排水系统，有防止地表水泄入井下和露天采场的措施。

（八）溜矿井有防止和处理堵塞的安全措施。

（九）有自然发火可能性的矿井，主要运输巷道布置在岩层或者不易自然发火的矿层内，并采用预防性灌浆或者其他有效的预防自然发火的措施。

（十）矿山地面消防设施符合国家有关消防的规定。矿井有防灭火设施和器材。

（十一）地面及井下供配电系统符合国家有关规定。

（十二）矿山提升运输设备、装置及设施符合下列要求：

1. 钢丝绳、连接装置、提升容器以及保险链有足够的安全系数；

2. 提升容器与井壁、罐道梁之间及两个提升容器之间有足够的间隙；

3. 提升绞车和提升容器有可靠的安全保护装置；

4. 电机车、架线、轨道的选型能满足安全要求；

5. 运送人员的机械设备有可靠的安全保护装置；

6. 提升运输设备有灵敏可靠的信号装置。

（十三）每个矿井有防尘供水系统。地面和井下所有产生粉尘的作业地点有综合防尘措施。

（十四）有瓦斯、矿尘爆炸可能性的矿井，采用防爆电器设备，并采取防尘和隔爆措施。

（十五）开采放射性矿物的矿井，符合下列要求：

1. 矿井进风量和风质能满足降氡的需要，避免串联通风和污风循环；

2. 主要进风道开在矿脉之外，穿矿脉或者岩体裂隙发育的进风巷道有防止氡析出的措施；

3. 采用后退式回采；

4. 能防止井下污水散流，并采取封闭的排放污水系统。

（十六）矿山储存爆破材料的场所符合国家有关规定。

（十七）排土场、矸石山有防止发生泥石流和其他危害的安全措施，尾矿库有防止溃坝等事故的安全设施。

（十八）有防止山体滑坡和因采矿活动引起地表塌陷造成危害的预防措施。

（十九）每个矿井配置足够数量的通风检测仪表和有毒有害气体与井下环境检测仪器。开采有瓦斯突出的矿井，装备监测系统或者检测仪器。

（二十）有与外界相通的、符合安全要求的运输设施和通讯设施。

（二十一）有更衣室、浴室等设施。

第三章　矿山开采的安全保障

第十一条　采掘作业应当编制作业规程，规定保证作业人员安全的技术措施和组织措施，并在情况变化时及时予以修改和补充。

第十二条　矿山开采应当有下列图纸资料：

（一）地质图（包括水文地质图和工程地质图）；

（二）矿山总布置图和矿井井上、井下对照图；

（三）矿井、巷道、采场布置图；

（四）矿山生产和安全保障的主要系统图。

第十三条　矿山企业应当在采矿许可证批准的范围开采，禁止越层、越界开采。

第十四条　矿山使用的下列设备、器材、防护用品和安全检测仪器，应当符合国家安全标准或者行业安全标准；不符合国家安全标准或者行业安全标准的，不得使用：

（一）采掘、支护、装载、运输、提升、通风、排水、瓦斯抽放、压缩空气和起重设备；

（二）电动机、变压器、配电柜、电器开关、电控装置；

（三）爆破器材、通讯器材、矿灯、电缆、钢丝绳、支护材料、防火材料；

（四）各种安全卫生检测仪器仪表；

（五）自救器、安全帽、防尘防毒口罩或者面罩、防护服、防护鞋等防护用品和救护设备；

（六）经有关主管部门认定的其他有特殊安全要求的设备和器材。

第十五条 矿山企业应当对机电设备及其防护装置、安全检测仪器定期检查、维修，并建立技术档案，保证使用安全。

非负责设备运行的人员，不得操作设备。非值班电气人员，不得进行电气作业。操作电气设备的人员，应当有可靠的绝缘保护。检修电气设备时，不得带电作业。

第十六条 矿山作业场所空气中的有毒有害物质的浓度，不得超过国家标准或者行业标准；矿山企业应当按照国家规定的方法，按照下列要求定期检测：

（一）粉尘作业点，每月至少检测两次；

（二）三硝基甲苯作业点，每月至少检测一次；

（三）放射性物质作业点，每月至少检测三次；

（四）其他有毒有害物质作业点，井下每月至少检测一次，地面每季度至少检测一次；

（五）采用个体采样方法检测呼吸性粉尘的，每季度至少检测一次。

第十七条 井下采掘作业，必须按照作业规程的规定管理顶帮。采掘作业通过地质破碎带或者其他顶帮破碎地点时，应当加强支护。

露天采剥作业，应当按照设计规定，控制采剥工作面的阶段高度、宽度、边坡角和最终边坡角。采剥作业和排土作业，不得对深部或者邻近井巷造成危害。

第十八条 煤矿和其他有瓦斯爆炸可能性的矿井，应当严格执行瓦斯检查制度，任何人不得携带烟草和点火用具下井。

第十九条 在下列条件下从事矿山开采，应当编制专门设计文件，并报管理矿山企业的主管部门批准：

（一）有瓦斯突出的；

（二）有冲击地压的；

（三）在需要保护的建筑物、构筑物和铁路下面开采的；

（四）在水体下面开采的；

（五）在地温异常或者有热水涌出的地区开采的。

第二十条 有自然发火可能性的矿井，应当采取下列措施：

（一）及时清出采场浮矿和其他可燃物质，回采结束后及时封闭采空区；

（二）采取防火灌浆或者其他有效的预防自然发火的措施；

（三）定期检查井巷和采区封闭情况，测定可能自然发火地点的温度和风量；定期检测火区内的温度、气压和空气成份。

第二十一条 井下采掘作业遇下列情形之一时，应当探水前进：

（一）接近承压含水层或者含水的断层、流砂层、砾石层、溶洞、陷落柱时；

（二）接近与地表水体相通的地质破碎带或者接近连通承压层的未封钻孔时；

（三）接近积水的老窑、旧巷或者灌过泥浆的采空区时；

（四）发现有出水征兆时；

（五）掘开隔离矿柱或者岩柱放水时。

第二十二条 井下风量、风质、风速和作业环境的气候，必须符合矿山安全规程的规定。

采掘工作面进风风流中，按照体积计算，氧气不得低于20%，二氧化碳不得超过0.5%。

井下作业地点的空气温度不得超过28℃；超过时，应当采取降温或者其他防护措施。

第二十三条 开采放射性矿物的矿井，必须采取下列措施，减少氡气析出量：

（一）及时封闭采空区和已经报废或者暂时不用的井巷；

（二）用留矿法作业的采场采用下行通风；

（三）严格管理井下污水。

第二十四条 矿山的爆破作业和爆破材料的制造、储存、运输、试验及销毁，必须严格执行国家有关规定。

第二十五条 矿山企业对地面、井下产生粉尘的作业，应当采取综合防尘措施，控制粉尘危害。

井下风动凿岩，禁止干打眼。

第二十六条 矿山企业应当建立、健全对地面陷落区、排土场、矸石山、尾矿库的检查和维护制度；对可能发生的危害，应当采取预防措施。

第二十七条　矿山企业应当按照国家有关规定关闭矿山，对关闭矿山后可能引起的危害采取预防措施。关闭矿山报告应当包括下列内容：

（一）采掘范围及采空区处理情况；

（二）对矿井采取的封闭措施；

（三）对其他不安全因素的处理办法。

第四章　矿山企业的安全管理

第二十八条　矿山企业应当建立、健全下列安全生产责任制：

（一）行政领导岗位安全生产责任制；

（二）职能机构安全生产责任制；

（三）岗位人员的安全生产责任制。

第二十九条　矿长（含矿务局局长、矿山公司经理，下同）对本企业的安全生产工作负有下列责任：

（一）认真贯彻执行《矿山安全法》和本条例以及其他法律、法规中有关矿山安全生产的规定；

（二）制定本企业安全生产管理制度；

（三）根据需要配备合格的安全工作人员，对每个作业场所进行跟班检查；

（四）采取有效措施，改善职工劳动条件，保证安全生产所需要的材料、设备、仪器和劳动防护用品的及时供应；

（五）依照本条例的规定，对职工进行安全教育、培训；

（六）制定矿山灾害的预防和应急计划；

（七）及时采取措施，处理矿山存在的事故隐患；

（八）及时、如实向劳动行政主管部门和管理矿山企业的主管部门报告矿山事故。

第三十条　矿山企业应当根据需要，设置安全机构或者配备专职安全工作人员。专职安全工作人员应当经过培训，具备必要的安全专业知识和矿山安全工作经验，能胜任现场安全检查工作。

第三十一条　矿长应当定期向职工代表大会或者职工大会报告下列事项，接受民主监督：

（一）企业安全生产重大决策；

（二）企业安全技术措施计划及其执行情况；

（三）职工安全教育、培训计划及其执行情况；

（四）职工提出的改善劳动条件的建议和要求的处理情况；

（五）重大事故处理情况；

（六）有关安全生产的其他重要事项。

第三十二条　矿山企业职工享有下列权利：

（一）有权获得作业场所安全与职业危害方面的信息；

（二）有权向有关部门和工会组织反映矿山安全状况和存在的问题；

（三）对任何危害职工安全健康的决定和行为，有权提出批评、检举和控告。

第三十三条　矿山企业职工应当履行下列义务：

（一）遵守有关矿山安全的法律、法规和企业规章制度；

（二）维护矿山企业的生产设备、设施；

（三）接受安全教育和培训；

（四）及时报告危险情况，参加抢险救护。

第三十四条　矿山企业工会有权督促企业行政方面加强职工的安全教育、培训工作，开展安全宣传活动，提高职工的安全生产意识和技术素质。

第三十五条　矿山企业应当按照下列规定对职工进行安全教育、培训：

（一）新进矿山的井下作业职工，接受安全教育、培训的时间不得少于 72 小时，考试合格后，必须在有安全工作经验的职工带领下工作满 4 个月，然后经再次考核合格，方可独立工作；

（二）新进露天矿的职工，接受安全教育、培训的时间不得少于 40 小时，经考试合格后，方可上岗作业；

（三）对调换工种和采用新工艺作业的人员，必须重新培训，经考试合格后，方可上岗作业；

（四）所有生产作业人员，每年接受在职安全教育、培训的时间不少于 20 小时。

职工安全教育、培训期间，矿山企业应当支付工资。

职工安全教育、培训情况和考核结果，应当记录存档。

第三十六条　矿山企业对职工的安全教育、培训，应当包括下列内容：

（一）《矿山安全法》及本条例赋予矿山职工的权利与义务；

（二）矿山安全规程及矿山企业有关安全管理的规章制度；

（三）与职工本职工作有关的安全知识；

（四）各种事故征兆的识别、发生紧急危险情况时的应急措施和撤退路线；

（五）自救装备的使用和有关急救方面的知识；

（六）有关主管部门规定的其他内容。

第三十七条 瓦斯检查工、爆破工、通风工、信号工、拥罐工、电工、金属焊接（切割）工、矿井泵工、瓦斯抽放工、主扇风机操作工、主提升机操作工、绞车操作工、输送机操作工、尾矿工、安全检查工和矿内机动车司机等特种作业人员应当接受专门技术培训，经考核合格取得操作资格证书后，方可上岗作业。特种作业人员的考核、发证工作按照国家有关规定执行。

第三十八条 对矿长安全资格的考核，应当包括下列内容：

（一）《矿山安全法》和有关法律、法规及矿山安全规程；

（二）矿山安全知识；

（三）安全生产管理能力；

（四）矿山事故处理能力；

（五）安全生产业绩。

第三十九条 矿山企业向职工发放的劳动防护用品应当是经过鉴定和检验合格的产品。劳动防护用品的发放标准由国务院劳动行政主管部门制定。

第四十条 矿山企业应当每年编制矿山灾害预防和应急计划；在每季度末，应当根据实际情况对计划及时进行修改，制定相应的措施。

矿山企业应当使每个职工熟悉矿山灾害预防和应急计划，并且每年至少组织一次矿山救灾演习。

矿山企业应当根据国家有关规定，按照不同作业场所的要求，设置矿山安全标志。

第四十一条 矿山企业应当建立由专职的或者兼职的人员组成的矿山救护和医疗急敛组织。不具备单独建立专业救护和医疗急救组织的小型矿山企业，除应当建立兼职的救护和医疗急救组织外，还应当与邻近的有专业的救护和医疗急救组织的矿山企业签订救护和急救协议，或者与邻近的矿山企业联合建立专业救护和医疗急救组织。

矿山救护和医疗急救组织应当有固定场所、训练器械和训练场地。

矿山救护和医疗急救组织的规模和装备标准，由国务院管理矿山企业的有关主管部门规定。

第四十二条 矿山企业必须按照国家规定的安全条件进行生产，并安排一部分资金，用于下列改善矿山安全生产条件的项目：

（一）预防矿山事故的安全技术措施；

（二）预防职业危害的劳动卫生技术措施；

（三）职工的安全培训；

（四）改善矿山安全生产条件的其他技术措施。

前款所需资金，由矿山企业按矿山维简费的20%的比例具实列支；没有矿山维简费的矿山企业，按固定资产折旧费的20%的比例具实列支。

第五章 矿山安全的监督和管理

第四十三条 县级以上各级人民政府劳动行政主管部门，应当根据矿山安全监督工作的实际需要，配备矿山安全监督人员。

矿山安全监督人员必须熟悉矿山安全技术知识，具有矿山安全工作经验，能胜任矿山安全检查工作。

矿山安全监督证件和专用标志由国务院劳动行政主管部门统一制作。

第四十四条 矿山安全监督人员在执行职务时，有权进入现场检查，参加有关会议，无偿调阅有关资料，向有关单位和人员了解情况。

矿山安全监督人员进入现场检查，发现有危及职工安全健康的情况时，有权要求矿山企业立即改正或者限期解决；情况紧急时，有权要求矿山企业立即停止作业，从危险区内撤出作业人员。

劳动行政主管部门可以委托检测机构对矿山作业场所和危险性较大的在用设备、仪器、器材进行抽检。

劳动行政主管部门对检查中发现的违反《矿山安全法》和本条例以及其他法律、法规有关矿山安全的规定的情况，应当依法提出处理意见。

第四十五条 矿山安全监督人员执行公务时，应当出示矿山安全监督证件，秉公执法，并遵守有关规定。

第六章 矿山事故处理

第四十六条 矿山发生事故后，事故现场有关人员应当立即报告矿长或者有关主管人员；矿长或者有关主管人员接到事故报告后，必须立即采取有效措施，组织抢救，防止事故扩大，尽力减少人员伤亡和财产损失。

第四十七条 矿山发生重伤、死亡事故后，矿山企业应当在24小时内如实向劳动行政主管部门和管理矿山企业的主管部门报告。

第四十八条 劳动行政主管部门和管理矿山企业的主管部门接到死亡事故或者口次重伤3人以上的事故报告后，应当立即报告本级八民政府，并报各自的上一级主管部门。

第四十九条 发生伤亡事故，矿山企业和有关单位应当保护事故现场；因抢救事故，需要移动现场部分物品时，必须作出标志，绘制事故现场图，并详细记录；在消除现场危险，采取防范措施后，方可恢复生产。

第五十条　矿山事故发生后，有关部门应当按照国家有关规定，进行事故调查处理。

第五十一条　矿山事故调查处理工作应当自事故发生之日起90日内结束；遇有特殊情况，可以适当延长，但是不得超过180日。矿山事故处理结案后，应当公布处理结果。

第七章　法律责任

第五十二条　依照《矿山安全法》第四十条规定处以罚款的，分别按照下列规定执行：

（一）未对职工进行安全教育、培训，分配职工上岗作业的，处4万元以下的罚款；

（二）使用不符合国家安全标准或者行业安全标准的设备、器材、防护用品和安全检测仪器的，处5万元以下的罚款；

（三）未按照规定提取或者使用安全技术措施专项费用的，处5万元以下的罚款；

（四）拒绝矿山安全监督人员现场检查或者在被检查时隐瞒事故隐患，不如实反映情况的，处2万元以下的罚款；

（五）未按照规定及时、如实报告矿山事故的，处3万元以下的罚款。

第五十三条　依照《矿山安全法》第四十三条规定处以罚款的，罚款幅度为5万元以上10万元以下。

第五十四条　违反本条例第十五条、第十六条、第十七条、第十八条、第十九条、第二十条、第二十一条、第二十二条、第二十三条、第二十五条规定的，由劳动行政主管部门责令改正，可以处2万元以下的罚款。

第五十五条　当事人收到罚款通知书后，应当在15日内到指定的金融机构缴纳罚款；逾期不缴纳的，自逾期之日起每日加收3‰的滞纳金。

第五十六条　矿山企业主管人员有下列行为之一，造成矿山事故的，按照规定给予纪律处分；构成犯罪的，由司法机关依法追究刑事责任：

（一）违章指挥、强令工人违章、冒险作业的；

（二）对工人屡次违章作业熟视无睹，不加制止的；

（三）对重大事故预兆或者已发现的隐患不及时采取措施的；

（四）不执行劳动行政主管部门的监督指令或者不采纳有关部门提出的整顿意见，造成严重后果的。

第八章　附则

第五十七条　国务院管理矿山企业的主管部门根据《矿山安全法》和本条例修订或者制定的矿山安全规程和行业技术规范，报国务院劳动行政主管部门备案。

第五十八条　石油天然气开采的安全规定，由国务院劳动行政主管部门会同石油工业主管部门制定，报国务院批准后施行。

第五十九条　本条例自发布之日起施行。

案例链接

❶《罗学年与梁荣炼人身损害赔偿纠纷上诉案》，参见北大法宝引证码：Pkulaw. cn/CLI. C. 60931。

❷《赵梅娟与佛山市顺德区龙江镇龙峰纸类塑料制品厂工伤认定纠纷上诉案》，参见北大法宝引证码：Pkulaw. cn/CLI. C. 38654。

【劳动防护用品】

法律问题解读

劳动防护用品是指劳动者在劳动过程中为免遭或减轻事故伤害或职业危害所配备的防护装备。劳动防护用品分为一般劳动防护用品和特种劳动防护用品。在一定条件下，防护用品可能成为主要防护手段，甚至起主要作用。因此，加强防护用品管理，尤其是特种防护用品的发放和管理具有重要作用。

劳动法明确规定，用人单位必须为劳动者提供符合国家规定的安全卫生条件和必要的劳动防护用品。

防护用品的种类有以下几大类：

（1）头部防护用品。如安全帽、工作帽。

（2）眼睛防护用品。如各种防护眼镜等。

（3）耳部防护用品。如耳塞、耳罩等。

（4）面部防护用品。如防护面具罩。

（5）呼吸道防护用品。如防毒面具、呼吸器、自救器等。

（6）手部防护用品。如手套、指套。

（7）足部防护用品。如防砸鞋、隔热鞋、绝缘鞋、导电鞋等。

（8）体部防护用品。如工作服、背带裤、雨衣、防寒服等。

（9）其他防护用品。如安全带、安全绳（索）等。

法条指引

❶《中华人民共和国劳动法》(1994年7月5日 国家主席令第28号)

第五十四条 用人单位必须为劳动者提供符合国家规定的劳动安全卫生条件和必要的劳动防护用品，对从事有职业危害作业的劳动者应当定期进行健康检查。

❷《劳动保护用品管理规定》(1996年4月23日 劳部发[1996]138号)

第一章 总则

第一条 为了加强劳动防护用品的管理，保障劳动者的安全与健康，根据《中华人民共和国劳动法》和有关法律、法规的规定，制定本规定。

第二条 在中华人民共和国境内的劳动防护用品研制、生产、经营、发放、使用和检验单位必须按本规定执行。

第三条 本规定所称劳动防护用品，是指劳动者在劳动过程中为免遭或减轻事故伤害或职业危害所配备的防护装备。

劳动防护用品分为一般劳动防护用品和特种劳动防护用品。

特种劳动防护用品实行生产许可证制度。全国劳动防护产品生产许可证办公室负责生产许可证的颁发和管理工作。

第四条 国家劳动防护用品质量监督检验中心负责申报生产许可证的产品和进口劳动防护用品的质量检验。

省级劳动防护用品质量监督检验机构负责劳动防护用品的日常质量监督检验，对尚未具备检验条件的劳动防护用品，可委托国家劳动防护用品质量监督检验中心检验。

各级检验机构对自己的检验结果负责。

第五条 各级劳动行政部门对本行政区域内的劳动防护用品实施综合管理，并行使监督检查职责。

第二章 研制和生产

第六条 劳动防护用品的研制应执行国家标准、行业标准或地方标准。

研制的产品须经劳动部或国家技术监督局认可的检验机构检验合格后方能投放市场。

第七条 生产劳动防护用品的企业应具有必备的生产条件和相应的产品质量检验手段，并按照产品所依据的标准进行生产。

生产特种劳动防护用品的企业应申办相应的特种劳动防护用品生产许可证。

特种劳动防护用品生产许可证的立项、申报、取证按《特种劳动防护产品生产许可证实施细则》办理。

第八条 生产劳动防护用品的企业应对产品质量负责，按照产品所依据的标准对产品进行自检，并出具产品合格证。

生产劳动防护用品的企业应接受劳动行政部门、技术监督部门认可的检验机构进行的产品质量监督检验。

第九条 特种劳动防护用品在出厂前应按批量接受省级劳动防护用品质量监督检验机构或国家劳动防护用品质量监督检验中心的抽检。检验合格的，检验机构按批量配给安全鉴定证。

第三章 经　营

第十条 特种劳动防护用品实行定点经营，生产特种劳动防护用品的企业可以直接销售本企业产品。销售的特种劳动防护用品应有相应的生产许可证编号、产品合格证和安全鉴定证。

第十一条 特种劳动防护用品定点经营单位，由省级劳动行政部门会同有关部门审定。审查合格的发给特种劳动防护用品定点经营证书。

定点经营的申报和审批办法由省级劳动行政部门会同有关部门制定，并报劳动部备案。

第十二条 特种劳动防护用品定点经营单位应具备下列基本条件：

(一)具有工商行政管理部门核发的营业执照；

(二)具有与经销产品相适应的经营场地、资金和贮存条件；

(三)经营管理人员熟悉国家劳动防护用品有关标准以及各项规定；

(四)经销人员熟悉特种劳动防护用品的商品知识，能为用户正确介绍劳动防护用品的性能、特点和使用常识；

(五)具备切实可行的商品验收、保管、定期检查和失效报废制度，并能为用户提供良好的售后服务。

第十三条 特种劳动防护用品定点经营单位可经营一般劳动防护用品；经营一般劳动防护用品的单位不得经营特种劳动防护用品。

劳动防护用品经营单位不得销售伪劣或不合格产品。

第十四条 进口特种劳动防护用品实行安全许可证制度。安全许可证由全国劳动防护产品生产许可证办公室颁发。

进口的劳动防护用品，必须符合我国劳动防护用品国家标准。尚没有国家标准的产品可按我国认可的标准进行检验。

第四章 发放和使用

第十五条 使用劳动防护用品的单位（以下简称使用单位）应为劳动者免费提供符合国家规定的劳动防护用品。

使用单位不得以货币或其他物品替代应当配备的劳动防护用品。

第十六条 使用单位应教育本单位劳动者按照劳动防护用品使用规则和防护要求正确使用劳动防护用品。

第十七条 使用单位应建立健全劳动防护用品的购买、验收、保管、发放、使用、更换、报废等管理制度；并应按照劳动防护用品的使用要求，在使用前对其防护功能进行必要的检查。

第十八条 使用单位应到定点经营单位或生产企业购买特种劳动防护用品。购买的劳动防护用品须经本单位的安全技术部门验收。

第五章 罚则

第十九条 特种劳动防护用品生产企业的产品质量不符合国家有关标准的，由县级以上劳动行政部门或技术监督部门责令限期改正没收其不合格产品，并予以销毁。

第二十条 特种劳动防护用品生产企业未办理生产许可证，擅自生产特种劳动防护用品的，由县级以上劳动行政部门或技术监督部门提请当地人民政府责令其停止生产，并可处以罚款；构成犯罪的，由司法部门依法追究有关人员的刑事责任。

第二十一条 经营单位销售没有生产许可证、产品合格证和安全鉴定证的特种劳动防护用品的，由县级以上劳动行政部门或技术监督部门没收其产品，并可处以罚款；情节严重的吊销其特种劳动防护用品定点经营证书；构成犯罪的，由司法部门依法追究有关人员的刑事责任。

第二十二条 使用单位没有按国家规定为劳动者提供必要的劳动防护用品，按劳动部《违反〈中华人民共和国劳动法〉行政处罚办法》（劳部发［1994］532号）有关条款处罚；构成犯罪的，由司法部门依法追究有关人员的刑事责任。

第二十三条 各级检验机构检验的结果与事实不符，由同级劳动行政部门或技术监督部门责令限期更正；给受检单位造成经济损失的，检验机构应予以赔偿；情节严重的，取消该检验机构资格；构成犯罪的，由司法部门依法追究有关人员的刑事责任。

第六章 附则

第二十四条 本规定自1996年6月1日起施行，1987年2月6日劳动人事部颁发的《特种劳动防护产品监督检验管理办法》（劳人护［1987］3号）同时废止。

案例链接

❶《周坚与海口市海甸港务公司劳动争议纠纷上诉案》，参见北大法宝引证码：Pkulaw. cn/CLI. C. 90179。

❷《四川航空川江仪器厂诉曾荣彬一般劳动争议纠纷案》，参见北大法宝引证码：Pkulaw. cn/CLI. C. 36482。

【特种作业】

法律问题解读

特种作业指对操作者本人，尤其是对他人和周围设施的安全有重大危害因素的作业。直接从事特种作业者，称特种作业人员。从事特种作业的劳动者必须经过专门培训并取得特种作业资格。对于特种作业人员，我国都有一系列相应的考核和管理制度。

特种作业范围主要有：电工作业；锅炉司炉；压力容器操作；起重机械作业；爆破作业；金属焊接（气割）作业；煤矿井下瓦斯检验；机动车辆驾驶；机动船舶驾驶、轮机操作；建筑登高架设作业；其他符合上述基本定义的作业。

特种作业人员必须年满18周岁以上。但从事爆破作业和煤矿井下瓦斯检验的人员，年龄不得低于20周岁；工作认真负责，身体健康，没有妨碍从事本种作业的疾病和生理缺陷；具有本种作业所需的文化程度和安全、专业技术及实践经验。

法条指引

❶**《中华人民共和国劳动法》**（1994年7月5日 国家主席令第28号）

第五十五条 从事特种作业的劳动者必须经过专门培训并取得特种作业资格。

❷**《中华人民共和国安全生产法》**（2002年6月29日）

第二十三条 生产经营单位的特种作业人员必须按照国家有关规定经专门的安全作业培训，取得特种作业操作资格证书，方可上岗作业。

特种作业人员的范围由国务院负责安全生产监督管理的部门会同国务院有关部门确定。

案例链接

❶《上海市某某教育进修学院诉孙某某劳动合同纠纷案》，参见北大法宝引证码：Pkulaw. cn/CLI. C. 202719。

【职业病】

法律问题解读

所谓职业病是指企业、事业单位和个体经济组织（统称用人单位）的劳动者在职业活动中，因接触粉尘、放射性物质和其他有毒、有害物质等因素而引起的疾病。我国将职业病划分为10个大类115种。10个大类分别是：尘肺病、职业性放射性疾病、职业中毒、物理因素所致职业病、生物因素所致职业病、职业性皮肤病、职业性眼病、职业性耳鼻喉口腔疾病、职业性肿瘤、其他职业病等。

职业病防治工作坚持预防为主、防治结合的方针，实行分类管理、综合治理。

法条指引

❶**《中华人民共和国职业病防治法》**（2001年10月27日　国家主席令第60号）

第二条　本法适用于中华人民共和国领域内的职业病防治活动。

本法所称职业病，是指企业、事业单位和个体经济组织（以下统称用人单位）的劳动者在职业活动中，因接触粉尘、放射性物质和其他有毒、有害物质等因素而引起的疾病。

职业病的分类和目录由国务院卫生行政部门会同国务院劳动保障行政部门规定、调整并公布。

第三条　职业病防治工作坚持预防为主、防治结合的方针，实行分类管理、综合治理。

❷**《职业病范围和职业病患者处理办法的规定》**（1987年11月5日　卫生部劳动人事部、财政部、中华全国总工会）

第一条　为做好职业病防治工作，保护劳动者的健康，妥善处理、安置职业病患者，特制定本规定。

第二条　本规定适用于全民所有制和县级以上集体所有制企业、事业单位和外商投资企业。乡镇、街道、私人企业和事业单位可参照执行。

第三条　职业病系指劳动者在生产劳动及其他职业活动中，接触职业性有害因素引起的疾病。本规定所列《职业病名单》（附后）中的职业病，为国家规定的职业病范围。各地区、部门需要增补的职业病，应报卫生部审批。

第四条　职业病的诊断应按卫生部颁发的《职业病诊断管理办法》及其有关规定执行。

凡被确诊患有职业病的职工，职业病诊断机构应发给《职业病诊断证明书》，享受国家规定的工伤保险待遇或职业病待遇。

第五条　职业病患者的待遇，由所在单位行政、工会和劳动鉴定委员会（小组）根据其

职业病诊断证明和劳动能力丧失的程度按国家现行规定确定。经费开支渠道按现行规定办理。

第六条　职工被确诊患有职业病后，其所在单位应根据职业病诊断机构（诊断组）的意见，安排其医治或疗养。在医治或疗养后被确认不宜继续从事原有害作业或工作的，应在确认之日起的两个月内将其调离原工作岗位，另行安排工作；对于因工作需要暂不能调离的生产、工作的技术骨干，调离期限最长不得超过半年。

第七条　从事有害作业的职工，因按规定接受职业性健康检查所占用的生产、工作时间，应按正常出勤处理，如职业病防治机构（诊断组）认为需要住院作进一步检查时，不论其最后是否诊断为职业病，在此期间可享受职业病待遇。

第八条　从事有害作业的职工，其所在单位必须为其建立健康档案。变动工作单位时，事先须经当地职业病防治机构进行健康检查，其检查材料装入健康档案。

患有职业病的职工变动工作单位时，其职业病待遇应由原单位负责或两个单位协商处理，双方商妥后方可办理调转手续，并将其健康档案、职业病诊断证明及职业病处理情况等材料全部移交新单位。调出、调入单位都应将情况报各所在地的劳动卫生职业病防治机构备案。

职工到新单位后，新发现的职业病不论与现工作有无关系，其职业病待遇由新单位负责。过去按有关规定已做处理的不再改变。

第九条　劳动合同制工人、临时工终止或解除劳动合同后，在待业期间新发现的职业病与上一个劳动合同期工作有关时，其职业病待遇由原终止或解除劳动合同的单位负责；如原单位已与其他单位合并者，由合并后的单位负责；如原单位已撤销者，应由原单位的上级主管机关负责。

第十条　各级工会组织有权监督检查患职业

病的职工有关待遇的处理情况，对于不按国家规定处理，损害职工合法权益的单位，应出面进行交涉，直至代表职工本人向法院起诉。

第十一条 本规定施行前处理的职业病，不论是否已列入本规定的范围，患者的待遇不变。

第十二条 各省、自治区、直辖市的卫生行政部门应会同同级劳动、财政部门和工会组

织根据本规定的基本原则，结合本地区的实际情况，制定实施细则，并报卫生部、劳动人事部、财政部、全国总工会备案。

第十三条 本规定中的有关职业病范围问题，由卫生部负责解释；有关职业病待遇和劳动人事管理问题，由劳动人事部负责解释。

第十四条 本规定于一九八八年一月一日起施行。一九五七年二月二十八日卫生部颁发的《职业病范围和职业病患者处理办法的规定》同时废止。

❸**《职业病诊断与鉴定管理办法》**（2002 年 3 月 28 日 卫生部发布）

第一章 总则

第一条 为了规范职业病诊断鉴定工作，加强职业病诊断、鉴定管理，根据《中华人民共和国职业病防治法》（以下简称《职业病防治法》），制定本办法。

第二条 职业病的诊断与鉴定工作应当遵循科学、公正、公开、公平、及时、便民的原则。

职业病诊断、鉴定工作应当依据《职业病防治法》及本办法的规定和国家职业病诊断标准进行，并符合职业病诊断与鉴定的程序。

第二章 诊断机构

第三条 职业病诊断应当由省级卫生行政部门批准的医疗卫生机构承担。

第四条 从事职业病诊断的医疗卫生机构，应当具备以下条件：（一）持有《医疗机构执业许可证》；（二）具有与开展职业病诊断相适应的医疗卫生技术人员；（三）具有与开展职业病诊断相适应的仪器、设备；（四）具有健全的职业病诊断质量管理制度。

第五条 医疗卫生机构从事职业病诊断，应当向省级卫生行政部门提出申请，并提交以下资料：（一）职业病诊断机构申请表；（二）医疗机构执业许可证；（三）申请从事的职业病诊断项目；（四）与职业病诊断项目相适应的技术人员、仪器设备等资料；（五）职业病诊断质量管理制度有关资料；（六）省级卫生行政部门规定提交的其他资料。

第六条 省级卫生行政部门收到申请资料后，应当在 90 日内完成资料审查和现场考核，自现场考核结束之日起 15 日内，做出批准或者不批准的决定，并书面通知申请单位。批准的由省级卫生行政部门颁发职业病诊断机构批准证书。

职业病诊断机构批准证书有效期限为 4 年。

第七条 职业病诊断机构的职责是：（一）在批准的职业病诊断项目范围内开展职业病诊断；（二）职业病报告；（三）承担卫生行政部门交付的有关职业病诊断的其他工作。

第八条 从事职业病诊断的医师应当具备以下条件，并取得省级卫生行政部门颁发的资格证书：（一）具有执业医师资格；（二）具有中级以上卫生专业技术职务任职资格；（三）熟悉职业病防治法律规范和职业病诊断标准；（四）从事职业病诊疗相关工作 5 年以上；（五）熟悉工作场所职业病危害防治及其管理；（六）经培训、考核合格。

第三章 诊断

第九条 职业病诊断机构依法独立行使诊断权，并对其做出的诊断结论承担责任。

第十条 劳动者可以选择用人单位所在地或本人居住地的职业病诊断机构进行诊断。

本办法所称居住地是指劳动者的经常居住地。

第十一条 申请职业病诊断时应当提供：（一）职业史、既往史；（二）职业健康监护档案复印件；（三）职业健康检查结果；（四）工作场所历年职业病危害因素检测、评价资料；（五）诊断机构要求提供的其他必需的有关材料。用人单位和有关机构应当按照诊断机构的要求，如实提供必要的资料。

没有职业病危害接触史或者健康检查没有发现异常的，诊断机构可以不予受理。

第十二条 职业病诊断应当依据职业病诊断标准，结合职业病危害接触史、工作场所职业病危害因素检测与评价、临床表现和医学检查结果等资料，进行综合分析做出。

对不能确诊的疑似职业病病人，可以经必要的医学检查或者住院观察后，再做出诊断。

第十三条 没有证据否定职业病危害因素与病人临床表现之间的必然联系的，在排除其他致病因素后，应当诊断为职业病。

第十四条 职业病诊断机构在进行职业病诊断时，应当组织三名以上取得职业病诊断资格的执业医师进行集体诊断。

对职业病诊断有意见分歧的，应当按多数人

的意见诊断；对不同意见应当如实记录。

第十五条 职业病诊断机构做出职业病诊断后，应当向当事人出具职业病诊断证明书。职业病诊断证明书应当明确是否患有职业病，对患有职业病的，还应当载明所患职业病的名称、程度（期别）、处理意见和复查时间。

职业病诊断证明书应当由参加诊断的医师共同签署，并经职业病诊断机构审核盖章。

职业病诊断证明书应当一式三份，劳动者、用人单位各执一份，诊断机构存档一份。

职业病诊断证明书的格式由卫生部统一规定。

第十六条 用人单位和医疗卫生机构发现职业病病人或者疑似职业病病人时，应当按规定报告。确诊为职业病的，用人单位还应当向所在地县级劳动保障行政部门报告。

第十七条 职业病诊断机构应当建立职业病诊断档案并永久保存，档案内容应当包括：（一）职业病诊断证明书；（二）职业病诊断过程记录：包括参加诊断的人员、时间、地点、讨论内容及诊断结论；（三）用人单位和劳动者提供的诊断用所有资料；（四）临床检查与实验室检验等结果报告单；（五）现场调查笔录及分析评价报告。

第十八条 确诊为职业病的患者，用人单位应当按照职业病诊断证明书上注明的复查时间安排复查。

第四章　鉴定

第十九条 当事人对职业病诊断有异议的，在接到职业病诊断证明书之日起30日内，可以向做出诊断的医疗卫生机构所在地设区的市级卫生行政部门申请鉴定。

设区的市级卫生行政部门组织的职业病诊断鉴定委员会负责职业病诊断争议的首次鉴定。

当事人对设区的市级职业病诊断鉴定委员会的鉴定结论不服的，在接到职业病诊断鉴定书之日起15日内，可以向原鉴定机构所在地省级卫生行政部门申请再鉴定。

省级职业病诊断鉴定委员会的鉴定为最终鉴定。

第二十条 省级卫生行政部门应当设立职业病诊断鉴定专家库。专家库由具备下列条件专业技术人员组成：（一）具有良好的业务素质和职业道德；（二）具有相关专业的高级卫生技术职务任职资格；（三）具有五年以上相关工作经验；（四）熟悉职业病防治法律规范和职业病诊断标准；（五）身体健康，能够胜任职业病诊断鉴定工作。

专家库专家任期四年，可以连聘连任。

第二十一条 职业病诊断鉴定委员会承担职业病诊断争议的鉴定工作。职业病诊断鉴定委员会由卫生行政部门组织。

第二十二条 卫生行政部门可以委托办事机构承担职业诊断鉴定的组织和日常性工作。职业病诊断鉴定办事机构的职责是：（一）接受当事人申请；（二）组织当事人或者接受当事人委托抽取职业病诊断鉴定委员会专家；（三）管理鉴定档案；（四）承办与鉴定有关的事务性工作；（五）承担卫生行政部门委托的有关鉴定的其他工作。

第二十三条 参加职业病诊断鉴定的专家，由申请鉴定的当事人在职业病诊断鉴定办事机构的主持下，从专家库中以随机抽取的方式确定。

当事人也可以委托职业病诊断鉴定办事机构抽取专家。

职业病诊断鉴定委员会组成人数为5人以上单数，鉴定委员会设主任委员1名，由鉴定委员会推举产生。

在特殊情况下，职业病诊断鉴定专业机构根据鉴定工作的需要，可以组织在本地区以外的专家库中随机抽取相关专业的专家参加鉴定或者函件咨询。

第二十四条 职业病诊断鉴定委员会专家有下列情形之一的，应当回避：（一）是职业病诊断鉴定当事人或者当事人近亲属的；（二）与职业病诊断鉴定有利害关系的；（三）与职业病诊断鉴定当事人有其他关系，可能影响公正鉴定的。

第二十五条 当事人申请职业病诊断鉴定时，应当提供以下材料：（一）职业病诊断鉴定申请书；（二）职业病诊断证明书；（三）本办法第十一条规定的材料；（四）其他有关资料。

第二十六条 职业病诊断鉴定办事机构应当自收到申请资料之日起10日内完成材料审核，对材料齐全的发给受理通知书；材料不全的，通知当事人补充。

职业病诊断鉴定办事机构应当在受理鉴定之日起60日内组织鉴定。

第二十七条 鉴定委员会应当认真审查当事人提供的材料，必要时可以听取当事人的陈述和申辩，对被鉴定人进行医学检查，对被鉴定人的工作场所进行现场调查取证。

鉴定委员会根据需要可以向原职业病诊断机构调阅有关的诊断资料。

鉴定委员会根据需要可以向用人单位索取与鉴定有关的资料。用人单位应当如实提供。

对被鉴定人进行医学检查，对被鉴定人的工

作场所进行现场调查

取证等工作由职业病诊断鉴定办事机构安排、组织。

第二十八条 职业病诊断鉴定委员会可以根据需要邀请其他专家参加职业病诊断鉴定。邀请的专家可以提出技术意见、提供有关资料，但不参与鉴定结论的表决。

第二十九条 职业病诊断鉴定委员会应当认真审阅有关资料，依照有关规定和职业病诊断标准，运用科学原理和专业知识，独立进行鉴定。在事实清楚的基础上，进行综合分析，做出鉴定结论，并制作鉴定书。鉴定结论以鉴定委员会成员的过半数通过。鉴定过程应当如实记载。

职业病诊断鉴定书应当包括以下内容：（一）劳动者、用人单位的基本情况及鉴定事由；（二）参加鉴定的专家情况；（三）鉴定结论及其依据，如果为职业病，应当注明职业病名称，程度（期别）；（四）鉴定时间。

参加鉴定的专家应当在鉴定书上签字，鉴定书加盖职业病诊断鉴定委员会印章。

职业病诊断鉴定书应当于鉴定结束之日起20日内由职业病诊断鉴定办事机构发送当事人。

第三十条 职业病诊断鉴定过程应当如实记录，其内容应当包括：（一）鉴定专家的情况；（二）鉴定所用资料的名称和数目；（三）当事人的陈述和申辩；（四）鉴定专家的意见；（五）表决的情况；（六）鉴定结论；（七）对鉴定结论的不同意见；（八）鉴定专家签名；（九）鉴定时间。鉴定结束后，鉴定记录应当随同职业病诊断鉴定书一并由职业病诊断鉴定办事机构存档。

第三十一条 职业病诊断、鉴定的费用由用人单位承担。

第五章 监督管理

第三十二条 在职业病诊断机构批准证书有效期届满前六个月内，职业病诊断机构应当向原批准机关申请续展，原批准机关复核后，对合格的，换发证书；逾期未申请续展的，其《职业病诊断机构批准证书》过期失效。

第三十三条 省级卫生行政部门应当对取得批准证书的职业病诊断机构进行日常监督检查与年度考核，对日常监督检查或者年度考核不合格的，责令限期改正，逾期不改正或者经检查仍不合格的，由原发证机关注销其资格，并收缴《职业病诊断机构批准证书》；对不合格的职业病诊断医师，应当注销其诊断资格。

第三十四条 省级卫生行政部门应当对其设立的专家库定期复审，并根据职业病诊断鉴定工作需要及时进行调整。

第六章 罚则

第三十五条 用人单位违反《职业病防治法》及本办法规定，未安排职业病病人、疑似职业病病人进行诊治的，由卫生行政部门给予警告，责令限期改正，逾期不改正的，处5万元以上20万元以下的罚款。

第三十六条 用人单位违反《职业病防治法》及本办法规定，隐瞒本单位职业卫生真实情况的，由卫生行政部门责令限期改正，并处5万元以上10万元以下的罚款。

第三十七条 违反《职业病防治法》及本办法规定，医疗卫生机构未经批准擅自从事职业病诊断的，由卫生行政部门责令立即停止违法行为，没收违法所得；违法所得5000元以上的，并处违法所得2倍以上10倍以下的罚款；没有违法所得或者违法所得不足5000元的，并处5000元以上5万元以下的罚款；情节严重的，对直接负责的主管人员和其他直接责任人员，依法给予降级、撤职或者开除的处分。

第三十八条 职业病诊断机构违反《职业病防治法》及本办法规定，有下列行为之一的，由卫生行政部门责令立即停止违法行为，给予警告，没收违法所得；违法所得5000元以上的，并处违法所得2倍以上5倍以下的罚款；没有违法所得或者违法所得不足5000元的，并处5000元以上2万元以下的罚款；情节严重的，由原批准机关取消其相应的资格；对直接负责的主管人员和其他直接责任人员，依法给予降级、撤职或者开除的处分；构成犯罪的，依法追究刑事责任：（一）超出批准范围从事职业病诊断的；（二）不按照本法规定履行法定职责的；（三）出具虚假证明文件的。

第三十九条 职业病诊断鉴定委员会组成人员违反《职业病防治法》及本办法规定，收受职业病诊断争议当事人的财物或者其他好处的，给予警告，没收收受的财物，可以并处3000元以上5万元以下的罚款，取消其担任职业病诊断鉴定委员会组成人员的资格，并从省级卫生行政部门设立的专家库中予以除名。

第四十条 用人单位和医疗卫生机构违反《职业病防治法》及本办法规定，未报告职业病、疑似职业病的，由卫生行政部门责令限期改正，给予警告，可以并处1万元以下的罚款；弄虚作假的，并处2万元以上5万元以下的罚款；对直接负责的主管人员和其他直接责任人员，可以依法给予降级或者撤职的处分。

第七章　附则

第四十一条　本办法自2002年5月1日实施。卫生部1984年3月29日颁发的《职业病诊断管理办法》同时废止。

❹《关于印发〈职业病目录〉的通知》（2002年4月18日　卫法监发［2002］108号）

根据《中华人民共和国职业病防治法》第二条的规定，现将《职业病目录》印发给你们，请遵照执行。1987年11月5日卫生部、劳动人事部、财政部和全国总工会联合发布的《职业病范围和职业病患者处理办法的规定》中的职业病名单同时废止。

职业病目录

一、尘肺

1. 矽肺

2. 煤工尘肺

3. 石墨尘肺

4. 碳黑尘肺

5. 石棉肺

6. 滑石尘肺

7. 水泥尘肺

8. 云母尘肺

9. 陶工尘肺

10. 铝尘肺

11. 电焊工尘肺

12. 铸工尘肺

13. 根据《尘肺病诊断标准》和《尘肺病理诊断标准》可以诊断的其他尘肺

二、职业性放射性疾病

1. 外照射急性放射病

2. 外照射亚急性放射病

3. 外照射慢性放射病

4. 内照射放射病

5. 放射性皮肤疾病

6. 放射性肿瘤

7. 放射性骨损伤

8. 放射性甲状腺疾病

9. 放射性性腺疾病

10. 放射复合伤

11. 根据《职业性放射性疾病诊断标准（总则）》可以诊断的其他放射性损伤

三、职业中毒

1. 铅及其化合物中毒（不包括四乙基铅）

2. 汞及其化合物中毒

3. 锰及其化合物中毒

4. 镉及其化合物中毒

5. 铍病

6. 铊及其化合物中毒

7. 钡及其化合物中毒

8. 钒及其化合物中毒

9. 磷及其化合物中毒

10. 砷及其化合物中毒

11. 铀中毒

12. 砷化氢中毒

13. 氯气中毒

14. 二氧化硫中毒

15. 光气中毒

16. 氨中毒

17. 偏二甲基肼中毒

18. 氮氧化合物中毒

19. 一氧化碳中毒

20. 二硫化碳中毒

21. 硫化氢中毒

22. 磷化氢、磷化锌、磷化铝中毒

23. 工业性氟病

24. 氰及腈类化合物中毒

25. 四乙基铅中毒

26. 有机锡中毒

27. 羰基镍中毒

28. 苯中毒

29. 甲苯中毒

30. 二甲苯中毒

31. 正己烷中毒

32. 汽油中毒

33. 一甲胺中毒

34. 有机氟聚合物单体及其热裂解物中毒

35. 二氯乙烷中毒

36. 四氯化碳中毒

37. 氯乙烯中毒

38. 三氯乙烯中毒

39. 氯丙烯中毒

40. 氯丁二烯中毒

41. 苯的氨基及硝基化合物（不包括三硝基甲苯）中毒

42. 三硝基甲苯中毒

43. 甲醇中毒

44. 酚中毒

45. 五氯酚（钠）中毒

46. 甲醛中毒

47. 硫酸二甲酯中毒

48. 丙烯酰胺中毒
49. 二甲基甲酰胺中毒
50. 有机磷农药中毒
51. 氨基甲酸酯类农药中毒
52. 杀虫脒中毒
53. 溴甲烷中毒
54. 拟除虫菊酯类农药中毒
55. 根据《职业性中毒性肝病诊断标准》可以诊断的职业性中毒性肝病
56. 根据《职业性急性化学物中毒诊断标准（总则）》可以诊断的其他职业性急性中毒

四、物理因素所致职业病
1. 中暑
2. 减压病
3. 高原病
4. 航空病
5. 手臂振动病

五、生物因素所致职业病
1. 炭疽
2. 森林脑炎
3. 布氏杆菌病

六、职业性皮肤病
1. 接触性皮炎
2. 光敏性皮炎
3. 电光性皮炎
4. 黑变病
5. 痤疮
6. 溃疡
7. 化学性皮肤灼伤
8. 根据《职业性皮肤病诊断标准（总则）》可以诊断的其他职业性皮肤病

七、职业性眼病
1. 化学性眼部灼伤
2. 电光性眼炎
3. 职业性白内障（含放射性白内障、三硝基甲苯白内障）

八、职业性耳鼻喉口腔疾病
1. 噪声聋
2. 铬鼻病
3. 牙酸蚀病

九、职业性肿瘤
1. 石棉所致肺癌、间皮瘤
2. 联苯胺所致膀胱癌
3. 苯所致白血病
4. 氯甲醚所致肺癌
5. 砷所致肺癌、皮肤癌
6. 氯乙烯所致肝血管肉瘤
7. 焦炉工人肺癌
8. 铬酸盐制造业工人肺癌

十、其他职业病
1. 金属烟热
2. 职业性哮喘
3. 职业性变态反应性肺泡炎
4. 棉尘病
5. 煤矿井下工人滑囊炎

案例链接

❶《重庆市垫江西山煤炭有限责任公司诉垫江县劳动和社会保障局劳动、社会保障行政确认纠纷案》，参见北大法宝引证码：Pkulaw. cn/CLI. C. 106113。

❷《王晓钰不服北京市石景山区劳动和社会保障局劳动行政确认案》，参见北大法宝引证码：Pkulaw. cn/CLI. C. 86523。

【职业卫生监督制度】

法律问题解读

国家实行职业卫生监督制度。职业卫生监督制度是指国家法定的享有监督权的专门机构对企业事业单位及其主管部门执行职业卫生法规的情况进行监督的制度。国家卫生行政部门统一负责全国职业病防治的监督管理工作。国务院有关部门在各自的职责范围内负责职业病防治的有关监督管理工作。

县级以上地方人民政府卫生行政部门负责本行政区域内职业病防治的监督管理工作。县级以上地方人民政府有关部门在各自的职责范围内负责职业病的有关监督管理工作。

法条指引

❶**《中华人民共和国职业病防治法》**（2001年10月27日　国家主席令第60号）

第八条　国家实行职业卫生监督制度。

国务院卫生行政部门统一负责全国职业病防治的监督管理工作。国务院有关部门在各自的职责范围内负责职业病防治的有关监督管理工作。

县级以上地方人民政府卫生行政部门负责本行政区域内职业病防治的监督管理工作。县级以上地方人民政府有关部门在各自的职责范围内负责职业病防治的有关监督管理工作。

案例链接

❶《上海靓邦皮鞋厂与上海市浦东新区社会发展局行政处罚决定纠纷上诉案》，参见北大法宝引证码：Pkulaw. cn/CLI. C. 149911。

【工作场所避免职业病危害的规定】

法律问题解读

产生职业病危害的用人单位的设立，除应当符合法律、行政法规规定的设立条件外，其工作场所还应当符合下列职业卫生要求：

（1）职业病危害因素的强度或者浓度符合国家职业卫生标准；

（2）有与职业病危害防护相适应的设施；

（3）生产布局合理，符合有害与无害作业分开的原则；

（4）有配套的更衣间、洗浴间、孕妇休息间等卫生设施；

（5）设备、工具、用具等设施符合保护劳动者生理、心理健康的要求；

（6）法律、行政法规和国务院卫生行政部门关于保护劳动者健康的其他要求。

法条指引

❶**《中华人民共和国职业病防治法》**（2001年10月27日　国家主席令第60号）

第十三条　产生职业病危害的用人单位的设立除应当符合法律、行政法规规定的设立条件外，其工作场所还应当符合下列职业卫生要求：

（一）职业病危害因素的强度或者浓度符合国家职业卫生标准；

（二）有与职业病危害防护相适应的设施；

（三）生产布局合理，符合有害与无害作业分开的原则；

（四）有配套的更衣间、洗浴间、孕妇休息间等卫生设施；

（五）设备、工具、用具等设施符合保护劳动者生理、心理健康的要求；

（六）法律、行政法规和国务院卫生行政部门关于保护劳动者健康的其他要求。

❷**《违反〈中华人民共和国劳动法〉行政处罚办法》**（1995年1月1日　劳动部发布）

第七条　用人单位劳动安全设施和劳动卫生条件不符合国家规定的，应责令限期改正；逾期不改的，可处以五万元以下罚款。

用人单位违反规定造成职工急性中毒事故，或伤亡事故的，应责令制定整改措施，并可按每中毒或重伤或死亡一名劳动者罚款一万元以下的标准处罚；情节严重的，提请同级人民政府决定停产整顿。

用人单位对发生的急性中毒或伤亡事故隐瞒、拖延不报或谎报的，以及故意破坏或伪造事故现场的，应责令改正，并可处以二万元以下罚款。

【新、扩、改建项目避免职业病危害的规定】

法律问题解读

（1）新建、扩建、改建建设项目和技术改造、技术引进项目（统称建设项目）可能产生职业病危害的，建设单位在可行性论证阶段应当向卫生行政部门提交职业病危害预评价报告。卫生行政部门应当自收到职业病危害预评价报告之日起30日内，作出审核决定并书面通知建设单位。未提交预评价报告或者预评价报告未经卫生行政部门审核同意的，有关部门不得批准该建设项目。

职业病危害预评价报告应当对建设项目可能产生的职业病危害因素及其对工作场所和劳动者健康的影响作出评价，确定危害类别和职业病防护措施。

建设项目职业病危害分类目录和分类管理办法由国务院卫生行政部门制定。

（2）新建、改建、扩建工程的职业病防护设施所需费用应当纳入建设项目工程预算，并与主体工程同时设计，同时施工，同时投入生产和使用。

职业病危害严重的建设项目的防护设施设计，应当经卫生行政部门进行卫生审查，符合国家职业卫生标准和卫生要求的，方可施工。

建设项目在竣工验收前，建设单位应当进行职业病危害控制效果评价。建设项目竣工验收时，其职业病防护设施经卫生行政部门验收合格后，方可投入正式生产和使用。

法条指引

❶**《中华人民共和国劳动法》**（1994年7月5日　国家主席令第28号）

第五十三条　劳动安全卫生设施必须符合国家规定的标准。

新建、改建、扩建工程的劳动安全卫生设施

必须与主体工程同时设计、同时施工、同时投入生产和使用。

❷《中华人民共和国职业病防治法》（2001年10月27日 国家主席令第60号）

第十五条 新建、扩建、改建建设项目和技术改造、技术引进项目（以下统称建设项目）可能产生职业病危害的，建设单位在可行性论证阶段应当向卫生行政部门提交职业病危害预评价报告。卫生行政部门应当自收到职业病危害预评价报告之日起30日内，作出审核决定并书面通知建设单位。未提交预评价报告或者预评价报告未经卫生行政部门审核同意的，有关部门不得批准该建设项目。

职业病危害预评价报告应当对建设项目可能产生的职业病危害因素及其对工作场所和劳动者健康的影响作出评价，确定危害类别和职业病防护措施。

建设项目职业病危害分类目录和分类管理办法由国务院卫生行政部门制定。

第十六条 建设项目的职业病防护设施所需费用应当纳入建设项目工程预算，并与主体工程同时设计，同时施工，同时投入生产和使用。

职业病危害严重的建设项目的防护设施设计，应当经卫生行政部门进行卫生审查，符合国家职业卫生标准和卫生要求的，方可施工。

建设项目在竣工验收前，建设单位应当进行职业病危害控制效果评价。建设项目竣工验收时，其职业病防护设施经卫生行政部门验收合格后，方可投入正式生产和使用。

❸《违反〈中华人民共和国劳动法〉行政处罚办法》（1995年1月1日 劳动部发布）

第八条 用人单位新建、改建、扩建和技术改造项目的劳动安全卫生设施未能与主体工程同时设计、同时施工、同时投入生产和使用，安全卫生设施不符合国家规定标准的，应责令改正，并可处以五万元以下罚款。

【职业病防治管理措施】

法律问题解读

为贯彻预防为主，防治结合的方针，实行综合治理，减少或降低职业危害的发生，用人单位应当采取下列职业病防治管理措施：

1. 健全制度

（1）设置或者指定职业卫生管理机构或者组织，配备专职或者兼职的职业卫生专业人员，负责本单位的职业病防治工作；

（2）制定职业病防治计划和实施方案；

（3）建立、健全职业卫生管理制度和操作规程；

（4）建立、健全职业卫生档案和劳动者健康监护档案；

（5）建立、健全工作场所职业病危害因素监测及评价制度；

（6）建立、健全职业病危害事故应急救援预案。

2. 用人单位采用有效的职业病防护设施，并为劳动者提供个人使用的职业病防护用品。用人单位为劳动者个人提供的职业病防护用品必须符合防治职业病的要求；不符合要求的，不得使用。

3. 用人单位应当优先采用有利于防治职业病和保护劳动者健康的新技术、新工艺、新材料，逐步替代职业病危害严重的技术、工艺、材料。

4. 产生职业病危害的用人单位，应当在醒目位置设置公告栏，公布有关职业病防治的规章制度、操作规程、职业病危害事故应急救援措施和工作场所职业病危害因素检测结果。

对产生严重职业病危害的作业岗位，应当在其醒目位置，设置警示标志和中文警示说明。警示说明应当载明产生职业病危害的种类、后果、预防以及应急救治措施等内容。

5. 对可能发生急性职业损伤的有毒、有害工作场所，用人单位应当设置报警装置，配置现场急救用品、冲洗设备、应急撤离通道和必要的泄险区。

对放射工作场所和放射性同位素的运输、贮存，用人单位必须配置防护设备和报警装置，保证接触放射线的工作人员佩戴个人剂量计。

对职业病防护设备、应急救援设施和个人使用的职业病防护用品，用人单位应当进行经常性的维护、检修，定期检测其性能和效果，确保其处于正常状态，不得擅自拆除或者停止使用。

法条指引

❶《中华人民共和国职业病防治法》（2001年10月27日 国家主席令第60号）

第十九条 用人单位应当采取下列职业病防治管理措施：

（一）设置或者指定职业卫生管理机构或者组织，配备专职或者兼职的职业卫生专业人员，负责本单位的职业病防治工作；

（二）制定职业病防治计划和实施方案；

（三）建立、健全职业卫生管理制度和操作规程；

（四）建立、健全职业卫生档案和劳动者健康监护档案；

（五）建立、健全工作场所职业病危害因素监测及评价制度；

（六）建立、健全职业病危害事故应急救援预案。

第二十条 用人单位必须采用有效的职业病防护设施，并为劳动者提供个人使用的职业病防护用品。

用人单位为劳动者个人提供的职业病防护用品必须符合防治职业病的要求；不符合要求的，不得使用。

第二十一条 用人单位应当优先采用有利于防治职业病和保护劳动者健康的新技术、新工艺、新材料，逐步替代职业病危害严重的技术、工艺、材料。

第二十二条 产生职业病危害的用人单位，应当在醒目位置设置公告栏，公布有关职业病防治的规章制度、操作规程、职业病危害事故应急救援措施和工作场所职业病危害因素检测结果。

对产生严重职业病危害的作业岗位，应当在其醒目位置，设置警示标识和中文警示说明。警示说明应当载明产生职业病危害的种类、后果、预防以及应急救治措施等内容。

第二十三条 对可能发生急性职业损伤的有毒、有害工作场所，用人单位应当设置报警装置，配置现场急救用品、冲洗设备、应急撤离通道和必要的泄险区。

对放射工作场所和放射性同位素的运输、贮存，用人单位必须配置防护设备和报警装置，保证接触放射线的工作人员佩戴个人剂量计。

对职业病防护设备、应急救援设施和个人使用的职业病防护用品，用人单位应当进行经常性的维护、检修，定期检测其性能和效果，确保其处于正常状态，不得擅自拆除或者停止使用。

案例链接

❶《四川航空川江仪器厂诉曾荣彬一般劳动争议纠纷案》，参见北大法宝引证码：Pkulaw. cn/CLI. C. 36482。

❷《上海靓邦皮鞋厂与上海市浦东新区社会发展局行政处罚决定纠纷上诉案》，参见北大法宝引证码：Pkulaw. cn/CLI. C. 149911。

【劳动者对职业危害的知情权】

法律问题解读

劳动者对职业危害的知情权主要体现在以下两方面：

（1）用人单位与劳动者订立劳动合同（含聘用合同）时，应当将工作过程中可能产生的职业病危害及其后果、职业病防护措施和待遇等如实告知劳动者，并在劳动合同中写明，不得隐瞒或者欺骗。

劳动者在已订立劳动合同期间因工作岗位或者工作内容变更，从事与所订立劳动合同中未告知的存在职业病危害的作业时，用人单位应当向劳动者履行如实告知的义务，并协商变更原劳动合同相关条款。

用人单位违反以上规定，劳动者有权拒绝从事存在职业病危害的作业，用人单位不得因此解除或者终止与劳动者所订立的劳动合同。

（2）用人单位的负责人应当接受职业卫生培训，遵守职业病防治法律、法规，依法组织本单位的职业病防治工作。

劳动者应当学习和掌握相关的职业卫生知识，遵守职业病防治法律、法规、规章和操作规程，正确使用、维护职业病防护设备和个人使用的职业病防护用品，发现职业病危害事故隐患应当及时报告。

法条指引

❶**《中华人民共和国职业病防治法》**（2001年10月27日 国家主席令第60号）

第三十条 用人单位与劳动者订立劳动合同（含聘用合同，下同）时，应当将工作过程中可能产生的职业病危害及其后果、职业病防护措施和待遇等如实告知劳动者，并在劳动合同中写明，不得隐瞒或者欺骗。

劳动者在已订立劳动合同期间因工作岗位或者工作内容变更，从事与所订立劳动合同中未告知的存在职业病危害的作业时，用人单位应当依照前款规定，向劳动者履行如实告知的义务，并协商变更原劳动合同相关条款。

用人单位违反前两款规定的，劳动者有权拒绝从事存在职业病危害的作业，用人单位不得因此解除或者终止与劳动者所订立的劳动合同。

第三十一条　用人单位的负责人应当接受职业卫生培训，遵守职业病防治法律、法规，依法组织本单位的职业病防治工作。

用人单位应当对劳动者进行上岗前的职业卫生培训和在岗期间的定期职业卫生培训，普及职业卫生知识，督促劳动者遵守职业病防治法律、法规、规章和操作规程，指导劳动者正确使用职业病防护设备和个人使用的职业病防护用品。

劳动者应当学习和掌握相关的职业卫生知识，遵守职业病防治法律、法规、规章和操作规程，正确使用、维护职业病防护设备和个人使用的职业病防护用品，发现职业病危害事故隐患应当及时报告。

劳动者不履行前款规定义务的，用人单位应当对其进行教育。

学者观点

❶ 曹艳春：《知情权之私法保护》，参见北大法宝引证码：Pkulaw. cn/CLI. A. 039136。

【劳动者的职业卫生保护权】

法律问题解读

用人单位应当为劳动者创造符合国家职业卫生标准和卫生要求的工作环境和条件，并采取措施保障劳动者获得职业卫生保护。劳动者依法享有下列职业卫生保护权利：

（1）获得职业卫生教育、培训；

（2）获得职业健康检查、职业病诊疗、康复等职业病防治服务；

（3）了解工作场所产生或者可能产生的职业病危害因素、危害后果和应当采取的职业病防护措施；

（4）要求用人单位提供符合防治职业病要求的职业病防护设施和个人使用的职业病防护用品，改善工作条件；

（5）对违反职业病防治法律、法规以及危及生命健康的行为提出批评、检举和控告；

（6）拒绝违章指挥和强令进行没有职业病防护措施的作业；

（7）参与用人单位职业卫生工作的民主管理，对职业病防治工作提出意见和建议。

用人单位应当保障劳动者行使前款所列权利。因劳动者依法行使正当权利而降低其工资、福利等待遇或者解除、终止与其订立的劳动合同的，其行为无效。

法条指引

❶**《中华人民共和国职业病防治法》**（2001年10月27日　国家主席令第60号）

第四条　劳动者依法享有职业卫生保护的权利。

用人单位应当为劳动者创造符合国家职业卫生标准和卫生要求的工作环境和条件，并采取措施保障劳动者获得职业卫生保护。

第三十六条　劳动者享有下列职业卫生保护权利：

（一）获得职业卫生教育、培训；

（二）获得职业健康检查、职业病诊疗、康复等职业病防治服务；

（三）了解工作场所产生或者可能产生的职业病危害因素、危害后果和应当采取的职业病防护措施；

（四）要求用人单位提供符合防治职业病要求的职业病防护设施和个人使用的职业病防护用品，改善工作条件；

（五）对违反职业病防治法律、法规以及危及生命健康的行为提出批评、检举和控告；

（六）拒绝违章指挥和强令进行没有职业病防护措施的作业；

（七）参与用人单位职业卫生工作的民主管理，对职业病防治工作提出意见和建议。

用人单位应当保障劳动者行使前款所列权利。因劳动者依法行使正当权利而降低其工资、福利等待遇或者解除、终止与其订立的劳动合同的，其行为无效。

❷**《中华人民共和国劳动合同法》**（2007年6月29日　国家主席令第65号）

第四十二条　劳动者有下列情形之一的，用人单位不得依照本法第四十条、第四十一条的规定解除劳动合同：

（一）从事接触职业病危害作业的劳动者未进行离岗前职业健康检查，或者疑似职业病病人在诊断或者医学观察期间的；

（二）在本单位患职业病或者因工负伤并被确认丧失或者部分丧失劳动能力的；

（三）患病或者非因工负伤，在规定的医疗期内的；

（四）女职工在孕期、产期、哺乳期的；

（五）在本单位连续工作满十五年，且距法定退休年龄不足五年的；

（六）法律、行政法规规定的其他情形。

案例链接

❶《周建华与广州双叶汽车部件有限公司劳动争议纠纷上诉案》，参见北大法宝引证码：Pkulaw. cn/CLI. C. 233673。

❷《宋朝胜诉中钢耐火材料有限公司劳动争议纠纷案》，参见北大法宝引证码：Pkulaw. cn/CLI. C. 194536。

【接触职业病危害作业者的保护措施】

法律问题解读

对从事职业危害作业劳动者的保护措施主要有以下几个：

（1）对从事接触职业病危害的作业的劳动者，用人单位应当按照国务院卫生行政部门的规定，组织上岗前、在岗期间和离岗时的职业健康检查，并将检查结果如实告知劳动者。职业健康检查费用由用人单位承担。

（2）用人单位不得安排未经上岗前职业健康检查的劳动者从事接触职业病危害的作业；不得安排有职业禁忌的劳动者从事其所禁忌的作业；对在职业健康检查中发现有与所从事的职业相关的健康损害的劳动者，应当调离原工作岗位，并妥善安置；对未进行离岗前职业健康检查的劳动者不得解除或者终止与其订立的劳动合同。

职业健康检查应当由省级以上人民政府卫生行政部门批准的医疗卫生机构承担。

（3）用人单位应当为劳动者建立职业健康监护档案，并按照规定的期限妥善保存。

职业健康监护档案应当包括劳动者的职业史、职业病危害接触史、职业健康检查结果和职业病诊疗等有关个人健康资料。

劳动者离开用人单位时，有权索取本人职业健康监护档案复印件，用人单位应当如实、无偿提供，并在所提供的复印件上签章。

（4）用人单位不得安排未成年工从事接触职业病危害的作业；不得安排孕期、哺乳期的女职工从事对本人和胎儿、婴儿有危害的作业。

法条指引

❶**《中华人民共和国职业病防治法》**（2001年10月27日　国家主席令第60号）

第三十二条　对从事接触职业病危害的作业的劳动者，用人单位应当按照国务院卫生行政部门的规定组织上岗前、在岗期间和离岗时的职业健康检查，并将检查结果如实告知劳动者。职业健康检查费用由用人单位承担。

用人单位不得安排未经上岗前职业健康检查的劳动者从事接触职业病危害的作业；不得安排有职业禁忌的劳动者从事其所禁忌的作业；对在职业健康检查中发现有与所从事的职业相关的健康损害的劳动者，应当调离原工作岗位，并妥善安置；对未进行离岗前职业健康检查的劳动者不得解除或者终止与其订立的劳动合同。

职业健康检查应当由省级以上人民政府卫生行政部门批准的医疗卫生机构承担。

第三十三条　用人单位应当为劳动者建立职业健康监护档案，并按照规定的期限妥善保存。

职业健康监护档案应当包括劳动者的职业史、职业病危害接触史、职业健康检查结果和职业病诊疗等有关个人健康资料。

劳动者离开用人单位时，有权索取本人职业健康监护档案复印件，用人单位应当如实、无偿提供，并在所提供的复印件上签章。

第三十五条　用人单位不得安排未成年工从事接触职业病危害的作业；不得安排孕期、哺乳期的女职工从事对本人和胎儿、婴儿有危害的作业。

案例链接

❶《实密精工（上海）有限公司与杨某某劳动合同纠纷上诉案》，参见北大法宝引证码：Pkulaw. cn/CLI. C. 192443。

❷《海南金昌金矿有限公司与昌江黎族自治县人事劳动保障局工伤认定纠纷上诉案》，参见北大法宝引证码：Pkulaw. cn/CLI. C. 159288。

学者观点

❶ 成尉冰：《"开胸验肺"事件的法律分析和现实解读之一》，参见北大法宝引证码：Pkulaw. cn/CLI. A. 049466。

【职业病危害的救治和控制】

法律问题解读

用人单位应当建立、健全职业病防治责任制，加强对职业病防治的管理，提高职业病防治水平，对本单位产生的职业病危害承担责任。

发生或者可能发生急性职业病危害事故时，用人单位应当立即采取应急救援和控制措施，并及时报告所在地卫生行政部门和有关部门。卫生行政部门接到报告后，应当及时会同有关部门组织调查处理；必要时，可以采取临时控制措施。

对遭受或者可能遭受急性职业病危害的劳动者，用人单位应当及时组织救治、进行健康检查和医学观察，所需费用由用人单位承担。

法条指引

❶《**中华人民共和国职业病防治法**》（2001 年 10 月 27 日　国家主席令第 60 号）

第五条　用人单位应当建立、健全职业病防治责任制，加强对职业病防治的管理，提高职业病防治水平，对本单位产生的职业病危害承担责任。

第三十四条　发生或者可能发生急性职业病危害事故时，用人单位应当立即采取应急救援和控制措施，并及时报告所在地卫生行政部门和有关部门。卫生行政部门接到报告后，应当及时会同有关部门组织调查处理；必要时，可以采取临时控制措施。

对遭受或者可能遭受急性职业病危害的劳动者，用人单位应当及时组织救治、进行健康检查和医学观察，所需费用由用人单位承担。

【工会组织在防止职业病危害中的作用】

法律问题解读

维护职工合法权益是工会的基本职责。工会在维护全国人民总体利益的同时，代表和维护职工的合法权益。对用人单位不提供劳动安全卫生条件的，工会有权要求改正。

工会组织应当督促并协助用人单位开展职业卫生宣传教育和培训，对用人单位的职业病防治工作提出意见和建议，与用人单位就劳动者反映的有关职业病防治的问题进行协调并督促解决。

工会组织对用人单位违反职业病防治法律、法规，侵犯劳动者合法权益的行为，有权要求纠正；产生严重职业病危害时，有权要求采取防护措施，或者向政府有关部门建议采取强制性措施；发生职业病危害事故时，有权参与事故调查处理；发现危及劳动者生命健康的情形时，有权向用人单位建议组织劳动者撤离危险现场，用人单位应当立即作出处理。

法条指引

❶《**中华人民共和国工会法**》（2001 年 10 月 27 日修正）

第六条　维护职工合法权益是工会的基本职责。工会在维护全国人民总体利益的同时，代表和维护职工的合法权益。

工会通过平等协商和集体合同制度，协调劳动关系，维护企业职工劳动权益。

工会依照法律规定通过职工代表大会或者其他形式，组织职工参与本单位的民主决策、民主管理和民主监督。

工会必须密切联系职工，听取和反映职工的意见和要求，关心职工的生活，帮助职工解决困难，全心全意为职工服务。

第二十二条　企业、事业单位违反劳动法律、法规规定，有下列侵犯职工劳动权益情形，工会应当代表职工与企业、事业单位交涉，要求企业、事业单位采取措施予以改正；企业、事业单位应当予以研究处理，并向工会作出答复；企业、事业单位拒不改正的，工会可以请求当地人民政府依法作出处理：

（一）克扣职工工资的；

（二）不提供劳动安全卫生条件的；

（三）随意延长劳动时间的；

（四）侵犯女职工和未成年工特殊权益的；

（五）其他严重侵犯职工劳动权益的。

❷《**中华人民共和国职业病防治法**》（2001 年 10 月 27 日　国家主席令第 60 号）

第三十七条　工会组织应当督促并协助用人单位开展职业卫生宣传教育和培训，对用人单位的职业病防治工作提出意见和建议，与用人单位就劳动者反映的有关职业病防治的问题进行协调并督促解决。

工会组织对用人单位违反职业病防治法律、法规，侵犯劳动者合法权益的行为，有权要求纠正；产生严重职业病危害时，有权要求采取防护措施，或者向政府有关部门建议采取强制性措施；发生职业病危害事故时，有权参与事故调查处理；发现危及劳动者生命健康的情形时，有权向用人单位建议组织劳动者撤离危险现场，用人单位应当立即作出处理。

【职业病诊断】

法律问题解读

职业病诊断应当由省级以上人民政府卫生行政部门批准的医疗卫生机构承担。

劳动者可以在用人单位所在地或者本人居住地依法承担职业病诊断的医疗卫生机构进行职业病诊断。

职业病诊断标准和职业病诊断、鉴定办法按国务院卫生行政部门规定执行。职业病伤残等级的鉴定办法按国务院劳动保障行政部门会同国务院卫生行政部门制定的标准和办法执行。

职业病诊断，应当综合分析下列因素：

(1) 病人的职业史；

(2) 职业病危害接触史和现场危害调查与评价；

(3) 临床表现以及辅助检查结果等。

没有证据否定职业病危害因素与病人临床表现之间的必然联系的，在排除其他致病因素后，应当诊断为职业病。

承担职业病诊断的医疗卫生机构在进行职业病诊断时，应当组织 3 名以上取得职业病诊断资格的执业医师集体诊断。

职业病诊断证明书应当由参与诊断的医师共同签署，并经承担职业病诊断的医疗卫生机构审核盖章。

医疗卫生机构发现疑似职业病病人时，应当告知劳动者本人并及时通知用人单位。

用人单位应当及时安排对疑似职业病病人进行诊断；在疑似职业病病人诊断或者医学观察期间，不得解除或者终止与其订立的劳动合同。

疑似职业病病人在诊断、医学观察期间的费用，由用人单位承担。

法条指引

❶《中华人民共和国职业病防治法》(2001 年 10 月 27 日　国家主席令第 60 号)

第三十九条　职业病诊断应当由省级以上人民政府卫生行政部门批准的医疗卫生机构承担。

第四十条　劳动者可以在用人单位所在地或者本人居住地依法承担职业病诊断的医疗卫生机构进行职业病诊断。

第四十一条　职业病诊断标准和职业病诊断、鉴定办法由国务院卫生行政部门制定。职业病伤残等级的鉴定办法由国务院劳动保障行政部门会同国务院卫生行政部门制定。

第四十二条　职业病诊断，应当综合分析下列因素：

(一) 病人的职业史；

(二) 职业病危害接触史和现场危害调查与评价；

(三) 临床表现以及辅助检查结果等。

没有证据否定职业病危害因素与病人临床表现之间的必然联系的，在排除其他致病因素后，应当诊断为职业病。

承担职业病诊断的医疗卫生机构在进行职业病诊断时，应当组织 3 名以上取得职业病诊断资格的执业医师集体诊断。

职业病诊断证明书应当由参与诊断的医师共同签署，并经承担职业病诊断的医疗卫生机构审核盖章。

第四十九条　医疗卫生机构发现疑似职业病病人时，应当告知劳动者本人并及时通知用人单位。

用人单位应当及时安排对疑似职业病病人进行诊断；在疑似职业病病人诊断或者医学观察期间，不得解除或者终止与其订立的劳动合同。

疑似职业病病人在诊断、医学观察期间的费用，由用人单位承担。

❷**《职业病范围和职业病患者处理办法的规定》**(1987 年 11 月 5 日　卫生部劳动人事部、财政部、中华全国总工会发布)

第一条　为做好职业病防治工作，保护劳动者的健康，妥善处理、安置职业病患者，特制定本规定。

第二条　本规定适用于全民所有制和县级以上集体所有制企业、事业单位和外商投资企业。乡镇、街道、私人企业和事业单位可参照执行。

第三条　职业病系指劳动者在生产劳动及其他职业活动中，接触职业性有害因素引起的疾病。本规定所列《职业病名单》(附后) 中的职业病，为国家规定的职业病范围。各地区、部门需要增补的职业病，应报卫生部审批。

第四条　职业病的诊断应按卫生部颁发的《职业病诊断管理办法》及其有关规定执行。

凡被确诊患有职业病的职工，职业病诊断机构应发给《职业病诊断证明书》，享受国家规定的工伤保险待遇或职业病待遇。

第五条　职业病患者的待遇，由所在单位行政、工会和劳动鉴定委员会（小组）根据其职业病诊断证明和劳动能力丧失的程度按国家现行规定确定。经费开支渠道按现行规定办理。

第六条 职工被确诊患有职业病后，其所在单位应根据职业病诊断机构（诊断组）的意见，安排其医治或疗养。在医治或疗养后被确认不宜继续从事原有害作业或工作的，应在确认之日起的两个月内将其调离原工作岗位，另行安排工作；对于因工作需要暂不能调离的生产、工作的技术骨干，调离期限最长不得超过半年。

第七条 从事有害作业的职工，因按规定接受职业性健康检查所占用的生产、工作时间，应按正常出勤处理，如职业病防治机构（诊断组）认为需要住院作进一步检查时，不论其最后是否诊断为职业病，在此期间可享受职业病待遇。

第八条 从事有害作业的职工，其所在单位必须为其建立健康档案。变动工作单位时，事先须经当地职业病防治机构进行健康检查，其检查材料装入健康档案。

患有职业病的职工变动工作单位时，其职业病待遇应由原单位负责或两个单位协商处理，双方商妥后方可办理调转手续，并将其健康档案、职业病诊断证明及职业病处理情况等材料全部移交新单位。调出、调入单位都应将情况报各所在地的劳动卫生职业病防治机构备案。

职工到新单位后，新发现的职业病不论与现工作有无关系，其职业病待遇由新单位负责。过去按有关规定已做处理的不再改变。

第九条 劳动合同制工人、临时工终止或解除劳动合同后，在待业期间新发现的职业病与上一个劳动合同期工作有关时，其职业病待遇由原终止或解除劳动合同的单位负责；如原单位已与其他单位合并者，由合并后的单位负责；如原单位已撤销者，应由原单位的上级主管机关负责。

第十条 各级工会组织有权监督检查患职业病的职工有关待遇的处理情况，对于不按国家规定处理，损害职工合法权益的单位，应出面进行交涉，直至代表职工本人向法院起诉。

第十一条 本规定施行前处理的职业病，不论是否已列入本规定的范围，患者的待遇不变。

第十二条 各省、自治区、直辖市的卫生行政部门应会同同级劳动、财政部门和工会组

织根据本规定的基本原则，结合本地区的实际情况，制定实施细则，并报卫生部、劳动人事部、财政部、全国总工会备案。

第十三条 本规定中的有关职业病范围问题，由卫生部负责解释；有关职业病待遇和劳动人事管理问题，由劳动人事部负责解释。

第十四条 本规定于一九八八年一月一日起施行。一九五七年二月二十八日卫生部颁发的《职业病范围和职业病患者处理办法的规定》同时废止。

❸《职业病诊断与鉴定管理办法》（2002 年 3 月 28 日　卫生部发布）

第一章　总则

第一条 为了规范职业病诊断鉴定工作，加强职业病诊断、鉴定管理，根据《中华人民共和国职业病防治法》（以下简称《职业病防治法》），制定本办法。

第二条 职业病的诊断与鉴定工作应当遵循科学、公正、公开、公平、及时、便民的原则。

职业病诊断、鉴定工作应当依据《职业病防治法》及本办法的规定和国家职业病诊断标准进行，并符合职业病诊断与鉴定的程序。

第二章　诊断机构

第三条 职业病诊断应当由省级卫生行政部门批准的医疗卫生机构承担。

第四条 从事职业病诊断的医疗卫生机构，应当具备以下条件：（一）持有《医疗机构执业许可证》；（二）具有与开展职业病诊断相适应的医疗卫生技术人员；（三）具有与开展职业病诊断相适应的仪器、设备；（四）具有健全的职业病诊断质量管理制度。

第五条 医疗卫生机构从事职业病诊断，应当向省级卫生行政部门提出申请，并提交以下资料：（一）职业病诊断机构申请表；（二）医疗机构执业许可证；（三）申请从事的职业病诊断项目；（四）与职业病诊断项目相适应的技术人员、仪器设备等资料；（五）职业病诊断质量管理制度有关资料；（六）省级卫生行政部门规定提交的其他资料。

第六条 省级卫生行政部门收到申请资料后，应当在 90 日内完成资料审查和现场考核，自现场考核结束之日起 15 日内，做出批准或者不批准的决定，并书面通知申请单位。批准的由省级卫生行政部门颁发职业病诊断机构批准证书。

职业病诊断机构批准证书有效期限为 4 年。

第七条 职业病诊断机构的职责是：（一）在批准的职业病诊断项目范围内开展职业病诊断；（二）职业病报告；（三）承担卫生行政部门交付的有关职业病诊断的其他工作。

第八条 从事职业病诊断的医师应当具备以下条件，并取得省级卫生行政部门颁发的资格证

书：（一）具有执业医师资格；（二）具有中级以上卫生专业技术职务任职资格；（三）熟悉职业病防治法律规范和职业病诊断标准；（四）从事职业病诊疗相关工作5年以上；（五）熟悉工作场所职业病危害防治及其管理；（六）经培训、考核合格。

第三章　诊断

第九条　职业病诊断机构依法独立行使诊断权，并对其做出的诊断结论承担责任。

第十条　劳动者可以选择用人单位所在地或本人居住地的职业病诊断机构进行诊断。

本办法所称居住地是指劳动者的经常居住地。

第十一条　申请职业病诊断时应当提供：（一）职业史、既往史；（二）职业健康监护档案复印件；（三）职业健康检查结果；（四）工作场所历年职业病危害因素检测、评价资料；（五）诊断机构要求提供的其他必需的有关材料。用人单位和有关机构应当按照诊断机构的要求，如实提供必要的资料。

没有职业病危害接触史或者健康检查没有发现异常的，诊断机构可以不予受理。

第十二条　职业病诊断应当依据职业病诊断标准，结合职业病危害接触史、工作场所职业病危害因素检测与评价、临床表现和医学检查结果等资料，进行综合分析做出。

对不能确诊的疑似职业病病人，可以经必要的医学检查或者住院观察后，再做出诊断。

第十三条　没有证据否定职业病危害因素与病人临床表现之间的必然联系的，在排除其他致病因素后，应当诊断为职业病。

第十四条　职业病诊断机构在进行职业病诊断时，应当组织三名以上取得职业病诊断资格的执业医师进行集体诊断。

对职业病诊断有意见分歧的，应当按多数人的意见诊断；对不同意见应当如实记录。

第十五条　职业病诊断机构做出职业病诊断后，应当向当事人出具职业病诊断证明书。职业病诊断证明书应当明确是否患有职业病，对患有职业病的，还应当载明所患职业病的名称、程度（期别）、处理意见和复查时间。

职业病诊断证明书应当由参加诊断的医师共同签署，并经职业病诊断机构审核盖章。

职业病诊断证明书应当一式三份，劳动者、用人单位各执一份，诊断机构存档一份。

职业病诊断证明书的格式由卫生部统一规定。

第十六条　用人单位和医疗卫生机构发现职业病病人或者疑似职业病病人时，应当按规定报告。确诊为职业病的，用人单位还应当向所在地县级劳动保障行政部门报告。

第十七条　职业病诊断机构应当建立职业病诊断档案并永久保存，档案内容应当包括：（一）职业病诊断证明书；（二）职业病诊断过程记录：包括参加诊断的人员、时间、地点、讨论内容及诊断结论；（三）用人单位和劳动者提供的诊断用所有资料；（四）临床检查与实验室检验等结果报告单；（五）现场调查笔录及分析评价报告。

第十八条　确诊为职业病的患者，用人单位应当按照职业病诊断证明书上注明的复查时间安排复查。

第四章　鉴定

第十九条　当事人对职业病诊断有异议的，在接到职业病诊断证明书之日起30日内，可以向做出诊断的医疗卫生机构所在地设区的市级卫生行政部门申请鉴定。

设区的市级卫生行政部门组织的职业病诊断鉴定委员会负责职业病诊断争议的首次鉴定。

当事人对设区的市级职业病诊断鉴定委员会的鉴定结论不服的，在接到职业病诊断鉴定书之日起15日内，可以向原鉴定机构所在地省级卫生行政部门申请再鉴定。

省级职业病诊断鉴定委员会的鉴定为最终鉴定。

第二十条　省级卫生行政部门应当设立职业病诊断鉴定专家库。专家库由具备下列条件专业技术人员组成：（一）具有良好的业务素质和职业道德；（二）具有相关专业的高级卫生技术职务任职资格；（三）具有五年以上相关工作经验；（四）熟悉职业病防治法律规范和职业病诊断标准；（五）身体健康，能够胜任职业病诊断鉴定工作。

专家库专家任期四年，可以连聘连任。

第二十一条　职业病诊断鉴定委员会承担职业病诊断争议的鉴定工作。职业病诊断鉴定委员会由卫生行政部门组织。

第二十二条　卫生行政部门可以委托办事机构承担职业诊断鉴定的组织和日常性工作。职业病诊断鉴定办事机构的职责是：（一）接受当事人申请；（二）组织当事人或者接受当事人委托抽取职业病诊断鉴定委员会专家；（三）管理鉴定档案；（四）承办与鉴定有关的事务性工作；（五）承担卫生行政部门委托的有关鉴定的其他工作。

第二十三条　参加职业病诊断鉴定的专家，由申请鉴定的当事人在职业病诊断鉴定办事机构的主持下，从专家库中以随机抽取的方式确定。

当事人也可以委托职业病诊断鉴定办事机构抽取专家。

职业病诊断鉴定委员会组成人数为5人以上单数，鉴定委员会设主任委员1名，由鉴定委员会推举产生。

在特殊情况下，职业病诊断鉴定专业机构根据鉴定工作的需要，可以组织在本地区以外的专家库中随机抽取相关专业的专家参加鉴定或者函件咨询。

第二十四条 职业病诊断鉴定委员会专家有下列情形之一的，应当回避：(一)是职业病诊断鉴定当事人或者当事人近亲属的；(二)与职业病诊断鉴定有利害关系的；(三)与职业病诊断鉴定当事人有其他关系，可能影响公正鉴定的。

第二十五条 当事人申请职业病诊断鉴定时，应当提供以下材料：(一)职业病诊断鉴定申请书；(二)职业病诊断证明书；(三)本办法第十一条规定的材料；(四)其他有关资料。

第二十六条 职业病诊断鉴定办事机构应当自收到申请资料之日起10日内完成材料审核，对材料齐全的发给受理通知书；材料不全的，通知当事人补充。

职业病诊断鉴定办事机构应当在受理鉴定之日起60日内组织鉴定。

第二十七条 鉴定委员会应当认真审查当事人提供的材料，必要时可以听取当事人的陈述和申辩，对被鉴定人进行医学检查，对被鉴定人的工作场所进行现场调查取证。

鉴定委员会根据需要可以向原职业病诊断机构调阅有关的诊断资料。

鉴定委员会根据需要可以向用人单位索取与鉴定有关的资料。用人单位应当如实提供。

对被鉴定人进行医学检查，对被鉴定人的工作场所进行现场调查取证等工作由职业病诊断鉴定办事机构安排、组织。

第二十八条 职业病诊断鉴定委员会可以根据需要邀请其他专家参加职业病诊断鉴定。邀请的专家可以提出技术意见、提供有关资料，但不参与鉴定结论的表决。

第二十九条 职业病诊断鉴定委员会应当认真审阅有关资料，依照有关规定和职业病诊断标准，运用科学原理和专业知识，独立进行鉴定。在事实清楚的基础上，进行综合分析，做出鉴定结论，并制作鉴定书。鉴定结论以鉴定委员会成员的过半数通过。鉴定过程应当如实记载。

职业病诊断鉴定书应当包括以下内容：(一)劳动者、用人单位的基本情况及鉴定事由；(二)参加鉴定的专家情况；(三)鉴定结论及其依据，如果为职业病，应当注明职业病名称，程度(期别)；(四)鉴定时间。

参加鉴定的专家应当在鉴定书上签字，鉴定书加盖职业病诊断鉴定委员会印章。

职业病诊断鉴定书应当于鉴定结束之日起20日内由职业病诊断鉴定办事机构发送当事人。

第三十条 职业病诊断鉴定过程应当如实记录，其内容应当包括：(一)鉴定专家的情况；(二)鉴定所用资料的名称和数目；(三)当事人的陈述和申辩；(四)鉴定专家的意见；(五)表决的情况；(六)鉴定结论；(七)对鉴定结论的不同意见；(八)鉴定专家签名；(九)鉴定时间。鉴定结束后，鉴定记录应当随同职业病诊断鉴定书一并由职业病诊断鉴定办事机构存档。

第三十一条 职业病诊断、鉴定的费用由用人单位承担。

第五章 监督管理

第三十二条 在职业病诊断机构批准证书有效期届满前六个月内，职业病诊断机构应当向原批准机关申请续展，原批准机关复核后，对合格的，换发证书；逾期未申请续展的，其《职业病诊断机构批准证书》过期失效。

第三十三条 省级卫生行政部门应当对取得批准证书的职业病诊断机构进行日常监督检查与年度考核，对日常监督检查或者年度考核不合格的，责令限期改正，逾期不改正或者经检查仍不合格的，由原发证机关注销其资格，并收缴《职业病诊断机构批准证书》；对不合格的职业病诊断医师，应当注销其诊断资格。

第三十四条 省级卫生行政部门应当对其设立的专家库定期复审，并根据职业病诊断鉴定工作需要及时进行调整。

第六章 罚则

第三十五条 用人单位违反《职业病防治法》及本办法规定，未安排职业病病人、疑似职业病病人进行诊治的，由卫生行政部门给予警告，责令限期改正，逾期不改正的，处5万元以上20万元以下的罚款。

第三十六条 用人单位违反《职业病防治法》及本办法规定，隐瞒本单位职业卫生真实情况的，由卫生行政部门责令限期改正，并处5万元以上10万元以下的罚款。

第三十七条 违反《职业病防治法》及本办

法规定，医疗卫生机构未经批准擅自从事职业病诊断的，由卫生行政部门责令立即停止违法行为，没收违法所得；违法所得5000元以上的，并处违法所得2倍以上10倍以下的罚款；没有违法所得或者违法所得不足5000元的，并处5000元以上5万元以下的罚款；情节严重的，对直接负责的主管人员和其他直接责任人员，依法给予降级、撤职或者开除的处分。

第三十八条 职业病诊断机构违反《职业病防治法》及本办法规定，有下列行为之一的，由卫生行政部门责令立即停止违法行为，给予警告，没收违法所得；违法所得5000元以上的，并处违法所得2倍以上5倍以下的罚款；没有违法所得或者违法所得不足5000元的，并处5000元以上2万元以下的罚款；情节严重的，由原批准机关取消其相应的资格；对直接负责的主管人员和其他直接责任人员，依法给予降级、撤职或者开除的处分；构成犯罪的，依法追究刑事责任：（一）超出批准范围从事职业病诊断的；（二）不按照本法规定履行法定职责的；（三）出具虚假证明文件的。

第三十九条 职业病诊断鉴定委员会组成人员违反《职业病防治法》及本办法规定，收受职业病诊断争议当事人的财物或者其他好处的，给予警告，没收收受的财物，可以并处3000元以上5万元以下的罚款，取消其担任职业病诊断鉴定委员会组成人员的资格，并从省级卫生行政部门设立的专家库中予以除名。

第四十条 用人单位和医疗卫生机构违反《职业病防治法》及本办法规定，未报告职业病、疑似职业病的，由卫生行政部门责令限期改正，给予警告，可以并处1万元以下的罚款；弄虚作假的，并处2万元以上5万元以下的罚款；对直接负责的主管人员和其他直接责任人员，可以依法给予降级或者撤职的处分。

第七章 附则

第四十一条 本办法自2002年5月1日实施。卫生部1984年3月29日颁发的《职业病诊断管理办法》同时废止。

案例链接

❶《海南金昌金矿有限公司与昌江黎族自治县人事劳动保障局工伤认定纠纷上诉案》，参见北大法宝引证码：Pkulaw. cn/CLI. C. 159288。

❷《高敏与南海富丽达制衣有限公司劳动合同纠纷上诉案》，参见北大法宝引证码：Pkulaw. cn/CLI. C. 59629。

【职业病诊断异议】

法律问题解读

当事人对职业病诊断有异议的，可以向作出诊断的医疗卫生机构所在地地方人民政府卫生行政部门申请鉴定。

职业病诊断争议由设区的市级以上地方人民政府卫生行政部门根据当事人的申请，组织职业病诊断鉴定委员会进行鉴定。

当事人对设区的市级职业病诊断鉴定委员会的鉴定结论不服的，可以向省、自治区、直辖市人民政府卫生行政部门申请再鉴定。

职业病诊断、鉴定需要用人单位提供有关职业卫生和健康监护等资料时，用人单位应当如实提供，劳动者和有关机构也应当提供与职业病诊断、鉴定有关的资料。

法条指引

❶**《中华人民共和国职业病防治法》**（2001年10月27日 国家主席令第60号）

第四十五条 当事人对职业病诊断有异议的，可以向作出诊断的医疗卫生机构所在地地方人民政府卫生行政部门申请鉴定。

职业病诊断争议由设区的市级以上地方人民政府卫生行政部门根据当事人的申请，组织职业病诊断鉴定委员会进行鉴定。

当事人对设区的市级职业病诊断鉴定委员会的鉴定结论不服的，可以向省、自治区、直辖市人民政府卫生行政部门申请再鉴定。

第四十八条 职业病诊断、鉴定需要用人单位提供有关职业卫生和健康监护等资料时，用人单位应当如实提供，劳动者和有关机构也应当提供与职业病诊断、鉴定有关的资料。

❷**《职业病范围和职业病患者处理办法的规定》**（1998年11月5日 卫生部、劳动人事部、财政部、全国总工会发布）（略）

❸**《职业病诊断与鉴定管理办法》**（2002年3月28日 卫生部发布）

第十九条 当事人对职业病诊断有异议的，在接到职业病诊断证明书之日起30日内，可以向做出诊断的医疗卫生机构所在地设区的市级卫生行政部门申请鉴定。

设区的市级卫生行政部门组织的职业病诊断鉴定委员会负责职业病诊断争议的首次鉴定。

当事人对设区的市级职业病诊断鉴定委员会的鉴定结论不服的，在接到职业病诊断鉴定书之日起15日内，可以向原鉴定机构所在地省级卫生行政部门申请再鉴定。

省级职业病诊断鉴定委员会的鉴定为最终鉴定。

第二十二条　卫生行政部门可以委托办事机构承担职业诊断鉴定的组织和日常性工作。职业病诊断鉴定办事机构的职责是：

（一）接受当事人申请；

（二）组织当事人或者接受当事人委托抽取职业病诊断鉴定委员会专家；

（三）管理鉴定档案；

（四）承办与鉴定有关的事务性工作；

（五）承担卫生行政部门委托的有关鉴定的其他工作。

第二十三条　参加职业病诊断鉴定的专家，由申请鉴定的当事人在职业病诊断鉴定办事机构的主持下，从专家库中以随机抽取的方式确定。

当事人也可以委托职业病诊断鉴定办事机构抽取专家。

职业病诊断鉴定委员会组成人数为5人以上单数，鉴定委员会设主任委员1名，由鉴定委员会推举产生。

在特殊情况下，职业病诊断鉴定专业机构根据鉴定工作的需要，可以组织在本地区以外的专家库中随机抽取相关专业的专家参加鉴定或者函件咨询。

第二十四条　职业病诊断鉴定委员会专家有下列情形之一的，应当回避：

（一）是职业病诊断鉴定当事人或者当事人近亲属的；

（二）与职业病诊断鉴定有利害关系的；

（三）与职业病诊断鉴定当事人有其他关系，可能影响公正鉴定的。

第二十五条　当事人申请职业病诊断鉴定时，应当提供以下材料：

（一）职业病诊断鉴定申请书；

（二）职业病诊断证明书；

（三）本办法第十一条规定的材料；

（四）其他有关资料。

第二十六条　职业病诊断鉴定办事机构应当自收到申请资料之日起10日内完成材料审核，对材料齐全的发给受理通知书；材料不全的，通知当事人补充。

职业病诊断鉴定办事机构应当在受理鉴定之日起60日内组织鉴定。

第二十七条　鉴定委员会应当认真审查当事人提供的材料，必要时可以听取当事人的陈述和申辩，对被鉴定人进行医学检查，对被鉴定人的工作场所进行现场调查取证。

鉴定委员会根据需要可以向原职业病诊断机构调阅有关的诊断资料。

鉴定委员会根据需要可以向用人单位索取与鉴定有关的资料。用人单位应当如实提供。

对被鉴定人进行医学检查，对被鉴定人的工作场所进行现场调查取证等工作由职业病诊断鉴定办事机构安排、组织。

第二十八条　职业病诊断鉴定委员会可以根据需要邀请其他专家参加职业病诊断鉴定。邀请的专家可以提出技术意见、提供有关资料，但不参与鉴定结论的表决。

第二十九条　职业病诊断鉴定委员会应当认真审阅有关资料，依照有关规定和职业病诊断标准，运用科学原理和专业知识，独立进行鉴定。在事实清楚的基础上，进行综合分析，做出鉴定结论，并制作鉴定书。鉴定结论以鉴定委员会成员的过半数通过。鉴定过程应当如实记载。

职业病诊断鉴定书应当包括以下内容：

（一）劳动者、用人单位的基本情况及鉴定事由；

（二）参加鉴定的专家情况；

（三）鉴定结论及其依据，如果为职业病，应当注明职业病名称，程度（期别）；

（四）鉴定时间。

参加鉴定的专家应当在鉴定书上签字，鉴定书加盖职业病诊断鉴定委员会印章。

职业病诊断鉴定书应当于鉴定结束之日起20日内由职业病诊断鉴定办事机构发送当事人。

第三十条　职业病诊断鉴定过程应当如实记录，其内容应当包括：

（一）鉴定专家的情况；

（二）鉴定所用资料的名称和数目；

（三）当事人的陈述和申辩；

（四）鉴定专家的意见；

（五）表决的情况；

（六）鉴定结论；

（七）对鉴定结论的不同意见；

（八）鉴定专家签名；

（九）鉴定时间。

鉴定结束后，鉴定记录应当随同职业病诊断鉴定书一并由职业病诊断鉴定办事机构存档。

第三十一条 职业病诊断、鉴定的费用由用人单位承担。

案例链接

❶《岳成春与辽宁省人事厅工伤认定处理纠纷上诉案》，参见北大法宝引证码：Pkulaw. cn/CLI. C. 103683。

❷《沈阳齿轮厂与吴汉忠劳动保险合同纠纷上诉案》，参见北大法宝引证码：Pkulaw. cn/CLI. C. 103028。

【职业病诊断鉴定委员会】

法律问题解读

职业病诊断鉴定委员会是由相关专业的专家组成的，专门对职业病争议进行诊断鉴定的权威机构。它以当事人的申请为前提，实行省级和地（市）级二级诊断鉴定。

省、自治区、直辖市人民政府卫生行政部门应当设立相关的专家库，需要对职业病争议作出诊断鉴定时，由当事人或者当事人委托有关卫生行政部门从专家库中以随机抽取的方式确定参加诊断鉴定委员会的专家。

职业病诊断鉴定委员会应当按照国务院卫生行政部门颁布的职业病诊断标准和职业病诊断、鉴定办法进行职业病诊断鉴定，向当事人出具职业病诊断鉴定书。职业病诊断鉴定费用由用人单位承担。

职业病诊断鉴定委员会组成人员应当遵守职业道德，客观、公正地进行诊断鉴定，并承担相应的责任。职业病诊断鉴定委员会组成人员不得私下接触当事人，不得收受当事人的财物或者其他好处，与当事人有利害关系的，应当回避。

人民法院受理有关案件需要进行职业病鉴定时，应当从省、自治区、直辖市人民政府卫生行政部门依法设立的相关的专家库中选取参加鉴定的专家。

法条指引

❶**《中华人民共和国职业病防治法》**（2001年10月27日　国家主席令第60号）

第四十六条 职业病诊断鉴定委员会由相关专业的专家组成。

省、自治区、直辖市人民政府卫生行政部门应当设立相关的专家库，需要对职业病争议作出诊断鉴定时，由当事人或者当事人委托有关卫生行政部门从专家库中以随机抽取的方式确定参加诊断鉴定委员会的专家。

职业病诊断鉴定委员会应当按照国务院卫生行政部门颁布的职业病诊断标准和职业病诊断、鉴定办法进行职业病诊断鉴定，向当事人出具职业病诊断鉴定书。职业病诊断鉴定费用由用人单位承担。

第四十七条 职业病诊断鉴定委员会组成人员应当遵守职业道德，客观、公正地进行诊断鉴定，并承担相应的责任。职业病诊断鉴定委员会组成人员不得私下接触当事人，不得收受当事人的财物或者其他好处，与当事人有利害关系的，应当回避。

人民法院受理有关案件需要进行职业病鉴定时，应当从省、自治区、直辖市人民政府卫生行政部门依法设立的相关的专家库中选取参加鉴定的专家。

❷**《职业病诊断与鉴定管理办法》**（2002年3月28日　卫生部发布）

第十九条 当事人对职业病诊断有异议的，在接到职业病诊断证明书之日起30日内，可以向做出诊断的医疗卫生机构所在地设区的市级卫生行政部门申请鉴定。

设区的市级卫生行政部门组织的职业病诊断鉴定委员会负责职业病诊断争议的首次鉴定。

当事人对设区的市级职业病诊断鉴定委员会的鉴定结论不服的，在接到职业病诊断鉴定书之日起15日内，可以向原鉴定机构所在地省级卫生行政部门申请再鉴定。

省级职业病诊断鉴定委员会的鉴定为最终鉴定。

第二十条 省级卫生行政部门应当设立职业病诊断鉴定专家库。专家库由具备下列条件专业技术人员组成：

（一）具有良好的业务素质和职业道德；

（二）具有相关专业的高级卫生技术职务任职资格；

（三）具有五年以上相关工作经验；

（四）熟悉职业病防治法律规范和职业病诊断标准；

（五）身体健康，能够胜任职业病诊断鉴定工作。

专家库专家任期四年，可以连聘连任。

第二十一条　职业病诊断鉴定委员会承担职业病诊断争议的鉴定工作。职业病诊断鉴定委员会由卫生行政部门组织。

第二十二条　卫生行政部门可以委托办事机构承担职业诊断鉴定的组织和日常性工作。职业病诊断鉴定办事机构的职责是：

（一）接受当事人申请；

（二）组织当事人或者接受当事人委托抽取职业病诊断鉴定委员会专家；

（三）管理鉴定档案；

（四）承办与鉴定有关的事务性工作；

（五）承担卫生行政部门委托的有关鉴定的其他工作。

第二十三条　参加职业病诊断鉴定的专家，由申请鉴定的当事人在职业病诊断鉴定办事机构的主持下，从专家库中以随机抽取的方式确定。

当事人也可以委托职业病诊断鉴定办事机构抽取专家。

职业病诊断鉴定委员会组成人数为5人以上单数，鉴定委员会设主任委员1名，由鉴定委员会推举产生。

在特殊情况下，职业病诊断鉴定专业机构根据鉴定工作的需要，可以组织在本地区以外的专家库中随机抽取相关专业的专家参加鉴定或者函件咨询。

第二十四条　职业病诊断鉴定委员会专家有下列情形之一的，应当回避：

（一）是职业病诊断鉴定当事人或者当事人近亲属的；

（二）与职业病诊断鉴定有利害关系的；

（三）与职业病诊断鉴定当事人有其他关系，可能影响公正鉴定的。

案例链接

❶《四川航空川江仪器厂诉曾荣彬一般劳动争议纠纷案》，参见北大法宝引证码：Pkulaw. cn/CLI. C. 36482。

【用人单位违反职业病防治规定的责任】

法律问题解读

用人单位违反职业病防治法的有关规定，由卫生行政部门区别不同情况分别按如下标准予以处罚。构成犯罪的，依法追究刑事责任。

1. 有下列行为之一的，由卫生行政部门给予警告，责令限期改正；逾期不改正的，处2万元以下的罚款：

（1）工作场所职业病危害因素检测、评价结果没有存档、上报、公布的；

（2）未采取法律规定的职业病防治管理措施的；

（3）未按照规定公布有关职业病防治的规章制度、操作规程、职业病危害事故应急救援措施的；

（4）未按照规定组织劳动者进行职业卫生培训，或者未对劳动者个人职业病防护采取指导、督促措施的；

（5）国内首次使用或者首次进口与职业病危害有关的化学材料，未按照规定报送毒性鉴定资料以及经有关部门登记注册或者批准进口的文件的。

2. 有下列行为之一的，由卫生行政部门责令限期改正，给予警告，可以并处2万元以上5万元以下的罚款：

（1）未按照规定及时、如实向卫生行政部门申报产生职业病危害的项目的；

（2）未实施由专人负责的职业病危害因素日常监测，或者监测系统不能正常监测的；

（3）订立或者变更劳动合同时，未告知劳动者职业病危害真实情况的；

（4）未按照规定组织职业健康检查、建立职业健康监护档案或者未将检查结果如实告知劳动者的。

3. 有下列行为之一的，由卫生行政部门给予警告，责令限期改正，逾期不改正的，处5万元以上20万元以下的罚款；情节严重的，责令停止产生职业病危害的作业，或者提请有关人民政府按照国务院规定的权限责令关闭：

（1）工作场所职业病危害因素的强度或者浓度超过国家职业卫生标准的；

（2）未提供职业病防护设施和个人使用的职业病防护用品，或者提供的职业病防护设施和个人使用的职业病防护用品不符合国家职业卫生标准和卫生要求的；

（3）对职业病防护设备、应急救援设施和个人使用的职业病防护用品未按照规定进行维护、检修、检测，或者不能保持正常运行、使用状态的；

（4）未按照规定对工作场所职业病危害因素进行检测、评价的；

（5）工作场所职业病危害因素经治理仍然达

不到国家职业卫生标准和卫生要求时，未停止存在职业病危害因素的作业的；

（6）未按照规定安排职业病病人、疑似职业病病人进行诊治的；

（7）发生或者可能发生急性职业病危害事故时，未立即采取应急救援和控制措施或者未按照规定及时报告的；

（8）未按照规定在产生严重职业病危害的作业岗位醒目位置设置警示标识和中文警示说明的；

（9）拒绝卫生行政部门监督检查的。

4. 有下列情形之一的，由卫生行政部门责令限期治理，并处5万元以上30万元以下的罚款；情节严重的，责令停止产生职业病危害的作业，或者提请有关人民政府按照国务院规定的权限责令关闭：

（1）隐瞒技术、工艺、材料所产生的职业病危害而采用的；

（2）隐瞒本单位职业卫生真实情况的；

（3）可能发生急性职业损伤的有毒、有害工作场所、放射工作场所或者放射性同位素的运输、贮存不符合本法第23条规定的；

（4）使用国家明令禁止使用的可能产生职业病危害的设备或者材料的；

（5）将产生职业病危害的作业转移给没有职业病防护条件的单位和个人，或者没有职业病防护条件的单位和个人接受产生职业病危害的作业的；

（6）擅自拆除、停止使用职业病防护设备或者应急救援设施的；

（7）安排未经职业健康检查的劳动者、有职业禁忌的劳动者、未成年工或者孕期、哺乳期女职工从事接触职业病危害的作业或者禁忌作业的；

（8）违章指挥和强令劳动者进行没有职业病防护措施的作业的。

5. 用人单位违反规定，已经对劳动者生命健康造成严重损害的，由卫生行政部门责令停止产生职业病危害的作业，或者提请有关人民政府按照国务院规定的权限责令关闭，并处10万元以上30万元以下的罚款。

6. 用人单位违反规定，造成重大职业病危害事故或者其他严重后果，构成犯罪的，对直接负责的主管人员和其他直接责任人员，依法追究刑事责任。

法条指引

❶ **《中华人民共和国职业病防治法》**（2001年10月27日　国家主席令第60号）

第六十三条　违反本法规定，有下列行为之一的，由卫生行政部门给予警告，责令限期改正；逾期不改正的，处2万元以下的罚款：

（一）工作场所职业病危害因素检测、评价结果没有存档、上报、公布的；

（二）未采取本法第十九条规定的职业病防治管理措施的；

（三）未按照规定公布有关职业病防治的规章制度、操作规程、职业病危害事故应急救援措施的；

（四）未按照规定组织劳动者进行职业卫生培训，或者未对劳动者个人职业病防护采取指导、督促措施的；

（五）国内首次使用或者首次进口与职业病危害有关的化学材料，未按照规定报送毒性鉴定资料以及经有关部门登记注册或者批准进口的文件的。

第六十四条　用人单位违反本法规定，有下列行为之一的，由卫生行政部门责令限期改正，给予警告，可以并处2万元以上5万元以下的罚款：

（一）未按照规定及时、如实向卫生行政部门申报产生职业病危害的项目的；

（二）未实施由专人负责的职业病危害因素日常监测，或者监测系统不能正常监测的；

（三）订立或者变更劳动合同时，未告知劳动者职业病危害真实情况的；

（四）未按照规定组织职业健康检查、建立职业健康监护档案或者未将检查结果如实告知劳动者的。

第六十五条　用人单位违反本法规定，有下列行为之一的，由卫生行政部门给予警告，责令限期改正，逾期不改正的，处5万元以上20万元以下的罚款；情节严重的，责令停止产生职业病危害的作业，或者提请有关人民政府按照国务院规定的权限责令关闭：

（一）工作场所职业病危害因素的强度或者浓度超过国家职业卫生标准的；

（二）未提供职业病防护设施和个人使用的职业病防护用品，或者提供的职业病防护设施和个人使用的职业病防护用品不符合国家职业卫生标准和卫生要求的；

（三）对职业病防护设备、应急救援设施和个人使用的职业病防护用品未按照规定进行维护、检修、检测，或者不能保持正常运行、使用状态的；

（四）未按照规定对工作场所职业病危害因素进行检测、评价的；

（五）工作场所职业病危害因素经治理仍然达不到国家职业卫生标准和卫生要求时，未停止存在职业病危害因素的作业的；

（六）未按照规定安排职业病病人、疑似职业病病人进行诊治的；

（七）发生或者可能发生急性职业病危害事故时，未立即采取应急救援和控制措施或者未按照规定及时报告的；

（八）未按照规定在产生严重职业病危害的作业岗位醒目位置设置警示标识和中文警示说明的；

（九）拒绝卫生行政部门监督检查的。

第六十八条 违反本法规定，有下列情形之一的，由卫生行政部门责令限期治理，并处5万元以上30万元以下的罚款；情节严重的，责令停止产生职业病危害的作业，或者提请有关人民政府按照国务院规定的权限责令关闭：

（一）隐瞒技术、工艺、材料所产生的职业病危害而采用的；

（二）隐瞒本单位职业卫生真实情况的；

（三）可能发生急性职业损伤的有毒、有害工作场所、放射工作场所或者放射性同位素的运输、贮存不符合本法第二十三条规定的；

（四）使用国家明令禁止使用的可能产生职业病危害的设备或者材料的；

（五）将产生职业病危害的作业转移给没有职业病防护条件的单位和个人，或者没有职业病防护条件的单位和个人接受产生职业病危害的作业的；

（六）擅自拆除、停止使用职业病防护设备或者应急救援设施的；

（七）安排未经职业健康检查的劳动者、有职业禁忌的劳动者、未成年工或者孕期、哺乳期女职工从事接触职业病危害的作业或者禁忌作业的；

（八）违章指挥和强令劳动者进行没有职业病防护措施的作业的。

第七十条 用人单位违反本法规定，已经对劳动者生命健康造成严重损害的，由卫生行政部门责令停止产生职业病危害的作业，或者提请有关人民政府按照国务院规定的权限责令关闭，并处10万元以上30万元以下的罚款。

第七十一条 用人单位违反本法规定，造成重大职业病危害事故或者其他严重后果，构成犯罪的，对直接负责的主管人员和其他直接责任人员，依法追究刑事责任。

案例链接

❶《上海靓邦皮鞋厂与上海市浦东新区社会发展局行政处罚决定纠纷上诉案》，参见北大法宝引证码：Pkulaw. cn/CLI. C. 149911。

【未按规定报告职业病的处罚】

法律问题解读

用人单位和医疗卫生机构未按照规定报告职业病、疑似职业病的，由卫生行政部门责令限期改正，给予警告，可以并处1万元以下的罚款；弄虚作假的，并处2万元以上5万元以下的罚款；对直接负责的主管人员和其他直接责任人员，可以依法给予降级或者撤职的处分。

卫生行政部门不按照规定报告职业病和职业病危害事故的，由上一级卫生行政部门责令改正，通报批评，给予警告；虚报、瞒报的，对单位负责人、直接负责的主管人员和其他直接责任人员依法给予降级、撤职或者开除的行政处分。

法条指引

❶《中华人民共和国职业病防治法》（2001年10月27日 国家主席令第60号）

第六十七条 用人单位和医疗卫生机构未按照规定报告职业病、疑似职业病的，由卫生行政部门责令限期改正，给予警告，可以并处1万元以下的罚款；弄虚作假的，并处2万元以上5万元以下的罚款；对直接负责的主管人员和其他直接责任人员，可以依法给予降级或者撤职的处分。

第七十五条 卫生行政部门不按照规定报告职业病和职业病危害事故的，由上一级卫生行政部门责令改正，通报批评，给予警告；虚报、瞒报的，对单位负责人、直接负责的主管人员和其他直接责任人员依法给予降级、撤职或者开除的行政处分。

【建设单位违反职业病防治规定的责任】

法律问题解读

建设单位违反《职业病防治法》规定，有下列行为之一的，由卫生行政部门给予警告，责令限期改正；逾期不改正的，处10万元以上50万元以下的罚款；情节严重的，责令停止产生职业病危害的作业，或者提请有关人民政府按照国务院规定的权限责令停建、关闭：

（1）未按照规定进行职业病危害预评价或者未提交职业病危害预评价报告，或者职业病危害预评价报告未经卫生行政部门审核同意，擅自开工的；

（2）建设项目的职业病防护设施未按照规定与主体工程同时投入生产和使用的；

（3）职业病危害严重的建设项目，其职业病防护设施设计不符合国家职业卫生标准和卫生要求施工的；

（4）未按照规定对职业病防护设施进行职业病危害控制效果评价、未经卫生行政部门验收或者验收不合格，擅自投入使用的。

法条指引

❶《中华人民共和国职业病防治法》（2001年10月27日 国家主席令第60号）

第六十二条 建设单位违反本法规定，有下列行为之一的，由卫生行政部门给予警告，责令限期改正；逾期不改正的，处10万元以上50万元以下的罚款；情节严重的，责令停止产生职业病危害的作业，或者提请有关人民政府按照国务院规定的权限责令停建、关闭：

（一）未按照规定进行职业病危害预评价或者未提交职业病危害预评价报告，或者职业病危害预评价报告未经卫生行政部门审核同意，擅自开工的；

（二）建设项目的职业病防护设施未按照规定与主体工程同时投入生产和使用的；

（三）职业病危害严重的建设项目，其职业病防护设施设计不符合国家职业卫生标准和卫生要求施工的；

（四）未按照规定对职业病防护设施进行职业病危害控制效果评价、未经卫生行政部门验收或者验收不合格，擅自投入使用的。

【设备、材料供应商违反职业病防治规定的责任】

法律问题解读

设备、材料供应商违反职业病防治规定，向用人单位提供可能产生职业病危害的设备、材料，未按照规定提供中文说明书或者设置警示标识和中文警示说明的，由卫生行政部门责令限期改正，给予警告，并处5万元以上20万元以下的罚款。

生产、经营或者进口国家明令禁止使用的可能产生职业病危害的设备或者材料的，依照有关法律、行政法规的规定给予处罚。

法条指引

❶《中华人民共和国职业病防治法》（2001年10月27日 国家主席令第60号）

第六十六条 向用人单位提供可能产生职业病危害的设备、材料，未按照规定提供中文说明书或者设置警示标识和中文警示说明的，由卫生行政部门责令限期改正，给予警告，并处5万元以上20万元以下的罚款。

第六十九条 生产、经营或者进口国家明令禁止使用的可能产生职业病危害的设备或者材料的，依照有关法律、行政法规的规定给予处罚。

【职业卫生、诊断机构违反职业病防治规定的责任】

法律问题解读

从事职业卫生技术服务的机构和承担职业健康检查、职业病诊断的医疗卫生机构违反职业病防治法规定，有下列行为之一的，由卫生行政部门责令立即停止违法行为，给予警告，没收违法所得；违法所得5000元以上的，并处违法所得2倍以上5倍以下的罚款；没有违法所得或者违法所得不足5000元的，并处5000元以上2万元以下的罚款；情节严重的，由原认证或者批准机关取消其相应的资格；对直接负责的主管人员和其他直接责任人员，依法给予降级、撤职或者开除的处分；构成犯罪的，依法追究刑事责任：

（1）超出资质认证或者批准范围从事职业卫生技术服务或者职业健康检查、职业病诊断的；

（2）不按照职业病防治法规定履行法定职责的；

（3）出具虚假证明文件的。

法条指引

❶《中华人民共和国职业病防治法》2001年10月27日 国家主席令第60号）

第七十三条 从事职业卫生技术服务的机构和承担职业健康检查、职业病诊断的医疗卫生机构违反本法规定，有下列行为之一的，由卫生行政部门责令立即停止违法行为，给予警告，没收违法所得；违法所得5000元以上的，并处违法所得2倍以上5倍以下的罚款；没有违法所得或者违法所得不足5000元的，并处5000元以上2万元以下的罚款；情节严重的，由原认证或者批准机关取消其相应的资格；对直接负责的主管人员和其他直接责任人员，依法给予降级、撤职或者开除的处分；构成犯罪的，依法追究刑事责任：

（一）超出资质认证或者批准范围从事职业卫生技术服务或者职业健康检查、职业病诊断的；

（二）不按照本法规定履行法定职责的；

（三）出具虚假证明文件的。

【职业病诊断鉴定委员会人员受贿的责任】

法律问题解读

职业病诊断鉴定委员会组成人员收受职业病诊断争议当事人的财物或者其他好处的，给予警告，没收收受的财物，可以并处3000元以上5万元以下的罚款，取消其担任职业病诊断鉴定委员会组成人员的资格，并从省、自治区、直辖市人民政府卫生行政部门设立的专家库中予以除名。

法条指引

❶《中华人民共和国职业病防治法》（2001年10月27日 国家主席令第60号）

第七十四条 职业病诊断鉴定委员会组成人员收受职业病诊断争议当事人的财物或者其他好处的，给予警告，没收收受的财物，可以并处3000元以上5万元以下的罚款，取消其担任职业病诊断鉴定委员会组成人员的资格，并从省、自治区、直辖市人民政府卫生行政部门设立的专家库中予以除名。

【擅自从事职业病检查诊断的责任】

法律问题解读

未取得职业卫生技术服务资质认证，擅自从事职业卫生技术服务的，或者医疗卫生机构未经批准擅自从事职业健康检查、职业病诊断的，由卫生行政部门责令立即停止违法行为，没收违法所得；违法所得5000元以上的，并处违法所得2倍以上10倍以下的罚款；没有违法所得或者违法所得不足5000元的，并处5000元以上5万元以下的罚款；情节严重的，对直接负责的主管人员和其他直接责任人员，依法给予降级、撤职或者开除的处分。

法条指引

❶《中华人民共和国职业病防治法》（2001年10月27日 国家主席令第60号）

第七十二条 未取得职业卫生技术服务资质认证擅自从事职业卫生技术服务的，或者医疗卫生机构未经批准擅自从事职业健康检查、职业病诊断的，由卫生行政部门责令立即停止违法行为，没收违法所得；违法所得5000元以上的，并处违法所得2倍以上10倍以下的罚款；没有违法所得或者违法所得不足5000元的，并处5000元以上5万元以下的罚款；情节严重的，对直接负责的主管人员和其他直接责任人员，依法给予降级、撤职或者开除的处分。

学者观点

❶ 谭卫山：《三问河南省卫生厅》，参见北大法宝引证码：Pkulaw. cn/CLI. A. 049259。

❷ 成尉冰：《河南省卫生厅的选择性执法》，参见北大法宝引证码：Pkulaw. cn/CLI. A. 049795。

【工作时间】

法律问题解读

工作时间是指劳动者根据法律和法规的规定，基于劳动关系，在用人单位从事生产或工作的时间。包括每日应工作的时数和每周应工作的天数（或时数），分别称为工作日或工作周。根据法律规定，劳动者每日工作时间不超过8小时，平均每周工作时间不超过40小时。

工作时间作为法律范畴，不仅包括劳动者实际完成一定工作的时间，也包括劳动者在生产或工作前从事必要的准备和收尾的时间；连续性有害健康工作的间歇时间以及女职工的哺乳时间，虽然劳动者没有进行工作，但也计为工作时间；劳动者在本单位范围以外，根据单位命令从事其他活动，如出差或外出开会等情况也属于工作时间的范畴。

根据我国法律规定，现在的工作时间制度包括标准工时制度、计件工时制度、综合计算工时制度、不定时工时制度和延长工时制度等。

法条指引

❶《中华人民共和国劳动法》（1994 年 7 月 5 日）

第三十六条 国家实行劳动者每日工作时间不得超过 8 小时、平均每周工作时间不超过 44 小时的工时制度。

第三十七条 对实行计件工作的劳动者，用人单位应当根据本法第三十六条规定的工时制度合理确定其劳动定额和计件报酬标准。

第三十九条 企业因生产特点不能实行本法第三十六条、第三十八条规定的，经劳动行政部门批准，可以实行其他工作和休息办法。

第四十一条 用人单位由于生产经营需要，经与工会和劳动者协商后可以延长工作时间，一般每日不得超过 1 小时；因特殊原因需要延长工作时间的，在保障劳动者身体健康的条件下延长工作时间每日不得超过 3 小时，但是每月不得超过 36 小时。

第四十二条 有下列情形之一的，延长工作时间不受本法第四十一条规定的限制：

（一）发生自然灾害、事故或者因其他原因，威胁劳动者生命健康和财产安全，需要紧急处理的；

（二）生产设备、交通运输线路、公共设施发生故障，影响生产和公众利益，必须及时抢修的；

（三）法律、行政法规规定的其他情形。

❷《国务院关于职工工作时间的规定》（1995 年 3 月 25 日修订）

第一条 为了合理安排职工的工作和休息时间，维护职工的休息权利，调动职工的积极性，促进社会主义现代化建设事业的发展，根据宪法有关规定，制定本规定。

第二条 本规定适用于在中华人民共和国境内的国家机关、社会团体、企业事业单位以及其他组织的职工。

第三条 职工每日工作 8 小时，每周工作 40 小时。

第四条 在特殊条件下从事劳动和有特殊情况，需要适当缩短工作时间的，按照国家有关规定执行。

第五条 因工作性质或者生产特点的限制，不能实行每日工作 8 小时、每周工作 40 小时标准工时制度的，按照国家有关规定，可以实行其他工作和休息办法。

第六条 任何单位和个人不得擅自延长职工工作时间。因特殊情况和紧急任务确需延长工作时间的，按照国家有关规定执行。

第七条 国家机关、事业单位实行统一的工作时间，星期六和星期日为周休息日。

企业和不能实行前款规定的统一工作时间的事业单位，可以根据实际情况灵活安排周休息日。

第八条 本规定由劳动部、人事部负责解释；实施办法由劳动部、人事部制定。

第九条 本规定自 1995 年 5 月 1 日起施行。1995 年 5 月 1 日施行有困难的企业、事业单位，可以适当延期；但是，事业单位最迟应当自 1996 年 1 月 1 日起施行，企业最迟应当自 1997 年 5 月 1 日起施行。

案例链接

❶《漯河市某药业有限公司诉王某劳动争议纠纷案》，参见北大法宝引证码：Pkulaw. cn/CLI. C. 253942。

学者观点

❶ 石先广：《国庆期间，加班工资究竟该如何拿》，参见北大法宝引证码：Pkulaw. cn/CLI. A. 034676。

【标准工作时间制度】

法律问题解读

标准工时制，是指用人单位按照法律规定的标准日工作时间和周工作时间组织生产和工作的一种工作时间制度。劳动者每日工作时间不超过 8 小时；每周工作时间不超过 40 小时，一般为 5 天工作制。用人单位可根据生产经营的需要对日工作时间和周工作天数临时进行相应调整，但每周至少保证劳动者有一天的休息时间。根据法律规定，计件工时制实质是属于标准工时制的范畴。为保证实行计件工作的劳动者实行标准工时制度，又不减少收入，法律规定对实行计件工作的劳动者，用人单位应根据标准工时制度合理确定其劳动定额和计件报酬标准。

法条指引

❶《中华人民共和国劳动法》（1994 年 7 月 5 日）

第三十六条　国家实行劳动者每日工作时间不得超过8小时、平均每周工作时间不超过44小时的工时制度。

第三十七条　对实行计件工作的劳动者，用人单位应当根据本法第三十六条规定的工时制度合理确定其劳动定额和计件报酬标准。

❷**《国务院关于职工工作时间的规定》**（1995年3月25日修订）（略）

案例链接

❶《叶丽红与广州东峻物业管理有限公司劳动合同纠纷上诉案》，参见北大法宝引证码：Pkulaw.cn/CLI.C.118931。

❷《李志伟与汪安琼劳动争议纠纷上诉案》，参见北大法宝引证码：Pkulaw.cn/CLI.C.119391。

【不定时工作时间制度】

法律问题解读

不定时工时制，是指因生产特点、工作特性的需要，无法按法定工时标准确定工时制，需要机动作业的行业或职工所实行的一种工作时间制度。目前可以实行不定时工作制的职工主要有以下三类人员：

（1）企业中的高级管理人员、外勤人员、推销人员、部分值班人员和其他因工作无法按标准工作时间衡量的职工。

（2）企业中的长途运输人员、出租汽车司机和铁路、港口、仓库的部分装卸人员以及因工作性质特殊，需机动作业的职工。

（3）其他因生产特点、工作特殊需要或职责范围的关系适合实行不定时工作制的职工。

经批准实行不定时工时制的用人单位或职工，由于无法确定职工延长的工作时间，所以不实行加班加点制度。对于实行不定时工作制的劳动者，用人单位应根据标准工时制度合理确定劳动者的劳动定额或其他考核标准，以便保证劳动者休息。其工资由企业按照本单位的工资制度和工资分配办法，根据劳动者的实际工作时间和完成劳动定额情况计发。对于符合带薪年休假条件的劳动者，企业可安排其享受带薪年休假。

法条指引

❶**《中华人民共和国劳动法》**（1994年7月5日）

第三十七条　对实行计件工作的劳动者，用人单位应当根据本法第三十六条规定的工时制度合理确定其劳动定额和计件报酬标准。

第三十九条　企业因生产特点不能实行本法第三十六条、第三十八条规定的，经劳动行政部门批准，可以实行其他工作和休息办法。

第四十五条　国家实行带薪年休假制度。

劳动者连续工作1年以上的，享受带薪年休假。具体办法由国务院规定。

❷**《关于贯彻执行〈中华人民共和国劳动法〉若干问题的意见》**（1995年8月4日　劳部发［1995］309号）

67. 经批准实行不定时工作制的职工，不受劳动法第四十一条规定的日延长工作时间标准和月延长工作时间标准的限制，但用人单位应采用弹性工作时间等适当的工作和休息方式，确保职工的休息休假权利和生产、工作任务的完成。

72. 实行新工时制度后，企业职工原有的年休假制度仍然实行。在国务院尚未作出新的规定之前，企业可以按照1991年6月5日《中共中央国务院关于职工休假问题的通知》，安排职工休假。

❸**劳动部《关于印发〈关于企业实行不定时工作制和综合计算工时工作制的审批办法〉的通知》**（1994年12月14日　劳部发［1994］503号）（略）

案例链接

❶《陈志平与广东海丰鞋业有限公司劳动争议纠纷上诉案》，参见北大法宝引证码：Pkulaw.cn/CLI.C.232999。

❷《黄莉诉浦北县贸易总公司劳动争议纠纷案》，参见北大法宝引证码：Pkulaw.cn/CLI.C.93248。

【综合计算工作时间制度】

法律问题解读

综合计算工时制，是指因工作性质特殊，需连续作业或受季节及自然条件限制的企业或部分职工，实行的以周、月、季、年为周期综合计算工作时间的一种制度。综合计算的标准仍为每日不超过8小时，每周不超过40小时。可以实行综合计算工时制的职工有以下三类：

（1）交通、铁路、邮电、水运、航空、渔业等行业中因工作性质特殊，需连续作业的职工。

（2）地质及资源勘探、建筑、制盐、制糖、旅游等受季节和自然条件限制的行业的部分职工。

（3）其他适合实行综合计算工时工作制的职工。

由于实行综合计算工时工作制是从部分企业生产实际出发，允许实行相对集中工作、集中休息的工作制度，以保证生产的正常进行和劳动者的合法权益，所以在综合计算周期内，某一具体工作日或工作周的实际工作时间可以超过 8 小时或 40 小时，但综合计算周期内的总体工作时间不应超过总体法定标准工作时间，超过部分应视为延长工作时间并按《劳动法》及有关规定支付加班工资报酬，而且，延长工作时间的小时数平均每月不得超过 36 小时。同时，用人单位还应做到以下两点：

（1）企业实行综合计算工时制以及在实行综合计算工时工作中采取何种工作方式，要与工会和劳动者协商。

（2）对于第三级以上（含第三级）体力劳动强度的工作岗位，劳动者每日连续工作时间不得超过 11 小时，而且每周至少休息 1 天。

法条指引

❶**《中华人民共和国劳动法》**（1994 年 7 月 5 日 国家主席令第 28 号）

第三十九条 企业因生产特点不能实行本法第三十六条、第三十八条规定的，经劳动行政部门批准，可以实行其他工作和休息办法。

第四十一条 用人单位由于生产经营需要，经与工会和劳动者协商后可以延长工作时间，一般每日不得超过 1 小时；因特殊原因需要延长工作时间的，在保障劳动者身体健康的条件下延长工作时间每日不得超过 3 小时，但是每月不得超过 36 小时。

第四十四条 有下列情形之一的，用人单位应当按照下列标准支付高于劳动者正常工作时间工资的工资报酬：

（一）安排劳动者延长工作时间的，支付不低于工资的 150%的工资报酬；

（二）休息日安排劳动者工作又不能安排补休的，支付不低于工资的 200%的工资报酬；

（三）法定休假日安排劳动者工作的，支付不低于工资的 300%的工资报酬。

❷**《关于企业实行不定时工作制和综合计算工时工作制的审批办法》**（1994 年 12 月 14 日 劳部发［1994］503 号）

第一条 根据《中华人民共和国劳动法》第三十九条的规定，制定本办法。

第二条 本办法适用于中华人民共和国境内的企业。

第三条 企业因生产特点不能实行《中华人民共和国劳动法》第三十六条、第三十八条规定的，可以实行不定时工作制或综合计算工时工作制等其他工作和休息办法。

第四条 企业对符合下列条件之一的职工，可以实行不定时工作制。

（一）企业中的高级管理人员、外勤人员、推销人员、部分值班人员和其他因工作无法按标准工作时间衡量的职工；

（二）企业中的长途运输人员、出租汽车司机和铁路、港口、仓库的部分装卸人员以及因工作性质特殊，需机动作业的职工；

（三）其他因生产特点、工作特殊需要或职责范围的关系，适合实行不定时工作制的职工。

第五条 企业对符合下列条件之一的职工，可实行综合计算工时工作制，即分别以周、月、季、年等为周期，综合计算工作时间，但其平均日工作时间和平均周工作时间应与法定标准工作时间基本相同。

（一）交通、铁路、邮电、水运、航空、渔业等行业中因工作性质特殊，需连续作业的职工；

（二）地质及资源勘探、建筑、制盐、制糖、旅游等受季节和自然条件限制的行业的部分职工；

（三）其他适合实行综合计算工时工作制的职工。

第六条 对于实行不定时工作制和综合计算工时工作制等其他工作和休息办法的职工，企业应根据《中华人民共和国劳动法》第一章、第四章有关规定，在保障职工身体健康并充分听取职工意见的基础上，采用集中工作、集中休息、轮休调休、弹性工作时间等适当方式，确保职工的休息休假权利和生产、工作任务的完成。

第七条 中央直属企业实行不定时工作制和综合计算工时工作制等其他工作和休息办法的，经国务院行业主管部门审核，报国务院劳动行政部门批准。

地方企业实行不定时工作制和综合计算工时工作制等其他工作和休息办法的审批办法，由各省、自治区、直辖市人民政府劳动行政部门制定，报国务院劳动行政部门备案。

第八条 本办法自 1995 年 1 月 1 日起实行。

❸《关于职工工作时间有关问题的复函》（1997年9月10日 劳部发［1997］27号）

广州市劳动局：

你局《关于职工工作时间有关问题的请示》（穗劳函字［1997］127号）收悉，经研究，函复如下：

一、企业和部分不能实行统一工作时间的事业单位，可否不实行“双休日”而安排每周工作六天，每天工作不超过6小时40分钟？

根据《劳动法》和《国务院关于职工工作时间的规定》（国务院令第174号）的规定，我国目前实行劳动者每日工作8小时，每周工作40小时这一标准工时制度。有条件的企业应实行标准工时制度。有些企业因工作性质和生产特点不能实行标准工时制度，应保证劳动者每天工作不超过8小时、每周工作不超过40小时、每周至少休息一天。此外，根据一些企业的生产实际情况还可实行不定时工作制和综合计算工时工作制。实行不定时工作制和综合计算工时工作制的企业应按劳动部《关于企业实行不定时工作制和综合计算工时工作制的审批办法》（劳部发［1994］503号）的规定办理审批手续。

二、用人单位要求劳动者每周工作超过40小时但不超过44小时，且不作延长工作时间处理，劳动行政机关可否认定其违法并依据《劳动法》第九十、九十一条和劳部发［1994］489、532号文件的规定予以处罚？

《国务院关于职工工作时间的规定》（国务院令第174号）是依据《劳动法》第三十六条的规定，按照我国经济和社会发展的需要，在标准工时制度方面进一步作出的规定。如果用人单位要求劳动者每周工作超过40小时但不超过44小时，且不作延长工作时间处理，劳动行政机关有权要求其改正。

三、《劳动法》第四十一、四十四条中的‘延长工作时间’是否仅指加点，而不包括休息日或节日等法定休假日的加班（即是否加班不受《劳动法》的第四十一条限制）？

《劳动法》第四十一条有关延长工作时间的限制包括正常工作日的加点、休息日和法定休假日的加班。即每月工作日的加点、休息日和法定休假日的加班的总时数不得超过36小时。在国家立法部门没有作出立法解释前，应按此精神执行。

四、休息日或法定休假日加班，用人单位可否不支付加班费而给予补休？补休的标准如何确定？

依据《劳动法》第四十四条规定，休息日安排劳动者加班工作的，应首先安排补休，不能补休时，则应支付不低于工资的百分之二百的工资报酬。补休时间应等同于加班时间。法定休假日安排劳动者加班工作的，应另外支付不低于工资的百分之三百的工资报酬，一般不安排补休。

五、经批准实行综合计算工时工作制的用人单位，在计算周期内若日（或周）的平均工作时间没超过法定标准工作时间，但某一具体日（或周）的实际工作时间超过8小时（或40小时），“超过”部分是否视为加点（或加班）且受《劳动法》第四十一条的限制？

依据劳动部《关于企业实行不定时工作制和综合计算工时工作制的审批办法》第五条的规定，综合计算工时工作制采用的是以周、月、季、年等为周期综合计算工作时间，但其平均日工作时间和平均周工作时间应与法定标准工作时间基本相同。也就是说，在综合计算周期内，某一具体日（或周）的实际工作时间可以超过8小时（或40小时），但综合计算周期内的总实际工作时间不应超过总法定标准工作时间，超过部分应视为延长工作时间并按《劳动法》第四十四条第一款的规定支付工资报酬，其中法定休假日安排劳动者工作的，按《劳动法》第四十四条第三款的规定支付工资报酬。而且延长工作时间的小时数平均每月不得超过36小时。

六、若甲企业经批准以季为周期综合计算工时（总工时应为40时/周×12周/季＝480时/季）。若乙职工在该季的第一、二月份刚好完成了480小时的工作，第三个月整月休息。甲企业这样做是否合法且不存在着延长工作时间问题，该季各月的工资及加班费（若认定为延长工作时间的话）应如何计发？某企业经劳动行政部门批准以季为周期综合计算工时（总工时应为508小时/季）。该企业因生产任务需要，经商工会和劳动者同意，安排劳动者在该季的第一、二月份刚好完成了508小时的工作，第三个月整月休息。该企业这样做应视为合法且没有延长工作时间。对于这种打破常规的工作时间安排，一定要取得工会和劳动者的同意，并且注意劳逸结合，切实保障劳动者身体健康。

工时计算方法应为：

1. 工作日的计算

年工作日：365天/年－104天/年（休息日）－7天/年（法定休假日）＝254天/年

季工作日：254天/年÷4季＝63.5天

月工作日：254 天/年÷12 月=21.16 天

2. 工作小时数的计算

以每周、月、季、年的工作日乘以每日的 8 小时。

七、劳部发［1994］489 号文第十三条中“其综合工作时间超过法定标准工作时间部分”是指日（或周）平均工作时间超过，还是指某一具体日（或周）实际工作时间超过？

实行综合计算工时工作制的企业，在综合计算周期内，如果劳动者的实际工作时间总数超过该周期的法定标准工作时间总数，超过部分应视为延长工作时间。如果在整个综合计算周期内的实际工作时间总数不超过该周期的法定标准工作时间总数，只是该综合计算周期内的某一具体日（或周、或月、或季）超过法定标准工作时间，其超过部分不应视为延长工作时间。

八、实行不定时工作制的工资如何计发？其休息休假如何确定？

对于实行不定时工作制的劳动者，企业应当根据标准工时制度合理确定劳动者的劳动定额或其他考核标准，以便安排劳动者休息。其工资由企业按照本单位的工资制度和工资分配办法，根据劳动者的实际工作时间和完成劳动定额情况计发。对于符合带薪年休假条件的劳动者，企业可安排其享受带薪年休假。

九、本市拟在审批综合计算工时过程中强制性地附加“保证劳动者每周至少休息一天”和“每日实际工作时间不得超过 11 小时”两个条件，是否妥当？

实行综合计算工时工作制是从部分企业生产实际出发，允许实行相对集中工作、集中休息的工作制度，以保证生产的正常进行和劳动者的合法权益。因此，在审批综合计算工时工作制过程中不宜再要求企业实行符合标准工时工作制的规定。但是，在审批综合计算工时工作制过程中应要求企业做到以下两点：

1. 企业实行综合计算工时工作制以及在实行综合计算工时工作制中采取何种工作方式，一定要与工会和劳动者协商。

2. 对于第三级以上（含第三级）体力劳动强度的工作岗位，劳动者每日连续工作时间不得超过 11 小时，而且每周至少休息一天。

❹《关于贯彻执行〈中华人民共和国劳动法〉若干问题的意见》（1995 年 8 月 4 日 劳部发［1995］309 号）

65. 经批准实行综合计算工作时间的用人单位，分别以周、月、季、年等为周期综合计算工作时间，但其平均日工作时间和平均周工作时间应与法定标准工作时间基本相同。

案例链接

❶《游海刚诉洛阳巨尔乳业有限公司劳动争议纠纷案》，参见北大法宝引证码：Pkulaw. cn/CLI. C. 194654。

❷《张蕾与上海兴邦餐饮服务有限公司劳动合同纠纷上诉案》，参见北大法宝引证码：Pkulaw. cn/CLI. C. 203112。

【制度工时】

法律问题解读

制度工时是指每月的标准工作时间。计算公式如下：

制度工时天数=（全年日历天数－节假日天数－休息日天数）÷12 个月

从这个公式可以得出：

年工作日：365 天/年－11 天/年－104 天/年=251 天/年

季工作日：250 天/年÷4 季=62.5 天/季

月工作日（制度工时天数）=250 天/年÷12 月=20.83 天/月

如果以每周、月、季、年的工作日乘以每天的工作小时数，则可得出每周、月、季、年的工作小时数。

法条指引

❶《关于职工全年月平均工作时间和工资折算问题的通知》（2008 年 1 月 3 日劳社部发［2008］3 号）

各省、自治区、直辖市劳动和社会保障厅（局）：

根据《全国年节及纪念日放假办法》（国务院令第 513 号）的规定，全体公民的节日假期由原来的 10 天增设为 11 天。据此，职工全年月平均制度工作天数和工资折算办法分别调整如下：

一、制度工作时间的计算

年工作日：365 天－104 天（休息日）－11 天（法定节假日）=250 天

季工作日：250 天÷4 季=62.5 天/季

月工作日：250 天÷12 月=20.83 天/月

工作小时数的计算：以月、季、年的工作日乘以每日的 8 小时。

案例链接

❶《高广东与广州市启艺金银珠宝有限公司大罗塘工业区第三十三分公司劳动争议纠纷上诉案》，参见北大法宝引证码：Pkulaw. cn/CLI. C. 119030。

❷《汤冬阳与佛山市南海延安机动车配件有限公司劳动合同纠纷上诉案》，参见北大法宝引证码：Pkulaw. cn/CLI. C. 81858。

【不定时和综合计算工时工作制的审批】

法律问题解读

企业因生产经营特点不能实行标准工作时间制度的，可以实行不定时工作制或综合计算工时工作制等其他工作和休息办法。对于实行不定时工作制或综合计算工时工作制等其他工作和休息办法的职工，企业应根据劳动法律法规的规定，在保障职工身体健康并充分听取职工意见的基础上，允许实行相对集中工作、集中休息、轮休调休、弹性工作时间等适当方式，以保证生产的正常进行和劳动者的休息休假权利。因此，在审批不定时工作制和综合计算工时工作制的过程中不宜再要求企业实行符合标准工时工作制的规定。但是，在审批过程中应要求企业做到以下两点：

（1）企业实行不定时和综合计算工时工作制以及在实行不定时和综合计算工时工作制中采取何种工作方式，一定要与工会和劳动者协商一致。

（2）对于第3级以上（含第3级）体力劳动强度的工作岗位，劳动者每日连续工作时间不得超过11小时，而且每周至少休息1天。

中央直属企业实行不定时工作时间制度和综合计算工时工作时间制度等其他工作和休息办法的，须经国务院行业主管部门审核，报国务院劳动行政部门批准。

地方企业实行不定时工作时间制度和综合计算工时制度等其他工作和休息办法的，由各省、自治区、直辖市人民政府劳动行政部门审批或授权审批。

对于那些在市场竞争中，由于外界因素的影响，生产任务不均衡的企业的部分职工，经劳动行政部门严格审批后，可以参照综合计算工时工作制的办法实施。但用人单位应采取适当方式确保职工的休息、休假和生产、工作任务的完成。

在审批实践中，一般来讲对不定时工作制的审查比对综合计算工时工作制的审查更严格一些，因不定时工作制是不实行加班加点制度的。

法条指引

❶《中华人民共和国劳动法》（1994年7月5日）

第三十八条　用人单位应当保证劳动者每周至少休息1日。

❷《关于贯彻执行〈中华人民共和国劳动法〉若干问题的意见》（1995年8月4日　劳部发［1995］309号）

65. 经批准实行综合计算工作时间的用人单位，分别以周、月、季、年等为周期综合计算工作时间，但其平均日工作时间和平均周工作时间应与法定标准工作时间基本相同。

66. 对于那些在市场竞争中，由于外界因素的影响，生产任务不均衡的企业的部分职工，经劳动行政部门严格审批后，可以参照综合计算工时工作制的办法实施，但用人单位应采取适当方式确保职工的休息休假权利和生产、工作任务的完成。

67. 经批准实行不定时工作制的职工，不受劳动法第四十一条规定的日延长工作时间标准和月延长工作时间标准的限制，但用人单位应采用弹性工作时间等适当的工作和休息方式，确保职工的休息休假权利和生产、工作任务的完成。

❸《关于企业实行不定时工作制和综合计算工时工作制的审批办法》（1994年12月14日　劳部发［1994］503号）

第一条　根据《中华人民共和国劳动法》第三十九条的规定，制定本办法。

第二条　本办法适用于中华人民共和国境内的企业。

第三条　企业因生产特点不能实行《中华人民共和国劳动法》第三十六条、第三十八条规定的，可以实行不定时工作制或综合计算工时工作制等其他工作和休息办法。

第四条　企业对符合下列条件之一的职工，可以实行不定时工作制。

（一）企业中的高级管理人员、外勤人员、推销人员、部分值班人员和其他因工作无法按标准工作时间衡量的职工；

（二）企业中的长途运输人员、出租汽车司机和铁路、港口、仓库的部分装卸人员以及因工作性质特殊，需机动作业的职工；

（三）其他因生产特点、工作特殊需要或职责范围的关系，适合实行不定时工作制的职工。

第五条 企业对符合下列条件之一的职工，可实行综合计算工时工作制，即分别以周、月、季、年等为周期，综合计算工作时间，但其平均日工作时间和平均周工作时间应与法定标准工作时间基本相同。

（一）交通、铁路、邮电、水运、航空、渔业等行业中因工作性质特殊，需连续作业的职工；

（二）地质及资源勘探、建筑、制盐、制糖、旅游等受季节和自然条件限制的行业的部分职工；

（三）其他适合实行综合计算工时工作制的职工。

第六条 对于实行不定时工作制和综合计算工时工作制等其他工作和休息办法的职工，企业应根据《中华人民共和国劳动法》第一章、第四章有关规定，在保障职工身体健康并充分听取职工意见的基础上，采用集中工作、集中休息、轮休调休、弹性工作时间等适当方式，确保职工的休息休假权利和生产、工作任务的完成。

第七条 中央直属企业实行不定时工作制和综合计算工时工作制等其他工作和休息办法的，经国务院行业主管部门审核，报国务院劳动行政部门批准。

地方企业实行不定时工作制和综合计算工时工作制等其他工作和休息办法的审批办法，由各省、自治区、直辖市人民政府劳动行政部门制定，报国务院劳动行政部门备案。

第八条 本办法自1995年1月1日起实行。

❹《关于职工工作时间有关问题的复函》（1997年9月10日 劳部发〔1997〕271号）（略）

案例链接

❶《杜少育与河南恒力液压机械技术有限公司劳动争议纠纷上诉案》，参见北大法宝引证码：Pkulaw. cn/CLI. C. 210201。

❷《漯河市某药业有限公司诉王某劳动争议纠纷案》，参见北大法宝引证码：Pkulaw. cn/CLI. C. 253942。

【延长工作时间制度】

法律问题解读

又称加班加点制度，是指用人单位依法履行一定的程序，命令和要求劳动者在法定工作时间以外从事工作的一种制度。安排劳动者在休息日、节假日工作的，称为加班；安排劳动者工作日延长工作时间的，称为加点。加点每日一般不超过1小时，特殊情况下不超过3小时。每月加班加点时间不能超过36小时。

用人单位在实行加班加点制度时应遵循以下四个原则：

（1）用人单位要限制加班加点，保证劳动者休息、休假的权利。

（2）劳动者要在法定工作时间内完成劳动任务，因未完成定额和任务而延长工作时间的，不视为加班、加点。

（3）企业确因生产经营需要加班加点的，应与工会和劳动者协商。协商一致，按协商意见办。协商不一致，用人单位有权在法定的延长工作时数内决定加班加点，但企业违反法律规定的加班加点决定，劳动者有权拒绝。

（4）遇有发生自然灾害等特殊情况，企业决定加班加点不受法律规定的限制。

实行标准工时制的用人单位，可依法正常实行加班加点制度。休息日安排劳动者加班工作的，应首先安排补休，补休时间应与加班时间相等。实在不能安排补休的，则应支付劳动者不低于工资的200%的加班工资。法定休假日安排劳动者加班工作的，不须安排补休，而应支付劳动者不低于工资的300%的加班工资。经批准实行不定时工作制的职工，由于其工作时间不确定，所以无法实行加班加点制度。实行综合计算工时制的职工，按特别规定实行加班加点制度，即当轮休、倒休尚弥补不了延长工作时间的部分时，职工工作日正好是周休息日的，属于正常工作，计发加班工资的标准按150%执行，工作日正好是法定节假日的，则按300%计发加班工资。按照合情合理的原则，实行计件工资的劳动者，只有在完成定额任务且实际工作时间达到标准日工作时间之后，根据用人单位的命令和要求从事劳动的，才视为加点；在休息日或节假日，根据用人单位的命令和要求从事劳动的，即视为加班。加班加点工资的计算方法，是将加班加点期间完成的产品件数乘以单位产品的工资金额，再按《劳动法》规定乘以150%、200%、300%。劳动者在标准日工作时间内未完成定额任务而延长工作时间的，不视为加班加点；在标准日工作时间内超额完成定额任务而未延长工作时间的，也不是加班加点，而在标准日工作时间内超额完成的定额任务，由于不是加班加点时间干的，所以不能按加班加点工资支付，可支付超额奖金。

另外，劳动者的加班加点工资，应在其正常工作日的工资以外计发，即劳动者的加班加点工资中，不包含正常工作日的工资。

法条指引

❶**《中华人民共和国劳动法》**（1994 年 7 月 5 日）

第三十六条 国家实行劳动者每日工作时间不得超过 8 小时、平均每周工作时间不超过 44 小时的工时制度。

第三十八条 用人单位应当保证劳动者每周至少休息 1 日。

第四十条 用人单位在下列节日期间应当依法安排劳动者休假：

（一）元旦；

（二）春节；

（三）国际劳动节；

（四）国庆节；

（五）法律、法规规定的其他休假节日。

第四十一条 用人单位由于生产经营需要，经与工会和劳动者协商后可以延长工作时间，一般每日不得超过 1 小时；因特殊原因需要延长工作时间的，在保障劳动者身体健康的条件下延长工作时间每日不得超过 3 小时，但是每月不得超过 36 小时。

第四十二条 有下列情形之一的，延长工作时间不受本法第四十一条规定的限制：

（一）发生自然灾害、事故或者因其他原因，威胁劳动者生命健康和财产安全，需要紧急处理的；

（二）生产设备、交通运输线路、公共设施发生故障，影响生产和公众利益，必须及时抢修的；

（三）法律、行政法规规定的其他情形。

第四十四条 有下列情形之一的，用人单位应当按照下列标准支付高于劳动者正常工作时间工资的工资报酬：

（一）安排劳动者延长工作时间的，支付不低于工资的 150%的工资报酬；

（二）休息日安排劳动者工作又不能安排补休的，支付不低于工资的 200%的工资报酬；

（三）法定休假日安排劳动者工作的，支付不低于工资的 300%的工资报酬。

第九十条 用人单位违反本法规定，延长劳动者工作时间的，由劳动行政部门给予警告，责令改正，并可以处以罚款。

第九十一条 用人单位有下列侵害劳动者合法权益情形之一的，由劳动行政部门责令支付劳动者的工资报酬、经济补偿，并可以责令支付赔偿金：

（一）克扣或者无故拖欠劳动者工资的；

（二）拒不支付劳动者延长工作时间工资报酬的；

（三）低于当地最低工资标准支付劳动者工资的；

（四）解除劳动合同后，未依照本法规定给予劳动者经济补偿的。

❷**《国务院关于职工工作时间的规定》**（1995 年 3 月 25 日修订）

第一条 为了合理安排职工的工作和休息时间，维护职工的休息权利，调动职工的积极性，促进社会主义现代化建设事业的发展，根据宪法有关规定，制定本规定。

第二条 本规定适用于在中华人民共和国境内的国家机关、社会团体、企业事业单位以及其他组织的职工。

第三条 职工每日工作 8 小时，每周工作 40 小时。

第四条 在特殊条件下从事劳动和有特殊情况，需要适当缩短工作时间的，按照国家有关规定执行。

第五条 因工作性质或者生产特点的限制，不能实行每日工作 8 小时、每周工作 40 小时标准工时制度的，按照国家有关规定，可以实行其他工作和休息办法。

第六条 任何单位和个人不得擅自延长职工工作时间。因特殊情况和紧急任务确需延长工作时间的，按照国家有关规定执行。

第七条 国家机关、事业单位实行统一的工作时间，星期六和星期日为周休息日。

企业和不能实行前款规定的统一工作时间的事业单位，可以根据实际情况灵活安排周休息日。

第八条 本规定由劳动部、人事部负责解释；实施办法由劳动部、人事部制定。

第九条 本规定自 1995 年 5 月 1 日起施行。1995 年 5 月 1 日施行有困难的企业、事业单位，可以适当延期；但是，事业单位最迟应当自 1996 年 1 月 1 日起施行，企业最迟应当自 1997 年 5 月 1 日起施行。

❸**《违反〈中华人民共和国劳动法〉行政处**

罚办法》（1994年12月26日 劳部发［1994］532号）

第四条 用人单位未与工会和劳动者协商，强迫劳动者延长工作时间的，应给予警告，责令改正，并可按每名劳动者每延长工作时间一小时罚款一百元以下的标准处罚。

第五条 用人单位每日延长劳动者工作时间超过三小时或每月延长工作时间超过三十六小时的，应给予警告，责令改正，并可按每名劳动者每超过工作时间一小时罚款一百元以下的标准处罚。

第六条 用人单位有下列侵害劳动者合法权益行为之一的，应责令支付劳动者的工资报酬、经济补偿，并可责令按相当于支付劳动者工资报酬、经济补偿总和的一至五倍支付劳动者赔偿金：

（一）克扣或者无故拖欠劳动者工资的；

（二）拒不支付劳动者延长工作时间工资报酬的；

（三）低于当地最低工资标准支付劳动者工资的；

（四）解除劳动合同后，未依照法律、法规规定给予劳动者经济补偿的。

责令用人单位支付劳动者经济补偿按有关规定执行。

❹《关于职工工作时间有关问题的复函》（1997年9月10日 劳部发［1997］271号）

一、企业和部分不能实行统一工作时间的事业单位，可否不实行“双休日”而安排每周工作6天、每天工作不超过6小时40分钟？

根据《劳动法》和《国务院关于职工工作时间的规定》（国务院令第174号）的规定，我国目前实行劳动者每日工作8小时、每周工作40小时这一标准工时制度。有条件的企业应实行标准工时制度。有些企业因工作性质和生产特点不能实行标准工时制度，应保证劳动者每天工作不超过8小时、每周工作不超过40小时、每周至少休息一天。此外，根据一些企业的生产实际情况还可实行不定时工作制和综合计算工时工作制。实行不定时工作制和综合计算工时工作制的企业应按劳动部《关于企业实行不定时工作制和综合计算工时工作制的审批办法》（劳部发［1994］503号）的规定办理审批手续。

二、用人单位要求劳动者每周工作超过40小时但不超过44小时，且不作延长工作时间处理，劳动行政机关可否认定其违法并依据《劳动法》第九十、九十一条和劳部发［1994］489、532号文件的规定予以处罚？

《国务院关于职工工作时间的规定》（国务院令第174号）是依据《劳动法》第三十六条的规定，按照我国经济和社会发展的需要，在标准工时制度方面进一步作出的规定。如果用人单位要求劳动者每周工作超过40小时但不超过44小时，且不作延长工作时间处理，劳动行政机关有权要求其改正。

三、《劳动法》第四十一、四十四条中的“延长工作时间”是否仅指加点，而不包括休息日或节日等法定休假日的加班（即是否加班不受《劳动法》第四十一条的限制）？

《劳动法》第四十一条有关延长工作时间的限制包括正常工作日的加点、休息日和法定休假日的加班。即每月工作日的加点、休息日和法定休假日的加班的总时数不得超过36小时。在国家立法部门没有作出立法解释前，应按此精神执行。

四、休息日或法定休假日加班，用人单位可否不支付加班费而给予补休？补休的标准如何确定？

依据《劳动法》第四十四条规定，休息日安排劳动者加班工作的，应首先安排补休，不能补休时，则应支付不低于工资的百分之二百的工资报酬。补休时间应等同于加班时间。法定休假日安排劳动者加班工作的，应另外支付不低于工资的百分之三百的工资报酬，一般不安排补休。

五、经批准实行综合计算工时工作制的用人单位，在计算周期内若日（或周）的平均工作时间没超过法定标准工作时间，但某一具体日（或周）的实际工作时间超过8小时（或40小时），“超过”部分是否视为加点（或加班）且受《劳动法》第四十一条的限制？

依据劳动部《关于企业实行不定时工作制和综合计算工时工作制的审批办法》第五条的规定，综合计算工时工作制采用的是以周、月、季、年等为周期综合计算工作时间，但其平均日工作时间和平均周工作时间应与法定标准工作时间基本相同。也就是说，在综合计算周期内，某一具体日（或周）的实际工作时间可以超过8小时（或40小时），但综合计算周期内的总实际工作时间不应超过总法定标准工作时间，超过部分应视为延长工作时间并按《劳动法》第四十四条第一款的规定支付工资报酬，其中法定休假日安排劳动者工作的，按《劳动法》第四十四条第三款的规定支付工资报酬。而且延长工作时间的小时数平均每月不得超过36小时。

六、若甲企业经批准以季为周期综合计算工时（总工时应为 40 时/周×12 周/季＝480 时/季）。若乙职工在该季的第一、二月份刚好完成了 480 小时的工作，第三个月整月休息。甲企业这样做是否合法且不存在着延长工作时间问题，该季各月的工资及加班费（若认定为延长工作时间的话）应如何计发？

某企业经劳动行政部门批准以季为周期综合计算工时（总工时应为 508 小时/季）。该企业因生产任务需要，经商工会和劳动者同意，安排劳动者在该季的第一、二月份刚好完成了 508 小时的工作，第三个月整月休息。该企业这样做应视为合法且没有延长工作时间。对于这种打破常规的工作时间安排，一定要取得工会和劳动者的同意，并且注意劳逸结合，切实保障劳动者身体健康。

工时计算方法应为：

1. 工作日的计算

年工作日：365 天/年－104 天/年（休息日）－7 天/年（法定休假日）＝254 天/年

季工作日：254 天/年÷4 季＝63.5 天

月工作日：254 天/年÷12 月＝21.16 天

2. 工作小时数的计算

以每周、月、季、年的工作日乘以每日的 8 小时。

七、劳部发［1994］489 号文第十三条中“其综合工作时间超过法定标准工作时间部分”是指日（或周）平均工作时间超过，还是指某一具体日（或周）实际工作时间超过？

实行综合计算工时工作制的企业，在综合计算周期内，如果劳动者的实际工作时间总数超过该周期的法定标准工作时间总数，超过部分应视为延长工作时间。如果在整个综合计算周期内的实际工作时间总数不超过该周期的法定标准工作时间总数，只是该综合计算周期内的某一具体日（或周、或月、或季）超过法定标准工作时间，其超过部分不应视为延长工作时间。

八、实行不定时工作制的工资如何计发？其休息休假如何确定？

对于实行不定时工作制的劳动者，企业应当根据标准工时制度合理确定劳动者的劳动定额或其他考核标准，以便安排劳动者休息。其工资由企业按照本单位的工资制度和工资分配办法，根据劳动者的实际工作时间和完成劳动定额情况计发。对于符合带薪年休假条件的劳动者，企业可安排其享受带薪年休假。

九、本市拟在审批综合计算工时过程中强制性地附加“保证劳动者每周至少休息一天”和“每日实际工作时间不得超过 11 小时”两个条件，是否妥当？

实行综合计算工时工作制是从部分企业生产实际出发，允许实行相对集中工作、集中休息的工作制度，以保证生产的正常进行和劳动者的合法权益。因此，在审批综合计算工时工作制过程中不宜再要求企业实行符合标准工时工作制的规定。但是，在审批综合计算工时工作制过程中应要求企业做到以下两点：

1. 企业实行综合计算工时工作制以及在实行综合计算工时工作制中采取何种工作方式，一定要与工会和劳动者协商。

2. 对于第三级以上（含第三级）体力劳动强度的工作岗位，劳动者每日连续工作时间不得超过 11 小时，而且每周至少休息一天。

❺《关于贯彻执行〈中华人民共和国劳动法〉若干问题的意见》（1995 年 8 月 4 日　劳部发［1995］309 号）

62. 实行综合计算工时工作制的企业职工，工作日正好是周休息日的，属于正常工作；工作日正好是法定节假日时，要依照劳动法第四十四条第（三）项的规定支付职工的工资报酬。

67. 经批准实行不定时工作制的职工，不受劳动法第四十一条规定的日延长工作时间标准和月延长工作时间标准的限制，但用人单位应采用弹性工作时间等适当的工作和休息方式，确保职工的休息休假权利和生产、工作任务的完成。

71. 协商是企业决定延长工作时间的程序（劳动法第四十二条和《劳动部贯彻〈国务院关于职工工作时间的规定〉的实施办法》第七条规定除外），企业确因生产经营需要，必须延长工作时间时，应与工会和劳动者协商。协商后，企业可以在劳动法限定的延长工作时数内决定延长工作时间，对企业违反法律、法规强迫劳动者延长工作时间的，劳动者有权拒绝。若由此发生劳动争议，可以提请劳动争议处理机构予以处理。

❻《对〈工资支付暂行规定〉有关问题的补充规定》（1995 年 5 月 12 日　劳部发［1995］226 号）

根据《工资支付暂行规定》（劳部发［1994］489 号，以下简称《规定》）确定的原则，现就有关问题作出如下补充规定：

一、《规定》第十一条、第十二条、第十三条所称“按劳动合同规定的标准”，系指劳动合同规定的劳动者本人所在的岗位（职位）相对应的工资标准。

因劳动合同制度尚处于推进的过程中，按上述条款规定执行确有困难的，地方或行业劳动行政部门可在不违反《规定》所确定的总的原则基础上，制定过渡措施。

二、关于加班加点的工资支付问题

1.《规定》第十三条第（一）（二）（三）款规定的在符合法定标准工作时间的制度工时以外延长工作时间及安排休息日和法定休假节日工作应支付的工资，是根据加班加点的多少，以劳动合同确定的正常工作时间工资标准的一定倍数所支付的劳动报酬，即凡是安排劳动者在法定工作日延长工作时间或安排在休息日工作而又不能补休的，均应支付给劳动者不低于劳动合同规定的劳动者本人小时或日工资标准150%、200%的工资；安排在法定休假节日工作的，应另外支付给劳动者不低于劳动合同规定的劳动者本人小时或日工资标准300%的工资。

2. 关于劳动者日工资的折算。由于劳动定额等劳动标准都与制度工时相联系，因此，劳动者日工资可统一按劳动者本人的月工资标准除以每月制度工作天数进行折算。

根据国家关于职工每日工作8小时，每周工作时间40小时的规定，每月制度工时天数为21.5天。考虑到国家允许施行每周40小时工时制度有困难的企业最迟可以延期到1997年5月1日施行，因此，在过渡期内，实行每周44小时工时制度的企业，其日工资折算可仍按每月制度工作天数23.5天执行。

三、《规定》第十五条中所称"克扣"系指用人单位无正当理由扣减劳动者应得工资（即在劳动者已提供正常劳动的前提下用人单位按劳动合同规定的标准应当支付给劳动者的全部劳动报酬）。不包括以下减发工资的情况：(1) 国家的法律、法规中有明确规定的；(2) 依法签订的劳动合同中有明确规定的；(3) 用人单位依法制定并经职代会批准的厂规、厂纪中有明确规定的；(4) 企业工资总额与经济效益相联系，经济效益下浮时，工资必须下浮的（但支付给劳动者工资不得低于当地的最低工资标准）；(5) 因劳动者请事假等相应减发工资等。

四、《规定》第十八条所称"无故拖欠"系指用人单位无正当理由超过规定付薪时间未支付劳动者工资。不包括：(1) 用人单位遇到非人力所能抗拒的自然灾害、战争等原因，无法按时支付工资；(2) 用人单位确因生产经营困难、资金周转受到影响，在征得本单位工会同意后，可暂时延期支付劳动者工资，延期时间的最长限制可由各省、自治区、直辖市劳动行政部门根据各地情况确定。其他情况下拖欠工资均属无故拖欠。

五、关于特殊人员的工资支付问题

1. 劳动者受处分后的工资支付：(1) 劳动者受行政处分后仍在原单位工作（如留用察看、降级等）或受刑事处分后重新就业的，应主要由用人单位根据具体情况自主确定其工资报酬；(2) 劳动者受刑事处分期间，如收容审查、拘留（羁押）、缓刑、监外执行或劳动教养期间，其待遇按国家有关规定执行。

2. 学徒工、熟练工、大中专毕业生在学徒期、熟练期、见习期、试用期及转正定级后的工资待遇由用人单位自主确定。

3. 新就业复员军人的工资待遇由用人单位自主确定；分配到企业的军队转业干部的工资待遇，按国家有关规定执行。

案例链接

❶《张蕾与上海兴邦餐饮服务有限公司劳动合同纠纷上诉案》，参见北大法宝引证码：Pkulaw.cn/CLI.C.203112。

❷《中铁四局集团第六工程有限公司诉陈某劳动争议纠纷案》，参见北大法宝引证码：Pkulaw.cn/CLI.C.167400。

学者观点

❶ 孙瑞玺、信鸿狄：《关于延长工作时间、报酬及救济的问答》，参见北大法宝引证码：Pkulaw.cn/CLI.A.031328。

【组织劳动者加班加点不受限制的情形】

法律问题解读

原则上，用人单位组织劳动者加班加点需与劳动者协商一致，并且加班加点的时长受到限制，只有在具备下列条件之一时，组织劳动者加班加点才不受上述限制：

(1) 确因生产经营需要的。

(2) 发生自然灾害、事故或者因其他原因威胁劳动者生命健康和财产安全，需要紧急处理的。

(3) 生产设备、交通运输线路、公共设施等发生故障，影响生产和公众利益，必须及时抢修的。

（4）在休息日和法定休假节日内工作不能间断，必须连续生产、运输或营业的。

（5）必须利用休息日或法定休假节日停产进行设备检修、保养的。

（6）为完成国防紧急任务的；

（7）为了完成国家下达的其他紧急任务及在旺季急需完成收购、运输、加工农副产品任务的。

（8）法律、法规规定的其他情形。

法条指引

❶《中华人民共和国劳动法》（1994年7月5日）

第四十一条　用人单位由于生产经营需要，经与工会和劳动者协商后可以延长工作时间，一般每日不得超过1小时；因特殊原因需要延长工作时间的，在保障劳动者身体健康的条件下延长工作时间每日不得超过3小时，但是每月不得超过36小时。

第四十二条　有下列情形之一的，延长工作时间不受本法第四十一条规定的限制：

（一）发生自然灾害、事故或者因其他原因，威胁劳动者生命健康和财产安全，需要紧急处理的；

（二）生产设备、交通运输线路、公共设施发生故障，影响生产和公众利益，必须及时抢修的；

（三）法律、行政法规规定的其他情形。

❷ **劳动部《贯彻〈国务院关于职工工作时间的规定〉的实施办法》**（1995年3月25日　劳动部发布）（略）

❸ **《关于〈中华人民共和国劳动法〉若干条文的说明》**（1994年9月5日　劳办发［1994］289号）

第42条的说明。

本条第（三）项中的“法律、行政法规”，既包括现行的，也包括以后颁布实行的，当前主要指国务院《关于职工工作时间的规定的实施办法》规定的四种其他情形：

（一）在法定节日和公休假日内工作不能间断，必须连续生产、运输或者营业的；

（二）必须利用法定节日或公休假日的停产期间进行设备检修、保养的；

（三）为完成国防紧急任务的；

（四）为完成国家下达的其他紧急生产任务的。

案例链接

❶《肖春林与王天彩劳动合同纠纷上诉案》，参见北大法宝引证码：Pkulaw. cn/CLI. C. 49522。

❷《杨国彬与中国银行股份有限公司重庆市分行等劳动争议纠纷上诉案》，参见北大法宝引证码：Pkulaw. cn/CLI. C. 101711。

【缩短工作时间】

法律问题解读

缩短工作时间，是指用人单位可以在标准工作日和工作周的时间内减少劳动者的工作时间。劳动者每日工作时间不超过8小时，本身就包含了缩短工作时间的意思，8小时是最高限，在8小时之内企业可以根据自己的实际情况合理安排工作时间。即可以自行缩短工作时间。

缩短工作时间一般是对从事有害身体健康、劳动条件恶劣、特别繁重体力劳动的职工，以及女工和未成年工等弱势职工实行劳动保护所采取的一种措施。目前，我国主要是根据以下四种情况采取缩短工作日的做法：

（1）从事矿山、井下、高山工作和从事严重有毒有害、特别繁重工作或过度紧张作业的职工，每个工作日要少于8小时；

（2）夜班工作时间，实行三班制的职工夜班可减少1小时并发给夜班津贴；

（3）哺乳未满12个月婴儿的女职工，每日在工作时间给予两次哺乳时间，每次30分钟；

（4）对未成年工实行缩短工作时间，每日工作时间一般不超过7小时。

此外，用人单位根据生产经营及劳动者的需要，在保证完成生产和工作任务的前提下，也可自行决定缩短工作时间。

法条指引

❶《中华人民共和国劳动法》（1994年7月5日）

第三十六条　国家实行劳动者每日工作时间不得超过8小时、平均每周工作时间不超过44小时的工时制度。

❷《国务院关于职工工作时间的规定》（1995年3月25日修订）（略）

❸《女职工劳动保护规定》（1988年7月21日　国务院令第9号）（略）

❹ **劳动部《贯彻〈国务院关于职工工作时间的规定〉的实施办法》**（1995年3月25日 劳动部发布）

第四条 在特殊条件下从事劳动和有特殊情况，需要在每周工作40小时的基础上再适当缩短工作时间的，应在保证完成生产和工作任务的前提下，根据《中华人民共和国劳动法》第三十六条的规定，由企业根据实际情况决定。

第八章　女职工、未成年工特殊劳动保护

● 本章为读者提供与以下题目有关的法律问题的解读及相关法律文献依据

女职工劳动保护（247）　女职工禁忌从事劳动范围（249）　女职工经期劳动保护及禁忌（250）　女职工孕期劳动保护（250）　已婚待孕、孕期、哺乳期禁忌的劳动保护（253）　女职工产假（254）　女职工怀孕流产的假期（255）　女职工保胎、怀孕反应、葡萄胎、宫外孕的休息（255）　女职工在病伤假期间生育待遇（256）　工厂停工等特殊情况下的产假工资（256）　违反计划生育规定怀孕、生育问题的处理（256）　女职工非婚生育待遇（256）　哺乳期及哺乳时间（257）　女职工在孕期、产期、哺乳期间工资发放（257）　孕期、产期、哺乳期劳动合同的解除（257）　孕期、产期、哺乳期劳动合同的终止（258）　未成年工（259）　未成年工特殊保护（263）　未成年工禁忌劳动范围（263）　未成年工患病或有缺陷禁忌劳动范围（264）　未成年工体检（265）　未成年工的使用和登记（266）　童工（266）　国家禁止招用童工的规定（267）　招用不满16周岁文体工作者和艺徒的规定（267）　童工问题的处理（268）　用人单位违反《禁止使用童工规定》的责任（269）　国家工作人员违反《禁止使用童工规定》的责任（270）

【女职工劳动保护】

法律问题解读

劳动法以及相关行政法规和部门规章对女职工的特殊保护都作了比较明确的规定，其内容主要有：

1. 凡男女职工从事同样的工作时，享有领取同等劳动报酬的权利；

2. 对女职工不得以结婚、怀孕、生育、哺乳为理由拒绝录用，或解除劳动合同或降低其工资待遇；

3. 禁止安排女职工从事矿山井下、国家规定的第4级体力劳动强度的劳动和其他禁忌从事的劳动。

4. 不得安排女职工在经期从事高处、低温、冷水作业和国家规定的第3级体力劳动强度的劳动。

5. 不得安排女职工在怀孕期间从事国家规定的第3级体力劳动强度的劳动和孕期禁忌从事的劳动。对怀孕7个月以上的女职工，不得安排其延长工作时间和夜班劳动。

6. 女职工生育享受不少于90天的产假。

7. 不得安排女职工在哺乳未满1周岁的婴儿期间从事国家规定的第3级体力劳动强度的劳动和哺乳期禁忌从事的其他劳动，不得安排其延长工作时间和夜班劳动。

8. 女职工在孕期、产期、哺乳期内，用人单位不得解除劳动合同；合同期满也不得终止合同，须延续至哺乳期满方可终止合同。

9. 女职工依法享受生育保险。

10. 应设立托儿所、妇女卫生室等。

法条指引

❶《中华人民共和国劳动法》（1994年7月5日）

第五十八条　国家对女职工和未成年工实行特殊劳动保护。

未成年工是指年满16周岁未满18周岁的劳动者。

第五十九条　禁止安排女职工从事矿山井下、国家规定的第四级体力劳动强度的劳动和其他禁忌从事的劳动。

第六十条　不得安排女职工在经期从事高处、低温、冷水作业和国家规定的第三级体力劳动强

度的劳动。

第六十一条 不得安排女职工在怀孕期间从事国家规定的第三级体力劳动强度的劳动和孕期禁忌从事的劳动。对怀孕7个月以上的女职工，不得安排其延长工作时间和夜班劳动。

第六十二条 女职工生育享受不少于90天的产假。

第六十三条 不得安排女职工在哺乳未满1周岁的婴儿期间从事国家规定的第三级体力劳动强度的劳动和哺乳期禁忌从事的其他劳动，不得安排其延长工作时间和夜班劳动。

第二十九条 劳动者有下列情形之一的，用人单位不得依据本法第二十六条、第二十七条的规定解除劳动合同：

（一）患职业病或者因工负伤并被确认丧失或者部分丧失劳动能力的；

（二）患病或者负伤，在规定的医疗期内的；

（三）女职工在孕期、产期、哺乳期内的；

（四）法律、行政法规规定的其他情形。

第七十三条 劳动者在下列情形下，依法享受社会保险待遇：

（一）退休；

（二）患病、负伤；

（三）因工伤残或者患职业病；

（四）失业；

（五）生育。

劳动者死亡后，其遗属依法享受遗属津贴。

劳动者享受社会保险待遇的条件和标准由法律、法规规定。

劳动者享受的社会保险金必须按时足额支付。

❷《女职工劳动保护规定》（1988年7月21日　国务院令第9号）

第四条 不得在女职工怀孕期、产期、哺乳期降低其基本工资，或者解除劳动合同。

第五条 禁止安排女职工从事矿山井下、国家规定的第四级体力劳动强度的劳动和其他女职工禁忌从事的劳动。

第六条 女职工在月经期间，所在单位不得安排其从事高空、低温、冷水和国家规定的第三级体力劳动强度的劳动。

第七条 女职工在怀孕期间，所在单位不得安排其从事国家规定的第三级体力劳动强度的劳动和孕期禁忌从事的劳动，不得在正常劳动日以外延长劳动时间；对不能胜任原劳动的，应当根据医务部门的证明，予以减轻劳动量或者安排其他劳动。

怀孕7个月以上（含7个月）的女职工，一般不得安排其从事夜班劳动；在劳动时间内应当安排一定的休息时间。

怀孕的女职工，在劳动时间内进行产前检查，应当算作劳动时间。

第八条 女职工产假为90天，其中产前休假15天。难产的，增加产假15天。多胞胎生育的，每多生育1个婴儿，增加产假15天。

女职工怀孕流产的，其所在单位应当根据医务部门的证明，给予一定时间的产假。

第九条 有不满1周岁婴儿的女职工，其所在单位应当在每班劳动时间内给予其两次哺乳（含人工喂养）时间，每次30分钟。多胞胎生育的，每多哺乳一个婴儿，每次哺乳时间增加30分钟。女职工每班劳动时间内的两次哺乳时间，可以合并使用。哺乳时间和在本单位内哺乳往返途中的时间，算作劳动时间。

第十条 女职工在哺乳期内，所在单位不得安排其从事国家规定的第三级体力劳动强度的劳动和哺乳期禁忌从事的劳动，不得延长其劳动时间，一般不得安排其从事夜班劳动。

❸《女职工禁忌劳动范围的规定》（1990年1月18日　劳安字［1990］2号）

第一条 根据《女职工劳动保护规定》第十六条的要求，为保护女职工身心健康及其子女的正常发育和成长，特制定本规定。

第二条 本规定适用范围同《女职工劳动保护规定》。

第三条 女职工禁忌从事的劳动范围：

1. 矿山井下作业；

2. 森林业伐木、归楞及流放作业；

3.《体力劳动强度分级》标准中第Ⅳ级体力劳动强度的作业；

4. 建筑业脚手架的组装和拆除作业，以及电力、电信行业的高处架线作业；

5. 连续负重（指每小时负重次数在六次以上）每次负重超过20公斤，间断负重每次负重超过25公斤的作业。

第四条 女职工在月经期间禁忌从事的劳动范围：

1. 食品冷冻库内及冷水等低温作业；

2.《体力劳动强度分级》标准中第Ⅲ级体力劳动强度的作业；

3.《高处作业分级》标准中第Ⅱ级（含Ⅱ级）以上的作业。

第五条 已婚待孕女职工禁忌从事的劳动范

围：

铅、汞、苯、镉等作业场所属于《有毒作业分级》标准中第Ⅲ、Ⅵ级的作业。

第六条　怀孕女职工禁忌从事的劳动范围：

1. 作业场所空气中铅及其化合物、汞及其化合物、苯、铝、铍、砷、氰化物、氮氧化物、一氮化碳、二硫化碳、氯、乙内酰胺、氯丁二烯、氯乙烯、环氧乙烷、苯胺、甲醛等有毒物质浓度超过国家卫生标准的作业；

2. 制药行业中从事抗癌药物及己烯雌酚生产的作业；

3. 作业场所放射性物质超过《放射防护规定》中规定剂量的作业；

4. 人力进行的土方和石方作业；

5.《体力劳动强度分级》标准中第Ⅲ级体力劳动强度的作业；

6. 伴有全身强烈振动的作业，如风钻、捣固机、锻造等作业。以及拖拉机驾驶等；

7. 工作中需要频繁弯腰、攀高、下蹲的作业，如焊接作业；

8.《高处作业分级》标准所规定的高处作业。

第七条　乳母禁忌从事的劳动范围：

1. 第六条中第1、5项的作业；

2. 作业场所空气中锰、氟、溴、甲醇、有机磷化合物、有机氯化合物的浓度超过国家卫生标准的作业。

第八条　本规定由劳动部负责解释。

第九条　本规定自颁发之日起实施。

❹**《劳动保障监察条例》**（2004年10月26日国务院令第423号）

第二十三条　用人单位有下列行为之一的，由劳动保障行政部门责令改正，按照受侵害的劳动者每人1000元以上5000元以下的标准计算，处以罚款：

（一）安排女职工从事矿山井下劳动、国家规定的第四级体力劳动强度的劳动或者其他禁忌从事的劳动的；

（二）安排女职工在经期从事高处、低温、冷水作业或者国家规定的第三级体力劳动强度的劳动的；

（三）安排女职工在怀孕期间从事国家规定的第三级体力劳动强度的劳动或者孕期禁忌从事的劳动的；

（四）安排怀孕7个月以上的女职工夜班劳动或者延长其工作时间的；

（五）女职工生育享受产假少于90天的；

（六）安排女职工在哺乳未满1周岁的婴儿期间从事国家规定的第三级体力劳动强度的劳动或者哺乳期禁忌从事的其他劳动，以及延长其工作时间或者安排其夜班劳动的；

（七）安排未成年工从事矿山井下、有毒有害、国家规定的第四级体力劳动强度的劳动或者其他禁忌从事的劳动的；

（八）未对未成年工定期进行健康检查的。

案例链接

❶《新密市密州中学与杨晓丽劳动争议纠纷上诉案》，参见北大法宝引证码：Pkulaw. cn/CLI. C. 179336。

❷《日通储运（深圳）有限公司诉陈某劳动合同纠纷案》，参见北大法宝引证码：Pkulaw. cn/CLI. C. 96785。

学者观点

❶ 陈兴杰：《女职工生育期间权利研究》，参见北大法宝引证码：Pkulaw. cn/CLI. A. 035089。

❷ 麻增伟：《北京市女职工产假若干问题研究》，参见北大法宝引证码：Pkulaw. cn/CLI. A. 045634。

【女职工禁忌从事劳动范围】

法律问题解读

为保护女职工身心健康及子女的正常发育和成长，我国有关劳动法律、法规对女职工禁忌从事的劳动范围作了限定。

1. 矿山井下作业；

2. 森林业伐木、归楞及流放作业；

3.《体力劳动强度分级》标准中第Ⅳ级体力劳动强度的作业；

4. 建筑业脚手架的组装和拆除作业，以及电力、电信行业的高处架线作业；

5. 连续负重（指每小时负重次数在6次以上）每次负重超过20公斤，间断负重每次超过25公斤的作业。

法条指引

❶**《中华人民共和国劳动法》**（1994年7月5日）

第五十九条　禁止安排女职工从事矿山井下、

国家规定的第四级体力劳动强度的劳动和其他禁忌从事的劳动。

❷《女职工劳动保护规定》（1988 年 7 月 21 日　国务院令第 9 号）

第五条　禁止安排女职工从事矿山井下、国家规定的第四级体力劳动强度的劳动和其他女职工禁忌从事的劳动。

第十六条　女职工因生理特点禁忌从事劳动的范围由劳动部规定。

❸《女职工禁忌劳动范围的规定》（1990 年 1 月 18 日　劳动部发布）

第三条　女职工禁忌从事的劳动范围：

1. 矿山井下作业；

2. 森林业伐木、归楞及流放作业；

3.《体力劳动强度分级》标准中第Ⅳ级体力劳动强度的作业；

4. 建筑业脚手架的组装和拆除作业，以及电力、电信行业的高处架线作业；

5. 连续负重（指每小时负重次数在六次以上）每次负重超过 20 公斤，间断负重每次负重超过 25 公斤的作业。

❹《劳动保障监察条例》（2004 年 10 月 26 日　国务院令第 423 号）

第二十三条　用人单位有下列行为之一的，由劳动保障行政部门责令改正，按照受侵害的劳动者每人 1000 元以上 5000 元以下的标准计算，处以罚款：

（一）安排女职工从事矿山井下劳动、国家规定的第四级体力劳动强度的劳动或者其他禁忌从事的劳动的；

❺《劳动保障监察条例》（2004 年 10 月 26 日　国务院令第 423 号）

第二十三条第二项　用人单位有下列行为之一的，由劳动保障行政部门责令改正，按照受侵害的劳动者每人 1000 元以上 5000 元以下的标准计算，处以罚款：

（二）安排女职工在经期从事高处、低温、冷水作业或者国家规定的第三级体力劳动强度的劳动的；

【女职工经期劳动保护及禁忌】

法律问题解读

女职工在月经期间禁忌从事的劳动范围是指：

1. 食品冷冻库内及冷水等低温作业。

2.《体力劳动强度分级》标准中第Ⅲ级体力劳动强度的作业。

3.《高处作业分级》标准中到Ⅱ及（含Ⅱ级）以上的作业。

国家规定的第三级体力劳动强度是指国家标准《体力劳动强度分级》（GB3869－83）中规定的第Ⅲ级的体力劳动强度。劳动强度指数大于 20，小于 25，为Ⅲ级体力劳动强度。

法条指引

❶《中华人民共和国劳动法》（1994 年 7 月 5 日　国家主席令第 28 号）

第六十条　不得安排女职工在经期从事高处、低温、冷水作业和国家规定的第三级体力劳动强度的劳动。

❷《女职工劳动保护规定》（1988 年 7 月 21 日　国务院令第 9 号）

第六条　女职工在月经期间，所在单位不得安排其从事高空、低温、冷水和国家规定的第三级体力劳动强度的劳动。

❸《女职工禁忌劳动范围的规定》（1990 年 1 月 18 日　劳动部发布）

第四条　女职工在月经期间禁忌从事的劳动范围：

1. 食品冷冻库内及冷水等低温作业；

2.《体力劳动强度分级》标准中第Ⅲ级体力劳动强度的作业；

3.《高处作业分级》标准中第Ⅱ级（含Ⅱ级）以上的作业。

❹《劳动部办公厅关于〈中华人民共和国劳动法〉若干条文的说明》（1994 年 9 月 5 日　劳办发［1994］289 号）

第六十条　不得安排女职工在经期从事高处、低温、冷水作业和国家规定的第三级体力劳动强度的劳动。

本条中的“高处作业”是指二级高处作业，即凡在坠落高度基准面 5 米以上（含 5 米）有可能坠落的高处进行的作业。“低温作业”是指在劳动生产过程中，其工作地点平均气温等于或低于 5℃的作业。“冷水作业”是指在劳动生产过程中，操作人员接触冷水温度等于或小于 12℃的作业。

【女职工孕期劳动保护】

法律问题解读

女职工在怀孕期间，实行以下劳动保护：

1. 女职工在怀孕其间，所在单位不得安排其从事国家规定的第3级体力劳动强度的劳动和孕期禁忌从事的劳动，不得在正常劳动日以外延长劳动时间；对不能胜任原劳动的，应当根据医务部门的证明，予以减轻劳动量或者安排其他劳动。

2. 怀孕7个月以上（含7个月）的女职工，一般不得安排其从事夜班劳动；在劳动时间内应当安排一定的休息时间。夜班劳动系指在当日22时至次日6时期间从事劳动或工作。对于女职工比较集中的企业，不安排其从事夜班劳动确有困难的，报请当地劳动保障行政部门批准，可以暂时放宽执行，但要在较短时间内积极创造条件实施不安排怀孕女职工夜班劳动的规定。用人单位参加生育保险社会统筹的，由社会保险机构按规定支付。

3. 女职工怀孕，在单位的医疗机构或者指定的医疗机构检查和分娩时，其检查费、接生费、手术费、住院费和药费由所在单位负担，费用由原医疗经费渠道开支。

4. 为了保证孕妇和胎儿的健康，怀孕的女职工，应按卫生部门的要求做产前检查。在劳动时间内进行产前检查，应当算作劳动时间。即按出勤对待，不能按病假、事假、旷工处理。对在生产第一线的女职工，要相应地减少生产定额，以保证产前检查时间。

法条指引

❶《女职工劳动保护规定》（1988年7月21日　国务院令第9号）

第四条　不得在女职工怀孕期、产期、哺乳期降低其基本工资，或者解除劳动合同。

第七条　女职工在怀孕期间，所在单位不得安排其从事国家规定的第三级体力劳动强度的劳动和孕期禁忌从事的劳动，不得在正常劳动日以外延长劳动时间；对不能胜任原劳动的，应当根据医务部门的证明，予以减轻劳动量或者安排其他劳动。

怀孕7个月以上（含7个月）的女职工，一般不得安排其从事夜班劳动；在劳动时间内应当安排一定的休息时间。

怀孕的女职工，在劳动时间内进行产前检查，应当算作劳动时间。

第八条　女职工产假为90天，其中产前休假15天。难产的，增加产假15天。多胞胎生育的，每多生育1个婴儿，增加产假15天。

女职工怀孕流产的，其所在单位应当根据医务部门的证明，给予一定时间的产假。

❷《〈女职工劳动保护规定〉问题解答》（1989年1月20日　劳安字［1989］1号）

1. 集体企、事业单位应否执行本规定？

答：应执行本规定。《规定》中的“企业”系指我国境内全民、集体企业，中外合资、合作、独资企业，乡镇企业，农村联户企业，私人企业和城镇街道企业等。

2. 军队系统的单位是否执行本规定？

答：《女职工劳动保护规定》是一个行政性的法规，军队系统的单位可参照执行。

3. 单位实行承包或租赁后，单位领导人应否执行本规定？

答：单位实行承包或租赁只是经营形式的改变，单位领导人仍应执行本规定。

4. 如何理解“不得在女职工怀孕期、产期、哺乳期解除劳动合同”？

答：实行劳动合同制的女职工，在合同期未满的情况下，任何企业和个人都不得以怀孕、生育和、哺乳为由，解除其劳动合同。

5. 如何理解“矿山井下作业”？

答：矿山井下作业系指常年在矿山井下从事各种劳动。不包括临时性的工作，如医务人员下矿井进行治疗和抢救等。

6. 什么是国家规定的第三级、第四级体力劳动强度？

答：是指国家标准《体力劳动强度分级》（GB3869-83）中规定的第Ⅲ、Ⅳ级的体力劳动强度。体力劳动强度的大小是以劳动强度指数来衡量的，劳动强度指数是由该工种的平均劳动时间率，平均能量代谢率两个因素构成的。劳动强度指数越大，体力劳动强度也越大。反之，体力劳动强度就越小。标准中规定：劳动强度指数小于15，体力劳动强度为Ⅰ级；大于15，小于20，为Ⅱ级；大于20，小于25，为Ⅲ级；大于25，为Ⅳ级。若需了解某工种劳动强度的大小，可请当地劳动部门劳动安全卫生检测站实地测量和计算。

7. 什么是夜班劳动？

答：夜班劳动系指在当日二十二点至次日六点时间从事劳动或工作。

8. 如何理解“一般不得安排其从事夜班劳动”？

答：一般都应执行本规定。对于女职工比较集中的企业，不安排其从事夜班劳动确有困难的，请当地劳动部门批准，可以暂时放宽执行，但要在较短时间内积极创造条件实施本规定的要求。

9. 如何理解"孕妇产前检查算作劳动时间"?

答：为了保证孕妇和胎儿的健康，应按卫生部门的要求做产前检查。女职工产前检查应按出勤对待，不能按病假、事假、旷工处理。对在生产第一线的女职工，要相应地减少生产定额，以保证产前检查时间。

10. 如何理解产前休假十五天的规定?

答：女职工产假九十天，分为产前假、产后假两部分。即产前假十五天，产后假七十五天。所谓产前假十五天，系指预产期前十五天的休假。产前假一般不得放到产后使用，若孕妇提前生产，可将不足的天数和产后假合并使用；若孕妇推迟生产，可将超出的天数按病假处理。

11. 休产假能否提前或推后？教师产假正值寒暑假期间，是否能延长寒暑假休假时间?

答：国家规定产假九十天，是为了能保证产妇恢复身体健康。因此，休产假不能提前或推后。至于教师产假正值寒暑假期间，能否延长寒暑假的时期，则由主管部门确定。

12. 按原规定休五十六天产假的女职工，一九八八年九月一日还在休产假者，如何计算产假?

答：应按本规定休产假九十天计算。

13. 女职工流产应休息多长时间?

答：女职工流产休假按劳险字［1988］2号《关于女职工生育待遇若干问题的通知》执行，即"女职工怀孕不满四个月流产时，应当根据医务部门的意见，给予十五天至二十天的产假；怀孕满四个月以上流产者，给予四十二天产假。产假期间，工资照发"。

14. 本规定发布前哺乳期有十个月的，也有十八个月的，是否都应按本规定执行?

答：凡哺乳（包括人工喂养）一周岁以内婴儿的女职工，应按本规定执行。企、事业单位有条件的，也可适当延长哺乳期。

15. 哺乳期满，有的婴儿身体特别虚弱，或正值夏季，可否适当延长哺乳期?

答：女职工哺乳婴儿满周岁后，一般不再延长哺乳期。如果婴儿身体特别虚弱，经医务部门证明，可将哺乳期酌情延长。如果哺乳期满时正值夏季，也可延长一二个月。

16. 如何理解劳动部门对执行本规定的权力?

答：各级劳动部门对本规定的实施有监督检查权。当女职工劳动保护的权益受到侵害时，劳动部门应受理女职工的申诉。

17. 如何理解女职工违反了国家有关计划生育规定，应当按照国家有关计划生育规定办理?

答：女职工违反了国家有关计划生育规定，生育待遇应按照计划生育规定处理。

❸《企业职工生育保险试行办法》（1994年12月14日　劳部发［1994］504号）

第一条　为了维护企业女职工的合法权益，保障她们在生育期间得到必要的经济补偿和医疗保健，均衡企业间生育保险费用的负担，根据有关法律、法规的规定，制定本办法。

第二条　本办法适用于城镇企业及其职工。

第三条　生育保险按属地原则组织。生育保险费用实行社会统筹。

第四条　生育保险根据"以支定收，收支基本平衡"的原则筹集资金，由企业按照其工资总额的一定比例向社会保险经办机构缴纳生育保险费，建立生育保险基金。生育保险费的提取比例由当地人民政府根据计划内生育人数和生育津贴、生育医疗费等项费用确定，并可根据费用支出情况适时调整，但最高不得超过工资总额的百分之一。企业缴纳的生育保险费作为期间费用处理，列入企业管理费用。

职工个人不缴纳生育保险费。

第五条　女职工生育按照法律、法规的规定享受产假。产假期间的生育津贴按照本企业上年度职工月平均工资计发，由生育保险基金支付。

第六条　女职工生育的检查费、接生费、手术费、住院费和药费由生育保险基金支付。超出规定的医疗服务费和药费（含自费药品和营养药品的药费）由职工个人负担。

女职工生育出院后，因生育引起疾病的医疗费，由生育保险基金支付；其他疾病的医疗费，按照医疗保险待遇的规定办理。女职工产假期满后，因病需要休息治疗的，按照有关病假待遇和医疗保险待遇规定办理。

第七条　女职工生育或流产后，由本人或所在企业持当地计划生育部门签发的计划生育证明，婴儿出生、死亡或流产证明，到当地社会保险经办机构办理手续，领取生育津贴和报销生育医疗费。

第八条　生育保险基金由劳动部门所属的社会保险经办机构负责收缴、支付和管理。

生育保险基金应存入社会保险经办机构在银行开设的生育保险基金专户。银行应按照城乡居民个人储蓄同期存款利率计息，所得利息转入生育保险基金。

第九条　社会保险经办机构可从生育保险基

金中提取管理费，用于本机构经办生育保险工作所需的人员经费、办公费及其他业务经费。管理费标准，各地根据社会保险经办机构人员设置情况，由劳动部门提出，经财政部门核定后，报当地人民政府批准。管理费提取比例最高不得超过生育保险基金的百分之二。

生育保险基金及管理费不征税、费。

第十条　生育保险基金的筹集和使用，实行财务预、决算制度，由社会保险经办机构作出年度报告，并接受同级财政、审计监督。

第十一条　市（县）社会保险监督机构定期监督生育保险基金管理工作。

第十二条　企业必须按期缴纳生育保险费。对逾期不缴纳的，按日加收千分之二的滞纳金。滞纳金转入生育保险基金。滞纳金计入营业外支出，纳税时进行调整。

第十三条　企业虚报、冒领生育津贴或生育医疗费的，社会保险经办机构应追回全部虚报、冒领金额，并由劳动行政部门给予处罚。

企业欠付或拒付职工生育津贴、生育医疗费的，由劳动行政部门责令企业限期支付；对职工造成损害的，企业应承担赔偿责任。

第十四条　劳动行政部门或社会保险经办机构的工作人员滥用职权、玩忽职守、徇私舞弊，贪污、挪用生育保险基金，构成犯罪的，依法追究刑事责任；不构成犯罪的，给予行政处分。

第十五条　省、自治区、直辖市人民政府劳动行政部门可以按照本办法的规定，结合本地区实际情况制定实施办法。

第十六条　本办法自1995年1月1日起试行。

❹《劳动保障监察条例》（2004年10月26日国务院令第423号）

第二十三条　用人单位有下列行为之一的，由劳动保障行政部门责令改正，按照受侵害的劳动者每人1000元以上5000元以下的标准计算，处以罚款：

（三）安排女职工在怀孕期间从事国家规定的第三级体力劳动强度的劳动或者孕期禁忌从事的劳动的；

案例链接

❶《李兮然诉梅地亚电视中心有限公司解除劳动合同上诉案》，参见北大法宝引证码：Pkulaw.cn/CLI.C.4308。

❷《广州市伍壹壹服务有限公司与李玉芬劳动合同纠纷上诉案》，参见北大法宝引证码：Pkulaw.cn/CLI.C.119293。

学者观点

❶ 张绍明：《生育津贴该给谁?》，参见北大法宝引证码：Pkulaw.cn/CLI.A.047818。

【已婚待孕、孕期、哺乳期禁忌的劳动保护】

法律问题解读

已婚待孕女职工禁忌从事的劳动范围包括：铅、汞、苯、镉等作业场所属于《有毒作业分级》标准中第Ⅲ、Ⅳ级的作业。

怀孕女职工禁忌从事的劳动范围包括：

1. 作业场所空气中铅及其化合物、汞及其化合物、苯、镉、铍、砷、氰化物、氮氧化物、一氧化碳、二硫化碳、氯、乙内酰胺、氯丁二烯、氯乙烯、环氧乙烷、苯胺、甲醛等有毒物质浓度超过国家卫生标准的作业；

2. 制药作业中从事抗癌药物及乙烯雌酚生产的作业；

3. 作业场所放射性物质超过《放射防护规定》中规定剂量的作业；

4. 人力进行的土方和石方作业；

5.《体力劳动强度分级》标准中第Ⅲ级体力劳动强度的作业；

6. 伴有全身强烈振动的作业，如风钻、捣固机、锻造等作业，以及拖拉机驾驶等；

7. 工作中需要频繁弯腰、攀高、下蹲的作业，如焊接作业；

8.《高处作业分级》标准所规定的高处作业。

女职工在怀孕期间，所在单位不得安排其从事国家规定的第三级体力劳动强度的劳动和孕期禁忌从事的劳动，不得在正常劳动日以外延长劳动时间，对不能胜任原劳动的，应当根据医务部门的证明，予以减轻劳动量或者安排其他劳动。

哺乳期女职工禁忌从事的劳动范围包括：

1. 作业场所空气中铅及其化合物、汞及其化合物、苯、镉、铍、砷、氰化物、氮氧化物、一氧化碳、二硫化碳、氯、乙内酰胺、氯乙烯、氯丁二烯、环氧乙烷、苯胺、甲醛等有毒物质浓度超过国家卫生标准的作业；

2.《体力劳动强度分级》标准中等Ⅲ级体力劳动强度的作业；

3. 作业场所中锰、氟、溴、甲醇、有机磷化合物的浓度超过国家卫生标准的作业。

法条指引

❶《女职工劳动保护规定》（1988年7月21日 国务院令第9号）

第七条 女职工在怀孕期间，所在单位不得安排其从事国家规定的第三级体力劳动强度的劳动和孕期禁忌从事的劳动，不得在正常劳动日以外延长劳动时间；对不能胜任原劳动的，应当根据医务部门的证明，予以减轻劳动量或者安排其他劳动。

怀孕7个月以上（含7个月）的女职工，一般不得安排其从事夜班劳动；在劳动时间内应当安排一定的休息时间。

怀孕的女职工，在劳动时间内进行产前检查，应当算作劳动时间。

❷《女职工禁忌劳动范围的规定》（1990年1月18日 劳安字［1990］2号）

第五条 已婚待孕女职工禁忌从事的劳动范围：

铅、汞、苯、镉等作业场所属于《有毒作业分级》标准中第Ⅲ、Ⅵ级的作业。

第六条 怀孕女职工禁忌从事的劳动范围：

1. 作业场所空气中铅及其化合物、汞及其化合物、苯、铝、铍、砷、氰化物、氮氧化物、一氮化碳、二硫化碳、氯、乙内酰胺、氯丁二烯、氯乙烯、环氧乙烷、苯胺、甲醛等有毒物质浓度超过国家卫生标准的作业；

2. 制药行业中从事抗癌药物及己烯雌酚生产的作业；

3. 作业场所放射性物质超过《放射防护规定》中规定剂量的作业；

4. 人力进行的土方和石方作业；

5.《体力劳动强度分级》标准中第Ⅲ级体力劳动强度的作业；

6. 伴有全身强烈振动的作业，如风钻、捣固机、锻造等作业。以及拖拉机驾驶等；

7. 工作中需要频繁弯腰、攀高、下蹲的作业，如焊接作业；

8.《高处作业分级》标准所规定的高处作业。

第七条 乳母禁忌从事的劳动范围：

1. 第六条中第1、5项的作业；

2. 作业场所空气中锰、氟、溴、甲醇、有机磷化合物、有机氯化合物的浓度超过国家卫生标准的作业。

❸《劳动保障监察条例》（2004年10月26日 国务院令第423号）

第二十三条 用人单位有下列行为之一的，由劳动保障行政部门责令改正，按照受侵害的劳动者每人1000元以上5000元以下的标准计算，处以罚款：

（三）安排女职工在怀孕期间从事国家规定的第三级体力劳动强度的劳动或者孕期禁忌从事的劳动的；

（四）安排怀孕7个月以上的女职工夜班劳动或者延长其工作时间的；

（六）安排女职工在哺乳未满1周岁的婴儿期间从事国家规定的第三级体力劳动强度的劳动或者哺乳期禁忌从事的其他劳动，以及延长其工作时间或者安排其夜班劳动的；

案例链接

❶《李兮然诉梅地亚电视中心有限公司解除劳动合同上诉案》，参见北大法宝引证码：Pkulaw.cn/CLI.C.4308。

【女职工产假】

法律问题解读

女职工产假90天，分为产前假、产后假两部分。即产前假15天，产后假75天。所谓产前假15天，系指预产期前15天的休假。产前假一般不得放到产后使用。若孕妇提前生产，可将不足的天数和产后假合并使用；若孕妇推迟生产，可将超出的天数按病假处理。难产的，增加产假15天，多胞胎生育的，每多生育一个婴儿，增加产假15天。

如果劳动合同中订立了有关产假期限的内容，用工单位所承诺的提供女职工产假的义务就具有双重性质：一是对国家的义务，二是对该女职工的义务。国家不允许用人单位不履行提供产假的义务，也不允许女职工放弃产假的权利。因为女职工利用产假休息恢复健康，同样可以看作是对国家履行义务。

国家规定产假是为了能保证产妇恢复身体健康，因此，休产假不能提前或推后。至于教师产假正值寒暑假期间，能否延长寒暑假期，则由用人单位主管部门确定，没有主管部门的，可由其自行规定。

法条指引

❶《女职工劳动保护规定》（1988年7月21日　国务院令第9号）

第八条　女职工产假为90天，其中产前休假15天。难产的，增加产假15天。多胞胎生育的，每多生育1个婴儿，增加产假15天。

女职工怀孕流产的，其所在单位应当根据医务部门的证明，给予一定时间的产假。

❷《〈女职工劳动保护规定〉问题解答》（1989年1月20日　劳安字［1989］1号）

10. 如何理解产前休假十五天的规定？

答：女职工产假九十天，分为产前假、产后假两部分。即产前假十五天，产后假七十五天。所谓产前假十五天，系指预产期前十五天的休假。产前假一般不得放到产后使用，若孕妇提前生产，可将不足的天数和产后假合并使用；若孕妇推迟生产，可将超出的天数按病假处理。

11. 休产假能否提前或推后？教师产假正值寒暑假期间，是否能延长寒暑假休假时间？

答：国家规定产假九十天，是为了能保证产妇恢复身体健康。因此，休产假不能提前或推后。至于教师产假正值寒暑假期间，能否延长寒暑假的时期，则由主管部门确定。

12. 按原规定休五十六天产假的女职工，一九八八年九月一日还在休产假者，如何计算产假？

答：应按本规定休产假九十天计算。

13. 女职工流产应休息多长时间？

答：女职工流产休假按劳险字［1988］2号《关于女职工生育待遇若干问题的通知》执行，即“女职工怀孕不满四个月流产时，应当根据医务部门的意见，给予十五天至二十天的产假；怀孕满四个月以上流产者，给予四十二天产假。产假期间，工资照发”。

❸《劳动保障监察条例》（2004年10月26日　国务院令第423号）

第二十三条　用人单位有下列行为之一的，由劳动保障行政部门责令改正，按照受侵害的劳动者每人1000元以上5000元以下的标准计算，处以罚款：

（五）女职工生育享受产假少于90天的；

案例链接

❶《广州趣园食品有限公司与王艳琼劳动争议纠纷上诉案》，参见北大法宝引证码：Pkulaw. cn/CLI. C. 249116。

【女职工怀孕流产的假期】

法律问题解读

女职工怀孕不满4个月流产时，应当根据医务部门的意见，给予15天至30天的产假；怀孕满4个月以上流产时，给予42天产假。产假期间，工资照发。

法条指引

❶《关于女职工生育待遇若干问题的通知》（1988年9月4日　劳险字［1988］2号）

国务院关于《女职工劳动保护规定》，对女职工产假、产假期间待遇以及适用范围等问题作出新的规定，请你们认真贯彻落实。经商得人事部同意，现就执行中的几个具体问题，通知如下：

一、女职工怀孕不满四个月流产时，应当根据医务部门的意见，给予十五天至三十天的产假；怀孕满四个月以上流产时，给予四十二天产假。产假期间，工资照发。

二、女职工怀孕，在本单位的医疗机构或者指定的医疗机构检查和分娩时，其检查费、接生费、手术费、住院费和药费由所在单位负担，费用由原医疗经费渠道开支。

三、女职工产假期满，因身体原因仍不能工作的，经过医务部门证明后，其超过产假期间的待遇，按照职工患病的有关规定处理。

四、本通知自一九八八年九月一日起执行。

【女职工保胎、怀孕反应、葡萄胎、宫外孕的休息】

法律问题解读

女职工符合计划生育范围内的怀孕反应厉害、需要保胎，经医师开具证明批准休息的，按病假处理，期间的医疗待遇按医疗保险待遇处理。6个月以内的按规定领取病假工资；超过6个月的，按规定领取疾病救济费至生育之日。从生育之日起停发疾病救济费，改发产假工资，并同时享受其他生育待遇。产假期满后仍需病休的，从产假期满之日起，继续发给疾病救济费，其病假时间应与生育前的病假和保胎休息的时间合并计算。

女职工子宫外孕、葡萄胎系属于病理现象，不属于正常怀孕或流产，因此需要停工休息的，应按病假待遇处理。

法条指引

❶《关于女职工保胎休息和病假超过六个月后生育时的待遇问题的复函》（1982年3月27日〈82〉劳险字2号）（略）

❷《关于劳动保险问题的解答》（1964年4月 全国总工会劳动保险部）（略）

【女职工在病伤假期间生育待遇】

法律问题解读

根据1964年4月全国总工会劳动保险部门关于保险问题的解答的精神，女职工因患病或非因工负伤，连续请假6个月以内生育时，自生育（包括小产）之日起计算产假，发给产假待遇。产假期满后病伤仍未痊愈的，其产假期满后的病伤假应与生育前的病伤假合并计算。在连续请病伤假六个月以上生育时，产假期间不能发给产假工资，仍继续享受疾病或非因工负伤待遇。另外，在正常生育的情况下，女职工产假期满，因身体原因仍不能工作的，经过医务部门证明后，其超过产假期间的待遇，也按照职工患病的有关规定处理。

法条指引

❶《关于劳动保险问题的解答》（1964年4月 全国总工会劳动保险部）（略）

❷《关于女职工在病假期间生育待遇的复函》（1962年7月26日 全国总工会生活办公室〈62〉生活字249号）（略）

【工厂停工等特殊情况下的产假工资】

法律问题解读

在工厂因种种原因暂时停工，职工的工资也已减发的情况下，产假工资可按以下精神掌握发放：女职工的产假如发生在停工以前，产假期间，工资仍应照发；如发生在暂时停工期间，应与其他职工一样，产假也要按停产工资标准发给。

法条指引

❶《关于劳动保险问题的解答》（1964年4月 全国总工会劳动保险部）（略）

【违反计划生育规定怀孕、生育问题的处理】

法律问题解读

女职工违反国家计划生育有关规定怀孕、生育的，其相应待遇按照国家计划生育的有关规定处理，不适用《女职工劳动保护规定》。我国各地方人大常委会和人民政府对违反计划生育者制定了一些处罚办法，明令禁止违反计划生育政策的女职工享受生育待遇等，例如，有的地方人民政府颁布的《违反〈计划生育条例〉处罚办法》中明确规定："分娩的住院费和医疗费自理，产假期间停止其工资福利待遇。"此外，有些地方政府规定对违反《计划生育条例》的个人，还给予经济处罚和行政处分。

法条指引

❶《女职工劳动保护规定》（1988年7月21日 国务院令第9号）

第十五条 女职工违反国家有关计划生育规定的，其劳动保护应当按照国家有关计划生育规定办理，不适用本规定。

❷《关于女职工保胎休息和病假超过六个月后生育时的待遇问题的复函》（1982年3月27日 劳险字［1982］2号）（略）

案例链接

❶《广州市壹年食季春夏秋冬餐饮有限公司诉叶少琼劳动合同纠纷案》，参见北大法宝引证码：Pkulaw.cn/CLI.C.232339。

学者观点

❶ 陈兴杰：《女职工生育期间权利研究》，参见北大法宝引证码：Pkulaw.cn/CLI.A.035089。

【女职工非婚生育待遇】

法律问题解读

女职工非婚生育时，不能按照有关生育的规

定享受生育待遇。其需要休养的时间不应发给工资。对于生活有困难的，可以由企业行政方面酌情给予补助。

法条指引

❶《复女职工非婚生育时是否享受劳保待遇的问题》（1965年9月10日 〈65〉中劳薪便字381号）（略）

案例链接

❶《梁英姿诉中国光大银行三亚支行劳动纠纷案》，参见北大法宝引证码：Pkulaw.cn/CLI.C.3870。

❷《广州市黄埔区茅岗制衣厂与王琼锋事实劳动关系纠纷上诉案》，参见北大法宝引证码：Pkulaw.cn/CLI.C.107238。

学者观点

❶ 胡健：《为大龄女青年鸣不平》，参见北大法宝引证码：Pkulaw.cn/CLI.A.041327。

【哺乳期及哺乳时间】

法律问题解读

哺乳期应为12个月，即从婴儿出生之日起至满1周岁。

有不满1周岁婴儿的女职工，其所在单位应当在每班劳动时间内给予其两次哺乳（含人工喂养）时间，每次30分钟。多胞胎生育的，每多哺乳1个婴儿，每次哺乳时间增加30分钟。女职工每班劳动时间内的两次哺乳时间，可以合并使用。哺乳时间和在本单位内哺乳往返途中的时间，算作劳动时间。

法条指引

❶《女职工劳动保护规定》（1988年7月21日 国务院第9号令）

第九条 有不满1周岁婴儿的女职工，其所在单位应当在每班劳动时间内给予其两次哺乳（含人工喂养）时间，每次30分钟。多胞胎生育的，每多哺乳一个婴儿，每次哺乳时间增加30分钟。女职工每班劳动时间内的两次哺乳时间，可以合并使用。哺乳时间和在本单位内哺乳往返途中的时间，算作劳动时间。

【女职工在孕期、产期、哺乳期间工资发放】

法律问题解读

国家对女职工孕期、产期、哺乳期实行特殊劳动保护，规定：用人单位不得在女职工怀孕期、产期、哺乳期降低其基本工资。基本工资，是指按规定的标准或合同约定的标准计发的工资，例如实行结构工资制中的基础工资、职务工资等。

如果用人单位已参加生育保险社会统筹，女职工产假期间用人单位可以不支付工资，由社会保险机构按照所在用人单位上年度职工月平均工资的标准，支付其生育津贴。

法条指引

❶《女职工劳动保护规定》（1988年7月21日 国务院令第9号）

第四条 不得在女职工怀孕期、产期、哺乳期降低其基本工资，或者解除劳动合同。

❷《企业职工生育保险试行办法》（1994年12月14日 劳部发［1994］504号）

第五条 女职工生育按照法律、法规的规定享受产假。产假期间的生育津贴按照本企业上年度职工月平均工资计发，由生育保险基金支付。

【孕期、产期、哺乳期劳动合同的解除】

法律问题解读

法律、法规都规定了女职工在孕期、产期、哺乳期内，用人单位不得解除劳动合同。但“三期”女职工有下列情形之一，用人单位也可以解除劳动合同：

1. 在试用期间被证明不符合录用条件的；
2. 严重违反劳动纪律或者用人单位规章制度的；
3. 严重失职，营私舞弊，对用人单位利益造成重大损害的；
4. 劳动者同时与其他用人单位建立劳动关系，对完成本单位的工作任务造成严重影响，或者经用人单位提出，拒不改正的；
5. 因《劳动法》第26条第1款第1项规定的情形致使劳动合同无效的；
6. 被依法追究刑事责任的。

法条指引

❶《中华人民共和国劳动合同法》（2007年6月29日 国家主席令第65号）

第三十九条 劳动者有下列情形之一的，用人单位可以解除劳动合同：

（一）在试用期间被证明不符合录用条件的；

（二）严重违反用人单位的规章制度的；

（三）严重失职，营私舞弊，给用人单位造成重大损害的；

（四）劳动者同时与其他用人单位建立劳动关系，对完成本单位的工作任务造成严重影响，或者经用人单位提出，拒不改正的；

（五）因本法第二十六条第一款第一项规定的情形致使劳动合同无效的；

（六）被依法追究刑事责任的。

第四十二条 劳动者有下列情形之一的，用人单位不得依照本法第四十条、第四十一条的规定解除劳动合同：

（一）从事接触职业病危害作业的劳动者未进行离岗前职业健康检查，或者疑似职业病病人在诊断或者医学观察期间的；

（二）在本单位患职业病或者因工负伤并被确认丧失或者部分丧失劳动能力的；

（三）患病或者非因工负伤，在规定的医疗期内的；

（四）女职工在孕期、产期、哺乳期的；

（五）在本单位连续工作满十五年，且距法定退休年龄不足五年的；

（六）法律、行政法规规定的其他情形。

❷《女职工劳动保护规定》（1988年7月21日 国务院令第9号）

第四条 不得在女职工怀孕期、产期、哺乳期降低其基本工资，或者解除劳动合同。

❸《关于贯彻〈中华人民共和国劳动法〉若干问题的意见》（1995年8月4日 劳部发[1995] 309号）

30. 劳动法第二十五条为用人单位可以解除劳动合同的条款，即使存在第二十九条规定的情况，只要劳动者同时存在第二十五条规定的四种情形之一，用人单位也可以根据第二十五条的规定解除劳动合同。

❹《劳动部关于〈中华人民共和国劳动法〉若干条文的说明》（1994年9月5日）

第二十五条 劳动者有下列情形之一的，用人单位可以解除劳动合同：

（一）在试用期间被证明不符合录用条件的；

（二）严重违反劳动纪律或者用人单位规章制度的；

（三）严重失职，营私舞弊，对用人单位利益造成重大损害的；

（四）被依法追究刑事责任的。

本条中“严重违反劳动纪律”的行为，可根据《企业职工奖励条例》和《国营企业辞退违纪职工暂行规定》等有关法规认定。

本条中的“重大损害”由企业内部规章来规定。因为企业类型各有不同，对重大损害的界定也千差万别，故不便对重大损害作统一解释。若由此发生劳动争议，可以通过劳动争议仲裁委员会对其规章规定的重大损害进行认定。

本条中“被依法追究刑事责任”，具体指：(1) 被人民检察院免予起诉的；(2) 被人民法院判处刑罚（刑罚包括：主型：管制、拘役、有期徒刑、无期徒刑、死刑；附加刑：罚金、剥夺政治权利、没收财产）的；(3) 被人民法院依据刑法第32条免予刑事处分的。

案例链接

❶《广州市荣鑫物业管理有限公司与刘宇劳动争议纠纷上诉案》，参见北大法宝引证码：Pkulaw. cn/CLI. C. 109868。

❷《广州市恒发水产有限公司与裴奕鸾事实劳动关系争议纠纷上诉案》，参见北大法宝引证码：Pkulaw. cn/CLI. C. 115789。

【孕期、产期、哺乳期劳动合同的终止】

法律问题解读

由于女职工个体情况千差万别，在用人单位和女工双方签定劳动合同时，很难预料女职工孕期、产期、哺乳期何时发生和届满。因此，国家从保护妇女儿童权益出发，规定了女职工在孕期、产期和哺乳期内，劳动合同期限届满时，用人单位不能终止劳动合同，劳动合同的期限应自动延续到孕期、产期和哺乳期期满为止。

法条指引

❶《中华人民共和国劳动法》（1994年7月5日 国家主席令第28号）

第二十五条 劳动者有下列情形之一的，用人单位可以解除劳动合同：

（一）在试用期间被证明不符合录用条件的；

（二）严重违反劳动纪律或者用人单位规章制度的；

（三）严重失职，营私舞弊，对用人单位利益造成重大损害的；

（四）被依法追究刑事责任的。

❷《中华人民共和国劳动合同法》（2007年6月29日　国家主席令第65号）

第三十九条　劳动者有下列情形之一的，用人单位可以解除劳动合同：

（一）在试用期间被证明不符合录用条件的；

（二）严重违反用人单位的规章制度的；

（三）严重失职，营私舞弊，给用人单位造成重大损害的；

（四）劳动者同时与其他用人单位建立劳动关系，对完成本单位的工作任务造成严重影响，或者经用人单位提出，拒不改正的；

（五）因本法第二十六条第一款第一项规定的情形致使劳动合同无效的；

（六）被依法追究刑事责任的。

第四十二条　劳动者有下列情形之一的，用人单位不得依照本法第四十条、第四十一条的规定解除劳动合同：

（一）从事接触职业病危害作业的劳动者未进行离岗前职业健康检查，或者疑似职业病病人在诊断或者医学观察期间的；

（二）在本单位患职业病或者因工负伤并被确认丧失或者部分丧失劳动能力的；

（三）患病或者非因工负伤，在规定的医疗期内的；

（四）女职工在孕期、产期、哺乳期的；

（五）在本单位连续工作满十五年，且距法定退休年龄不足五年的；

（六）法律、行政法规规定的其他情形。

第四十五条　劳动合同期满，有本法第四十二条规定情形之一的，劳动合同应当续延至相应的情形消失时终止。但是，本法第四十二条第二项规定丧失或者部分丧失劳动能力劳动者的劳动合同的终止，按照国家有关工伤保险的规定执行。

❸《劳动部关于〈中华人民共和国劳动法〉若干条文的说明》（1994年9月5日）

第二十五条　劳动者有下列情形之一的，用人单位可以解除劳动合同：

（一）在试用期间被证明不符合录用条件的；

（二）严重违反劳动纪律或者用人单位规章制度的；

（三）严重失职，营私舞弊，对用人单位利益造成重大损害的；

（四）被依法追究刑事责任的。

本条中"严重违反劳动纪律"的行为，可根据《企业职工奖励条例》和《国营企业辞退违纪职工暂行规定》等有关法规认定。

本条中的"重大损害"由企业内部规章来规定。因为企业类型各有不同，对重大损害的界定也千差万别，故不便对重大损害作统一解释。若由此发生劳动争议，可以通过劳动争议仲裁委员会对其规章规定的重大损害进行认定。

本条中"被依法追究刑事责任"，具体指：(1) 被人民检察院免予起诉的；(2) 被人民法院判处刑罚（刑罚包括：主型：管制、拘役、有期徒刑、无期徒刑、死刑；附加刑：罚金、剥夺政治权利、没收财产）的；(3) 被人民法院依据刑法第32条免予刑事处分的。

❹《关于贯彻执行〈中华人民共和国劳动法〉若干问题的意见》（1995年8月4日　劳部发[1995] 309号）

34. 除劳动法第二十五条规定的情形外，劳动者在医疗期、孕期、产期和哺乳期内，劳动合同期限届满时，用人单位不得终止劳动合同。劳动合同的期限应自动延续至医疗期、孕期、产期和哺乳期期满为止。

【未成年工】

法律问题解读

未成年工是指年满16周岁未满18周岁的工人（其中包括学徒工和技工学员）。这和全国人民代表大会常务委员会《关于批准〈准予就业最低年龄公约〉的决定》（1998年12月29日通过）是一致的。第九届全国人民代表大会常务委员会第六次会议在批准1973年第五十八届国际劳工大会通过的《准予就业最低年龄公约》的同时，声明如下：

1. 在中华人民共和国领土内及中华人民共和国注册的运输工具上就业或者工作的最低年龄为16周岁。

2. 在中华人民共和国政府另行通知前，《准予就业最低年龄公约》暂不适用于中华人民共和国香港特别行政区。

年满16周岁以上不满18周岁的公民，以自己的劳动收入为主要生活来源的，视为完全民事行为能力人。16周岁的公民一般已完成国家的义务教育，达到初中毕业，可以继续升学，也可以就业。就业的16周岁以上不满18周岁的公民，能以自己的劳动取得固定的或者连续、稳定的收入，维持当地群众的一般生活水平的，可以认定为以自己的劳动收入为主要生活来源的完全民事行为能力人。

法条指引

❶**《中华人民共和国民法通则》**（1986年4月12日）

第十一条 18周岁以上的公民是成年人，具有完全民事行为能力，可以独立进行民事活动，是完全民事行为能力人。

16周岁以上不满18周岁的公民，以自己的劳动收入为主要生活来源的，视为完全民事行为能力人。

❷**《中华人民共和国劳动法》**（1994年7月5日 国家主席令第28号）

第五十八条 国家对女职工和未成年工实行特殊劳动保护。

未成年工是指年满16周岁未满18周岁的劳动者。

❸**《未成年工特殊保护规定》**（1994年12月9日 劳部发［1994］498号）

第二条 未成年工是指年满十六周岁，未满十八周岁的劳动者。

未成年工的特殊保护是针对未成年工处于生长发育期的特点，以及接受义务教育的需要，采取的特殊劳动保护措施。

❹**《全国人民代表大会常务委员会关于批准〈准予就业最低年龄公约〉的决定》**（1998年12月29日）

第九届全国人民代表大会常务委员会第六次会议决定，批准《准予就业最低年龄公约》；同时，声明如下：

一、在中华人民共和国领土内及中华人民共和国注册的运输工具上就业或者工作的最低年龄为16周岁；

二、在中华人民共和国政府另行通知前，《准予就业最低年龄公约》暂不适用于中华人民共和国香港特别行政区。

准予就业最低年龄公约

国际劳工组织大会，经国家劳工局理事会召集，于1973年6月6日在日内瓦举行其第58届大会，并经决定采纳本届会议议程第4项关于准予就业最低年龄的某些提议，并注意到1919年（工业）最低年龄公约、1920年（海上）最低年龄公约、1921年（农业）最低年龄公约、1921年（扒炭工和司炉工）最低年龄公约、1932年（非工业就业）最低年龄公约、1936年（海上）最低年龄公约（修订）、1937年（工业）最低年龄公约（修订）、1937年（非工业就业）最低年龄公约（修订）、1959年（渔民）最低年龄公约和1965年（井下工作）最低年龄公约的条款，并考虑到就此主题制订一个总文件的时机已到，这一文件将逐步替代现有的适用于有限经济部门的文件，以达到全部废除童工的目的，并经确定这些提议应采取国际公约的形式，于1973年6月26日通过以下公约，引用时得称之为1973年准予就业最低年龄公约：

第一条 凡本公约对其生效的会员国，承诺执行一项国家政策，以保证有效地废除童工并将准予就业或工作的最低年龄逐步提高到符合年轻人身心最充分发展的水平。

第二条 1. 凡批准本公约的会员国应在附于其批准书的声明中，详细说明准予在其领土内及在其领土注册的运输工具上就业或工作的最低年龄；除了符合本公约第4至第8条规定外，未满该年龄者不得允许其受雇于或从事任何职业。

2. 凡批准本公约的会员国得随后再以声明书通知国际劳工局长，告知其规定了高于以前规定的最低年龄。

3. 根据本条第1款规定的最低年龄应不低于完成义务教育的年龄，并在任何情况下不得低于15岁。

4. 尽管有本条第3款的规定，如会员国的经济和教育设施不够发达，得在与有关的雇主组织和工人组织（如存在此种组织）协商后，初步规定最低年龄为14岁。

5. 根据上款规定已定最低年龄为14岁的各会员国，应在其按照国际劳工组织章程第22条的规定提交的实施本公约的报告中说明：

（a）如此做的理由；或

（b）自某日起放弃其援用有关规定的权利。

第三条 1. 准予从事按其性质或其工作环境很可能有害年轻人健康、安全或道德的任何职业或工作类别、其最低年龄不得小于18岁。

2. 本条第1款适用的职业类别应由国家法律或条例，或由主管当局在与有关的雇主组织和工人组织（如存在此种组织）协商后确定。

3. 尽管有本条第 1 款的规定，国家法律或条例，或主管当局在与有关的雇主组织和工人组织（如存在此种组织）协商后可准予从 16 岁起就业或工作，条件是必须充分保护有关年轻人的健康、安全和道德，这些年轻人并须在有关的活动部门受过适当的专门指导或职业训练。

第四条 1. 如属必要，主管当局在与有关的雇主组织和工人组织（如存在此种组织）协商后，对运用本公约将产生特殊和重大问题的有限几种职业或工作得豁免其应用本公约。

2. 凡批准本公约的会员国应在其按照国际劳工组织章程第 22 条的规定提交的关于实施本公约的第一次报告中，列举按照本条第 1 款的规定得豁免于应用本公约的任何职业或工作类别，陈述豁免的理由，并应在以后的报告中说明该国法律和实践对豁免此类职业或工作所做规定的状况，并说明在何种程度上已经或建议对此类职业或工作实施本公约。

3. 本公约第 3 条所规定的职业或工作，不得按照本条规定而免于应用本公约。

第五条 1. 经济和行政设施不够发达的会员国在与有关的雇主组织和工人组织（如存在此种组织）协商后，得在开始时限制本公约的应用范围。

2. 凡援用本条第 1 款规定的会员国，应在附于其批准书的声明书中，详细说明哪些经济活动部门或企业类别将应用本公约的规定。

3. 本公约的规定至少应适用于下列行业：采矿和采石、制造、建筑、电、煤气和水、卫生服务、运输、仓储和交通，以及种植园和其他主要为商业目的而生产的农业企业，但不包括为当地消费而生产又不正式雇工的家庭企业和小型企业。

4. 任何会员国按照本条规定已限制应用本公约的范围者：

(a) 应在其根据国际劳工组织章程第 22 条的规定提交的报告中，说明不包括在应用本公约范围内的经济活动部门中年轻人和儿童就业或工作的一般状况，以及为扩大应用本公约的规定所可能取得的任何进展；

(b) 得在任何时候通过向国际劳工局长提交声明书，正式扩大应用范围。

第六条 本公约不适用于在普通学校、职业技术学校或其他培训机构中的儿童和年轻人所做的工作，或企业中年龄至少为 14 岁的人所做的工作，只要该工作符合主管当局在与有关的雇主组织和工人组织（如存在此种组织）协商后规定的条件，并是下列课程或计划不可分割的一部分：

(a) 一所学校或一个培训机构主要负责的教育或培训课程；

(b) 经主管当局批准，主要或全部在一个企业内实施的培训计划；或

(c) 为便于选择一种职业或行业的培训指导或引导计划。

第七条 1. 国家法律或条例得允许年龄为 13 至 15 岁的人在从事轻工作的情况下就业或工作，这种工作是：

(a) 大致不会危害他们的健康或发育；并

(b) 不会妨碍他们上学、参加经主管当局批准的职业指导或培训计划或从所受教育中获益的能力。

2. 国家法律或条例还是允许年龄至少为 15 岁但还未完成其义务教育的人从事符合本条第 1 款 (a) 和 (b) 所要求的工作。

3. 主管当局应确定按照本条第 1 和 2 款的规定得被允许就业或工作的活动，并应规定从事此种就业或工作的工作小时数和工作条件。

4. 尽管有本条第 1 款和第 2 款的规定，已援用第 2 条第 4 款的会员国，只要其继续这样做，得以 12 岁和 14 岁取代本条第 1 款的 13 岁和 15 岁，并以 14 岁取代本条第 2 款的 15 岁。

第八条 1. 主管当局在与有关的雇主组织和工人组织（如存在此种组织）协商后，得在个别情况下，例如参加艺术表演，准许除外于本公约第 2 条关于禁止就业或工作的规定。

2. 如此作出的准许应对准予就业或工作的小时数加以限制，并规定其条件。

第九条 1. 主管当局应采取一切必要措施，包括规定适当惩罚，以保证本公约诸条款的有效实施。

2. 国家法律或条例或主管当局应规定何种人员有责任遵守实施公约的条款。

3. 国家法律或条例或主管当局应规定雇主应保存登记册或其他文件并使其可资随时取用；这种登记册或文件应包括他所雇用或为他工作的不足 18 岁的人的姓名、年龄或出生日期，尽可能有正式证明。

第十条

1. 本公约按照本条条款修正 1919 年（工业）最低年龄公约、1920 年（海上）最低年龄公约、1921（农业）最低年龄公约、1921 年（扒炭工和司炉工）最低年龄公约、1932 年（非工业就业）

最低年龄公约、1936年（海上）最低年龄公约（修订）、1937年（工业）最低年龄公约（修订）、1937年（非工业就业）最低年龄公约（修订）、1959年（渔民）最低年龄公约、以及1965年（井下工作）最低年龄公约。

2. 本公约生效不应停止接受下列公约的批准：1936年（海上）最低年龄公约（修订）、1937年（工业）最低年龄公约（修订）、1937年（非工业就业）最低年龄公约（修订）、1959年（渔民）最低年龄公约，或1965年（井下工作）最低年龄公约。

3. 如有关各方都以批准本公约或向国际劳工局长送达声明书表示同意停止对1919年（工业）最低年龄公约、1920年（海上）最低年龄公约、1921年（农业）最低年龄公约和1921年（扒炭工和司炉工）最低年龄公约的继续批准，则应停止其继续批准。

4. 如本公约生效或当其生效之时：

(a) 一个已批准了1937年（工业）最低年龄公约（修订）的会员国承担本公约的义务且已遵照本公约第2条规定了最低年龄不低于15岁，则依法应为对该公约的立即解约。

(b) 关于1932年（非工业就业）最低年龄公约所规定的非工业就业，如一个批准了该公约的会员国承担本公约的义务，则依法应为对该公约的立即解约，

(c) 关于1937年（非工业就业）最低年龄公约（修订）所规定的非工业就业，如一个批准了该公约的会员国承担本公约的义务，并遵照本公约第2条规定了最低年龄不低于15岁，则依法应为对该公约的立即解约，

(d) 关于海事就业，如一个批准了1936年（海上）最低年龄公约的会员国承担本公约的义务，并遵照本公约第2条规定了最低年龄不低于15岁或该会员国规定本公约第3条适用于海事就业，则依法应为对该公约的立即解约，

(e) 关于海上捕鱼就业，如一个批准了1959年（渔民）最低年龄公约的会员国承担本公约的义务，并遵照本公约第2条规定了最低年龄不低于15岁或该会员国规定本公约第3条适用于海上捕鱼就业，则依法应为对该公约的立即解约，

(f) 一个批准了1965年（井下工作）最低年龄公约的会员国承担本公约的义务，并遵照本公约第2条规定了不低于该公约规定的最低年龄或该会员国因本公约第3条而规定此年龄适用于井下就业时，则依法应为对该公约的立即解约。

5. 如本公约生效或当其生效之时：

(a) 关于1919（工业）最低年龄公约，承担本公约的义务应涉及根据该公约第12条对该公约解约，

(b) 关于农业，承担本公约的义务应涉及根据1921年（农业）最低年龄公约第9条对该公约解约，

(c) 关于海事就业，承担本公约的义务应涉及根据1920年（海上）最低年龄公约第10条和1921年（扒炭工和司炉工）最低年龄公约第12条对该公约解约。

第十一条 本公约的正式批准书应送请国际劳工局长登记。

第十二条

1. 本公约应仅对其批准书已经国际劳工局长登记的会员国有约束力。

2. 本公约应自两个会员国的批准书已经登记之日起12个月后生效。

3. 此后对于任何会员国，本公约应自其批准书已经登记之日起12个月后生效。

第十三条

1. 凡批准本公约的会员国，自本公约初次生效之日起满10年后，得向国际劳工局长通知解约，并请其登记。此项解约通知书，自登记之日起满一年后，始得生效。

2. 凡批准本公约的会员国，在前款所述10年期满后的一年内未行使本条所规定的解约权利者，即须再遵守10年，此后每当10年期满，得依本条的规定通知解约。

第十四条

1. 国际劳工局长应将国际劳工组织各会员国所送达的一切批准书和解约通知书的登记情况，通知本组织的全体会员国。

2. 局长在将所送达的第2份批准书的登记通知本组织的各会员国时，应提请本组织各会员国注意本公约开始生效的日期。

第十五条 国际劳工局长应将他按照以上各条规定所登记的一切批准书和解约通知书的详细情况，按照联合国宪章第102条的规定，送请联合国秘书长进行登记。

第十六条 国际劳工局理事会在必要时，应将本公约的实施情况向大会提出报告，并审查应否将本公约的全部或部分修订问题列入大会议程。

第十七条

1. 如大会通过新公约对本公约做全部或部分修订时，除新公约另有规定外，应：

(a) 如新修订公约生效和当其生效之时，会员国对于新修订公约的批准，不需按照上述第13条的规定，依法应为对本公约的立即解约。

(b) 自新修订公约生效之日起，本公约应即停止接受会员国的批准。

2. 对于已批准本公约而未批准修订公约的会员国，本公约以其现有的形式和内容，在任何情况下仍应有效。

第十八条　本公约的英文本和法文本同等为准。

案例链接

❶《李某与郭某等道路交通事故人身损害赔偿纠纷上诉案》，参见北大法宝引证码：Pkulaw. cn/CLI. C. 48202。

学者观点

❶ 陈朝晖：《论学生创业及其法律保障》，参见北大法宝引证码：Pkulaw. cn/CLI. A. 031074。

【未成年工特殊保护】

法律问题解读

为更好地保护未成年工的身心健康，我国采取了如下特殊保护性措施：

1. 限制最低就业年龄。除了规定一般最低就业年龄为16周岁外，还对某些特殊行业的最低就业年龄作了弹性规定。

2. 实行缩短工作日制度，不得安排他们加班加点和从事夜班工作。未成年工的工作时间应少于标准工作时间，适当延长休息时间。

3. 限制劳动工种。禁止安排未成年工从事矿山井下作业，深水作业以及其他特别繁重的或者对身体有毒有害的劳动。

4. 实行身体定期检查制度。录用未成年工时，应进行体格检查，录用后还要进行定期的健康检查（工作满1年，年满18周岁时）。

5. 对违反未成年工的特殊保护规定的要进行处罚。

法条指引

❶**《中华人民共和国劳动法》**（1994年7月5日　国家主席令第28号）

第十五条　禁止用人单位招用未满16周岁的未成年人。

文艺、体育和特种工艺单位招用未满16周岁的未成年人，必须依照国家有关规定，履行审批手续，并保障其接受义务教育的权利。

第六十四条　不得安排未成年工从事矿山井下、有毒有害、国家规定的第四级体力劳动强度的劳动和其他禁忌从事的劳动。

第六十五条　用人单位应当对未成年工定期进行健康检查。

第九十五条　用人单位违反本法对女职工和未成年工的保护规定，侵害其合法权益的，由劳动行政部门责令改正，处以罚款；对女职工或者未成年工造成损害的，应当承担赔偿责任。

❷**《未成年工特殊保护规定》**（1994年12月9日　劳部发［1994］498号）

❸**《劳动保障监察条例》**（2004年10月26日　国务院令第423号）

第二十三条　用人单位有下列行为之一的，由劳动保障行政部门责令改正，按照受侵害的劳动者每人1000元以上5000元以下的标准计算，处以罚款：

（八）未对未成年工定期进行健康检查的。

【未成年工禁忌劳动范围】

法律问题解读

用人单位不得安排未成年工从事以下范围的劳动：

1.《生产性粉尘作业危害程度分级》国家标准中第一级以上的接尘作业；

2.《有毒作业分级》国家标准中第一级以上的有毒作业，从事放射性工作及接触放射性的未满18岁实习人员，每年受照应低于职业性放射性工作人员最大容许剂量当量的3/10，并不得接受应急照射；

3.《高处作业分级》国际标准中第二级以上的高处作业；

4.《冷水作业分级》国家标准中第二级以上的冷水作业；

5.《高温作业分级》国家标准中第三级以上的高温作业；

6.《低温作业分级》国家标准中第三级以上的低温作业；

7.《体力劳动强度分级》国家标准中第四级体力劳动强度的作业；

8. 矿山井下及矿山地面采石作业；

9. 森林业中的伐木、归堮、流放及守林作业；

10. 工作场所接触放射性物质的作业；

11. 有易燃易爆、化学性烧伤和热烧伤等危险性大的作业；

12. 地质勘探和资源勘探的野外作业；

13. 潜水、涵洞、涵道作业和海拔3000米以上的高原作业（不包括世居高原者）；

14. 连续负重每小时在六次以上并每次超过20公斤，间断负重每次超25公斤的作业；

15. 使用凿岩机、捣固机、气镐、气铲、铆钉机、电锤的作业；

16. 工作中需要长时间保持低头、弯腰、上举、下蹲等强迫体位和动作频率每分钟大于50次的流水线作业；

17. 锅炉司炉。

法条指引

❶**《中华人民共和国劳动法》**（1994年7月5日 国家主席令第28号）

第六十四条 不得安排未成年工从事矿山井下、有毒有害、国家规定的第四级体力劳动强度的劳动和其他禁忌从事的劳动。

❷**《劳动部关于〈中华人民共和国劳动法〉若干条文的说明》**（1994年9月5日 劳办发［1994］289号）

第六十四条 不得安排未成年工从事矿山井下、有毒有害、国家规定的第四级体力劳动强度的劳动和其他禁忌从事的劳动。

本条中的“其他禁忌从事的劳动”是指：

（一）森林业伐木、归堮及流放作业；

（二）凡在坠落高度基准面5米以上（含5米）有可能坠落的高处进行的作业。即二级高处作业；

（三）作业场所放射性物质超过《放射防护规定》中规定剂量的作业；

（四）其他对未成年工的发育成长有影响的作业。

❸**《未成年工特殊保护规定》**（1994年12月9日 劳部发［1994］498号）

第三条 用人单位不得安排未成年工从事以下范围的劳动：

（一）《生产性粉尘作业危害程度分级》国家标准中第一级以上的接尘作业；

（二）《有毒作业分级》国家标准中第一级以上的有毒作业；

（三）《高处作业分级》国家标准中第二级以上的高处作业；

（四）《冷水作业分级》国家标准中第二级以上的冷水作业；

（五）《高温作业分级》国家标准中第三级以上的高温作业；

（六）《低温作业分级》国家标准中第三级以上的低温作业；

（七）《体力劳动强度分级》国家标准中第四级体力劳动强度的作业；

（八）矿山井下及矿山地面采石作业；

（九）森林业中的伐木、流放及守林作业；

（十）工作场所接触放射性物质的作业；

（十一）有易燃易爆、化学性烧伤和热烧伤等危险性大的作业；

（十二）地质勘探和资源勘探的野外作业；

（十三）潜水、涵洞、涵道作业和海拔三千米以上的高原作业（不包括世居高原者）；

（十四）连续负重每小时在六次以上并每次超过二十公斤，间断负重每次超过二十五公斤的作业；

（十五）使用凿岩机、捣固机、气镐、气铲、铆钉机、电锤的作业；

（十六）工作中需要长时间保持低头、弯腰、上举、下蹲等强迫体位和动作频率每分钟大于五十次的流水线作业；

（十七）锅炉司炉。

❹**《放射防护规定》**（国家标准GBJ8-74）（略）

❺**《劳动保障监察条例》**（2004年10月26日 国务院令第423号）

第二十三条 用人单位有下列行为之一的，由劳动保障行政部门责令改正，按照受侵害的劳动者每人1000元以上5000元以下的标准计算，处以罚款：

（七）安排未成年工从事矿山井下、有毒有害、国家规定的第四级体力劳动强度的劳动或者其他禁忌从事的劳动的；

【未成年工患病或有缺陷禁忌劳动范围】

法律问题解读

未成年工患有某种疾病或具有某些生理缺陷（非残疾型）时，用人单位不得安排其从事以下范围的劳动：

1.《高处作业分级》国家标准中第一级以上的高处作业；

2.《低温作业分级》国家标准中第二级以上的低温作业；

3.《高温作业分级》国家标准中第二级以上的高温作业；

4.《体力劳动强度分级》国家标准中第三级以上体力劳动强度的作业；

5. 接触铅、苯、汞、甲醛、二硫化碳等易引起过敏反应的作业。

患有某种疾病或具有某些生理缺陷（非残疾型）的未成年工，所指的情况可参见《未成年工特殊保护规定》第5条。

法条指引

❶《未成年工特殊保护规定》（1994年12月9日　劳部发［1994］498号）

第四条　未成年工患有某种疾病或具有某些生理缺陷（非残疾型）时，用人单位不得安排其从事以下范围的劳动：

（一）《高处作业分级》国家标准中第一级以上的高处作业；

（二）《低温作业分级》国家标准中第二级以上的低温作业；

（三）《高温作业分级》国家标准中第二级以上的高温作业；

（四）《体力劳动强度分级》国家标准中第三级以上体力劳动强度的作业；

（五）接触铅、苯、汞、甲醛、二硫化碳等易引起过敏反应的作业。

第五条　患有某种疾病或具有某些生理缺陷（非残疾型）的未成年工，是指有以下一种或一种以上情况者：

（一）心血管系统

1. 先天性心脏病；

2. 克山病；

3. 收缩期或舒张期二级以上心脏杂音。

（二）呼吸系统

1. 中度以上气管炎或支气管哮喘；

2. 呼吸音明显减弱；

3. 各类结核病；

4. 体弱儿，呼吸道反复感染者。

（三）消化系统

1. 各类肝炎；

2. 肝、脾肿大；

3. 胃、十二指肠溃疡；

4. 各种消化道疝。

（四）泌尿系统

1. 急、慢性肾炎；

2. 泌尿系感染。

（五）内分泌系统

1. 甲状腺机能亢进；

2. 中度以上糖尿病。

（六）精神神经系统

1. 智力明显低下；

2. 精神忧郁或狂暴。

（七）肌肉、骨骼运动系统

1. 身高和体重低于同龄人标准；

2. 一个及一个以上肢体存在明显功能障碍；

3. 躯干四分之一以上部位活动受限，包括强直或不能旋转。

（八）其他

1. 结核性胸膜炎；

2. 各类重度关节炎；

3. 血吸虫病；

4. 严重贫血，其血色素每升低于九十五克（9.5g/dL）。

【未成年工体检】

法律问题解读

用人单位应按下列要求对未成年工定期进行健康检查：

1. 安排工作岗位之前；

2. 工作满1年；

3. 年满18岁，距前一次的体检时间已超过半年。

未成年工的健康检查，应按《未成年工健康检查表》列出的项目进行。用人单位应根据未成年工的健康检查结果安排其从事适合的劳动，对不能胜任原劳动岗位的，应根据医务部门的证明，予以减轻劳动量或安排其他劳动。

未成年工上岗前用人单位应对其进行有关的职业安全卫生教育、培训；未成年工体检，由用人单位统一办理和承担费用。

法条指引

❶《未成年工特殊保护规定》（1994年12月9日　劳部发［1994］498号）

第六条 用人单位应按下列要求对未成年工定期进行健康检查：

（一）安排工作岗位之前；

（二）工作满一年；

（三）年满十八周岁，距前一次的体检时间已超过半年。

第七条 未成年工的健康检查，应按本规定所附《未成年工健康检查表》列出的项目进行。

第八条 用人单位应根据未成年工的健康检查结果安排其从事适合的劳动，对不能胜任原劳动岗位的，应根据医务部门的证明，予以减轻劳动量或安排其他劳动。

第十条 未成年工上岗前用人单位应对其进行有关的职业安全卫生教育、培训；未成年工体检和登记，由用人单位统一办理和承担费用。

❷**《劳动保障监察条例》**（2004年10月26日 国务院令第423号）

第二十三条 用人单位有下列行为之一的，由劳动保障行政部门责令改正，按照受侵害的劳动者每人1000元以上5000元以下的标准计算，处以罚款：

（八）未对未成年工定期进行健康检查的。

【未成年工的使用和登记】

法律问题解读

对未成年工的使用和特殊保护实行登记制度，

1. 用人单位招收使用未成年工，除符合一般用工要求外，还须向所在地的县级以上劳动行政部门办理登记。劳动行政部门根据《未成年工健康检查表》、《未成年工登记表》，核发《未成年工登记证》。

2. 各级劳动行政部门须按《未成年工特殊保护规定》第3、4、5、7条的有关规定，审核体检情况和拟安排的劳动范围。

3. 未成年工须持《未成年工登记证》上岗。

4. 《未成年工登记证》由国务院劳动行政部门统一印制。

5. 未成年工体检和登记，由用人单位统一办理和承担费用。

法条指引

❶**《未成年工特殊保护规定》**（1994年12月9日 劳部发［1994］498号）

第九条 对未成年工的使用和特殊保护实行登记制度。

（一）用人单位招收使用未成年工，除符合一般用工要求外，还须向所在地的县级以上劳动行政部门办理登记。劳动行政部门根据《未成年工健康检查表》、《未成年工登记表》，核发《未成年工登记证》。

（二）各级劳动行政部门须按本规定第三、四、五、七条的有关规定，审核体检情况和拟安排的劳动范围。

（三）未成年工须持《未成年工登记证》上岗。

（四）《未成年工登记证》由国务院劳动行政部门统一印制。

第十条 未成年工上岗前用人单位应对其进行有关的职业安全卫生教育、培训；未成年工体检和登记，由用人单位统一办理和承担费用。

【童工】

法律问题解读

童工是指未满16周岁，与单位或者个人发生劳动关系从事有经济收入的劳动或者从事个体劳动的少年、儿童和未受完9年义务教育的在校学生。

未满16周岁的少年、儿童，参加家庭劳动；学校、其他教育机构以及职业培训机构按照国家有关规定组织不满16周岁的未成年人进行不影响其人身安全和身心健康的教育实践劳动、职业技能培训劳动，不属于使用童工。

法条指引

❶**《中华人民共和国劳动法》**（1994年7月5日 国家主席令第28号）

第十五条 禁止用人单位招用未满16周岁的未成年人。

文艺、体育和特种工艺单位招用未满16周岁的未成年人，必须依照国家有关规定，履行审批手续，并保障其接受义务教育的权利。

❷**《禁止使用童工规定》**（2002年10月1日 国务院令第364号）

第十三条 文艺、体育单位经未成年人的父母或者其他监护人同意，可以招用不满16周岁的专业文艺工作者、运动员。用人单位应当保障被招用的不满16周岁的未成年人的身心健康，保障其接受义务教育的权利。文艺、体育单位招用不满16周岁的专业文艺工作者、运动员的办法，由国务院劳动保障行政部门会同国务院文化、体育行政部门制定。

学校、其他教育机构以及职业培训机构按照国家有关规定组织不满16周岁的未成年人进行不影响其人身安全和身心健康的教育实践劳动、职业技能培训劳动，不属于使用童工。

案例链接

❶《刘某与佛山市石湾东龙陶瓷有限公司工伤事故损害赔偿纠纷上诉案》，参见北大法宝引证码：Pkulaw. cn/CLI. C. 51937。

❷《任明江与东营市广饶县胜源工贸有限责任公司工伤事故赔偿纠纷上诉案》，参见北大法宝引证码：Pkulaw. cn/CLI. C. 33787。

【国家禁止招用童工的规定】

法律问题解读

国家明确规定：禁止国家机关、社会团体、企业事业单位和个体工商户、农户、城镇居民招收、使用16周岁以下少年、儿童和未受完9年义务教育的在校学生做工、经商、当学徒。并采取了以下主要措施：

1. 禁止任何单位或者个人为不满16周岁的未成年人介绍就业。

2. 禁止不满16周岁的未成年人开业从事个体经营活动。

3. 不满16周岁的未成年人的父母或者其他监护人应当保护其身心健康，保障其接受义务教育的权利，不得允许其被用人单位非法招用。

不满16周岁的未成年人的父母或者其他监护人允许其被用人单位非法招用的，所在地的乡（镇）人民政府、城市街道办事处以及村民委员会、居民委员会应当给予批评教育。

对一些迫使未满16周岁的儿童、少年去做工、从商、当学徒的家长或其他监护人，要进行批评教育，令其改正错误。坚持不改的应加重罚款。

4. 用人单位招用人员时，必须核查被招用人员的身份证；对不满16周岁的未成年人，一律不得录用。用人单位录用人员的录用登记、核查材料应当妥善保管。

5. 县级以上各级人民政府劳动保障行政部门负责《禁止使用童工规定》执行情况的监督检查。要加强对企业、事业单位，尤其是城乡集体企业、私营企业和个体工商户招工、用工的管理、监督和检查。严格禁止任何单位和个人使用童工。对违反国家规定，擅自使用童工者，除责令其立即退回外，事予以重罚。对情节严重、屡教不改者，应责令其停业整顿，直至吊销其营业执照。对诱骗、虐待童工的包工头，要提交司法部门依法追究刑事责任。

6. 县级以上各级人民政府公安、工商行政管理、教育、卫生等行政部门在各自职责范围内对禁止使用童工规定的执行情况进行监督检查，并对劳动保障行政部门的监督检查给予配合。

法条指引

❶**《中华人民共和国劳动法》**（1994年7月5日 国家主席令第28号）

第十五条 禁止用人单位招用未满16周岁的未成年人。

文艺、体育和特种工艺单位招用未满16周岁的未成年人，必须依照国家有关规定，履行审批手续，并保障其接受义务教育的权利。

❷**《中华人民共和国未成年人保护法》**（1991年9月4日 国家主席令第50号）

第二十八条 任何组织和个人不得招用未满16周岁的未成年人，国家另有规定的除外。

任何组织和个人依照国家有关规定招收已满16周岁未满18周岁的未成年人的，应当在工种、劳动时间、劳动强度和保护措施等方面执行国家有关规定，不得安排其从事过重、有毒、有害的劳动或者危险作业。

❸**《禁止使用童工规定》**（2002年10月1日 国务院令第364号）

第五条 县级以上各级人民政府劳动保障行政部门负责本规定执行情况的监督检查。

县级以上各级人民政府公安、工商行政管理、教育、卫生等行政部门在各自职责范围内对本规定的执行情况进行监督检查，并对劳动保障行政部门的监督检查给予配合。

工会、共青团、妇联等群众组织应当依法维护未成年人的合法权益。

任何单位或者个人发现使用童工的，均有权向县级以上人民政府劳动保障行政部门举报。

【招用不满16周岁文体工作者和艺徒的规定】

法律问题解读

原国家劳动部经国务院授权，对文艺工作者、运动员、艺徒概念界定如下：

文艺工作者，系指专门从事表演艺术工作的人员。

运动员，系指专门从事某项体育运动训练和参加比赛的人员。

艺徒，系指在杂技、戏曲以及工艺美术等领域中，从师学艺的人员。

文艺、体育和特种工艺单位经未成年人的父母或者其他监护人同意，可以招用不满16周岁的专业文艺工作者、运动员。用人单位应当保障被招用的不满16周岁的未成年人的身心健康，保障其接受义务教育的权利。文艺、体育单位招用不满16周岁的专业文艺工作者、运动员的办法，由国务院劳动保障行政部门会同国务院文化、体育行政部门制定。

按照劳动和社会保障部的规定，任何组织和个人不得招用未满16周岁的未成年人。文艺、体育和特种工艺单位，确需招用未满16周岁的文艺工作者、运动员和艺徒时，须报经县级以上（含县级）劳动保障行政部门批准。因此，除文艺、体育和特种工艺3个特殊行业外，其他用人单位（如汽车修理部等）招用未满16周岁的学徒工，无论这些学徒工是否获得经济收入，均应视为违法行为；劳动保障行政部门应根据国家关于禁止使用童工的有关法律规定，责令其改正，并给予行政处罚。

法条指引

❶**《中华人民共和国劳动法》**（1994年7月5日 国家主席令第28号）

第十五条 禁止用人单位招用未满16周岁的未成年人。

文艺、体育和特种工艺单位招用未满16周岁的未成年人，必须依照国家有关规定，履行审批手续，并保障其接受义务教育的权利。

❷**《禁止使用童工规定》**（2002年10月1日 国务院令第364号）

第十三条 文艺、体育单位经未成年人的父母或者其他监护人同意，可以招用不满16周岁的专业文艺工作者、运动员。用人单位应当保障被招用的不满16周岁的未成年人的身心健康，保障其接受义务教育的权利。文艺、体育单位招用不满16周岁的专业文艺工作者、运动员的办法，由国务院劳动保障行政部门会同国务院文化、体育行政部门制定。

学校、其他教育机构以及职业培训机构按照国家有关规定组织不满16周岁的未成年人进行不影响其人身安全和身心健康的教育实践劳动、职业技能培训劳动，不属于使用童工。

❸**《关于界定文艺工作者、运动员、艺徒概念的通知》**（1992年5月8日 劳力字［1992］25号）（略）。

❹**《劳动部办公厅对〈关于童工问题请示〉的复函》**（1998年8月13日 劳社厅函［1998］64号）（略）

【童工问题的处理】

法律问题解读

尽管国家明令禁止招用童工，但招用童工的问题依然不少。因此，针对童工问题应作以下相应处理：

1. 用人单位，特别是私营企业（较为突出的是服装加工业、餐饮业及建筑业）和个体工商户违法使用童工，绝大部分未签劳动合同，即使少量的用工单位或个体工商户与童工有劳动合同，或与其监护人有口头约定（口头合同），也是违反《劳动法》和国务院《禁止使用童工规定》的，因而是无效的。一经发现，立即制止，并要求用人单位或个人应按劳动合同规定或约定支付违法使用童工期间的劳动报酬。如发生争议，劳动争议仲裁委员会或人民法院即可确认其劳动关系或劳动合同无效。由此引起的一切后果由用人方承担，童工一方不承担任何责任。

2. 用人单位或个人违法使用童工，劳动保障行政部门已经发现，应立即制止。童工属于限制民事行为能力的人，停止使用，给予辞退，不是将童工推出厂门，任其在社会上流浪，而是由用人单位或个人自觉地或由劳动保障行政部门责令其限期将童工送回原居住地交其父母或其他监护人。童工被送回原居住地所需费用，包括车船费、食宿费等全部由使用童工的单位或个人承担。

3. 童工属于限制民事行为能力人，其风险意识、避险能力、应急反应都很差，安排童工从事与本身素质不相适应的劳动，极易发生危险，对保护儿童的健康非常不利，因此国家规定：

（1）童工患病或者受伤的，用人单位应当负责送到医疗机构治疗，并负担治疗期间的全部医疗和生活费用。

（2）童工伤残或者死亡的，用人单位由工商行政管理部门吊销营业执照或者由民政部门撤销民办非企业单位登记；用人单位是国家机关、事业单位的，由有关单位依法对直接负责的主管人员和其他直接责任人员给予降级或者撤职的行政处分或者纪律处分；

（3）童工工伤医疗终结，由县级劳动鉴定委员会确定其伤残程度，由使用童工的单位或者个人根据其伤残程度发给童工本人因工致残抚恤费。童工死亡的，使用童工的单位或者个人应当发给童工父母或者其他监护人丧葬补助费，并给予经济赔偿。用人单位一次性地对伤残的童工、死亡童工的直系亲属给予赔偿，赔偿金额按照国家工伤保险的有关规定计算。若双方发生争议，可参照劳动争议处理的规定办理。

法条指引

❶《中华人民共和国劳动法》（1994 年 7 月 5 日　国家主席令第 28 号）

第十五条　禁止用人单位招用未满 16 周岁的未成年人。

文艺、体育和特种工艺单位招用未满 16 周岁的未成年人，必须依照国家有关规定，履行审批手续，并保障其接受义务教育的权利。

第十八条　下列劳动合同无效：

（一）违反法律、行政法规的劳动合同；

（二）采取欺诈、威胁等手段订立的劳动合同。

无效的劳动合同，从订立的时候起，就没有法律约束力。确认劳动合同部分无效的，如果不影响其余部分的效力，其余部分仍然有效。

劳动合同的无效，由劳动争议仲裁委员会或者人民法院确认。

❷《禁止使用童工规定》（2002 年 10 月 1 日　国务院令第 364 号）

第六条　用人单位使用童工的，由劳动保障行政部门按照每使用一名童工每月处 5000 元罚款的标准给予处罚；在使用有毒物品的作业场所使用童工的，按照《使用有毒物品作业场所劳动保护条例》规定的罚款幅度，或者按照每使用一名童工每月处 5000 元罚款的标准，从重处罚。劳动保障行政部门并应当责令用人单位限期将童工送回原居住地交其父母或者其他监护人，所需交通和食宿费用全部由用人单位承担。

用人单位经劳动保障行政部门依照前款规定责令限期改正，逾期仍不将童工送交其父母或者其他监护人的，从责令限期改正之日起，由劳动保障行政部门按照每使用一名童工每月处 1 万元罚款的标准处罚，并由工商行政管理部门吊销其营业执照或者由民政部门撤销民办非企业单位登记；用人单位是国家机关、事业单位的，由有关单位依法对直接负责的主管人员和其他直接责任人员给予降级或者撤职的行政处分或者纪律处分。

第十条　童工患病或者受伤的，用人单位应当负责送到医疗机构治疗，并负担治疗期间的全部医疗和生活费用。

童工伤残或者死亡的，用人单位由工商行政管理部门吊销营业执照或者由民政部门撤销民办非企业单位登记；用人单位是国家机关、事业单位的，由有关单位依法对直接负责的主管人员和其他直接责任人员给予降级或者撤职的行政处分或者纪律处分；用人单位还应当一次性地对伤残的童工、死亡童工的直系亲属给予赔偿，赔偿金额按照国家工伤保险的有关规定计算。

❸《工伤保险条例》（2003 年 4 月 27 日　国务院令第 375 号）

第六十三条　无营业执照或者未经依法登记、备案的单位以及被依法吊销营业执照或者撤销登记、备案的单位的职工受到事故伤害或者患职业病的，由该单位向伤残职工或者死亡职工的直系亲属给予一次性赔偿，赔偿标准不得低于本条例规定的工伤保险待遇；用人单位不得使用童工，用人单位使用童工造成童工伤残、死亡的，由该单位向童工或者童工的直系亲属给予一次性赔偿，赔偿标准不得低于本条例规定的工伤保险待遇。具体办法由国务院劳动保障行政部门规定。

前款规定的伤残职工或者死亡职工的直系亲属就赔偿数额与单位发生争议的，以及前款规定的童工或者童工的直系亲属就赔偿数额与单位发生争议的，按照处理劳动争议的有关规定处理。

【用人单位违反《禁止使用童工规定》的责任】

法律问题解读

国家对各项违法行为规定的处罚标准和法律责任是：

1. 用人单位使用童工的，由劳动保障行政部门按照每使用一名童工每月处 5000 元罚款的标准给予处罚；在使用有毒物品的作业场所使用童工的，按照《使用有毒物品作业场所劳动保护条例》规定的罚款幅度，或者按照每使用一名童工每月处5000元罚款的标准，从重处罚。

2. 用人单位经劳动保障行政部门依照前款规定责令限期改正，逾期仍不将童工送交其父母或者其他监护人的，从责令限期改正之日起，由劳动保障行政部门按照每使用一名童工每月处1万元罚款的标准处罚。

3. 单位或者个人为不满16周岁的未成年人介绍就业的，由劳动保障行政部门按照每介绍一人处5000元罚款的标准给予处罚；职业中介机构为不满16周岁的未成年人介绍就业的，由劳动保障行政部门吊销其职业介绍许可证。

4. 用人单位未按照规定保存录用登记材料，或者伪造录用登记材料的，由劳动保障行政部门处1万元的罚款。

5. 无营业执照、被依法吊销营业执照的单位以及未依法登记、备案的单位使用童工或者介绍童工就业的，依照规定的标准加一倍罚款，该非法单位由有关的行政主管部门予以取缔。

6. 拐骗童工，强迫童工劳动，使用童工从事高空、井下、放射性、高毒、易燃易爆以及国家规定的第四级体力劳动强度的劳动，使用不满14周岁的童工，或者造成童工死亡或者严重伤残的，依照刑法关于拐卖儿童罪、强迫劳动罪或者其他罪的规定，依法追究刑事责任。

法条指引

❶**《禁止使用童工规定》**（2002年10月1日 国务院令第364号）

第六条 用人单位使用童工的，由劳动保障行政部门按照每使用一名童工每月处5000元罚款的标准给予处罚；在使用有毒物品的作业场所使用童工的，按照《使用有毒物品作业场所劳动保护条例》规定的罚款幅度，或者按照每使用一名童工每月处5000元罚款的标准，从重处罚。劳动保障行政部门并应当责令用人单位限期将童工送回原居住地交其父母或者其他监护人，所需交通和食宿费用全部由用人单位承担。

用人单位经劳动保障行政部门依照前款规定责令限期改正，逾期仍不将童工送交其父母或者其他监护人的，从责令限期改正之日起，由劳动保障行政部门按照每使用一名童工每月处1万元罚款的标准处罚，并由工商行政管理部门吊销其营业执照或者由民政部门撤销民办非企业单位登记；用人单位是国家机关、事业单位的，由有关单位依法对直接负责的主管人员和其他直接责任人员给予降级或者撤职的行政处分或者纪律处分。

第七条 单位或者个人为不满16周岁的未成年人介绍就业的，由劳动保障行政部门按照每介绍一人处5000元罚款的标准给予处罚；职业中介机构为不满16周岁的未成年人介绍就业的，并由劳动保障行政部门吊销其职业介绍许可证。

第八条 用人单位未按照本规定第四条的规定保存录用登记材料，或者伪造录用登记材料的，由劳动保障行政部门处1万元的罚款。

第九条 无营业执照、被依法吊销营业执照的单位以及未依法登记、备案的单位使用童工或者介绍童工就业的，依照本规定第六条、第七条、第八条规定的标准加一倍罚款，该非法单位由有关的行政主管部门予以取缔。

第十一条 拐骗童工，强迫童工劳动，使用童工从事高空、井下、放射性、高毒、易燃易爆以及国家规定的第四级体力劳动强度的劳动，使用不满14周岁的童工，或者造成童工死亡或者严重伤残的，依照刑法关于拐卖儿童罪、强迫劳动罪或者其他罪的规定，依法追究刑事责任。

【国家工作人员违反《禁止使用童工规定》的责任】

法律问题解读

国家行政机关工作人员有下列行为之一的，依法给予记大过或者降级的行政处分；情节严重的，依法给予撤职或者开除的行政处分；构成犯罪的，依照刑法关于滥用职权罪、玩忽职守罪或者其他罪的规定，依法追究刑事责任：

1. 劳动保障等有关部门工作人员在禁止使用童工的监督检查工作中发现使用童工的情况，不予制止、纠正、查处的；

2. 公安机关的人民警察违反规定发放身份证或者在身份证上登录虚假出生年月的；

3. 工商行政管理部门工作人员发现申请人是不满16周岁的未成年人，仍然为其从事个体经营发放营业执照的。

法条指引

❶**《禁止使用童工规定》**（2002年10月1日 国务院令第364号）

第十二条 国家行政机关工作人员有下列行为之一的，依法给予记大过或者降级的行政处分；情节严重的，依法给予撤职或者开除的行政处分；

构成犯罪的，依照刑法关于滥用职权罪、玩忽职守罪或者其他罪的规定，依法追究刑事责任：

（一）劳动保障等有关部门工作人员在禁止使用童工的监督检查工作中发现使用童工的情况，不予制止、纠正、查处的；

（二）公安机关的人民警察违反规定发放身份证或者在身份证上登录虚假出生年月的；

（三）工商行政管理部门工作人员发现申请人是不满16周岁的未成年人，仍然为其从事个体经营发放营业执照的。

第九章　职业培训

● 本章为读者提供与以下题目有关的法律问题的解读及相关法律文献依据

职业培训（272）　**就业前培训**（275）　**学徒培训**（278）　**特种作业人员培训**（279）　**特殊群体培训**（280）　**企业职工培训**（281）　**职业培训机构**（283）　**技工学校**（284）　**就业训练中心**（290）　**综合培训基地和培训集团**（292）　**劳动预备制度**（293）　**职业技能鉴定**（296）　**职业资格证书制度**（301）　**就业准入制度**（305）　**工种分类目录**（306）　**职业分类大典**（307）　**职业技能鉴定机构**（308）

【职业培训】

法律问题解读

职业培训是指按照不同职业岗位的要求对接受培训的人员进行职业知识与实际技能训练的职业教育活动。其目标在于把新生劳动者培养训练成为具有一定文化知识和技术技能素质的合格的劳动者，把具备一定职业经历的人员训练成为适应新的职业岗位需要的劳动者，以适应市场经济发展及就业和转换职业的需要。职业培训是劳动保障工作中的重要组成部分。职业培训种类包括：就业前培训、转业培训、学徒培训、在岗培训、转岗培训及其他职业性培训。并根据实际情况分为初级、中级和高级职业培训。

由于职业培训同就业是密不可分的，因此劳动部门负责职业培训的管理。我国根据劳动力市场需求开发劳动者职业技能的机制正在逐步建立。目前，一个包括职业分类、职业标准、职业培训、职业技能鉴定、职业指导、职业技能竞赛等内容的职业培训工作体系已初步形成。国家正在积极实行新生劳动力的就业前培训；完善再就业培训；全面推动企业在职培训；推行职业资格证和学历证书并重制度，使职业培训工作适应社会发展的需要。

法条指引

❶ **《中华人民共和国劳动法》**（1994 年 7 月 5 日）

第六十六条　国家通过各种途径，采取各种措施，发展职业培训事业，开发劳动者的职业技能，提高劳动者素质，增强劳动者的就业能力和工作能力。

第六十七条　各级人民政府应当把发展职业培训纳入社会经济发展的规划，鼓励和支持有条件的企业、事业组织、社会团体和个人进行各种形式的职业培训。

❷ **《中华人民共和国就业促进法》**（2007 年 8 月 30 日　国家主席令第 70 号）

第五章　职业教育和培训

第四十四条　国家依法发展职业教育，鼓励开展职业培训，促进劳动者提高职业技能，增强就业能力和创业能力。

第四十五条　县级以上人民政府根据经济社会发展和市场需求，制定并实施职业能力开发计划。

第四十六条　县级以上人民政府加强统筹协调，鼓励和支持各类职业院校、职业技能培训机构和用人单位依法开展就业前培训、在职培训、再就业培训和创业培训；鼓励劳动者参加各种形式的培训。

第四十七条　县级以上地方人民政府和有关部门根据市场需求和产业发展方向，鼓励、指导企业加强职业教育和培训。

职业院校、职业技能培训机构与企业应当密切联系，实行产教结合，为经济建设服务，培养实用人才和熟练劳动者。

企业应当按照国家有关规定提取职工教育经

费，对劳动者进行职业技能培训和继续教育培训。

第四十八条 国家采取措施建立健全劳动预备制度，县级以上地方人民政府对有就业要求的初高中毕业生实行一定期限的职业教育和培训，使其取得相应的职业资格或者掌握一定的职业技能。

第四十九条 地方各级人民政府鼓励和支持开展就业培训，帮助失业人员提高职业技能，增强其就业能力和创业能力。失业人员参加就业培训的，按照有关规定享受政府培训补贴。

第五十条 地方各级人民政府采取有效措施，组织和引导进城就业的农村劳动者参加技能培训，鼓励各类培训机构为进城就业的农村劳动者提供技能培训，增强其就业能力和创业能力。

第五十一条 国家对从事涉及公共安全、人身健康、生命财产安全等特殊工种的劳动者，实行职业资格证书制度，具体办法由国务院规定。

❸《中华人民共和国职业教育法》（1996 年 5 月 15 日 国家主席令第 69 号）

第一章 总 则

第一条 为了实施科教兴国战略，发展职业教育，提高劳动者素质，促进社会主义现代化建设，根据教育法和劳动法，制定本法。

第二条 本法适用于各级各类职业学校教育和各种形式的职业培训。国家机关实施的对国家机关工作人员的专门培训由法律、行政法规另行规定。

第三条 职业教育是国家教育事业的重要组成部分，是促进经济、社会发展和劳动就业的重要途径。

国家发展职业教育，推进职业教育改革，提高职业教育质量，建立、健全适应社会主义市场经济和社会进步需要的职业教育制度。

第四条 实施职业教育必须贯彻国家教育方针，对受教育者进行思想政治教育和职业道德教育，传授职业知识，培养职业技能，进行职业指导，全面提高受教育者的素质。

第五条 公民有依法接受职业教育的权利。

第六条 各级人民政府应当将发展职业教育纳入国民经济和社会发展规划。

行业组织和企业、事业组织应当依法履行实施职业教育的义务。

第七条 国家采取措施，发展农村职业教育，扶持少数民族地区、边远贫困地区职业教育的发展。

国家采取措施，帮助妇女接受职业教育，组织失业人员接受各种形式的职业教育，扶持残疾人职业教育的发展。

第八条 实施职业教育应当根据实际需要，同国家制定的职业分类和职业等级标准相适应，实行学历证书、培训证书和职业资格证书制度。

国家实行劳动者在就业前或者上岗前接受必要的职业教育的制度。

第九条 国家鼓励并组织职业教育的科学研究。

第十条 国家对在职业教育中作出显著成绩的单位和个人给予奖励。

第十一条 国务院教育行政部门负责职业教育工作的统筹规划、综合协调、宏观管理。

国务院教育行政部门、劳动行政部门和其他有关部门在国务院规定的职责范围内，分别负责有关的职业教育工作。

县级以上地方各级人民政府应当加强对本行政区域内职业教育工作的领导、统筹协调和督导评估。

第二章 职业教育体系

第十二条 国家根据不同地区的经济发展水平和教育普及程度，实施以初中后为重点的不同阶段的教育分流，建立、健全职业学校教育与职业培训并举，并与其他教育相互沟通、协调发展的职业教育体系。

第十三条 职业学校教育分为初等、中等、高等职业学校教育。

初等、中等职业学校教育分别由初等、中等职业学校实施；高等职业学校教育根据需要和条件由高等职业学校实施，或者由普通高等学校实施。其他学校按照教育行政部门的统筹规划，可以实施同层次的职业学校教育。

第十四条 职业培训包括从业前培训、转业培训、学徒培训、在岗培训、转岗培训及其他职业性培训，可以根据实际情况分为初级、中级、高级职业培训。

职业培训分别由相应的职业培训机构、职业学校实施。

其他学校或者教育机构可以根据办学能力，开展面向社会的、多种形式的职业培训。

第十五条 残疾人职业教育除由残疾人教育机构实施外，各级各类职业学校和职业培训机构及其他教育机构应当按照国家有关规定接纳残疾学生。

第十六条 普通中学可以因地制宜地开设职业教育的课程，或者根据实际需要适当增加职业教育的教学内容。

第三章 职业教育的实施

第十七条 县级以上地方各级人民政府应当举办发挥骨干和示范作用的职业学校、职业培训机构，对农村、企业、事业组织、社会团体、其他社会组织及公民个人依法举办的职业学校和职业培训机构给予指导和扶持。

第十八条 县级人民政府应当适应农村经济、科学技术、教育统筹发展的需要，举办多种形式的职业教育，开展实用技术的培训，促进农村职业教育的发展。

第十九条 政府主管部门、行业组织应当举办或者联合举办职业学校、职业培训机构，组织、协调、指导本行业的企业、事业组织举办职业学校、职业培训机构。

国家鼓励运用现代化教学手段，发展职业教育。

第二十条 企业应当根据本单位的实际，有计划地对本单位的职工和准备录用的人员实施职业教育。

企业可以单独举办或者联合举办职业学校、职业培训机构，也可以委托学校、职业培训机构对本单位的职工和准备录用的人员实施职业教育。

从事技术工种的职工，上岗前必须经过培训；从事特种作业的职工必须经过培训，并取得特种作业资格。

第二十一条 国家鼓励事业组织、社会团体、其他社会组织及公民个人按照国家有关规定举办职业学校、职业培训机构。

境外的组织和个人在中国境内举办职业学校、职业培训机构的办法，由国务院规定。

第二十二条 联合举办职业学校、职业培训机构，举办者应当签订联合办学合同。

政府主管部门、行业组织、企业、事业组织委托学校、职业培训机构实施职业教育的，应当签订委托合同。

第二十三条 职业学校、职业培训机构实施职业教育应当实行产教结合，为本地区经济建设服务，与企业密切联系，培养实用人才和熟练劳动者。

职业学校、职业培训机构可以举办与职业教育有关的企业或者实习场所。

第二十四条 职业学校的设立，必须符合下列基本条件：

（一）有组织机构和章程；

（二）有合格的教师；

（三）有符合规定标准的教学场所、与职业教育相适应的设施、设备；

（四）有必备的办学资金和稳定的经费来源。

职业培训机构的设立，必须符合下列基本条件：

（一）有组织机构和管理制度；

（二）有与培训任务相适应的教师和管理人员；

（三）有与进行培训相适应的场所、设施、设备；

（四）有相应的经费。

职业学校和职业培训机构的设立、变更和终止，应当按照国家有关规定执行。

第二十五条 接受职业学校教育的学生，经学校考核合格，按照国家有关规定，发给学历证书。接受职业培训的学生，经培训的职业学校或者职业培训机构考核合格，按照国家有关规定，发给培训证书。

学历证书、培训证书按照国家有关规定，作为职业学校、职业培训机构的毕业生、结业生从业的凭证。

第四章 职业教育的保障条件

第二十六条 国家鼓励通过多种渠道依法筹集发展职业教育的资金。

第二十七条 省、自治区、直辖市人民政府应当制定本地区职业学校学生人数平均经费标准；国务院有关部门应当会同国务院财政部门制定本部门职业学校学生人数平均经费标准。职业学校举办者应当按照学生人数平均经费标准足额拨付职业教育经费。

各级人民政府、国务院有关部门用于举办职业学校和职业培训机构的财政性经费应当逐步增长。

任何组织和个人不得挪用、克扣职业教育的经费。

第二十八条 企业应当承担对本单位的职工和准备录用的人员进行职业教育的费用，具体办法由国务院有关部门会同国务院财政部门或者由省、自治区、直辖市人民政府依法规定。

第二十九条 企业未按本法第二十条的规定实施职业教育的，县级以上地方人民政府应当责令改正；拒不改正的，可以收取企业应当承担的职业教育经费，用于本地区的职业教育。

第三十条 省、自治区、直辖市人民政府按照教育法的有关规定决定开征的用于教育的地方附加费，可以专项或者安排一定比例用于职业教育。

第三十一条　各级人民政府可以将农村科学技术开发、技术推广的经费，适当用于农村职业培训。

第三十二条　职业学校、职业培训机构可以对接受中等、高等职业学校教育和职业培训的学生适当收取学费，对经济困难的学生和残疾学生应当酌情减免。收费办法由省、自治区、直辖市人民政府规定。

国家支持企业、事业组织、社会团体、其他社会组织及公民个人按照国家有关规定设立职业教育奖学金、贷学金，奖励学习成绩优秀的学生或者资助经济困难的学生。

第三十三条　职业学校、职业培训机构举办企业和从事社会服务的收入应当主要用于发展职业教育。

第三十四条　国家鼓励金融机构运用信贷手段，扶持发展职业教育。

第三十五条　国家鼓励企业、事业组织、社会团体、其他社会组织及公民个人对职业教育捐资助学，鼓励境外的组织和个人对职业教育提供资助和捐赠。提供的资助和捐赠，必须用于职业教育。

第三十六条　县级以上各级人民政府和有关部门应当将职业教育教师的培养和培训工作纳入教师队伍建设规划，保证职业教育教师队伍适应职业教育发展的需要。

职业学校和职业培训机构可以聘请专业技术人员、有特殊技能的人员和其他教育机构的教师担任兼职教师。有关部门和单位应当提供方便。

第三十七条　国务院有关部门、县级以上地方各级人民政府以及举办职业学校、职业培训机构的组织、公民个人，应当加强职业教育生产实习基地的建设。

企业、事业组织应当接纳职业学校和职业培训机构的学生和教师实习；对上岗实习的，应当给予适当的劳动报酬。

第三十八条　县级以上各级人民政府和有关部门应当建立、健全职业教育服务体系，加强职业教育教材的编辑、出版和发行工作。

第五章　附　　则

第三十九条　在职业教育活动中违反教育法规定的，应当依照教育法的有关规定给予处罚。

第四十条　本法自1996年9月1日起施行。

案例链接

❶《洋县运输有限责任公司与白光英等劳动争议纠纷上诉案》，参见北大法宝引证码：Pkulaw.cn/CLI.C.159648。

❷《耿家明诉上海第九化学纤维厂下岗争议案》，参见北大法宝引证码：Pkulaw.cn/CLI.C.630。

学者观点

❶ 蔡吉恒：《广东省就业促进立法的有益尝试》，参见北大法宝引证码：Pkulaw.cn/CLI.A.053294。

【就业前培训】

法律问题解读

就业前培训（也叫从业前培训）是指针对社会经济市场的需求，帮助初次求职者、下岗失业者提高就业和再就业能力进行职业知识、技能水平的一种培训。主要是由各类职业学校、就业训练中心、社会力量办学等机构来完成。

就业前培训的任务是：根据社会发展的需要和劳动力市场的需求，组织青年求职者和失业人员，参加以就业和再就业为目的的培训。这种培训是按照职业技能标准的要求，结合生产工作岗位的实际需要，采取不同的形式进行的，经过必要的职业道德、专业理论、职业技能等方面的培训，使他们掌握一定的职业技能，为他们竞争就业或上岗创造条件。

就业前培训的主要对象包括：城乡新生劳动力，下岗失业人员，需重新换岗的企业富余人员，城镇就业的剩余人员，其他上岗前需要提高职业技能的劳动者。

就业前培训应注意以下问题：

1. 以市场需求为导向。由于就业前培训以市场需求为依据，与劳动就业紧密结合，所以能够有针对性地确定培训内容，合理安排计划，选择专业，使劳动者增强就业竞争能力，满足社会需要。

2. 具有较强的灵活性。就业前培训在形式上灵活，可联合培训、委托培训、定向培训；机构上灵活，可企业培训，社会力量办学机构培训，就业训练中心培训；时间上灵活，可脱产培训、半脱产培训、业余时间培训；教学手段灵活，可采用自学、函授、广播、电视教学等远程培训，也可以集中培训，模块式教育等。

为了提高就业能力，劳动者在就业前可到相应的职业培训机构，有针对性地进行某种职业技能的培训。根据有关规定，各地训练中心对下岗、失业人员培训费用实行部分减免的优惠政策。

法条指引

❶《中华人民共和国劳动法》（1994 年 7 月 5 日　国家主席令第 28 号）

第六十六条　国家通过各种途径，采取各种措施，发展职业培训事业，开发劳动者的职业技能，提高劳动者素质，增强劳动者的就业能力和工作能力。

第六十七条　各级人民政府应当把发展职业培训纳入社会经济发展的规划，鼓励和支持有条件的企业、事业组织、社会团体和个人进行各种形式的职业培训。

❷《中华人民共和国职业教育法》（1996 年 5 月 15 日　国家主席令第 69 号）

第十九条　政府主管部门、行业组织应当举办或者联合举办职业学校、职业培训机构，组织、协调、指导本行业的企业、事业组织举办职业学校、职业培训机构。

国家鼓励运用现代化教学手段，发展职业教育。

第二十条　企业应当根据本单位的实际，有计划地对本单位的职工和准备录用的人员实施职业教育。

企业可以单独举办或者联合举办职业学校、职业培训机构，也可以委托学校、职业培训机构对本单位的职工和准备录用的人员实施职业教育。

从事技术工种的职工，上岗前必须经过培训；从事特种作业的职工必须经过培训，并取得特种作业资格。

❸《就业训练规定》（1994 年 12 月 9 日　劳动部［1994］490 号）

第一章　总　　则

第一条　为了规范和推动就业训练工作，提高劳动者的职业技能，促进就业，根据有关法律、法规的规定，制定本规定。

第二条　就业训练是指对下列人员组织开展的提高职业技术和就业能力的培训：

（一）为城乡初次求职的劳动者提供就业前训练；

（二）为失业职工和需要转换职业的企业富余职工提供转业训练；

（三）为向非农产业转移及在城镇就业的农村劳动者提供转业训练；

（四）为妇女、残疾人、少数民族人员及复转军人等特殊群体人员提供专门的就业训练。

第三条　就业训练应与职业介绍、失业保险、劳动就业服务企业等劳动就业服务工作紧密结合，统筹安排。

第四条　就业训练由劳动行政部门所属劳动就业服务机构组织实施。

第五条　本规定适用于劳动部门和非劳动部门组织开展的就业训练。

第二章　组织与管理

第六条　就业训练应根据劳动力市场需求及用人单位的要求设置专业和确定培训标准，按照培训标准和接受培训人员的素质状况确定培训期限。

第七条　对参加就业训练的各类人员实行公开报名、自选专业、考核发证、择优推荐就业。

第八条　就业训练应采取多层次、多形式、多渠道的培训方式，以实际操作技能为主，同时进行必要的专业知识和职业指导及其他内容的培训。

第九条　未接受过职业培训的求职人员，以及需要转换职业的城乡劳动者，应在就业或上岗前接受必要的就业训练。

6 个月以上的长期失业职工，应参加劳动就业服务机构指定的转业训练。

第十条　就业训练单位应与学员签订培训合同。其内容包括培训专业、时间、费用、教学实习、考核发证、违约责任等条款。

第十一条　就业训练单位应根据培训标准制定教学计划和大纲，按照教学计划和大纲组织教学。

就业训练应采用劳动部组织审定的就业训练统编教材，或采用劳动就业服务机构及其就业训练中心组织编审的教材。

第十二条　就业训练单位应利用劳动就业服务信息网络获取和传递培训与用人信息。

第十三条　劳动就业服务机构应在劳动行政部门的领导下制定就业训练规划并组织实施，统筹规划就业训练中心的布局和规模，管理与指导就业训练中心和非劳动部门办就业训练工作，并定期组织检查评估。

第三章　就业训练中心

第十四条　就业训练中心是在各级劳动行政部门领导下，由劳动就业服务机构管理和指导的就业训练实体，属事业单位。

第十五条　就业训练中心的职责：

（一）贯彻执行有关劳动就业和职业培训的法律、法规和政策；

（二）组织就业训练、转业训练的教学与实习；

（三）开展教学研究，编写教材和教学资料；

（四）法律、法规规定的其他职责。

第十六条　县级以上就业训练中心的开办、停办，须报当地人民政府批准，并报上一级劳动行政部门备案。

第十七条　就业训练中心实行主任负责制。就业训练中心主任应具有大专以上文化程度，有教学、管理经验及其相应的任职资格。

第十八条　就业训练中心应建立健全各项规章制度，实行目标管理责任制。

第十九条　就业训练中心应在教学管理、训练方法、训练质量等方面发挥示范作用。

第二十条　就业训练中心应根据需要，自建或联办实习场地，也可利用劳动就业服务企业作为实习场地。

第二十一条　就业训练中心应积极创造条件，建立职业技能鉴定站（所），并按有关规定组织开展职业资格鉴定工作。

第二十二条　就业训练中心应根据专业设置需要，配备专、兼职教师。专业理论课教师应具有大专及以上文化程度，实习指导教师应达到中级以上技术水平。

第二十三条　就业训练中心应组织教师参加业务学习和培训，提高教师的素质。

第二十四条　就业训练中心教职工的职称评定和工资福利待遇等，按对技工学校教职工的有关规定执行。

第二十五条　就业训练中心应建立健全财务制度，配备财会人员，设置专户管理就业训练经费。

第四章　非劳动部门办就业训练

第二十六条　非劳动部门办就业训练是指企事业单位、社会团体、机关和个人等开展的就业训练活动和举办的就业训练实体。

第二十七条　非劳动部门办就业训练应具有与训练规模和专业（工种）设置相适应的教学场地、设施、教师和管理人员；有相应的工作规章和管理制度；培训质量应符合社会需要和用人单位的要求。

第二十八条　非劳动部门办就业训练必须经当地县级以上劳动就业服务机构核准，并领取“就业训练资格证”。“就业训练资格证”由省、自治区、直辖市劳动就业服务机构在劳动行政部门监督下，统一印制。

第二十九条　非劳动部门就业训练单位因故更名、换址、停办，须向核准发证机关报告，并办理相应的手续。

第三十条　非劳动部门就业训练单位刊播、张贴招生广告，须经当地劳动就业服务机构核准后，按有关规定办理。有条件的劳动就业服务机构可按有关规定申请建立就业训练广告代理机构，承担就业训练广告的核准与代理工作。

第三十一条　非劳动部门就业训练单位应定期向当地劳动就业服务机构报告工作情况，按规定填报统计报表，并接受其政策、业务的指导和监督检查。

第三十二条　对非劳动部门办就业训练实行资格年检制度。

第三十三条　非劳动部门就业训练单位结业的学员，享有同就业训练中心结业学员同等的参加职业资格鉴定和择优推荐就业的权利。

第五章　考核与发证

第三十四条　就业训练考核分为结业考核和职业资格鉴定。

第三十五条　结业考核标准按照培训标准确定。获得结业证书的学员，职业介绍机构凭证择优推荐就业。

第三十六条　职业资格鉴定标准按照国家颁布的标准执行。劳动就业服务机构应与当地职业技能鉴定指导中心建立固定联系，组织就业训练结业学员按有关规定参加职业资格鉴定。

第三十七条　就业训练结业证书由省、自治区、直辖市劳动就业服务机构统一印制，县级以上劳动就业服务机构颁发；职业资格证书由劳动部统一印制，县级以上劳动就业服务机构在劳动行政部门的监督指导下按有关规定颁发。

第六章　经　　费

第三十八条　就业训练经费的主要来源：

（一）地方政府预算安排的就业经费中的就业训练费；

（二）失业保险基金中的转业训练费；

（三）地方发展教育基金中职业技术教育经费的一部分；

（四）按规定从学员和委托训练单位收取的就业训练费；

（五）其他来源。

就业经费中用于就业训练的费用一般不应少于30%；当年收缴的失业保险费中用于转业训练

的费用原则上不应少于15%。

第三十九条 就业训练收费标准由当地劳动行政部门商物价部门确定。

第四十条 就业训练经费的主要开支项目：

（一）就业训练中心开展就业训练的补贴；

（二）失业职工和特别困难学员就业训练补贴；

（三）就业训练中心添置教学和实习设备；

（四）组织编写教材、教学大纲、电化教学资料等；

（五）表彰和奖励就业训练单位、教职工和学员；

（六）组织学员参加技能竞赛和文体活动；

（七）支付聘用教职工的工资；

（八）就业训练的其他费用。

第四十一条 第三十八条（一）、（二）、（三）项经费主要用于就业训练补贴。补贴标准应根据学员的训练专业、训练期限、实习费用和培训设施、固定资产折旧等主要指标，并按照培训合同和结业人数报表，由劳动就业服务机构确定。

经劳动就业服务机构审核，非劳动部门就业训练单位可以开展对失业职工的转业训练，并可给予相应的补贴。

第四十二条 就业训练经费必须专款专用，结余部分可结转下年度继续使用。

第四十三条 各地劳动就业服务机构应建立健全就业训练经费管理制度和内部审计制度，并接受当地财政、审计部门的检查监督。

第七章 罚 则

第四十四条 就业训练单位不按规定与学员签订培训合同或违反合同的，由劳动行政部门责令改正；对学员造成损害的，应当承担赔偿责任。

第四十五条 就业训练单位违反物价部门规定超标准收费的，由劳动行政部门或有关部门责令改正，并没收其非法所得；情节严重的，由劳动行政部门或有关部门处以罚款。

第四十六条 对挤占、平调就业训练中心场地、设备、资金或改变隶属关系，影响其正常训练工作的，由上一级劳动行政部门或有关部门责令改正；情节严重的，给予单位主管人员和直接责任者以行政处分。

第四十七条 对违反第二十八条规定，擅自开展就业训练活动的，由劳动行政部门责令限期改正；逾期不改的，由劳动行政部门责令停办，并可处以罚款。

第四十八条 对贪污、截留、挪用就业训练经费的单位主管人员和直接责任者，由劳动行政部门给予行政处分；构成犯罪的，依法追究刑事责任。

第四十九条 对以非法手段骗取或冒领就业训练补贴的单位主管人员和直接责任者，由劳动行政部门或有关部门给予行政处分，并可处以罚款；构成犯罪的，依法追究刑事责任。

第八章 附 则

第五十条 省、自治区、直辖市劳动行政部门可根据本规定制定实施办法，并报劳动部备案。

第五十一条 本规定自1995年1月1日起施行。1985年9月14日劳动人事部发布的《关于就业训练若干问题的暂行办法》、1988年4月7日劳动人事部发布的《关于加强就业训练中心工作意见》同时废止。

❹《关于贯彻落实中共中央国务院关于进一步做好下岗失业工人再就业工作若干问题的意见》（2002年11月25日 劳动部等）（略）

【学徒培训】

法律问题解读

学徒培训是指对首次进入某个工种接受专业知识与操作的培训，一般由师傅在生产现场直接教授。

学徒培训是我国实行很早的一种传统培训，通过家长或师傅将一门专业技能传授给后人与徒弟，在较长时期内学徒培训是我国技能传授的主要途径。

学徒培训不仅是我国的传统培训方式，在世界许多国家也都采用。如德国、法国、加拿大、新加坡等。各国对学徒培训都有不同的规定。我国各行业主管对本行业内各工种学徒期限、培训目标，培训形式及转正、定级考核办法都做出了规定。1990年，劳动部颁布了《工人考核条例》对学徒的期满考核、转正考核、换岗考核做出了更明确规定，并要求持证上岗。1996年劳动部会同国务院45个行业主管部门对原有技术标准进行修订，编制了《中华人民共和国工种分类目录》，目录对各工种的学徒期限作了具体的要求。随着企业改革的深入，传统的学徒培训逐步被新型的现代培训所替代，企业组织高新技能培训、名师带徒活动，为学徒培训制度注入了新的生命。

法条指引

❶《中华人民共和国职业教育法》（1996年5

月 15 日　国家主席令第 69 号）

第十四条　职业培训包括从业前培训、转业培训、学徒培训、在岗培训、转岗培训及其他职业性培训，可以根据实际情况分为初级、中级、高级职业培训。

职业培训分别由相应的职业培训机构、职业学校实施。

其他学校或者教育机构可以根据办学能力，开展面向社会的、多种形式的职业培训。

第二十条　企业应当根据本单位的实际，有计划地对本单位的职工和准备录用的人员实施职业教育。

企业可以单独举办或者联合举办职业学校、职业培训机构，也可以委托学校、职业培训机构对本单位的职工和准备录用的人员实施职业教育。

从事技术工种的职工，上岗前必须经过培训；从事特种作业的职工必须经过培训，并取得特种作业资格。

第二十八条　企业应当承担对本单位的职工和准备录用的人员进行职业教育的费用，具体办法由国务院有关部门会同国务院财政部门或者由省、自治区、直辖市人民政府依法规定。

第二十九条　企业未按本法第二十条的规定实施职业教育的，县级以上地方人民政府应当责令改正；拒不改正的，可以收取企业应当承担的职业教育经费，用于本地区的职业教育。

❷**《工人考核条例》**（1990 年 7 月 12 日　劳动部）

第七条　学徒（培训生）学习期满和工人见习、试用期满时，须经转正定级考核。经考核合格发给相应的《技术等级证书》或者《岗位合格证书》或者《特种作业人员操作证》之后，方能上生产工作岗位独立操作，并根据其思想政治表现、生产工作成绩和实际技能按照国家有关规定确定工资等级。考核不合格者准予延期补考。补考仍不合格者应当解除劳动合同或者调换其他工作。学徒、见习、试用期各方面表现优秀的，可以提前进行转正定级考核。

❸**《中华人民共和国工种分类目录》**（1992 年劳动部发布）（略）

【特种作业人员培训】

法律问题解读

特种作业是指容易发生人员伤亡事故，对操作者本人、他人和周围设施的安全有重大危害的作业。特种作业人员培训是对从事特种作业的人员所进行本工种相适应的、专门的安全技术理论学习和实际操作训练。

根据国家规定对于电气、起重、锅炉、受压容器、焊接、车辆驾驶、爆破、瓦斯检验等特殊工种的工人，必须进行专门的安全操作技术训练、经考试合格后，才能准许上岗操作。1991 年实施的《特种作业人员安全技术培训考核管理规定》，对特种作业人员的范围、条件、培训、考核和发证、复审等工作，都做出了具体的规定。凡是在特种作业岗位工作的人员，都必须按要求到指定的培训机构参加培训，经考试合格取得特种作业操作证后方能上岗。特种作业操作证，每两年复审一次。连续从事本工种 10 年以上的，经用人单位进行知识更新教育后，复审期可延长至 4 年一次。特种作业人员安全培训经费可由用人单位承担，特种作业人员未按规定进行培训并取得操作证的，可责令限期整改，逾期未改的，责令停产整顿，并可处 2 万元以下的罚款。

法条指引

❶**《中华人民共和国安全生产法》**（2002 年 6 月 29 日）

第二十三条　生产经营单位的特种作业人员必须按照国家有关规定经专门的安全作业培训，取得特种作业操作资格证书，方可上岗作业。

特种作业人员的范围由国务院负责安全生产监督管理的部门会同国务院有关部门确定。

第七十九条　承担安全评价、认证、检测、检验工作的机构，出具虚假证明，构成犯罪的，依照刑法有关规定追究刑事责任；尚不够刑事处罚的，没收违法所得，违法所得在 5000 元以上的，并处违法所得 2 倍以上 5 倍以下的罚款，没有违法所得或者违法所得不足 5000 元的，单处或者并处 5000 元以上 2 万元以下的罚款，对其直接负责的主管人员和其他直接责任人员处 5000 元以上 5 万元以下的罚款；给他人造成损害的，与生产经营单位承担连带赔偿责任。

对有前款违法行为的机构，撤销其相应资格。

第八十二条　生产经营单位有下列行为之一的，责令限期改正；逾期未改正的，责令停产停业整顿，可以并处 2 万元以下的罚款：

（一）未按照规定设立安全生产管理机构或者配备安全生产管理人员的；

（二）危险物品的生产、经营、储存单位以及矿山、建筑施工单位的主要负责人和安全生产管理人员未按照规定经考核合格的；

（三）未按照本法第二十一条、第二十二条的规定对从业人员进行安全生产教育和培训，或者未按照本法第三十六条的规定如实告知从业人员有关的安全生产事项的；

（四）特种作业人员未按照规定经专门的安全作业培训并取得特种作业操作资格证书，上岗作业的。

❷《中华人民共和国劳动法》（1994 年 7 月 5 日）

第五十五条 从事特种作业的劳动者必须经过专门培训并取得特种作业资格。

❸《中华人民共和国职业教育法》（1996 年 5 月 15 日 国家主席令第 69 号）

第二十条 企业应当根据本单位的实际，有计划地对本单位的职工和准备录用的人员实施职业教育。

企业可以单独举办或者联合举办职业学校、职业培训机构，也可以委托学校、职业培训机构对本单位的职工和准备录用的人员实施职业教育。

从事技术工种的职工，上岗前必须经过培训；从事特种作业的职工必须经过培训，并取得特种作业资格。

❹《中华人民共和国国家标准特种作业人员安全技术考核管理规则》（1985 年 8 月 16 日 GB5306—85）（略）

案例链接

❶《上海市某某教育进修学院诉孙某某劳动合同纠纷案》，参见北大法宝引证码：Pkulaw. cn/CLI. C. 202719。

❷《中国核工业第二二建设公司与曾庆财工伤事故损害赔偿纠纷上诉案》，参见北大法宝引证码：Pkulaw. cn/CLI. C. 29709。

【特殊群体培训】

法律问题解读

特殊群体培训是指对社会弱势群体人员的培训，包括妇女培训、残疾人培训等。

1. 特殊群体培训与普通培训比较有以下特点

（1）专业设置要有针对性。

（2）培训方式要有适应性。

（3）培养竞争就业的自信心。

2. 特殊群体的职业培训政策

（1）平等参与：妇女及残疾人应享有与其他人一样的培训机会，各培训机构招生工作中，应坚持男女平等的录取原则。技校应按《技工学校招生体检标准》及执行细则的补充规定，录取符合条件的学生。残疾人职业培训也应纳入各类学校的培训范围。凡是参加技能鉴定考核合格的，应颁发相应的职业资格证书，并与其他人一样享有同等上岗、就业的权利。

（2）扶持宣传：结合推行劳动预备制度，鼓励与扶持妇联等单位创办女子职业学校，开设建立女性的专业，建立农村实用技能培训，加强农村妇女实用技术培训。使他们掌握种植、养殖等技能，尽快脱贫。鼓励残疾人参加各类技能大赛，提高残疾人自强不息的精神，宣传特殊群体培训好的单位，宣传妇女、残疾人中的能工巧匠，激励他们学技能的热情。根据《残疾人教育条例》有关规定，对困难残疾人培训费用可适当减免。

法条指引

❶《中华人民共和国职业教育法》（1996 年 5 月 15 日 国家主席令第 69 号）

第七条 国家采取措施，发展农村职业教育，扶持少数民族地区、边远贫困地区职业教育的发展。

国家采取措施，帮助妇女接受职业教育，组织失业人员接受各种形式的职业教育，扶持残疾人职业教育的发展。

❷《中华人民共和国残疾人保障法》（1990 年 12 月 28 日 国家主席令第 36 号）

第十八条 国家保障残疾人受教育的权利。

各级人民政府应当将残疾人教育作为国家教育事业的组成部分，统一规划，加强领导。

国家、社会、学校和家庭对残疾儿童、少年实施义务教育。

国家对接受义务教育的残疾学生免收学费，并根据实际情况减免杂费。国家设立助学金，帮助贫困残疾学生就学。

第二十条 残疾人教育，实行普及与提高相结合、以普及为重点的方针，着重发展义务教育和职业技术教育，积极开展学前教育，逐步发展高级中等以上教育。

第二十四条 政府有关部门、残疾人所在单位和社会应当对残疾人开展扫除文盲、职业培训和其他成人教育，鼓励残疾人自学成才。

❸《残疾人教育条例》（1994 年 8 月 23 日　国务院令发布）

第二十三条　各级人民政府应当将残疾人职业教育纳入职业教育发展的总体规划，建立残疾人职业教育体系，统筹安排实施。

第二十四条　残疾人职业教育，应当重点发展初等和中等职业教育，适当发展高等职业教育，开展以实用技术为主的中期、短期培训。

第二十五条　残疾人职业教育体系由普通职业教育机构和残疾人职业教育机构组成，以普通职业教育机构为主体。

县级以上地方各级人民政府应当根据需要，合理设置残疾人职业教育机构。

第二十六条　普通职业教育学校必须招收符合国家规定的录取标准的残疾人入学，普通职业培训机构应当积极招收残疾人入学。

第二十七条　残疾人职业教育学校和培训机构，应当根据社会需要和残疾人的身心特性合理设置专业，并根据教学需要和条件，发展校办企业，办好实习基地。

第二十八条　对经济困难的残疾学生，应当酌情减免学费和其他费用。

❹《关于发展特殊教育的若干意见》（1989 年 5 月 4 日　国务院令发布）（略）

❺《中国妇女发展纲要》（2001 年 5 月 22 日）（略）

❻《就业训练规定》（1994 年 12 月 9 日　劳部发〔1994〕490 号）

第二条　就业训练是指对下列人员组织开展的提高职业技术和就业能力的培训：

（一）为城乡初次求职的劳动者提供就业前训练；

（二）为失业职工和需要转换职业的企业富余职工提供转业训练；

（三）为向非农产业转移及在城镇就业的农村劳动者提供转业训练；

（四）为妇女、残疾人、少数民族人员及复转军人等特殊群体人员提供专门的就业训练。

【企业职工培训】

法律问题解读

企业职工培训是指企业通过企业培训中心或相应的职业培训机构，按照工作需要对企业职工进行思想政治、职业道德、操作技能、管理知识、技术业务等方面的教育和训练活动。劳动部、国家经贸委发布的《企业职业培训规定》对企业职工培训的管理、实施、培训、保障都提出了具体的要求。

企业职工培训的组织形式主要有如下几种：由企业自身的职工培训机构承担；企业与社会其他各类职业培训机构共同承担；企业委托其他职业培训机构承担，企业提供相应的经费和部分培训设备。

企业职工培训针对不同的要求有不同的培训内容。技术等级培训是按国家职业技能标准为依据，使职工掌握某一职业的专业知识和实操技能，这种培训突出技能训练，从生产岗位实际和企业技术的需要出发，按需施教，重点提高职工本岗位的工作能力和技能水平，将时间、教学与生产结合起来。岗位培训：是根据岗位规范要求而进行的取得上岗、晋升资格的培训，这种培训从实际出发，有较强的针对性和实用性。岗位练兵：是指在作业现场对职工实施以提高生产服务技能和工作能力的训练活动，既可以按国家职业标准进行岗位练兵，也可以根据企业生产需要或者参加技能竞赛活动而进行的练兵。转岗转业培训：是为需要转岗人员进行的一种专门训练，这种培训有针对性，因人施教，尽量满足转岗人员的就业愿望和社会的需求。

随着社会的发展，企业培训要建立起企业人事、劳资、教育三位一体的管理体制，实现“培训、考核、使用、待遇”四结合的运行机制。培训的人才结构要合理；高、中、低技能队伍要搭配适当，保证企业需求。培训形式可多样化：自主培训，联合教学，网络教育，多媒体教学等。

企业职工培训经费可按照企业职工工资总额的 1.5%～2.5%提出，用于企业各类职工培训，也可从企业利润留成中提取一定比例作为职工培训经费，当年结余的可结转到下一年使用。经县级以上人民政府批准，劳动保障部门和经济综合管理部门，可对不按国家规定提取和使用职工培训经费，开展职工培训的企业，征收一定比例的职工培训经费，用于组织联合培训或扶持公共培训机构承担缴费企业的职工培训任务。

对于企业不按规定组织职工培训的；强令未经培训职工上岗作业的；将培训经费挪做他用的；政府劳动保障行政部门或经济综合管理部门应对企业法人给予批评教育，责令改正；对职工不服从安排参加培训企业或违反规章扰乱职工培训正常进行的，企业可以给予行政处分。

法条指引

❶《中华人民共和国职业教育法》（1996 年 5 月 15 日 国家主席令第 69 号）

第二十条 企业应当根据本单位的实际，有计划地对本单位的职工和准备录用的人员实施职业教育。

企业可以单独举办或者联合举办职业学校、职业培训机构，也可以委托学校、职业培训机构对本单位的职工和准备录用的人员实施职业教育。

从事技术工种的职工，上岗前必须经过培训；从事特种作业的职工必须经过培训，并取得特种作业资格。

第二十八条 企业应当承担对本单位的职工和准备录用的人员进行职业教育的费用，具体办法由国务院有关部门会同国务院财政部门或者由省、自治区、直辖市人民政府依法规定。

第二十九条 企业未按本法第二十条的规定实施职业教育的，县级以上地方人民政府应当责令改正；拒不改正的，可以收取企业应当承担的职业教育经费，用于本地区的职业教育。

❷《企业职工培训规定》（1996 年 10 月 30 日 劳部发［1996］370 号）

第一章 总 则

第一条 为规范企业职工培训工作，提高职工队伍素质，增强职工的工作能力，根据《劳动法》、《职业教育法》、《企业法》和《公司法》，制定本规定。

第二条 本规定适用于中华人民共和国境内的企业和职工。

第三条 本规定所称职工培训是指企业按照工作需要对职工进行的思想政治、职业道德、管理知识、技术业务、操作技能等方面的教育和训练活动。

第四条 企业职工培训应以培养有理想、有道德、有文化、有纪律、掌握职业技能的职工队伍为目标，促进企业职工队伍整体素质的提高。

企业职工培训应贯彻按需施教、学用结合、定向培训的原则。

第五条 各级政府劳动行政部门负责本地区企业职工培训工作，各级政府经济综合部门负责本地区企业管理人员培训工作。

第六条 行业主管部门负责指导协调本行业职工培训工作，依法制定本行业职工培训规划、组织编写职工培训计划、大纲、教材和培训师资。

第七条 社会团体、群众组织、公共培训机构，可根据企业需要自愿承担职工培训任务。

第二章 企业和职工的责任

第八条 企业应建立健全职工培训的规章制度，根据本单位的实际对职工进行在岗、转岗、晋升、转业培训，对学徒及其他新录用人员进行上岗前的培训。

第九条 企业应将职工培训列入本单位的中长期规划和年度计划，保证培训经费和其他培训条件。

第十条 企业应将职工培训工作纳入厂长（经理）任职目标和经济责任制，接受职工代表大会和上级主管部门的监督与考核。

第十一条 企业应结合劳动用工、分配制度改革，建立培训、考核与使用、待遇相结合的制度。

第十二条 企业对经批准参加脱产培训半年以内的职工，应发放基本工资、奖金及相关福利待遇（双方另有约定的可除外）。

第十三条 国有大中型企业高层管理人员应按照国家有关规定参加职业资格培训，并在规定的期限内取得职业资格证书。

从事技术工种的职工必须经过技术等级培训，参加职业技能鉴定，取得职业资格证书（技术等级证书）方能上岗。

从事特种作业的职工，必须按照国家规定经过培训考核，并取得特种作业资格证书方能上岗。

第十四条 参加由企业承担培训经费脱产、半脱产培训的职工，应与企业签订培训合同。

培训合同应明确培训目标、内容、形式、期限、双方的权利和义务以及违约责任。

第十五条 企业应按照培训合同的规定，保证职工的学习时间，创造必要的学习条件，发挥所学专长。

第十六条 职工应按照国家规定和企业安排参加培训，自觉遵守培训的各项规章制度，并有义务向本企业其他职工传授所学的知识和技能。

第十七条 职工应履行培训合同规定的各项义务，服从单位工作安排，搞好本职工作。

第十八条 由企业出资（有支付货币凭证）对职工进行文化技术业务培训的，当该职工提出与企业解除劳动关系时，已签订培训合同的按培训合同执行；未签订培训合同的按劳动合同执行。因培训费用发生争议的，按国家有关劳动争议处理的规定处理。

第三章 培训保障

第十九条 企业可以根据需要，单独或联合设立职工培训机构并报企业主管部门备案，也可以委托社会公共培训机构进行培训。

第二十条 企业应按国家有关规定配备职工培训专职教师和管理人员。

职工培训专职教师、管理人员的职称评定、职务聘任、晋级、调资、奖励、住房和生活福利等方面应与普通教育教学人员或专业技术人员同等对待。

第二十一条 企业应按照以下国家规定提取、使用职工培训经费：

（一）职工培训经费按照职工工资总额的1.5%计取，企业自有资金可有适当部分用于职工培训；

（二）职工培训经费应根据企业需要，安排合理比例用于职工技能培训；

（三）企业用于引进项目、技术改造项目的技术培训费用可以在项目中列支；

（四）工会用于职工业余教育的经费由各级工会掌握使用；

（五）企业职工培训经费应合理使用，当年结余的可结转到下一年使用。

第二十二条 企业可以对尊师重教的厂长、经理、教学成绩显著的职工培训机构和岗位成才的优秀职工进行表彰奖励。

第二十三条 经县以上地方人民政府批准，劳动行政部门、经济综合部门可对不按国家规定提取和使用职工培训经费、开展职工培训的企业，征收一定比例的职工培训经费，用于组织联合培训，或扶持公共培训机构承担缴费企业的职工培训任务。

第四章 罚　　则

第二十四条 企业违反本规定有下列行为之一的，由政府劳动行政部门或经济综合部门对直接责任者和企业法定代表人给予批评教育，责令改正：

（一）不按国家规定组织开展职工培训的；

（二）侵占职工培训校舍，损害培训教师或管理人员正当利益，影响培训工作正常进行的；

（三）强令未经培训的职工上岗作业的；

（四）不按国家规定使用培训经费或将培训经费挪作他用的。

第二十五条 职工违反本规定有下列行为之一的，由企业给予批评教育，经教育拒不改正的，可以给予行政处分：

（一）无故不服从单位安排参加职工培训的；

（二）严重违反单位规章制度，扰乱职工培训正常进行的；

（三）破坏职工培训校舍、仪器设备的。

第二十六条 企业和职工不履行培训合同规定义务的，应当承担违约责任。

第二十七条 承担职工培训任务的培训机构违反本规定，有下列情形之一的，由政府劳动行政部门或经济综合部门给予批评教育，情节严重的可取消培训资格：

（一）教学管理混乱，培训质量不高，考核质量低劣的；

（二）侵害受培训职工权益，情节严重的；

（三）违反国家规定乱办班、乱收费、乱发证的；

（四）截留、挪用培训经费的。

第五章 附　　则

第二十八条 企业职工参加取得国家承认的学历证书、职业资格证书的培训，应按国家有关规定执行。

第二十九条 本规定由劳动部、国家经济贸易委员会根据职责分工负责解释。

第三十条 本规定自颁布之日起实行。

案例链接

❶《周淑珍与中国航空技术进出口广州公司劳动合同纠纷上诉案》，参见北大法宝引证码：Pkulaw. cn/CLI. C. 107648。

❷《郜红谱与郑州市钻石精密制造有限公司其他合同纠纷上诉案》，参见北大法宝引证码：Pkulaw. cn/CLI. C. 188122。

学者观点

❶ 冯其江：《劳动法有关职工培训的思考》，参见北大法宝引证码：Pkulaw. cn/CLI. A. 025117。

【职业培训机构】

法律问题解读

职业培训机构是指主要承担并完成技术技能人才的培养任务，向社会输送有一定技能水平劳动者的培训机构。我国的职业培训机构包括技工学校、就业训练中心、综合培训基地及培训集团、社会力量办学、企业职工培训中心等。

职业培训机构主要任务是根据劳动力市场的

需求，有针对性的承担各类职业培训任务。其面对的主要对象是：初次求职人员，下岗职工和失业人员，在职人员，转岗转业人员，出国劳务人员，境外就业人员，个体劳动者，农村向非农产业转移的人员和农业劳动者，需要特殊培训的妇女，残疾人，其他需要提高和掌握职业技能的劳动者。

法条指引

❶《中华人民共和国职业教育法》（1996 年 5 月 15 日 国家主席令第 69 号）

第十七条 县级以上地方各级人民政府应当举办发挥骨干和示范作用的职业学校、职业培训机构，对农村、企业、事业组织、社会团体、其他社会组织及公民个人依法举办的职业学校和职业培训机构给予指导和扶持。

第十八条 县级人民政府应当适应农村经济、科学技术、教育统筹发展的需要，举办多种形式的职业教育，开展实用技术的培训，促进农村职业教育的发展。

第十九条 政府主管部门、行业组织应当举办或者联合举办职业学校、职业培训机构，组织、协调、指导本行业的企业、事业组织举办职业学校、职业培训机构。

国家鼓励运用现代化教学手段，发展职业教育。

第二十条 企业应当根据本单位的实际，有计划地对本单位的职工和准备录用的人员实施职业教育。

企业可以单独举办或者联合举办职业学校、职业培训机构，也可以委托学校、职业培训机构对本单位的职工和准备录用的人员实施职业教育。

从事技术工种的职工，上岗前必须经过培训；从事特种作业的职工必须经过培训，并取得特种作业资格。

第二十一条 国家鼓励事业组织、社会团体、其他社会组织及公民个人按照国家有关规定举办职业学校、职业培训机构。

境外的组织和个人在中国境内举办职业学校、职业培训机构的办法，由国务院规定。

第二十二条 联合举办职业学校、职业培训机构，举办者应当签订联合办学合同。

政府主管部门、行业组织、企业、事业组织委托学校、职业培训机构实施职业教育的，应当签订委托合同。

第二十三条 职业学校、职业培训机构实施职业教育应当实行产教结合，为本地区经济建设服务，与企业密切联系，培养实用人才和熟练劳动者。

职业学校、职业培训机构可以举办与职业教育有关的企业或者实习场所。

第二十四条 职业学校的设立，必须符合下列基本条件：

（一）有组织机构和章程；

（二）有合格的教师；

（三）有符合规定标准的教学场所、与职业教育相适应的设施、设备；

（四）有必备的办学资金和稳定的经费来源。

职业培训机构的设立，必须符合下列基本条件：

（一）有组织机构和管理制度；

（二）有与培训任务相适应的教师和管理人员；

（三）有与进行培训相适应的场所、设施、设备；

（四）有相应的经费。

职业学校和职业培训机构的设立、变更和终止，应当按照国家有关规定执行。

第二十五条 接受职业学校教育的学生，经学校考核合格，按照国家有关规定，发给学历证书。接受职业培训的学生，经培训的职业学校或者职业培训机构考核合格，按照国家有关规定，发给培训证书。

学历证书、培训证书按照国家有关规定，作为职业学校、职业培训机构的毕业生、结业生从业的凭证。

【技工学校】

法律问题解读

技工学校是培养技术人才的主要基地，是职业培训工作的主要力量。

技工学校主要培养对象是初中毕业生，一般学制三年，培养目标是中级技术工人。技工学校主要特点是在教学过程中，将理论知识及实际操作相结合，教学实习与科研生产相结合，学历教育与职业资格证书相结合，形成了多层次、多元化、多功能的职业培训体系。技工学校现已遍布机械、电子、航空、电力、石油、冶金、建筑、铁路等 30 多个系统行业，是我国职业教育的重要组成部分。

为了适应社会主义市场经济体制和劳动制度改革的要求，1989 年劳动部提出了《关于深化技工学校改革的意见》，将技工学校计划招生改为自主招生，毕业生由分配就业改为自主择业，学校在劳动行政部门指导监督下，自行组织报名录取，并可招收乡镇、农村青年。毕业生进入劳动力市场，通过双向选择就业，并实施了毕业证书和技术等级证书制度，成为企业录用的重要依据。

随着经济的发展和技术进步的要求，高级技工学校在国家级重点技工学校的基础上诞生和发展起来。高级技工学校招生对象为技校毕业生和在职技工，学制 2—3 年，主要培养高级职业技能人才和生产实习指导教师。目前高级技工学校已从试点走向健康发展的轨道，为培养高级技能人才作出重要贡献。

法条指引

❶《技工学校工作条例》（1986 年 11 月 11 日劳人培［1986］22 号）

第一章　总　　则

第一条　为了贯彻执行《中共中央关于教育体制改革的决定》中的有关规定，适应国民经济和社会发展的需要，进一步办好和发展技工学校，特制定本条例。

第二条　技工学校是培养技术工人的中等职业技术学校，是国家职业技术教育事业的重要组成部分，属于高中阶段的职业技术教育，它必须贯彻执行党和国家的教育方针，面向现代化，面向世界，面向未来，不断提高教学质量，把学生培养成为合格的中级技术工人，做到多出人才、出好人才，为国民经济和社会发展服务。

第三条　技工学校在完成培养中级技术工人任务的前提下，应当根据需要和可能，积极承担多种培训任务，包括在职工人（含班组长）的提高培训、专业培训，待业青年的就业培训，学徒的技术培训等。

第四条　技工学校培养中级技术工人的具体要求是：思想政治方面：培养学生爱祖国、爱人民、爱劳动、爱科学、爱社会主义、讲文明、懂礼貌、守纪律、有良好的职业道德，有为国家富强和人民富裕而艰苦奋斗的献身精神。操作技术方面：培养学生熟练地掌握本工种（专业）的基本操作技能，完成本工种（专业）中级技术水平的作业，养成遵守操作规范和安全生产、文明生产的习惯。文化技术知识方面：培养学生扎实地掌握本工种（专业）中级技术所需要的文化和技术理论基础知识，具有一定的分析和解决问题的能力。身体方面：重视体育锻炼，使学生具有健康的身体。

第五条　技工学校的学制，应根据培养目标，招生对象的不同，分别确定。培养中级技术工人，主要招收初中毕业生，学制为三年（个别工种（专业）确有需要的，可以招收高中毕业生，经省、自治区、直辖市劳动人事部门批准，学制为一至二年）。

第六条　技工学校的招生计划，分别由国务院各主管部门和各省、自治区、直辖市劳动人事厅、局（劳动局）会同计（经）委、教育部门提出，经劳动人事部汇总平衡，报国家计划委员会列入国民经济和社会发展计划，同时抄报国家教育委员会。技工学校招生，坚持德智体全面考核、择优录取的原则。

第七条　技工学校毕业生的分配办法，必须进一步改革。改革的方向是把国家统包统配改为按“三结合”方针就业。当前，要实行在国家计划指导下，由学校推荐，用人单位择优录用的制度，既应面向全民所有制单位，也应面向集体所有制单位。

第八条　技工学校由劳动人事部在国家教育委员会指导下进行综合管理。在省、自治区、直辖市的技工学校由省、自治区、直辖市劳动人事厅、局（劳动局）综合管理。省、自治区、直辖市教育委员会负责统筹协调。

第二章　学校设置

第九条　发展技工学校应统筹规划，合理布局，根据经济建设和社会发展的需要，采取多种形式办学，主要是：各级产业部门办；各级劳动人事部门办；厂矿企、事业单位办；有关部门、单位联合办；鼓励集体所有制单位办；

第十条　技工学校的办学规模和工种（专业）设置，从经济和社会发展需要出发，由办学主管部门核定，规模不宜过小，在校学生一般不应少于 200 人，工种（专业）设置，应以操作技术复杂，技术业务知识要求高的为主；为增强学生就业后的适应能力，不宜划分过细。

第十一条　技工学校应该具备的办学条件是：按照选拔干部的原则和劳动人事部颁发《技工学校机构设置和人员编制标准暂行规定》，设置机构，配备教职工和实习工厂（场、店）工作人员；有稳定可靠的经费来源；有同办学规模、工种（专业）设置相适应的校舍、实习实验场所、设备、体育活动场地、有切实可行的教学计划、教学大纲、教材和图书资料。

第十二条 技工学校的开办、调整、撤销，由国务院各部门办的，在商得有关省、自治区、直辖市劳动人事、教育部门同意后，由国务院有关主管部门批准；属于地方办的，由省、自治区、直辖市劳动人事部门会商教育部门，由劳动人事部门审查，报省、自治区、直辖市人民政府批准；以上均应报劳动人事部备案。已经批准开办的技工学校不准改为中等专业学校或其他性质的学校。

第十三条 技工学校必须把社会效益作为衡量工作的根本标准，应当加强校际之间的横向联系，开展专业化协作。在培训方面，各校应取长补短，进行工种（专业）的合理分工和协作，保持主要工种（专业）的相对稳定，有关教学、实习和实验、文体活动等要相互配合。在生产经营方面，各校应在平等协商，自愿互利的原则下，开展灵活多样的相互支援与协作，可以在校际之间自行联系挂钩，也可以按地区、行业组织起来定期协商交流，还可以成立校际之间的松散联合组织，开展生产协作，劳动人事部门要加强指导。

第三章 文化、技术理论与生产实习教学

第十四条 技工学校的教学，必须着重操作技能的训练；并紧密围绕培养目标，安排必要的文化与技术理论基础课程。

第十五条 技工学校的教学，必须根据国务院各有关主管部门制定和颁发的教学计划、教学大纲进行，学校应按照教学计划、教学大纲的要求，编制学期的、月份的生产（业务）实习教学计划和文化、专业技术理论课的学期教学进度计划，教师应编制学期授课计划和课时授课计划。对于上述教学计划、教学大纲，学校可以根据地区和企业的不同特点，做必要的调整，课时的调整幅度一般可占总课时的15%左右。

第十六条 技工学校的生产（业务）实习教学，是培养学生掌握操作技能的主要手段，学生的生产（业务）实习，应尽可能结合生产（业务工作）进行。可以在校办工厂实习，也可以下厂（车间、工地、店堂）实习，生产（业务）实习教学的内容，应包括基本功训练和综合课题训练。基本功训练和综合课题训练，一般应在校办实习工厂（场、店）采用课堂教学形式进行，学校应根据所设工种（专业）建立实习工厂（场、店），配备实习设备。对于不便于建立实习工厂的工种（专业），应加强实验、模拟教学、组织学生下厂实习的，学校应事先同企业商订出生产（业务）实习教学工作计划，力求做到定课题、定学时、定岗位、定师傅、定期考核和定期轮换实习岗位。

第十七条 技工学校专业技术理论课的教学，应同本工种（专业）操作技能训练密切结合，其他课程的教学，也应坚持理论联系实际，并注意各课之间的配合与协调。技工学校应建立专课教室、实验室、图书馆（室），并根据教学需要，不断充实仪器、教具、图书、教学资料和有关技术资料，并积极创造条件，逐步实施电化教学。

第十八条 技工学校应建立、健全学生学业成绩考核制度，认真进行平时考查，学期、学年和毕业考试。

第十九条 技工学校应按照工种（专业）和课程的不同，建立教学研究组、教学研究组应制订执行教学计划、教学大纲的措施，研究教学内容和教学方法，积极采用先进教学手段，总结交流教学经验和开展业务学习。

第二十条 技工学校领导人员应把主要精力放在教学工作上，通过听课，参加教学研究、检查学生作业和实习工件、召开师生座谈会等，深入了解教学情况，提出改进措施。

第四章 思想政治教育

第二十一条 技工学校的学生、教职工和实习工厂（场、店）工作人员的思想政治工作，必须大力加强。应当认真开展社会主义精神文明建设的教育，加强对学生进行马列主义基本知识教育、共产主义教育、职业道德教育、时事政策教育、法制教育。应当结合形势、任务，针对思想实际，寓思想教育于教学活动之中，培养学生成为有理想、有道德、有文化、有纪律的技术工人。教师要身教重于言教，应当表彰不愧于为人师表的教职人员，克服不良倾向。

第二十二条 对思想性质的问题，必须采取民主讨论的方法、说理的方法、批评和自我批评的方法去解决，必须采取教育和疏导的方法去解决。

第二十三条 在技工学校党组织的领导下，充分发挥共青团、学生会和工会的作用，开展适合青年特点和教职工需要的有益身心健康的活动。

第二十四条 技工学校应建立、健全学生的品德考核制度，做好学生操行评定工作，这种评定一个学期进行一次，由班主任考察学生的表现，听取各方面的意见，写出评语，评语要实事求是，鼓励上进。

第五章 学　　生

第二十五条 技工学校学生必须按时入学办

理入学注册手续，遵守学籍管理制度。

第二十六条　技工学校学生应当发扬勤工俭学的精神；努力学习，不断上进；应当尊敬师长，遵纪守法，遵守《技工学校学生守则》和学校的规章制度。对于在道德品质、学习、生产劳动等方面表现优秀的学生，应该分别情况，给予表扬、记功和奖励，可以颁发奖状和发给一定的奖品，对于违犯纪律又屡教不改的学生，应该分别情节轻重，给予警告、严重警告、记过、留校察看、责令退学直至开除学籍的处分。处分学生，应该经过校务会议讨论，由校长批准执行。责令学生退学和开除学生学籍，应报主管部门和当地劳动人事部门备案。

第二十七条　技工学校按国家计划招收的学生，实行助学金和奖学金相结合的办法。

第二十八条　技工学校应引导和帮助学生建立、健全学生会组织、培养学生自己管理自己的能力。学生会和共青团及其班级组织，应协助学校领导和教师做好学生的思想工作；推动学生好好学习，遵纪守法；组织学生开展课余学习、文体活动、公益劳动；管好学生宿舍；做好社会工作。

第二十九条　学生学习期满，经过课程结束考试、操行考核和毕业考试，成绩合格者，准予毕业，发给毕业证书。毕业考试成绩有两门课程不及格或操行成绩不及格的，不能毕业，发给结业证书。

第六章　教　　师

第三十条　技工学校的教师，按照《技工学校教师职务试行条例》的规定，逐步实行聘任制。

第三十一条　技工学校教师应当认识时代和人民的要求，努力提高自己的思想道德素质和业务素质，做到为人师表，关心和爱护学生，认真钻研教学业务，改进教学方法，提高教学质量，完成教育、教学任务。

第三十二条　技工学校教师的任课时数，根据所任课程、年级的不同分别确定。担任生产（业务）实习课的，根据技工学校人员编制标准的有关规定，按负责一个实习教学班确定；担任文化、技术理论课和其他各门课程的，一般按每周12至16课时安排。

第三十三条　技工学校必须认真执行党的知识分子政策，调动教师的教学积极性，充分发挥教师在教学中的主导作用，学校领导者要从政治上关心教师，帮助教师解决工作和生活中的困难和问题，保证教师有充分的时间用于教学工作。

学校应切实加强对教师的培训和业务进修工作，生产实习课指导教师要努力达到能教本工种（专业）的工艺理论课；技术理论课教师应掌握一定的实际操作技能，应支持和鼓励教师积极参加教学研究和学术讨论活动。

第三十四条　技工学校应按学期或学年做好教师的考核工作，对于在工作中做出显著成绩的教师，要给予表扬和奖励；对于有特殊成绩和突出贡献的教师，可以提前晋职。对于失职和违犯纪律的教师，应给予批评教育以至降职、解聘。

第七章　实习工厂（场、店）管理

第三十五条　技工学校的实习工厂（场、店）应统筹安排实习教学任务和生产经营活动，既要保证完成教学计划，又要通过生产经营，增加学校收益。

第三十六条　技工学校实习工厂（场、店）必须根据生产实习教学的要求制订实施计划，安排好学生的基本操作技能训练，尽可能减少纯消耗性的实习，应当防止发生脱离实习教学，单纯追求产值利润的偏向。必须积极掌握技术信息资料、及时改进实习教学和生产经营管理。学校主管部门和办学单位，应帮助学校实习工厂（场、店）开拓生产业务门路，疏通供销渠道，解决实习教学和生产经营所需要的原材料，物资、设备等问题，实习工厂（场、店）要建立、健全原材料、物资、设备等各项管理制度，严格实行岗位责任制，应注意采用和推广新技术、新工艺和先进操作法，鼓励师生员工开展技术革新和发明创造。对改革、创新确有成效的，应给予表扬和奖励，实习工厂（场、店）要实行单独核算，严格执行财经纪律。学校承担生产任务和经营业务，必须严格履行所签订的经济合同，按照国家规定的标准生产和检验产品，保证产品质量和经营服务质量。

第三十七条　技工学校实习工厂（场、店）必须切实改善劳动条件，完善防护设备，严格执行安全操作规程，做好劳动保护工作。

第八章　行政工作

第三十八条　技工学校可以试行校长负责制。校长是学校的行政领导人，全面负责学校的教学、生产等各项工作。学校应该建立、健全校务会议制度，校务会议由校长主持，副校长、各部门负责人和其他有关人员参加，讨论学校计划、总结和其他重要问题。学校应该建立、健全教职工大会或教职工代表会议制度、教职工大会或教职工代表会议是教职工行使民主权利，参加学校管理的重要形式。

第三十九条 技工学校的后勤工作要明确树立为教学和生产经营服务、为师生员工服务的思想，关心群众生活，办好公共食堂，搞好集体福利，做好卫生保健，绿化美化环境工作，管理好学生宿舍和学校的各种物资、设备。

第四十条 技工学校的食堂要实行民主管理，健全管理制度、定期公布账目，杜绝贪污浪费，努力改善伙食，注意饮食营养卫生。

第四十一条 技工学校应建立独立的财务机构，经费由主办单位按照规定的程序、经费开支渠道和标准拨给，由学校支配使用。学校要配备财会人员，健全财务制度，遵守财经纪律。一切开支必须精打细算，厉行节约。

应建立技工学校基金制度，具体办法按照劳动人事部、财政部《关于在技工学校建立学校基金制度的联合通知》办理。

第四十二条 技工学校的领导干部，要模范地执行党的方针政策，遵守党纪国法，努力学习政治理论和学校管理知识，认真总结经验，研究技工教育的规律，不断改进领导作风和领导方法，把学校切实办好。

第九章 附 则

第四十三条 各省、自治区、直辖市劳动人事厅、局（劳动局）和国务院各有关部门，可以参照本条例制定实施细则。

第四十四条 本条例自一九八七年一月一日起实行，一九七九年二月二十日原国家劳动总局颁发的《技工学校工作条例（试行）》同时废止。

❷《关于深化技工学校教育改革的决定》
（1993年9月29日 劳部发［1993］255号）

各省、自治区、直辖市及计划单列市劳动（劳动人事）厅（局），国务院有关部、直属机构劳动部门及计划单列企业集团：

大力发展和办好技工学校是开发劳动者职业技能，提高劳动者素质，发展和完善劳动力市场的有效途径。近年来，通过改革，技工学校教育有了很大发展。为更好地适应建立社会主义市场经济体制和劳动制度改革的要求，现就深化技工学校教育改革有关问题作如下决定，请结合本地区、部门的实际情况执行。

一、改革的基本方针和目标

要以党的“十四大”精神和《中国教育改革与发展纲要》为指针，使技工学校的办学条件有较大改善，培训规模有较大发展，适应市场需要的应变能力不断增强，管理水平、培训质量和效益有显著提高。

为满足社会各种人才的需要和企业在岗人员继续提高的要求，各地区、各部门，要在巩固、提高现有办学水平的同时，有计划地、积极地发展新的技工学校。鼓励企业、事业单位、社会团体、民主党派和个人开办技工学校，提倡办学条件好的学校同未办校的企业、事业单位联合办学，使技工学校总体规模有较大发展，不断满足社会需要。

技工学校要按照劳动力市场的需求，拓展培训领域，服务于全社会。在以培训中级技术工人为目标的基础上，有条件的也可培养高级技术工人、企业富余人员或社会急需的其他各类人员。

二、学校自主招生，毕业生自主择业

技工学校招生计划由指令性改为指导性。每年的招生计划由学校根据社会需要和办学条件，商主管部门确定后，报劳动部门汇总，由劳动部下达指导性计划。

技工学校招生，逐步实行在劳动行政部门监督下，由学校自行组织报名、考试、评卷、录取新生的办法。招生时间可按企业需要和市场需求确定。

技工学校除招收城镇青年或接受乡镇企业委托的培训任务外，可根据当地经济发展需要，适当扩大招生范围。招收的农村青年毕业后被企业录用的，允许将其户口迁往企业所在地的城镇落户。

技工学校应尽量扩大委托培训和定向培养的比例，努力做到与劳动力市场紧密结合。已同企业签定培养合同的，学生在企业实习期间应按学徒工待遇由企业发给劳保用品及生活补贴，毕业按合同规定办理。未同企业签订培养合同的，毕业后由学校推荐，用人单位择优录用或通过职业介绍所登记，自主择业。其中，优秀毕业生，本人志愿继续升学的，可由学校和当地劳动部门推荐报考职业技术学院。

三、根据需要，合理确定专业设置及学制

技工学校要根据社会需要和国家即将颁发的《技工学校专业目录》中关于专业名称、培养目标和年限的基本要求，合理确定专业设置、培养目标和学制。国家统一规定的专业，教学计划、大纲、教材要按国家原则规定执行，学生毕业时发技工学校毕业证书。

四、落实学校自主权，增强学校活力

技工学校实行校长负责制。主管部门要放权给所属学校，使其成为独立自主的办学实体。

——除国家统一规定的专业外，学校有权根

据劳动力市场的需求和《工人技术等级标准》的要求，自行确定专业设置、培养目标（操作人员和管理人员）、学制、招生人数、教学计划、大纲、专业教材、毕（结）业证书（注明修业期限）的发放以及推荐毕业生就业。

——学校有权在国家规定的人员编制范围内，确定内部机构设置、中层干部的聘任，教师、职工的录用与辞退，专业技术职务的评聘。

——学校有权根据工资总额或包干经费以及按规定提取的部分收入，确定内部工资、奖金的分配形式、额度以及其他福利待遇。

——学校有权在国家政策允许的范围内开办企业，开展勤工俭学和筹集资金，自行确定经营方式和经营范围。

——技工学校教育属非义务教育，学校有权按国家规定向学生收取学费，学费标准由学校所在地人民政府审定。学校有权接受国家和企业的拨款、投资、使用各种贷款，按规定进行社会集资，接受港澳同胞和海外侨胞捐资、赠款和物质资助。

——学校有权拒绝违反国家规定的各种摊派。任何部门不得以任何借口提取学校的创收、收费、集资等经费收入或冲销拨给学校的正常经费。

五、深化教学改革，提高教学质量

提高教学质量是技工学校教学改革的核心。学校要逐步建立适应社会主义市场经济体制，符合技能培训特点和教学规律，具有竞争活力的教学制度。

继续加强和改进学校思想政治工作和德育工作，充实其内容，改进形式与方法。德育教育要以思想品德和职业道德为主导，同时增加企业管理意识、产品质量观念、效益观念等内容。对学生要加强党的基本路线教育、爱国主义、集体主义和社会主义思想教育，以及近代史、现代史和国情教育，引导学生运用马克思主义的立场、观点、方法认识现实问题。提倡教书育人、管理育人、服务育人。把建设严谨、优良的校风、学风落实到实处。

以《国家职业技能标准》或《工人技术等级标准》为基本依据，积极进行课程设置、教学内容、教学方法的改革，促进教学质量的提高。

理论课课程设置要适应操作技能培训的需要。教学内容以应用知识为主。注重启发式和直观教学，培养学生独立思考和解决实际问题的能力。

生产实习课要突出基本技能训练，实行每生一岗或轮流在模拟装置上操作。要把学生的基本技术训练同直接参加生产密切结合起来，不断提高学生的实际操作技能。

学校要充分利用人才、知识密集和有一定生产设备等有利条件，大力发展校办企业，开展勤工俭学。学校办企业要从实际出发，并在国家政策允许的范围内经营。校办企业人员一般应在学校现有人员中调剂解决。学校在保证完成教学任务的前提下，可分流出一部分行政人员和教师从事科技开发或创办经济实体。在校办企业工作的教师，其教师待遇不变。

六、转变政府职能，加强管理与服务

各级劳动行政部门在人民政府领导下对各类技工学校（含分校、技工班）行使综合管理的职能，按照宏观管住、管好，微观放开、搞活的原则，加强对技工学校的管理与服务。

——确定学校发展目标，健全学校审批制度。各省、自治区、直辖市劳动行政部门和国务院有关行业管理部门，要根据实际情况确定技工学校发展的目标和重点，合理规划或调整学校布局，总结推广先进经验；根据国家规定，审查技工学校的办学条件，严格学校审批制度，确保技工学校的办学水平。

——学校主管部门要逐步增加对技工学校的投入和正常经费额度，保证学校教学工作的进行。

——组织审定教材。劳动行政部门和国务院有关行业主管部门要按照《技工学校教材审定办法》的有关规定，组织审定教材，并向技工学校推荐。

——国家建立技工学校评估制度，各级劳动行政部门要定期做好技工学校评估工作。

——实行技工学校校长任职资格证书制度。各级劳动行政部门和行业主管部门要有计划地分期分批对校长进行培训，使其尽快达到任职资格要求和取得资格证书。

——加强教师队伍建设。实行技工学校教师资格证书制度和考核制度。搞好教师培训工作，劳动行政部门要充分利用和发挥现有职业技术师范学院（教师进修学院、教师培训中心、高级技工学校等）的有利条件和积极性，组织好教师培训和开展地区间教师培训的协作。各地区、各部门应根据需要抓好教师培训基地建设，增加经费和人员投入，扩大培训规模，提高培训质量，并特别注意生产实习指导教师的培养与提高。同时，要建立兼职教师的聘任制度。

——严格毕业生质量考核（双证书）制度。技工学校学生按计划完成学业后，由学校组织考试，成绩合格的，发给毕业证书；技术等级考核由当地技能鉴定站（所）进行，考核合格的，由考核组织发给技术等级证书。学生毕业证书和技术等级证书是推荐就业和企业择优录用并确定技能工资的主要依据。

——要做好信息服务工作。各级劳动部门要建立信息网络，为本地区技工学校提供人才需求信息、校办企业产品供销信息和教学与教改等信息，促进学校的改革与发展。

❸《高级技工学校设置标准》（1997 年 12 月 10 日 劳部发［1997］351 号）（略）

❹《关于加快技工学校改革工作的通知》（2000 年 5 月 12 日 劳社高发［2000］10 号）（略）

【就业训练中心】

法律问题解读

就业训练中心是指劳动部门为待业人员和其他求职人员提高职业技能，增强就业能力的培训基地，是职业培训体系中的一个重要组成部分。

就业训练中心发展时间不长，是从 20 世纪 80 年代初，在劳动服务公司的基础上产生发展起来的。并与劳动服务公司，职业介绍服务机构并列，成为就业服务的三大支柱。就业训练中心以独特的训练方法，发挥了提高就业人员技能水平，储备社会劳动力的职能，在职业教育、引导就业、提高再就业能力方面都起到促进作用。

就业训练中心实行面向社会，公开招收学员、自选专业、择优推荐就业的原则。就业训练中心一般学习期限不长，简单熟练工学习 3 个月，技术较强的生产岗位一般学习 6 个月至 1 年，学习结业后经专业知识和操作技能考核，合格者发给《就业训练结业证书》。培训结业后，就业训练中心可组织学员申请职业技能鉴定，鉴定合格后，可发给相应等级的《职业资格证书》。

就业训练中心是由各级劳动部门举办的，目的主要为了直接解决就业压力和就业矛盾而开展培训。就业训练中心的特点主要有：它不是学历教育单位，学期较短；培训以单项技能为主，促进学员尽快就业；学习结束只发结业证书和职业资格证书，没有毕业证书。

经过多年发展，就业训练中心已具规模，实力增强，由过去只对失业、下岗、转业、待业青年培训，发展到对所有劳动者的技能训练，全面落实“先培训、后上岗，先培训、后就业”的政策，是职业培训中不可或缺的培训实体。

法条指引

❶《就业训练中心管理规定》（1991 年 2 月 25 日 劳力字［1991］13 号）

第一章 总 则

第一条 根据中华人民共和国宪法第四十二条“国家对就业前的公民进行必要的劳动就业训练”的规定，为巩固和发展就业训练基地，加强就业训练中心管理，促进职业技术教育事业的发展，更好地为国民经济发展和劳动就业服务，制定本规定。

第二条 本规定所称就业训练中心是指劳动部门为城镇待业人员和其他求职人员提高职业技能、增强就业能力而举办的职业技术教学实体。它包括劳动部门办的职业技术学校和职业技术培训中心。

县、区以上就业训练中心是从事就业训练的事业单位。

第三条 就业训练中心是职业技术教育的重要组成部分，是实施劳动就业服务的重要手段。就业训练中心要坚持为劳动就业服务的方向，搞好与职业介绍、生产自救、待业保险之间的相互衔接，促进劳动就业服务体系的健全和完善。

第四条 就业训练中心的基本任务是培养具有社会主义觉悟，有一定专业技能和良好职业道德的劳动者，为开发利用城乡劳动力资源服务，并承担劳动部门赋予的其他就业训练任务。

第五条 就业训练中心建设须纳入职业技术教育和劳动就业工作的发展规划，根据经济建设和社会发展需要，确立工作目标，制定方针、政策，选择训练方式。其基本建设项目应在地方基本建设中统筹安排。

第六条 社会和有关部门应当扶持就业训练中心的发展和建设，保护其合法权益，不得挤占、挪用、平调就业训练中心的财产，不得改变其隶属关系。

第七条 就业训练中心必须贯彻执行国家的方针、政策和法律、法规，坚持先培训后就业、先培训后上岗的原则。

第二章 开办与停办

第八条 开办就业训练中心应具备下列条件：

（一）有一定数量的教室和教学设备，并逐步配备适应新技术训练要求的现代化教学设施；

（二）有政治素质好、懂教学、会管理的领导班子和适应教学工作要求的教师队伍；

（三）有符合培养目标要求的教学计划、教学大纲和教材；

（四）有较为稳定的实习场地和相应的学习教学手段；

（五）有一定的经费来源。

第九条　县、区以上就业训练中心的开办、停办，由同级劳动部门申请，报当地人民政府批准，并报上一级劳动部门备案。

乡、镇、街道就业服务机构开办、停办就业训练班，由县、区劳动部门审批。

第三章　行政管理

第十条　就业训练中心在劳动部门领导下，可委托就业服务机构进行管理、指导和监督检查。

第十一条　就业训练中心实行主任负责制，主任全面负责就业训练中心的工作。

第十二条　就业训练中心应当建立健全目标管理、教学管理、实习管理、招生、考试、考核、发证、推荐就业、学员学籍管理、实习厂（店）经营管理、财务管理、训练年度计划及年报统计、思想政治工作和奖惩等项规章制度。

第四章　教学管理

第十三条　就业训练中心招收学员，实行面向社会，公开招生，自愿报名，自选专业，自费就学的原则。学员结业后不包分配，择优推荐就业。

第十四条　就业训练中心根据当地经济建设和社会发展的需要，因地制宜设置专业。为适应社会用工需求，其专业设置应具有较大的灵活性。

第十五条　就业训练中心应根据专业（工种）和就业要求确定训练期限，实行长短结合。简单劳动岗位上的熟练工，训练期限一般不少于3个月；一般技术岗位上的熟练工，训练期限不少于6个月；技术性较强的生产岗位上的技工，训练期限要在1年或1年以上。

第十六条　就业训练中心的教学工作，必须坚持理论联系实际，以操作技能训练为主，组织好生产实习教学。

第十七条　就业训练中心根据教学要求和经济条件，可自建或联办生产实习基地，并逐步形成以劳动就业服务企业为骨干，以用工单位为依托的较为稳定的生产实习基地。

第十八条　就业训练中心应以教学育人为宗旨。把思想政治教育放在教学管理的重要位置；对学员进行共产主义理想教育、就业观念教育、职业道德教育和法制教育；把学员的思想品德和学习表现作为推荐就业的重要依据。

第十九条　就业训练中心为用工单位进行定向训练或委托训练，应与用工单位签订训练合同，规定双方的责任、权利和义务，并认真履行合同。

第二十条　就业训练中心应积极开展以提高教学质量为重点的教研活动。

第五章　师资与教材

第二十一条　就业训练中心应建立专职、兼职相结合，以兼职为主体的教师队伍。专业理论课教师应具有大专以上文化水平，实习指导课教师应达到中级技工以上技术水平。

第二十二条　就业训练中心的人员编制，由地方劳动部门根据实际需要，报请同级编制部门审定。人员经费，按原劳动人事部《关于加强就业训练中心工作的意见》［劳人培（1988）3号］规定的范围执行。

第二十三条　就业训练中心教职工的职称评定、职务聘任、工资、教龄津贴和其他福利待遇等，按国务院工资制度改革小组《关于技工学校教职工工资制度改革问题的通知》［国工改（1985）29号］、中央职称改革工作领导小组“关于转发《技工学校教师职务试行条例》及《实施意见》的通知”［职改字（1986）第48号］的有关规定办理。

第二十四条　就业训练中心聘用兼职教师，应与被聘者及其所在单位签订聘用合同，其内容应包括被聘者的职责、待遇、聘用期限和违约责任及其处理办法等。

第二十五条　就业训练中心应采用劳动部编审的全国统编教材。省、地、市就业训练中心还可组织力量编写适合本地区经济发展需要的专业技术教材。

第六章　考核与发证

第二十六条　就业训练中心对就业训练期满的学员进行专业技术知识和操作技能的考试、考核。对考核合格者，发给《就业训练结业证书》。结业证书由省、自治区、直辖市就业服务机构统一印制。

第二十七条　就业训练中心组织训练结业的学员参加当地工人技术考核委员会的专业技术等级考核。对考核合格者，发给《工人技术等级证书》。

第七章　经　　费

第二十八条　就业训练中心的经费来源，实行国家扶持和自筹相结合的原则。主要是：

（一）主办单位扶持；

（二）就业经费中用于就业训练的部分；

（三）就业服务机构补助；

（四）生产经营收入；

（五）收取的训练费；

（六）待业职工保险基金中用于转业训练的部分。

第二十九条 就业训练中心可以实行有偿训练，可以结合教学开展生产经营活动，增加收入，改善办学条件。

第三十条 就业训练中心及其实习厂（店）的税收政策，在没有新的规定前，按照国家现行有关征免税收规定执行。

第八章 附 则

第三十一条 各省、自治区、直辖市劳动部门可根据本规定制定实施细则，并报劳动部备案。

第三十二条 本规定由劳动部负责解释。

第三十三条 本规定自颁发之日起施行。有关文件与本规定不一致的，按本规定执行。

【综合培训基地和培训集团】

法律问题解读

综合性职业培训基地是在改革现有的技工学校，就业训练中心以及企业的培训实体基础上，建立起来的一种兼有职业需求调查、职业培训、职业技能鉴定、职业指导等多功能，并与职业介绍紧密联系的综合性职业培训基地。为学员提供培训，鉴定，就业一体化服务。其充分体现培训与就业相结合，培训为就业服务的功能，并发挥辐射作用。

职业技能开发集团是依托社区、联合各类培训机构，实行劳动部门内部培训机构，鉴定机构与就业机构的联合运作的一种新型培训联合体。

综合性培训基地和培训集团，两者既有区别又有联系，综合培训基地是职业培训集团的构成单位，职业培训集团是将若干职业培训基地联合运作的组织形式。但集团也不完全是由职业培训综合基地构成。

职业培训综合基地和集团化，是经济发展和社会需求的产物，也是我国职业培训改革中的一项新成果。1996年，劳动部发出了《关于进行综合性职业培训基地建设的有关事项的通知》，在部分城市技工学校和就业训练中心开展综合性职业培训基地建设试点工作。建立以职业技能开发和就业部门为主，其他有关机构参与协调的工作机制，由劳动部门统筹规划在技工学校和就业训练中心建立综合基地的工作。使培训机构在承担原有培训任务的同时，实现资源共享，优势互补，提高培训规模。

实践证明，综合性培训基地和集团化建设，是实施培训和就业相结合的良好形式。现有技工学校，就业训练中心通过与培训机构，鉴定机构和职业介绍机构的联合，建立兼有职业需求预测，职业技能培训，职业技能鉴定，职业指导和职业介绍功能的综合性职业培训基地和培训集团，是我国职业培训改革的发展方向。

法条指引

❶**《关于贯彻实施职业教育法有关问题的通知》**（1996年6月6日 劳部发［1996］197号）（略）

❷**《关于进行综合性职业培训基地建设有关事项的通知》**（1996年6月3日 劳部发［1996］195号）

各省、自治区、直辖市劳动（劳动人事）厅（局）：

为使职业培训工作更好地适应劳动力市场的发展，针对劳动者就业的需要开展多层次、多形式的培训，并促进培训与就业紧密结合，现决定选择一批管理能力强、培训规模大办学质量高的政府部门主办的重点技工学校和就业训练中心，率先进行综合性职业培训基地（以下简称综合基地）建设的试点工作。现将有关事项通知如下：

一、各省、自治区、直辖市劳动（劳动人事）厅（局）应高度重视综合基地建设工作，将该项工作列入“九五”就业和职业技能开发工作的目标任务，按《综合性事业基地的基本要求》（附后），结合本地区实际情况选择试点，指导其制定具体方案并组织实施。

二、综合基地所在地区劳动部门要建立以职业技能开发和就业服务机构为主、其他有关机构参与的协调工作机制，统筹规划在技工学校、就业训练中心建立综合基地的工作，使其在承担原有培训任务的同时，实现资源共享、优势互补，提高培训规模效益。

三、各级劳动部门应帮助综合基地与职业介绍机构建立紧密联系，以使综合基地及时掌握劳动力市场需求信息，适时调整专业与课程设置，积极组织更多劳动者参加培训。具备条件的，可按有关规定经批准设立职业技能鉴定站和由职业介绍机构派出的内容职业介绍站，为接受培训者提供一体化服务。

四、建设综合基地的费用，应多渠道筹集。要积极争取当地财政支持和银行贷款，并可统筹考虑从其他奖金来源中获得支持。如根据承担在职工人培训的任务，按规定获得企业职工教育经费用的支持，以及企业和劳动者个人有偿培训费与各种社会资助等。按照有关规定的要求，承担享受失业保险的失业人员培训任务，可获得失业保险金中的转业训练费补贴。

五、综合基地所在地区劳动部门就组织管理人员开展必要的培训、交流和研讨。劳动部将利用国际合作项目和国内项目，为综合基地管理人员的培训、改善教学设施提供支持和服务，并通过天津职业技术师范学院为综合基地承担一定数量的实习指导教师进修、职业指导教师及后备教师培养任务。

请试点单位按综合基地的基本要求提交申请报告和实施方案，由省、自治区、直辖市劳动（劳动人事）厅（局）签署意见后于1996年6月30日前报劳动部，经劳动部批准后实施。被批准进行试点的单位保留原技工学校和就业训练中心的名称，并增挂“综合职业培训基础”的标牌，不改变原管理体制。

劳动部由职业技能开发司、就业司、职业技能鉴定中心联合组成试点工作指导小组，负责此项工作的统筹安排和指导协调。

❸**《关于加快技工学校改革工作的通知》**（2000年5月12日　劳社部发［2000］10号）（略）

案例链接

❶《周建新等与北京市翔宇中学与公司有关纠纷上诉案》，参见北大法宝引证码：Pkulaw. cn/CLI. C. 180119。

❷《海南吉信进出口公司长春分公司与长春市教育局变更主办单位及法定代表人、颁发民办学校办学许可证纠纷再审案》，参见北大法宝引证码：Pkulaw. cn/CLI. C. 104072。

【劳动预备制度】

法律问题解读

劳动预备制度是国家为提高劳动者素质对新生劳动力和其他求职人员建立和推行的一项新型培训就业制度。其基本内容是组织新生劳动力和其他求职人员在就业前接受1—3年的职业培训和职业教育，使其取得相应的职业资格或掌握一定的职业技能后，才能实现就业。

实行劳动预备制度的主要对象是城镇未能升学的初、高中毕业生；农村未能升学并准备从事非农业工作或进城务工的初、高中毕业生。各地还可根据实际情况引导城镇失业人员和企业下岗职工参加。

劳动预备制人员的培训，主要依靠社会各方面力量，利用现有教育资源，如技工学校、就业训练中心、社会其他培训机构、企业内培训中心，充分利用职业技术学院和职业学校，培养一批生产、服务等一线的专门人才，努力为就业服务。

劳动预备制培训原则上采取免试入学。进入各类职业学校学习的，应按国家或地方有关规定进行。培训内容根据市场需求，按职业标准进行职业技能和专业理论学习。培训时间根据所选专业确定，技术职业一般在2年以上，非技术职业一般在1年以上。培训形式可灵活多样，全日制，非全日制及学分制与学时制相结合，远程培训等。

劳动预备制人员培训经费，原则上由个人和用人单位承担，政府给予支持。用人单位委托培训机构进行的定向培训，费用在职工教育经费中开支。由学员个人缴纳培训费的，按当地职业学校和培训机构的收费标准执行。

劳动预备人员培训期满，进行考核或职业技能鉴定，合格者发给培训结业证或相应的职业资格证。取得相应证书后方可就业。

法条指引

❶**《关于积极推进劳动预备制度加快提高劳动者素质意见的通知》**（1999年6月27日　国办发［1999］60号）

国务院办公厅6月27日向各省、自治区、直辖市人民政府，国务院各部委、各直属机构发出通知（国办发［1999］60号），转发了劳动和社会保障部、教育部、人事部、国家计委、国家经贸委、国家工商总局《关于积极推进劳动预备制度加快提高劳动者素质的意见》，并要求认真贯彻执行。

随着我国经济建设和科学技术的快速发展，对劳动者素质的要求越来越高。目前存在相当多的劳动者职业技能素质较低的状况，难以适应经济和社会发展的需要，必须采取切实措施，加快提高劳动者素质。就业前的职业培训和职业教育是提高劳动者素质的重要环节。我国对新生劳动力就业前的职业培训和职业教育尚未形成完善的制度，初、高中毕业生，一般未经过必要的职业培训和职业教育就进入劳动力市场直接就业，不仅影响青年劳动者队伍整体素质的提高，而且也影响产品质量和劳动生产率的提高。实行劳动预备制度，对新生劳动力进行就业前职业培训和职业教育，使其掌握必要的职业技能后再进入就业岗位，对于提高青年劳动者素质，调节劳动力供求，缓解就业压力具有积极作用。近几年来，在部分城市进行的劳动预备制度试点，取得了一定成效，积累了一些经验。根据党的十五大提出的“把加速科技进步放在经济社会发展的关键地位，使经济建设真正转到依靠科技进步和提高劳动者素质的轨道上来”的要求，以及《中共中央、国务院关于切实做好国有企业下岗职工基本生活保障和再就业工作的通知》（中发［1998］10号）精神，为积极推进劳动预备制度，加快提高劳动者素质，现就有关问题提出如下意见：

一、普遍建立和实行劳动预备制度

（一）从1999年起，在全国城镇普遍推行劳动预备制度，组织新生劳动力和其他求职人员在就业前接受1—3年的职业培训和职业教育，使其取得相应的职业资格或掌握一定的职业技能后，在国家政策的指导和帮助下通过劳动力市场实现就业。

（二）实行劳动预备制度的主要对象是城镇未能继续升学的初、高中毕业生，以及农村未能继续升学并准备从事非农产业或进城务工的初、高中毕业生。对准备从事农业生产劳动的初、高中毕业生，各地可从本地实际出发，另行制定培训办法。各地还可根据实际情况引导城镇失业人员和国有企业下岗职工参加劳动预备制培训。

（三）参加劳动预备制人员，由就业服务机构纳入当地劳动力信息资源管理系统，根据国家就业方针和劳动力市场需求，组织双向选择，优先推荐就业，或指导组织起来就业和自谋职业，并为他们提供各种就业服务。

二、全面开展职业培训和教育

（一）充分利用现有教育、职业培训资源，广泛动员社会各方面的力量，搞好对劳动预备制人员的职业培训和职业教育。技工学校、就业训练中心和其他职业培训机构，要积极主动承担劳动预备制人员培训任务，培养社会各方面需要的适用人才；充分利用并进一步发展中等职业学校和职业技术学院等职业学校教育，培养生产、管理、服务等一线急需的专业；企业办的各类培养机构也要充分利用现有的培训设施，挖掘培训潜力，对尚未经过职业培训的职工进行岗位培训。

（二）根据劳动力市场需求，按照职业分类和职业技能标准，对劳动预备制人员进行职业培训和职业教育。

职业学校要根据市场需求设置专业，课程和教材要增强专业适应性，具有职业教育特色，实行产教结合，培养学生具有必要的理论知识和较强的实践能力，具有熟练的职业技能和适应职业变化的能力。

职业培训主要是进行职业技能和专业理论学习，并进行必要的文化知识学习和创业能力培训，同时进行职业道德、职业指导、法制观念等教育。培训时间根据学员文化基础和所选专业确定，技术职业（工种）一般应在2年以上，非技术职业（工种）一般应在1年以上。特殊职业（工种）的培训期限和内容，根据行业或企业要求，经有关部门核准后，可适当调整。

（三）对劳动预备制人员进行培训，在确保培训质量的前提下，可采取全日制、非全日制以及学分制与学时制相结合或远程培训等灵活多样的培训形式。各类培训机构要充分利用自身的实习基地，组织劳动预备制人员进行生产实习，开展勤工俭学，并组织其参加社区服务、公益劳动等社会实践活动。

三、严格实行就业准入控制

（一）劳动预备制人员培训或学习期满，取得相应证书后，方可就业。从事一般职业（工种）的，必须取得相应的职业学校毕业证书或职业培训合格证书。从事国家和地方政府以及行业有特殊规定职业（工种）的，在取得职业学校毕业证书或职业培训合格证书的同时，还必须取得相应的职业资格证书。从事个体工商经营的，也应接受必要的职业培训，其中从事国家规定实行就业准入控制职业（工种）的，必须在取得职业资格证书后方可办理开业手续。

（二）对未经过劳动预备制培训学习，或虽经劳动预备制培训学习，但未取得相应证书的人员，职业介绍机构不得介绍就业，用人单位不得招收录用。对违反规定招收、录用的单位，劳动保障监察机构要责令其改正，并要求未经培训学习的人员参加相应的劳动预备制培训学习，限期取得毕业证书、职业培训合格证书或职业资格证书。

对用人单位因特殊需要招用技术性较强，但当地培训机构尚未开展培训的特殊职业（工种）人员，经劳动保障部门批准后，可允许企业先招收再培训，取得相应职业资格后再上岗。

四、采取积极的扶持政策

（一）对参加劳动预备制人员培训所需经费，原则上由个人和用人单位承担，政府给予必要的支持。用人单位委托培训机构进行定向培训，其培训费可在职工教育经费中列支。对学员个人收取培训费，可参照当地职业学校和培训机构的收费标准执行。对家庭经济确有困难的，可酌情减免培训费用。

（二）参加劳动预备制的人员，进行职业培训原则上实行免试入学，需要经过文化考核和能力测试的，由当地政府确定，进入各类职业学校学习按国家或地方有关规定进行。学员经过劳动预备制基础文化学习后，可根据自身条件和社会需求确定参加不同职业（工种）的技能培训。

（三）对参加 1 年以上劳动预备制培训的人员，在报考各类中等职业学校时，同等条件下优先录取。

（四）对承担劳动预备制培训任务的职业学校、培训机构等实习基地，各地区和有关部门要给予必要的政策扶持。（五）对承担劳动预备制培训工作比较好的职业学校、培训机构等，经当地政府确定，可作为劳动预备制定点培训单位。可采取培训资格认定、培训项目招标、培训成果考核以及给予培训经费补贴等方式，促进劳动预备制培训工作的健康发展。

五、高度重视，加强领导，认真组织实施

（一）建立和实行劳动预备制度是实施科教兴国战略的一项重要措施，各级政府要高度重视，切实加强领导，要设立由主管负责人牵头，劳动保障、教育、人事、计划、经贸、财政、工商等部门组成的工作小组，开展调查研究，组织制定工作方案、扶持政策，落实培训经费，及时解决工作中出现的问题，并定期对本地区劳动预备制度的执行情况和培训工作情况进行督促检查。

（二）实行劳动预备制度，政策性强，涉及面广，各级政府的有关部门和社会有关方面要共同参与，密切配合，相互支持，大力推动。要充分发挥新闻媒介的舆论导向作用，切实做好推进劳动预备制度的宣传工作，动员社会各方面培训力量，组织广大初、高中毕业生参加劳动预备制培训，提高企业严格执行就业准入规定的自觉性。

❷《关于做好劳动预备制度宣传工作的通知》（1992 年 7 月 2 日　劳培司字［1997］33 号）（略）

❸《劳动预备制度培训基本要求（试行）》（1997 年 7 月 11 日　劳培司字［1997］35 号）（略）

❹《劳动和社会保障部关于进一步做好劳动预备制度试点工作的通知》（1998 年 8 月 12 日　劳社厅发［1998］7 号）（略）

❺《劳动预备制培训实施办法》（1999 年 9 月 20 日　劳社培就司发［1999］63 号）

为落实劳动预备制培训任务，根据《国务院办公厅转发劳动保障部等部门关于积极推进劳动预备制度加快提高劳动者素质意见的通知》（国办发［1999］60 号），制定本办法。

一、培训对象

（一）有劳动能力和就业愿意的城镇未能继续升学的初、高中毕业生。

（二）农村未能继续升学并准备从事非农产业工作或进城务工的初、高中毕业生。

（三）各地可以结合实际，引导组织准备从事农业生产劳动的初、高中毕业生以及城镇失业人员、企业下岗职工参加劳动预备制培训。

二、机构认定

根据当地培训任务的要求，通过申报、评估，认定一批办学条件好、培训质量高、专业设置合理的技工学校、就业训练中心或其他职业学校和培训机构为劳动预备制定点培训机构，并定期向社会公布定点培训机构的名称、地址、专业设置情况。

三、专业设置

（一）定点培训机构要根据经济发展和劳动力市场需求，依据国家职业分类，调整和优化专业结构，开设符合就业需求的培训专业。

（二）就业服务机构（包括乡镇劳动服务机构）要对城乡劳动力资源和用人单位用工需求进行调查，及时发布职业需求预测信息，指导定点培训机构合理设置培训专业。

四、培训招生

（一）劳动预备制培训对象凭初、高中毕业证书报名免试参加培训，各地可将劳动预备制培训登记报名与技工学校、就业训练中心招生结合进行。

（二）公共职业介绍机构以及乡镇劳动服务机构应开设专门窗口，公布劳动预备制培训专业，发布定点培训机构招生广告，指导和组织前来求职的初、高中毕业生参加劳动预备制培训。

五、培训期限

（一）根据培训对象和岗位需求，确定劳动预备制培训期限。城镇初中毕业生初级技能培训期限一般为1年以上，中级技能培训期限一般为2年以上；城镇高中毕业生中级技能培训期限一般为1年以上，高级技能培训期限一般为2年以上。特殊职业（工种）的培训期限，按国家有关规定执行；一般岗位新生劳动力的培训期限可适当缩短。

（二）已实现流动就业的农村劳动力可在就业地参加培训，培训的期限、内容和形式可根据城市用工需要或职业（工种）特点灵活掌握。

六、培训内容

（一）按照劳动预备制培训的基本要求设置培训课程，培训期限2年以下的课程采用基本素质、职业知识、专业技能和社会实践4个模块进行教学。

（二）国家规定的就业准入职工（工种）和通用工种培训，执行部颁劳动预备制培训计划、大纲，其他工种的培训计划、大纲，由各地遵照部颁培训计划、大纲自行制定。

（三）社会实践教学活动由各定点培训机构组织实施。

七、培训形式

（一）应届初、高中毕业生参加劳动预备制培训以全日制为主，其他人员可采取非全日制、学分制与学时制相结合或参加远程培训等形式。

（二）参加1年以上劳动预备制培训的初中毕业生，学习期满，经考试合格可直接转为技工学校学生，学习期限连续计算；参加1年以上劳动预备制培训的高中毕业生可参加高级技工学校学习。

（三）具备一定条件的定点培训机构，可与其他教育机构联合办学，多渠道、多层次培养人才。

八、培训证书

（一）劳动预备制培训人员学习期满，经考试合格，可获得劳动预备制培训合格证书；参加技术工种培训，取得劳动预备制培训合格证书后，经职业技能鉴定合格者可获得相应职业资格证书；达到中级技能水平的优秀学员，可通过相应考试，获得技工学校毕业证书。

（二）劳动预备制培训合格证书、职业学校毕业证书、职业资格证书是劳动预备制培训人员就业的凭证。

九、培训经费

（一）劳动预备制培训所需经费，原则上由个人和用人单位共同承担，政府给予必要的支持。

（二）定点培训单位对学员收取培训费，参照当地职业学校或培训机构的收费标准执行，对家庭经济确有困难的，可酌情减免培训费用；劳动保障部门举办的技工学校，根据招生人数，按当地生均经费标准向财政部门申请经费（技工学校经费科目）；用人单位委托定向培训的，从企业职工教育经费中提取一部分用于培训。

十、就业服务

（一）就业服务机构要把取得劳动预备制培训合格证书、职业学校毕业证书或职业资格证书的劳动预备制培训人员，纳入劳动力信息资源管理系统，根据国家就业方针和劳动力市场需求，组织双向选择，优先推荐就业。

（二）公共职业介绍机构要与劳动预备制定点培训机构建立定期联系制度，对学员进行职业指导，分析就业形势，指导就业方向，并提供存放档案等服务，指导和帮助学员组织起来就业和自谋职业。

【职业技能鉴定】

法律问题解读

职业技能鉴定是由考核机构对劳动者从事某种职业所应掌握的专业知识及实际操作能力作出客观评价的一项考核活动，属于标准参照型考试。按照法律规定，国家确定职业分类，对规定的职业制定技能标准，实施职业资格证书制度。由经过政府批准的考核鉴定机构负责对劳动者实施职业技能考核鉴定。这些机构对劳动者的水平和职业资格进行公正、科学、规范的评价。主要包括初、中、高级技术等级考核和技师、高级技师的资格考评。职业技能鉴定分为专业知识理论考试和实际操作技能考核两部分。因此，劳动者只要通过鉴定机构鉴定合格后取得职业资格证书，就获得了职业技能水平的凭证。

我国的职业技能鉴定制度是在工人技术等级考核的基础上发展起来的。1992年8月，劳动部发布了《中华人民共和国工种分类目录》，简化了等级结构，将传统的八级技术等级改造为初、中、高三级制。1993年劳动部颁布了《职业技能鉴定规定》，成为职业技能鉴定工作行政管理的主要依据。

职业技能鉴定规定与工人技术考核相比，有几个特点：一是依据的层次提高为国家法律，在

《劳动法》中有明确的规定；二是考核目的由单纯的企业内工资调整变为对劳动者技能水平的评价，为劳动者和用人单位服务；三是考核标准由工资标准直接对应的八级标准制发展成独立的三级标准制；四是考核对象由企业内部工人扩展到全社会有关人员；五是考核体系是行业内管理发展到政府指导下的社会化管理。因此，职业技能鉴定对提高我国劳动者素质有重要的意义。

凡是申请职业技能鉴定的人员，均可向当地职业技能鉴定机构申报。报名需持本人身份证、培训毕（结）业证、单位出具的工作年限证明等相关的资料。

法条指引

❶ **《中华人民共和国劳动法》**（1994 年 7 月 5 日　国家主席令第 28 号）

第六十七条　各级人民政府应当把发展职业培训纳入社会经济发展的规划，鼓励和支持有条件的企业、事业组织、社会团体和个人进行各种形式的职业培训。

第六十八条　用人单位应当建立职业培训制度，按照国家规定提取和使用职业培训经费，根据本单位实际，有计划地对劳动者进行职业培训。

从事技术工种的劳动者，上岗前必须经过培训。

第六十九条　国家确定职业分类，对规定的职业制定职业技能标准，实行职业资格证书制度，由经过政府批准的考核鉴定机构负责对劳动者实施职业技能考核鉴定。

❷ **《工人考核条例》**（1990 年 7 月 12 号　劳动部令第 1 号）

第一章　总　　则

第一条　为了考察工人的思想政治表现和生产工作成绩，鉴定实际技术业务水平，调动工人生产劳动和学习政治、技术业务的积极性，全面提高工人队伍素质，适应我国社会主义现代化建设的需要，制定本条例。

第二条　本条例适用于全民所有制企业、事业单位和国家机关。

第三条　国家实行工人考核制度。对工人的考核应当与使用相结合，并按照国家有关规定确定其工资待遇。

第四条　工人考核工作应从实际出发，统筹安排，严格标准，保证质量。

第二章　考 核 种 类

第五条　工人考核分为录用考核、转正定级考核、上岗转岗考核、本等级考核、升级考核，以及技师、高级技师（以下统称技师）任职资格的考评。

第六条　企业、事业单位和国家机关从社会招收录用新工人，包括录用技工学校、职业学校、职业高中的毕业生，以及就业训练中心和其他各种就业训练班结业的学生，须经工人考核组织的录用考核，方能择优录用。

第七条　学徒（培训生）学习期满和工人见习、试用期满时，须经转正定级考核。经考核合格发给相应的《技术等级证书》或者《岗位合格证书》或者《特种作业人员操作证》之后，方能上生产工作岗位独立操作，并根据其思想政治表现、生产工作成绩和实际技能按照国家有关规定确定工资等级。考核不合格者准予延期补考。补考仍不合格者应当解除劳动合同或者调换其他工作。学徒、见习、试用期各方面表现优秀的，可以提前进行转正定级考核。

第八条　工人改变工种，调换新的岗位，或者操作新的先进设备时，应经过技术业务培训和上岗转岗考核合格后方能上岗。在精密稀有设备上工作和从事特种作业的工人，离开生产工作岗位 1 年以上，重新回到原岗位，应有一定的熟悉期，期满经技术业务考核合格后方能上岗，并按考核成绩，重新确定技术等级。

第九条　企业、事业单位和国家机关根据生产经营活动或者工作需要，对本单位的工人定期进行本等级的技术业务考核。考核不合格者允许补考。补考仍不合格者，应降低其技术等级或者调换工作岗位，重新确定技术等级和工资待遇。

第十条　工人经本等级考核合格的，可以申请参加升级考核。升级考核一般 2 至 3 年进行一次。有特殊贡献者经班组推荐和工人考核组织批准，可以提前参加升级考核或者越级考核。考核合格者发给相应的《技术等级证书》，作为使用和调整工资的依据。

第十一条　优秀的高级技术工人，可以按照国家有关规定申请参加技师任职资格的考评。有突出贡献的技师，可以按照国家有关规定参加高级技师任职资格的考评。考评合格，分别发给相应的《技师合格证书》，作为应聘职务的凭证。

第三章　考 核 内 容

第十二条　工人考核的内容包括思想政治表现、生产工作成绩和技术业务水平。

第十三条 工人思想政治表现的考核，主要包括遵守宪法、法律和国家政策以及本单位的规章制度，树立良好的职业道德、劳动态度等方面。

第十四条 工人生产工作成绩的考核，主要包括完成生产任务的数量和质量，解决生产工作中技术业务问题的成果，传授技术、经验的成绩以及安全生产的情况等方面。

第十五条 工人技术业务水平的考核，主要是按照现行《工人技术等级标准》或者《岗位规范》进行技术业务理论和实际操作技能的考核。

工人技师任职资格的考评，应当按照国家有关规定进行。

第四章 考 核 方 法

第十六条 工人思想政治表现的考核，在加强班组日常管理的基础上，定期进行。

工人生产工作成绩的考核，在加强班组日常管理的基础上，可以采用定量为主、定性为辅的方法，明确评分标准，定期进行。

第十七条 工人技术业务理论考核以笔试为主，操作技能考核可以结合生产或者作业项目分期分批进行，也可以选择典型工件或作业项目专门组织进行。技术业务水平考核评定采用百分制，60分为合格。

第十八条 工人思想政治表现、生产工作成绩和技术业务水平三项考核成绩均合格的，即为考核合格。

第五章 考核组织和管理

第十九条 全国工人考核工作由劳动部综合管理，并负责制定有关规定，指导协调工人考核工作。

第二十条 各省、自治区、直辖市及计划单列市劳动行政部门和国务院有关部门的劳动工资机构，制定实施办法，分别负责综合管理本地区、本部门的工人考核工作。

第二十一条 各省、自治区、直辖市及计划单列市劳动行政部门会同本地区有关行业主管部门，国务院有关部门的劳动工资机构会同本部门的有关业务机构，分别成立工人考核委员会，负责组织本地区、本部门的工人考核工作。

第二十二条 企业、事业单位或者企业主管部门应当根据实际情况组成不同专业（工种）的考核组织，负责具体考核工作。各专业工种的考核组织成员中，应当有2/3以上的专业技术人员、技师、高级技术工人。

第二十三条 《技师合格证书》，地方所属单位由省、自治区、直辖市及计划单列市劳动行政部门核发；国务院各部门所属单位由其主管部门的劳动工资机构核发。

《技术等级证书》的核发办法，地方所属单位由省、自治区、直辖市及计划单列市劳动行政部门规定；国务院各部门所属单位由其主管部门的劳动工资机构规定。

企业内部的《岗位合格证书》的核发办法，由企业自行规定，但企业主管部门有统一规定的，应当按照统一规定办理。

第二十四条 《技师合格证书》由劳动部统一印制。

《技术等级证书》由劳动部统一规定式样。

《岗位合格证书》的式样，企业主管部门有规定的，按规定办；企业主管部门无规定的，由企业自行规定。

《特种作业人员操作证》的式样、印制和核发办法，按照国家有关规定办理。

第六章 罚 则

第二十五条 企业、事业单位和国家机关违反本条例第六条规定招收录用新工人的，当地劳动部门不予办理招收录用手续。

第二十六条 各级工人考核组织成员，企业、事业单位和国家机关的工作人员在工人考核、评审过程中弄虚作假、徇私舞弊的，应当视情节轻重，由其所在单位或者上级主管部门根据人事管理权限对直接责任人员给予行政处分。

第二十七条 违反《技师合格证书》、《技术等级证书》、《特种作业人员操作证》的核发办法和规定，滥发上述证书的，除应当宣布其所发证书无效外，还应视情节轻重，由其上级主管部门或者监察机关对有关责任人员给予行政处分；对其中通过滥发证书获取非法收入的，应当没收其非法所得，并可处以非法所得5倍以下的罚款；构成犯罪的，应当依法追究其刑事责任。

第七章 附 则

第二十八条 集体所有制和私营企业、事业单位的工人考核工作参照本条例执行。

第二十九条 工人考核工作所需经费由财政部会同劳动部另行规定。

第三十条 本条例由劳动部负责解释。

第三十一条 劳动部可以根据本条例制定实施细则。

第三十二条 本条例自发布之日起施行。原劳动人事部1983年发布的《工人技术考核暂行条例》（试行）同时废止。

❸《职业技能鉴定规定》（1993年7月9日劳部发［1993］134号）

第一章 总 则

第一条 为适应社会主义市场经济发展的需要，进一步完善职业技能鉴定制度，实现职业技能鉴定的社会化管理，促进职业技能开发，提高劳动者素质，根据《工人考核条例》，制定本规定。

第二条 本规定所称职业技能鉴定是指对劳动者进行技术等级的考核和技师、高级技师（以下统称技师）资格的考评。

第三条 职业技能鉴定实行政府指导下的社会化管理体制。

（一）劳动部综合管理全国职业技能鉴定工作，制定规划、政策和标准；审查批准有关行业的职业技能鉴定机构。

（二）各省、自治区、直辖市劳动行政部门综合管理本地区职业技能鉴定工作，审查批准各类职业技能鉴定指导中心和站（所），制定以下有关规定和办法：

1. 参加技能鉴定人员的申报条件和鉴定程序；

2. 专业技术知识、操作技能考核办法；

3. 考务、考评人员工作守则和考评小组成员组成原则及其管理办法；

4. 职业技能鉴定站（所）考场规则；

5.《技术等级证书》的印鉴和核发办法。

（三）职业技能鉴定指导中心负责组织、协调、指导职业技能鉴定工作。

（四）职业技能鉴定站（所），具体实施对劳动者职业技能的鉴定。

第四条 本规定适用于各级劳动行政部门和各级职业技能鉴定指导中心、职业技能鉴定站（所）。

第二章 职业技能鉴定机构

第五条 劳动部所属职业技能鉴定指导中心主要职责是：参与制定国家职业技能标准和组建国家职业技能鉴定题库；开展职业分类、标准、技能鉴定理论研究及咨询服务；推动全国职业技能竞赛活动。

第六条 各省、自治区、直辖市劳动行政部门所属职业技能鉴定指导中心主要职责是：组织本地区职业技能鉴定工作和具体实施考评员的资格培训；开展职业技能鉴定有关问题的研究和咨询服务；推动本地区职业技能竞赛活动。

第七条 经劳动部批准，有关行业可建立行业的职业技能鉴定指导中心，主要职责是：参与制定国家职业技能标准以外非社会通用的本行业特有工种的职业技能标准；组织本行业特有工种的职业技能鉴定工作和考评员的资格培训；开展职业技能鉴定及有关问题的研究和咨询服务；推动本行业的职业技能竞赛活动。

第八条 职业技能鉴定指导中心是事业性机构，在管理上实行中心主任负责制。

第九条 职业技能鉴定站（所）是具体承担对待业人员、从业人员、军地两用人才、各级各类职业技术院校和其他职业培训机构的毕（结）业生，进行职业技能鉴定的事业性机构。在管理上实行站（所）长负责制。

第三章 职业技能鉴定的组织和实施

第十条 建立职业技能鉴定站（所）。（一）建立职业技能鉴定站（所）的条件是：1. 具有与所鉴定工种（专业）及其等级或类别相适应的考核场地和设备；2. 具有与所鉴定工种（专业）及其等级或类别操作技能考核相适应的、符合国家标准的检测仪器；3. 有专（兼）职的组织管理人员和考评员；4. 有完善的管理办法。（二）申请建立职业技能鉴定站（所）的单位，根据上述条件和省、自治区、直辖市的具体规定，报当地劳动行政部门审查批准并由其发给《职业技能鉴定许可证》，明确鉴定的工种（专业）范围、等级和类别，同时授予统一的职业技能鉴定站（所）标牌。（三）鉴定技术等级的职业技能鉴定站（所），由省、自治区、直辖市劳动行政部门规定审批权限；鉴定技师资格的职业技能鉴定站（所），由省、自治区、直辖市劳动行政部门审批，并报劳动部备案。（四）行业特有工种的职业技能鉴定站（所），一般由省、自治区、直辖市劳动行政部门审批；跨地区的行业特有工种的职业技能鉴定站（所）和中央、国家机关、解放军各总部机关直属单位的职业技能鉴定站（所），由劳动部审批。

第十一条 职业技能鉴定站（所），享有独立进行职业技能鉴定的权利，有权拒绝任何组织或个人更改鉴定结果的非正当要求。

第十二条 劳动部组织有关行业或单位的专家、名师，根据现行《工人技术等级标准》和《国家职业技能标准》，统一编制职业技能鉴定试题，建立职业技能鉴定题库。

第十三条 职业技能鉴定站（所），必须遵守劳动行政部门的有关规定、实施办法。职业技能鉴定试题必须从国家规定的试题库提取，不得自行编制试题。

第十四条 职业技能鉴定站（所），应受理一切符合申报条件、规定手续人员的职业技能鉴定，要严格执行考评员对其亲属的职业技能鉴定回避制度。

第十五条 职业技能鉴定的对象：（一）各类职业技术学校和培训机构毕（结）业生，凡属技术等级考核的工种，逐步实行职业技能鉴定；（二）企业、事业单位学徒期满的学徒工，必须进行职业技能鉴定；（三）企业、事业单位的职工以及社会各类人员，根据需要，自愿申请职业技能鉴定。

第十六条 申报职业技能鉴定的单位或个人，可向当地职业技能鉴定站（所）提出申请，由职业技能鉴定站（所）签发准考证，按规定的时间、方式进行考核或考评。

第十七条 国家实行职业技能鉴定证书制度。（一）对技术等级考核合格的劳动者，发给相应的《技术等级证书》；对技师资格考评合格者，发给相应的《技师合格证书》或《高级技师合格证书》；（二）《技术等级证书》、《技师合格证书》和《高级技师合格证书》是劳动者职业技能水平的凭证，同时，按照劳动部、司法部劳培字［1992］1号《对出国工人技术等级、技术职务证书公证的规定》，是我国公民境外就业、劳务输出法律公证的有效证件；（三）上述证书由劳动部统一印制，劳动行政部门按规定核发。

第十八条 单位或个人申报职业技能鉴定，均应按照规定交纳鉴定费用。（一）职业技能鉴定费用支付项目是：组织职业技能鉴定场地、命题、考务、阅卷、考评、检测及原材料、能源、设备消耗的费用；（二）职业技能鉴定收费标准，由省、自治区、直辖市劳动行政部门按照财政部、劳动部（92）财工字第68号《关于工人考核费用开支的规定》，商当地财政、物价部门做出具体规定。

第四章 职业技能鉴定考评员

第十九条 职业技能鉴定考评员必须具有高级工或技师、中级专业技术职务以上的资格；鉴定技师资格的考评员必须具有高级技师、高级专业技术职务的资格。

第二十条 考评员由职业技能鉴定指导中心进行资格考核，由劳动行政部门核准并颁发考评员资格证书和带有本人照片的职业技能鉴定资格胸卡。

第二十一条 鉴定技术等级的考评员资格认定和合格证书的核发权限，由省、自治区、直辖市劳动行政部门具体规定；鉴定技师资格的考评员资格认定和合格证书的颁发，由省、自治区、直辖市劳动行政部门核准。

第二十二条 职业技能鉴定站（所）要在取得考评员资格证书的人员中聘任相应工种、等级或类别的考评员，聘期三年，并应采取不定期轮换、调整考评员的方式组成专业考评小组。

第二十三条 考评员要严格遵守考评员工作守则和执行考场规则。

第五章 罚 则

第二十四条 劳动行政部门对职业技能鉴定机构实行监督、检查。

第二十五条 职业技能鉴定指导中心和职业技能鉴定站（所）的工作人员，在职业技能鉴定工作中弄虚作假、徇私舞弊的，视情节轻重，由其所在单位根据人事管理权限给予行政处分，并停止其在指导中心或鉴定站（所）的工作；考评人员如有上述行为者，吊销考评员资格证书。

第二十六条 违反本规定

第十三条 第十四条和第十八条（二），造成不良影响的职业技能鉴定站（所），由劳动行政部门吊销其《职业技能鉴定许可证》；对乱收费的，没收其非法所得费用。没收的费用，专项用于职业技能鉴定事业。

第二十七条 违反本规定

第三条 （二）中第五项和第十七条（三），伪造、仿制或滥发《技术等级证书》、《技师合格证书》、《高级技师合格证书》的，除宣布其所发证书无效外，还应视情节轻重，由其上级主管部门或监察机关对主要责任者给予行政处分；对其中通过滥发证书获取非法收入的，应没收其非法所得，并处以非法所得五倍以下的罚款；构成犯罪的，应依法追究刑事责任。

第六章 附 则

第二十八条 本规定由劳动部负责解释。

第二十九条 本规定自颁发之日起施行。

案例链接

❶《洋县运输有限责任公司与白光英等劳动争议纠纷上诉案》，参见北大法宝引证码：Pkulaw.cn/CLI.C.159648。

❷《周淑珍与中国航空技术进出口广州公司劳动合同纠纷上诉案》，参见北大法宝引证码：Pkulaw.cn/CLI.C.107648。

学者观点

❶ 陈华荣：《中国足球运动员转会费的法律性质浅析》，参见北大法宝引证码：Pkulaw.cn/CLI.A.044943。

【职业资格证书制度】

法律问题解读

职业资格证书制度是我国劳动制度改革的一项重要内容。它是指按照国家制定的职业技能标准或任职资格条件，通过政府认定的考核鉴定机构，对劳动者的技能水平或职业资格进行客观公正、科学规范的评价和鉴定，对合格者发给相应的国家职业资格证书。按照国家规定，我国实行学历证书与职业资格证书并重制度。自1993年推行职业资格证书制度以来，全国已建职业技能鉴定机构7000多个；至2002年底，累计2000万人获得职业资格证书。

职业资格是对从事某一职业所必备的学识，技术和能力的基本要求。包括从业资格和执业资格。从业资格是从事某一职业的学识、技术和能力的起点标准。执业资格是指从事政府实行准入控制的某些责任较大，社会适用性强，关系公共利益的职业（工种）之学识、技术和能力的必备标准。职业资格分别由国务院劳动保障行政部门、人事行政部门通过学历认定、资格考试、专家评定、职业技能鉴定等方式，对劳动者从事某种职业的技能水平和职业资格进行客观公正，科学规范的评价。对合格者授予国家职业资格证书。

职业资格证书是劳动者求职，任职，开业的资格凭证，是用人单位招聘，录用劳动者的主要依据，也是境外就业，对外劳务合作人员办理技能水平公正的有效证件。职业资格证书实行政府指导下的管理体制。由劳动保障行政部门和人事行政部门管理，劳动保障部门负责以技能为主的职业技能鉴定和证书的核发与管理。人事部门负责专业技术人员的职业资格评价和证书的核发与管理。由劳动保障部门负责管理的职业资格分为五个等级，即为初级技能（国家职业资格五级）、中级技能（国家职业资格四级）、高级技能（国家职业资格三级）、技师（国家职业资格二级）、高级技师（国家职业资格一级）。职业资格证书从1999年开始启用，此前的《技术等级证书》、《技师合格证书》、《高级技师合格证书》统一更名为《职业资格证书》。证书的级别不同，封面色彩也不同。证书编码在2002年以前采用13位数字编码，2002年起采用16位数字编码。

职业资格证书与学历文凭不同，它是劳动者具备某种职业所需要的专业知识和技能的证明。凡需要取得职业资格证书的人员，可到当地职业技能鉴定机构申报，参加相应职业的专业知识和实际操作技能考核合格后可取得相应等级的职业资格证书。对部分技术含量高的新职业，由劳动和社会保障部门或人事部门组织全国统考。如“物业管理员”、“电子商务师”等，考试合格后，发给贴有全国统一资格考试标志的“职业资格证书”。

推行职业资格证书制度，为劳动者自主择业和用人单位自主用人提供了客观公正的技能凭证，促进了劳动力资源的合理配置和经济发展。

法条指引

❶**《中华人民共和国劳动法》**（1994年7月5日 国家主席令第28号）

第六十九条 国家确定职业分类，对规定的职业制定职业技能标准，实行职业资格证书制度，由经过政府批准的考核鉴定机构负责对劳动者实施职业技能考核鉴定。

❷**《中华人民共和国职业教育法》**（1996年5月15日 国家主席令第69号）

第八条 实施职业教育应当根据实际需要，同国家制定的职业分类和职业等级标准相适应，实行学历证书、培训证书和职业资格证书制度。

国家实行劳动者在就业前或者上岗前接受必要的职业教育的制度。

❸**《职业资格证书规定》**（1994年2月24日 劳部发[1994]98号）

第一条 为了深化劳动、人事制度改革，适应社会主义市场经济对人才的需求，客观公正地评价专业（工种）技术人才，促进人才的合理流动，制定本规定。

第二条 职业资格是对从事某一职业所必备的学识、技术和能力的基本要求。

职业资格包括从业资格和执业资格。从业资格是指从事某一专业（工种）学识、技术和能力的起点标准。执业资格是指政府对某些责任较大，社会通用性强，关系公共利益的专业（工种）实行准入控制，是依法独立开业或从事某一特定专业（工种）学识、技术和能力的必备标准。

第三条 职业资格分别由国务院劳动、人事行政部门通过学历认定、资格考核、专家评定、职业技能鉴定等方式进行评价，对合格者授予国家职业资格证书。

第四条 职业资格证书是国家对申请人专业

（工种）学识、技术、能力的认可，是求职、任职、独立开业和单位录用的主要依据。

第五条 职业资格证书制度遵循申请自愿。费用自理，客观公正的原则。凡中华人民共和国公民和获准在我国境内就业的其他国籍的人员都可按照国家有关政策规定和程序申请相应的职业资格。

第六条 职业资格证书实行政府指导下的管理体制，由国务院劳动、人事行政部门综合管理。

若干专业技术资格和职业技能鉴定（技师、高级技师考评和技术等级考核）纳入职业资格证书制度。

劳动部负责以技能为主的职业资格鉴定和证书的核发与管理（证书的名称、种类按现行规定执行）。

人事部负责专业技术人员的职业资格评价和证书的核发与管理。

各省、自治区、直辖市劳动、人事行政部门负责本地区职业资格证书制度的组织实施。

第七条 国务院劳动、人事行政部门会同有关行业主管部门研究和确定职业资格的范围、职业（专业、工种）分类、职工资格标准以及学历认定、资格考试、专家评定和技能鉴定的办法。

第八条 国家职业资格证书参照国际惯例，实行国际双边或多边互认。

第九条 本规定适用于国家机关、团体和所有企、事业单位。

第十条 国务院劳动、人事行政部门按职责范围分别制定实施细则。

第十一条 本规定由国务院劳动、人事行政部门按职责范围分别负责解释。

第十二条 本规定自颁发之日起施行。

❹《关于进一步推行职业资格证书有关问题的通知》（1997年8月25日 劳部发［1997］258号）

各省、自治区、直辖市劳动（劳动人事）厅（局），国务院有关部委、直属机构，解放军总参谋部军务部、总后勤部司令部、生产管理部、新疆生产建设兵团：

根据《劳动法》《职业教育法》建立的职业资格证书制度是我国劳动制度改革的重要内容，是培育和发展劳动力市场的重要举措，对促进劳动者提高就业能力和工作能力具有积极作用。为加强职业技能鉴定工作，使职业资格证书的推行与劳动就业、工资分配、劳动监察等工作紧密结合起来，现就有关问题通知如下：

一、树立和维护职业资格证书的权威

各级劳动部门要进一步深入贯彻落实劳动部《关于加强职业技能鉴定质量管理的通知》，牢固树立职业技能鉴定工作“社会效益第一和质量第一”的指导思想，完善职业技能鉴定质量保证体系，加强对鉴定所（站）运行、考评员使用、证书核发等主要环节的行政管理和监督检查。对于降低鉴定质量发放的与实际技能水平不符的证书和社会上出现的假证书，要加大查处力度，维护职业资格证书的信誉。

各级职业技能鉴定指导中心要按照《职业技能鉴定规则》的要求，做好职业技能鉴定各项技术基础工作，建立和完善职业技能鉴定的服务、管理与实施系统，严格命题管理和考务管理，指导鉴定所（站）健全内部规章和工作规范，做好考评人员的培训考核工作，并向社会和广大劳动者开展职业技能鉴定和职业资格证书的咨询服务。加强对考评过程和鉴定质量的督导，保证鉴定工作的科学规范、客观公正，保证职业资格证书的权威性和严肃性。

二、实行对技术职业（工种）从业人员的就业准入

各级劳动行政部门要根据《劳动法》关于“从事技术工种的劳动者，上岗前必须经过培训”的原则，对《中华人民共和国工种分类目录》中有技术等级的职业（工种）和制定出职业技能标准的新职业，要求从业者上岗前必须经过技能培训，并取得相应的职业资格证书。

职业介绍机构应将本地区实行就业准入的职业（工种）及相关要求向社会公告，在审核招聘简章时严格执行就业准入有关规定，并根据用人单位提出的用人要求，推荐符合条件的求职者，对希望从事技术工种职业而不具备条件的人员，指导他们到相应的培训机构接受职业培训。

各地劳动行政部门应主动与当地工商行政管理部门联系，密切合作，采取有效措施，推动个体工商户、私营企业从业人员实行职业资格证书制度的工作。对不具备相应资格的人员，要求其参加培训，取得职业资格证书后，方予办理开业手续。

三、推进持证上岗与使用待遇相结合

各地劳动行政部门和行业主管部门劳资机构应结合本地区、本部门实际，在推行职业资格证书的基础上，指导用人单位在技术工作岗位上大力推行培训、考核与使用相结合并与待遇相联系的机制，进一步健全和完善持证上岗制度和以劳动技能、劳动责任、劳动强度、劳动条件以及实际劳动贡献为依据的工资分配制度。同时，在国家规定的工资总额范围内，积极指导用人单位建立与岗位相对应的技术等级、技术职务相适应的岗位工资（或技能工资、技能津贴）标准和职务津贴标准。对经考核鉴定获得职业资格证书的职工，在其从事相应技术岗位的工作时，应确定或晋升相应的工资待遇。另外，根据实际情况，可逐步提高生产一线技师、高级技师职务津贴标准。

四、加强对用人单位遵守职业资格证书规定情况的劳动监察

各级劳动监察机构要按照《劳动法》的有关规定，将用人单位招收、录用人员的职业资格和培训情况列入劳动监察的范围。对于国家规定必须具备相应职业资格才能就业上岗的技术工种，如用人单位招收未取得相应职业资格的人员，劳动监察机构应依法查处，并责令其改正。

五、搞好境外就业、劳务输出人员技术水平的认证管理

各级劳动部门应根据境外就业、劳务输出的实际需要，为拟从事技术工种的出国劳务人员提供职业技能培训和考核鉴定服务。同时，为确保出国劳务人员实际技能水平与所持证书等级相符，根据劳动部、司法部《对出国工人技术等级、技术职务证书办理公证的规定》，按照现行的出国劳务人员资格证书换发权限，对国家规定职业的出国劳务人员认真做好职业资格证书的复核工作。

六、加强统筹协调和综合管理

各地劳动行政部门要切实加强对职业技能鉴定工作的领导，制定推行职业资格证书制度的工作规划和具体方案，认真组织实施。在工作中要树立为企业服务，为劳动者服务的观念，并使其与组织职业培训，建立就业准入，完善工资分配，加强劳动监察等项工作结合起来，统筹协调，综合管理，搞好政策配套，推动职业技能鉴定工作健康发展，确保职业资格证书成为评价劳动者技能水平的有效凭证。

❺《关于大力推进职业资格证书制度建设的若干意见》（2000年12月8日　劳社部发［2000］27号）

为落实科教兴国战略，充分开发和利用我国丰富的人力资源，全面提高劳动者素质，促进就业和社会经济发展，现就进一步推进职业资格证书制度建设提出如下意见：

一、推进职业资格证书制度建设，全面提高劳动者素质

1. 在全社会实行学业证书、职业资格证书并重的制度，是我国劳动力资源开发的重要举措，对全面提高劳动者素质，培育和发展劳动力市场，促进培训与就业结合具有重要作用。各地、各部门要深入贯彻《中共中央国务院关于深化教育改革全面推进素质教育的决定》的要求，继续落实《劳动法》和《职业教育法》的规定，按照面向市场、扩大范围、完善制度、提高质量的工作方针，坚持社会效益第一和质量第一，为劳动者和企业服务的指导思想，进一步搞好职业技能鉴定工作，整体推进职业资格证书制度的建设。

2. “十五”（2001—2005）期间推进职业资格证书制度建设的总体要求是：以落实就业准入政策为切入点，在推进职业技能鉴定社会化管理的进程中，坚持行政管理与技术支持相结合，坚持严格质量控制与进一步扩大职业技能鉴定的覆盖范围相结合，大力提升职业资格证书的社会认可程度，促进职业资格证书制度与就业制度、职业培训制度和企业劳动工资制度相互衔接，使职业资格证书制度在市场就业和引导劳动者素质提高中发挥重要作用。

3. 职业资格证书制度建设坚持政府指导下的社会化管理原则，按照总体发展目标，针对不同类型地区的具体情况，实行分类指导。沿海经济发达地区和内地大中城市，应结合本地区经济结构升级换代、高新技术产业和现代服务产业发展对技术技能人才培养和使用的需要，推进职业资格证书制度建设；中西部地区应结合当前本地区经济增长、经济结构调整和主导产业的培育对培养大批适用的技术技能人才的要求，加快建立和完善培训与技能鉴定系统；经济困难地区和行业，应以解决就业难点、实现解困脱贫为重点，结合扩大就业机会，支持劳动者自谋职业和流动就业，逐步强化职业资格培训和鉴定。

二、落实就业准入政策，促进职业资格证书制度与就业制度、培训制度和企业劳动工资制度相衔接

4. 贯彻落实《招用技术工种从业人员规定》（劳动和社会保障部令第6号，以下简称《规定》），严格实行就业准入政策，推动职业资格证书制度与就业制度改革相衔接。各级劳动保障部门要按照《规定》的要求，对规定的职业（工种），强化企业用人和劳动者就业的资格准入观念，把好就业入口关，指导职业培训机构和职业技能鉴定机构为劳动者提供相应的培训和资格认证服务。职业介绍机构要把贯彻就业准入制度作为一项基本工作要求，将职业资格证书作为有关从业人员办理就业手续的必要凭证。劳动保障监察机构要加强对《规定》实施情况的监督检查。对《规定》颁布前用人单位已经招用的未取得职业资格证书的人员，应指导企业制定培训计划，开展岗位培训，逐步使所有从事国家规定职业（工种）的职工都达到相应职业资格要求。

5. 推进职业资格证书制度与职业培训制度改革相衔接，使职业资格证书成为引导培训方向、检验培训质量的重要手段。技工学校、职业学校（院）、就业训练中心和其他各类职业培训机构要按照其毕（结）业生必须取得相应职业资格证书才能到技术工种岗位就业的规定，进一步加大职业培训教学改革力度，真正建立起以劳动力市场需求为导向，以劳动者职业能力开发为重心的职业资格培训体系。

6. 推动职业资格证书制度与企业劳动工资制度相衔接，使职业资格证书成为企业劳动工资管理的重要依据和工具。引导企业在建立与现代企业制度相适应的企业职工培训制度，完善培训、考核与使用相结合，与待遇相联系的激励机制，充分发挥职业资格证书制度在企业职工培训、考核、劳动组织管理和工资分配中的引导和激励作用，提高企业职工素质，增强企业竞争能力。

三、拓展职业技能鉴定工作领域，满足劳动力市场发展需要

7. "十五"期间，应通过努力使国家职业资格证书覆盖国民经济的主要职业（工种）；在技术工种从业人员中，职业资格证书制度的覆盖面比目前提高一倍。从事技术职业（工种）的新增劳动力，在就业时都普遍获得职业资格证书，全面落实持证上岗的要求；力争使具有高级技能（国家职业资格三级）以上职业资格证书的人员达到获证人员总数的20%以上。

8. 抓好重点，提高层次。"十五"期间，重点抓好劳动力市场中覆盖70%以上从业人员的300个职业（工种）的技能鉴定工作，并适应社会职业变化和劳动力市场需求，开发新职业、新工种、新技能的鉴定，逐步做到为所有需要职业资格证书的劳动者提供认证服务。进一步改革技师评聘方式，逐步将技师、高级技师由企业内部评定，转变为社会化的职业技能鉴定。

9. 根据各类不同人员的特点扩展职业技能鉴定工作。引导企业尽快完成企业内工人考核向职业技能鉴定社会化管理过渡。继续扩大企业职工职业技能鉴定工作的试点，进一步探索社会化管理与企业生产经营实际相结合的鉴定方式。针对不同类型的职业学校（院）的特点，研究制定相应的职业技能鉴定模式，明确工作程序和具体要求，指导学校依据国家职业标准和劳动力市场需求调整专业设置和教学内容，改革教学模式。按照职业培训市场化、社会化的改革方向，适应社会培训机构职业（工种）种类多、培训灵活性强等特点，规范对其学员的技能鉴定工作。县级职业技能鉴定机构要将工作范围和服务对象向乡镇企业和农村拓展，为乡镇经济发展和农村劳动力向非农产业转移提供职业技能鉴定服务。继续在军队技术兵中推进职业资格证书制度，加强对军队技术兵职业技能鉴定工作的指导，并提供必要的技术支持和服务。

四、加强基础工作建设，提高工作队伍素质，完善职业技能鉴定质量保证体系

10. 结合落实《劳动法》和《职业教育法》，加强职业资格证书制度立法工作，大力支持和积极指导各地的相关立法工作，逐步形成国家法律、行政法规与部门规章、地方法规相衔接的职业资格证书制度和职业技能鉴定法律法规体系。抓紧配套规章的制定和修订，完善相关的行政管理和技术指导文件。

11. 根据社会职业变化的情况，做好《中华人民共和国职业分类大典》的调整和增补工作，并定期公布。按照以职业活动为导向，以职业技能为核心的要求，加快国家职业标准的制定和相应培训教材的开发，并注重体现对劳动者创新能力、合作能力、实践能力、信息处理能力等关键能力的要求。"十五"期间，要完成300个主要职业（工种）的标准制定工作，并逐步将工人技术等级标准更新为国家职业标准。

12. 在严格执行国家职业标准的基础上，按照统一鉴定所（站）条件、统一考评人员资格、统一命题管理、统一考务管理和统一证书管理的原则，进一步完善职业技能鉴定的管理规范和质量保证体系。完善职业技能鉴定工作的质量督导制度和社会监督机制，加大对各级职业技能鉴定工作机构的行政监督和技术监督力度，实行社会监督和举报制度，建立违纪违规惩处和责任追究制度。

13. 加强对职业技能鉴定所（站）建设的科学规划和规范管理，调整鉴定所（站）布局，严格鉴定所（站）审批，反对不正当竞争。运用国家题库和国家考务管理等技术系统，提高鉴定所（站）工作质量，强化日常管理，完善鉴定所（站）年检评估制度。

14. 加强国家题库网络建设。提高试题资源质量，抓好操作考核题库的开发，扩大国家题库试题资源的覆盖范围。2001 年底前完成实行就业准入的主要技术工种的题库开发，并完成 50 个职业的操作技能模块化题库的开发和推广工作；“十五”期间，使国家题库覆盖我国主要鉴定考核职业（工种）的 50％以上。进一步抓好国家题库网络运行管理，强化国家题库运行质量监督，实行国家题库省（部）级分库运行年检制度。

15. 推动考务管理现代化。通过推行国家考务管理系统，对职业技能鉴定的实施过程实行规范化管理和实时监控。加强职业技能鉴定统计工作，通过计算机网络管理，提高统计分析质量。进一步完善证书验印、核发与管理办法，逐步建立证书网上公告和网上查询系统，向社会提供更加便利和优质的服务。

16. 加大技术创新力度，提高我国职业技能鉴定工作的科技含量，学习国内外先进考试方法和高新技术考试手段，增强自身吸纳先进方法和技术成果的能力。推广应用职业分析和标准制定方法、模块化操作技能命题技术、智能化知识理论考试技术、仿真模拟操作技能考试技术等实践已经证明行之有效的先进技术和方法。关注互联网技术的发展，着手建立网络化的职业资格培训考核管理与实施系统，适时启动国家职业资格在线工程。

17. 提高职业技能鉴定工作人员素质，加强工作队伍建设。完善考评人员的培训、考核和资格人证办法，加强考评人员职业道德和考评技术方法的培训，提高考评人员的政治素质和业务素质。完善考评人员的聘用和管理办法。通过轮训等方式提高鉴定管理人员的工作水平。进一步搞好专家队伍建设，为鉴定工作提供技术咨询和技术服务。

18. 选择一批在设备、场地和技术等方面具有优势的职业学校、企业培训中心或其他培训机构作为实验基地，开发和检验标准、教材、题库、考试技术及考务管理技术，使其成为先进职业培训模式、鉴定方法和考试技术的实验中心，成为职业资格证书制度的示范窗口。

19. 劳动保障行政部门要切实履行综合管理和监督检查的职能，特别是要抓好统筹规划、制度建设和质量督导工作，积极支持各级职业技能鉴定指导中心的建设和发展。各级职业技能鉴定指导中心要加强自身建设，完善工作制度，增加技术设备投入，提高工作人员的业务素质，与行政部门搞好分工合作和协调配合，充分发挥组织实施、技术支持和技术服务的作用。

20. 加强职业技能鉴定的基础研究，扩大宣传。加强前瞻性、基础性和应用型项目的研究，开发职业标准、培训教材、命题考核、技能竞赛等领域的新技术、新方法。有针对性地选择引进国外有影响的职业资格证书，借鉴国际先进经验。开展多种形式的宣传活动，提高社会各界对职业资格证书制度的认识，扩大职业资格证书的社会影响力。

❻《关于进一步推动职业学校职业资格证书实施制度的意见》（2002 年 11 月 29 日　劳社部发［2002］21 号）（略）

【就业准入制度】

法律问题解读

就业准入制度是指对从事技术复杂，通用性强，涉及人民生命安全、国家财产和消费者利益之职业的人员，实施先培训，经考核合格取得相应的职业资格证后，才能就业上岗的制度。根据法律规定，劳动和社会保障部发布了《招用技术工种从业人员的规定》，确定了 90 个就业准入控制的技术工种（职业）目录，要求初次就业的劳动者，包括各类技工学校，职业（技术）学校、就业训练中心及各类职业培训机构的毕（结）业生必须取得职业资格证书后，才能到技术岗位就业。

在《规定》发布前已经从事这些工种的人员，用人单位也应组织这些人员按国家职业标准进行培训，使其达到职业技能要求，对职工个人也要求他们积极参加培训和职业资格鉴定，提高其自身素质和就业能力。

用人单位在招聘技术工种人员时，应在招聘广告中注明职业资格要求，如违反规定招用未取得职业资格证书的劳动者从事技术工种的，劳动保障行政部门给予警告，并限期对有关人员进行培训，取得资格证书后再上岗，并可处以 1000 元以下的罚款。

职业介绍机构应在显著位置公告国家规定的持职业资格证书就业的工种（职业）范围。在发布技术人员招聘广告时，对应聘人员条件须注明职业资格要求，在办理职业介绍时，对从事国家规定的技术工种而未取得职业资格证书的人员，不推荐就业。求职者到职业介绍机构应聘时，要求从事国家规定技术工种的，应主动出示职业资格证书。没有职业资格证书的，可以到职业技能鉴定机构申请技能鉴定，按照职业标准经考核合格的取得相应的职业资格证书，方能准入就业。

法条指引

❶**《中华人民共和国劳动法》**（1994年7月5日 国家主席令第28号）

第六十九条 国家确定职业分类，对规定的职业制定职业技能标准，实行职业资格证书制度，由经过政府批准的考核鉴定机构负责对劳动者实施职业技能考核鉴定。

❷**《招用技术工种从业人员规定》**（2000年3月16日 劳动和社会保障部令第6号）

第一条 为提高劳动者素质，促进劳动者就业，加强就业管理，根据《中华人民共和国劳动法》、《中华人民共和国职业教育法》和国家有关规定，制定本规定。

第二条 国家实行先培训后上岗的就业制度。用人单位招用从事技术复杂以及涉及到国家财产、人民生命安全和消费者利益工种（职业）（以下简称技术工种）的劳动者，必须从取得相应职业资格证书的人员中录用。技术工种范围由劳动和社会保障部确定。省、自治区、直辖市劳动保障行政部门和国务院有关部门劳动保障工作机构根据实际需要，经劳动和社会保障部批准，可增加技术工种的范围。

第三条 国家实行职业资格证书制度，由经过劳动保障行政部门批准的考核鉴定机构对劳动者实施职业技能考核鉴定。国家职业资格分为初级（五级）、中级（四级）、高级（三级）、技师（二级）、高级技师（一级）。

第四条 技工学校、职业（技术）学校、就业训练中心及各类职业培训机构的毕（结）业生，必须取得相应职业资格证书后，才能到技术工种岗位就业。

第五条 对从事技术工种的学徒，用人单位应按照《中华人民共和国工种分类目录》所规定的学徒期进行培训。对转岗从事技术工种的劳动者，用人单位应按照国家职业（技能）标准的要求进行培训，达到相应职业技能要求后再上岗。

第六条 用人单位因特殊需要招用技术性较强，但当地培训机构尚未开展培训的技术工种人员，经劳动保障行政部门批准后，可先招收再培训，达到相应职业技能要求后再上岗。用人单位安排国家政策性安置人员从事技术工种工作的，应当先组织培训，达到相应工种（职业）技能要求后上岗。

第七条 对本规定发布前从事技术工种而不具有相应职业资格证书的在岗人员，用人单位应按照国家职业（技能）标准进行培训，使其达到本工种的职业技能要求。

第八条 职业介绍机构介绍劳动者在本规定第二条规定的技术工种范围内就业时，应当按本规定执行。

第九条 用人单位和职业介绍机构发布技术工种人员招聘广告时，在应聘人员应具备的条件中须注明职业资格要求。

第十条 县级以上地方人民政府劳动保障行政部门依法对用人单位遵守本规定的情况进行监督检查。

第十一条 用人单位违反本规定招用未取得相应职业资格证书的劳动者从事技术工种工作的，由劳动保障行政部门给予警告，责令用人单位限期对有关人员进行相关培训，取得职业资格证书后再上岗，并可处以1000元以下罚款。

第十二条 本规定自2000年7月1日起施行。原劳动部1995年6月11日颁发的《从事技术工种劳动者就业上岗前必须培训的规定》同时废止。

❸**《关于贯彻实施招用技术工种人员规定的通知》**（2000年5月21日 劳社厅发〔2000〕第12号）（略）

❹**《中华人民共和国工种分类目录》**（1992年8月 劳动部发布）（略）

案例链接

❶《黄泽洪与广州医学院第一附属医院劳动合同纠纷上诉案》，参见北大法宝引证码：Pkulaw.cn/CLI.C.231970。

【工种分类目录】

法律问题解读

工种分类目录是将我国各产业行业的各类工作种类进行科学、规范、系统的划分，形成完整的工种分类体系。

《中华人民共和国工种分类目录》是劳动部会同国务院45个行业主管部门，组织各方面专家、学者、技术人员，在广泛调查研究和充分进行论证的基础上，经过4年时间于1992年编制完成的，是我国第一部综合性工种分类目录。

《目录》按行业分成46个大类，按照“行业—专业—工种”的顺序依次编排工种。行业或专业名称参照《国民经济行业分类和代码》（国标GB4754-84），并根据我国的实际情况确定。每一个行业被赋予一个两位数代码。行业内部工种目录编码按照“行业代码—顺序号”的顺序排序。

《目录》共包括46个大类，4700多个工种，基本覆盖了我国所有工人从事的工作种类。每个工种都含编码，工种名称，工种定义，适用范围、等级线，学徒期培训期、见习期和熟练期等项内容。工种名称既反映了工种特性，又兼顾其行业的特点和习惯称谓。工种定义是对工种性质的说明，包括工作手段，方式，对象和目的等项内容。适用范围是指工种技术简单与复杂的程度。学徒期和培训期是对工人掌握本工种基本的专业技术理论和操作技能，并能独立工作所需要培训期限。根据国家的有关法规和企业实际情况，确定学徒期和熟练期的原则是：凡技术复杂，等级线设初、中、高三级的工种，实行两年及两年以上的学徒期，凡技术要求比较简单的工种实行两年以下的熟练期。学徒期项目中增加了培训期和见习期内容。对实行3年学徒期的工种，培训期两年，见习期一年，对实行两年半学徒期的工种，培训期1年半，见习期1年，实行两年学徒期的工种，培训期1年，见习期1年。

《目录》在等级划分上，将原来八级制为主体的等级结构简化为三级制为主体的等级结构。技术复杂的工种设定为初、中、高级，技术要求简单，不宜划分等级的设为初、中两级，或不再分等级。

《目录》是按照生产劳动的性质和工艺技术特点划分为工作种类，工种按行业归口管理，解决了工种交叉重复问题，确定了交叉工种的行业归属，科学地进行了工种分类，修订了我国工人技术等级标准，制定了工人岗位规范，成为工人培训和考核的依据。对开展劳动力需求预测和规划，对建立培训，考核与使用及待遇相结合制度起到重要的作用。

法条指引

❶ **《中华人民共和国工种分类目录》**（1992年8月 劳动部发布）（略）

【职业分类大典】

法律问题解读

职业分类是以工作性质的同一性为基本原则，对社会职业进行的系统划分归类。所谓工作性质：即一种职业区别另一种职业的根本属性，一般通过职业活动的对象，从业方式的不同来体现。职业分类的目的就是将社会上纷繁复杂，数以万计的现行工作类型，划分成系列有别，规范统一，井然有序的层次和类别。对工作性质的同一性所作的技术解释，要视具体的职业分类而定。职业分类体系则通过职业代码、职业名称、职业定义、工作内容描述出每一个职业类别的内涵与外延。

《中华人民共和国职业分类大典》是1999年5月经劳动和社会保障部、国家质量技术监督局和国家统计局批准颁布的。这部职业分类大典是我国第一部对职业进行科学分类的权威性文献。《大典》适应社会主义市场经济发展对劳动力社会化管理的要求，反映了我国社会职业结构，填补我国职业分类领域的空白。

《职业分类大典》改变了过去以行业为主体，条块分割，自成体系的状况，打破了干部工人的身份界限，完全以工作性质的同一性为基本分类原则，从国家的高度，全局的角度，考虑职业的划分和归类。该《大典》的职业分类结构分为大类、中类、小类和细类四个层次。将我国职业分为八个大类，66个中类，413个小类，1838个细类（职业）。第一至第八大类分别为国家机关、党群组织、企业、事业单位负责人，专业技术人员，办事人员和有关人员，商业、服务业人员，农、林、牧、渔、水利业生产人员，生产、运输设备操作人员和有关人员，军人，不便分类的其他从业人员。其中最后两类，只确定大类，不再进行更细层次的划分。

《职业分类大典》是结合工人技术等级标准，以《中华人民共和国工种分类目录》为基础，以国家《职业分类与代码》为划分依据，以《国际标准职业分类》和一些经济发达国家的职业分类为参考而编制的，具有科学性、先进性、客观性、适用性、开放性和国际性的特点。在社会经济发展，科学技术进步，职业分类指导上起到重要的作用。

法条指引

❶ **《关于颁布〈中华人民共和国职业分类大典〉的通知》**（1999年5月20日 劳社部发［1999］18号）（略）

❷ **《关于做好〈中华人民共和国职业分类大典〉应用工作的通知》**（1999年9月8日 劳社培

就司发［1999］45号）（略）

【职业技能鉴定机构】

法律问题解读

职业技能鉴定机构主要包括职业技能鉴定指导中心和职业技能鉴定所（站）。

职业技能鉴定指导中心是组织、指导、协调和实施职业技能鉴定工作的事业性单位。分为劳动保障部所属的；各省、自治区、直辖市劳动保障部门所属的；经劳动保障部批准，有关特有行业主管的和各地、市、州所属的四种类型。各级职业技能鉴定指导中心都是政府行政部门与社会之间的桥梁，是方针、政策的执行者，在鉴定过程中，提供技术支持和服务。目前，我国职业技能鉴定指导中心组织形式有两种：一是独立的事业性单位；二是与政府行政处室合署办公。这些机构都在政府劳动保障行政部门领导下，指导和组织实施本地区职业技能鉴定工作。随着国家对政府机构改革中政事分离的原则，指导中心与行政处室合署办公的形式会逐步取消，从行政部门剥离，成为独立机构行使其职能。

职业技能鉴定所（站）是具体承担对待业人员、从业人员、军地两用人才、各级各类职业技术院校和其他职业培训机构的毕（结）业生，进行职业技能鉴定的执行机构。是职业技能鉴定社会化管理体系的组织基础。

职业技能鉴定所（站）根据所鉴定的职业（工种）不同有不同的名称。承担国家规定的职业（工种）技能鉴定任务的鉴定机构称“国家职业技能鉴定所”；承担行业特有工种职业技能鉴定任务的鉴定机构称：“行业工种职业技能鉴定站”，地方劳动保障行政部门结合本地区实际对特定工种实行职业技能鉴定的鉴定机构称“职业技能鉴定站”。

各类职业技能鉴定所（站）都由劳动保障行政部门审批，实行《职业技能鉴定许可证》制度，明确其鉴定的专业（工种）、等级、范围和类别。其中，承担国家职业技能鉴定工种和地方特定工种的职业技能鉴定的，由地方职业技能鉴定指导中心进行资格审查，地方劳动行政部门审批；承担行业特有工种职业技能鉴定的，向国务院有关部门的劳动保障工作机构申报，由行业主管部门职业技能鉴定指导中心进行资格审查，劳动保障工作机构审核，由劳动保障部批准。

我国现行的职业技能鉴定是采取政府指导下的社会化管理体制。就是由政府劳动保障行政部门领导，由各级职业技能鉴定指导中心组织指导，由职业技能鉴定所（站）实施的评价和认定劳动者职业技能水平的工作体制。职业技能鉴定所（站）应按规定接受同级和上级劳动保障部门的领导、监督和职业技能鉴定指导中心的业务指导。

各类申请参加职业技能鉴定的人员，可以根据需要按本人要求的工种及级别，到相应职业技能鉴定所（站）参加职业技能鉴定。

法条指引

❶**《中华人民共和国劳动法》**（1994年7月5日　国家主席令第28号）

第六十六条　国家通过各种途径，采取各种措施，发展职业培训事业，开发劳动者的职业技能，提高劳动者素质，增强劳动者的就业能力和工作能力。

第六十七条　各级人民政府应当把发展职业培训纳入社会经济发展的规划，鼓励和支持有条件的企业、事业组织、社会团体和个人进行各种形式的职业培训。

第六十八条　用人单位应当建立职业培训制度，按照国家规定提取和使用职业培训经费，根据本单位实际，有计划地对劳动者进行职业培训。

从事技术工种的劳动者，上岗前必须经过培训。

第六十九条　国家确定职业分类，对规定的职业制定职业技能标准，实行职业资格证书制度，由经过政府批准的考核鉴定机构负责对劳动者实施职业技能考核鉴定。

❷**《职业技能鉴定规定》**（1993年7月9日　劳部发［1993］134号）

第一章　总　　则

第一条　为适应社会主义市场经济发展的需要，进一步完善职业技能鉴定制度，实现职业技能鉴定的社会化管理，促进职业技能开发，提高劳动者素质，根据《工人考核条例》，制定本规定。

第二条　本规定所称职业技能鉴定是指对劳动者进行技术等级的考核和技师、高级技师（以下统称技师）资格的考评。

第三条　职业技能鉴定实行政府指导下的社会化管理体制。

（一）劳动部综合管理全国职业技能鉴定工

作，制定规划、政策和标准；审查批准有关行业的职业技能鉴定机构。

（二）各省、自治区、直辖市劳动行政部门综合管理本地区职业技能鉴定工作，审查批准各类职业技能鉴定指导中心和站（所），制定以下有关规定和办法：

1. 参加技能鉴定人员的申报条件和鉴定程序；

2. 专业技术知识、操作技能考核办法；

3. 考务、考评人员工作守则和考评小组成员组成原则及其管理办法；

4. 职业技能鉴定站（所）考场规则；

5.《技术等级证书》的印鉴和核发办法。

（三）职业技能鉴定指导中心负责组织、协调、指导职业技能鉴定工作。

（四）职业技能鉴定站（所），具体实施对劳动者职业技能的鉴定。

第四条　本规定适用于各级劳动行政部门和各级职业技能鉴定指导中心、职业技能鉴定站（所）。

第二章　职业技能鉴定机构

第五条　劳动部所属职业技能鉴定指导中心主要职责是：参与制定国家职业技能标准和组建国家职业技能鉴定题库；开展职业分类、标准、技能鉴定理论研究及咨询服务；推动全国职业技能竞赛活动。

第六条　各省、自治区、直辖市劳动行政部门所属职业技能鉴定指导中心主要职责是：组织本地区职业技能鉴定工作和具体实施考评员的资格培训；开展职业技能鉴定有关问题的研究和咨询服务；推动本地区职业技能竞赛活动。

第七条　经劳动部批准，有关行业可建立行业的职业技能鉴定指导中心，主要职责是：参与制定国家职业技能标准以外非社会通用的本行业特有工种的职业技能标准；组织本行业特有工种的职业技能鉴定工作和考评员的资格培训；开展职业技能鉴定及有关问题的研究和咨询服务；推动本行业的职业技能竞赛活动。

第八条　职业技能鉴定指导中心是事业性机构，在管理上实行中心主任负责制。

第九条　职业技能鉴定站（所）是具体承担对待业人员、从业人员、军地两用人才、各级各类职业技术院校和其他职业培训机构的毕（结）业生，进行职业技能鉴定的事业性机构。在管理上实行站（所）长负责制。

第三章　职业技能鉴定的组织和实施

第十条　建立职业技能鉴定站（所）。（一）建立职业技能鉴定站（所）的条件是：1. 具有与所鉴定工种（专业）及其等级或类别相适应的考核场地和设备；2. 具有与所鉴定工种（专业）及其等级或类别操作技能考核相适应的、符合国家标准的检测仪器；3. 有专（兼）职的组织管理人员和考评员；4. 有完善的管理办法。（二）申请建立职业技能鉴定站（所）的单位，根据上述条件和省、自治区、直辖市的具体规定，报当地劳动行政部门审查批准并由其发给《职业技能鉴定许可证》，明确鉴定的工种（专业）范围、等级和类别，同时授予统一的职业技能鉴定站（所）标牌。（三）鉴定技术等级的职业技能鉴定站（所），由省、自治区、直辖市劳动行政部门规定审批权限；鉴定技师资格的职业技能鉴定站（所），由省、自治区、直辖市劳动行政部门审批，并报劳动部备案。（四）行业特有工种的职业技能鉴定站（所），一般由省、自治区、直辖市劳动行政部门审批；跨地区的行业特有工种的职业技能鉴定站（所）和中央、国家机关、解放军各总部机关直属单位的职业技能鉴定站（所），由劳动部审批。

第十一条　职业技能鉴定站（所），享有独立进行职业技能鉴定的权利，有权拒绝任何组织或个人更改鉴定结果的非正当要求。

第十二条　劳动部组织有关行业或单位的专家、名师，根据现行《工人技术等级标准》和《国家职业技能标准》，统一编制职业技能鉴定试题，建立职业技能鉴定题库。

第十三条　职业技能鉴定站（所），必须遵守劳动行政部门的有关规定、实施办法。职业技能鉴定试题必须从国家规定的试题库提取，不得自行编制试题。

第十四条　职业技能鉴定站（所），应受理一切符合申报条件、规定手续人员的职业技能鉴定，要严格执行考评员对其亲属的职业技能鉴定回避制度。

第十五条　职业技能鉴定的对象：（一）各类职业技术学校和培训机构毕（结）业生，凡属技术等级考核的工种，逐步实行职业技能鉴定；（二）企业、事业单位学徒期满的学徒工，必须进行职业技能鉴定；（三）企业、事业单位的职工以及社会各类人员，根据需要，自愿申请职业技能鉴定。

第十六条　申报职业技能鉴定的单位或个人，可向当地职业技能鉴定站（所）提出申请，由职业技能鉴定站（所）签发准考证，按规定的时间、方式进行考核或考评。

第十七条　国家实行职业技能鉴定证书制度。

（一）对技术等级考核合格的劳动者，发给相应的《技术等级证书》；对技师资格考评合格者，发给相应的《技师合格证书》或《高级技师合格证书》；（二）《技术等级证书》、《技师合格证书》和《高级技师合格证书》是劳动者职业技能水平的凭证，同时，按照劳动部、司法部劳培字［1992］1号《对出国工人技术等级、技术职务证书公证的规定》，是我国公民境外就业、劳务输出法律公证的有效证件；（三）上述证书由劳动部统一印制，劳动行政部门按规定核发。

第十八条 单位或个人申报职业技能鉴定，均应按照规定交纳鉴定费用。（一）职业技能鉴定费用支付项目是：组织职业技能鉴定场地、命题、考务、阅卷、考评、检测及原材料、能源、设备消耗的费用；（二）职业技能鉴定收费标准，由省、自治区、直辖市劳动行政部门按照财政部、劳动部（92）财工字第68号《关于工人考核费用开支的规定》，商当地财政、物价部门做出具体规定。

第四章 职业技能鉴定考评员

第十九条 职业技能鉴定考评员必须具有高级工或技师、中级专业技术职务以上的资格；鉴定技师资格的考评员必须具有高级技师、高级专业技术职务的资格。

第二十条 考评员由职业技能鉴定指导中心进行资格考核，由劳动行政部门核准并颁发考评员资格证书和带有本人照片的职业技能鉴定资格胸卡。

第二十一条 鉴定技术等级的考评员资格认定和合格证书的核发权限，由省、自治区、直辖市劳动行政部门具体规定；鉴定技师资格的考评员资格认定和合格证书的颁发，由省、自治区、直辖市劳动行政部门核准。

第二十二条 职业技能鉴定站（所）要在取得考评员资格证书的人员中聘任相应工种、等级或类别的考评员，聘期三年，并应采取不定期轮换、调整考评员的方式组成专业考评小组。

第二十三条 考评员要严格遵守考评员工作守则和执行考场规则。

第五章 罚 则

第二十四条 劳动行政部门对职业技能鉴定机构实行监督、检查。

第二十五条 职业技能鉴定指导中心和职业技能鉴定站（所）的工作人员，在职业技能鉴定工作中弄虚作假、徇私舞弊的，视情节轻重，由其所在单位根据人事管理权限给予行政处分，并停止其在指导中心或鉴定站（所）的工作；考评人员如有上述行为者，吊销考评员资格证书。

第二十六条 违反本规定第十三条、第十四条和第十八条（二），造成不良影响的职业技能鉴定站（所），由劳动行政部门吊销其《职业技能鉴定许可证》；对乱收费的，没收其非法所得费用。没收的费用，专项用于职业技能鉴定事业。

第二十七条 违反本规定第三条（二）中第五项和第十七条（三），伪造、仿制或滥发《技术等级证书》、《技师合格证书》、《高级技师合格证书》的，除宣布其所发证书无效外，还应视情节轻重，由其上级主管部门或监察机关对主要责任者给予行政处分；对其中通过滥发证书获取非法收入的，应没收其非法所得，并处以非法所得五倍以下的罚款；构成犯罪的，应依法追究刑事责任。

第六章 附 则

第二十八条 本规定由劳动部负责解释。

第二十九条 本规定自颁发之日起施行。

❸《职业技能鉴定工作规则》（1996年 劳培司字［1996］58号）

第一章 总 则

第一条 为规范职业技能鉴定工作程序，保证职业技能鉴定质量，根据《职业技能鉴定规定》，制定本规则。

第二条 本规则适用于从事职业技能鉴定工作的机构和人员。

第三条 劳动部职业技能鉴定中心负责指导本规则在全国的组织实施。

各省、自治区、直辖市劳动行政部门所属职业技能鉴定指导中心（以下简称省职业技能鉴定指导中心）负责本规则在本行政区域的组织实施。

国务院行业主管部门所属职业技能鉴定指导中心（以下简称行业职业技能鉴定指导中心）负责本规则在本行业的组织实施。

第四条 本规则的实施受劳动部及省级劳动行政部门和国务院行业主管部门工资机构的监督检查。

第二章 职业技能鉴定所（站）

第五条 职业技能鉴定所（站）是经劳动行政部门批准的实施技能鉴定的场所，承担《职业技能鉴定规定》确定的各项业务工作，并负责职业技能鉴定的咨询服务和信息统计等工作。

第六条 通用工种职业技能鉴定所（站）的资格条件，由劳动部职业技能鉴定中心组织专家制定，经劳动部审定后颁布实行。行业特有工种职业技能鉴定站的资格条件，由行业职业技能鉴定指导中心组织专家制定，报劳动部审定后颁布实行。

第七条　职业技能鉴定指导中心受劳动行政部门的委托，负责对申请建立职业技能鉴定所（站）的单位进行资格审查。审查内容包括：

（一）按照统筹规划、合理布局、择优建点的要求，结合产业结构、劳动力市场需求和职业技能鉴定工作规划，审查建立所（站）的可行性；

（二）按照《职业技能鉴定规定》提出的鉴定所（站）基本要求，对鉴定所（站）申请承担鉴定工种的资格进行审查，确定允许其承担鉴定的工作及其等级和类别。

第八条　建立能用工种职业技能鉴定所（站），应征求行业主管部门意见，按照劳动部及省级劳动行政部门的规定，经职业技能鉴定指导中心审查，报劳动行政部门审批；建立行业特有工种职业技能鉴定站，应征求所在地省级劳动行政部门意见，经行业职业技能鉴定指导中心审查，国务院行业主管部门劳动工资机构核准，由劳动部审批，必要时由省以上职业技能鉴定指导中心对职业技能鉴定所（站）进行审查。

第九条　职业技能鉴定所（站）实行年检制度。年检工作应按照劳动部的统一要求，由省级劳动行政部门或国务院行业主管部门劳动工次机构委托其所属职业技能鉴定指导中心组织实施。

年检的主要内容包括：职业技能鉴定年度工作计划的执行情况，场地、设备、检测手段、人员等是否符合标准，规章制度的执行情况，以及各方面对鉴定工作的反映等。年检结果由省级劳动行政部门或国务院行业主管部门劳动工资机构核定后公布。

第三章　职业技能鉴定考评人员

第十条　职业技能鉴定考评人员是在规定的工种、等级和类别范围内，按照统一标准和规范，对职业技能鉴定对象进行考评、评审的人员。

第十一条　考评人员分为考评员和高级考评员两级，考评员可承担初、中、高级技术等级鉴定；高级考评员可承担初、中、高级技术等级鉴定和技师、高级技师资格的考评。

第十二条　考评人员的任职条件是：

（一）考评员必须具有高级工、技师或者中级专业技术职务以上的资格；高级考评员必须具有高级技师或者高级专业技术职务的资格。

（二）考评人员应掌握必要的职业技能鉴定理论、技术和方法、熟悉职业技能鉴定的有关法律、法律和政策。

（三）考评人员应遵守职业技能鉴定考评人员守则和有关规章制度。

第十三条　考评人员实行资格考核、认证制度。考评人员的考核在劳动部职定技能鉴定中心的指导下，由省或行业职业技能鉴定指导中心组织。通用工种考评人员的资格证书，由省级劳动行政部门颁布发。行业特有工作考评人员的资格证书，由劳动部颁发。劳动部职业技能鉴定中心负责组织制定考评员和高级考评员考核大纲，编写培训教材，并提供考核命题服务。

第十四条　考评人员的聘任和使用由省或行业职业技能鉴定指导中心统筹安排，并应满足下列要求：

（一）须在具有任职资格的人员中聘用考评人员，并以聘任合同方式明确考评人员的责任、权利和利益。

（二）应采取不定期轮换方式派遣考评人员，组成考评人员。考评小组设考评组长一人，全面负责本组工作，并最终裁决有争议的技术问题。考评组长应具有一定的组织管理能力和一年以上职业技能鉴定工作经验。

（三）考评人员在同一个职业技能鉴定所（站）内连续从事考评工作不应超过三次；考评小组成员每次轮换不应少于三分之一。

第十五条　各级职业技能鉴定指导中心应建立考评人员档案和年度考核制度。考评人员任期为三年，聘任期满，由职业技能鉴定指导中心对其提出综合评价报告，上报考评人员资格证书颁发部门审核，决定重新聘任与否。

第四章　职业技能鉴定试题

第十六条　职业技能鉴定实行统一命题。鉴定试题必须依据《技术等级标准》、《职业技能标准》、《标准技能鉴定规范》，以及劳动部的统一要求和办法编制。

通用工种的技能鉴定题库，由劳动部职业技能鉴定中心组织编制，经劳动部审定后颁布。行业特有工作的技能鉴定题库，由行业职业技能鉴定指导中心组织编制，经劳动部职业技能鉴定中心技术审定通过后，由国务院行业主管部门和劳动部共同颁布。

第十七条　职业技能鉴定题库颁布实施后，一律从题库中提取试题进行职业技能鉴定。对于暂未建立和颁布职业技能鉴定题库的工种，可由省或行业职业技能鉴定指导中心组织编制试题，经省级劳动行政部门或国务院行业主管部门劳动工资机构审定后在本地区、本行使用并报劳动部职业技能鉴定中心备案。

第十八条 职业技能鉴定试卷发送应按劳动部的统一要求和办法执行。职业技能鉴定题库提供的试卷应采用保密方式以清样形式发送，发送的主要内容为：试卷、标准答案、评分标准、操作技能鉴定所需设备、工具和材料的清单等。试卷印制由省或行业职业技能鉴定指导中心负责，就根据国家有关印刷、复制秘密载体的规定，选定试卷印刷厂（点），并派专人监印。

试卷运行的各个环节应严格按照保密规定实行分级管理负责制，并接受试卷编制部门的监督。一旦发生失密，必须立即向上报告，采取相应措施补救。

第五章 职业技能鉴定考务管理

第十九条 职业技能鉴定实行定期鉴定制度。省或行业职业技能鉴定指导中心负责制定鉴定工作的计划，安排鉴定公告的发布。鉴定公告经省级劳动行政部门或国务院行业主管部门劳动工资机构批准后方可发布。鉴定公告应包括鉴定的工种名称、类别、等级，专业技术知识和操作技能考核鉴定的时间、地点，以及报名条件等基本内容。

第二十条 符合申报条件的人员应按规定程序履行报名手续。职业技能鉴定所（站）负责对申请人的资格审查，报当地职业技能鉴定指导中心核准后，由职业技能鉴定所（站）签发准考证。

第二十一条 职业技能鉴定所（站）负责考场管理和组织监考工作，当地职业技能鉴定指导中心派员巡视检查。

第二十二条 监考员须遵守职业技能鉴定监考员守则，维护考场秩序，填写考场记录。

第二十三条 考评人员应按照职业技能鉴定规范的要求配备。考评小组评定成绩应确定严格的工作流程，明确各环节考评人员职责，并签字负责。

第二十四条 考核成绩由汇总记分员登记填写，考评组长、汇总记分员均应在成绩登记表上签字或盖章负责。

第二十五条 职业技能鉴定所（站）每次鉴定后，应填写劳动部统一制定的统计报表，报当地职业技能鉴定指导中心。省或行业职业技能鉴定指导中心应对职业技能鉴定统计报表进行汇总，每半年向劳动部上报一次。

第二十六条 考评人员的考务报酬标准，由省级劳动行政部门或国务院行业主管部门劳动工资机构制定。

第二十七条 鉴定一般应在职业技能鉴定所（站）内进行，确属必要在所（站）外鉴定的，须向职业技能鉴定指导中心提出申请，由职业技能鉴定指导中心对其提供的鉴定场所、设备和其他条件进行核定，确认符合标准后方可进行鉴定。

第六章 证 书

第二十八条 对职业技能鉴定合格人员，颁发国家职业资格证书。证书办理程序为：

通用工种职业技能鉴定所（站）将鉴定合格人员名单报相应职业技能鉴定指导中心审查汇总，由劳动行政部门核定。证书由职业技能鉴定指导中心按照劳动部规定的填写格式和编码方案统一办理，经劳动行政部门验印后颁发，职业技能鉴定所（站）负责将证书送交本人。

行业特有工种职业技能鉴定站将鉴定合格人员名单报行业职业技能鉴定指导中心审查汇总，由国务院行业主管部门劳动工资机构核定。证书由行业主管部门劳动工资机构验印后颁发，职业技能鉴定站负责将证书送交本人。

行业特有工种职业技能鉴定站须将取得证书人员名单汇总报当地劳动行政部门备案。

第二十九条 劳动部职业技能鉴定中心负责制定职业技能鉴定证书填写格式和编码方案。省和行业职业技能鉴定指导中心根据方案，编制本地区通用工种和本行业特有工种证书统一编码。

第三十条 证书验印：（一）在鉴定考核机构处盖省以上（含省授权委托的地、市）或行业职业技能鉴定指导中心的印章；

（二）在发证机关处盖省以上（含省授权委托的地、市）劳动行政部门或国务院行业主管部门劳动工资机构技能鉴定专用印章；

（三）在证书照片下角处盖省以上（含省授权委托的地、市）劳动行政部门或国务院行业主管部门劳动工资机构技能鉴定专用钢印。

第三十一条 专业技术知识和操作技能考核鉴定的单项合格成绩，两年内有效。

第七章 附 则

第三十二条 各省、自治区、直辖市劳动行政部门和国务院行业主管部门可根据本规则，结合本地区和行业的实际，制定实施细则。

第十章　社会保险

● 本章为读者提供与以下题目有关的法律问题的解读及相关法律文献依据

社会保险（313）　**社会保险基金**（314）　**社会保险基金统筹**（315）　**社会保险费征缴**（315）　**社会保险金**（316）　**社会保险基金经办机构**（317）　**社会保险基金监督机构**（318）　**社会保险登记**（321）　**社会保险变更登记**（323）　**社会保险登记注销**（324）　**社会保险缴费申报**（324）　**社会保险缴费方式**（326）　**社会保险费滞纳金**（327）　**个人社会保障号码**（327）　**社会保险争议**（328）

【社会保险】

法律问题解读

社会保险是指由国家立法强制实施，由政府、用人单位和劳动者等社会各方面筹集资金建立专门基金，在劳动者年老、失业、患病、工伤、生育或者丧失劳动能力时，从国家或社会获得物质帮助的制度。社会保险制度具有如下基本特征：

1. 强制性。社会保险是法律规定并由国家强制实施的，社会保险覆盖范围内所有单位和个人都必须参加并按规定履行缴纳社会保险费的义务。

2. 互济性。社会保险基金在规定的较大统筹范围内调剂使用，发挥着长期互济的功能。即用人单位和劳动者参加社会保险并履行了缴费义务并不是都能得到偿付，有时只是其中一部分单位或劳动者受益，表现为均衡了参加社会保险的所有企业和所有个人的负担，并分散了其风险。

3. 普遍性。社会保险是为分散劳动者风险、为劳动者提供帮助而设立的，因此其覆盖范围应该是全体劳动者。在一些国家已经实行了全民社会保险，在我国，由于经济社会发展水平的制约，目前只是在城镇有工资收入的劳动者中实行，但是各项社会保险的覆盖范围一直处于不断扩大之中。

4. 非盈利性。由于社会保险实行强制性原则，所以如果追逐利润目标，就等于借助法律强制来为社会保险经办机构谋取利益，就会损害了用人单位和劳动者的权益。因此，社会保险实行非盈利原则。

法条指引

❶《中华人民共和国劳动法》（1994 年 7 月 5 日　国家主席令第 28 号）

第七十条　国家发展社会保险事业，建立社会保险制度，设立社会保险基金，使劳动者在年老、患病、工伤、失业、生育等情况下获得帮助和补偿。

第七十二条　社会保险基金按照保险类型确定资金来源，逐步实行社会统筹。用人单位和劳动者必须依法参加社会保险，缴纳社会保险费。

❷《中华人民共和国社会保险法》（2011 年 7 月 1 日施行）

第一章　总则

第一条　为了规范社会保险关系，维护公民参加社会保险和享受社会保险待遇的合法权益，使公民共享发展成果，促进社会和谐稳定，根据宪法，制定本法。

第二条　国家建立基本养老保险、基本医疗保险、工伤保险、失业保险、生育保险等社会保险制度，保障公民在年老、疾病、工伤、失业、生育等情况下依法从国家和社会获得物质帮助的权利。

第三条　社会保险制度坚持广覆盖、保基本、多层次、可持续的方针，社会保险水平应当与经济社会发展水平相适应。

第四条　中华人民共和国境内的用人单位和个人依法缴纳社会保险费，有权查询缴费记录、个人权益记录，要求社会保险经办机构提供社会保险咨询等相关服务。

个人依法享受社会保险待遇，有权监督本单

位为其缴费情况。

第五条 县级以上人民政府将社会保险事业纳入国民经济和社会发展规划。

国家多渠道筹集社会保险资金。县级以上人民政府对社会保险事业给予必要的经费支持。

国家通过税收优惠政策支持社会保险事业。

第六条 国家对社会保险基金实行严格监管。

国务院和省、自治区、直辖市人民政府建立健全社会保险基金监督管理制度，保障社会保险基金安全、有效运行。

县级以上人民政府采取措施，鼓励和支持社会各方面参与社会保险基金的监督。

第七条 国务院社会保险行政部门负责全国的社会保险管理工作，国务院其他有关部门在各自的职责范围内负责有关的社会保险工作。

县级以上地方人民政府社会保险行政部门负责本行政区域的社会保险管理工作，县级以上地方人民政府其他有关部门在各自的职责范围内负责有关的社会保险工作。

第八条 社会保险经办机构提供社会保险服务，负责社会保险登记、个人权益记录、社会保险待遇支付等工作。

第九条 工会依法维护职工的合法权益，有权参与社会保险重大事项的研究，参加社会保险监督委员会，对与职工社会保险权益有关的事项进行监督。

案例链接

❶《田海芳诉庞六工伤赔偿纠纷案》，参见北大法宝引证码：Pkulaw. cn/CLI. C. 244329。

❷《常利强诉孔备播水泥管道厂劳动争议纠纷案》，参见北大法宝引证码：Pkulaw. cn/CLI. C. 225245。

学者观点

❶ 麻增伟：《劳动争议中社会保险若干疑难问题研究》，参见北大法宝引证码：Pkulaw. cn/CLI. A. 046463。

❷ 林嘉：《论劳动权的法律保障》，参见北大法宝引证码：Pkulaw. cn/CLI. A. 040706。

【社会保险基金】

法律问题解读

社会保险基金主要是由参加社会保险的用人单位和劳动者个人缴纳的社会保险费组成的专项资金，专门用于劳动者在出现规定的风险情况时的资金帮助。通常情况下，政府财政补贴、社会保险基金自身产生的利息，以及社会其他方面的捐款也是构成社会保险基金的来源。社会保险基金是依法强制收缴，专门管理，并按规定用途专项使用的，是社会保险制度中最重要的内容。

在我国，社会保险基金按照不同用途分为企业职工基本养老保险基金、基本医疗保险基金、失业保险基金、工伤保险基金和女职工生育保险基金等五项重要的社会保险基金，此外，在一些地方还包括农村养老保险基金、机关事业单位职工养老保险基金、企业补充养老保险基金等。每一项社会保险基金都有专门的法律、法规予以规范，有专门的机构收缴、管理和发放。而且每项社会保险基金的资金来源不尽相同。

社会保险基金与商业保险基金的主要区别在于，前者实行强制原则，后者则实行自愿原则。

法条指引

❶**《中华人民共和国劳动法》**（1994 年 7 月 5 日 国家主席令第 28 号）

第七十二条 社会保险基金按照保险类型确定资金来源，逐步实行社会统筹。用人单位和劳动者必须依法参加社会保险，缴纳社会保险费。

❷**《中华人民共和国社会保险法》**（2011 年 7 月 1 日施行）

第八章 社会保险基金

第六十四条 社会保险基金包括基本养老保险基金、基本医疗保险基金、工伤保险基金、失业保险基金和生育保险基金。各项社会保险基金按照社会保险险种分别建账，分账核算，执行国家统一的会计制度。

社会保险基金专款专用，任何组织和个人不得侵占或者挪用。

基本养老保险基金逐步实行全国统筹，其他社会保险基金逐步实行省级统筹，具体时间、步骤由国务院规定。

第六十五条 社会保险基金通过预算实现收支平衡。

县级以上人民政府在社会保险基金出现支付不足时，给予补贴。

第六十六条 社会保险基金按照统筹层次设立预算。社会保险基金预算按照社会保险项目分别编制。

第六十七条　社会保险基金预算、决算草案的编制、审核和批准，依照法律和国务院规定执行。

第六十八条　社会保险基金存入财政专户，具体管理办法由国务院规定。

第六十九条　社会保险基金在保证安全的前提下，按照国务院规定投资运营实现保值增值。

社会保险基金不得违规投资运营，不得用于平衡其他政府预算，不得用于兴建、改建办公场所和支付人员经费、运行费用、管理费用，或者违反法律、行政法规规定挪作其他用途。

第七十条　社会保险经办机构应当定期向社会公布参加社会保险情况以及社会保险基金的收入、支出、结余和收益情况。

第七十一条　国家设立全国社会保障基金，由中央财政预算拨款以及国务院批准的其他方式筹集的资金构成，用于社会保障支出的补充、调剂。全国社会保障基金由全国社会保障基金管理运营机构负责管理运营，在保证安全的前提下实现保值增值。

全国社会保障基金应当定期向社会公布收支、管理和投资运营的情况。国务院财政部门、社会保险行政部门、审计机关对全国社会保障基金的收支、管理和投资运营情况实施监督。

案例链接

❶《郑州交通运输集团有限责任公司与金国庆劳动争议纠纷上诉案》，参见北大法宝引证码：Pkulaw. cn/CLI. C. 246933。

❷《登封市嵩颖电力机械修造有限公司与陈建设劳动争议纠纷上诉案》，参见北大法宝引证码：Pkulaw. cn/CLI. C. 246043。

【社会保险基金统筹】

法律问题解读

这是指在一定的范围内，按照“大数法则”统一筹集、统一使用、统一管理社会保险基金的制度。所谓大数法则，即指参加社会保险的企业和职工越多，在某一阶段上遭遇劳动风险的几率就越低的原理。社会统筹相对于个人账户而言的。社会保险基金统筹是由专门机构负责基金的征收、管理和使用，而单位或个人自我负担社会保险事务则是属于自我管理、自收自支形式。采用社会保险基金统筹的筹资模式，将会使企业和劳动者抵御劳动风险的能力增强，使社会互济得以更加充分地实现。

法条指引

❶**《中华人民共和国社会保险法》**（2011 年 7 月 1 日施行）

第十一条　基本养老保险实行社会统筹与个人账户相结合。

基本养老保险基金由用人单位和个人缴费以及政府补贴等组成。

第六十四条　社会保险基金包括基本养老保险基金、基本医疗保险基金、工伤保险基金、失业保险基金和生育保险基金。各项社会保险基金按照社会保险险种分别建账，分账核算，执行国家统一的会计制度。

社会保险基金专款专用，任何组织和个人不得侵占或者挪用。

基本养老保险基金逐步实行全国统筹，其他社会保险基金逐步实行省级统筹，具体时间、步骤由国务院规定。

案例链接

❶《赵中武与郑州市惠济区人民医院劳动争议纠纷上诉案》，参见北大法宝引证码：Pkulaw. cn/CLI. C. 246848。

❷《常高印等与郑国付劳动争议纠纷上诉案》，参见北大法宝引证码：Pkulaw. cn/CLI. C. 253836。

【社会保险费征缴】

法律问题解读

社会保险费征缴是指由专门机构向用人单位和劳动者筹集社会保险基金的制度。由于社会保险的强制性，决定了社会保险费是征缴制，即参加社会保险者必须在规定时间、按规定标准缴纳社会保险费，或者由专门机构直接收取，拒不缴纳的要承担相应的法律责任。

《社会保险法》出台之前，我国征缴社会保险费的法定机构有两个，一是税务机构，一是劳动保障行政部门按照国务院规定设立的社会保险经办机构。在某个地区具体由哪个机构征收社会保险费，由省级人民政府确定。但是《社会保险法》明确要求国务院规定社会保险费要统一征缴。

法条指引

❶**《中华人民共和国社会保险法》**（2011 年 7

月1日施行)

第七章 社会保险费征缴

第五十七条 用人单位应当自成立之日起三十日内凭营业执照、登记证书或者单位印章，向当地社会保险经办机构申请办理社会保险登记。社会保险经办机构应当自收到申请之日起十五日内予以审核，发给社会保险登记证件。

用人单位的社会保险登记事项发生变更或者用人单位依法终止的，应当自变更或者终止之日起三十日内，到社会保险经办机构办理变更或者注销社会保险登记。

工商行政管理部门、民政部门和机构编制管理机关应当及时向社会保险经办机构通报用人单位的成立、终止情况，公安机关应当及时向社会保险经办机构通报个人的出生、死亡以及户口登记、迁移、注销等情况。

第五十八条 用人单位应当自用工之日起三十日内为其职工向社会保险经办机构申请办理社会保险登记。未办理社会保险登记的，由社会保险经办机构核定其应当缴纳的社会保险费。

自愿参加社会保险的无雇工的个体工商户、未在用人单位参加社会保险的非全日制从业人员以及其他灵活就业人员，应当向社会保险经办机构申请办理社会保险登记。

国家建立全国统一的个人社会保障号码。个人社会保障号码为公民身份号码。

第五十九条 县级以上人民政府加强社会保险费的征收工作。

社会保险费实行统一征收，实施步骤和具体办法由国务院规定。

第六十条 用人单位应当自行申报、按时足额缴纳社会保险费，非因不可抗力等法定事由不得缓缴、减免。职工应当缴纳的社会保险费由用人单位代扣代缴，用人单位应当按月将缴纳社会保险费的明细情况告知本人。

无雇工的个体工商户、未在用人单位参加社会保险的非全日制从业人员以及其他灵活就业人员，可以直接向社会保险费征收机构缴纳社会保险费。

第六十一条 社会保险费征收机构应当依法按时足额征收社会保险费，并将缴费情况定期告知用人单位和个人。

第六十二条 用人单位未按规定申报应当缴纳的社会保险费数额的，按照该单位上月缴费额的百分之一百一十确定应当缴纳数额；缴费单位补办申报手续后，由社会保险费征收机构按照规定结算。

第六十三条 用人单位未按时足额缴纳社会保险费的，由社会保险费征收机构责令其限期缴纳或者补足。

用人单位逾期仍未缴纳或者补足社会保险费的，社会保险费征收机构可以向银行和其他金融机构查询其存款账户；并可以申请县级以上有关行政部门作出划拨社会保险费的决定，书面通知其开户银行或者其他金融机构划拨社会保险费。用人单位账户余额少于应当缴纳的社会保险费的，社会保险费征收机构可以要求该用人单位提供担保，签订延期缴费协议。

用人单位未足额缴纳社会保险费且未提供担保的，社会保险费征收机构可以申请人民法院扣押、查封、拍卖其价值相当于应当缴纳社会保险费的财产，以拍卖所得抵缴社会保险费。

案例链接

❶《李彪与郑州中原电子衡器有限公司劳动合同纠纷上诉案》，参见北大法宝引证码：Pkulaw.cn/CLI.C.246173。

❷《郑州交通运输集团有限责任公司与金国庆劳动争议纠纷上诉案》，参见北大法宝引证码：Pkulaw.cn/CLI.C.246933。

【社会保险金】

法律问题解读

社会保险金是社会保险待遇的基本表现形式，也是社会保险待遇中最重要的组成部分。绝大多数社会保险待遇都是以社会保险金形式定时发放的。劳动者能否获得社会保险金以外的其他社会保险待遇，一般是以其能否取得领取社会保险金的资格来确定的。因此，通常也将社会保险金与社会保险待遇等同起来看待。

社会保险金按照不同的社会保险种类划分，主要包括养老、医疗、失业、工伤和生育等五项。此外，劳动者死亡后，其遗属还可以依法享受遗属津贴。劳动者享受社会保险待遇的条件和标准由法律、法规规定，不同种类的社会保险待遇标准各不相同。凡是劳动者享受的社会保险金，有关机构都必须按时足额支付，否则将承担相应的法律责任。

法条指引

❶**《中华人民共和国劳动法》**（1994年7月5

日 国家主席令第28号)

第七十三条 劳动者在下列情形下，依法享受社会保险待遇：

（一）退休；

（二）患病、负伤；

（三）因工伤残或者患职业病；

（四）失业；

（五）生育。

劳动者死亡后，其遗属依法享受遗属津贴。

劳动者享受社会保险待遇的条件和标准由法律、法规规定。

劳动者享受的社会保险金必须按时足额支付。

案例链接

❶《叶桂云诉淮阳县水利工程二公司等拖欠退休工资纠纷案》，参见北大法宝引证码：Pkulaw.cn/CLI.C.258902。

❷《田焕亭诉周口石油化工股份有限公司河南周口扶沟石油分公司等劳动争议案》，参见北大法宝引证码：Pkulaw.cn/CLI.C.243426。

学者观点

❶ 麻增伟：《北京市劳动者依法享受社会保险的种类、缴纳比例及待遇标准》，参见北大法宝引证码：Pkulaw.cn/CLI.A.046461。

【社会保险基金经办机构】

法律问题解读

这是指依照法律规定收支、管理和运营社会保险基金，以及负有使社会保险基金保值增值责任的专门机构。包括社会保险行政管理部门、社会保险经办机构和社会保险基金监督机构。

为了保证社会保险基金安全、高效地运作，法律规定社会保险基金的行政管理部门、经办机构和监督机构要单独设立，形成相互制约、相互监督的机制。行政管理部门负责起草制定相关政策和基金管理情况的监督检查；经办机构具体负责社会保险基金的筹集和社会保险金发放工作，负责社会保险基金的调剂、储备和投资运营，以及保值增值，负责社会保险基金的会计核算和日常管理等工作；监督机构则主要负责基金运行全过程的监督检查。为了保证社会保险政策的贯彻执行，经办机构要接受行政主管部门的业务指导。

在我国，社会保险的行政主管部门是各级劳动保障行政部门，经办机构是隶属于劳动保障行政部门的各级社会保险事业管理中心。社会保险经办机构有的是几个社会保险险种集中设立的，也有的是按险种分别设立的。目前，由于资本市场尚在发育过程中，为了保证社会保险基金的安全，还不允许大量基金运营，各地暂时结余的社会保险基金主要用于购买国债和按优惠利率存入国有商业银行，以实现其保值增值。

法条指引

❶**《中华人民共和国劳动法》**（1994年7月5日 国家主席令第28号）

第七十四条 社会保险基金经办机构依照法律规定收支、管理和运营社会保险基金，并负有使社会保险基金保值增值的责任。

社会保险基金监督机构依照法律规定，对社会保险基金的收支、管理和运营实施监督。

社会保险基金经办机构和社会保险基金监督机构的设立和职能由法律规定。

任何组织和个人不得挪用社会保险基金。

❷**《中华人民共和国社会保险法》**（2011年7月1日施行）

第九章 社会保险经办

第七十二条 统筹地区设立社会保险经办机构。社会保险经办机构根据工作需要，经所在地的社会保险行政部门和机构编制管理机关批准，可以在本统筹地区设立分支机构和服务网点。

社会保险经办机构的人员经费和经办社会保险发生的基本运行费用、管理费用，由同级财政按照国家规定予以保障。

第七十三条 社会保险经办机构应当建立健全业务、财务、安全和风险管理制度。

社会保险经办机构应当按时足额支付社会保险待遇。

第七十四条 社会保险经办机构通过业务经办、统计、调查获取社会保险工作所需的数据，有关单位和个人应当及时、如实提供。

社会保险经办机构应当及时为用人单位建立档案，完整、准确地记录参加社会保险的人员、缴费等社会保险数据，妥善保管登记、申报的原始凭证和支付结算的会计凭证。

社会保险经办机构应当及时、完整、准确地记录参加社会保险的个人缴费和用人单位为其缴费，以及享受社会保险待遇等个人权益记录，定期将个人权益记录单免费寄送本人。

用人单位和个人可以免费向社会保险经办机构查询、核对其缴费和享受社会保险待遇记录，要求社会保险经办机构提供社会保险咨询等相关服务。

第七十五条 全国社会保险信息系统按照国家统一规划，由县级以上人民政府按照分级负责的原则共同建设。

❸《中华人民共和国社会保险费征缴暂行条例》（1999年1月22日 国务院令第259号）

第五条 国务院劳动保障行政部门负责全国的社会保险费征缴管理和监督检查工作。县级以上地方各级人民政府劳动保障行政部门负责本行政区域内的社会保险费征缴管理和监督检查工作。

第六条 社会保险费实行三项社会保险费集中、统一征收。社会保险费的征收机构由省、自治区、直辖市人民政府规定，可以由税务机关征收，也可以由劳动保障行政部门按照国务院规定设立的社会保险经办机构（以下简称社会保险经办机构）征收。

第十八条 按照省、自治区、直辖市人民政府关于社会保险费征缴机构的规定，劳动保障行政部门或者税务机关依法对单位缴费情况进行检查时，被检查的单位应当提供与缴纳社会保险费有关的用人情况、工资表、财务报表等资料，如实反映情况，不得拒绝检查，不得谎报、瞒报。劳动保障行政部门或者税务机关可以记录、录音、录像、照相和复制有关资料；但是，应当为缴费单位保密。

劳动保障行政部门、税务机关的工作人员在行使前款所列职权时，应当出示执行公务证件。

第二十条 社会保险经办机构受劳动保障行政部门的委托，可以进行与社会保险费征缴有关的检查、调查工作。

第二十二条 社会保险基金实行收支两条线管理，由财政部门依法进行监督。

审计部门依法对社会保险基金的收支情况进行监督。

案例链接

❶《符玉花与中国人民财产保险股份有限公司三亚市分公司劳动争议纠纷上诉案》，参见北大法宝引证码：Pkulaw. cn/CLI. C. 121069。

❷《罗玉环与佛山市南海丝厂劳动争议纠纷上诉案》，参见北大法宝引证码：Pkulaw. cn/CLI. C. 28056。

学者观点

❶ 刘翠霄：《法定社会保险基金的筹集》，参见北大法宝引证码：Pkulaw. cn/CLI. A. 039819。

【社会保险基金监督机构】

法律问题解读

这是指依照法律规定，对社会保险基金的收支、管理和运营实施监督的机构。社会保险基金取之于民，也必须用之于民，为了保证社会保险基金能够公平、公正、公开地用于法律规定的用途，除了要有专门机构筹集、管理和使用社会保险基金，还要对基金收、管、支的流转过程实施全程监督检查，以确保社会保险基金不被任何组织和个人挪用。

目前，社会保险基金的监督机构包括劳动保障行政部门、财政部门、审计机关，以及按规定成立的由政府部门、工会组织、用人单位等社会各界组成的社会保险基金监督委员会。各机构根据职责分工，各司其职，从不同角度对社会保险基金进行监督。

法条指引

❶《中华人民共和国劳动法》（1994年7月5日 国家主席令第28号）

第七十四条 社会保险基金经办机构依照法律规定收支、管理和运营社会保险基金，并负有使社会保险基金保值增值的责任。

社会保险基金监督机构依照法律规定，对社会保险基金的收支、管理和运营实施监督。

社会保险基金经办机构和社会保险基金监督机构的设立和职能由法律规定。

任何组织和个人不得挪用社会保险基金。

❷《中华人民共和国社会保险法》（2011年7月1日施行）

第十章 社会保险监督

第七十六条 各级人民代表大会常务委员会听取和审议本级人民政府对社会保险基金的收支、管理、投资运营以及监督检查情况的专项工作报告，组织对本法实施情况的执法检查等，依法行使监督职权。

第七十七条 县级以上人民政府社会保险行政部门应当加强对用人单位和个人遵守社会保险法律、法规情况的监督检查。

社会保险行政部门实施监督检查时，被检查的用人单位和个人应当如实提供与社会保险有关的资料，不得拒绝检查或者谎报、瞒报。

第七十八条　财政部门、审计机关按照各自职责，对社会保险基金的收支、管理和投资运营情况实施监督。

第七十九条　社会保险行政部门对社会保险基金的收支、管理和投资运营情况进行监督检查，发现存在问题的，应当提出整改建议，依法作出处理决定或者向有关行政部门提出处理建议。社会保险基金检查结果应当定期向社会公布。

社会保险行政部门对社会保险基金实施监督检查，有权采取下列措施：

（一）查阅、记录、复制与社会保险基金收支、管理和投资运营相关的资料，对可能被转移、隐匿或者灭失的资料予以封存；

（二）询问与调查事项有关的单位和个人，要求其对与调查事项有关的问题作出说明、提供有关证明材料；

（三）对隐匿、转移、侵占、挪用社会保险基金的行为予以制止并责令改正。

第八十条　统筹地区人民政府成立由用人单位代表、参保人员代表，以及工会代表、专家等组成的社会保险监督委员会，掌握、分析社会保险基金的收支、管理和投资运营情况，对社会保险工作提出咨询意见和建议，实施社会监督。

社会保险经办机构应当定期向社会保险监督委员会汇报社会保险基金的收支、管理和投资运营情况。社会保险监督委员会可以聘请会计师事务所对社会保险基金的收支、管理和投资运营情况进行年度审计和专项审计。审计结果应当向社会公开。

社会保险监督委员会发现社会保险基金收支、管理和投资运营中存在问题的，有权提出改正建议；对社会保险经办机构及其工作人员的违法行为，有权向有关部门提出依法处理建议。

第八十一条　社会保险行政部门和其他有关行政部门、社会保险经办机构、社会保险费征收机构及其工作人员，应当依法为用人单位和个人的信息保密，不得以任何形式泄露。

第八十二条　任何组织或者个人有权对违反社会保险法律、法规的行为进行举报、投诉。

社会保险行政部门、卫生行政部门、社会保险经办机构、社会保险费征收机构和财政部门、审计机关对属于本部门、本机构职责范围的举报、投诉，应当依法处理；对不属于本部门、本机构职责范围的，应当书面通知并移交有权处理的部门、机构处理。有权处理的部门、机构应当及时处理，不得推诿。

❸《中华人民共和国社会保险费征缴暂行条例》（1999年1月22日　国务院令第259号）

第十八条　按照省、自治区、直辖市人民政府关于社会保险费征缴机构的规定，劳动保障行政部门或者税务机关依法对单位缴费情况进行检查时，被检查的单位应当提供与缴纳社会保险费有关的用人情况、工资表、财务报表等资料，如实反映情况，不得拒绝检查，不得谎报、瞒报。劳动保障行政部门或者税务机关可以记录、录音、录像、照相和复制有关资料；但是，应当为缴费单位保密。

劳动保障行政部门、税务机关的工作人员在行使前款所列职权时，应当出示执行公务证件。

第二十条　社会保险经办机构受劳动保障行政部门的委托，可以进行与社会保险费征缴有关的检查、调查工作。

第二十二条　社会保险基金实行收支两条线管理，由财政部门依法进行监督。

审计部门依法对社会保险基金的收支情况进行监督。

❹《社会保险费征缴监督检查办法》（1999年3月19日　劳动和社会保障部令第3号）

依据《社会保险费征缴暂行条例》（中华人民共和国国务院令第259号），劳动和社会保障部制定了《社会保险费征缴监督检查办法》，现予发布施行。

第一条　为加强社会保险费征缴监督检查工作，规范社会保险费征缴监督检查行为，根据《社会保险费征缴暂行条例》（以下简称条例）和有关法律、法规规定，制定本办法。

第二条　对中华人民共和国境内的企业、事业单位、国家机关、社会团体、民办非企业单位、城镇个体工商户（以下简称缴费单位）实施社会保险费征缴监督检查适用本办法。

前款所称企业是指国有企业、城镇集体企业、外商投资企业、城镇私营企业和其他城镇企业。

第三条　劳动保障行政部门负责社会保险费征缴的监督检查工作，对违反条例和本办法规定的缴费单位及其责任人员，依法作出行政处罚决定，并可以按照条例规定委托社会保险经办机构进行与社会保险费征缴有关的检查、调查工作。

劳动保障行政部门的劳动保障监察机构具体负责社会保险费征缴监督检查和行政处罚，包括对缴费单位进行检查、调查取证、拟定行政处罚决定书、送达行政处罚决定书、拟定向人民法院申请强制执行行政处罚决定的申请书、受理群众举报等工作。

社会保险经办机构受劳动保障行政部门的委托，可以对缴费单位履行社会保险登记、缴费申报、缴费义务的情况进行调查和检查，发现缴费单位有瞒报、漏报和拖欠社会保险费等行为时，应当责令其改正。

第四条 劳动保障监察机构与社会保险经办机构应当建立按月相互通报制度。社会保险经办机构应当及时将需要给予行政处罚的缴费单位情况向劳动保障监察机构通报，劳动保障监察机构应当及时将查处违反规定的情况通报给社会保险经办机构。

第五条 县级以上地方各级劳动保障行政部门对缴费单位监督检查的管辖范围，由省、自治区、直辖市劳动保障行政部门依照社会保险登记、缴费申报和缴费工作管理权限，制定具体规定。

第六条 社会保险费征缴监督检查应当包括以下内容：

（一）缴费单位向当地社会保险经办机构办理社会保险登记、变更登记或注销登记的情况；

（二）缴费单位向社会保险经办机构申报缴费的情况；

（三）缴费单位缴纳社会保险费的情况；

（四）缴费单位代扣代缴个人缴费的情况；

（五）缴费单位向职工公布本单位缴费的情况；

（六）法律、法规规定的其他内容。

第七条 劳动保障行政部门应当向社会公布举报电话，设立举报信箱，指定专人负责接待群众投诉；对符合受理条件的举报，应当于7日内立案受理，并进行调查处理，且一般应当于30日内处理结案。

第八条 劳动保障行政部门应当建立劳动保障年检制度，进行劳动保障年度检查，掌握缴费单位参加社会保险的情况；对违反条例规定的，应当责令其限期改正，并依照条例规定给予行政处罚。

第九条 劳动保障监察人员在执行监察公务和社会保险经办机构工作人员对缴费单位进行调查、检查时，至少应当由两人共同进行，并应当主动出示执法证件。

第十条 劳动保障监察人员执行监察公务和社会保险经办机构工作人员进行调查、检查时，行使下列职权：

（一）可以到缴费单位了解遵守社会保险法律、法规的情况；

（二）可以要求缴费单位提供与缴纳社会保险费有关的用人情况、工资表、财务报表等资料，询问有关人员，对缴费单位不能立即提供有关参加社会保险情况和资料的，可以下达劳动保障行政部门监督检查询问书；

（三）可以记录、录音、录像、照相和复制有关资料。

第十一条 劳动保障监察人员执行监察公务和社会保险经办机构工作人员进行调查、检查时，承担下列义务：

（一）依法履行职责，秉公执法，不得利用职务之便谋取私利；

（二）保守在监督检查工作中知悉的缴费单位的商业秘密；

（三）为举报人员保密。

第十二条 缴费单位有下列行为之一，情节严重的，对直接负责的主管人员和其他直接责任人员处以1000元以上5000元以下的罚款；情节特别严重的，对直接负责的主管人员和其他直接责任人员处以5000元以上10000元以下的罚款：

（一）未按规定办理社会保险登记的；

（二）在社会保险登记事项发生变更或者缴费单位依法终止后，未按规定到社会保险经办机构办理社会保险变更登记或者社会保险注销登记的；

（三）未按规定申报应当缴纳社会保险费数额的。

第十三条 对缴费单位有下列行为之一的，依照条例第十三条的规定，从欠缴之日起，按日加收千分之二的滞纳金，并对直接负责的主管人员和其他直接责任人员处以5000元以上20000元以下罚款：

（一）因伪造、变造、故意毁灭有关账册、材料造成社会保险费迟延缴纳的；

（二）因不设账册造成社会保险费迟延缴纳的；

（三）因其他违法行为造成社会保险费迟延缴纳的。

第十四条 对缴费单位有下列行为之一的，应当给予警告，并可以处以5000元以下的罚款：

（一）伪造、变造社会保险登记证的；

（二）未按规定从缴费个人工资中代扣代缴社会保险费的；

（三）未按规定向职工公布本单位社会保险费缴纳情况的。

对上述违法行为的行政处罚，法律、法规另有规定的，从其规定。

第十五条 对缴费单位有下列行为之一的，应当给予警告，并可以处以10000元以下的罚款：

（一）阻挠劳动保障监察人员依法行使监察职权，拒绝检查的；

（二）隐瞒事实真相，谎报、瞒报，出具伪证，或者隐匿、毁灭证据的；

（三）拒绝提供与缴纳社会保险费有关的用人情况、工资表、财务报表等资料的；

（四）拒绝执行劳动保障行政部门下达的监督检查询问书的；

（五）拒绝执行劳动保障行政部门下达的限期改正指令书的；

（六）打击报复举报人员的；

（七）法律、法规及规章规定的其他情况。

对上述违法行为的行政处罚，法律、法规另有规定的，从其规定。

第十六条 本办法第十二条、第十三条的罚款均由缴费单位直接负责的主管人员和其他直接责任人员个人支付，不得从单位报销。

第十七条 对缴费单位或者缴费单位直接负责的主管人员和其他直接责任人员的罚款，必须全部上缴国库。

第十八条 缴费单位或者缴费单位直接负责的主管人员和其他直接责任人员，对劳动保障行政部门作出的行政处罚决定不服的，可以于15日内，向上一级劳动保障行政部门或者同级人民政府申请行政复议。对行政复议决定不服的，可以自收到行政复议决定书之日起15日内向人民法院提起行政诉讼。

行政复议和行政诉讼期间，不影响该行政处罚决定的执行。

第十九条 缴费单位或者缴费单位直接负责的主管人员和其他直接责任人员，在15日内拒不执行劳动保障行政部门对其作出的行政处罚决定，又不向上一级劳动保障行政部门或者同级人民政府申请行政复议，或者对行政复议决定不服，又不向人民法院提起行政诉讼的，可以申请人民法院强制执行。

第二十条 劳动保障行政部门和社会保险经办机构的工作人员滥用职权、徇私舞弊、玩忽职守，构成犯罪的，依法追究刑事责任；尚不构成犯罪的，给予责任人员行政处分。

第二十一条 本办法自发布之日起施行。

案例链接

❶《海南百家网传媒投资有限公司因与林强等劳动争议纠纷上诉案》，参见北大法宝引证码：Pkulaw. cn/CLI. C. 90239。

❷《王衍华与佛山市顺德区德胜电厂有限公司劳动争议纠纷上诉案》，参见北大法宝引证码：Pkulaw. cn/CLI. C. 43757。

【社会保险登记】

法律问题解读

参加社会保险的缴费单位，实行向社会保险经办机构办理社会保险登记制度。社会保险登记实行属地原则，即缴费单位应到其所在地的社会保险经办机构申请办理社会保险登记。缴费单位具有异地分支机构的，分支机构一般应视为独立的缴费单位，向其所在地的社会保险经办机构单独申请办理社会保险登记；对于那些跨地区的缴费单位，他们的社会保险登记则须由所跨有关地区的社会保险经办机构进行协商，以确定其登记地，当各地区意见不一致时，交由上级社会保险经办机构确定登记地。行业统筹移交地方管理后，其所属单位的社会保险登记地，由省级社会保险经办机构确定。

社会保险登记事项包括：单位名称、住所、经营地点、单位类型、法人代表或者负责人、单位开户银行账号以及劳动保障行政部门规定的其他事项。缴费单位在申请办理社会保险登记时，应当按照有关规定填写社会保险登记表，同时按要求出示以下证件和资料：

（1）营业执照或其他核准执业或成立证件；

（2）国家技术监督局颁发的法人代码证书；

（3）各省、自治区、直辖市社会保险经办机构规定的其他需要提供的有关证件、资料。

新成立的用人单位，从事生产经营的缴费单位应当在领营业执照之日起30日内，非生产经营性单位自成立之日起30日内，须向所在地的社会保险经办机构申请办理社会保险登记；

社会保险经办机构对缴费单位填报的社会保险登记表，提供的证件和有关资料，须即时受理，并至迟自受理之日起10个工作日内审核完毕；经审核符合规定的，予以登记，并发给《社会保险登记证》。

法条指引

❶《中华人民共和国社会保险法》（2011年7月1日施行）

第五十七条 用人单位应当自成立之日起三十日内凭营业执照、登记证书或者单位印章，向当地社会保险经办机构申请办理社会保险登记。社会保险经办机构应当自收到申请之日起十五日内予以审核，发给社会保险登记证件。

用人单位的社会保险登记事项发生变更或者用人单位依法终止的，应当自变更或者终止之日起三十日内，到社会保险经办机构办理变更或者注销社会保险登记。

工商行政管理部门、民政部门和机构编制管理机关应当及时向社会保险经办机构通报用人单位的成立、终止情况，公安机关应当及时向社会保险经办机构通报个人的出生、死亡以及户口登记、迁移、注销等情况。

第五十八条 用人单位应当自用工之日起三十日内为其职工向社会保险经办机构申请办理社会保险登记。未办理社会保险登记的，由社会保险经办机构核定其应当缴纳的社会保险费。

自愿参加社会保险的无雇工的个体工商户、未在用人单位参加社会保险的非全日制从业人员以及其他灵活就业人员，应当向社会保险经办机构申请办理社会保险登记。

国家建立全国统一的个人社会保障号码。个人社会保障号码为公民身份号码。

❷《中华人民共和国社会保险费征缴暂行条例》（1999 年 1 月 22 日　国务院令第 259 号）

第七条 缴费单位必须向当地社会保险经办机构办理社会保险登记，参加社会保险。

登记事项包括：单位名称、住所、经营地点、单位类型、法定代表人或者负责人、开户银行账号以及国务院劳动保障行政部门规定的其他事项。

第八条 本条例施行前已经参加社会保险的缴费单位，应当自本条例施行之日起 6 个月内到当地社会保险经办机构补办社会保险登记，由社会保险经办机构发给社会保险登记证件。

本条例施行前尚未参加社会保险的缴费单位应当自本条例施行之日起 30 日内，本条例施行后成立的缴费单位应当自成立之日起 30 日内，持营业执照或者登记证书等有关证件，到当地社会保险经办机构申请办理社会保险登记。社会保险经办机构审核后，发给社会保险登记证件。

社会保险登记证件不得伪造、变造。

社会保险登记证件的样式由国务院劳动保障行政部门制定。

第九条 缴费单位的社会保险登记事项发生变更或者缴费单位依法终止的，应当自变更或者终止之日起 30 日内，到社会保险经办机构办理变更或者注销社会保险登记手续。

第十条 缴费单位必须按月向社会保险经办机构申报应缴纳的社会保险费数额，经社会保险经办机构核定后，在规定的期限内缴纳社会保险费。

缴费单位不按规定申报应缴纳的社会保险费数额的，由社会保险经办机构暂按该单位上月缴费数额的 110％确定应缴数额；没有上月缴费数额的，由社会保险经办机构暂按该单位的经营状况、职工人数等有关情况确定应缴数额。缴费单位补办申报手续并按核定数额缴纳社会保险费后，由社会保险经办机构按照规定结算。

第十一条 省、自治区、直辖市人民政府规定由税务机关征收社会保险费的，社会保险经办机构应当及时向税务机关提供缴费单位社会保险登记、变更登记、注销登记以及缴费申报的情况。

❸《社会保险登记管理暂行办法》（1999 年 3 月 19 日　劳动和社会保障部令第 1 号）

第五条 从事生产经营的缴费单位自领取营业执照之日起 30 日内、非生产经营性单位自成立之日起 30 日内，应当向当地社会保险经办机构申请办理社会保险登记。条例施行前尚未参加社会保险的缴费单位，应当依据条例第八条，持本办法第七条规定的证件和资料到当地社会保险经办机构办理社会保险登记。

条例施行前已经参加社会保险的缴费单位，应当按照前款规定到当地社会保险经办机构补办社会保险登记。

第六条 社会保险登记实行属地管理。

缴费单位具有异地分支机构的，分支机构一般应当作为独立的缴费单位，向其所在地的社会保险经办机构单独申请办理社会保险登记。

跨地区的缴费单位，其社会保险登记地由相关地区协商确定。意见不一致时，由上一级社会保险经办机构确定登记地。

第七条 缴费单位申请办理社会保险登记时，应当填写社会保险登记表，并出示以下证件和资料：

（一）营业执照、批准成立证件或其他核准执业证件；

（二）国家质量技术监督部门颁发的组织机构统一代码证书；

（三）省、自治区、直辖市社会保险经办机构规定的其他有关证件、资料。

第八条 对缴费单位填报的社会保险登记表、

提供的证件和资料，社会保险经办机构应当即时受理，并在自受理之日起10个工作日内审核完毕；符合规定的，予以登记，发给社会保险登记证。

案例链接

❶《荥阳市医药公司诉辛东升劳动争议纠纷案》，参见北大法宝引证码：Pkulaw. cn/CLI. C. 245704。

❷《毛正贤诉张掖市第二中学劳动争议纠纷案》，参见北大法宝引证码：Pkulaw. cn/CLI. C. 95928。

【社会保险变更登记】

法律问题解读

当参加社会保险的缴费单位下列社会保险登记事项发生变更时，须向社会保险经办机构申请办理社会保险变更登记：

（1）单位名称；

（2）住所或地址；

（3）法定代表人或负责人；

（4）单位类型；

（5）组织机构统一代码；

（6）主管机关；

（7）隶属关系；

（8）开户银行账号；

（9）各省、自治区、直辖市社会保险经办机构规定的其他事项。

参加社会保险的缴费单位发生上述项目的变更时，首先应向当地工商行政管理部门办理变更登记（或者经有关部门批准或宣布发生变更）。此后在30日内，持下列证件和资料到原社会保险经办机构办理变更社会保险登记：

（1）变更社会保险登记申请书；

（2）工商变更登记表和工商执照或者有关机关批准或宣布变更的证明。

（3）社会保险登记证；

（4）各省、自治区、直辖市社会保险经办机构规定的其他资料。

当缴费单位规定提交了齐全的资料后，由当地社会保险经办机构发给变更登记表，单位应如实填写。经社会保险经办机构审核无误后，归入缴费单位档案。变更登记的内容涉及社会保险登记证件的内容需作更改时，社会保险经办机构应当收回原《社会保险登记证》，重新核发《社会保险登记证》。

法条指引

❶**《中华人民共和国社会保险法》**（2011年7月1日施行）

第五十七条第二款　用人单位的社会保险登记事项发生变更或者用人单位依法终止的，应当自变更或者终止之日起三十日内，到社会保险经办机构办理变更或者注销社会保险登记。

❷**《中华人民共和国社会保险费征缴暂行条例》**（1999年1月22日　国务院令第259号）（略）

❸**《社会保险登记管理暂行办法》**（1999年3月19日　劳动和社会保障部发布）

第九条　缴费单位的以下社会保险登记事项之一发生变更时，应当依法向原社会保险登记机构申请办理变更社会保险登记：

（一）单位名称；

（二）住所或地址；

（三）法定代表人或负责人；

（四）单位类型；

（五）组织机构统一代码；

（六）主管部门；

（七）隶属关系；

（八）开户银行账号；

（九）省、自治区、直辖市社会保险经办机构规定的其他事项。

第十条　缴费单位应当自工商行政管理机关办理变更登记或有关机关批准或宣布变更之日起30日内，持下列证件和资料到原社会保险登记机构办理变更社会保险登记：

（一）变更社会保险登记申请书；

（二）工商变更登记表和工商执照或有关机关批准或宣布变更证明；

（三）社会保险登记证；

（四）省、自治区、直辖市社会保险经办机构规定的其他资料。

第十一条　申请变更登记单位提交材料齐全的，由社会保险经办机构发给社会保险变更登记表，并由申请变更登记单位依法如实填写，经社会保险经办机构审核后，归入缴费单位社会保险登记档案。

社会保险变更登记的内容涉及社会保险登记证件的内容需作更改的，社会保险经办机构应当收回原社会保险登记证，并按更改后的内容，重新核发社会保险登记证。

【社会保险登记注销】

法律问题解读

当参加社会保险缴费单位依法终止时，应当自终止之日起30日内，到社会保险经办机构办理注销社会保险登记手续。注销社会保险登记主要有以下几种情况：

1. 缴费单位发生解散、破产、撤销、被合并以及其他停止执业情形时，应及时向原社会保险登记机构申请办理注销社会保险登记；

2. 按照有关规定不需在工商行政管理机关办理注销登记的缴费单位，应当自有关机关批准或者宣告终止之日起30日内，向原社会保险登记机构申请办理注销社会保险登记；

3. 缴费单位因生产、经营场所变动或办公地点变动而需改变社会保险登记机构的，应当自变动发生后30日内，向原社会保险登记机构办理注销社会保险登记，同时向迁达地社会保险经办机构办理社会保险登记；

4. 缴费单位被工商行政管理机关吊销营业执照的，应当自营业执照被吊销之日起30日内，向原社会保险登记机构申请办理注销登记。

缴费单位在办理注销社会保险登记时，应当提交注销社会保险登记申请、相关法律文书或其他有关注销文件，经社会保险经办机构核准，办理注销社会保险登记手续，缴销原领取的社会保险登记证件。

法条指引

❶ **《中华人民共和国社会保险法》**（2011年7月1日施行）

第五十七条第二款 用人单位的社会保险登记事项发生变更或者用人单位依法终止的，应当自变更或者终止之日起三十日内，到社会保险经办机构办理变更或者注销社会保险登记。

❷ **《中华人民共和国社会保险费征缴暂行条例》**（1999年1月22日 国务院令第259号）

第九条 缴费单位的社会保险登记事项发生变更或者缴费单位依法终止的，应当自变更或者终止之日起30日内，到社会保险经办机构办理变更或者注销社会保险登记手续。

❸ **《社会保险登记管理暂行办法》**（1999年3月19日 劳动和社会保障部发布）

第十二条 缴费单位发生解散、破产、撤销、合并以及其他情形，依法终止社会保险缴费义务时，应当及时向原社会保险登记机构申请办理注销社会保险登记。

第十三条 缴费单位应当自工商行政管理机关办理注销登记之日起30日内，向原社会保险登记机构申请办理注销社会保险登记；按照规定不需要在工商行政管理机关办理注销登记的缴费单位，应当自有关机关批准或者宣布终止之日起30日内，向原社会保险登记机构申请办理注销社会保险登记。

缴费单位被工商行政管理机关吊销营业执照的，应当自营业执照被吊销之日起30日内，向原社会保险登记机构申请办理注销登记。

第十四条 缴费单位因住所变动或生产、经营地址变动而涉及改变社会保险登记机构的，应当自上述变动发生之日起30日内，向原社会保险登记机构办理注销社会保险登记，并向迁达地社会保险经办机构办理社会保险登记。

第十五条 缴费单位在办理注销社会保险登记前，应当结清应缴纳的社会保险费、滞纳金、罚款。

缴费单位办理注销社会保险登记时，应当提交注销社会保险登记申请、法律文书或其他有关注销文件，经社会保险经办机构核准，办理注销社会保险登记手续，缴销社会保险登记证件。

案例链接

❶《赵玉红与郑州市金水区人民政府劳动争议纠纷上诉案》，参见北大法宝引证码：Pkulaw.cn/CLI.C.246847。

❷《周群与佛山市禅城区劳动和社会保障局行政处理决定纠纷上诉案》，参见北大法宝引证码：Pkulaw.cn/CLI.C.43075。

【社会保险缴费申报】

法律问题解读

根据国家有关规定，参加社会保险的缴费单位应到办理社会保险登记的社会保险经办机构办理缴费申报。具体方式和程序是：

1. 缴费单位于每月5日前，向社会保险经办机构报送社会保险费申报表、代扣代缴明细表以及社会保险经办机构规定的其他资料。

2. 缴费单位到社会保险经办机构办理社会保险缴费申报有困难的，经社会保险经办机构批准，可以邮寄申报。邮寄申报以寄出地的邮戳日期为实际申报日期。

3. 根据国家有关规定，缴费单位因不可抗力，不能按时办理社会保险缴费申报的，可以延期办理。但应当在不可抗力情形消除后立即向社会保险经办机构报告。社会保险经办机构应当查明事实，予以核准。

社会保险经办机构应对缴费单位送达的缴费申报表和有关资料进行即时审核，在确认缴费单位申报资料齐全、缴费基数和费率符合规定、填报数量关系一致后签署审核意见并盖章；不能即时审核的，社会保险经办机构应自收到缴费单位申报表和有关资料之日起，2日内审核完毕。缴费单位须按月在缴费申报被批准后3日内缴纳社会保险费。

参加社会保险的缴费单位不按规定申报应缴费的数额，社会保险经办机构可暂按该单位上月缴费数额的110%确定应缴数额；没有上月缴费数额的，社会保险经办机构可暂按该单位的经营状况、职工人数等有关情况确定应缴数额。缴费单位补办申报手续并按核定数额缴纳社会保险费后，由社会保险经办机构按照规定结算。

法条指引

❶《中华人民共和国社会保险法》（2011年7月1日施行）

第六十条 用人单位应当自行申报、按时足额缴纳社会保险费，非因不可抗力等法定事由不得缓缴、减免。职工应当缴纳的社会保险费由用人单位代扣代缴，用人单位应当按月将缴纳社会保险费的明细情况告知本人。

无雇工的个体工商户、未在用人单位参加社会保险的非全日制从业人员以及其他灵活就业人员，可以直接向社会保险费征收机构缴纳社会保险费。

❷《中华人民共和国社会保险费征缴暂行条例》（1999年1月22日 国务院令第259号）

第十条 缴费单位必须按月向社会保险经办机构申报应缴纳的社会保险费数额，经社会保险经办机构核定后，在规定的期限内缴纳社会保险费。

缴费单位不按规定申报应缴纳的社会保险费数额的，由社会保险经办机构暂按该单位上月缴费数额的110%确定应缴数额；没有上月缴费数额的，由社会保险经办机构暂按该单位的经营状况、职工人数等有关情况确定应缴数额。缴费单位补办申报手续并按核定数额缴纳社会保险费后，由社会保险经办机构按照规定结算。

第十一条 省、自治区、直辖市人民政府规定由税务机关征收社会保险费的，社会保险经办机构应当及时向税务机关提供缴费单位社会保险登记、变更登记、注销登记以及缴费申报的情况。

第十二条 缴费单位和缴费个人应当以货币形式全额缴纳社会保险费。

缴费个人应当缴纳的社会保险费，由所在单位从其本人工资中代扣代缴。

社会保险费不得减免。

第十三条 缴费单位未按规定缴纳和代扣代缴社会保险费的，由劳动保障行政部门或者税务机关责令限期缴纳；逾期仍不缴纳的，除补缴欠缴数额外，从欠缴之日起，按日加收2‰的滞纳金。滞纳金并入社会保险基金。

❸《社会保险费申报缴纳管理暂行办法》（1999年3月19日 劳动和社会保障部发布）

第五条 缴费单位应当在每月5日前，向社会保险经办机构办理缴费申报，报送社会保险费申报表（以下简称申报表）、代扣代缴明细表以及社会保险经办机构规定的其他资料。

缴费单位到社会保险经办机构办理社会保险缴费申报有困难的，经社会保险经办机构批准，可以邮寄申报。邮寄申报以寄出地的邮戳日期为实际申报日期。

第六条 缴费单位因不可抗力因素，不能按期办理社会保险缴费申报的，可以延期办理。但应当在不可抗力情形消除后立即向社会保险经办机构报告。社会保险经办机构应当查明事实，予以核准。

第七条 社会保险经办机构应当对缴费单位送达的申报表和有关资料进行即时审核。对缴费单位申报资料齐全、缴费基数和费率符合规定、填报数量关系一致的申报表签章核准；对不符合规定的申报表提出审核意见，退缴费单位修正后再次审核；对不能即时审核的，社会保险经办机构应当自收到缴费单位申报表和有关资料之日起，在最长不超过2日内审核完毕。

第八条 缴费单位不按规定申报应缴纳的社会保险费数额的，社会保险经办机构可暂按该单位上月缴费数额的110%确定应缴数额；没有上月缴费数额的，社会保险经办机构可暂按该单位的经营状况、职工人数等有关情况确定应缴数额。缴费单位补办申报手续并按核定数额缴纳社会保险费后，由社会保险经办机构按照规定结算。

第九条 缴费单位必须在社会保险经办机构核准其缴费申报后的3日内缴纳社会保险费。缴费单位和缴费个人应当以货币形式全额缴纳社会保险费。

第十条 缴费单位必须按照条例第十二条的规定严格履行代扣代缴义务。缴费单位依法履行代扣代缴义务时，任何单位或个人不得干预或拒绝。

第十一条 缴费单位的缴费申报经核准后，可以采取下列方式之一缴纳社会保险费：

（一）缴费单位到其开户银行缴纳；

（二）缴费单位到社会保险经办机构以支票或现金形式缴纳；

（三）缴费单位与社会保险经办机构约定的其他方式。

履行前款规定的申报核准程序后，银行可以根据社会保险经办机构开出的托收凭证从缴费单位基本账户中划缴社会保险费。

案例链接

❶《北京市花乡海华金属结构厂不服北京市丰台区劳动和社会保障局行政处理案》，参见北大法宝引证码：Pkulaw. cn/CLI. C. 123498。

❷《黄金成诉泉州市供销社车队应为其办理社会保险和医疗保险案》，参见北大法宝引证码：Pkulaw. cn/CLI. C. 25039。

【社会保险缴费方式】

法律问题解读

缴费单位和缴费个人应以货币形式全额缴纳社会保险费。缴费个人应缴纳的社会保险费，由所在单位从其本人工资中代扣代缴，任何单位或个人不能干预或拒绝。

缴费单位履行申报义务后，可选择以下三种方式之一缴纳社会保险费：

（1）缴费单位填写社会保险费专用缴款书，自行到社会保险经办机构开户银行足额缴纳社会保险费。

（2）缴费单位填写社会保险费专用缴款书，以支票或现金形式到社会保险经办机构足额缴纳社会保险费。

（3）社会保险经办机构与缴费单位约定的其他方式。

法条指引

❶**《中华人民共和国社会保险法》**（2011年7月1日施行）

第六十一条 社会保险费征收机构应当依法按时足额征收社会保险费，并将缴费情况定期告知用人单位和个人。

第六十二条 用人单位未按规定申报应当缴纳的社会保险费数额的，按照该单位上月缴费额的百分之一百一十确定应当缴纳数额；缴费单位补办申报手续后，由社会保险费征收机构按照规定结算。

❷**《中华人民共和国社会保险费征缴暂行条例》**（1999年1月22日　国务院令第259号）

第十二条 缴费单位和缴费个人应当以货币形式全额缴纳社会保险费。

缴费个人应当缴纳的社会保险费，由所在单位从其本人工资中代扣代缴。

社会保险费不得减免。

❸**《社会保险费申报缴纳管理暂行办法》**（1999年3月19日　劳动和社会保障部令第2号）

第十条 缴费单位必须按照条例第十二条的规定严格履行代扣代缴义务。缴费单位依法履行代扣代缴义务时，任何单位或个人不得干预或拒绝。

第十一条 缴费单位的缴费申报经核准后，可以采取下列方式之一缴纳社会保险费：

（一）缴费单位到其开户银行缴纳；

（二）缴费单位到社会保险经办机构以支票或现金形式缴纳；

（三）缴费单位与社会保险经办机构约定的其他方式。

履行前款规定的申报核准程序后，银行可以根据社会保险经办机构开出的托收凭证从缴费单位基本账户中划缴社会保险费。

案例链接

❶《四川智捷天然气化工有限公司诉申请人刁修贵撤销仲裁申请纠纷案》，参见北大法宝引证码：Pkulaw. cn/CLI. C. 206375。

❷《肖合正诉河南万向系统制动器有限公司等劳动争议纠纷案》，参见北大法宝引证码：Pkulaw. cn/CLI. C. 255106。

【社会保险费滞纳金】

法律问题解读

这是指对未按规定期限缴纳社会保险费的用人单位处以的一种罚金。按照国家规定，缴费单位未按规定缴纳和代扣代缴社会保险费的，由劳动保障行政部门或者税务机关责令限期缴纳；逾期仍不缴纳的，除补缴欠缴数额外，从欠缴之日起，按日加收2‰的滞纳金。滞纳金并入社会保险基金。收滞纳金是对企业滞纳行为的一种经济制裁措施，体现了社会保险基金强制征收的特性。

法条指引

❶《中华人民共和国社会保险费征缴暂行条例》（1999年1月22日　国务院令第259号）

第十三条　缴费单位未按规定缴纳和代扣代缴社会保险费的，由劳动保障行政部门或者税务机关责令限期缴纳；逾期仍不缴纳的，除补缴欠缴数额外，从欠缴之日起，按日加收2‰的滞纳金。滞纳金并入社会保险基金。

❷《社会保险费申报缴纳管理暂行办法》（1999年3月19日　劳动和社会保障部发布）

第十八条　缴费单位办理申报后，未及时、足额缴纳社会保险费的，社会保险经办机构应当向其发出《社会保险费催缴通知书》；对拒不执行的，由劳动保障行政部门下达《劳动保障限期改正指令书》；逾期仍不缴纳的，除补缴欠缴数额外，从欠缴之日起，按日加收2‰的滞纳金。滞纳金分别并入各项社会保险基金。

案例链接

❶《李彪与郑州中原电子衡器有限公司劳动合同纠纷上诉案》，参见北大法宝引证码：Pkulaw.cn/CLI.C.246173。

❷《曹训鹤诉清丰县双庙供销合作社劳动争议纠纷案》，参见北大法宝引证码：Pkulaw.cn/CLI.C.237325。

【个人社会保障号码】

法律问题解读

公民身份证号码是每个公民唯一的、终身不变的身份代码，由公安机关按照公民身份号码国家标准编制。在劳动和社会保险管理信息系统中，是指参加社会保险的职工个人账户的标识。

各级社会保险经办机构曾按照国家技术监督局颁布的社会保障号码的规定，为已参加社会保险的职工建立一个终身不变的个人账户号码，即社会保障号码。这个号码就是该职工身份证号码。当职工身份证号码因某种原因发生更改时，社会保障号码不作变动，以保证其个人账户的终身不变。国家技术监督局颁布的社会保障号码的国家标准包括的主要内容是：主题内容、适用范围、编码对象、号码结构、号码的表现形式等。

1998年，由中国标准化与信息分类编码研究所、公安部户政局等单位联合起草、修订的《社会保障号码》国家标准在京通过专家审定。修订后的社会保障号码，将公民出生日期由原来的6位数表示改为用8位数字表示。其中用4位数字表示年份。取消了顺序码中百岁老人使用特定编号表示的条文。地址码改为公民出生地行政区划代码。修订后的社会保障号码由18位数字组成，其排列顺序从左至右依此为：6位数字为出生地行政区划代码，8位数字为出生日期码，3位数字为顺序码（末位单数为男、双数为女），最后1位数字为校验码，以X代替，用于检验前17位号码抄录或输入时的错误。

1999年国家技术监督局颁布了《公民身份号码》的国家标准。劳动保障部决定，从1999年9月30日开始，在劳动和社会保险管理信息系统中不再使用"社会保障号码"和"居民身份证编号"等名称，统一使用"公民身份号码"作为该系统中全国统一标识的、唯一的个人编码名称。

法条指引

❶《中华人民共和国社会保险法》（2011年7月1日施行）

第五十八条　用人单位应当自用工之日起三十日内为其职工向社会保险经办机构申请办理社会保险登记。未办理社会保险登记的，由社会保险经办机构核定其应当缴纳的社会保险费。

自愿参加社会保险的无雇工的个体工商户、未在用人单位参加社会保险的非全日制从业人员以及其他灵活就业人员，应当向社会保险经办机构申请办理社会保险登记。

国家建立全国统一的个人社会保障号码。个人社会保障号码为公民身份号码。

**❷《关于在劳动和社会保险管理信息系统中

使用公民身份号码的通知》（1999年6月1日 劳社厅函［1999］66号）

各省、自治区、直辖市劳动（劳动和社会保障）厅（局）：

为贯彻执行国家标准GBⅡ643-1999《公民身份号码》，消除使用原15位社会保障号码可能遇到的2000年问题，现就在劳动和社会保险管理信息系统中统一劳动者个人编码名称和编码体制有关问题通知如下：

一、一律使用“公民身份号码”作为劳动保障部门各类信息系统中全国统一标识的、唯一的个人编码名称，不再使用“社会保障号码”和“居民身份证编号”等名称。

二、对于现使用“社会保障号码”和“居民身份证编号”等名称的计算机系统，要在1999年9月30日之前，按照《公民身份号码》的有关标准，完成号码的更名和升位工作。

三、原系统中未设置全国统一标识个人编码的，应在系统中设置“公民身份号码”信息项，其编码方法按《公民身份号码》的有关标准执行。

四、在系统建设和使用过程中如发现公民身份号码（原居民身份证编号）错误信息，如重号、多号、错号等，请及时与当地公安部门沟通并修正。

执行中如有问题请与我部信息中心联系。

❸《关于实行公民身份号码制度的决定》（1999年8月26日 国发［1999］15号）

各省、自治区、直辖市人民政府，国务院各部委、各直属机构：

建立和实行公民身份号码制度，是国家加强社会管理的一项重要基础建设，也是实现社会信息化管理的重要措施，对于促进我国社会主义现代化建设和经济体制改革，方便群众生活和保护公民的合法权益，具有十分重要的作用。为此，国务院决定，自1999年10月1日起在全国建立和实行公民身份号码制度。

一、公民身份号码按照GB11643-1999《公民身份号码》国家标准编制，由18位数字组成：前6位为行政区划代码，第7至14位为出生日期码，第15至17位为顺序码，第18位为校验码。

二、公民身份号码是国家为每个公民从出生之日起编定的唯一的、终身不变的身份代码，将在我国公民办理涉及政治、经济、社会生活等权益事务方面广泛使用。公安部负责公民身份号码的编制和组织实施工作。

三、各省、自治区、直辖市人民政府和国务院有关部门对公民身份号码的编制和推广应用工作要给予必要的支持。各级人民政府要切实加强领导，提供工作保障，搞好宣传教育，精心组织实施。公安机关要依据《国务院关于修改〈中华人民共和国居民身份证条例实施细则〉的批复》（国函［1999］91号），认真做好公民身份号码的编制、使用和管理工作。这项工作争取在今、明两年完成，由公安部做出具体部署。劳动和社会保障、教育、民政、司法、人事、信息产业、卫生、工商、税务、金融、证券、保险、民航等公民身份号码使用部门和单位，要密切配合公安机关做好公民身份号码的编制和推广使用工作。

【社会保险争议】

法律问题解读

社会保险争议是指用人单位、劳动者、社会保险经办机构、工伤认定机构、工伤鉴定机构及职业病诊断机构等，就社会保险的参保登记、缴费基数、保险待遇、工伤认定、伤残鉴定、职业病诊断等事项发生的纠纷。分为社会保险劳动争议、社会保险行政争议和其他相关争议。

社会保险劳动争议是指发生在用人单位与劳动者之间的社会保险方面的纠纷。如：用人单位与劳动者之间就是否参加社会保险统筹，参保统筹的缴费基数、应由用人单位支付的保险待遇等方面发生的争议均为社会保险劳动争议。这类争议的解决，当事人可按劳动争议处理规定，向劳动争议仲裁委员会申诉，以及向法院提起劳动争议诉讼。

社会保险行政争议是指工伤认定部门、社会保险经办机构在认定工伤、经办社会保险过程中，与公民、法人或其他组织之间发生的纠纷。如：是否应认定为工伤，缴费基数稽核是否正确、支付保险待遇是否符合标准等方面发生的争议，均属于社会保险行政争议。解决这类争议，当事人可按行政复议或行政诉讼的规定，向社会保险经办机构或劳动保障行政部门申诉，社会保险经办机构和劳动保障行政部门分别采用复查和行政复议的方式进行处理；也可向人民法院提起行政诉讼，由法院依法审理。

其他相关争议是指工伤鉴定机构、职业病诊断机构与公民、法人或其他组织之间就鉴定、诊断过程和结论发生的纠纷。这类争议的解决，当事人可按相关规定，分别向省级工伤鉴定机构申请再次鉴定或向做诊断的医疗卫生机构所在地设区的市级卫生行政部门申请鉴定。

法条指引

❶《中华人民共和国社会保险法》（2011 年 7 月 1 日施行）

第八十三条 用人单位或者个人认为社会保险费征收机构的行为侵害自己合法权益的，可以依法申请行政复议或者提起行政诉讼。

用人单位或者个人对社会保险经办机构不依法办理社会保险登记、核定社会保险费、支付社会保险待遇、办理社会保险转移接续手续或者侵害其他社会保险权益的行为，可以依法申请行政复议或者提起行政诉讼。

个人与所在用人单位发生社会保险争议的，可以依法申请调解、仲裁，提起诉讼。用人单位侵害个人社会保险权益的，个人也可以要求社会保险行政部门或者社会保险费征收机构依法处理。

❷《中华人民共和国劳动争议调解仲裁法》（2007 年 12 月 29 日 国家主席令第 80 号）

第二条 中华人民共和国境内的用人单位与劳动者发生的下列劳动争议，适用本法：

（一）因确认劳动关系发生的争议；

（二）因订立、履行、变更、解除和终止劳动合同发生的争议；

（三）因除名、辞退和辞职、离职发生的争议；

（四）因工作时间、休息休假、社会保险、福利、培训以及劳动保护发生的争议；

（五）因劳动报酬、工伤医疗费、经济补偿或者赔偿金等发生的争议；

（六）法律、法规规定的其他劳动争议。

❸《企业劳动争议处理条例》（1993 年 7 月 6 日 国务院令第 117 号）

第二条 本条例适用于中华人民共和国境内的企业与职工之间的下列劳动争议：

（一）因企业开除、除名、辞退职工和职工辞职、自动离职发生的争议；

（二）因执行国家有关工资、保险、福利、培训、劳动保护的规定发生的争议；

（三）因履行劳动合同发生的争议；

（四）法律、法规规定应当依照本条例处理的其他劳动争议。

第六条 劳动争议发生后，当事人应当协商解决；不愿协商或者协商不成的，可以向本企业劳动争议调解委员会申请调解；调解不成的，可以向劳动争议仲裁委员会申请仲裁。当事人也可以直接向劳动争议仲裁委员会申请仲裁。对仲裁裁决不服的，可以向人民法院起诉。

劳动争议处理过程中，当事人不得有激化矛盾的行为。

❹《社会保险行政争议处理办法》（2001 年 5 月 27 日 劳动和社会保障部发布）

第一条 为妥善处理社会保险行政争议，维护公民、法人和其他组织的合法权益，保障和监督社会保险经办机构（以下简称经办机构）依法行使职权，根据劳动法、行政复议法及有关法律、行政法规，制定本办法。

第二条 本办法所称的社会保险行政争议，是指经办机构在依照法律、法规及有关规定经办社会保险事务过程中，与公民、法人或者其他组织之间发生的争议。

本办法所称的经办机构，是指法律、法规授权的劳动保障行政部门所属的专门办理养老保险、医疗保险、失业保险、工伤保险、生育保险等社会保险事务的工作机构。

第三条 公民、法人或者其他组织认为经办机构的具体行政行为侵犯其合法权益，向经办机构或者劳动保障行政部门申请社会保险行政争议处理，经办机构或者劳动保障行政部门处理社会保险行政争议适用本办法。

第四条 经办机构和劳动保障行政部门的法制工作机构或者负责法制工作的机构为本单位的社会保险行政争议处理机构（以下简称保险争议处理机构），具体负责社会保险行政争议的处理工作。

第五条 经办机构和劳动保障行政部门分别采用复查和行政复议的方式处理社会保险行政争议。

第六条 有下列情形之一的，公民、法人或者其他组织可以申请行政复议：

（一）认为经办机构未依法为其办理社会保险登记、变更或者注销手续的；

（二）认为经办机构未按规定审核社会保险缴费基数的；

（三）认为经办机构未按规定记录社会保险费缴费情况或者拒绝其查询缴费记录的；

（四）认为经办机构违法收取费用或者违法要求履行义务的；

（五）对经办机构核定其社会保险待遇标准有异议的；

（六）认为经办机构不依法支付其社会保险待遇或者对经办机构停止其享受社会保险待遇有异议的；

（七）认为经办机构未依法为其调整社会保险待遇的；

（八）认为经办机构未依法为其办理社会保险关系转移或者接续手续的；

（九）认为经办机构的其他具体行政行为侵犯其合法权益的；

属于前款第（二）、（五）、（六）、（七）项情形之一的，公民、法人或者其他组织可以直接向劳动保障行政部门申请行政复议，也可以先向作出该具体行政行为的经办机构申请复查，对复查决定不服，再向劳动保障行政部门申请行政复议。

第七条 公民、法人或者其他组织认为经办机构的具体行政行为所依据的除法律、法规、规章和国务院文件以外的其他规范性文件不合法，在对具体行政行为申请行政复议时，可以向劳动保障行政部门一并提出对该规范性文件的审查申请。

第八条 公民、法人或者其他组织对经办机构作出的具体行政行为不服，可以向直接管理该经办机构的劳动保障行政部门申请行政复议。

第九条 申请人认为经办机构的具体行政行为侵犯其合法权益的，可以自知道该具体行政行为之日起60日内向经办机构申请复查或者向劳动保障行政部门申请行政复议。

申请人与经办机构之间发生的属于人民法院受案范围的行政案件，申请人也可以依法直接向人民法院提起行政诉讼。

第十条 经办机构作出具体行政行为时，未告知申请人有权申请行政复议或者行政复议申请期限的；行政复议申请期限从申请人知道行政复议权或者行政复议申请期限之日起计算，但最长不得超过二年。

因不可抗力或者其他正当理由耽误法定申请期限的，申请期限自障碍消除之日起继续计算。

第十一条 申请人向经办机构申请复查或者向劳动保障行政部门申请行政复议，一般应当以书面形式提出，也可以口头提出。口头提出的，接到申请的保险争议处理机构应当当场记录申请人的基本情况、请求事项、主要事实和理由、申请时间等事项，并由申请人签字或者盖章。

劳动保障行政部门的其他工作机构接到以书面形式提出的行政复议申请的，应当立即转送本部门的保险争议处理机构。

第十二条 申请人向作出该具体行政行为的经办机构申请复查的，该经办机构应指定其内部专门机构负责处理，并应当自接到复查申请之日起20日内作出维持或者改变该具体行政行为的复查决定。决定改变的，应当重新作出新的具体行政行为。

经办机构作出的复查决定应当采用书面形式。

第十三条 申请人对经办机构的复查决定不服，或者经办机构逾期未作出复查决定的，申请人可以向直接管理该经办机构的劳动保障行政部门申请行政复议。

申请人在经办机构复查该具体行政行为期间，向劳动保障行政部门申请行政复议的，经办机构的复查程序终止。

第十四条 经办机构复查期间，行政复议的申请期限中止，复查期限不计入行政复议申请期限。

第十五条 劳动保障行政部门的保险争议处理机构接到行政复议申请后，应当注明收到日期，并在5个工作日内进行审查，由劳动保障行政部门按照下列情况分别作出决定：

（一）对符合法定受理条件，但不属于本行政机关受理范围的，应当告知申请人向有关机关提出；

（二）对不符合法定受理条件的，应当作出不予受理决定，并制作行政复议不予受理决定书，送达申请人。该决定书中应当说明不予受理的理由。

除前款规定外，行政复议申请自劳动保障行政部门的保险争议处理机构收到之日起即为受理，并制作行政复议受理通知书，送达申请人和被申请人。该通知中应当告知受理日期。

本条规定的期限，从劳动保障行政部门的保险争议处理机构收到行政复议申请之日起计算；因行政复议申请书的主要内容欠缺致使劳动保障行政部门难以作出决定而要求申请人补正有关材料的，从保险争议处理机构收到补正材料之日起计算。

第十六条 经办机构作出具体行政行为时，没有制作或者没有送达行政文书，申请人不服提起行政复议的，只要能证明具体行政行为存在，劳动保障行政部门应当依法受理。

第十七条 申请人认为劳动保障行政部门无正当理由不受理其行政复议申请的，可以向上级劳动保障行政部门申诉，上级劳动保障行政部门在审查后，作出以下处理决定：

（一）申请人提出的行政复议申请符合法定受理条件的，应当责令下级劳动保障行政部门予以受理；其中申请人不服的具体行政行为是依据劳动保障法律、法规、部门规章、本级

以上人民政府制定的规章或者本行政机关制定的规范性文件作出的，或者上级劳动保障行政部门认为有必要直接受理的，可以直接受理；

（二）上级劳动保障行政部门认为下级劳动保障行政部门不予受理行为确属有正当理由，应当将审查结论告知申请人。

第十八条 劳动保障行政部门的保险争议处理机构对已受理的社会保险行政争议案件，应当自收到申请之日起7个工作日内，将申请书副本或者申请笔录复印件和行政复议受理通知书送达被申请人。

第十九条 被申请人应当自接到行政复议申请书副本或者申请笔录复印件之日起10日内，提交答辩书，并提交作出该具体行政行为的证据、所依据的法律规范及其他有关材料。

被申请人不提供或者无正当理由逾期提供的，视为该具体行政行为没有证据、依据。

第二十条 申请人可以依法查阅被申请人提出的书面答辩、作出具体行政行为的证据、依据和其他有关材料。

第二十一条 劳动保障行政部门处理社会保险行政争议案件，原则上采用书面审查方式。

必要时，可以向有关单位和个人调查了解情况，听取申请人、被申请人和有关人员的意见，并制作笔录。

第二十二条 劳动保障行政部门处理社会保险行政争议案件，以法律、法规、规章和依法制定的其他规范性文件为依据。

第二十三条 劳动保障行政部门在依法向有关部门请示行政复议过程中所遇到的问题应当如何处理期间，行政复议中止。

第二十四条 劳动保障行政部门在审查申请人一并提出的作出具体行政行为所依据的有关规定的合法性时，应当根据具体情况，分别作出以下处理：

（一）该规定是由本行政机关制定的，应当在30日内对该规定依法作出处理结论；

（二）该规定是由本行政机关以外的劳动保障行政部门制定的，应当在7个工作日内将有关材料直接移送制定该规定的劳动保障行政部门，请其在60日内依法作出处理结论，并将处理结论告知移送的劳动保障行政部门。

（三）该规定是由政府及其他工作部门制定的，应当在7个工作日内按照法定程序转送有权处理的国家机关依法处理。

审查该规定期间，行政复议中止，劳动保障行政部门应将有关中止情况通知申请人和被申请人。

第二十五条 行政复议中止的情形结束后，劳动保障行政部门应当继续对该具体行政行为进行审查，并将恢复行政复议审查的时间通知申请人和被申请人。

第二十六条 申请人向劳动保障行政部门提出行政复议申请后，在劳动保障行政部门作出处理决定之前，撤回行政复议申请的，经说明理由，劳动保障行政部门可以终止审理，并将有关情况记录在案。

第二十七条 劳动保障行政部门行政复议期间，被申请人变更或者撤销原具体行政行为的，应当书面告知劳动保障行政部门和申请人。劳动保障行政部门可以终止对原具体行政行为的审查，并书面告知申请人和被申请人。

申请人对被申请人变更或者重新作出的具体行政行为不服，向劳动保障行政部门提出行政复议申请的，劳动保障行政部门应当受理。

第二十八条 劳动保障行政部门的保险争议处理机构应当对其组织审理的社会保险行政争议案件提出处理建议，经本行政机关负责人审查同意或者重大案件经本行政机关集体讨论决定后，由本行政机关依法作出行政复议决定。

第二十九条 劳动保障行政部门作出行政复议决定，应当制作行政复议决定书。行政复议决定书应当载明下列事项：

（一）申请人的姓名、性别、年龄、工作单位、住址（法人或者其他组织的名称、地址、

法定代表人的姓名、职务）；

（二）被申请人的名称、地址、法定代表人的姓名、职务；

（三）申请人的复议请求和理由；

（四）被申请人的答辩意见；

（五）劳动保障行政部门认定的事实、理由，适用的法律、法规、规章和依法制定的其他规范性文件；

（六）复议结论；

（七）申请人不服复议决定向人民法院起诉的期限；

（八）作出复议决定的年、月、日。

行政复议决定书应当加盖本行政机关的印章。

第三十条 经办机构和劳动保障行政部门应当依照民事诉讼法有关送达的规定，将复查决定和行政复议文书送达申请人和被申请人。

第三十一条 申请人对劳动保障行政部门作出的行政复议决定不服的，可以依法向人民法院提起行政诉讼。

第三十二条 经办机构必须执行生效的行政复议决定书。拒不执行或者故意拖延不执行的，由直接主管该经办机构的劳动保障行政部门责令其限期履行，并按照人事管理权限对直接负责的主管人员给予行政处分，或者建议经办机构对有关人员给予行政处分。

第三十三条 经办机构或者劳动保障行政部门审查社会保险行政争议案件，不得向申请人收取任何费用。

行政复议活动所需经费，由本单位的行政经费予以保障。

第三十四条 本办法自发布之日起施行。

❺**《职业病诊断与鉴定管理办法》**（2002 年 3 月 28 日 卫生部发布）

第十九条 当事人对职业病诊断有异议的，在接到职业病诊断证明书之日起 30 日内，可以向做出诊断的医疗卫生机构所在地设区的市级卫生行政部门申请鉴定。

设区的市级卫生行政部门组织的职业病诊断鉴定委员会负责职业病诊断争议的首次鉴定。

当事人对设区的市级职业病诊断鉴定委员会的鉴定结论不服的，在接到职业病诊断鉴定书之日起 15 日内，可以向原鉴定机构所在地省级卫生行政部门申请再鉴定。

省级职业病诊断鉴定委员会的鉴定为最终鉴定。

❻**《工伤认定办法》**（2003 年 9 月 23 日 劳动和社会保障部发布）

第十九条 职工或者其直系亲属、用人单位对不予受理决定不服或者对工伤认定决定不服的，可以依法申请行政复议或者提起行政诉讼。

案例链接

❶《郜红谱与郑州市钻石精密制造有限公司其他合同纠纷上诉案》，参见北大法宝引证码：Pkulaw. cn/CLI. C. 188122。

❷《浙江金丽温高速公路有限公司诉李伟明道路交通事故财产损害赔偿纠纷案》，参见北大法宝引证码：Pkulaw. cn/CLI. C. 79967。

学者观点

❶ 麻增伟：《劳动争议中社会保险若干疑难问题研究》，参见北大法宝引证码：Pkulaw. cn/CLI. A. 046463。

第十一章　养老保险

● 本章为读者提供与以下题目有关的法律问题的解读及相关法律文献依据

基本养老保险（333）　基本养老保险费率（337）　基本养老保险缴费基数（338）　基本养老保险基金统筹（339）　基本养老保险个人账户（339）　养老保险关系的转移接续（346）　基本养老保险个人账户的继承（349）　基本养老保险覆盖范围（349）　新型农村社会养老保险（350）　进城务工的农村居民参加养老保险（353）　城镇居民社会养老保险（353）　在机关、事业单位与企业之间流动人员参加养老保险的规定（353）　原行业统筹移交地方后基本养老保险费的缴纳（354）　养老保险缴费年限（357）　退休制度与退休年龄（358）　提前退休工种（359）　户籍不在参保地的人员退休手续的办理（361）　机关事业单位养老保险制度（362）　国家公务员退休条件（365）　高级专家离退休年龄（366）　离休（367）　退职（369）　离职（369）　基本养老保险待遇（371）　基础养老金（372）　个人账户养老金（372）　过渡性养老金（374）　基本养老金调整机制（374）　基本养老保险金的社会化发放（375）　建国前参加革命工作的老工人的养老待遇（377）　高原地区工作的工人退休金标准（378）　因私出境离退休人员基本养老金的领取（379）　下落不明退休人员的养老金（381）　被判刑退休人员的养老金（381）　原行业统筹企业移交地方前已离退休人员的养老待遇（382）　原行业统筹企业 1999 年以后退休人员的基本养老保险待遇（384）　军人配偶随军未就业的养老保险（385）　科研等单位转制前离退休人员养老待遇的调整（386）　破产企业离退休人员基本养老金的支付（388）　机关离退休费的计发办法（390）　事业单位退休费的计发办法（391）　机关、事业单位因公（工）致残人员的退休费（392）　基本养老金不能抵偿债务（393）　退休人员死亡后其家属等人冒领基本养老金的处理（393）　基本养老金的停发（394）　企业年金（394）　个人储蓄性养老保险（402）

【基本养老保险】

法律问题解读

基本养老保险是指由国家通过立法强制实施，当劳动者达到国家规定的退出劳动力市场的年龄、或因年老丧失劳动能力时，为其提供基本生活保障的社会保险制度。基本养老保险与用人单位补充养老保险、个人储蓄性养老保险共同构成我国多层次的养老保险制度。这也是通常人们所说的养老保险制度的“三个支柱”。

基本养老保险作为社会保险制度的重要组成部分，与其他社会保险险种具有相同的特征，即强制性、互济性、普遍性和非盈利性。此外，还要特别注意的是，基本养老保险为劳动者年老时提供的是基本生活保障，因此，单纯依靠基本养老保险并不能保证劳动者在年老时的生活水平一定不低于其在职时的生活水平。

基本养老保险根据其基金筹集模式和养老保险待遇发放之间的关系，可以区分为现收现付式、部分积累式和完全积累式的基本养老保险制度。我国目前实行的是部分积累式的基本养老保险制度。

法条指引

❶《中华人民共和国社会保险法》（2011 年 7 月 1 日施行）

第二章　基本养老保险

第十条　职工应当参加基本养老保险，由用人单位和职工共同缴纳基本养老保险费。

无雇工的个体工商户、未在用人单位参加基

本养老保险的非全日制从业人员以及其他灵活就业人员可以参加基本养老保险，由个人缴纳基本养老保险费。

公务员和参照公务员法管理的工作人员养老保险的办法由国务院规定。

第十一条 基本养老保险实行社会统筹与个人账户相结合。

基本养老保险基金由用人单位和个人缴费以及政府补贴等组成。

第十二条 用人单位应当按照国家规定的本单位职工工资总额的比例缴纳基本养老保险费，记入基本养老保险统筹基金。

职工应当按照国家规定的本人工资的比例缴纳基本养老保险费，记入个人账户。

无雇工的个体工商户、未在用人单位参加基本养老保险的非全日制从业人员以及其他灵活就业人员参加基本养老保险的，应当按照国家规定缴纳基本养老保险费，分别记入基本养老保险统筹基金和个人账户。

第十三条 国有企业、事业单位职工参加基本养老保险前，视同缴费年限期间应当缴纳的基本养老保险费由政府承担。

基本养老保险基金出现支付不足时，政府给予补贴。

第十四条 个人账户不得提前支取，记账利率不得低于银行定期存款利率，免征利息税。个人死亡的，个人账户余额可以继承。

第十五条 基本养老金由统筹养老金和个人账户养老金组成。

基本养老金根据个人累计缴费年限、缴费工资、当地职工平均工资、个人账户金额、城镇人口平均预期寿命等因素确定。

第十六条 参加基本养老保险的个人，达到法定退休年龄时累计缴费满十五年的，按月领取基本养老金。

参加基本养老保险的个人，达到法定退休年龄时累计缴费不足十五年的，可以缴费至满十五年，按月领取基本养老金；也可以转入新型农村社会养老保险或者城镇居民社会养老保险，按照国务院规定享受相应的养老保险待遇。

第十七条 参加基本养老保险的个人，因病或者非因工死亡的，其遗属可以领取丧葬补助金和抚恤金；在未达到法定退休年龄时因病或者非因工致残完全丧失劳动能力的，可以领取病残津贴。所需资金从基本养老保险基金中支付。

第十八条 国家建立基本养老金正常调整机制。根据职工平均工资增长、物价上涨情况，适时提高基本养老保险待遇水平。

第十九条 个人跨统筹地区就业的，其基本养老保险关系随本人转移，缴费年限累计计算。个人达到法定退休年龄时，基本养老金分段计算、统一支付。具体办法由国务院规定。

第二十条 国家建立和完善新型农村社会养老保险制度。

新型农村社会养老保险实行个人缴费、集体补助和政府补贴相结合。

第二十一条 新型农村社会养老保险待遇由基础养老金和个人账户养老金组成。

参加新型农村社会养老保险的农村居民，符合国家规定条件的，按月领取新型农村社会养老保险待遇。

第二十二条 国家建立和完善城镇居民社会养老保险制度。

省、自治区、直辖市人民政府根据实际情况，可以将城镇居民社会养老保险和新型农村社会养老保险合并实施。

❷《关于企业和职工养老保险制度改革的决定》（1991 年 6 月 26 日　国发［1991］33 号）（略）

❸《关于深化企业职工养老保险制度改革的通知》（1995 年 9 月 18 日　国发［1995］6 号）（略）

❹《关于建立统一的企业职工基本养老保险制度的决定》（1997 年 7 月 16 日　国发［1997］26 号）

各省、自治区、直辖市人民政府，国务院各部委、各直属机构：

近年来，各地区和有关部门按照《国务院关于深化企业职工养老保险制度改革的通知》（国发［1995］6 号）要求，制定了社会统筹与个人账户相结合的养老保险制度改革方案，建立了职工基本养老保险个人账户，促进了养老保险新机制的形成，保障了离退休人员的基本生活，企业职工养老保险制度改革取得了新的进展。但是，由于这项改革仍处在试点阶段，目前还存在基本养老保险制度不统一、企业负担重、统筹层次低、管理制度不健全等问题，必须按照党中央、国务院确定的目标和原则，进一步加快改革步伐，建立统一的企业职工基本养老保险制度，促进经济与社会健康发展。为此，国务院在总结近几年改革试点经验的基础上作出如下决定：

一、到本世纪末，要基本建立起适应社会主

义市场经济体制要求，适用城镇各类企业职工和个体劳动者，资金来源多渠道、保障方式多层次、社会统筹与个人账户相结合、权利与义务相对应、管理服务社会化的养老保险体系。企业职工养老保险要贯彻社会互济与自我保障相结合、公平与效率相结合、行政管理与基金管理分开等原则，保障水平要与我国社会生产力发展水平及各方面的承受能力相适应。

二、各级人民政府要把社会保险事业纳入本地区国民经济与社会发展计划，贯彻基本养老保险只能保障退休人员基本生活的原则，把改革企业职工养老保险制度与建立多层次的社会保障体系紧密结合起来，确保离退休人员基本养老金和失业人员失业救济金的发放，积极推行城市居民最低生活保障制度。为使离退休人员的生活随着经济与社会发展不断得到改善，体现按劳分配原则和地区发展水平及企业经济效益的差异，各地区和有关部门要在国家政策指导下大力发展企业补充养老保险，同时发挥商业保险的补充作用。

三、企业缴纳基本养老保险费（以下简称企业缴费）的比例，一般不得超过企业工资总额的20%（包括划入个人账户的部分），具体比例由省、自治区、直辖市人民政府确定。少数省、自治区、直辖市因离退休人数较多、养老保险负担过重，确需超过企业工资总额20%的，应报劳动部、财政部审批。个人缴纳基本养老保险费（以下简称个人缴费）的比例，1997年不得低于本人缴费工资的4%，1998年起每两年提高1个百分点，最终达到本人缴费工资的8%。有条件的地区和工资增长较快的年份，个人缴费比例提高的速度应适当加快。

四、按本人缴费工资11%的数额为职工建立基本养老保险个人账户，个人缴费全部记入个人账户，其余部分从企业缴费中划入。随着个人缴费比例的提高，企业划入的部分要逐步降至3%。个人账户储存额，每年参考银行同期存款利率计算利息。个人账户储存额只用于职工养老，不得提前支取。职工调动时，个人账户全部随同转移。职工或退休人员死亡，个人账户中的个人缴费部分可以继承。

五、本决定实施后参加工作的职工，个人缴费年限累计满15年的，退休后按月发给基本养老金。基本养老金由基础养老金和个人账户养老金组成。退休时的基础养老金月标准为省、自治区、直辖市或地（市）上年度职工月平均工资的20%，个人账户养老金月标准为本人账户储存额除以120。个人缴费年限累计不满15年的，退休后不享受基础养老金待遇，其个人账户储存额一次支付给本人。

本决定实施前已经离退休的人员，仍按国家原来的规定发给养老金，同时执行养老金调整办法。各地区和有关部门要按照国家规定进一步完善基本养老金正常调整机制，认真抓好落实。

本决定实施前参加工作、实施后退休且个人缴费和视同缴费年限累计满15年的人员，按照新老办法平稳衔接、待遇水平基本平衡等原则，在发给基础养老金和个人账户养老金的基础上再确定过渡性养老金，过渡性养老金从养老保险基金中解决。具体办法，由劳动部会同有关部门制订并指导实施。

六、进一步扩大养老保险的覆盖范围，基本养老保险制度要逐步扩大到城镇所有企业及其职工。城镇个体劳动者也要逐步实行基本养老保险制度，其缴费比例和待遇水平由省、自治区、直辖市人民政府参照本决定精神确定。

七、抓紧制定企业职工养老保险基金管理条例，加强对养老保险基金的管理。基本养老保险基金实行收支两条线管理，要保证专款专用，全部用于职工养老保险，严禁挤占挪用和挥霍浪费。基金结余额，除预留相当于2个月的支付费用外，应全部购买国家债券和存入专户，严格禁止投入其他金融和经营性事业。要建立健全社会保险基金监督机构，财政、审计部门要依法加强监督，确保基金的安全。

八、为有利于提高基本养老保险基金的统筹层次和加强宏观调控，要逐步由县级统筹向省或省授权的地区统筹过渡。待全国基本实现省级统筹后，原经国务院批准由有关部门和单位组织统筹的企业，参加所在地区的社会统筹。

九、提高社会保险管理服务的社会化水平，尽快将目前由企业发放养老金改为社会化发放，积极创造条件将离退休人员的管理服务工作逐步由企业转向社会，减轻企业的社会事务负担。各级社会保险机构要进一步加强基础建设，改进和完善服务与管理工作，不断提高工作效率和服务质量，促进养老保险制度的改革。

十、实行企业化管理的事业单位，原则上按照企业养老保险制度执行。

建立统一的企业职工基本养老保险制度是深化社会保险制度改革的重要步骤，关系改革、发展和稳定的全局。各地区和有关部门要予以高度重视，切实加强领导，精心组织实施。劳动部要会同国家体改委等有关部门加强工作指导和监督检查，及时研究解决工作中遇到的问题，确保本决定的贯彻实施。

❺《关于完善企业职工基本养老保险制度的决定》（2005年12月3日　国发［2005］38号）

近年来，各地区和有关部门按照党中央、国务院关于完善企业职工基本养老保险制度的部署和要求，以确保企业离退休人员基本养老金按时足额发放为中心，努力扩大基本养老保险覆盖范围，切实加强基本养老保险基金征缴，积极推进企业退休人员社会化管理服务，各项工作取得明显成效，为促进改革、发展和维护社会稳定发挥了重要作用。但是，随着人口老龄化、就业方式多样化和城市化的发展，现行企业职工基本养老保险制度还存在个人账户没有做实、计发办法不尽合理、覆盖范围不够广泛等不适应的问题，需要加以改革和完善。为此，在充分调查研究和总结东北三省完善城镇社会保障体系试点经验的基础上，国务院对完善企业职工基本养老保险制度作出如下决定：

一、完善企业职工基本养老保险制度的指导思想和主要任务。以邓小平理论和“三个代表”重要思想为指导，认真贯彻党的十六大和十六届三中、四中、五中全会精神，按照落实科学发展观和构建社会主义和谐社会的要求，统筹考虑当前和长远的关系，坚持覆盖广泛、水平适当、结构合理、基金平衡的原则，完善政策，健全机制，加强管理，建立起适合我国国情，实现可持续发展的基本养老保险制度。主要任务是：确保基本养老金按时足额发放，保障离退休人员基本生活；逐步做实个人账户，完善社会统筹与个人账户相结合的基本制度；统一城镇个体工商户和灵活就业人员参保缴费政策，扩大覆盖范围；改革基本养老金计发办法，建立参保缴费的激励约束机制；根据经济发展水平和各方面承受能力，合理确定基本养老金水平；建立多层次养老保险体系，划清中央与地方、政府与企业及个人的责任；加强基本养老保险基金征缴和监管，完善多渠道筹资机制；进一步做好退休人员社会化管理工作，提高服务水平。

二、确保基本养老金按时足额发放。要继续把确保企业离退休人员基本养老金按时足额发放作为首要任务，进一步完善各项政策和工作机制，确保离退休人员基本养老金按时足额发放，不得发生新的基本养老金拖欠，切实保障离退休人员的合法权益。对过去拖欠的基本养老金，各地要根据《中共中央办公厅国务院办公厅关于进一步做好补发拖欠基本养老金和企业调整工资工作的通知》要求，认真加以解决。

三、扩大基本养老保险覆盖范围。城镇各类企业职工、个体工商户和灵活就业人员都要参加企业职工基本养老保险。当前及今后一个时期，要以非公有制企业、城镇个体工商户和灵活就业人员参保工作为重点，扩大基本养老保险覆盖范围。要进一步落实国家有关社会保险补贴政策，帮助就业困难人员参保缴费。城镇个体工商户和灵活就业人员参加基本养老保险的缴费基数为当地上年度在岗职工平均工资，缴费比例为20%，其中8%记入个人账户，退休后按企业职工基本养老金计发办法计发基本养老金。

四、逐步做实个人账户。做实个人账户，积累基本养老保险基金，是应对人口老龄化的重要举措，也是实现企业职工基本养老保险制度可持续发展的重要保证。要继续抓好东北三省做实个人账户试点工作，抓紧研究制订其他地区扩大做实个人账户试点的具体方案，报国务院批准后实施。国家制订个人账户基金管理和投资运营办法，实现保值增值。

五、加强基本养老保险基金征缴与监管。要全面落实《社会保险费征缴暂行条例》的各项规定，严格执行社会保险登记和缴费申报制度，强化社会保险稽核和劳动保障监察执法工作，努力提高征缴率。凡是参加企业职工基本养老保险的单位和个人，都必须按时足额缴纳基本养老保险费；对拒缴、瞒报少缴基本养老保险费的，要依法处理；对欠缴基本养老保险费的，要采取各种措施，加大追缴力度，确保基本养老保险基金应收尽收。各地要按照建立公共财政的要求，积极调整财政支出结构，加大对社会保障的资金投入。

基本养老保险基金要纳入财政专户，实行收支两条线管理，严禁挤占挪用。要制定和完善社会保险基金监督管理的法律法规，实现依法监督。各省、自治区、直辖市人民政府要完善工作机制，保证基金监管制度的顺利实施。要继续发挥审计监督、社会监督和舆论监督的作用，共同维护基金安全。

六、改革基本养老金计发办法。为与做实个人账户相衔接，从2006年1月1日起，个人账户的规模统一由本人缴费工资的11%调整为8%，全部由个人缴费形成，单位缴费不再划入个人账户。同时，进一步完善鼓励职工参保缴费的激励约束机制，相应调整基本养老金计发办法。

《国务院关于建立统一的企业职工基本养老保险制度的决定》（国发［1997］26号）实施后参加工作、缴费年限（含视同缴费年限，下同）累计满15年的人员，退休后按月发给基本养老金。基本养老金由基础养老金和个人账户养老金组成。退休时的基础养老金月标准以当地上年度在岗职工月平均工资和本人指数化月平均缴费工资的平均值为基数，缴费每满1年发给1%。个人账户养老金月标准为个人账户储存额除以计发月数，计发月数根据职工退休时城镇人口平均预期寿命、本人退休年龄、利息等因素确定。

国发［1997］26号文件实施前参加工作，本决定实施后退休且缴费年限累计满15年的人员，在发给基础养老金和个人账户养老金的基础上，再发给过渡性养老金。各省、自治区、直辖市人民政府要按照待遇水平合理衔接、新老政策平稳过渡的原则，在认真测算的基础上，制订具体的过渡办法，并报劳动保障部、财政部备案。

本决定实施后到达退休年龄但缴费年限累计不满15年的人员，不发给基础养老金；个人账户储存额一次性支付给本人，终止基本养老保险关系。

本决定实施前已经离退休的人员，仍按国家原来的规定发给基本养老金，同时执行基本养老金调整办法。

七、建立基本养老金正常调整机制。根据职工工资和物价变动等情况，国务院适时调整企业退休人员基本养老金水平，调整幅度为省、自治区、直辖市当地企业在岗职工平均工资年增长率的一定比例。各地根据本地实际情况提出具体调整方案，报劳动保障部、财政部审批后实施。

八、加快提高统筹层次。进一步加强省级基金预算管理，明确省、市、县各级人民政府的责任，建立健全省级基金调剂制度，加大基金调剂力度。在完善市级统筹的基础上，尽快提高统筹层次，实现省级统筹，为构建全国统一的劳动力市场和促进人员合理流动创造条件。

九、发展企业年金。为建立多层次的养老保险体系，增强企业的人才竞争能力，更好地保障企业职工退休后的生活，具备条件的企业可为职工建立企业年金。企业年金基金实行完全积累，采取市场化的方式进行管理和运营。要切实做好企业年金基金监管工作，实现规范运作，切实维护企业和职工的利益。

十、做好退休人员社会化管理服务工作。要按照建立独立于企业事业单位之外社会保障体系的要求，继续做好企业退休人员社会化管理工作。要加强街道、社区劳动保障工作平台建设，加快公共老年服务设施和服务网络建设，条件具备的地方，可开展老年护理服务，兴建退休人员公寓，为退休人员提供更多更好的服务，不断提高退休人员的生活质量。

十一、不断提高社会保险管理服务水平。要高度重视社会保险经办能力建设，加快社会保障信息服务网络建设步伐，建立高效运转的经办管理服务体系，把社会保险的政策落到实处。各级社会保险经办机构要完善管理制度，制定技术标准，规范业务流程，实现规范化、信息化和专业化管理。同时，要加强人员培训，提高政治和业务素质，不断提高工作效率和服务质量。

完善企业职工基本养老保险制度是构建社会主义和谐社会的重要内容，事关改革发展稳定的大局。各地区和有关部门要高度重视，加强领导，精心组织实施，研究制订具体的实施意见和办法，并报劳动保障部备案。劳动保障部要会同有关部门加强指导和监督检查，及时研究解决工作中遇到的问题，确保本决定的贯彻实施。

本决定自发布之日起实施，已有规定与本决定不一致的，按本决定执行。

案例链接

❶《周爱菊等与武汉市黄陂区劳动和社会保障局履行劳动和社会保障法定职责纠纷上诉案》，参见北大法宝引证码：Pkulaw. cn/CLI. C. 249565。

❷《李玉珍诉江西省安福县第三中学劳动合同纠纷案》，参见北大法宝引证码：Pkulaw. cn/CLI. C. 207299。

学者观点

❶ 叶静漪：《中国养老保险制度研究——立法进程、改革现状和立法思考》，参见北大法宝引证码：Pkulaw. cn/CLI. A. 030253。

【基本养老保险费率】

法律问题解读

这是指参加养老保险的用人单位和劳动者个人缴纳养老保险费在其支出或收入中所占的比例，它是决定养老保险制度承受能力和确定养老保险金水平的重要因素。确定费率不仅要考虑到养老保险基金的收支和养老保险金水平，更重要的是还要考虑经济社会发展水平，考虑到企业的可持续发展。如果费率水平过低，将直接减少养老保险基金的收入，降低养老保险基金的承受能力；如果费率过高，将会增加用人单位的生产成本和劳动者个人的支出负担，长远来看会制约用人单位和个人的发展。

我国的基本养老保险费率经过长时间的探索，目前已基本稳定。按照国务院规定，企业缴纳养老保险费的比例，一般不得超过本企业工资总额的20%，具体比例由各省、自治区、直辖市人民政府确定。个人缴纳基本养老保险费的比例从4%逐步提高到8%。有的地方规定，个体工商户、自由职业者的缴费，全部由自己承担，缴费比例一般低于24%。

法条指引

❶ **《关于建立统一的企业职工基本养老保险制度的决定》**（1997年7月16日　国发［1997］26号）

三、企业缴纳基本养老保险费（以下简称企业缴费）的比例，一般不得超过企业工资总额的20%（包括划入个人账户的部分），具体比例由省、自治区、直辖市人民政府确定。少数省、自治区、直辖市因离退休人数较多、养老保险负担过重，确需超过企业工资总额20%的，应报劳动部、财政部审批。个人缴纳基本养老保险费（以下简称个人缴费）的比例，1997年不得低于本人缴费工资的4%，1998年起每两年提高1个百分点，最终达到本人缴费工资的8%。有条件的地区和工资增长较快的年份，个人缴费比例提高的速度应适当加快。

❷ **《关于完善企业职工基本养老保险制度的决定》**（2005年12月3日　国发［2005］38号）

三、扩大基本养老保险覆盖范围。城镇各类企业职工、个体工商户和灵活就业人员都要参加企业职工基本养老保险。当前及今后一个时期，要以非公有制企业、城镇个体工商户和灵活就业人员参保工作为重点，扩大基本养老保险覆盖范围。要进一步落实国家有关社会保险补贴政策，帮助就业困难人员参保缴费。城镇个体工商户和灵活就业人员参加基本养老保险的缴费基数为当地上年度在岗职工平均工资，缴费比例为20%，其中8%记入个人账户，退休后按企业职工基本养老金计发办法计发基本养老金。

案例链接

❶《刘凡与武汉市江岸社会保险管理处劳动社会保障行政确认纠纷上诉案》，参见北大法宝引证码：Pkulaw. cn/CLI. C. 137092。

❷《范葆丽诉深圳市社会保险管理局养老保险待遇处理决定纠纷案》，参见北大法宝引证码：Pkulaw. cn/CLI. C. 13464。

学者观点

❶ 孙瑞玺、信鸿狄：《职工最低工资能否抵扣“三金”》，参见北大法宝引证码：Pkulaw. cn/CLI. A. 028590。

【基本养老保险缴费基数】

法律问题解读

基本养老保险缴费基数是指以基本养老保险费率计算用人单位和劳动者个人缴纳基本养老保险费时所依据的其支出或收入的金额标准。按照有关规定，目前基本养老保险的缴费基数，用人单位为本单位的工资总额、劳动者个人为本人全部工资。为了平衡劳动者之间领取基本养老保险金水平的差距，在具体实施过程中劳动者工资高于当地职工平均工资300%的，按当地职工平均工资的300%缴费；低于当地职工平均工资60%的，按当地职工平均工资的60%缴费。有的地方规定，个体工商户和自由职业者的缴费基数可以是本人工资，也可以在当地职工平均工资的60%—300%之间选择一个缴费基数档次。

法条指引

❶ **《关于深化企业职工养老保险制度改革的通知》**（1995年9月18日　国发［1995］6号）（略）

❷ **《关于建立统一的企业职工基本养老保险制度的规定》**（1997年7月16日　国发［1997］26号）

三、企业缴纳基本养老保险费（以下简称企业缴费）的比例，一般不得超过企业工资总额的20%（包括划入个人账户的部分），具体比例由省、自治区、直辖市人民政府确定。少数省、自治区、直辖市因离退休人数较多、养老保险负担过重，确需超过企业工资总额20%的，应报劳动部、财政部审批。个人缴纳基本养老保险费（以下简称个人缴费）的比例，1997年不得低于本人缴费工资的4%，1998年起每两年提高1个百分点，最终达到本人缴费工资的8%。有条件的地区和工资增长较快的年份，个人缴费比例提高的速度应适当加快。

案例链接

❶《广东省畜产进出口集团公司与何茂全劳动争议纠纷上诉案》，参见北大法宝引证码：Pkulaw. cn/CLI. C. 231145。

❷《晏玉仙不服内江市市中区社会保险事业管理局核定养老金决定案》，参见北大法宝引证码：Pkulaw. cn/CLI. C. 231769。

【基本养老保险基金统筹】

法律问题解读

这是指由社会保险经办机构在一定范围内统一征缴（或由税务机关征缴）、统一管理、统一调剂使用养老保险基金的制度。按照国务院有关规定，我国要逐步在全国范围内实现基本养老保险基金的省级统筹。省级统筹的标准就是在全省范围内统一收支养老保险基金、统一待遇标准、统一调剂基金、统一管理制度。但是，由于各地经济、社会发展水平差异较大，目前只有部分省、自治区和直辖市实现了基本养老保险基金省级初步统筹，绝大部分实行的是省、市两级统筹。

法条指引

❶**《中华人民共和国社会保险法》**（2011年7月1日施行）

第六十四条第三款　基本养老保险基金逐步实行全国统筹，其他社会保险基金逐步实行省级统筹，具体时间、步骤由国务院规定。

❷**《关于建立统一的企业职工基本养老保险制度的决定》**（1997年7月16日　国发［1997］26号）（略）

【基本养老保险个人账户】

法律问题解读

这是指社会保险经办机构以居民身份证号码为标识，为每位参加基本养老保险的职工个人设立的唯一的、用于记录职工个人缴纳的养老保险费和从企业缴费中划转记入的基本养老保险费，以及上述两部分的利息金额的账户。个人账户是职工在符合国家规定的退休条件并办理了退休手续后，领取基本养老金的主要依据之一。

国家规定，我国实行社会统筹与个人账户相结合的基本养老保险制度。职工个人账户的建立是由职工劳动关系所在单位到当地社会保险经办机构办理，与职工户口在何处没什么关系。职工失业期间，被判刑服刑或劳动教养期间，以及其他原因暂时中断工作期间，其个人账户由社会保险经办机构予以保留，个人账户存储额照常计息，此前的养老保险缴费年限和视为缴费年限与此后的缴费年限可连续计算。对欠缴养老保险费的，个人账户如何记账应分别以下情况处理：

1. 因某种原因单位或个人不能按时足额缴纳基本养老保险费的，欠缴月份无论全额欠缴还是部分欠缴均暂不记入个人账户，待单位或个人按规定补齐欠缴金额后，方可补记入个人账户。

2. 职工所在企业欠缴基本养老保险费用期间，职工个人可以继续缴纳养老保险费用，所足额缴纳的费用记入个人账户，并计算为职工实际缴费年限，这主要是从维护职工的切身利益和合法权益考虑的。

3. 由于某种原因，职工个人欠缴基本养老保险费期间，职工所在单位应继续为其缴纳养老保险费，所足额缴纳的费用记入个人账户的企业划转部分栏目，待欠缴职工足额补缴所欠养老保险费及其利息后，前述欠缴期方可计算为职工实际缴费年限。

4. 出现单位或个人欠缴情况后，以后缴费采用滚动分配法记账：即缴费先补缴以前欠缴费用及利息后，剩余部分作为当月缴费。

根据国家规定，社会保险经办机构每年至少公示、打印一次个人账户对账单，并采取多种形式，建立个人账户查询制度，方便参保人员了解企业缴费和个人账户结存情况。用人单位和个人对社会保险经办机构公布的个人账户对账单有异议时，可到社会保险经办机构查询、提出更正的要求。对用人单位和职工的异议，社会保险经办机构要及时核实和更证。

法条指引

❶**《中华人民共和国社会保险法》**（2011年7月1日施行）

第十一条　基本养老保险实行社会统筹与个人账户相结合。

基本养老保险基金由用人单位和个人缴费以及政府补贴等组成。

第十四条 个人账户不得提前支取，记账利率不得低于银行定期存款利率，免征利息税。个人死亡的，个人账户余额可以继承。

❷《国务院关于完善企业职工基本养老保险制度的决定》（2005年12月3日 国发〔2005〕38号）

六、改革基本养老金计发办法。为与做实个人账户相衔接，从2006年1月1日起，个人账户的规模统一由本人缴费工资的11%调整为8%，全部由个人缴费形成，单位缴费不再划入个人账户。同时，进一步完善鼓励职工参保缴费的激励约束机制，相应调整基本养老金计发办法。

❸《关于建立统一的企业职工基本养老保险制度的决定》（1997年7月16日 国发〔1997〕26号）

四、按本人缴费工资11%的数额为职工建立基本养老保险个人账户，个人缴费全部记入个人账户，其余部分从企业缴费中划入。随着个人缴费比例的提高，企业划入的部分要逐步降至3%。个人账户储存额，每年参考银行同期存款利率计算利息。个人账户储存额只用于职工养老，不得提前支取。职工调动时，个人账户全部随同转移。职工或退休人员死亡，个人账户中的个人缴费部分可以继承。

❹《中华人民共和国社会保险费征缴暂行条例》（1999年1月22日 国务院令第259号）

第十六条 社会保险经办机构应当建立缴费记录，其中基本养老保险、基本医疗保险并应当按照规定记录个人账户。社会保险经办机构负责保存缴费记录，并保证其完整、安全。社会保险经办机构应当至少每年向缴费个人发送一次基本养老保险、基本医疗保险个人账户通知单。

缴费单位、缴费个人有权按照规定查询缴费记录。

❺《关于规范企业职工基本养老保险个人账户管理有关问题的通知》（2001年10月18日 劳社厅发〔2001〕5号）

各省、自治区、直辖市劳动和社会保障厅（局）：

《国务院关于建立统一的企业职工基本养老保险制度的决定》（国发〔1997〕26号）下发以来，各地对企业职工基本养老保险个人账户的建立和管理工作进行了规范，取得了一定的成效，但部分地区还存在建账率低、记录不规范、变更不及时、对账制度不落实等问题。为进一步规范个人账户管理，保证养老保险制度的健康运行，维护职工合法权益，现就有关问题通知如下：

一、及时建立和补建个人账户

（一）社会保险经办机构要以公民身份证号码为标识，为所有参加社会保险的职工建立或补建个人账户。个人账户数据库的项目应参照《社会保险管理信息系统指标体系—业务部分（LB101-2000）》（劳社信息函〔2000〕19号）和《养老保险个人账户指标》（附后）进行规范。

（二）各级社会保险经办机构要对本地区的个人账户建立情况进行全面清理和检查，与企业、个人核对，抓紧建立和补建工作，在2001年底以前实现本地区个人账户建账率95%以上的目标。

（三）社会保险经办机构对个人账户实行统一管理。个人账户仍在企业或行业管理的，最迟要在2002年6月底前移交社会保险经办机构管理。

二、严格执行个人账户记录和对账制度

（一）企业和职工按规定缴费后，社会保险经办机构要及时记录个人账户。职工工资或劳动关系发生变化，要及时变更。不得采取“先记账、后缴费”的做法，企业或参保人员欠缴养老保险费期间，欠缴月份不记录个人账户。参保人员本人按时足额缴纳养老保险费的，应按《劳动部办公厅关于印发〈职工基本养老保险个人账户管理暂行办法〉的通知》（劳办发〔1997〕116号）规定记入个人账户。

（二）实行税务征缴的地区，社会保险经办机构要主动做好与税务部门的衔接，制定严格的业务规范程序，明确各自职责。收到养老保险费征缴总额与明细票据后，要认真核对，及时记账，发现问题要及时沟通和更正。

（三）个人账户要按月记账。计息使用“年度计算法”的地区应逐步统一使用“月积数计算法”计息。对账时间为每年的4至6月。

（四）社会保险经办机构要妥善保存养老保险缴费和个人账户记录，每年至少公示、打印一次个人账户对账单，并采取多种形式，建立个人账户查询制度，记录个人查询和对账情况，方便参保人员了解企业缴费和个人账户结存情况。

（五）用人单位和个人对社会保险经办机构公布的个人账户对账单有异议时，可到社会保险经办机构查询，提出更正的要求。对用人单位和职工的异议，社保机构要及时核实和更正。

三、做好个人账户的接续和清理工作

（一）企业因改制、关闭破产等原因与职工解除劳动关系，以及下岗职工出中心时，社会保险经办机构要及时与企业或职工本人核对个人账户记录。确认无误的，由社会保险经办机构、企业和本人三方签字（盖章）。同时，社会保险经办机构要填制《基本养老保险关系接续卡》，并发放到每位职工手中，为他们重新就业后接续养老保险关系服务。

（二）对因自动离职、失业、参军、调入机关事业单位，以及被判刑、劳教等中断缴费人员的个人账户进行全面清理，做出分类，建立专门的中断缴费数据库，封存个人账户。

（三）对参保人员死亡、跨统筹地区调出、出国定居、缴费不满15年一次性领取个人账户储存额等情况，账户处理完毕后予以封存，与参保职工个人账户分开管理。

四、做好个人账户的转移工作

（一）参保人员跨统筹范围工作调动，社会保险经办机构要严格按照劳动保障部办公厅《关于严格执行基本养老保险个人账户转移政策的通知》（劳社厅发［1999］22号）的规定，办理基本养老保险关系、个人账户和基金的转移手续。转移前后的个人账户储存额合并计算。

（二）已参加基本养老保险的企业职工，在调入已开展基本养老保险制度改革的机关事业单位时，要转移养老保险关系。个人账户储存额是否转移，由各省区市根据实际情况确定。调入未开展基本养老保险制度改革的机关事业单位，暂不转移个人账户，继续由调出地社会保险经办机构管理。机关事业单位职工调入企业时，从调入之日起建立个人账户，在调入企业前已经建立个人账户的，其个人账户随同转移，储存额合并计算。

各省、自治区、直辖市劳动保障部门及社会保险经办机构要严格按照个人账户管理的有关规定，加强对地市和区县工作的指导，妥善解决工作中出现的问题，加快工作进度，并对工作进展情况进行检查评估。对工作相对落后的地区，要加强督查，查找薄弱环节，切实改进工作。为推动这项工作，我部社会保险事业管理中心对建账率95%以下的省区市补建账户工作进度实行月调度，各地区要按照要求及时报送情况。2001年10月中下旬起，我部将对部分省区市个人账户情况进行检查评估。

❻《职工基本养老保险个人账户管理暂行办法》（1997年12月22日　劳办发［1997］116号）

为了规范职工基本养老保险个人账户（以下简称个人账户）的建立和使用，保障广大劳动者的合法权益，根据基本养老保险实行社会统筹与个人账户相结合的原则和《国务院关于建立统一的企业职工基本养老保险制度的决定》（国发［1997］26号）的有关规定，制定本办法。

一、个人账户的建立

1. 个人账户用于记录参加基本养老保险社会统筹的职工缴纳的基本养老保险费和从企业缴费中划转记入的基本养老保险费，以及上述两部分的利息金额。个人账户是职工在符合国家规定的退休条件并办理了退休手续后，领取基本养老金的主要依据。

2. 个人账户的建立由职工劳动关系所在单位到当地社会保险经办机构办理，由工资发放单位向该社会保险经办机构提供个人的工资收入等基础数据。

3. 各社会保险经办机构按照国家技术监督局发布的社会保障号码（国家标准GB11643-89），为已参加基本养老保险的职工每人建立一个终身不变的个人账户。目前国家技术监督局尚未公布社会保障号码校验码，在公布之前可暂用职工身份证号码。职工身份证号码因故更改时，个人账户号码不作变动。

4. 个人账户建立时间从各地按社会统筹与个人账户相结合的原则，建立个人账户时开始；之后新参加工作的人员，从参加工作当月起建立个人账户。

5. 1998年1月1日后才建立个人账户的单位，个人账户储存额除从1998年1月1日起开始按个人缴费工资的11%记账外，对1996年前参加工作的职工还应至少包括1996、1997两年个人缴费部分累计本息；对1996、1997年参加工作的职工，个人账户储存额应包括自参加工作之月到1997年底的个人缴费部分累计本息。

6. 个人账户主要内容包括：姓名、性别、社会保障号码、参加工作时间、视同缴费年限、个人首次缴费时间、当地上年职工平均工资、个人当年缴费工资基数、当年缴费月数、当年记账利息及个人账户储存额情况等（表式见《职工基本养老保险个人账户》）。

7. 职工本人一般以上一年度本人月平均工资为个人缴费工资基数（有条件的地区也可以本人上月工资收入为个人缴费工资基数，下同）。月平均工资按国家统计局规定列入工资总额统计的项目计算，包括工资、奖金、津贴、补贴等收入。本人月平均工资低于当地职工平均工资60%的，按当地职工月平均工资的60%缴费；超过当地职工平均工资300%的，按当地职工月平均工资的300%缴费，超过部分不记入缴费工资基数，也不记入计发养老金的基数。

8. 新招职工（包括研究生、大学生、大中专毕业生等）以起薪当月工资收入作为缴费工资基数；从第二年起，按上一年实发工资的月平均工资作为缴费工资基数。

单位派出的长期脱产学习人员、经批准请长假的职工，保留工资关系的，以脱产或请假的上年月平均工资作为缴费工资基数。

单位派到境外、国外工作的职工，按本人出境（国）上年在本单位领取的月平均工资作为缴费工资基数；次年的缴费工资基数按上年本单位平均工资增长率进行调整。

失业后再就业的职工，以再就业起薪当月的工资收入作为缴费工资基数；从第二年起，按上一年实发工资的月平均工资作为缴费工资基数。

以上人员的月平均缴费工资的上限和下限按照第 7 条规定执行。

9. 个人账户记入比例为按第 7 条确定的个人缴费工资基数的 11%，其中包括个人缴费的全部和社会保险经办机构从企业缴费中划转记入两部分。个人缴费比例 1997 年不得低于本人缴费工资的 4%，企业划转部分相应补齐到个人缴费工资基数的 11%；从 1998 年起至少每两年个人缴费提高 1%，企业划转部分相应减少 1%，最终达到个人缴费为本人缴费工资基数的 8%，企业划转部分相应减少到个人缴费工资基数的 3%。有条件的地区和工资增长较快的年份，个人缴费提高的速度可以适当加快。

目前各地个人账户记账比例低于或高于个人缴费工资基数 11%的，要按国家有关规定做好向统一制度的并轨工作。

10. 个人账户的储存额按“养老保险基金记账利率”（以下简称“记账利率”）计算利息。记账利率暂由各省、自治区、直辖市人民政府参考银行同期存款利率等因素确定并每年公布一次。

二、个人账户的管理

11. 参加基本养老保险的单位按照各级社会保险经办机构的要求建立、健全职工基础资料，到当地社会保险经办机构办理基本养老保险参保手续，并按要求填报《参加基本养老保险单位登记表》《参加基本养老保险人员缴费情况表》和《参加基本养老保险人员变化情况表》。

12. 社会保险经办机构根据单位申报情况将数据输入微机管理，同时相应建立参保单位缴费台账、职工基本养老保险个人账户，并根据《参加基本养老保险人员变化情况表》，相应核定调整单位和职工个人缴费工资基数。

13. 对于因某种原因单位或个人不按时足额缴纳基本养老保险费的，视为欠缴。欠缴月份无论全额欠缴还是部分欠缴均暂不记入个人账户，待单位或个人按规定补齐欠缴金额后方可补记入个人账户。

职工所在企业欠缴养老保险费用期间，职工个人可以继续缴纳养老保险费用，所足额缴纳的费用记入个人账户，并计算为职工实际缴费年限。

出现欠缴情况后，以后缴费采用滚动分配法记账：即缴费先补缴以前欠缴费用及利息后，剩余部分作为当月缴费。

14. 社会保险经办机构在缴费年度结束后，应对职工个人账户进行结算，包括当年缴费额、实际缴费月数、当年利息额、历年缴费累计结转本息储存额等。利息按每年公布的记账利率计算。

15. 至本年底止个人账户累计储存额有两种计算方法。

方法一：年度计算法。即至本年底止个人账户累计储存额在每个缴费年度结束以后按年度计算（以上年月平均工资为缴费工资基数记账时适用此方法）。

计算公式：

至本年底止个人账户累计储存额＝上年底止个人账户累计储存额×（1＋本年记账利率）＋个人账户本年记账金额×（1＋本年记账利率×1.083×1/2）

方法二：月积数法。至本年底止个人账户累计储存额在一个缴费年度内按月计算（以上月职工工资收入为缴费工资基数记账时适用此方法）。

计算公式：

至本年底止个人账户累计储存额＝上年底止个人账户累计储存额×（1＋本年记账利率）＋本年记账额本金＋本年记账额利息

其中：

本年记账额利息＝本年记账月积数×本年记账利率×1/12

本年记账月积数＝∑［n 月份记账额×（12－n＋1)］

（n 为本年各记账月份，且 $1\leqslant n\leqslant 12$)

补缴欠缴的利息或本息和的计算办法见附件 3。

16. 社会保险经办机构在缴费年度结束后，应根据《职工基本养老保险个人账户》的记录，为每个参保职工打印《职工基本养老保险个人账户对账单》，发给职工本人，由职工审核签字后，依年粘贴在《职工养老保险手册》中妥善保存。

17. 统一制度之前各地已为职工建立的个人账户储存额，与统一制度后职工个人账户储存额合并计算。

18. 职工由于各种原因而中断工作的，不缴纳基本养老保险费用，也不计算缴费年限，其个人账户由原经办机构予以保留，个人账户继续计息。职工调动或中断工作前后个人账户的储存额累计计算，不间断计息。

19. 个人账户储存额不能挪作他用，也不得提前支取（另有规定者除外）。

三、个人账户的转移

20. 职工在同一统筹范围内流动时，只转移基本养老保险关系和个人账户档案，不转移基金。

21. 职工跨统筹范围流动时，转移办法按如下规定：

（1）转移基本养老保险关系和个人账户档案。

（2）对职工转移时已建立个人账户的地区，转移基金额为个人账户中 1998 年 1 月 1 日之前的个人缴费部分累计本息加上从 1998 年 1 月 1 日起记入的个人账户全部储存额。

（3）对职工转移时仍未建立个人账户的地区，1998 年 1 月 1 日之前转移的，1996 年之前参加工作的职工，转移基金额为 1996 年 1 月 1 日起至调转月止的职工个人缴费部分累计本息；1996、1997 年参加工作的职工，基金转移额为参加工作之月起至 1997 年底的个人缴费部分累计本息。1998 年 1 月 1 日之后转移的，转移基金额为 1998 年之前按前述规定计算的职工个人缴费部分累计本息，加上从 1998 年 1 月 1 日起按职工个人缴费工资基数 11%计算的缴费额累计本息。未建个人账户期间，计算个人缴费部分的利息按中国人民银行一年期定期城乡居民储蓄存款利率计算。

（4）对年中调转职工调转当年的记账额，调出地区只转本金不转当年应记利息；职工调转后，由调入地区对职工调转当年记账额一并计息。计算方法按第 15 条规定执行。

（5）基金转移时，不得从转移额中扣除管理费。

（6）职工转出时，调出地社会保险经办机构应填写《参加基本养老保险人员转移情况表》（转移单）。

（7）职工转入时，调入地社会保险经办机构应依据转出地区提供的《参加基本养老保险人员转移情况表》和《职工基本养老保险个人账户》等资料，并结合本地基本养老保险办法，为职工续建个人账户，做好个人账户关系的前后衔接工作。

四、个人账户的支付

22. 当单位离退休人员发生变动时，单位应填写《离退休人员增减变化情况表》，报社会保险经办机构审核，社会保险经办机构对待遇给付情况应及时进行相应调整。

23. 按统一的基本养老保险办法办理退休的职工，其基本养老金中的基础养老金、过渡性养老金等由社会统筹基金支付；个人账户养老金由个人账户中支付。

24. 职工退休以后年度调整增加的养老金，按职工退休时个人账户养老金和基础养老金各占基本养老金的比例，分别从个人账户储存余额和社会统筹基金中列支。

25. 职工退休后，其个人账户缴费情况停止记录，个人账户在按月支付离退休金（含以后年度调整增加的部分）后的余额部分继续计息。利息计算有两种方法：

方法一：年度计算法。即离退休人员个人账户余额生成的利息在每个支付年度结束后按年度计算（支付年度内各月支付的养老金数额相同时适用此方法）。年利息计算公式如下：

年利息＝（个人账户年初余额－当年支付养老金总额）×

本年记账利率＋当年支付养老金总额×

本年记账利率×1.083×1/2

个人账户年终余额＝个人账户年初余额－

当年支付养老金总额＋年利息

方法二：月积数法。即离退休人员个人账户余额生成的利息在每个支付年度内按月计算（支付年度内各月支付的养老金数额不同时适用此方法）。年利息计算公式如下：

年利息＝个人账户年初余额×本年记账利率－本年度支付月积数×本年记账利率×1/12

本年度支付月积数＝∑［n 月份支付额×（12－n＋1）］

（n 为本年度各支付月份，且 1≤n≤12）

26. 当职工个人缴费年限（含视同缴费年限）不满 15 年而达到法定退休年龄时，退休后不享受基础养老金待遇，其个人账户全部储存额一次性支付给本人，同时终止养老保险关系。出现上述情况时，职工所在单位应及时向社会保险经办机构填报《个人账户一次性支付审批表》。社会保险经办机构核定后封存其个人账户档案。

五、个人账户的继承

27. 职工在职期间死亡时，其继承额为其死亡时个人账户全部储存额中的个人缴费部分本息。

28. 离退休人员死亡时，继承额按如下公式计算：

继承额=离退休人员死亡时个人账户余额×离退休时个人账户中个人缴费本息占个人账户全部储存额的比例

29. 继承额一次性支付给死亡者生前指定的受益人或法定继承人。个人账户的其余部分，并入社会统筹基金。个人账户处理完后，应停止缴费或支付记录，予以封存。

六、其他

30. 新安置的军队复员、退伍军人、转业干部及从国家机关、事业单位调入企业人员，其个人账户的建立，待国家明确规定后，再按国家规定执行。

31. 本办法自1998年1月1日起实行。

附件1：职工基本养老保险个人账户表式（略）

附件2：职工基本养老保险个人账户表式指标解释

职工基本养老保险个人账户表式共分八表，供各地社会保险经办机构在本地进行职工基本养老保险个人账户管理时使用，各地社会保险经办机构可结合本地实际情况在本表式的基础上增加栏目或其他所需表式。本表式中的主要指标解释如下：

1. 单位名称，指参加基本养老保险单位在工商行政管理部门注册时使用的名称。

2. 单位编码，指社会保险经办机构为参保单位设置的数字代码。

3. 单位地址，指参加基本养老保险单位在工商行政管理部门注册时填写的地址。

4. 主管部门，指本单位上一级行政主管单位。

5. 单位负责人，指本单位主管基本养老保险工作的负责人。

6. 业务经办人，指本单位具体经办基本养老保险业务的业务人员。

7. 实行基本养老保险（社会统筹）日期，指本单位经社会保险经办机构批准正式参加基本养老保险（社会统筹）的日期。

8. 上年末职工人数，指截止上年12月31日在本单位工作的各类职工人数之和。

9. 上年职工工资总额，指截止上年12月31日在本单位工作的各类职工工资收入总额。

10. 上年末离退休（职）人数，指截止上年12月31日从本单位离退休（职）的各类职工人数之和（不含已死亡的离退休（职）人员）。

11. 上年离退休（职）费用总额，指截止上年12月31日从本单位离退休（职）的各类职工在实行统筹项目范围内领取的离退休（职）费之和（不含已死亡的离退休（职）人员的离退休（职）费）。

12. 单位缴费比例，指参加统筹单位按当地政府规定缴纳的基本养老保险费的比例。

13. 当月养老金支付基数，指实行差额收缴、拨付养老金的地区单位本月应从社会保险经办机构领取的基本养老金金额；实行全额收缴、拨付的地区指在实行统筹项目范围内本月应支付本单位离退休（职）费之和（不含已死亡的离退休（职）人员的离退休（职）费）。

14. 姓名，应与本人身份证姓名相同。

15. 社会保障号码，共16位数，为身份证号码后加一位校验码。目前国家技术监督局尚未确定校验码，可暂填身份证号码。

16. 参加工作时间，指参保职工首次参加工作的时间。

17. 视同缴费年限，指参保职工实际缴费年限之前的按国家有关规定计算的连续工作年限。

18. 实际缴费年限，指职工参加基本养老保险后，按规定足额缴纳基本养老保险费的年限。

19. 首次参保年月，指参保职工第一次参加养老保险（社会统筹）的时间。

20. 月缴费工资，指参保职工按国家规定统计口径作为缴纳基本养老保险费的月缴费工资基数。

21. 变化时间，指参保人员在发生增减变化时到本单位或当地社会保险经办机构办理手续的时间。

22. 调出单位，应填写参保职工调出前所在工作单位在工商行政管理部门注册时使用的单位名称。

23. 调入单位，应填写参保职工调入新的工作单位在工商行政管理部门注册时的单位名称。

24. 截止缴费时间，指参保职工调出原单位时最后一次缴纳基本养老保险费的时间。

25. 缴费（支付）截止时间，指参保职工最后一次缴费或最后一次领取基本养老金的时间。

26. 基本养老金个人账户累计储存额或余额（含利息），指参保职工最后一次缴费或最后一次领取基本养老金后其个人账户中剩余金额本息和。

27. 个人缴费本息，指参保职工最后一次缴费或最后一次领取基本养老金后其个人账户中个人缴费部分剩余金额本息和。

28. 领取人姓名，指符合一次性支付条件的职工本人或其合法代领人的姓名，领取人所填姓名须与其身份证上姓名相同。

29. 有关证件号，指领取人领取养老金时须同时出示的本人身份证或工作证的号码（若为代领时还须同时出示被代领人的身份证）。

30. 签字，指领取人的亲笔签名。

31. 离退休时间，指参保职工经劳动行政部门批准开始离退休的时间。

32. 个人缴费首次记入时间，指参保职工在本地区实行个人缴费后，所足额缴费首次记入个人账户的时间。

33. 上年职工平均工资，指按规定记入的全省或参保职工所在地市上一年职工平均工资。

34. 当年缴费工资，指参保职工按国家规定统计口径计算应作为缴纳基本养老保险费的当年缴费工资基数。

35. 当年缴费月数，指参保职工按规定当年向社会保险经办机构足额缴纳基本养老费月数和。

36. 当年记账利率，指每年公布的当年个人账户的记账利率。

37. 累计缴费月数，指参保职工从当地开始建立职工基本养老保险个人账户时起，至目前按规定累计向社会保险经办机构缴纳基本养老保险费月数总和。

38. 个人缴费工资基数，指职工本人缴纳基本养老保险费的上一年度月平均工资（或上月工资收入），月平均工资超过当地职工月平均工资300%以上的部分，不计入个人缴费工资基数；低于当地职工月平均工资60%的，按60%计入。

39. 企业缴费中划转部分（%），指社会保险经办机构从企业缴纳的养老保险费中按个人缴费工资基数的一定比例划转记入个人账户的金额，“（%）”中，“%”前填写由当地政府确定的划转比例。

40. 个人缴费部分（%），指职工个人按规定的缴费比例缴纳基本养老保险费的金额。“（%）”中，“%”前填写由当地政府确定的职工个人缴费比例。

附件3：至本年底止个人账户累计储存额计算办法（月积数法）

至本年底止个人账户储存额分为四部分计算：

第一部分：上年底个人账户累计储存额至当年底的本息和（设为A）；

第二部分：本年按时足额缴费记账额的本息和（设为B）；

第三部分：补记入个人账户部分补缴利息（设为C）；

第四部分：补记入个人账户部分本年本息和（设为D）。

1. 上年底个人账户累计储存额至本年底的本息和计算公式：

A＝上年底止累计储存额×（1＋本年记账利率）

2. 本年按时足额缴费记账额本息和计算公式：

B＝本年记账额本金＋本年记账额利息

本年记账额利息＝本年记账月积数×本年记账月利率

本年记账月积数＝∑［n月份记账额×（12－n＋1）］

本年记账月利率＝本年记账利率×1/12

即：

B＝本年记账额本金＋∑［n月份记账额×（12－n＋1）］×本年记账利率×1/12

（n为本年各记账月，且1≤n≤12）

3. 补记入个人账户部分补缴利息分两部分：

第一部分：跨年度补缴利息（设为C1）；

第二部分：非跨年度补缴利息（设为C2）。即：C＝C1＋C2

（1）跨年度补缴利息计算分为三部分：

第一部分：补缴欠缴年度当年欠缴利息（设为C11）；

第二部分：补缴欠缴年度后第二年起至补缴年度前一年止的欠缴利息（设为C12）；

第三部分：补缴年度当年欠缴利息（设为C13）。

其计算公式为：

C1＝C11＋C12＋C13

其中：

C11＝欠缴年度当年欠缴额月积数×欠缴年度当年记账月利率

欠缴年度当年＝∑（n月份欠缴额×欠缴年度当年欠缴欠缴额月积数月数）

欠缴年度当年欠缴月数＝12－n＋1

欠缴年度当年＝欠缴年度当年记账利率×1/12

记账月利率

即：

C11＝∑［n月份欠缴额×（12－n＋1）］×欠缴年度当年记账利率×1/12

（n为欠缴年度欠缴时月份，且1≤n≤12）

C12＝欠缴年度后第二年应补缴利息＋欠缴年度后第三年应补缴利息＋…＋补缴年度前一年应补缴利息欠缴年度后第二＝（欠缴额本金＋C11）

×欠缴年度后第一年应补缴利息二年记账利率

欠缴年度后第三年应补缴利息=（欠缴额本金+C11+欠缴年度后第二年应补缴利息）×欠缴年度后第三年记账利率

……

补缴年度前一年应补缴利息=（欠缴额本金+C11+欠缴年度后第二年应补缴利息+…+补缴年度前二年应补缴利息）×补缴年度前一年记账利率

C13=（欠缴额本金和+C11+C12）×（补缴时月份—1）×补缴年度前一年记账利率×1/12

（2）非跨年度补缴利息计算公式：

C2=∑（n月份欠缴额×欠缴月数）×欠缴年度上一年记账利率×1/12

（欠缴月数=m—n）

即：

C2=∑［n月份欠缴额×（m—n）］×欠缴年度上一年记账利率×1/12

（n为本年欠缴时月份，m为本年补缴时月份）

4. 补记入个人账户部分本年本息和计算分为两部分：

第一部分：欠缴年度已缴部分（未足额）本息和（设为D1）；

第二部分：补缴部分本金到本年底本息和（设为D2）。

其计算公式为：

D=D1+D2

D1计算方法参考本办法1、2；

D2=本年补缴额本金月积数×本年记账利率×1/12

本年补缴额本金月积数计算方法参考办法2。

学者观点

❶ 孙瑞玺、信鸿狄：《职工最低工资能否抵扣“三金”》，参见北大法宝引证码：Pkulaw. cn/CLI. A. 028590。

【养老保险关系的转移接续】

法律问题解读

职工在工作单位之间或工作地区之间流动时，会发生其基本养老保险个人账户转移的情况，国家对此作了专门规定，主要有这样一些内容：

1. 职工在同一统筹范围内流动时，只转移基本养老保险关系和个人账户档案，不转移基金。

2. 职工跨统筹范围流动时，转移办法如下：

（1）转移基本养老保险关系和个人账户档案。

（2）对职工流动时已建立个人账户的地区，转移基金额为个人账户中1998年1月1日之前的个人缴费部分累计本息，加上从1998年1月1日起记入个人账户中的全部储存额。

（3）对职工流动时仍未建立个人账户的地区，1998年1月1日之前转移的，1996年之前参加工作的职工，转移基金额为1996年1月1日起至调动月止的职工个人缴费部分累计本息；1996年、1997年参加工作的职工，基金转移额为参加工作之月起至调动月止的个人缴费部分累计本息。1998年1月1日之后转移的，转移基金额为1998年之前按前述规定计算的职工个人缴费部分累计本息，加上从1998年1月1日起按职工个人缴费工资基数11%计算的缴费额累计本息。未建立个人账户期间，计算个人缴费部分的利息按中国人民银行一年期定期城乡居民储蓄存款利率计算。

（4）对年中调转职工调转当年的记账额，调出地区只转本金不转当年应记利息；职工调转后，由调入地区对职工调转当年记账额一并计息。

（5）基金转移时，不得从转移额中扣除管理费。

（6）职工转出时，调出地社会保险经办机构应填写《参加基本养老保险人员转移情况表》（转移单）。

（7）职工转入时，调入地社会保险经办机构应依据转出地区提供的《参加基本养老保险人员转移情况表》和《职工基本养老保险个人账户》等资料，并结合本地基本养老保险办法，为职工续建个人账户，做好个人账户关系的前后衔接工作。

法条指引

❶ **《城镇企业职工基本养老保险关系转移接续暂行办法》**（2009年12月28日 国办发［2009］66号）

第一条 为切实保障参加城镇企业职工基本养老保险人员（以下简称参保人员）的合法权益，促进人力资源合理配置和有序流动，保证参保人员跨省、自治区、直辖市（以下简称跨省）流动并在城镇就业时基本养老保险关系的顺畅转移接续，制定本办法。

第二条 本办法适用于参加城镇企业职工基本养老保险的所有人员，包括农民工。已经按国家规定领取基本养老保险待遇的人员，不再转移基本养老保险关系。

第三条 参保人员跨省流动就业的，由原参保所在地社会保险经办机构（以下简称社保经办机构）开具参保缴费凭证，其基本养老保险关系应随同转移到新参保地。参保人员达到基本养老保险待遇领取条件的，其在各地的参保缴费年限合并计算，个人账户储存额（含本息，下同）累计计算；未达到待遇领取年龄前，不得终止基本养老保险关系并办理退保手续；其中出国定居和到香港、澳门、台湾地区定居的，按国家有关规定执行。

第四条 参保人员跨省流动就业转移基本养老保险关系时，按下列方法计算转移资金：

（一）个人账户储存额：1998 年 1 月 1 日之前按个人缴费累计本息计算转移，1998 年 1 月 1 日后按计入个人账户的全部储存额计算转移。

（二）统筹基金（单位缴费）：以本人 1998 年 1 月 1 日后各年度实际缴费工资为基数，按 12% 的总和转移，参保缴费不足 1 年的，按实际缴费月数计算转移。

第五条 参保人员跨省流动就业，其基本养老保险关系转移接续按下列规定办理：

（一）参保人员返回户籍所在地（指省、自治区、直辖市，下同）就业参保的，户籍所在地的相关社保经办机构应为其及时办理转移接续手续。

（二）参保人员未返回户籍所在地就业参保的，由新参保地的社保经办机构为其及时办理转移接续手续。但对男性年满 50 周岁和女性年满 40 周岁的，应在原参保地继续保留基本养老保险关系，同时在新参保地建立临时基本养老保险缴费账户，记录单位和个人全部缴费。参保人员再次跨省流动就业或在新参保地达到待遇领取条件时，将临时基本养老保险缴费账户中的全部缴费本息，转移归集到原参保地或待遇领取地。

（三）参保人员经县级以上党委组织部门、人力资源社会保障行政部门批准调动，且与调入单位建立劳动关系并缴纳基本养老保险费的，不受以上年龄规定限制，应在调入地及时办理基本养老保险关系转移接续手续。

第六条 跨省流动就业的参保人员达到待遇领取条件时，按下列规定确定其待遇领取地：

（一）基本养老保险关系在户籍所在地的，由户籍所在地负责办理待遇领取手续，享受基本养老保险待遇。

（二）基本养老保险关系不在户籍所在地，而在其基本养老保险关系所在地累计缴费年限满 10 年的，在该地办理待遇领取手续，享受当地基本养老保险待遇。

（三）基本养老保险关系不在户籍所在地，且在其基本养老保险关系所在地累计缴费年限不满 10 年的，将其基本养老保险关系转回上一个缴费年限满 10 年的原参保地办理待遇领取手续，享受基本养老保险待遇。

（四）基本养老保险关系不在户籍所在地，且在每个参保地的累计缴费年限均不满 10 年的，将其基本养老保险关系及相应资金归集到户籍所在地，由户籍所在地按规定办理待遇领取手续，享受基本养老保险待遇。

第七条 参保人员转移接续基本养老保险关系后，符合待遇领取条件的，按照《国务院关于完善企业职工基本养老保险制度的决定》（国发［2005］38 号）的规定，以本人各年度缴费工资、缴费年限和待遇领取地对应的各年度在岗职工平均工资计算其基本养老金。

第八条 参保人员跨省流动就业的，按下列程序办理基本养老保险关系转移接续手续：

（一）参保人员在新就业地按规定建立基本养老保险关系和缴费后，由用人单位或参保人员向新参保地社保经办机构提出基本养老保险关系转移接续的书面申请。

（二）新参保地社保经办机构在 15 个工作日内，审核转移接续申请，对符合本办法规定条件的，向参保人员原基本养老保险关系所在地的社保经办机构发出同意接收函，并提供相关信息；对不符合转移接续条件的，向申请单位或参保人员作出书面说明。

（三）原基本养老保险关系所在地社保经办机构在接到同意接收函的 15 个工作日内，办理好转移接续的各项手续。

（四）新参保地社保经办机构在收到参保人员原基本养老保险关系所在地社保经办机构转移的基本养老保险关系和资金后，应在 15 个工作日内办结有关手续，并将确认情况及时通知用人单位或参保人员。

第九条 农民工中断就业或返乡没有继续缴费的，由原参保地社保经办机构保留其基本养老保险关系，保存其全部参保缴费记录及个人账户，个人账户储存额继续按规定计息。农民工返回城镇就业并继续参保缴费的，无论其回到原参保地就业还是到其他城镇就业，均按前述规定累计计算其缴费年限，合并计算其个人账户储存额，符合待遇领取条件的，与城镇职工同样享受基本养老保险待遇；农民工不再返回城镇就业的，其在城镇参保缴费记录及个人账户全部有效，并根据农民工的实际情况，或在其达到规定领取条件时享受城镇职工基本养老保险待遇，或转入新型农村社会养老保险。

农民工在城镇参加企业职工基本养老保险与在农村参加新型农村社会养老保险的衔接政策，另行研究制定。

第十条 建立全国县级以上社保经办机构联系方式信息库，并向社会公布，方便参保人员查询参保缴费情况，办理基本养老保险关系转移接续手续。加快建立全国统一的基本养老保险参保缴费信息查询服务系统，发行全国通用的社会保障卡，为参保人员查询参保缴费信息提供便捷有效的技术服务。

第十一条 各地已制定的跨省基本养老保险关系转移接续相关政策与本办法规定不符的，以本办法规定为准。在省、自治区、直辖市内的基本养老保险关系转移接续办法，由各省级人民政府参照本办法制定，并报人力资源社会保障部备案。

第十二条 本办法所称缴费年限，除另有特殊规定外，均包括视同缴费年限。

第十三条 本办法从2010年1月1日起施行。

❷《职工基本养老保险个人账户管理暂行办法》（1997年12月22日 劳办发［1997］116号）

三、个人账户的转移

20. 职工在同一统筹范围内流动时，只转移基本养老保险关系和个人账户档案，不转移基金。

21. 职工跨统筹范围流动时，转移办法按如下规定：

（1）转移基本养老保险关系和个人账户档案。

（2）对职工转移时已建立个人账户的地区，转移基金额为个人账户中1998年1月1日之前的个人缴费部分累计本息加上从1998年1月1日起记入的个人账户全部储存额。

（3）对职工转移时仍未建立个人账户的地区，1998年1月1日之前转移的，1996年之前参加工作的职工，转移基金额为1996年1月1日起至调转月止的职工个人缴费部分累计本息；1996、1997年参加工作的职工，基金转移额为参加工作之月起至1997年底的个人缴费部分累计本息。1998年1月1日之后转移的，转移基金额为1998年之前按前述规定计算的职工个人缴费部分累计本息，加上从1998年1月1日起按职工个人缴费工资基数11%计算的缴费额累计本息。未建个人账户期间，计算个人缴费部分的利息按中国人民银行一年期定期城乡居民储蓄存款利率计算。

（4）对年中调转职工调转当年的记账额，调出地区只转本金不转当年应记利息；职工调转后，由调入地区对职工调转当年记账额一并计息。计算方法按第15条规定执行。

（5）基金转移时，不得从转移额中扣除管理费。

（6）职工转出时，调出地社会保险经办机构应填写《参加基本养老保险人员转移情况表》（转移单）。

（7）职工转入时，调入地社会保险经办机构应依据转出地区提供的《参加基本养老保险人员转移情况表》和《职工基本养老保险个人账户》等资料，并结合本地基本养老保险办法，为职工续建个人账户，做好个人账户关系的前后衔接工作。

❸《关于严格执行职工基本养老保险个人账户转移政策的通知》（1999年7月26日 劳社厅发［1999］22号）

各省、自治区、直辖市劳动（劳动和社会保障）厅（局）：

根据《国务院关于建立统一的企业职工基本养老保险制度的决定》（国发［1997］26号）和我厅《关于印发〈职工基本养老保险个人账户管理暂行规定〉的通知》（劳办发［1997］116号）要求，大多数地区能够按规定为职工调动办理基本养老保险个人账户转移手续，但也有部分地区没有严格按规定执行，有的对应划转的职工基本养老保险个人账户基金不转或少转，有的要求职工原参保地区划转不应转移的基金，有的要求职工补缴不应缴纳的费用，导致部分职工调动前后的基本养老保险关系无法接续。为加强职工基本养老保险个人账户转移工作的管理，现就有关问题进一步明确如下：

一、职工在同一统筹地区内流动时，只转移基本养老保险关系和个人账户档案，不转移基金。

二、职工跨统筹地区流动时，除转移基本养老保险关系和个人账户档案外，按下列规定转移职工个人账户基金：

（一）对职工转移时已建立了个人账户的地区，转移基金额为个人账户1998年1月1日之前的个人缴费部分累计本息加上从1998年1月1日起记入的个人账户全部储存额。

（二）对职工转移时仍未建立个人账户的地区，1998 年 1 月 1 日之前转移的，1996 年之前参加工作的职工，转移基金额为 1996 年 1 月 1 日起至调转月止的职工个人缴费部分累计本息；1996、1997 年参加工作的职工，基金转移额为参加工作之月起至调转月止职工个人缴费部分累计本息；1998 年 1 月 1 日之后转移的，基金转移额为 1998 年之前按前述规定计算的职工个人缴费部分累计本息，加上从 1998 年 1 月 1 日起按职工个人缴费工资基数 11%计算的缴费额累计本息。未建个人账户期间，个人缴费部分的利息按当时中国人民银行一年期定期城乡居民储蓄存款利率计算。

（三）对年中调转职工调转当年的记账额，调出地区只转本金不转利息，由调入地区按劳办发〔1997〕116 号规定对职工调转当年记账额一并计息。基金转移时，不得从转移额中扣除管理费。

三、各地应严格按国家规定办理基本养老保险个人账户转移手续，不得自行制定与国家规定不符的政策。现行规定与国家不符的，应立即予以纠正。今后，凡发现违反职工基本养老保险个人账户转移政策的行为，我部将限期纠正并予以通报批评。

【基本养老保险个人账户的继承】

法律问题解读

根据国家规定，职工在职死亡或者离退休后死亡，其个人账户储存款额可以继承。具体继承办法为：

1. 职工在职期间死亡的，其继承额为其死亡时个人账户全部储存额中的个人缴费部分的本息。

2. 离退休人员死亡的，继承额按如下公式计算：

继承额＝离退休人员死亡时个人账户余额×离退休时个人账户中个人缴费本息占个人账户全部储存额的比例。

3. 继承额一次性支付给死亡者生前指定的受益人或者法定继承人。个人账户的其余部分，并入社会统筹基金。

法条指引

❶**《职工基本养老保险个人账户管理暂行办法》**（1997 年 12 月 22 日　劳办发〔1997〕116 号）

五、个人账户的继承

27. 职工在职期间死亡时，其继承额为其死亡时个人账户全部储存额中的个人缴费部分本息。

28. 离退休人员死亡时，继承额按如下公式计算：

继承额＝离退休人员死亡时个人账户余额×离退休时个人账户中个人缴费本息占个人账户全部储存额的比例

29. 继承额一次性支付给死亡者生前指定的受益人或法定继承人。个人账户的其余部分，并入社会统筹基金。个人账户处理完后，应停止缴费或支付记录，予以封存。

【基本养老保险覆盖范围】

法律问题解读

按照现行规定，基本养老保险的覆盖范围是国有企业、城镇集体企业、外商投资企业、城镇私营企业和其他城镇企业及其职工，还有实行企业化管理的事业单位及其职工。省、自治区、直辖市人民政府根据当地实际情况，可以将城镇个体工商户纳入基本养老保险。一些地方将自由职业者也纳入了基本养老保险覆盖范围。在实际工作中需要特别注意的是，机关事业单位不包括在基本养老保险覆盖范围内；用人单位的职工应包括外地职工、农民合同制职工等。

法条指引

❶**《中华人民共和国社会保险费征缴暂行条例》**（1999 年 1 月 22 日　国务院令第 259 号）

第三条　基本养老保险费的征缴范围：国有企业、城镇集体企业、外商投资企业、城镇私营企业和其他城镇企业及其职工，实行企业化管理的事业单位及其职工。

基本医疗保险费的征缴范围：国有企业、城镇集体企业、外商投资企业、城镇私营企业和其他城镇企业及其职工，国家机关及其工作人员，事业单位及其职工，民办非企业单位及其职工，社会团体及其专职人员。

失业保险费的征缴范围：国有企业、城镇集体企业、外商投资企业、城镇私营企业和其他城镇企业及其职工，事业单位及其职工。

省、自治区、直辖市人民政府根据当地实际情况，可以规定将城镇个体工商户纳入基本养老保险、基本医疗保险的范围，并可以规定将社会团体及其专职人员、民办非企业单位及其职工以及有雇工的城镇个体工商户及其雇工纳入失业保险的范围。

社会保险费的费基、费率依照有关法律、行政法规和国务院的规定执行。

案例链接

❶《上海康大泵业制造有限公司与蒋玉娥一般劳动争议纠纷上诉案》，参见北大法宝引证码：Pkulaw. cn/CLI. C. 208400。

❷《项城市机关事业单位养老保险处与项城市人民政府招待所养老保险金纠纷上诉案》，参见北大法宝引证码：Pkulaw. cn/CLI. C. 221433。

【新型农村社会养老保险】

法律问题解读

2006年，中国全面建设小康社会的实现程度达到69.05%，但是社会保障覆盖率等问题离实现目标较远，当前特别需要强调应尽快建立农村养老保险制度。这是因为随着农村人口老龄化，传统家庭养老功能弱化，农村养老问题越来越突出。

近年来，中国政府努力探索符合国情的农村养老模式。2005年11月起，一项名为“中国农村社会养老保险制度创新与管理规范”的中日合作项目在北京市大兴区、山东省烟台招远市、菏泽市牡丹区、福建省南平市延平区、安徽省霍邱县、山西省柳林县、四川省巴中市通江县、云南省南华县等8个县市区展开。经过一年多的工作，各地结合农村实际和农民特点，摸索出了代际供养、粮食换保障、个人账户基金借支、保险证质押贷款、基金贴息、龙头企业资助农民参保免税等多种形式的新型农村社会养老保险制度，为进一步在全国推广积累了丰富的经验。目前，中国农村的养老试点正向欠发达地区逐步推进。据国家统计局最新数据，截至2009年末，全国参加农村养老保险人数为8691万人，比上年末增加3096万人。全年共有1556万农民领取了养老金，比上年增加1044万人。全年共支付养老金76亿元，比上年增加33.8%。年末农村养老保险基金累计结存681亿元。年末有27个省、自治区的320个县（市、区、旗）和4个直辖市部分区县列入首批新型农村社会养老保险试点。参加被征地农民社会保障人数2500多万人，约增加1200万人。

2009年9月1日，国务院发布了《关于开展新型农村社会养老保险试点的指导意见》，该意见明确了我国新型农村社会养老保险的任务目标，即探索建立个人缴费、集体补助、政府补贴相结合的新农保制度，实行社会统筹与个人账户相结合，与家庭养老、土地保障、社会救助等其他社会保障政策措施相配套，保障农村居民老年基本生活。2009年试点覆盖面为全国10%的县（市、区、旗），以后逐步扩大试点，在全国普遍实施，2020年之前基本实现对农村适龄居民的全覆盖。

法条指引

❶**《中华人民共和国社会保险法》**（2011年7月1日施行）

第二十条 国家建立和完善新型农村社会养老保险制度。

新型农村社会养老保险实行个人缴费、集体补助和政府补贴相结合。

第二十一条 新型农村社会养老保险待遇由基础养老金和个人账户养老金组成。

参加新型农村社会养老保险的农村居民，符合国家规定条件的，按月领取新型农村社会养老保险待遇。

❷**《关于开展新型农村社会养老保险试点的指导意见》**（2009年9月1日 国发［2009］32号）

根据党的十七大和十七届三中全会精神，国务院决定，从2009年起开展新型农村社会养老保险（以下简称新农保）试点。现就试点工作提出以下指导意见：

一、基本原则

新农保工作要高举中国特色社会主义伟大旗帜，以邓小平理论和“三个代表”重要思想为指导，深入贯彻落实科学发展观，按照加快建立覆盖城乡居民的社会保障体系的要求，逐步解决农村居民老有所养问题。新农保试点的基本原则是“保基本、广覆盖、有弹性、可持续”。一是从农村实际出发，低水平起步，筹资标准和待遇标准要与经济发展及各方面承受能力相适应；二是个人（家庭）、集体、政府合理分担责任，权利与义务相对应；三是政府主导和农民自愿相结合，引导农村居民普遍参保；四是中央确定基本原则和主要政策，地方制订具体办法，对参保居民实行属地管理。

二、任务目标

探索建立个人缴费、集体补助、政府补贴相结合的新农保制度，实行社会统筹与个人账户相结合，与家庭养老、土地保障、社会救助等其他社会保障政策措施相配套，保障农村居民老年基本生活。2009年试点覆盖面为全国10%的县（市、区、旗），以后逐步扩大试点，在全国普遍实施，2020年之前基本实现对农村适龄居民的全覆盖。

三、参保范围

年满16周岁（不含在校学生）、未参加城镇职工基本养老保险的农村居民，可以在户籍地自愿参加新农保。

四、基金筹集

新农保基金由个人缴费、集体补助、政府补贴构成。

（一）个人缴费。参加新农保的农村居民应当按规定缴纳养老保险费。缴费标准目前设为每年100元、200元、300元、400元、500元5个档次，地方可以根据实际情况增设缴费档次。参保人自主选择档次缴费，多缴多得。国家依据农村居民人均纯收入增长等情况适时调整缴费档次。

（二）集体补助。有条件的村集体应当对参保人缴费给予补助，补助标准由村民委员会召开村民会议民主确定。鼓励其他经济组织、社会公益组织、个人为参保人缴费提供资助。

（三）政府补贴。政府对符合领取条件的参保人全额支付新农保基础养老金，其中中央财政对中西部地区按中央确定的基础养老金标准给予全额补助，对东部地区给予50%的补助。

地方政府应当对参保人缴费给予补贴，补贴标准不低于每人每年30元；对选择较高档次标准缴费的，可给予适当鼓励，具体标准和办法由省（区、市）人民政府确定。对农村重度残疾人等缴费困难群体，地方政府为其代缴部分或全部最低标准的养老保险费。

五、建立个人账户

国家为每个新农保参保人建立终身记录的养老保险个人账户。个人缴费，集体补助及其他经济组织、社会公益组织、个人对参保人缴费的资助，地方政府对参保人的缴费补贴，全部记入个人账户。个人账户储存额目前每年参考中国人民银行公布的金融机构人民币一年期存款利率计息。

六、养老金待遇

养老金待遇由基础养老金和个人账户养老金组成，支付终身。

中央确定的基础养老金标准为每人每月55元。地方政府可以根据实际情况提高基础养老金标准，对于长期缴费的农村居民，可适当加发基础养老金，提高和加发部分的资金由地方政府支出。

个人账户养老金的月计发标准为个人账户全部储存额除以139（与现行城镇职工基本养老保险个人账户养老金计发系数相同）。参保人死亡，个人账户中的资金余额，除政府补贴外，可以依法继承；政府补贴余额用于继续支付其他参保人的养老金。

七、养老金待遇领取条件

年满60周岁、未享受城镇职工基本养老保险待遇的农村有户籍的老年人，可以按月领取养老金。

新农保制度实施时，已年满60周岁、未享受城镇职工基本养老保险待遇的，不用缴费，可以按月领取基础养老金，但其符合参保条件的子女应当参保缴费；距领取年龄不足15年的，应按年缴费，也允许补缴，累计缴费不超过15年；距领取年龄超过15年的，应按年缴费，累计缴费不少于15年。

要引导中青年农民积极参保、长期缴费，长缴多得。具体办法由省（区、市）人民政府规定。

八、待遇调整

国家根据经济发展和物价变动等情况，适时调整全国新农保基础养老金的最低标准。

九、基金管理

建立健全新农保基金财务会计制度。新农保基金纳入社会保障基金财政专户，实行收支两条线管理，单独记账、核算，按有关规定实现保值增值。试点阶段，新农保基金暂实行县级管理，随着试点扩大和推开，逐步提高管理层次；有条件的地方也可直接实行省级管理。

十、基金监督

各级人力资源社会保障部门要切实履行新农保基金的监管职责，制定完善新农保各项业务管理规章制度，规范业务程序，建立健全内控制度和基金稽核制度，对基金的筹集、上解、划拨、发放进行监控和定期检查，并定期披露新农保基金筹集和支付信息，做到公开透明，加强社会监督。财政、监察、审计部门按各自职责实施监督，严禁挤占挪用，确保基金安全。试点地区新农保经办机构和村民委员会每年在行政村范围内对村内参保人缴费和待遇领取资格进行公示，接受群众监督。

十一、经办管理服务

开展新农保试点的地区，要认真记录农村居民参保缴费和领取待遇情况，建立参保档案，长期妥善保存；建立全国统一的新农保信息管理系统，纳入社会保障信息管理系统（“金保工程”）建设，并与其他公民信息管理系统实现信息资源共享；要大力推行社会保障卡，方便参保人持卡缴费、领取待遇和查询本人参保信息。试点地区要按照精简效能原则，整合现有农村社会服务资源，加强新农保经办能力建设，运用现代管理方式和政府购买服务方式，降低行政成本，提高工作效率。新农保工作经费纳入同级财政预算，不得从新农保基金中开支。

十二、相关制度衔接

原来已开展以个人缴费为主、完全个人账户农村社会养老保险（以下称老农保）的地区，要在妥善处理老农保基金债权问题的基础上，做好与新农保制度衔接。在新农保试点地区，凡已参加了老农保、年满60周岁且已领取老农保养老金的参保人，可直接享受新农保基础养老金；对已参加老农保、未满60周岁且没有领取养老金的参保人，应将老农保个人账户资金并入新农保个人账户，按新农保的缴费标准继续缴费，待符合规定条件时享受相应待遇。

新农保与城镇职工基本养老保险等其他养老保险制度的衔接办法，由人力资源社会保障部会同财政部制定。要妥善做好新农保制度与被征地农民社会保障、水库移民后期扶持政策、农村计划生育家庭奖励扶助政策、农村五保供养、社会优抚、农村最低生活保障制度等政策制度的配套衔接工作，具体办法由人力资源社会保障部、财政部会同有关部门研究制订。

十三、加强组织领导

国务院成立新农保试点工作领导小组，研究制订相关政策并督促检查政策的落实情况，总结评估试点工作，协调解决试点工作中出现的问题。

地方各级人民政府要充分认识开展新农保试点工作的重大意义，将其列入当地经济社会发展规划和年度目标管理考核体系，切实加强组织领导。各级人力资源社会保障部门要切实履行新农保工作行政主管部门的职责，会同有关部门做好新农保的统筹规划、政策制定、统一管理、综合协调等工作。试点地区也要成立试点工作领导小组，负责本地区试点工作。

十四、制定具体办法和试点实施方案

省（区、市）人民政府要根据本指导意见，结合本地区实际情况，制定试点具体办法，并报国务院新农保试点工作领导小组备案；要在充分调研、多方论证、周密测算的基础上，提出切实可行的试点实施方案，按要求选择试点地区，报国务院新农保试点工作领导小组审定。试点县（市、区、旗）的试点实施方案由各省（区、市）人民政府批准后实施，并报国务院新农保试点工作领导小组备案。

十五、做好舆论宣传工作

建立新农保制度是深入贯彻落实科学发展观、加快建设覆盖城乡居民社会保障体系的重大决策，是应对国际金融危机、扩大国内消费需求的重大举措，是逐步缩小城乡差距、改变城乡二元结构、推进基本公共服务均等化的重要基础性工程，是实现广大农村居民老有所养、促进家庭和谐、增加农民收入的重大惠民政策。

各地区和有关部门要坚持正确的舆论导向，运用通俗易懂的宣传方式，加强对试点工作重要意义、基本原则和各项政策的宣传，使这项惠民政策深入人心，引导适龄农民积极参保。

各地要注意研究试点过程中出现的新情况、新问题，积极探索和总结解决新问题的办法和经验，妥善处理改革、发展和稳定的关系，把好事办好。重要情况要及时向国务院新农保试点工作领导小组报告。

❸**《劳动和社会保障部关于做好当前农村养老保险工作的通知》**（2003年7月9日 劳社部函［2003］115号）

各省、自治区、直辖市劳动和社会保障厅（局）：

为认真学习贯彻“三个代表”重要思想，维护、发展好农民群众的根本利益，贯彻落实党的十六大关于有条件的地方探索建立农村养老保险制度的重要精神，根据《2003年劳动和社会保障工作要点》（劳社部发［2003］1号）对农村养老保险工作的具体部署，现就做好当前农村养老保险工作有关事项通知如下：

一、认真总结经验，通过典型引路的方法推动有条件的地方农村养老保险事业发展。

二、深入调查研究，进一步完善农村养老保险基本制度和配套政策。

三、理顺管理体制，稳定机构队伍。

四、加强规范管理，防范基金风险。

❹**《关于做好农村社会养老保险和被征地农民社会保障工作有关问题的通知》**（2007年8月17日 劳社部发［2007］31号）

各省、自治区、直辖市劳动保障厅（局）民政厅（局）：

经请示国务院领导同志同意，今年要对农村社会养老保险（以下简称农保）基金进行全面审计，摸清底数；对农保工仆进行清理，理顺管理体制，妥善处理被处置金融机构中的农保基金债权；研究提出推进农保工作的意见。为贯彻落实国务院要求，现就有关事项通知如下：

一、积极配合审计部门做好农保基金全面审计工作。

二、尽快理顺农保管理体制。

三、积极推进新型农保试点工作。

四、切实做好被征地农民社会保障工作。

【进城务工的农村居民参加养老保险】

法律问题解读

《社会保险法》出台之前，我国对农民合同制职工参加养老保险所规定的办法是：缴费标准按国家规定执行，地方有规定的按地方规定执行。参加养老保险的农民合同制职工，在与企业终止或解除劳动关系后，由社会保险经办机构保留其养老保险关系，保管其个人账户并计息，凡重新就业的，应接续或转移养老保险关系；也可按照省级政府的规定，根据农民合同制职工本人申请，将其个人账户个人缴费部分一次性支付给本人，同时终止养老保险关系，凡重新就业的，应重新参加养老保险。农民合同制职工在男年满 60 周岁、女年满 55 周岁时，累计缴费年限满 15 年以上的，可按规定领取基本养老金；累计缴费年限不满 15 年的，其个人账户全部储存额一次性支付给本人。然而，全国各地对于进城务工的农村居民参加养老保险的具体实施方案，各地差异较大。《社会保险法》未明确进城务工的农村居民参加养老保险的具体制度规定，而仅仅规定，进城务工的农村居民依照本法规定参加社会保险。根据该规定，预计未来进城务工的农村居民将纳入职工基本养老保险。

法条指引

❶《中华人民共和国社会保险法》（2011 年 7 月 1 日施行）

第九十五条　进城务工的农村居民依照本法规定参加社会保险。

【城镇居民社会养老保险】

法律问题解读

城镇居民社会养老保险是针对未参加职工基本养老保险的具有非农业户籍的城镇居民所建立的基本养老保险制度。根据各地的实践其主要适用于年满 16 周岁的非在校的，且未参加职工基本养老保险、公务员养老保险的，具有城镇户籍的居民。根据《社会保险法》规定，省、自治区、直辖市人民政府根据实际情况，可以将城镇居民社会养老保险和新型农村社会养老保险合并实施。

法条指引

❶《中华人民共和国社会保险法》（2011 年 7 月 1 日施行）

第二十二条　国家建立和完善城镇居民社会养老保险制度。

省、自治区、直辖市人民政府根据实际情况，可以将城镇居民社会养老保险和新型农村社会养老保险合并实施。

【在机关、事业单位与企业之间流动人员参加养老保险的规定】

法律问题解读

国家规定，职工从机关、事业单位转入企业工作之月起，参加企业职工基本养老保险，单位和个人按规定缴纳基本养老保险费，建立基本养老保险个人账户，原有的工作年限视同缴费年限，与转到企业后的实际缴费年限合并计算，退休时按照企业的办法计发基本养老金。其中，公务员及参照和依照公务员制度管理的事业单位工作人员，根据本人在机关（或事业单位）工作的年限给予一次性补贴，由其原所在单位通过当地社会保险经办机构转入本人的基本养老保险个人账户，所需资金由同级财政安排。补贴的标准为：本人离开机关上年度月平均基本工资×在机关工作年限×0.3%×120 个月。

职工由企业进入机关事业单位工作之月起，执行机关事业单位的退休养老制度，其原有的连续工龄与进入机关事业单位后的工作年限合并计算，退休时按机关事业单位的办法计发养老金。已建立的个人账户继续由社会保险经办机构管理，退休时，其个人账户储存额每月按 1/120 计发，并相应抵减按机关事业单位办法计发的养老金。

公务员进入企业工作后再次转入机关事业单位工作的，原给予的一次性补贴的本金和利息要上缴同级财政。其个人账户管理、退休后养老金计发等，比照由企业进入机关事业单位工作职工的相关政策办理。

法条指引

❶《关于职工在机关事业单位与企业之间流动时社会保险关系处理意见的通知》（2001年9月20日 劳社部发［2001］13号）

各省、自治区、直辖市人民政府，国务院各部委、各直属机构：

为促进职工在机关事业单位与企业之间合理流动，推进市、县、乡机构改革，根据《国务院关于印发完善城镇社会保障体系试点方案的通知》（国发［2000］42号）和《中共中央办公厅、国务院办公厅关于市县乡人员编制精简的意见》（中办发［2000］30号）的规定，职工在机关事业单位和企业单位之间流动，要相应转移各项社会保险关系，并执行调入单位的社会保险制度。经国务院同意，现就职工流动时社会保险关系的处理意见通知如下：

一、养老保险关系处理

职工由机关事业单位进入企业工作之月起，参加企业职工的基本养老保险，单位和个人按规定缴纳基本养老保险费，建立基本养老保险个人账户，原有的工作年限视同缴费年限，退休时按企业的办法计发基本养老金。其中，公务员及参照和依照公务员制度管理的单位工作人员，在进入企业并按规定参加企业职工基本养老保险后，根据本人在机关（或单位）工作的年限给予一次性补贴，由其原所在单位通过当地社会保险经办机构转入本人的基本养老保险个人账户，所需资金由同级财政安排。补贴的标准为：本人离开机关上年度月平均基本工资×在机关工作年限×0.3%×120个月。

职工由企业进入机关事业单位工作之月起，执行机关事业单位的退休养老制度，其原有的连续工龄与进入机关事业单位后的工作年限合并计算，退休时按机关事业单位的办法计发养老金。已建立的个人账户继续由社会保险经办机构管理，退休时，其个人账户储存额每月按1/120计发，并相应抵减按机关事业单位办法计发的养老金。

公务员进入企业工作后再次转入机关事业单位工作的，原给予的一次性补贴的本金和利息要上缴同级财政。其个人账户管理、退休后养老金计发等，比照由企业进入机关事业单位工作职工的相关政策办理。

二、失业保险关系处理

职工由机关进入企业、事业单位工作之月起，按规定参加失业保险，其原有的工作年限视同缴费年限。职工由企业、事业单位进入机关工作，原单位及个人缴纳的失业保险费不转移，其失业保障按《人事部关于印发〈国家公务员被辞退后有关问题的暂行办法〉的通知》（人发［1996］64号）规定执行。

三、医疗保险关系处理

职工在机关事业单位和企业之间流动，在同一统筹地区内的基本医疗保险关系不转移，跨统筹地区的基本医疗保险关系及个人账户随同转移。职工流动后，除基本医疗保险之外，其他医疗保障待遇按当地有关政策进行调整。本通知从下发之日起执行。各地区、各部门要切实加强组织领导，有关部门要密切配合，抓紧制定具体办法，认真组织实施。

【原行业统筹移交地方后基本养老保险费的缴纳】

法律问题解读

根据国务院规定，从1998年9月1日起，铁道部、交通部、信息产业部（原邮电部部分）、水利部、民航总局、煤炭局（原煤炭部）、有色金属局（原中国有色金属工业总公司）、国家电力公司（原电力部）、中国石油天然气集团公司和中国石油化工集团公司（原石油天然气总公司部分）、银行金融系统（中国工商银行、中国农业银行、中国银行、中国建设银行、交通银行、中保集团）、中国建筑工程总公司等11个行业组织的基本养老保险行业统筹移交地方管理。行业统筹移交后，1998年年内，企业和职工个人缴纳基本养老保险费的比例保持不变。从1999年起，调整企业缴纳基本养老保险费的比例，起步时不低于企业工资总额的13%，以后逐步过渡到与地方企业相同的比例。根据行业的具体情况，煤炭、银行、民航企业的过渡期为5年，其他行业企业的过渡期原则上为3年，对移交前执行费率低于11%的企业，过渡期可延长到5年。在此基础上，制定出分年度的调整方案，由劳动保障厅（局）会同财政厅（局）逐年上报劳动保障部、财政部，经两部审核同意后执行。

法条指引

❶《关于实行企业职工基本养老保险省级统筹和行业统筹移交地方管理有关问题的通知》

（1998 年 8 月 6 日　国发［1998］28 号）

各省、自治区、直辖市人民政府，国务院各部委、各直属机构：

为了深化企业职工养老保险制度改革，加强基本养老保险基金管理和调剂力度，确保企业离退休人员基本养老金的按时足额发放，国务院决定，加快实行企业职工基本养老保险省级统筹，并将铁道部、交通部、信息产业部（原邮电部部分）、水利部、民航总局、煤炭局（原煤炭部）、

有色金属局（原中国有色金属工业总公司）、国家电力公司（原电力部）、中国石油天然气集团公司和中国石油化工集团公司（原石油天然气总公司部分）、银行系统（工商银行、农业银行、中国银行、建设银行、交通银行、中保集团）、中国建筑工程总公司组织的基本养老保险行业统筹

移交地方管理。现就有关问题通知如下：

一、加快实行企业职工基本养老保险省级统筹

（一）1998 年底以前，各省、自治区、直辖市（以下简称省、区、市）要实行企业职工基本养老保险省级统筹（以下简称省级统筹），建立基本养老保险基金省级调剂机制，调剂金的比例以保证省、区、市范围内企业离退休人员基本养老金的按时足额发放为原则。到 2000 年，在省、区、市范围内，要基本实现统一企业缴纳基本养老保险费比例，统一管理和调度使用基本养老保险基金，对社会保险经办机构实行省级垂直管理。

（二）省级统筹的范围包括，省、区、市（含计划单列市、副省级省会城市、经济特区、开发区等）内的国有企业、集体企业、外商投资企业、私营企业等城镇各类企业及其职工。城镇个体经济组织及其从业人员也应参加基本养老保险并纳入省级统筹。

（三）从 1998 年 9 月 1 日起，目前实行基本养老保险基金差额缴拨的地区，要改变基金结算方式，对企业和职工个人全额征收基本养老保险费，对企业离退休人员全额支付基本养老金。各省、区、市要积极创造条件，加快实现企业离退休人员基本养老金的社会化发放，推进社会化管理进程。

二、按期完成基本养老保险行业统筹移交地方管理

（四）在 1998 年 8 月 31 日以前，实行基本养老保险行业统筹（以下简称行业统筹）企业的基本养老保险工作，按照先移交后调整的原则，全部移交省、区、市管理。从 1998 年 9 月 1 日起，由省、区、市社会保险经办机构负责收缴行业统筹企业基本养老保险费和发放离退休人员基本养老金。跨省、区、市的，按单位或其分支机构的注册登记地进行属地划分，其基本养老保险工作分别移交所在省、区、市社会保险经办机构管理。行业统筹在各省、区、市的省级社会保险经办机构暂予保留，待地方政府机构改革时再统筹研究。

（五）行业统筹移交地方管理后，1998 年内，企业和职工个人缴纳基本养老保险费的比例保持不变。从 1999 年起，调整企业缴纳基本养老保险费的比例，起步时不低于企业工资总额的 13%，以后逐步过渡到与地方企业相同的比例。根据行业的具体情况，煤炭、银行、民航企业的过渡期为 5 年，其他行业企业的过渡期原则上为 3 年。从 1999 年 1 月 1 日起，职工个人缴纳基本养老保险费的比例按省、区、市确定的统一比例执行，一次到位。

从 1998 年 1 月 1 日起，统一按本人缴费工资 11% 的数额调整或建立职工基本养老保险个人账户，移交前后的个人账户储存额合并计算。

（六）行业统筹移交地方管理后，原行业统筹企业已离退休人员的基本养老保险原待遇原则上维持不变，其中经原劳动部、财政部批准的统筹项目内的部分由省级统筹的基本养老保险基金支付，未列入统筹项目的部分由企业支付。行业统筹移交地方管理以后退休的人员，基本养老保险待遇按照省、区、市的办法执行，对于按原行业统筹计发办法计算高于按地方计发办法计算的部分，可由各省、区、市采用加发补贴的办法解决，所需费用从省级统筹的基本养老保险基金中支付，补贴的标准逐年调整，5 年后执行省、区、市的计发办法。

（七）行业统筹积累的基本养老保险基金，全部移交给省、区、市社会保险经办机构管理，其中存在省、区、市以下社会保险经办机构的，随同行业统筹移交地方管理一并移交给地方；存在中央部门的，主要用于解决移交过程中的地区不平衡问题。具体移交办法由劳动保障部、财政部统一研究制定并尽快下发。

行业统筹企业建立的补充养老保险，要逐步加以规范，由劳动保障部审查同意的机构经办。补充养老保险积累的基金不移交地方。

（八）加快行业统筹移交地方管理，是实行省级统筹的重要保证。行业统筹移交地方管理的工作由劳动保障部会同财政部组织实施。行业统筹移交地方管理后，企业缴纳基本养老保险费的比

例调整和对退休人员的补贴办法等，各省、区、市要报劳动保障部，劳动保障部商财政部同意后，由省、区、市人民政府批准实施。

三、加强领导，严肃纪律，确保按时足额发放企业离退休人员基本养老金

（九）各省、区、市人民政府、各有关部门和单位要统一认识，加强领导，积极稳妥地推进省级统筹和行业统筹移交地方管理的工作，要按照本通知规定的程序和进度，抓紧进行，认真落实。要严肃纪律，不能搞提前退休，不得擅自提高待遇，不准借交接之机挪用基本养老保险基金，对被挤占挪用的基本养老保险基金，要从严从快清查收回。各省、区、市人民政府要采取切实有效措施，按期建立省级统筹，保证基本养老保险基金在省、区、市范围内调剂使用，确保按时足额发放企业离退休人员的基本养老金，不得再发生新的拖欠，对以前拖欠的要逐步予以补发。对发放企业离退休人员基本养老金确有困难的地区，1998年中央财政给予适当支持。

（十）实行省级统筹和行业统筹移交地方管理，时间紧、任务重、政策性强，涉及各方面利益的调整和社会的稳定，各省、区、市人民政府、各有关部门和单位要高度重视，精心组织实施。劳动保障部、财政部要加强指导，保证省级统筹和行业统筹移交地方管理工作的顺利完成。

❷《关于调整原行业统筹企业缴纳基本养老保险费比例等有关事项的通知》（1999年2月13日　劳社部发［1999］3号）

各省、自治区、直辖市劳动（劳动和社会保障）厅（局），财政厅（局）：

按照《国务院关于实行企业职工基本养老保险省级统筹和行业统筹移交地方管理有关问题的通知》（国发［1998］28号）的规定，从1999年起，各省、自治区、直辖市（以下称省、区、市）逐步调整原行业统筹企业缴纳基本养老保险费的比例（以下简称行业费率），同时确定1999年以后退休人员计发补贴的办法。为做好这项工作，现就有关事项通知如下：

一、行业费率调整和1999年以后退休人员计发补贴办法的确定，要认真执行国家的有关政策规定，稳步进行，实行报批制度。要兼顾养老保险基金承受能力、企业发展和社会稳定，实现平稳过渡。

二、各省、区、市要结合省级统筹的实施，制定行业费率3—5年调整过渡到省级统筹统一费率的总体规划。煤炭、银行、民航企业的过渡期为5年，其他行业企业的过渡期原则上为3年，对移交前执行费率低于11%的企业，过渡期可延长到5年。在此基础上，制订出分年度的调整方案，由劳动保障厅（局）会同财政厅（局）逐年上报劳动保障部、财政部，经两部审核同意后，由省、区、市人民政府批准实施。

三、从1999年起，行业费率要统一以工资总额为基数核定。1999年行业费率的调整标准为：移交前执行费率低于13%的，原则上调整到13%；其中距13%不足1个百分点的，可超过13%，但最多只能提高2个百分点。移交前执行费率高于13%低于20%的，最多只能提高2个百分点，最高不超过20%；其中全省统一费率低于20%的，不能超过全省的统一费率。移交前执行费率高于20%或高于上述全省统一费率的，要适当降低。

四、原行业统筹企业1999年以后退休的人员，基本养老保险待遇按省、区、市的办法执行。在劳动保障部、财政部核定的统筹项目范围内，对于按照原行业统筹计发办法计发高于按地方计发办法计发的部分（以下称待遇差），采用加发补贴的办法解决，所需费用从省级统筹的基本养老保险基金中支付。其中，1999年退休的，发给当年待遇差的90%左右；2000年退休的，发给当年待遇差的70%左右；2001年退休的，发给当年待遇差的50%左右；2002年退休的，发给当年待遇差的30%左右；2003年退休的，发给当年待遇差的10%左右；2004年及以后退休的，不再发给该项补贴。

五、原行业统筹企业1999年以后的退休人员，按省、区、市的办法计算养老金时，以省、区、市上年度职工平均工资为基数。在按原行业统筹办法计算待遇时，基础养老金计发基数以1997年行业职工平均工资为准，一次核定后不再变动。

六、从1998年1月1日起，原行业统筹企业职工统一按本人缴费工资11%的数额调整或建立基本养老保险个人账户，移交前后的个人账户储存额合并计算。其中，1998年以前个人账户的建账时间，从行业按国家规定建立个人账户之日起计算；职工个人缴费并入个人账户的时间，原则上按地方规定执行。

七、各省、区、市报送行业费率调整方案，要按行业分别提出调整意见，其内容包括：地方现行费率，移交前行业执行费率，拟报批的行业费率（详见附表）。1999年调整行业费率的方案和

1999年以后退休人员计发补贴的办法，应于3月10日之前报劳动保障部、财政部审批，从1月1日起开始实施。2000年以后的行业费率调整方案，应于上年的11月份报批。

八、原行业统筹企业费率调整和5年内退休人员计发补贴办法的确定，政策性强，涉及面广，各省、区、市劳动保障和财政部门要在当地政府的领导下，严格按照本通知规定的程序和要求，抓紧做好调整方案的拟定和上报工作，未经劳动保障部、财政部审核同意，一律不得擅自调整行业费率；行业费率调整方案一经两部审核同意，不得随意变动。各地要以高度负责的精神，加强与行业企业的协商，精心组织实施，对实施工作中遇到的重大问题，要及时向劳动保障部、财政部报告。

【养老保险缴费年限】

法律问题解读

又称投保年限，是指用人单位与职工参加养老保险的期间。分为两种，一是实际缴费年限，二是视同缴费年限。

实际缴费年限是指职工参加基本养老保险后，按照规定按时足额缴纳基本养老保险费的年限。理解实际缴费年限应注意以下两点：一是实际缴费年限是职工个人的缴费年限，不应与职工所在企业的缴费情况相联系。实际工作中一些地方把实际缴费年限与企业的缴费情况挂钩，规定若企业不按时足额缴纳基本养老保险费，则不计算该企业职工的实际缴费年限。这种做法侵害了职工个人的切身利益。二是职工个人必须足额缴纳基本养老保险费，若非足额缴费，则欠缴年限暂时不能计算为实际缴费年限，待职工补齐欠缴本金和利息后方能计算。

视同缴费年限是指职工实际缴费年限之前的按国家规定计算的连续工龄。视同缴费年限必须是国家承认的连续工龄，因而并非基本养老保险参加者参加统筹之前的年限，也不是人人都有视同缴费年限。这是我国从企业劳动保险制度向社会保险制度过渡时期，所采用的一项计算参加保险职工缴费年限的必要措施。

《社会保险法》规定，我国基本养老保险的最低缴费年限为15年，参保人达到退休年龄，且缴费满15年的，享有领取基本养老金的资格。如果因种种原因缴费不满15年的，可以补缴，也可以转移到新型农村社会养老保险或者城镇居民社会养老保险。

法条指引

❶**《中华人民共和国社会保险法》**（2011年7月1日施行）

第十六条　参加基本养老保险的个人，达到法定退休年龄时累计缴费满十五年的，按月领取基本养老金。

参加基本养老保险的个人，达到法定退休年龄时累计缴费不足十五年的，可以缴费至满十五年，按月领取基本养老金；也可以转入新型农村社会养老保险或者城镇居民社会养老保险，按照国务院规定享受相应的养老保险待遇。

❷**《职工基本养老保险个人账户管理暂行办法》**（1997年12月22日　劳办发〔1997〕116号）（略）

❸**《劳动保障部办公厅关于规范企业职工基本养老保险个人账户管理有关问题的通知》**（2001年10月18日　劳社厅发〔2001〕5号）

二、严格执行个人账户记录和对账制度

（一）企业和职工按规定缴费后，社会保险经办机构要及时记录个人账户。职工工资或劳动关系发生变化，要及时变更。不得采取“先记账、后缴费”的做法，企业或参保人员欠缴养老保险费期间，欠缴月份不记录个人账户。参保人员本人按时足额缴纳养老保险费的，应按《劳动部办公厅关于印发〈职工基本养老保险个人账户管理暂行办法〉的通知》（劳办发〔1997〕116号）规定记入个人账户。

（二）实行税务征缴的地区，社会保险经办机构要主动做好与税务部门的衔接，制定严格的业务规范程序，明确各自职责。收到养老保险费征缴总额与明细票据后，要认真核对，及时记账，发现问题要及时沟通和更正。

（三）个人账户要按月记账。计息使用“年度计算法”的地区应逐步统一使用“月积数计算法”计息。对账时间为每年的4至6月。

（四）社会保险经办机构要妥善保存养老保险缴费和个人账户记录，每年至少公示、打印一次个人账户对账单，并采取多种形式，建立个人账户查询制度，记录个人查询和对账情况，方便参保人员了解企业缴费和个人账户结存情况。

（五）用人单位和个人对社会保险经办机构公布的个人账户对账单有异议时，可到社会保险经办机构查询，提出更正的要求。对用人单位和职工的异议，社保机构要及时核实和更正。

【退休制度与退休年龄】

法律问题解读

退休制度是指劳动者因年老或其他原因丧失劳动能力而离开工作岗位养老或休养的制度。退休年龄是指领取基本养老保险金的年龄条件。按照现行规定，企业职工退休的条件是：

（1）男年满60周岁、女干部年满55周岁、女工人年满50周岁。实行劳动合同制后，在企业打破了干部与工人的身份界限，不论由干部岗位转为工人岗位，还是由工人岗位转为干部岗位，其退休年龄和条件均按现岗位的国家规定执行。

（2）从事井下、高空、高温、特别繁重体力劳动或其他有害身体健康的工作，男年满55周岁、女年满45周岁，连续工龄满10年的。

（3）男年满50周岁、女年满45周岁，由医院证明并经劳动鉴定委员会确认为完全丧失劳动能力的。职工因病或非因工致残完全丧失劳动能力，统一由地市级劳动保障部门指定的县级以上医院负责医疗诊断，并出具证明，非指定医院出具的证明一律无效。地市级劳动鉴定委员会负责定期审核指定医院开具的诊断证明，作出鉴定结论。

（4）因工致残，由医院证明并经劳动鉴定委员会确认为完全丧失劳动能力的。

近年来，在国有企业改革过程中实行了一些提前退休的优惠政策，但这些政策不具有普遍性，其适用范围仅限于国务院确定的111个“优化资本结构”试点城市的国有破产工业企业中距法定退休年龄不足5年的职工；3年内在压锭任务的国有纺织企业中，符合规定条件的纺纱、织布工种的挡车工等。

另外，对于在特殊工种岗位工作的职工，其在该岗位上的工作年限可以多折算连续工龄。具体规定是：

（1）井下矿工或固定在华氏32度以下的低温工作场所或华氏100度以上的高温工作场所工作者，计算其本企业工龄时，每在此种场所工作1年，均作1年零3个月计算。

（2）在提炼或制造铅、汞、砒、磷、酸的工业中及其他化学、兵工工业中，直接从事有害身体健康工作者，计算其本企业工龄时，每从事此种工作一年，均作为一年零六个月计算。

须注意的是，在进行社会统筹与个人账户相结合的基本养老保险制度改革、建立个人账户之前，职工从事国家确定的特殊工种的工作年限是否折算工龄和视同缴费年限，可由各省级政府根据本地养老保险制度改革的实际情况自行确定。如果折算工龄，其折算后增加的视同缴费年限，最长不得超过5年。实行基本养老保险制度改革并建立个人账户之后，职工从事特殊工种的工作年限在计发养老保险待遇时不能再折算工龄。

另外，对职工出生时间的认定，我国实行居民身份证和职工档案相结合的办法。当本人身份证与档案记载的出生时间不一致时，以本人档案最先记载的出生时间为准。

法条指引

❶《关于工人退休、退职的暂行办法》（1978年6月2日　国发［1978］104号）

第一条　全民所有制企业、事业单位和党政机关、群众团体的工人，符合下列条件之一的，应该退休。

（一）男年满六十周岁，女年满五十周岁，连续工龄满十年的。

（二）从事井下、高空、高温、特别繁重体力劳动或者其他有害身体健康的工作，男年满五十五周岁、女年满四十五周岁，连续工龄满十年的。

本项规定也适用于工作条件与工人相同的基层干部。

（三）男年满五十周岁，女年满四十五周岁，连续工龄满十年，由医院证明，并经劳动鉴定委员会确认，完全丧失劳动能力的。

（四）因工致残，由医院证明，并经劳动鉴定委员会确认，完全丧失劳动能力的。

❷《关于制止和纠正违反国家规定办理企业职工提前退休有关问题的通知》（1999年3月9日　劳社部发［1999］8号）

一、要严格执行国家关于退休年龄的规定，坚决制止违反规定提前退休的行为

国家法定的企业职工退休年龄是：男年满60周岁，女工人年满50周岁，女干部年满55周岁。从事井下、高空、高温、特别繁重体力劳动或其他有害身体健康工作（以下称特殊工种）的，退休年龄为男年满55周岁、女年满45周岁；因病或非因工致残，由医院证明并经劳动鉴定委员会确认完全丧失劳动能力的，退休年龄为男年满50

周岁、女年满45周岁。

按国家有关规定办理提前退休的范围仅限定为：国务院确定的111个“优化资本结构”试点城市的国有破产工业企业中距法定退休年龄不足5年的职工；三年内有压锭任务的国有纺织企业中，符合规定条件的纺纱、织布工种的挡车工。但此项规定与前款规定不能同时适用于同一名职工。

对国家关于企业职工退休年龄和条件的规定，各地区、各部门和企业及职工必须认真执行，不得随意降低，严禁扩大适用范围。今后，凡是违反国家规定办理提前退休、退职的企业，要追究有关领导和当事人的责任，已办理提前退休、退职的职工要清退回企业。

二、规范退休审批程序，健全审批制度

（一）加强企业职工退休审批工作的管理。各地区要严格按《通知》规定的企业职工退休、退职审批权限，规范企业职工退休审批工作。要建立审批工作制度，规范审批程序，加强对审批工作的监督。

（二）对职工出生时间的认定，实行居民身份证与职工档案相结合的办法。当本人身份证与档案记载的出生时间不一致时，以本人档案最先记载的出生时间为准。要加强对居民身份证和职工档案的管理，严禁随意更改职工出生时间和编造档案。

（三）职工因病或非因工致残完全丧失劳动能力统一由地市级劳动保障部门指定的县级以上医院负责医疗诊断，并出具证明。非指定医院出具的证明一律无效。

地市级劳动鉴定委员会负责定期审核指定医院开具的诊断证明，作出鉴定结论。职工因病或非因工致残完全丧失劳动能力的鉴定标准，暂按《职工工伤与职业病致残程度鉴定标准（GB/T16180—1996）（1—4）级》执行，省级劳动保障部门可根据本地区实际情况，做出补充规定。

（四）劳动保障部门要加强对特殊工种的管理和审批工作。设有特殊工种的企业，每年要向地市级劳动保障部门报送特殊工种名录、实际用工人数及在特殊工种岗位工作的人员名册及其从事特殊工种的时间。按特殊工种退休条件办理退休的职工，从事高空和特别繁重体力劳动的必须在该工种岗位上工作累计满10年，从事井下和高温工作的必须在该工种岗位上工作累计满9年，从事其他有害身体健康工作的必须在该工种岗位上工作累计满8年。

原劳动部和有关行业主管部门批准的特殊工种，随着科技进步和劳动条件的改善，需要进行清理和调整。新的特殊工种名录由劳动保障部会同有关部门清理审定后予以公布，公布之前暂按原特殊工种名录执行。

❸**《关于贯彻执行〈中华人民共和国劳动法〉若干问题的意见》**（1995年8月4日 劳部发［1995］309号）

75. 用人单位全部职工实行劳动合同制度后，职工在用人单位内由转制前的原工人岗位转为原干部（技术）岗位或由原干部（技术）岗位转为原工人岗位，其退休年龄和条件，按现岗位国家规定执行。

❹**《劳动和社会保障部办公厅关于职工从事特殊工种的工作年限折算工龄问题的函》**（2000年11月30日 劳社厅函［2000］143号）

在进行社会统筹与个人账户相结合的基本养老保险制度改革、建立个人账户之前，职工从事国家确定的特殊工种的工作年限是否折算工龄和视同缴费年限，可根据本省养老保险制度改革的实际情况自行确定，如果折算工龄，其折算后增加的视同缴费年限，最长不得超过5年。实行基本养老保险制度改革并建立个人账户后，职工从事特殊工种的工作年限在计发养老保险待遇时不应再折算工龄。

案例链接

❶《李啟珍与云南省昆明市第十八中学一般劳动争议纠纷上诉案》，参见北大法宝引证码：Pkulaw. cn/CLI. C. 122224。

❷《宋玉宗诉淄博天堂山电器仪表成套设备有限公司经济补偿金纠纷案》，参见北大法宝引证码：Pkulaw. cn/CLI. C. 240674。

学者观点

❶ 张步峰：《男女退休不同龄制度的宪法学思考》，参见北大法宝引证码：Pkulaw. cn/CLI. A. 052504。

【提前退休工种】

法律问题解读

根据国家有关规定，提前退休工种主要有以下两类：

1. 从事井下、高空、高温、特别繁重体力劳动或者其他有害身体健康工作的人员，无论现在或过去从事这类工作，凡符合下列条件之一者，均可以按照《国务院关于工人退休、退职的暂行办法》中的规定办理提前退休：

（1）从事高空和特别繁重体力劳动工作累计满10年的；

（2）从事井下高温工作累计满9年的；

（3）从事其他有害身体健康工作累计满8年的。

这些岗位的具体标准是：高温作业，应当符合GB4200—84《高温作业分级》标准中第四级；繁重体力劳动作业，应当符合GB3869—83《体力劳动强度分级》标准中的第四级；高空作业，应当符合GB3608—83《高处作业分级》标准中的第二级，并经常在5米以上的高处作业，无立足点或牢固立足点，确有坠落危险的。其他有害身体健康的工作，包括有毒有害作业在内。有毒有害作业系指工作人员在生产中接触以原料、成品、半成品、中间体、反应副产物形式存在，并在操作时可经呼吸道、皮肤或口进入人体而对健康产生危害的物质，而目前的工艺设备还不能完全控制其危害，劳动条件在短期内仍难以改善的。凡是可以通过工艺改革、技术措施等办法使劳动条件得到改善而未采取措施改善的，这种作业的工种不能列为提前退休工种。

2. 常年在海拔3500米以上高原地区和常年在摄氏零度以下的冷库、生产车间等低温场所工作的人员退休时，可以参照从事井下、高温作业人员的有关规定办理；常年在海拔4500米以上高山、高原地区工作的人员退休时，可以参照从事其他有害身体健康工作人员的规定办理。

目前，有关特殊工种的规定分为三个阶段，第一阶段是1978年6月2日至1985年3月4日，这一时期是由国务院劳动行政部门负责全国提前退休工种的审批工作；第二阶段是1985年3月4日到1993年7月3日，这一时期提前退休工种的审批工作交由国务院各有关主管部门负责；第三阶段是1993年7月3日以后，提前退休工种审批工作仍由国务院劳动行政部门负责。最终1993年7月3日以后，国家劳动行政部门清理、制定的规定取代1993年7月3日以前的所有规定。

法条指引

❶《关于工人退休、退职的暂行办法》（1978年6月2日　国发［1978］104号）

第一条　全民所有制企业、事业单位和党政机关、群众团体的工人，符合下列条件之一的，应该退休。

（一）男年满六十周岁，女年满五十周岁，连续工龄满十年的。

（二）从事井下、高空、高温、特别繁重体力劳动或者其他有害身体健康的工作，男年满五十五周岁、女年满四十五周岁，连续工龄满十年的。

本项规定也适用于工作条件与工人相同的基层干部。

（三）男年满五十周岁，女年满四十五周岁，连续工龄满十年，由医院证明，并经劳动鉴定委员会确认，完全丧失劳动能力的。

（四）因工致残，由医院证明，并经劳动鉴定委员会确认，完全丧失劳动能力的。

❷《关于制止和纠正违反国家规定办理企业职工提前退休问题的通知》（1999年3月9日　劳社部发［1999］8号）

二、规范退休审批程序，健全审批制度

（一）加强企业职工退休审批工作的管理。各地区要严格按《通知》规定的企业职工退休、退职审批权限，规范企业职工退休审批工作。要建立审批工作制度，规范审批程序，加强对审批工作的监督。

（二）对职工出生时间的认定，实行居民身份证与职工档案相结合的办法。当本人身份证与档案记载的出生时间不一致时，以本人档案最先记载的出生时间为准。要加强对居民身份证和职工档案的管理，严禁随意更改职工出生时间和编造档案。

（三）职工因病或非因工致残完全丧失劳动能力统一由地市级劳动保障部门指定的县级以上医院负责医疗诊断，并出具证明。非指定医院出具的证明一律无效。

地市级劳动鉴定委员会负责定期审核指定医院开具的诊断证明，作出鉴定结论。职工因病或非因工致残完全丧失劳动能力的鉴定标准，暂按《职工工伤与职业病致残程度鉴定标准（GB/T16180—1996）（1—4）级》执行，省级劳动保障部门可根据本地区实际情况，做出补充规定。

（四）劳动保障部门要加强对特殊工种的管理和审批工作。设有特殊工种的企业，每年要向地市级劳动保障部门报送特殊工种名录、实际用工人数及在特殊工种岗位工作的人员名册及其从事特殊工种的时间。按特殊工种退休条件办理退休的职工，从事高空和特别繁重体力劳动的必须在该工种岗位上工作累计满10年，从事井下和高温工作的必须在该工种岗位上工作累计满9年，从事其他有害身体健康工作的必须在该工种岗位上工作累计满8年。

原劳动部和有关行业主管部门批准的特殊工种，随着科技进步和劳动条件的改善，需要进行清理和调整。新的特殊工种名录由劳动保障部会同有关部门清理审定后予以公布，公布之前暂按原特殊工种名录执行。

❸《关于加强提前退休工种审批工作的通知》
（1993年7月3日　劳部发［1993］120号）
国务院有关部、局、总公司，各省、自治区、直辖市劳动（劳动人事）厅（局）：

一九七八年以来，我部根据《国务院关于工人退休、退职的暂行办法》（国发［1978］104号）的要求，负责全国提前退休工种的审批工作。一九八五年为了简化审批程序，提高工作效率，我部发出了《关于改由各主管部门审批提前退休工种的通知》（劳人护［1985］6号），将提前退休工种改由国务院各有关主管部门审批，送我部备案。此后，国务院有关主管部门在提前退休工种的审批方面做了大量工作，对于保护职工的健康，促进生产发展，维护社会安定，起了重要作用。但是，从几年来的执行情况看，有的部门对提前退休工种审批过宽，有的审批程序不健全，有的没有按规定程序进行审批，特别是对审批条件掌握不一，随意开口子，导致提前退休人员过量增多，类似工种在各部门之间产生攀比，影响了社会保险制度的改革。为了更好地贯彻《国务院关于工人退休、退职的暂行办法》（国发［1978］104号）的精神，我部决定加强提前退休工种的审批工作，现将有关事项通知如下：

一、自即日起，国务院各有关主管部门停止审批新的提前退休工种。按国发［1978］104号文件规定，提前退休工种由国务院主管部门审核后，报我部审批。

二、我部将根据实际情况对各有关部门已审批的提前退休工种进行清理和调整。

三、各地劳动部门在办理提前退休工作时应严格把关，凡不符合提前退休工种审批条件和审批程序的，一律不予办理提前退休手续。

案例链接

❶《唐友泉诉新余市社会保险事业管理局社会保险退休待遇纠纷案》，参见北大法宝引证码：Pkulaw.cn/CLI.C.85019。

❷《何伦玉等与重庆轮船（集团）有限公司劳动争议纠纷上诉案》，参见北大法宝引证码：Pkulaw.cn/CLI.C.101705。

【户籍不在参保地的人员退休手续的办理】

法律问题解读

目前我国已初步形成全国范围内的广大的劳动力市场，人员流动既频繁、又广泛，户籍不在参保地的人员为数不少。因此国家规定，参保人员因工作流动在不同地区参保的，不论户籍在何地，其在最后参保地的个人实际缴费年限，与在其他地区工作的实际缴费年限及符合国家规定的视同缴费年限，应合并计算，作为享受基本养老金的条件。参保人员达到法定退休年龄时，其退休手续由其最后参保地的劳动保障部门负责办理，并由最后参保地的社会保险经办机构支付养老保险待遇。

法条指引

❶《劳动和社会保障部办公厅关于对户籍不在参保地的人员办理退休手续有关问题的复函》
（2002年5月30日　劳社厅函［2002］190号）
上海市劳动和社会保障局：

你局《关于参加养老保险统筹但户籍不在参保地的人员办理退休手续等问题的请示》（沪劳保养字［2002］13号）收悉。经研究，答复如下：

一、参保人员因工作流动在不同地区参保的，不论户籍在何地，其在最后参保地的个人实际缴费年限，与在其他地区工作的实际缴费年限及符合国家规定的视同缴费年限，应合并计算，作为享受基本养老金的条件。

二、参保人员达到法定退休年龄时，其退休手续由其最后参保地的劳动保障部门负责办理，并由最后参保地的社会保险经办机构支付养老保险待遇。

三、在非户籍地参保的原行业统筹企业的职工，与原单位终止劳动合同并

失业后，在实现再就业前，原参保地社会保险经办机构应保留其养老保险关系。

在异地实现再就业的，原参保地社会保险经办机构应为其及时办理养老保险关系的转移手续，接受地的社会保险经办机构要及时为其接续基本养老保险关系。

案例链接

❶《任小英不服北京市海淀区劳动和社会保障局退休审核案》，参见北大法宝引证码：Pkulaw.cn/CLI.C.235734。

❷《戚金成诉中国煤炭地质总局江苏煤炭地质局要求撤销干部退休证案》，参见北大法宝引证码：Pkulaw.cn/CLI.C.123836。

【机关事业单位养老保险制度】

法律问题解读

目前，我国还没有统一的机关事业单位养老保险制度，适用的法规主要是《国家公务员法》和《关于安置老弱病残干部的暂行办法》，其中对机关事业单位工作人员退休条件、退休金计发办法等都做出了明确规定。

机关事业单位与企业实行不同的养老保险制度，主要原因是机关事业单位的经费来源、工资福利制度等与企业有很大区别，前者的经费主要依靠国家财政，而且人员流动的机制还正在逐步建立完善过程中。但是，随着市场经济体制的确立，机关事业单位养老保险全部由财政承担所带来的弊病已经显现出来，机关事业单位养老保险制度的改革也在探索之中。

《社会保险法》明确规定，公务员和参照公务员法管理的工作人员养老保险的办法由国务院规定。从此可知我国未来要建立公务员和参照公务员法的工作人员的社会养老保险制度。而对于事业单位的工作人员的养老保障，根据2008年3月14日国务院颁布的《事业单位工作人员养老保险制度改革试点方案》的规定，我国公益性事业单位的工作人员将参加职工基本养老保险。

法条指引

❶**《中华人民共和国社会保险法》**（2011年7月1日施行）

第十条 职工应当参加基本养老保险，由用人单位和职工共同缴纳基本养老保险费。

无雇工的个体工商户、未在用人单位参加基本养老保险的非全日制从业人员以及其他灵活就业人员可以参加基本养老保险，由个人缴纳基本养老保险费。

公务员和参照公务员法管理的工作人员养老保险的办法由国务院规定。

❷**《事业单位工作人员养老保险制度改革试点方案》**（2008年3月14日 国发［2008］10号）

根据党的十七大和十六届三中、五中、六中全会精神，为完善社会保障体系，保证事业单位改革顺利进行，促进人员流动，保障退休人员墓本生活，制订本方案。

一、改革的指导思想

以邓小平理论和“三个代表”重要思想为指导，按照全面落实科学发展观和构建社会主义和谐社会的要求，根据分类推进事业单位改革的需要，遵循权利与义务相对应、公平与效率相结合、保障水平与经济发展水平及各方面承受能力相适应的原则，逐步建立起独立于事业单位之外，资金来源多渠道、保障方式多层次、管理服务社会化的养老保险体系。

二、改革的主要内容

（一）实行社会统筹与个人账户相结合的基本养老保险制度。

基本养老保险费由单位和个人共同负担，单位缴纳基本养老保险费（以下简称单位缴费）的比例，一般不超过单位工资总额的20%，具体比例由试点省（市）人民政府确定，因退休人员较多、养老保险负担过重，确需超过工资总额20%的，应报劳动保障部、财政部审批。个人缴纳基本养老保险费（以下简称个人缴费）的比例为本人缴费工资的8%，由单位代扣。个人工资超过当地在岗职工平均工资300%以上的部分，不计入个人缴费工资基数；低于当地在岗职工平均工资60%的，按当地在岗职工平均工资的60%计算个人缴费工资基数。按本人缴费工资8%的数额建立基本养老保险个人账户，全部由个人缴费形成。做实个人账户的起步比例为3%，以后每年提高一定比例，逐步达到8%。有条件的试点省（市）可以适当提高起步比例。个人账户储存额只能用于本人养老，不得提前支取。参保人员死亡的，其个人账户中的储存余额可以继承。

（二）基本养老金的计发办法。

本方案实施后参加工作、个人缴费年限（含视同缴费年限，下同）累计满15年的人员，退休后按月发给基本养老金。基本养老金由基础养老金和个人账户养老金组成，退休时的基础养老金月标准以当地上年度在岗职工月平均工资和本人指数化月平均缴费工资的平均值为基数，缴费每满1年发给1%。个人账户养老金月标准为个人账户储存额除以计发月数，计发月数根据本人退休

时城镇人口平均预期寿命、本人退休年龄、利息等因素确定。（详见附件）

本方案实施前参加工作、实施后退休且个人缴费年限累计满15年的人员，按照合理衔接、平稳过渡的原则，在发给基础养老金和个人账户养老金的基础上，再发给过渡性养老金。具体标准由各试点省（市）人民政府确定，并报劳动保障部、财政部备案。

本方案实施后达到退休年龄但个人缴费年限累计不满15年的人员，不发给基础养老金；个人账户储存额一次性支付给本人，终止基本养老保险关系。

本方案实施前已经退休的人员，继续按照国家规定的原待遇标准发放基本养老金，参加国家统一的基本养老金调整。

（三）建立基本养老金正常调整机制。

为使事业单位退休人员享受经济社会发展成果，保障其退休后的基本生活，根据职工工资增长和物价变动等情况，国务院统筹考虑事业单位退休人员的基本养老金调整。

（四）建立职业年金制度。

为建立多得次的养老保险体系，提高事业单位工作人员退休后的生活水平，增强事业单位的人才竞争能力，在参加基本养老保险的基础上，事业单位建立工作人员职业年金制度。具体办法由劳动保障部会同财政部、人事部制定。

（五）逐步实行省级统筹。

进一步明确省、市、县各级人民政府的责任，建立健全省级基金调剂制度。具备条件的试点省（市）可从改革开始即实行省级统筹；暂不具备条件的，可实行与企业职工基本养老保险相同的统筹层次。

三、改革的保障措施

（一）加强基本养老保险基金管理。

事业单位基本养老保险基金单独建账，与企业职工基本养老保险基金分别管理使用，待条件具备时，与企业职工墓本养老保险基金统一管理使用。基金纳入社会保障基金财政专户，实行收支两条线管理，保证专款专用。基金按照国家规定管理和投资运营，确保安全，实现保值增值。要做好事业单位养老保险登记和缴费申报工作，切实加强基金征缴，做到应收尽收。各级财政要积极调整财政支出结构，加大社会保障资金投入，确保基本养老金按时足额发放。

（二）做好养老保险关系转移工作。

事业单位工作人员在同一统筹范围内流动时，只转移养老保险关系，不转移基金。跨统筹范围流动时，在转移养老保险关系的同时，个人账户基金随同转移。事业单位工作人员流动到机关或企业时，其养老保险关系转移办法按照劳动保障部、财政部、人事部、中央编办《关于职工在机关事业单位与企业之间流动时社会保险关系处理意见的通知》（劳社部发印［2001］13号）规定执行。

（三）逐步实行社会化管理服务。

按照建立和完善独立于企事业单位之外的社会保障体系的要求，提高事业单位社会保险社会化管理服务水平，基本养老金实行社会化发放。继续加强街道、社区劳动保障工作平台建设，加快老年服务设施和服务网络建设，为退休人员提供更多更好的服务。

（四）提高社会保险管理服务水平。

试点地区可根据事业单位工作人员养老保险制度改革的实际需要，适当充实社会保险经办机构工作人员和经费，为社会保险机构提供相适应的工作条件。社会保险机构要进一步加强能力建设，完善管理制度，制订和规范业务流程，实现规范化、信息化和专业化管理，不断提高工作效率和服务质量。

（五）加强组织领导。

事业单位工作人员养老保险制度改革情况复杂，涉及面广，政策性强，各试点地区人民政府和有关部门要高度重视，加强领导，周密部署，精心组织，结合当地实际情况，认真做好实施工作。劳动保障部、财政部、人事部、中央编办要通力合作，密切配合，加强与试点省（市）的联系与沟通，切实做好事业单位工作人员养老保险制度改革试点的指导工作。

四、改革的适用范围

本方案适用于分类改革后从事公益服务的事业单位及其工作人员。

❸《关于安置老弱病残干部的暂行办法》（1978年6月2日　国发［1978］104号）

当前，我们党和国家有一部分干部，由于年龄和身体关系不能继续坚持正常工作。这些干部，在我国新民主主义革命和社会主义革命中，为党和人民做了许多工作，对革命事业作出了宝贵贡献。妥善安置这些干部，使他们各得其所，是党对他们的关怀和爱护，是我党干部政策的一个重要方面，也是我国社会主义制度优越性的具体体现。人总是要老的，这是自然规律。由于年龄和身体的关系而离休、退休、担任顾问或荣誉职务，是正常的，也是光荣的。对离休、退休的干部，要在政治上、生活上关心他们，及时解决他们的各种实际困难。同时，也要教育老弱病残干部，一切从国家和人民的需要出发，服从党组织的安排。认真做好老弱病残干部的安置工作，对于精兵简政、提高工作效率，对于建设老中青三结合的精干的领导班子，对于社会主义革命和社会主义建设，都具有重要意义。

为了妥善安置老弱病残干部，特制定如下办法：

第一条 国务院各部门及其所属司局级机构，各省、市、自治区革命委员会及其所属部门，省辖市、行政公署一级领导机关及其所属部门，县（旗）革命委员会，相当于县级和县级以上的企业、事业单位，都可以根据情况设顾问，在同级党组织和革命委员会领导下，根据他们的特长做些力所能及的工作。各级顾问安排同级或高一级的干部担任。安排对象是：担任实职有困难，有斗争经验，尚能做一些工作，一九四九年九月底以前参加革命工作的地委正副书记、行政公署正副专员及相当职务以上的干部；一九四二年底以前参加革命工作的县委正副书记、革命委员会正副主任及相当职务的干部。

第二条 各级政协、视察室、参事室、文物管理委员会、文史馆等单位，可以安排一些老同志担任荣誉职务。安排的对象是：一九四九年九月底以前参加革命工作的地委正副书记、行政公署正副专员及相当职务以上的干部；一九四二年底以前参加革命工作的县委正副书记、革命委员会正副主任及相当职务的干部。

第三条 对于丧失工作能力，一九四九年九月底以前参加革命工作的地委正副书记、行政公署正副专员及相当职务以上的干部；一九四二年底以前参加革命工作的县委正副书记、革命委员会正副主任及相当职务的干部；一九三七年七月七日以前参加革命工作的干部，可以离职休养，工资照发。

第四条 党政机关、群众团体、企业、事业单位的干部，符合下列条件之一的，都可以退休。

（一）男年满六十周岁，女年满五十五周岁，参加革命工作年限满十年的；

（二）男年满五十周岁，女年满四十五周岁，参加革命工作年限满十年，经过医院证明完全丧失工作能力的；

（三）因工致残，经过医院证明完全丧失工作能力的。

第五条 干部退休以后，每月按下列标准发给退休费，直至去世为止。

符合第四条（一）项或（二）项条件，抗日战争时期参加革命工作的，按本人标准工资的百分之九十发给。解放战争时期参加革命工作的，按本人标准工资的百分之八十发给。中华人民共和国成立以后参加革命工作，工作年限满二十年的，按本人标准工资的百分之七十五发给；工作年限满十五年不满二十年的，按本人标准工资的百分之七十发给；工作年限满十年不满十五年的，按本人标准工资的百分之六十发给。退休费低于二十五元的，按二十五元发给。

符合第四条第（三）项条件，饮食起居需要人扶助的，按本人标准工资的百分之九十发给，还可以根据实际情况发给一定数额的护理费，护理费标准，一般不得超过一个普通工人的工资；饮食起居不需要人扶助的，按本人标准工资的百分之八十发给。同时具备两项以上的退休条件，应当按最高的标准发给。退休费低于三十五元的，按三十五元发给。

离休和退休的干部去世后，其丧事处理、丧葬补助费和供养直系亲属抚恤费，应当与在职去世的干部一样。

第六条 获得全国劳动英雄、劳动模范称号，在退休时仍然保持其荣誉的干部；省、市、自治区革命委员会认为在新民主主义革命和社会主义革命、社会主义建设的各条战线上有特殊贡献的干部；部队军以上单位授予战斗英雄称号和认为对作战、军队建设有特殊贡献的转业、复员军人，在退休时仍然保持其荣誉的，其退休费可以酌情高于本办法所定标准的百分之五至百分之十五，但提高标准后的退休费，不得超过本人原标准工资。

第七条 经过医院证明完全丧失工作能力，又不具备退休条件的干部，应当退职。退职后，按月发给相当于本人标准工资百分之四十的生活费，低于二十元的，按二十元发给。

第八条 离休、退休和退职的干部的安置，要面向农村和中小城镇。在大城市工作的，应当尽量安置到中小城镇和农村，也可以根据具体情况，到本人或爱人的原籍安置；在中小城镇和农村工作的，可以就地或回原籍中小城镇和农村安置。易地安置有实际困难的，也可以就地安置。跨省安置的，各有关省、市、自治区应当积极做好安置工作。对于其他省、市、自治区要求向北京、天津、上海安置的，要从严控制。

第九条　离休、退休干部易地安家的，一般由原工作单位一次发给一百五十元的安家补助费，由大中城市到农村安家的，发给三百元。退职干部易地安家的，可以发给本人两个月的标准工资，作为安家补助费。

第十条　离休干部的住房，就地安置的，由原单位负责解决；回原籍或到其他地区安置的，由接受安置的地区负责解决。确需修缮、扩建或新建住房的，由接受安置的省、市、自治区列入基建计划统一解决。

退休干部的住房，就地安置的，由原单位负责解决；回中小城镇安置的，其住房由接受安置的地区尽量从公房中调剂解决；确实不能调剂解决，需要修缮、扩建和新建住房的，也由接受安置的地区列入基建计划统一解决；回农村安置，住房确有困难的，可以由原单位给予适当补助。

离休或退休的干部确需修建住房的，其住房面积和标准，应当本着勤俭节约的原则，根据家庭人口和当地群众住房水平确定，不要脱离群众；自己有房屋可以居住的，不得另建新房。

第十一条　干部离休、退休、退职的时候，本人及其供养的直系亲属前往居住地点途中所需用的车船费、旅馆费、行李搬运费和伙食补助费，都按照现行的规定办理。

第十二条　离休、退休、退职干部本人，可以享受与所居住地区同级干部相同的公费医疗待遇。

第十三条　规定发给的退休费、退职生活费，企业单位，由企业行政支付。党政机关、群众团体和事业单位，就地安置的，由原工作单位负责；易地安置的，分别由负责管理的组织、人事和县级民政部门另列预算支付。

第十四条　干部离休、退休、退职，由所在单位按照干部管理权限报任免机关批准。

第十五条　各地区、各部门要加强对老弱病残干部安置工作的领导。党委的组织部门和革命委员会的人事、民政部门，要在党委和革命委员会的领导下，认真做好离休、退休干部的思想政治工作和管理工作。就地安置的，由原工作单位管理；易地安置的，分别由接受地区的组织、人事和民政部门管理。要注意安排他们学习马列和毛主席著作，按照规定阅读文件、听报告。要关心他们的身体健康和物质、文化生活。要及时研究解决离休、退休干部的实际困难，总结交流工作经验，表彰离休、退休干部中的好人好事。

第十六条　本办法适用于党政机关、群众团体和全民所有制企业、事业单位的干部，以及因工作需要由组织委派到集体所有制企业、事业单位工作的国家干部。

集体所有制企业、事业单位老弱病残干部的安置，各省、市、自治区革命委员会可以参照本办法作出具体规定，其各项待遇，不得高于本办法所定的标准。

第十七条　本办法自下达之月起实行。过去有关规定与本办法不一致的，以本办法为准。已按有关规定办理了退休的干部，符合本办法所定离职休养条件的，可以改为离职休养；退休费标准低于本办法所定标准的，可以改按本办法规定的标准发给，但解放战争时期参加革命工作，工作年限不满二十年的，只按本人标准工资的百分之七十五发给。退休改为离休以及改变退休费标准后的差额部分，一律不予补发。已经担任荣誉职务的干部，不再重新安排。已经退职的干部，不再重新处理。

【国家公务员退休条件】

法律问题解读

国家公务员退休条件分两类，一类是法定退休条件，只要符合该条件，公务员就须办理退休手续；第二类是可申请退休的条件，只要符合该条件，公务员即可向单位提出退休申请，经批准方可办理退休手续。

1. 法定退休条件是：

（1）男年满 60 周岁，女年满 55 周岁。

（2）丧失工作能力的。

2. 可申请退休的条件是：

（1）男年满 55 周岁，女年满 50 周岁，且工作年限满 20 年的。

（2）工作年限满 30 年的。

党的机关工作人员的退休条件参照上面的规定执行。

法条指引

❶**《中华人民共和国公务员法》**（2005 年 4 月 27 日　国家主席令第 27 号）

第十四章　退休

第八十七条　公务员达到国家规定的退休年龄或者完全丧失工作能力的，应当退休。

第八十八条　公务员符合下列条件之一的，本人自愿提出申请，经任免机关批准，可以提前退休：

（一）工作年限满三十年的；

（二）距国家规定的退休年龄不足五年，且工作年限满二十年的；

（三）符合国家规定的可以提前退休的其他情形的。

第八十九条 公务员退休后，享受国家规定的退休金和其他待遇，国家为其生活和健康提供必要的服务和帮助，鼓励发挥个人专长，参与社会发展。

【高级专家离退休年龄】

法律问题解读

按照国家规定，高级专家是指：正副教授、正副研究员、高级工程师、高级农艺师、正副主任医师、正副编审、正副译审、正副研究馆员、高级经济师、高级统计师、高级会计师、特级记者、高级记者、高级工艺美术师，以及文艺六级以上的专家。高级专家一般应按法定退休年龄办理离退休手续。对其中少数高级专家，确因工作需要，身体能够坚持正常工作，征得本人同意，经下述机关批准，其离休退休年龄可以适当延长：

副教授、副研究员以及相当这一级职称的高级专家，经所在单位报请上一级主管机关批准，可以适当延长离休退休年龄，但最长不超过65周岁；教授、研究员以及相当这一级职称的高级专家，经所在单位报请省、自治区、直辖市人民政府或中央、国家机关的部委批准，可以延长离休退休年龄，但最长不超过70周岁；学术上造诣高深、在国内外有重大影响的杰出高级专家，经国务院批准，可以暂缓离休退休，继续从事研究或著述工作。延长离休退休年龄的高级专家中，担任行政领导职务或管理职务的，在达到国家统一规定的离休退休年龄时，应当免去其行政领导职务或管理职务，使他们集中精力继续从事科学技术或文化艺术等工作。特殊情况经过任免机关批准的除外。

女性高级专家，凡身体能坚持正常工作，本人自愿，可以到60周岁离退休。对年满60周岁的少数女性高级专家，确因工作需要延长离退休年龄的，可按国务院《关于高级专家离休退休若干问题的暂行规定》执行。这里所说的少数高级专家“确因工作需要”延长离退休年龄，主要是指以下几种情况：一是已承担的重要工作（如重点攻关科研项目）和带博士研究生等任务尚未完成，离退休后将对工作带来较大影响的；二是特殊专业和新学科、重点学科急需的；三是技术力量薄弱的单位确系工作需要的；四是在业务处起把关作用和在学科中起带头作用、离退休后尚无人接替的。

法条指引

❶**《关于高级专家离休退休若干问题的暂行规定》**（1983年9月12日 国发［1983］141号）

（注解：一九八六年二月十八日国务院对该规定做了补充规定：凡建国前从事专业技术工作，一九八六年已满六十周岁，并于一九八三年九月一日前已获得相当于副教授以上职称的老科学家、老教授、老专家（含建国前在国外工作，建国后回国的），在他们退休后，仍可保留原已获得的称号，他们的退休费按其原工资额的百分之百发给。对于过去已经办了退休手续、符合上述条件的，也同样对待；领取原工资额的百分之百退休费的时间，自一九八六年二月起计算。这里所说“一九八三年九月一日前已获得相当于副教授以上职称的”，系指《国务院关于高级专家离休退休若干问题的暂行规定》第一条规定的范围，并包括一九八三年九月一日前经过职称评定组织评定了副教授以上职称并已上报到有关部门“待批”或“待授”的人员。）

为了充分发挥高级专家的作用，为社会主义建设事业多作贡献，并有利于新生力量的成长和队伍的更新，特制定本规定。

第一条 本规定所称高级专家，系指：正副教授、正副研究员、高级工程师、高级农艺师、正副主任医师、正副编审、正副译审、正副研究馆员、高级经济师、高级统计师、高级会计师、特级记者、高级记者、高级工艺美术师，以及文艺六级以上的专家。

第二条 高级专家离休退休年龄，一般应按国家统一规定执行。对其中少数高级专家，确因工作需要，身体能够坚持正常工作，征得本人同意，经下述机关批准，其离休退休年龄可以适当延长：副教授、副研究员以及相当这一级职称的高级专家，经所在单位报请上一级主管机关批准，可以适当延长离休退休年龄，但最长不超过六十五周岁；教授、研究员以及相当这一级职称的高级专家，经所在单位报请省、市、自治区人民政府或中央、国家机关的部委批准，可以延长离休退休年龄，但最长不超过七十周岁；学术上造诣高深、在国内外有重大影响的杰出高级专家，经国务院批准，可以暂缓离休退休，继续从事研究或著述工作。

第三条　延长离休退休年龄的高级专家中，担任行政领导职务或管理职务的，在达到国家统一规定的离休退休年龄时，应当免去其行政领导职务或管理职务，使他们集中精力继续从事科学技术或文化艺术等工作。特殊情况经过任免机关批准的除外。

第四条　高级专家离休退休的待遇，按国家统一规定办理。符合以下情况的，退休费标准可以适当提高：

（一）有重大贡献的高级专家，经省、市、自治区人民政府或中央、国家机关的部委批准，其退休费标准可以酌情提高5%—15%。提高标准后的退休费，不得超过本人原标准工资。

（二）建国后从国外或者从香港、澳门、台湾回来定居工作的高级专家，其退休费均按建国后参加革命工作退休干部的最高标准发给。其中有重大贡献的，再按本条（一）项规定提高退休费。

第五条　高级专家离休退休后，如身体尚好，可以接受部门或单位的聘请，担任科学技术或文化艺术顾问，也可以直接承担业务工作。聘请离休退休高级专家应签订聘请合同，聘请条件和受聘人员待遇按国家有关规定办理。

第六条　各单位和各部门要认真执行国务院关于干部离休退休后政治、生活待遇的有关规定，对离休退休的高级专家应体贴关怀，热情爱护；要积极主动地帮助他们继续进行科学研究、资料整理、著书立说等工作，为他们的业务活动提供必要的方便。

第七条　本规定自发布之日起施行。本规定发布以前，已经离休退休的高级专家，不再复职。

第八条　本规定由劳动人事部负责解释。

❷《关于高级专家退（离）休有关问题的通知》（1990年2月27日　人事部人退发［1990］5号）

为了进一步贯彻执行国务院有关高级专家退（离）休的规定，做好高级专家的退（离）休工作，充分发挥他们的作用，经国务院批准，现就有关问题通知如下：

一、高级专家退（离）休，仍按照《国务院关于高级专家离休退休若干问题的暂行规定》（国发［1983］141号）和《劳动人事部关于印发两个“说明”的通知》（劳人科［1983］153号）中的附件一执行。

二、女性高级专家，凡身体能坚持正常工作，本人自愿，可到六十周岁退（离）休。对年满六十周岁的少数女性高级专家，确因工作需要延长退（离）休年龄的，按国发［1983］141号和劳人科［1983］153号文件规定执行。

三、国发［1983］141号文件中的少数高级专家“确因工作需要”延长退（离）休年龄，主要是指以下几种情况：已承担的重要工作（如重点攻关科研项目）和带博士研究生等任务尚未完成，退（离）休后将对工作带来较大影响的；特殊专业和新学科、重点学科急需的；技术力量薄弱的单位确系工作需要的；在业务上起把关作用或在学科中起带头作用、退（离）休后尚无人接替的。

四、高级专家的退（离）休工作是一项政策性很强的工作，应严格按政策规定办事。要从实际出发，根据单位的工作任务，专业技术队伍的结构，以及高级专家身体健康状况等情况确定其退（离）休。高级专家退（离）休时，所在单位的领导要事先同本人谈话，做好思想工作，鼓励其退（离）休后继续为四化建设贡献力量。

五、本通知自下发之日起执行，凡已退（离）休的高级专家，不再重新办理，但要注意发挥他们的作用。

【离休】

法律问题解读

这是指建国前参加革命工作的干部可以离职休养的制度。它是我国干部退休制度中的一种特殊形式，这种形式具有阶段性，随着时间的推移，“离休人员”会逐步减少，以致消失。离休范围包括：1949年9月30日前参加中国共产党领导的军队的干部；在解放区参加革命工作并脱产享受供给制待遇的干部；在敌占区从事党的地下革命工作的干部；1948年底以前享受当地人民政府制定的薪金制待遇的干部；1949年9月21日前参加民主党派，以后一直拥护共产党，坚持革命的干部。离休的年龄是：部长、省长以及相当职务的干部，正职为65周岁、副职为60周岁；司局级干部为60周岁；其他干部男性为60周岁、女性为55周岁。离休后政治待遇不变，工资待遇不变，生活待遇从优。

法条指引

❶《关于老干部离职休养的暂行规定》（1980年10月7日　国发［1980］253号）

我们国家的老干部，在长期的革命斗争和社会主义建设事业中，艰苦奋斗，努力工作，为国家和人民作出了重大贡献，是党和国家的宝贵财富。但是，随着年龄的增长，老干部当中不能坚持正常工作的将愈益增多。根据党和国家关心、爱护老干部的传统，让年老体弱、不能坚持正常工作的老干部离职休养（以下简称离休），在政治上予以尊重，生活上予以照顾，这是改革和完善我国干部制度的一项重要措施，也是社会主义制度优越性的体现。这既有利于保护老干部的健康，继续发挥他们的积极性，也有利于年轻干部的选拔成长。为此，作如下规定：

第一条 第一、二次国内革命战争时期参加革命工作的干部，抗日战争时期参加革命工作的副县长及相当职务或行政十八级以上的干部，建国以前参加革命工作的行政公署副专员及相当职务或行政十四级以上的干部，年老体弱、不能坚持正常工作的，应当离休。

已经退休的干部，符合上述规定的应当改为离休。

第二条 干部离休，由所在单位按照干部管理权限，报任免机关批准。

第三条 离休干部一般可就地分散安置，也可在本人原籍或配偶所在地安置。国家鼓励离休干部到农村或中小城镇安家落户。

跨省安置的，由两省协商解决。对要求到北京、天津、上海安置的，要从严控制。在青藏等高原地区工作的内地干部离休后要求回内地安置的，有关省、自治区、直辖市应当予以安置。

第四条 对离休干部的管理，就地安置的，由原单位负责；易地安置的（包括军队已转地方的），由接受地区的干部、人事部门负责，必要时可建立小型干部休养所。

第五条 干部离休后，原标准工资（含保留工资）照发，福利待遇不变。其他各项生活待遇，都与所在地区同级在职干部一样对待，并切实给予保证。医疗、住房、用车、生活品供应等方面，应当优先照顾。

因公致残饮食起居需要人扶助的离休干部，一般可发给不超过当地普通机械行业二级工标准工资的护理费。由于瘫痪等原因，生活长期完全不能自理的，可酌情发给护理费。需要购置病残工具而本人有困难的，可酌情补助。

跨省安置的离休干部，确需新建住房的，由原工作单位将经费划拨给接受地区，由接受地区负责解决。

干部休养所和直接管理离休干部较多的部门，要配备必要的车辆，为离休干部服务。

第六条 离休干部单列编制。离休干部需要的各项经费，由原单位支付。跨省安置的，由原单位拨交接受地区的干部、人事部门掌握支付，医疗费用由原单位负责报销；过去已由接受地区负责支付的，应当由接受地区干部、人事部门列预算支付。

离休干部易地安置的，由原工作单位一次发给安置补助费一百五十元，安置到农村生产队的，发给三百元。离休干部本人及其供养的直系亲属，前往安置地点的车船费、旅馆费、行李搬运费和途中伙食补助费，都按在职干部差旅费的规定报销。

干部离休后，继续享受国家规定的探亲待遇，另外本人可报销一次探视父母、子女或回原籍的往返车船费。

第七条 离休干部去世后，其丧葬补助费、遗属抚恤费和生活困难补助费，与同级在职干部一样待遇。

第八条 各级领导和有关部门要关心离休干部的政治、文化生活，采取具体措施，保证他们能按同级在职干部规定的范围看文件、听报告，及时了解党和国家的方针政策。要定期召开离休干部座谈会或看望离休干部，倾听他们的意见和要求。

第九条 注意发挥离休干部的作用。凡是能写革命回忆录的，要为他们口述或撰写提供必要的条件。鼓励他们发扬革命传统，关心国家大事，关心人民生活，反映情况，提出建议，做些力所能及的工作。

第十条 各地区、各部门要加强对离休干部工作的领导。县以上的部门要有一名领导同志分管，干部、人事部门和其他有离休干部的单位，应当根据情况，配备专职或兼职干部，注意与有关部门密切配合，共同做好这项工作。要对有关人员加强政治思想工作，切实地及时解决离休干部的实际困难，使他们感到党和国家的温暖。要在干部和群众中形成尊重和关心离休干部的良好风气。

第十一条 本规定自颁发之月起实行，适用于党政机关、人民团体和全民所有制企业、事业单位的干部，以及因工作需要由组织委派到集体所有制企业、事业单位工作的国家干部。过去有关规定与本规定不一致的，以本规定为准。

第十二条 本规定的实施细则由国家人事局

制定报国务院批准后颁发。

❷**《关于老干部离职休养制度的几项规定》**（1982 年 6 月 8 日 国发［1982］16 号）（略）

案例链接

❶《梁鹿与重庆市沙坪坝区劳动和社会保障局等行政审批纠纷上诉案》，参见北大法宝引证码：Pkulaw. cn/CLI. C. 249434。

❷《唐友泉诉新余市社会保险事业管理局社会保险退休待遇纠纷案》，参见北大法宝引证码：Pkulaw. cn/CLI. C. 85019。

【退职】

法律问题解读

这是指职工不符合退休或离休条件，但因完全丧失劳动能力而离开工作岗位休养的一种制度。也是一种特殊的退休形式。根据国家规定，职工或工作人员不具备退休条件，但经过医院证明，完全丧失劳动能力时，可以退职。退职后按月发给相当于本人标准工资 40%的生活费。退职职工本人，可以继续享受公费医疗待遇。然而，按照改革后的基本养老保险制度的规定，国务院国发［1997］26 号决定发布之前或当地实行“社会统筹与个人账户相结合”改革之前参加工作的职工，其投保年限（含视为投保年限）满 10 年的；此后参加工作的职工，其投保年限在 15 年以上符合退休条件办理退休手续的，可按月由社会保险经办机构支付养老金；投保年限不足 10 年或 15 年的，退休后只能一次性支付其养老待遇。对退职条件和待遇均无规定。这表明，随着劳动合同制度逐步完善，“退职”现象也将归于消失，最终只会保留退休制度。

法条指引

❶**《关于工人退休、退职的暂行办法》**（1978 年 6 月 2 日 国务院国发［1978］104 号）

第五条 不具备退休条件，由医院证明，并经劳动鉴定委员会确认，完全丧失劳动能力的工人，应该退职。退职后，按月发给相当于本人标准工资百分之四十的生活费，低于二十元的，按二十元发给。

❷**《关于深化企业职工养老保险制度改革的通知》**（1995 年 9 月 18 日 国务院国发［1995］6 号）（略）

❸**《关于建立统一的企业职工基本养老保险制度的决定》**（1997 年 7 月 16 日 国务院国发［1997］26 号）

五、本决定实施后参加工作的职工，个人缴费年限累计满 15 年的，退休后按月发给基本养老金。基本养老金由基础养老金和个人账户养老金组成。退休时的基础养老金月标准为省、自治区、直辖市或地（市）上年度职工月平均工资的 20%，个人账户养老金月标准为本人账户储存额除以 120。个人缴费年限累计不满 15 年的，退休后不享受基础养老金待遇，其个人账户储存额一次支付给本人。

本决定实施前已经离退休的人员，仍按国家原来的规定发给养老金，同时执行养老金调整办法。各地区和有关部门要按照国家规定进一步完善基本养老金正常调整机制，认真抓好落实。

本决定实施前参加工作、实施后退休且个人缴费和视同缴费年限累计满 15 年的人员，按照新老办法平稳衔接、待遇水平基本平衡等原则，在发给基础养老金和个人账户养老金的基础上再确定过渡性养老金，过渡性养老金从养老保险基金中解决。具体办法，由劳动部会同有关部门制订并指导实施。

案例链接

❶《刘志刚诉安徽省天长市司法局公证管理行政处理案》，参见北大法宝引证码：Pkulaw. cn/CLI. C. 47990。

❷《清流县优恩电力有限责任公司诉叶国雄劳动争议纠纷案》，参见北大法宝引证码：Pkulaw. cn/CLI. C. 42012。

【离职】

法律问题解读

这是指归侨、侨眷职工，台、港、澳同胞及其眷属职工，以及国内其他职工获批准出国、出境定居者，凡不符合退休、退职条件的，允许办离职手续的一种特殊的与退休有关的制度。对这种离职人员，由其原所在单位支付一次性离职补助费，其标准是：

（1）连续工龄满 1 至 10 年的，每满 1 年发给 1 个月的本人标准工资；

（2）连续工龄在 10 年以上的，从第 11 年起，每满 1 年发给 1 个半月的本人标准工资。

(3) 满一年的尾数，不足 6 个月的，按半年计算，超过 6 个月的，按 1 年计算。

(4) 离职费的总额，最高以本人 24 个月的标准工资为限。

(5) 连续工龄不满 1 年的，发给 1 个月的本人标准工资。

(6) 计算离职费时，应该包括副食品价格补贴。

随着我国社会保险制度的不断完善，参加养老保险社会统筹的职工日益广泛，若这些人员参加了养老保险，当其同国内用人单位解除劳动关系出国、出境定居时，在上述离职规定未废止前，其除享受离职费待遇之外，社会保险（包括养老保险）待遇将由社会保险经办机构承担。具体做法是：社会保险经办机构终止其社会保险关系，并根据职工申请，对参加基本养老保险，且不符合领取基本养老金条件的，将其基本养老保险个人账户的储存额一次性支付给本人；参加基本医疗保险的，将其个人账户结余部分一次性退给本人；参加失业保险的，单位和个人此前缴纳的失业保险费不予退还。尚未参加社会保险的职工，还应执行原规定，由所在单位支付离职费。

法条指引

❶《关于归侨、侨眷职工获批准出境定居退休、退职费发放问题的意见》（1978 年 11 月 27 日 国务院侨务办公室（78）侨内字第 512 号）（略）

❷《关于归侨、侨眷职工因私事出境的假期、工资等问题的规定》（1983 年 1 月 25 日 国务院侨务办公室、劳动人事部、财政部［83］侨政会字第 007 号）（略）

❸《关于台胞、台属台湾地区定居有关待遇等问题的规定》（1989 年 12 月 20 日 劳动部、人事部、财政部、公安部、司法部、国家外汇管理局劳险字［1989］27 号）（略）

❹《关于职工因私出境定居而解除劳动合同经济补偿问题的复函》（1997 年 5 月 7 日 劳办发［1997］42 号）

广东省劳动厅：

你厅《关于职工因私出境定居而解除劳动合同经济补偿问题的请示》（粤劳关［1997］70 号）收悉。经研究，现函复如下：

一、对于获批准出境定居的职工，享受的一次性离职费不属于《劳动法》及其配套规章规定的经济补偿金。在全面实行劳动合同制度以后，职工获批准出境定居而终止劳动合同的，用人单位不支付经济补偿金。

二、侨属、侨眷获批准出境定居的，其一次性离职费的支付，仍按国务院侨务办公室《关于归侨、侨眷职工获批准出境定居退休、退职费发放问题的解答意见》（［78］侨内字第 512 号）和国务院侨务办公室、劳动人事部、财政部《关于归侨、侨眷职工因私事出境的假期、工资等问题的规定》（［83］侨政会字第 007 号）的有关规定执行。

三、按照上述文件的规定，国内其他职工，包括国有、集体、私营企业职工和外商投资企业的中方职工等获批准出境定居的，均可比照执行。

四、到香港、澳门地区定居的职工，可以参照上述规定执行。到台湾地区定居的职工，可以参照《关于台胞、台属赴台湾地区定居有关待遇等问题的规定》（劳险字［1989］27 号）的有关规定执行。

❺《劳动和社会保障部办公厅关于取得国外永久性居民身份证回国工作人员在国内工作期间有关社会保险问题的复函》（2001 年 9 月 10 日 劳社厅函［2001］198 号）

北京市劳动和社会保障局：

你局《关于回国高级科技人才中持国外绿卡在国内工作人员有关社会保险问题的函》（京劳社养函［2001］59 号）收悉。经研究，现答复如下：

对于取得国外永久性居民身份证的人员回国工作，凡同国内企业建立劳动关系的，应按规定参加企业所在地的社会保险，缴纳社会保险费，并享受相应待遇。这些人员同国内企业解除劳动关系并离境时，社会保险经办机构应当终止其社会保险关系，并根据职工申请，对参加基本养老保险，且不符合领取基本养老金条件的，将其基本养老保险个人账户的储存额一次性支付给本人；参加基本医疗保险的，将其个人账户结余部分一次性退给本人；参加失业保险的，单位和个人此前缴纳的失业保险费不予退还。

❻《劳动和社会保障部办公厅关于单位外派职工在境外工作期间取得当地居民身份证后社会保险关系处理问题的复函》（2001 年 4 月 24 日 劳社厅函［2001］115 号）

广东省劳动和社会保障厅：

你厅《关于外派职工取得境外居民身份证后是否继续参保并享受社会保险待遇问题的请示》（粤劳社［2001］67 号）收悉。经研究，现答复如下：

职工在被本单位派到境外工作期间，合法取得当地永久性居民身份证后，职工所在单位应停止为其缴纳社会保险费，及时为其办理终止社会保险关系的手续。社会保险经办机构应当终止其社会保险关系，并根据职工的申请，对参加基本养老保险，且不符合领取基本养老金条件的，将其基本养老保险个人账户储存额中的个人缴费部分一次性退给本人；参加基本医疗保险的，将其个人账户结余部分一次性退给本人；参加失业保险的，单位和个人此前缴纳的失业保险费不予退还。

职工在被派到香港、澳门和台湾地区工作期间合法取得当地永久性居民身份证的，其社会保险关系参照上述办法处理。

【基本养老保险待遇】

法律问题解读

基本养老保险待遇是指参加了基本养老保险的劳动者在达到法定退休年龄，并符合领取基本养老保险金条件时，所能享受到的经济收入或其他各项资金补贴。

按照《社会保险法》的规定，领取基本养老保险金需要同时具备三个条件：一是退休前本人按规定参加了基本养老保险；二是达到了国家规定的退休年龄或符合退休条件；三是本人按时足额缴纳养老保险费满 15 年。如果只符合前两个条件，而缴费年限（包括视同缴费年限）不足 15 年，允许其补缴，也可以转移到新型农村社会养老保险或者城镇居民社会养老保险。有关基本养老保险待遇的具体规定是：统一制度后参加工作的职工（称为“新人”），个人缴费年限累计满 15 年的，退休后按月发给基本养老金。基本养老金由基础养老金和个人账户养老金两部分组成。个人累计缴费不满 15 年的，退休后不享受基础养老金，其个人账户储存额一次性支付给本人。统一制度前已经离退休的人员（称为“老人”），仍按国发［1978］104 号文件规定发给基本养老待遇。而对于统一制度实施前参加工作、统一制度实施后退休且个人实际缴费年限和视同缴费年限累计满 15 年的人员（称为“中人”），在发给基础养老金和个人账户养老金的基础上，再增加一块过渡性养老金。按 1978 年国务院 104 号文件规定，职工连续工龄满 10 年，退休后可享受按月领取基本养老金。而 1997 年国务院 26 号文件将缴费年限（含视同缴费年限）统一限定为 15 年方能享受按月领取基本养老金。考虑到 104 号文件是经人大立法程序讨论通过的，因此对统一制度之前（或当地出台“统账结合”方案之前）参加工作、之后退休的“中人”的缴费年限累计满 10 年不满 15 年的，各地一般是按如下办法处理：国务院国发［1997］26 号文件发布之日前或当地实行“社会统筹与个人账户相结合”改革之前参加工作，即“中人”到达法定退休年龄时缴费年限（含视同缴费年限）满 10 年不满 15 年的，仍按月支付养老金。具体标准由省、自治区、直辖市确定（水平应略有降低）。对于缴费不满 15 年的年份，原则上不予补缴。但对于待遇水平较低的职工，如果企业和本人自愿，也可以补缴足 15 年。

法条指引

❶《中华人民共和国社会保险法》（2011 年 7 月 1 日施行）

第十五条 基本养老金由统筹养老金和个人账户养老金组成。

基本养老金根据个人累计缴费年限、缴费工资、当地职工平均工资、个人账户金额、城镇人口平均预期寿命等因素确定。

第十六条 参加基本养老保险的个人，达到法定退休年龄时累计缴费满十五年的，按月领取基本养老金。

参加基本养老保险的个人，达到法定退休年龄时累计缴费不足十五年的，可以缴费至满十五年，按月领取基本养老金；也可以转入新型农村社会养老保险或者城镇居民社会养老保险，按照国务院规定享受相应的养老保险待遇。

❷《关于建立统一的企业职工基本养老保险制度的决定》（1997 年 7 月 16 日 国发［1997］26 号）

五、本决定实施后参加工作的职工，个人缴费年限累计满 15 年的，退休后按月发给基本养老金。基本养老金由基础养老金和个人账户养老金组成。退休时的基础养老金月标准为省、自治区、直辖市或地（市）上年度职工月平均工资的 20%，个人账户养老金月标准为本人账户储存额除以 120。个人缴费年限累计不满 15 年的，退休后不享受基础养老金待遇，其个人账户储存额一次支付给本人。

本决定实施前已经离退休的人员，仍按国家原来的规定发给养老金，同时执行养老金调整办法。各地区和有关部门要按照国家规定进一步完善基本养老金正常调整机制，认真抓好落实。

本决定实施前参加工作、实施后退休且个人缴费和视同缴费年限累计满15年的人员，按照新老办法平稳衔接、待遇水平基本平衡等原则，在发给基础养老金和个人账户养老金的基础上再确定过渡性养老金，过渡性养老金从养老保险基金中解决。具体办法，由劳动部会同有关部门制订并指导实施。

【基础养老金】

法律问题解读

基础养老金是养老保险金的组成部分，它是在用人单位缴纳的基本养老保险费构成的统筹基金中为符合条件的退休人员支付的养老金。用人单位缴纳的养老保险费要分成两个部分，一部分纳入统筹基金，另一部分划入本单位职工的基本养老保险个人账户。当职工符合领取基本养老保险金条件时，统筹基金中要按月为他们支付一部分养老金，这部分养老金就称为基础养老金。但是，需要注意的是，只有那些缴费达到15年的退休人员才能享受到基础养老金。基础养老金的月标准为省、自治区、直辖市上年度职工月平均工资的20%。目前在辽宁省完善城镇社会保险体系试点中，规定当职工缴费满15年后，缴费每满一年可增加一定比例的基础养老金，总体水平控制在30%左右。

法条指引

❶**《中华人民共和国社会保险法》**（2011年7月1日施行）

第十五条 基本养老金由统筹养老金和个人账户养老金组成。

基本养老金根据个人累计缴费年限、缴费工资、当地职工平均工资、个人账户金额、城镇人口平均预期寿命等因素确定。

❷**《关于建立统一的企业职工基本养老保险制度的决定》**（1997年7月16日 国发［1997］26号）

五、本决定实施后参加工作的职工，个人缴费年限累计满15年的，退休后按月发给基本养老金。基本养老金由基础养老金和个人账户养老金组成。退休时的基础养老金月标准为省、自治区、直辖市或地（市）上年度职工月平均工资的20%，个人账户养老金月标准为本人账户储存额除以120。个人缴费年限累计不满15年的，退休后不享受基础养老金待遇，其个人账户储存额一次支付给本人。

本决定实施前已经离退休的人员，仍按国家原来的规定发给养老金，同时执行养老金调整办法。各地区和有关部门要按照国家规定进一步完善基本养老金正常调整机制，认真抓好落实。

本决定实施前参加工作、实施后退休且个人缴费和视同缴费年限累计满15年的人员，按照新老办法平稳衔接、待遇水平基本平衡等原则，在发给基础养老金和个人账户养老金的基础上再确定过渡性养老金，过渡性养老金从养老保险基金中解决。具体办法，由劳动部会同有关部门制订并指导实施。

【个人账户养老金】

法律问题解读

个人账户养老金是参加基本养老保险的职工在达到退休年龄、符合领取养老保险金条件时，从基本养老保险个人账户中支取的养老保险金。按照规定，职工参加基本养老保险，本人需要按月缴纳养老保险费，个人缴费全部记入基本养老保险个人账户，企业缴费中还须拨付一部分记入个人账户。退休时个人账户中储存的资金要全部支付给个人。支付个人账户资金也有两种形式，对个人缴纳基本养老保险费满15年的，退休后个人账户资金按月支付，直至其身故，个人账户养老保险金的支付月标准为本人账户储存额除以120。个人累计缴费不满15年的，退休时其个人账户储存额一次性支付给本人。出现这种情况时，职工所在单位应及时向社会保险经办机构填报《个人账户一次性支付审批表》，经办机构核定发放后封存其个人账户档案。

法条指引

❶**《关于建立统一的企业职工基本养老保险制度的决定》**（1997年7月16日 国发［1997］26号）

五、本决定实施后参加工作的职工，个人缴费年限累计满15年的，退休后按月发给基本养老金。基本养老金由基础养老金和个人账户养老金组成。退休时的基础养老金月标准为省、自治区、直辖市或地（市）上年度职工月平均工资的20%，个人账户养老金月标准为本人账户储存额除以120。个人缴费年限累计不满15年的，退休后不享受基础养老金待遇，其个人账户储存额一次支付给本人。

本决定实施前已经离退休的人员，仍按国家原来的规定发给养老金，同时执行养老金调整办法。各地区和有关部门要按照国家规定进一步完善基本养老金正常调整机制，认真抓好落实。

本决定实施前参加工作、实施后退休且个人缴费和视同缴费年限累计满15年的人员，按照新老办法平稳衔接、待遇水平基本平衡等原则，在发给基础养老金和个人账户养老金的基础上再确定过渡性养老金，过渡性养老金从养老保险基金中解决。具体办法，由劳动部会同有关部门制订并指导实施。

❷《职工基本养老保险个人账户管理暂行办法》（1997年12月22日　劳办发［1997］116号）

四、个人账户的支付

22. 当单位离退休人员发生变动时，单位应填写《离退休人员增减变化情况表》，报社会保险经办机构审核，社会保险经办机构对待遇给付情况应及时进行相应调整。

23. 按统一的基本养老保险办法办理退休的职工，其基本养老金中的基础养老金、过渡性养老金等由社会统筹基金支付；个人账户养老金由个人账户中支付。

24. 职工退休以后年度调整增加的养老金，按职工退休时个人账户养老金和基础养老金各占基本养老金的比例，分别从个人账户储存余额和社会统筹基金中列支。

25. 职工退休后，其个人账户缴费情况停止记录，个人账户在按月支付离退休金（含以后年度调整增加的部分）后的余额部分继续计算。利息计算有两种方法：

方法一：年度计算法。即离退休人员个人账户余额生成的利息在每个支付年度结束后按年度计算（支付年度内各月支付的养老金数额相同时适用此方法）。年利息计算公式如下：

年利息＝（个人账户年初余额－当年支付养老金总额）×本年记账利率＋当年支付养老金总额×本年记账利率×1.083×1/2

个人账户年终余额＝个人账户年初余额－当年支付养老金总额＋年利息

方法二：月积数法。即离退休人员账户余额生成的利息在每个支付年度内按月计算（支付年度内各月支付的养老金额不同时适用此方法）。年利息计算公式如下：

年利息＝个人账户年初余额×本年记账利率－本年度支付月积数×本年记账利率×1/12

本年度支付月积数＝Σ［n月份支付额×（12－n＋1）］

（n为本年度各支付月份，且1≤n≤12）

26. 当职工个人缴费年限（含视同缴费年限）不满15年而达到法定退休年龄时，退休后不享受基础养老金待遇，其个人账户全部储存额一次性支付给本人，同时终止养老保险关系。出现上述情况时，职工所在单位应及时向社会保险经办机构填报《个人账户一次性支付审批表》。社会保险经办机构核定后封存其个人账户档案。

❸《关于完善企业职工基本养老保险制度的决定》（2005年12月3日　国发［2005］38号）

六、改革基本养老金计发办法。为与做实个人账户相衔接，从2006年1月1日起，个人账户的规模统一由本人缴费工资的11%调整为8%，全部由个人缴费形成，单位缴费不再划入个人账户。同时，进一步完善鼓励职工参保缴费的激励约束机制，相应调整基本养老金计发办法。

《国务院关于建立统一的企业职工基本养老保险制度的决定》（国发［1997］26号）实施后参加工作、缴费年限（含视同缴费年限，下同）累计满15年的人员，退休后按月发给基本养老金。基本养老金由基础养老金和个人账户养老金组成。退休时的基础养老金月标准以当地上年度在岗职工月平均工资和本人指数化月平均缴费工资的平均值为基数，缴费每满1年发给1%。个人账户养老金月标准为个人账户储存额除以计发月数，计发月数根据职工退休时城镇人口平均预期寿命、本人退休年龄、利息等因素确定。

国发［1997］26号文件实施前参加工作，本决定实施后退休且缴费年限累计满15年的人员，在发给基础养老金和个人账户养老金的基础上，再发给过渡性养老金。各省、自治区、直辖市人民政府要按照待遇水平合理衔接、新老政策平稳过渡的原则，在认真测算的基础上，制订具体的过渡办法，并报劳动保障部、财政部备案。

本决定实施后到达退休年龄但缴费年限累计不满15年的人员，不发给基础养老金；个人账户储存额一次性支付给本人，终止基本养老保险关系。

本决定实施前已经离退休的人员，仍按国家原来的规定发给基本养老金，同时执行基本养老金调整办法。

【过渡性养老金】

法律问题解读

在基本养老金的计算中，计算“中人”临界点之前的养老金，称过渡性养老金。按照国务院规定，统一制度实施前参加工作、统一制度实施后退休且个人缴费和视同缴费年限满15年的人员（即所谓“中人”），在发给基础养老金和个人账户养老金的基础上还要加发一部分过渡性养老金。过渡性养老金主要是为了保证这部分“中人”退休时的养老保险金水平不至于因实行统一制度而过低。由于“中人”建立个人账户时间短，退休时简单地用个人账户储存额除以120后的数量会很小，而且也没有体现出统一制度建立个人账户前这部分人的贡献。为此，对这部分人在退休时除发给基础性养老金、个人账户养老金外，还要增加一部分过渡性养老金。

过渡性养老金的具体计算办法各地不尽相同，一般是根据“中人”参加工作后未建立个人账户的年限和经测算后的系数来确定的。

法条指引

❶**《中华人民共和国社会保险法》**（2011年7月1日施行）

第十三条 国有企业、事业单位职工参加基本养老保险前，视同缴费年限期间应当缴纳的基本养老保险费由政府承担。

❷**《关于建立统一的企业职工基本养老保险制度的决定》**（1997年7月16日 国发［1997］26号）

五、本决定实施后参加工作的职工，个人缴费年限累计满15年的，退休后按月发给基本养老金。基本养老金由基础养老金和个人账户养老金组成。退休时的基础养老金月标准为省、自治区、直辖市或地（市）上年度职工月平均工资的20%，个人账户养老金月标准为本人账户储存额除以120。个人缴费年限累计不满15年的，退休后不享受基础养老金待遇，其个人账户储存额一次支付给本人。

本决定实施前已经离退休的人员，仍按国家原来的规定发给养老金，同时执行养老金调整办法。各地区和有关部门要按照国家规定进一步完善基本养老金正常调整机制，认真抓好落实。

本决定实施前参加工作、实施后退休且个人缴费和视同缴费年限累计满15年的人员，按照新老办法平稳衔接、待遇水平基本平衡等原则，在发给基础养老金和个人账户养老金的基础上再确定过渡性养老金，过渡性养老金从养老保险基金中解决。具体办法，由劳动部会同有关部门制订并指导实施。

【基本养老金调整机制】

法律问题解读

这是指基本养老金按照职工社会平均工资水平增长的一定比例定期进行调整的制度。主要目的是保证退休人员的实际生活水平能够随着职工工资水平适度增长，保证退休人员也能够分享社会进步的成果。

由于退休人员的养老金是根据退休时上年度职工社会工资水平和个人账户中的储存额确定的，是一个定数，随着职工工资水平的不断提高、物价水平的增长，退休金的相对数额会减少，造成退休人员实际生活水平下降。为了防止这种现象发生，从1995年开始，我国建立了基本养老金正常调整机制。具体调整办法由各省、自治区、直辖市根据本地经济发展水平、物价上涨水平和职工社会平均工资增长水平等因素确定，一般为当地职工上一年度平均工资增长率的40%—60%。年度增加的基本养老金，按职工退休时个人账户养老金和基础养老金各占基本养老金的比例，分别从个人账户储存额和社会统筹基金中列支。

法条指引

❶**《中华人民共和国社会保险法》**（2011年7月1日施行）

第十八条 国家建立基本养老金正常调整机制。根据职工平均工资增长、物价上涨情况，适时提高基本养老保险待遇水平。

❷**《关于深化企业职工养老保险制度改革的通知》**（1995年9月18日 国发［1995］6号）

四、为了保障企业离退休人员基本生活，各地区应当建立基本养老金正常调整机制。基本养老金可按当地职工上一年度平均工资增长率的一定比例进行调整，具体办法在国家政策指导下由省、自治区、直辖市人民政府确定。

❸**《关于完善企业职工基本养老保险制度的决定》**（2005年12月3日 国发［2005］38号）

七、建立基本养老金正常调整机制。根据职工工资和物价变动等情况，国务院适时调整企业退休人员基本养老金水平，调整幅度为省、自治区、直辖市当地企业在岗职工平均工资年增长率的一定比例。各地根据本地实际情况提出具体调整方案，报劳动保障部、财政部审批后实施。

案例链接

❶《范葆丽诉深圳市社会保险管理局养老保险待遇处理决定纠纷案》，参见北大法宝引证码：Pkulaw. cn/CLI. C. 13464。

❷《广东省畜产进出口集团公司与何茂全劳动争议纠纷上诉案》，参见北大法宝引证码：Pkulaw. cn/CLI. C. 231145。

【基本养老保险金的社会化发放】

法律问题解读

基本养老保险金的社会化发放，是指职工退休后其退休金不再由原单位发放，而是改由银行、邮局、街道社区或社会保险经办机构等社会机构发放。其中主要有以下几种形式：

（1）通过银行发放。这是各地较为普遍采用的一种发放形式。这种形式可以充分利用银行营业网点多的优势，方便广大离退休人员领取养老金。同时，根据原劳动部和中国工商银行的规定，凡由各级工商银行发放养老金的，银行免收手续费（包括储蓄存折和牡丹卡），有利于降低养老金社会化发放的成本。

（2）通过邮局寄发。各地对异地安置和居住在偏远农村的离退休人员多采用这种形式。

（3）社会保险经办机构直接发放。这种形式又包括两种情况：一种是只对极少数高龄孤老、行动不便以及有特殊困难的离退休人员上门直接送发；另一种是采取与银行联办储蓄所等形式发放。

实行基本养老金社会化发放是为了减轻企业承担社会事务的负担，是养老保险社会化管理的开始，随着基本养老金社会化的逐步普及，对退休人员社会化服务的内容也不断增多，包括了档案管理、党组织生活等各个方面。

法条指引

❶《关于建立统一的企业职工基本养老保险制度的决定》（1997 年 7 月 16 日 国发［1997］26 号）

九、提高社会保险管理服务的社会化水平，尽快将目前由企业发放养老金改为社会化发放，积极创造条件将离退休人员的管理服务工作逐步由企业转向社会，减轻企业的社会事务负担。各级社会保险机构要进一步加强基础建设，改进和完善服务与管理工作，不断提高工作效率和服务质量，促进养老保险制度的改革。

❷《关于加快实行养老金社会化发放的通知》（2000 年 4 月 18 日 劳社部发［2000］9 号）（略）

❸《关于转发劳动和社会保障部等部门〈关于积极推进企业退休人员社会化管理服务工作的意见〉的通知》（2003 年 6 月 19 日 中办发［2003］16 号）（略）

❹《关于社会保险管理机构委托中国工商银行代发养老金的通知》（1996 年 11 月 8 日 劳部发［1996］371 号）

各省、自治区、直辖市及计划单列市、副省级省会城市劳动（劳动人事）厅（局），上海市、广东省、武汉市社会保险局，中国工商银行各分行：

实行养老金社会化发放，是深化养老保险制度改革的重要内容之一，是转换企业经营机制和建立现代企业制度的客观要求。这项工作的开展，对维护社会稳定，减轻企业事务性负担，保障离退休人员基本生活，具有极为重要的意义。近年来，不少地区实行了由社会保险管理机构委托银行代发养老金的办法，受到了企业和离退休人员的普遍欢迎。各地应积极努力，尽快将养老保险费用的差额缴拨改为全额缴拨，这是实行养老金社会化发放的重要条件。为加快养老金社会化发放步伐，进一步提高养老保险社会化管理水平，在总结各地经验的基础上，现就社会保险管理机构委托中国工商银行代发养老金的有关部问题通知如下：

一、在中国工商银行营业网点（以下简称营业网点）已实现计算机联网的地区，可以实行由社会保险管理机构委托中国工商银行代发养老金，具体办法如下：

1. 各省、自治区、直辖市社会保险管理机构、中国工商银行各分行应根据本通知精神签订“社会保险管理机构委托中国工商银行代发养老金协议书”，明确各自职责，统一和规范各自的业务流程。

2. 各地社会保险管理机构应在当地中国工商银行开设基本结算账户，养老保险基金的收缴、发放、结存均在此账户中结算。

3. 代发养老金的各营业网点，应针对离退休人员这一特殊群体，进一步简化离退休人员取款手续，并提供优质服务。离退休人员居住较集中的地区，各营业网点应开设养老金发放窗口。

4. 各营业网点应为离退休人员办理个人活期储蓄账户。为方便离退休人员，经企业和离退休人员本人同意，各营业网点可为离退休人员办理牡丹卡，离退休人员可持卡在工商银行自动取款机（ATM）上取款。

5. 为支持养老金社会化发放工作的开展，各营业网点对社会保险管理机构、企业及离退休人员免收手续费（包括储蓄存折和牡丹卡）。

6. 因企业和离退休人员的原因损坏或遗失的储蓄存折、牡丹卡，各营业网点在为其补办时可收取工本费。

二、各地社会保险管理机构和当地中国工商银行，要建立健全离退休人员养老金社会化发放的有关工作制度，规范工作流程，切实保证离退休人员按时、足额领取养老金；要定期对代发养老金的工作进行检查，杜绝拖欠、挪用养老金的现象，一经发现，要严肃查处。

三、各地社会保险管理机构应建立离退休人员数据库，将离退休人员的基本情况纳入计算机管理。

四、各地社会保险管理机构和当地中国工商银行要积极主动做好代发养老金的宣传、解释工作，及时听取企业、离退休人员及有关部门对这项工作的意见和建议，改进工作中的不足，为企业和离退休人员提供优质服务。

五、对开发代发养老金工作中出现的新情况、新问题，要及时认真研究解决，重大问题要及时上报劳动部、中国工商银行。

❺《关于加快养老金社会化发放工作的通知》（1996 年 12 月 18 日　劳部发［1996］420 号）

各省、自治区、直辖市及计划单列市、副省级省会城市、部分优化资本结构试点城市劳动（劳动人事）厅（局）、各地社会保险管理机构：

随着企业职工基本养老保险制度的统一和统筹覆盖范围的扩大与管理层次的提高，养老保险制度改革将进入一个新的阶段。以养老金社会化发放为重要内容的养老保险社会化管理服务工作，已成为养老保险制度改革的一项重要任务。按照国务院关于统一企业职工基本养老保险制度等有关要求，在总结各地试点经验和调查研究的基础上，现就在全国范围内全面推进养老金社会化发放工作的有关事项通知如下：

一、养老金社会化发放是将企业离退休人员的养老金发放工作从企业转向社会，由社会保险经办机构统一组织管理，采用委托银行、邮局以及依托社区和在企业设立社会保险派出机构等多种形式发放。各级劳动部门和社会保险经办机构要按照国务院所确定的养老保险改革的目标和要求，积极稳妥地开展养老金社会化发放工作，为全面实现养老保险社会化管理服务奠定基础。

二、根据实际情况，积极推进养老金社会化发放工作。国务院确定优化资本结构的试点城市与现代企业制度改革试点的单位和东部沿海经济较发达地区，应率先实施养老金社会化发放工作。其他暂不具备全面实施养老金社会化发放条件的地区，也要积极创造条件，逐步实施养老金社会化发放工作。特殊困难企业中离退休人员的基本生活保障，应结合贯彻中共中央办公厅、国务院办公厅《关于进一步解决部分企业职工生活困难问题的通知》（中办发［1996］29 号）精神予以解决。

三、养老金社会化发放要以就近、安全和方便广大离退休人员领取为出发点，分别采取以下形式：

委托银行发放。社会保险经办机构通过银行实施养老金的社会化发放。为推动养老金社会化发放工作的开展，劳动部与中国工商银行已联合发出《关于社会保险管理机构委托中国工商银行代发养老金的通知》（劳部发［1996］371 号），明确规定各级工商银行在代发养老金工作中免收手续费（包括储蓄存折和牡丹卡）。

对异地安置的离退休人员，社会保险经办机构可通过邮局、银行办理邮寄发放或异地支付。

依托社区发放。在城镇，社会保险经办机构可委托社区现有组织机构、人员及服务设施发放养老金，并在此基础上开展管理服务工作。

设立派出机构发放。在离退休人员居住较集中，并设有相应的管理机构和具备一定办公、活动场所的大中型企业，社会保险经办机构可在不增加人员编制、经费开支的情况下，与企业协商设立社会保险派出机构发放养老金，并开展离退休人员社会化管理服务工作。

社会保险经办机构直接发送。根据离退休人员的实际情况，社会保险经办机构可直接向离退休人员发送养老金。

除上述几种方式外，各地在保证离退休人员按时领到养老金的前提下，从本地区实际情况出发，可积极探索社会化发放的新途径、新方式，并注意总结经验，不断改进完善。

四、加强基础管理，保证养老金社会化发放工作顺利实施。

1. 实行养老保险基金差额结算的地区，要尽快改变现行的结算方式，实现养老保险基金全额征集。一步到位确有困难的地区，可采取分步到位的办法逐步过渡，但必须列出过渡的时间表，并报上一级经办机构批准。

2. 加强对养老保险基金的管理，审计和社会监督，保证基金的完整与安全。为加大基金调剂余地，增强抗风险能力，各地要积极创造条件，提高统筹层次，尽快向省级统筹过渡，已实行省级统筹的地区，要相应加大基金的调剂力度。

3. 建立基金储备预警制度，加强分析预测和信息交流，及时向政府和有关部门反映情况，提出建议，做好应急准备。

4. 各级社会保险经办机构要有专人负责养老金社会化发放工作，要加强计算机的开发、应用和管理，确保及时、准确发放养老金，提高社会化发放工作的效率和服务水平。

5. 建立必要的管理制度。社会保险经办机构要分别同企业、银行、社区、派出机构等签订协议，明确各自的职责，建立必要的工作制度和科学规范的社会化发放操作程序。要对社会化发放工作进行跟踪调查，帮助承办单位简化领取手续，为离退休人员提供优质服务。有条件的单位，还应设立咨询电话或提供查询服务，发现问题及时解决。

五、加强对养老金社会化发放工作的检查和评估。劳动部拟定了《养老金社会化发放工作进度表》（附后），并将制定相应的评估标准，建立信息反馈及调度运转制度，及时了解掌握各地工作进程，加强调查研究，实施分类指导。各级社会保险经办机构要依据劳动部提出的工作进度要求和评估标准，制定相应的工作计划和实施方案，建立自查、抽查制度，每年要对养老金社会化发放工作落实情况进行一次检查评估，并将检查结果报我部社会保险事业管理局。劳动部依据各地自查情况，适时组织抽查，并将抽查结果通报全国。

养老金社会化发放工作涉及到广大离退休人员的切身利益，与改革、发展和社会稳定秘密切相关。各级劳动部门、社会保险经办机构，要切实加强对社会化发放工作的领导，充分认识做好这项工作的重要性，抓住深化养老保险制度改革的有利时机，真抓实干，努力开创养老金社会化发放工作的新局面。

案例链接

❶《周爱菊等与武汉市黄陂区劳动和社会保障局履行劳动和社会保障法定职责纠纷上诉案》，参见北大法宝引证码：Pkulaw. cn/CLI. C. 249565。

❷《李玉珍诉江西省安福县第三中学劳动合同纠纷案》，参见北大法宝引证码：Pkulaw. cn/CLI. C. 207299。

学者观点

❶ 马志江：《这起行政行为似乎有违法嫌疑》，参见北大法宝引证码：Pkulaw. cn/CLI. A. 037699。

【建国前参加革命工作的老工人的养老待遇】

法律问题解读

按照国家规定，建国前参加革命工作的老工人符合退休条件时，只能办退休不能办离休。但在待遇上与离休干部一样发给本人退休前标准工资100%的退休费。对于1945年9月2日及以前参加革命工作的，退休后还要增发生活补贴，具体数额为：1937年7月6日以前参加革命工作的，每年增发2个月的本人原标准工资；1937年7月7日以后到1942年12月31日参加革命工作的，每年增发1.5个月的本人工资；1943年1月1日到1945年9月2日参加革命工作的，每年增发1个月的本人工资。

法条指引

❶**《关于建国前参加工作的老工人退休待遇的通知》**（1983年1月15日　劳动人事部劳人险［1983］3号）

经请示国务院同意，并与财政部、民政部研究，现对建国前参加工作的老工人的退休待遇问题，作如下通知：

一、建国前参加中国共产党所领导的革命战争，或享受供给制待遇，或从事地下革命工作，以及在东北和个别老解放区，一九四八年底以前享受当地人民政府制定的薪金制待遇，现在仍在机关、事业、企业单位工作的老工人（含军队无军籍的工人），退休后照发本人原标准工资。对于一九四五年九月二日及其以前参加革命工作的，退休后除照发本人原标准工资外，再增发一部分生活补贴。生活补贴的数额为：一九三七年七月六日以前参加革命工作的，每年增发两个月的本人原标准工资；一九三七年七月七日到一九四二年十二月三十一日参加革命工作的，每年增发一个半月的本人原标准工资；一九四三年一月一日到一九四五年九月二日参加革命工作的，每年增发一个月的本人原标准工资。生活补贴，从批准退休之日起按年按全额发给。

二、上述老工人参加革命工作时间的确定，以及“享受供给制待遇”的解释，按中央组织部、劳动人事部《关于确定建国前干部参加革命工作时间的规定》（中组发［1982］11号通知），及我部《贯彻国务院关于老干部离职休养规定中具体问题的处理意见》（劳人老［1982］10号通知）中的有关规定办理。

三、符合本通知第一条规定的条件，现在已经退休的老工人，可以从本通知下达之月起改变退休待遇，发给生活补贴。过去的一律不予补发。

四、上述各项待遇所需的费用（包括改变待遇后增加的费用），均由原支付退休费的单位发给。

五、按照本通知的规定享受退休待遇和生活补贴的老工人，其政治待遇以及其他保险、福利待遇与一般退休工人相同。

❷《对〈关于建国前参加工作的老工人退休待遇的通知〉中若干具体问题的答复》（1983年9月13日　劳动人事部劳人险局［1983］21号）

自我部劳人险［1983］3号文件《关于建国前参加工作的老工人退休待遇的通知》（以下简称《通知》）发布以来，各地陆续提出了一些问题，要求予以解释。经与有关方面研究后，现答复如下：

一、关于老工人建国前参加革命工作时间的确定和解释，按照《通知》第二条以及有关规定办理。

二、符合《通知》第一条规定条件的退休老工人，按照本人原标准工资计发退休费时，其退休费的计算基数，按照当地一般退休工人计算退休费基数的规定办理。增发生活补贴费的，其生活补贴的计算基数，应包括本人标准工资和保留工资（当地一般退休工人计算退休费基数不包括保留工资的，则不应包括保留工资）。上述退休老工人除按《通知》规定发给退休费和生活补贴外，其他待遇均按一般退休工人的现行有关规定办理，不享受离休干部的其他待遇。

对有特殊贡献享受优异待遇而提高了退休费的，在改按《通知》计发退休费和生活补贴后，其提高部分不再发给。

三、符合《通知》第一条规定条件的老工人，必须同时符合国发［1978］104号文件规定的年龄、身体条件，方可按照《通知》的规定，享受原标准工资和生活补贴的待遇。已经退休的老工人，凡符合《通知》第一条规定条件的，均可由现在支付退休费的单位从《通知》下达之月起改变待遇。

四、按《通知》规定退休的老工人，接受聘用时，仍应按照一九八一年《国务院关于严格执行工人退休、退职暂行办法的通知》中的有关规定办理，不发“补差”，只发奖金。

五、经退职的老工人，包括按照国发［1978］104号文件领取退职生活费的老工人，均不能按照《通知》规定改办退休。

六、按照《通知》规定退休的老工人，仍使用一般退休工人的退休证，但应在退休证上注明是按《通知》规定退休的工人和生活补贴数额。

七、城镇集体所有制单位符合《通知》规定条件的老工人，其退休待遇由各省、市、自治区人民政府确定。

案例链接

❶《韦调庆诉上海市社会保险事业基金结算管理中心不履行法定职责案》，参见北大法宝引证码：Pkulaw.cn/CLI.C.46678。

【高原地区工作的工人退休金标准】

法律问题解读

由于高原气候的特殊条件，国家对在西藏、青海高原工作的工人退休费标准作了提高，并对他们调动工作后的退休费发放标准也作了相应规定。具体规定是：

在西藏自治区工作的工人，凡在海拔3500米以上地区工作累计满10年不满15年的，退休费标准提高5%；累计满15年以上的，退休费标准提高10%；在海拔3500米以下地区工作的，不提高退休费标准。对于曾经在西藏自治区海拔3500米以上地区工作累计满10年以上的工人，以后调到其他省、自治区、直辖市工作的，其退休时退休费标准仍可按上述规定分别提高5%—10%，但提高后的退休费不得超过本人原标准工资。

在青海省工作的工人，凡在海拔 2000 米到 3500 米地区工作，累计满 15 年的，退休费提高 5%；累计满 20 年的，退休费提高 10%；凡在海拔 3501 米以上地区工作，累计满 15 年的，退休费提高 10%；累计满 20 年以上的，退休费提高 15%，但提高标准后的退休费，不得超过本人原标准工资。

实行新的基本养老金计算办法后，高原地区工作的工人本着新老办法对比，就高不就低的原则按月领取退休费。

法条指引

❶ 国务院办公厅《转发国家人事局、劳动总局〈关于西藏干部、工人离休、退休、退职工作中有关问题处理意见的报告〉的通知》（1982 年 4 月 24 日　国办发［1982］36 号）

南京市劳动局：

你局《关于退休人员失踪后退休费发放问题的请示函》收悉，经研究，批复如下：

退休人员失踪后，在下落不明期间的待遇，在国家没有新的规定之前，根据《中华人民共和国民法通则》和《中华人民共和国户口登记条例》有关规定，以及公安部有关户籍管理的规定，可暂按如下意见处理：

退休职工失踪，下落不明在 6 个月以内的，其退休待遇可继续发给；超过 6 个月的，从其户主、亲属或利害关系人申报失踪，户口登记机关暂时注销其户口的下月起，暂时停发其退休待遇，但对其供养直系亲属因此而发生生活困难的，由发给退休待遇的单位酌情给予生活困难补助。下落不明满四年和因意外事故下落不明，从事故发生之日起满二年依法被宣告死亡的，改按死亡有关待遇处理。上述人员重新出现或者确知其下落，经本人或者利害关系人申请，可按有关规定补发和恢复其应享受的待遇，但应扣还下落不明期间（包括被宣告失踪、宣告死亡期间）停发退休待遇后发给其供养直系亲属的生活困难补助和死亡待遇。

❷ 劳动人事部《关于如何执行〈关于西藏干部、工人离休、退休、退职工作中有关问题处理意见的报告〉的函》（1982 年 11 月 24 日　劳人险［1982］32 号）

最近，一些地区来函询问，应该如何执行今年四月二十四日，国务院办公厅转发的国家人事局、国家劳动总局《关于西藏干部、工人离休、退休、退职工作中有关问题处理意见的报告》（国办发［1982］36 号文）。经研究，现对有关问题答复如下：

一、国办发［1982］36 号文转发的《报告》，原则上只适用于在西藏办理离休、退休、退职的职工。但是，对于曾经在西藏海拔三千五百米以上地区工作累计满十年以上的职工，以后调到其他省、市、自治区工作，就地退休的，其退休费标准可执行《报告》第一条的规定；在国办发［1982］36 号文发布以前已经退休的，也可自文件下达之月起，由发给退休费用的单位改按《报告》第一条的规定发给退休费，文件下发以前的时间不再补发退休费。退休费总额不得超过本人原标准工资。

二、国办发［1982］36 号文发布之前，已经在西藏退休安置，并且一直由西藏支付退休待遇的退休职工，其退休待遇的变动问题，由西藏自治区决定。

❸ 劳动人事部、财政部《关于职工工资、保健、福利等问题给青海省人民政府的复函》（1983 年 8 月 15 日　劳人薪［1983］359 号）

三、关于适当提高职工退休费标准问题。根据你省各地区海拔高度、地区的艰苦情况和职工本人在青海工作时间的长短，按下列标准予以适当提高：

1. 凡在海拔二千米至三千五百米地区工作，累计满十五年的，退休费提高百分之五；累计满二十年的，退休费提高百分之十；

2. 凡在海拔三千五百零一米以上地区工作，累计满十五年的，退休费提高百分之十；累计满二十年以上的，退休费提高百分之十五。

但以上提高标准后的退休费，不得超过本人原标准工资。

【因私出境离退休人员基本养老金的领取】

法律问题解读

离退休人员因私事出境后，按照国家有关规定享受的离退休费及各种补贴照发。离退休人员因私事出境无时间限制。如出境时间在 1 年以上的，从第 13 个月起，每年应向支付离退休费的单位提供由我驻外使领馆或当地公证机关出具的本人生存证明书。由公证机关出具证明书的，须经我驻外使馆认证，居住在尚未和我国建交国家的，须经受委托驻该国并已与我国建交的第三国使领馆认证，方为有效。支付单位凭上述证明，继续支付离退休费及各种补贴。离退休人员因私事出境后，如获得所在国（地区）准许定居的，如在所在国取得永久居留权（通常所说的“绿卡”）或加入外国籍等，可以继续享受与国内退休人员相同的待遇。但其每半年需按前述的规定提供一份本人生存证明书。支付单位凭上述证明，按期支付其相应待遇。该出国出境定居人员经向社会保险经办机构办理申请手续后，可委托其国内指定人代领养老金。如其要求经办机构寄汇至国外，汇费及兑币费由本人承担。凡因私事出境的旅费，境外的医药费，均由本人自理。在境外期间死亡的，其在外国的亲属应及时通知其国内原所在单位。所在单位按规定在国内发给丧葬等费用，并从其死亡的下一个月起停发离退休费。

法条指引

❶《关于进一步规范基本养老金社会化发放工作的通知》（2001 年 12 月 21 日　劳社厅发［2001］8 号）

四、在国内异地居住或出国定居的离退休人员，经向社会保险经办机构申请并办理相关手续后，其基本养老金可以委托亲属或他人代领。在国内异地居住的，也可以委托社会保险经办机构通过邮局、银行寄汇给本人；出国定居的，若国内无亲属或他人代领，本人要求社会保险经办机构将款寄汇至国外的，汇费由其个人负担。

六、各级社会保险经办机构应当定期对参加基本养老保险的离退休人员领取基本养老金的资格进行核查。在国内异地居住的离退休人员，每年向负责支付其基本养老金的社会保险经办机构提供一次居住地公安机关出具的居住证明。出国定居的离退休人员，每年向负责支付其基本养老金的社会保险经办机构提供一次由我国驻该国使领馆出具的居住证明（未与我国建立外交关系的国家，由当地公证机关出具）。

❷《关于获准出国定居的退休、退职人员待遇问题的通知》（1982 年 6 月 17 日　劳动人事部、国务院侨务办公室、中国银行、中华全国总工会　劳人劳［1982］42 号）

经国务院同意，现对获准出国定居的国营企业、事业和党政机关、人民团体的退休、退职人员的待遇处理问题，作如下通知：

一、出国定居的退休、退职人员的退休费、退职生活费与国内退休、退职人员享受同等待遇。其退休费、退职生活费及副食品价格补贴、粮（煤）价补贴、企业职工的因工残废补助费，以及由民政部门支付的残废金等，由支付退休、退职待遇的单位发给（残废金由支付退休费、退职生活费的单位向本人原居住地的民政部门领取），或由受委托的国内亲友代领，直至本人去世为止。支付此项待遇所需外汇，由当地中国银行按照国家外汇管理总局颁发的《审批个人外汇申请施行细则》的有关规定办理。

出国定居的退休、退职人员，每半年需提供一份由我驻外使领馆或者当地公证机关出具的本人生存证明书。由公证机关出具的证明，须经我驻外使领馆认证（居住在尚未和我国建交的国家的，须经驻该国并已与我国建交的第三国使领馆认证），方为有效。支付单位，凭上述证明，按期支付应得的款项。

二、出国定居的退休、退职人员及其供养的直系亲属，在国内途程所需的车、船费、行李搬运费、旅馆费和伙食补助费，按照财政部关于差旅费开支的规定办理；国外途程所需的一切费用，均由本人自理。

三、出国定居的退休、退职人员死亡后，支付退休费、退职生活费的单位，应该按照其原工作单位的现行规定，发给丧葬费、供养直系亲属抚恤费或救济费。已在国外定居的直系亲属，须按照本规定第一条公证、认证手续，向支付退休、退职待遇的单位提供退休、退职人员死亡证明书和供养直系亲属生存证明书，才能享受本条规定的各项待遇。

四、出国定居的退休、退职人员，除按照第一、二、三条规定享受待遇外，不再享受其他待遇。

五、出国定居的退休、退职人员，经批准又回国居住的，原支付退休费、退职生活费的单位，应该按照退休、退职的规定，与本单位其他退休、退职人员同样对待，但是对其中一次领取了五年退休费、退职生活费，在国外居住不满五年的退休、退职人员，应从出国之月起计算，在满五年之后方能享受本通知第一条的各项待遇。

六、本通知同样适用于获准到港澳地区定居的退休、退职人员和离开我国到外国或港澳地区定居的外国籍退休、退职人员。

七、集体所有制企业、事业单位退休、退职人员出国定居的待遇，由各省、市、自治区规定，其手续可以参照本规定办理。

八、本通知自发出之月起实行，过去的有关规定与本通知有抵触的，按本通知执行。已按过去有关规定一次领取了五年退休费、退职生活费，现仍在国外或港澳地区居住的人员，其待遇不再变动。

【下落不明退休人员的养老金】

法律问题解读

国家规定，退休人员失踪，下落不明在 6 个月以内的，其退休待遇可照发；超过 6 个月的，从第 7 个月起暂时停发其退休待遇。但对直系亲属因此而发生生活困难的，由发给退休费的单位酌情给予生活困难补助。下落不明满 4 年和因意外事故下落不明，从事故发生之日起满 2 年依法被宣告死亡的，改按死亡有关待遇处理。上述人员重新出现或者确知其下落，经本人或者利害关系人申请，可按有关规定补发和恢复其应享受的待遇，但须扣还下落不明期间（包括被宣告失踪、宣告死亡期间）停发退休待遇后发给其供养直系亲属的生活困难补助和死亡待遇。

法条指引

❶《劳动部办公厅关于退休职工下落不明期间应从何时停发退休待遇问题的复函》（1993 年 10 月 22 日　劳办发［1993］162 号）

江苏省人事厅：

你厅《关于退休干部失踪宣告死亡后善后处理有关问题的请示》（苏人发［2000］9 号）收悉，经研究，对于退休干部失踪后的有关待遇问题，可根据《中共中央组织部老干部局关于离休干部失踪后待遇如何处理问题的复函》（老干办字［1992］第 27 号）精神，参照原劳动部办公厅《关于退休职工下落不明期间待遇问题的批复》（劳办险字［1990］1 号）及《关于退休职工下落不明期间应从何时停发退休待遇问题的复函》（劳办发［1993］162 号）意见处理，即：退休人员失踪，下落不明在 6 个月以内的，其退休费可照发；超过 6 个月的，从第 7 个月起暂时停止享受退休待遇。宣告死亡的，其抚恤金发放标准以停止享受退休待遇时的退休费为基数。

❷《人事部关于退休干部失踪后待遇如何处理问题的复函》（2000 年 2 月 28 日　人办函［2000］18 号）

江苏省人事厅：

你厅《关于退休干部失踪宣告死亡后善后处理有关问题的请示》（苏人发［2000］9 号）收悉，经研究，对于退休干部失踪后的有关待遇问题，可根据《中共中央组织部老干部局关于离休干部失踪后待遇如何处理问题的复函》（老干办字［1992］第 27 号）精神，参照原劳动部办公厅《关于退休职工下落不明期间待遇问题的批复》（劳办险字［1990］1 号）及《关于退休职工下落不明期间应从何时停发退休待遇问题的复函》（劳办发［1993］162 号）意见处理，即：退休人员失踪，下落不明在 6 个月以内的，其退休费可照发；超过 6 个月的，从第 7 个月起暂时停止享受退休待遇。宣告死亡的，其抚恤金发放标准以停止享受退休待遇时的退休费为基数。

❸ 中共中央组织部老干部局《关于离休干部失踪后待遇如何处理问题的复函》（老干办字［1992］第 27 号）（略）

【被判刑退休人员的养老金】

法律问题解读

退休人员被判刑或劳动教养的，基本养老保险待遇可作如下处理：

（1）退休人员被判处拘役、有期徒刑及以上刑罚或被劳动教养的，服刑或劳动教养期间停发基本养老金，服刑或劳动教养期满后可以按服刑或劳动教养前的标准继续发给基本养老金，并参加以后的基本养老金调整。

（2）退休人员在服刑或劳动教养期间死亡的，其个人账户储存额中的个人缴费部分本息可以继承，但遗属不享受相应待遇。

（3）退休人员被判处管制、有期徒刑宣告缓刑和监外执行的，可以继续发给基本养老金，但不参加基本养老金调整。

（4）退休人员因涉嫌犯罪被通缉或在押未定罪期间，其基本养老金暂停发放。如果法院判其无罪，被通缉或羁押期间的基本养老金予以补发。

法条指引

❶《劳动和社会保障部办公厅关于退休人员被判刑后有关养老保险待遇问题的复函》（2001 年 3 月 8 日　劳社厅函［2001］44 号）

黑龙江省劳动和社会保障厅：

你厅《关于已领取养老金人员涉嫌犯罪被通缉或在押未定罪期间养老金发放问题的请示》（黑

劳社呈［2001］5号）收悉。经研究，现答复如下：

退休人员被判处拘役、有期徒刑及以上刑罚或被劳动教养的，服刑或劳动教养期间停发基本养老金，服刑或劳动教养期满后可以按服刑或劳动教养前的标准继续发给基本养老金，并参加以后的基本养老金调整。退休人员在服刑或劳动教养期间死亡的，其个人账户储存额中的个人缴费部分本息可以继承，但遗属不享受相应待遇。退休人员被判处管制、有期徒刑宣告缓刑和监外执行的，可以继续发给基本养老金，但不参与基本养老金调整。退休人员因涉嫌犯罪被通缉或在押未定罪期间，其基本养老金暂停发放。如果法院判其无罪，被通缉或羁押期间的基本养老金予以补发。

【原行业统筹企业移交地方前已离退休人员的养老待遇】

法律问题解读

国家规定，养老保险行业统筹移交地方管理后，原行业统筹企业已离退休人员的基本养老保险待遇原则上维持不变，其中经原劳动部、财政部批准的统筹项目内的部分由省级统筹的基本养老保险基金支付，未列入统筹项目的部分由企业支付。为此，劳动保障部和财政部根据原劳动部、财政部对各行业开展养老保险统筹的批复文件，对11个行业和单位的统筹项目进行了审核认定，要求各地区和有关部门据此组织审核认定，经审核确认的统筹项目，从省级基本养老保险基金中支付，未列入统筹项目的部分由企业负担，从企业管理费用中列支。

法条指引

❶**《关于实行企业职工基本养老保险省级统筹和行业统筹移交地方管理有关问题的通知》**（1998年8月6日　国发［1998］28号）

各省、自治区、直辖市人民政府，国务院各部委、各直属机构：

为了深化企业职工养老保险制度改革，加强基本养老保险基金管理和调剂力度，确保企业离退休人员基本养老金的按时足额发放，国务院决定，加快实行企业职工基本养老保险省级统筹，并将铁道部、交通部、信息产业部（原邮电部部分）、水利部、民航总局、煤炭局（原煤炭部）、有色金属局（原中国有色金属工业总公司）、国家电力公司（原电力部）、中国石油天然气集团公司和中国石油化工集团公司（原石油天然气总公司部分）、银行系统（工商银行、农业银行、中国银行、建设银行、交通银行、中保集团）、中国建筑工程总公司组织的基本养老保险行业统筹

移交地方管理。现就有关问题通知如下：

一、加快实行企业职工基本养老保险省级统筹

（一）1998年底以前，各省、自治区、直辖市（以下简称省、区、市）要实行企业职工基本养老保险省级统筹（以下简称省级统筹），建立基本养老保险基金省级调剂机制，调剂金的比例以保证省、区、市范围内企业离退休人员基本养老金的按时足额发放为原则。到2000年，在省、区、市范围内，要基本实现统一企业缴纳基本养老保险费比例，统一管理和调度使用基本养老保险基金，对社会保险经办机构实行省级垂直管理。

（二）省级统筹的范围包括，省、区、市（含计划单列市、副省级省会城市、经济特区、开发区等）内的国有企业、集体企业、外商投资企业、私营企业等城镇各类企业及其职工。城镇个体经济组织及其从业人员也应参加基本养老保险并纳入省级统筹。

（三）从1998年9月1日起，目前实行基本养老保险基金差额缴拨的地区，要改变基金结算方式，对企业和职工个人全额征收基本养老保险费，对企业离退休人员全额支付基本养老金。各省、区、市要积极创造条件，加快实现企业离退休人员基本养老金的社会化发放，推进社会化管理进程。

二、按期完成基本养老保险行业统筹移交地方管理

（四）在1998年8月31日以前，实行基本养老保险行业统筹（以下简称行业统筹）企业的基本养老保险工作，按照先移交后调整的原则，全部移交省、区、市管理。从1998年9月1日起，由省、区、市社会保险经办机构负责收缴行业统筹企业基本养老保险费和发放离退休人员基本养老金。跨省、区、市的，按单位或其分支机构的注册登记地进行属地划分，其基本养老保险工作分别移交所在省、区、市社会保险经办机构管理。行业统筹在各省、区、市的省级社会保险经办机构暂予保留，待地方政府机构改革时再统筹研究。

（五）行业统筹移交地方管理后，1998年内，企业和职工个人缴纳基本养老保险费的比例保持

不变。从1999年起，调整企业缴纳基本养老保险费的比例，起步时不低于企业工资总额的13%，以后逐步过渡到与地方企业相同的比例。根据行业的具体情况，煤炭、银行、民航企业的过渡期为5年，其他行业企业的过渡期原则上为3年。从1999年1月1日起，职工个人缴纳基本养老保险费的比例按省、区、市确定的统一比例执行，一次到位。

从1998年1月1日起，统一按本人缴费工资11%的数额调整或建立职工基本养老保险个人账户，移交前后的个人账户储存额合并计算。

（六）行业统筹移交地方管理后，原行业统筹企业已离退休人员的基本养老保险原待遇原则上维持不变，其中经原劳动部、财政部批准的统筹项目内的部分由省级统筹的基本养老保险基金支付，未列入统筹项目的部分由企业支付。行业统筹移交地方管理以后退休的人员，基本养老保险待遇按照省、区、市的办法执行，对于按原行业统筹计发办法计算高于按地方计发办法计算的部分，可由各省、区、市采用加发补贴的办法解决，所需费用从省级统筹的基本养老保险基金中支付，补贴的标准逐年调整，5年后执行省、区、市的计发办法。

（七）行业统筹积累的基本养老保险基金，全部移交给省、区、市社会保险经办机构管理，其中存在省、区、市以下社会保险经办机构的，随同行业统筹移交地方管理一并移交给地方；存在中央部门的，主要用于解决移交过程中的地区不平衡问题。具体移交办法由劳动保障部、财政部统一研究制定并尽快下发。

行业统筹企业建立的补充养老保险，要逐步加以规范，由劳动保障部审查同意的机构经办。补充养老保险积累的基金不移交地方。

（八）加快行业统筹移交地方管理，是实行省级统筹的重要保证。行业统筹移交地方管理的工作由劳动保障部会同财政部组织实施。行业统筹移交地方管理后，企业缴纳基本养老保险费的比例调整和对退休人员的补贴办法等，各省、区、市要报劳动保障部，劳动保障部商财政部同意后，由省、区、市人民政府批准实施。

三、加强领导，严肃纪律，确保按时足额发放企业离退休人员基本养老金

（九）各省、区、市人民政府、各有关部门和单位要统一认识，加强领导，积极稳妥地推进省级统筹和行业统筹移交地方管理的工作，要按照本通知规定的程序和进度，抓紧进行，认真落实。要严肃纪律，不能搞提前退休，不得擅自提高待遇，不准借交接之机挪用基本养老保险基金，对被挤占挪用的基本养老保险基金，要从严从快清查收回。各省、区、市人民政府要采取切实有效措施，按期建立省级统筹，保证基本养老保险基金在省、区、市范围内调剂使用，确保按时足额发放企业离退休人员的基本养老金，不得再发生新的拖欠，对以前拖欠的要逐步予以补发。对发放企业离退休人员基本养老金确有困难的地区，1998年中央财政给予适当支持。

（十）实行省级统筹和行业统筹移交地方管理，时间紧、任务重、政策性强，涉及各方面利益的调整和社会的稳定，各省、区、市人民政府、各有关部门和单位要高度重视，精心组织实施。劳动保障部、财政部要加强指导，保证省级统筹和行业统筹移交地方管理工作的顺利完成。

❷**《关于核定原行业统筹项目的通知》**（1998年12月29日　劳动保障部、财政部劳社部发［1998］22号）

各省、自治区、直辖市劳动（劳动和社会保障）厅（局）、财政厅（局）：

《国务院关于实行企业职工基本养老保险省级统筹和行业统筹移交地方管理有关问题的通知》（国发［1998］28号）规定，行业统筹移交地方管理后，原行业统筹企业已离退休人员的基本养老保险原待遇原则上维持不变，其中经原劳动部、财政部批准的统筹项目内的部分由省级统筹的基本养老保险基金支付，未列入统筹项目的部分由企业支付。根据原劳动部、财政部对各行业开展养老保险统筹的批复文件，劳动保障部、财政部对11个行业和单位的统筹项目进行了审核认定，现印发给你们，请按照执行。各地和各行业企业要认真贯彻国务院文件精神，确保离退休人员养老金按时足额发放。对劳动保障部、财政部审核确认的行业统筹项目，各地要确保所需费用从基本养老保险基金中支付；对未被确认的行业统筹项目，所需费用在企业管理费用中列支，保持已离退休人员的原待遇基本不变。

案例链接

❶《张义昌与辽宁省劳动和社会保障厅企业职工退休及基本养老保险待遇审批纠纷上诉案》，参见北大法宝引证码：Pkulaw. cn/CLI. C. 103719。

❷《孔玲玲与上海市劳动和社会保障局履行法定职责纠纷上诉案》，参见北大法宝引证码：Pkulaw.cn/CLI.C.16669。

【原行业统筹企业 1999 年以后退休人员的基本养老保险待遇】

法律问题解读

国家规定原行业统筹企业 1999 年以后退休的人员，基本养老保险待遇按省、自治区、直辖市的办法执行。在劳动保障部、财政部核定的统筹项目范围内，对于按照原行业统筹计发办法计发高于按地方计发办法计发的待遇差额部分，采用加发补贴的办法解决，所需费用从省级统筹的基本养老保险基金中支付。其中，1999 年退休的，发给当年待遇差额的 90%左右；2000 年退休的，发给当年待遇差额的 70%左右；2001 年退休的，发给当年待遇差额的 50%左右；2002 年退休的，发给当年待遇差额的 30%左右；2003 年退休的，发给当年待遇差额的 10%左右；2004 年及以后退休的，不再发给该项补贴。

原行业统筹企业 1999 年以后的退休人员，按省、区、市的办法计算养老金时，以省、区、市上年度职工平均工资为基数。在按原行业统筹办法计算待遇时，基础养老金计发基数以 1997 年行业职工平均工资为准，一次核定后不再变动。

法条指引

❶《关于调整原行业统筹企业缴纳基本养老保险费比例等有关事项的通知》（1999 年 2 月 13 日　劳动保障部、财政部劳社部发［1999］3 号）

各省、自治区、直辖市劳动（劳动和社会保障）厅（局），财政厅（局）：

按照《国务院关于实行企业职工基本养老保险省级统筹和行业统筹移交地方管理有关问题的通知》（国发［1998］28 号）的规定，从 1999 年起，各省、自治区、直辖市（以下称省、区、市）逐步调整原行业统筹企业缴纳基本养老保险费的比例（以下简称行业费率），同时确定 1999 年以后退休人员计发补贴的办法。为做好这项工作，现就有关事项通知如下：

一、行业费率调整和 1999 年以后退休人员计发补贴办法的确定，要认真执行国家的有关政策规定，稳步进行，实行报批制度。要兼顾养老保险基金承受能力、企业发展和社会稳定，实现平稳过渡。

二、各省、区、市要结合省级统筹的实施，制定行业费率 3—5 年调整过渡到省级统筹统一费率的总体规划。煤炭、银行、民航企业的过渡期为 5 年，其他行业企业的过渡期原则上为 3 年，对移交前执行费率低于 11%的企业，过渡期可延长到 5 年。在此基础上，制订出分年度的调整方案，由劳动保障厅（局）会同财政厅（局）逐年上报劳动保障部、财政部，经两部审核同意后，由省、区、市人民政府批准实施。

三、从 1999 年起，行业费率要统一以工资总额为基数核定。1999 年行业费率的调整标准为：移交前执行费率低于 13%的，原则上调整到 13%；其中距 13%不足 1 个百分点的，可超过 13%，但最多只能提高 2 个百分点。移交前执行费率高于 13%低于 20%的，最多只能提高 2 个百分点，最高不超过 20%；其中全省统一费率低于 20%的，不能超过全省的统一费率。移交前执行费率高于 20%或高于上述全省统一费率的，要适当降低。

四、原行业统筹企业 1999 年以后退休的人员，基本养老保险待遇按省、区、市的办法执行。在劳动保障部、财政部核定的统筹项目范围内，对于按照原行业统筹计发办法计发高于按地方计发办法计发的部分（以下称待遇差），采用加发补贴的办法解决，所需费用从省级统筹的基本养老保险基金中支付。其中，1999 年退休的，发给当年待遇差的 90%左右；2000 年退休的，发给当年待遇差的 70%左右；2001 年退休的，发给当年待遇差的 50%左右；2002 年退休的，发给当年待遇差的 30%左右；2003 年退休的，发给当年待遇差的 10%左右；2004 年及以后退休的，不再发给该项补贴。

五、原行业统筹企业 1999 年以后的退休人员，按省、区、市的办法计算养老金时，以省、区、市上年度职工平均工资为基数。在按原行业统筹办法计算待遇时，基础养老金计发基数以 1997 年行业职工平均工资为准，一次核定后不再变动。

六、从 1998 年 1 月 1 日起，原行业统筹企业职工统一按本人缴费工资 11%的数额调整或建立基本养老保险个人账户，移交前后的个人账户储存额合并计算。其中，1998 年以前个人账户的建账时间，从行业按国家规定建立个人账户之日起计算；职工个人缴费并入个人账户的时间，原则上按地方规定执行。

七、各省、区、市报送行业费率调整方案，要按行业分别提出调整意见，其内容包括：地方现行费率，移交前行业执行费率，拟报批的行业费率（详见附表）。1999年调整行业费率的方案和1999年以后退休人员计发补贴的办法，应于3月10日之前报劳动保障部、财政部审批，从1月1日起开始实施。2000年以后的行业费率调整方案，应于上年的11月份报批。

八、原行业统筹企业费率调整和5年内退休人员计发补贴办法的确定，政策性强，涉及面广，各省、区、市劳动保障和财政部门要在当地政府的领导下，严格按照本通知规定的程序和要求，抓紧做好调整方案的拟定和上报工作，未经劳动保障部、财政部审核同意，一律不得擅自调整行业费率；行业费率调整方案一经两部审核同意，不得随意变动。各地要以高度负责的精神，加强与行业企业的协商，精心组织实施，对实施工作中遇到的重大问题，要及时向劳动保障部、财政部报告。

【军人配偶随军未就业的养老保险】

法律问题解读

为了解决军人配偶随军未就业期间养老保险补贴待遇及其保险关系的衔接问题，国家规定为未就业随军配偶建立养老保险个人账户，并给予个人账户补贴。随军配偶享受此待遇的条件与享受基本生活补贴待遇的条件相同。有关养老保险个人账户补贴待遇的规定是：

（1）军人所在单位后勤机关按照缴费基数11%的规模，为未就业随军配偶建立养老保险个人账户，所需资金由个人和国家共同负担，其中，个人按6%的比例缴费，国家按5%的比例给予个人账户补贴。缴费基数参照上年度全国城镇职工月平均工资60%的比例确定。个人缴费部分，由军人所在单位后勤机关在发放基本生活补贴时代扣代缴。

（2）个人缴费和国家给予个人账户补贴的比例，根据企业职工个人缴费比例的变动情况，由总后勤部商国务院有关部门适时调整。

（3）2004年1月1日以前随军的未就业随军配偶，1998年1月1日至2004年1月1日前未参加养老保险的随军年限，可根据自愿原则，在2004年当年，个人按缴费基数11%的比例一次性补缴养老保险费，并全部记入本人的养老保险个人账户。其补缴年限与2004年后的缴费年限合并计算。

有关未就业随军配偶随军前已经参加地方养老保险的，养老保险关系和个人账户资金转入手续的规定是：

（1）未就业随军配偶随军前，已经参加地方企业职工基本养老保险或机关事业单位养老保险并建立个人账户的，按照国家关于职工跨统筹地区调动的有关规定，由地方社会保险经办机构，将其基本养老保险关系和个人账户资金转入军人所在单位后勤机关。

（2）未就业随军配偶随军前，已经参加地方机关事业单位养老保险但未建立个人账户的，以及在未实行养老保险的机关事业单位工作的，按上述规定建立养老保险个人账户。其中，已参加养老保险的，由地方社会保险经办机构将其养老保险关系转入军人所在单位后勤机关。

（3）军人所在单位后勤机关应当及时为未就业随军配偶接续基本养老保险关系，并建立养老保险个人账户。

有关未就业随军配偶实现就业并参加养老保险的，养老保险关系和个人账户资金转出手续的规定是：

（1）未就业随军配偶就业后，参加基本养老保险的，按照国家关于职工跨统筹地区调动的有关规定，由军人所在单位后勤机关办理养老保险关系和个人账户资金转出手续。

（2）未就业随军配偶在机关事业单位就业，执行机关事业单位的退休养老制度。

（3）未就业随军配偶在军队期间建立养老保险个人账户后的缴费年限，与到地方后参加养老保险的缴费年限合并计算。

（4）地方劳动保险部门及其社会保险经办机构，应当及时按规定办理未就业随军配偶养老保险关系和个人账户接续工作。

另外，停止享受养老保险个人账户补贴待遇的条件与停止享受基本生活补贴的条件相同。

法条指引

❶《中国人民解放军军人配偶未就业期间社会保险暂行办法》（2003年12月25日　国办发［2003］102号）

三、随军配偶符合下列条件之一的（以下称未就业随军配偶），依照本办法规定享受基本生活补贴和养老、医疗保险个人账户补贴待遇：

（一）随军前未就业、经批准随军随队后未就业且无收入的；

（二）随军前已就业但未参加基本养老保险、

经批准随军随队后未就业且无收入的；

（三）经批准随军随队后未就业且无收入，已参加基本养老保险，并将基本养老保险关系和个人账户资金转入军队的。

八、军人所在单位后勤机关按照缴费基数11%的规模，为未就业随军配偶建立养老保险个人账户，所需资金由个人和国家共同负担，其中，个人按6%的比例缴费，国家按5%的比例给予个人账户补贴。缴费基数参照上年度全国城镇职工月平均工资60%的比例确定。

个人缴费和国家给予个人账户补贴的比例，根据企业职工个人缴费比例的变动情况，由总后勤部商国务院有关部门适时调整。

九、本办法实施以前随军随队的未就业随军配偶，1998年1月1日至本办法实施前未参加养老保险的随军随队年限，可根据自愿原则，在本办法实施当年，个人按缴费基数11%的比例一次性补缴养老保险费，并全部记入本人的养老保险个人账户。其补缴年限与本办法实施后的缴费年限合并计算。

十、未就业随军配偶随军随队前已经参加地方养老保险的，养老保险关系和个人账户资金转入手续，按以下规定办理：

（一）未就业随军配偶随军随队前，已经参加地方企业职工基本养老保险或机关事业单位养老保险并建立个人账户的，按照国家关于职工跨统筹地区调动的有关规定，由地方社会保险经办机构，将其基本养老保险关系和个人账户资金转入军人所在单位后勤机关。

（二）未就业随军配偶随军随队前，已经参加地方机关事业单位养老保险但未建立个人账户的，以及在未实行养老保险的机关事业单位工作的，按本办法建立养老保险个人账户。其中，已参加养老保险的，由地方社会保险经办机构将其养老保险关系转入军人所在单位后勤机关。

（三）军人所在单位后勤机关应当及时为未就业随军配偶接续基本养老保险关系，并建立养老保险个人账户。

十一、未就业随军配偶实现就业并参加养老保险的，养老保险关系和个人账户资金转出手续，按以下规定办理：

（一）未就业随军配偶就业后，参加基本养老保险的，按照国家关于职工跨统筹地区调动的有关规定，由军人所在单位后勤机关办理养老保险关系和个人账户资金转出手续。

（二）未就业随军配偶在机关事业单位就业，执行机关事业单位的退休养老制度。

（三）未就业随军配偶在军队期间建立养老保险个人账户后的缴费年限，与到地方后参加养老保险的缴费年限合并计算。

（四）地方劳动保障部门及其社会保险经办机构，应当及时按规定办理未就业随军配偶养老保险关系和个人账户接续工作。

十七、有下列情形之一的，停止享受军人配偶随军未就业期间基本生活补贴和养老、医疗保险个人账户补贴待遇：

（一）未就业随军配偶已就业且有收入的；

（二）未就业随军配偶无正当理由，拒不接受当地人民政府有关部门或者机构安排工作的；

（三）未就业随军配偶出国定居或者移居港、澳、台地区的；

（四）未就业随军配偶与军人解除婚姻关系的；

（五）未就业随军配偶被判刑收监执行或者被劳动教养的；

（六）军人被取消军籍的；

（七）军人退出现役的；

（八）军人死亡的。

十八、中央财政安排的资金，由总后勤部列入年度军费预算，中央财政每年予以拨付。养老、医疗保险个人账户资金中个人缴费部分，由军人所在单位后勤机关在发放基本生活补贴时代扣代缴。

【科研等单位转制前离退休人员养老待遇的调整】

法律问题解读

国家对原国家经贸委所属的10个国家局管理的242个科研机构、中央所属的178个工程勘察设计单位以及建设部11个部门（单位）所属的134个科研机构转制前离退休人员离退休待遇调整等问题作了这样的规定：

（1）有正常事业费的转制单位，转制前离退休人员不再执行企业离退休人员基本养老金调整办法，社会保险经办机构只负责发放接收时按规定标准核定的基本养老金，以后不再增加。从2001年开始，其离退休待遇调整纳入国家统一的事业单位离退休费调整范围，由财政部门按统一的补助标准和现有经费渠道安排所需资金，并由离退休人员原单位负责发放。2001年地方已经按企业办法为转制前离退休人员增加的基本养老金，由社会保险经办机构扣回。

(2) 没有正常事业费的转制单位，转制前离退休人员按规定标准核定的基本养老金继续由社会保险经办机构发放，基本养老金调整按企业的办法执行，所需费用从基本养老保险统筹基金中支付。国家统一出台事业单位离退休费调整政策时，转制前离退休人员按企业办法增加的基本养老金与按事业单位办法增加的离退休费的差额部分，由原单位视经济情况自筹资金解决。

法条指引

❶《关于转制科研机构和工程勘察设计单位转制前离退休人员待遇调整等问题的通知》（2002年2月6日　劳动保障部、人事部、财政部、科技部、建设部、劳社部发［2002］5号）

有关省、自治区、直辖市劳动和社会保障、人事、财政、科技、建设厅（局）：

经国务院批准，现就国家经贸委所属的原10个国家局管理的242个科研机构、中央所属的178家工程勘察设计单位以及建设部等11个部门（单位）所属的134个科研机构（以下简称转制单位）转制前离退休人员离退休待遇调整等问题通知如下：

一、有正常事业费的转制单位，转制前离退休人员不再执行企业离退休人员基本养老金调整办法，社会保险经办机构只负责发放接收时按规定标准核定的基本养老金，以后不再增加。从2001年开始，其离退休待遇调整纳入国家统一的事业单位离退休费调整范围，由财政部门按统一的补助标准和现有经费渠道安排所需资金，并由离退休人员原单位负责发放。2001年地方已经按企业办法为转制前离退休人员增加的基本养老金，由社会保险经办机构扣回。

二、没有正常事业费的转制单位，转制前离退休人员按规定标准核定的基本养老金继续由社会保险经办机构发放。基本养老金调整按企业的办法执行，所需费用从基本养老保险统筹基金中支付。国家统一出台事业单位离退休费调整政策时，转制前离退休人员按企业办法增加的基本养老金与按事业单位办法增加的离退休费的差额部分，由原单位视经济情况自筹资金解决，并做好在职职工和离退休人员的稳定工作。

三、中央所属的178家工程勘察设计单位以及建设部等11个部门（单位）所属的134个科研机构在职职工，可参照《国务院办公厅转发人事部、财政部关于调整机关事业单位工作人员工资和增加离退休人员离退休费四个实施方案的通知》（国办发［2001］14号）的规定，调整在职职工工资，并纳入社会保险的缴费基数。调整工资所需资金，有正常事业费的转制单位由财政部门按同类事业单位的调资政策和现行资金渠道予以补助，没有正常事业费的转制单位自筹资金解决。此后，这些单位在职职工调整工资按企业工资政策执行。

四、本通知下发后，《国务院办公厅转发建设部等部门关于中央所属工程勘察设计单位体制改革实施方案的通知》（国办发［2000］71号）、《关于国家经贸委管理的10个国家局所属科研机构转制后有关养老保险问题的通知》（劳社部发［2000］2号）、《关于印发建设部等11个部门（单位）所属134个科研机构转制方案的通知》（国科发政字［2000］300号）中的有关规定与本通知不一致的，按本通知规定调整，其他政策规定继续执行。

❷《关于国家经贸委管理的10个国家局所属科研机构转制后有关养老保险问题的通知》（2000年1月12日　劳动保障部、国家经贸委、科技部、财政部、劳社部发［2000］2号）

有关省、自治区、直辖市劳动（劳动和社会保障）厅（局）、经贸委（经委、计经委）、科委、财政厅（局）：

按照《国务院办公厅转发科技部等部门关于国家经贸委管理的10个国家局所属科研机构管理体制改革意见的通知》（国办发［1999］18号）和科技部等12个部门《关于印发〈关于国家经贸委管理的10个国家局所属科研机构管理体制改革的实施意见〉的通知》（国科发政字［1999］143号）的规定，科研机构转制后实行企业职工基本养老保险制度。为做好这些单位职工参加基本养老保险统筹和离退休人员的养老金发放工作，根据《研究国家经贸委管理的10个国家局所属242个科研机构转制过程中有关问题的会议纪要》（国阅［1999］47号）要求，现就有关问题通知如下：

一、基本养老保险费的缴纳

转制的科研机构，从1999年7月1日起，单位和个人按当地人民政府规定的比例，分别以1999年7月的工资总额和个人缴费工资为基数缴纳基本养老保险费，建立基本养老保险个人账户。1999年7月1日前的连续工龄视同缴费年限，不再补缴养老保险费。

二、养老保险待遇的支付

（一）转制前已经离退休的人员，原离退休费、待遇标准不变。对有事业费的单位，社会保险经办机构按所在城市1999年7月企业人均养老金标准支付离退休人员养老金，与原待遇标准的差额部分由原单位用事业费或自有资金支付；没有事业费的单位，由社会保险经办机构按国家规定的事业单位离退休费标准支付养老金。离退休人员的基本养老金调整按企业的办法执行，所需费用从基本养老保险统筹基金中支付。

（二）转制前参加工作、转制后退休的人员，基本养老金计发按照企业的办法执行。为保证离退休人员待遇水平平稳衔接，在5年过渡期内，按照企业基本养老金计发办法计发的养老金，如低于按原事业单位退休金计发办法计发的养老金，其差额部分（以下称待遇差），采用加发补贴的办法解决，所需费用从基本养老保险统筹基金中支付。其中，1999年7月1日后退休的，发给待遇差的90%；2000年7月1日后退休的，发给待遇差的70%；2001年7月1日后退休的，发给待遇差50%；2002年7月1日后退休的，发给待遇差的30%；2003年7月1日后退休的，发给待遇差的10%；2004年7月1日后退休的，不再发给该项补贴。有条件的单位可建立补充养老保险。

过渡期内退休的人员，核定补贴标准时，企业平均基本养老金按所在城市1999年7月的标准计算；事业单位离退休金以1999年7月本人缴费工资为基数计算，一次核定后不再变动。

（三）转制后参加工作的人员，按照规定执行当地企业职工基本养老保险制度。

三、组织实施及管理

（一）科研机构转制后的养老保险工作，政策性强，涉及面广，有关省、自治区、直辖市劳动保障、经贸委、科委、财政等部门，要在当地政府的领导下，认真贯彻落实国家有关政策规定，密切配合，加强协调，使转制科研机构参加养老保险统筹的工作平稳过渡，保证改革的顺利实施。

（二）各地社会保险经办机构，要加强基础管理，认真核定单位和个人缴费工资基数，尽快为转制单位职工建立基本养老保险个人账户；要实行全额收缴的基金结算方式，及时拨付应由基本养老保险统筹基金支付的养老金并实行社会化发放。

（三）转制科研机构应按照有关法律、法规的规定，按时进行养老保险登记、申报和缴费；要高度重视并保证科技人员退休后应有的生活待遇，按时足额支付应由单位支付的离退休人员离退休费，不得发生拖欠。

（四）已经参加了基本养老保险社会统筹的转制科研机构，继续执行当地政府的有关规定，原来实行的基本养老保险费缴纳和基本养老金支付办法不再改变。

【破产企业离退休人员基本养老金的支付】

法律问题解读

国家规定，已经参加养老保险社会统筹的企业破产时，需补交欠缴的养老保险费（含差额缴拨时企业欠发离退休人员的养老金）及其利息，社会保险经办机构负责支付离退休人员的基本养老金。对于养老保险基金确实不足，支付困难的地区，为弥补资金不足，可以从破产企业资产中划拨一定费用给社会保险经办机构，以保证离退休人员基本养老金的发放。具体办法由各省根据实际情况确定。

对于未参加养老保险社会统筹的企业，破产时，应按照支付离退休人员养老金的实际需要，一次性向社会保险经办机构划拨养老费用，社会保险经办机构负责支付该破产企业离退休人员的基本养老金。具体办法也由各省级政府研究确定。

法条指引

❶**《中华人民共和国破产法》**（2006年8月27日　国家主席令第54号）

第八条　向人民法院提出破产申请，应当提交破产申请书和有关证据。

破产申请书应当载明下列事项：

（一）申请人、被申请人的基本情况；

（二）申请目的；

（三）申请的事实和理由；

（四）人民法院认为应当载明的其他事项。

债务人提出申请的，还应当向人民法院提交财产状况说明、债务清册、债权清册、有关财务会计报告、职工安置预案以及职工工资的支付和社会保险费用的缴纳情况。

第四十二条　人民法院受理破产申请后发生的下列债务，为共益债务：

（一）因管理人或者债务人请求对方当事人履行双方均未履行完毕的合同所产生的债务；

（二）债务人财产受无因管理所产生的债务；

（三）因债务人不当得利所产生的债务；

（四）为债务人继续营业而应支付的劳动报酬和社会保险费用以及由此产生的其他债务；

（五）管理人或者相关人员执行职务致人损害所产生的债务；

（六）债务人财产致人损害所产生的债务。

第四十八条 债权人应当在人民法院确定的债权申报期限内向管理人申报债权。

债务人所欠职工的工资和医疗、伤残补助、抚恤费用，所欠的应当划入职工个人账户的基本养老保险、基本医疗保险费用，以及法律、行政法规规定应当支付给职工的补偿金，不必申报，由管理人调查后列出清单并予以公示。职工对清单记载有异议的，可以要求管理人更正；管理人不予更正的，职工可以向人民法院提起诉讼。

❷《关于在若干城市试行国有企业破产有关问题的通知》（1994年10月25日 国发［1994］59号）

五、破产企业职工的安置

破产企业所在地的市或者市辖区、县人民政府应当采取转业培训、介绍就业、生产自救、劳务输出等各种措施，妥善安排破产企业职工重新就业，并保障他们在重新就业前的基本生活需要。

政府鼓励破产企业职工自谋职业。对自谋职业的，政府可以根据当地的实际情况，发放一次性安置费，不再保留国有企业职工身份。一次性安置费原则上按照破产企业所在市的企业职工上年平均工资收入的3倍发放，具体发放标准由各有关市人民政府规定。

破产企业职工失业期间，依照《国有企业职工待业保险规定》享受失业保险待遇。失业保险期满无法重新就业的职工，符合社会救济条件的，由当地民政部门按照规定发给社会救济金。

破产企业离退休职工的离退休费和医疗费由当地社会养老、医疗保险机构负责管理。破产企业参加养老保险、医疗保险基金社会统筹的，其离退休职工的离退休费、医疗费由当地社会养老、医疗保险机构分别从养老保险、医疗保险基金社会统筹中支付。没有参加养老保险、医疗保险基金社会统筹或者养老保险、医疗保险基金社会统筹不足的，从企业土地使用权出让所得支付；处置土地使用权所得不足以支付的，不足部分从处置其他破产财产所得中拨付。

破产企业中因工致残或者患严重职业病、全部或者大部分丧失劳动能力的职工，作为离退休职工安置。距离退休年龄不足5年的职工，经本人申请，可以提前离退休。

破产企业中的劳动合同制职工的安排，依照《国营企业实行劳动合同制暂行规定》等法律、行政法规的规定办理；临时工的安排，依照《全民所有制企业临时工管理暂行规定》办理。

破产企业职工的安置费用来源不足的，按照企业隶属关系，由破产企业所在地的市或者市辖区、县的人民政府负担。

❸《关于在若干城市试行国有企业兼并破产和职工再就业有关问题的补充通知》（1997年3月1日 国发［1997］10号）

五、妥善安置破产企业职工

各试点城市人民政府要积极推广上海市实施再就业工程的经验，结合劳动就业、社会保障制度的改革和当地具体情况，从上到下建立再就业服务中心，积极开拓就业门路，关心破产企业职工生活，妥善安置破产企业职工，保持社会稳定。

安置破产企业职工的费用，从破产企业依法取得的土地使用权转让所得中拨付。

破产企业以土地使用权为抵押物的，其转让所得也应首先用于安置职工，不足以支付的，不足部分从处置无抵押财产、抵押财产所得中依次支付。破产企业财产拍卖所得安置职工仍不足的，按照企业隶属关系，由同级人民政府负担。

职工安置费一律拨付到再就业服务中心，统筹使用。安置费标准，原则上按照破产企业所在试点城市的企业职工上年平均工资收入的3倍计算，试点城市人民政府根据当地实际情况从严掌握，不得随意突破。暂时尚未就业的职工，由再就业服务中心发给基本生活费，再就业后即停止拨付。自谋职业的可一次性付给安置费，标准不高于试点城市的企业职工上年平均工资收入的3倍。

破产企业离退休职工的离退休费和医疗费由当地社会养老、医疗保险机构负责管理。破产企业参加养老保险、医疗机构基金社会统筹的，其离退休费、医疗费由所在试点城市社会养老、医疗保险机构分别从养老保险、医疗保险基金社会统筹中支付。没有参加养老、医疗保险基金社会统筹或者养老保险、医疗保险基金社会统筹不足的，从企业土地使用权出让所得中支付；处置土地使用权所得不足以支付的，不足部分从处置无抵押财产、抵押财产所得中依次支付。

破产企业进入破产程序后，职工的生活费从破产清算费中支付，具体支付办法按照财政部《国有企业试行破产有关财务问题的暂行规定》（财工字［1996］226号）执行。

破产企业财产处置所得，在支付安置职工的费用后，其剩余部分按照《破产法》的规定，按比例清偿债务。

❹《劳动和社会保障部办公厅关于对破产企业离退休人员养老保险有关问题的复函》（1999年2月24日 劳社厅函［1999］12号）

吉林省劳动厅：

你厅《关于破产企业离退休职工养老保险有关问题的请示》（吉劳险字［1999］1号）收悉。经研究，现答复如下：

一、《国务院关于在若干城市试行国有企业破产有关问题的通知》（国发［1994］59号）和《国务院关于在若干城市试行国有企业兼并破产和职工再就业有关问题的补充通知》（国发［1997］10号）的有关规定，仅限于在国务院确定的111个企业优化资本结构改革试点城市执行。

二、已经参加养老保险社会统筹的企业，破产时，需补交欠缴的养老保险费（含差额缴拨时企业欠发离退休人员的养老金）及其利息，社会保险经办机构负责支付离退休人员的基本养老金。考虑到近年企业改革及企业破产力度较大，地方在确定企业养老保险缴费比例时没有这方面的支出因素，且破产企业职工分流需要一个吸收安置过程，对于养老保险基金确实不足，支付困难的地区，为弥补资金不足，可以从破产企业资产中划拨一定费用给社会保险经办机构，以保证离退休人员基本养老金的发放。具体办法由你省根据实际情况确定。

三、未参加养老保险社会统筹的企业，破产时，应按照支付离退休人员养老金的实际需要，一次性向社会保险经办机构划拨养老费用，社会保险经办机构负责支付该破产企业离退休人员的基本养老金。具体办法请你省研究确定。

学者观点

❶ 李迎春：《解除或终止劳动合同经济补偿操作指引》，参见北大法宝引证码：Pkulaw. cn/CLI. A. 042950。

【机关离退休费的计发办法】

法律问题解读

1993年10月1日起，机关、事业单位的工资制度进行了改革。改革后机关工作人员实行职级工资制，其工资由基础工资、工龄工资、职务工资、级别工资四部分组成。机关工勤人员中，技术工人的工资由岗位工资、技术等级（职务）工资、奖金三部分组成；普通工人的工资由岗位工资和奖金两部分组成。机关工作人员实行职级工资制后离退休的人员，在新的养老保险制度建立前，离退休费按以下办法计发：

（1）离休人员的离休费，按本人原基本工资全额计发；退休人员的退休费，基础工资和工龄工资按本人原标准的全额计发，职务工资和级别工资按本人原标准的一定比例计发。其中，工作满35年的，职务工资和级别工资两项之和按88%计发；工作满30年不满35年的，职务工资和级别工资两项之和按82%计发；工作满20年不满30年的，职务工资和级别工资两项之和按75%计发；工作满10年不满20年的，职务工资和级别工资两项之和按60%计发；工作不满10年的，职务工资和级别工资两项之和按40%计发。

（2）机关技术工人退休费（退职生活费）暂按本人原岗位工资、技术等级（职务）工资、奖金三项之和的一定比例计发。其中，工作满35年的，三项之和按90%计发；工作满30年不满35年的，三项之和按85%计发；工作满20年不满30年的，三项之和按80%计发；工作满10年不满20年的，三项之和按70%计发；工作不满10年退职的，三项之和按50%计发。

（3）普通工人，在新的养老保险制度建立前，其退休费（退职生活费）暂按本人岗位工资和奖金两项之和的一定比例计发。其中，工作满35年的，两项之和按90%计发；工作满30年不满35年的，两项之和按85%计发；工作满20年不满30年的，两项之和按80%计发；工作满10年不满20年的，两项之和按70%计发；工作不满10年退职的，两项之和按50%计发。

法条指引

❶《机关工作人员工资制度改革实施办法》（1993年12月4日 国办发）

四、离退休人员的生活待遇

（一）一九九三年九月三十日前已办理离退休手续和已到达离退休年龄的人员（经组织批准留任的除外），相应增加离退休费。具体办法是：

1. 离退休前有职务的，离休人员原则按照同职务在职人员的平均增资额增加离休费（如同职务同条件在职人员的增资额高于平均增资额，离休人员可按同职务同条件在职人员的增资额增加离休费）；退休人员按照同职务在职人员平均增资额的90%增加退休费。

2. 离退休前无职务的离退休人员增加离退休费的办法，由各省、自治区、直辖市人民政府根据本地区实际情况制定。

各地区同职务在职人员的平均增资额，由各省、自治区、直辖市人民政府确定。党中央、国务院各部门在京单位同职务在职人员的平均增资额，由人事部会同有关部门统一确定；党中央、国务院各部门驻京外单位同职务在职人员的平均增资额，按所在地的规定执行。

（二）实行职级工资制后离退休的人员，在新的养老保险制度建立前，离退休费暂按下列办法计发：

1. 离休人员的离休费，按本人原基本工资全额计发。

2. 退休人员的退休费，基础工资和工龄工资按本人原标准的全额计发，职务工资和级别工资按本人原标准的一定比例计发。其中，工作满三十五年的，职务工资、级别工资两项之和按88%计发；工作满三十年不满三十五年的，职务工资、级别工资两项之和按82%计发；工作满二十年不满三十年的，职务工资、级别工资两项之和按75%计发。

（三）退休工人增加退休费的计算办法。

1. 一九九三年九月三十日前已办理退休手续和已到达退休年龄的工人（经组织批准继续工作的除外），按照同等条件在职工人平均增资额的90%增加退休费。其中，建国前参加工作并按原劳动人事部《关于建国前参加工作的老工人退休待遇的通知》（劳人险［1983］3号）的规定，享受原工资100%退休费的退休工人，按同等条件在职工人平均增资额增加退休费。在职工人的平均增资额，由各省、自治区、直辖市人民政府确定。

2. 这次工资制度改革后退休的工人，在新的养老保险制度建立前，退休费暂按下列办法计发：

退休技术工人，按本人原岗位工资、技术等级（职务）工资、奖金三项之和的一定比例计发。其中，工作满三十五年的，三项之和按90%计发；工作满三十年不满三十五年的，三项之和按85%计发；工作满二十年不满三十年的，三项之和按80%计发。退休技术工人的原奖金是指以本人退休前岗位工资和技术等级（职务）工资为基数计发的数额。例如，某技师退休前，岗位工资二百六十二元，技术等级（职务）工资四十五元，无论其退休当月奖金实发数额多少，奖金均确定为一百三十一点六元，即（262＋45）÷70%×30%。

退休普通工人，按本人岗位工资和奖金两项之和的一定比例计发。其中，工作满三十五年的，两项之和按90%计发；工作满三十年不满三十五年的，两项之和按85%计发；工作满二十年不满三十年的，两项之和按80%计发。退休普通工人的原奖金是指以本人退休前岗位工资为基数计发的数额。

建国前参加工作并符合原劳动人事部《关于建国前参加工作的老工人退休待遇的通知》（劳人险［1983］3号）规定的退休工人，退休费按本人原基本工资全额计发。

（四）退职人员按低于同职务退休人员增加退休费的数额增加退职生活费。具体办法由各省、自治区、直辖市人民政府确定。

❷《关于机关和事业单位工作人员工资制度改革问题的通知》（1993年11月15日　国发［1993］79号）（略）

【事业单位退休费的计发办法】

法律问题解读

1993年事业单位工作人员工资制度改革后，其工资由职务（技术等级）和津贴两部分组成。实行新工资制度后离退休的人员，在新的养老保险制度建立前，其离退休费暂按以下办法计发：离休人员的离休费，按本人职务（技术等级）工资和津贴之和全额计发。退休人员的退休费，按本人职务（技术等级）工资和津贴之和的一定比例计发。其中，工作满35年的，按90%计发；工作满30年不满35年的，按85%计发；工作满20年不满30年的，按80%计发；工作满10年不满20年的，按70%计发；工作不满10年退职的，按50%计发。

法条指引

❶《事业单位工作人员工资制度改革实施办法》（1993年12月4日　国办发）

十一、离退休人员的生活待遇

（一）一九九三年九月三十日前已办理离退休手续和已到达离退休年龄的人员（经组织批准留任的除外），相应增加离退休费。具体办法是：

1. 离退休前有专业技术职务或行政职务的，离休人员原则上按同职务在职人员的平均增资额增加离休费（如同职务同条件在职人员的增资额高于平均增资额，离休人员可按同职务同条件在职人员的增资额增加离休费)。退休人员按同职务在职人员平均增资额的90%增加退休费。离退休前无职务的离退休人员,其增加离退休费的办法由各省、自治区、直辖市人民政府根据当地实际情况制定。

同职务在职人员的平均增资额,由各省、自治区、直辖市人民政府确定。

2. 退休工人增加退休费的办法:

一九九三年九月三十日前已办理退休手续和已到达退休年龄的工人(经组织批准继续工作的除外),按照同等条件在职工人平均增资额的90%增加退休费。其中,建国前参加工作并按原劳动人事部《关于建国前参加工作的老工人退休待遇的通知》(劳人险[1983]3号)的规定,享受本人原工资100%退休费的退休工人,按同等条件在职工人的平均增资额增加退休费。

同等条件在职工人的平均增资额,由各省、自治区、直辖市人民政府确定。

3. 退职人员,按低于同职务退休人员增加退休费的数额增加退职生活费。具体办法由各省、自治区、直辖市人民政府制定。

(二)这次工资制度改革后离退休的人员,其离退休费的计算办法,在事业单位新的养老保险制度建立前暂作如下规定:

1. 离休人员的离休费,按本人职务工资与津贴之和全额计发。退休人员的退休费,按本人职务(技术等级)工资与津贴之和的一定比例计发。其中,退休时工作满三十五年的,退休费按90%计发;工作满三十年不满三十五年的,按85%计发;工作满二十年不满三十年的,按80%计发。

离退休费的计发基数为本人离退休当月的职务(技术等级)工资和工资构成比例所规定的津贴两项之和(退休费按规定相应打折扣)。例如:全额拨款单位的某教授,离休时,当月职务工资为五百二十元,津贴占工资构成的30%,为二百二十三元,其离休费按本人职务工资和津贴的全额发给,为七百四十三元。如果是退休,退休时工龄三十四年,其退休费按本人职务工资和津贴之和的85%计发,为六百三十二元。

工作人员原享受的政府特殊津贴、教龄津贴和护龄津贴,在离退休时均按100%发给。

2. 建国前参加工作并按原劳动人事部《关于建国前参加工作的老工人退休待遇的通知》(劳人险[1983]3号)规定享受本人原工资100%退休费的退休工人,退休费按本人技术等级工资(等级工资)和津贴的全额计发。

3. 在职人员调整工资标准时,离退休人员相应增加离退休费。

❷《关于机关和事业单位工作人员工资制度改革问题的通知》(1993年11月15日 国发[1993]79号)(略)

【机关、事业单位因公(工)致残人员的退休费】

法律问题解读

1993年机关和事业单位工资制度改革,改革了退休费标准和计发办法,但对因公(工)致残完全丧失工作能力人员退休费如何计发未作相应规定。为保持政策的连续性,在机关事业单位社会保险制度改革前,对1993年工资制度改革后因公(工)致残完全丧失工作能力人员的退休费仍按国发[1978]104号文件规定精神,根据本人饮食起居是否需要人扶助的情况,按分别高于国家规定的机关和事业单位工作人员最高退休费计发标准的10%或5%计发,但最高不得超过本人原工资。

法条指引

❶《国务院关于安置老弱病残干部的暂行办法》(1978年6月2日 国发[1978]104号)

第四条 党政机关、群众团体、企业、事业单位的干部,符合下列条件之一的,都可以退休。

(一)男年满60周岁,女年满55周岁,参加革命工作年限满10年的;

(二)男年满50周岁,女年满45周岁,参加革命工作年限满10年,经过医院证明完全丧失工作能力的;

(三)因工致残,经过医院证明完全丧失工作能力的。

第五条 干部退休以后,每月按下列标准发给退休费,直至去世为止。

符合第四条(一)项或(二)项条件,抗日战争时期参加革命工作的,按本人标准工资的百分之九十发给。解放战争时期参加革命工作的,按本人标准工资的百分之八十发给。中华人民共和国成立以后参加革命工作,工作年限满二十年的,按本人标准工资的百分之七十五发给;工作年限满十五年不满二十年的,按本人标准工资的百分之七十发给;工作年限满十年不满十五年的,按本人标准工资的百分之六十发给。退休费低于二十五元的，按二十五元发给。

符合第四条第（三）项条件，饮食起居需要人扶助的，按本人标准工资的百分之九十发给，还可以根据实际情况发给一定数额的护理费，护理费标准，一般不得超过一个普通工人的工资；饮食起居不需要人扶助的，按本人标准工资的百分之八十发给。同时具备两项以上的退休条件，应当按最高的标准发给。退休费低于三十五元的，按三十五元发给。

离休和退休的干部去世后，其丧事处理、丧葬补助费和供养直系亲属抚恤费，应当与在职去世的干部一样。

【基本养老金不能抵偿债务】

法律问题解读

由于基本养老金是保障离退休人员的“养命钱”，在发放给离退休人员之前，仍属于养老保险金，所以任何单位不得查封、冻结和划扣。最高人民法院对此也做出了明确规定。社会保险经办机构作为法定授权的社会保险基金收支、管理和运营机构，承担着将基本养老金按时足额发放给离退休人员的职能，因此社会保险经办机构不能直接扣发离退休人员基本养老金抵偿法院判决的债务。

法条指引

❶**《最高人民法院关于在审理和执行民事、经济纠纷案件时不得查封、冻结和扣划社会保险基金的通知》**（2000年2月18日　最高人民法院　法［2000］19号）

各省、自治区、直辖市高级人民法院，新疆维吾尔自治区高级人民法院生产建设兵团分院：

近一个时期，少数法院在审理和执行社会保险机构原下属企业（现已全部脱勾）与其他企业、单位的经济纠纷案件时，查封社会保险机构开设的社会保险基金账户，影响了社会保险基金的正常发放，不利于社会的稳定。为杜绝此类情况发生，特通知如下：社会保险基金是由社会保险机构代参保人员管理，并最终由参保人员享用的公共基金，不属于社会保险机构所有。社会保险机构对该项基金设立专户管理，专款专用，专项用于保障企业退休职工、失业人员的基本生活需要，属专项资金，不得挪作他用。因此，各地人民法院在审理和执行民事、经济纠纷案件时，不得查封、冻结或扣划社会保险基金；不得用社会保险基金偿还社会保险机构及其原下属企业的债务。各地人民法院如发现有违反上述规定的，应当及时依法予以纠正。

❷**《劳动和社会保障部办公厅关于对扣发离退休人员基本养老金抵偿债务问题的复函》**（2002年2月4日　劳社厅函［2002］27号）（略）

【退休人员死亡后其家属等人冒领基本养老金的处理】

法律问题解读

已纳入社区管理的企业离退休人员死亡后，其亲属和户籍所在地（或常年居住地）的街道社区服务组织要在7日内向负责支付其基本养老金的社会保险经办机构报告；尚未纳入社区管理的企业离退休人员死亡后，其亲属要在3日内向死亡者原单位报告，原单位应在4日内向社会保险经办机构报告；异地居住的离退休人员死亡后，其亲属要在7日内向负责支付其基本养老金的社会保险经办机构报告。社会保险经办机构在接到报告并审核死亡证明材料有效后，应及时办理支付丧葬补助等项费用的手续，同时终止死亡离退休人员的基本养老保险关系。

离退休人员死亡后，其亲属或他人冒领基本养老金的，社会保险经办机构应责令冒领者退还冒领金额，劳动保障行政部门依法给予处罚；对拒不退还冒领金额者，社会保险经办机构可向人民法院申请强制执行。

法条指引

❶**《关于进一步规范基本养老金社会化发放工作的通知》**（2001年12月21日　劳社厅发［2001］8号）

五、已纳入社区管理的企业离退休人员死亡后，其亲属和户籍所在地（或常年居住地）的街道社区服务组织要在7日内向负责支付其基本养老金的社会保险经办机构报告；

尚未纳入社区管理的企业离退休人员死亡后，其亲属要在3日内向死亡者原单位报告，原单位应在4日内向社会保险经办机构报告；异地居住的离退休人员死亡后，其亲属要在7日内向负责支付其基本养老金的社会保险经办机构报告。社会保险经办机构在接到报告并审核死亡证明材料有效后，应及时办理支付丧葬补助等项费用的手续，同时终止死亡离退休人员的基本养老保险关系。

八、对弄虚作假违规办理离退休手续的人员，社会保险经办机构应立即停发基本养老金，并限期收回或从其以后应领取的基本养老金中逐步扣除已经冒领的金额；离退休人员死亡后，其亲属或他人冒领基本养老金的，社会保险经办机构应责令冒领者退还冒领金额，劳动保障行政部门依法给予处罚；对拒不退还冒领金额者，社会保险经办机构可向人民法院申请强制执行。

❷**《企业职工养老保险基金管理规定》**（劳部发［1993］117号）

第二十九条 单位和个人以非法手段领取养老保险费用的，由社会保险管理机构追回其全部非法所得；构成犯罪的，依法追究刑事责任。

【基本养老金的停发】

法律问题解读

离退休人员发生下列情形之一，社会保险经办机构则停发或暂时停发其基本养老金：

（1）无正当理由不按规定提供本人居住证明或其他相关证明材料的；

（2）下落不明超过6个月，其亲属或利害关系人申报失踪或户口登记机关暂时注销其户口的；

（3）被判刑收监执行或被劳动教养期间的；

（4）弄虚作假违规办理离退休手续的；

（五）法律、法规规定的其他情形。

对第（1）、（2）、（5）项情形的离退休人员，经社会保险经办机构确认仍具有领取基本养老金资格的，应从停发之月起补发并恢复发放基本养老金；对第（3）项情形的离退休人员，服刑或劳动教养期满后可按服刑或劳动教养前最后一次领取的标准继续发给基本养老金；对第（4）项情形的离退休人员，社会保险经办机构应立即停发基本养老金，并限期收回或从其以后应领取的基本养老金中逐步扣回已经冒领的金额。

法条指引

❶**《关于进一步规范基本养老金社会化发放工作的通知》**（2001年12月21日 劳社厅发［2001］8号）

七、离退休人员发生下列情形之一，社会保险经办机构应停发或暂时停发其基本养老金：

（一）无正当理由不按规定提供本人居住证明或其他相关证明材料的；

（二）下落不明超过6个月，其亲属或利害关系人申报失踪或户口登记机关暂时注销其户口的；

（三）被判刑收监执行或被劳动教养期间的；

（四）法律、法规规定的其他情形。

发生以上第（一）、（二）、（四）项情形的离退休人员，经社会保险经办机构确认仍具有领取基本养老金资格的，应从停发之月起补发并恢复发放基本养老金；发生以上第（三）项情形的离退休人员，服刑或劳动教养期满后可按服刑或劳动教养前最后一次领取的标准继续发给基本养老金。

八、对弄虚作假违规办理离退休手续的人员，社会保险经办机构应立即停发基本养老金，并限期收回或从其以后应领取的基本养老金中逐步扣除已经冒领的金额；离退休人员死亡后，其亲属或他人冒领基本养老金的，社会保险经办机构应责令冒领者退还冒领金额，劳动保障行政部门依法给予处罚；对拒不退还冒领金额者，社会保险经办机构可向人民法院申请强制执行。

❷**《关于建立统一的企业职工基本养老保险制度的决定》**（1997年7月16日 国发［1997］26号）（略）

【企业年金】

法律问题解读

又称企业补充养老保险。是指由企业根据自身经济实力，在国家规定的税收优惠等政策和条件下，为本企业职工建立的一种辅助性的养老保险。它居于多层次的养老保险体系中的第二层次，由国家宏观指导、企业内部决策执行。企业年金具有这样几个基本特征：一是由用人单位自愿建立，政府并不承担弥补缺口的责任；二是企业年金只是基本养老保险的一种补充，不能取代基本养老保险；三是企业年金也为参加者退休后提供长期或定期收入。建立企业金年的企业须具备三个条件：一是依法参加了基本养老保险并履行了缴费义务；二是具有相应的经济负担能力；三是已建立了集体协商机制。建立企业年金，应当由企业与工会或职工代表通过集体协商确定，并制定企业年金方案（又称企业年金计划）。国有及国有控股企业的企业年金方案草案应提交职工大会或职工代表大会讨论通过。各类企业的企业年金方案应报送所在地区县以上劳动保险行政部门；

中央所属大型企业应报送劳动和社会保障部。劳动保障行政部门自收到方案之日起15日内未提出异议的，该方案即行生效。

企业年金所需费用由企业和职工个人共同缴纳，采用企业年金个人账户方式进行管理。企业年金个人账户包括：职工企业年金个人账户和本人企业年金个人账户。

职工在达到国家规定的退休年龄时，可以从本人企业年金个人账户中一次或定期领取企业年金。职工未达到国家规定的退休年龄的，不得从个人账户中提前提取资金。出境定居人员的年金个人账户资金，可根据本人要求一次性支付给本人。

职工变动工作单位时，企业年金个人账户资金可以随同转移。职工升学、参军、失业期间或新就业单位没有实行企业年金制度的，其企业年金个人账户可由原管理机构继续管理。

职工或退休人员死亡后，其企业年金个人账户余额由其指定的受益人或法定继承人一次性领取。

建立企业年金的企业须确定管理企业年金的受托人，受托人可以是企业成立的企业年金理事会，也可以是符合国家规定的养老金管理公司等法人受托机构。

法条指引

❶**《中华人民共和国劳动法》**（1994年7月5日 国家主席令第28号）

第七十五条 国家鼓励用人单位根据本单位实际情况为劳动者建立补充保险。

国家提倡劳动者个人进行储蓄性保险。

❷**《关于企业和职工养老保险制度改革的决定》**（1991年6月26日 国发［1991］33号）（略）

❸**《关于深化企业职工养老保险制度的决定》**（1995年9月18日 国发［1995］6号）（略）

❹**《关于建立统一的企业职工基本养老保险制度的决定》**（1997年7月16日 国发［1997］26号）（略）

❺**《关于完善城镇社会保障体系的试点方案》**（2000年12月25日 国发［2000］42号）

二、调整和完善城镇企业职工基本养老保险制度

（一）坚持社会统筹与个人账户相结合的基本养老保险制度，基本养老保险费由企业和职工共同负担。

（二）企业依法缴纳基本养老保险费，缴费比例一般为企业工资总额20%左右，目前高于20%的地区，可暂维持不变。企业缴费部分不再划入个人账户，全部纳入社会统筹基金。并以省（自治区、直辖市）为单位进行调剂。

（三）职工依法缴纳基本养老保险费，缴费比例为本人缴费工资的8%，并全部计入个人账户。个人账户规模由本人缴费工资的11%调整为8%。个人账户储存额的多少，取决于个人缴费额和个人账户基金收益，并由社会保险经办机构定期公布。个人账户基金只用于职工养老，不得提前支取。职工跨统筹范围流动时，个人账户随同转移。职工或退休人员死亡，个人账户可以继承。

（四）社会统筹基金与个人账户基金实行分别管理。社会统筹基金不能占用个人账户基金。个人账户基金由省级社会保险经办机构统一管理，按国家规定存入银行，全部用于购买国债，以实现保值增值，运营收益率要高于银行同期存款利率。

（五）基本养老金由基础养老金和个人账户养老金组成。职工达到法定退休年龄且个人缴费满15年的，基础养老金月标准为省（自治区、直辖市）或市（地）上年度职工月平均工资的20%，以后缴费每满一年增加一定比例的基础养老金，总体水平控制在30%左右；个人缴费不满15年的，不发给基础养老金，个人账户全部储存额一次支付给本人。基础养老金由社会统筹基金支付；个人账户养老金由个人账户基金支付，月发放标准根据本人账户储存额除以120。个人账户基金用完后，由社会统筹基金支付。已经离退休的人员，仍按国家原来的规定发给养老金；1997年统一全国企业职工基本养老保险制度前参加工作的人员，其退休后在发给基础养老金和个人账户养老金的基础上，再发给过渡性养老金。

（六）基本养老金领取者死亡后，其遗属按国家有关规定领取丧葬补助金，丧葬补助金由基本养老保险社会统筹基金支付。

（七）基本养老金水平的调整，由劳动保障部和财政部参照城市居民生活费用价格指数和在职职工工资增长情况，提出方案报国务院审定后统一组织实施。

（八）未参加过基本养老保险统筹，且已经没有生产经营能力、无力缴纳养老保险费的城镇集体企业，不再纳入养老保险统筹范围，其已退休职工本人由民政部门按企业所在地城市居民最低生活保障标准按月发放生活费。

（九）自由职业人员、城镇个体工商户应参加基本养老保险，具体办法由各省（自治区、直辖市）人民政府规定。

（十）有条件的企业可为职工建立企业年金，并实行市场化运营和管理。企业年金实行基金完全积累，采用个人账户方式进行管理，费用由企业和职工个人缴纳，企业缴费在工资总额4%以内的部分，可从成本中列支。同时，鼓励开展个人储蓄性养老保险。

❻《企业年金试行办法》（2004年1月6日劳动和社会保障部等）

第一条 为建立多层次的养老保险制度，更好地保障企业职工退休后的生活，完善社会保障体系，根据劳动法和国务院的有关规定，制定本办法。

第二条 本办法所称企业年金，是指企业及其职工在依法参加基本养老保险的基础上，自愿建立的补充养老保险制度。建立企业年金，应当按照本办法的规定执行。

第三条 符合下列条件的企业，可以建立企业年金：

（一）依法参加基本养老保险并履行缴费义务；

（二）具有相应的经济负担能力；

（三）已建立集体协商机制。

第四条 建立企业年金，应当由企业与工会或职工代表通过集体协商确定，并制定企业年金方案。国有及国有控股企业的企业年金方案草案应当提交职工大会或职工代表大会讨论通过。

第五条 企业年金方案应当包括以下内容：

（一）参加人员范围；

（二）资金筹集方式；

（三）职工企业年金个人账户管理方式；

（四）基金管理方式；

（五）计发办法和支付方式；

（六）支付企业年金待遇的条件；

（七）组织管理和监督方式；

（八）中止缴费的条件；

（九）双方约定的其他事项。

企业年金方案适用于企业试用期满的职工。

第六条 企业年金方案应当报送所在地区县以上地方人民政府劳动保障行政部门。中央所属大型企业企业年金方案，应当报送劳动保障部。劳动保障行政部门自收到企业年金方案文本之日起15日内未提出异议的，企业年金方案即行生效。

第七条 企业年金所需费用由企业和职工个人共同缴纳。企业缴费的列支渠道按国家有关规定执行；职工个人缴费可以由企业从职工个人工资中代扣。

第八条 企业缴费每年不超过本企业上年度职工工资总额的十二分之一。企业和职工个人缴费合计一般不超过本企业上年度职工工资总额的六分之一。

第九条 企业年金基金由下列各项组成：

（一）企业缴费；

（二）职工个人缴费；

（三）企业年金基金投资运营收益。

第十条 企业年金基金实行完全积累，采用个人账户方式进行管理。

企业年金基金可以按照国家规定投资运营。企业年金基金投资运营收益并入企业年金基金。

第十一条 企业缴费应当按照企业年金方案规定比例计算的数额计入职工企业年金个人账户；职工个人缴费额计入本人企业年金个人账户。

企业年金基金投资运营收益，按净收益率计入企业年金个人账户。

第十二条 职工在达到国家规定的退休年龄时，可以从本人企业年金个人账户中一次或定期领取企业年金。职工未达到国家规定的退休年龄的，不得从个人账户中提前提取资金。

出境定居人员的企业年金个人账户资金，可根据本人要求一次性支付给本人。

第十三条 职工变动工作单位时，企业年金个人账户资金可以随同转移。职工升学、参军、失业期间或新就业单位没有实行企业年金制度的，其企业年金个人账户可由原管理机构继续管理。

第十四条 职工或退休人员死亡后，其企业年金个人账户余额由其指定的受益人或法定继承人一次性领取。

第十五条 建立企业年金的企业，应当确定企业年金受托人（以下简称受托人），受托管理企业年金。受托人可以是企业成立的企业年金理事会，也可以是符合国家规定的法人受托机构。

第十六条 企业年金理事会由企业和职工代表组成，也可以聘请企业以外的专业人员参加，其中职工代表应不少于三分之一。

第十七条 企业年金理事会除管理本企业的企业年金事务之外，不得从事其他任何形式的营业性活动。

第十八条 确定受托人应当签订书面合同。

合同一方为企业，另一方为受托人。

第十九条 受托人可以委托具有资格的企业年金账户管理机构作为账户管理人，负责管理企业年金账户；可以委托具有资格的投资运营机构作为投资管理人，负责企业年金基金的投资运营。

受托人应当选择具有资格的商业银行或专业托管机构作为托管人，负责托管企业年金基金。

受托人与账户管理人、投资管理人和托管人确定委托关系，应当签订书面合同。

第二十条 企业年金基金必须与受托人、账户管理人、投资管理人和托管人的自有资产或其他资产分开管理，不得挪作其他用途。

企业年金基金管理应当执行国家有关规定。

第二十一条 县级以上各级人民政府劳动保障行政部门负责对本办法的执行情况进行监督检查。对违反本办法规定的，由劳动保障行政部门予以警告，责令改正。

第二十二条 因履行企业年金合同发生争议的，当事人可以依法提请仲裁或者诉讼；因订立或者履行企业年金方案发生争议的，按国家有关集体合同争议处理规定执行。

第二十三条 参加企业基本养老保险社会统筹的其他单位，可参照本办法的规定执行。

第二十四条 本办法自2004年5月1日起实施。原劳动部1995年12月29日发布的《关于印发〈关于建立企业补充养老保险制度的意见〉的通知》同时废止。

❼《企业年金基金管理试行办法》（2004年2月23日 劳动和社会保障部发布）

第一章 总则

第一条 为维护企业年金各方当事人的合法权益，规范企业年金基金管理，根据劳动法、信托法、合同法、证券投资基金法等法律和国务院有关规定，制定本办法。

第二条 企业年金基金的受托管理、账户管理、托管以及投资管理适用本办法。

本办法所称企业年金基金，是指根据依法制定的企业年金计划筹集的资金及其投资运营收益形成的企业补充养老保险基金。

第三条 设立企业年金的企业及其职工作为委托人与企业年金理事会或法人受托机构（以下简称受托人），受托人与企业年金基金账户管理机构（以下简称账户管理人）、企业年金基金托管机构（以下简称托管人）和企业年金基金投资管理机构（以下简称投资管理人），按照国家有关规定建立书面合同关系。

书面合同应当报劳动保障行政部门备案。

第四条 企业年金基金必须存入企业年金专户。企业年金基金财产独立于委托人、受托人、账户管理人、托管人、投资管理人和其他为企业年金基金管理提供服务的自然人、法人或其他组织的固有财产及其管理的其他财产。

企业年金基金财产的管理、运用或其他情形取得的财产和收益，应当归入基金财产。

第五条 委托人、受托人、账户管理人、托管人、投资管理人和其他为企业年金基金管理提供服务的自然人、法人或其他组织，因依法解散、被依法撤销或被依法宣告破产等原因进行终止清算的，企业年金基金财产不属于其清算财产。

第六条 企业年金基金财产的债权，不得与委托人、受托人、账户管理人、托管人、投资管理人和其他为企业年金基金管理提供服务的自然人、法人或其他组织固有财产的债务相抵消。不同企业的企业年金基金的债权债务，不得相互抵消。

第七条 非因企业年金基金财产本身承担的债务，不得对基金财产强制执行。

第八条 受托人、账户管理人、托管人、投资管理人和其他为企业年金基金管理提供服务的自然人、法人或其他组织必须恪尽职守，履行诚实、信用、谨慎、勤勉的义务。

第九条 劳动保障部负责制定企业年金基金管理的有关政策。劳动保障行政部门对企业年金基金管理进行监管。

第二章 受托人

第十条 本办法所称受托人，是指受托管理企业年金基金的企业年金理事会或符合国家规定的养老金管理公司等法人受托机构（以下简称法人受托机构）。

第十一条 企业年金理事会由企业代表和职工代表等人员组成，依法管理本企业的企业年金事务，不得从事任何形式的营业性活动。

企业年金理事会理事应当诚实守信、无重大违法记录，并不得以任何形式收取费用。

第十二条 法人受托机构应当具备下列条件：

（一）经国家金融监管部门批准，在中国境内注册；

（二）注册资本不少于1亿元人民币，且在任何时候都维持不少于1.5亿元人民币的净资产；

（三）具有完善的法人治理结构；

（四）取得企业年金基金从业资格的专职人员达到规定人数；

（五）具有符合要求的营业场所、安全防范设施和与企业年金基金受托管理业务有关的其他设施；

（六）具有完善的内部稽核监控制度和风险控制制度；

（七）近3年没有重大违法违规行为；

（八）国家规定的其他条件。

第十三条 受托人应当履行下列职责：

（一）选择、监督、更换账户管理人、托管人、投资管理人以及中介服务机构；

（二）制定企业年金基金投资策略；

（三）编制企业年金基金管理和财务会计报告；

（四）根据合同对企业年金基金管理进行监督；

（五）根据合同收取企业和职工缴费，并向受益人支付企业年金待遇；

（六）接受委托人、受益人查询，定期向委托人、受益人和有关监管部门提供企业年金基金管理报告。发生重大事件时，及时向委托人、受益人和有关监管部门报告；

（七）按照国家规定保存与企业年金基金管理有关的记录至少15年；

（八）国家规定和合同约定的其他职责。

第十四条 本办法所称受益人，是指参加企业年金计划并享有受益权的企业职工。

第十五条 法人受托机构具备账户管理或投资管理业务资格，可以兼任账户管理人或投资管理人，但应当保证各项管理之间的独立性。

第十六条 有下列情形之一的，法人受托机构职责终止：

（一）违反与委托人合同约定的；

（二）利用企业年金基金财产为其谋取利益，或为他人谋取不正当利益的；

（三）依法解散、被依法撤销、被依法宣告破产或被依法接管的；

（四）被依法取消企业年金基金受托管理业务资格的；

（五）委托人有证据认为更换受托人符合受益人利益的；

（六）有关监管部门有充分理由和依据认为更换受托人符合受益人利益的；

（七）国家规定和合同约定的其他情形。

企业年金理事会有前款规定情形之一的，应当按国家规定重新组成。

第十七条 受托人职责终止的，委托人应当在30日内委任新的受托人。

受托人职责终止的，应当妥善保管企业年金基金受托管理资料，及时办理受托管理业务移交手续，新受托人应当及时接收。

第十八条 受托人职责终止的，应当按照规定聘请会计师事务所对受托管理进行审计，将审计结果报委托人并报有关监管部门备案。

第三章 账户管理人

第十九条 本办法所称账户管理人，是指受托人委托管理企业年金基金账户的专业机构。

第二十条 账户管理人应当具备下列条件：

（一）经国家有关部门批准，在中国境内注册的独立法人；

（二）注册资本不少于5000万元人民币；

（三）具有完善的法人治理结构；

（四）取得企业年金基金从业资格的专职人员达到规定人数；

（五）具有相应的企业年金基金账户信息管理系统；

（六）具有符合要求的营业场所、安全防范设施和与企业年金基金账户管理业务有关的其他设施；

（七）具有完善的内部稽核监控制度和风险控制制度；

（八）国家规定的其他条件。

第二十一条 账户管理人应当履行下列职责：

（一）建立企业年金基金企业账户和个人账户；

（二）记录企业、职工缴费以及企业年金基金投资收益；

（三）及时与托管人核对缴费数据以及企业年金基金账户财产变化状况；

（四）计算企业年金待遇；

（五）提供企业年金基金企业账户和个人账户信息查询服务；

（六）定期向受托人和有关监管部门提交企业年金基金账户管理报告；

（七）按照国家规定保存企业年金基金账户管理档案至少15年；

（八）国家规定和合同约定的其他职责。

第二十二条 有下列情形之一的，账户管理人职责终止：

（一）违反与受托人合同约定的；

（二）利用企业年金基金财产为其谋取利益，或为他人谋取不正当利益的；

（三）依法解散、被依法撤销、被依法宣告破产或被依法接管的；

（四）被依法取消企业年金基金账户管理业务资格的；

（五）受托人有证据认为更换账户管理人符合受益人利益的；

（六）有关监管部门有充分理由和依据认为更换账户管理人符合受益人利益的；

（七）国家规定和合同约定的其他情形。

第二十三条　账户管理人职责终止的，受托人应当在30日内确定新的账户管理人。

账户管理人职责终止的，应当妥善保管企业年金基金账户管理资料，及时办理账户管理业务移交手续，新账户管理人应当及时接收。

第二十四条　账户管理人职责终止的，应当按照规定聘请会计师事务所对账户管理进行审计，将审计结果报受托人并报有关监管部门备案。

第四章　托管人

第二十五条　本办法所称托管人，是指受托人委托保管企业年金基金财产的商业银行或专业机构。

单个企业年金计划托管人由一家商业银行或专业机构担任。

第二十六条　托管人应当具备下列条件：

（一）经国家金融监管部门批准，在中国境内注册的独立法人；

（二）净资产不少于50亿元人民币；

（三）取得企业年金基金从业资格的专职人员达到规定人数；

（四）具有保管企业年金基金财产的条件；

（五）具有安全高效的清算、交割系统；

（六）具有符合要求的营业场所、安全防范设施和与企业年金基金托管业务有关的其他设施；

（七）具有完善的内部稽核监控制度和风险控制制度；

（八）国家规定的其他条件。

商业银行担任托管人，应当设有专门的基金托管部门。

第二十七条　托管人应当履行下列职责：

（一）安全保管企业年金基金财产；

（二）以企业年金基金名义开设基金财产的资金账户和证券账户；

（三）对所托管的不同企业年金基金财产分别设置账户，确保基金财产的完整和独立；

（四）根据受托人指令，向投资管理人分配企业年金基金财产；

（五）根据投资管理人投资指令，及时办理清算、交割事宜；

（六）负责企业年金基金会计核算和估值，复核、审查投资管理人计算的基金财产净值；

（七）及时与账户管理人、投资管理人核对有关数据，按照规定监督投资管理人的投资运作；

（八）定期向受托人提交企业年金基金托管和财务会计报告；

（九）定期向有关监管部门提交企业年金基金托管报告；

（十）按照国家规定保存企业年金基金托管业务活动记录、账册、报表和其他相关资料至少15年；

（十一）国家规定和合同约定的其他职责。

第二十八条　托管人发现投资管理人的投资指令违反法律、行政法规、其他有关规定或合同约定的，应当拒绝执行，立即通知投资管理人，并及时向受托人和有关监管部门报告。

托管人发现投资管理人依据交易程序已经生效的投资指令违反法律、行政法规、其他有关规定或合同约定的，应当立即通知投资管理人，并及时向受托人和有关监管部门报告。

第二十九条　有下列情形之一的，托管人职责终止：

（一）违反与受托人合同约定的；

（二）利用企业年金基金财产为其谋取利益，或为他人谋取不正当利益的；

（三）依法解散、被依法撤销、被依法宣告破产或被依法接管的；

（四）被依法取消企业年金基金托管业务的；

（五）受托人有证据认为更换托管人符合受益人利益的；

（六）有关监管部门有充分理由和依据认为更换托管人符合受益人利益的；

（七）国家规定和合同约定的其他情形。

第三十条　托管人职责终止的，受托人应当在30日内确定新的托管人。

托管人职责终止的，应当妥善保管企业年金基金托管资料，及时办理托管业务移交手续，新托管人应当及时接收。

第三十一条　托管人职责终止的，应当按照规定聘请会计师事务所对托管进行审计，将审计结果报受托人并报有关监管部门备案。

第三十二条　禁止托管人有下列行为：

（一）托管的企业年金基金财产与其固有财产混合管理；

（二）托管的企业年金基金财产与托管的其他财产混合管理；

（三）托管的不同企业年金基金财产混合管理；

（四）挪用托管的企业年金基金财产；

（五）国家规定和合同约定禁止的其他行为。

第五章　投资管理人

第三十三条　本办法所称投资管理人，是指受托人委托投资管理企业年金基金财产的专业机构。

第三十四条　投资管理人应当具备下列条件：

（一）经国家金融监管部门批准，在中国境内注册，具有受托投资管理、基金管理或资产管理资格的独立法人；

（二）综合类证券公司注册资本不少于10亿元人民币，且在任何时候都维持不少于10亿元人民币的净资产；基金管理公司、信托投资公司、保险资产管理公司或其他专业投资机构注册资本不少于1亿元人民币，且在任何时候都维持不少于1亿元人民币的净资产；

（三）具有完善的法人治理结构；

（四）取得企业年金基金从业资格的专职人员达到规定人数；

（五）具有符合要求的营业场所、安全防范设施和与企业年金基金投资管理业务有关的其他设施；

（六）具有完善的内部稽核监控制度和风险控制制度；

（七）近3年没有重大违法违规行为；

（八）国家规定的其他条件。

第三十五条　投资管理人应当履行下列职责：

（一）对企业年金基金财产进行投资；

（二）及时与托管人核对企业年金基金会计核算和估值结果；

（三）建立企业年金基金投资管理风险准备金；

（四）定期向受托人和有关监管部门提交投资管理报告；

（五）根据国家规定保存企业年金基金财产会计凭证、会计账簿、年度财务会计报告和投资记录至少15年；

（六）国家规定和合同约定的其他职责。

第三十六条　有下列情形之一的，投资管理人应当及时向受托人和有关监管部门报告：

（一）企业年金基金财产市场价值大幅度波动的；

（二）减资、合并、分立、依法解散、被依法撤销、决定申请破产或被申请破产的；

（三）涉及重大诉讼或仲裁的；

（四）董事、监事、经理及其他高级管理人员发生重大变动的；

（五）可能使企业年金基金财产价值受到重大影响的其他事项；

（六）国家规定和合同约定的其他情形。

第三十七条　有下列情形之一的，投资管理人职责终止：

（一）违反与受托人合同约定的；

（二）利用企业年金基金财产为其谋取利益，或为他人谋取不正当利益的；

（三）依法解散、被依法撤销、被依法宣告破产或被依法接管的；

（四）被依法取消企业年金基金投资管理资格的；

（五）受托人有证据认为更换投资管理人符合受益人利益的；

（六）有关监管部门有充分理由和依据认为更换投资管理人符合受益人利益的；

（七）国家规定和合同约定的其他情形。

第三十八条　投资管理人职责终止的，受托人应当在30日内确定新的投资管理人。

投资管理人职责终止的，应当妥善保管企业年金基金投资管理资料，及时办理投资管理业务移交手续，新投资管理人应当及时接收。

第三十九条　投资管理人职责终止的，应当按照规定聘请会计师事务所对投资管理进行审计，将审计结果报受托人并报有关监管部门备案。

第四十条　禁止投资管理人有下列行为：

（一）将其固有财产或他人财产混同于企业年金基金财产；

（二）不公平对待其管理的不同企业年金基金财产；

（三）挪用企业年金基金财产；

（四）国家规定和合同约定禁止的其他行为。

第六章　中介服务机构

第四十一条　本办法所称中介服务机构，是指为企业年金管理提供服务的投资顾问公司、信用评估公司、精算咨询公司、律师事务所、会计师事务所等专业机构。

第四十二条　中介服务机构经委托可以从事下列业务：

（一）为企业设计企业年金计划；

（二）为企业年金管理提供咨询；

（三）为受托人选择账户管理人、托管人、投资管理人提供咨询；

（四）对企业年金管理绩效进行评估；

（五）对企业年金基金财务报告进行审计；

（六）国家规定和合同约定的其他业务。

第四十三条　中介服务机构提供企业年金中介服务应当严格遵守相关职业准则。

第七章　企业年金基金投资

第四十四条　企业年金基金投资管理应当遵循谨慎、分散风险的原则，充分考虑企业年金基金财产的安全性和流动性，实行专业化管理。

第四十五条　投资管理人的董事、监事、经理和其他从业人员，不得担任托管人或其他投资管理人的任何职务。

投资管理人与托管人不得为同一人，不得相互出资或相互持有股份。

第四十六条　企业年金基金财产的投资范围，限于银行存款、国债和其他具有良好流动性的金融产品，包括短期债券回购、信用等级在投资级以上的金融债和企业债、可转换债、投资性保险产品、证券投资基金、股票等。

第四十七条　企业年金基金财产的投资，按市场价计算应当符合下列规定：

（一）投资银行活期存款、中央银行票据、短期债券回购等流动性产品及货币市场基金的比例，不低于基金净资产的20%；

（二）投资银行定期存款、协议存款、国债、金融债、企业债等固定收益类产品及可转换债、债券基金的比例，不高于基金净资产的50%。其中，投资国债的比例不低于基金净资产的20%；

（三）投资股票等权益类产品及投资性保险产品、股票基金的比例，不高于基金净资产的30%。其中，投资股票的比例不高于基金净资产的20%。

第四十八条　根据金融市场变化和投资运作情况，劳动保障部会同中国银监会、中国证监会和中国保监会，适时对企业年金基金投资管理机构、投资产品和比例进行调整。

第四十九条　单个投资管理人管理的企业年金基金财产，投资于一家企业所发行的证券或单只证券投资基金，按市场价计算，不得超过该企业所发行证券或该基金份额的5%；也不得超过其管理的企业年金基金财产总值的10%。

第五十条　投资管理人管理的企业年金基金财产投资于自己管理的金融产品须经受托人同意。

第五十一条　企业年金基金不得用于信用交易，不得用于向他人贷款和提供担保。

投资管理人不得从事使企业年金基金财产承担无限责任的投资。

第八章　收益分配及费用

第五十二条　账户管理人根据企业年金基金财产净值和净值增长率，按周或按日足额记入企业年金基金企业账户和个人账户。

第五十三条　受托人提取的管理费不高于受托管理企业年金基金财产净值的0.2%。

第五十四条　账户管理人的管理费按每户每月不超过5元人民币的限额，由设立企业年金计划的企业另行缴纳。

第五十五条　托管人提取的托管费不高于托管企业年金基金财产净值的0.2%。

第五十六条　投资管理人提取的管理费不高于投资管理企业年金基金财产净值的1.2%。

第五十七条　根据企业年金基金管理情况，劳动保障部会同中国银监会、中国证监会和中国保监会，适时对有关管理费或托管费进行调整。

第五十八条　投资管理人从当期收取的管理费中，提取20%作为企业年金基金投资管理风险准备金，专项用于弥补企业年金基金投资亏损。企业年金基金投资管理风险准备金在托管银行专户存储，余额达到投资管理企业年金基金财产净值的10%时可不再提取。

第九章　信息披露

第五十九条　受托人、账户管理人、托管人和投资管理人应当按照规定向有关监管部门报告企业年金基金管理情况，并对所报告内容的真实性、完整性负责。

第六十条　受托人应当在每季度结束后15日内向委托人提交季度企业年金基金管理报告；并应当在年度结束后45日内向委托人提交年度企业年金基金管理报告，其中年度企业年金基金财务会计报告须经会计师事务所审计。

第六十一条　账户管理人应当在每季度结束后10日内向受托人提交季度企业年金基金账户管理报告；并应当在年度结束后30日内向受托人提交年度企业年金基金账户管理报告。

第六十二条　托管人应当在每季度结束后10日内向受托人提交季度企业年金基金托管和财务会计报告；并应当在年度结束后30日内向受托人提交年度企业年金基金托管和财务会计报告，其中年度财务会计报告须经会计师事务所审计。

第六十三条　投资管理人应当在每季度结束后10日内向受托人提交经托管人确认的季度企业年金基金投资组合报告；并应当在年度结束后30日内向受托人提交经托管人确认的年度企业年金基金投资管理报告。

第十章　监督检查

第六十四条　法人受托机构、账户管理人、托管人、投资管理人开展企业年金基金管理相关业务应当向劳动保障部提出申请。法人受托机构、投资管理人向劳动保障部提出申请前应当先经其业务监管部门同意，托管人向劳动保障部提出申请前应当先向其业务监管部门备案。

第六十五条 劳动保障部收到法人受托机构、账户管理人、托管人、投资管理人的申请后，应当组织专家评审委员会，按照规定进行审慎评审。经评审符合条件的，由劳动保障部会同有关部门确认公告；经评审不符合条件的，应当书面通知申请人。

专家评审委员会由有关部门代表和社会专业人士组成。

第六十六条 受托人、账户管理人、托管人、投资管理人开展企业年金基金管理相关业务，应当接受劳动保障行政部门的监管。

受托人、托管人和投资管理人的业务监管部门按照各自职责对其经营活动进行监督。

第六十七条 凡违反本办法规定的，由劳动保障部予以警告，责令限期改正；逾期不改的，可责令其停止企业年金基金管理相关业务。

第十一章 附则

第六十八条 企业年金基金管理，国务院另有规定的，从其规定。

第六十九条 本办法自2004年5月1日起施行。

案例链接

❶《屈光荣诉湖南通达联运有限责任公司等投保年限更改纠纷案》，参见北大法宝引证码：Pkulaw.cn/CLI.C.46983。

❷《云南烟草物业管理有限公司与杨庆华一般劳动争议纠纷上诉案》，参见北大法宝引证码：Pkulaw.cn/CLI.C.139982。

【个人储蓄性养老保险】

法律问题解读

职工个人储蓄性养老保险也是多层次养老保险制度的组成部分，主要是指劳动者通过个人储蓄形成的积累来支付退休后的生活支出。个人储蓄性养老保险是基本养老保险的补充，劳动者工作年龄内的收入在保证正常消费的前提下确有余力的，可以通过储蓄、投资等形式形成积累，以保证退休后的生活水平不至于明显降低。由社会保险机构经办的职工个人储蓄性养老保险，由社会保险主管部门制定具体办法。职工个人根据自己的工资收入情况，按规定缴纳个人储蓄性养老保险费，记入当地社会保险机构在有关银行开设的养老保险个人账户，并应按不低于或高于同期城乡居民储蓄存款利率计息，以提倡和鼓励职工个人参加储蓄性养老保险，所得利息记入个人账户，本息一并归职工个人所有。职工达到法定退休年龄经批准退休后，凭个人账户将储蓄性养老保险金一次总付或分次支付给本人。职工跨地区流动，个人账户的储蓄性养老保险金应随之转移。职工未到退休年龄而死亡，记入个人账户的储蓄性养老保险金应由其指定人或法定继承人继承。

法条指引

❶**《中华人民共和国劳动法》**（1994年7月5日 国家主席令第28号）

第七十五条 国家鼓励用人单位根据本单位实际情况为劳动者建立补充保险。

国家提倡劳动者个人进行储蓄性保险。

❷**《关于企业和职工养老保险制度改革的决定》**（1991年6月26日 国发［1991］33号）（略）

❸**《关于深化企业职工养老保险制度改革的通知》**（1995年9月18日 国发［1995］6号）（略）

❹**《关于建立统一的企业职工基本养老保险制度的决定》**（1997年7月16日 国发［1997］26号）（略）

案例链接

❶《余焕文与中国抽纱广东进出口公司劳动争议纠纷上诉案》，参见北大法宝引证码：Pkulaw.cn/CLI.C.116081。

❷《郭晓凡与中国抽纱广东进出口公司劳动争议纠纷上诉案》，参见北大法宝引证码：Pkulaw.cn/CLI.C.116057。

第十二章　医疗保险

● 本章为读者提供与以下题目有关的法律问题的解读及相关法律文献依据

职工基本医疗保险制度（403）　**城镇居民基本医疗保险**（406）　**新型农村合作医疗**（411）　**进城务工的农村居民参加医疗保险**（416）　**基本医疗保险费率**（417）　**基本医疗保险缴费基数**（417）　**基本医疗保险统筹**（419）　**基本医疗保险基金**（421）　**基本医疗保险统筹基金**（421）　**用人单位缴纳医疗保险费的列支**（422）　**基本医疗保险个人账户**（424）　**社会统筹基金与个人账户基金分开管理**（426）　**基本医疗保险用药范围**（427）　**基本医疗保险诊疗项目**（430）　**基本医疗保险医疗服务设施范围**（432）　**基本医疗保险定点医疗机构**（433）　**基本医疗保险定点零售药店**（437）　**基本医疗保险社会化管理与服务**（438）　**医疗保险基金的管理与监督**（440）　**城镇职工基本医疗保险覆盖范围**（441）　**灵活就业人员参加基本医疗保险**（442）　**基本医疗保险待遇**（443）　**社会统筹基金起付标准与最高支付限额**（445）　**特殊群体人员的医疗待遇**（446）　**破产企业离退休人员的医疗保险**（448）　**国家公务员的医疗补助**（450）　**军人退役的医疗保险**（452）　**军人配偶随军未就业期间的医疗保险**（454）　**企业补充医疗保险**（454）　**“医疗照顾人员”的医疗待遇**（455）　**出境定居归侨、侨眷职工的医疗保险**（456）　**职工计划生育手术费列支渠道**（457）　**对个人负担较重患者的措施**（458）　**对异地就医人员的措施**（458）　**医疗期**（459）　**医疗期的延长**（461）

【职工基本医疗保险制度】

法律问题解读

这是指国家通过法律强制实施，由用人单位和职工缴费建立专项基金，为城镇职工在患病或非因工负伤等情况下提供社会救助的一项制度。它是社会保险制度的重要组成部分，同样具有社会保险制度的基本特征，即强制性、互济性和普遍性。

我国城镇职工基本医疗保险制度是在公费医疗制度和劳保医疗制度的基础上经过多年的探索和改革而逐步确立的。1998年根据国务院的规定，在全国范围内建立了城镇职工基本医疗保险制度。与计划经济体制下的公费医疗制度和劳保医疗制度相比，城镇职工基本医疗保险制度具有如下特点：

（1）实行了统一的制度。公费医疗制度是根据1952年政务院发布的《关于全国各级人民政府、党派、团体及所属事业单位的国家工作人员实行公费医疗预防的指示》，由国家通过卫生部门在规定范围内为国家工作人员提供免费医疗预防服务的一项医疗保障制度。劳保医疗制度是根据1951年政务院公布的《中华人民共和国劳动保险条例（草案）》，为100人以上的国营、公私合营、私营等企业职工在因病或非因工负伤时提供医疗费用补助的一项医疗保障制度。城镇职工医疗保险制度的建立，取代了公费医疗制度和劳保医疗制度，形成了一个对全体城镇职工适用的、统一的医疗保险制度。

（2）实现了社会化管理。公费医疗和劳保医疗制度是由职工所在单位负责支付职工的医疗费用，没有社会互济性，造成不同行业、不同单位之间医疗待遇差别很大。而基本医疗保险则均衡了不同单位之间的负担，所有参加基本医疗保险的人员，医疗待遇标准基本相同。保险基金是由社会进行管理，职工的医疗费用也是由社会支付，充分体现了社会保险的互济性，实现了社会化管理。

（3）权利义务更加明确。公费医疗和劳保医疗实行的是报销制，职工医疗费用由国家和单位负担，对医患双方缺乏有效的制约机制，造成医药费用浪费严重。而基本医疗制度实行的是单位和个人缴费，医疗保险基金社会统筹与个人账户相结合的制度，参保缴费者才能享受到医疗保险，而且医药费个人也要负担一部分，从利益机制上杜绝了浪费现象，也明确了国家、单位和个人的权利义务。

基本医疗保险制度主要包括六方面的内容：

（1）建立合理的由用人单位与劳动者共同缴费的机制；

（2）建立社会统筹基金与个人账户基金相结合的制度；

（3）建立社会统筹基金与个人账户基金分开管理、范围明确的支付机制；

（4）建立有效制约的医疗服务管理机制；

（5）建立统一的社会化管理体制；

（6）建立完善有效的医疗保险基金监督管理机制。

法条指引

❶**《中华人民共和国社会保险法》**（2011年7月1日施行）

第二十三条 职工应当参加职工基本医疗保险，由用人单位和职工按照国家规定共同缴纳基本医疗保险费。

无雇工的个体工商户、未在用人单位参加职工基本医疗保险的非全日制从业人员以及其他灵活就业人员可以参加职工基本医疗保险，由个人按照国家规定缴纳基本医疗保险费。

❷**《关于建立城镇职工基本医疗保险制度的决定》**（1998年12月14日 国发［1998］44号）

加快医疗保险制度改革，保障职工基本医疗，是建立社会主义市场经济体制的客观要求和重要保障。在认真总结近年来各地医疗保险制度改革试点经验的基础上，国务院决定，在全国范围内进行城镇职工医疗保险制度改革。

一、改革的任务和原则

医疗保险制度改革的主要任务是建立城镇职工基本医疗保险制度，即适应社会主义市场经济体制，根据财政、企业和个人的承受能力，建立保障职工基本医疗需求的社会医疗保险制度。

建立城镇职工基本医疗保险制度的原则是：基本医疗保险的水平要与社会主义初级阶段生产力发展水平相适应；城镇所有用人单位及其职工都要参加基本医疗保险，实行属地管理；基本医疗保险费由用人单位和职工双方共同负担；基本医疗保险基金实行社会统筹和个人账户相结合。

二、覆盖范围和缴费办法

城镇所有用人单位，包括企业（国有企业、集体企业、外商投资企业、私营企业等）、机关、事业单位、社会团体、民办非企业单位及其职工，都要参加基本医疗保险。乡镇企业及其职工、城镇个体经济组织业主及其从业人员是否参加基本医疗保险，由各省、自治区、直辖市人民政府决定。

基本医疗保险原则上以地级以上行政区（包括地、市、州、盟）为统筹单位，也可以县（市）为统筹单位，北京、天津、上海3个直辖市原则上在全市范围内实行统筹（以下简称统筹地区）。所有用人单位及其职工都要按照属地管理原则参加所在统筹地区的基本医疗保险，执行统一政策，实行基本医疗保险基金的统一筹集、使用和管理。铁路、电力、远洋运输等跨地区、生产流动性较大的企业及其职工，可以相对集中的方式异地参加统筹地区的基本医疗保险。

基本医疗保险费由用人单位和职工共同缴纳。用人单位缴费率应控制在职工工资总额的6%左右，职工缴费率一般为本人工资收入的2%。随着经济发展，用人单位和职工缴费率可作相应调整。

三、建立基本医疗保险统筹基金和个人账户

要建立基本医疗保险统筹基金和个人账户。基本医疗保险基金由统筹基金和个人账户构成。职工个人缴纳的基本医疗保险费，全部计入个人账户。用人单位缴纳的基本医疗保险费分为两部分，一部分用于建立统筹基金，一部分划入个人账户。划入个人账户的比例一般为用人单位缴费的30%左右，具体比例由统筹地区根据个人账户的支付范围和职工年龄等因素确定。

统筹基金和个人账户要划定各自的支付范围，分别核算，不得互相挤占。要确定统筹基金的起付标准和最高支付限额，起付标准原则上控制在当地职工年平均工资的10%左右，最高支付限额原则上控制在当地职工年平均工资的4倍左右。起付标准以下的医疗费用，从个人账户中支付或由个人自付。起付标准以上、最高支付限额以下的医疗费用，主要从统筹基金中支付，个人也要负担一定比例。超过最高支付限额的医疗费用，可以通过商业医疗保险等途径解决。统筹基金的具体起付标准、最高支付限额以及在起付标准以上和最高支付限额以下医疗费用的个人负担比例，由统筹地区根据以收定支、收支平衡的原则确定。

四、健全基本医疗保险基金的管理和监督机制

基本医疗保险基金纳入财政专户管理，专款专用，不得挤占挪用。

社会保险经办机构负责基本医疗保险基金的筹集、管理和支付，并要建立健全预决算制度、财务会计制度和内部审计制度。社会保险经办机构的事业经费不得从基金中提取，由各级财政预算解决。

基本医疗保险基金的银行计息办法：当年筹集的部分，按活期存款利率计息；上年结转的基金本息，按3个月期整存整取银行存款利率计息；存入社会保障财政专户的沉淀资金，比照3年期零存整取储蓄存款利率计息，并不低于该档次利率水平。个人账户的本金和利息归个人所有，可以结转使用和继承。

各级劳动保障和财政部门，要加强对基本医疗保险基金的监督管理。审计部门要定期对社会保险经办机构的基金收支情况和管理情况进行审计。统筹地区应设立由政府有关部门代表、用人单位代表、医疗机构代表、工会代表和有关专家参加的医疗保险基金监督组织，加强对基本医疗保险基金的社会监督。

五、加强医疗服务管理

要确定基本医疗保险的服务范围和标准。劳动保障部会同卫生部、财政部等有关部门制定基本医疗服务的范围、标准和医药费用结算办法，制定国家基本医疗保险药品目录、诊疗项目、医疗服务设施标准及相应的管理办法。各省、自治区、直辖市劳动保障行政管理部门根据国家规定，会同有关部门制定本地区相应的实施标准和办法。

基本医疗保险实行定点医疗机构（包括中医医院）和定点药店管理。劳动保障部会同卫生部、财政部等有关部门制定定点医疗机构和定点药店的资格审定办法。社会保险经办机构要根据中西医并举，基层、专科和综合医疗机构兼顾，方便职工就医的原则，负责确定定点医疗机构和定点药店，并同定点医疗机构和定点药店签订合同，明确各自的责任、权利和义务。在确定定点医疗机构和定点药店时，要引进竞争机制，职工可选择若干定点医疗机构就医、购药，也可持处方在若干定点药店购药。国家药品监督管理局会同有关部门制定定点药店购药药事事故处理办法。

各地要认真贯彻《中共中央、国务院关于卫生改革与发展的决定》精神，积极推进医药卫生体制改革，以较少的经费投入，使人民群众得到良好的医疗服务，促进医药卫生事业的健康发展。要建立医药分开核算、分别管理的制度，形成医疗服务和药品流通的竞争机制，合理控制医药费用水平；要加强医疗机构和药店的内部管理，规范医药服务行为，减员增效，降低医药成本；要理顺医疗服务价格，在实行医药分开核算、分别管理，降低药品收入占医疗总收入比重的基础上，合理提高医疗技术劳务价格；要加强业务技术培训和职业道德教育，提高医药服务人员的素质和服务质量；要合理调整医疗机构布局，优化医疗卫生资源配置，积极发展社区卫生服务，将社区卫生服务中的基本医疗服务项目纳入基本医疗保险范围。卫生部会同有关部门制定医疗机构改革方案和发展社区卫生服务的有关政策。国家经贸委等部门要认真配合做好药品流通体制改革工作。

六、妥善解决有关人员的医疗待遇

离休人员、老红军的医疗待遇不变，医疗费用按原资金渠道解决，支付确有困难的，由同级人民政府帮助解决。离休人员、老红军的医疗管理办法由省、自治区、直辖市人民政府制定。

二等乙级以上革命伤残军人的医疗待遇不变，医疗费用按原资金渠道解决，由社会保险经办机构单独列账管理。医疗费支付不足部分，由当地人民政府帮助解决。

退休人员参加基本医疗保险，个人不缴纳基本医疗保险费。对退休人员个人账户的计入金额和个人负担医疗费的比例给予适当照顾。

国家公务员在参加基本医疗保险的基础上，享受医疗补助政策。具体办法另行制定。

为了不降低一些特定行业职工现有的医疗消费水平，在参加基本医疗保险的基础上，作为过渡措施，允许建立企业补充医疗保险。企业补充医疗保险费在工资总额4%以内的部分，从职工福利费中列支，福利费不足列支的部分，经同级财政部门核准后列入成本。

国有企业下岗职工的基本医疗保险费，包括单位缴费和个人缴费，均由再就业服务中心按照当地上年度职工平均工资的60%为基数缴纳。

七、加强组织领导

医疗保险制度改革政策性强，涉及广大职工的切身利益，关系到国民经济发展和社会稳定。各级人民政府要切实加强领导，统一思想，提高认识，做好宣传工作和政治思想工作，使广大职工和社会各方面都积极支持和参与这项改革。各地要按照建立城镇职工基本医疗保险制度的任务、原则和要求，结合本地实际，精心组织实施，保

证新旧制度的平稳过渡。

建立城镇职工基本医疗保险制度工作从1999年初开始启动，1999年底基本完成。各省、自治区、直辖市人民政府要按照本决定的要求，制定医疗保险制度改革的总体规划，报劳动保障部备案。统筹地区要根据规划要求，制定基本医疗保险实施方案，报省、自治区、直辖市人民政府审批后执行。

劳动保障部要加强对建立城镇职工基本医疗保险制度工作的指导和检查，及时研究解决工作中出现的问题。财政、卫生、药品监督管理等有关部门要积极参与，密切配合，共同努力，确保城镇职工基本医疗保险制度改革工作的顺利进行。

案例链接

❶《利津县城镇职工医疗保险事业处与高山社会保障行政给付上诉案》，参见北大法宝引证码：Pkulaw.cn/CLI.C.33590。

❷《广东省畜产进出口集团公司与何茂全劳动争议纠纷上诉案》，参见北大法宝引证码：Pkulaw.cn/CLI.C.231145。

学者观点

❶ 孙瑞玺、信鸿狄：《职工最低工资能否抵扣“三金”》，参见北大法宝引证码：Pkulaw.cn/CLI.A.028590。

❷ 孙瑞玺：《职工工伤与职工患病或非因工负伤医疗期及待遇规定的不同》，参见北大法宝引证码：Pkulaw.cn/CLI.A.026940。

【城镇居民基本医疗保险】

法律问题解读

城镇居民基本医疗保险是社会医疗保险的组成部分，具有强制性，采取以政府为主导，以居民个人（家庭）缴费为主，政府适度补助为辅的筹资方式，按照缴费标准和待遇水平相一致的原则，为城镇居民提供医疗需求的医疗保险制度。

城镇居民基本医疗保险主要是给具有城镇户籍的中小学生、大学生以及未参加职工基本医疗保险的城镇居民设立的基本医疗保险制度。城镇居民基本医疗保险实行个人缴费和政府补贴相结合，对于享受最低生活保障的人、丧失劳动能力的残疾人、低收入家庭60周岁以上的老年人和未成年人所需个人缴费部分，由政府给予补贴。

法条指引

❶**《中华人民共和国社会保险法》**（2011年7月1日施行）

第二十五条 国家建立和完善城镇居民基本医疗保险制度。

城镇居民基本医疗保险实行个人缴费和政府补贴相结合。

享受最低生活保障的人、丧失劳动能力的残疾人、低收入家庭六十周岁以上的老年人和未成年人等所需个人缴费部分，由政府给予补贴。

❷**《国务院关于开展城镇居民基本医疗保险试点的指导意见》**（2007年7月10日 国发[2007]20号）

各省、自治区、直辖市人民政府，国务院各部委、各直属机构：

党中央、国务院高度重视解决广大人民群众的医疗保障问题，不断完善医疗保障制度。1998年我国开始建立城镇职工基本医疗保险制度，之后又启动了新型农村合作医疗制度试点，建立了城乡医疗救助制度。目前没有医疗保障制度安排的主要是城镇非从业居民。为实现基本建立覆盖城乡全体居民的医疗保障体系的目标，国务院决定，从今年起开展城镇居民基本医疗保险试点（以下简称试点）。各地区各部门要充分认识这项工作的重要性，将其作为落实科学发展观、构建社会主义和谐社会的一项重要任务，高度重视，统筹规划，规范引导，稳步推进。

一、目标和原则

（一）试点目标。2007年在有条件的省份选择2至3个城市启动试点，2008年扩大试点，争取2009年试点城市达到80%以上，2010年在全国全面推开，逐步覆盖全体城镇非从业居民。要通过试点，探索和完善城镇居民基本医疗保险的政策体系，形成合理的筹资机制、健全的管理体制和规范的运行机制，逐步建立以大病统筹为主的城镇居民基本医疗保险制度。

（二）试点原则。试点工作要坚持低水平起步，根据经济发展水平和各方面承受能力，合理确定筹资水平和保障标准，重点保障城镇非从业居民的大病医疗需求，逐步提高保障水平；坚持自愿原则，充分尊重群众意愿；明确中央和地方政府的责任，中央确定基本原则和主要政策，地方制订具体办法，对参保居民实行属地管理；坚持统筹协调，做好各类医疗保障制度之间基本政策、标准和管理措施等的衔接。

二、参保范围和筹资水平

（三）参保范围。不属于城镇职工基本医疗保险制度覆盖范围的中小学阶段的学生（包括职业高中、中专、技校学生）、少年儿童和其他非从业城镇居民都可自愿参加城镇居民基本医疗保险。

（四）筹资水平。试点城市应根据当地的经济发展水平以及成年人和未成年人等不同人群的基本医疗消费需求，并考虑当地居民家庭和财政的负担能力，恰当确定筹资水平；探索建立筹资水平、缴费年限和待遇水平相挂钩的机制。

（五）缴费和补助。城镇居民基本医疗保险以家庭缴费为主，政府给予适当补助。参保居民按规定缴纳基本医疗保险费，享受相应的医疗保险待遇，有条件的用人单位可以对职工家属参保缴费给予补助。国家对个人缴费和单位补助资金制定税收鼓励政策。

对试点城市的参保居民，政府每年按不低于人均40元给予补助，其中，中央财政从2007年起每年通过专项转移支付，对中西部地区按人均20元给予补助。在此基础上，对属于低保对象的或重度残疾的学生和儿童参保所需的家庭缴费部分，政府原则上每年再按不低于人均10元给予补助，其中，中央财政对中西部地区按人均5元给予补助；对其他低保对象、丧失劳动能力的重度残疾人、低收入家庭60周岁以上的老年人等困难居民参保所需家庭缴费部分，政府每年再按不低于人均60元给予补助，其中，中央财政对中西部地区按人均30元给予补助。中央财政对东部地区参照新型农村合作医疗的补助办法给予适当补助。财政补助的具体方案由财政部门商劳动保障、民政等部门研究确定，补助经费要纳入各级政府的财政预算。

（六）费用支付。城镇居民基本医疗保险基金重点用于参保居民的住院和门诊大病医疗支出，有条件的地区可以逐步试行门诊医疗费用统筹。

城镇居民基本医疗保险基金的使用要坚持以收定支、收支平衡、略有结余的原则。要合理制定城镇居民基本医疗保险基金起付标准、支付比例和最高支付限额，完善支付办法，合理控制医疗费用。探索适合困难城镇非从业居民经济承受能力的医疗服务和费用支付办法，减轻他们的医疗费用负担。城镇居民基本医疗保险基金用于支付规定范围内的医疗费用，其他费用可以通过补充医疗保险、商业健康保险、医疗救助和社会慈善捐助等方式解决。

三、加强管理和服务

（七）组织管理。对城镇居民基本医疗保险的管理，原则上参照城镇职工基本医疗保险的有关规定执行。各地要充分利用现有管理服务体系，改进管理方式，提高管理效率。鼓励有条件的地区结合城镇职工基本医疗保险和新型农村合作医疗管理的实际，进一步整合基本医疗保障管理资源。要探索建立健全由政府机构、参保居民、社会团体、医药服务机构等方面代表参加的医疗保险社会监督组织，加强对城镇居民基本医疗保险管理、服务、运行的监督。建立医疗保险专业技术标准组织和专家咨询组织，完善医疗保险服务管理专业技术标准和业务规范。根据医疗保险事业发展的需要，切实加强医疗保险管理服务机构和队伍建设。建立健全管理制度，完善运行机制，加强医疗保险信息系统建设。

（八）基金管理。要将城镇居民基本医疗保险基金纳入社会保障基金财政专户统一管理，单独列账。试点城市要按照社会保险基金管理等有关规定，严格执行财务制度，加强对基本医疗保险基金的管理和监督，探索建立健全基金的风险防范和调剂机制，确保基金安全。

（九）服务管理。对城镇居民基本医疗保险的医疗服务管理，原则上参照城镇职工基本医疗保险的有关规定执行，具体办法由试点城市劳动保障部门会同发展改革、财政、卫生等部门制定。要综合考虑参保居民的基本医疗需求和基本医疗保险基金的承受能力等因素，合理确定医疗服务的范围。通过订立和履行定点服务协议，规范对定点医疗机构和定点零售药店的管理，明确医疗保险经办机构和定点的医疗机构、零售药店的权利和义务。医疗保险经办机构要简化审批手续，方便居民参保和报销医疗费用；明确医疗费用结算办法，按规定与医疗机构及时结算。加强对医疗费用支出的管理，探索建立医疗保险管理服务的奖惩机制。积极推行医疗费用按病种付费、按总额预付等结算方式，探索协议确定医疗费用标准的办法。

（十）充分发挥城市社区服务组织等的作用。整合、提升、拓宽城市社区服务组织的功能，加强社区服务平台建设，做好基本医疗保险管理服务工作。大力发展社区卫生服务，将符合条件的社区卫生服务机构纳入医疗保险定点范围；对参保居民到社区卫生服务机构就医发生的医疗费用，要适当提高医疗保险基金的支付比例。

四、深化相关改革

（十一）继续完善各项医疗保障制度。进一步完善城镇职工基本医疗保险制度，采取有效措施将混合所有制、非公有制经济组织从业人员以及灵活就业人员纳入城镇职工基本医疗保险；大力推进进城务工的农民工参加城镇职工基本医疗保险，重点解决大病统筹问题；继续着力解决国有困难企业、关闭破产企业等职工和退休人员的医疗保障问题；鼓励劳动年龄内有劳动能力的城镇居民，以多种方式就业并参加城镇职工基本医疗保险；进一步规范现行城镇职工基本医疗保险的支付政策，强化医疗服务管理。加快实施新型农村合作医疗制度。进一步完善城市和农村医疗救助制度。完善多层次医疗保障体系，搞好各项医疗保障制度的衔接。

（十二）协同推进医疗卫生体制和药品生产流通体制改革。根据深化医药卫生体制改革的总体要求，统筹协调医疗卫生、药品生产流通和医疗保障体系的改革和制度衔接，充分发挥医疗保障体系在筹集医疗资金、提高医疗质量和控制医疗费用等方面的作用。进一步转变政府职能，加强区域卫生规划，健全医疗服务体系。建立健全卫生行业标准体系，加强对医疗服务和药品市场的监管。规范医疗服务行为，逐步建立和完善临床操作规范、临床诊疗指南、临床用药规范和出入院标准等技术标准。加快城市社区卫生服务体系建设，充分发挥社区卫生服务和中医药服务在医疗服务中的作用，有条件的地区可探索实行参保居民分级医疗的办法。

五、加强组织领导

（十三）建立国务院城镇居民基本医疗保险部际联席会议制度。在国务院领导下，国务院城镇居民基本医疗保险部际联席会议（以下简称部际联席会议）负责组织协调和宏观指导试点工作，研究制定相关政策并督促检查政策的落实情况，总结评估试点工作，协调解决试点工作中出现的问题，并就重大问题向国务院提出报告和建议。

（十四）选择确定试点城市。省级人民政府可根据本地条件选择2至3个试点城市，报部际联席会议审定。试点城市的试点实施方案报部际联席会议办公室备案，由省（区、市）人民政府批准实施。

（十五）制定配套政策和措施。劳动保障部门要会同发展改革、财政、卫生、民政、教育、药品监督和中医药管理等有关部门制定相关配套政策和措施。各部门要根据各自的职责，协同配合，加快推进各项配套改革。动员社会各方面力量，为推进医疗保险制度改革创造良好的环境、提供有力的支持，确保试点工作的顺利进行。

（十六）精心组织实施。地方各级人民政府要充分认识试点工作的重大意义，切实加强组织领导。省级人民政府要根据本指导意见规定的试点目标和任务、基本政策和工作步骤，统筹规划，积极稳妥地推进本行政区域的试点工作。试点城市要在充分调研、周密测算、多方论证的基础上，制订试点实施方案并精心组织实施。已经先行开展基本医疗保险工作的城市，要及时总结经验，完善制度，进一步探索更加符合实际的基本医疗保险的体制和机制。

（十七）做好舆论宣传工作。建立城镇居民基本医疗保险制度直接关系广大群众的切身利益，是一项重大的民生工程，政策性很强。各地要坚持正确的舆论导向，加强对试点工作重要意义、基本原则和方针政策的宣传，加强对试点中好的做法和经验的总结推广，使这项惠民政策深入人心，真正得到广大群众和社会各界的理解和支持，使试点工作成为广大群众积极参与的实践。

各地要注意研究试点过程中出现的新情况、新问题，积极探索解决的办法，妥善处理改革、发展与稳定的关系。遇有重要情况及时向部际联席会议报告。

❸**《劳动和社会保障部关于印发城镇居民基本医疗保险经办管理服务工作意见的通知》**（2007年9月4日　劳社部发［2007］34号）

各省、自治区、直辖市劳动和社会保障厅（局）：

为认真贯彻落实《国务院关于开展城镇居民基本医疗保险试点的指导意见》（国发［2007］20号），我们制定了《关于城镇居民基本医疗保险经办管理服务工作的意见》，现印发给你们，请结合实际贯彻执行。

关于城镇居民基本医疗保险
经办管理服务工作的意见

为认真贯彻落实《国务院关于开展城镇居民基本医疗保险试点的指导意见》（国发［2007］20号）精神，切实做好城镇居民基本医疗保险经办管理服务工作，保证试点工作顺利开展，现提出如下意见：

一、经办管理服务的基本要求

（一）高度重视，精心组织

城镇居民基本医疗保险经办管理服务工作是社会保险经办机构（以下简称“经办机构”）的一项新职能。各级劳动保障部门要高度重视，将其作为落实科学发展观、构建社会主义和谐社会的重要任务，精心组织实施，保证制度平稳运行。

（二）整合资源，探索创新

要充分利用城镇职工基本医疗保险管理基础，依托街道和社区劳动保障工作平台开展试点工作。在试点中要注意探索建立合理的筹资机制、健全的管理体制和规范的运行机制，加强指导，规范管理。探索建立城乡统筹医疗保障制度的地区，要整合现有的管理资源，加快建立统一、高效的管理平台。

（三）把握特点，注重服务

城镇居民基本医疗保险经办管理服务工作要充分体现以人为本的理念，寓管理于服务，以管理促服务，不断强化服务意识，改进服务方式，提高服务质量和水平，简化缴费报销手续，着力推行各种便民利民的服务措施，为居民提供方便、快捷的优质服务。

（四）广泛宣传，加强咨询

要充分发挥报纸、电视、广播、网络等媒介的作用，印制简易宣传品，宣传城镇居民基本医疗保险政策，公开参保缴费、就医和医疗费用报销等程序。要依托 12333 劳动保障咨询热线，为城镇居民提供政策咨询。有条件的城市应在劳动保障网站开设专栏。

二、经办管理服务的主要内容

（一）参保登记和缴费

统筹地区经办机构负责统一组织管理城镇居民参保登记和缴费工作。符合参保条件的城镇居民持有效证件及资料，到经办机构服务窗口、社区劳动保障工作平台或经办机构委托的相关单位办理参保手续。对行动不便的老年人、残疾人应开展上门登记参保服务。社区劳动保障工作平台或受经办机构委托的单位对参保人员身份、缴费标准等进行初审，经办机构复核。

统筹地区经办机构要积极探索适合城镇居民特点的缴费方式，可与商业银行签订协议，方便参保人员到银行直接缴费或委托代扣缴费。医疗保险费原则上按年收缴，收费单位应出具统一的缴费凭证。

（二）信息采集与证件发放

在遵循金保工程信息结构通则和已有数据标准的基础上，经办机构要指导社区劳动保障工作平台按照统一要求采集、录入基础数据，指导协助办理参保手续的相关单位报送有关资料。要做好基础信息的核对工作，并及时维护更新。参保人员信息变更可由社区劳动保障工作平台或受委托的相关单位受理，经办机构统一负责变更处理。

省级经办机构要指导统筹地区经办机构，根据城镇居民的参保和缴费信息，制作统一的医疗保险证卡、专用医疗手册等相关证件，相关证件可通过社区劳动保障工作平台或委托的单位及时发给参保人员，保证参保人员就医和医疗费用结算。

统筹地区使用 IC 卡作为证卡的，须遵循全国统一标准发放中华人民共和国社会保障卡。

（三）定点就医与协议管理

统筹地区经办机构要按照有关规定，与定点医疗机构和定点零售药店签订服务协议，并及时向社会公布名单及其地址，为参保人员选择定点机构提供便利。要按照有关规定引导参保人员充分利用社区卫生服务和中医药服务。

参保人员按规定选择定点医疗机构就医，并按规定办理变更。参保人员在定点医疗机构就医时应按规定出示本人医疗保险证卡、专用医疗手册等有效证件。

经办机构与定点医疗机构和定点零售药店签订的定点医药服务协议，应就医疗服务范围、服务质量、结算办法、考核办法、考核指标和奖惩措施等内容作出规定，明确各自的责任、权利和义务。

各级经办机构要根据协议，对定点医疗机构、定点零售药店进行监督检查，对定点机构履行协议的情况作出评估。要不断完善定点机构协议管理办法，逐步建立诚信等级评定标准，试行分级管理，对公众应知情的信息实行披露制度，促进定点机构合理诊疗、合理用药、降低费用，提供优质医药服务。

（四）医疗费用支付与结算管理

参保人员的住院和门诊大病医疗费用，按规定由个人负担的医疗费用由个人支付，由基金支付的医疗费用，由定点医疗机构、定点零售药店向经办机构申报结算。急诊、转诊、异地就医等在非定点医疗机构发生的医疗费用，可先由参保人员垫付，再向经办机构申请审核报销，申请工作可由社区劳动保障工作平台或受委托的相关单位受理。

各级经办机构要探索各种有效的医疗费用结算办法。积极探索推行按病种付费、按总额预付等结算方式；探索协议确定医疗服务费用标准的办法。探索建立筹资水平、缴费年限和待遇水平相挂钩的机制，在保证基本医疗的前提下，合理控制医疗费用，遏制浪费。

（五）基金管理

城镇居民基本医疗保险基金实行收支两条线管理，纳入财政专户，单独列账，分别核算。各级经办机构要严格执行社会保险基金财务会计制度，建立完整的城镇居民基本医疗保险基金收入、支出账目，切实做好城镇居民基本医疗保险基金管理工作。

各级经办机构要加强城镇居民基本医疗保险基金征缴管理，准确、完整地向同级劳动保障行政部门和上级业务主管部门提供城镇居民参保缴费情况，以便财政补助资金及时足额到位，严禁骗取、套取财政补助资金的行为。基金支出要按照规定的支出项目严格管理。合理控制城镇居民基本医疗保险基金的结余规模，探索建立基金风险防范和调剂机制。

各级经办机构要建立健全城镇居民基本医疗保险基金管理和内部控制的规章制度，并严格执行，建立防范违规机制，保证基金安全。要定期向同级劳动保障行政部门和上级业务主管部门报告基金收支情况，涉及基金风险等重大事项要及时报告。

建立城镇居民基本医疗保险基金内部审计制度，自觉接受法定部门的外部审计。按规定定期向由政府机构、参保人员、社会团体、医药服务机构等方面代表组成的医疗保险社会监督组织报告城镇居民基本医疗保险基金收支和参保人员享受医疗保险待遇情况的基本信息，并向社会公布，接受社会监督。

三、经办管理服务体系建设

（一）加强经办机构能力建设

各级经办机构要在政府部门的支持下，努力适应城镇居民基本医疗保险事业发展的需要，加强机构建设，充实经办力量，落实管理经费，配置工作设施，开展人员培训。积极探索建立与服务人群和业务量挂钩的人员配备机制和经费保障机制，建立医疗保险经办管理服务的奖惩机制。研究制定医疗保险经办管理服务技术标准，实现经办管理的规范化、信息化、专业化。

（二）加强社区劳动保障工作平台建设

要拓展社区的城镇居民基本医疗保险管理服务功能，争取在相关单位支持下及时为社区劳动保障工作平台配备相应人员，保证工作经费。经办机构要加强对社区医疗保险管理人员的培训。社区劳动保障工作平台的工作人员要在经办机构指导下，认真开展城镇居民参保身份和缴费标准初审以及参保登记、基础信息采集录入和政策宣传等工作。

（三）规范经办管理服务规程

省级经办机构要按照国家对城镇居民基本医疗保险经办管理服务的要求，指导统筹地区制定统一的业务规程和管理办法，包括参保登记、保费收缴、就医管理、费用结算与报销等各项经办服务项目的办理流程，参保人员办理事务时需要提供的凭证资料，以及经办机构的审核管理责任等。统筹地区经办机构要通过有效渠道公开办事程序，开通监督电话，建立健全投诉受理机制。

（四）加强信息系统建设

各地信息系统建设要遵循金保工程统一规划，并有效发挥其信息网络和基础数据库的作用。根据城镇居民基本医疗保险运行管理的需要，在现有城镇职工基本医疗保险系统基础上，增设城镇居民基本医疗保险管理功能。建立完善连接社区劳动保障工作平台的信息网络，拓展社区劳动保障工作平台系统功能。探索与公安、民政、卫生、医药、残疾人管理等信息系统联网，在社区建立城镇居民公共服务信息共享平台。

（五）加强基础数据建设和统计分析工作

各级经办机构要根据城镇居民的特点，建立基础台账，加强基础数据的采集与维护，保障参保人员个人信息安全。建立健全城镇居民基本医疗保险的专业档案管理制度，妥善保存各类档案资料。

建立城镇居民基本医疗保险统计报表制度。劳动和社会保障部会同有关部门统一制定报表，各级经办机构应当按照要求及时、完整、准确填报。

各级经办机构要根据城镇居民参保、缴费、财政补助、就医流向、医疗费用支出和定点机构管理等信息，开展综合分析工作，建立运行分析和风险预警制度，定期向同级劳动保障行政部门和上级业务主管部门报送分析报告。

❹《国务院办公厅关于将大学生纳入城镇居民基本医疗保险试点范围的指导意见》（2008年10月25日　国办发［2008］119号）

各省、自治区、直辖市人民政府，国务院各部委、各直属机构：

根据《国务院关于开展城镇居民基本医疗保险试点的指导意见》（国发［2007］20号）有关精神，为进一步做好大学生医疗保障工作，国务院决定将大学生纳入城镇居民基本医疗保险试点范围。经国务院同意，现就有关工作提出以下指导意见：

一、基本原则

按照党中央、国务院关于加快建立覆盖城乡居民的社会保障体系和开展城镇居民基本医疗保险试点工作的总体要求，坚持自愿原则，将大学生纳入城镇居民基本医疗保险试点范围，并继续做好日常医疗工作；中央确定基本原则和主要政策，试点地区制订具体办法，对参保大学生实行属地管理；完善医疗保障资金筹集机制和费用分担机制，重点保障基本医疗需求，逐步提高保障水平。

二、主要政策

（一）参保范围。各类全日制普通高等学校（包括民办高校）、科研院所（以下统称高校）中接受普通高等学历教育的全日制本专科生、全日制研究生。

（二）保障方式。大学生住院和门诊大病医疗，按照属地原则通过参加学校所在地城镇居民基本医疗保险解决，大学生按照当地规定缴费并享受相应待遇，待遇水平不低于当地城镇居民。同时按照现有规定继续做好大学生日常医疗工作，方便其及时就医。鼓励大学生在参加基本医疗保险的基础上，按自愿原则，通过参加商业医疗保险等多种途径，提高医疗保障水平。

（三）资金筹措。大学生参加城镇居民基本医疗保险的个人缴费标准和政府补助标准，按照当地中小学生参加城镇居民基本医疗保险相应标准执行。个人缴费原则上由大学生本人和家庭负担，有条件的高校可对其缴费给予补助。大学生参保所需政府补助资金，按照高校隶属关系，由同级财政负责安排。中央财政对地方所属高校学生按照城镇居民基本医疗保险补助办法给予补助。大学生日常医疗所需资金，继续按照高校隶属关系，由同级财政予以补助。

各地要采取措施，对家庭经济困难大学生个人应缴纳的基本医疗保险费及按规定应由其个人承担的医疗费用，通过医疗救助制度、家庭经济困难学生资助体系和社会慈善捐助等多种途径给予资助，切实减轻家庭经济困难学生的医疗费用负担。

三、精心组织实施

已开展城镇居民基本医疗保险试点的地区，按本指导意见将大学生纳入城镇居民基本医疗保险体系后，要切实保障参保大学生住院和门诊大病需求，同时继续做好大学生日常医疗工作；未开展试点的地区，要完善现有办法，加强和改进大学生医疗保障工作，随着试点扩大，逐步将大学生纳入城镇居民基本医疗保险范围。各地人力资源社会保障部门要把符合条件的大学医疗机构纳入城镇居民基本医疗保险定点医疗机构范围。

各地区、各有关部门要充分认识做好大学生医疗保障工作对建立健全覆盖城乡居民社会保障体系，保障大学生就医权益、提高大学生健康水平，促进社会和谐稳定的重大意义，切实加强组织领导和宣传解释工作。省级人民政府要根据本指导意见，统筹规划，积极稳妥地推进这项工作。试点城市要因地制宜制订具体实施办法和推进步骤，确定合理的保障水平，精心组织实施，确保新旧制度平稳过渡，维护社会稳定。教育、财政、人力资源社会保障、卫生和民政部门要通力协作，制订周密工作计划，确保缴费和财政资金及时足额到位，不断完善大学生医疗经费和就医管理措施。高校要切实抓好大学生就医工作，深化改革，加强管理，提高工作效率和水平。

【新型农村合作医疗】

法律问题解读

新型农村合作医疗，简称“新农合”，是指由政府组织、引导、支持，农民自愿参加，个人、集体和政府多方筹资，以大病统筹为主的农民医疗互助共济制度。采取个人缴费、集体扶持和政府资助的方式筹集资金。它的适用对象是具有农业户籍的中小学生、未参加其他基本医疗保险的农村居民。

法条指引

❶**《中华人民共和国社会保险法》**（2011年7月1日施行）

第二十四条 国家建立和完善新型农村合作医疗制度。

新型农村合作医疗的管理办法，由国务院规定。

❷**《国务院办公厅转发卫生部等部门关于建立新型农村合作医疗制度意见的通知》**（2003年1月16日 国办发［2003］3号）

建立新型农村合作医疗制度是新时期农村卫生工作的重要内容，是实践“三个代表”重要思想的具体体现，对提高农民健康水平，促进农村经济发展，维护社会稳定具有重大意义。根据《中共中央、国务院关于进一步加强农村卫生工作的决定》（中发［2002］13号），提出以下意见。

一、目标和原则

新型农村合作医疗制度是由政府组织、引导、支持，农民自愿参加，个人、集体和政府多方筹资，以大病统筹为主的农民医疗互助共济制度。从2003年起，各省、自治区、直辖市至少要选择2—3个县（市）先行试点，取得经验后逐步推开。到2010年，实现在全国建立基本覆盖农村居民的新型农村合作医疗制度的目标，减轻农民因疾病带来的经济负担，提高农民健康水平。

建立新型农村合作医疗制度要遵循以下原则：

（一）自愿参加，多方筹资。农民以家庭为单位自愿参加新型农村合作医疗，遵守有关规章制度，按时足额缴纳合作医疗经费；乡（镇）、村集体要给予资金扶持；中央和地方各级财政每年要安排一定专项资金予以支持。

（二）以收定支，保障适度。新型农村合作医疗制度要坚持以收定支，收支平衡的原则，既保证这项制度持续有效运行，又使农民能够享有最基本的医疗服务。

（三）先行试点，逐步推广。建立新型农村合作医疗制度必须从实际出发，通过试点总结经验，不断完善，稳步发展。要随着农村社会经济的发展和农民收入的增加，逐步提高新型农村合作医疗制度的社会化程度和抗风险能力。

二、组织管理

（一）新型农村合作医疗制度一般采取以县（市）为单位进行统筹。条件不具备的地方，在起步阶段也可采取以乡（镇）为单位进行统筹，逐步向县（市）统筹过渡。

（二）要按照精简、效能的原则，建立新型农村合作医疗制度管理体制。省、地级人民政府成立由卫生、财政、农业、民政、审计、扶贫等部门组成的农村合作医疗协调小组。各级卫生行政部门内部应设立专门的农村合作医疗管理机构，原则上不增加编制。

县级人民政府成立由有关部门和参加合作医疗的农民代表组成的农村合作医疗管理委员会，负责有关组织、协调、管理和指导工作。委员会下设经办机构，负责具体业务工作，人员由县级人民政府调剂解决。根据需要在乡（镇）可设立派出机构（人员）或委托有关机构管理。经办机构的人员和工作经费列入同级财政预算，不得从农村合作医疗基金中提取。

三、筹资标准

新型农村合作医疗制度实行个人缴费、集体扶持和政府资助相结合的筹资机制。

（一）农民个人每年的缴费标准不应低于10元，经济条件好的地区可相应提高缴费标准。乡镇企业职工（不含以农民家庭为单位参加新型农村合作医疗的人员）是否参加新型农村合作医疗由县级人民政府确定。

（二）有条件的乡村集体经济组织应对本地新型农村合作医疗制度给予适当扶持。扶持新型农村合作医疗的乡村集体经济组织类型、出资标准由县级人民政府确定，但集体出资部分不得向农民摊派。鼓励社会团体和个人资助新型农村合作医疗制度。

（三）地方财政每年对参加新型农村合作医疗农民的资助不低于人均10元，具体补助标准和分级负担比例由省级人民政府确定。经济较发达的东部地区，地方各级财政可适当增加投入。从2003年起，中央财政每年通过专项转移支付对中西部地区除市区以外的参加新型农村合作医疗的农民按人均10元安排补助资金；

四、资金管理

农村合作医疗基金是由农民自愿缴纳、集体扶持、政府资助的民办公助社会性资金，要按照以收定支、收支平衡和公开、公平、公正的原则进行管理，必须专款专用，专户储存，不得挤占挪用。

（一）农村合作‘医疗基金由农村合作医疗管理委员会及其经办机构进行管理。农村合作医疗经办机构应在管理委员会认定的国有商业银行设立农村合作医疗基金专用账户，确保基金的安全和完整，并建立健全农村合作医疗基金管理的规章制度，按照规定合理筹集、及时审核支付农村合作医疗基金。

（二）农村合作医疗基金中农民个人缴费及乡村集体经济组织的扶持资金，原则上按年由农村合作医疗经办机构在乡（镇）设立的派出机构（人员）或委托有关机构收缴，存入农村合作医疗基金专用账户；地方财政支持资金，由地方各级财政部门根据参加新型农村合作医疗的实际人数，划拨到农村合作医疗基金专用账户；中央财政补助中西部地区新型农村合作医疗的专项资金，由财政部根据各地区参加新型农村合作医疗的实际人数和资金到位等情况核定，向省级财政划拨。中央和地方各级财政要确保补助资金及时、全额拨付到农村合作医疗基金专用账户，并通过新型农村合作医疗试点逐步完善补助资金的划拨办法，尽可能简化程序，易于操作。要结合财政国库管理制度改革和完善情况，逐步实现财政直接支付。关于新型农村合作医疗资金具体补助办法，由财政部商有关部门研究制定。

（三）农村合作医疗基金主要补助参加新型农村合作医疗农民的大额医疗费用或住院医疗费用。有条件的地方，可实行大额医疗费用补助与小额医疗费用补助结合的办法，既提高抗风险能力又兼顾农民受益面。对参加新型农村合作医疗的农民，年内没有动用农村合作医疗基金的，要安排进行一次常规性体检。各省、自治区、直辖市要制订农村合作医疗报销基本药物目录。各县（市）要根据筹资总额，结合当地实际，科学合理地确定农村合作医疗基金的支付范围、支付标准和额度，确定常规性体检的具体检查项目和方式，防止农村合作医疗基金超支或过多结余。

（四）加强对农村合作医疗基金的监管。农村合作医疗经办机构要定期向农村合作医疗管理委员会汇报农村合作医疗基金的收支、使用情况；要采取张榜公布等措施，定期向社会公布农村合作医疗基金的具体收支、使用情况，保证参加合作医疗农民的参与、知情和监督的权利。县级人民政府可根据本地实际，成立由相关政府部门和参加合作医疗的农民代表共同组成的农村合作医疗监督委员会，定期检查、监督农村合作医疗基金使用和管理情况。农村合作医疗管理委员会要定期向监督委员会和同级人民代表大会汇报工作，主动接受监督。审计部门要定期对农村合作医疗基金收支和管理情况进行审计。

五、医疗服务管理

加强农村卫生服务网络建设，强化对农村医疗卫生机构的行业管理，积极推进农村医疗卫生体制改革，不断提高医疗卫生服务能力和水平，使农民得到较好的医疗服务。各地区要根据情况，在农村卫生机构中择优选择农村合作医疗的服务机构，并加强监管力度，实行动态管理。要完善并落实各种诊疗规范和管理制度，保证服务质量，提高服务效率，控制医疗费用。

六、组织实施

（一）省级人民政府要制订新型农村合作医疗制度的管理办法，本着农民参保积极性较高，财政承受能力较强，管理基础较好的原则选择试点县（市），积极、稳妥地开展新型农村合作医疗试点工作。试点工作的重点是探索新型农村合作医疗管理体制、筹资机制和运行机制。县级人民政府要制定具体方案，各级相关部门在同级人民政府统一领导下组织实施。

（二）要切实加强对新型农村合作医疗的宣传教育，采取多种形式向农民宣传新型农村合作医疗的重要意义和当地的具体做法，引导农民不断增强自我保健和互助共济意识，动员广大农民自愿积极参加新型农村合作医疗。农民参加合作医疗所履行的缴费义务，不能视为增加农民负担。

建立新型农村合作医疗制度是帮助农民抵御重大疾病风险的有效途径，是推进农村卫生改革与发展的重要举措，政策性强，任务艰巨。各地区、各有关部门要高度重视，加强领导，落实政策措施，抓好试点，总结经验，积极稳妥地做好这项工作。

❸《国务院办公厅转发卫生部等部门关于进一步做好新型农村合作医疗试点工作指导意见的通知》（2004年1月13日　国办发［2004］3号）

全国农村卫生工作会议以来，各地区、各有关部门认真贯彻落实《中共中央国务院关于进一步加强农村卫生工作的决定》（中发［2002］13号）和会议精神，按照国务院办公厅转发卫生部等部门《关于建立新型农村合作医疗制度的意见》，积极组织开展新型农村合作医疗试点工作，取得了初步进展，受到了农民的欢迎。一些试点地区在实践中摸索出一些有效的做法，同时也发现了一些问题。为保证新型农村合作医疗试点工作顺利进行，现提出以下指导意见。

一、充分认识开展新型农村合作医疗试点工作的重要性和艰巨性建立新型农村合作医疗制度，是新形势下党中央、国务院为切实解决农业、农村、农民问题，统筹城乡、区域、经济社会协调发展的重大举措，对于提高农民健康保障水平，减轻医疗负担，解决因病致贫、因病返贫问题，具有重要作用。建立新型农村合作医疗制度是一项十分复杂、艰巨的工作。各地区、各有关部门一定要从维护广大农民根本利益出发，因地制宜，分类指导，精心组织，精心运作，务求扎实推进试点工作，为新型农村合作医疗健康发展奠定良好基础。

二、明确试点工作的目标任务

建立新型农村合作医疗制度是一项复杂的社会系统工程，必须先行试点，逐步完善和推广。试点工作的主要目标任务是，研究和探索适应经济发展水平、农民经济承受能力、医疗服务供需状况的新型农村合作医疗政策措施、运行机制和监管方式，为全面建立新型农村合作医疗制度提供经验。各地区在试点期间不要定指标，不要赶进度，不要盲目追求试点数量，要注重试点质量，力争试点一个成功一个，切实让农民得到实惠。各地区试点工作多是在2003年下半年开始启动的，为有充分时间扎实做好试点工作，2004年原则上不再扩大试点数量。

三、必须坚持农民自愿参加的原则

开展新型农村合作医疗试点，一定要坚持农民自愿参加的原则，严禁硬性规定农民参加合作医疗的指标、向乡村干部搞任务包干摊派、强迫乡（镇）卫生院和乡村医生代缴以及强迫农民贷款缴纳经费等简单粗暴、强迫命令的错误做法。各地区要加强督查，发现这些问题，必须及时严肃查处，坚决予以纠正。

四、深入细致地做好对农民的宣传和引导工作

新型农村合作医疗制度真正受到农民的拥护，是这项制度不断发展的基础。地方各级人民政府必须高度重视，切实做好对农民的宣传教育和引导工作。要深入了解和分析农民对新型农村合作医疗存在的疑虑和意见，有针对性地通过典型事例进行具体、形象、生动的宣传，把新型农村合作医疗的参加办法、参加人的权利与义务以及报销和管理办法等宣传到千家万户，使广大农民真正认识建立新型农村合作医疗制度的意义和好处，树立互助共济意识，自觉自愿地参加新型农村合作医疗。

五、切实加强组织管理

各省、自治区、直辖市及试点地（市）人民政府要尽快成立由卫生、财政、农业、民政、发展改革、审计、食品药品监管、中医药、扶贫等部门组成的新型农村合作医疗协调领导小组，协调相关政策，加强工作指导和督查。合作医疗协调领导小组在同级卫生行政部门设办公室，负责有关具体工作。卫生部成立专家技术指导组，重点做好吉林、浙江、湖北、云南四省试点工作的跟踪指导、评估和全国省级业务骨干人员培训工作。各省、自治区、直辖市也要成立省级专家技术指导组，指导试点县（市）的工作。

试点县（市）要成立县级新型农村合作医疗管理委员会，建立经办机构，负责新型农村合作医疗的业务管理；在乡（镇）可设立派出机构（人员）或委托有关机构管理。县、乡经办机构的设立要坚持精简、高效的原则，合理配备人员，保证工作需要，编制由县级人民政府从现有行政或事业编制中调剂解决。经办机构的人员和工作经费列入同级年度财政预算，予以保证，不得从新型农村合作医疗基金中提取。地方各级人民政府要为试点县（市）开展新型农村合作医疗工作适当提供启动经费。

六、慎重选择试点县（市）

新型农村合作医疗试点县（市）原则上由省级人民政府确定，根据以下四个方面综合考虑：一是县（市）人民政府特别是主要负责人高度重视，积极主动地提出申请；二是县（市）财政状况较好，农民有基本的支付能力；三是县（市）卫生行政部门管理能力和医疗卫生机构服务能力较强；四是农村基层组织比较健全，领导有力，农民参加新型农村合作医疗积极性较高。暂不具备条件的县（市）先不要急于开展试点，可在总结试点经验的基础上逐步推进。

七、认真开展基线调查

各省、自治区、直辖市要组织有关专家，制订统一的基线调查方案，重点对试点县（市）的经济发展水平、医疗卫生机构服务现状、农民疾病发生状况、就医用药及费用情况、农民对参加新型农村合作医疗的意愿等进行摸底调查。已正式启动新型农村合作医疗试点工作，但尚未开展或未按要求开展基线调查的试点县（市），要抓紧时间，尽快完成这项工作，减少试点工作的盲目性。

八、合理确定筹资标准

要根据农民收入情况，合理确定个人缴费数额。原则上农民个人每年每人缴费不低于10元，经济发达地区可在农民自愿的基础上，根据农民收入水平及实际需要相应提高缴费标准。要积极鼓励有条件的乡村集体经济组织对本地新型农村合作医疗给予适当扶持，但集体出资部分不得向农民摊派。中央财政对中西部除市区以外参加新型农村合作医疗农民平均每年每人补助10元，中西部地区各级财政对参加新型农村合作医疗农民的资助总额不低于每年每人10元，东部地区各级财政对参加新型农村合作医疗农民的资助总额应争取达到20元。地方各级财政的负担比例可根据本地经济状况确定。地方各级人民政府要根据《民政部、卫生部、财政部关于实施农村医疗救助的意见》制订实施细则，尽快建立农村医疗救助制度，资助贫困农民参加新型农村合作医疗，并对患大病的贫困农民提供一定医药费用补助，对患特种传染病的农民按有关规定给予补助；要注意把建立新型农村合作医疗制度同扶贫和医疗救助等工作结合起来，共同推进和发展。

九、进一步完善资金收缴方式

要改进农民个人缴费收缴方式，可在农民自

愿参加并签约承诺的前提下，由乡（镇）农税或财税部门一次性代收，开具由省级财税部门统一印制的专用收据；也可采取其他符合农民意愿的缴费方式。各地区应将新型农村合作医疗资金运作周期与财政年度一致起来。地方各级财政要在农民个人缴费到位后，及时下拨补助资金，不得弄虚作假，套取上级财政补助资金，一旦发现要严肃查处。

十、合理设置统筹基金与家庭账户

各试点县（市）要在坚持大病统筹为主的原则下，根据实际情况，确定新型农村合作医疗的补助方式，鼓励基层积极创新。要积极探索以大额医疗费用统筹补助为主、兼顾小额费用补助的方式，在建立大病统筹基金的同时，可建立家庭账户。可用个人缴费的一部分建立家庭账户，由个人用于支付门诊医疗费用；个人缴费的其余部分和各级财政补助资金建立大病统筹基金，用于参加新型农村合作医疗农民的大额或住院医疗费用的报销。个人缴费划入家庭账户的比例，由各地区合理确定。

十一、合理确定补助标准

各试点县（市）要坚持以收定支、量入为出、逐步调整、保障适度的原则，在充分听取农民意见的基础上，根据基线调查、筹资总额和参加新型农村合作医疗后农民就医可能增加等情况，科学合理地确定大额或住院医药费用补助的起付线、封顶线和补助比例，并根据实际及时调整，既要防止补助比例过高而透支，又不能因支付比例太低使基金沉淀过多，影响农民受益。在基本条件相似、筹资水平等同的条件下，同一省（自治区、直辖市）内试点县（市）的起付线、封顶线和补助比例差距不宜过大。各地区根据实际确定门诊费用的报销比例，引导农民合理使用家庭账户。家庭账户结余资金，可以结转到下一年度使用。

十二、探索手续简便的报账方式

农民在县（市）、乡（镇）、村定点医疗机构就诊，可先由定点医疗机构初审并垫付规定费用，然后由定点医疗机构定期到县（市）或乡（镇）新型农村合作医疗经办机构核销。新型农村合作医疗经办机构应及时审核支付定点医疗机构的垫付资金，保证定点医疗机构的正常运转。新型农村合作医疗经办机构在审核诊疗项目和费用账目时，如发现定点医疗机构有违反新型农村合作医疗制度相关规定的情况，不予核销，已发生费用由定点医疗机构承担。农民经批准到县（市）级以上医疗机构就医，可先自行垫付有关费用，再由本县（市）新型农村合作医疗经办机构按相关规定及时审核报销。

十三、严格资金管理，确保基金安全

各省、自治区、直辖市财政等部门要组织制订新型农村合作医疗基金管理办法和基金会计制度，按照公开、公平、公正的原则管好、用好基金，不得挤占挪用。一旦发现有挪用或贪污浪费基金等行为的，要依法严处。省级新型农村合作医疗协调领导小组办公室应采取统一招标方式，选择网点覆盖面广、信誉好、服务质量高、提供优惠支持条件多的国有商业银行作为试点县（市）基金代理银行。可由财政部门在代理银行设立基金专用账户。所有新型农村合作医疗资金全部进入代理银行基金专户储存、管理。县（市）新型农村合作医疗经办机构负责审核汇总支付费用，交由财政部门审核开具申请支付凭证，提交代理银行办理资金结算业务，直接将资金转入医疗机构的银行账户。做到银行管钱不管账，经办机构管账不管钱，实现基金收支分离，管用分开，封闭运行。

十四、加强基金监管

新型农村合作医疗经办机构要定期向社会公布新型农村合作医疗基金的具体收支、使用情况，保证农民知情、参与和监督的权利，并接受有关部门的监督。试点县（市）要把基金收支和管理情况纳入当地审计部门的年度审计计划，定期予以专项审计并公开审计结果；县（市）、乡（镇）人民政府可根据本地实际，成立由相关部门和参加新型农村合作医疗的农民代表共同组成的新型农村合作医疗监督委员会，定期检查、监督基金使用和管理情况；各行政村要把新型农村合作医疗支付情况作为村务公开的重要内容之一，至少每季度张榜公布一次，接受村民的监督。

十五、努力改善农村卫生服务条件，提高服务质量

各地区要将试点工作同农村卫生改革与发展有机结合起来，大力推进县（市）、乡（镇）、村三级农村医疗卫生服务网的建设，改善基础设施条件，提高医疗服务水平，坚持预防为主，做好农村预防保健等公共卫生服务。要积极推进县、乡医疗卫生机构内部改革，推动乡（镇）卫生院上划县级卫生行政部门管理的工作，实行全员聘用制。鼓励县、乡、村卫生机构间的纵向合作，使县级医疗机构的技术服务向乡（镇）延伸，乡（镇）医疗卫生机构的技术服务向村延伸，同时鼓励发展民办医疗机构，让农民不出村、乡就能享

受到较好的卫生服务。要制定引导医学院校大学毕业生到农村工作锻炼的政策，加大城市卫生支农工作力度，加强基层卫生人员培训，多方面提高农村卫生人员素质。县级卫生行政部门要合理确定新型农村合作医疗定点医疗服务机构，制订和完善诊疗规范，实行双向转诊制度，切实加强监管，严格控制医疗收费标准，不断提高医疗服务质量，向农民提供合理、有效、质优、价廉的医疗卫生服务。乡（镇）、村医疗卫生机构要转变观念，转变作风，立足于为民、便民、利民，端正医德医风，严格执行诊疗规范和新型农村合作医疗用药规定，深入到农民家庭开展预防保健和基本医疗服务，千方百计为农民节约合作医疗经费，使有限的资金发挥最大的效益。充分发挥中医药作用和优势，积极运用中医药为农民提供服务。

十六、加强农村药品质量和购销的监管

食品药品监管部门要加强农村药品质量的监管，严格药品批发企业、零售企业标准，规范农村药品采购渠道，切实加强对农村药品质量的监管力度，保证农民用药有效、安全。价格主管部门要加强对农村医疗卫生机构、药店销售药品的价格监督，严厉查处价格违法违规行为。卫生行政部门要规范医疗卫生机构用药行为，各省、自治区、直辖市卫生行政部门要制订新型农村合作医疗基本药物目录。推行农村卫生机构药品集中采购，也可由县级医疗卫生机构或乡（镇）卫生院为村卫生室代购药品，严格控制农村医药费用的不合理增长，减轻农民医药费用负担。关于加强药品质量和购销监管的具体办法，由食品药品监管局商有关部门另行制订。

地方各级人民政府要加强对新型农村合作医疗试点工作的领导，按照本指导意见提出的要求，加强调查研究和检查指导，结合本地区试点工作实际，不断调整和完善试点方案，扎扎实实地做好试点工作。

【进城务工的农村居民参加医疗保险】

法律问题解读

2006年1月，国务院发布了《关于解决农民工问题的若干意见》。文件明确提出抓紧解决农民工大病医疗保障的问题。各统筹地区要采取建立大病医疗保险统筹基金的办法，重点解决农民工进城务工期间的住院医疗保障问题。根据当地实际合理确定缴费率，主要由用人单位缴费。有条件的地方，可直接将稳定就业的农民工纳入城镇职工基本医疗保险。随后，劳动和社会保障部也下发了《关于开展农民工参加医疗保险专项扩面行动的通知》。通知指出以解决农民工大病医疗保障为重点，积极将农民工纳入医疗保险制度范围。各统筹地区按照“低费率、保大病、保当期、以用人单位缴费为主”的原则，制定和完善农民工参加医疗保险的办法。

当前推行的农民工医疗保险，其重点解决的是农民工群体的大病风险，而不包括一般的门诊医疗。“保大病”实际上是政府针对农民工疾病风险采取的一种补救措施，是一种渐进式改革。虽然目前采取了一种短期性的制度安排，但说明国家开始考虑并着手解决农民工群体的医疗保障问题，体现了政府“以人为本”的执政理念。未来应当建立农民工医疗保险与城镇职工基本医疗保险的衔接机制。现行的医疗保险对农民工与城市居民采取了不同的制度模式，两种制度之间缺乏衔接，必然难以解决农民工转为城市居民后的制度准入问题。因此，应建立农民工医疗保险与城镇职工基本医疗保险的衔接机制。对于那些在城市稳定就业，或者已经在城市有了固定住房和事业的，允许其参加城镇职工基本医疗保险。“保大病”和“保基本”相结合的制度设计在为农民工提供更好保障的同时，也便于未来与城镇居民医疗保险制度接轨。

《社会保险法》规定，进城务工的农村居民依照本法参加社会保险，从此可以推测，未来进城务工的农村居民参加基本医疗保险可能是参加职工基本医疗保险，或者在户籍所在地参加新型农村合作医疗。

法条指引

❶ **《中华人民共和国社会保险法》**（2011年7月1日施行）

第九十五条 进城务工的农村居民依照本法规定参加社会保险。

❷ **《国务院关于解决农民工问题的若干意见》**（2006年03月27日 国发［2006］5号）

（十八）抓紧解决农民工大病医疗保障问题。各统筹地区要采取建立大病医疗保险统筹基金的办法，重点解决农民工进城务工期间的住院医疗保障问题。根据当地实际合理确定缴费率，主要由用人单位缴费。完善医疗保险结算办法，为患大病后自愿回原籍治疗的参保农民工提供医疗结算服务。有条件的地方，可直接将稳定就业的农民工纳入城镇职工基本医疗保险。农民工也可自愿参加原籍的新型农村合作医疗。

❸《关于开展农民工参加医疗保险专项扩面行动的通知》（2006 年 5 月 16 日　劳社厅发［2006］11 号）

二、相关政策和管理

（一）以解决农民工大病医疗保障为重点，积极将农民工纳入医疗保险制度范围。各统筹地区要根据国务院 5 号文件的要求，按照“低费率、保大病、保当期、以用人单位缴费为主”的原则，制定和完善农民工参加医疗保险的办法。要积极探索完善农民工参加医疗保险和新型农村合作医疗的衔接办法和政策，确保参保农民工享受相应的医疗保险待遇。

（二）切实做好农民工参加医疗保险的管理和服务工作。各统筹地区要根据农民工的特点，进一步完善参保缴费登记办法，方便农民工参加医疗保险。要加强农民工医疗保险基金管理，确保足额征缴，并纳入医疗保险基金统一管理。要结合社区卫生服务事业发展，积极探索切实有效的农民工就医管理方式，以方便参保农民工就医。要根据农民工流动就业的特点，探索农民工异地就医的医疗费用结算方式，为患病后自愿返回原籍治疗的参保农民工提供方便快捷的医疗费用结算服务。

学者观点

❶ 陈无风:《在给付行政理念下检视医疗保险相关规范的制度逻辑》,参见北大法宝引证码：Pkulaw. cn/CLI. A. 044702。

【基本医疗保险费率】

法律问题解读

按照国家规定，基本医疗保险费由用人单位和职工共同缴纳。用人单位缴费率控制在职工工资总额的 6%左右，职工缴费率一般为本人工资收入的 2%左右。

基本医疗保险的费率是经过多年试点摸索和反复测算确定，既考虑到用人单位和职工个人的经济承受能力，也考虑到基本医疗保险基金的支付能力。但是，这个费率不是全国统一和固定不变的，各个统筹地区可以根据实际情况和需要合理确定本地区的费率，如由于医疗消费水平较高，目前北京、上海等地的用人单位基本医疗保险缴费率就高于 6%。随着经济发展和人民消费水平的提高，用人单位和职工个人的缴费率都可以进行相应的调整。

法条指引

❶《关于建立城镇职工基本医疗保险制度的决定》（1998 年 12 月 14 日　国发［1998］44 号）

二、覆盖范围和缴费办法

城镇所有用人单位，包括企业（国有企业、集体企业、外商投资企业、私营企业等）、机关、事业单位、社会团体、民办非企业单位及其职工，都要参加基本医疗保险。乡镇企业及其职工、城镇个体经济组织业主及其从业人员是否参加基本医疗保险，由各省、自治区、直辖市人民政府决定。

基本医疗保险原则上以地级以上行政区（包括地、市、州、盟）为统筹单位，也可以县（市）为统筹单位，北京、天津、上海 3 个直辖市原则上在全市范围内实行统筹（以下简称统筹地区）。所有用人单位及其职工都要按照属地管理原则参加所在统筹地区的基本医疗保险，执行统一政策，实行基本医疗保险基金的统一筹集、使用和管理。铁路、电力、远洋运输等跨地区、生产流动性较大的企业及其职工，可以相对集中的方式异地参加统筹地区的基本医疗保险。

基本医疗保险费由用人单位和职工共同缴纳。用人单位缴费率应控制在职工工资总额的 6%左右，职工缴费率一般为本人工资收入的 2%。随着经济发展，用人单位和职工缴费率可作相应调整。

学者观点

❶ 孙瑞玺、信鸿狄:《职工最低工资能否抵扣“三金”》,参见北大法宝引证码：Pkulaw. cn/CLI. A. 028590。

【基本医疗保险缴费基数】

法律问题解读

这是指用人单位和职工个人缴纳基本医疗保险费比率所乘以的基本计算数额的标准。按照国家规定，用人单位以本单位职工工资总额为基本医疗保险费的缴费基数，职工个人以本人工资收入为缴费基数。按照国家统计局的规定，工资总额是指各单位在一定时期内直接支付给本单位全部职工的工资性收入总额。工资总额由六部分组成：计时工资、计件工资、奖金、津贴和补贴、加班加点工资以及特殊情况下支付的工资。实际工作中，为了操作方便，一般都是以上年工资总额为缴费基数来计算应缴额的。同时，为了体现基本医疗保险的公平性和均衡性，对职工个人工资收入作了最高和最低限制，当职工工资收入超过当地职工平均工资300%或低于当地职工平均工资60%的，分别按300%和60%作为缴费基数。

法条指引

❶**《关于建立城镇职工基本医疗保险制度的决定》**（1998年12月14日 国发［1998］44号）

二、覆盖范围和缴费办法

城镇所有用人单位，包括企业（国有企业、集体企业、外商投资企业、私营企业等）、机关、事业单位、社会团体、民办非企业单位及其职工，都要参加基本医疗保险。乡镇企业及其职工、城镇个体经济组织业主及其从业人员是否参加基本医疗保险，由各省、自治区、直辖市人民政府决定。

基本医疗保险原则上以地级以上行政区（包括地、市、州、盟）为统筹单位，也可以县（市）为统筹单位，北京、天津、上海3个直辖市原则上在全市范围内实行统筹（以下简称统筹地区）。所有用人单位及其职工都要按照属地管理原则参加所在统筹地区的基本医疗保险，执行统一政策，实行基本医疗保险基金的统一筹集、使用和管理。铁路、电力、远洋运输等跨地区、生产流动性较大的企业及其职工，可以相对集中的方式异地参加统筹地区的基本医疗保险。

基本医疗保险费由用人单位和职工共同缴纳。用人单位缴费率应控制在职工工资总额的6%左右，职工缴费率一般为本人工资收入的2%。随着经济发展，用人单位和职工缴费率可作相应调整。

❷**《关于工资总额组成的规定》**（1990年1月1日 国家统计局发布）

第一章 总 则

第一条 为了统一工资总额的计算范围，保证国家对工资进行统一的统计核算和会计核算，有利于编制、检查计划和进行工资管理以及正确地反映职工的工资收入，制定本规定。

第二条 全民所有制和集体所有制企业、事业单位，各种合营单位，各级国家机关、政党机关和社会团体，在计划、统计、会计上有关工资总额范围的计算，均应遵守本规定。

第三条 工资总额是指各单位在一定时期内直接支付给本单位全部职工的劳动报酬总额。

工资总额的计算应以直接支付给职工的全部劳动报酬为根据。

第二章 工资总额的组成

第四条 工资总额由下列六个部分组成：

（一）计时工资；

（二）计件工资；

（三）奖金；

（四）津贴和补贴；

（五）加班加点工资；

（六）特殊情况下支付的工资。

第五条 计时工资是指按计时工资标准（包括地区生活费补贴）和工作时间支付给个人的劳动报酬。包括：

（一）对已做工作按计时工资标准支付的工资；

（二）实行结构工资制的单位支付给职工的基础工资和职务（岗位）工资；

（三）新参加工作职工的见习工资（学徒的生活费）；

（四）运动员体育津贴。

第六条 计件工资是指对已做工作按计件单价支付的劳动报酬。包括：

（一）实行超额累进计件、直接无限计件、限额计件、超定额计件工资制，按劳动部门或主管部门批准的定额和计件单价支付给个人的工资；

（二）按工作任务包干方法支付给个人的工资；

（三）按营业额提成或利润提成办法支付给个人的工资。

第七条 奖金是指支付给职工的超额劳动报酬和增收节支的劳动报酬。包括：

（一）生产奖；

（二）节约奖；

（三）劳动竞赛奖；

（四）机关、事业单位的奖励工资；

（五）其他奖金。

第八条 津贴和补贴是指为了补偿职工特殊或额外的劳动消耗和因其他特殊原因支付给职工的津贴，以及为了保证职工工资水平不受物价影响支付给职工的物价补贴。

（一）津贴。包括：补偿职工特殊或额外劳动消耗的津贴，保健性津贴，技术性津贴，年功性津贴及其他津贴。

（二）物价补贴。包括：为保证职工工资水平不受物价上涨或变动影响而支付的各种补贴。

第九条　加班加点工资是指按规定支付的加班工资和加点工资。

第十条　特殊情况下支付的工资。包括：

（一）根据国家法律、法规和政策规定，因病、工伤、产假、计划生育假、婚丧假、事假、探亲假、定期休假、停工学习、执行国家或社会义务等原因按计时工资标准或计时工资标准的一定比例支付的工资；

（二）附加工资、保留工资。

第三章　工资总额不包括的项目

第十一条　下列各项不列入工资总额的范围：

（一）根据国务院发布的有关规定颁发的创造发明奖、自然科学奖、科学技术进步奖、支付的合理化建议奖和技术改进奖以及支付给运动员、教练员的奖金；

（二）有关劳动保险和职工福利方面的各项费用；

（三）有关离休、退休、退职人员待遇的各项支出；

（四）劳动保护的各项支出；

（五）稿费、讲课费及其他专门工作报酬；

（六）出差伙食补助费、误餐补助、调动工作的旅费和安家费；

（七）对自带工具、牲畜来企业工作职工所支付的工具、牲畜等补偿费用；

（八）实行租赁经营单位的承租人的风险性补偿收入；

（九）对购买本企业股票和债券的职工所支付的股息（包括股金分红）和利息；

（十）劳动合同制职工解除劳动合同时由企业支付的医疗补助费、生活补助费等；

（十一）因录用临时工而在工资以外向提供劳动力单位支付的手续费或管理费；

（十二）支付给家庭工人的加工费和按加工订货办法支付给承包单位的发包费用；

（十三）支付给参加企业劳动的在校学生的补贴；

（十四）计划生育独生子女补贴。

第十二条　前条所列各项按照国家规定另行统计。

第四章　附　　则

第十三条　中华人民共和国境内的私营单位、华侨及港、澳、台工商业者经营单位和外商经营单位有关工资总额范围的计算，参照本规定执行。

第十四条　本规定由国家统计局负责解释。

第十五条　各地区、各部门可依据本规定制定有关工资总额组成的具体范围的规定。

第十六条　本规定自发布之日起施行。国务院1955年5月21日批准颁发的《关于工资总额组成的暂行规定》同时废止。

案例链接

❶《中国太平洋财产保险股份有限公司顺德支公司与林某等道路交通事故损害赔偿纠纷上诉案》，参见北大法宝引证码：Pkulaw. cn/CLI. C. 102527。

❷《重庆尚联置业有限公司与熊安劳动争议纠纷上诉案》，参见北大法宝引证码：Pkulaw. cn/CLI. C. 168767。

学者观点

❶ 王桦宇：《年终奖法律概念及年终奖法律纠纷预防策略》，参见北大法宝引证码：Pkulaw. cn/CLI. A. 039973。

❷ 麻增伟：《帮助劳动者成功要回应得提成款的律师建议》，参见北大法宝引证码：Pkulaw. cn/CLI. A. 046906。

【基本医疗保险统筹】

法律问题解读

这是指基本医疗保险基金在一定区域内统一筹集、管理和使用，执行统一政策，使参加者之间能够共同分担风险的机制。基本医疗保险原则上以地级以上行政区（包括地、市、州、盟）为统筹单位，也可以县（市）为统筹单位，条件具备的北京、天津、上海3个直辖市在全市范围内实行统筹。按照社会保险的“大数法则”，统筹范围越大、基金的承受能力就越强，参加者的负担也就越公平。但是，由于我国地域辽阔、地区间经济社会发展水平、医疗消费水平和管理水平差异很大，难以立刻实行全国统筹或省级统筹。同时，为了逐步扩大统筹范围，保证劳动力的合理流动，国家规定统筹的一个基本要求就是要实行属地化管理，也就是说，统筹范围内的所有用人单位都要在本统筹地区内参加保险。基本医疗保险统筹吸取了基本养老保险实行行业统筹的教训，明确规定要按照属地管理原则实行统筹。在统筹地区内，不论是党政机关、中央企业还是本地企业，都按照统一的政策规定参加基本医疗保险。但是，考虑到铁路、电力、远洋运输等跨地区、生产流动性较大的企业及其职工如果都在各自所在地区参加基本医疗保险，过于分散，不利于其流动作业，管理上也有很大难度。为此，对这类企业可以相对集中的方式异地参加统筹地区的基本医疗保险。国家规定，铁路系统各机关、事业单位、工厂、高校及其职工，要直接参加所在统筹地区的基本医疗保险；跨地区、生产流动性较大的运输、施工企业及其职工，可以相对集中的方式异地参加统筹地区的基本医疗保险。具体内容是，各运输企业一般以铁路分局（总公司）、直管站段的铁路局为单位，集中参加分局、路局注册所在统筹地区的基本医疗保险；中国铁路工程总公司与中国铁路建筑总公司下属的跨地区、生产流动性较大的施工企业一般以工程处为单位参加工程处机关所在统筹地区的基本医疗保险。

法条指引

❶《关于建立城镇职工基本医疗保险制度的决定》（1998 年 12 月 14 日　国发［1998］44 号）

二、覆盖范围和缴费办法

城镇所有用人单位，包括企业（国有企业、集体企业、外商投资企业、私营企业等）、机关、事业单位、社会团体、民办非企业单位及其职工，都要参加基本医疗保险。乡镇企业及其职工、城镇个体经济组织业主及其从业人员是否参加基本医疗保险，由各省、自治区、直辖市人民政府决定。

基本医疗保险原则上以地级以上行政区（包括地、市、州、盟）为统筹单位，也可以县（市）为统筹单位，北京、天津、上海 3 个直辖市原则上在全市范围内实行统筹（以下简称统筹地区）。所有用人单位及其职工都要按照属地管理原则参加所在统筹地区的基本医疗保险，执行统一政策，实行基本医疗保险基金的统一筹集、使用和管理。铁路、电力、远洋运输等跨地区、生产流动性较大的企业及其职工，可以相对集中的方式异地参加统筹地区的基本医疗保险。

基本医疗保险费由用人单位和职工共同缴纳。用人单位缴费率应控制在职工工资总额的 6%左右，职工缴费率一般为本人工资收入的 2%。随着经济发展，用人单位和职工缴费率可作相应调整。

❷《关于铁路系统职工参加基本医疗保险有关问题的通知》（1999 年 6 月 21 日　劳社部发［1999］20 号）

各省、自治区、直辖市劳动（劳动和社会保障）厅（局），铁道部部属各单位：

为了贯彻落实《国务院关于建立城镇职工基本医疗保险制度的决定》（国发［1998］44 号），做好铁路系统各用人单位及其职工参加统筹地区基本医疗保险的有关工作，现将有关事项通知如下：

一、铁路系统所有用人单位及其职工都要按照属地管理原则参加统筹地区的基本医疗保险，统一执行所参保统筹地区的基本医疗保险政策。基本医疗保险基金由所参保统筹地区社会保险经办机构统一筹集、使用和管理。

铁路系统各机关、事业单位、工厂、高校及其职工，要直接参加所在统筹地区的基本医疗保险；跨地区、生产流动性较大的运输、施工企业及其职工，可以相对集中的方式异地参加统筹地区的基本医疗保险。

二、各运输企业一般以铁路分局（总公司）、直管站段的铁路局为单位，集中参加分局、路局注册所在统筹地区的基本医疗保险；中国铁路工程总公司与中国铁路建筑总公司下属的跨地区、生产流动性较大的施工企业一般以工程处为单位参加工程处机关所在统筹地区的基本医疗保险。

三、各有关统筹地区劳动保障部门要在征求以相对集中方式参保的各单位意见基础上，制定异地参保人员的就医管理办法。要充分发挥铁路系统现有医疗资源的作用，方便参保人员就医与管理。符合条件的铁路系统医疗机构均可向所在地劳动保障部门申请定点资格。对取得定点资格的铁路系统医疗机构，允许所在统筹地区所有参保人员选择。

四、各有关省（自治区、直辖市）劳动保障部门要加强对铁路系统跨地区、生产流动性较大企业及其职工相对集中异地参保工作的指导和监督。各有关统筹地区劳动保障部门要结合铁路系统运输、施工单位及其职工的分布和行业特点，完善基本医疗保险费的征缴、医疗费用支付和结算等办法，认真做好组织实施工作。铁路各有关单位要积极配合当地劳动保障部门共同做好这项工作。在实施过程中发现的重大问题，要及时向当地人民政府和上级主管部门反映，采取切实有效的措施，确保这项工作的顺利实施。

❸《关于中央直属企业事业单位按属地管理原则参加统筹地区基本医疗保险有关问题的通知》（2001 年 9 月 29 日　劳社部函［2001］163 号）（略）

【基本医疗保险基金】

法律问题解读

这是指由用人单位和职工个人缴费构成的、专门用于参保人员在患病就医时费用补助的专项资金。按照规定，基本医疗保险基金由社会统筹基金和个人账户资金两部分组成。职工个人缴纳的基本医疗保险费全部记入个人账户。用人单位缴纳的基本医疗保险费分为两部分，一部分用于社会统筹基金，一部分划入个人账户。

基本医疗保险基金的统筹基金和个人账户有各自的支付范围，分别核算，分别管理，不能相互挤占，特别是不允许统筹基金透支个人账户。这一点与目前的企业职工基本养老保险基金有明显不同，基本医疗保险基金个人账户是实实在在地有一笔资金，并且可以按规定随时使用。

法条指引

❶ **《中华人民共和国社会保险法》**（2011 年 7 月 1 日施行）

第二十五条 国家建立和完善城镇居民基本医疗保险制度。

城镇居民基本医疗保险实行个人缴费和政府补贴相结合。

享受最低生活保障的人、丧失劳动能力的残疾人、低收入家庭六十周岁以上的老年人和未成年人等所需个人缴费部分，由政府给予补贴。

❷ **《关于建立城镇职工基本医疗保险制度的决定》**（1998 年 12 月 14 日 国发〔1998〕44 号）

三、建立基本医疗保险统筹基金和个人账户

要建立基本医疗保险统筹基金和个人账户。基本医疗保险基金由统筹基金和个人账户构成。职工个人缴纳的基本医疗保险费，全部计入个人账户。用人单位缴纳的基本医疗保险费分为两部分，一部分用于建立统筹基金，一部分划入个人账户。划入个人账户的比例一般为用人单位缴费的 30%左右，具体比例由统筹地区根据个人账户的支付范围和职工年龄等因素确定。

统筹基金和个人账户要划定各自的支付范围，分别核算，不得互相挤占。要确定统筹基金的起付标准和最高支付限额，起付标准原则上控制在当地职工年平均工资的 10%左右，最高支付限额原则上控制在当地职工年平均工资的 4 倍左右。起付标准以下的医疗费用，从个人账户中支付或由个人自付。起付标准以上、最高支付限额以下的医疗费用，主要从统筹基金中支付，个人也要负担一定比例。超过最高支付限额的医疗费用，可以通过商业医疗保险等途径解决。统筹基金的具体起付标准、最高支付限额以及在起付标准以上和最高支付限额以下医疗费用的个人负担比例，由统筹地区根据以收定支、收支平衡的原则确定。

学者观点

❶ 孙瑞玺：《职工工伤与职工患病或非因工负伤医疗期及待遇规定的不同》，参见北大法宝引证码：Pkulaw. cn/CLI. A. 026940。

【基本医疗保险统筹基金】

法律问题解读

基本医疗保险基金的统筹基金是由用人单位缴纳的部分医疗保险费构成的。按照规定用人单位要按照本单位职工工资总额的 6%左右缴纳基本医疗保险费，其中 30%左右划入个人账户，剩余的 70%左右纳入统筹基金。这个比例是根据全国平均水平提出的，考虑到各地的实际情况不同，允许各统筹地区根据个人账户的支付范围、职工年龄等因素具体确定划入个人账户的比例，由于不同年龄段人员医疗费用使用情况不同，可以对退休人员和年龄大的职工多划入一些。

统筹基金主要用于住院或大额医疗费用支出，从目前各地的做法看，一般有三种做法：一是支付大额医疗费；二是支付住院医疗费用；三是按病种确定是否支付。

统筹基金除按规定用途使用外，还有起付标准和最高支付限额的限制，也就是说，统筹基金只能在特定的范围内使用。起付标准，就是可以使用统筹基金的标准，国家规定，原则上为当地职工年平均工资的 10%左右。最高支付限额，就是统筹基金最多可以支付的额度，原则上控制在当地职工年平均工资的 4 倍左右。在起付标准以上、最高支付限额以下的医疗费用也不是由统筹基金全部负担，个人也要负担一部分。超过最高支付限额的医疗费用，通过商业医疗保险等其他方法解决。统筹基金的起付标准、最高支付限额，以及在起付标准以上和最高支付限额以下医疗费用的个人负担比例，由统筹地区根据以支定收、收支平衡的原则具体确定。

法条指引

❶《关于建立城镇职工基本医疗保险制度的决定》（1998年12月14日 国发［1998］44号）

三、建立基本医疗保险统筹基金和个人账户

要建立基本医疗保险统筹基金和个人账户。基本医疗保险基金由统筹基金和个人账户构成。职工个人缴纳的基本医疗保险费，全部计入个人账户。用人单位缴纳的基本医疗保险费分为两部分，一部分用于建立统筹基金，一部分划入个人账户。划入个人账户的比例一般为用人单位缴费的30%左右，具体比例由统筹地区根据个人账户的支付范围和职工年龄等因素确定。

统筹基金和个人账户要划定各自的支付范围，分别核算，不得互相挤占。要确定统筹基金的起付标准和最高支付限额，起付标准原则上控制在当地职工年平均工资的10%左右，最高支付限额原则上控制在当地职工年平均工资的4倍左右。起付标准以下的医疗费用，从个人账户中支付或由个人自付。起付标准以上、最高支付限额以下的医疗费用，主要从统筹基金中支付，个人也要负担一定比例。超过最高支付限额的医疗费用，可以通过商业医疗保险等途径解决。统筹基金的具体起付标准、最高支付限额以及在起付标准以上和最高支付限额以下医疗费用的个人负担比例，由统筹地区根据以收定支、收支平衡的原则确定。

【用人单位缴纳医疗保险费的列支】

法律问题解读

用人单位应缴纳的基本医疗保险费，机关和主要由财政供给经费的事业单位从各级财政安排的公费医疗经费中列支；其他事业单位从事业支出中列支；企业从职工福利费列支，社会团体从社团收入中列支；民办非企业单位从民办非企业单位的收入中列支。

法条指引

❶《财政部关于加强和改进外商投资企业提缴使用涉及中方职工权益资金管理的通知》（1999年12月28日 财外字［1999］735号）

各省、自治区、直辖市、计划单列市财政厅（局），劳动（劳动和社会保障）厅（局）：

依法提缴、使用外商投资企业中方职工权益资金是企业财务管理的重要组成部分。改革开放以来。大多数外商投资企业能够依照国家有关法律法规和财务会计制度的规定，做好涉及中方职工权益资金的提缴、使用和管理工作，这对于维护企业中方职工的合法权益，促进企业健康发展起到了积极作用。但同时也应看到，部分企业对涉及中方职工权益的资金管理比较薄弱，主要表现在：应提未提涉及中方职工权益的资金，不能依照国家规定缴纳有关中方职工权益的资金，提取比例和用途不符合国家有关规定；财务管理和会计核算不够规范等。这不仅侵害了中方职工的合法权益，挫伤了中方职工的积极性，而且也助长了违法违纪情况的发生，必须采取切实有效措施，依法加强监督和管理。根据国家吸收外商投资有关法律法规和深化社会保障及职工住房制度改革有关文件的规定，现就加强和改进外商投资企业提缴、使用中方职工权益资金管理的有关问题通知如下：

一、外商投资企业招聘职工应当依法订立劳动合同。劳动合同中必须计明法定社会保险及福利待遇事项，国家依法保护职工的合法权益。

二、外商投资企业必须依法向当地社会保险经办机构办理保险登记；参加社会保险。按照国家法律、法规和当地政府的规定，及时足额地为中方职工提取、缴纳各项社会保险费。

（一）失业保险费。按照《失业保险条例》（中华人民共和国国务院令第258号）执行。企业按本企业职工工资总额的2%缴纳失业保险费，职工按本人工资的1%缴纳失业保险费。经国务院批准；征缴比例调整的省、自治区、直辖市，企业提取和缴纳比例按调整后的比例执行。企业缴纳的失业保险费在管理费用中列支。

（二）基本养老保险费和补充养老保险费。按照《国务院关于建立统一的企业职工基本养老保险制度的决定》（国发［1997］26号）的规定执行。企业按照省、自治区、直辖市人民政府确定的比例提取和缴纳基本养老保险费。经济效益好、经营管理状况稳定、民主管理制度健全的企业，可在建立基本养老保险的基础上建立补充养老保险，所保险种原则上应适用于全体中方职工，不得只有少数高级管理人员享有。企业缴纳的补充养老保险费按国家有关规定列支。

（三）基本医疗保险费。按照《国务院关于建立城镇职工基本医疗保险制度的决定》（国发［1998］44号）的规定执行。企业缴纳基本医疗保险费的具体比例由统筹地区政府决定。企业缴纳的基本医疗保险费在职工福利费中列支；职工福利费不足的，可在职工奖励及福利基金中列支。

（四）工伤保险费。按照《企业职工伤保险试行办法》（劳部发［1996］266号）的规定执行。企业按照当地劳动保障行政部门根据行业工伤风险与企业工伤事故率等所确定的差别率和浮动费率缴纳工伤保险费。在统筹范围内差别费率的平均水平为职工工资总额的1%左右。企业缴纳的工伤保险费在管理费用中列支。

（五）生育保险费。按照原劳动部《企业职工生育保险试行办法》（劳部发［1994］504号）的规定执行。企业提取和缴纳比例最高不超过职工工资总额的1%，具体比例按照属地管理原则，执行当地统一规定。企业缴纳的生育保险费在管理费用中列支。

外商投资企业提取、缴纳上述各项社会保险费，应以中方职工工资总额为基数。职工工资总额是指企业在一定时期内直接支付给本企业全部职工的劳动报酬总额，主要由计时工资、基础工资、职务工资、计件工资、奖金、工资性津贴、加班工资、其他等部分组成。

三、外商投资企业必须按照国家法律、法规和当地政府的规定，及时足额地提取下列涉及中方职工权益的其他各项资金，并按规定用途使用。

（一）职工福利费。企业按照职工工资总额的14提取。职工福利费主要用于按规定缴纳职工基本医疗保险费、职工探亲假路费，生活补助费、医疗补助费、独生子女费、托儿补贴费、职工集体福利、上下班交通费补贴、职工供养直系亲属医疗补贴费、职工供养直系亲属救济费，职工浴室、理发室、幼儿园、托儿所人员的工资，以及按照国家规定开支的其他职工福利支出，也可用于支付中方职工的补充养老保险费。

（二）职工教育经费。企业按照职工工资总额的1.5%提取，用于企业职工参加在职培训，提高业务技能所需费用支出。

上述（一）、（二）项费用以企业全部职工工资总额为基数计提，但对于企业在与外籍职员签订劳动合同时；已订明外籍职员的福利费包括在其应付工资当中的，应以中方职工工资总额为基数计提。

（三）中方职工住房基金。按照财政部《关于外商投资企业中方职工住房制度改革若干财务问题的规定》（财工字［1995］59号）执行。外商投资企业按《住房公积金管理条例》（国务院262号令）为职工提缴住房公积金后，不再在成本中提取中方职工住房补助基金。

（四）职工奖励及福利基金．按照国家有关吸收外商投资法律、法规和财政部《外商投资企业执行新企业财务制度的补充规定》（财工字［1993］474号）执行。

四、中外合资（合作）企业按照《外商投资企业工资收入管理办法》（劳部发［1997］46号）规定，对中方高级管理人员实行名义工资与实得工资收入管理办法的，其名义工资与实发工资之间的差额部分，用于企业中方职工补充社会保险、职工福利费和住房周转金。企业中方一般职工不实行名义工资与实得工资收入管理办法。

对于本通知发布之前，外商投资企业合同、章程或者与职工签订的劳动合同中已约定中方高级管理人员名义工资中包含应付社会保险费和国家物价等项补贴，以及对中方一般职工实行名义工资办法的，应按本通知的规定协商变更企业合同、章程或劳动合同。变更后的中方高级管理人员“名义工资”中不再包合应付社会保险费和国家物价等项补贴。

五、外商投资企业对涉及中方职工权益的各项资金在分别按有关财务会计规定正确核算外，还要同时设置辅助账簿，全面反映各项资金的来源和用途。对于本通知发布之前，企业按财政部门规定，对中方职工权益资金实行中方单独设账，单独核算，单独开户，单独管理的企业，仍按原办法执行。

企业工会依法对涉及中方职工权益的各项资金的提缴和使用情况进行监督。

六、外商投资企业的主管财政机关及劳动和社会保障行政机关负责监督检查企业中方职工权益资金的提缴、使用情况。企业应将涉及中方职工权益各项资金的提取、使用、结余等情况，作为委托会计师（审计）事务所进行社会审计的内容之一。

七、企业清算时，涉及中方职工权益的各项资金以及用该项资金购置的各项财产、设施的处理，按照财政部《关于外商投资企业清算期财政财务管理有关规定的通知》（财工字［1995］222号）的规定执行。外商投资企业清算时。不属于清算财产的三部分财产无法交给接受单位的，应上缴当地财政部门。

八、对违反本通知规定的企业和直接责任人，主管财政机关及劳动和社会保障行政机关，依照国家有关法律、法规给予处罚。

九、本通知由财政部负责解释。

十、本通知自2000年1月1日起执行。过去有关文件的规定与本通知有抵触的，一律以本通知为准。

❷《劳动部转发财政部〈关于提高国营企业职工福利基金提取比例调整职工福利基金和职工教育经费计提基数的通知〉的通知》（1992 年 6 月 16 日　劳险字［1992］17 号）

各省、自治区、直辖市及计划单列市劳动（劳动人事）厅（局）：

现将财政部《关于提高国营企业职工福利基金提取比例调整职工福利基金和职工教育经费计提基数的通知》（［92］财工字第 120 号）转发给你们，请按照执行。

为了配合企业职工医疗制度改革，推动县（市）职工大病医疗费用社会统筹试点工作的开展，凡试行医疗费用社会统筹的地区，可将福利基金的一部分（按［92］财工字第 120 号文件规定提高的 3%）作为职工大病医疗统筹基金的一个来源。

【基本医疗保险个人账户】

法律问题解读

《社会保险法》出台之前，基本医疗保险个人账户，是由职工个人缴费全部和用人单位缴费的一部分共同构成的。单位缴费划入个人账户的比率为 30%左右，仍然以每个职工的工资收入为基数。这样做可以照顾效益好、工资收入较高的单位职工的利益。退休人员本人不缴费，但也要为其建立个人账户。建立退休人员个人账户的资金全部从单位缴费部分解决，且总的个人账户记入水平不得低于职工个人账户的水平。建立个人账户一方面可以促使职工个人树立风险意识，自我积累部分医疗费用；另一方面可以形成约束机制，加强职工个人的责任感，自觉节约医疗费用。

个人账户资金主要用于门诊或小额医疗费用的支付，与统筹基金使用范围相对应，目前各地的做法也有三种：一是支付小额医疗费用；二是支付门诊医疗费用；三是按病种确定。在具体标准上，个人账户用于起付标准以下的医疗费用，起付标准以上和最高支付限额以下的医疗费用个人账户也要负担一定比例。

另外，按照规定，个人账户的本金和利息均归职工个人所有，可以结转使用和继承。因此，参加基本医疗保险的职工死亡时，其个人医疗账户仍有余额的，可作为遗产，由其亲属按《继承法》规定实施继承。同时，其个人医疗账户台账、《职工医疗社会保险手册》由医疗社会保险机构收回注销。参加基本医疗保险的职工发生工作变动时，由所在单位凭有关证件，携带《职工社会医疗保险手册》、台账到当地医疗保险经办机构办理个人医疗账户转移手续。凡有欠缴、漏缴社会保险费的，应由原单位缴清，否则由调入单位为其补缴。

《社会保险法》中对于医疗保险的个人账户未做规定，从此可以推测，未来在基本医疗保险中将逐渐弱化个人账户。

法条指引

❶《关于建立城镇职工基本医疗保险制度的决定》（1998 年 12 月 14 日　国发［1998］44 号）

三、建立基本医疗保险统筹基金和个人账户

要建立基本医疗保险统筹基金和个人账户。基本医疗保险基金由统筹基金和个人账户构成。职工个人缴纳的基本医疗保险费，全部计入个人账户。用人单位缴纳的基本医疗保险费分为两部分，一部分用于建立统筹基金，一部分划入个人账户。划入个人账户的比例一般为用人单位缴费的 30%左右，具体比例由统筹地区根据个人账户的支付范围和职工年龄等因素确定。

统筹基金和个人账户要划定各自的支付范围，分别核算，不得互相挤占。要确定统筹基金的起付标准和最高支付限额，起付标准原则上控制在当地职工年平均工资的 10%左右，最高支付限额原则上控制在当地职工年平均工资的 4 倍左右。起付标准以下的医疗费用，从个人账户中支付或由个人自付。起付标准以上、最高支付限额以下的医疗费用，主要从统筹基金中支付，个人也要负担一定比例。超过最高支付限额的医疗费用，可以通过商业医疗保险等途径解决。统筹基金的具体起付标准、最高支付限额以及在起付标准以上和最高支付限额以下医疗费用的个人负担比例，由统筹地区根据以收定支、收支平衡的原则确定。

六、妥善解决有关人员的医疗待遇

离休人员、老红军的医疗待遇不变，医疗费用按原资金渠道解决，支付确有困难的，由同级人民政府帮助解决。离休人员、老红军的医疗管理办法由省、自治区、直辖市人民政府制定。

二等乙级以上革命伤残军人的医疗待遇不变，医疗费用按原资金渠道解决，由社会保险经办机构单独列账管理。医疗费支付不足部分，由当地人民政府帮助解决。

退休人员参加基本医疗保险，个人不缴纳基本医疗保险费。对退休人员个人账户的计入金额和个人负担医疗费的比例给予适当照顾。

国家公务员在参加基本医疗保险的基础上，享受医疗补助政策。具体办法另行制定。

为了不降低一些特定行业职工现有的医疗消费水平，在参加基本医疗保险的基础上，作为过渡措施，允许建立企业补充医疗保险。企业补充医疗保险费在工资总额4%以内的部分，从职工福利费中列支，福利费不足列支的部分，经同级财政部门核准后列入成本。

国有企业下岗职工的基本医疗保险费，包括单位缴费和个人缴费，均由再就业服务中心按照当地上年度职工平均工资的60%为基数缴纳。

❷《关于加强城镇职工基本医疗保险个人账户管理的通知》（2002年8月12日 劳社厅发[2002] 6号）

各省、自治区、直辖市劳动和社会保障厅（局）：

《国务院关于建立城镇职工基本医疗保险制度的决定》（国发[1998] 44号）下发以来，各地劳动保障部门和社会保险经办机构（以下简称经办机构）对城镇职工基本医疗保险个人账户（以下简称个人账户）的管理取得了一定的成效。但目前仍有相当一部分统筹地区对加强个人账户的管理重视不够，管理不规范，个别地区存在个人账户基金流失现象。为了加强个人账户管理，维护广大参保人员的基本医疗保障权益，保证基本医疗保险制度的稳健运行，现就有关问题通知如下：

一、统一思想，提高对加强个人账户管理重要性的认识

建立统筹基金与个人账户相结合的城镇职工基本医疗保险制度，是党的十四届三中全会确定的一项重要原则。个人账户是城镇职工基本医疗保险制度的重要内容，个人账户资金是基本医疗保险基金的重要组成部分。建立个人账户的核心是解决参保职工的门诊或小额医疗费用，同时为职工年老体弱时积累部分资金。个人账户管理不到位，不仅会影响参保职工当期的医疗保障，同时也会对职工未来的医疗保障构成威胁。各地劳动保障行政部门和经办机构一定要充分认识加强个人账户管理，对维护参保职工的基本医疗保障权益、确保新制度稳健运行的重要意义，转变观念，坚决克服“个人账户完全归个人所有，可放开不管”等模糊认识，采取有效措施，切实把个人账户纳入各级劳动保障行政部门和经办机构的监督管理范围。

二、统一个人账户的基本内容，规范管理形式

实行统筹基金和个人账户相结合的统筹地区，经办机构都要按规定为参保人员建立个人账户，及时记录参保人员个人账户的收入、医药费用支出和账户结余额等相关信息。各地要努力通过计算机和信息网络对个人账户进行管理，按照《社会保险管理信息系统指标体系——业务部分(LB101-2000)》（劳社信息函[2000] 19号）的要求，规范和健全个人账户的指标体系，并做到及时更新和维护。对个人账户实行委托管理的统筹地区，要明确委托方责任和管理权限，同时要积极创造条件，尽快实现个人账户由当地经办机构统一管理。

三、加强个人账户基金管理，严格控制资金支出和使用方向

经办机构要按照《社会保险基金财务制度》（财社字[1999] 60号）、《社会保险基金会计制度》（财会字[1999] 20号）规定，严格个人账户基金的管理与核算。个人账户基金必须纳入财政专户管理，按规定编制基金预算和财务决算报告。要加强个人账户基金的支出管理和监督。个人账户基金只能用于支付在定点医疗机构或定点零售药店发生的，符合基本医疗保险药品目录、诊疗项目范围、医疗服务设施标准所规定项目范围内的医药费用。个人账户原则上要实行钱账分管，个人当期的医疗消费支出可采取划账的形式，最后由经办机构定期与定点医疗机构和定点药店统一进行结算。个人账户原则上不得提取现金，禁止用于医疗保障以外的其他消费支出。各地经办机构要加强对个人账户支出情况的审核和监督，对不符合要求的项目，不得纳入个人账户基金的支付范围。

劳动保障部门要加强对医疗保险定点医疗机构和定点零售药店的监督管理，规范定点医疗机构和定点零售药店的服务行为。对违反规定向参保职工提供医疗保障以外产品或服务的定点医疗机构和定点零售药店，要按有关规定和定点协议进行处理，情节严重的要取消其定点资格。

四、加强各项基础管理，方便参保职工就医购药

各地经办机构要切实改进工作作风，强化服务意识，及时与定点医疗机构和定点零售药店进行费用结算。要定期与职工进行个人账户对账工作，完善个人账户的查询服务。要深入开展政策

宣传，让广大参保人员充分认识建立个人账户的作用和加强管理的必要性，支持和配合经办机构做好相关工作。要加强个人账户基金的收入、支出、结余和费用支出分布等信息的统计分析，及时准确掌握个人账户各项主要指标的动态变化情况，并按规定向上级机构报送相关信息。

各省、自治区、直辖市劳动保障部门及经办机构要根据本通知要求，尽快对本地区个人账户管理情况进行一次全面的检查，凡不符合规定要求的，要限期进行整改。检查情况请于2002年10月底前报送我部社会保险事业管理中心。我部将适时对各地个人账户管理情况进行抽查。

【社会统筹基金与个人账户基金分开管理】

法律问题解读

这是指按照医疗消费和费用分布，分别规定社会统筹基金与个人账户基金支付的范围。分开管理的方式一般有三种，一是按发生医疗费用的数额划分支付范围，个人账户支付小额医疗费用，统筹基金支付大额医疗费用；二是按门诊和住院划分支付范围，个人账户支付门诊医疗费用，统筹基金支付住院医疗费用；三是按病种划分个人账户与统筹基金的支付范围。具体分开管理的方式由各地结合实际确定。从三种分开管理方式所需要的管理基础和管理能力来看，一般以门诊与住院分开管理为宜。

法条指引

❶《关于建立城镇职工基本医疗保险制度的决定》（1998年12月14日　国务院国发［1998］44号）

三、建立基本医疗保险统筹基金和个人账户

要建立基本医疗保险统筹基金和个人账户。基本医疗保险基金由统筹基金和个人账户构成。职工个人缴纳的基本医疗保险费，全部计入个人账户。用人单位缴纳的基本医疗保险费分为两部分，一部分用于建立统筹基金，一部分划入个人账户。划入个人账户的比例一般为用人单位缴费的30%左右，具体比例由统筹地区根据个人账户的支付范围和职工年龄等因素确定。

统筹基金和个人账户要划定各自的支付范围，分别核算，不得互相挤占。要确定统筹基金的起付标准和最高支付限额，起付标准原则上控制在当地职工年平均工资的10%左右，最高支付限额原则上控制在当地职工年平均工资的4倍左右。起付标准以下的医疗费用，从个人账户中支付或由个人自付。起付标准以上、最高支付限额以下的医疗费用，主要从统筹基金中支付，个人也要负担一定比例。超过最高支付限额的医疗费用，可以通过商业医疗保险等途径解决。统筹基金的具体起付标准、最高支付限额以及在起付标准以上和最高支付限额以下医疗费用的个人负担比例，由统筹地区根据以收定支、收支平衡的原则确定。

六、妥善解决有关人员的医疗待遇

离休人员、老红军的医疗待遇不变，医疗费用按原资金渠道解决，支付确有困难的，由同级人民政府帮助解决。离休人员、老红军的医疗管理办法由省、自治区、直辖市人民政府制定。

二等乙级以上革命伤残军人的医疗待遇不变，医疗费用按原资金渠道解决，由社会保险经办机构单独列账管理。医疗费支付不足部分，由当地人民政府帮助解决。

退休人员参加基本医疗保险，个人不缴纳基本医疗保险费。对退休人员个人账户的计入金额和个人负担医疗费的比例给予适当照顾。

国家公务员在参加基本医疗保险的基础上，享受医疗补助政策。具体办法另行制定。

为了不降低一些特定行业职工现有的医疗消费水平，在参加基本医疗保险的基础上，作为过渡措施，允许建立企业补充医疗保险。企业补充医疗保险费在工资总额4%以内的部分，从职工福利费中列支，福利费不足列支的部分，经同级财政部门核准后列入成本。

国有企业下岗职工的基本医疗保险费，包括单位缴费和个人缴费，均由再就业服务中心按照当地上年度职工平均工资的60%为基数缴纳。

❷《关于加强城镇职工基本医疗保险个人账户管理的通知》（2002年8月12日　劳社厅发［2002］6号）（略）

案例链接

❶《利津县城镇职工医疗保险事业处与高山社会保障行政给付上诉案》，参见北大法宝引证码：Pkulaw. cn/CLI. C. 33590。

❷《柯尊享诉中国人寿喀什分公司在应当给付的医疗保险金中扣除社保机构支付的费其保险金利益受损请求支付保险金案》，参见北大法宝引证码：Pkulaw. cn/CLI. C. 44866。

学者观点

❶ 杨秀芝:《试论我国社会保障筹资形式的选择与社会保障税的开征》,参见北大法宝引证码:Pkulaw. cn/CLI. A. 043845。

❷ 贾俊玲:《社会保障与法制建设》,参见北大法宝引证码:Pkulaw. cn/CLI. A. 02695。

【基本医疗保险用药范围】

法律问题解读

这是指纳入《国家基本医疗保险药品目录》进行管理,适应参保职工临床治疗的基本需要,能够按规定在基本医疗保险基金中支付,并由国家有关行政管理部门定期调整的药品。

对基本医疗保险用药进行管理的目的,一是保障参保职工基本医疗的用药需求,方便职工用药;二是合理控制基本医疗保险基金支出,节约医疗用药费用;三是引导医药行业的健康发展。

按照国家规定,基本医疗保险用药范围通过制定《基本医疗保险药品目录》(以下简称《药品目录》)进行划定与管理。纳入《药品目录》的药品,应是临床必需、安全有效、价格合理、使用方便、市场能够保证供应的药品,并具备下列条件之一:

(1)《中华人民共和国药典》(现行版)收载的药品;

(2)符合国家药品监督管理部门颁发标准的药品;

(3)国家药品监督管理部门批准正式进口的药品。

《药品目录》中的西药和中成药在《国家基本药物》的基础上遴选,并分"甲类目录"和"乙类目录"。"甲类目录"的药品是临床治疗必需,使用广泛,疗效好,同类药品中价格低的药品。"乙类目录"的药品是可供临床治疗选择使用,疗效好,同类药品中比"甲类目录"药品价格略高的药品。"甲类目录"由国家统一制定,各地不得调整。"乙类目录"由国家制定,各省、自治区、直辖市可根据当地经济水平、医疗需求和用药习惯,适当进行调整,增加和减少的品种数之和不得超过国家制定的"乙类目录"药品总数的15%。使用"甲类目录"的药品所发生的费用,按基本医疗保险的规定支付。使用"乙类目录"的药品所发生的费用,先由参保人员自付一定比例,再按基本医疗保险的规定支付。

另外,国家还明确规定了不能纳入医疗保险用药范围的药品,主要有以下几类:

(1)主要起营养滋补作用的药品;

(2)部分可以入药的动物及动物脏器,干(水)果类;

(3)用中药材和中药饮片泡制的各类酒制剂;

(4)各类药品中的果味制剂、口服泡腾剂;

(5)血液制品、蛋白类制品(特殊适应症与急救、抢救除外);

(6)劳动和社会保障部规定基本医疗保险基金不予支付的其他药品。

法条指引

❶ **《城镇职工基本医疗保险用药范围管理暂行办法》**(1999年5月12日 劳社部发[1999]15号)

第一条 为了保障职工基本医疗用药,合理控制药品费用,规范基本医疗保险用药范围管理,根据《国务院关于建立城镇职工基本医疗保险制度的决定》(国发[1998]44号),制定本办法。

第二条 基本医疗保险用药范围通过制定《基本医疗保险药品目录》(以下简称《药品目录》)进行管理。确定《药品目录》中药品品种时要考虑临床治疗的基本需要,也要考虑地区间的经济差异和用药习惯,中西药并重。

第三条 纳入《药品目录》的药品,应是临床必需、安全有效、价格合理、使用方便、市场能够保证供应的药品,并具备下列条件之一:

(一)《中华人民共和国药典》(现行版)收载的药品;

(二)符合国家药品监督管理部门颁发标准的药品;

(三)国家药品监督管理部门批准正式进口的药品。

第四条 以下药品不能纳入基本医疗保险用药范围:

(一)主要起营养滋补作用的药品;

(二)部分可以入药的动物及动物脏器,干(水)果类;

(三)用中药材和中药饮片泡制的各类酒制剂;

(四)各类药品中的果味制剂、口服泡腾剂;

(五)血液制品、蛋白类制品(特殊适应症与急救、抢救除外);

（六）劳动保障部规定基本医疗保险基金不予支付的其他药品。

第五条 《药品目录》所列药品包括西药、中成药（含民族药，下同）、中药饮片（含民族药，下同）。西药和中成药列基本医疗保险基金准予支付的药品目录，药品名称采用通用名，并标明剂型。中药饮片列基本医疗保险基金不予支付的药品目录，药品名称采用药典名。

第六条 《药品目录》中的西药和中成药在《国家基本药物》的基础上遴选，并分“甲类目录”和“乙类目录”。“甲类目录”的药品是临床治疗必需，使用广泛，疗效好，同类药品中价格低的药品。“乙类目录”的药品是可供临床治疗选择使用，疗效好，同类药品中比“甲类目录”药品价格略高的药品。

第七条 “甲类目录”由国家统一制定，各地不得调整。“乙类目录”由国家制定，各省、自治区、直辖市可根据当地经济水平、医疗需求和用药习惯，适当进行调整，增加和减少的品种数之和不得超过国家制定的“乙类目录”药品总数的15%。

各省、自治区、直辖市对本省（自治区、直辖市）《药品目录》“乙类目录”中易滥用、毒副作用大的药品，可按临床适应症和医院级别分别予以限定。

第八条 基本医疗保险参保人员使用《药品目录》中的药品，所发生的费用按以下原则支付。

使用“甲类目录”的药品所发生的费用，按基本医疗保险的规定支付。使用“乙类目录”的药品所发生的费用，先由参保人员自付一定比例，再按基本医疗保险的规定支付。个人自付的具体比例，由统筹地区规定，报省、自治区、直辖市劳动保障行政部门备案。

使用中药饮片所发生的费用，除基本医疗保险基金不予支付的药品外，均按基本医疗保险的规定支付。

第九条 急救、抢救期间所需药品的使用可适当放宽范围，各统筹地区要根据当地实际制定具体的管理办法。

第十条 在国家《药品目录》中的药品，有下列情况之一的，从基本医疗保险用药范围或国家和地方的《药品目录》中删除：

（一）药品监管局撤销批准文号的；

（二）药品监管局吊销《进口药品注册证》的；

（三）药品监管局禁止生产、销售和使用的；

（四）经主管部门查实，在生产、销售过程中有违法行为的；

（五）在评审过程中有弄虚作假行为的。

第十一条 国家《药品目录》原则上每两年调整一次，各省、自治区、直辖市《药品目录》进行相应调整。国家《药品目录》的新药增补工作每年进行一次，各地不得自行进行新药增补。增补进入国家“乙类目录”的药品，各省、自治区、直辖市可根据实际情况，确定是否进入当地的“乙类目录”。

在制定《药品目录》的工作中，各级劳动保障行政部门不再进行药品检验，不得向药品生产和经销企业收取评审费和各种名目的费用，不得巧立名目加重企业的负担。制定《药品目录》所需经费由劳动保障行政部门向财政部门提出申请，由同级财政拨款解决。

第十二条 国家《药品目录》的组织制定工作由劳动保障部负责。要成立由劳动保障部、国家计委、国家经贸委、财政部、卫生部、药品监管局和中医药局组成的国家《药品目录》评审领导小组，负责评审《药品目录》及每年新增补和删除的药品，审核《药品目录》遴选专家组和专家咨询小组成员名单，以及《药品目录》评审和实施过程中的协调工作。领导小组下设办公室，办公室设在劳动保障部，负责组织制定国家基本医疗保险药品目录的具体工作。

领导小组办公室要在全国范围内选择专业技术水平较高的临床医学和药学专家，组成药品遴选专家组，负责遴选药品。要聘请专业技术水平较高的临床医学、药学、药品经济学和医疗保险、卫生管理等方面的专家，组成专家咨询小组，负责对领导小组办公室的工作提出专业咨询和建议。

各省、自治区、直辖市《药品目录》的制定工作由各省、自治区、直辖市劳动保障行政部门负责，要参照国家《药品目录》制定工作的组织形式，建立相应的评审机构和专家组。

第十三条 国家《药品目录》由劳动保障部会同国家计委、国家经贸委、财政部、卫生部、药品监管局、中医药局共同制定，由劳动保障部发布。各省、自治区、直辖市的《药品目录》由各省、自治区、直辖市劳动保障行政部门会同有关部门共同制定，并报劳动保障部备案。

第十四条 本办法自发布之日起施行。

❷《关于加强城镇职工基本医疗保险用药范围管理工作的通知》（1999年7月16日 劳社部函［1999］145号）

为加强城镇职工基本医疗保险基金支出管理，规范社会保险经办机构与定点医疗机构和定点零售药店的结算关系，指导各统筹地区制定基本医疗保险费用结算办法，根据《国务院关于建立城镇职工基本医疗保险制度的决定》（国发［1998］44号），现提出以下意见：

一、加强城镇职工基本医疗保险费用结算管理，是为了有效地控制医疗费用，保证统筹基金收支平衡，规范医疗服务行为，保障参保人员的基本医疗，提高基本医疗保险的社会化管理服务水平。

二、各统筹地区要根据当地实际和基本医疗保险基金支出管理的需要，制定基本医疗保险费用结算办法。结算办法应包括结算方式和标准、结算范围和程序、审核办法和管理措施等有关内容。

统筹地区社会保险经办机构要按照以收定支、收支平衡的原则，合理确定基本医疗保险基金的支出总量，并根据定点医疗机构的不同级别和类别以及所承担的基本医疗保险服务量，预定各定点医疗机构的定额控制指标。社会保险经办机构在结算时，可根据具体采用的结算方式和实际发生的合理费用等情况对定额控制指标进行相应调整。

三、基本医疗保险费用的具体结算方式，应根据社会保险经办机构的管理能力以及定点医疗机构的不同类别确定，可采取总额预付结算、服务项目结算、服务单元结算等方式，也可以多种方式结合使用。各地要根据不同的结算方式，合理制定基本医疗保险费用的结算标准，并在社会保险经办机构和定点医疗机构签订的协议中明确双方的责任、权利和义务。

采取总额预付结算方式的，要根据基本医疗保险的给付范围和参保人员的年龄结构，合理确定对定点医疗机构的预付总额。同时，要通过加强监督检查，防止为降低医疗成本而减少必需的医疗服务，确保参保人员获得基本医疗保险规定的、诊疗疾病所必需的、合理的医疗服务。

采取服务项目结算方式的，要根据医疗服务的收费标准和基本医疗保险医疗服务管理的有关规定以及服务数量等进行结算。同时，要加强对医疗服务项目的监督和审查工作，防止发生大额处方、重复检查、延长住院、分解诊疗服务收费等过度利用医疗服务的行为。

采取服务单元结算方式的，可以诊断病种、门诊诊疗人次和住院床日等作为结算的服务单元。具体结算标准可按同等级医疗机构的服务单元的平均费用剔除不合理因素后确定，并根据物价指数进行适时调整。同时，要加强基本医疗保险管理和费用审核，防止出现推诿病人、分解服务次数等现象。

四、属于基本医疗保险基金支付的医疗费用，应全部纳入结算范围，一般由社会保险经办机构与定点医疗机构和定点零售药店直接结算。暂不具备条件的，可先由参保人员或用人单位垫付，然后由社会保险经办机构与参保人员或用人单位结算。

社会保险经办机构要规范结算程序，明确结算期限，简化结算手续，逐步提高社会化管理服务水平，减轻定点医疗机构、定点零售药店和用人单位的负担。社会保险经办机构要按与定点医疗机构和定点零售药店签订的协议的有关规定及时结算并拨付基本医疗保险费用。

定点医疗机构和定点零售药店要配备相应的人员，负责核算参保人员的医疗费用，按协议规定提供费用结算所需的有关材料。

五、加强定点医疗机构门诊处方、入出院标准、住院病历和特殊检查治疗等基本医疗保险管理和费用支出审核。社会保险经办机构可按核定的各定点医疗机构定额控制指标暂扣不超过10%的费用，根据结算期末的审核情况，再相应拨付给定点医疗机构。社会保险经办机构对不符合基本医疗保险规定的医疗费用不予支付；对符合规定的费用要按时足额拨付，未按时足额拨付的按协议的有关规定处理。

六、要加强对转诊转院就医的医疗费用结算管理。在同一统筹地区内转诊转院的，发生的医疗费用按当地的统一规定结算。异地转诊转院的，应经定点医疗机构同意，并经当地社会保险经办机构批准。异地转诊转院发生的医疗费用可先由参保人员或用人单位垫付，经社会保险经办机构复核后，按参保人员所在地有关规定结算。

七、各统筹地区的基本医疗保险费用结算办法，由统筹地区劳动保障行政部门会同卫生、财政等有关部门制定。各地要及时总结经验，建立健全监督制约机制，不断完善基本医疗保险费用结算办法，加强基本医疗保险基金支出管理，保证基本医疗保险制度的健康运行。

❸《关于印发国家基本医疗保险药品目录的通知》（2000年5月25日　劳社部发［2000］11号）

各省、自治区、直辖市劳动（劳动和社会保障）

厅（局）：

根据《国务院关于建立城镇职工基本医疗保险制度的决定》（国发［1998］44号）和劳动保障部、国家计委、国家经贸委、财政部、卫生部、国家药品监管局、国家中医药局印发的《城镇职工基本医疗保险用药范围管理暂行办法》（劳社部发［1999］15号），我部会同有关部门制定了《国家基本医疗保险药品目录》（以下简称《国家药品目录》），现印发各地，并就有关事项通知如下：

一、制定《国家药品目录》，是加强基本医疗保险用药管理，确保城镇职工基本医疗保险改革工作顺利推进的重要措施。各省、自治区、直辖市劳动保障行政管理部门要提高认识，按照《城镇职工基本医疗保险用药范围管理暂行办法》的要求，认真贯彻执行《国家药品目录》，同时积极做好本省（区、市）基本医疗保险药品目录的调整和实施工作。

二、各省、自治区、直辖市劳动保障行政管理部门可参考目前执行的公费、劳保医疗用药范围以及当地疾病谱和用药习惯，对《国家药品目录》中的乙类药品进行调整。增加和减少的乙类药品品种数之和应控制在全部乙类药品总数的15%以内。调整药品目录要坚持公平、公正、公开的原则，建立健全工作机构和专家组，充分征求财政、卫生、药品监督、中医药和价格管理部门及有关专家的意见，制定科学合理的遴选办法。乙类药品调整部分应报我部审核。在调整过程中，不得以任何名目向药品生产和经销企业收取费用。严禁滥用职权，以权谋私。调整的药品名称要注明剂型，西药采用通用名，中成药采用国家药典或部颁标准规定的正式品名，不得使用或标注商品名。对《国家药品目录》中的民族药及其他符合国家药典标准或部颁标准的民族药品，可根据当地的经济条件及用药习惯，遴选纳入本地药品目录，纳入数量不受乙类药品调整比例的限制。

乙类药品的调整工作应在今年年底前完成，并报我部备案。

三、基本医疗保险统筹地区要严格执行《国家药品目录》和本省（区、市）调整公布的药品目录。对本省（区、市）药品目录中的乙类药品，应根据医疗保险基金的支付能力和职工的经济承受能力，制定合理的给付办法和标准；对国家和省（区、市）明确规定限制使用范围的药品，应分别作出限制适应症或医疗机构、医师级别或科别的规定。对于经省级药品监督管理部门批准的治疗性医院制剂，统筹地区劳动保障行政管理部门要在充分征求卫生、中医药、药品监督等部门及有关专家的意见后，制定限于定点医疗机构使用的、纳入基本医疗保险用药范围的医院制剂目录和给付比例，并报省级劳动保障行政管理部门备案。

各级劳动保障行政管理部门要加强与有关部门的协调配合，严格基本医疗保险用药管理，保障职工的基本用药需求，合理控制药品费用支出。要做好药品使用和费用支付的日常统计分析工作，及时反映并认真解决《国家药品目录》执行中存在的问题，重要情况应及时报告我部。

❹**《关于印发国家基本医疗保险工伤保险和生育保险药品目录部分药品名称剂型调整规范的通知》**（2010年6月28日　人社厅发［2010］58号）（略）

❺**《关于印发国家基本医疗保险、工伤保险和生育保险药品目录的通知》**（2009年11月27日　人社部发［2009］159号）（略）

【基本医疗保险诊疗项目】

法律问题解读

这是指临床诊疗必需、安全有效、费用适宜，由物价部门制定了收费标准，并由定点医疗机构为参保人员提供的定点医疗服务范围内的各种医疗技术劳务项目和采用医疗仪器、设备与医用材料进行的诊断、治疗项目。制定基本医疗诊疗项目的目的是明确基本医疗的服务范围和标准，加强基本医疗保险基金的支出管理。考虑到各个地区经济状况、医疗技术水平和医疗消费水平的差异，国家在制定统一标准的同时，允许地方在一定幅度内调整基本医疗保险的诊疗项目。

国家采用排除法分别规定了基本医疗保险不予支付费用的诊疗项目范围和基本医疗保险支付部分费用的诊疗项目范围。其中，基本医疗保险不予支付费用的诊疗项目，主要是一些非临床诊疗必需、效果不确定的诊疗项目以及属于特需医疗服务的诊疗项目，包括：

1. 服务项目类：（1）挂号费、院外会诊费、病历工本费等；（2）出诊费、检查治疗加急费、点名手术附加费、优质优价费、自请特别护士等特需医疗服务。

2. 非疾病治疗项目类：（1）各种美容、健美项目以及非功能性整容、矫形手术等；（2）各种减肥、增肥、增高项目；（3）各种健康体检；（4）各种预防、保健性的诊疗项目；（5）各种医疗咨询、医疗鉴定。

3. 诊疗设备及医用材料类：（1）应用正电子发射断层扫描装置（PET）、电子束 CT、眼科准分子激光治疗仪等大型医疗设备进行的检查、治疗项目；（2）眼镜、义齿、义眼、义肢、助听器等康复性器具；（3）各种自用的保健、按摩、检查和治疗器械。（4）各省物价部门规定不可单独收费的一次性医用材料。

4. 治疗项目类：（1）各类器官或组织移植的器官源或组织源；（2）除肾脏、心脏瓣膜、角膜、皮肤、血管、骨、骨髓移植外的其他器官或组织移植；（3）近视眼矫形术；（4）气功疗法、音乐疗法、保健性的营养疗法、磁疗等辅助性治疗项目。

5. 其他：（1）各种不育（孕）症、性功能障碍的诊疗项目；（2）各种科研性、临床验证性的诊疗项目。

基本医疗保险支付部分费用的诊疗项目，主要是一些临床诊疗必需、效果确定但容易滥用或费用昂贵的诊疗项目，包括：

1. 诊疗设备及医用材料类：（1）应用（x—射线计算机体层摄影装置（CT）、立体定向放射装置（r—刀）、（x—刀）、心脏及血管造影（线机（含数字减影设备）、核磁共振成像装置（MRI）、单光子发射电子计算机扫描装置（SPECT）、彩色多普勒仪、医疗直线加速器等大型医疗设备进行的检查、治疗项目。（2）体外震波碎石与高压氧治疗；（3）心脏起搏器、人工关节、人工晶体、血管支架等体内置换的人工器官、体内置放材料；（4）各省物价部门规定的可单独收费的一次性医用材料。

2. 治疗项目类：（1）血液透析、腹膜透析；（2）肾脏、心脏瓣膜、角膜、皮肤、血管、骨、骨髓移植；（3）心脏激光打孔、抗肿瘤细胞免疫疗法和快中子治疗项目。

3. 各省劳动保障部门规定的价格昂贵的医疗仪器与设备的检查、治疗项目和医用材料。

实际工作中，参保人员发生的诊疗项目费用属于基本医疗保险不予支付费用诊疗项目目录以内的，基本医疗保险基金不予支付。属于基本医疗保险支付部分费用诊疗项目目录以内的，先由参保人员按规定比例自付后，再按基本医疗保险的规定支付。属于按排除法制定的基本医疗保险不予支付费用和支付部分费用诊疗项目目录以外的，或属于按准入法制定的基本医疗保险准予支付费用诊疗项目目录以内的，按基本医疗保险的规定支付。

法条指引

❶《关于城镇职工基本医疗保险诊疗项目管理意见》（1999 年 6 月 30 日　劳社市发［1999］22 号）

为了指导各地确定城镇职工基本医疗保险诊疗项目，加强基本医疗保险基金的支出管理，根据《国务院关于建立城镇职工基本医疗保险制度的决定》（国发［1998］44 号），现提出以下意见。

一、基本医疗保险诊疗项目是指符合以下条件的各种医疗技术劳务项目和采用医疗仪器、设备与医用材料进行的诊断、治疗项目：

（一）临床诊疗必需、安全有效、费用适宜的诊疗项目；

（二）由物价部门制定了收费标准的诊疗项目；

（三）由定点医疗机构为参保人员提供的定点医疗服务范围内的诊疗项目。

二、基本医疗保险诊疗项目通过制定基本医疗保险诊疗项目范围和目录进行管理。制定基本医疗保险诊疗项目范围和目录既要考虑临床诊断、治疗的基本需要，也要兼顾不同地区经济状况和医疗技术水平的差异，做到科学合理，方便管理。

三、劳动和社会保障部负责组织制定国家基本医疗保险诊疗项目范围（见附件），采用排除法分别规定基本医疗保险不予支付费用的诊疗项目范围和基本医疗保险支付部分费用的诊疗项目范围。

基本医疗保险不予支付费用的诊疗项目，主要是一些非临床诊疗必需、效果不确定的诊疗项目以及属于特需医疗服务的诊疗项目。

基本医疗保险支付部分费用的诊疗项目，主要是一些临床诊疗必需、效果确定但容易滥用或费用昂贵的诊疗项目。

四、各省（自治区、直辖市，下同）劳动保障行政部门要根据国家基本医疗保险诊疗项目范围的规定，组织制定本省的基本医疗保险诊疗项目目录。可以采用排除法，分别列基本医疗保险不予支付费用的诊疗项目目录和基本医疗保险支付部分费用的诊疗项目目录。也可以采用准入法，分别列基本医疗保险准予支付费用的诊疗项目目录和基本医疗保险支付部分费用的诊疗项目目录。

对于国家基本医疗保险诊疗项目范围规定的

基本医疗保险不予支付费用的诊疗项目，各省可适当增补，但不得删减。对于国家基本医疗保险诊疗项目范围规定的基本医疗保险支付部分费用的诊疗项目，各省可根据实际适当调整，但必须严格控制调整的范围和幅度。

五、各统筹地区劳动保障部门要严格执行本省的基本医疗保险诊疗项目目录。对于本省基本医疗保险诊疗项目目录中所列的基本医疗保险支付部分费用的诊疗项目，各统筹地区劳动保障行政部门要根据当地实际规定具体的个人自付比例，并可结合区域卫生规划、医院级别与专科特点、临床适应症、医疗技术人员资格等限定使用和制定相应的审批办法。未列入当地区域卫生规划和按国家有关质量管理规定技术检测不合格的大型医疗设备，不得纳入基本医疗保险支付范围。

六、参保人员发生的诊疗项目费用，属于基本医疗保险不予支付费用诊疗项目目录以内的，基本医疗保险基金不予支付。属于基本医疗保险支付部分费用诊疗项目目录以内的，先由参保人员按规定比例自付后，再按基本医疗保险的规定支付。属于按排除法制定的基本医疗保险不予支付费用和支付部分费用诊疗项目目录以外的，或属于按准入法制定的基本医疗保险准予支付费用诊疗项目目录以内的，按基本医疗保险的规定支付。

七、国家基本医疗保险诊疗项目范围要根据基本医疗保险基金的支付能力和医学技术的发展进行适时调整。各省的基本医疗保险诊疗项目目录要在国家基本医疗保险诊疗项目范围调整的基础上作相应调整。

八、社区卫生服务中的基本医疗服务项目纳入基本医疗保险范围。随着社区卫生服务的发展，劳动和社会保障部将另行组织制定有关规定。

九、劳动保障部门在组织制定基本医疗保险诊疗项目范围和目录的工作中，要充分征求财政、卫生、物价、中医药管理部门和有关专家的意见。物价部门在组织制定有关基本医疗保险的医疗服务收费标准时，要充分征求劳动保障、财政、卫生部门的意见。各有关部门要密切配合，通力协作，共同做好城镇职工基本医疗保险诊疗项目的管理工作。

【基本医疗保险医疗服务设施范围】

法律问题解读

基本医疗保险医疗服务设施是指由定点医疗机构提供的，参保人员在接受诊断、治疗和护理过程中必需的生活服务设施。

按照国家规定，基本医疗保险医疗服务设施费用主要包括住院床位费及门（急）诊留观床位费。参保人员的实际床位费标准低于基本医疗保险住院床位费支付标准的，以实际床位费标准按基本医疗保险的规定支付；高于基本医疗保险住院床位费支付标准的，在支付标准以内的费用，按基本医疗保险的规定支付，超出部分由参保人员自付。基本医疗保险门（急）诊留观床位费支付标准按本省物价部门规定的收费标准确定，但不得超过基本医疗保险住院床位费支付标准。对已包含在住院床位费或门（急）诊留观床位费中的日常生活用品、院内运输用品和水、电等费用，基本医疗保险基金不另行支付，定点医疗机构也不得再向参保人员单独收费。另外，定点医疗机构要公开床位收费标准和基本医疗保险床位费支付标准，在安排病房或门（急）诊留观床位时，应将所安排的床位收费标准告知参保人员或家属。参保人员可以根据定点医疗机构的建议，自主选择不同档次的病房或门（急）诊留观床位。由于床位紧张或其他原因，定点医疗机构必须把参保人员安排在超标准病房时，应首先征得参保人员或家属的同意。基本医疗保险基金不予支付的生活服务项目和服务设施费用，主要包括：就（转）诊交通费、急救车费；空调费、电视费、电话费、婴儿保温箱费、食品保温箱费、电炉费、电冰箱费及损坏公物赔偿费；陪护费、护工费、洗理费、门诊煎药费；膳食费；文娱活动费以及其他特需生活服务费用。取暖费等其他医疗服务设施项目是否纳入基本医疗保险基金支付范围，由各省、自治区、直辖市劳动保障行政部门规定。

法条指引

❶ **《关于确定城镇职工基本医疗保险医疗服务设施范围和支付标准的意见》**（1999年6月30日 劳社部发［1999］22号）

为了指导各地确定基本医疗保险医疗服务设施范围和支付标准，根据《国务院关于建立城镇职工基本医疗保险制度的决定》（国发［1998］44号），现提出以下意见。

一、基本医疗保险医疗服务设施是指由定点医疗机构提供的，参保人员在接受诊断、治疗和护理过程中必需的生活服务设施。

二、基本医疗保险医疗服务设施费用主要包

括住院床位费及门（急）诊留观床位费。对已包含在住院床位费或门（急）诊留观床位费中的日常生活用品、院内运输用品和水、电等费用，基本医疗保险基金不另行支付，定点医疗机构也不得再向参保人员单独收费。

三、基本医疗保险基金不予支付的生活服务项目和服务设施费用，主要包括：

（一）就（转）诊交通费、急救车费；

（二）空调费、电视费、电话费、婴儿保温箱费、食品保温箱费、电炉费、电冰箱费及损坏公物赔偿费；

（三）陪护费、护工费、洗理费、门诊煎药费；

（四）膳食费；

（五）文娱活动费以及其他特需生活服务费用。

其他医疗服务设施项目是否纳入基本医疗保险基金支付范围，由各省（自治区、直辖市，下同）劳动保障行政部门规定。

四、基本医疗保险住院床位费支付标准，由各统筹地区劳动保障行政部门按照本省物价部门规定的普通住院病房床位费标准确定。需隔离以及危重病人的住院床位费支付标准，由各统筹地区根据实际情况确定。

基本医疗保险门（急）诊留观床位费支付标准按本省物价部门规定的收费标准确定，但不得超过基本医疗保险住院床位费支付标准。

五、定点医疗机构要公开床位收费标准和基本医疗保险床位费支付标准，在安排病房或门（急）诊留观床位时，应将所安排的床位收费标准告知参保人员或家属。参保人员可以根据定点医疗机构的建议，自主选择不同档次的病房或门（急）诊留观床位。由于床位紧张或其他原因，定点医疗机构必须把参保人员安排在超标准病房时，应首先征得参保人员或家属的同意。

六、参保人员的实际床位费低于基本医疗保险住院床位费支付标准的，以实际床位费按基本医疗保险的规定支付；高于基本医疗保险住院床位费支付标准的，在支付标准以内的费用，按基本医疗保险的规定支付，超出部分由参保人员自付。

七、各省劳动保障行政部门要按照本意见的要求，组织制定基本医疗保险医疗服务设施项目范围。各统筹地区劳动保障行政部门要根据本省规定的基本医疗保险医疗服务设施项目，确定基本医疗保险基金的支付标准。统筹地区社会保险经办机构要加强对医疗服务设施费用的审核工作，严格按照基本医疗保险医疗服务设施项目范围和支付标准支付费用。

八、劳动保障部门在组织制定基本医疗保险医疗服务设施范围和支付标准时，要充分征求财政、卫生、物价、中医药管理部门和有关专家的意见。物价部门在组织制定有关基本医疗保险的医疗服务设施项目收费标准时，要充分征求劳动保障、财政、卫生部门的意见。各有关部门要加强联系，密切协作，共同做好基本医疗保险医疗服务设施项目的管理工作。

【基本医疗保险定点医疗机构】

法律问题解读

这是指经统筹地区劳动保障行政部门审查，并经社会保险经办机构确定的，为城镇职工基本医疗保险参保人员提供医疗服务的医疗机构。在基本医疗保险制度中确定定点医疗机构，一是为了合理有效地利用现有医疗卫生资源，促进医疗机构的合理竞争，提高医疗服务质量；二是方便参保职工就医，引导职工就近更多地利用基层医疗服务；三是提高医疗卫生行政部门和社会保险经办机构的管理效率。

按照国家规定，经卫生行政部门批准并取得《医疗机构执业许可证》的医疗机构，以及经军队主管部门批准有资格开展对外服务的军队医疗机构，具备以下条件的可以作为定点医疗机构：

（1）符合区域医疗机构设置规划；

（2）符合医疗机构评审标准；

（3）遵守国家有关医疗服务管理的法律、法规和标准，有健全和完善的医疗服务管理制度；

（4）严格执行国家、省（自治区、直辖市）物价部门规定的医疗服务和药品的价格政策，经物价部门监督检查合格；

（5）严格执行城镇职工基本医疗保险制度的有关政策规定，建立了与基本医疗保险管理相适应的内部管理制度，配备了必要的管理人员和设备。

愿意承担城镇职工基本医疗保险定点服务的医疗机构，应向统筹地区劳动保障行政部门提出书面申请，并提供规定的证明材料。劳动保障行政部门根据医疗机构的申请及提供的各项材料对医疗机构进行审查。审查合格的发给定点医疗机构资格证书，并向社会公布，供参保人员选择。

被劳动保障行政部门选定的定点医疗机构要与社会保险经办机构签订书面协议。协议中要包括服务人群、服务范围、服务内容、服务质量、医疗费用结算办法、医疗费用支付标准以及医疗费用审核与控制等内容，明确双方的责任、权利和义务。协议有效期一般为1年。任何一方违反协议，对方均有权解除协议，但须提前3个月通知对方和有关参保人，并报统筹地区劳动保障行政部门备案。

定点医疗机构应配备专（兼）职管理人员，与社会保险经办机构共同做好定点医疗服务管理工作。对基本医疗保险参保人员的医疗费用要单独建账，并按要求及时、准确地向社会保险经办机构提供参保人员医疗费用的发生情况等有关信息。同时还要接受劳动保障行政部门、卫生行政部门的监督检查。

国家规定，参保人员在获得定点资格的医疗机构范围内，可提出个人就医定点医疗机构选择意向，由所在单位汇总后，统一报送统筹地区社会保险经办机构。社会保险经办机构根据参保人的选择意向统筹确定定点医疗机构。除获得定点资格的专科医疗机构和中医医疗机构外，参保人员一般可再选择3—5家不同层次的医疗机构，其中至少应包括1—2家基层医疗机构（包括一级医院以及各类卫生院、门诊部、诊所、卫生所、医务室和社区卫生服务机构）。参保人员对选定的定点医疗机构，可在1年后提出更改要求，由统筹地区社会保险经办机构办理变更手续。

法条指引

❶ **《城镇职工基本医疗保险定点医疗机构管理暂行办法》**（1999年5月11日　劳社部发［1999］14号）

第一条　为了加强和规范城镇职工基本医疗保险定点医疗机构管理，根据《国务院关于建立城镇职工基本医疗保险制度的决定》（国发［1998］44号），制定本办法。

第二条　本办法所称的定点医疗机构，是指经统筹地区劳动保障行政部门审查，并经社会保险经办机构确定的，为城镇职工基本医疗保险参保人员提供医疗服务的医疗机构。

第三条　定点医疗机构审查和确定的原则是：方便参保人员就医并便于管理；兼顾专科与综合、中医与西医，注重发挥社区卫生服务机构的作用；促进医疗卫生资源的优化配置，提高医疗卫生资源的利用效率，合理控制医疗服务成本和提高医疗服务质量。

第四条　以下类别的经卫生行政部门批准并取得《医疗机构执业许可证》的医疗机构，以及经军队主管部门批准有资格开展对外服务的军队医疗机构，可以申请定点资格：

（一）综合医院、中医医院、中西医结合医院、民族医医院、专科医院；

（二）中心卫生院、乡（镇）卫生院、街道卫生院、妇幼保健院（所）；

（三）综合门诊部、专科门诊部、中医门诊部、中西医结合门诊部、民族医门诊部；

（四）诊所、中医诊所、民族医诊所、卫生所、医务室；

（五）专科疾病防治院（所、站）；

（六）经地级以上卫生行政部门批准设置的社区卫生服务机构。

第五条　定点医疗机构应具备以下条件：

（一）符合区域医疗机构设置规划；

（二）符合医疗机构评审标准；

（三）遵守国家有关医疗服务管理的法律、法规和标准，有健全和完善的医疗服务管理制度；

（四）严格执行国家、省（自治区、直辖市）物价部门规定的医疗服务和药品的价格政策，经物价部门监督检查合格；

（五）严格执行城镇职工基本医疗保险制度的有关政策规定，建立了与基本医疗保险管理相适应的内部管理制度，配备了必要的管理人员和设备。

第六条　愿意承担城镇职工基本医疗保险定点服务的医疗机构，应向统筹地区劳动保障行政部门提出书面申请，并提供以下各项材料：

（一）执业许可证副本；

（二）大型医疗仪器设备清单；

（三）上一年度业务收支情况和门诊、住院诊疗服务量（包括门诊诊疗人次、平均每一诊疗人次医疗费、住院人数、出院者平均住院日、平均每一出院者住院医疗费、出院者平均每天住院医疗费等），以及可承担医疗保险服务的能力；

（四）符合医疗机构评审标准的证明材料；

（五）药品监督管理和物价部门监督检查合格的证明材料；

（六）由劳动保障行政部门规定的其他材料。

第七条　劳动保障行政部门根据医疗机构的申请及提供的各项材料对医疗机构进行审查。审查合格的发给定点医疗机构资格证书，并向社会公布，供参保人员选择。

第八条　参保人员在获得定点资格的医疗机构范围内，提出个人就医的定点医疗机构选择意向，由所在单位汇总后，统一报送统筹地区社会保险经办机构。社会保险经办机构根据参保人的选择意向统筹确定定点医疗机构。

第九条　获得定点资格的专科医疗机构和中医医疗机构（含中西医结合医疗机构和民族医医疗机构），可作为统筹地区全体参保人员的定点医疗机构。

除获得定点资格的专科医疗机构和中医医疗机构外，参保人员一般可再选择3至5家不同层次的医疗机构，其中至少应包括1至2家基层医疗机构（包括一级医院以及各类卫生院、门诊部、诊所、卫生所、医务室和社区卫生服务机构）。有管理能力的地区可扩大参保人员选择定点医疗机构的数量。

第十条　参保人员对选定的定点医疗机构，可在1年后提出更改要求，由统筹地区社会保险经办机构办理变更手续。

第十一条　社会保险经办机构要与定点医疗机构签订包括服务人群、服务范围、服务内容、服务质量、医疗费用结算办法、医疗费用支付标准以及医疗费用审核与控制等内容的协议，明确双方的责任、权利和义务。协议有效期一般为1年。任何一方违反协议，对方均有权解除协议，但须提前3个月通知对方和有关参保人，并报统筹地区劳动保障行政部门备案。

第十二条　参保人员应在选定的定点医疗机构就医，并可自主决定在定点医疗机构购药或持处方到定点零售药店购药。

除急诊和急救外，参保人员在非选定的定点医疗机构就医发生的费用，不得由基本医疗保险基金支付。

第十三条　参保人员在不同等级的定点医疗机构就医，个人负担医疗费用的比例可有所差别，以鼓励参保人员到基层定点医疗机构就医。

参保人员在不同等级定点医疗机构就医时个人负担医疗费用的具体比例和参保人员转诊、转院管理办法，由统筹地区劳动保障行政部门制定。

第十四条　定点医疗机构应配备专（兼）职管理人员，与社会保险经办机构共同做好定点医疗服务管理工作。对基本医疗保险参保人员的医疗费用要单独建账，并按要求及时、准确地向社会保险经办机构提供参保人员医疗费用的发生情况等有关信息。

第十五条　社会保险经办机构要加强对定点医疗机构参保人员医疗费用的检查和审核。定点医疗机构有义务提供审核医疗费用所需的全部诊治资料及账目清单。

第十六条　社会保险经办机构要按照基本医疗保险的有关政策规定和与定点医疗机构签订的协议，按时足额与定点医疗机构结算医疗费用。对不符合规定的医疗费用，社会保险经办机构不予支付。

第十七条　劳动保障行政部门要组织卫生、物价等有关部门加强对定点医疗机构服务和管理情况的监督检查。对违反规定的定点医疗机构，劳动保障行政部门可视不同情况，责令其限期改正，或通报卫生行政部门给予批评，或取消定点资格。

第十八条　定点医疗机构申请书和定点医疗机构资格证书样式由劳动保障部制定。

第十九条　各省（自治区、直辖市）劳动保障行政部门可根据本办法组织卫生等有关部门制定实施细则。

第二十条　本办法自发布之日起施行。

❷《关于完善城镇职工基本医疗保险定点医疗机构协议管理的通知》（2003年5月14日　劳社厅函［2002］258号）

各省、自治区、直辖市劳动和社会保障厅（局）：

自《城镇职工基本医疗保险定点医疗机构医疗服务协议文本》（劳社部函［2000］3号）下发以来，许多统筹地区的社会保险经办机构与定点医疗机构签订了医疗服务协议（以下简称协议），并严格按协议进行管理，保证了基本医疗保险制度的稳健运行。但也有部分地区迄今尚未签订协议，或虽已签订但协议内容不够完善，在具体管理中还存在疏漏。为进一步完善基本医疗保险定点医疗机构协议管理，在总结各地实践经验的基础上，我们拟定了《完善城镇职工基本医疗保险定点医疗机构医疗服务协议的若干要点》，现印发给你们，并就有关问题通知如下：

一、高度重视协议管理，及时完成协议补充完善工作

城镇职工基本医疗保险定点医疗机构医疗服务协议，是明确社会保险经办机构和定点医疗机构双方权利与义务，规范双方行为的具有法律约束力的文本，是处理双方关系，尤其是考核定点医疗服务质量和结算医疗保险费用的重要依据。强化协议管理对于全面落实基本医疗保险制度各项政策规定，确保参保人员的基本医疗保障权益，

改进医疗服务，提高基本医疗保险基金的使用效益，实现基金收支平衡，促进基本医疗保险制度健康有效运行具有重要意义。

各地要从完善社会保障体系和依法行政的高度，充分认识强化协议管理的重要性和紧迫性，切实抓好这项工作的落实。各省、自治区、直辖市劳动保障行政部门和社会保险经办机构要加强对各统筹地区工作的指导，督促其及时完成协议的签订与完善工作，并定期进行检查。各统筹地区劳动保障行政部门和社会保险经办机构的负责同志要亲自研究部署并定期督促检查协议管理工作。目前尚未与定点医疗机构签订年度协议的，必须于6月底前签订；已经签订协议的，要参照附件所列完善要点，以签订补充协议的方式对协议进行完善。请各省、自治区、直辖市于7月底前将本省、区、市协议签订和补充完善情况报送我部社会保险事业管理中心。

二、完善协议内容，明确协议管理的重点

当前要着重从落实基本医疗保险医疗服务管理规定，改进费用结算办法，控制参保人员个人负担，加强定点服务考核监督等方面，充实和完善协议内容。要制定和控制基本医疗保险药品目录内药品备药率、使用率及自费药品费用占参保人员用药总费用的比例。要加强诊疗项目管理，重点对新增诊疗项目、大型设备检查和一次性医用材料的使用进行控制。要不断完善基本医疗保险费用结算办法，健全费用控制与医疗服务质量保证机制。可以根据定点医疗机构的级别、专科特点与定点服务内容等，在总额控制的前提下，明确具体的结算方式与标准，并确定审核检查及费用控制的指标。要树立以人为本的理念，简化就医结算流程，努力提高医疗保险管理服务水平。要围绕完善服务内容、提高服务质量和加强费用控制等方面，确定考核监督办法，并对违规行为和违规费用明确违约责任。各地要针对协议管理中出现的新情况和新问题，不断总结经验，并根据管理需要，确定管理重点，适时调整完善协议内容。要依据有关部门制定的管理标准和服务规范，细化协议指标，并积极协同有关部门抓紧制订医疗保险管理急需的技术性规范和标准。

三、健全工作制度，提高协议管理的科学性和公正性

社会保险经办机构要以高度负责的态度，健全完善工作制度，确保协议全面、顺利、切实地履行。在确定定点医疗机构的过程中，要本着方便参保人员就医，促进充分竞争的原则，打破垄断，取消各种不合理限制，逐步扩大定点范围。确定定点医疗机构必须与之签订协议。建立与定点医疗机构的协调机制，劳动保障行政管理部门也要与卫生行政管理部门加强沟通和协调，对协议签订与执行过程中的问题要及时协调解决。要注重发挥专家作用，聘请专家为协议管理提供咨询，并对医疗服务管理中的技术性问题提出意见和建议，提高协议管理的科学性和公正性。

四、强化考核监督，确保协议的执行

各级经办机构要按协议中规定的指标和考核办法，加强考核监督。考核结果要向社会公布，并与医疗费用结算标准相挂钩。要探索建立定点医疗机构信用等级制度，依据考核情况，每年评定定点医疗机构执行协议的信用等级：对考核结果优异、参保人员满意率高的定点医疗机构，经办机构可简化审核结算程序，并以适当形式通告公众；对考核中发现问题较多、参保人员满意率不高的定点医疗机构，要严格审核，加强管理和监督；对问题严重、考核结果较差、参保人员满意率很低的定点医疗机构，经办机构应依据协议追究其违约责任甚至终止协议，必要时报劳动保障行政部门取消其定点资格。

要注重发挥参保人员和新闻媒体等社会力量的监督作用。劳动保障行政管理部门要加强对协议签订和执行情况的监督与指导。

各省、自治区、直辖市要加强对各级统筹地区经办机构的指导和督促检查，不断总结经验，以典型引路的方式推动和完善协议管理工作。今年下半年部里将组织力量对各地协议落实情况进行全面检查。各地在执行中遇到的问题，请及时向我部医疗保险司和社会保险事业管理中心报告。

案例链接

❶《龚惠德与彭水苗族土家族自治县劳动和社会保障局不履行法定职责纠纷再审案》，参见北大法宝引证码：Pkulaw. cn/CLI. C. 44032。

学者观点

❶ 蓝寿荣、董灵娟：《从起点公平到过程公平——公平价值的经济法解读及对“十一五”规划实施的启示》，参见北大法宝引证码：Pkulaw. cn/CLI. A. 043880。

❷ 朱慧、陈慧颖：《劳动者的病假如何认定》，参见北大法宝引证码：Pkulaw. cn/CLI. A. 047353。

【基本医疗保险定点零售药店】

法律问题解读

这是指经统筹地区劳动保障行政部门审查，并经社会保险经办机构确定的，为城镇职工基本医疗保险参保人员提供处方外配服务的零售药店。处方外配是指参保人员持定点医疗机构处方，在定点零售药店购药的行为。

在基本医疗保险制度中设置定点零售药店，主要目的是为了保证基本医疗保险用药的品种和质量；引入竞争机制，合理控制药品服务成本；方便参保人员就医后购药和便于管理。

按照国家规定，定点零售药店应具备以下资格与条件：

（1）持有《药品经营企业许可证》、《药品经营企业合格证》和《营业执照》，经药品监督管理部门年检合格；

（2）遵守《中华人民共和国药品管理法》及有关法规，有健全和完善的药品质量保证制度，能确保供药安全、有效和服务质量；

（3）严格执行国家、省（自治区、直辖市）规定的药品价格政策，经物价部门监督检查合格；

（4）具备及时供应基本医疗保险用药、24 小时提供服务的能力；

（5）能保证营业时间内至少有 1 名药师在岗，营业人员需经地级以上药品监督管理部门培训合格；

（6）严格执行城镇职工基本医疗保险制度有关政策规定，有规范的内部管理制度，配备必要的管理人员和设备。

愿意承担城镇职工基本医疗保险定点服务的零售药店，应向统筹地区劳动保障行政部门提出书面申请，并提供相应材料。包括：药品经营企业许可证、合格证和营业执照的副本；药师以上药学技术人员的职称证明材料；药品经营品种清单及上一年度业务收支情况；药品监督管理、物价部门监督检查合格的证明材料；以及劳动保障行政部门规定的其他材料。劳动保障行政部门根据零售药店的申请及提供的各项材料，对零售药店的定点资格进行审查。统筹地区社会保险经办机构在获得定点资格的零售药店范围内确定定点零售药店，统发定点零售药店标牌，并向社会公布，供参保人员选择购药。规定职工在定点医院就医、购药并可持处方到定点药店购药。

定点零售药店要与社会保险经办机构签订包括服务范围、服务内容、服务质量、药费结算办法以及药费审核与控制等内容的协议，明确双方的责任、权利和义务。协议有效期一般为 1 年。任何一方违反协议，对方均有权解除协议，但须提前通知对方和参保人，并报劳动保障行政部门备案。

法条指引

❶**《城镇职工基本医疗保险定点零售药店管理暂行办法》**（1999 年 4 月 26 日　劳社部发［1999］16 号）

第一条　为了加强和规范城镇职工基本医疗保险定点零售药店管理，根据《国务院关于建立城镇职工基本医疗保险制度的决定》（国发［1998］44 号），制定本办法。

第二条　本办法所称的定点零售药店，是指经统筹地区劳动保障行政部门资格审查，并经社会保险经办机构确定的，为城镇职工基本医疗保险参保人员提供处方外配服务的零售药店。处方外配是指参保人员持定点医疗机构处方，在定点零售药店购药的行为。

第三条　定点零售药店审查和确定的原则是：保证基本医疗保险用药的品种和质量；引入竞争机制，合理控制药品服务成本；方便参保人员就医后购药和便于管理。

第四条　定点零售药店应具备以下资格与条件：

（一）持有《药品经营企业许可证》、《药品经营企业合格证》和《营业执照》，经药品监督管理部门年检合格；

（二）遵守《中华人民共和国药品管理法》及有关法规，有健全和完善的药品质量保证制度，能确保供药安全、有效和服务质量；

（三）严格执行国家、省（自治区、直辖市）规定的药品价格政策，经物价部门监督检查合格；

（四）具备及时供应基本医疗保险用药、24 小时提供服务的能力；

（五）能保证营业时间内至少有一名药师在岗，营业人员需经地级以上药品监督管理部门培训合格；

（六）严格执行城镇职工基本医疗保险制度有关政策规定，有规范的内部管理制度，配备必要的管理人员和设备。

第五条　愿意承担城镇职工基本医疗保险定

点服务的零售药店，应向统筹地区劳动保障行政部门提出书面申请，并提供以下各项材料：

（一）药品经营企业许可证、合格证和营业执照的副本；

（二）药师以上药学技术人员的职称证明材料；

（三）药品经营品种清单及上一年度业务收支情况；

（四）药品监督管理、物价部门监督检查合格的证明材料；

（五）劳动保障行政部门规定的其他材料。

第六条 劳动保障行政部门根据零售药店的申请及提供的各项材料，对零售药店的定点资格进行审查。

第七条 统筹地区社会保险经办机构在获得定点资格的零售药店范围内确定定点零售药店，统发定点零售药店标牌，并向社会公布，供参保人员选择购药。

第八条 社会保险经办机构要与定点零售药店签订包括服务范围、服务内容、服务质量、药费结算办法以及药费审核与控制等内容的协议，明确双方的责任、权利和义务。协议有效期一般为1年。任何一方违反协议，对方均有权解除协议，但须提前通知对方和参保人，并报劳动保障行政部门备案。

第九条 外配处方必须由定点医疗机构医师开具，有医师签名和定点医疗机构盖章。处方要有药师审核签字，并保存2年以上以备核查。

第十条 定点零售药店应配备专（兼）职管理人员，与社会保险经办机构共同做好各项管理工作。对外配处方要分别管理、单独建账。定点零售药店要定期向统筹地区社会保险经办机构报告处方外配服务及费用发生情况。

第十一条 社会保险经办机构要加强对定点零售药店处方外配服务情况的检查和费用的审核。定点零售药店有义务提供与费用审核相关的资料及账目清单。

第十二条 社会保险经办机构要按照基本医疗保险有关政策规定和与定点零售药店签订的协议，按时足额结算费用。对违反规定的费用，社会保险经办机构不予支付。

第十三条 劳动保障行政部门要组织药品监督管理、物价、医药行业主管部门等有关部门，加强对定点零售药店处方外配服务和管理的监督检查。要对定点零售药店的资格进行年度审核。对违反规定的定点零售药店，劳动保障行政部门可视不同情况，责令其限期改正，或取消其定点资格。

第十四条 定点零售药店申请书样式由劳动保障部制定。

第十五条 各省（自治区、直辖市）劳动保障行政部门可根据本办法制定实施细则。

第十六条 本办法自发布之日起施行。

案例链接

❶ 蓝寿荣、董灵娟：《从起点公平到过程公平——公平价值的经济法解读及对“十一五”规划实施的启示》，参见北大法宝引证码：Pkulaw. cn/CLI. A. 043880。

【基本医疗保险社会化管理与服务】

法律问题解读

基本医疗保险社会化管理与服务不仅体现在基金的社会统筹等方面，还体现在医疗保险费用的支付与结算等方面。基本医疗保险费用支付、结算方式主要有：按服务项目付费、按服务单元付费和按总额付费等。

1. 按服务项目付费方式

按服务项目付费，是指对医疗服务过程中所设计的每一服务项目制定价格，参保人在享受医疗服务时逐一对服务项目付费或计费，然后由医疗保险经办机构向参保人或者定点医疗机构依照规定按比例偿付发生的医疗费用。它属于“后付制”类型。

按服务项目付费的优点是实际操作方便。但这种付费方式，由于医疗机构的收入与其提供的服务项目数直接相关，在有标准规定价格的前提下，医疗机构往往以过度医疗服务和诱导需求来增加收入。因此，按服务项目付费在控制医疗费用方面有弊端。

2. 按服务单元付费方式

服务单元是指将医疗服务的过程按照一个特定的参数划分为相同的部分，每一个部分成为一个服务单元，例如一个门诊人次、一个住院人次和一个住院床位。保险机构根据过去的历史资料以及其他因素制定出平均服务单元费用标准，然后根据医疗机构的服务单元量进行偿付的方法称为按服务单元付费。实行按服务单元付费，医疗机构有可能通过推诿重病人，多收轻病人以及减少服务来降低其自身服务单元费用；也可能通过分解服务次数来增加服务单元量。这就要求在实行按服务单元付费时，医疗保险经办机构要加强对医疗机构的管理，完善监督管理办法，以防止推诿病人或分解服务次数等现象的发生。

3. 按总额付费方式

这是一种予付的方式。是指医疗保险经办机构与医疗服务提供方经协商，按某种标准（如服务的人群数，医院的服务量，包括门诊人次、住院人次与费用等）确定总预算，医院的收入就不能随服务量的增加和病人住院日的延长而增加。因此，它对医院服务量方面有高度的控制权。医疗机构一旦采纳这种补偿方式，对所有前来就诊的参保人必须提供医疗保险范围内的服务，医疗机构必须在总预算额内精打细算，控制过量医疗服务，在保证医疗质量的前提下努力降低成本。

各地应根据当地的实际情况，特别是社会保险经办机构的管理能力，以及定点医疗机构的不同类别确定付费结算方式，可以是单一方式，也可以是多种方式相结合的方式。

另外，医疗保险费的支付形式，目前主要有两种，各地可结合实际自行采用：一是现金支付。患者看病直接向医疗机构支付全部医疗费用，然后用发票、处方及其有关部门证明到用人单位按规定报销，同时扣除所负担的部分。然后用人单位与医疗保险经办机构结算。这种方式的优点是：患者费用意识强，有利于控制不合理的医疗费支出。缺点是：相对增加了医院的工作量，收入较低的病人垫资较多，会带来一定的困难和麻烦。二是医疗记账。患者除自付少量费用外（自付部分医院直接扣除），不直接与医院发生经济关系，由医院定期向用人单位或社会医疗保险机构提出结算清单，经用人单位或医疗保险机构审查后，按规定支付费用。这种方式的优点是：医疗费用意识增强，医疗保险机构严格把关，有利于控制医疗费。

法条指引

❶《加强城镇职工基本医疗保险费用结算管理的意见》（1999 年 6 月 29 日　劳社部发［1999］23 号）

为加强城镇职工基本医疗保险基金支出管理，规范社会保险经办机构与定点医疗机构和定点零售药店的结算关系，指导各统筹地区制定基本医疗保险费用结算办法，根据《国务院关于建立城镇职工基本医疗保险制度的决定》（国发［1998］44 号），现提出以下意见：

一、加强城镇职工基本医疗保险费用结算管理，是为了有效地控制医疗费用，保证统筹基金收支平衡，规范医疗服务行为，保障参保人员的基本医疗，提高基本医疗保险的社会化管理服务水平。

二、各统筹地区要根据当地实际和基本医疗保险基金支出管理的需要，制定基本医疗保险费用结算办法。结算办法应包括结算方式和标准、结算范围和程序、审核办法和管理措施等有关内容。

统筹地区社会保险经办机构要按照以收定支、收支平衡的原则，合理确定基本医疗保险基金的支出总量，并根据定点医疗机构的不同级别和类别以及所承担的基本医疗保险服务量，预定各定点医疗机构的定额控制指标。社会保险经办机构在结算时，可根据具体采用的结算方式和实际发生的合理费用等情况对定额控制指标进行相应调整。

三、基本医疗保险费用的具体结算方式，应根据社会保险经办机构的管理能力以及定点医疗机构的不同类别确定，可采取总额预付结算、服务项目结算、服务单元结算等方式，也可以多种方式结合使用。各地要根据不同的结算方式，合理制定基本医疗保险费用的结算标准，并在社会保险经办机构和定点医疗机构签订的协议中明确双方的责任、权利和义务。

采取总额预付结算方式的，要根据基本医疗保险的给付范围和参保人员的年龄结构，合理确定对定点医疗机构的预付总额。同时，要通过加强监督检查，防止为降低医疗成本而减少必需的医疗服务，确保参保人员获得基本医疗保险规定的、诊疗疾病所必需的、合理的医疗服务。

采取服务项目结算方式的，要根据医疗服务的收费标准和基本医疗保险医疗服务管理的有关规定以及服务数量等进行结算。同时，要加强对医疗服务项目的监督和审查工作，防止发生大额处方、重复检查、延长住院、分解诊疗服务收费等过度利用医疗服务的行为。

采取服务单元结算方式的，可以诊断病种、门诊诊疗人次和住院床日等作为结算的服务单元。具体结算标准可按同等级医疗机构的服务单元的平均费用剔除不合理因素后确定，并根据物价指数进行适时调整。同时，要加强基本医疗保险管理和费用审核，防止出现推诿病人、分解服务次数等现象。

四、属于基本医疗保险基金支付的医疗费用，应全部纳入结算范围，一般由社会保险经办机构与定点医疗机构和定点零售药店直接结算。暂不具备条件的，可先由参保人员或用人单位垫付，然后由社会保险经办机构与参保人员或用人单位结算。

社会保险经办机构要规范结算程序，明确结算期限，简化结算手续，逐步提高社会化管理服务水平，减轻定点医疗机构、定点零售药店和用人单位的负担。社会保险经办机构要按与定点医疗机构和定点零售药店签订的协议的有关规定及时结算并拨付基本医疗保险费用。

定点医疗机构和定点零售药店要配备相应的人员，负责核算参保人员的医疗费用，按协议规定提供费用结算所需的有关材料。

五、加强定点医疗机构门诊处方、入出院标准、住院病历和特殊检查治疗等基本医疗保险管理和费用支出审核。社会保险经办机构可按核定的各定点医疗机构定额控制指标暂扣不超过10%的费用，根据结算期末的审核情况，再相应拨付给定点医疗机构。社会保险经办机构对不符合基本医疗保险规定的医疗费用不予支付；对符合规定的费用要按时足额拨付，未按时足额拨付的按协议的有关规定处理。

六、要加强对转诊转院就医的医疗费用结算管理。在同一统筹地区内转诊转院的，发生的医疗费用按当地的统一规定结算。异地转诊转院的，应经定点医疗机构同意，并经当地社会保险经办机构批准。异地转诊转院发生的医疗费用可先由参保人员或用人单位垫付，经社会保险经办机构复核后，按参保人员所在地有关规定结算。

七、各统筹地区的基本医疗保险费用结算办法，由统筹地区劳动保障行政部门会同卫生、财政等有关部门制定。各地要及时总结经验，建立健全监督制约机制，不断完善基本医疗保险费用结算办法，加强基本医疗保险基金支出管理，保证基本医疗保险制度的健康运行。

【医疗保险基金的管理与监督】

法律问题解读

基本医疗保险基金采取纳入财政专户的方式进行管理。具体办法是基本医疗保险费用由社会保险经办机构征缴上来后，直接存入在国有商业银行开设的社会保障资金收入户。在规定期限内（一般不超过一周），转存入财政在国有商业银行开设的社会保障基金财政专户，当社会保险经办机构需要支出时，由同级财政按申报的收支计划，从财政专户中拨付到在国有商业银行开设的社会保障基金支出户。基本医疗保险基金纳入财政专户管理的必要性主要有以下几点：一是作为政府推行的基本医疗保险，其基金必须有较为完善的国家财政监督和管理；二是基本医疗保险基金纳入财政专户管理，实行“收支两条线”，有利于保证基金安全；三是基本医疗保险基金纳入财政专户管理，也与基本养老保险、失业保险等基金管理的办法一致，有利于各项社会保险基金的统一管理。

对基本医疗保险基金的监督管理部门除财政部门外，还有劳动保障部门、审计部门。此外，还应设立由政府有关部门代表、用人单位代表、医疗机构代表、工会代表和有关专家组成的基本医疗保险社会监督组织。为其制定相应的行政、社会监督的职能范围和监督规则，要求该组织定期听取社会保险经办机构关于基本医疗保险基金收支、营运及管理、服务的工作汇报，对医疗保险有关各方的工作提出批评和建议。还要给予该组织所提出的批评建议，以一定的法律效力，使之行使的社会监督切实有效。

法条指引

❶《关于建立城镇职工基本医疗保险制度的决定》（1998年12月14日　国发［1998］44号）

四、健全基本医疗保险基金的管理和监督机制

基本医疗保险基金纳入财政专户管理，专款专用，不得挤占挪用。

社会保险经办机构负责基本医疗保险基金的筹集、管理和支付，并要建立健全预决算制度、财务会计制度和内部审计制度。社会保险经办机构的事业经费不得从基金中提取，由各级财政预算解决。

基本医疗保险基金的银行计息办法：当年筹集的部分，按活期存款利率计息；上年结转的基金本息，按3个月期整存整取银行存款利率计息；存入社会保障财政专户的沉淀资金，比照3年期零存整取储蓄存款利率计息，并不低于该档次利率水平。个人账户的本金和利息归个人所有，可以结转使用和继承。

各级劳动保障和财政部门，要加强对基本医

疗保险基金的监督管理。审计部门要定期对社会保险经办机构的基金收支情况和管理情况进行审计。统筹地区应设立由政府有关部门代表、用人单位代表、医疗机构代表、工会代表和有关专家参加的医疗保险基金监督组织，加强对基本医疗保险基金的社会监督。

案例链接

❶《利津县城镇职工医疗保险事业处与高山社会保障行政给付上诉案》，参见北大法宝引证码：Pkulaw. cn/CLI. C. 33590。

学者观点

❶ 陈无风：《在给付行政理念下检视医疗保险相关规范的制度逻辑》，参见北大法宝引证码：Pkulaw. cn/CLI. A. 044702。

【城镇职工基本医疗保险覆盖范围】

法律问题解读

按照国家规定，城镇所有用人单位，包括企业（国有企业、集体企业、外商投资企业、私营企业等）、机关、事业单位、社会团体、民办非企业单位及其职工，都要参加基本医疗保险。乡镇企业及其职工、城镇个体经济组织业主及其从业人员是否参加基本医疗保险，由各省、自治区、直辖市人民政府决定。

从上述规定可以看出，目前我国城镇所有用人单位的职工都已经纳入到基本医疗保险覆盖范围内。为了适应就业形式多样化的需要，许多地方已经将个体经济组织及其从业人员和灵活就业人员、自由职业者纳入到基本医疗保险覆盖范围，这样城镇从业人员都可以享受到基本医疗保险。从覆盖范围角度看，基本医疗保险的覆盖范围在几项社会保险制度中是最大的。

法条指引

❶**《关于建立城镇职工基本医疗保险制度的决定》**（1998年12月14日 国发〔1998〕44号）

二、覆盖范围和缴费办法

城镇所有用人单位，包括企业（国有企业、集体企业、外商投资企业、私营企业等）、机关、事业单位、社会团体、民办非企业单位及其职工，都要参加基本医疗保险。乡镇企业及其职工、城镇个体经济组织业主及其从业人员是否参加基本医疗保险，由各省、自治区、直辖市人民政府决定。

基本医疗保险原则上以地级以上行政区（包括地、市、州、盟）为统筹单位，也可以县（市）为统筹单位，北京、天津、上海3个直辖市原则上在全市范围内实行统筹（以下简称统筹地区）。所有用人单位及其职工都要按照属地管理原则参加所在统筹地区的基本医疗保险，执行统一政策，实行基本医疗保险基金的统一筹集、使用和管理。铁路、电力、远洋运输等跨地区、生产流动性较大的企业及其职工，可以相对集中的方式异地参加统筹地区的基本医疗保险。

基本医疗保险费由用人单位和职工共同缴纳。用人单位缴费率应控制在职工工资总额的6%左右，职工缴费率一般为本人工资收入的2%。随着经济发展，用人单位和职工缴费率可作相应调整。

❷**《中华人民共和国社会保险费征缴暂行条例》**（1999年1月22日 国务院令第259号）

第三条 基本养老保险费的征缴范围：国有企业、城镇集体企业、外商投资企业、城镇私营企业和其他城镇企业及其职工，实行企业化管理的事业单位及其职工。

基本医疗保险费的征缴范围：国有企业、城镇集体企业、外商投资企业、城镇私营企业和其他城镇企业及其职工，国家机关及其工作人员，事业单位及其职工，民办非企业单位及其职工，社会团体及其专职人员。

失业保险费的征缴范围：国有企业、城镇集体企业、外商投资企业、城镇私营企业和其他城镇企业及其职工，事业单位及其职工。

省、自治区、直辖市人民政府根据当地实际情况，可以规定将城镇个体工商户纳入基本养老保险、基本医疗保险的范围，并可以规定将社会团体及其专职人员、民办非企业单位及其职工以及有雇工的城镇个体工商户及其雇工纳入失业保险的范围。

社会保险费的费基、费率依照有关法律、行政法规和国务院的规定执行。

案例链接

❶《上海康大泵业制造有限公司与蒋玉娥一般劳动争议纠纷上诉案》，参见北大法宝引证码：Pkulaw. cn/CLI. C. 208400。

❷《重庆科华建材（集团）有限公司与綦江县劳动和社会保障局等劳动行政监督纠纷上诉案》，

参见北大法宝引证码:Pkulaw. cn/CLI. C. 251761。

学者观点

❶ 孙瑞玺、信鸿狄:《职工最低工资能否抵扣“三金”》,参见北大法宝引证码:Pkulaw. cn/CLI. A. 028590。

【灵活就业人员参加基本医疗保险】

法律问题解读

《社会保险法》出台之前，我国规定，已与用人单位建立明确劳动关系的灵活就业人员，要按照用人单位参加基本医疗保险的方法缴费参保。其他灵活就业人员，要以个人身份缴费参保。要求各地从建立基本医疗保险统筹基金起步，首先解决灵活就业人员住院和门诊大额医疗费用的保障问题，也可以为有条件的部分灵活就业人员同时建立个人账户和实行大额医疗补助。灵活就业人员参加基本医疗保险的缴费率原则上按照当地的缴费率确定。从统筹基金起步的地区，可参照当地基本医疗保险建立统筹基金的缴费水平确定。缴费基数可参照当地上一年职工年平均工资核定。为了鼓励这部分人员及时、连续缴费参保，国家提出了三项措施：一是灵活就业人员的医疗保险待遇可与缴费年限和连续缴费相挂钩，通过建立这种激励机制，促进其连续参保；二是规定灵活就业人员的待遇享受等待期，即从参加基本医疗保险到开始享受相关医疗保险待遇的期限，防止投机参保；三是明确灵活就业人员中断缴费的认定和处理办法，防止任意中断缴费。《社会保险法》规定，无雇工的个体工商户、未在用人单位参加职工基本医疗保险的非全日制从业人员以及其他灵活就业人员可以参加职工基本医疗保险，由个人按照国家规定缴纳基本医疗保险费。因此，《社会保险法》生效后，灵活就业人员可以自愿加入职工基本医疗保险，由其个人缴费。

法条指引

❶ **《中华人民共和国社会保险法》**（2011 年 7 月 1 日施行）

第二十三条 职工应当参加职工基本医疗保险，由用人单位和职工按照国家规定共同缴纳基本医疗保险费。

无雇工的个体工商户、未在用人单位参加职工基本医疗保险的非全日制从业人员以及其他灵活就业人员可以参加职工基本医疗保险，由个人按照国家规定缴纳基本医疗保险费。

❷ **《关于城镇灵活就业人员参加基本医疗保险的指导意见》**（2003 年 5 月 26 日 劳社厅发［2003］10 号）

各省、自治区、直辖市劳动保障厅（局）：

随着我国经济体制改革的进一步深化和产业结构的调整，以非全日制、临时性和弹性工作等灵活形式就业的人员（以下简称灵活就业人员）逐步增加，这部分人的医疗保障问题日益突出。为解决灵活就业人员的医疗保障问题，落实《中共中央国务院关于进一步做好下岗失业人员再就业工作的通知》（中发［2002］12 号）关于抓紧制定以灵活形式就业的下岗失业人员社会保障配套办法的要求，现就城镇灵活就业人员参加基本医疗保险的有关问题提出如下指导意见：

一、统一认识，积极将灵活就业人员纳入基本医疗保险制度范围

（一）灵活就业人员参加基本医疗保险是解决他们医疗保障问题的重要措施，也是促进就业和再就业与完善社会保障体系的本质要求。各级劳动保障部门要从全面实践“三个代表”重要思想的高度出发，重视灵活就业人员的医疗保障问题，积极将灵活就业人员纳入基本医疗保险制度范围。

（二）结合经济发展水平和医疗保险管理能力，在区分灵活就业人员的人群类别、充分调查分析其基本医疗需求的基础上，针对不同类别的人群，制定相应政策和管理办法。

（三）灵活就业人员参加基本医疗保险要坚持权利和义务相对应、缴费水平与待遇水平相挂钩的原则。在参保政策和管理办法上既要与城镇职工基本医疗保险制度相衔接，又要适应灵活就业人员的特点。

二、明确政策，规范灵活就业人员参保方式、激励措施和待遇水平

（四）已与用人单位建立明确劳动关系的灵活就业人员，要按照用人单位参加基本医疗保险的方法缴费参保。其他灵活就业人员，要以个人身份缴费参保。

（五）可从建立基本医疗保险统筹基金起步，首先解决灵活就业人员住院和门诊大额医疗费用的保障问题，也可为有条件的部分灵活就业人员同时建立个人账户和实行大额医疗补助。

（六）灵活就业人员参加基本医疗保险的缴费率原则上按照当地的缴费率确定。从统筹基金起步的地区，可参照当地基本医疗保险建立统筹基

金的缴费水平确定。缴费基数可参照当地上一年职工年平均工资核定。灵活就业人员缴纳的医疗保险费纳入统筹地区基本医疗保险基金统一管理。

（七）采取措施，促使灵活就业人员连续足额缴费。可根据灵活就业人员的缴费水平和缴费时间，参照当地基本医疗保险的待遇水平，确定相应的医疗保险待遇，并明确医疗保险待遇与缴费年限和连续缴费相挂钩的办法。对首次参加医疗保险的灵活就业人员，可规定其参加基本医疗保险到开始享受相关医疗保险待遇的期限。要考虑灵活就业人员收入不稳定等特点，明确中断缴费的认定和处理办法。

（八）灵活就业人员按照基本医疗保险的规定选择定点医疗机构和定点药店，严格执行基本医疗保险用药、诊疗项目和医疗服务设施标准的有关规定。要指导和协助参保的灵活就业人员选择定点医疗机构和定点药店。

三、加强管理，切实做好灵活就业人员的医疗保险管理服务工作

（九）针对灵活就业人员就业形式多样、工作地点和时间不固定等特点，完善医疗保险的业务管理办法，制定相应的个人申报登记办法、个人缴费办法和资格审核办法。鼓励灵活就业人员通过劳动保障事务代理机构或社区劳动保障服务机构等实现整体参保。

（十）经办机构要开设专门窗口，方便灵活就业人员个人直接缴费参保和医疗费用的结算。要进一步提高社会化管理服务水平，做到社会保险经办机构与定点医疗机构和定点药店的直接结算，减轻参保灵活就业人员的事务性负担。

（十一）做好参保灵活就业人员的医疗保险信息管理工作。进一步完善缴费个人基础档案资料的主要项目，建立完整的个人基础档案资料，做好个人缴费记录。根据灵活就业人员就业形式的变化，及时调整或更改个人信息，做好灵活就业人员的医疗保险关系变更服务。对灵活就业人员的缴费收入、医药费用支出等信息，要单独进行统计分析。

四、精心组织，稳妥推进灵活就业人员参保工作

（十二）各级劳动保障部门要努力争取党委和政府的支持，加大宣传力度，为做好灵活就业人员参加基本医疗保险创造良好的氛围。要主动与工商、税务等相关部门沟通，争取支持。

（十三）各统筹地区劳动保障部门要在认真调查和测算的基础上，制定和完善各类灵活就业人员参加基本医疗保险办法，精心组织实施。要及时分析和研究出现的新问题，不断完善政策和管理措施，确保制度平稳运行。

【基本医疗保险待遇】

法律问题解读

参加基本医疗保险统筹的人员，遵循国家和用人单位承担大头，个人承担小头的原则，缴纳保险费用和享受基本医疗保险待遇。因此，参保人员就医、享受待遇须按规定办理：

（1）参保人员要在基本医疗保险定点医疗机构就医、购药，也可按医疗机构所开处方到定点零售药店外购药品。在非定点医疗机构就医和非定点药店购药发生医疗费用，除符合转诊等规定条件外，基本医疗保险基金不予支付。

（2）所发生医疗费用必须符合基本医疗保险药品目录、诊疗项目、医疗服务设施标准的范围和给付标准，才能由基本医疗保险基金按规定予以支付。超出部分，基本医疗保险基金将按规定不予支付。

（3）对符合基本医疗保险基金支付范围的医疗费用，要区分是属于统筹基金支付范围还是属于个人账户支付范围。属于统筹基金支付范围的医疗费用，即属于统筹基金起付标准以上费用由统筹基金按比例支付，最高支付到“封顶线”为止。个人也要负担部分医疗费用，“封顶额”以上费用则全部由个人支付或通过参加补充医疗保险、商业医疗保险等途径解决。起付标准以下医疗费用由个人账户解决或由个人自付，个人账户有结余的，也可以支付统筹基金支付范围内应由个人支付的部分医疗费用。

法条指引

❶《中华人民共和国社会保险法》（2011年7月1日施行）

第二十八条　符合基本医疗保险药品目录、诊疗项目、医疗服务设施标准以及急诊、抢救的医疗费用，按照国家规定从基本医疗保险基金中支付。

第二十九条　参保人员医疗费用中应当由基本医疗保险基金支付的部分，由社会保险经办机构与医疗机构、药品经营单位直接结算。

❷《关于建立城镇职工基本医疗保险制度的决定》（1998年12月14日　国发［1998］44号）

五、加强医疗服务管理

要确定基本医疗保险的服务范围和标准。劳动保障部会同卫生部、财政部等有关部门制定基本医疗服务的范围、标准和医药费用结算办法，制定国家基本医疗保险药品目录、诊疗项目、医疗服务设施标准及相应的管理办法。各省、自治区、直辖市劳动保障行政管理部门根据国家规定，会同有关部门制定本地区相应的实施标准和办法。

基本医疗保险实行定点医疗机构（包括中医医院）和定点药店管理。劳动保障部会同卫生部、财政部等有关部门制定定点医疗机构和定点药店的资格审定办法。社会保险经办机构要根据中西医并举，基层、专科和综合医疗机构兼顾，方便职工就医的原则，负责确定定点医疗机构和定点药店，并同定点医疗机构和定点药店签订合同，明确各自的责任、权利和义务。在确定定点医疗机构和定点药店时，要引进竞争机制，职工可选择若干定点医疗机构就医、购药，也可持处方在若干定点药店购药。国家药品监督管理局会同有关部门制定定点药店购药药事事故处理办法。

各地要认真贯彻《中共中央、国务院关于卫生改革与发展的决定》精神，积极推进医药卫生体制改革，以较少的经费投入，使人民群众得到良好的医疗服务，促进医药卫生事业的健康发展。要建立医药分开核算、分别管理的制度，形成医疗服务和药品流通的竞争机制，合理控制医药费用水平；要加强医疗机构和药店的内部管理，规范医药服务行为，减员增效，降低医药成本；要理顺医疗服务价格，在实行医药分开核算、分别管理，降低药品收入占医疗总收入比重的基础上，合理提高医疗技术劳务价格；要加强业务技术培训和职业道德教育，提高医药服务人员的素质和服务质量；要合理调整医疗机构布局，优化医疗卫生资源配置，积极发展社区卫生服务，将社区卫生服务中的基本医疗服务项目纳入基本医疗保险范围。卫生部会同有关部门制定医疗机构改革方案和发展社区卫生服务的有关政策。国家经贸委等部门要认真配合做好药品流通体制改革工作。

❸《城镇职工基本医疗保险定点医疗机构管理暂行办法》（1999年5月11日 劳社部发〔1999〕14号）

第十二条 参保人员应在选定的定点医疗机构就医，并可自主决定在定点医疗机构购药或持处方到定点零售药店购药。

除急诊和急救外，参保人员在非选定的定点医疗机构就医发生的费用，不得由基本医疗保险基金支付。

第十三条 参保人员在不同等级的定点医疗机构就医，个人负担医疗费用的比例可有所差别，以鼓励参保人员到基层定点医疗机构就医。

参保人员在不同等级定点医疗机构就医时个人负担医疗费用的具体比例和参保人员转诊、转院管理办法，由统筹地区劳动保障行政部门制定。

❹《城镇职工基本医疗保险用药范围管理暂行办法》（1999年5月12日 劳社部发〔1999〕15号）

第八条 基本医疗保险参保人员使用《药品目录》中的药品，所发生的费用按以在下原则支付。

使用“甲类目录”的药品所发生的费用，按基本医疗保险的规定支付。使用“乙类目录”的药品所发生的费用，先由参保人员自付一定比例，再按基本医疗保险的规定支付。个人自付的具体比例，由统筹地区规定，报省、自治区、直辖市劳动保障行政部门备案。

使用中药饮片所发生的费用，除基本医疗保险基金不予支付的药品外，均按基本医疗保险的规定支付。

❺《关于城镇职工基本医疗保险诊疗项目管理的意见》（1999年6月30日 劳社部发〔1999〕22号）

五、各统筹地区劳动保障部门要严格执行本省的基本医疗保险诊疗项目目录。对于本省基本医疗保险诊疗项目目录中所列的基本医疗保险支付部分费用的诊疗项目，各统筹地区劳动保障行政部门要根据当地实际规定具体的个人自付比例，并可结合区域卫生规划、医院级别与专科特点、临床适应症、医疗技术人员资格等限定使用和制定相应的审批办法。未列入当地区域卫生规划和按国家有关质量管理规定技术检测不合格的大型医疗设备，不得纳入基本医疗保险支付范围。

六、参保人员发生的诊疗项目费用，属于基本医疗保险不予支付费用诊疗项目目录以内的，基本医疗保险基金不予支付。属于基本医疗保险支付部分费用诊疗项目目录以内的，先由参保人员按规定比例自付后，再按基本医疗保险的规定支付。属于按排除法制定的基本医疗保险不予支付费用和支付部分费用诊疗项目目录以外的，或属于按准入法制定的基本医疗保险准予支付费用诊疗项目目录以内的，按基本医疗保险的规定支付。

❻《关于确定城镇职工基本医疗保险医疗服

务设施范围和支付标准的意见》（1999 年 6 月 30 日　劳社部发［1999］22 号）

为了指导各地确定基本医疗保险医疗服务设施范围和支付标准，根据《国务院关于建立城镇职工基本医疗保险制度的决定》（国发［1998］44 号），劳动和社会保障部、国家计委、财政部、卫生部、国家中医药管理局就城镇职工基本医疗保险医疗服务设施范围和支付标准提出以下意见：

一、基本医疗保险医疗服务设施是指由定点医疗机构提供的，参保人员在接受诊断、治疗和护理过程中必需的生活服务设施。

二、基本医疗保险医疗服务设施费用主要包括住院床位费及门（急）诊留观床位费。对已包含在住院床位费或门（急）诊留观床位费中的日常生活用品、院内运输用品和水、电等费用，基本医疗保险基金不另行支付，定点医疗机构也不得再向参保人员单独收费。

三、基本医疗保险基金不予支付的生活服务项目和服务设施费用主要包括：

（一）就（转）诊交通费、急救车费；

（二）空调费、电视费、电话费、婴儿保温箱费、食品保温箱费、电炉费、电冰箱及损坏公物赔偿费；

（三）陪护费、护工费、洗理费、门诊煎药费；

（四）膳食费；

其他医疗服务设施项目是否纳入基本医疗保险基金支付范围，由各省区市劳动保障行政部门规定。

四、基本医疗保险住院床位费支付标准，由各统筹地区劳动保障行政部门按照本省区市物价部门规定的普通住院病房床位费标准确定。需隔离以及危重病人的住院床位费支付标准，由各统筹地区根据实际情况确定。

基本医疗保险门（急）诊留观床位费支付标准按本省区市物价部门规定的收费标准确定，但不得超过基本医疗保险住院床位费支付标准。

五、定点医疗机构要公开床位收费标准和基本医疗保险床位费支付标准，在安排病房或门（急）诊留观床位时，应将所安排的床位收费标准告知参保人员或家属，参保人员可以根据定点医疗机构的建议，自主选择不同档次的病房或门（急）诊留观床位，由于床位紧张或其他原因，定点医疗机构必须把参保人员安排在超标准病房时，应首先征得参保人员或家属的同意。

六、参保人员的实际床位费低于基本医疗保险住院床位费支付标准的，以实际床位费按基本医疗保险的规定支付；高于基本医疗保险住院床位费支付标准的，在支付标准以内的费用，按基本医疗保险的规定支付，超出部分由参保人员自付。

七、各省区市劳动保障行政部门要按照本意见的要求，组织制定基本医疗保险医疗服务设施项目范围。各统筹地区过去保障行政部门要根据本省区市规定的基本医疗保险医疗服务设施项目，确定基本医疗保险基金的支付标准。统筹地区社会保险经办机构要加强对医疗服务设施费用的审核工作，严格按照基本医疗保险医疗服务设施项目范围和支付标准支付费用。

八、劳动保障部门在组织制定基本医疗保险医疗服务设施范围和支付标准时，要充分征求财政、卫生、物价部门在组织制定有关基本医疗保险的医疗服务设施项目收费标准时，要充分征求劳动保障、财政、卫生部门的意见。各有关部门要加强联系，密切协作，共同做好基本医疗保险医疗服务设施项目的管理工作。

【社会统筹基金起付标准与最高支付限额】

法律问题解读

所谓统筹基金的起付标准，是指在统筹基金支付参保职工费用前，职工个人按规定需先用个人账户支付或个人自付一定数额医疗费后，统筹基金才开始按规定的一定比例给付的标准。所谓统筹基金的最高支付限额又称“封顶额”，是指由统筹基金所能支付的基本医疗保险费用最高限额。超出此限额的医疗费用，则不在基本医疗保险范围内解决。制定统筹基金的起付标准和最高支付限额，目的是限定统筹基金的支付范围，明确统筹基金的支付责任，同时个人账户的支付范围也就相应明确了。

法条指引

❶**《关于建立城镇职工基本医疗保险制度的决定》**（1998 年 12 月 14 日　国发［1998］44 号）

五、加强医疗服务管理

要确定基本医疗保险的服务范围和标准。劳动保障部会同卫生部、财政部等有关部门制定基本医疗服务的范围、标准和医药费用结算办法，制定国家基本医疗保险药品目录、诊疗项目、医疗服务设施标准及相应的管理办法。各省、自治区、直辖市劳动保障行政管理部门根据国家规定，会同有关部门制定本地区相应的实施标准和办法。

基本医疗保险实行定点医疗机构（包括中医医院）和定点药店管理。劳动保障部会同卫生部、财政部等有关部门制定定点医疗机构和定点药店的资格审定办法。社会保险经办机构要根据中西医并举，基层、专科和综合医疗机构兼顾，方便职工就医的原则，负责确定定点医疗机构和定点药店，并同定点医疗机构和定点药店签订合同，明确各自的责任、权利和义务。在确定定点医疗机构和定点药店时，要引进竞争机制，职工可选择若干定点医疗机构就医、购药，也可持处方在若干定点药店购药。国家药品监督管理局会同有关部门制定定点药店购药药事事故处理办法。

各地要认真贯彻《中共中央、国务院关于卫生改革与发展的决定》精神，积极推进医药卫生体制改革，以较少的经费投入，使人民群众得到良好的医疗服务，促进医药卫生事业的健康发展。要建立医药分开核算、分别管理的制度，形成医疗服务和药品流通的竞争机制，合理控制医药费用水平；要加强医疗机构和药店的内部管理，规范医药服务行为，减员增效，降低医药成本；要理顺医疗服务价格，在实行医药分开核算、分别管理，降低药品收入占医疗总收入比重的基础上，合理提高医疗技术劳务价格；要加强业务技术培训和职业道德教育，提高医药服务人员的素质和服务质量；要合理调整医疗机构布局，优化医疗卫生资源配置，积极发展社区卫生服务，将社区卫生服务中的基本医疗服务项目纳入基本医疗保险范围。卫生部会同有关部门制定医疗机构改革方案和发展社区卫生服务的有关政策。国家经贸委等部门要认真配合做好药品流通体制改革工作。

【特殊群体人员的医疗待遇】

法律问题解读

为了使基本医疗保险制度与原来的公费医疗、劳保医疗制度在变革中相应衔接、平稳过渡，国家对一些特殊的弱势群体人员的医疗待遇作了特别的规定：

1. 离休人员、老红军的医疗待遇不变

这部分人员的医疗费用按原资金渠道解决，支付确有困难时，由同级人民政府帮助解决。为了保证离休人员、老红军医疗经费有稳定的来源，保障他们的医疗待遇，同时控制不必要的医疗费用支出，减少浪费，对离休人员、老红军的医疗经费须采用必要的管理办法，一般有这样几种形式：一是由社会保险经办机构单独列账管理。二是由财政、卫生、民政或老干部管理部门管理。三是仍由原管理单位管理。

2. 二等乙级以上革命伤残军人和人民警察的医疗待遇

二等乙级以上革命伤残军人的医疗待遇不变，医疗经费按上年该统筹地区离休人员、老红军医疗费用实际支出的平均水平，由其所属单位缴纳。社会保险经办机构单独建账，与基本医疗保险基金分开核算，分别管理，二者之间不能相互挤占或挪用。二等乙级以上革命伤残军人的医疗经费不足支付时，由当地人民政府帮助解决。另外，国家规定二等乙级以上伤残人民警察医疗待遇与二等乙级以上革命伤残军人医疗待遇相同，其原有个人账户积累资金可继续使用。

3. 对参保退休人员的优待

国家规定，退休职工个人不缴纳医疗保险费，其原所在单位也无须再承担参保费用，而且在从单位缴费划入个人账户的金额和个人负担医疗费用的比例上还给予一定的照顾。

4. 下岗职工的医疗保险

国家规定，国有企业下岗职工的基本医疗保险费，包括单位缴费和个人缴费部分，均由再就业服务中心按照当地职工平均工资的60%为基数缴纳，下岗职工享受相应的医疗保险待遇。没有实行医疗保险制度改革的地区，由再就业服务中心按规定报销下岗职工的基本医疗费用。

5. 困难企业职工的医疗保障

对有部分缴费能力的困难企业，劳动保障部门可按照适当降低单位缴费率，先建立统筹基金、暂不建立个人账户的办法，纳入基本医疗保险，保障其职工相应的医疗保险待遇。单位缴费的具体比例由各地根据建立统筹基金的实际需要确定。对无力参保的困难企业职工各地通过探索建立社会医疗救助制度等方式，解决其医疗保险问题。

法条指引

❶《关于建立城镇职工基本医疗保险制度的决定》（1998年12月14日　国发［1998］44号）

六、妥善解决有关人员的医疗待遇

离休人员、老红军的医疗待遇不变，医疗费用按原资金渠道解决，支付确有困难的，由同级人民政府帮助解决。离休人员、老红军的医疗管理办法由省、自治区、直辖市人民政府制定。

二等乙级以上革命伤残军人的医疗待遇不变，医疗费用按原资金渠道解决，由社会保险经办机构单独列账管理。医疗费支付不足部分，由当地人民政府帮助解决。

退休人员参加基本医疗保险，个人不缴纳基本医疗保险费。对退休人员个人账户的计入金额和个人负担医疗费的比例给予适当照顾。

国家公务员在参加基本医疗保险的基础上，享受医疗补助政策。具体办法另行制定。

为了不降低一些特定行业职工现有的医疗消费水平，在参加基本医疗保险的基础上，作为过渡措施，允许建立企业补充医疗保险。企业补充医疗保险费在工资总额4%以内的部分，从职工福利费中列支，福利费不足列支的部分，经同级财政部门核准后列入成本。

国有企业下岗职工的基本医疗保险费，包括单位缴费和个人缴费，均由再就业服务中心按照当地上年度职工平均工资的60%为基数缴纳。

❷《劳动和社会保障部、财政部关于二等乙级以上伤残人民警察医疗待遇问题的通知》（2002年2月6日 劳社部发［2002］19号）

各省、自治区、直辖市劳动保障厅（局）、财政厅（局），新疆生产建设兵团劳动保障局、财务局

为切实保障因公负伤致残人民警察的医疗待遇，根据《中华人民共和国人民警察法》第四十一条规定，现就二等乙级以上伤残人民警察的医疗待遇问题通知如下：

一、人民警察因公负伤，经民政机关或由民政机关指定的伤残评定机构评定为二等乙级以上（含等乙级，下同）伤残的，与二等乙级以上革命伤残军人享受同等医疗待遇。

二、二等乙级以上伤残人民警察医疗保障按照当地二等乙级以上伤残革命军人的有关规定进行管所需医疗经费由经办机构与二等乙级以上革命伤残军人医疗费一起，单独列账管理。

三、已经评定为二等乙级以上的伤残人民警察，按照当地二等乙级以上革命伤残军人医疗管理办法管理。对参加基本医疗保险和公务员医疗补助后因工负伤被评定为二等乙级以上伤残的人民警察，要做好从基本医疗保险和公务员医疗补助到享受二等乙级以上伤残军人待遇的衔接工作，其个人账户积累资金可以继续使用。

四、各统筹地区人民政府和有关部门要高度重视伤残人民警察的医疗保障工作，确保二等乙级以上伤残人民警察医疗保障待遇的落实。劳动保障部门要加强对二等乙级以上伤残人民警察的医疗保障管理工作，采取积极措施，为二等乙级以上伤残人民警察提供优质服务，及时结算医疗费用，同时要严格支出管理，防止浪费。财政部门和伤残人民警察所在单位要妥善安排二等乙级以上伤残人民警察所需医疗经费。政法机关各主管部门要积极协助二等乙级以上伤残人民警察办理有关手续，为二等乙级以上伤残人民警察在就医和报销医疗费用等方面提供必要的帮助。

❸中共中央、国务院《关于切实做好国有企业下岗职工基本生活保障和再就业工作的通知》（1998年6月9日 中发［1998］10号）（略）

❹《关于加强国有企业下岗职工管理和再就业服务中心建设有关问题的通知》（1998年8月3日 劳社部发［1998］8号）（略）

❺《关于妥善解决医疗保险制度改革有关问题的指导意见》（2002年9月16日 劳社厅发［2002］8号）

各省、自治区、直辖市劳动和社会保障厅（局）：

《国务院关于建立城镇职工基本医疗保险制度的决定》（国发［1998］44号）公布以来，全国绝大部分地区已启动实施基本医疗保险制度，医疗保险覆盖面逐步扩大，新制度运行平稳，保障了参保职工的基本医疗需求。同时，在改革不断深入的过程中，也遇到一些新情况和新问题。为了妥善解决医疗保险制度改革过程中出现的新问题，需要进一步完善医疗保险政策，强化医疗保险管理，提高医疗保险服务水平。现就有关问题提出如下意见：

一、积极探索困难企业职工医疗保障办法

（一）高度重视困难企业职工医疗保障问题，在坚持权利和义务相对应原则的基础上，区分不同情况，多方筹集资金，采取不同方式，妥善解决困难企业职工特别是退休人员的医疗保障问题。

（二）对有部分缴费能力的困难企业，可按照适当降低单位缴费率，先建立统筹基金、暂不建立个人账户的办法，纳入基本医疗保险，保障其职工相应的医疗保险待遇。单位缴费的具体比例由各地根据建立统筹基金的实际需要确定。对无力参保的困难企业职工要通过探索建立社会医疗救助制度等方式，妥善解决其医疗保障问题。

（三）对关闭、破产国有企业的退休人员（包括医疗保险制度改革前已关闭、破产的原国有企业退休人员），要充分考虑这部分人员的医疗费用水平和年龄结构等因素，多渠道筹集医疗保险资金，单独列账管理，专项用于保障其医疗保险待

遇。

（四）对仍在再就业服务中心的国有企业下岗职工，要继续按照“三三制”原则，落实基本医疗保险缴费资金。对出中心解除劳动关系的人员，已经再就业并建立劳动关系的，应继续将其纳入基本医疗保险。

（五）各地要适应就业形式灵活多样化的需要，根据当地医疗保险制度规定，结合实际，制定灵活就业人员参加基本医疗保险的办法，可采取由个人缴费的办法将其纳入基本医疗保险，并根据缴费水平和缴费年限给予相应待遇。对灵活就业人员可以通过职业介绍中心等劳动人事代理机构代办医疗保险的方式实现整体参保，同时做好有关服务管理工作。

案例链接

❶《陈君英与重庆龙璋纸业有限公司劳动争议纠纷上诉案》，参见北大法宝引证码：Pkulaw. cn/CLI. C. 249858。

学者观点

❶ 贾俊玲：《社会保障与法制建设初深二》，参见北大法宝引证码：Pkulaw. cn/CLI. A. 028421。

【破产企业离退休人员的医疗保险】

法律问题解读

国家规定，对关闭、破产国有企业的退休人员（包括医疗保险制度改革前已关闭、破产的原国有企业退休人员），要充分考虑这部分人员的医疗费用水平和年龄结构等因素，多渠道筹集医疗保险资金，单独列账管理，专项用于保障其医疗保险待遇。企业实施破产时，从其财产清算和土地转让所得中按实际需要向社会保险经办机构划拨出社会保险费用，破产企业离退休职工的医疗费由当地社会医疗保险经办机构负责管理。破产企业参加医疗保险基金社会统筹的，其医疗费由所在试点城市社会医疗保险经办机构分别从医疗保险基金社会统筹中支付。没有参加医疗保险基金社会统筹或者医疗保险基金社会统筹不足的，从企业土地使用权出让所得中支付；处置土地使用权所得不足以支付的，不足部分从处置无抵押财产、抵押财产所得中依次支付。

按照中共中央、国务院有关规定实施关闭破产的中央企业及中央下放地方企业，由中央财政核定离退休人员参加医疗保险的费用，按照企业在职职工年工资总额的6%计算10年进行核定。企业所在地财政部门应及时将中央财政补助资金拨付给当地医疗保险经办机构，医疗保险经办机构将上述企业离退休人员纳入当地医疗保险体系统一管理。

法条指引

❶ **《关于在若干城市试行国有企业破产有关问题的通知》**（1994年10月25日 国发〔1994〕59号）

五、破产企业职工的安置

破产企业所在地的市或者市辖区、县人民政府应当采取转业培训、介绍就业、生产自救、劳务输出等各种措施，妥善安排破产企业职工重新就业，并保障他们在重新就业前的基本生活需要。

政府鼓励破产企业职工自谋职业。对自谋职业的，政府可以根据当地的实际情况，发放一次性安置费，不再保留国有企业职工身份。一次性安置费原则上按照破产企业所在市的企业职工上年平均工资收入的3倍发放，具体发放标准由各有关市人民政府规定。

破产企业职工失业期间，依照《国有企业职工待业保险规定》享受失业保险待遇。失业保险期满无法重新就业的职工，符合社会救济条件的，由当地民政部门按照规定发给社会救济金。

破产企业离退休职工的离退休费和医疗费由当地社会养老、医疗保险机构负责管理。破产企业参加养老保险、医疗保险基金社会统筹的，其离退休职工的离退休费、医疗费由当地社会养老、医疗保险机构分别从养老保险、医疗保险基金社会统筹中支付。没有参加养老保险、医疗保险基金社会统筹或者养老保险、医疗保险基金社会统筹不足的，从企业土地使用权出让所得支付；处置土地使用权所得不足以支付的，不足部分从处置其他破产财产所得中拨付。

破产企业中因工致残或者患严重职业病、全部或者大部分丧失劳动能力的职工，作为离退休职工安置。距离退休年龄不足5年的职工，经本人申请，可以提前离退休。

破产企业中的劳动合同制职工的安排，依照《国营企业实行劳动合同制暂行规定》等法律、行政法规的规定办理；临时工的安排，依照《全民所有制企业临时工管理暂行规定》办理。

破产企业职工的安置费用来源不足的，按照

企业隶属关系，由破产企业所在地的市或者市辖区、县的人民政府负担。

❷**《关于在若干城市试行国有企业兼并破产和职工再就业有关问题的补充通知》**（1997年3月2日　国发［1997］10号）

五、妥善安置破产企业职工

各试点城市人民政府要积极推广上海市实施再就业工程的经验，结合劳动就业、社会保障制度的改革和当地具体情况，从上到下建立再就业服务中心，积极开拓就业门路，关心破产企业职工生活，妥善安置破产企业职工，保持社会稳定。

安置破产企业职工的费用，从破产企业依法取得的土地使用权转让所得中拨付。

破产企业以土地使用权为抵押物的，其转让所得也应首先用于安置职工，不足以支付的，不足部分从处置无抵押财产、抵押财产所得中依次支付。破产企业财产拍卖所得安置职工仍不足的，按照企业隶属关系，由同级人民政府负担。职工安置费一律拨付到再就业服务中心，统筹使用。安置费标准，原则上按照破产企业所在试点城市的企业职工上年平均工资收入的3倍计算，试点城市人民政府根据当地实际情况从严掌握，不得随意突破。暂时尚未就业的职工，由再就业服务中心发给基本生活费，再就业后即停止拨付。自谋职业的可一次性付给安置费，标准不高于试点城市的企业职工上年平均工资收入的3倍。

破产企业离退休职工的离退休费和医疗费由当地社会养老、医疗保险机构负责管理。破产企业参加养老保险、医疗机构基金社会统筹的，其离退休费、医疗费由所在试点城市社会养老、医疗保险机构分别从养老保险、医疗保险基金社会统筹中支付。没有参加养老、医疗保险基金社会统筹或者养老保险、医疗保险基金社会统筹不足的，从企业土地使用权出让所得中支付；处置土地使用权所得不足以支付的，不足部分从处置无抵押财产、抵押财产所得中依次支付。

破产企业进入破产程序后，职工的生活费从破产清算费中支付，具体支付办法按照财政部《国有企业试行破产有关财务问题的暂行规定》（财工字［1996］226号）执行。

破产企业财产处置所得，在支付安置职工的费用后，其剩余部分按照《破产法》的规定，按比例清偿债务。

❸**《研究辽宁部分有色金属和煤炭企业关闭破产有问题的会议纪要》**（1999年5月1日　国阅［1999］33号）（略）

❹**《关于进一步做好资源枯竭矿山关闭破产工作的通知》**（2000年6月1日　中办发［2000］11号）（略）

❺**《关于解决国有困难企业和关闭破产企业职工基本生活问题的若干意见》**（2003年1月7日　国办发［2003］2号）

三、进一步完善关闭破产企业离退休人员医疗保险有关政策措施。

对按照国阅［1999］33号文件和中办发［2000］11号文件规定实施关闭破产的中央企业及中央下放地方企业，中央财政在核定企业离退休人员医疗保险费时，按照企业在职职工年工资总额的6%计算10年进行核定，不再折半。企业所在地财政部门应及时将中央财政补助资金拨付给当地医疗保险经办机构，同时，医疗保险经办机构要将上述企业离退休人员纳入当地医疗保险体系统一管理。

各地政府在扩大医疗保险覆盖面的同时，要尽快通过建立社会医疗救助制度，对暂时无力缴费、没有参加医疗保险的困难企业职工，提供必要的医疗救助。

❻**《关于妥善解决医疗保险制度改革有关问题的指导意见》**（2002年9月16日　劳社厅发［2002］8号）

一、积极探索困难企业职工医疗保障办法

（三）对关闭、破产国有企业的退休人员（包括医疗保险制度改革前已关闭、破产的原国有企业退休人员），要充分考虑这部分人员的医疗费用水平和年龄结构等因素，多渠道筹集医疗保险资金，单独列账管理，专项用于保障其医疗保险待遇。

案例链接

❶《西宁冶炼厂破产案》，参见北大法宝引证码：Pkulaw.cn/CLI.C.234780。

❷《深圳亿亨投资有限公司诉郑州市人民政府行政批复纠纷案》，参见北大法宝引证码：Pkulaw.cn/CLI.C.119972。

学者观点

❶ 王利明：《破产立法中的若干疑难问题探讨》，参见北大法宝引证码：Pkulaw.cn/CLI.A.030259。

❷ 程相锋、王媛媛：《新破产法别除权制度的

特点及完善》，参见北大法宝引证码：Pkulaw. cn/CLI. A. 038258。

【国家公务员的医疗补助】

法律问题解读

为了保证国家公务员队伍稳定，高效廉洁，使其医疗待遇不降低，国家规定对公务员在参加基本医疗保险的基础上，实行医疗补助的办法。按照规定，享受国家公务员医疗补助的人员范围包括：符合《公务员法》和《国家公务员制度实施方案》规定的国家行政机关工作人员和退休人员；经人事部或省、自治区、直辖市人民政府批准列入依照国家公务员制度管理的事业单位的工作人员和退休人员；经中共中央组织部或省、自治区、直辖市党委批准列入参照国家公务员制度管理的党群机关，人大、政协机关，各民主党派和工商联机关以及列入参照国家公务员管理的其他单位机关工作人员和退休人员；审判机关、检察机关的工作人员和退休人员。

按照规定，医疗补助经费主要用于基本医疗保险统筹基金最高支付限额以上，符合基本医疗保险用药、诊疗项目范围及医疗服务设施范围和支付标准的医疗费用补助；在基本医疗保险支付范围内，个人自付超过一定数额的医疗费用补助；中央和省级人民政府规定享受医疗照顾的人员，在就诊、住院时按规定补助的医疗费用。补助经费的具体使用办法和补助标准，由各地按照收支平衡的原则作出规定。

另外，原享受公费医疗待遇的事业单位工作人员、退休人员，可参照国家公务员，实行医疗补助，具体单位和人员由各地劳动保障和财政部门共同审核，并报同级人民政府批准，原享受公费医疗经费补助的事业单位所需医疗补助资金，仍按原资金来源渠道筹措，需要财政补助的由同级财政在核定事业单位财政拨款时给予安排；对少数资金确有困难的事业单位，由同级财政区别不同情况给予适当补助。

法条指引

❶《国务院办公厅转发劳动保障部　财政部〈关于实行国家公务员医疗补助意见〉的通知》
（2000 年 4 月 29 日　国办发［2000］37 号）

各省、自治区、直辖市人民政府，国务院各部委、各直属机构：

劳动保障部、财政部《关于实行国家公务员医疗补助的意见》已经国务院同意，现转发给你们，请认真贯彻执行。

实行国家公务员医疗补助是在城镇职工基本医疗保险制度基础上对国家公务员的补充医疗保障，是保持国家公务员队伍稳定、廉洁，保证政府高效运行的重要措施。各地在实施过程中，要从当地实际情况出发，既要保障国家公务员合理的医疗消费需求，又要考虑各方面的承受能力，并注意做好与城镇职工基本医疗保险制度的衔接工作。要加强对国家公务员医疗补助经费的管理，建立完善的规章制度，杜绝浪费。

建立城镇职工基本医疗保险制度，是当前建立健全社会保障体系的一项重要任务。《国务院关于建立城镇职工基本医疗保险制度的决定》（国发［1998］44 号）下发一年来，城镇职工基本医疗保险制度改革正逐步推开，各地要按照“中央确定原则、地方决策”的精神，进一步加快改革步伐，抓紧研究制定改革方案和配套政策，并尽快组织实施。同时，要认真贯彻《国务院办公厅转发国务院体改办等部门关于城镇医药卫生体制改革指导意见的通知》（国办发［2000］16 号）精神，加快医药卫生体制改革，为城镇职工基本医疗保险制度改革创造良好条件。

各级地方人民政府尤其是各统筹地区人民政府，要切实加强对城镇职工基本医疗保险制度改革工作的领导，劳动保障、财政、卫生、人事等有关部门要密切配合，确保在 2000 年年底前基本完成建立城镇职工基本医疗保险制度的任务。

根据《国务院关于建立城镇职工基本医疗保险制度的决定》（国发［1998］44 号）精神，结合目前我国公务员医疗保障的实际情况，在实施城镇职工基本医疗保险的基础上，对国家公务员实行医疗补助。现就有关问题提出如下意见：

一、医疗补助的原则。补助水平要与当地经济发展水平和财政负担能力相适应，保证国家公务员原有医疗待遇水平不降低，并随经济发展有所提高。

二、医疗补助的范围。符合《国家公务员暂行条例》和《国家公务员制度实施方案》规定的国家行政机关工作人员和退休人员；经人事部或省、自治区、直辖市人民政府批准列入依照国家公务员制度管理的事业单位的工作人员和退休人员；经中共中央组织部或省、自治区、直辖市党委批准列入参照国家公务员制度管理的党群机关，人大、政协机关，各民主党派和工商联机关以及列入参照国家公务员管理的其他单位机关工作人员和退休人员；审判机关、检察机关的工作人员和退休人员。

三、医疗补助的经费来源。按现行财政管理体制，医疗补助经费由同级财政列入当年财政预算，具体筹资标准应根据原公费医疗的实际支出、基本医疗保险的筹资水平和财政承受能力等情况合理确定。医疗补助经费要专款专用、单独建账、单独管理，与基本医疗保险基金分开核算。

四、医疗补助经费的使用。医疗补助经费主要用于基本医疗保险统筹基金最高支付限额以上，符合基本医疗保险用药、诊疗范围和医疗服务设施标准的医疗费用补助；在基本医疗保险支付范围内，个人自付超过一定数额的医疗费用补助；中央和省级人民政府规定享受医疗照顾的人员，在就诊、住院时按规定补助的医疗费用。补助经费的具体使用办法和补助标准，由各地按照收支平衡的原则作出规定。

五、省级以下（含省级）机关公务员医疗补助的管理层次由各省、自治区、直辖市人民政府确定。省级以下（含省级）机关公务员医疗补助和离休人员、老红军的医疗保障以及医疗照顾人员的医疗补助等具体实施办法，由劳动保障部门和财政部门根据国家有关规定会同有关部门制定，报省级人民政府批准后执行，具体管理工作由劳动保障部门负责。

在京中央和国家机关公务员医疗补助的实施办法由劳动保障部、财政部会同有关部门制定，报国务院批准后实施。京外中央和国家机关公务员执行各省、自治区、直辖市人民政府确定的医疗补助办法。

六、社会保险经办机构负责医疗补助的经办工作，要严格执行有关规章制度并建立健全各项内部管理制度和审计制度。劳动保障部门要加强对社会保险经办机构的考核与监督管理；财政部门要制定医疗补助经费的财务和会计管理制度，并加强财政专户管理，监督检查补助经费的分配和使用；审计部门要加强医疗补助经费的审计。

七、原享受公费医疗待遇的事业单位工作人员、退休人员，可参照国家公务员医疗补助办法，实行医疗补助，具体单位和人员由各地劳动保障和财政部门共同审核，并报同级人民政府批准。原享受公费医疗经费补助的事业单位所需医疗补助资金，仍按原资金来源渠道筹措，需要财政补助的由同级财政在核定事业单位财政拨款时给予安排；对少数资金确有困难的事业单位，由同级财政区别不同情况给予适当补助。

对国家公务员实行医疗补助，是涉及国家公务员切身利益的大事，各级人民政府要加强领导，劳动保障、财政、卫生、人事等有关部门要密切配合，切实做好组织实施工作。

❷《在京中央国家机关公务员医疗补助暂行办法》（2001年8月4日　国办发［2001］55号）

根据《国务院办公厅转发劳动保障部财政部关于实行国家公务员医疗补助意见的通知》（国办发［2000］37号）精神，结合北京市城镇职工基本医疗保险有关规定以及在京中央国家机关公务员医疗保障的实际情况，为保证在京中央国家机关公务员的医疗待遇水平，特制定本办法。

一、医疗补助的范围

已参加北京市基本医疗保险的以下在京中央国家机关单位的人员，经北京市社会保险经办机构审核并报劳动保障部和财政部批准，可以享受公务员医疗补助：

（一）按照《国家公务员制度实施方案》规定，国务院所属部门和单位中属于实施国家公务员制度范围内的工作人员及其退休人员（含1993年以后因机构改革划转到机关服务中心的原届行政编制和行政附属编制的人员，下同）。

（二）经中共中央组织部批准列入参照国家公务员制度管理的中央党群机关，全国人大、政协机关，各民主党派中央和全国工商联机关，以及列入参照国家公务员制度管理的其他在京中央单位的工作人员及其退休人员。

（三）经人事部批准列入依照国家公务员制度管理的在京中央直属事业单位的工作人员及其退休人员。

（四）最高人民法院、最高人民检察院机关的工作人员及其退休人员。

二、补助经费的筹集和用途

（一）医疗补助的筹资标准，参照享受医疗补助人员当期实际医疗消费水平、基本医疗保险保障水平和工资收入水平，由劳动保障部、财政部逐年核定，每年第四季度发布下一年的筹资标准。2001年的筹集标准为上年用人单位职工工资总额的5%。

（二）医疗补助经费按上年确定的筹资标准筹集并列入中央财政当年预算，由财政部统一拨付给北京市财政局，北京市财政局通过社会保障基金财政专户向北京市社会保险经办机构核拨。

（三）医疗补助经费用于补助以下开支：符合基本医疗保险药品目录、诊疗项目范围和医疗服务设施标准，超过基本医疗保险统筹基金最高支付限额以上部分的医疗费用；基本医疗保险支付范围内个人自付超过一定数额的医疗费用；医疗照顾人员按规定享受照顾所发生的医疗费用。

（四）医疗补助经费与基本医疗保险基金分开核算、专款专用，并按照收支平衡的原则严格管理。其中，医疗照顾人员的医疗补助经费单独建账、单独管理。

三、医疗补助的标准

（一）符合本办法规定的医疗费用开支按以下标准给予补助：

1. 在一个年度内发生的住院医疗费用（含肾透析、恶性肿瘤放化疗、肾移植后服抗排异药等纳入基本医疗保险统筹基金支付范围的门诊医疗费用，下同）超过基本医疗保险统筹基金最高支付限额以上的部分，5万元以下的部分补助90%，5万元以上的部分补助95%。

2. 在一个年度内发生的住院医疗费用，在基本医疗保险统筹基金最高交付限额以下应由个人负担的部分（含个人账户支付部分），退休人员和享受医疗照顾的司局级以上（含司局级）在职人员补助95%，其他在职人员补助90%。

3. 在一个年度内发生的门诊医疗费用累计超过1300元（含个人账户支付部分）以上的部分，退休人员和享受医疗照顾的司局级以上（含司局级）在职人员补助95%，其他在职人员补助90%。

（二）医疗照顾人员按规定在医疗服务设施、诊疗项目等方面享受照顾时发生的费用超过基本医疗保险规定支付的部分，由医疗补助经费按医疗照顾政策的规定予以补助。

（三）在享受基本医疗保险和医疗补助后，个人负担确有困难的，可由所在单位适当给予困难补助。

四、组织管理和监督

（一）劳动保障部负责在京中央国家机关公务员医疗补助的行政管理工作，具体工作委托北京市劳动保障局负责，并由其所属社会保险经办机构经办。

（二）劳动保障部和财政部负责研究制定在京中央国家机关公务员医疗补助有关政策，指导北京市有关部门和经办机构具体组织实施，并对医疗补助经费的使用和管理实施监督检查。

（三）北京市劳动保障局负责对北京市社会保险经办机构的日常工作实施监督管理，财政局负责财政专户管理。

（四）北京市社会保险经办机构要严格执行在京中央国家机关公务员医疗补助的有关规定，建立健全预决算管理制度、财务与会计制度、内部审计制度和其他各项管理制度，做好公务员医疗补助办法与基本医疗保险制度的政策衔接和管理工作，既要方便公务员就医，及时结算有关费用，又要按规定严格控制费用开支，努力提高社会化管理服务水平，保证在京中央国家机关公务员医疗补助待遇的落实。

五、其他在本办法规定的医疗补助范围之外，原享受公费医疗待遇的其他在京中央单位的工作人员和退休人员，可参照本办法享受医疗补助，所需资金仍按原渠道筹措。对少数资金筹集确有困难的事业单位，中央财政在严格审核的基础上区别不同情况在部门预算中给予适当补助。参照执行单位职工的医疗补助经费，由北京市社会保险经办机构按标准向有关单位收缴，按照本办法管理。

本办法自在京中央国家机关公务员参加北京市基本医疗保险之日起实施，由劳动保障部和财政部负责解释。

【军人退役的医疗保险】

法律问题解读

为了保障军人退出现役后享有国家规定的医疗保险待遇，维护军人权益，激励军人安心服役，国家规定，我国实行军人退役医疗保险制度，设立军人退役医疗保险基金，对军人退出现役后的医疗费用给予补助。中国人民解放军根据国家的有关规定，为军人建立退役医疗保险个人账户。

按照规定，军人退役医疗保险基金由国家财政拨款和军人缴纳的退役医疗保险费组成；师职以下现役军官、局级和专业技术四级以下文职干部和士官，每人每月按照本人工资收入1%的数额缴纳退役医疗保险费。国家按照军人缴纳的退役医疗保险费的同等数额，给予军人退役医疗补助；军人缴纳的退役医疗保险费和国家给予的军人退役医疗补助，由其所在单位后勤（联勤）机关财务部门逐步计入本人的退役医疗保险个人账户；军官、文职干部晋升为军职或者享受军职待遇的，不再缴纳退役医疗保险费，个人交纳的退役医疗保险费连同利息一并退还本人；缴纳退役医疗保险后致残的二等乙级以上革命伤残军人，退还个人缴纳的退役医疗保险费及利息；师职以下现役军官、局级和专业技术四级以下文职干部、士官退出现役时，其退役医疗保险个人账户的资金和利息，由本人所在单位后勤（联勤）机关财务部门结清；义务兵、供给制学员不缴纳退役医疗保险费，服役期间不建立退役医疗保险账户；义务兵退出现役时，按照上一年度全国城镇职工平均工资收入的1.6%乘以服役年数的计算公式计付军人退役医疗保险金；军人牺牲或者病故的，其退役医疗保险个人账户资金可以依法继承。

法条指引

❶《中国人民解放军军人退役医疗保险暂行办法》（1999年12月16日　国办发［1999］100号）

一、为了保障军人退出现役后享有国家规定的医疗保险待遇，维护军人权益，激励军人安心服役，根据《中华人民共和国国防法》的有关规定，结合军队实际，制定本办法。

二、国家实行军人退役医疗保险制度，设立军人退役医疗保险基金，对军人退出现役后的医疗费用给予补助。中国人民解放军根据国家的有关规定，为军人建立退役医疗保险个人账户。

三、师职以下现役军官、局级和专业技术四级以下文职干部、士官、义务兵和具有军籍的学员依照本办法参加军人退役医疗保险。

四、各级后勤（联勤）机关按照职责分工，负责军人退役医疗保险个人账户的建立和基金的筹集、管理、支付。

五、城镇职工基本医疗保险统筹地区人民政府劳动和社会保障部门负责军人退役后的医疗保险管理工作。

六、军人退役医疗保险基金由国家财政拨款和军人缴纳的退役医疗保险费组成。

七、师职以下现役军官、局级和专业技术四级以下文职干部和士官，每人每月按照本人工资收入1%的数额缴纳退役医疗保险费。国家按照军人缴纳的退役医疗保险费的同等数额，给予军人退役医疗补助。

八、军人缴纳的退役医疗保险费和国家给予的军人退役医疗补助，由其所在单位后勤（联勤）机关财务部门逐月计入本人的退役医疗保险个人账户。

九、军人退役医疗保险个人账户资金的利息每年计算一次，计入军人退役医疗保险个人账户。

军人退役医疗保险个人账户资金的利率，由中国人民解放军总后勤部根据中国人民银行公布的相应利率确定。

十、军官、文职干部晋升为军职或者享受军职待遇的，不再缴纳退役医疗保险费，个人缴纳的退役医疗保险费连同利息一并退还本人。

缴纳退役医疗保险费后致残的二等乙级以上革命伤残军人，退还个人缴纳的退役医疗保险费及利息。

十一、师职以下现役军官、局级和专业技术四级以下文职干部、士官退出现役时，其退役医疗保险个人账户的资金和利息，由本人所在单位后勤（联勤）机关财务部门结清。

十二、义务兵、供给制学员不缴纳退役医疗保险费，服役期间不建立退役医疗保险个人账户。

义务兵退出现役时，按照上一年度全国城镇职工平均工资收入的1.6%乘以服役年数的计算公式计付军人退役医疗保险金。

十三、军人退出现役后，按照国家规定不参加城镇职工基本医疗保险的，由军人所在单位后勤（联勤）机关财务部门将军人退役医疗保险金发给本人；按照国家规定应当参加城镇职工基本医疗保险的，由军人所在单位后勤（联勤）机关财务部门将军人退役医疗保险金转入军人安置地的社会保险经办机构，具体办法由中国人民解放军总后勤部会同劳动保障部等有关部门制定。

十四、从地方直接招收的军官、文职干部和士官入伍时由地方社会保险经办机构将其基本医疗保险个人账户结余部分转入接收单位后勤（联勤）机关财务部门，计入本人的退役医疗保险个人账户，并逐级上交中国人民解放军总后勤部。

十五、军人牺牲或者病故的，其退役医疗保险个人账户资金可以依法继承。

十六、军人退役医疗保险基金实行集中统管，任何单位或者个人不得挤占挪用。

十七、军人退役医疗保险基金的存储、划拨、运营、预决算管理和会计核算，必须严格执行国家和军队的有关规定。基金利息等收益全部纳入军人退役医疗保险基金。

十八、中国人民解放军各级审计部门按照规定的职责，对军人退役医疗保险基金的收支和管理进行审计监督。

十九、有下列情形之一的，对直接负责的主管人员和其他直接责任人员，依照国家和军队的有关规定给予处分；涉嫌犯罪的，移交司法机关依法处理；对单位给予通报批评，责令限期改正，并依照国家和军队有关规定给予处罚：

（一）出具假证明，伪造公文、证件骗取军人退役医疗保险金的；

（二）不按照规定转移和接收军人退役医疗保险个人账户资金的；

（三）贪污挪用军人退役医疗保险基金的；

（四）虚报冒领、不按照规定计发军人退役医疗保险金的；

（五）其他违反本办法，妨害军人退役医疗保险工作的。

二十、移交政府安置的军队离休人员和退出现役的二等乙级以上革命伤残军人的医疗待遇，按照国务院、中央军委的有关规定执行。

移交政府安置的军队退休干部、士官的医疗待遇政策，由军队有关部门商国务院有关部门另行制定。

二十一、本办法适用于中国人民武装警察部队。

二十二、本办法由劳动保障部和中国人民解放军总后勤部负责解释。

二十三、本办法自2000年1月1日起施行。

【军人配偶随军未就业期间的医疗保险】

法律问题解读

为了解决军人配偶随军未就业期间医疗保险补贴待遇及其保险关系的接续问题，国家规定为未就业随军配偶建立医疗保险个人账户，并给予个人账户补贴。随军配偶享受这一待遇的条件与享受基本生活补贴待遇的条件相同。有关医疗保险个人账户补贴的规定是：

（1）军人所在单位后勤机关为未就业随军配偶建立医疗保险个人账户，医疗保险个人账户资金由个人和国家共同负担。未就业随军配偶按照本人基本生活补贴标准全额1%的比例缴费，国家按照其缴纳的同等数额给予个人账户补贴。个人缴费部分，由军人所在单位后勤机关在发放基本生活补贴时代扣代缴。

（2）未就业随军配偶在就业或者军人退出现役随迁后，按照规定应当参加接收地基本医疗保险的，由军人所在单位后勤机关将其医疗保险个人账户资金转入接收地社会保险经办机构，再由接收地社会保险经办机构并入本人基本医疗保险个人账户。按照规定不参加接收地基本医疗保险的，其医疗保险个人账户资金，由军人所在单位后勤机关一次性发给本人。

停止享受医疗保险个人账户补贴待遇的条件与停止享受基本生活补贴的条件相同。

法条指引

❶**《中国人民解放军军人配偶随军未就业期间社会保险暂行办法》**（2003年12月25日 国办发［2003］102号）

三、随军配偶符合下列条件之一的（以下称未就业随军配偶），依照本办法规定享受基本生活补贴和养老、医疗保险个人账户补贴待遇：

（一）随军前未就业、经批准随军随队后未就业且无收入的；

（二）随军前已就业但未参加基本养老保险、经批准随军随队后未就业且无收入的；

（三）经批准随军随队后未就业且无收入，已参加基本养老保险，并将基本养老保险关系和个人账户资金转入军队的。

十二、军人所在单位后勤机关为未就业随军配偶建立医疗保险个人账户，医疗保险个人账户资金由个人和国家共同负担。未就业随军配偶按照本人基本生活补贴标准全额1%的比例缴费，国家按照其缴纳的同等数额给予个人账户补贴。

十七、有下列情形之一的，停止享受军人配偶随军未就业期间基本生活补贴和养老、医疗保险个人账户补贴待遇：

（一）未就业随军配偶已就业且有收入的；

（二）未就业随军配偶无正当理由，拒不接受当地人民政府有关部门或者机构安排工作的；

（三）未就业随军配偶出国定居或者移居港、澳、台地区的；

（四）未就业随军配偶与军人解除婚姻关系的；

（五）未就业随军配偶被判刑收监执行或者被劳动教养的；

（六）军人被取消军籍的；

（七）军人退出现役的；

（八）军人死亡的。

十八、中央财政安排的资金，由总后勤部列入年度军费预算，中央财政每年予以拨付。养老、医疗保险个人账户资金中个人缴费部分，由军人所在单位后勤机关在发放基本生活补贴时代扣代缴。

【企业补充医疗保险】

法律问题解读

我国医疗保险制度改革的目标，是实现多层

次的医疗保险体系。因此，国家鼓励企业建立补充医疗保险制度，以保证该企业职工医疗保险待遇水平不降低。具体规定是：

按规定参加各项社会保险并按时足额缴纳社会保险费的企业，可自主决定是否建立补充医疗保险。补充医疗保险基金，用于企业按规定参加当地基本医疗保险，对城镇职工基本医疗保险制度支付的待遇以外、由职工个人负担的医药费用的适当补助，减轻参保职工的医药费负担。企业补充医疗保险费在工资总额4%以内的部分，企业可直接从成本中列支，不再经同级财政部门审批。企业补充医疗保险办法应与当地基本医疗保险制度相衔接。企业补充医疗保险资金由企业或行业集中使用和管理，单独建账，单独管理，用于本企业个人负担较重的职工和退休人员的医疗费补助，不得划入基本医疗保险个人账户，也不得另行建立个人账户或变相用于职工其他方面的开支。财政部门和劳动保障部门要加强对企业补充医疗保险资金管理的监督和财务监管，防止挪用资金等违规行为。

法条指引

❶《关于建立城镇职工基本医疗保险制度的决定》（1998年12月14日　国发［1998］44号）

六、妥善解决有关人员的医疗待遇

离休人员、老红军的医疗待遇不变，医疗费用按原资金渠道解决，支付确有困难的，由同级人民政府帮助解决。离休人员、老红军的医疗管理办法由省、自治区、直辖市人民政府制定。

二等乙级以上革命伤残军人的医疗待遇不变，医疗费用按原资金渠道解决，由社会保险经办机构单独列账管理。医疗费支付不足部分，由当地人民政府帮助解决。

退休人员参加基本医疗保险，个人不缴纳基本医疗保险费。对退休人员个人账户的计入金额和个人负担医疗费的比例给予适当照顾。

国家公务员在参加基本医疗保险的基础上，享受医疗补助政策。具体办法另行制定。

为了不降低一些特定行业职工现有的医疗消费水平，在参加基本医疗保险的基础上，作为过渡措施，允许建立企业补充医疗保险。企业补充医疗保险费在工资总额4%以内的部分，从职工福利费中列支，福利费不足列支的部分，经同级财政部门核准后列入成本。

国有企业下岗职工的基本医疗保险费，包括单位缴费和个人缴费，均由再就业服务中心按照当地上年度职工平均工资的60%为基数缴纳。

❷《关于企业补充医疗保险有关问题的通知》（2002年5月21日　财社［2002］18号）

为加快医疗保险制度改革步伐，进一步完善多层次的医疗保险体系，根据《国务院关于建立城镇职工基本医疗保险制度的决定》（国发［1998］44号）和有关文件精神，现就企业建立补充医疗保险的有关问题通知如下：

一、按规定参加各项社会保险并按时足额缴纳社会保险费的企业，可自主决定是否建立补充医疗保险。企业可在按规定参加当地基本医疗保险基础上，建立补充医疗保险，用于对城镇职工基本医疗保险制度支付以外由职工个人负担的医药费用进行的适当补助，减轻参保职工的医药费负担。

二、企业补充医疗保险费在工资总额4%以内的部分，企业可直接从成本中列支，不再经同级财政部门审批。

三、企业补充医疗保险办法应与当地基本医疗保险制度相衔接。企业补充医疗保险资金由企业或行业集中使用和管理，单独建账，单独管理，用于本企业个人负担较重职工和退休人员的医药费补助，不得划入基本医疗保险个人账户，也不得另行建立个人账户或变相用于职工其他方面的开支。

四、财政部门和劳动保障部门要加强对企业补充医疗保险资金管理的监督和财务监管，防止挪用资金等违规行为。

【“医疗照顾人员”的医疗待遇】

法律问题解读

“医疗照顾人员”是指驻京的中央直属企业及不享受公费医疗差额拨款、自收自支事业单位中现有按国家规定享受部级和司局级干部医疗照顾待遇的人员。这部分人员参加北京市基本医疗保险后，继续享受原规定的医疗照顾待遇，卫生部核发的医疗证仍然有效；“医疗照顾人员”在按照北京市基本医疗保险的规定选择定点医疗机构时，本人的原合同医院应作为首选定点医院，在首选定点医院就医时，按规定继续享受有关门诊和住院干部医疗照顾。在选择的其他定点医疗机构就医时，可以在普通门诊享受优先照顾，有条件的医院也可以为其提供干部门诊和住院医疗照顾；“医疗照顾人员”在定点医院和定点药店所发生的在基本医疗保险支付范围内的医疗费用，可按照规定从北京市基本医疗保险、大病医疗互助中支付。因享受医疗照顾政策所发生的医疗费用，由各单位从原资金渠道（包括企业补充医疗保险）解决，并在支付比例上给予照顾，具体标准由各单位根据实际情况制定。

法条指引

❶《关于在京中央直属企业及差额拨款、自收自支事业单位享受医疗照顾人员参加北京市基本医疗保险有关问题的意见》（2003 年 1 月 20 日 卫办保健发［2003］14 号）

中共中央各部门、国务院各部门、北京市劳动和社会保障局、北京市卫生局、各有关定点医疗机构：

根据《国务院关于建立城镇职工基本医疗保险制度的决定》（国发［1998］44 号），结合目前在京中央直属企业及差额拨款、自收自支事业单位参加北京市基本医疗保险的实际情况，现就上述单位中享受副部级和司局级干部医疗照顾人员参加医疗保险后有关医疗照顾问题提出以下意见：

一、在京中央直属企业及不享受公费医疗的差额拨款、自收自支事业单位中现有按国家有关规定享受副部级和司局级干部医疗照顾的人员（以下简称“医疗照顾人员”）参加北京市基本医疗保险后，继续享受原规定的医疗照顾待遇，卫生部核发的医疗证仍然有效。

二、“医疗照顾人员”在按照北京市基本医疗保险的规定选择定点医疗机构时，本人的原合同医院应作为首选定点医院，在首选定点医院就医时按规定继续享受有关门诊和住院干部医疗照顾。在选择的其他定点医疗机构就医时，可以在普通门诊享受优先照顾，有条件的医院也可以为其提供干部门诊和住院医疗照顾。

三、“医疗照顾人员”在定点医院和定点药店所发生的在基本医疗保险支付范围内的医疗费用，可按规定从北京市基本医疗保险、大病医疗互助中支付。因享受医疗照顾政策所发生的医疗费用，由各单位从原资金渠道（包括企业补充医疗保险）解决，并在支付比例上给予照顾，具体标准由各单位根据实际情况制定。

【出境定居归侨、侨眷职工的医疗保险】

法律问题解读

根据国家对归侨、侨眷适当照顾的侨务政策，劳动和社会保障部对获准出境定居的归侨、侨眷职工医疗保险作出相应规定：

（1）各地在进行医疗保险制度改革时，要将获准出境定居的归侨侨眷职工及退休人员纳入基本医疗保险范围，为他们办理相关手续。

（2）已参加了当地基本医疗保险、获准出境定居的归侨侨眷退休人员入境就医，按当地有关医疗保险规定，享受基本医疗保险待遇。

（3）已参加了基本医疗保险但尚未达到退休年龄的归侨侨眷职工，在获准出境定居后，其个人账户可一次结清，退还本人，今后不再享受基本医疗保险待遇。

（4）获准出境定居的归侨侨眷离休人员，回国内就医，按规定享受医疗保险待遇。

法条指引

❶《劳动和社会保障部、国务院侨务办公室关于获准出境定居的归侨侨眷职工医疗保险有关政策问题的通知》（2001 年 9 月 27 日 劳社部函［2001］165 号）

各省、自治区、直辖市劳动和社会保障厅（局）、侨务办公室：

为了切实保障归侨侨眷的合法权益，按照党中央、国务院“一视同仁，不得歧视，根据特点，适当照顾”的国内侨务工作原则，现就获准出境定居（包括港澳地区，下同）的归侨侨眷职工医疗保险有关政策问题通知如下：

一、各地在进行医疗保险制度改革时，要将获准出境定居的归侨侨眷职工及退休人员纳入基本医疗保险范围，为他们办理相关手续。

二、已参加了当地基本医疗保险、获准出境定居的归侨侨眷退休人员入境就医，按当地有关医疗保险规定，享受基本医疗保险待遇。

三、已参加了基本医疗保险但尚未达到退休年龄的归侨侨眷职工，在获准出境定居后，其个人账户次结清，退还本人，今后不再享受基本医疗保险待遇。

四、获准出境定居的归侨侨眷离休人员，回国内就医，按规定享受医疗保险待遇。

❷《关于取得国外永久性居民身份证回国工作人员在国内工作期间有关社会保险问题的复函》（2001 年 9 月 10 日 劳社厅函［2001］198 号）

北京市劳动和社会保障局：

你局《关于回国高级科技人才中持国外绿卡在国内工作人员有关社会保险问题的函》（京劳社

养函［2001］59号）收悉。经研究，现答复如下：

对于取得国外永久性居民身份证的人员回国工作，凡同国内企业建立劳动关系的，应按规定参加企业所在地的社会保险，缴纳社会保险费，并享受相应待遇。这些人员同国内企业解除劳动关系并离境时，社会保险经办机构应当终止其社会保险关系，并根据职工申请，对参加基本养老保险，且不符合领取基本养老金条件的，将其基本养老保险个人账户的储存额一次性支付给本人；参加基本医疗保险的，将其个人账户结余部分一次性退给本人；参加失业保险的，单位和个人此前缴纳的失业保险费不予退还。

❸《关于单位外派职工在境外工作期间取得当地居民身份证后社会保险关系处理问题的复函》（2001年4月24日 劳社厅函［2001］115号）

广东省劳动和社会保障厅：

你厅《关于外派职工取得境外居民身份证后是否继续参保并享受社会保险待遇问题的请示》（粤劳社［2001］67号）收悉。经研究，现答复如下：

职工在被本单位派到境外工作期间，合法取得当地永久性居民身份证后，职工所在单位应停止为其缴纳社会保险费，及时为其办理终止社会保险关系的手续。社会保险经办机构应当终止其社会保险关系，并根据职工的申请，对参加基本养老保险，且不符合领取基本养老金条件的，将其基本养老保险个人账户储存额中的个人缴费部分一次性退给本人；参加基本医疗保险的，将其个人账户结余部分一次性退给本人；参加失业保险的，单位和个人此前缴纳的失业保险费不予退还。

职工在被派到香港、澳门和台湾地区工作期间合法取得当地永久性居民身份证的，其社会保险关系参照上述办法处理。

【职工计划生育手术费列支渠道】

法律问题解读

职工计划生育手术费用是指职工因实行计划生育需要，实施放置（取出）宫内节育器、流产术、引产术、绝育及复通手术所发生的医疗费用。其列支渠道的具体规定是：

（1）已经建立地方企业职工生育保险的地区，参保单位职工的计划生育手术费用可列入生育保险基金支付范围。没有建立企业职工生育保险的地区，在建立城镇职工基本医疗保险制度时，可以将符合基本医疗保险有关规定的参保单位职工计划生育手术费用纳入基本医疗保险统筹基金支付范围。没有参加生育保险和基本医疗保险的单位，职工计划生育手术费用仍由原渠道解决，即由其所在用人单位承担。

（2）参保职工在基本医疗保险定点医疗机构和经计划生育行政管理部门、劳动保障部门认可的计划生育服务机构实施计划生育手术，其费用可以由相应的社会保险基金支付。

（3）经有关部门鉴定，属于职工计划生育手术并发症的治疗费用，由基本医疗保险基金支付，属于按照有关规定开支以外的必需费用，由用人单位解决。因计划生育手术造成的医疗事故，按照有关医疗事故处理的规定执行。

各地还可根据国家规定，结合当地实际制定具体办法。

法条指引

❶《关于妥善解决城镇职工计划生育手术费用问题的通知》（劳社部发［1999］32号）

各省、自治区、直辖市劳动（劳动和社会保障）厅（局）、计划生育委员会、财政厅（局）、卫生厅（局）：

在推进城镇职工社会保险制度改革工作中，为了进一步贯彻落实计划生育有关政策，现就妥善解决城镇职工计划生育手术费用问题通知如下：

一、职工计划生育手术费用是指职工因实行计划生育需要，实施放置（取出）宫内节育器、流产术、引产术、绝育及复通手术所发生的医疗费用。

二、已经建立地方企业职工生育保险的地区，参保单位职工的计划生育手术费用可列入生育保险基金支付范围。没有建立企业职工生育保险的地区，在建立城镇职工基本医疗保险制度时，可以将符合基本医疗保险有关规定的参保单位职工计划生育手术费用纳入基本医疗保险统筹基金支付范围。没有参加生育保险和基本医疗保险的单位，职工计划生育手术费用仍由原渠道解决。

三、参保职工在基本医疗保险定点医疗机构和经计划生育行政管理部门、劳动保障部门认可的计划生育服务机构实施计划生育手术，其费用可以由相应的社会保险基金支付。

四、经有关部门鉴定，属于职工计划生育手术并发症的治疗费用，由基本医疗保险基金支付，属于按照有关规定开支以外的必需费用，由用人单位解决。因计划生育手术造成的医疗事故，按照有关医疗事故处理的规定执行。

五、各地可根据本通知精神，结合当地实际制定具体办法。

妥善解决城镇职工计划生育手术费用问题，涉及广大职工的切身利益，各级劳动保障、计划生育、财政、卫生等部门要密切配合，认真抓好落实。

【对个人负担较重患者的措施】

法律问题解读

国家规定，对高额医疗费用患者个人负担较重的，要通过落实公务员医疗补助和职工大额医疗费用补助以及建立企业补充医疗保险等办法，妥善加以解决。对部分费用较高的门诊慢性病导致患者个人负担较重的，可根据统筹基金的承受能力支付一定比例费用。同时，要依据临床诊疗规范和用药规范，不断完善用药、诊疗等医疗服务项目的管理措施，杜绝滥开药、滥检查等不规范医疗行为，严格控制不合理的医疗费用支付，提高基金使用效率，减少浪费，切实减轻个人负担，维护参保人员医疗保障权益。

法条指引

❶《关于妥善解决医疗保险制度改革有关问题的指导意见》（2002年9月16日　劳社厅发[2002]8号）

三、妥善处理医疗费用个人负担问题

（十）加强宣传，提高广大参保人员对医疗保险制度改革意义及政策的理解和认识，坚持建立合理的医疗费用分担机制的改革方向。要对医疗费用增长趋势、医疗保险基金收支状况、参保人员个人医疗费用负担情况进行科学分析，不断完善医疗保险政策和管理办法。

（十一）妥善解决少数患者个人负担较重的问题。对高额医疗费用患者个人负担较重的，要通过落实公务员医疗补助和职工大额医疗费用补助以及建立企业补充医疗保险等办法，妥善加以解决。对部分费用较高的门诊慢性病导致患者个人负担较重的，可根据统筹基金的承受能力支付一定比例费用。

（十二）切实加强管理，杜绝滥开药、滥检查等不规范医疗行为。要依据临床诊疗规范和用药规范，不断完善用药、诊疗等医疗服务项目的管理措施，完善医疗服务管理办法，强化医疗服务行为监督检查，严格控制不合理的医疗费用支出，提高基金使用效率，减少浪费，切实减轻个人负担，维护参保人员医疗保障权益。

【对异地就医人员的措施】

法律问题解读

由于生活、工作地点的暂时改变，如出差或者探亲等，参保人患病的，面临需要异地就业的问题，《社会保险法》出台之前，异地就业的医疗费用的支付较为复杂，而《社会保险法》明确规定，社会保险行政部门和卫生行政部门应当建立异地就医医疗费用结算制度，方便参保人员享受基本医疗保险待遇。因此，《社会保险法》生效以后，我国将逐步建立异地就医的医疗费用结算制度。

法条指引

❶《中华人民共和国社会保险法》（2011年7月1日施行）

第二十九条　参保人员医疗费用中应当由基本医疗保险基金支付的部分，由社会保险经办机构与医疗机构、药品经营单位直接结算。

社会保险行政部门和卫生行政部门应当建立异地就医医疗费用结算制度，方便参保人员享受基本医疗保险待遇。

❷《劳动保障部办公厅关于妥善解决医疗保险制度改革有关问题的指导意见》（2002年9月16日　劳社厅发[2002]8号）

四、提高医疗保险管理服务水平

（十三）加强基础建设，完善管理制度，树立服务意识，提高工作效率，规范和简化业务流程。在同一城市对医疗机构和零售药店要逐步实现统一定点。

加强对异地安置人员和转诊、转院等异地就医人员的管理和服务，可通过跨地区确定定点医疗机构、委托异地经办机构管理等办法，按规定及时为异地安置和异地就医人员支付医疗费用。

❸《关于基本医疗保险异地就医结算服务工作的意见》（2009年12月31日　人社部发[2009]190号）

各省、自治区、直辖市人力资源社会保障（劳动保障）厅（局）、财政厅（局），新疆生产建设兵团劳动保障局、财务局：

为贯彻落实《中共中央国务院关于深化医药卫生体制改革的意见》（中发［2009］6号）、《国务院关于印发医药卫生体制改革近期重点实施方案（2009—2011年）的通知》（国发［2009］12号）精神，切实加强和改进以异地安置退休人员为重点的基本医疗保险异地就医（以下简称异地就医）结算服务，现提出以下意见：

一、加强和改进异地就医结算服务的基本原则和指导思想是，以人为本、突出重点、循序渐进、多措并举，以异地安置退休人员为重点，提高参保地的异地就医结算服务水平和效率，加强就医地的医疗服务监控，大力推进区域统筹和建立异地协作机制，方便必需异地就医参保人员的医疗费用结算，减少个人垫付医疗费，并逐步实现参保人员就地就医、持卡结算。

二、按国务院医改近期重点实施方案的要求提高统筹层次，有条件的地区实行市（地）级统筹，在同一统筹地区范围内统一基本医疗保险的政策、标准和管理、结算方式，实行统一结算，减少异地就医结算。

三、参保人员短期出差、学习培训或度假等期间，在异地发生疾病并就地紧急诊治发生的医疗费用，一般由参保地按参保地规定报销。

四、参保人员因当地医疗条件所限需异地转诊的，医疗费用结算按照参保地有关规定执行。参保地负责审核、报销医疗费用。有条件的地区可经地区间协商，订立协议，委托就医地审核。

五、异地长期居住的退休人员在居住地就医，常驻异地工作的人员在工作地就医，原则上执行参保地政策。参保地经办机构可采用邮寄报销、在参保人员较集中的地区设立代办点、委托就医地基本医疗保险经办机构（以下简称经办机构）代管报销等方式，改进服务，方便参保人员。

六、加快基本医疗保险信息系统建设，鼓励有条件的地区实行城市间或区域间的信息、资源共享和联网结算。各地可积极探索利用各种社会服务资源参与异地就医结算服务。

七、对经国家组织动员支援边疆等地建设，按国家有关规定办理退休手续后，已按户籍管理规定异地安置的参保退休人员，要探索与当地医疗保障体系相衔接的办法。具体办法由参保地与安置地协商确定、稳妥实施。

八、统筹地区经办机构认真履行本地参保人员就医管理和医疗费用审核结算的职责，同时要为在本地就医的异地参保人员和其参保地经办机构提供相应服务，对医疗服务进行监控。市（地）级统筹地区经办机构要加强对县（区）级经办机构的指导，做好医疗保险政策、信息系统建设、经办管理、医疗服务管理和技术标准等方面的衔接，保证异地就医结算服务工作顺利开展。

九、省级人力资源社会保障等部门及经办机构在国家政策指导下，负责统一组织协调并实施省内参保人员异地就医结算服务工作，规范异地就医结算的业务流程、基金划转及基础管理等工作。加大金保工程建设投入，加强医疗保险信息系统建设，推行社会保障“一卡通”，逐步扩大联网范围，实现持卡结算。确有需要且有条件的省（自治区、直辖市）可建立异地就医结算平台。省级人力资源社会保障部门要根据本意见的要求，会同财政部门制定实施办法，并报人力资源社会保障部。

十、建立异地就医协作机制的地区，相关协作服务费标准由协作双方协商确定，所需经费列入同级财政预算。跨省（自治区、直辖市）异地就医结算协作方案及联网结算方案，报人力资源社会保障部备案。

【医疗期】

法律问题解读

医疗期是指用人单位职工因患病或非因工负伤停止工作治病休息，用人单位不能解除或终止劳动合同的时限。它属于国家给予职工医疗保险待遇的范畴。关于医疗期的规定主要有以下几方面：

1. 根据职工实际工作年限确定其应享受的医疗期

企业职工因患病或非因工负伤，需要停止工作医疗时，根据本人实际参加工作年限和在本单位工作年限，给予3个月到24个月的医疗期。实际工作年限10年以下的，在本单位工作年限5年以下的为3个月；5年以上的为6个月。实际工作年限10年以上的，在本单位工作年限5年以下的为6个月；5年以上10年以下的为9个月；10年以上15年以下的为12个月；15年以上20年以下的为18个月；20年以上的为24个月。

2. 医疗期的计算

职工若连续休医疗期，则应连续计算医疗期，直至期满；若间断休医疗期，则可累计医疗期时间：医疗期3个月的按6个月内累计病休时间计算；6个月的按12个月内累计病休时间计算；9

个月的按15个月内累计病休时间计算；12个月的按18个月内累计病休时间计算；18个月的按24个月内累计病休时间计算；24个月的按30个月内累计病休时间计算。

累计的方法一般有两种，一种是从病休之日开始计算，至累计期间截止，计算该职工的医疗期；另一种是从后向前倒推累计该职工的医疗期，仍在规定的累计期间计算。相比之下，后一种方法更合理、更科学。

3. 职工医疗期间的待遇

按照国家早年的规定，职工休医疗期在6个月内的，按其工龄长短享受不同的病假工资，标准为其基本工资的60%至100%；超过6个月的，则按其工龄长短享受不同的疾病救济费，标准为其基本工资的40%至80%。但是严格地讲，“病假工资”的概念不准确，因为职工患病停工，没有付出正常劳动，所以不应支付工资，而“疾病救济费”的提法更适宜。因此，一些地方新的规定则只规定医疗期内享受疾病救济费。地方有新规定的，则从其规定，不再执行国家早年的规定。按照国家或地方规定支付职工的病假工资或疾病救济费，如果低于当地最低工资的80%，则应按最低工资的80%支付。

4. 医疗终结或医疗期满的处理

企业职工非因工致残和经医生或医疗机构认定患有难以治疗的疾病，在医疗期内医疗终结，不能从事原工作，也不能从事用人单位另行安排的工作的，应当由劳动鉴定委员会按《职工非因工伤残或因病丧失劳动能力程度鉴定标准（试行）》（劳社部发［2002］8号）进行劳动能力鉴定。被鉴定为一至四级的，应终止劳动关系，办理退休手续；被鉴定为五至十级的，医疗期内不得解除劳动合同，合同期满也不得终止合同。

企业职工非因工致残和经医生或医疗机构认定患有难以治疗的疾病，医疗期满，应当由劳动鉴定委员会按《职工非因工伤残或因病丧失劳动能力程度鉴定标准（试行）》（劳社部发［2002］8号）进行劳动能力鉴定。被鉴定为一至四级的，应当解除劳动关系，并办理退休手续。被鉴定为五至十级的，可依法解除劳动合同，享受经济补偿金和医疗补助费；被依法终止合同的，可享受医疗补助费。

法条指引

❶《企业职工患病或非因工负伤医疗期规定》（1994年12月1日 劳部发［1994］479号）

第一条 为了保障企业职工在患病或非因工负伤期间的合法权益，根据《中华人民共和国劳动法》第二十六、二十九条规定，制定本规定。

第二条 医疗期是指企业职工因患病或非因工负伤停止工作治病休息不得解除劳动合同的时限。

第三条 企业职工因患病或非因工负伤，需要停止工作医疗时，根据本人实际参加工作年限和在本单位工作年限，给予三个月到二十四个月的医疗期：

（一）实际工作年限十年以下的，在本单位工作年限五年以下的为三个月；五年以上的为六个月。

（二）实际工作年限十年以上的，在本单位工作年限五年以下的为六个月；五年以上十年以下的为九个月；十年以上十五年以下的为十二个月；十五年以上二十年以下的为十八个月；二十年以上的为二十四个月。

第四条 医疗期三个月的按六个月内累计病休时间计算；六个月的按十二个月内累计病休时间计算；九个月的按十五个月内累计病休时间计算；十二个月的按十八个月内累计病休时间计算；十八个月的按二十四个月内累计病休时间计算；二十四个月的按三十个月内累计病休时间计算。

第五条 企业职工在医疗期内，其病假工资、疾病救济费和医疗待遇按照有关规定执行。

第六条 企业职工非因工致残和经医生或医疗机构认定患有难以治疗的疾病，在医疗期内医疗终结，不能从事原工作，也不能从事用人单位另行安排的工作的，应当由劳动鉴定委员会参照工伤与职业病致残程度鉴定标准进行劳动能力的鉴定。被鉴定为一至四级的，应当退出劳动岗位，终止劳动关系，办理退休、退职手续，享受退休、退职待遇；被鉴定为五至十级的，医疗期内不得解除劳动合同。

第七条 企业职工非因工致残和经医生或医疗机构认定患有难以治疗的疾病，医疗期满，应当由劳动鉴定委员会参照工伤与职业病致残程度鉴定标准进行劳动能力的鉴定。被鉴定为一至四级的，应当退出劳动岗位，解除劳动关系，并办理退休、退职手续，享受退休、退职待遇。

第八条 医疗期满尚未痊愈者，被解除劳动合同的经济补偿问题按照有关规定执行。

第九条 本规定自一九九五年一月一日起施行。

❷**《关于贯彻执行〈中华人民共和国劳动法〉若干问题的意见》**（1995年8月4日 劳部发

[1995] 309 号)

34. 除劳动法第二十五条规定的情形外，劳动者在医疗期、孕期、产期和哺乳期内，劳动合同期限届满时，用人单位不得终止劳动合同。劳动合同的期限应自动延续至医疗期、孕期、产期和哺乳期期满为止。

59. 职工患病或非因工负伤治疗期间，在规定的医疗期间内由企业按有关规定支付其病假工资或疾病救济费，病假工资或疾病救济费可以低于当地最低工资标准支付，但不能低于最低工资标准的 80%。

❸《关于实行劳动合同制度若干问题的通知》(1996 年 10 月 31 日　劳部发 [1996] 354 号)

22. 劳动者患病或者非因工负伤，合同期满终止劳动合同的，用人单位应当支付不低于 6 个月工资的医疗补助费；对患重病或绝症的，还应适当增加医疗补助费。

❹《关于对劳部发 [1996] 354 号文件有关问题解释的通知》　(1997 年 2 月 5 日　劳办发 [1997] 18 号)

二、《通知》第 22 条"劳动者患病或者非因工负伤，合同期满终止劳动合同的，用人单位应当支付不低于六个月工资的医疗补助费"是指合同期满的劳动者终止劳动合同时，医疗期满或者医疗终结被劳动鉴定委员会鉴定为 5—10 级的，用人单位应当支付不低于六个月工资的医疗补助费。鉴定为 1—4 级的，应当办理退休、退职手续，享受退休、退职待遇。

案例链接

❶《曹小伍等与舞钢市金海纺织有限公司劳动争议纠纷上诉案》，参见北大法宝引证码：Pkulaw. cn/CLI. C. 226493。

学者观点

❶ 王潜：《劳动合同法下用人单位向劳动者支付经济补偿情形探析》，参见北大法宝引证码：Pkulaw. cn/CLI. A. 039150。

【医疗期的延长】

法律问题解读

按照规定，职工患病或非因工负伤，可根据本人实际工作年限和本企业工作年限的长短，享受 3 个月至 24 个月的医疗期。对某些患特殊疾病（如癌症、精神病、瘫痪）的职工，如在其应享受的医疗期内还不能痊愈的，未参加基本医疗保险的，须经所在企业批准；参加基本医疗保险的，须经劳动保障部门批准，还可适当延长医疗期。对特殊疾病的类型，应由企业或者劳动保障部门规定或认定。

法条指引

❶《关于贯彻执行〈劳动法〉若干问题的意见》(1995 年 8 月 4 日　劳部发 [1995] 309 号)

76. 依据劳动部《企业职工患病或非因工负伤医疗期的规定》(劳部发 [1994] 479 号) 和劳动部《关于贯彻〈企业职工患病或非因工负伤医疗期的规定〉的通知》(劳部发 [1995] 236 号)，职工患病或非因工负伤，根据本人实际参加工作的年限和本企业工作年限长短，享受 3—24 个月的医疗期。对于某些患特殊疾病（如癌症、精神病、瘫痪等）的职工，在 24 个月内尚不能痊愈的，经企业和当地劳动部门批准，可以适当延长医疗期。

案例链接

❶《杨勇章诉方亮人身损害赔偿纠纷案》，参见北大法宝引证码：Pkulaw. cn/CLI. C. 7048。

学者观点

❶ 窦艳朝：《试论我国劳动争议立法的健全与完善——从司法解释维度探析》，参见北大法宝引证码：Pkulaw. cn/CLI. A. 038800。

❷ 韩甫政：《信息产业部充当保护伞——电信企业嚣张北京高院沉默不语——电信用户遭殃》，参见北大法宝引证码：Pkulaw. cn/CLI. A. 020489。

第十三章　工伤保险

● 本章为读者提供与以下题目有关的法律问题的解读及相关法律文献依据

工伤保险制度（462）　**工伤保险的适用范围**（462）　**进城务工的农村居民参加工伤保险**（464）　**工伤保险基金**（464）　**工伤保险费率**（465）　**工伤保险储备金**（466）　**应认定为工伤的情形**（467）　**视同工伤的情形**（468）　**不能认定为工伤的情形**（469）　**职业病**（469）　**工伤认定**（471）　**工伤认定举证**（473）　**工伤认定申请时限**（474）　**工伤认定申请时效**（474）　**劳动能力鉴定**（475）　**劳动能力鉴定委员会**（476）　**劳动能力鉴定的程序**（477）　**工伤保险待遇**（478）　**工伤医疗待遇**（481）　**生活护理费**（482）　**一至四级伤残待遇**（482）　**五至六级伤残待遇**（483）　**七至十级伤残待遇**（484）　**因工死亡待遇**（484）　**本人工资**（486）　**供养亲属的范围**（486）　**停止享受工伤保险待遇的情形**（487）　**工伤保险责任的承继**（488）　**派遣出境职工的工伤保险关系**（489）　**再次发生工伤的处理**（489）　**非法经营单位伤亡人员的处理**（489）　**交通事故引起的工伤**（491）　**工伤保险纠纷的处理**（492）　**用人单位与职工违反工伤保险规定的法律责任**（493）

【工伤保险制度】

法律问题解读

工伤保险制度是指由国家依法向社会筹集资金，为职工因工作遭受事故伤害或患职业病时提供医疗救治和经济补偿，帮助其恢复劳动能力，保证其日常生活并分散用人单位工伤风险的社会保险制度。其主要内容包括：工伤保险的适用范围，工伤保险基金的筹集，职业病的诊断，工伤认定，劳动能力鉴定，工伤保险待遇，以及工伤保险管理服务与监督等。

法条指引

❶**《中华人民共和国社会保险法》**（2011 年 7 月 1 日施行）

第三十三条　职工应当参加工伤保险，由用人单位缴纳工伤保险费，职工不缴纳工伤保险费。

❷**《工伤保险条例》**（2003 年 4 月 27 日　国务院令第 375 号）（略）

❸**《中华人民共和国职业病防治法》**（2001 年 10 月 27 日　国务院令第 60 号）（略）

案例链接

❶《邓远银与成都市锦江区老兵搬家服务队工伤保险待遇纠纷上诉案》，参见北大法宝引证码：Pkulaw. cn/CLI. C. 252529。

❷《南平鸿志兴包装装潢有限公司诉周淑英等工伤保险待遇案》，参见北大法宝引证码：Pkulaw. cn/CLI. C. 121463。

学者观点

❶ 段明学：《修改〈工伤保险条例〉的五大建议》，参见北大法宝引证码：Pkulaw. cn/CLI. A. 048944。

❷ 蔡吉恒：《关于取消工伤认定制度的必要性和可行性研究》，参见北大法宝引证码：Pkulaw. cn/CLI. A. 035370。

【工伤保险的适用范围】

法律问题解读

按照现行规定，中华人民共和国境内的各类企业，包括国有企业、集体企业、外商投资企业、民营企业、私营企业、乡镇企业等，以及有雇工的个体工商户，都应参加工伤保险社会统筹，其职工和雇工都应享受工伤保险待遇。所说的职工和雇工是指与用人单位或个体工商户建立劳动关系（包括事实劳动关系）的各种用工形式、用工期限的所有劳动者。

国家规定：国家机关和依照或者参照国家公务员制度进行人事管理的事业单位、社会团体的工作人员因工作遭受事故伤害或者患职业病的，由所在单位支付费用。具体办法由国务院劳动保障行政部门会同国务院人事行政部门、财政部门规定。其他事业单位、社会团体以及各类民办非企业单位的工伤保险等办法，由国务院劳动保障行政部门会同国务院人事行政部门、民政部门、财政部门等，另行规定，报国务院批准后施行。

另外，非法用人单位伤亡人员，包括在无营业执照或未经依法登记、备案的单位以及被依法吊销营业执照或者撤销登记、备案的单位受到事故伤害或者患职业病的职工和用人单位使用童工造成的伤残、死亡童工，也比照工伤保险的待遇标准，由该用人单位支付一次性赔偿。

法条指引

❶《工伤保险条例》（2003 年 4 月 27 日　国务院令第 375 号）

第二条　中华人民共和国境内的各类企业、有雇工的个体工商户（以下称用人单位）应当依照本条例规定参加工伤保险，为本单位全部职工或者雇工（以下称职工）缴纳工伤保险费。

中华人民共和国境内的各类企业的职工和个体工商户的雇工，均有依照本条例的规定享受工伤保险待遇的权利。

有雇工的个体工商户参加工伤保险的具体步骤和实施办法，由省、自治区、直辖市人民政府规定。

第六十二条　国家机关和依照或者参照国家公务员制度进行人事管理的事业单位、社会团体的工作人员因工作遭受事故伤害或者患职业病的，由所在单位支付费用。具体办法由国务院劳动保障行政部门会同国务院人事行政部门、财政部门规定。

其他事业单位、社会团体以及各类民办非企业单位的工伤保险等办法，由国务院劳动保障行政部门会同国务院人事行政部门、民政部门、财政部门等部门参照本条例另行规定，报国务院批准后施行。

第六十三条　无营业执照或者未经依法登记、备案的单位以及被依法吊销营业执照或者撤销登记、备案的单位的职工受到事故伤害或者患职业病的，由该单位向伤残职工或者死亡职工的直系亲属给予一次性赔偿，赔偿标准不得低于本条例规定的工伤保险待遇；用人单位不得使用童工，用人单位使用童工造成童工伤残、死亡的，由该单位向童工或者童工的直系亲属给予一次性赔偿，赔偿标准不得低于本条例规定的工伤保险待遇。具体办法由国务院劳动保障行政部门规定。

前款规定的伤残职工或者死亡职工的直系亲属就赔偿数额与单位发生争议的，以及前款规定的童工或者童工的直系亲属就赔偿数额与单位发生争议的，按照处理劳动争议的有关规定处理。

❷《非法用工单位伤亡人员一次性赔偿办法》（2003 年 9 月 23 日　劳动和社会保障部令第 19 号）

第二条　办法所称非法用工单位伤亡人员，是指在无营业执照或者未经依法登记、备案的单位以及被依法吊销营业执照或者撤销登记、备案的单位受到事故伤害或者患职业病的职工，或者用人单位使用童工造成的伤残、死亡童工。

前款所列单位必须按照本办法的规定向伤残职工或死亡职工的直系亲属、伤残童工或者死亡童工的直系亲属给予一次性赔偿。

案例链接

❶《邹汉英诉孙立根、刘珍工伤事故损害赔偿纠纷案》，参见北大法宝引证码：Pkulaw. cn/CLI. C. 215800。

❷《东营市皮肤病防治站与广饶县人事局工伤行政确认纠纷上诉案》，参见北大法宝引证码：Pkulaw. cn/CLI. C. 181560。

学者观点

❶ 蒋兴南：《工伤保险制度存在的问题及法律思考》，参见北大法宝引证码：Pkulaw. cn/CLI. A. 048231。

❷ 朱友学：《民事赔偿？工伤待遇？——对一起工伤事故案件的法理评析》，参见北大法宝引证码：Pkulaw. cn/CLI. A. 029391。

【进城务工的农村居民参加工伤保险】

法律问题解读

工伤保险是指劳动者因工作原因遭受意外伤害或患职业病而造成死亡、暂时或永久丧失劳动能力时，劳动者及其遗属能够从国家、社会得到必要的物质补偿的一种社会保险制度。

根据《工伤保险条例》的规定，工伤保险的适用范围包括中国境内各类企业、有雇工的个体工商户以及这些用人单位的全部职工或者雇工。所以，这些单位的农民工也应当参加工伤保险。

劳动和社会保障部《关于农民工参加工伤保险有关问题的通知》规定，用人单位注册地与生产经营地不在同一统筹地区的，原则上在注册地参加工伤保险。未在注册地参加工伤保险的，在生产经营地参加工伤保险。农民工受到事故伤害或患职业病后，在参保地进行工伤认定、劳动能力鉴定，并按参保地的规定依法享受工伤保险待遇。用人单位在注册地和生产经营地均未参加工伤保险的，农民工受到事故伤害或者患职业病后，在生产经营地进行工伤认定、劳动能力鉴定，并按生产经营地的规定依法由用人单位支付工伤保险待遇。

劳动者参加工伤保险，本人无须缴纳工伤保险费。

法条指引

❶《关于农民工参加工伤保险有关问题的通知》（2004年6月1日　劳社部发［2004］18号）

二、农民工参加工伤保险、依法享受工伤保险待遇是《工伤保险条例》赋予包括农民工在内的各类用人单位职工的基本权益，各类用人单位招用的农民工均有依法享受工伤保险待遇的权利。各地要将农民工参加工伤保险，作为今年工伤保险扩面的重要工作，明确任务，抓好落实。凡是与用人单位建立劳动关系的农民工，用人单位必须及时为他们办理参加工伤保险的手续。对用人单位为农民工先行办理工伤保险的，各地经办机构应予办理。今年重点推进建筑、矿山等工伤风险较大、职业危害较重行业的农民工参加工伤保险。

三、用人单位注册地与生产经营地不在同一统筹地区的，原则上在注册地参加工伤保险。未在注册地参加工伤保险的，在生产经营地参加工伤保险。农民工受到事故伤害或患职业病后，在参保地进行工伤认定、劳动能力鉴定，并按参保地的规定依法享受工伤保险待遇。用人单位在注册地和生产经营地均未参加工伤保险的，农民工受到事故伤害或者患职业病后，在生产经营地进行工伤认定、劳动能力鉴定，并按生产经营地的规定依法由用人单位支付工伤保险待遇。

四、对跨省流动的农民工，即户籍不在参加工伤保险统筹地区（生产经营地）所在省（自治区、直辖市）的农民工，1至4级伤残长期待遇的支付，可试行一次性支付和长期支付两种方式，供农民工选择。在农民工选择一次性或长期支付方式时，支付其工伤保险待遇的社会保险经办机构应向其说明情况。一次性享受工伤保险长期待遇的，需由农民工本人提出，与用人单位解除或者终止劳动关系，与统筹地区社会保险经办机构签订协议，终止工伤保险关系。1至4级伤残农民工一次性享受工伤保险长期待遇的具体办法和标准由省（自治区、直辖市）劳动保障行政部门制定，报省（自治区、直辖市）人民政府批准。

案例链接

❶《湖北鼎峰钢结构有限公司与武汉市东西湖区劳动和社会保障局劳动行政确认纠纷上诉案》，参见北大法宝引证码：Pkulaw. cn/CLI. C. 249518。

❷《谭正天与中国交通建设集团有限公司劳动争议纠纷上诉案》，参见北大法宝引证码：Pkulaw. cn/CLI. C. 112424。

学者观点

❶ 龚刃韧：《不歧视原则与中国农民权利》，参见北大法宝引证码：Pkulaw. cn/CLI. A. 045478。

【工伤保险基金】

法律问题解读

工伤保险基金是指按照国家关于社会保险征缴规定在一定范围内筹集，主要用于工伤保险适用范围内的职工工伤保险待遇、劳动能力鉴定费用支付的资金，是实施工伤保险制度的基础。工伤保险基金的来源主要是由劳动保障行政部门所属的社会保险经办机构按照一定费率，向参加工伤保险的企业征收的工伤保险费，以及工伤保险基金的利息和依法纳入基金的其他资金，如政府财政的拨付、民间组织和个人的捐助等。工伤保险基金在直辖市和设区的市实行全市统筹，其他地区，主要是指分布在中、西部少数民族自治区内的地市级的州、盟，其统筹层次由省、自治区人民政府确定。工伤保险费，只由参加社会统筹的用人单位缴纳，职工或雇工个人不缴纳。劳动保障行政部门依法对工伤保险费的征缴和工伤保险基金的支付情况进行监督检查。财政部门和审计机关依法对工伤保险基金的收支、管理情况进行监督。

法条指引

❶《工伤保险条例》（2003年4月27日　国务院令第375号）

第三条　工伤保险费的征缴按照《社会保险费征缴暂行条例》关于基本养老保险费、基本医疗保险费、失业保险费的征缴规定执行。

第七条　工伤保险基金由用人单位缴纳的工伤保险费、工伤保险基金的利息和依法纳入工伤保险基金的其他资金构成。

第十条　用人单位应当按时缴纳工伤保险费。职工个人不缴纳工伤保险费。

用人单位缴纳工伤保险费的数额为本单位职工工资总额乘以单位缴费费率之积。

第十一条　工伤保险基金在直辖市和设区的市实行全市统筹，其他地区的统筹层次由省、自治区人民政府确定。

跨地区、生产流动性较大的行业，可以采取相对集中的方式异地参加统筹地区的工伤保险。具体办法由国务院劳动保障行政部门会同有关行业的主管部门制定。

第十二条　工伤保险基金存入社会保障基金财政专户，用于本条例规定的工伤保险待遇、劳动能力鉴定以及法律、法规规定的用于工伤保险的其他费用的支付。任何单位或者个人不得将工伤保险基金用于投资运营、兴建或者改建办公场所、发放奖金，或者挪作其他用途。

第四十九条　劳动保障行政部门依法对工伤保险费的征缴和工伤保险基金的支付情况进行监督检查。

财政部门和审计机关依法对工伤保险基金的收支、管理情况进行监督。

❷《中华人民共和国社会保险费征缴暂行条例》（1999年1月22日　国务院令第259号）（略）

案例链接

❶《徐连华与仙居县人民医院劳动争议纠纷再审案》，参见北大法宝引证码：Pkulaw. cn/CLI. C. 209471。

❷《彭德志与广东顺安达太平货柜有限公司工伤事故损害赔偿纠纷上诉案》，参见北大法宝引证码：Pkulaw. cn/CLI. C. 52418。

学者观点

❶ 虞应斗、李文超：《荣县人民法院呼吁尽快出台关于“人损解释”》，参见北大法宝引证码：Pkulaw. cn/CLI. A. 045292。

【工伤保险费率】

法律问题解读

工伤保险费率是指参加工伤保险的用人单位缴纳的工伤保险费在其支出的职工工资总额中所占的比例。它不同于其他社会保险险种的费率，国家是根据不同行业的工伤风险程度确定行业的差别费率，并根据工伤保险费使用、工伤发生率等情况在每个行业内确定若干档次，实行费率浮动。

首先，行业风险分为三个类别：一类为风险较小行业，二类为中等风险行业，三类为风险较大行业。三类行业分别实行三种不同的工伤保险缴费率。统筹地区社会保险经办机构要根据用人单位的工商登记和主要经营生产业务等情况，分别确定各用人单位的行业风险类别。

其次，各省、自治区、直辖市工伤保险费平均缴费率原则上要控制在职工工资总额的1.0%左右。在这一总体水平下，各统筹地区三类行业的基准费率要分别控制在用人单位职工工资总额的0.5%左右、1.0%左右、2.0%左右。各统筹地区劳动保障部门要会同财政、卫生、安全监管部门，按照以支定收、收支平衡的原则，根据工伤保险费使用、工伤发生率、职业病危害程度等情况提出分类行业基准费率的具体标准，报统筹地区人民政府批准后实施。基准费率的具体标准可定期调整。

第三，用人单位属一类行业的，按行业基准费率缴费，不实行费率浮动。用人单位属二、三类行业的，费率实行浮动。用人单位的初次缴费费率，按行业基准费率确定，以后由统筹地区社会保险经办机构根据用人单位工伤保险费使用、工伤发生率、职业病危害程度等因素，1至3年浮动一次。在行业基准费率的基础上，可上下各浮动两档。费率浮动的具体办法由各统筹地区劳动保障行政部门会同财政、卫生、安全监管部门制定。

法条指引

❶《中华人民共和国社会保险法》（2011年7月1日施行）

第三十四条 国家根据不同行业的工伤风险程度确定行业的差别费率，并根据使用工伤保险基金、工伤发生率等情况在每个行业内确定费率档次。行业差别费率和行业内费率档次由国务院社会保险行政部门制定，报国务院批准后公布施行。

社会保险经办机构根据用人单位使用工伤保险基金、工伤发生率和所属行业费率档次等情况，确定用人单位缴费费率。

❷《工伤保险条例》（2003年4月27日 国务院令第375号）

第八条 工伤保险费根据以支定收、收支平衡的原则，确定费率。

国家根据不同行业的工伤风险程度确定行业的差别费率，并根据工伤保险费使用、工伤发生率等情况在每个行业内确定若干费率档次。行业差别费率及行业内费率档次由国务院劳动保障行政部门会同国务院财政部门、卫生行政部门、安全生产监督管理部门制定，报国务院批准后公布施行。

统筹地区经办机构根据用人单位工伤保险费使用、工伤发生率等情况，适用所属行业内相应的费率档次确定单位缴费费率。

❸《关于工伤保险费率问题的通知》（2003年10月29日 劳社部发［2003］29号）

各省、自治区、直辖市劳动和社会保障厅（局）、财政厅（局）、卫生厅（局）、安全生产监督管理部门：

为贯彻实施《工伤保险条例》，合理确定工伤保险费率，促进工伤预防，实现工伤保险费用社会共济，经国务院批准，现就工伤保险费率问题通知如下：

一、关于行业划分

根据不同行业的工伤风险程度，参照《国民经济行业分类》（GB/T4754—2002），将行业划分为三个类别：一类为风险较小行业，二类为中等风险行业，三类为风险较大行业。三类行业分别实行三种不同的工伤保险缴费率。统筹地区社会保险经办机构要根据用人单位的工商登记和主要经营生产业务等情况，分别确定各用人单位的行业风险类别。行业风险分类见附件。

二、关于费率确定

各省、自治区、直辖市工伤保险费平均缴费率原则上要控制在职工工资总额的1.0%左右。在这一总体水平下，各统筹地区三类行业的基准费率要分别控制在用人单位职工工资总额的0.5%左右、1.0%左右、2.0%左右。各统筹地区劳动保障部门要会同财政、卫生、安全监管部门，按照以支定收、收支平衡的原则，根据工伤保险费使用、工伤发生率、职业病危害程度等情况提出分类行业基准费率的具体标准，报统筹地区人民政府批准后实施。基准费率的具体标准可定期调整。

三、关于费率浮动

用人单位属一类行业的，按行业基准费率缴费，不实行费率浮动。用人单位属二、三类行业的，费率实行浮动。用人单位的初次缴费费率，按行业基准费率确定，以后由统筹地区社会保险经办机构根据用人单位工伤保险费使用、工伤发生率、职业病危害程度等因素，一至三年浮动一次。在行业基准费率的基础上，可上下各浮动两档：上浮第一档到本行业基准费率的120%，上浮第二档到本行业基准费率的150%，下浮第一档到本行业基准费率的80%，下浮第二档到本行业基准费率的50%。费率浮动的具体办法由各统筹地区劳动保障行政部门会同财政、卫生、安全监管部门制定。

各地要认真做好工伤保险相关数据的测算，合理确定行业基准费率，科学制定费率浮动的具体办法。要加强对工伤保险运行情况的监测，定期分析工伤保险费率对工伤保险制度运行的影响，重大问题及时上报。我们将定期了解工伤保险基金收支等情况，及时提出调整行业差别费率及行业内费率档次的方案，报国务院批准后公布施行。

【工伤保险储备金】

法律问题解读

这是指为应对统筹地区发生重大群伤、群死事故时，出现收不抵支情况而建立的一项应急资金。它主要是用于因工伤亡职工的工伤保险待遇的支付。由于工伤保险储备金提留的额度与统筹层次的高低、参保人员的多少，以及各统筹地区经济发展水平等有密切关系，所以国家规定，储备金的提留比例及使用办法，由省级人民政府规定；储备金入不敷出时，由统筹地区政府垫付，垫付资金应按规定由工伤保险基金退还。

法条指引

❶《工伤保险条例》（2003 年 4 月 27 日 国务院令第 375 号）

第十三条 工伤保险基金应当留有一定比例的储备金，用于统筹地区重大事故的工伤保险待遇支付；储备金不足支付的，由统筹地区的人民政府垫付。储备金占基金总额的具体比例和储备金的使用办法，由省、自治区、直辖市人民政府规定。

【应认定为工伤的情形】

法律问题解读

职工享受工伤保险待遇的基本前提，是因工作遭受事故伤害或患职业病。因此，现行法规规定了应认定为工伤的七种具体情形：

（1）在工作时间和工作场所内，因工作原因受到事故伤害的。这里的“工作时间”，是指法律规定或者是用人单位要求职工工作的时间；“工作场所”，是指职工日常工作所在的场所，以及领导临时指派其从事工作的场所；“因工作原因”，是指遇到的事故是在职工工作过程中发生的；“事故伤害”，是职工在事故中受到人身伤害。职工遭受的事故伤害，只要同时具备了时间、地点、原因这三个要素，就应当认定为工伤。

（2）工作时间前后在工作场所内，从事与工作有关的预备性或者收尾性工作受到事故伤害的。工作时间前后的一定时间，虽然不是在工作时间内，但它与工作时间紧密相连。如果职工在此期间，在工作场所从事与工作有关的预备性工作，如备车、备料、准备生产工具等；或者收尾性工作，如清理工作场所、收拾工具归仓等，发生事故，人身受到伤害，也应认定为工伤。

（3）在工作时间和工作场所内，因履行工作职责受到暴力等意外伤害的。“因履行工作职责受到暴力等意外伤害”，一般有两种情况：一是职工因履行职责，致使某些人不合理或违法的目的没有实现，这些人出于报复而对该职工实施暴力，使之人身受到伤害。二是职工在工作时间、工作场所正常履行工作职责，突然发生意外事件，如地震、火灾、爆炸等，使之受到人身伤害。这些情形应当认定为工伤。

（4）患职业病的。职工根据用人单位的安排，在职业活动中，因接触粉尘、放射性物质和其他有毒、有害物质等因素而引发的疾病，经省级以上政府卫生行政部门批准的医疗卫生机构诊断，属职业病的，应认定为工伤。

（5）因工外出期间，由于工作原因受到伤害或者发生事故下落不明的。这里所说的“因工外出”，是指职工不在本单位的工作场所内，受领导指派在本单位以外从事工作；“由于工作原因受到伤害”，是指在履行工作职责的过程中直接或间接受到人身伤害，包括意外事故伤害、暴力伤害和其他形式的伤害；“发生事故下落不明”，包括安全事故、意外事故，以及自然灾害等各种形式的事故，致使职工下落不明。这些情形应认定为工伤。

（6）在上下班途中，受到机动车事故伤害的。“上下班途中”是指职工在上班或下班的合理路线、合理时间内的途中；受到的事故伤害是由汽车、摩托车等机动车造成的。只要同时具备这两个要素，不论是谁的责任，被伤害的职工都应认定为工伤。

（7）法律、行政法规规定应当认定为工伤的其他情形。这主要是从发展的角度，为国家立法留出了空间和余地。因为随着实践的发展，新情况会层出不穷，届时国家会将其通过立法，规定为可以认定为工伤的情形。

法条指引

❶《中华人民共和国社会保险法》（2011 年 7 月 1 日施行）

第三十六条 职工因工作原因受到事故伤害或者患职业病，且经工伤认定的，享受工伤保险待遇；其中，经劳动能力鉴定丧失劳动能力的，享受伤残待遇。

工伤认定和劳动能力鉴定应当简捷、方便。

❷《工伤保险条例》（2003 年 4 月 27 日 国务院令第 375 号）

第十四条 职工有下列情形之一的，应当认定为工伤：

（一）在工作时间和工作场所内，因工作原因受到事故伤害的；

（二）工作时间前后在工作场所内，从事与工作有关的预备性或者收尾性工作受到事故伤害的；

（三）在工作时间和工作场所内，因履行工作职责受到暴力等意外伤害的；

（四）患职业病的；

（五）因工外出期间，由于工作原因受到伤害或者发生事故下落不明的；

（六）在上下班途中，受到机动车事故伤害的；

（七）法律、行政法规规定应当认定为工伤的其他情形。

❸**《中华人民共和国职业病防治法》**（2001年10月27日　国务院主席令第60号）

第二条　本法适用于中华人民共和国领域内的职业病防治活动。

本法所称职业病，是指企业、事业单位和个体经济组织（以下统称用人单位）的劳动者在职业活动中，因接触粉尘、放射性物质和其他有毒、有害物质等因素而引起的疾病。

职业病的分类和目录由国务院卫生行政部门会同国务院劳动保障行政部门规定、调整并公布。

案例链接

❶《北京国玉大酒店有限公司诉北京市朝阳区劳动和社会保障局工伤认定行政纠纷案》，参见北大法宝引证码：Pkulaw. cn/CLI. C. 123429。

❷《杨文伟诉宝二十冶公司人身损害赔偿纠纷案》，参见北大法宝引证码：Pkulaw. cn/CLI. C. 67447。

学者观点

❶ 于杨宁、夏红旗：《违反公司规章伤亡是否属于工伤》，参见北大法宝引证码：Pkulaw. cn/CLI. A. 048272。

❷ 成尉冰：《从"一个环节，八轮程序"看工伤认定制度之误》，参见北大法宝引证码：Pkulaw. cn/CLI. A. 048939。

【视同工伤的情形】

法律问题解读

在实际生活中常存在一些不符合认定工伤的条件，却又与工伤相近的情形。从合情合理的角度，现行法规对视同工伤的情形作了规定：

一是在工作时间和工作岗位，突发疾病死亡或者在48小时之内经抢救无效死亡的。这种死亡情况的主要原因，是职工原有疾病的突然发作，而不是由于工作的原因。然而，该职工是在工作时间和工作岗位上死亡的，因此与工作也是有关系的，将其列为视同工伤的情形是合适的。

二是在抢险救灾等维护国家利益、公共利益活动中受到伤害的。虽然职工从事的这些公益活动不是履行本职工作，其人身受到伤害不符合工伤认定的条件，但是这种大公无私、见义勇为的行为应当大力弘扬。因此，列其为视同工伤的情形是符合民意的。

三是职工原在军队服役，因战、因公负伤致残，已取得革命伤残军人证，到用人单位后旧伤复发的。不言而喻，将这种情形列为视同工伤，也是在情理之中的。

在这三种视同工伤的情形中，前两种人可以完全享受工伤保险待遇，第三种人可以享受除一次性伤残补助金以外的工伤保险待遇。

法条指引

❶**《工伤保险条例》**（2003年4月27日　国务院令第375号）

第十五条　职工有下列情形之一的，视同工伤：

（一）在工作时间和工作岗位，突发疾病死亡或者在48小时之内经抢救无效死亡的；

（二）在抢险救灾等维护国家利益、公共利益活动中受到伤害的；

（三）职工原在军队服役，因战、因公负伤致残，已取得革命伤残军人证，到用人单位后旧伤复发的。

职工有前款第（一）项、第（二）项情形的，按照本条例的有关规定享受工伤保险待遇；职工有前款第（三）项情形的，按照本条例的有关规定享受除一次性伤残补助金以外的工伤保险待遇。

案例链接

❶《张路与武汉市人力资源和社会保障局劳动行政确认纠纷上诉案》，参见北大法宝引证码：Pkulaw. cn/CLI. C. 249568。

❷《易三红与武汉市劳动和社会保障局劳动和社会保障行政确认纠纷上诉案》，参见北大法宝引证码：Pkulaw. cn/CLI. C. 249113。

学者观点

❶ 成尉冰、麦仲康：《法律援助：保护私企财产受伤不属工伤?》，参见北大法宝引证码：Pkulaw.

cn/CLI. A. 046153。

❷ 余一平:《处理非法用工致害案件的二个问题探讨》,参见北大法宝引证码:Pkulaw. cn/CLI. A. 050961。

【不能认定为工伤的情形】

法律问题解读

在实际工作中，表面上看似是在工作中发生人身伤害，而仔细调查则又发生疑惑的事也时有发生。为了便于操作，国家明确规定了三种情形是不能认定为工伤或者视同工伤的。

第一种是故意犯罪的。尽管是在工作时间、工作场所、也是在从事领导安排的工作，只要该职工故意犯罪导致伤亡的，就不能认定为工伤或视同工伤，因此，从此种意义来说，职工过失犯罪或者违反治安管理处罚法的行为导致伤亡，符合工伤认定条件的，也应认定为工伤。

第二种是醉酒或者吸毒。国家有些法律明令不准醉酒后工作，如禁止酒后驾车，而吸毒则是属于严重违法行为，且吸食毒品影响控制力。因此，因醉酒或吸毒后工作导致伤亡的，是不能认定为工伤和视同工伤的。

第三是自残或自杀的。有的职工为了达到某种目的或因为某种原因，利用从事工作的时间进行自残或自杀，遇有类似情形，应在查清事实的基础上，不予认定工伤和视同工伤。

法条指引

❶ **《中华人民共和国社会保险法》**（2011 年 7 月 1 日施行）

第三十七条　职工因下列情形之一导致本人在工作中伤亡的，不认定为工伤：

（一）故意犯罪；

（二）醉酒或者吸毒；

（三）自残或者自杀；

（四）法律、行政法规规定的其他情形。

❷ **《工伤保险条例》**（2003 年 4 月 27 日　国务院令第 375 号）

第十六条　职工有下列情形之一的，不得认定为工伤或者视同工伤：

（一）因犯罪或者违反治安管理伤亡的；

（二）醉酒导致伤亡的；

（三）自残或者自杀的。

案例链接

❶《孙立兴诉天津园区劳动局工伤认定行政纠纷案》,参见北大法宝引证码:Pkulaw. cn/CLI. C. 67405。

❷《武陵县安居建材有限公司与武陵县劳动和社会保障局工伤行政确认纠纷上诉案》,参见北大法宝引证码:Pkulaw. cn/CLI. C. 253694。

学者观点

❶ 段明学:《将抑郁自杀判决为因公死亡有损公正》,参见北大法宝引证码:Pkulaw. cn/CLI. A. 044615。

【职业病】

法律问题解读

职业病是指劳动者在生产劳动及其他职业活动中，接触职业性有害因素引起的疾病。认定职业病须掌握三个要件：（1）患病主体必须是企业事业单位或者是个体经济组织中的劳动者；（2）所患疾病必须是在从事职业活动中发生的；（3）该疾病必须是因接触粉尘等有毒有害物质引发的。

由于职业病危害因素很多，导致职业病的范围很广，所以国家根据我国的经济发展水平，参考国际通行做法，制定了《职业病目录》，重点防治 10 类 115 种职业病。这 10 类职业病分别是（1）尘肺病；（2）职业性放射性疾病；（3）职业中毒；（4）物理因素所致职业病（如、中暑、减压病、高原病等）；（5）生物因素所致职业病（如：炭疽、森林脑炎等）；（6）职业性皮肤病；（7）职业性眼病；（8）职业性耳鼻喉口腔疾病；（9）职业性肿瘤；（10）其他职业病（如：金属烟热、职业性哮喘等）。因此，职工所患职业疾病必须是国家规定的职业病范围内的，才能享受工伤保险待遇和职业病的相关待遇。

职工患职业病后，除可以按规定享受工伤保险待遇以外，还可以享受以下待遇：

（1）用人单位对从事接触职业病危害作业的劳动者，应当给予适当岗位津贴。

（2）职工被确诊患有职业病后，其所在单位应根据职业病诊断机构（诊断组）的意见，安排其医治或疗养。在医治或疗养后被确认不宜继续从事原有害作业或工作的，应在确认之日起的两个月内将其调离原工作岗位，另行安排工作；对于因工作需要暂不能调离的生产、工作技术骨干，调离期限最长不得超过半年。

（3）从事有害作业的职工，因按规定接受职业性健康检查所占用的生产、工作时间，应按正常出勤处理；如职业病防治机构认为需要住院作进一步检查时，不论其最后是否诊断为职业病，在此期间可享受职业病待遇。

(4) 职业病患者依照民事法律，尚有获得赔偿权利的，有权向用人单位索要赔偿。

(5) 从事有害作业的职工，其所在单位必须为其建立健康档案。变动工作单位时，事先须经当地职业病防治机构进行健康检查，其检查材料装入健康档案。

(6) 患有职业病的职工变动工作单位时，其职业病待遇应由原单位负责，或两个单位协商处理，双方商妥后方可办理调转手续，并将其健康档案、职业病诊断证明及职业病处理情况等材料全部移交新单位。调出、调入单位都应将情况报各所在地的劳动卫生职业病防治机构备案。

(7) 职工到新单位后，新发现的职业病不论与现工作有无关系，其职业病待遇由新单位负责。过去按有关规定已做处理的不再改变。

(8) 劳动合同制工人、临时工终止或解除劳动合同后，在待业期间新发现的职业病与上一个劳动合同期工作有关时，其职业病待遇由原终止或解除劳动合同的单位负责；如原单位已与其他单位合并者，由合并后的单位负责；如原单位已撤销者，应由原单位的上级主管机关负责。

法条指引

❶**《中华人民共和国职业病防治法》**（2001 年 10 月 27 日　国务院主席令第 60 号）

第五十条　职业病病人依法享受国家规定的职业病待遇。

用人单位应当按照国家有关规定，安排职业病病人进行治疗、康复和定期检查。

用人单位对不适宜继续从事原工作的职业病病人，应当调离原岗位，并妥善安置。

用人单位对从事接触职业病危害的作业的劳动者，应当给予适当岗位津贴。

第五十二条　职业病病人除依法享有工伤社会保险外，依照有关民事法律，尚有获得赔偿的权利的，有权向用人单位提出赔偿要求。

❷**《关于职业病范围和职业病患者处理办法的规定》**（1987 年 11 月 5 日　[87] 卫防字第 82 号）

第三条　职业病系指劳动者在生产劳动及其他职业活动中，接触职业性有害因素引起的疾病。本规定所列《职业病名单》（附后）中的职业病，为国家规定的职业病范围。

各地区、部门需要增补的职业病，应报卫生部审批。

第六条　职工被确诊患有职业病后，其所在单位应根据职业病诊断机构（诊断组）的意见，安排其医治或疗养。在医治或疗养后被确认不宜继续从事原有害作业或工作的，应在确认之日起的两个月内将其调离原工作岗位，另行安排工作；对于因工作需要暂不能调离的生产、工作的技术骨干，调离期限最长不得超过半年。

第七条　从事有害作业的职工，因按规定接受职业性健康检查所占用的生产、工作时间，应按正常出勤处理；如职业病防治机构（诊断组）认为需要住院作进一步检查时，不论其最后是否诊断为职业病，在此期间可享受职业病待遇。

第八条　从事有害作业的职工，其所在单位必须为其建立健康档案。变动工作单位时，事先须经当地职业病防治机构进行健康检查，其检查材料装入健康档案。

患有职业病的职工变动工作单位时，其职业病待遇应由原单位负责或两个单位协商处理，双方商妥后方可办理调转手续，并将其健康档案、职业病诊断证明及职业病处理情况等材料全部移交新单位。调出、调入单位都应将情况报各所在地的劳动卫生职业病防治机构备案。

职工到新单位后，新发现的职业病不论与现工作有无关系，其职业病待遇由新单位负责。过去按有关规定已做处理的不再改变。

第九条　劳动合同制工人、临时工终止或解除劳动合同后，在待业期间新发现的职业病与上 1 个劳动合同期工作有关时，其职业病待遇由原终止或解除劳动合同的单位负责；如原单位已与其他单位合并者，由合并后的单位负责；如原单位已撤销者，应由原单位的上级主管机关负责。

❸**卫生部　劳动保障部《关于印发〈职业病目录〉的通知》**（2002 年 4 月 18 日　卫法监发[2002] 108 号）（略）

案例链接

❶《钟宁秀等与武平县社会劳动保险公司保险金赔偿纠纷上诉案》，参见北大法宝引证码：Pkulaw. cn/CLI. C. 211630。

❷《谈玉杏与佛山华国光学器材有限公司工伤赔偿纠纷上诉案》，参见北大法宝引证码：Pkulaw. cn/CLI. C. 47516。

学者观点

❶ 王怡:《论当与工伤保险给付请求权竞合时工伤职工民事赔偿请求权时效期间的起算点》,参见北大法宝引证码:Pkulaw. cn/CLI. A. 050325。

❷ 曹险峰:《工伤保险与侵权损害赔偿责任适用关系问题研究》,参见北大法宝引证码:Pkulaw. cn/CLI. A. 051681。

【工伤认定】

法律问题解读

工伤认定是指劳动保障行政部门根据用人单位或劳动者提出的工伤认定申请及证据材料,依法对职工遭受的事故伤害或所患职业病作出是否属于工伤的判定。它是关系职工切身利益的重要环节。其基本程序是:

1. 提出工伤认定申请

用人单位应自职工发生事故伤害或者按照职业病防治法规定被诊断、鉴定为职业病之日起 30 日内,向统筹地区劳动保障行政部门提出工伤认定申请。如该劳动保障行政部门是省级劳动保障行政部门,则用人单位应根据属地原则向用人单位所在地设区的市级劳动保障行政部门提出。用人单位未在规定的期限内提出工伤认定申请的,受伤害职工或者其直系亲属、工会组织在事故伤害发生之日或者被诊断、鉴定为职业病之日起 1 年内,可以直接向有管辖权的劳动保障行政部门提出工伤认定申请。

2. 提交相关材料

申请工伤认定,除应填写《工伤认定申请表》以外,还应提交:劳动合同文本复印件或其他建立劳动关系的有效证明;医疗机构出具的受伤后诊断证明书或者职业病诊断证明书(或者职业病诊断鉴定书)。

3. 决定是否受理

经研究,劳动保障行政部门决定受理或者不予受理的,应当书面告知申请人并说明理由。

4. 调查核实

劳动保障行政部门决定受理的申请,对申请人提供的符合国家有关规定的职业病诊断证明书或者职业病诊断鉴定书,不再进行调查核实;对不符合国家规定的格式和要求的,可以要求出具证明的部门重新提供。对遭受事故伤害而提出申请的,须进行调查核实。

5. 当事人举证

一般情况下,应当是谁主张谁举证。如果职工或者其直系亲属认为是工伤,用人单位不认为是工伤的,则由该用人单位承担举证责任。用人单位拒不举证的,劳动保障行政部门可以根据受伤害职工提供的证据依法作出工伤认定结论。

6. 作出工伤认定决定

劳动保障行政部门自受理工伤认定申请之日起 60 日内要作出工伤认定决定。认定决定包括是否属于工伤或视同工伤的内容。还应自工伤认定决定作出之日起 20 个工作日内,将工伤认定决定送达双方当事人,并抄送社会保险经办机构。

法条指引

❶**《工伤保险条例》**(2003 年 4 月 27 日 国务院令第 375 号)

第十七条 职工发生事故伤害或者按照职业病防治法规定被诊断、鉴定为职业病,所在单位应当自事故伤害发生之日或者被诊断、鉴定为职业病之日起 30 日内,向统筹地区劳动保障行政部门提出工伤认定申请。遇有特殊情况,经报劳动保障行政部门同意,申请时限可以适当延长。

用人单位未按前款规定提出工伤认定申请的,工伤职工或者其直系亲属、工会组织在事故伤害发生之日或者被诊断、鉴定为职业病之日起 1 年内,可以直接向用人单位所在地统筹地区劳动保障行政部门提出工伤认定申请。

按照本条第一款规定应当由省级劳动保障行政部门进行工伤认定的事项,根据属地原则由用人单位所在地的设区的市级劳动保障行政部门办理。

用人单位未在本条第一款规定的时限内提交工伤认定申请,在此期间发生符合本条例规定的工伤待遇等有关费用由该用人单位负担。

第十八条 提出工伤认定申请应当提交下列材料:

(一)工伤认定申请表;

(二)与用人单位存在劳动关系(包括事实劳动关系)的证明材料;

(三)医疗诊断证明或者职业病诊断证明书(或者职业病诊断鉴定书)。

工伤认定申请表应当包括事故发生的时间、地点、原因以及职工伤害程度等基本情况。

工伤认定申请人提供材料不完整的,劳动保

障行政部门应当一次性书面告知工伤认定申请人需要补正的全部材料。申请人按照书面告知要求补正材料后，劳动保障行政部门应当受理。

第十九条 劳动保障行政部门受理工伤认定申请后，根据审核需要可以对事故伤害进行调查核实，用人单位、职工、工会组织、医疗机构以及有关部门应当予以协助。职业病诊断和诊断争议的鉴定，依照职业病防治法的有关规定执行。对依法取得职业病诊断证明书或者职业病诊断鉴定书的，劳动保障行政部门不再进行调查核实。

职工或者其直系亲属认为是工伤，用人单位不认为是工伤的，由用人单位承担举证责任。

第二十条 劳动保障行政部门应当自受理工伤认定申请之日起60日内作出工伤认定的决定，并书面通知申请工伤认定的职工或者其直系亲属和该职工所在单位。

劳动保障行政部门工作人员与工伤认定申请人有利害关系的，应当回避。

❷《工伤认定办法》（2003年9月23日 劳动和社会保障部令第17号）

第一条 为规范工伤认定程序，依法进行工伤认定，维护当事人的合法权益，根据《工伤保险条例》的有关规定，制定本办法。

第二条 劳动保障行政部门进行工伤认定按照本办法执行。

第三条 职工发生事故伤害或者按照职业病防治法规定被诊断、鉴定为职业病，所在单位应当自事故伤害发生之日或者被诊断、鉴定为职业病之日起30日内，向统筹地区劳动保障行政部门提出工伤认定申请。遇有特殊情况，经报劳动保障行政部门同意，申请时限可以适当延长。

按照前款规定应当向省级劳动保障行政部门提出工伤认定申请的，根据属地原则应向用人单位所在地设区的市级劳动保障行政部门提出。

第四条 用人单位未在规定的期限内提出工伤认定申请的，受伤害职工或者其直系亲属、工会组织在事故伤害发生之日或者被诊断、鉴定为职业病之日起1年内，可以直接按本办法第三条规定提出工伤认定申请。

第五条 提出工伤认定申请应当填写《工伤认定申请表》，并提交下列材料：

（一）劳动合同文本复印件或其他建立劳动关系的有效证明；

（二）医疗机构出具的受伤后诊断证明书或者职业病诊断证明书（或者职业病诊断鉴定书）。

工伤认定申请表的样式由劳动保障部统一制定。

第六条 申请人提供材料不完整的，劳动保障行政部门应当当场或者在15个工作日内以书面形式一次性告知工伤认定申请人需要补正的全部材料。

第七条 工伤认定申请人提供的申请材料完整，属于劳动保障行政部门管辖范围且在受理时效内的，劳动保障行政部门应当受理。

劳动保障行政部门受理或者不予受理的，应当书面告知申请人并说明理由。

第八条 劳动保障行政部门受理工伤认定申请后，根据需要可以对提供的证据进行调查核实，有关单位和个人应当予以协助。用人单位、医疗机构、有关部门及工会组织应当负责安排相关人员配合工作，据实提供情况和证明材料。

第九条 劳动保障行政部门在进行工伤认定时，对申请人提供的符合国家有关规定的职业病诊断证明书或者职业病诊断鉴定书，不再进行调查核实。职业病诊断证明书或者职业病诊断鉴定书不符合国家规定的格式和要求的，劳动保障行政部门可以要求出具证据部门重新提供。

第十条 劳动保障行政部门受理工伤认定申请后，可以根据工作需要，委托其他统筹地区的劳动保障行政部门或相关部门进行调查核实。

第十一条 劳动保障行政部门工作人员进行调查核实，应由两名以上人员共同进行，并出示执行公务的证件。

第十二条 劳动保障行政部门工作人员进行调查核实时，可以行使下列职权：

（一）根据工作需要，进入有关单位和事故现场；

（二）依法查阅与工伤认定有关的资料，询问有关人员；

（三）记录、录音、录像和复制与工伤认定有关的资料。

第十三条 劳动保障行政部门人员进行调查核实时，应当履行下列义务：

（一）保守有关单位商业秘密及个人隐私；

（二）为提供情况的有关人员保密。

第十四条 职工或者其直系亲属认为是工伤，用人单位不认为是工伤的，由该用人单位承担举证责任。用人单位拒不举证的，劳动保障行政部门可以根据受伤害职工提供的证据依法作出工伤认定结论。

第十五条 劳动保障行政部门应当自受理工伤认定申请之日起60日内作出工伤认定决定。认定决定包括工伤或视同工伤的认定决定和不属于工伤或不视同工伤的认定决定。

第十六条　工伤认定决定应当载明下列事项：

（一）用人单位全称；

（二）职工的姓名、性别、年龄、职业、身份证号码；

（三）受伤部位、事故时间和诊治时间或职业病名称、伤害经过和核实情况、医疗救治的基本情况和诊断结论；

（四）认定为工伤、视同工伤或认定为不属于工伤、不视同工伤的依据；

（五）认定结论；

（六）不服认定决定申请行政复议的部门和期限；

（七）作出认定决定的时间。

工伤认定决定应加盖劳动保障行政部门工伤认定专用印章。

第十七条　劳动保障行政部门应当自工伤认定决定作出之日起20个工作日内，将工伤认定决定送达工伤认定申请人以及受伤害职工（或其直系亲属）和用人单位，并抄送社会保险经办机构。

工伤认定法律文书的送达按照《民事诉讼法》有关送达的规定执行。

第十八条　工伤认定结束后，劳动保障行政部门应将工伤认定的有关资料至少保存20年。

第十九条　职工或者其直系亲属、用人单位对不予受理决定不服或者对工伤认定决定不服的，可以依法申请行政复议或者提起行政诉讼。

第二十条　进行工伤认定调查核实时，用人单位及人员拒不依法履行协助义务的，由劳动保障行政部门责令改正。

第二十一条　本办法自2004年1月1日起施行。

案例链接

❶《铃王公司诉无锡市劳动局工伤认定决定行政纠纷案》，参见北大法宝引证码：Pkulaw. cn/CLI. C. 67422。

❷《重庆通顺建筑安装工程有限公司与重庆市巴南区劳动和社会保障局等劳动和社会保障行政确认纠纷上诉案》，参见北大法宝引证码：Pkulaw. cn/CLI. C. 252435。

学者观点

❶ 刘忠二：《浅析工伤保险之法律适用》，参见北大法宝引证码：Pkulaw. cn/CLI. A. 042012。

❷ 何福平、詹文天：《工伤认定申请期限辨析》，参见北大法宝引证码：Pkulaw. cn/CLI. A. 048955。

【工伤认定举证】

法律问题解读

在工伤认定过程中，用人单位和职工都应根据具体情况向劳动保障行政部门提供相关证据，尤其是双方存有异议时，更应重视举证。一般有这样几种情况：

（1）因履行工作职责受到暴力伤害的，须提交公安机关或人民法院的判决书或其他有效证明。

（2）由于机动车事故引起的伤亡事故提出工伤认定的，须提交公安交通管理部门的责任认定书或其他有效证明。

（3）因工外出期间，由于工作原因受到伤害的，须提交公安部门证明或其他证明；发生事故下落不明的，认定因工死亡提交人民法院宣告死亡的结论。

（4）在工作时间和工作岗位，突发疾病死亡或者在48小时之内经抢救无效死亡的，须提交医疗机构的抢救和死亡证明。

（5）属于抢险救灾等维护国家利益、公众利益活动中受到伤害的，须按法律法规规定，提交有效证明。

（6）属于因战、因公负伤致残的转业、复员军人旧伤复发的，须提交《革命伤残军人证明》及医疗机构对旧伤复发的诊断证明。

法条指引

❶《工伤认定办法》（2003年9月23日　劳动和社会保障部发布）（略）

案例链接

❶《重庆西铝华川工程承包开发总公司与重庆市九龙坡区劳动和社会保障局等劳动和社会保障行政确认纠纷上诉案》，参见北大法宝引证码：Pkulaw. cn/CLI. C. 253029。

❷《雷某与重庆市九龙坡区劳动和社会保障局不服工伤性质认定纠纷上诉案》，参见北大法宝引证码：Pkulaw. cn/CLI. C. 252971。

【工伤认定申请时限】

法律问题解读

现行法规规定，职工发生事故伤害或确定为职业病，用人单位需自事故伤害发生之日，或者由省级卫生部门指定的职业病诊断机构确诊为职业病之日起30天内，向劳动保障行政部门提出工伤认定申请。这里的30天，就是对用人单位申请认定工伤的时限要求。如果用人单位遇有特殊情况，可以申请延期，经劳动保障行政部门同意，申请时限可以延长。如果用人单位未在规定的时限内提交工伤认定申请，则在此期间发生的符合规定的工伤待遇等费用，由该用人单位承担。这样规定，其目的是为了督促用人单位尽快找出工伤事故的原因，及时采取措施，加强安全生产的监管；同时也可及时给予职工工伤保险待遇，保护其合法权益。

法条指引

❶《工伤保险条例》（2003年4月27日 国务院令第375号）

第十七条 职工发生事故伤害或者按照职业病防治法规定被诊断、鉴定为职业病，所在单位应当自事故伤害发生之日或者被诊断、鉴定为职业病之日起30日内，向统筹地区劳动保障行政部门提出工伤认定申请。遇有特殊情况，经报劳动保障行政部门同意，申请时限可以适当延长。

用人单位未按前款规定提出工伤认定申请的，工伤职工或者其直系亲属、工会组织在事故伤害发生之日或者被诊断、鉴定为职业病之日起1年内，可以直接向用人单位所在地统筹地区劳动保障行政部门提出工伤认定申请。

按照本条第一款规定应当由省级劳动保障行政部门进行工伤认定的事项，根据属地原则由用人单位所在地的设区的市级劳动保障行政部门办理。

用人单位未在本条第一款规定的时限内提交工伤认定申请，在此期间发生符合本条例规定的工伤待遇等有关费用由该用人单位负担。

❷《工伤认定办法》（2003年9月23日 劳动和社会保障部发布）

第三条 职工发生事故伤害或者按照职业病防治法规定被诊断、鉴定为职业病，所在单位应当自事故伤害发生之日或者被诊断、鉴定为职业病之日起30日内，向统筹地区劳动保障行政部门提出工伤认定申请。遇有特殊情况，经报劳动保障行政部门同意，申请时限可以适当延长。

按照前款规定应当向省级劳动保障行政部门提出工伤认定申请的，根据属地原则应向用人单位所在地设区的市级劳动保障行政部门提出。

第四条 用人单位未在规定的期限内提出工伤认定申请的，受伤害职工或者其直系亲属、工会组织在事故伤害发生之日或者被诊断、鉴定为职业病之日起1年内，可以直接按本办法第三条规定提出工伤认定申请。

案例链接

❶《汤高杰与关华华劳动争议纠纷上诉案》，参见北大法宝引证码：Pkulaw. cn/CLI. C. 253668。

❷《陈成法与人浙江中兴海运有限公司海上人身损害赔偿纠纷上诉案》，参见北大法宝引证码：Pkulaw. cn/CLI. C. 247190。

学者观点

❶ 左明：《左氏评析：〈杨庆峰诉无锡市劳动和社会保障局工伤认定行政纠纷案〉》，参见北大法宝引证码：Pkulaw. cn/CLI. A. 052893。

❷ 何福平、詹文天：《工伤认定申请期限辨析》，参见北大法宝引证码：Pkulaw. cn/CLI. A. 048955。

【工伤认定申请时效】

法律问题解读

我国现行民事法律制度中，对人身受到伤害要求赔偿的诉讼时效规定为1年。参照这一规定，工伤保险法规规定，工伤职工或者直系亲属，工会组织在事故伤害发生之日或职业病确诊之日起1年内，可以直接向劳动保障行政部门提出工伤认定申请。这里的1年，就是工伤职工申请工伤认定的时效。超过这一时效，该职工则丧失了工伤认定申请的权利，不能再向劳动保障行政部门提出工伤认定的申请，或者说，即使提出工伤认定申请，劳动保障行政部门也会做出不予受理的决定。这一规定，对充分保护工伤职工的权利有着十分积极的意义。

法条指引

❶《工伤保险条例》（2003 年 4 月 27 日　国务院令第 375 号）

第十七条　职工发生事故伤害或者按照职业病防治法规定被诊断、鉴定为职业病，所在单位应当自事故伤害发生之日或者被诊断、鉴定为职业病之日起 30 日内，向统筹地区劳动保障行政部门提出工伤认定申请。遇有特殊情况，经报劳动保障行政部门同意，申请时限可以适当延长。

用人单位未按前款规定提出工伤认定申请的，工伤职工或者其直系亲属、工会组织在事故伤害发生之日或者被诊断、鉴定为职业病之日起 1 年内，可以直接向用人单位所在地统筹地区劳动保障行政部门提出工伤认定申请。

按照本条第一款规定应当由省级劳动保障行政部门进行工伤认定的事项，根据属地原则由用人单位所在地的设区的市级劳动保障行政部门办理。

用人单位未在本条第一款规定的时限内提交工伤认定申请，在此期间发生符合本条例规定的工伤待遇等有关费用由该用人单位负担。

❷《工伤认定办法》（2003 年 9 月 23 日　劳动和社会保障部发布）

第三条　职工发生事故伤害或者按照职业病防治法规定被诊断、鉴定为职业病，所在单位应当自事故伤害发生之日或者被诊断、鉴定为职业病之日起 30 日内，向统筹地区劳动保障行政部门提出工伤认定申请。遇有特殊情况，经报劳动保障行政部门同意，申请时限可以适当延长。

按照前款规定应当向省级劳动保障行政部门提出工伤认定申请的，根据属地原则应向用人单位所在地设区的市级劳动保障行政部门提出。

第四条　用人单位未在规定的期限内提出工伤认定申请的，受伤害职工或者其直系亲属、工会组织在事故伤害发生之日或者被诊断、鉴定为职业病之日起 1 年内，可以直接按本办法第三条规定提出工伤认定申请。

案例链接

❶《四川成都拓宇印务有限公司与魏勇工伤事故损害赔偿纠纷上诉案》，参见北大法宝引证码：Pkulaw. cn/CLI. C. 112234。

❷《邱世专与苏亚林等工伤事故损害赔偿纠纷上诉案》，参见北大法宝引证码：Pkulaw. cn/CLI. C. 87509。

学者观点

❶ 成尉冰、麦仲康：《法律援助经典：工伤一年后的成功索赔》，参见北大法宝引证码：Pkulaw. cn/CLI. A. 046154。

❷ 吴春林：《构成工伤不能主张人身伤害赔偿——兼评一例工伤案例判决》，参见北大法宝引证码：Pkulaw. cn/CLI. A. 035348。

【劳动能力鉴定】

法律问题解读

劳动能力鉴定是指有关法律授权机构对被认定为工伤或视同工伤的劳动者，经治疗伤情或病情相对稳定后存在残疾、影响劳动能力的，通过医学检查，依据鉴定标准对其劳动功能障碍和生活自理障碍程度作出的等级判定。它能够准确认定职工因伤残、病残而失能的程度，是确定其工伤保险伤残待遇的基础。

劳动能力丧失，又称劳动功能障碍。根据劳动能力鉴定标准，劳动功能障碍分为 10 个伤残等级，一级为最重，十级为最轻。其划分的基本标准如下：

器官缺失或功能完全丧失，其他器官不能代偿，存在特殊医疗依赖，生活完全或大部分不能自理的为一级。

器官严重缺损或畸形，有严重功能障碍或并发症，存在特殊医疗依赖，或生活大部分不能自理的为二级。

器官严重缺损或畸形，有严重功能障碍或并发症，存在特殊医疗依赖，或生活部分不能自理的为三级。

器官严重缺损或畸形，有严重功能障碍或并发症，存在特殊医疗依赖，生活可以自理的为四级。

器官大部缺损或明显畸形，有较重功能障碍或并发症，存在一般医疗依赖，生活能自理的为五级。

器官缺损或明显畸形，有中等功能障碍或并发症，存在一般医疗依赖，生活能自理的为六级。

器官大部分缺损或畸形，有中等功能障碍或并发症，存在一般医疗依赖，生活能自理的为七级。

器官部分缺损，形态异常，轻度功能障碍，有医疗依赖，生活能自理的为八级。

器官部分缺损，形态异常，轻度功能障碍，无医疗依赖，生活能自理的为九级。

器官部分缺损，形态异常，无功能障碍，无医疗依赖，生活能自理的为十级。

生活自理范围主要包括：进食，翻身，大小便，穿衣、洗漱，自我移动五项内容。生活自理障碍，是指伤残病残致使其不能生活自理，需要他人护理的情形。根据鉴定标准，生活自理障碍分为三个等级，即：生活完全不能自理，生活大部分不能自理和生活部分不能自理。生活完全不能自理，是指生活自理范围内的五个方面均需他人护理的情形；生活大部分不能自理，是指生活自理范围内的三个方面需要护理的情形；生活部分不能自理，是指生活自理范围内的一个方面需要护理的情形。

现行法规规定，劳动能力鉴定标准须由国务院劳动保障行政部门会同卫生行政部门等部门制定。在该标准颁布前，仍按照1996年制定的标准执行。

法条指引

❶**《工伤保险条例》**（2003年4月27日　国务院令第375号）

第二十一条　职工发生工伤，经治疗伤情相对稳定后存在残疾、影响劳动能力的，应当进行劳动能力鉴定。

第二十二条　劳动能力鉴定是指劳动功能障碍程度和生活自理障碍程度的等级鉴定。

劳动功能障碍分为十个伤残等级，最重的为一级，最轻的为十级。

生活自理障碍分为三个等级：生活完全不能自理、生活大部分不能自理和生活部分不能自理。

劳动能力鉴定标准由国务院劳动保障行政部门会同国务院卫生行政部门等部门制定。

❷**《职工工伤与职业病致残程度鉴定》**（1996年3月14日　国家技术监督局发布）（略）

❸**《关于劳动能力鉴定有关问题的通知》**（2003年9月26日　劳社部发［2003］25号）

五、劳动能力鉴定应按照国务院劳动保障行政部门会同国务院卫生行政部门等部门制定的劳动能力鉴定标准执行。在该标准颁布前，暂按照《职工工伤与职业病致残程度鉴定》（GB/T16180—1996）执行。

案例链接

❶《魏林生等与郑州一棉有限责任公司等劳动争议纠纷上诉案》，参见北大法宝引证码：Pkulaw.cn/CLI.C.221702。

❷《骆泽玉与四川电力建设二公司劳动争议纠纷上诉案》，参见北大法宝引证码：Pkulaw.cn/CLI.C.100024。

学者观点

❶ 虞应斗、李文超：《荣县人民法院呼吁尽快出台关于“人损解释”》，参见北大法宝引证码：Pkulaw.cn/CLI.A.045292。

【劳动能力鉴定委员会】

法律问题解读

这是指经国家法律授权、专门从事对工伤职工伤残、病残等级进行鉴定的机构。它是一个非常设机构。按照国家规定，劳动能力鉴定委员会分为两级，即省级和设区的市级，分别由省级和设区的市级劳动保障行政部门、人事行政部门、卫生行政部门、工会组织、社会保险经办机构的代表以及用人单位方面的代表组成，并设立劳动能力鉴定委员会办事机构，由专人负责委员会的日常工作。

劳动能力鉴定委员会须按照规定建立医疗卫生专家库。列入专家库的专家应具备三个条件：一是具有医疗卫生高级专业技术职务任职资格；二是掌握劳动能力鉴定的相关知识；三是具有良好的职业品德。同时还将保证一定的数量和专业类别，以满足劳动能力鉴定的专业和技术的要求。

法条指引

❶**《工伤保险条例》**（2003年4月27日　国务院令第375号）

第二十四条　省、自治区、直辖市劳动能力鉴定委员会和设区的市级劳动能力鉴定委员会分别由省、自治区、直辖市和设区的市级劳动保障行政部门、人事行政部门、卫生行政部门、工会组织、经办机构代表以及用人单位代表组成。

劳动能力鉴定委员会建立医疗卫生专家库。列入专家库的医疗卫生专业技术人员应当具备下列条件：

（一）具有医疗卫生高级专业技术职务任职资格；

（二）掌握劳动能力鉴定的相关知识；

（三）具有良好的职业品德。

❷《关于劳动能力鉴定有关问题的通知》（2003年9月26日　劳社部发［2003］25号）

二、各省、自治区、直辖市和设区的市级劳动保障行政部门要抓紧与人事行政部门、卫生行政部门、工会组织、经办机构以及用人单位代表协商，尽快建立和规范劳动能力鉴定委员会，并设立劳动能力鉴定委员会办事机构，由专人负责委员会的日常工作。

四、劳动能力鉴定委员会要按照《工伤保险条例》要求建立医疗卫生专家库。专家库的建立要保证一定的数量和专业类别，满足劳动能力鉴定的专业要求和技术要求。劳动能力鉴定委员会做出鉴定结论要充分尊重专家组的鉴定意见，切实保证鉴定结论的客观、公正、准确。

案例链接

❶《陈爱葵与佛山市南海区劳动和社会保障局行政失当纠纷上诉案》，参见北大法宝引证码：Pkulaw. cn/CLI. C. 43253。

❷《林启可诉龙岩市劳动鉴定委员会工伤重新鉴定结论案》，参见北大法宝引证码：Pkulaw. cn/CLI. C. 86215。

学者观点

❶ 曹险峰：《工伤保险与侵权损害赔偿责任适用关系问题研究》，参见北大法宝引证码：Pkulaw. cn/CLI. A. 051681。

【劳动能力鉴定的程序】

法律问题解读

工伤职工经治疗，在伤情、病情相对稳定的情况下，可以向设区的市级劳动能力鉴定委员会申请劳动能力鉴定。用人单位认为需要进行鉴定的，可直接提出申请。职工或其直系亲属认为需要进行鉴定的，可先向用人单位提出要求，由用人单位代为申请；用人单位有异议的，职工或其直系亲属可直接提出申请。职工或其直系亲属也可不经过用人单位，径直向设区的市级劳动能力鉴定委员会提出申请。申请鉴定时须提供工伤认定决定书，职业病患者还须提供具有职业病诊断权的医疗卫生机构出具的诊断证明，以及诊治工伤（职业病）的病历等相关资料。

设区的市级劳动能力鉴定委员会收到劳动能力鉴定申请后，则立即开展工作。首先，从其建立的医疗卫生专家库中随机抽取3名或者5名相关专家，组成专家组，由专家组提出鉴定意见。其次，根据专家组的鉴定意见作出工伤职工劳动能力鉴定结论；必要时，可以委托具备资格的医疗机构协助进行有关的诊断。在鉴定过程中，劳动能力鉴定委员会组成人员或者参加鉴定的专家与当事人有利害关系，应当回避。劳动能力鉴定委员会应当自收到劳动能力鉴定申请之日起60日内作出劳动能力鉴定结论，必要时，期限可以延长30日。劳动能力鉴定结论作出后，须及时送达申请鉴定的单位和个人。

申请鉴定的单位或者个人对设区的市级劳动能力鉴定委员会作出的鉴定结论不服，可在收到该鉴定结论之日起15日内向省级劳动能力鉴定委员会提出再次鉴定申请。省级劳动能力鉴定委员会作出的劳动能力鉴定结论为最终结论。

另外，自劳动能力鉴定结论作出之日起1年后，工伤职工或者其直系亲属、所在单位或者经办机构认为伤残情况发生变化的，可以申请劳动能力复查鉴定。

法条指引

❶《工伤保险条例》（2003年4月27日　国务院令第375号）

第二十三条　劳动能力鉴定由用人单位、工伤职工或者其直系亲属向设区的市级劳动能力鉴定委员会提出申请，并提供工伤认定决定和职工工伤医疗的有关资料。

第二十四条　省、自治区、直辖市劳动能力鉴定委员会和设区的市级劳动能力鉴定委员会分别由省、自治区、直辖市和设区的市级劳动保障行政部门、人事行政部门、卫生行政部门、工会组织、经办机构代表以及用人单位代表组成。

劳动能力鉴定委员会建立医疗卫生专家库。列入专家库的医疗卫生专业技术人员应当具备下列条件：

（一）具有医疗卫生高级专业技术职务任职资格；

（二）掌握劳动能力鉴定的相关知识；

（三）具有良好的职业品德。

第二十五条　设区的市级劳动能力鉴定委员会收到劳动能力鉴定申请后，应当从其建立的医疗卫生专家库中随机抽取3名或者5名相关专家组成专家组，由专家组提出鉴定意见。设区的市级劳动能力鉴定委员会根据专家组的鉴定意见作出工伤职工劳动能力鉴定结论；必要时，可以委托具备资格的医疗机构协助进行有关的诊断。

设区的市级劳动能力鉴定委员会应当自收到劳动能力鉴定申请之日起60日内作出劳动能力鉴定结论，必要时，作出劳动能力鉴定结论的期限可以延长30日。劳动能力鉴定结论应当及时送达申请鉴定的单位和个人。

第二十六条 申请鉴定的单位或者个人对设区的市级劳动能力鉴定委员会作出的鉴定结论不服的，可以在收到该鉴定结论之日起15日内向省、自治区、直辖市劳动能力鉴定委员会提出再次鉴定申请。省、自治区、直辖市劳动能力鉴定委员会作出的劳动能力鉴定结论为最终结论。

第二十七条 劳动能力鉴定工作应当客观、公正。劳动能力鉴定委员会组成人员或者参加鉴定的专家与当事人有利害关系的，应当回避。

第二十八条 自劳动能力鉴定结论作出之日起1年后，工伤职工或者其直系亲属、所在单位或者经办机构认为伤残情况发生变化的，可以申请劳动能力复查鉴定。

❷**《职工工伤与职业病致残程度鉴定》**（1996年3月14日 国家技术监督局发布）（略）

案例链接

❶《中国石油化工股份有限公司河南郑州登封石油分公司与景金峰工伤事故损害赔偿纠纷上诉案》，参见北大法宝引证码：Pkulaw. cn/CLI. C. 189401。

❷《谈玉杏与佛山华国光学器材有限公司工伤赔偿纠纷上诉案》，参见北大法宝引证码：Pkulaw. cn/CLI. C. 47516。

学者观点

❶ 张新宝：《工伤保险赔偿请求权与普通人身损害赔偿请求权的关系（下）》，参见北大法宝引证码：Pkulaw. cn/CLI. A. 038929。

❷ 曹险峰：《工伤保险与侵权损害赔偿责任适用关系问题研究》，参见北大法宝引证码：Pkulaw. cn/CLI. A. 051681。

【工伤保险待遇】

法律问题解读

工伤保险待遇是指职工因身体健康或生命，在工作中遭受暂时或永久的损害，而获得的物质或现金的补救和补偿。一般包括工伤医疗待遇、工伤伤残待遇和因工死亡待遇等。其作用是使伤残者的医疗救治、日常生活获得保障，使伤亡者遗属的基本生活获得保障。

法条指引

❶**《中华人民共和国社会保险法》**（2011年7月1日施行）

第三十八条 因工伤发生的下列费用，按照国家规定从工伤保险基金中支付：

（一）治疗工伤的医疗费用和康复费用；

（二）住院伙食补助费；

（三）到统筹地区以外就医的交通食宿费；

（四）安装配置伤残辅助器具所需费用；

（五）生活不能自理的，经劳动能力鉴定委员会确认的生活护理费；

（六）一次性伤残补助金和一至四级伤残职工按月领取的伤残津贴；

（七）终止或者解除劳动合同时，应当享受的一次性医疗补助金；

（八）因工死亡的，其遗属领取的丧葬补助金、供养亲属抚恤金和因工死亡补助金；

（九）劳动能力鉴定费。

第四十一条 职工所在用人单位未依法缴纳工伤保险费，发生工伤事故的，由用人单位支付工伤保险待遇。用人单位不支付的，从工伤保险基金中先行支付。

从工伤保险基金中先行支付的工伤保险待遇应当由用人单位偿还。用人单位不偿还的，社会保险经办机构可以依照本法第六十三条的规定追偿。

第四十二条 由于第三人的原因造成工伤，第三人不支付工伤医疗费用或者无法确定第三人的，由工伤保险基金先行支付。工伤保险基金先行支付后，有权向第三人追偿。

❷**《工伤保险条例》**（2003年4月27日 国务院令第375号）

第二十九条 职工因工作遭受事故伤害或者患职业病进行治疗，享受工伤医疗待遇。

职工治疗工伤应当在签订服务协议的医疗机构就医，情况紧急时可以先到就近的医疗机构急救。

治疗工伤所需费用符合工伤保险诊疗项目目录、工伤保险药品目录、工伤保险住院服务标准的，从工伤保险基金支付。工伤保险诊疗项目目录、工伤保险药品目录、工伤保险住院服务标准，由国务院劳动保障行政部门会同国务院卫生行政部门、药品监督管理部门等部门规定。

职工住院治疗工伤的，由所在单位按照本单位因公出差伙食补助标准的70%发给住院伙食补助费；经医疗机构出具证明，报经办机构同意，工伤职工到统筹地区以外就医的，所需交通、食宿费用由所在单位按照本单位职工因公出差标准报销。

工伤职工治疗非工伤引发的疾病，不享受工伤医疗待遇，按照基本医疗保险办法处理。

工伤职工到签订服务协议的医疗机构进行康复性治疗的费用，符合本条第三款规定的，从工伤保险基金支付。

第三十条 工伤职工因日常生活或者就业需要，经劳动能力鉴定委员会确认，可以安装假肢、矫形器、假眼、假牙和配置轮椅等辅助器具，所需费用按照国家规定的标准从工伤保险基金支付。

第三十一条 职工因工作遭受事故伤害或者患职业病需要暂停工作接受工伤医疗的，在停工留薪期内，原工资福利待遇不变，由所在单位按月支付。

停工留薪期一般不超过12个月。伤情严重或者情况特殊，经设区的市级劳动能力鉴定委员会确认，可以适当延长，但延长不得超过12个月。工伤职工评定伤残等级后，停发原待遇，按照本章的有关规定享受伤残待遇。工伤职工在停工留薪期满后仍需治疗的，继续享受工伤医疗待遇。

生活不能自理的工伤职工在停工留薪期需要护理的，由所在单位负责。

第三十二条 工伤职工已经评定伤残等级并经劳动能力鉴定委员会确认需要生活护理的，从工伤保险基金按月支付生活护理费。

生活护理费按照生活完全不能自理、生活大部分不能自理或者生活部分不能自理3个不同等级支付，其标准分别为统筹地区上年度职工月平均工资的50%、40%或者30%。

第三十三条 职工因工致残被鉴定为一级至四级伤残的，保留劳动关系，退出工作岗位，享受以下待遇：

（一）从工伤保险基金按伤残等级支付一次性伤残补助金，标准为：一级伤残为24个月的本人工资，二级伤残为22个月的本人工资，三级伤残为20个月的本人工资，四级伤残为18个月的本人工资；

（二）从工伤保险基金按月支付伤残津贴，标准为：一级伤残为本人工资的90%，二级伤残为本人工资的85%，三级伤残为本人工资的80%，四级伤残为本人工资的75%。伤残津贴实际金额低于当地最低工资标准的，由工伤保险基金补足差额；

（三）工伤职工达到退休年龄并办理退休手续后，停发伤残津贴，享受基本养老保险待遇。基本养老保险待遇低于伤残津贴的，由工伤保险基金补足差额；

职工因工致残被鉴定为一级至四级伤残的，由用人单位和职工个人以伤残津贴为基数，缴纳基本医疗保险费。

第三十四条 职工因工致残被鉴定为五级、六级伤残的，享受以下待遇：

（一）从工伤保险基金按伤残等级支付一次性伤残补助金，标准为：五级伤残为16个月的本人工资，六级伤残为14个月的本人工资；

（二）保留与用人单位的劳动关系，由用人单位安排适当工作。难以安排工作的，由用人单位按月发给伤残津贴，标准为：五级伤残为本人工资的70%，六级伤残为本人工资的60%，并由用人单位按照规定为其缴纳应缴纳的各项社会保险费。伤残津贴实际金额低于当地最低工资标准的，由用人单位补足差额。

经工伤职工本人提出，该职工可以与用人单位解除或者终止劳动关系，由用人单位支付一次性工伤医疗补助金和伤残就业补助金。具体标准由省、自治区、直辖市人民政府规定。

第三十五条 职工因工致残被鉴定为七级至十级伤残的，享受以下待遇：

（一）从工伤保险基金按伤残等级支付一次性伤残补助金，标准为：七级伤残为12个月的本人工资，八级伤残为10个月的本人工资，九级伤残为8个月的本人工资，十级伤残为6个月的本人工资；

（二）劳动合同期满终止，或者职工本人提出解除劳动合同的，由用人单位支付一次性工伤医疗补助金和伤残就业补助金。具体标准由省、自治区、直辖市人民政府规定。

第三十六条 工伤职工工伤复发，确认需要治疗的，享受本条例第二十九条、第三十条和第三十一条规定的工伤待遇。

第三十七条 职工因工死亡，其直系亲属按照下列规定从工伤保险基金领取丧葬补助金、供养亲属抚恤金和一次性工亡补助金：

（一）丧葬补助金为6个月的统筹地区上年度

职工月平均工资；

（二）供养亲属抚恤金按照职工本人工资的一定比例发给由因工死亡职工生前提供主要生活来源、无劳动能力的亲属。标准为：配偶每月40%，其他亲属每人每月30%，孤寡老人或者孤儿每人每月在上述标准的基础上增加10%。核定的各供养亲属的抚恤金之和不应高于因工死亡职工生前的工资。供养亲属的具体范围由国务院劳动保障行政部门规定；

（三）一次性工亡补助金标准为48个月至60个月的统筹地区上年度职工月平均工资。具体标准由统筹地区的人民政府根据当地经济、社会发展状况规定，报省、自治区、直辖市人民政府备案。

伤残职工在停工留薪期内因工伤导致死亡的，其直系亲属享受本条第一款规定的待遇。

一级至四级伤残职工在停工留薪期满后死亡的，其直系亲属可以享受本条第一款第（一）项、第（二）项规定的待遇。

第三十八条 伤残津贴、供养亲属抚恤金、生活护理费由统筹地区劳动保障行政部门根据职工平均工资和生活费用变化等情况适时调整。调整办法由省、自治区、直辖市人民政府规定。

第三十九条 职工因工外出期间发生事故或者在抢险救灾中下落不明的，从事故发生当月起3个月内照发工资，从第4个月起停发工资，由工伤保险基金向其供养亲属按月支付供养亲属抚恤金。生活有困难的，可以预支一次性工亡补助金的50%。职工被人民法院宣告死亡的，按照本条例第三十七条职工因工死亡的规定处理。

第四十条 工伤职工有下列情形之一的，停止享受工伤保险待遇：

（一）丧失享受待遇条件的；

（二）拒不接受劳动能力鉴定的；

（三）拒绝治疗的；

（四）被判刑正在收监执行的。

第四十一条 用人单位分立、合并、转让的，承继单位应当承担原用人单位的工伤保险责任；原用人单位已经参加工伤保险的，承继单位应当到当地经办机构办理工伤保险变更登记。

用人单位实行承包经营的，工伤保险责任由职工劳动关系所在单位承担。

职工被借调期间受到工伤事故伤害的，由原用人单位承担工伤保险责任，但原用人单位与借调单位可以约定补偿办法。

企业破产的，在破产清算时优先拨付依法应由单位支付的工伤保险待遇费用。

第四十二条 职工被派遣出境工作，依据前往国家或者地区的法律应当参加当地工伤保险的，参加当地工伤保险，其国内工伤保险关系中止；不能参加当地工伤保险的，其国内工伤保险关系不中止。

第四十三条 职工再次发生工伤，根据规定应当享受伤残津贴的，按照新认定的伤残等级享受伤残津贴待遇。

❸《非法用工单位伤亡人员一次性赔偿办法》（2003年9月23日 劳动和社会保障部发布）

第一条 根据《工伤保险条例》第六十三条第一款的授权，制定本办法。

第二条 本办法所称非法用工单位伤亡人员，是指在无营业执照或者未经依法登记、备案的单位以及被依法吊销营业执照或者撤销登记、备案的单位受到事故伤害或者患职业病的职工，或者用人单位使用童工造成的伤残、死亡童工。

前款所列单位必须按照本办法的规定向伤残职工或死亡职工的直系亲属、伤残童工或者死亡童工的直系亲属给予一次性赔偿。

第三条 一次性赔偿包括受到事故伤害或患职业病的职工或童工在治疗期间的费用和一次性赔偿金，一次性赔偿金数额应当在受到事故伤害或患职业病的职工或童工死亡或者经劳动能力鉴定后确定。

劳动能力鉴定按属地原则由单位所在地设区的市级劳动能力鉴定委员会办理。劳动能力鉴定费用由伤亡职工或者童工所在单位支付。

第四条 职工或童工受到事故伤害或患职业病，在劳动能力鉴定之前进行治疗期间的生活费、医疗费、护理费、住院期间的伙食补助费及所需的交通费等费用，按照《工伤保险条例》规定的标准和范围，全部由伤残职工或童工所在单位支付。

第五条 一次性赔偿金按以下标准支付：

一级伤残的为赔偿基数的16倍，二级伤残的为赔偿基数的14倍，三级伤残的为赔偿基数的12倍，四级伤残的为赔偿基数的10倍，五级伤残的为赔偿基数的8倍，六级伤残的为赔偿基数的6倍，七级伤残的为赔偿基数的4倍，八级伤残的为赔偿基数的3倍，九级伤残的为赔偿基数的2倍，十级伤残的为赔偿基数的1倍。

第六条 受到事故伤害或患职业病造成死亡的，按赔偿基数的10倍支付一次性赔偿金。

第七条 本办法所称赔偿基数，是指单位所在地工伤保险统筹地区上年度职工年平均工资。

第八条　单位拒不支付一次性赔偿的，伤残职工或死亡职工的直系亲属、伤残童工或者死亡童工的直系亲属可以向劳动保障行政部门举报。经查证属实的，劳动保障行政部门应责令该单位限期改正。

第九条　伤残职工或死亡职工的直系亲属、伤残童工或者死亡童工的直系亲属就赔偿数额与单位发生争议的，按照劳动争议处理的有关规定处理。

第十条　本办法自2004年1月1日起施行。

案例链接

❶《邹汉英诉孙立根、刘珍工伤事故损害赔偿纠纷案》，参见北大法宝引证码：Pkulaw. cn/CLI. C. 215800。

学者观点

❶ 许中伟：《关于〈中华人民共和国劳动合同法实施条例〉有关规定的辨析及对策建议》，参见北大法宝引证码：Pkulaw. cn/CLI. A. 044509。

❷ 陈晓云：《工亡赔偿金怎么分割》，参见北大法宝引证码：Pkulaw. cn/CLI. A. 046725。

【工伤医疗待遇】

法律问题解读

职工因工作遭受事故伤害或者患职业病须进行治疗的，应享受工伤医疗待遇。按照国家规定，职工治疗工伤应当在签订服务协议的医疗机构就医，情况紧急时可以先到就近的医疗机构急救。治疗期间的各项费用，分别由社会保险经办机构和所在用人单位支付。

治疗工伤所需费用符合工伤保险诊疗项目目录、工伤保险药品目录、工伤保险住院服务标准的，由社会保险经办机构从工伤保险基金支付。工伤职工因日常生活或者就业需要，经劳动能力鉴定委员会确认，可以安装假肢、矫形器、假眼、假牙和配置轮椅等辅助器具，所需费用按照国家规定的标准，由社会保险经办机构从工伤保险基金支付。

职工暂停工作接受工伤医疗的期间称为停工留薪期。停工留薪期一般不超过12个月。伤情严重或者情况特殊，经设区的市级劳动能力鉴定委员会确认，可以适当延长，但延长不得超过12个月。停工留薪期内，职工原工资福利待遇不变，由所在单位按月支付。生活不能自理的工伤职工，在停工留薪期需要护理的，由所在单位负责。职工住院治疗期间，由所在单位按照本单位因公出差伙食补助标准的70%发给住院伙食补助费；经医疗机构出具证明，报社会保险经办机构同意，工伤职工到统筹地区以外就医的，所需交通、食宿费用由所在单位按照本单位职工因公出差标准报销。

停工留薪期满，工伤职工应进行劳动能力鉴定。工伤职工评定伤残等级后，停发原待遇，按照有关规定享受工伤伤残待遇。工伤职工在停工留薪期满后仍需治疗的，继续享受工伤医疗待遇。

此外，应当注意三点：一是工伤职工到签订服务协议的医疗机构进行康复性治疗的费用，只要符合工伤保险诊疗项目目录，工伤保险药品目录和工伤保险住院服务标准，即可由社会保险经办机构从工伤保险基金支付。二是工伤职工工伤复发，经劳动能力鉴定委员会确认需治疗的，仍可按规定享受工伤医疗待遇。三是工伤职工治疗非工伤引发的疾病，不享受工伤医疗待遇，按照基本医疗保险办法处理。

法条指引

❶ **《工伤保险条例》**（2003年4月27日　国务院令第375号）

第二十九条　职工因工作遭受事故伤害或者患职业病进行治疗，享受工伤医疗待遇。

职工治疗工伤应当在签订服务协议的医疗机构就医，情况紧急时可以先到就近的医疗机构急救。

治疗工伤所需费用符合工伤保险诊疗项目目录、工伤保险药品目录、工伤保险住院服务标准的，从工伤保险基金支付。工伤保险诊疗项目目录、工伤保险药品目录、工伤保险住院服务标准，由国务院劳动保障行政部门会同国务院卫生行政部门、药品监督管理部门等部门规定。

职工住院治疗工伤的，由所在单位按照本单位因公出差伙食补助标准的70%发给住院伙食补助费；经医疗机构出具证明，报经办机构同意，工伤职工到统筹地区以外就医的，所需交通、食宿费用由所在单位按照本单位职工因公出差标准报销。

工伤职工治疗非工伤引发的疾病，不享受工

伤医疗待遇，按照基本医疗保险办法处理。

工伤职工到签订服务协议的医疗机构进行康复性治疗的费用，符合本条第三款规定的，从工伤保险基金支付。

第三十条 工伤职工因日常生活或者就业需要，经劳动能力鉴定委员会确认，可以安装假肢、矫形器、假眼、假牙和配置轮椅等辅助器具，所需费用按照国家规定的标准从工伤保险基金支付。

第三十一条 职工因工作遭受事故伤害或者患职业病需要暂停工作接受工伤医疗的，在停工留薪期内，原工资福利待遇不变，由所在单位按月支付。

停工留薪期一般不超过12个月。伤情严重或者情况特殊，经设区的市级劳动能力鉴定委员会确认，可以适当延长，但延长不得超过12个月。工伤职工评定伤残等级后，停发原待遇，按照本章的有关规定享受伤残待遇。工伤职工在停工留薪期满后仍需治疗的，继续享受工伤医疗待遇。

生活不能自理的工伤职工在停工留薪期需要护理的，由所在单位负责。

案例链接

❶《邹汉英诉孙立根、刘珍工伤事故损害赔偿纠纷案》，参见北大法宝引证码：Pkulaw. cn/CLI. C. 215800。

❷《焦作市海博工贸有限公司与王胜利劳动争议纠纷上诉案》，参见北大法宝引证码：Pkulaw. cn/CLI. C. 253390。

学者观点

❶ 刘忠二：《浅析工伤保险之法律适用》，参见北大法宝引证码：Pkulaw. cn/CLI. A. 042012。

❷ 孙瑞玺：《职工工伤与职工患病或非因工负伤医疗期及待遇规定的不同》，参见北大法宝引证码：Pkulaw. cn/CLI. A. 026940。

【生活护理费】

法律问题解读

这是工伤职工经劳动能力鉴定委员会评定了生活自理障碍等级后，应当享受的一种待遇，属于工伤伤残待遇的范围。生活护理费应由社会保险经办机构从工伤保险基金按月支付；按照生活完全不能自理、生活大部分不能自理和生活部分不能自理3个不同等级支付，其标准分别为统筹地区上年度职工月平均工资的50%、40%和30%。

法条指引

❶**《工伤保险条例》**（2003年4月27日 国务院令第375号）

第三十二条 工伤职工已经评定伤残等级并经劳动能力鉴定委员会确认需要生活护理的，从工伤保险基金按月支付生活护理费。

生活护理费按照生活完全不能自理、生活大部分不能自理或者生活部分不能自理3个不同等级支付，其标准分别为统筹地区上年度职工月平均工资的50%、40%或者30%。

案例链接

❶《郑州豫源建筑有限公司与吴少祥等劳动争议纠纷上诉案》，参见北大法宝引证码：Pkulaw. cn/CLI. C. 227621。

❷《白五魁与河南骆驼胶带有限公司工伤保险待遇纠纷上诉案》，参见北大法宝引证码：Pkulaw. cn/CLI. C. 254335。

【一至四级伤残待遇】

法律问题解读

工伤伤残待遇除生活护理费外，还包括根据工伤职工被劳动鉴定委员会所鉴定的劳动功能障碍等级，支付的一次性伤残补助金、伤残津贴、一次性工伤医疗补助金和伤残就业补助金等。

职工被鉴定为一级至四级伤残的，须保留劳动关系，退出工作岗位，享受以下待遇；

（1）从工伤保险基金按伤残等级支付一次性伤残补助金，标准为：一级伤残为24个月的本人工资，二级伤残为22个月的本人工资，三级伤残为20个月的本人工资，四级伤残为18个月的本人工资。

（2）从工伤保险基金按月支付伤残津贴，标准为：一级伤残为本人工资的90%，二级伤残为本人工资的85%，三级伤残为本人工资的80%，四级伤残为本人工资的75%。伤残津贴实际金额低于当地最低工资标准的，由工伤保险基金补足差额。

（3）工伤职工达到退休年龄并办理退休手续后，停发伤残津贴，享受基本养老保险待遇。基本养老保险待遇低于伤残津贴的，由工伤保险基金补足差额。

职工办理退休手续之前，由用人单位和职工个人以伤残津贴为基数，缴纳基本医疗保险费。用人单位需注意，此期间不能解除和终止这类职工的劳动关系。

法条指引

❶《工伤保险条例》（2003 年 4 月 27 日　国务院令第 375 号）

第三十三条　职工因工致残被鉴定为一级至四级伤残的，保留劳动关系，退出工作岗位，享受以下待遇：

（1）从工伤保险基金按伤残等级支付一次性伤残补助金，标准为：一级伤残为 24 个月的本人工资，二级伤残为 22 个月的本人工资，三级伤残为 20 个月的本人工资，四级伤残为 18 个月的本人工资.

（2）从工伤保险基金按月支付伤残津贴，标准为：一级伤残为本人工资的 90%，二级伤残为本人工资的 85%，三级伤残为本人工资的 80%，四级伤残为本人工资的 75%。伤残津贴实际金额低于当地最低工资标准的，由工伤保险基金补足差额。

（3）工伤职工达到退休年龄并办理退休手续后，停发伤残津贴，享受基本养老保险待遇。基本养老保险待遇低于伤残津贴的，由工伤保险基金补足差额。

职工因工致残被鉴定为一级至四级伤残的，由用人单位和职工个人以伤残津贴为基数，缴纳基本医疗保险费。

案例链接

❶《郑州亨利制冷设备有限公司与张洪柱劳动争议纠纷上诉案》，参见北大法宝引证码：Pkulaw. cn/CLI. C. 214237。

❷《郑州豫源建筑有限公司与吴少祥等劳动争议纠纷上诉案》，参见北大法宝引证码：Pkulaw. cn/CLI. C. 227621。

学者观点

❶ 李军：《劳动合同单方解除权研究》，参见北大法宝引证码：Pkulaw. cn/CLI. A. 044433。

❷ 蔡庆发：《〈工伤保险条例〉及配套法规存在的若干法律问题》，参见北大法宝引证码：Pkulaw. cn/CLI. A. 034068。

【五至六级伤残待遇】

法律问题解读

职工被鉴定为五级、六级伤残的，须享受以下待遇：

（1）从工伤保险基金按伤残等级支付一次性伤残补助金，标准为：五级伤残为 16 个月的本人工资，六级伤残为 14 个月的本人工资。

（2）保留与用人单位的劳动关系，由用人单位安排适当工作。难以安排工作的，由用人单位按月发给伤残津贴，标准为：五级伤残为本人工资的 70%，六级伤残为本人工资的 60%，并由用人单位按照规定为其缴纳应缴纳的各项社会保险费。伤残津贴实际金额低于当地最低工资标准的，由用人单位补足差额。

经工伤职工本人提出，该职工可以与用人单位解除或者终止劳动关系，由用人单位支付一次性工伤医疗补助金和伤残就业补助金（具体标准由省、自治区、直辖市人民政府规定）。而用人单位则不能解除和终止其劳动关系，除非该职工符合《劳动法》第 25 条规定的严重违纪等情形。

法条指引

❶《中华人民共和国劳动法》（1994 年 7 月 5 日　国家主席令第 28 号）

第二十五条　劳动者有下列情形之一的，用人单位可以解除劳动合同：

（一）在试用期间被证明不符合录用条件的；

（二）严重违反劳动纪律或者用人单位规章制度的；

（三）严重失职，营私舞弊，对用人单位利益造成重大损害的；

（四）被依法追究刑事责任的。

❷《中华人民共和国社会保险法》（2011 年 7 月 1 日施行）

第三十九条　因工伤发生的下列费用，按照国家规定由用人单位支付：

（一）治疗工伤期间的工资福利；

（二）五级、六级伤残职工按月领取的伤残津贴；

（三）终止或者解除劳动合同时，应当享受的一次性伤残就业补助金。

❸《工伤保险条例》（2003 年 4 月 27 日　国务院令第 375 号）

第三十四条 职工因工致残被鉴定为五级、六级伤残的，享受以下待遇：

（一）从工伤保险基金按伤残等级支付一次性伤残补助金，标准为：五级伤残为16个月的本人工资，六级伤残为14个月的本人工资；

（二）保留与用人单位的劳动关系，由用人单位安排适当工作。难以安排工作的，由用人单位按月发给伤残津贴，标准为：五级伤残为本人工资的70%，六级伤残为本人工资的60%，并由用人单位按照规定为其缴纳应缴纳的各项社会保险费。伤残津贴实际金额低于当地最低工资标准的，由用人单位补足差额。

经工伤职工本人提出，该职工可以与用人单位解除或者终止劳动关系，由用人单位支付一次性工伤医疗补助金和伤残就业补助金。具体标准由省、自治区、直辖市人民政府规定。

案例链接

❶《武化昌诉中信物流有限公司劳动争议纠纷案》，参见北大法宝引证码：Pkulaw. cn/CLI. C. 251752。

❷《禹州市古城镇李黄村二组石料厂与何兆申工伤事故损害赔偿纠纷上诉案》，参见北大法宝引证码：Pkulaw. cn/CLI. C. 252986。

【七至十级伤残待遇】

法律问题解读

职工被鉴定为七级至十级伤残的，须享受以下待遇：

（1）从工伤保险基金按伤残等级支付一次性伤残补助金，标准为：七级伤残为12个月的本人工资，八级伤残为10个月的本人工资，九级伤残为8个月的本人工资，十级伤残为6个月的本人工资；

（2）劳动合同期满终止，或者职工本人提出解除劳动合同的，由用人单位支付一次性工伤医疗补助金和伤残就业补助金（具体标准由省、自治区、直辖市人民政府规定）。在劳动合同期限届满前，用人单位不能解除其劳动关系，除非该职工符合《劳动法》第25条规定的严重违纪等情形。

法条指引

❶《工伤保险条例》（2003年4月27日 国务院令第375号）

第三十五条 职工因工致残被鉴定为七级至十级伤残的，享受以下待遇：

（一）从工伤保险基金按伤残等级支付一次性伤残补助金，标准为：七级伤残为12个月的本人工资，八级伤残为10个月的本人工资，九级伤残为8个月的本人工资，十级伤残为6个月的本人工资；

（二）劳动合同期满终止，或者职工本人提出解除劳动合同的，由用人单位支付一次性工伤医疗补助金和伤残就业补助金。具体标准由省、自治区、直辖市人民政府规定。

案例链接

❶《邹汉英诉孙立根、刘珍工伤事故损害赔偿纠纷案》，参见北大法宝引证码：Pkulaw. cn/CLI. C. 215800。

❷《赵玉金诉新乡市天龙装卸有限公司劳动争议纠纷案》，参见北大法宝引证码：Pkulaw. cn/CLI. C. 254875。

学者观点

❶ 许中伟：《关于〈中华人民共和国劳动合同法实施条例〉有关规定的辨析及对策建议》，参见北大法宝引证码：Pkulaw. cn/CLI. A. 044509。

【因工死亡待遇】

法律问题解读

这是由社会保险经办机构从工伤保险基金向因工死亡职工直系亲属支付的待遇，包括丧葬补助金、供养亲属抚恤金和一次性工亡补助金。具体标准是：

（1）丧葬补助金为6个月的统筹地区上年度职工月平均工资；

（2）供养亲属抚恤金按照职工本人工资的一定比例发给由因工死亡职工生前提供主要生活来源、无劳动能力的亲属。标准为：配偶每月40%，其他亲属每人每月30%，孤寡老人或者孤儿每人每月在上述标准的基础上增加10%。核定的各供养亲属的抚恤金之和不应高于因工死亡职工生前的工资。这里应注意的是，各供养亲属的抚恤金之和不应高于死之职工生前的工资，是指第一次核定的数额，此后抚恤调整时不受此限制。

（3）一次性工亡补助金标准为48个月至60

个月的统筹地区上年度职工月平均工资。具体标准由统筹地区的人民政府根据当地经济、社会发展状况规定，报省、自治区、直辖市人民政府备案。

职工因工死亡的情形大致有三种：一是事故发生当场死亡，二是在停工留薪期内死亡，三是停工留薪期满以后死亡。对于前两种因工死亡的情形，其直系亲属按上述三项待遇的标准享受。对于第三种死亡情形中，只有被鉴定为一至四级伤残等级的职工，其直系亲属可按上述第一项、第二项待遇的标准享受。

另外，还有一种职工下落不明的特殊情况。按法律规定，不知下落1年为下落不明；2年为失踪；4年才可宣告死亡。宣告死亡须具备三个条件：一是公民下落不明满4年；二是须由利害关系人向法院提出申请；三是由法院依法定程序宣告。按照现行规定，职工因工外出期间发生事故或者在抢险救灾中下落不明的，从事故发生当月起3个月内，由其所在单位照发工资，从第4个月起停发工资，由社会保险经办机构从工伤保险基金向其供养亲属按月支付供养亲属抚恤金。生活有困难的，可以预支一次性工亡补助金的50%。待职工被人民法院宣告死亡后，再按照上面所说的职工因工死亡的规定处理，即：向其直系亲属支付6个月统筹地区社平工资的丧葬补助金，继续按标准每月支付供养亲属抚恤金，支付或补足支付一次性工亡补助金。

法条指引

❶《工伤保险条例》（2003年4月27日　国务院令第375号）

第三十七条　职工因工死亡，其直系亲属按照下列规定从工伤保险基金领取丧葬补助金、供养亲属抚恤金和一次性工亡补助金：

（一）丧葬补助金为6个月的统筹地区上年度职工月平均工资；

（二）供养亲属抚恤金按照职工本人工资的一定比例发给由因工死亡职工生前提供主要生活来源、无劳动能力的亲属。标准为：配偶每月40%，其他亲属每人每月30%，孤寡老人或者孤儿每人每月在上述标准的基础上增加10%。核定的各供养亲属的抚恤金之和不应高于因工死亡职工生前的工资。供养亲属的具体范围由国务院劳动保障行政部门规定；

（三）一次性工亡补助金标准为48个月至60个月的统筹地区上年度职工月平均工资。具体标准由统筹地区的人民政府根据当地经济、社会发展状况规定，报省、自治区、直辖市人民政府备案。

伤残职工在停工留薪期内因工伤导致死亡的，其直系亲属享受本条第一款规定的待遇。

一级至四级伤残职工在停工留薪期满后死亡的，其直系亲属可以享受本条第一款第（一）项、第（二）项规定的待遇。

第三十九条　职工因工外出期间发生事故或者在抢险救灾中下落不明的，从事故发生当月起3个月内照发工资，从第4个月起停发工资，由工伤保险基金向其供养亲属按月支付供养亲属抚恤金。生活有困难的，可以预支一次性工亡补助金的50%。职工被人民法院宣告死亡的，按照本条例第三十七条职工因工死亡的规定处理。

❷《因工死亡职工供养亲属范围规定》（2003年9月23日　劳动和社会保障部发布）

第一条　为明确因工死亡职工供养亲属范围，根据《工伤保险条例》第三十七条第一款第二项的授权，制定本规定。

第二条　本规定所称因工死亡职工供养亲属，是指该职工的配偶、子女、父母、祖父母、外祖父母、孙子女、外孙子女、兄弟姐妹。

本规定所称子女，包括婚生子女、非婚生子女、养子女和有抚养关系的继子女，其中，婚生子女、非婚生子女包括遗腹子女；

本规定所称父母，包括生父母、养父母和有抚养关系的继父母；

本规定所称兄弟姐妹，包括同父母的兄弟姐妹、同父异母或者同母异父的兄弟姐妹、养兄弟姐妹、有抚养关系的继兄弟姐妹。

第三条　上条规定的人员，依靠因工死亡职工生前提供主要生活来源，并有下列情形之一的，可按规定申请供养亲属抚恤金：

（一）完全丧失劳动能力的；

（二）工亡职工配偶男年满60周岁、女年满55周岁的；

（三）工亡职工父母男年满60周岁、女年满55周岁的；

（四）工亡职工子女未满18周岁的；

（五）工亡职工父母均已死亡，其祖父、外祖父年满60周岁，祖母、外祖母年满55周岁的；

（六）工亡职工子女已经死亡或完全丧失劳动能力，其孙子女、外孙子女未满18周岁的；

（七）工亡职工父母均已死亡或完全丧失劳动

能力，其兄弟姐妹未满18周岁的。

第四条 领取抚恤金人员有下列情形之一的，停止享受抚恤金待遇：

（一）年满18周岁且未完全丧失劳动能力的；

（二）就业或参军的；

（三）工亡职工配偶再婚的；

（四）被他人或组织收养的；

（五）死亡的。

第五条 领取抚恤金的人员，在被判刑收监执行期间，停止享受抚恤金待遇。刑满释放仍符合领取抚恤金资格的，按规定的标准享受抚恤金。

第六条 因工死亡职工供养亲属享受抚恤金待遇的资格，由统筹地区社会保险经办机构核定。

因工死亡职工供养亲属的劳动能力鉴定，由因工死亡职工生前单位所在地设区的市级劳动能力鉴定委员会负责。

第七条 本办法自2004年1月1日起施行。

案例链接

❶《孙某某诉刘军等工伤事故损害赔偿纠纷案》，参见北大法宝引证码：Pkulaw. cn/CLI. C. 251892。

❷《常高印等与郑国付劳动争议纠纷上诉案》，参见北大法宝引证码：Pkulaw. cn/CLI. C. 253836。

学者观点

❶ 陈晓云：《工亡赔偿金怎么分割》，参见北大法宝引证码：Pkulaw. cn/CLI. A. 046725。

❷ 吴春林：《构成工伤不能主张人身伤害赔偿——兼评一例工伤案例判决》，参见北大法宝引证码：Pkulaw. cn/CLI. A. 035348。

【本人工资】

法律问题解读

社会保险经办机构在向工伤职工支付工伤保险待遇时，经常以该职工“本人工资”为基准计发。如：一级伤残职工的一次性伤残补助金的标准，为24个月的本人工资。因此，现行法规对“本人工资”作了明确的界定：是指工伤职工因工作遭受事故伤害前或者患职业病前12个月平均月缴费工资。本人工资高于统筹地区职工平均工资300%的，按照统筹地区职工平均工资的300%计算；本人工资低于统筹地区职工平均工资60%的，按照统筹地区职工平均工资的60%计算。

法条指引

❶《工伤保险条例》（2003年4月27日 国务院令第375号）

第六十一条 本条例所称职工，是指与用人单位存在劳动关系（包括事实劳动关系）的各种用工形式、各种用工期限的劳动者。

本条例所称工资总额，是指用人单位直接支付给本单位全部职工的劳动报酬总额。

本条例所称本人工资，是指工伤职工因工作遭受事故伤害或者患职业病前12个月平均月缴费工资。本人工资高于统筹地区职工平均工资300%的，按照统筹地区职工平均工资的300%计算；本人工资低于统筹地区职工平均工资60%的，按照统筹地区职工平均工资的60%计算。

案例链接

❶《武化昌诉中信物流有限公司劳动争议纠纷案》，参见北大法宝引证码：Pkulaw. cn/CLI. C. 251752。

❷《新密市白寨镇光武陈永太建材厂与李马庄劳动争议纠纷上诉案》，参见北大法宝引证码：Pkulaw. cn/CLI. C. 246304。

【供养亲属的范围】

法律问题解读

根据国务院的授权，劳动保障部对因工死亡职工供养亲属的范围及条件等，作了明确规定。

因工死亡职工供养亲属的范围，包括该职工的配偶、子女、父母、祖父母、外祖父母、孙子女、外孙子女、兄弟姐妹。所称子女，包括婚生子女、非婚生子女、养子女和有抚养关系的继子女，其中婚生子女、非婚生子女包括遗腹子女；所称父母，包括生父母、养父母和有抚养关系的继父母；所称兄弟姐妹，包括同父母的兄弟姐妹、同父异母或者同母异父的兄弟姐妹、养兄弟姐妹、有抚养关系的继兄弟姐妹。

在供养亲属范围内的人员中，只有依靠因工死亡职工生前提供主要生活来源，并有以下情形之一的，方可按规定申请供养亲属抚恤金：

（1）完全丧失劳动能力的；

（2）工亡职工配偶男年满60周岁、女年满55周岁的；

（3）工亡职工父母男年满60周岁、女年满55周岁的；

（4）工亡职工子女未满18周岁的；

（5）工亡职工父母均已死亡，其祖父、外祖父年满60周岁，祖母、外祖母年满55周岁的；

（6）工亡职工子女已经死亡或完全丧失劳动能力，其孙子女、外孙子女未满18周岁的；

（7）工亡职工父母均已死亡或完全丧失劳动能力，其兄弟姐妹未满18周岁的。

法条指引

❶**《因工死亡职工供养亲属范围规定》**（2003年9月23日　劳动和社会保障部发布）

第二条　本规定所称因工死亡职工供养亲属，是指该职工的配偶、子女、父母、祖父母、外祖父母、孙子女、外孙子女、兄弟姐妹。

本规定所称子女，包括婚生子女、非婚生子女、养子女和有抚养关系的继子女，其中，婚生子女、非婚生子女包括遗腹子女；

本规定所称父母，包括生父母、养父母和有抚养关系的继父母；

本规定所称兄弟姐妹，包括同父母的兄弟姐妹、同父异母或者同母异父的兄弟姐妹、养兄弟姐妹、有抚养关系的继兄弟姐妹。

第三条　上条规定的人员，依靠因工死亡职工生前提供主要生活来源，并有下列情形之一的，可按规定申请供养亲属抚恤金：

（一）完全丧失劳动能力的；

（二）工亡职工配偶男年满60周岁、女年满55周岁的；

（三）工亡职工父母男年满60周岁、女年满55周岁的；

（四）工亡职工子女未满18周岁的；

（五）工亡职工父母均已死亡，其祖父、外祖父年满60周岁，祖母、外祖母年满55周岁的；

（六）工亡职工子女已经死亡或完全丧失劳动能力，其孙子女、外孙子女未满18周岁的；（七）工亡职工父母均已死亡或完全丧失劳动能力，其兄弟姐妹未满18周岁的。

案例链接

❶《宋建山诉临泽县保安服务公司等劳动合同纠纷案》，参见北大法宝引证码：Pkulaw. cn/CLI. C. 168714。

❷《南平鸿志兴包装装潢有限公司诉周淑英等工伤保险待遇案》，参见北大法宝引证码：Pkulaw. cn/CLI. C. 121463。

【停止享受工伤保险待遇的情形】

法律问题解读

按照国家规定，工伤职工和工亡职工的直系亲属享有工伤保险待遇的权利，但这种权利是与其具备相应的条件、履行相应的义务相联系的。当工伤职工和工亡职工的直系亲属丧失了享受待遇的条件或不履行相应的义务时，其也就失去了享有权利的资格，因而也就应停止其继续享受工伤保险的待遇。

1. 须停止工伤职工享受工伤保险待遇的情形，主要有以下四种：

（1）丧失享受待遇条件的；

（2）拒不接受劳动能力鉴定的；

（3）拒绝治疗的；

（4）被判刑正在收监执行的。

2. 须停止工亡职工直系亲属享受工伤保险待遇的情形，主要有以下六种：

（1）年满18周岁且未完全丧失劳动能力的；

（2）就业或参军的；

（3）工亡职工配偶再婚的；

（4）被他人或组织收养的；

（5）死亡的；

（6）被判刑收监执行期间的。

这里应注意的有两点：一是因工死亡职工供养亲属需要进行劳动能力鉴定，应当由该职工生前单位所在地设区的市级劳动能力鉴定委员会负责。二是，虽然国家规定被判刑收监执行的工伤职工和工亡职工直系亲属应停止享受工伤保险待遇，但劳动保障部还规定工亡职工直系亲属被刑满释放的符合领取抚恤金资格的，可按规定享受抚恤金。其资格须由统筹地区社会保险经办机构核定。这一规定与养老保险、失业保险的规定是一致的。因此，工伤职工被判刑正在收监执行的，应停止其享受工伤保险待遇，但是该职工被刑满释放后，若仍符合享受工伤保险待遇的条件，则应继续享受。

法条指引

❶**《中华人民共和国社会保险法》**（2011年7月1日施行）

第四十三条　工伤职工有下列情形之一的，

停止享受工伤保险待遇：

（一）丧失享受待遇条件的；

（二）拒不接受劳动能力鉴定的；

（三）拒绝治疗的。

❷《工伤保险条例》（2003年4月27日 国务院令第375号）

第四十条 工伤职工有下列情形之一的，停止享受工伤保险待遇：

（一）丧失享受待遇条件的；

（二）拒不接受劳动能力鉴定的；

（三）拒绝治疗的；

（四）被判刑正在收监执行的。

❸《因工死亡职工供养亲属范围规定》（2003年9月23日 劳动和社会保障部发布）

第四条 领取抚恤金人员有下列情形之一的，停止享受抚恤金待遇：

（一）年满18周岁且未完全丧失劳动能力的；

（二）就业或参军的；

（三）工亡职工配偶再婚的；

（四）被他人或组织收养的；

（五）死亡的。

第五条 领取抚恤金的人员，在被判刑收监执行期间，停止享受抚恤金待遇。刑满释放仍符合领取抚恤金资格的，按规定的标准享受抚恤金。

第六条 因工死亡职工供养亲属享受抚恤金待遇的资格，由统筹地区社会保险经办机构核定。

因工死亡职工供养亲属的劳动能力鉴定，由因工死亡职工生前单位所在地设区的市级劳动能力鉴定委员会负责。

案例链接

❶《广州市艺源装饰艺术有限公司与谢彦忠工伤事故损害赔偿纠纷上诉案》，参见北大法宝引证码：Pkulaw. cn/CLI. C. 107622。

❷《张仲文诉某全民所有制企业工伤保险待遇纠纷案》，参见北大法宝引证码：Pkulaw. cn/CLI. C. 259054。

学者观点

❶ 杨修庚：《服刑人员不应停止享受工伤保险待遇》，参见北大法宝引证码：Pkulaw. cn/CLI. A. 038498。

❷ 孙瑞玺：《职工工伤与职工患病或非因工负伤医疗期及待遇规定的不同》，参见北大法宝引证码：Pkulaw. cn/CLI. A. 026940。

【工伤保险责任的承继】

法律问题解读

这是指用人单位发生法人资格变更、消失，资产进行转移，经营方式改变等情况时，对职工工伤保险责任的相应调整与转移。由于法律规定，患职业病或者因工负伤并被鉴定为伤残等级的职工，除有严重违纪等行为的以外，用人单位不能与之解除劳动合同，其中伤残等级为1至6级的，劳动合同期满用人单位也不得与之终止合同，所以无论用人单位发生怎样重大的变化，其对职工工伤保险的责任只能承继、调整，不能推卸。因此，现行法规规定，用人单位发生分立、合并、转让的情况，承继单位应当承担原用人单位的工伤保险责任。原用人单位已经参加工伤保险的，承继单位应当到当地社会保险经办机构办理工伤保险变更登记；原用人单位尚未参加工伤保险的，承继单位应当承担职工工伤保险待遇。

用人单位改革经营方式，实行内部或外部承包经营的，工伤保险责任由职工劳动关系所在单位承担。

职工被借调到其他单位工作期间受到工伤事故伤害的，由与之存在劳动关系的原用人单位承担工伤保险责任。至于工伤保险费用或工伤保险待遇的费用由谁出，如何出，原用人单位与借调单位可以协商约定。

企业破产的，在破产清算时，应优先向社会保险经办机构拨付依法应由单位支付的工伤保险待遇费用。此后，工伤职工的工伤保险待遇，则由社会保险经办机构承担。

这里所说的工伤保险责任，是指两种情况：一是参加工伤保险统筹的单位，应承担缴纳工伤保险费的责任；二是未参加工伤保险统筹的单位，应承担工伤职工工伤保险待遇支付的责任。

法条指引

❶《工伤保险条例》（2003年4月27日 国务院令第375号）

第四十一条 用人单位分立、合并、转让的，承继单位应当承担原用人单位的工伤保险责任；原用人单位已经参加工伤保险的，承继单位应当到当地经办机构办理工伤保险变更登记。

用人单位实行承包经营的，工伤保险责任由职工劳动关系所在单位承担。

职工被借调期间受到工伤事故伤害的，由原用人单位承担工伤保险责任，但原用人单位与借调单位可以约定补偿办法。

企业破产的，在破产清算时优先拨付依法应由单位支付的工伤保险待遇费用。

第六十条　用人单位依照本条例规定应当参加工伤保险而未参加的，由劳动保障行政部门责令改正；未参加工伤保险期间用人单位职工发生工伤的，由该用人单位按照本条例规定的工伤保险待遇项目和标准支付费用。

案例链接

❶《新密市白寨镇光武陈永太建材厂与李马庄劳动争议纠纷上诉案》，参见北大法宝引证码：Pkulaw. cn/CLI. C. 246304。

❷《河南省永安建筑安装工程有限公司与张坤胜劳动争议纠纷上诉案》，参见北大法宝引证码：Pkulaw. cn/CLI. C. 246113。

学者观点

❶ 麻增伟：《劳动争议中社会保险若干疑难问题研究》，参见北大法宝引证码：Pkulaw. cn/CLI. A. 046463。

❷ 陆通：《拂去工伤赔偿案件的"劳动争议"金钟罩》，参见北大法宝引证码：Pkulaw. cn/CLI. A. 050489。

【派遣出境职工的工伤保险关系】

法律问题解读

从国际上看，各国之间没有工伤保险互免协议。一些国家规定，外国人前往该国工作或在该国停留期间，应当参加工伤保险或购买意外伤害保险。我国与其他国家的工伤保险在保障性质和作用方面大体相同，但在保险项目、保险额度和支付方式上存在差别。面对这种现实，现行法规规定，职工被派遣出境工作，依据前往国家或者地区的法律应当参加当地工伤保险的，参加当地工伤保险，其国内工伤保险关系中止，待回国后按规定接续；不能参加当地工伤保险的，其国内工伤保险关系不中止，应继续由职工所在单位按规定缴纳。这一规定，既保障了被派遣出境工作人员的基本利益，也方便了社会保险经办机构的管理。

法条指引

❶《工伤保险条例》（2003 年 4 月 27 日　国务院令第 375 号）

第四十二条　职工被派遣出境工作，依据前往国家或者地区的法律应当参加当地工伤保险的，参加当地工伤保险，其国内工伤保险关系中止；不能参加当地工伤保险的，其国内工伤保险关系不中止。

【再次发生工伤的处理】

法律问题解读

工伤职工再次发生工伤与其工伤复发不同。再次发生工伤，是指工伤职工在前次工伤事故遭受的伤害或所患职业病，经治疗和劳动能力鉴定后，第二次或第三次受到工伤事故的伤害或患上了职业病。再次发生工伤一般会加剧该工伤职工的伤情或病情。因此，国家规定，职工再次发生工伤，经劳动能力鉴定委员会确认，应当享受伤残津贴的，应按照新认定的伤残等级享受伤残津贴待遇。

法条指引

❶《工伤保险条例》（2003 年 4 月 27 日　国务院令第 375 号）

第四十三条　职工再次发生工伤，根据规定应当享受伤残津贴的，按照新认定的伤残等级享受伤残津贴待遇。

案例链接

❶《蒋先学与东方市大广坝桂峰土方工程施工队工伤事故损害赔偿纠纷上诉案》，参见北大法宝引证码：Pkulaw. cn/CLI. C. 13699。

【非法经营单位伤亡人员的处理】

法律问题解读

非法经营单位伤亡人员，是指在无营业执照或者未经依法登记、备案的单位以及被依法吊销营业执照或者撤销登记、备案的单位工作，受到事故伤害或者患职业病的职工，或者用人单位非法使用童工造成伤残、死亡的童工。在社会上，这种非法经营单位人员伤亡的情况时有发生，而且伤亡职工或童工的合法权益很难得到保护。即使有关方面力图帮助这些人员，也缺乏法律依据。因此，国家在制定新的工伤保险法规时，专门就非法经营单位伤亡人员的赔偿问题作了规定，并授权劳动和社会保障部制定具体办法。按照规定，非法经营单位必须向其伤残职工或死亡职工直系亲属、伤残童工或死亡童工的直系亲属给予一次性赔偿，包括伤亡人员治疗期间的费用和一次性赔偿金。治疗期间的费用包括：生活费、医疗费、护理费、住院期间的伙食补助费及所需的交通费等费用。这些费用按照《工伤保险条例》规定的标准和范围，全部由伤残职工或童工所在单位支付。一次性赔偿金数额，应在伤亡人员经单位所在地设区的市级劳动能力鉴定委员会作出鉴定后，根据该职工的伤残等级确定。赔偿基数为单位所在地工伤保险统筹地区上年度职工年平均工资。具体赔偿标准是：一级伤残的为赔偿基数的16倍，二级伤残的为赔偿基数的14倍，三级伤残的为赔偿基数的12倍，四级伤残的为赔偿基数的10倍，五级伤残的为赔偿基金的8倍，六级伤残的为赔偿基金的6倍，七级伤残的为赔偿基金的4倍，八级伤残的为赔偿基数的3倍，九级伤残的为赔偿基数的2倍，十级伤残的为赔偿基数的1倍。对受到事故伤害或患职业病造成死亡的，按赔偿基数的10倍支付一次性赔偿金。此外，伤残人员进行劳动能力鉴定的费用，也由非法经营单位承担。如果非法经营单位拒绝支付一次性赔偿，伤残职工或死亡职工的直系亲属、伤残童工或者死亡童工的直系亲属，可以向劳动保障行政部门举报。经查证属实的，劳动保障行政部门应责令该单位限期改正。

法条指引

❶ **《工伤保险条例》**（2003年4月27日　国务院令第375号）

第六十三条　无营业执照或者未经依法登记、备案的单位以及被依法吊销营业执照或者撤销登记、备案的单位的职工受到事故伤害或者患职业病的，由该单位向伤残职工或者死亡职工的直系亲属给予一次性赔偿，赔偿标准不得低于本条例规定的工伤保险待遇；用人单位不得使用童工，用人单位使用童工造成童工伤残、死亡的，由该单位向童工或者童工的直系亲属给予一次性赔偿，赔偿标准不得低于本条例规定的工伤保险待遇。具体办法由国务院劳动保障行政部门规定。

前款规定的伤残职工或者死亡职工的直系亲属就赔偿数额与单位发生争议的，以及前款规定的童工或者童工的直系亲属就赔偿数额与单位发生争议的，按照处理劳动争议的有关规定处理。

❷ **《非法用工单位伤亡人员一次性赔偿办法》**（2003年9月23日　劳动和社会保障部发布）

第二条　本办法所称非法用工单位伤亡人员，是指在无营业执照或者未经依法登记、备案的单位以及被依法吊销营业执照或者撤销登记、备案的单位受到事故伤害或者患职业病的职工，或者用人单位使用童工造成的伤残、死亡童工。

前款所列单位必须按照本办法的规定向伤残职工或死亡职工的直系亲属、伤残童工或者死亡童工的直系亲属给予一次性赔偿。

第三条　一次性赔偿包括受到事故伤害或患职业病的职工或童工在治疗期间的费用和一次性赔偿金，一次性赔偿金数额应当在受到事故伤害或患职业病的职工或童工死亡或者经劳动能力鉴定后确定。

劳动能力鉴定按属地原则由单位所在地设区的市级劳动能力鉴定委员会办理。劳动能力鉴定费用由伤亡职工或者童工所在单位支付。

第四条　职工或童工受到事故伤害或患职业病，在劳动能力鉴定之前进行治疗期间的生活费、医疗费、护理费、住院期间的伙食补助费及所需的交通费等费用，按照《工伤保险条例》规定的标准和范围，全部由伤残职工或童工所在单位支付。

第五条　一次性赔偿金按以下标准支付：

一级伤残的为赔偿基数的16倍，二级伤残的为赔偿基数的14倍，三级伤残的为赔偿基数的12倍，四级伤残的为赔偿基数的10倍，五级伤残的为赔偿基数的8倍，六级伤残的为赔偿基数的6倍，七级伤残的为赔偿基数的4倍，八级伤残的为赔偿基数的3倍，九级伤残的为赔偿基数的2倍，十级伤残的为赔偿基数的1倍。

第六条　受到事故伤害或患职业病造成死亡的，按赔偿基数的10倍支付一次性赔偿金。

第七条　本办法所称赔偿基数，是指单位所在地工伤保险统筹地区上年度职工年平均工资。

第八条　单位拒不支付一次性赔偿的，伤残职工或死亡职工的直系亲属、伤残童工或者死亡童工的直系亲属可以向劳动保障行政部门举报。经查证属实的，劳动保障行政部门应责令该单位限期改正。

案例链接

❶《荥阳市城关中原一面馆与杨宁劳动争议纠纷上诉案》，参见北大法宝引证码：Pkulaw. cn/CLI. C. 184720。

❷《刘信用与李山伟、郑州市金水区国涛电焊经营部劳动争议纠纷上诉案》，参见北大法宝引证码：Pkulaw. cn/CLI. C. 179721。

学者观点

❶ 余一平：《处理非法用工致害案件的二个问题探讨》，参见北大法宝引证码：Pkulaw. cn/CLI. A. 050961。

❷ 班金云：《工伤事故中侵权损害赔偿与工伤保险补偿如何适用》，参见北大法宝引证码：Pkulaw. cn/CLI. A. 039828。

【交通事故引起的工伤】

法律问题解读

交通事故引起的工伤主要有两种情形：一是在机动车司机岗位上工作的职工，在工作过程中发生交通事故引起工伤；二是职工在上下班途中，受到机动车事故伤害而引起工伤。根据以往的规定，这种工伤事故应先按照交通事故处理规定处理，然后再按工伤保险的规定采取补差的方式享受工伤保险待遇。而新的工伤保险法规对交通事故引起的工伤如何赔付没有涉及，对原先的规定也没有明令废止。因此，原先的规定与新法规不抵触，应继续执行，直至有关部门作出新的规定，再按新的规定执行。

法条指引

❶**《工伤保险条例》**（2003 年 4 月 27 日　国务院令第 375 号）

第十四条　职工有下列情形之一的，应当认定为工伤：

（一）在工作时间和工作场所内，因工作原因受到事故伤害的；

（二）工作时间前后在工作场所内，从事与工作有关的预备性或者收尾性工作受到事故伤害的；

（三）在工作时间和工作场所内，因履行工作职责受到暴力等意外伤害的；

（四）患职业病的；

（五）因工外出期间，由于工作原因受到伤害或者发生事故下落不明的；

（六）在上下班途中，受到机动车事故伤害的；

（七）法律、行政法规规定应当认定为工伤的其他情形。

❷**《中华人民共和国道路安全法》**（2003 年 10 月 28 日）

第七十四条　对交通事故损害赔偿的争议，当事人可以请求公安机关交通管理部门调解，也可以直接向人民法院提起民事诉讼。

经公安机关交通管理部门调解，当事人未达成协议或者调解书生效后不履行的，当事人可以向人民法院提起民事诉讼。

❸**《中华人民共和国道路交通安全法实施条例》**（2004 年 4 月 30 日　国务院令第 405 号）

第九十四条　当事人对交通事故损害赔偿有争议，各方当事人一致请求公安机关交通管理部门调解的，应当在收到交通事故认定书之日起 10 日内提出书面调解申请。

对交通事故致死的，调解从办理丧葬事宜结束之日起开始；对交通事故致伤的，调解从治疗终结或者定残之日起开始；对交通事故造成财产损失的，调解从确定损失之日起开始。

第九十五条　公安机关交通管理部门调解交通事故损害赔偿争议的期限为 10 日。调解达成协议的，公安机关交通管理部门应当制作调解书送交各方当事人，调解书经各方当事人共同签字后生效；调解未达成协议的，公安机关交通管理部门应当制作调解终结书送交各方当事人。

交通事故损害赔偿项目和标准依照有关法律的规定执行。

第九十六条　对交通事故损害赔偿的争议，当事人向人民法院提起民事诉讼的，公安机关交通管理部门不再受理调解申请。

公安机关交通管理部门调解期间，当事人向人民法院提起民事诉讼的，调解终止。

❹**《交通事故处理程序规定》**（2004 年 4 月 30 日　公安部令第 70 号）（略）

❺**《道路交通事故受伤人员伤残评定》**（2002 年 12 月 1 日　国家质量监督检验检疫总局发布）（略）

案例链接

❶《北京国玉大酒店有限公司诉北京市朝阳

区劳动和社会保障局工伤认定行政纠纷案》，参见北大法宝引证码：Pkulaw. cn/CLI. C. 123429。

❷《杨文伟诉宝二十冶公司人身损害赔偿纠纷案》，参见北大法宝引证码：Pkulaw. cn/CLI. C. 67447。

学者观点

❶ 于杨宁、夏红旗：《违反公司规章伤亡是否属于工伤》，参见北大法宝引证码：Pkulaw. cn/CLI. A. 048272。

❷ 成尉冰：《从"一个环节，八轮程序"看工伤认定制度之误》，参见北大法宝引证码：Pkulaw. cn/CLI. A. 048939。

【工伤保险纠纷的处理】

法律问题解读

由于工伤保险制度涉及的部门较多，所以因工伤保险问题发生纠纷的种类也比较多。大致有以下几种：

1. 职业病诊断争议

职业病诊断是由省级卫生行政部门批准的医疗卫生机构承担的。当事人对该机构的职业病诊断有异议，可以在接到职业病诊断证明书之日起30日内，向做出诊断的医疗卫生机构所在地设区的市级卫生行政部门申请鉴定。该卫生行政部门组织的职业病诊断鉴定委员会负责职业病诊断争议的首次鉴定。当事人对首次鉴定结论不服，在接到该鉴定书之日起15日内，可向该鉴定机构所在地省级卫生行政部门申请再鉴定。省级职业病诊断委员会的鉴定为最终鉴定。

2. 工伤鉴定争议

劳动能力鉴定委员会是从事工伤职工伤残等级鉴定工作的专门机构。用人单位、工伤职工或者其直系亲属申请劳动能力鉴定，应向设区的市级劳动能力鉴定委员会提出。当事人对该鉴定委员会作出的鉴定结论不服，可在收到该鉴定结论之日起15日内向省级劳动能力鉴定委员会提出再次鉴定申请。省级劳动能力鉴定委员会作出的鉴定结论为终局结论。

3. 工伤保险行政争议

行政管理相对人与承担工伤保险管理工作的劳动保障行政部门及社会保险经办机构之间就工伤保险的有关事项发生纠纷主要有以下四种情形：

（1）申请工伤认定的职工或者其直系亲属、该职工所在单位对统筹地区劳动保障行政部门作出的不予受理决定和工伤认定结论不服的；

（2）用人单位对经办机构确定的单位缴费费率不服的；

（3）签订服务协议的医疗机构、辅助器具配置机构认为经办机构未履行有关协议或者规定的；

（4）工伤职工或者其直系亲属对经办机构核定的工伤保险待遇有异议的。

发生工伤保险行政争议后，有关单位和个人可以依法申请行政复议；对复议决定不服的，可以依法提起行政诉讼。有关单位和个人也可以直接提起行政诉讼。

4. 工伤保险劳动争议

职工与用人单位之间就工伤保险待遇方面的事项所发生的纠纷主要有两种情形：

（1）职工与参加工伤保险的用人单位之间就用人单位应当承担的工伤保险待遇发生劳动争议。

（2）伤残职工或死亡职工的直系亲属、伤残童工或者死亡童工的直系亲属就一次性赔偿数额与非法经营单位发生的争议。

发生劳动争议，用人单位、职工或职工的直系亲属可向有管辖权的劳动争议仲裁委员会申诉。对该仲裁委员会作出的不予受理通知书或仲裁裁决书不服，可向有管辖权的人民法院起诉。

法条指引

❶《工伤保险条例》（2003年4月27日　国务院令第375号）

第二十六条　申请鉴定的单位或者个人对设区的市级劳动能力鉴定委员会作出的鉴定结论不服的，可以在收到该鉴定结论之日起15日内向省、自治区、直辖市劳动能力鉴定委员会提出再次鉴定申请。省、自治区、直辖市劳动能力鉴定委员会作出的劳动能力鉴定结论为最终结论。

第五十二条　职工与用人单位发生工伤待遇方面的争议，按照处理劳动争议的有关规定处理。

第五十三条　有下列情形之一的，有关单位和个人可以依法申请行政复议；对复议决定不服的，可以依法提起行政诉讼：

（一）申请工伤认定的职工或者其直系亲属、该职工所在单位对工伤认定结论不服的；

（二）用人单位对经办机构确定的单位缴费费率不服的；

（三）签订服务协议的医疗机构、辅助器具配置机构认为经办机构未履行有关协议或者规定的；

（四）工伤职工或者其直系亲属对经办机构核定的工伤保险待遇有异议的。

❷《职业病诊断与鉴定管理办法》（2002 年 3 月 28 日 卫生部发布）

第十九条 当事人对职业病诊断有异议的，在接到职业病诊断证明书之日起 30 日内，可以向做出诊断的医疗卫生机构所在地设区的市级卫生行政部门申请鉴定。

设区的市级卫生行政部门组织的职业病诊断鉴定委员会负责职业病诊断争议的首次鉴定。

当事人对设区的市级职业病诊断鉴定委员会的鉴定结论不服的，在接到职业病诊断鉴定书之日起 15 日内，可以向原鉴定机构所在地省级卫生行政部门申请再鉴定。

省级职业病诊断鉴定委员会的鉴定为最终鉴定。

❸《工伤认定办法》（2003 年 9 月 23 日 劳动和社会保障部发布）

第十九条 职工或者其直系亲属、用人单位对不予受理决定不服或者对工伤认定决定不服的，可以依法申请行政复议或者提起行政诉讼。

❹《企业劳动争议处理条例》（1993 年 7 月 6 日 国务院令发布）

第二条 本条例适用于中华人民共和国境内的企业与职工之间的下列劳动争议：

（一）因企业开除、除名、辞退职工和职工辞职、自动离职发生的争议；

（二）因执行国家有关工资、保险、福利、培训、劳动保护的规定发生的争议；

（三）因履行劳动合同发生的争议；

（四）法律、法规规定应当依照本条例处理的其他劳动争议。

❺**《劳动和社会保障部办公厅关于当事人对工伤认定不服行政复议问题的复函》**（2004 年 5 月 18 日 劳社厅函［2004］123 号）

重庆市劳动和社会保障局：

你局关于当事人对工伤认定不服申请复议问题的紧急请示（渝劳社文［2004］48 号）收悉。经研究，现答复如下：

按照《工伤保险条例》第五十三条规定，申请工伤认定的职工或者直系亲属、该职工所在单位对工伤认定结论不服的，应该首先申请行政复议，对行政复议不服的，再依法提起行政诉讼。

在适用《工伤认定办法》第十九条规定时，当事人对工伤认定结论不服的，应按照《工伤保险条例》第五十三条规定执行；当事人对不予受理决定不服的，可以依法申请行政复议或者提起行政诉讼，即这种情况下行政复议不是前置程序。

案例链接

❶《彭州市东升机械厂与杨帮敏劳动争议纠纷上诉案》，参见北大法宝引证码：Pkulaw. cn/CLI. C. 261240。

❷《黎平生与黄成洪工伤保险待遇纠纷上诉案》，参见北大法宝引证码：Pkulaw. cn/CLI. C. 252948。

学者观点

❶ 石先广：《关注您的权利，律师带您深度解读劳动争议最新司法解释（中）》，参见北大法宝引证码：Pkulaw. cn/CLI. A. 034377。

【用人单位与职工违反工伤保险规定的法律责任】

法律问题解读

用人单位与职工违反工伤保险规定应承担法律责任的情形有以下三种：

（1）用人单位应参加而未参加工伤保险的，则由劳动保障行政部门责令改正；未参加工伤保险期间，用人单位发生工伤的，由该用人单位按照国家规定的工伤保险待遇项目和标准，向工伤职工支付费用。

（2）用人单位瞒报工资总额或者职工人数的，由劳动保障行政部门责令改正，并处瞒报工资数额 1 倍以上 3 倍以下的罚款。

（3）用人单位、工伤职工或者其直系亲属骗取工伤保险待遇的，由劳动保障行政部门责令退还，并处骗取金额 1 倍以上 3 倍以下的罚款；情节严重，构成犯罪的，依法追究刑事责任。

法条指引

❶《工伤保险条例》（2003 年 4 月 27 日 国务院令第 375 号）

第五十八条 用人单位瞒报工资总额或者职工人数的，由劳动保障行政部门责令改正，并处瞒报工资数额 1 倍以上 3 倍以下的罚款。

用人单位、工伤职工或者其直系亲属骗取工

伤保险待遇，医疗机构、辅助器具配置机构骗取工伤保险基金支出的，由劳动保障行政部门责令退还，并处骗取金额1倍以上3倍以下的罚款；情节严重，构成犯罪的，依法追究刑事责任。

第六十条 用人单位依照本条例规定应当参加工伤保险而未参加的，由劳动保障行政部门责令改正；未参加工伤保险期间用人单位职工发生工伤的，由该用人单位按照本条例规定的工伤保险待遇项目和标准支付费用。

案例链接

❶《新密市白寨镇光武陈永太建材厂与李马庄劳动争议纠纷上诉案》，参见北大法宝引证码：Pkulaw. cn/CLI. C. 246304。

❷《河南省永安建筑安装工程有限公司与张坤胜劳动争议纠纷上诉案》，参见北大法宝引证码：Pkulaw. cn/CLI. C. 246113。

学者观点

❶ 刘忠二：《浅析工伤保险之法律适用》，参见北大法宝引证码：Pkulaw. cn/CLI. A. 042012。

❷ 蔡庆发：《〈工伤保险条例〉及配套法规存在的若干法律问题》，参见北大法宝引证码：Pkulaw. cn/CLI. A. 034068。

第十四章　失业保险

● 本章为读者提供与以下题目有关的法律问题的解读及相关法律文献依据

失业保险制度（495）　**失业保险覆盖范围**（496）　**银行系统如何参加失业保险**（498）　**可不参加失业保险的单位**（498）　**城镇企业事业单位如何参加失业保险**（499）　**失业保险费率**（500）　**失业保险费征收**（502）　**失业保险基金**（503）　**拒不缴纳失业保险费的责任**（504）　**骗取失业保险待遇人员的责任**（506）　**失业保险基金统筹**（506）　**失业保险调剂金**（506）　**失业保险金标准**（507）　**领取失业保险金的条件**（508）　**停止领取失业保险金的情形**（508）　**其他失业保险待遇**（509）　**特殊人员失业保险待遇的享受**（510）　**军人退役随迁未就业配偶的失业保险待遇**（510）　**职业培训和职业介绍补贴**（511）　**农民合同制工人一次性生活补助**（511）　**失业保险关系转迁**（512）

【失业保险制度】

法律问题解读

失业保险制度是指由国家通过立法强制实行，运用社会力量，由社会集中建立基金，为那些在劳动年龄内、由于非本人原因失业而暂时中断生活来源的劳动者提供一定程度的收入损失补偿，维持其基本生活，并帮助其实现再就业的社会保险制度。失业保险制度主要是通过提供收入损失补偿的方法解决劳动者失业期间的生活困难，因此是社会保障体系的组成部分；同时，由于这项制度又以帮助暂时中断就业的劳动者实现再就业为目的，所以人们又将失业保险制度归入就业服务体系。

失业保险与养老保险、医疗保险、工伤保险、生育保险共同构成社会保险的基本内容，因此，失业保险也具备了社会保险的基本特征。在适用范围上，都是普遍适用于劳动者；在制度建立和运作上，都是国家通过立法强制推行；在基金的筹集和使用上，都具有共济性等。但是，失业保险与养老保险、医疗保险还有很大的差异。

（1）失业保险的对象是具有劳动能力而暂时中断就业的劳动者；而养老保险的对象则是退出劳动力市场的劳动者；医疗保险的对象是因病暂时失去劳动能力的劳动者。

（2）在待遇的给付期限上，失业保险一般有严格的时间限制，而且会按照领取者的就业状况随时作出调整；而养老保险待遇的领取期限一般都是直至领取者死亡；医疗保险待遇一般要给付到劳动者恢复劳动能力。

（3）在互济性和普遍性上，参加失业保险的劳动者并不一定必然享受到失业保险待遇，绝大多数劳动者确实是终身没有失业，因此其互济性更加突出；而所有参加养老保险的劳动者都必然能够享受到相应的待遇；劳动者的预期伤病风险也远远高于失业保险。

（4）失业保险不仅要按时发放待遇，更重要的是还要帮助失业人员再就业；而养老保险和医疗保险则比较单一，只是保证待遇的发放。

失业保险与社会救济同属于社会保障范畴、救助的对象都是无收入（或低收入）者，但是两种制度也有较大的区别。首先，资金来源不同，失业保险基金主要来源于参加者的缴费，而社会救济的资金主要来源于财政资金。其次，失业保险待遇一般只发放给参加失业保险者，而社会救济则不同，全体社会成员只要符合规定条件都可以享受待遇。最后，失业保险待遇有时间限制，而社会救济没有时间限制，衡量的唯一标准是收入的多少。

法条指引

❶《中华人民共和国劳动法》（1994年7月5日 国家主席令第28号）

第七十条 国家发展社会保险事业，建立社会保险制度，设立社会保险基金，使劳动者在年老、患病、工伤、失业、生育等情况下获得帮助和补偿。

第七十三条 劳动者在下列情形下，依法享受社会保险待遇：

（一）退休；

（二）患病、负伤；

（三）因工伤残或者患职业病；

（四）失业；

（五）生育。

劳动者死亡后，其遗属依法享受遗属津贴。

劳动者享受社会保险待遇的条件和标准由法律、法规规定。

劳动者享受的社会保险金必须按时足额支付。

❷《中华人民共和国社会保险法》（2011年7月1日施行）

第五章 失业保险

第四十四条 职工应当参加失业保险，由用人单位和职工按照国家规定共同缴纳失业保险费。

第四十五条 失业人员符合下列条件的，从失业保险基金中领取失业保险金：

（一）失业前用人单位和本人已经缴纳失业保险费满一年的；

（二）非因本人意愿中断就业的；

（三）已经进行失业登记，并有求职要求的。

第四十六条 失业人员失业前用人单位和本人累计缴费满一年不足五年的，领取失业保险金的期限最长为十二个月；累计缴费满五年不足十年的，领取失业保险金的期限最长为十八个月；累计缴费十年以上的，领取失业保险金的期限最长为二十四个月。重新就业后，再次失业的，缴费时间重新计算，领取失业保险金的期限与前次失业应当领取而尚未领取的失业保险金的期限合并计算，最长不超过二十四个月。

第四十七条 失业保险金的标准，由省、自治区、直辖市人民政府确定，不得低于城市居民最低生活保障标准。

第四十八条 失业人员在领取失业保险金期间，参加职工基本医疗保险，享受基本医疗保险待遇。

失业人员应当缴纳的基本医疗保险费从失业保险基金中支付，个人不缴纳基本医疗保险费。

第四十九条 失业人员在领取失业保险金期间死亡的，参照当地对在职职工死亡的规定，向其遗属发给一次性丧葬补助金和抚恤金。所需资金从失业保险基金中支付。

个人死亡同时符合领取基本养老保险丧葬补助金、工伤保险丧葬补助金和失业保险丧葬补助金条件的，其遗属只能选择领取其中的一项。

第五十条 用人单位应当及时为失业人员出具终止或者解除劳动关系的证明，并将失业人员的名单自终止或者解除劳动关系之日起十五日内告知社会保险经办机构。

失业人员应当持本单位为其出具的终止或者解除劳动关系的证明，及时到指定的公共就业服务机构办理失业登记。

失业人员凭失业登记证明和个人身份证明，到社会保险经办机构办理领取失业保险金的手续。失业保险金领取期限自办理失业登记之日起计算。

第五十一条 失业人员在领取失业保险金期间有下列情形之一的，停止领取失业保险金，并同时停止享受其他失业保险待遇：

（一）重新就业的；

（二）应征服兵役的；

（三）移居境外的；

（四）享受基本养老保险待遇的；

（五）无正当理由，拒不接受当地人民政府指定部门或者机构介绍的适当工作或者提供的培训的。

第五十二条 职工跨统筹地区就业的，其失业保险关系随本人转移，缴费年限累计计算。

❸《中华人民共和国失业保险条例》（1999年1月22日 国务院令第258号）（略）

案例链接

❶《河南省济源市济世药业有限公司诉李立军劳动争议纠纷案》，参见北大法宝引证码：Pkulaw. cn/CLI. C. 225227。

❷《李彦荣与河南晋开化工投资控股集团有限责任公司劳动合同纠纷上诉案》，参见北大法宝引证码：Pkulaw. cn/CLI. C. 229295。

【失业保险覆盖范围】

法律问题解读

根据国家规定，城镇企业事业单位及其职工

必须参加失业保险并按时足额缴纳失业保险费，其中在中国就业的外国职工也不例外。此外，省、自治区、直辖市人民政府根据当地实际情况，可以决定本行政区域内的社会团体及其专职人员、民办非企业单位及其职工、有雇工的城镇个体工商户及其雇工是否参加失业保险。

在实际工作中应该注意到，这里所说的城镇企业，是指国有企业、城镇集体企业、外商投资企业、城镇私营企业以及其他城镇企业。所说职工，是指与企业事业单位有劳动关系的所有职工，包括下岗职工、企业内部退养职工、农民工等等。此外，还包括军队机关事业单位中无军籍的所有职工，即：列入军队队列编制员额的职工和不列入军队队列编制员额的职工、工人（含合同制工人）以及聘用的其他职工（不含离退休人员）。

法条指引

❶**《中华人民共和国劳动法》**（1994 年 7 月 5 日　国家主席令第 28 号）

第七十条　国家发展社会保险事业，建立社会保险制度，设立社会保险基金，使劳动者在年老、患病、工伤、失业、生育等情况下获得帮助和补偿。

第七十三条　劳动者在下列情形下，依法享受社会保险待遇：

（一）退休；

（二）患病、负伤；

（三）因工伤残或者患职业病；

（四）失业；

（五）生育。

劳动者死亡后，其遗属依法享受遗属津贴。

劳动者享受社会保险待遇的条件和标准由法律、法规规定。

劳动者享受的社会保险金必须按时足额支付。

❷**《中华人民共和国社会保险法》**（2011 年 7 月 1 日施行）

第四十四条　职工应当参加失业保险，由用人单位和职工按照国家规定共同缴纳失业保险费。

❸**《中华人民共和国失业保险条例》**（1999 年 1 月 22 日　国务院令第 258 号）

第二条　城镇企业事业单位、城镇企业事业单位职工依照本条例的规定，缴纳失业保险费。

城镇企业事业单位失业人员依照本条例的规定，享受失业保险待遇。

本条所称城镇企业，是指国有企业、城镇集体企业、外商投资企业、城镇私营企业以及其他城镇企业。

第三十二条　省、自治区、直辖市人民政府根据当地实际情况，可以决定本条例适用于本行政区域内的社会团体及其专职人员、民办非企业单位及其职工、有雇工的城镇个体工商户及其雇工。

❹**《关于军队后勤保障社会化改革中人事和劳动保障工作有关问题的通知》**（2000 年 8 月 10 日　[2000] 后司字第 332 号）

二、关于职工参加社会保险问题

（三）失业保险

1. 军队机关事业单位职工，从 2000 年 7 月 1 日起，按国家规定参加当地失业保险，缴纳失业保险费，享受失业保险待遇。对职工参加失业保险之前的连续工龄视为缴费年限，不再补缴失业保险费。

2. 随军队后勤保障项目移交地方单位和正常调动到地方单位的军队职工，从调离军队之日起，由接收单位负责接续职工的失业保险关系，缴纳失业保险费。

（四）社会保险其他问题

1. 军队机关事业单位职工参加当地社会保险，要严格遵守国家和军队的保密规定，在办理社会保险申报登记时应适当简化，凡涉及到单位编制、人员实力、银行账户等情况，可免予提供。

2. 军队机关事业单位职工的伤亡保险和生育保险问题，根据国家和军队有关政策，另行研究确定。随军队后勤保障项目移交地方的单位和职工，按当地有关规定参加地方工伤和生育保险。

3. 军队机关事业单位职工参加地方社会保险后，实行属地化管理，单位和个人缴费基数、缴费比例和标准等，按当地政府的规定执行。个人缴费部分按月在发放职工工资时扣缴，单位缴费部分由用人单位按规定缴纳，所需资金从职工工资渠道列支。

随军队后勤保障项目委托地方单位管理的职工，或采取承包形式由承包方管理的职工，其社会保险的单位缴费部分，由受托或承包单位（个人）负责缴纳。

军队后勤保障社会化改革，是军队后勤建设和保障方式的重大调整和深刻变革，是军队建设的大事。各级人事和劳动保障部门要积极支持军队改革，妥善解决好改革中的人事和劳动保障有关问题。军地之间要相互支持，通力合作，确保改革顺利进行。

❺《关于对军队机关事业单位职工参加失业保险有关问题的复函》（2002年2月22日 劳社厅函［2002］52号）

山西省劳动和社会保障厅：

你厅《关于军队机关事业单位职工参加失业保险有关问题的请示》（晋劳社失函［2001］6号）收悉，现答复如下：

一、人事部、劳动和社会保障部、中国人民解放军总后勤部《关于军队后勤保障社会化改革中人事和劳动保障工作有关问题的通知》（［2000］后司字第332号）规定，“军队机关事业单位职工，从2000年7月1日起，按国家规定参加当地失业保险，缴纳失业保险费，享受失业保险待遇”。其中，“军队机关事业单位职工”是指军队机关事业单位中无军籍的所有职工。即：列入军队队列编制员额的职工和不列入军队队列编制员额的职员、工人（含合同制）以及聘用的其他职工（不含离退休人员）。

二、军队机关事业单位参加失业保险，应按照规定如实提供职工人数、缴费工资基数等情况。失业保险经办机构应按照军队机关事业单位提供的参保人员名单和缴费工资等情况，为缴费单位和缴费个人办理参保手续、建立缴费记录。军队机关事业单位中的参保人员失业时，对符合条件的失业人员，要按时足额发放失业保险金，并提供相应的服务。

案例链接

❶《赵中武与郑州市惠济区人民医院劳动争议纠纷上诉案》，参见北大法宝引证码：Pkulaw.cn/CLI.C.246848。

❷《广州市白云区明伟胶合板厂与向凯元劳动争议纠纷上诉案》，参见北大法宝引证码：Pkulaw.cn/CLI.C.235370。

【银行系统如何参加失业保险】

法律问题解读

由于银行系统比较复杂，国家对其如何参加失业保险作了具体规定：一是中国人民银行及其分支机构，不纳入失业保险的范围。但其所属的企业事业单位及其职工，须按规定参加失业保险。二是各商业银行及其职工，均参加单位所在地的失业保险。三是各国家政策性银行及其职工，也须参加单位所在地的失业保险。

法条指引

❶《关于银行系统单位参加失业保险有关问题的通知》（2000年11月8日 劳社部发［2000］22号）

各省、自治区、直辖市劳动和社会保障厅（局），财政厅（局）：

为贯彻施行《失业保险条例》和《社会保险费征缴暂行条例》，做好银行系统参加失业保险工作，现就有关问题通知如下：

一、中国人民银行及其分支机构，不纳入失业保险实施范围。中国人民银行所属的各类企业事业单位及其职工，应按规定参加单位所在地的失业保险。

二、各商业银行及其职工，均应参加单位所在地的失业保险。

三、各国家政策性银行及其职工，均应参加单位所在地的失业保险。

四、参加失业保险的银行系统单位及其职工，应当认真履行规定的缴费义务。其职工失业后，按规定享受失业保险待遇。

五、各级劳动保障部门及其经办失业保险业务的社会保险经办机构，应对银行系统的有关单位做好相关法律、法规和政策的宣传工作，加强指导，使银行系统各单位按规定参加失业保险。

【可不参加失业保险的单位】

法律问题解读

按照现行规定，可以不参加失业保险的单位有这样几种：一是国家机关及其工作人员，包括公务员及工勤人员。二是参照国家机关管理的机关及其工作人员，如党的机关、司法机构、民主党派、总工会、共青团、妇女联合会等。三是社会团体的专职人员。这里的社会团体是指中国公民自愿组成，为实现会员共同意愿，按照其章程开展活动的非营利性社会组织，包括：学会、研究会、联合会等，不包括参加中国政治协商会议的人民团体。专职人员，是指社团的专职工作人员，不包括兼职人员。四是民办非企业单位及其职工。民办非企业单位，是指企业事业单位、社会团体和其他社会力量，以及公民个人利用国有资产举办的，从事非营利性社会服务活动的社会组织。包括：民办医院、学校和科研单位。五是有雇工的城镇个体工商户及其雇工。对后三类单位和人员，省级人民政府有权决定其参加失业保险。

法条指引

❶**《中华人民共和国失业保险条例》**（1999 年 1 月 22 日 国务院令第 258 号）

第二条 城镇企业事业单位、城镇企业事业单位职工依照本条例的规定，缴纳失业保险费。

城镇企业事业单位失业人员依照本条例的规定，享受失业保险待遇。

本条所称城镇企业，是指国有企业、城镇集体企业、外商投资企业、城镇私营企业以及其他城镇企业。

❷**《中华人民共和国社会保险征缴暂行条例》**（1999 年 1 月 22 日 国务院令第 259 号）

第三条 基本养老保险费的征缴范围：国有企业、城镇集体企业、外商投资企业、城镇私营企业和其他城镇企业及其职工，实行企业化管理的事业单位及其职工。

基本医疗保险费的征缴范围：国有企业、城镇集体企业、外商投资企业、城镇私营企业和其他城镇企业及其职工，国家机关及其工作人员，事业单位及其职工，民办非企业单位及其职工，社会团体及其专职人员。

失业保险费的征缴范围：国有企业、城镇集体企业、外商投资企业、城镇私营企业和其他城镇企业及其职工，事业单位及其职工。

省、自治区、直辖市人民政府根据当地实际情况，可以规定将城镇个体工商户纳入基本养老保险、基本医疗保险的范围，并可以规定将社会团体及其专职人员、民办非企业单位及其职工以及有雇工的城镇个体工商户及其雇工纳入失业保险的范围。

社会保险费的费基、费率依照有关法律、行政法规和国务院的规定执行。

案例链接

❶《郑某与焦作韩王工业有限责任公司等非因公死亡待遇纠纷上诉案》，参见北大法宝引证码：Pkulaw. cn/CLI. C. 253759。

❷《杨保安诉周口市电器开关厂偿还养老保险费纠纷案》，参见北大法宝引证码：Pkulaw. cn/CLI. C. 220262。

【城镇企业事业单位如何参加失业保险】

法律问题解读

按照国家规定，企业事业单位参加社会保险，必须首先到当地社会保险经办机构办理社会保险登记。登记事项包括：单位名称、住所、经营地点、单位类型、法定代表人或者负责人、开户银行账号以及国务院劳动保障行政部门规定的其他事项。

进行失业保险登记的具体程序是：

从事生产经营的单位自领取营业执照之日起 30 日内、非生产经营单位（主要是事业单位和社会团体）自成立之日起 30 日内，应当向当地社会保险经办机构申请办理社会保险登记。办理登记时，应当填写社会保险登记表，并出示以下证件和资料：

（1）营业执照、批准成立证件或其他核准执业证件；

（2）国家质量技术监督部门颁发的组织机构统一代码证书；

（3）省、自治区、直辖市社会保险经办机构规定的其他有关证件、资料。

对单位填报的社会保险登记表、提供的证件和资料，社会保险经办机构应当即时受理，并自受理之日起 10 个工作日内审核完毕；符合规定的，予以登记，发给社会保险登记证。

实际工作中需要特别注意的是，军队事业单位参加失业保险，办理社会保险登记，原则上也应按照相关规定的程序办理。但是，由于军队事业单位的特殊性，涉及人员编制、番号、账户等信息不宜公开，为此，劳动和社会保障部、人事部、解放军总后勤部专门作出规定，失业保险经办机构按照军队事业单位提供的参保人员名单和缴费工资等情况，为单位和个人办理参保手续，经办机构不再进行审核。

另外，企事业单位的社会保险登记事项发生变更或者该单位依法终止，应当自变更或终止之日起 30 日内，到社会保险经办机构办理变更或注销登记手续。

法条指引

❶**《中华人民共和国社会保险费征缴暂行条例》**（1999 年 1 月 22 日 国务院令第 259 号）

第七条 缴费单位必须向当地社会保险经办

机构办理社会保险登记，参加社会保险。

登记事项包括：单位名称、住所、经营地点、单位类型、法定代表人或者负责人、开户银行账号以及国务院劳动保障行政部门规定的其他事项。

第九条 缴费单位的社会保险登记事项发生变更或者缴费单位依法终止的，应当自变更或者终止之日起30日内，到社会保险经办机构办理变更或者注销社会保险登记手续。

❷《社会保险登记管理暂行办法》（1999年3月19日 劳动和社会保障部令第1号）

第五条 从事生产经营的缴费单位自领取营业执照之日起30日内、非生产经营性单位自成立之日起30日内，应当向当地社会保险经办机构申请办理社会保险登记。条例施行前尚未参加社会保险的缴费单位，应当依据条例第八条，持本办法第七条规定的证件和资料到当地社会保险经办机构办理社会保险登记。

条例施行前已经参加社会保险的缴费单位，应当按照前款规定到当地社会保险经办机构补办社会保险登记。

第六条 社会保险登记实行属地管理。

缴费单位具有异地分支机构的，分支机构一般应当作为独立的缴费单位，向其所在地的社会保险经办机构单独申请办理社会保险登记。

跨地区的缴费单位，其社会保险登记地由相关地区协商确定。意见不一致时，由上一级社会保险经办机构确定登记地。

第七条 缴费单位申请办理社会保险登记时，应当填写社会保险登记表，并出示以下证件和资料：

（一）营业执照、批准成立证件或其他核准执业证件；

（二）国家质量技术监督部门颁发的组织机构统一代码证书；

（三）省、自治区、直辖市社会保险经办机构规定的其他有关证件、资料。

第八条 对缴费单位填报的社会保险登记表、提供的证件和资料，社会保险经办机构应当即时受理，并在自受理之日起10个工作日内审核完毕；符合规定的，予以登记，发给社会保险登记证。

❸《关于军队后勤保障社会化改革中人事和劳动保障工作有关问题的通知》（2000年8月10日 [2000] 后司字第332号）

（四）社会保险其他问题

1. 军队机关事业单位职工参加当地社会保险，要严格遵守国家和军队的保密规定，在办理社会保险申报登记时应适当简化，凡涉及到单位编制、人员实力、银行账户等情况，可免予提供。

2. 军队机关事业单位职工的伤亡保险和生育保险问题，根据国家和军队有关政策，另行研究确定。随军队后勤保障项目移交地方的单位和职工，按当地有关规定参加地方工伤和生育保险。

3. 军队机关事业单位职工参加地方社会保险后，实行属地化管理，单位和个人缴费基数、缴费比例和标准等，按当地政府的规定执行。个人缴费部分按月在发放职工工资时扣缴，单位缴费部分由用人单位按规定缴纳，所需资金从职工工资渠道列支。

随军队后勤保障项目委托地方单位管理的职工，或采取承包形式由承包方管理的职工，其社会保险的单位缴费部分，由受托或承包单位（个人）负责缴纳。

军队后勤保障社会化改革，是军队后勤建设和保障方式的重大调整和深刻变革，是军队建设的大事。各级人事和劳动保障部门要积极支持军队改革，妥善解决好改革中的人事和劳动保障有关问题。军地之间要相互支持，通力合作，确保改革顺利进行。

案例链接

❶《上海康大泵业制造有限公司与蒋玉娥一般劳动争议纠纷上诉案》，参见北大法宝引证码：Pkulaw.cn/CLI.C.208400。

❷《毛正贤诉张掖市第二中学劳动争议纠纷案》，参见北大法宝引证码：Pkulaw.cn/CLI.C.95928。

【失业保险费率】

法律问题解读

失业保险费率是指参加失业保险的企业事业单位及其职工缴纳的失业保险费在其支出或收入中所占的比例。费率是决定失业保险制度承受能力的关键因素。

按照法规规定，城镇企业事业单位按照本单位工资总额的2%缴纳失业保险费；其职工按照本人工资的1%缴纳失业保险费，缴费基数没有上限和下限的规定。工资总额，是指各单位在一定时期内直接支付给本单位全部职工的劳动报酬总额。工资总额由六个部分组成：计时工资、计件工资、奖金、津贴和补贴、加班加点工资及特殊情况下支付的工资。单位工资总额中不包括有关国家规定的创造发明奖；社会保险和职工福利方面的各项费用；劳动保护的各项支出等。职工的本人工资，是指其个人收入中计入单位工资总额部分的收入。职工在工资总额以外从本单位内、外得到的各种其他收入，如保险福利费、劳动保护费、职工个人从银行或企业获得的存款利息、债券利息、股息和股金分红、转移性收入等都不应计入职工工资。

实际工作中企业事业单位一般都是按月或按季缴纳失业保险费，因此在计算缴费基数时往往按照上一年工资总额或上一月工资总额计算应缴纳的失业保险费。对工资总额不易认定的，可由征缴机构参照当地工资水平和该单位生产经营状况核定缴费基数，例如：对无工资总额报表的个体工商户和自由职业者个人参保的，可采用这种办法。职工个人缴纳的失业保险费由企业事业单位代扣代缴。

特别需要注意的是：城镇企业事业单位招用的农民合同制工人本人不缴纳失业保险费，主要原因是农民合同制工人与企业终止、解除劳动关系后不能按月领取失业保险金，而是领取一次性生活补助；省、自治区、直辖市人民政府根据本行政区域失业人员数量和失业保险基金数额，报经国务院批准，可以适当调整本行政区域失业保险费的费率。也就是说，失业保险更具强制性、互济性，须实行全国统一费率，省级政府无权自行调整失业保险费率。目前，经国务院批准，北京市失业保险费的费率，企业事业单位为工资总额的1.5%、职工个人为本人工资收入的0.5%；陕西省企业事业单位为工资总额的2.5%、职工个人为本人工资收入的1%。

法条指引

❶《中华人民共和国失业保险条例》（1999年1月22日　国务院令第258号）

第六条　城镇企业事业单位按照本单位工资总额的2%缴纳失业保险费。城镇企业事业单位职工按照本人工资的1%缴纳失业保险费。城镇企业事业单位招用的农民合同制工人本人不缴纳失业保险费。

第九条　省、自治区、直辖市人民政府根据本行政区域失业人员数量和失业保险基金数额，报经国务院批准，可以适当调整本行政区域失业保险费的费率。

❷《中华人民共和国社会保险征缴暂行条例》（1999年1月22日　国务院令第259号）

第十条　缴费单位必须按月向社会保险经办机构申报应缴纳的社会保险费数额，经社会保险经办机构核定后，在规定的期限内缴纳社会保险费。

缴费单位不按规定申报应缴纳的社会保险费数额的，由社会保险经办机构暂按该单位上月缴费数额的110%确定应缴数额；没有上月缴费数额的，由社会保险经办机构暂按该单位的经营状况、职工人数等有关情况确定应缴数额。缴费单位补办申报手续并按核定数额缴纳社会保险费后，由社会保险经办机构按照规定结算。

❸《关于工资总额组成的规定》（1990年1月1日　国家统计局令第1号）

第四条　工资总额由下列6个部分组成：

（一）计时工资；

（二）计件工资；

（三）奖金；

（四）津贴和补贴；

（五）加班加点工资；

（六）特殊情况下支付的工资。

第十条　特殊情况下支付的工资。包括：

（一）根据国家法律、法规和政策规定，因病、工伤、产假、计划生育假、婚丧假、事假、探亲假、定期休假、停工学习、执行国家或社会义务等原因按计时工资标准或计时工资标准的一定比例支付的工资；

（二）附加工资、保留工资。

第十一条　下列各项不列入工资总额的范围：

（一）根据国务院发布的有关规定颁发的创造发明奖、自然科学奖、科学技术进步奖和支付的合理化建议和技术改进奖以及支付给运动员、教练员的奖金；

（二）有关劳动保险和职工福利方面的各项费用；

（三）有关离休、退休、退职人员待遇的各项支出；

（四）劳动保护的各项支出；

（五）稿费、讲课费及其他专门工作报酬；

（六）出差伙食补助费、误餐补助、调动工作的旅费和安家费；

（七）对自带工具、牲畜来企业工作职工所支付的工具、牲畜等的补偿费用；

（八）实行租赁经营单位的承租人的风险性补偿收入；

（九）对购买本企业股票和债券的职工所支付的股息（包括股金分红）和利息；

（十）劳动合同制职工解除劳动合同时由企业支付的医疗补助费、生活补助费等；

（十一）因录用临时工而在工资以外向提供劳动力单位支付的手续费或管理费；

（十二）支付给家庭工人的加工费和按加工订货办法支付给承包单位的发包费用；

（十三）支付给参加企业劳动的在校学生的补贴；

（十四）计划生育独生子女补贴。

❹ **《〈关于工资总额组成的规定〉若干具体范围的解释》**（1990年1月1日 统制字［1990］1号）

四、关于工资总额不包括的项目的范围

（一）有关劳动保险和职工福利方面的费用。具体有：职工死亡丧葬费及抚恤费、医疗卫生费或公费医疗费用、职工生活困难补助费、集体福利事业补贴、工会文教费、集体福利费、探亲路费、冬季取暖补贴、上下班交通补贴以及洗理费等。

（二）劳动保护的各种支出。具体有：工作服、手套等劳保用品、解毒剂、清凉饮料，以及按照1963年7月19日劳动部等七单位规定的范围对接触有毒物质、矽尘作业、放射线作业和潜水、沉箱作业、高温作业等五类工种所享受的由劳动保护费开支的保健食品待遇。

五、关于标准工资（基本工资，下同）和非标准工资（辅助工资，下同）的定义

（一）标准工资是指按规定的工资标准计算的工资（包括实行结构工资制的基础工资、职务工资和工龄津贴）。

（二）非标准工资是指标准工资以外的各种工资。

案例链接

❶《梁梅兰诉韶关市北江环境卫生管理所劳动争议纠纷案》，参见北大法宝引证码：Pkulaw. cn/CLI. C. 12455。

【失业保险费征收】

法律问题解读

1. 征收失业保险费一般要遵循这样几个原则：

（1）强制性原则。也就是说按规定应参加失业保险的单位及其职工必须按照规定的费率，按时足额缴纳失业保险费，这是其法定社会任务。

（2）适度性原则。所谓适度，是指失业保险基金筹集的数量要适度，即不能过高，过高会增加缴费单位和个人的负担，严重的会减少就业岗位、降低经济发展速度；同时也不能过低，过低会入不敷出，影响保障功能的发挥。适度的标准是基本符合以支定收、收支平衡的原则。

（3）均衡性原则。为了保证失业保险制度的公平性，就要合理确定单位缴费和个人缴费的比例，并保证所有参加失业保险的单位和个人负担同样的缴费。

2. 在具体征收过程中，实行的是企业事业单位申报缴纳的办法，主要包括这样几个环节：

（1）缴费单位应当在每月5日前，向社会保险经办机构办理缴费申报，报送社会保险申报表、代扣代缴明细表以及社会保险经办机构规定的其他资料。缴费单位到社会保险经办机构办理社会保险缴费申报有困难的，经社会保险经办机构批准，可以邮寄申报。邮寄申报以寄出地的邮戳日期为实际申报日期。缴费单位因不可抗力因素，不能按期办理社会保险费申报的，可以延期办理。但应当在不可抗力情形消除后立即向社会保险经办机构报告。

（2）社会保险经办机构应当对缴费单位送达的申报表和有关资料进行即时审核。对缴费单位申报资料齐全、缴费基数和费率符合规定、填报数量关系一致的申报表签章核准；对不符合规定的申报表提出审核意见，退缴费单位修正后再次审核；对不能即时审核的，社会保险经办机构应当自收到缴费单位申报表和有关资料之日起，在最长不超过2日内审核完毕。

（3）缴费单位不按规定申报应缴纳的社会保险费数额的，社会保险经办机构可暂按上月缴费数额的110%确定应缴数额。没有上月缴费数额的，由社会保险经办机构暂按该单位的经营状况、职工人数等确定应缴数额。缴费单位补办申报手续并按规定数额缴纳社会保险费后，由社会保险经办机构按照规定结算。

（4）缴费单位必须在社会保险经办机构核准其缴费申报后的3日内缴纳社会保险费。缴费单位和缴费个人应当以货币形式全额缴纳社会保险费。缴费个人应缴纳的费用，由其所在单位从其工资中代扣代缴。对不能全额缴纳的，按欠缴处理，除补缴欠缴部分外，还要加收滞纳金。

（5）缴费单位的缴费申报经核准后，可以采取下列方式之一缴纳社会保险费：① 缴费单位到其开户银行缴纳；② 缴费单位到社会保险经办机构以支票或现金形式缴纳；③ 缴费单位与社会保险经办机构约定的其他方式。

按照现行规定，失业保险费也可以由税务机关征收，具体的缴纳办法也由税务机关制定，但基本内容和程序大体相同。

法条指引

❶《中华人民共和国社会保险法》（2011 年 7 月 1 日施行）

第四十四条　职工应当参加失业保险，由用人单位和职工按照国家规定共同缴纳失业保险费。

❷《中华人民共和国社会保险征缴暂行条例》（1999 年 1 月 22 日　国务院令第 259 号）

第十条　缴费单位必须按月向社会保险经办机构申报应缴纳的社会保险费数额，经社会保险经办机构核定后，在规定的期限内缴纳社会保险费。

缴费单位不按规定申报应缴纳的社会保险费数额的，由社会保险经办机构暂按该单位上月缴费数额的 110%确定应缴数额；没有上月缴费数额的，由社会保险经办机构暂按该单位的经营状况、职工人数等有关情况确定应缴数额。缴费单位补办申报手续并按核定数额缴纳社会保险费后，由社会保险经办机构按照规定结算。

第十二条　缴费单位和缴费个人应当以货币形式全额缴纳社会保险费。

缴费个人应当缴纳的社会保险费，由所在单位从其本人工资中代扣代缴。

社会保险费不得减免。

第十三条　缴费单位未按规定缴纳和代扣代缴社会保险费的，由劳动保障行政部门或者税务机关责令限期缴纳；逾期仍不缴纳的，除补缴欠缴数额外，从欠缴之日起，按日加收 2‰的滞纳金。滞纳金并入社会保险基金。

❸《社会保险费申报缴纳管理暂行办法》（1999 年 3 月 19 日　劳动和社会保障部令第 2 号）

第五条　缴费单位应当在每月 5 日前，向社会保险经办机构办理缴费申报，报送社会保险费申报表（以下简称申报表）、代扣代缴明细表以及社会保险经办机构规定的其他资料。

缴费单位到社会保险经办机构办理社会保险缴费申报有困难的，经社会保险经办机构批准，可以邮寄申报。邮寄申报以寄出地的邮戳日期为实际申报日期。

第六条　缴费单位因不可抗力因素，不能按期办理社会保险费申报的，可以延期办理。但应当在不可抗力情形消除后立即向社会保险经办机构报告。社会保险经办机构应当查明事实，给予核准。

第七条　社会保险经办机构应当对缴费单位送达的申报表和有关资料进行即时审核。对缴费单位申报资料齐全、缴费基数和费率符合规定、填报数量关系一致的申报表签章核准；对不符合规定的申报表提出审核意见，退缴费单位修正后再次审核；对不能即时审核的，社会保险经办机构应当自收到缴费单位申报表和有关资料之日起，在最长不超过 2 日内审核完毕。

第八条　缴费单位不按规定申报应缴纳的社会保险费数额的，社会保险经办机构可暂按该单位上月缴费数额的 110%确定应缴数额；没有上月缴费数额的，社会保险经办机构可暂按该单位的经营状况、职工人数等有关情况确定应缴数额。缴费单位补办申报手续并按核定数额缴纳社会保险费后，由社会保险经办机构按照规定结算。

第九条　缴费单位必须在社会保险经办机构核准其缴费申报后的 3 日内缴纳社会保险费。缴费单位和缴费个人应当以货币形式全额缴纳社会保险费。

第十一条　缴费单位的缴费申报经核准后，可以采取下列方式之一缴纳社会保险费：

（一）缴费单位到其开户银行缴纳；

（二）缴费单位到社会保险经办机构以支票或现金形式缴纳；

（三）缴费单位与社会保险经办机构约定的其他方式。

履行前款规定的申报核准程序后，银行可以根据社会保险经办机构开出的托收凭证从缴费单位基本账户中划缴社会保险费。

案例链接

❶《郑州致和药业有限公司与李甄劳动合同争议纠纷上诉案》，参见北大法宝引证码：Pkulaw.cn/CLI.C.177307。

❷《北京高信达通信技术有限公司诉王志新劳动争议纠纷案》，参见北大法宝引证码：Pkulaw.cn/CLI.C.240546。

【失业保险基金】

法律问题解读

失业保险基金是为维持失业保险制度的实施，

保障失业人员基本生活而设立和储备的专项资金。从性质上看，失业保险基金属于社会保险基金，因此，它既不同于政府资金，也不同于一般的投资基金。

（1）从资金的筹集方式上看，失业保险基金是按照法律法规规定从特定的范围内筹集。而政府资金则是通过税收或行政收费等形式从全社会范围内强制筹集，一般性的投资基金则是采取自愿形式在全社会范围内募集。

（2）从使用方式上看，失业保险基金必须用于指定的用途，并单独进行核算。而政府资金可以按照批准的预算在全社会范围内使用，投资基金则以收益最大化为目标进行使用。

（3）从基金的所有权来看，失业保险基金由政府、参保单位和个人共同拥有，而财政资金属于国家，投资基金属于参加投资者。

失业保险基金由下列各项构成：

（1）城镇企业事业单位、城镇企业事业单位职工缴纳的失业保险费，这是失业保险基金的基本来源。

（2）失业保险基金的利息，这是失业保险基金按规定存入国有商业银行或购买国债获得的利息。

（3）财政补贴，这是统筹地区失业保险基金入不敷出时财政给予的补助资金。

（4）依法纳入失业保险基金的其他资金，包括滞纳金等。

法条指引

❶《中华人民共和国失业保险条例》（1999 年 1 月 22 日　国务院令第 258 号）

第五条　失业保险基金由下列各项构成：

（一）城镇企业事业单位、城镇企业事业单位职工缴纳的失业保险费；

（二）失业保险基金的利息；

（三）财政补贴；

（四）依法纳入失业保险基金的其他资金。

【拒不缴纳失业保险费的责任】

法律问题解读

失业保险费是社会保险经办机构或税务机关依法强制征收的社会保险费之一，单位有能力而拒绝缴纳失业保险费属于违法行为，对这种行为可以区分不同情况和情节，给予不同的处理。对属于单位对参加失业保险缴纳失业保险费的意义、作用认识不清的，可以进行说服教育，宣传国家有关政策法规，动员其主动改正。对拒不改正，采取各种手段不履行缴费义务的，根据情节和后果轻重，可以运用经济、行政和司法手段强制其缴费。劳动保障部门的劳动保障监督机构负责失业保险费征缴监督检查和行政处罚，包括对缴费单位进行检查、调查取证、拟定行政处罚决定书、送达行政处罚决定书、拟定向人民法院申请强制执行的申请书、受理群众举报等工作。

对于缴费单位未按规定申报应当缴纳的社会保险费数额，因伪造、变造、故意毁灭有关账册、材料或不设账册等违法行为造成社会保险费迟延缴纳的；以及拒绝提供与缴纳社会保险费有关的用人情况、工资表、财务报表等违法行为的，对缴费单位可处以加收滞纳金，对其直接负责的主管人员和其他责任人员可以分别处以从 1000 元—20000 元的罚款。

缴费单位或有关责任人员对劳动保障行政部门作出的行政处罚决定不服的，可以在 15 日内，向上一级劳动保障行政部门或者同级人民政府申请行政复议，也可以在 3 个月内向同级法院提起行政诉讼。申请行政复议且对复议决定不服的，可以自收到行政复议决定之日起 15 日内向人民法院提起行政诉讼。

劳动保障行政部门对缴费单位或有关责任人员在 15 日内拒不执行劳动保障行政部门对其作出的行政处罚决定，又不申请行政复议或提起行政诉讼，以及对行政复议决定不服，又不向人民法院提起行政诉讼的，可以申请人民法院强制执行。

法条指引

❶《中华人民共和国社会保险征缴暂行条例》（1999 年 1 月 22 日　国务院令第 259 号）

第二十三条　缴费单位未按照规定办理社会保险登记、变更登记或者注销登记，或者未按照规定申报应缴纳的社会保险费数额的，由劳动保障行政部门责令限期改正；情节严重的，对直接负责的主管人员和其他直接责任人员可以处 1000 元以上 5000 元以下的罚款；情节特别严重的，对直接负责的主管人员和其他直接责任人员可以处 5000 元以上 1 万元以下的罚款。

第二十四条　缴费单位违反有关财务、会计、统计的法律、行政法规和国家有关规定，伪造、变造、故意毁灭有关账册、材料，或者不设账册，致使社会保险费缴费基数无法确定的，除依照有关法律、行政法规的规定给予行政处罚、纪律处分、刑事处罚外，依照本条例第十条的规定征缴；迟延缴纳的，由劳动保障行政部门或者税务机关依照本条例第十三条的规定决定加收滞纳金，并对直接负责的主管人员和其他直接责任人员处5000元以上2万元以下的罚款。

第二十五条 缴费单位和缴费个人对劳动保障行政部门或者税务机关的处罚决定不服的，可以依法申请复议；对复议决定不服的，可以依法提起诉讼。

第二十六条 缴费单位逾期拒不缴纳社会保险费、滞纳金的，由劳动保障行政部门或者税务机关申请人民法院依法强制征缴。

❷《社会保险费申报缴纳管理暂行办法》（1999年3月19日 劳动和社会保障部令第2号）

第十八条 缴费单位办理申报后，未及时、足额缴纳社会保险费的，社会保险经办机构应当向其发出《社会保险费催缴通知书》；对拒不执行的，由劳动保障行政部门下达《劳动保障限期改正指令书》；逾期仍不缴纳的，除补缴欠缴数额外，从欠缴之日起，按日加收2‰的滞纳金。滞纳金分别并入各项社会保险基金。

第十九条 社会保险经办机构应当定期稽核缴费单位的职工人数、工资基数和财务状况，确认缴费单位是否依法足额缴纳社会保险费。被稽核的单位应当提供与缴纳社会保险费有关的用人情况、工资表、财务报表等资料，如实反映情况，不得拒绝稽核，不得谎报、瞒报。

社会保险经办机构在接到有关缴纳社会保险费的举报后，应当及时向劳动保障行政部门报告，并调查被举报单位的缴费情况。

❸《社会保险费征缴监督检查办法》（1999年3月19日 劳动和社会保障部令第3号）

第十二条 缴费单位有下列行为之一，情节严重的，对直接负责的主管人员和其他直接责任人员处以1000元以上5000元以下的罚款；情节特别严重的，对直接负责的主管人员和其他直接责任人员处以5000以上10000元以下的罚款：

（一）未按规定办理社会保险登记的；

（二）在社会保险登记事项发生变更或者缴费单位依法终止后，未按规定到社会保险经办机构办理社会保险变更登记或者社会保险注销登记的；

（三）未按规定申报应当缴纳社会保险费数额的。

第十三条 对缴费单位有下列行为之一的，依照条例第十三条的规定，从欠缴之日起，按日加收千分之二的滞纳金，并对直接负责的主管人员和其他直接责任人员处以5000元以上20000元以下罚款：

（一）因伪造、变造、故意毁灭有关账册、材料造成社会保险费迟延缴纳的；

（二）因不设账册造成社会保险费迟延缴纳的；

（三）因其他违法行为造成社会保险费迟延缴纳的。

第十四条 对缴费单位有下列行为之一的，应当给予警告，并可以处以5000元以下的罚款：

（一）伪造、变造社会保险登记证的；

（二）未按规定从缴费个人工资中代扣代缴社会保险费的；

（三）未按规定向职工公布本单位社会保险费缴纳情况的。

对上述违法行为的行政处罚，法律、法规另有规定的，从其规定。

第十五条 对缴费单位有下列行为之一的，应当给予警告，并可以处以10000元以下的罚款：

（一）阻挠劳动保障监察人员依法行使监察职权，拒绝检查的；

（二）隐瞒事实真相，谎报、瞒报，出具伪证，或者隐匿、毁灭证据的；

（三）拒绝提供与缴纳社会保险费有关的用人情况、工资表、财务报表等资料的；

（四）拒绝执行劳动保障行政部门下达的监督检查询问书的；

（五）拒绝执行劳动保障行政部门下达的限期改正指令书的；

（六）打击报复举报人员的；

（七）法律、法规及规章规定的其他情况。

对上述违法行为的行政处罚，法律、法规另有规定的，从其规定。

第十六条 本办法第十二条、第十三条的罚款均由缴费单位直接负责的主管人员和其他直接责任人员个人支付，不得从单位报销。

案例链接

❶《李彪与郑州中原电子衡器有限公司劳动合同纠纷上诉案》，参见北大法宝引证码：Pkulaw.cn/CLI.C.246173。

❷《李文龙与上海奇泓生物科技有限公司郑州分公司劳动争议纠纷上诉案》，参见北大法宝引

证码：Pkulaw. cn/CLI. C. 246216。

【骗取失业保险待遇人员的责任】

法律问题解读

在实际生活中，确实存在不符合享受失业保险待遇的人通过涂改、伪造有关材料，隐瞒已重新就业的实情等非法手段骗取失业保险待遇的情形。对此，国家规定：失业保险经办机构一经发现，应责令其退还骗取的失业保险金及其他待遇。情节严重的，由劳动保障行政部门处以骗取金额1倍以上、3倍以下的罚款。

法条指引

❶《中华人民共和国社会保险法》（2011年7月1日施行）

第八十八条 以欺诈、伪造证明材料或者其他手段骗取社会保险待遇的，由社会保险行政部门责令退回骗取的社会保险金，处骗取金额二倍以上五倍以下的罚款。

第九十四条 违反本法规定，构成犯罪的，依法追究刑事责任。

❷《中华人民共和国失业保险条例》（1999年1月22日　国务院令第258号）

第二十八条 不符合享受失业保险待遇条件，骗取失业保险金和其他失业保险待遇的，由社会保险经办机构责令退还；情节严重的，由劳动保障行政部门处骗取金额1倍以上3倍以下的罚款。

❸《失业保险金申领发放办法》（2000年10月26日　劳动和社会保障部令第8号）

第二十五条 经办机构发现不符合条件，或以涂改、伪造有关材料等非法手段骗取失业保险金和其他失业保险待遇的，应责令其退还；对情节严重的，经办机构可以提请劳动保障行政部门对其进行处罚。

【失业保险基金统筹】

法律问题解读

失业保险基金统筹，是指失业保险基金在一定区域内统一征收、统一管理、统一使用。按照社会保险的大数法则，基金统筹区域越大，基金积聚的数量就越多，实力就越强，就可以发挥更大的作用。

国家规定，失业保险基金在直辖市和设区的市实行全市统筹；其他地区的统筹层次由省、自治区人民政府规定。这样规定主要是考虑我国各地区之间经济和社会发展程度不同，管理水平差异很大，基金全部由国家或省级统筹的条件还不成熟。而在直辖市和设区的市的范围内，发展水平比较均衡，对失业保险的需求也相对集中，有条件实行全市范围内的统筹。

按照我国的行政区划，设区的市就是通常所说的地级市。根据2001年底的统计，全国共有4个直辖市和265个地级市，在这些市中包括了808个市辖区。其他地区主要是指67个地（州、盟），主要分布在中西部少数民族自治区内。在这些地区中实行什么样的统筹，由省级人民政府确定。

在失业保险基金统筹层次的设置上，曾经有过不同模式的探索。1986年10月建立失业保险制度时，实行的是省级统筹。1993年国务院将统筹层次降低到县市一级，以调动各级政府的积极性。但是，在执行过程中都存在着这样或那样的问题。因此，基于实践经验，目前国务院作出了直辖市和设区的市实行统筹的规定，一方面可以增强失业保险基金抗风险的能力，另一方面可以满足城市失业人员数量多、资金需求量大的要求。从目前的实践情况看，许多地区虽然实行了设区的市统筹，但并没有实现真正意义上全部基金统收统支，而是采取了部分统筹、部分调剂的过渡形式，随着失业保险制度的发展，最终将会实现失业保险基金的完全统筹。

法条指引

❶《中华人民共和国失业保险条例》（1999年1月22日　国务院令第258号）

第七条 失业保险基金在直辖市和设区的市实行全市统筹；其他地区的统筹层次由省、自治区人民政府规定。

【失业保险调剂金】

法律问题解读

失业保险调剂金是在没有实现全国统筹的情况下，为了平衡各统筹地区之间失业保险基金的余缺，更好地发挥失业保险作用，而由统筹地区的失业保险基金出资组建的共同储备性资金。失业保险调剂金只能用于统筹地区失业保险基金不足时的调剂补助。当失业保险基金入不敷出时，一般是按下列顺序解决：一是经同级财政部门批准，动用历年滚存结余；二是结余存款不足时，可提前变现特种定向债券或国家债券；三是变现债券仍不能解决时，由省级调剂金解决；四是调剂金还解决不了问题，则由统筹级财政给予适当补贴。

按照国家规定，失业保险基金实行直辖市和设区的市统筹，省、自治区可以建立失业保险调剂金。目前，在符合设立失业保险调剂金条件的27个省、自治区中，已有19个建立了调剂金。

由于调剂金具有调剂余缺的性质，为了防止出现因统筹地区自身工作不力导致的失业保险基金不足，造成“抽肥补瘦”现象，国家明确规定，失业保险调剂金以统筹地区依法应当征收的失业保险费为基数，按照省、自治区人民政府规定的比例筹集。也就是说，筹集调剂金不是按照统筹地区实际征收的失业保险基金数量，而是按照规定参保人数人缴费费率计算出的应收失业保险基金数和规定的比例筹集的。

失业保险调剂金的筹集比例、调剂使用以及地方财政补贴的具体办法，由省、自治区人民政府规定。

法条指引

❶ **《中华人民共和国失业保险条例》**（1999年1月22日　国务院令第258号）

第八条　省、自治区可以建立失业保险调剂金。

失业保险调剂金以统筹地区依法应当征收的失业保险费为基数，按照省、自治区人民政府规定的比例筹集。

统筹地区的失业保险基金不敷使用时，由失业保险调剂金调剂、地方财政补贴。

失业保险调剂金的筹集、调剂使用以及地方财政补贴的具体办法，由省、自治区人民政府规定。

【失业保险金标准】

法律问题解读

失业保险金标准是失业保险制度的重要内容之一，它是指失业人员失业时能够领取的资金数量和期限。

现行法规规定，失业保险金的标准，按照低于当地最低工资标准、高于城市居民最低生活保障标准的水平，由省、自治区、直辖市人民政府确定。失业人员领取失业保险金的期限，根据失业人员失业前所在单位和本人按照规定累计缴费时间计算，分为三个档次：累计缴费时间满1年不足5年的，领取失业保险金的期限最长为12个月；累计缴费时间满5年不足10年的，领取失业保险金的期限最长为18个月；累计缴费时间10年以上的，领取失业保险金的期限最长为24个月。在三个档次内还可对失业人员领取失业保险金的期限作进一步的划分，这由地方政府作具体规定。重新就业后，再次失业的，缴费时间重新计算。再次失业领取失业保险金的期限可以与前次失业应领取而尚未领取的失业保险金的期限合并计算，但是最长不得超过24个月。

国家规定的“累计缴费时间”是指两种情况：一是单位和个人参加失业保险以前，个人的连续工龄视同缴费时间，与实际缴费时间可以累计；二是实行个人缴费前的缴费时间或个人连续工龄视同缴费时间，与实行个人缴费后的缴费时间可以累计。应注意的是，此期间必须是劳动者就业没有间断。否则，失业期间重新就业后，再次失业的，缴费时间应重新计算。

法条指引

❶ **《中华人民共和国社会保险法》**（2011年7月1日施行）

第四十六条　失业人员失业前用人单位和本人累计缴费满一年不足五年的，领取失业保险金的期限最长为十二个月；累计缴费满五年不足十年的，领取失业保险金的期限最长为十八个月；累计缴费十年以上的，领取失业保险金的期限最长为二十四个月。重新就业后，再次失业的，缴费时间重新计算，领取失业保险金的期限与前次失业应当领取而尚未领取的失业保险金的期限合并计算，最长不超过二十四个月。

❷ **《中华人民共和国失业保险条例》**（1999年1月22日　国务院令第258号）

第十七条　失业人员失业前所在单位和本人按照规定累计缴费时间满1年不足5年的，领取失业保险金的期限最长为12个月；累计缴费时间满5年不足10年的，领取失业保险金的期限最长为18个月；累计缴费时间10年以上的，领取失业保险金的期限最长为24个月。重新就业后，再次失业的，缴费时间重新计算，领取失业保险金的期限可以与前次失业应领取而尚未领取的失业保险金的期限合并计算，但是最长不得超过24个月。

第十八条 失业保险金的标准，按照低于当地最低工资标准、高于城市居民最低生活保障标准的水平，由省、自治区、直辖市人民政府确定。

案例链接

❶《祝增莉等与金堂县就业服务管理局履行法定职责纠纷上诉案》，参见北大法宝引证码：Pkulaw. cn/CLI. C. 102362。

❷《封红艳诉南京市劳动和社会保障局不依法履行法定职责案》，参见北大法宝引证码：Pkulaw. cn/CLI. C. 46704。

【领取失业保险金的条件】

法律问题解读

根据《社会保险法》第45条的规定，失业人员符合下列条件的，从失业保险基金中领取失业保险金：

（1）失业前用人单位和本人已经缴纳失业保险费满1年的；

（2）非因本人意愿中断就业的；

（3）已经进行失业登记，并有求职要求的。

实际工作中“非因本人意愿中断就业的”是指下列人员：

（1）被用人单位解除或终止劳动合同的；

（2）被用人单位开除、除名的；

（3）根据《中华人民共和国劳动法》第32条第2、3项与用人单位解除劳动合同的；

（4）法律、法规另有规定的。

法条指引

❶**《中华人民共和国社会保险法》**（2011年7月1日施行）

第四十五条 失业人员符合下列条件的，从失业保险基金中领取失业保险金：

（一）失业前用人单位和本人已经缴纳失业保险费满一年的；

（二）非因本人意愿中断就业的；

（三）已经进行失业登记，并有求职要求的。

❷**《中华人民共和国劳动法》**（1994年7月5日 国家主席令第28号）

第三十二条 有下列情形之一的，劳动者可以随时通知用人单位解除劳动合同：

（一）在试用期内的；

（二）用人单位以暴力、威胁或者非法限制人身自由的手段强迫劳动的；

（三）用人单位未按照劳动合同约定支付劳动报酬或者提供劳动条件的。

❸**《中华人民共和国失业保险条例》**（1999年1月22日 国务院令第258号）

第十四条 具备下列条件的失业人员，可以领取失业保险金：

（一）按照规定参加失业保险，所在单位和本人已按照规定履行缴费义务满1年的；

（二）非因本人意愿中断就业的；

（三）已办理失业登记，并有求职要求的。

失业人员在领取失业保险金期间，按照规定同时享受其他失业保险待遇。

❹**《失业保险金申领发放办法》**（2000年10月26日 劳动和社会保障部令第8号）

第四条 失业人员符合《条例》第十四条规定条件的，可以申请领取失业保险费，享受其他失业保险待遇。其中，非因本人愿意中断就业的是指下列人员：

（一）终止劳动合同的；

（二）被用人单位解除劳动合同的；

（三）被用人单位开除、除名和辞退的；

（四）根据《中华人民共和国劳动法》第三十二条第二、三项与用人单位解除劳动合同的；

（五）法律、行政法规另有规定的。

案例链接

❶《赵学群与重庆天缔光电有限公司失业保险待遇纠纷上诉案》，参见北大法宝引证码：Pkulaw. cn/CLI. C. 250973。

❷《武汉市红桥灯具厂诉刘美华劳动争议、赔偿失业保险费纠纷案》，参见北大法宝引证码：Pkulaw. cn/CLI. C. 4595。

学者观点

❶ 王楷：《论我国宪法上的劳动权与劳动义务》，参见北大法宝引证码：Pkulaw. cn/CLI. A. 049218。

【停止领取失业保险金的情形】

法律问题解读

按照现行规定，失业人员在领取失业保险金期间有下列情形之一的，停止领取失业保险金，并同时停止享受其他失业保险待遇：

（1）重新就业的；
（2）应征服兵役的；
（3）移居境外的；
（4）享受基本养老保险待遇的；
（5）被判刑收监执行或者被劳动教养的；
（6）无正当理由，拒不接受当地人民政府指定的部门或者机构介绍的工作的；
（7）有法律、行政法规规定的其他情形的。

法条指引

❶《中华人民共和国社会保险法》（2011 年 7 月 1 日施行）

第五十一条　失业人员在领取失业保险金期间有下列情形之一的，停止领取失业保险金，并同时停止享受其他失业保险待遇：

（一）重新就业的；
（二）应征服兵役的；
（三）移居境外的；
（四）享受基本养老保险待遇的；
（五）无正当理由，拒不接受当地人民政府指定部门或者机构介绍的适当工作或者提供的培训的。

❷《中华人民共和国失业保险条例》（1999 年 1 月 22 日　国务院令第 258 号）

第十五条　失业人员在领取失业保险金期间有下列情形之一的，停止领取失业保险金，并同时停止享受其他失业保险待遇：

（一）重新就业的；
（二）应征服兵役的；
（三）移居境外的；
（四）享受基本养老保险待遇的；
（五）被判刑收监执行或者被劳动教养的；
（六）无正当理由，拒不接受当地人民政府指定的部门或者机构介绍的工作的；
（七）有法律、行政法规规定的其他情形的。

❸《失业保险金申领发放办法》（2000 年 10 月 26 日　劳动和社会保障部令第 8 号）

第十三条　失业人员在领取失业保险金期间，发生《条例》第十五条规定情形之一的，不得继续领取失业保险金和享受其他失业保险待遇。

案例链接

❶《重庆捷瑞达通讯器材有限公司与舒文静劳动争议纠纷上诉案》，参见北大法宝引证码：Pkulaw. cn/CLI. C. 250884。

❷《重庆捷瑞达通讯器材有限公司与尹生英劳动争议纠纷上诉案》，参见北大法宝引证码：Pkulaw. cn/CLI. C. 250885。

【其他失业保险待遇】

法律问题解读

其他失业保险待遇是指失业人员在领取失业保险金期间应享受的医疗补助金、丧葬补助金和抚恤金等。医疗补助金是指在领取失业保险金期间失业人员患病而向其支付的医疗费用的补助。丧葬补助金和抚恤金是指在领取失业保险金期间失业人员死亡，而由社会保险经办机构向其家属支付的项目。

在各地实际工作中，医疗补助金包括两项：一是按月随失业保险金一起发放的医疗补助；二是在领取失业保险期间失业人员的住院费，一般是按一定比例、并作总数上限规定予以报销。失业人员死亡的，其家属可持死亡证明、领取待遇人的身份证明、与失业人员的关系证明，按规定向失业保险经办机构领取一次性丧葬补助金和其供养配偶、直系亲属的抚恤金，具体标准参照当地在职职工的规定由各地政府酌情自行确定。

法条指引

❶《中华人民共和国社会保险法》（2011 年 7 月 1 日施行）

第四十八条　失业人员在领取失业保险金期间，参加职工基本医疗保险，享受基本医疗保险待遇。

失业人员应当缴纳的基本医疗保险费从失业保险基金中支付，个人不缴纳基本医疗保险费。

第四十九条　失业人员在领取失业保险金期间死亡的，参照当地对在职职工死亡的规定，向其遗属发给一次性丧葬补助金和抚恤金。所需资金从失业保险基金中支付。

个人死亡同时符合领取基本养老保险丧葬补助金、工伤保险丧葬补助金和失业保险丧葬补助金条件的，其遗属只能选择领取其中的一项。

❷《中华人民共和国失业保险条例》（1999 年 1 月 22 日　国务院令第 258 号）

第十九条　失业人员在领取失业保险金期间患病就医的，可以按照规定向社会保险经办机构申请领取医疗补助金。医疗补助金的标准由省、自治区、直辖市人民政府规定。

第二十条　失业人员在领取失业保险金期间

死亡的，参照当地对在职职工的规定，对其家属一次性发给丧葬补助金和抚恤金。

❸《失业保险金申领发放办法》（2000年10月26日 劳动和社会保障部令第8号）

第九条 失业人员在领取失业保险金期间患病就医的，可以按照规定向经办机构申请领取医疗补助金。

第十条 失业人员在领取失业保险金期间死亡的，其家属可持失业人员死亡证明、领取人身份证明、与失业人员的关系证明，按规定向经办机构领取一次性丧葬补助金和其供养配偶、直系亲属的抚恤金。失业人员当月尚未领取的失业保险金可由其家属一并领取。

【特殊人员失业保险待遇的享受】

法律问题解读

特殊失业人员，主要有三种情况：一是刑满释放人员，二是资源枯竭矿山关闭企业的职工，三是破产企业的职工。

按照现行规定，对在职人员因被判刑收监或劳动教养，而被用人单位解除劳动合同的，待其刑满、假释、劳动教养期满或解除劳动教养后，可以申请领取失业保险金，领取期限自办理失业登记之日计算。对在领取失业保险金期间被判刑收监或劳动教养而停止享受失业保险待遇的失业人员，待其刑满、假释、劳教期满或解除劳教后，可以恢复领取失业保险金。

对资源枯竭矿山关闭破产企业的全民所有制职工，国家的规定是：实行劳动合同制以前参加工作，且不符合提前退休条件的，要么是按规定领取经济补偿金，解除劳动关系，享受失业保险待遇；要么是领取一次性相当于企业所在地上年年平均工资3倍的安置费，自谋职业，不再享受失业保险待遇。实行合同制以后参加工作的，只能按规定领取经济补偿金，解除劳动关系，享受失业保险待遇。对于矿山雇用的混岗集体工，属于城市居民的，比照合同制职工领取补偿金，享受失业保险待遇；属于农民的，只发给经济补偿金。随同矿山一起关闭破产的其所属集体企业职工，属于城市居民并已参加失业保险的，按规定享受失业保险待遇，未参加失业保险的，按规定享受城市居民最低生活保障待遇。

按照现行规定，破产企业职工自谋职业的，发给一次性的安置费，标准原则上按该企业所在地上年社会平均工资的3倍掌握，具体标准由当地政府制定。领取安置费的，不再享受失业保险待遇。对于未申请自谋职业或者提出申请但未实现自谋职业的，可领取经济补偿金，符合享受失业保险待遇条件的，则可以享受失业保险待遇。

法条指引

❶**《劳动和社会保障部办公厅关于对刑满释放或者解除劳动教养人员能否享受失业保险待遇问题的复函》**（2000年9月7日 劳社厅函［2000］108号）

重庆市劳动局：

你局《关于刑满释放后解除劳教人员能否享受失业保险待遇的请示》（渝劳发［2000］91号）收悉。经研究，现答复如下：

按照《失业保险条例》的规定，失业人员领取失业保险金应具备的条件是：按照规定参加失业保险，所在单位和本人已按照规定履行缴费义务满1年的；非因本人意愿中断就业的；已办理失业登记，并有求职要求的。失业人员在领取失业保险金期间被判刑收监执行或者被劳动教养的，停止领取失业保险金。

根据上述规定，在职人员因被判刑收监执行或者被劳动教养，而被用人单位解除劳动合同的，可以在其刑满、假释、劳动教养期满或解除劳动教养后，申请领取失业保险金。失业保险金自办理失业登记之日起计算。失业人员在领取失业保险金期间因被判刑收监执行或者被劳动教养而停止领取失业保险金的，可以在其刑满、假释、劳动期满或解除劳动教养后恢复领取失业保险金。失业人员在领取失业保险金期间，按照规定同时享受其他失业保险待遇。失业保险金及其他失业保险待遇标准按现行规定执行。

❷**《关于进一步做好资源枯竭矿山关闭破产工作的通知》**（2000年6月1日 中办发［2000］11号）（略）

❸**《关于破产企业职工自谋职业领取一次性安置费后能否享受失业保险待遇问题的复函》**（2002年2月22日 劳社厅函［2001］133号）（略）

【军人退役随迁未就业配偶的失业保险待遇】

法律问题解读

按照国家规定，随军前或随军期间曾有工作

且参加失业保险的未就业随军配偶，在军人退出现役随迁后仍未就业的，可按规定享受失业保险待遇。享受期限按其本人实际缴费年限和国家规定计算的工龄累计确定。军人所在单位政治机关应当将未就业随军配偶人员名单及时送部队驻地劳动保障部门，办理失业登记。

法条指引

❶**《中国人民解放军军人配偶随军未就业期间社会保险暂行办法》**（2003年12月25日 国办发〔2003〕102号）

二十一、随军前或随军期间有工作且参加失业保险的未就业随军配偶，在军人退出现役随迁后没有就业的，可按规定享受失业保险待遇。享受期限按其本人实际缴费年限和国家规定计算的工龄累计确定。

二十二、军人所在单位政治机关应当将未就业随军配偶人员名单及时送部队驻地劳动保障部门，办理失业登记。地方各级人民政府参照《中共中央、国务院关于进一步做好下岗失业人员再就业工作的通知》（中发〔2002〕12号）的有关规定，对未就业随军配偶再就业给予扶持。

【职业培训和职业介绍补贴】

法律问题解读

这是指失业人员在领取失业保险金期间参加职业培训和接受职业介绍时所能享受到的资金补助。这两项补贴是失业保险促进失业人员再就业作用的具体体现。

职业培训和职业介绍补贴的对象是领取失业保险金期间的失业人员，资金来源于失业保险基金。失业人员失业后可以到公共职业介绍机构接受免费的职业指导和职业介绍。同时，为了帮助失业人员提高技能，更快地实现再就业，对失业人员接受职业培训和转业训练时支付的培训费用可以按一定标准给予补助。而不是由失业保险基金全额承担失业人员接受职业培训和职业介绍的费用。具体的补贴标准由省、自治区、直辖市人民政府确定，在补贴的做法上，有些是提供给失业人员本人一定数量的现金，有些是失业人员凭培训收据和合格证到失业保险经办机构报销，还有一些是将补贴拨付到职业培训和职业介绍机构，失业人员享受免费职业培训和职业介绍。

法条指引

❶**《中华人民共和国失业保险条例》**（1999年1月22日 国务院令第258号）

第二十五条 社会保险经办机构具体承办失业保险工作，履行下列职责：

（一）负责失业人员的登记、调查、统计；

（二）按照规定负责失业保险基金的管理；

（三）按照规定核定失业保险待遇，开具失业人员在指定银行领取失业保险金和其他补助金的单证；

（四）拨付失业人员职业培训、职业介绍补贴费用；

（五）为失业人员提供免费咨询服务；

（六）国家规定由其履行的其他职责。

案例链接

❶《祝增莉等与金堂县就业服务管理局履行法定职责纠纷上诉案》，参见北大法宝引证码：Pkulaw. cn/CLI. C. 102362。

【农民合同制工人一次性生活补助】

法律问题解读

这是指失业保险基金为参加了失业保险的农民合同制工人失业时提供的补助。

农民合同制工人来自农村，工作前都有土地，失业后一般都要回到原籍务农，其基本生活可以得到保障，严格讲不属于失业状态，也就不能享受失业保险待遇。但是，由于农民合同制工人所在单位参加失业保险并按照单位工资总额缴纳了失业保险费，其中已包括了农民合同制工人的工资总额，尽到了社会保险义务，相应的农民合同制工人也应该得到一定的利益。因此，虽然农民合同制工人个人不缴费，但其连续工作满1年，本单位已缴纳失业保险费，终止或者解除劳动合同的，仍然可以享受到一定水平的待遇。为了方便农民合同制工人，现行法规规定，由失业保险经办机构根据其工作时间长短，一次性支付生活补助金。补助的办法和标准由省、自治区、直辖市人民政府规定。

法条指引

❶**《中华人民共和国失业保险条例》**（1999年

1月22日　国务院令第258号）

第二十一条　单位招用的农民合同制工人连续工作满1年，本单位并已缴纳失业保险费，劳动合同期满未续订或者提前解除劳动合同的，由社会保险经办机构根据其工作时间长短，对其支付一次性生活补助。补助的办法和标准由省、自治区、直辖市人民政府规定。

【失业保险关系转迁】

法律问题解读

失业保险关系转迁是指由于城镇企业事业单位成建制跨统筹地区转移或职工在职期间跨统筹地区转换工作单位，以及失业人员跨统筹地区转移等情况，使其失业保险关系随之发生的变更。

按照现行规定，城镇企业事业单位成建制跨统筹地区转移或在职职工跨统筹地区转换工作单位的，失业保险关系应随之转迁。其中，跨省级地区的，其在转出前，单位和职工个人缴纳的失业保险费不转移；在省级地区内跨统筹地区的，是否转移失业保险费由省级劳动保障行政部门确定。转出地失业保险经办机构为转出单位或职工开具失业保险关系转迁证明。转出单位或职工应在开具证明后60日内到转入地失业保险经办机构办理失业保险关系接续手续，并自在转出地停止缴费的当月起，按转入地经办机构核定的费率缴纳失业保险费。转出前后的缴费时间合并计算。

失业人员跨统筹地区转移，则可凭失业保险关系迁出地经办机构出具的证明材料到迁入地经办机构领取失业保险金。而失业保险费用是否划转，则分两种情况办理：一是失业人员跨省级地区转移，失业保险费用应随失业保险关系转迁相应划转。需划转的费用包括失业保险金、医疗补助金和职业培训、职业介绍补贴。其中，医疗补助金和职业培训、职业介绍补贴按失业人员应享受的失业保险金总额的50%计算。二是失业人员在省级地区内跨统筹地区转移，失业保险费用是否随失业保险关系的转迁而划转，由省级劳动保障行政部门规定。

此外，对失业人员失业前所在单位与本人户口不在同一统筹地区的，其失业保险待遇的提供，由两地劳动保障行政部门进行协商，制定具体办法。协商不成的，由上一级劳动保障行政部门确定。

法条指引

❶**《中华人民共和国社会保险法》**（2011年7月1日施行）

第五十二条　职工跨统筹地区就业的，其失业保险关系随本人转移，缴费年限累计计算。

❷**《中华人民共和国失业保险条例》**（1999年1月22日　国务院令第258号）

第二十二条　城镇企业事业单位成建制跨统筹地区转移，失业人员跨统筹地区流动的，失业保险关系随之转迁。

❸**《失业保险金申领发放办法》**（2000年10月26日　劳动和社会保障部令第8号）

第四章　失业保险关系转迁

第二十一条　对失业人员失业前所在单位与本人户籍不在同一统筹地区的，其失业保险金的发放和其他失业保险待遇的提供由两地劳动保障行政部门进行协商，明确具体办法。协商未能取得一致，由上一级劳动保险行政部门确定。

第二十二条　失业人员失业保险关系跨省、自治区、直辖市转迁的，失业保险费用应随失业保险关系相应划转。需划转的失业保险费用包括失业保险金、医疗补助金和职业培训、职业介绍补贴。其中，医疗补助金和职业培训、职业介绍补贴按失业人员应享受的失业保险金总额的一半计算。

第二十三条　失业人员失业保险关系在省、自治区范围内跨统筹地区转迁，失业保险费用的处理由省级劳动保障行政部门规定。

第二十四条　失业人员跨统筹地区转移的，凭失业保险关系迁出地经办机构出具的证明材料到迁入地经办机构领取失业保险金。

❹**《关于单位成建制跨统筹地区转移和职工在职期间跨统筹地区转换工作单位时失业保险关系转迁有关问题的通知》**（2002年3月19日　劳社厅函［2002］117号）

各省、自治区、直辖市劳动和社会保障厅（局）：

现就城镇企业事业单位成建制跨统筹地区转移或职工在职期间跨统筹地区转换工作单位时转迁失业保险关系的有关问题通知如下：

城镇企业事业单位成建制跨统筹地区转移或职工在职期间跨统筹地区转换工作单位的，失业保险关系应随之转迁。其中，跨省、自治区、直辖市的，其在转出前单位和职工个人缴纳的失业保险费不转移；在省、自治区内跨统筹地区的，是否转移失业保险费由省级劳动保障行政部门确定。转出地失业保险经办机构应为转出单位或职工开具失业保险关系转迁证明。转出单位或职工应在开具证明后60日内到转入地经办机构办理失业保险关系接续手续，并自在转出地停止缴纳失业保险费的当月起，按转入地经办机构核定的缴费基数缴纳失业保险费。转出前后的缴费时间合并计算。转入地经办机构应及时办理有关手续，并提供相应服务。

案例链接

❶《红桥灯具厂不服劳动仲裁裁决以其不应赔偿失业保险金为理由诉李建红等121人劳动争议案》，参见北大法宝引证码：Pkulaw. cn/CLI. C. 22566。

第十五章　生育保险

● 本章为读者提供与以下题目有关的法律问题的解读及相关法律文献依据

生育保险制度（514）　**生育保险适用范围**（516）　**生育保险基金**（516）　**生育保险费率**（517）　**生育保险待遇**（517）　**产假**（518）　**生育津贴**（518）　**生育医疗费**（519）　**享受生育保险的手续**（520）　**女职工生育保险权益的保护**（520）　**生育保险定点医疗机构**（521）

【生育保险制度】

法律问题解读

生育保险制度是针对生育行为的生理特点、在职业妇女因生育子女而导致暂时丧失劳动能力和正常收入时，由国家或社会提供物质帮助的一项社会保险制度。其基本内容包括：生育保险的适用范围，生育保险基金筹集，生育保险待遇标准，享受生育保险待遇的资格，以及生育保险管理、服务与监督。

法条指引

❶**《中华人民共和国社会保险法》**（2011年7月1日施行）

第六章　生育保险

第五十三条　职工应当参加生育保险，由用人单位按照国家规定缴纳生育保险费，职工不缴纳生育保险费。

第五十四条　用人单位已经缴纳生育保险费的，其职工享受生育保险待遇；职工未就业配偶按照国家规定享受生育医疗费用待遇。所需资金从生育保险基金中支付。

生育保险待遇包括生育医疗费用和生育津贴。

第五十五条　生育医疗费用包括下列各项：

（一）生育的医疗费用；

（二）计划生育的医疗费用；

（三）法律、法规规定的其他项目费用。

第五十六条　职工有下列情形之一的，可以按照国家规定享受生育津贴：

（一）女职工生育享受产假；

（二）享受计划生育手术休假；

（三）法律、法规规定的其他情形。

生育津贴按照职工所在用人单位上年度职工月平均工资计发。

❷**《中华人民共和国劳动法》**（1994年7月5日）

第七十条　国家发展社会保险事业，建立社会保险制度，设立社会保险基金，使劳动者在年老、患病、工伤、失业、生育等情况下获得帮助和补偿。

第七十一条　社会保险水平应当与社会经济发展水平和社会承受能力相适应。

第七十二条　社会保险基金按照保险类型确定资金来源，逐步实行社会统筹。用人单位和劳动者必须依法参加社会保险，缴纳社会保险费。

第七十三条　劳动者在下列情形下，依法享受社会保险待遇：

（一）退休；

（二）患病、负伤；

（三）因工伤残或者患职业病；

（四）失业；

（五）生育。

劳动者死亡后，其遗属依法享受遗属津贴。

劳动者享受社会保险待遇的条件和标准由法律、法规规定。

劳动者享受的社会保险金必须按时足额支付。

第七十四条　社会保险基金经办机构依照法律规定收支、管理和运营社会保险基金，并负有使社会保险基金保值增值的责任。

社会保险基金监督机构依照法律规定，对社会保险基金的收支、管理和运营实施监督。

社会保险基金经办机构和社会保险基金监督机构的设立和职能由法律规定。

任何组织和个人不得挪用社会保险基金。

第七十五条 国家鼓励用人单位根据本单位实际情况为劳动者建立补充保险。

国家提倡劳动者个人进行储蓄性保险。

第七十六条 国家发展社会福利事业，兴建公共福利设施，为劳动者休息、休养和疗养提供条件。

用人单位应当创造条件，改善集体福利，提高劳动者的福利待遇。

❸**《女职工劳动保护规定》**（1988年7月21日 国务院令第9号）（略）

❹**《企业职工生育保险试行办法》**（1994年12月14日 劳部发［1994］504号）

第一条 为了维护企业女职工的合法权益，保障她们在生育期间得到必要的经济补偿和医疗保健，均衡企业间生育保险费用的负担，根据有关法律、法规的规定，制定本办法。

第二条 本办法适用于城镇企业及其职工。

第三条 生育保险按属地原则组织。生育保险费用实行社会统筹。

第四条 生育保险根据“以支定收，收支基本平衡”的原则筹集资金，由企业按照其工资总额的一定比例向社会保险经办机构缴纳生育保险费，建立生育保险基金。生育保险费的提取比例由当地人民政府根据计划内生育人数和生育津贴、生育医疗费等项费用确定，并可根据费用支出情况适时调整，但最高不得超过工资总额的百分之一。企业缴纳的生育保险费作为期间费用处理，列入企业管理费用。

职工个人不缴纳生育保险费。

第五条 女职工生育按照法律、法规的规定享受产假。产假期间的生育津贴按照本企业上年度职工月平均工资计发，由生育保险基金支付。

第六条 女职工生育的检查费、接生费、手术费、住院费和药费由生育保险基金支付。超出规定的医疗服务费和药费（含自费药品和营养药品的药费）由职工个人负担。

女职工生育出院后，因生育引起疾病的医疗费，由生育保险基金支付；其他疾病的医疗费，按照医疗保险待遇的规定办理。女职工产假期满后，因病需要休息治疗的，按照有关病假待遇和医疗保险待遇规定办理。

第七条 女职工生育或流产后，由本人或所在企业持当地计划生育部门签发的计划生育证明，婴儿出生、死亡或流产证明，到当地社会保险经办机构办理手续，领取生育津贴和报销生育医疗费。

第八条 生育保险基金由劳动部门所属的社会保险经办机构负责收缴、支付和管理。

生育保险基金应存入社会保险经办机构在银行开设的生育保险基金专户。银行应按照城乡居民个人储蓄同期存款利率计息，所得利息转入生育保险基金。

第九条 社会保险经办机构可从生育保险基金中提取管理费，用于本机构经办生育保险工作所需的人员经费、办公费及其他业务经费。管理费标准，各地根据社会保险经办机构人员设置情况，由劳动部门提出，经财政部门核定后，报当地人民政府批准。管理费提取比例最高不得超过生育保险基金的百分之二。

生育保险基金及管理费不征税、费。

第十条 生育保险基金的筹集和使用，实行财务预、决算制度，由社会保险经办机构作出年度报告，并接受同级财政、审计监督。

第十一条 市（县）社会保险监督机构定期监督生育保险基金管理工作。

第十二条 企业必须按期缴纳生育保险费。对逾期不缴纳的，按日加收千分之二的滞纳金。滞纳金转入生育保险基金。滞纳金计入营业外支出，纳税时进行调整。

第十三条 企业虚报、冒领生育津贴或生育医疗费的，社会保险经办机构应追回全部虚报、冒领金额，并由劳动行政部门给予处罚。

企业欠付或拒付职工生育津贴、生育医疗费的，由劳动行政部门责令企业限期支付；对职工造成损害的，企业应承担赔偿责任。

第十四条 劳动行政部门或社会保险经办机构的工作人员滥用职权、玩忽职守、徇私舞弊，贪污、挪用生育保险基金，构成犯罪的，依法追究刑事责任；不构成犯罪的，给予行政处分。

第十五条 省、自治区、直辖市人民政府劳动行政部门可以按照本办法的规定，结合本地区实际情况制定实施办法。

第十六条 本办法自1995年1月1日起试行。

案例链接

❶《常利强诉孔备播水泥管道厂劳动争议纠

纷案》，参见北大法宝引证码：Pkulaw. cn/CLI. C. 225245。

❷《王学均与四川新诚实建筑工程承包有限公司劳动争议纠纷上诉案》，参见北大法宝引证码：Pkulaw. cn/CLI. C. 205087。

学者观点

❶ 麻增伟：《劳动争议中社会保险若干疑难问题研究》，参见北大法宝引证码：Pkulaw. cn/CLI. A. 046463。

❷ 石先广：《劳动争议调解仲裁法焦点透析》，参见北大法宝引证码：Pkulaw. cn/CLI. A. 041198。

【生育保险适用范围】

法律问题解读

由于我国生育保险制度尚处于建立阶段，所以从不严格的意义上说，我国生育保险的适用范围包括两部分人员：一是中华人民共和国境内的一切国家机关、事业单位和社会团体的女职工，她们的生育保险费用是以财政直接供款为主；二是中华人民共和国境内的所有城镇企业，包括国有企业、集体企业、外资企业、民营企业、私营企业等单位的女职工，她们的生育保险基金是以社会统筹的方式向企业征缴的。此外，军队系统的女职工，实行承包制或租赁制单位的女职工也在生育保险适用范围之内。

法条指引

❶《中华人民共和国社会保险法》（2011年7月1日施行）

第五十三条 职工应当参加生育保险，由用人单位按照国家规定缴纳生育保险费，职工不缴纳生育保险费。

❷《女职工劳动保护规定》（1988年7月21日 国务院令第9号）

第二条 本规定适用于中华人民共和国境内一切国家机关、人民团体、企业、事业单位（以下统称单位）的女职工。

❸《企业职工生育保险试行办法》（1994年12月14日 劳部发［1994］504号）

第二条本办法适用于城镇企业及其职工。

❹《劳动部关于〈女职工劳动保护规定〉问题解答》（1989年1月20日 劳动部发布）（略）

【生育保险基金】

法律问题解读

这是指按照国家规定在一定范围内筹集，主要用于生育保险实施范围内的女职工生育期间各项待遇支付的资金。国家机关、事业单位、人民团体的生育保险基金主要来源于国家财政预算；而城镇企业单位生育保险基金的来源，主要是按照一定费率，由劳动保障行政部门所属的社会保险经办机构向企业征缴的生育保险费，此外还有利息收入、财政补贴收入和滞纳金、转入收入等其他收入。生育保险基金只由参加社会统筹的企业单位缴纳，职工个人不缴纳。由于生育保险制度与计划生育政策相关联，所以预见性强，风险不大。目前，生育保险基金的筹资方法有两种：一是企业按照职工工资总额的一定比例向当地社会保险经办机构缴纳生育保险费；二是按照人均绝对额征缴，企业按照规定的每人每月固定一个缴费额，向社会保险经办机构缴纳保险费。企业缴纳的生育保险费作为期间费用处理，列入企业管理费用。生育保险基金用于支付参保企业生育职工的生育津贴、生育医疗费以及计划生育手术费等；由各地社会保险经办机构负责管理，同级财政、审计以及社会保险监督机构负责监督。

法条指引

❶《企业职工生育保险试行办法》（1994年12月14日 劳部发［1994］504号）

第四条 生育保险根据“以支定收，收支基本平衡”的原则筹集资金，由企业按照其工资总额的一定比例向社会保险经办机构缴纳生育保险费，建立生育保险基金。生育保险费的提取比例由当地人民政府根据计划内生育人数和生育津贴、生育医疗费等项费用确定，并可根据费用支出情况适时调整，但最高不得超过工资总额的百分之一。企业缴纳的生育保险费作为期间费用处理，列入企业管理费用。

职工个人不缴纳生育保险费。

第十条 生育保险基金的筹集和使用，实行财务预、决算制度，由社会保险经办机构作出年度报告，并接受同级财政、审计监督。

第十一条 市（县）社会保险监督机构定期监督生育保险基金管理工作。

第十二条 企业必须按期缴纳生育保险费。

对逾期不缴纳的，按日加收千分之二的滞纳金。滞纳金转入生育保险基金。滞纳金计入营业外支出，纳税时进行调整。

【生育保险费率】

法律问题解读

这是指按照国家规定筹集生育保险基金过程中，各参加保险单位向社会保险经办管理机构按照一定比值缴纳生育保险费，其缴费基数和比值称为费率。目前，大多数地区的缴费比例控制在职职工工资总额0.6%—0.8%之间，少部分地区筹资比例略高，但是没有超过1%。生育保险费的提取比例由当地人民政府根据计划内生育人数、生育津贴、生育医疗费用确定，并可根据费用支出情况适时调整，但最高不得超过本单位职工工资总额的1%。

生育保险费率测算的依据：一是计划生育指标数；二是上年度生育职工月平均工资；三是医疗消费情况；四是流产概率和计划生育手术概率所造成的费用支出。在现阶段我国经济实力和发达国家相比，还有一定的差距，因此生育保险制度以基本保障为原则，防止因保护期限过长、标准过高而导致生育保险费率过高，加重企业的负担。

法条指引

❶《企业职工生育保险试行办法》（1994年12月14日　劳部发［1994］504号）

第四条　生育保险根据“以支定收，收支基本平衡”的原则筹集资金，由企业按照其工资总额的一定比例向社会保险经办机构缴纳生育保险费，建立生育保险基金。生育保险费的提取比例由当地人民政府根据计划内生育人数和生育津贴、生育医疗费等项费用确定，并可根据费用支出情况适时调整，但最高不得超过工资总额的百分之一。企业缴纳的生育保险费作为期间费用处理，列入企业管理费用。

职工个人不缴纳生育保险费。

【生育保险待遇】

法律问题解读

这是指女职工生育或流产前、后一定期间内可以享受的由国家和社会提供的各种形式的物质帮助。按照国家规定，生育保险待遇包括产假、生育津贴和生育医疗服务。产假又称生育假，是指女职工在分娩前、后一定时间内所享受的有薪或有津贴的假期。生育津贴，是指女职工因生育而离开工作岗位，失去工资收入，由社会保险机构定期向其提供的现金补助。生育医疗服务，是指为女职工提供的妊娠、分娩及分娩后的医疗照顾和必要的住院治疗。生育保险待遇的目的，是维持、恢复和增进生育女职工的身体健康、劳动能力和料理个人生活的能力，使婴儿得到母亲的精心照顾和哺育，保障母亲和婴儿的正常生活。女职工可以享受生育保险待遇的主要条件，一是她属于生育保险的适用范围，二是其行为符合婚姻法和计划生育政策的规定。也就是说未列入生育保险适用范围的、非婚生育的、违反计划生育国策规定的生育女职工，是不能享受生育保险待遇的。生育待遇中的产假应在生育职工所在单位享受，生育津贴和生育医疗费用应由社会保险机构支付，未参加生育保险社会统筹的生育职工，其产假工资和生育费用，由所在单位承担。

法条指引

❶《中华人民共和国社会保险法》（2011年7月1日施行）

第五十四条　用人单位已经缴纳生育保险费的，其职工享受生育保险待遇；职工未就业配偶按照国家规定享受生育医疗费用待遇。所需资金从生育保险基金中支付。

生育保险待遇包括生育医疗费用和生育津贴。

第五十五条　生育医疗费用包括下列各项：

（一）生育的医疗费用；

（二）计划生育的医疗费用；

（三）法律、法规规定的其他项目费用。

第五十六条　职工有下列情形之一的，可以按照国家规定享受生育津贴：

（一）女职工生育享受产假；

（二）享受计划生育手术休假；

（三）法律、法规规定的其他情形。

生育津贴按照职工所在用人单位上年度职工月平均工资计发。

❷《企业职工生育保险试行办法》（1994年12月14日　劳部发［1994］504号）

第六条　女职工生育的检查费、接生费、手术费、住院费和药费由生育保险基金支付。超出规定的医疗服务费和药费（含自费药品和营养药品的药费）由职工个人负担。

女职工生育出院后，因生育引起疾病的医疗费，由生育保险基金支付；其他疾病的医疗费，按照医疗保险待遇的规定办理。女职工产假期满后，因病需要休息治疗的，按照有关病假待遇和医疗保险待遇规定办理。

第七条 女职工生育或流产后，由本人或所在企业持当地计划生育部门签发的计划生育证明，婴儿出生、死亡或流产证明，到当地社会保险经办机构办理手续，领取生育津贴和报销生育医疗费。

❸《关于女职工生育待遇若干问题的通知》（1988年9月4日　劳动部发布）

二、女职工怀孕，在本单位的医疗机构或者指定的医疗机构检查和分娩时，其检查费、接生费、手术费、住院费和药费由所在单位负担，费用由原医疗经费渠道开支。

三、女职工产假期满，因身体原因仍不能工作的，经过医务部门证明后，其超过产假期间的待遇，按照职工患病的有关规定处理。

❹《关于女职工非婚生育时是否享受劳保待遇问题的复函》（1965年9月10日　劳动部工资局）

甘肃省劳动局：

你局八月三十一日（65）劳薪字第0678号函收到。现简复如下：

女职工非婚生育时，不能按照劳动保险条例的规定享受生育待遇。其需要休养的时间不应发给工资。对于生活有困难的，可以由企业行政方面酌情给予补助。

【产假】

法律问题解读

这是指女职工按照国家规定，在生育或流产前、后的一定时间内所享有的带薪或有津贴的假期。1988年公布的《女职工劳动保护规定》把产假规定为90天，其中以予产日期为界，产前假期为15天，产后假期为75天。难产的，增加产假15天。若系多胞胎生育，每多生育一个婴儿增加产假15天。流产产假以怀孕满4个月为界，其中不满4个月流产的，根据医务部门的证明给予15—30天的产假；满4个月以上流产的，产假为42天。很多地区还采取了对晚育的职工给予奖励假期的政策。

产假一般不能提前或推后使用。产前假也不能挪至产后使用。但是，若生育职工提前生产，则可将产前、产后的休假天数合并使用；若其推迟生产，则可将产前超出的休假天数按照病假处理。按照国家规定，无论是产假还是流产假，其休假期限的计算，均应将休息日和法定节假日计算在内。至于能否将教师的寒、暑假、职工的年休假或探亲假合并使用，以延长休假时间，国家没有明确规定，可由用人单位根据具体情况制定内部规章制度作具体规定。由于产假是国家给予生育职工的生育保险待遇，与教师的寒、暑假、职工的年休假、探亲假性质不同，所以生育职工休产假后，若符合享受相应假期的条件，还可享受相应假期待遇。但是，如果生育职工到配偶工作地点生育，享受产假期限达到6个月，且与配偶团聚时间达到30天以上，则该生育职工不再享受当年的探亲假期。

法条指引

❶《女职工劳动保护规定》（1988年7月21日　国务院令第9号）

第八条 女职工产假为90天，其中产前休假15天。难产的，增加产假15天。多胞胎生育的，每多生育1个婴儿，增加产假15天。

女职工怀孕流产的，其所在单位应当根据医务部门的证明，给予一定时间的产假。

❷《关于女职工生育待遇若干问题的通知》（1988年9月4日　劳险字［1988］2号）

一、女职工怀孕不满四个月流产时，应当根据医务部门的意见，给予十五天至三十天的产假；怀孕满四个月以上流产时，给予四十二天产假。产假期间，工资照发。

❸《女职工劳动保护规定问题解答》（1989年1月20日　劳动部发布）（略）

❹《中华人民共和国人口与计划生育法》（2001年12月29日）

第二十五条 公民晚婚晚育，可以获得延长婚假、生育假的奖励或者其他福利待遇。

【生育津贴】

法律问题解读

这是指女职工因生育而离开工作岗位，失去工资收入，由社会保险机构定期向其支付的现金补助。生育津贴主要是用以保障生育职工和婴儿的日常生活。我国在建立社会保险制度以前，是由企业实行内部劳动保险制度，女职工休产假期间享受产假工资。实行生育保险社会统筹制度以后，女职工产假期间享受生育津贴。现在看来，对于生育保险制度来说，产假期间向生育职工提供的现金帮助称为生育津贴更为名符其实。因为只有当劳动者提供正常劳动的情况下，用人单位才能向其支付工资，所以生育职工休产假而未提供正常劳动期间，获得的现金帮助称为产假工资不准确。

我国生育津贴的支付方式、支付标准和支付期限的规定是：在实行生育保险社会统筹的地区，由社会保险机构采取社会化发放等方式支付，支付标准按本企业上年度职工月平均工资的标准支付，期限不少于 90 天；在没有开展生育保险社会统筹的地区，生育津贴由本企业或单位支付，标准为女职工生育期间的基本工资和物价补贴，期限一般为 90 天。地方政府有晚育的女职工实行适当延长生育津贴支付期限政策的，应当执行地方政府的规定。

法条指引

❶**《中华人民共和国社会保险法》**（2011 年 7 月 1 日施行）

第五十六条　职工有下列情形之一的，可以按照国家规定享受生育津贴：

（一）女职工生育享受产假；

（二）享受计划生育手术休假；

（三）法律、法规规定的其他情形。

生育津贴按照职工所在用人单位上年度职工月平均工资计发。

❷**《女职工劳动保护规定》**（1988 年 7 月 21 日　国务院令第 9 号）

第四条　不得在女职工怀孕期、产期、哺乳期降低其基本工资，或者解除劳动合同。

❸**《企业职工生育保险试行办法》**（1994 年 12 月 14 日　劳部发［1994］504 号）

第六条　女职工生育的检查费、接生费、手术费、住院费和药费由生育保险基金支付。超出规定的医疗服务费和药费（含自费药品和营养药品的药费）由职工个人负担。

女职工生育出院后，因生育引起疾病的医疗费，由生育保险基金支付；其他疾病的医疗费，按照医疗保险待遇的规定办理。女职工产假期满后，因病需要休息治疗的，按照有关病假待遇和医疗保险待遇规定办理。

第七条　女职工生育或流产后，由本人或所在企业持当地计划生育部门签发的计划生育证明，婴儿出生、死亡或流产证明，到当地社会保险经办机构办理手续，领取生育津贴和报销生育医疗费。

第八条　生育保险基金由劳动部门所属的社会保险经办机构负责收缴、支付和管理。

生育保险基金应存入社会保险经办机构在银行开设的生育保险基金专户。银行应按照城乡居民个人储蓄同期存款利率计息，所得利息转入生育保险基金。

❹**《中华人民共和国人口与计划生育法》**（2001 年 12 月 29 日）

第二十五条　公民晚婚晚育，可以获得延长婚假、生育假的奖励或者其他福利待遇。

【生育医疗费】

法律问题解读

这是指按照国家有关规定，女职工从怀孕到分娩后 42 天内，因生育医疗，须向医疗机构支付的费用。生育基金支付的医疗费用主要包括生育女职工的检查费、接生费、手术费、住院费和药费。

检查费：是指女职工围产期保健过程中，定期到医疗机构进行身体检查的相关费用。大致可分为全身检查、产科检查、化验室检查以及特殊检查四部分。

接生费：是指女职工分娩时，医生或助产人员协助产妇娩出新生儿过程中所发生的费用。

手术费：其支付的项目主要是指分娩过程中的会阴切开术和剖宫产术。其手术费用由生育保险基金支付，但是手术过程中出现医护人员责任事故，该手术费用不由生育保险基金支付，应由生育职工向医疗单位索赔。

住院费：是指产妇在分娩期间住院的床位费、取暖费等。床位费是按照国家物价监督管理部门规定的普通床位收费标准支付。母婴同室以及高标准病房所需费用，不属于生育保险基金支付的范畴。

药费：是指女职工从怀孕至女职工分娩后出院，医生根据产妇需要给予的药物护理、治疗所发生的费用。产妇私自到药店购药以及购买滋补和营养品，不属于生育保险基金支付的范围。

此外，还有生育引起的疾病医疗费，先兆流

产医疗费，人工流产医疗费。其中包括挂号费、检验费、医药费和手术费，只要生育职工符合享受生育保险待遇的条件，就应按相关规定或由生育保险机构支付，或由所在单位支付。至于生育职工遇有葡萄胎、子宫外孕等病理现象发生的治疗费用，应按医疗保险待遇处理。女职工生育住院期间，新生婴儿患病的医疗费用，若其符合供养条件，可按供养直系亲属的半费医疗待遇处理。

法条指引

❶《关于女职工生育待遇若干问题的通知》（1988年9月4日 劳险字［1988］2号）

二、女职工怀孕，在本单位的医疗机构或者指定的医疗机构检查和分娩时，其检查费、接生费、手术费、住院费和药费由所在单位负担，费用由原医疗经费渠道开支。

❷《企业职工生育保险试行办法》（1994年12月14日 劳部发［1994］504号）

第六条 女职工生育的检查费、接生费、手术费、住院费和药费由生育保险基金支付。超出规定的医疗服务费和药费（含自费药品和营养药品的药费）由职工个人负担。

女职工生育出院后，因生育引起疾病的医疗费，由生育保险基金支付；其他疾病的医疗费，按照医疗保险待遇的规定办理。女职工产假期满后，因病需要休息治疗的，按照有关病假待遇和医疗保险待遇规定办理。

第七条 女职工生育或流产后，由本人或所在企业持当地计划生育部门签发的计划生育证明，婴儿出生、死亡或流产证明，到当地社会保险经办机构办理手续，领取生育津贴和报销生育医疗费。

【享受生育保险的手续】

法律问题解读

女职工需要进行孕期体检，应当向用人单位出示卫生部门的建议，按用人单位的规定请假；需要休产假，也应按单位的规定请假。参加生育保险的女职工生育或流产后，由本人或所在企业持当地计划生育部门签发的计划生育证明，婴儿出生、死亡或流产证明，到当地社会保险经办机构办理手续，领取生育津贴和报销生育医疗费。未参加生育保险的女职工，应按用人单位的要求按月领取产假工资、报销生育医疗费；用人单位应按国家规定为其支付产假工资、报销全部生育医疗费用。

法条指引

❶《企业职工生育保险试行办法》（1994年12月15日 劳动部发布）

第七条 女职工生育或流产后，由本人或所在企业持当地计划生育部门签发的计划生育证明，婴儿出生、死亡或流产证明，到当地社会保险经办机构办理手续，领取生育津贴和报销生育医疗费。

❷《〈女职工劳动保护规定〉问题解答》（1989年1月20日 劳安字［1989］1号）（略）

【女职工生育保险权益的保护】

法律问题解读

女职工在生育保险权益受到侵害时，主要有三种保护渠道可以利用：一是该职工与用人单位发生劳动争议应自劳动争议发生之日起60天之内向有管辖权的劳动争议仲裁委员会申诉，由该仲裁委进行公正裁决，要求用人单位向生育女职工支付相应待遇和经济补偿。二是可向当地劳动保障行政部门的监察大队投诉，由该监察大队监督用人单位纠正侵权行为。三是该职工与社会保险经办机构发生行政争议，可自知道该具体侵权行为之日起60天之内向经办机构申请复查，或者向劳动保障行政部门申请行政复议，也可自知道该具体侵权行为之日起3个月内向有管辖权的人民法院提起行政诉讼。

法条指引

❶《中华人民共和国劳动法》（1994年7月5日）

第八十二条 提出仲裁要求的一方应当自劳动争议发生之日起60日内向劳动争议仲裁委员会提出书面申请。仲裁裁决一般应在收到仲裁申请的60日内作出。对仲裁裁决无异议的，当事人必须履行。

❷《企业劳动争议处理条例》（1993年7月6日 国务院令第117号）

第二条 本条例适用于中华人民共和国境内的企业与职工之间的下列劳动争议：

（一）因企业开除、除名、辞退职工和职工辞职、自动离职发生的争议；

（二）因执行国家有关工资、保险、福利、培训、劳动保护的规定发生的争议；

（三）因履行劳动合同发生的争议；

（四）法律、法规规定应当依照本条例处理的其他劳动争议。

❸**《违反〈劳动法〉行政处罚办法》**（1994年12月26日　劳动部发布）

第十二条　用人单位有下列侵害女职工和未成年工合法权益行为之一的，应责令改正，并按每侵害一名女职工或未成年工罚款三千元以下的标准处罚：

（一）安排女职工从事矿山井下、国家规定的第四级体力劳动强度的劳动和其他禁忌从事的劳动；

（二）安排女职工在经期从事高处、低温、冷水作业和国家规定的第三级以上劳动强度的劳动；

（三）安排女职工在哺乳未满一周岁的婴儿期间从事国家规定的第三级以上体力劳动强度的劳动和哺乳期禁忌从事的其他劳动及安排其延长工作时间和夜班劳动的；

（四）安排未成年工从事矿山井下、有毒有害、国家规定的第四级体力劳动强度的劳动和其他禁忌从事的劳动。

第十三条　用人单位安排女职工在怀孕期间从事国家规定的第三级以上体力劳动强度的劳动和孕期禁忌从事的劳动的，应责令改正，并按每侵害一名女职工罚款三千元以下的标准处罚。

用人单位安排怀孕七个月以上的女职工延长工作时间和从事夜班劳动的，应责令改正，并按每侵害一名女职工罚款三千元以下的标准处罚。

第十四条　用人单位违反女职工保护规定，女职工产假低于九十天的，应责令限期改正；逾期不改的，按每侵害一名女职工罚款三千元以下的标准处罚。

【生育保险定点医疗机构】

法律问题解读

这是指由劳动保障行政部门在统筹地区内进行审查和评估，并经社会保险经办机构确定的，符合国家医疗机构条件的，为参加生育保险职工提供医疗服务的机构。

生育保险定点医疗机构应具备的条件是：

（1）符合区域医疗机构设置规划；

（2）符合医疗机构评审标准；

（3）遵守国家有关医疗机构服务管理的法律、法规和标准，有健全和完善的医疗服务管理制度；

（4）严格执行国家、省（自治区、直辖市）物价部门规定的医疗服务和药品价格政策，并经物价部门监督检查合格；

（5）严格执行生育保险有关政策，建立与生育保险社会化管理服务相适应的内部管理制度，配备必要的管理人员和设备。

生育保险定点医疗服务不可避免地要与基本医疗保险定点医疗服务统筹考虑，但根据生育保险自身的特点，生育保险定点医疗服务管理应以保证医疗服务质量、简化程序、方便生育职工为前提；以基本医疗保险定点医疗机构为基础，兼顾计划生育技术服务机构进行定点；用医疗服务项目一病例一总额的测算办法确定支付标准；以医疗卫生和计划生育法规为依据，以生育职工的反馈作为判定服务质量的辅助条件；从而达到用较低廉的费用获得较优质服务的目的。

法条指引

❶**《城镇职工基本医疗保险和定点医疗机构管理暂行办法》**（1999年5月11日　劳社部发［1999］14号）

第一条　为了加强和规范城镇职工基本医疗保险定点医疗机构管理，根据《国务院关于建立城镇职工基本医疗保险制度的决定》（国发［1998］44号），制定本办法。

第二条　本办法所称的定点医疗机构，是指经统筹地区劳动保障行政部门审查，并经社会保险经办机构确定的，为城镇职工基本医疗保险参保人员提供医疗服务的医疗机构。

第三条　定点医疗机构审查和确定的原则是：方便参保人员就医并便于管理；兼顾专科与综合、中医与西医，注重发挥社区卫生服务机构的作用；促进医疗卫生资源的优化配置，提高医疗卫生资源的利用效率，合理控制医疗服务成本和提高医疗服务质量。

第四条　以下类别的经卫生行政部门批准并取得《医疗机构执业许可证》的医疗机构，以及经军队主管部门批准有资格开展对外服务的军队医疗机构，可以申请定点资格：

（一）综合医院、中医医院、中西医结合医院、民族医医院、专科医院；

（二）中心卫生院、乡（镇）卫生院、街道卫生院、妇幼保健院（所）；

（三）综合门诊部、专科门诊部、中医门诊部、中西医结合门诊部、民族医门诊部；

（四）诊所、中医诊所、民族医诊所、卫生所、医务室；

（五）专科疾病防治院（所、站）；

（六）经地级以上卫生行政部门批准设置的社区卫生服务机构。

第五条 定点医疗机构应具备以下条件：

（一）符合区域医疗机构设置规划；

（二）符合医疗机构评审标准；

（三）遵守国家有关医疗服务管理的法律、法规和标准，有健全和完善的医疗服务管理制度；

（四）严格执行国家、省（自治区、直辖市）物价部门规定的医疗服务和药品的价格政策，经物价部门监督检查合格；

（五）严格执行城镇职工基本医疗保险制度的有关政策规定，建立了与基本医疗保险管理相适应的内部管理制度，配备了必要的管理人员和设备。

第六条 愿意承担城镇职工基本医疗保险定点服务的医疗机构，应向统筹地区劳动保障行政部门提出书面申请，并提供以下各项材料：

（一）执业许可证副本；

（二）大型医疗仪器设备清单；

（三）上一年度业务收支情况和门诊、住院诊疗服务量（包括门诊诊疗人次、平均每一诊疗人次医疗费、住院人数、出院者平均住院日、平均每一出院者住院医疗费、出院者平均每天住院医疗费等），以及可承担医疗保险服务的能力；

（四）符合医疗机构评审标准的证明材料；

（五）药品监督管理和物价部门监督检查合格的证明材料；

（六）由劳动保障行政部门规定的其他材料。

第七条 劳动保障行政部门根据医疗机构的申请及提供的各项材料对医疗机构进行审查。审查合格的发给定点医疗机构资格证书，并向社会公布，供参保人员选择。

第八条 参保人员在获得定点资格的医疗机构范围内，提出个人就医的定点医疗机构选择意向，由所在单位汇总后，统一报送统筹地区社会保险经办机构。社会保险经办机构根据参保人的选择意向统筹确定定点医疗机构。

第九条 获得定点资格的专科医疗机构和中医医疗机构（含中西医结合医疗机构和民族医医疗机构），可作为统筹地区全体参保人员的定点医疗机构。

除获得定点资格的专科医疗机构和中医医疗机构外，参保人员一般可再选择3至5家不同层次的医疗机构，其中至少应包括1至2家基层医疗机构（包括一级医院以及各类卫生院、门诊部、诊所、卫生所、医务室和社区卫生服务机构）。有管理能力的地区可扩大参保人员选择定点医疗机构的数量。

第十条 参保人员对选定的定点医疗机构，可在1年后提出更改要求，由统筹地区社会保险经办机构办理变更手续。

第十一条 社会保险经办机构要与定点医疗机构签订包括服务人群、服务范围、服务内容、服务质量、医疗费用结算办法、医疗费用支付标准以及医疗费用审核与控制等内容的协议，明确双方的责任、权利和义务。协议有效期一般为1年。任何一方违反协议，对方均有权解除协议，但须提前3个月通知对方和有关参保人，并报统筹地区劳动保障行政部门备案。

第十二条 参保人员应在选定的定点医疗机构就医，并可自主决定在定点医疗机构购药或持处方到定点零售药店购药。

除急诊和急救外，参保人员在非选定的定点医疗机构就医发生的费用，不得由基本医疗保险基金支付。

第十三条 参保人员在不同等级的定点医疗机构就医，个人负担医疗费用的比例可有所差别，以鼓励参保人员到基层定点医疗机构就医。

参保人员在不同等级定点医疗机构就医时个人负担医疗费用的具体比例和参保人员转诊、转院管理办法，由统筹地区劳动保障行政部门制定。

第十四条 定点医疗机构应配备专（兼）职管理人员，与社会保险经办机构共同做好定点医疗服务管理工作。对基本医疗保险参保人员的医疗费用要单独建账，并按要求及时、准确地向社会保险经办机构提供参保人员医疗费用的发生情况等有关信息。

第十五条 社会保险经办机构要加强对定点医疗机构参保人员医疗费用的检查和审核。定点医疗机构有义务提供审核医疗费用所需的全部诊治资料及账目清单。

第十六条 社会保险经办机构要按照基本医疗保险的有关政策规定和与定点医疗机构签订的协议，按时足额与定点医疗机构结算医疗费用。对不符合规定的医疗费用，社会保险经办机构不予支付。

第十七条 劳动保障行政部门要组织卫生、

物价等有关部门加强对定点医疗机构服务和管理情况的监督检查。对违反规定的定点医疗机构，劳动保障行政部门可视不同情况，责令其限期改正，或通报卫生行政部门给予批评，或取消定点资格。

第十八条 定点医疗机构申请书和定点医疗机构资格证书样式由劳动保障部制定。

第十九条 各省（自治区、直辖市）劳动保障行政部门可根据本办法组织卫生等有关部门制定实施细则。

第二十条 本办法自发布之日起施行。

❷《关于完善城镇职工基本医疗保险定点医疗机构协议管理的通知》（2003 年 5 月 14 日 劳社厅函［2003］258 号）

各省、自治区、直辖市劳动和社会保障厅（局）：

自《城镇职工基本医疗保险定点医疗机构医疗服务协议文本》（劳社部函［2000］3 号）下发以来，许多统筹地区的社会保险经办机构与定点医疗机构签订了医疗服务协议（以下简称协议），并严格按协议进行管理，保证了基本医疗保险制度的稳健运行。但也有部分地区迄今尚未签订协议，或虽已签订但协议内容不够完善，在具体管理中还存在疏漏。为进一步完善基本医疗保险定点医疗机构协议管理，在总结各地实践经验的基础上，我们拟定了《完善城镇职工基本医疗保险定点医疗机构医疗服务协议的若干要点》，现印发给你们，并就有关问题通知如下：

一、高度重视协议管理，及时完成协议补充完善工作

城镇职工基本医疗保险定点医疗机构医疗服务协议，是明确社会保险经办机构和定点医疗机构双方权利与义务，规范双方行为的具有法律约束力的文本，是处理双方关系，尤其是考核定点医疗服务质量和结算医疗保险费用的重要依据。强化协议管理对于全面落实基本医疗保险制度各项政策规定，确保参保人员的基本医疗保障权益，改进医疗服务，提高基本医疗保险基金的使用效益，实现基金收支平衡，促进基本医疗保险制度健康有效运行具有重要意义。

各地要从完善社会保障体系和依法行政的高度，充分认识强化协议管理的重要性和紧迫性，切实抓好这项工作的落实。各省、自治区、直辖市劳动保障行政部门和社会保险经办机构要加强对各统筹地区工作的指导，督促其及时完成协议的签订与完善工作，并定期进行检查。各统筹地区劳动保障行政部门和社会保险经办机构的负责同志要亲自研究部署并定期督促检查协议管理工作。目前尚未与定点医疗机构签订年度协议的，必须于 6 月底前签订；已经签订协议的，要参照附件所列完善要点，以签订补充协议的方式对协议进行完善。请各省、自治区、直辖市于 7 月底前将本省、区、市协议签订和补充完善情况报送我部社会保险事业管理中心。

二、完善协议内容，明确协议管理的重点

当前要着重从落实基本医疗保险医疗服务管理规定，改进费用结算办法，控制参保人员个人负担，加强定点服务考核监督等方面，充实和完善协议内容。要制定和控制基本医疗保险药品目录内药品备药率、使用率及自费药品费用占参保人员用药总费用的比例。要加强诊疗项目管理，重点对新增诊疗项目、大型设备检查和一次性医用材料的使用进行控制。要不断完善基本医疗保险费用结算办法，健全费用控制与医疗服务质量保证机制。可以根据定点医疗机构的级别、专科特点与定点服务内容等，在总额控制的前提下，明确具体的结算方式与标准，并确定审核检查及费用控制的指标。要树立以人为本的理念，简化就医结算流程，努力提高医疗保险管理服务水平。要围绕完善服务内容、提高服务质量和加强费用控制等方面，确定考核监督办法，并对违规行为和违规费用明确违约责任。各地要针对协议管理中出现的新情况和新问题，不断总结经验，并根据管理需要，确定管理重点，适时调整完善协议内容。要依据有关部门制定的管理标准和服务规范，细化协议指标，并积极协同有关部门抓紧制订医疗保险管理急需的技术性规范和标准。

三、健全工作制度，提高协议管理的科学性和公正性

社会保险经办机构要以高度负责的态度，健全完善工作制度，确保协议全面、顺利、切实地履行。在确定定点医疗机构的过程中，要本着方便参保人员就医，促进充分竞争的原则，打破垄断，取消各种不合理限制，逐步扩大定点范围。确定定点医疗机构必须与之签订协议。建立与定点医疗机构的协调机制，劳动保障行政管理部门也要与卫生行政管理部门加强沟通和协调，对协议签订与执行过程中的问题要及时协调解决。要注重发挥专家作用，聘请专家为协议管理提供咨询，并对医疗服务管理中的技术性问题提出意见和建议，提高协议管理的科学性和公正性。

四、强化考核监督，确保协议的执行

各级经办机构要按协议中规定的指标和考核

办法，加强考核监督。考核结果要向社会公布，并与医疗费用结算标准相挂钩。要探索建立定点医疗机构信用等级制度，依据考核情况，每年评定定点医疗机构执行协议的信用等级：对考核结果优异、参保人员满意率高的定点医疗机构，经办机构可简化审核结算程序，并以适当形式通告公众；对考核中发现问题较多、参保人员满意率不高的定点医疗机构，要严格审核，加强管理和监督；对问题严重、考核结果较差、参保人员满意率很低的定点医疗机构，经办机构应依据协议追究其违约责任甚至终止协议，必要时报劳动保障行政部门取消其定点资格。

要注重发挥参保人员和新闻媒体等社会力量的监督作用。劳动保障行政管理部门要加强对协议签订和执行情况的监督与指导。

各省、自治区、直辖市要加强对各级统筹地区经办机构的指导和督促检查，不断总结经验，以典型引路的方式推动和完善协议管理工作。今年下半年部里将组织力量对各地协议落实情况进行全面检查。各地在执行中遇到的问题，请及时向我部医疗保险司和社会保险事业管理中心报告。

第十六章　劳动争议

● 本章为读者提供与以下题目有关的法律问题的解读及相关法律文献依据

劳动争议（525）　劳动争议处理制度（527）　劳动争议处理方式（528）　劳动争议处理原则（529）　劳动争议处理机构（530）　劳动争议处理法律依据（533）　劳动争议的分类（533）　劳动争议当事人（534）　劳动争议第三人（536）　劳动争议当事人的权利（536）　劳动争议当事人的义务（537）　劳动争议当事人的举证责任（537）　劳动争议的受理范围（538）　除名争议（539）　辞退争议（539）　辞职争议（541）　自动离职争议（542）　工资争议（543）　社会保险争议（544）　福利争议（545）　劳动保护争议（545）　培训争议（547）　履行劳动合同争议（548）　认定无效劳动合同争议（549）　法律、法规规定的其他争议（550）　劳动争议调解（551）　劳动争议调解组织（552）　劳动争议调解的原则（553）　劳动争议调解的申请（553）　劳动争议调解的步骤与时限（554）　劳动争议仲裁（554）　劳动争议仲裁委员会（555）　劳动争议仲裁管辖（556）　仲裁申请时效（556）　仲裁的申诉与答辩（558）　仲裁案件受理（558）　劳动仲裁员（558）　劳动仲裁庭（559）　仲裁员的回避（559）　仲裁案件审理程序（559）　仲裁案件处理时限（560）　仲裁调解（560）　仲裁裁决（560）　一裁终局（561）　仲裁先予执行（562）　仲裁程序中止（563）　仲裁结案与送达（563）　劳动争议诉讼（564）　诉讼时效与处理时限（568）　法院审理劳动争议案件的程序（569）　申请强制执行（570）　劳动争议诉讼须知（571）

【劳动争议】

法律问题解读

劳动争议是指劳动关系双方当事人因实现劳动权利和履行劳动义务而发生的纠纷。因此，有时也叫劳动纠纷或劳资纠纷。这里要注意两点：

一是，劳动争议是基于劳动关系而存在。也就是说其主体是特定的，即一方是用人单位，另一方必然是与之有劳动关系的职工。用人单位包括企业、事业组织、国家机关、社会团体等，当个体经济组织雇请帮工时，也可称之为用人单位。职工可以是个人，也可以是多个职工组织起来的集体，如工会。如果争议的当事人不是用人单位与职工，而是用人单位与用人单位或者是职工与职工，那么彼此之间的争议就不能称之为劳动争议。

二是，劳动争议的内容是劳动权利和义务方面的。用人单位与职工之间发生的争议不一定都是劳动争议，只有当涉及劳动关系双方当事人之间的权利和义务时，才是劳动争议。劳动权利、义务的内容很广泛，主要是《劳动法》第三条所规定的劳动者应享有的八项权利和应履行的五项义务，包括如下事项：关于人员调动、辞退、辞职的事项；关于劳动报酬的事项；关于工作时间与休息休假的事项；关于女职工保护的事项；关于未成年工保护的事项；关于职业培训的事项；关于社会保险与职工福利的事项等。用人单位与职工之间发生的争议如果不是上述劳动权利、义务的内容，那就不是劳动争议，而是一般的民事争议、经济争议或有关生活琐事争议。

因此因职工超计划生育受记过处分引起的争议，因企业分配住房发生的争议，由于其内容不是劳动权利和义务，所以不是劳动争议；但是，如果因此职工而被企业解除劳动合同，则又涉及劳动权利的问题，故应属于劳动争议。由离、退休费引发的争议，不是劳动争议，因离、退休人员不是在职职工，与用人单位不存在劳动关系，不再是劳动争议的当事人；但是，由于离、退休人员在职期间履行了劳动义务，所以其离、退休以后应享受养老金等项权利，在社会保险制度尚未完善之前，离、退休人员与原所在用人单位之间因离、退休费引发的争议，可比照劳动争议处理。

法条指引

❶《中华人民共和国劳动法》（1994年7月5日 国家主席令第28号）

第七十七条 用人单位与劳动者发生劳动争议，当事人可以依法申请调解、仲裁、提起诉讼，也可以协商解决。

调解原则适用于仲裁和诉讼程序。

第七十八条 解决劳动争议，应当根据合法、公正、及时处理的原则，依法维护劳动争议当事人的合法权益。

第七十九条 劳动争议发生后，当事人可以向本单位劳动争议调解委员会申请调解；调解不成，当事人一方要求仲裁的，可以向劳动争议仲裁委员会申请仲裁。当事人一方也可以直接向劳动争议仲裁委员会申请仲裁。对仲裁裁决不服的，可以向人民法院提起诉讼。

第八十条 在用人单位内，可以设立劳动争议调解委员会。劳动争议调解委员会由职工代表、用人单位代表和工会代表组成。劳动争议调解委员会主任由工会代表担任。

劳动争议经调解达成协议的，当事人应当履行。

第八十一条 劳动争议仲裁委员会由劳动行政部门代表、同级工会代表、用人单位方面的代表组成。劳动争议仲裁委员会主任由劳动行政部门代表担任。

第八十三条 劳动争议当事人对仲裁裁决不服的，可以自收到仲裁裁决书之日起15日内向人民法院提起诉讼。一方当事人在法定期限内不起诉又不履行仲裁裁决的，另一方当事人可以申请人民法院强制执行。

第八十四条 因签订集体合同发生争议，当事人协商解决不成的，当地人民政府劳动行政部门可以组织有关各方协调处理。

因履行集体合同发生争议，当事人协商解决不成的，可以向劳动争议仲裁委员会申请仲裁；对仲裁裁决不服的，可以自收到仲裁裁决书之日起15日内向人民法院提起诉讼。

❷《中华人民共和国劳动争议调解仲裁法》（2007年12月29日 国家主席令第81号）

第二条 中华人民共和国境内的用人单位与劳动者发生的下列劳动争议，适用本法：

（一）因确认劳动关系发生的争议；

（二）因订立、履行、变更、解除和终止劳动合同发生的争议；

（三）因除名、辞退和辞职、离职发生的争议；

（四）因工作时间、休息休假、社会保险、福利、培训以及劳动保护发生的争议；

（五）因劳动报酬、工伤医疗费、经济补偿或者赔偿金等发生的争议；

（六）法律、法规规定的其他劳动争议。

❸《最高人民法院关于审理劳动争议案件适用法律若干问题的解释（二）》（2006年7月10日 法释［2006］6号）

第七条 下列纠纷不属于劳动争议：

（一）劳动者请求社会保险经办机构发放社会保险金的纠纷；

（二）劳动者与用人单位因住房制度改革产生的公有住房转让纠纷；

（三）劳动者对劳动能力鉴定委员会的伤残等级鉴定结论或者对职业病诊断鉴定委员会的职业病诊断鉴定结论的异议纠纷；

（四）家庭或者个人与家政服务人员之间的纠纷；

（五）个体工匠与帮工、学徒之间的纠纷；

（六）农村承包经营户与受雇人之间的纠纷。

❹《中华人民共和国企业劳动争议处理条例》（1993年7月6日 国务院令第117号）

第二条 本条例适用于中华人民共和国境内的企业与职工之间的下列劳动争议：

（一）因企业开除、除名、辞退职工和职工辞职、自动离职发生的争议；

（二）因执行国家有关工资、保险、福利、培训、劳动保护的规定发生的争议；

（三）因履行劳动合同发生的争议；

（四）法律、法规规定应当依照本条例处理的其他劳动争议。

第三条 企业与职工为劳动争议案件的当事人。

第五条 发生劳动争议的职工一方在3人以上，并有共同理由的，应当推举代表参加调解或者仲裁活动。

❺**《劳动部办公厅关于是否受理企业与职工因住房出售等问题发生争议的复函》**（1994年9月27日 劳办发〔1994〕312号）（略）

❻**《劳动部办公厅关于退休职工向企业追索退休金引起的争议如何受理的复函》**（1993年3月19日 劳办力字〔1993〕19号）

最高人民法院：

你院民事审判1993年3月1日的来函，以及四川省高级人民法院《关于集体企业退休职工追索退休金提起诉讼人民法院应否受理的请示》（川高法〔1993〕13号）一并收悉。经研究，现函复如下：

职工退休后虽然与企业已不存在劳动关系，但是退休职工在岗期间履行的劳动义务，是其退休后享受养老保险金的前提和基础条件，而且退休金的计算标准要由企业提供依据。因此，我们认为，由于企业核定退休金标准或企业发放退休金而引起的退休职工与企业行政之间的争议，可视为劳动争议。我们同意四川省高级人民法院的第三种意见，可比照劳动争议有关规定处理。

❼**《劳动部办公厅关于离退休人员在单位组织外出疗养途中发生意外伤亡问题的复函》**（1993年7月24日 劳办发〔1993〕90号）

陕西省劳动厅：

你厅《关于离退休职工在单位组织外出疗养途中发生意外伤亡的有关问题的请示》（陕劳裁发〔1993〕188号）收悉，经研究，现函复如下：

一、"离退休职工"应改称"离退休人员"。离退休人员在原单位组织外出疗养途中发生意外伤亡，不能比照工伤处理，生活困难问题，可由企业酌情处理。

二、按照《中华人民共和国企业劳动争议处理条例》第二条规定，上述情况引起的争议不属于劳动争议仲裁委员会受理范围。

❽**《劳动部办公厅关于受理职工违反计划生育政策规定引起的劳动争议问题的复函》**（1992年2月27日 劳办力字〔1992〕15号）

河南省劳动厅：

你厅《关于对职工违犯（反）计划生育政策规定引起的劳动争议是否受理问题的请示》（豫劳裁便〔1992〕1号）收悉。经研究答复如下：

按照《国营企业劳动争议处理暂行规定》（国发〔1987〕69号）第二条的规定，劳动仲裁委员会的受理范围之一为"因开除、除名、辞退违纪职工发生争议"，因此，职工因违反计划生育政策被企业开除引起的争议，劳动仲裁委员会应当受理。在处理这类劳动争议时，除依据劳动法律、法规外，还应以国家和地方政府有关计划生育政策的法规、规章，以及企业内部符合国家规定的有关规章制度为依据。

案例链接

❶《陈海洋与远成集团有限公司劳动合同纠纷上诉案》，参见北大法宝引证码：Pkulaw.cn/CLI.C.232803。

❷《张永强与河南亚神环保工程公司劳动争议纠纷上诉案》，参见北大法宝引证码：Pkulaw.cn/CLI.C.183367。

学者观点

❶ 麻增伟：《劳动争议中社会保险若干疑难问题研究》，参见北大法宝引证码：Pkulaw.cn/CLI.A.046463。

❷ 侯玲玲：《我国劳动派遣连带责任规定之法理分析我国劳动派遣连带责任规定之法理分析》，参见北大法宝引证码：Pkulaw.cn/CLI.A.050848。

【劳动争议处理制度】

法律问题解读

根据我国法律、法规的规定，我国的劳动争议处理制度包括三个子制度，即劳动争议调解制度，地方劳动争议仲裁制度和人民法院的劳动争议诉讼制度。

目前，我国劳动争议处理制度的法律体系已初步形成，其格局大致如下：

《劳动法》

《劳动争议调解仲裁法》

《企业劳动争议处理条例》

《劳动争议仲裁委员会组织规则》

《劳动争议仲裁委员会办案规则》（已失效）

《企业劳动争议调解委员会组织及工作规则》

《劳动仲裁员聘任管理办法》（已失效）

《劳动争议处理人员培训纲要》

《劳动仲裁费和劳动合同鉴证费管理办法》

各省、自治区、直辖市人民政府颁布的条例、实施办法

最高人民法院有关劳动争议案件的司法解释

法条指引

❶《中华人民共和国劳动法》（1994 年 7 月 5 日 国家主席令第 28 号）

第七十七条 用人单位与劳动者发生劳动争议，当事人可以依法申请调解、仲裁、提起诉讼，也可以协商解决。

调解原则适用于仲裁和诉讼程序。

第七十八条 解决劳动争议，应当根据合法、公正、及时处理的原则，依法维护劳动争议当事人的合法权益。

第七十九条 劳动争议发生后，当事人可以向本单位劳动争议调解委员会申请调解；调解不成，当事人一方要求仲裁的，可以向劳动争议仲裁委员会申请仲裁。当事人一方也可以直接向劳动争议仲裁委员会申请仲裁。对仲裁裁决不服的，可以向人民法院提起诉讼。

第八十条 在用人单位内，可以设立劳动争议调解委员会。劳动争议调解委员会由职工代表、用人单位代表和工会代表组成。劳动争议调解委员会主任由工会代表担任。

劳动争议经调解达成协议的，当事人应当履行。

第八十一条 劳动争议仲裁委员会由劳动行政部门代表、同级工会代表、用人单位方面的代表组成。劳动争议仲裁委员会主任由劳动行政部门代表担任。

第八十三条 劳动争议当事人对仲裁裁决不服的，可以自收到仲裁裁决书之日起 15 日内向人民法院提起诉讼。一方当事人在法定期限内不起诉又不履行仲裁裁决的，另一方当事人可以申请人民法院强制执行。

第八十四条 因签订集体合同发生争议，当事人协商解决不成的，当地人民政府劳动行政部门可以组织有关各方协调处理。

因履行集体合同发生争议，当事人协商解决不成的，可以向劳动争议仲裁委员会申请仲裁；对仲裁裁决不服的，可以自收到仲裁裁决书之日起 15 日内向人民法院提起诉讼。

❷《中华人民共和国劳动争议调解仲裁法》（2007 年 12 月 29 日 国家主席令第 81 号）

第四条 发生劳动争议，劳动者可以与用人单位协商，也可以请工会或者第三方共同与用人单位协商，达成和解协议。

第五条 发生劳动争议，当事人不愿协商、协商不成或者达成和解协议后不履行的，可以向调解组织申请调解；不愿调解、调解不成或者达成调解协议后不履行的，可以向劳动争议仲裁委员会申请仲裁；对仲裁裁决不服的，除本法另有规定的外，可以向人民法院提起诉讼。

❸《中华人民共和国企业劳动争议处理条例》（1993 年 7 月 6 日 国务院令第 117 号）（略）

❹《最高人民法院关于审理劳动争议案件适用法律若干问题的解释》（2001 年 4 月 16 日）（略）

【劳动争议处理方式】

法律问题解读

根据《劳动法》的规定，我国劳动争议的处理方式有四种：

一是，协商解决。通过协商方式自行和解，是双方当事人应首先选择解决争议的途径。同时也是在解决争议过程中可以随时采用的。协商解决是以双方当事人自愿为基础的，不愿协商或者经协商不能达成一致，当事人可以选择其他方式。

二是，调解。是指双方当事人可以选择向劳动争议调解委员会申请调解的处理方式。这种调解实行自愿原则，具体体现在两方面：一方面是只有在双方当事人都同意由企业劳动争议调解委员会处理该争议，调解委员会才能受理该案件；另一方面是当事人可以不经过调解而直接申请仲裁。此外，由于调解委员会主要是由企业代表和工会代表组成，所以工会与企业因履行集体合同发生争议，不适合向调解委员会申请调解，当事人应直接申请仲裁。

三是，申请仲裁。若经企业调解委员会调解，双方达不成协议，当事人一方或双方均可向当地劳动争议仲裁委员会申诉。当事人也可以不经企业调解委员会处理而直接申请仲裁。

需要注意的是，因处理签订集体合同发生的争议缺乏法律依据，所以这类争议是由劳动保障行政部门会同有关方面进行协调处理，不可以申请仲裁。除这种争议外，对其他争议而言，劳动争议仲裁是强制性的必经程序。也就是说，只要有一方当事人申请仲裁，且符合受案条件，仲裁委员会即予受理；当事人如果要起诉到法院，必须先经过仲裁，否则人民法院将不予受理。

四是，提起诉讼。当事人如果对劳动争议仲裁委员会的仲裁裁决、不予受理仲裁决定或通知书不服，可以在规定的时限内向当地基层人民法院起诉。目前法院是由民事审判庭依据民事诉讼程序对劳动争议案件进行审理，实行两审终审制。法院审判是处理劳动争议的最终程序。

法条指引

❶《中华人民共和国劳动法》（1994年7月5日　国家主席令第28号）

第七十七条　用人单位与劳动者发生劳动争议，当事人可以依法申请调解、仲裁、提起诉讼，也可以协商解决。

调解原则适用于仲裁和诉讼程序。

第七十九条　劳动争议发生后，当事人可以向本单位劳动争议调解委员会申请调解；调解不成，当事人一方要求仲裁的，可以向劳动争议仲裁委员会申请仲裁。当事人一方也可以直接向劳动争议仲裁委员会申请仲裁。对仲裁裁决不服的，可以向人民法院提起诉讼。

❷《中华人民共和国劳动争议调解仲裁法》（2007年12月29日　国家主席令第80号）

第四条　发生劳动争议，劳动者可以与用人单位协商，也可以请工会或者第三方共同与用人单位协商，达成和解协议。

第五条　发生劳动争议，当事人不愿协商、协商不成或者达成和解协议后不履行的，可以向调解组织申请调解；不愿调解、调解不成或者达成调解协议后不履行的，可以向劳动争议仲裁委员会申请仲裁；对仲裁裁决不服的，除本法另有规定的外，可以向人民法院提起诉讼。

❸《中华人民共和国企业劳动争议处理条例》（1993年7月6日　国务院令第117号）

第六条　劳动争议发生后，当事人应当协商解决；不愿协商或者协商不成的，可以向本企业劳动争议调解委员会申请调解；调解不成的，可以向劳动争议仲裁委员会申请仲裁。当事人也可以直接向劳动争议仲裁委员会申请仲裁。对仲裁裁决不服的，可以向人民法院起诉。

劳动争议处理过程中，当事人不得有激化矛盾的行为。

第十一条　调解委员会调解劳动争议应当遵循当事人双方自愿原则，经调解达成协议的，制作调解协议书，双方当事人应当自觉履行；调解不成的，当事人在规定的期限内，可以向劳动争议仲裁委员会申请仲裁。

第二十一条　当事人双方可以自行和解。

第三十条　当事人对仲裁裁决不服的，自收到裁决书之日起15日内，可以向人民法院起诉；期满不起诉的，裁决书即发生法律效力。

【劳动争议处理原则】

法律问题解读

根据法律、法规规定，劳动争议处理的原则主要有以下四个：

（1）合法原则。依法处理争议，就要依据法律规定的程序要求和权利、义务要求去解决争议，同时要掌握好依法的顺序，即：有法律依法律，没有法律依法规，没有法规依规章，没有规章依政策。另外，处理劳动争议还可以依据依法签订的集体合同、劳动合同，以及依法制定的企业规章。

（2）公正原则。这一原则主要应体现在两个方面：一方面要将劳动争议当事人置于平等的法律地位，任何一方当事人都不得有超越另一方当事人的特权；另一方面应注意依法保护劳动关系中的弱者——劳动者，这与依法保护劳动关系双方合法权益的宗旨是一致的，因为它们共同的基点是“依法”。

（3）及时原则。首先，劳动争议发生后，当事人应当及时协商或及时申请调解以至申请仲裁，避免超过仲裁申请时效，丧失申请仲裁的权利。其次，劳动争议处理机构在受理案件后，应当在法定结案期限内，尽快处理完毕，以避免“案无定日”、久拖不决的现象。最后，对处理结果，一方当事人不履行的，另一方当事人要及时采取申请强制执行等措施，以保证案件处理结果的最终落实。

（4）着重调解原则调解既是一道专门程序，也是仲裁与审判程序中的重要方法。进行调解应注意的问题：一是必须遵守自愿原则。当事人向企业劳动争议调解委员会申请调解，必须经争议双方当事人同意，否则调解委员会不予受理。三种劳动争议处理机构进行调解必须是当事人真正自愿和解和自愿达成调解协议，不得对争议案件强行调解，也不得采取强迫或变相强迫的方法进行调解。二是必须坚持合法、公正原则。调解是建立在查明事实、分清责任的基础上，通过说服教育，使当事人在法律许可的范围内达成和解协议，并不是无原则地进行。

除上述劳动争议处理的一般原则外，企业调

解和劳动仲裁在各自的实践中还须遵循一些特有的原则。

法条指引

❶《中华人民共和国劳动法》（1994 年 7 月 5 日　国家主席令第 28 号）

第七十七条　用人单位与劳动者发生劳动争议，当事人可以依法申请调解、仲裁、提起诉讼，也可以协商解决。

调解原则适用于仲裁和诉讼程序。

第七十八条　解决劳动争议，应当根据合法、公正、及时处理的原则，依法维护劳动争议当事人的合法权益。

❷《中华人民共和国劳动争议调解仲裁法》（2007 年 12 月 29 日　国家主席令第 80 号）

第三条　解决劳动争议，应当根据事实，遵循合法、公正、及时、着重调解的原则，依法保护当事人的合法权益。

❸《中华人民共和国企业劳动争议处理条例》（1993 年 7 月 6 日　国务院令第 117 号）

第四条　处理劳动争议，应当遵循下列原则：

（一）着重调解，及时处理；

（二）在查清事实的基础上，依法处理；

（三）当事人在适用法律上一律平等。

【劳动争议处理机构】

法律问题解读

根据法律、法规规定，我国目前处理劳动争议的机构为三种：劳动争议调解委员会、地方劳动争议仲裁委员会和地方人民法院。

劳动争议调解委员会是在职工代表大会领导下，负责调解本企业内劳动争议的群众组织。调解委员会由职工代表、企业行政代表和企业工会委员会代表组成。职工代表由职工代表大会或者职工大会推举产生，企业行政代表由企业行政方面指定，工会代表由企业工会委员会指定。调解委员会主任由调解委员会在其成员中选举产生。其办事机构设在企业工会委员会。没有建立工会组织的企业，调解委员会的设立及其组成，由职工代表和企业代表协商决定。调解委员会处理劳动争议不是必经程序。

县、市、市辖区人民政府设立仲裁委员会，负责处理本行政区域内发生的劳动争议。设区的市、市辖区仲裁委员会的管辖范围由省、自治区人民政府规定。仲裁委员会是处理劳动争议的专门机构。各级仲裁委员会由劳动保障行政主管部门的代表、工会的代表、政府指定的经济综合管理部门的代表组成，主任由劳动保障行政主管部门的负责人担任，其办事机构设在同级的劳动保障行政主管部门。仲裁委员会处理劳动争议是必经程序。

人民法院是国家的审判机关，也担负着处理劳动争议的任务。劳动争议当事人对仲裁委员会的裁决不服或者对仲裁委员会不予受理的仲裁决定书或通知书不服，进行起诉的案件，人民法院民事审判庭负责受理和处理。

法条指引

❶《中华人民共和国劳动法》（1994 年 7 月 5 日　国家主席令第 28 号）

第八十条　在用人单位内，可以设立劳动争议调解委员会。劳动争议调解委员会由职工代表、用人单位代表和工会代表组成。劳动争议调解委员会主任由工会代表担任。

劳动争议经调解达成协议的，当事人应当履行。

第八十一条　劳动争议仲裁委员会由劳动行政部门代表、同级工会代表、用人单位方面的代表组成。劳动争议仲裁委员会主任由劳动行政部门代表担任。

第八十三条　劳动争议当事人对仲裁裁决不服的，可以自收到仲裁裁决书之日起 15 日内向人民法院提起诉讼。一方当事人在法定期限内不起诉又不履行仲裁裁决的，另一方当事人可以申请人民法院强制执行。

❷《中华人民共和国劳动争议调解仲裁法》（2007 年 12 月 29 日　国家主席令第 80 号）

第十条　发生劳动争议，当事人可以到下列调解组织申请调解：

（一）企业劳动争议调解委员会；

（二）依法设立的基层人民调解组织；

（三）在乡镇、街道设立的具有劳动争议调解职能的组织。

企业劳动争议调解委员会由职工代表和企业代表组成。职工代表由工会成员担任或者由全体职工推举产生，企业代表由企业负责人指定。企业劳动争议调解委员会主任由工会成员或者双方推举的人员担任。

第十七条　劳动争议仲裁委员会按照统筹规

划、合理布局和适应实际需要的原则设立。省、自治区人民政府可以决定在市、县设立；直辖市人民政府可以决定在区、县设立。直辖市、设区的市也可以设立一个或者若干个劳动争议仲裁委员会。劳动争议仲裁委员会不按行政区划层层设立。

❸《中华人民共和国企业劳动争议处理条例》（1993 年 7 月 6 日　国务院令第 117 号）

第七条　企业可以设立劳动争议调解委员会（以下简称调解委员会）。调解委员会负责调解本企业发生的劳动争议。调解委员会由下列人员组成：

（一）职工代表；

（二）企业代表；

（三）企业工会代表。

职工代表由职工代表大会（或者职工大会，下同）推举产生；企业代表由厂长（经理）指定；企业工会代表由企业工会委员会指定。

调解委员会组成人员的具体人数由职工代表大会提出并与厂长（经理）协商确定，企业代表的人数不得超过调解委员会成员总数的 1/3。

第八条　调解委员会主任由企业工会代表担任。

调解委员会的办事机构设在企业工会委员会。

第十二条　县、市、市辖区应当设立劳动争议仲裁委员会（以下简称仲裁委员会）。

第十三条　仲裁委员会由下列人员组成：

（一）劳动行政主管部门的代表；

（二）工会的代表；

（三）政府指定的经济综合管理部门的代表。

仲裁委员会组成人员必须是单数，主任由劳动行政主管部门的负责人担任。

劳动行政主管部门的劳动争议处理机构为仲裁委员会的办事机构，负责办理仲裁委员会的日常事务。

仲裁委员会实行少数服从多数的原则。

第三十条　当事人对仲裁裁决不服的，自收到裁决书之日起 15 日内，可以向人民法院起诉；期满不起诉的，裁决书即发生法律效力。

❹《最高人民法院关于审理劳动争议案件适用法律若干问题的解释》（2001 年 4 月 16 日　法释［2001］14 号）

为正确审理劳动争议案件，根据《中华人民共和国劳动法》（以下简称《劳动法》）和《中华人民共和国民事诉讼法》（以下简称《民事诉讼法》）等相关法律之规定，就适用法律的若干问题，作如下解释。

第一条　劳动者与用人单位之间发生的下列纠纷，属于《劳动法》第二条规定的劳动争议，当事人不服劳动争议仲裁委员会作出的裁决，依法向人民法院起诉的，人民法院应当受理：

（一）劳动者与用人单位在履行劳动合同过程中发生的纠纷；

（二）劳动者与用人单位之间没有订立书面劳动合同，但已形成劳动关系后发生的纠纷；

（三）劳动者退休后，与尚未参加社会保险统筹的原用人单位因追索养老金、医疗费、工伤保险待遇和其他社会保险费而发生的纠纷。

第二条　劳动争议仲裁委员会以当事人申请仲裁的事项不属于劳动争议为由，作出不予受理的书面裁决、决定或者通知，当事人不服，依法向人民法院起诉的，人民法院应当分别情况予以处理：

（一）属于劳动争议案件的，应当受理；

（二）虽不属于劳动争议案件，但属于人民法院主管的其他案件，应当依法受理。

第四条　劳动争议仲裁委员会以申请仲裁的主体不适格为由，作出不予受理的书面裁决、决定或者通知，当事人不服，依法向人民法院起诉的，经审查，确属主体不适格的，裁定不予受理或者驳回起诉。

第五条　劳动争议仲裁委员会为纠正原仲裁裁决错误重新作出裁决，当事人不服，依法向人民法院起诉的，人民法院应当受理。

第六条　人民法院受理劳动争议案件后，当事人增加诉讼请求的，如该诉讼请求与讼争的劳动争议具有不可分性，应当合并审理；如属独立的劳动争议，应当告知当事人向劳动争议仲裁委员会申请仲裁。

第七条　劳动争议仲裁委员会仲裁的事项不属于人民法院受理的案件范围，当事人不服，依法向人民法院起诉的，裁定不予受理或者驳回起诉。

第八条　劳动争议案件由用人单位所在地或者劳动合同履行地的基层人民法院管辖。

劳动合同履行地不明确的，由用人单位所在地的基层人民法院管辖。

第九条　当事人双方不服劳动争议仲裁委员会作出的同一仲裁裁决，均向同一人民法院起诉的，先起诉的一方当事人为原告，但对双方的诉讼请求，人民法院应当一并作出裁决。

当事人双方就同一仲裁裁决分别向有管辖权

的人民法院起诉的，后受理的人民法院应当将案件移送给先受理的人民法院。

第十条 用人单位与其他单位合并的，合并前发生的劳动争议，由合并后的单位为当事人；用人单位分立为若干单位的，其分立前发生的劳动争议，由分立后的实际用人单位为当事人。

用人单位分立为若干单位后，对承受劳动权利义务的单位不明确的，分立后的单位均为当事人。

第十一条 用人单位招用尚未解除劳动合同的劳动者，原用人单位与劳动者发生的劳动争议，可以列新的用人单位为第三人。

原用人单位以新的用人单位侵权为由向人民法院起诉的，可以列劳动者为第三人。

原用人单位以新的用人单位和劳动者共同侵权为由向人民法院起诉的，新的用人单位和劳动者列为共同被告。

第十二条 劳动者在用人单位与其他平等主体之间的承包经营期间，与发包方和承包方双方或者一方发生劳动争议，依法向人民法院起诉的，应当将承包方和发包方作为当事人。

第十三条 因用人单位作出的开除、除名、辞退、解除劳动合同、减少劳动报酬、计算劳动者工作年限等决定而发生的劳动争议，用人单位负举证责任。

第十四条 劳动合同被确认为无效后，用人单位对劳动者付出的劳动，一般可参照本单位同期、同工种、同岗位的工资标准支付劳动报酬。

根据《劳动法》第九十七条之规定，由于用人单位的原因订立的无效合同，给劳动者造成损害的，应当比照违反和解除劳动合同经济补偿金的支付标准，赔偿劳动者因合同无效所造成的经济损失。

第十五条 用人单位有下列情形之一，迫使劳动者提出解除劳动合同的，用人单位应当支付劳动者的劳动报酬和经济补偿，并可支付赔偿金：

（一）以暴力、威胁或者非法限制人身自由的手段强迫劳动的；

（二）未按照劳动合同约定支付劳动报酬或者提供劳动条件的；

（三）克扣或者无故拖欠劳动者工资的；

（四）拒不支付劳动者延长工作时间工资报酬的；

（五）低于当地最低工资标准支付劳动者工资的。

第十六条 劳动合同期满后，劳动者仍在原用人单位工作，原用人单位未表示异议的，视为双方同意以原条件继续履行劳动合同。一方提出终止劳动关系的，人民法院应当支持。

根据《劳动法》第二十条之规定，用人单位应当与劳动者签订无固定期限劳动合同而未签订的，人民法院可以视为双方之间存在无固定期限劳动合同关系，并以原劳动合同确定双方的权利义务关系。

第十七条 劳动争议仲裁委员会作出仲裁裁决后，当事人对裁决中的部分事项不服，依法向人民法院起诉的，劳动争议仲裁裁决不发生法律效力。

第十八条 劳动争议仲裁委员会对多个劳动者的劳动争议作出仲裁裁决后，部分劳动者对仲裁裁决不服，依法向人民法院起诉的，仲裁裁决对提出起诉的劳动者不发生法律效力；对未提出起诉的部分劳动者，发生法律效力，如其申请执行的，人民法院应当受理。

第十九条 用人单位根据《劳动法》第四条之规定，通过民主程序制定的规章制度，不违反国家法律、行政法规及政策规定，并已向劳动者公示的，可以作为人民法院审理劳动争议案件的依据。

第二十条 用人单位对劳动者作出的开除、除名、辞退等处理，或者因其他原因解除劳动合同确有错误的，人民法院可以依法判决予以撤销。

对于追索劳动报酬、养老金、医疗费以及工伤保险待遇、经济补偿金、培训费及其他相关费用等案件，给付数额不当的，人民法院可以予以变更。

第二十一条 当事人申请人民法院执行劳动争议仲裁机构作出的发生法律效力的裁决书、调解书，被申请人提出证据证明劳动争议仲裁裁决书、调解书有下列情形之一，并经审查核实的，人民法院可以根据《民事诉讼法》第二百一十七条之规定，裁定不予执行：

（一）裁决的事项不属于劳动争议仲裁范围，或者劳动争议仲裁机构无权仲裁的；

（二）适用法律确有错误的；

（三）仲裁员仲裁该案时，有徇私舞弊、枉法裁决行为的；

（四）人民法院认定执行该劳动争议仲裁裁决违背社会公共利益的。

人民法院在不予执行的裁定书中，应当告知当事人在收到裁定书之次日起 30 日内，可以就该劳动争议事项向人民法院起诉。

【劳动争议处理法律依据】

法律问题解读

从法律类别的角度看，劳动争议处理法律依据可概括为两类：一类是规定劳动关系双方权利义务的法律，称之为劳动实体法；另一类是规定劳动争议应按什么程序、由什么机构处理的法律，称为劳动程序法。

实际生活中大量劳动争议所涉及的劳动实体法主要有：《企业经济性裁减人员规定》、《工资支付暂行规定》、《企业最低工资规定》、《国务院关于职工工作时间的规定》等。劳动程序法，主要指《劳动法》中有关劳动争议处理机构与程序的规定，以及专门法律法规《劳动争议调解仲裁法》。此外，《企业劳动争议调解委员会组织及工作规则》、《劳动争议仲裁委员会组织规则》、《劳动争议仲裁委员会办案规则》也是处理程序上的基本依据。《民事诉讼法》是人民法院审理民事案件的程序法依据，也是处理劳动争议诉讼案件的程序法依据。

从法律部门的角度看，劳动争议处理法律依据也可概括为两类，即劳动法律规范和相关法律规范。

劳动法律规范主要包括：劳动法律、劳动行政法规、地方性劳动法规、部门劳动规章和地方政府劳动规章等。另外，五届人大第 19 次会议通过的《关于加强法律解释工作的决议》规定，不属于审判检察工作中的其他法律、法令如何具体应用的问题，由国务院及其主要管部门进行解释。还规定，凡属地方性法规如何具体应用问题，由省、自治区、直辖市人民政府及其主管部门进行解释等等。由于上述这些解释是由一定的国家机关依照法律规定作出的，它们就与法律、法规具有同等的法律效力。由此可见，劳动法律、法规解释（通常称之为劳动政策），也应属于劳动法律规范之列。

相关法律规范主要是指以下三种情况：

（1）其他法律部门的规范性文件，含有劳动法律规范的内容。例如《中华人民共和国私营企业暂行条例》和《中华人民共和国乡村集体所有制企业条例》，大体都可划归经济法律部门。然而，前者第 5 章“私营企业的劳动管理”的内容就属于劳动法律规范；后者第 5 章“企业的管理”的许多内容也是有关劳动管理方面的规定。因此，在调整相关的劳动关系，处理相应的劳动争议的过程中，势必要适用上述法律部门的规范性文件。

（2）其他法律部门的规范性文件，是制定劳动法律的规范性文件的依据。例如，宪法就是制定劳动法的基本依据。《民事诉讼法》属于诉讼法律部门，《企业劳动争议处理条例》的许多内容都是参照《民事诉讼法》的相关规定制定的。因此，在处理劳动争议适用法律规范的过程中，如果劳动法律的规范性文件中没有规定，而上述的法律部门的规范性文件中有相应的规定，当然也可以适用这些法律部门的规范性文件。

（3）其他法律部门的规范性文件，在处理劳动争议过程中被涉及。例如，处理因违反计划生育国策被开除而发生的劳动争议，势必涉及地方有关计划生育的法规。有的企业为了最大限度地利用职工的最佳年龄段，在劳动合同中明确规定：“职工在 25 周岁以前不得结婚”，因此而发生的争议属履行劳动合同争议，在处理过程中自然会涉及《婚姻法》。在遇到上述情况时，处理劳动争议自然应适用所涉及的法律部门的规范性文件。

此外，除法律规范可以作为劳动争议处理的法律依据外，合法有效的劳动合同书，集体合同书及企业规章，也可以作为争议处理的依据。

案例链接

❶《杨守成与中国民用航空学院洛阳分院劳动争议纠纷上诉案》，参见北大法宝引证码：Pkulaw. cn/CLI. C. 202795。

❷《王立新与郑州市三江华宇物流有限公司劳动争议纠纷上诉案》，参见北大法宝引证码：Pkulaw. cn/CLI. C. 211374。

学者观点

❶ 王全兴：《劳动合同立法争论中需要澄清的几个基本问题》，参见北大法宝引证码：Pkulaw. cn/CLI. A. 037917。

❷ 杨连专：《农村剩余劳动力就业的法律保障问题研究》，参见北大法宝引证码：Pkulaw. cn/CLI. A. 025935。

【劳动争议的分类】

法律问题解读

劳动争议可以从不同角度进行分类。

（1）根据职工一方当事人人数的多少来分，

可以分为个人争议和集体争议。

我国目前划分个人与集体争议是以职工一方人数10人为标准的。如果职工一方人数为1至9名时，为个人争议；如果其人数在10名以上且具有共同理由的，则为集体争议。《劳动争议调解仲裁法》规定，发生集体争议，职工一方可以推举代表参加调解或者仲裁活动。

因集体协商和集体合同而发生的集体争议，可分为两种情况：一是因签订集体合同发生的争议，二是因履行集体合同发生的争议。法律上划分这两种情况的意义主要在于分清不同的处理方式和渠道，使性质不同的争议得到不同的处理。

(2) 从劳动争议标的的性质来分，可以分为权利争议和利益争议。前者是指对现行法律、集体合同、劳动合同所规定的权利，在实施或解释上所发生的争议。后者是指在集体协商时双方为订立、续订或变更集体合同条款而产生的争议，也就是对集体合同规定权利及其变更或提出新的权利要求而引起的争议。这里要注意，权利争议既可能是个人的，也可能是集体的，而利益争议则只能是集体争议。

把劳动争议划分为权利争议与利益争议，主要是一种理论划分，有关法律上并未直接出现这样的称谓。不过，立法上仍明显地体现了这种划分方法。如上面提到的"因签订集体合同发生的争议"，实际上是对利益争议的一种法律上的表述。而"因履行集体合同发生的争议"，则是权利争议的一种法律上的表述，也是权利争议的重要组成部分，而且是指集体权利争议。集体权利争议的另一些方面是工会提起的有关企业或雇主侵犯工会权利的申诉，这些申诉是以国家立法赋予工会和职工的结社权、集体谈判权、工会行动权为基础的，目前我国法律在这些方面还有待进一步完善。

(3) 对劳动争议还有其他一些划分方法，如根据争议事项划分为因开除、除名、辞退或辞职发生的争议，因工资发生的争议，因保险福利发生的争议，因劳动合同发生的争议等。

法条指引

❶ **《中华人民共和国劳动法》**(1994年7月5日 国家主席令第28号)

第八十四条 因签订集体合同发生争议，当事人协商解决不成的，当地人民政府劳动行政部门可以组织有关各方协调处理。

因履行集体合同发生争议，当事人协商解决不成的，可以向劳动争议仲裁委员会申请仲裁；对仲裁裁决不服的，可以自收到仲裁裁决书之日起15日内向人民法院提起诉讼。

❷ **《中华人民共和国劳动争议调解仲裁法》**(2007年12月29日 国家主席令第80号)

第二条 中华人民共和国境内的用人单位与劳动者发生的下列劳动争议，适用本法：

(一) 因确认劳动关系发生的争议；

(二) 因订立、履行、变更、解除和终止劳动合同发生的争议；

(三) 因除名、辞退和辞职、离职发生的争议；

(四) 因工作时间、休息休假、社会保险、福利、培训以及劳动保护发生的争议；

(五) 因劳动报酬、工伤医疗费、经济补偿或者赔偿金等发生的争议；

(六) 法律、法规规定的其他劳动争议。

第七条 发生劳动争议的劳动者一方在十人以上，并有共同请求的，可以推举代表参加调解、仲裁或者诉讼活动。

【劳动争议当事人】

法律问题解读

根据法律、法规的规定，用人单位与职工为劳动争议案件的当事人。

这里所讲的"用人单位与职工"具有特定含义，是指彼此存在劳动关系的"用人单位"和"职工"，只有彼此建立劳动关系的用人单位与职工，才能被确认为彼此发生劳动争议的案件当事人。比如：某职工被甲企业招用，后被乙企业长期借用，并由乙企业负担该职工工资等一切费用。当职工患绝症长期住院，需要高额医疗费时，甲、乙两单位均推脱不管，引起劳动争议。职工此时申请仲裁，应将与职工建立了劳动关系的甲企业确定为被诉人。虽然职工长期被乙企业借用，并在乙企业领取工资等，但彼此没有建立劳动关系。至于职工医疗费由谁负担，如何负担，这可由仲裁委员会通知乙企业作为第三人参加仲裁活动，依法酌情进行调解或裁决。

另外，"用人单位"有两种情况，一种是具有法人资格的用人单位，另一种是不具有法人资格的用人单位。当用人单位具有法人资格时，应由其法定代表人参加仲裁活动；当用人单位不具有法人资格时（如一些私营企业，集体企业、个体工商户、事业单位等），应由其主要负责人参加仲裁活动。如果法定代表人或主要负责人因故不能参加仲裁活动，也可委托代理人参加。“职工”是指与企业订立劳动合同或形成事实劳动关系的劳动者，包括企业的管理人员、专业技术人员和工人，以及外籍员工等全体人员。也就是说，企业当中的全体工作人员都是职工，其与企业发生劳动争议，只要符合受理范围，均可向当地劳动争议仲裁委申诉，成为劳动争议当事人。须说明的是，劳动争议当事人属狭义上的当事人，仅指申诉人与被诉人、原告与被告，不包括第三人。

法条指引

❶ **《中华人民共和国劳动法》**（1994 年 7 月 5 日　国家主席令第 28 号）

第七十七条　用人单位与劳动者发生劳动争议，当事人可以依法申请调解、仲裁、提起诉讼，也可以协商解决。

调解原则适用于仲裁和诉讼程序。

第八十三条　劳动争议当事人对仲裁裁决不服的，可以自收到仲裁裁决书之日起 15 日内向人民法院提起诉讼。一方当事人在法定期限内不起诉又不履行仲裁裁决的，另一方当事人可以申请人民法院强制执行。

❷ **《中华人民共和国劳动争议调解仲裁法》**（2007 年 12 月 29 日　国家主席令第 80 号）

第二条　中华人民共和国境内的用人单位与劳动者发生的下列劳动争议，适用本法：

（一）因确认劳动关系发生的争议；

（二）因订立、履行、变更、解除和终止劳动合同发生的争议；

（三）因除名、辞退和辞职、离职发生的争议；

（四）因工作时间、休息休假、社会保险、福利、培训以及劳动保护发生的争议；

（五）因劳动报酬、工伤医疗费、经济补偿或者赔偿金等发生的争议；

（六）法律、法规规定的其他劳动争议。

第四条　发生劳动争议，劳动者可以与用人单位协商，也可以请工会或者第三方共同与用人单位协商，达成和解协议。

第五条　发生劳动争议，当事人不愿协商、协商不成或者达成和解协议后不履行的，可以向调解组织申请调解；不愿调解、调解不成或者达成调解协议后不履行的，可以向劳动争议仲裁委员会申请仲裁；对仲裁裁决不服的，除本法另有规定的外，可以向人民法院提起诉讼。

❸ **《最高人民法院关于审理劳动争议案件适用法律若干问题的解释（三）》**（2010 年 9 月 13 日　法释［2010］12 号）

第四条　劳动者与未办理营业执照、营业执照被吊销或者营业期限届满仍继续经营的用人单位发生争议的，应当将用人单位或者其出资人列为当事人。

第五条　未办理营业执照、营业执照被吊销或者营业期限届满仍继续经营的用人单位，以挂靠等方式借用他人营业执照经营的，应当将用人单位和营业执照出借方列为当事人。

第六条　当事人不服劳动人事争议仲裁委员会作出的仲裁裁决，依法向人民法院提起诉讼，人民法院审查认为仲裁裁决遗漏了必须共同参加仲裁的当事人的，应当依法追加遗漏的人为诉讼当事人。

被追加的当事人应当承担责任的，人民法院应当一并处理。

❹ **《中华人民共和国企业劳动争议处理条例》**（1993 年 7 月 21 日　国务院令第 117 号）

第三条　企业与职工为劳动争议案件的当事人。

❺ **《最高人民法院关于审理劳动争议案件诉讼当事人问题的批复》**（1988 年 10 月 19 日）

陕西省高级人民法院：

你院陕高法研［1988］43 号《关于审理劳动争议案件诉讼当事人问题的请示》收悉。经研究，答复如下：

同意你院的意见。即：劳动争议当事人不服劳动争议仲裁委员会的仲裁决定，向人民法院起诉，争议的双方仍然是企业与职工。双方当事人在适用法律上和诉讼地位上是平等的。此类案件不是行政案件。人民法院在审理时，应以争议的双方为诉讼当事人，不应把劳动争议仲裁委员会列为被告或第三人。

附：

陕西省高级人民法院关于审理劳动争议案件诉讼当事人问题的请示（1988 年 8 月 2 日　陕高法研［1988］43 号）

最高人民法院：

当前我省法院在审理劳动争议案件中，由于一些法院对于劳动争议案件中的诉讼当事人问题有不同的认识，把劳动争议仲裁委员会作为被告传唤出庭应诉。陕西省劳动争议仲裁委员会对此向我院提出意见，要求明确解决。此问题经我们研究认为：劳动争议当事人双方的法律地位是平等的，一方或者双方当事人对于仲裁机关的仲裁决定不服时，都有权依法向人民法院起诉。起诉后其争议的主体没有变，仍是原企业法人与被处理的职工。人民法院在审理此类案件时，仍应以原争议双方为诉讼当事人，不应把劳动争议仲裁委员会列为被告人或者以第三人让其参加诉讼。

妥否？请指示。

【劳动争议第三人】

法律问题解读

劳动争议第三人必须同时具备三个条件：一是参加仲裁或诉讼的时间，必须是在当事人之间的仲裁或诉讼活动已经开始，但尚未终结；二是参加仲裁或诉讼的根据，必须是与案件的处理结果有着法律上的利害关系；三是参加仲裁或诉讼的目的，必须是为了维护自己的合法权益。比如职工被某企业的分厂开除，但此开除决定是报总厂备案审批的。这种情况下，仲裁委员会往往将与职工建立劳动关系的分厂作为被诉人，而将总厂作为第三人。规定第三人参加仲裁或诉讼活动，有利于仲裁委员会或人民法院及时查明事实，保证案件的处理质量，也有利于简化程序、节省办案时间和费用，同时还有利于案件仲裁结果的执行。

按照法律规定，第三人参加劳动争议仲裁或诉讼活动有两种方式：一种方式是第三人自己申请，并经仲裁委员会或人民法院审查同意；另一种是仲裁委员会或人民法院根据案件的情况通知第三人参加仲裁活动。从实际工作中看，采用第二种方式参加仲裁活动的居大多数。

第三人分为两种：一种是有独立请求权的，一种是无独立请求权的。劳动争议处理的实践表明，在劳动争议案件中，一般只有申诉人和被诉人、原告和被告，涉及第三人的情况较少。被列为第三人的都是企业或其他组织。

法条指引

❶《中华人民共和国劳动争议调解仲裁法》（2007年12月29日　国家主席令第80号）

第二十三条　与劳动争议案件的处理结果有利害关系的第三人，可以申请参加仲裁活动或者由劳动争议仲裁委员会通知其参加仲裁活动。

【劳动争议当事人的权利】

法律问题解读

劳动争议当事人，在争议处理过程中都享有以下权利：

（1）有权要求劳动争议处理机构以事实为根据、以法律为准绳，公正、及时处理劳动争议案件；

（2）有权选择调解程序，也有权拒绝调解而直接提请仲裁程序；

（3）申请调解而被拒绝受理时，有权要求企业调解委员会作出说明；

（4）在调解、仲裁和审判程序中，有权要求有关调解、仲裁和审判人员回避；

（5）有权委托1至2名律师或者其他人代理参加仲裁和审判活动；无民事行为能力或限制行为能力的职工或已死亡的职工，其法定代理人或由有关机构指定的代理人，有权代为参加仲裁和审判活动；

（6）有权在争议处理过程中双方自行和解；

（7）当仲裁委员会不受理仲裁申请时，有权要求其作出说明；

（8）仲裁程序中有权根据自己的意愿决定是否同意调解，调解达成协议后、调解书送达之前仍有权反悔；

（9）有权申请人民法院强制执行已发生法律效力的调解书和裁决书。

法条指引

❶《中华人民共和国劳动争议调解仲裁法》（2007年12月29日　国家主席令第81号）

第四条　发生劳动争议，劳动者可以与用人单位协商，也可以请工会或者第三方共同与用人单位协商，达成和解协议。

第五条　发生劳动争议，当事人不愿协商、协商不成或者达成和解协议后不履行的，可以向调解组织申请调解；不愿调解、调解不成或者达成调解协议后不履行的，可以向劳动争议仲裁委员会申请仲裁；对仲裁裁决不服的，除本法另有规定的外，可以向人民法院提起诉讼。

第二十四条　当事人可以委托代理人参加仲裁活动。委托他人参加仲裁活动，应当向劳动争议仲裁委员会提交有委托人签名或者盖章的委托书，委托书应当载明委托事项和权限。

第二十五条　丧失或者部分丧失民事行为能力的劳动者，由其法定代理人代为参加仲裁活动；无法定代理人的，由劳动争议仲裁委员会为其指定代理人。劳动者死亡的，由其近亲属或者代理人参加仲裁活动。

第三十三条　仲裁员有下列情形之一，应当回避，当事人也有权以口头或者书面方式提出回避申请：

（一）是本案当事人或者当事人、代理人的近亲属的；

（二）与本案有利害关系的；

（三）与本案当事人、代理人有其他关系，可能影响公正裁决的；

（四）私自会见当事人、代理人，或者接受当事人、代理人的请客送礼的。

劳动争议仲裁委员会对回避申请应当及时作出决定，并以口头或者书面方式通知当事人。

【劳动争议当事人的义务】

法律问题解读

劳动争议当事人，在争议处理过程中应自觉履行下列义务：

(1) 争议处理过程中，当事人应保持克制，不应有激化矛盾的行为。

(2) 通过企业调解程序自愿达成协议后，应当自觉履行协议。

(3) 应在法律、法规、规章规定的时效范围内及时申请调解、仲裁和提起诉讼。

(4) 申诉方应以书面形式申请仲裁，被诉方应自收到申诉书副本之日起 15 日内提交答辩书和有关证据。

(5) 应按时到庭参加仲裁和诉讼活动，自觉遵守仲裁庭和法庭纪律。

(6) 仲裁程序中自愿达成调解协议，并且在调解书送达之后，不应再反悔。

(7) 对发生法律效力的仲裁调解书、仲裁裁决书和判决书，应当依照规定的期限履行。

法条指引

❶《中华人民共和国劳动争议调解仲裁法》（2007 年 12 月 29 日　国家主席令第 80 号）

第六条　发生劳动争议，当事人对自己提出的主张，有责任提供证据。与争议事项有关的证据属于用人单位掌握管理的，用人单位应当提供；用人单位不提供的，应当承担不利后果。

第十五条　达成调解协议后，一方当事人在协议约定期限内不履行调解协议的，另一方当事人可以依法申请仲裁。

第十六条　因支付拖欠劳动报酬、工伤医疗费、经济补偿或者赔偿金事项达成调解协议，用人单位在协议约定期限内不履行的，劳动者可以持调解协议书依法向人民法院申请支付令。人民法院应当依法发出支付令。

第二十八条　申请人申请仲裁应当提交书面仲裁申请，并按照被申请人人数提交副本。

仲裁申请书应当载明下列事项：

（一）劳动者的姓名、性别、年龄、职业、工作单位和住所，用人单位的名称、住所和法定代表人或者主要负责人的姓名、职务；

（二）仲裁请求和所根据的事实、理由；

（三）证据和证据来源、证人姓名和住所。

书写仲裁申请确有困难的，可以口头申请，由劳动争议仲裁委员会记入笔录，并告知对方当事人。

【劳动争议当事人的举证责任】

法律问题解读

民事争议是平等主体之间的纠纷，所以在民事诉讼中实行的举证责任原则是“谁主张，谁举证”。行政争议是处于不平等地位的主体之间的纠纷，所以在行政诉讼中实行的举证责任原则是“谁作出行政行为，谁举证”。而劳动争议当事人——用人单位与劳动者，一方面在法律地位上是平等的，另一方面彼此存在一种隶属关系，双方的实际地位又不平等。因此，在劳动争议仲裁或诉讼活动中，既实行“谁主张，谁举证”的举证责任原则，又实行“谁作决定，谁举证”的举证责任原则。也就是说，一般情况下，劳动争议双方当事人应对自己的请求事项和主张事由，负有提供证据的责任；而当用人单位作出开除、除名、辞退、解除劳动合同、减少劳动报酬、计算劳动者工作年限等决定引发的劳动争议进入仲裁或诉讼程序时，用人单位应对其作出该决定的行为负有举证责任。

法条指引

❶《中华人民共和国劳动争议调解仲裁法》（2007 年 12 月 29 日　国家主席令第 80 号）

第六条 发生劳动争议，当事人对自己提出的主张，有责任提供证据。与争议事项有关的证据属于用人单位掌握管理的，用人单位应当提供；用人单位不提供的，应当承担不利后果。

第二十八条 申请人申请仲裁应当提交书面仲裁申请，并按照被申请人人数提交副本。

仲裁申请书应当载明下列事项：

（一）劳动者的姓名、性别、年龄、职业、工作单位和住所，用人单位的名称、住所和法定代表人或者主要负责人的姓名、职务；

（二）仲裁请求和所根据的事实、理由；

（三）证据和证据来源、证人姓名和住所。

书写仲裁申请确有困难的，可以口头申请，由劳动争议仲裁委员会记入笔录，并告知对方当事人。

❷《最高人民法院关于审理劳动争议案件适用法律若干问题的解释》（2001年4月16日）

第十三条 因用人单位作出的开除、除名、辞退、解除劳动合同、减少劳动报酬、计算劳动者工作年限等决定而发生的劳动争议，用人单位负举证责任。

❸ 最高人民法院《关于民事诉讼证据的若干规定》（2001年12月21日 法释［2001］33号）

第六条 在劳动争议纠纷案件中，因用人单位作出开除、除名、辞退、解除劳动合同、减少劳动报酬、计算劳动者工作年限等决定而发生劳动争议的，由用人单位负举证责任。

【劳动争议的受理范围】

法律问题解读

根据法律、法规的规定，目前劳动争议处理机构受理劳动争议的范围须从劳动争议主体和标的两方面来界定。

从争议主体上看包括：（1）中国境内的企业与职工之间的争议；（2）个体工商户与学徒、帮工之间的争议；（3）国家机关、事业组织、社会团体与本单位的工人（或称工勤人员）及与之建立劳动合同关系的非工勤人员之间的争议；（4）军队、武警部队的机关、事业组织、企业与无军籍职工之间的争议；（5）用人单位与一部分离退休人员及其聘用的离退休人员之间的争议；（6）中国境外企业或劳动者与境内劳动者或企业在中国境内签订或履行劳动合同，彼此之间的争议。

从争议标的上看，包括：（1）因企业开除、除名、辞退职工和职工辞职、自动离职发生的争议；（2）因执行有关工资、保险、福利、培训、劳动保护的规定发生的争议；（3）因履行劳动合同发生的争议；（4）因认定无效劳动合同、特定条件下订立劳动合同发生的争议；（5）因职工流动发生的争议；（6）因用人单位裁减人员发生的争议；（7）因经济补偿和赔偿发生的争议；（8）因履行集体合同发生的争议；（9）因用人单位录用职工非法收费发生的争议；（10）法律、法规规定应当受理的其他劳动争议。

法条指引

❶《中华人民共和国劳动争议调解仲裁法》（2007年12月29日 国家主席令第80号）

第二条 中华人民共和国境内的用人单位与劳动者发生的下列劳动争议，适用本法：

（一）因确认劳动关系发生的争议；

（二）因订立、履行、变更、解除和终止劳动合同发生的争议；

（三）因除名、辞退和辞职、离职发生的争议；

（四）因工作时间、休息休假、社会保险、福利、培训以及劳动保护发生的争议；

（五）因劳动报酬、工伤医疗费、经济补偿或者赔偿金等发生的争议；

（六）法律、法规规定的其他劳动争议。

第五十二条 事业单位实行聘用制的工作人员与本单位发生劳动争议的，依照本法执行；法律、行政法规或者国务院另有规定的，依照其规定。

❷ 劳动部办公厅《关于退休职工向企业追索退休金引起的争议如何受理的复函》（1993年7月24日 劳办发［1993］90号）

最高人民法院：

你院民事审判庭1993年3月1日的来函，以及四川省高级人民法院《关于集体企业退休职工追索退休金提起诉讼人民法院应否受理的请示》（川高法［1993］13号）一并收悉。经研究，现函复如下：

职工退休后虽然与企业已不存在劳动关系，但是退休职工在岗期间履行的劳动义务，是其退休后享受养老保险金的前提和基础条件，而且退休金的计算标准要由企业提供依据。因此，我们认为，由于企业核定退休金标准或企业发放退休金而引起的退休职工与企业行政之间的争议，可视为劳动争议。我们同意四川省高级人民法院的第三种意见，可比照劳动争议有关规定处理。

【除名争议】

法律问题解读

依据《企业职工奖惩条例》（已失效）的规定，除名是指用人单位专门对无正当理由经常旷工，经批评教育无效，且旷工时间超过法定期限的职工，依法采取的一种强行解除劳动关系的行政处理措施。它不属于行政处分，是一种行政处理，具体条件如下：一是职工经常旷工无正当理由；二是经批评教育无效；三是达到规定的旷工天数。即连续旷工时间超过15天，或者1年以内累计旷工时间超过30天。在计算连续旷工时间时，应当把旷工期间的节假日、休息日的天数扣除后计算。在累计旷工时间时，应按自然年度进行计算。除名没有处理时限规定，但应对符合除名条件的职工及时进行处理。须注意的是，上述《企业职工奖惩条例》只适用于国有企业和城镇集体所有制企业。

受到除名处理的职工，对处理不服发生的争议，就称为除名争议。认定现实生活中的劳动争议是否属于除名争议，也应主要看企业对职工的最终处理结果。这里需要明确一点，1983年劳动部发出《关于企业职工要求“停薪留职”问题的通知》第2条、第6条中规定的职工要求停薪留职，未经企业批准而擅自离职的，或停薪留职期满后一个月内既未要求回原单位工作，又未办理辞职手续的，企业应对其按自动离职处理。这里的“按自动离职处理”，是指企业应依据《企业职工奖惩条例》有关规定，对其作出除名处理。因此，因“自动离职处理”发生的争议，也属于除名争议的范围。

由于《企业职工奖惩条例》已废止，因此，实践中的除名争议原则上都属于因劳动合同解除发生的争议。

法条指引

❶**《中华人民共和国劳动争议调解仲裁法》**（2007年12月29日　国家主席令第81号）

第二条　中华人民共和国境内的用人单位与劳动者发生的下列劳动争议，适用本法：

（一）因确认劳动关系发生的争议；

（二）因订立、履行、变更、解除和终止劳动合同发生的争议；

（三）因除名、辞退和辞职、离职发生的争议；

（四）因工作时间、休息休假、社会保险、福利、培训以及劳动保护发生的争议；

（五）因劳动报酬、工伤医疗费、经济补偿或者赔偿金等发生的争议；

（六）法律、法规规定的其他劳动争议。

❷**《企业劳动争议处理条例》**（1993年7月21日　国务院令第117号）

第二条　本条例适用于中华人民共和国境内的企业与职工之间的下列劳动争议：

（一）因企业开除、除名、辞退职工和职工辞职、自动离职发生的争议；

（二）因执行国家有关工资、保险、福利、培训、劳动保护的规定发生的争议；

（三）因履行劳动合同发生的争议；

（四）法律、法规规定应当依照本条例处理的其他劳动争议。

❸**《关于自动离职与旷工除名如何界定的复函》**（1994年2月8日　劳办发［1994］48号）

重庆市劳动局：

你局《关于自动离职与旷工除名如何界定的请示》（渝劳仲发［1993］20号）收悉。经研究，现函复如下：

一、《中华人民共和国企业劳动争议处理条例》第二条第（一）项中的“自动离职”是指职工擅自离职的行为。

二、职工与企业因辞职问题发生争议，只要不出现职工违纪引发的纠纷，应按辞职争议处理。

三、《关于企业职工要求“停薪留职”问题的通知》（劳人计［1983］61号）第二条、第六条中规定的职工要求停薪留职，未经企业批准而擅自离职的，或停薪留职期满后一个月内既未要求回原单位工作，又未办理辞职手续的，企业对其按自动离职处理，是指企业应依据《企业职工奖惩条例》有关规定，对其作出除名处理。为此，因自动离职处理发生的争议应按除名争议处理。

【辞退争议】

法律问题解读

辞退是指用人单位根据生产、工作、经营的情况及劳动者的状况，依法、依约提出并实施结束劳动关系的法律行为。依法辞退，一般包括违纪解除合同辞退、正常解除合同辞退和经济性裁员解除合同辞退，以及终止合同辞退、协商辞退等五种情形。依据《劳动法》的相关规定，用人单位、辞退员工均须办理解除劳动合同或解除劳动关系的手续，例如向员工发出解除合同通知书等。员工对用人单位的辞退行为不服而发生劳动争议，就称为辞退争议。这类争议的标的往往是辞退经济补偿金、生活补助费、违约金和代通知金等。

法条指引

❶《中华人民共和国劳动合同法》（2007年6月29日　国家主席令第65号）

第三十九条　劳动者有下列情形之一的，用人单位可以解除劳动合同：

（一）在试用期间被证明不符合录用条件的；

（二）严重违反用人单位的规章制度的；

（三）严重失职，营私舞弊，给用人单位造成重大损害的；

（四）劳动者同时与其他用人单位建立劳动关系，对完成本单位的工作任务造成严重影响，或者经用人单位提出，拒不改正的；

（五）因本法第二十六条第一款第一项规定的情形致使劳动合同无效的；

（六）被依法追究刑事责任的。

第四十条　有下列情形之一的，用人单位提前三十日以书面形式通知劳动者本人或者额外支付劳动者一个月工资后，可以解除劳动合同：

（一）劳动者患病或者非因工负伤，在规定的医疗期满后不能从事原工作，也不能从事由用人单位另行安排的工作的；

（二）劳动者不能胜任工作，经过培训或者调整工作岗位，仍不能胜任工作的；

（三）劳动合同订立时所依据的客观情况发生重大变化，致使劳动合同无法履行，经用人单位与劳动者协商，未能就变更劳动合同内容达成协议的。

第四十一条　有下列情形之一，需要裁减人员二十人以上或者裁减不足二十人但占企业职工总数百分之十以上的，用人单位提前三十日向工会或者全体职工说明情况，听取工会或者职工的意见后，裁减人员方案经向劳动行政部门报告，可以裁减人员：

（一）依照企业破产法规定进行重整的；

（二）生产经营发生严重困难的；

（三）企业转产、重大技术革新或者经营方式调整，经变更劳动合同后，仍需裁减人员的；

（四）其他因劳动合同订立时所依据的客观经济情况发生重大变化，致使劳动合同无法履行的。

裁减人员时，应当优先留用下列人员：

（一）与本单位订立较长期限的固定期限劳动合同的；

（二）与本单位订立无固定期限劳动合同的；

（三）家庭无其他就业人员，有需要扶养的老人或者未成年人的。

用人单位依照本条第一款规定裁减人员，在六个月内重新招用人员的，应当通知被裁减的人员，并在同等条件下优先招用被裁减的人员。

❷《中华人民共和国劳动争议调解仲裁法》（2007年12月29日　国家主席令第80号）

第二条　中华人民共和国境内的用人单位与劳动者发生的下列劳动争议，适用本法：

（一）因确认劳动关系发生的争议；

（二）因订立、履行、变更、解除和终止劳动合同发生的争议；

（三）因除名、辞退和辞职、离职发生的争议；

（四）因工作时间、休息休假、社会保险、福利、培训以及劳动保护发生的争议；

（五）因劳动报酬、工伤医疗费、经济补偿或者赔偿金等发生的争议；

（六）法律、法规规定的其他劳动争议。

❸《劳动部关于〈中华人民共和国劳动法〉若干条文的说明》（1994年9月5日）

第二十五条　劳动者有下列情形之一的，用人单位可以解除劳动合同：

（一）在试用期间被证明不符合录用条件的；

（二）严重违反劳动纪律或者用人单位规章制度的；

（三）严重失职，营私舞弊，对用人单位利益造成重大损害的；

（四）被依法追究刑事责任的。

本条中“严重违反劳动纪律”的行为，可根据《企业职工奖励条例》和《国营企业辞退违纪职工暂行规定》等有关法规认定。

本条中的“重大损害”由企业内部规章来规定。因为企业类型各有不同，对重大损害的界定也千差万别，故不便对重大损害作统一解释。若由此发生劳动争议，可以通过劳动争议仲裁委员会对其规章规定的重大损害进行认定。

本条中“被依法追究刑事责任”，具体指：(1) 被人民检察院免予起诉的；(2) 被人民法院判处刑罚（刑罚包括：主型：管制、拘役、有期徒刑、无期徒刑、死刑；附加刑：罚金、剥夺政治权利、没收财产）的；（3）被人民法院依据刑法第32条免予刑事处分的。

第二十六条　有下列情形之一的，用人单位可以解除劳动合同，但是应当提前三十日以书面形式通知劳动者本人：

（一）劳动者患病或者非因工负伤，医疗期满后，不能从事原工作也不能从事由用人单位另行安排的工作的；

（二）劳动者不能胜任工作，经过培训或者调整工作岗位，仍不能胜任工作的；

（三）劳动合同订立时所依据的客观情况发生重大变化，致使原劳动合同无法履行，经当事人协商不能就变更劳动合同达成协议的。

本条第（一）项指劳动者医疗期满后，不能从事原工作的，由原用人单位另行安排适当工作之后，仍不能从事另行安排的工作的，可以解除劳动合同。

本条第（二）项中的“不能胜任工作”，是指不能按要求完成劳动合同中约定的任务或者同工种，同岗位人员的工作量。用人单位不得故意提高定额标准，使劳动者无法完成。

本条中的“客观情况”指：发生不可抗力或出现致使劳动合同全部或部分条款无法履行的其他情况，如企业迁移、被兼并、企业资产转移等，并且排除本法第二十七条所列的客观情况。

案例链接

❶《王绍杰与民办培正商学院劳动争议纠纷上诉案》，参见北大法宝引证码：Pkulaw.cn/CLI.C.119218。

学者观点

❶ 李迎春：《用人单位试用期疑难法律问题解析与操作指引》，参见北大法宝引证码：Pkulaw.cn/CLI.A.042482。

❷ 李迎春：《新劳动合同法下试用期法律适用指引》，参见北大法宝引证码：Pkulaw.cn/CLI.A.039398。

【辞职争议】

法律问题解读

辞职是指劳动者根据自身的状况和用人单位的情况，依法、依约提出并实施结束劳动关系的法律行为。依法辞职，一般包括正常解除合同辞职、利益受侵害解除合同辞职和终止合同辞职、协商辞职等四种情形。此外，还有约定辞职。依据《劳动法》的相关规定，劳动者除利益受侵害解除合同辞职，可随时书面或口头通知用人单位，办理解除合同或解除劳动关系手续外，其他辞职行为一般均须提前30日书面通知用人单位，待30日期满方能办理解除合同或解除劳动关系的手续。协商辞职的，按双方的协议办理。用人单位与员工就员工的辞职行为发生劳动争议，即称为辞职争议。这类争议的标的常常是违约金、赔偿金、赔偿培训费、档案关系等。

法条指引

❶《最高人民法院关于审理劳动争议案件适用法律若干问题的解释》（2001年4月16日）

第十五条　用人单位有下列情形之一，迫使劳动者提出解除劳动合同的，用人单位应当支付劳动者的劳动报酬和经济补偿，并可支付赔偿金：

（一）以暴力、威胁或者非法限制人身自由的手段强迫劳动的；

（二）未按照劳动合同约定支付劳动报酬或者提供劳动条件的；

（三）克扣或者无故拖欠劳动者工资的；

（四）拒不支付劳动者延长工作时间工资报酬的；

（五）低于当地最低工资标准支付劳动者工资的。

❷《中华人民共和国劳动合同法》（2007年6月29日　国家主席令第65号）

第三十六条　申请人收到书面通知，无正当理由拒不到庭或者未经仲裁庭同意中途退庭的，可以视为撤回仲裁申请。

被申请人收到书面通知，无正当理由拒不到庭或者未经仲裁庭同意中途退庭的，可以缺席裁决。

第三十七条　仲裁庭对专门性问题认为需要鉴定的，可以交由当事人约定的鉴定机构鉴定；当事人没有约定或者无法达成约定的，由仲裁庭指定的鉴定机构鉴定。

根据当事人的请求或者仲裁庭的要求，鉴定机构应当派鉴定人参加开庭。当事人经仲裁庭许可，可以向鉴定人提问。

第三十八条　当事人在仲裁过程中有权进行

质证和辩论。质证和辩论终结时，首席仲裁员或者独任仲裁员应当征询当事人的最后意见。

❸《中华人民共和国劳动争议调解仲裁法》（2007年12月29日 国家主席令第80号）

第二条 中华人民共和国境内的用人单位与劳动者发生的下列劳动争议，适用本法：

（一）因确认劳动关系发生的争议；

（二）因订立、履行、变更、解除和终止劳动合同发生的争议；

（三）因除名、辞退和辞职、离职发生的争议；

（四）因工作时间、休息休假、社会保险、福利、培训以及劳动保护发生的争议；

（五）因劳动报酬、工伤医疗费、经济补偿或者赔偿金等发生的争议；

（六）法律、法规规定的其他劳动争议。

【自动离职争议】

法律问题解读

自动离职又称擅自离职，是指劳动者由于某种原因不辞而别的一种违约行为。其与用人单位的劳动关系实际上处于一种尚未结束的状态。由此引发的劳动争议称为自动离职争议。遇到这类争议应特别注意以下几点：一是不要把劳动者自动离职的行为与用人单位对劳动者按自动离职处理的行为相混淆。二是用人单位不要因职工擅自离职而对其在本单位工作的家属采取辞退等惩罚性措施，因这种株连行为是不符合国家政策的。三是用人单位应及时作出相应处理，包括办理结束彼此劳动关系的手续，以避免引发劳动者事后要求补签合同、补发生活费、补缴社会保险一类的纠纷。

法条指引

❶《关于自动离职与旷工除名如何界定的复函》（1994年2月8日 劳办发［1994］48号劳动部发布）

重庆市劳动局：

你局《关于自动离职与旷工除名如何界定的请示》（渝劳仲发［1993］20号）收悉。经研究，现函复如下：

一、《中华人民共和国企业劳动争议处理条例》第二条第（一）项中的“自动离职”是指职工擅自离职的行为。

二、职工与企业因辞职问题发生争议，只要不出现职工违纪引发的纠纷，应按辞职争议处理。

三、《关于企业职工要求“停薪留职”问题的通知》（劳人计［1983］61号）第二条、第六条中规定的职工要求停薪留职，未经企业批准而擅自离职的，或停薪留职期满后一个月内既未要求回原单位工作，又未办理辞职手续的，企业对其按自动离职处理，是指企业应依据《企业职工奖惩条例》有关规定，对其作出除名处理。为此，因自动离职处理发生的争议应按除名争议处理。

❷《关于企业处理擅自离职职工问题的复函》（1993年6月28日 劳办发［1993］68号）

辽宁省劳动局：

你省劳动争议仲裁委员会《关于企业规章中的条款与国家法律、法规和党的政策相抵触是否有效的请示》（辽劳裁字［1993］4）号收悉，现函复如下：

同意你省的意见。企业制定规章，应在国家法律法规规定的范围内，企业不得因职工擅自离职而对其在本单位的家属采取辞退等惩罚性措施。企业作出株连擅自离职职工家属的规定是不符合国家劳动管理政策的，因而也不能作为劳动仲裁的依据。

但是考虑到一些未经企业同意，擅自离职的职工给企业造成损失的情况，可视其给企业造成损失的大小，责令其给予企业一定的经济赔偿。

❸《关于通过新闻媒介通知职工回单位并对逾期不归者按自动离职或旷工处理问题的复函》（1995年7月31日 劳办发［1995］179号）

吉林省劳动厅：

你厅《关于通过新闻媒介通知职工回单位并对逾期不归者按自动离职或旷工处理问题的请示》（吉劳仲字［1995］5号）收悉。经研究，答复如下：

按照《企业职工奖惩条例》（国发［1982］59号）第十八条规定精神，企业对有旷工行为的职工做除名处理，必须符合规定的条件并履行相应的程序。因此，企业通知请假、放长假、长期病休职工在规定时间内回单位报到或办理有关手续，应遵循对职工负责的原则，以书面形式直接送达职工本人；本人不在的，交其同住成年亲属签收。直接送达有困难的可以邮寄送达，以挂号查询回执上注明的收件日期为送达日期。只有在受送达职工下落不明，或者用上述送达方式无法送达的情况下，方可公告送达，即张贴公告或通过新闻媒介通知。自发出公告之日起，经过三十日，即视为送达。在此基础上，企业方可对旷工和违反规定的职工按上述法规做除名处理。能用直接送达或邮寄送达而未用，直接采用公告方式送达，视为无效。

企业因故通知停薪留职期限未满的职工在规定时间内回单位报到或办理有关手续，也应按照上述规定的方式通知本人，在此基础上，企业方可按照有关规定及停薪留职协议对其做除名或自动离职处理。企业对停薪留职期满后逾期不归的职工，可按照劳动人事部、国家经济委员会《关于企业职工要求“停薪留职”问题的通知》（劳人计［1983］61号）第六条和劳动部《关于自动离职与职工除名如何界定的复函》（劳办发［1994］48号）的规定做自动离职处理。

【工资争议】

法律问题解读

工资是指劳动者付出正常劳动，用人单位依据国家有关规定或劳动合同的约定，以货币形式直接支付给劳动者的劳动报酬。一般包括计时工资、计件工资、奖金、津贴和补贴、延长工作时间的工资报酬以及特殊情况下支付的工资等。国家有关工资的规定包括：工资分配的法定原则，如按劳分配、同工同酬等；最低工资制度；工资支付制度；基本生活保障制度；工资扣除的限制，如用人单位从工资中扣除劳动者应支付的罚金或赔偿金时，每月扣除额不得超过该工资的20%，扣除后的剩余工资部分若低于最低工资标准，则按最低工资标准支付；企业可依法制定内部有关工资分配的规章制度；企业有依法确定本单位工资分配方式和工资水平的自主权等。因执行上述规定，劳动关系双方发生的争议，就称为工资争议。有的企业出现了因企业停发富余人员、待岗人员生活费而发生的争议，由于《国有企业富余职工安置规定》明确规定该生活费在企业工资基金中列支，所以，因停发生活费发生的争议也属于工资争议。

法条指引

❶**《中华人民共和国劳动法》**（1994年7月5日　国家主席令第28号）

第四条　用人单位应当依法建立和完善规章制度，保障劳动者享有劳动权利和履行劳动义务。

第四十六条　工资分配应当遵循按劳分配原则，实行同工同酬。

工资水平在经济发展的基础上逐步提高。国家对工资总量实行宏观调控。

第四十七条　用人单位根据本单位的生产经营特点和经济效益，依法自主确定本单位的工资分配方式和工资水平。

❷**《最高人民法院关于审理劳动争议案件适用法律若干问题的解释（二）》**（2006年7月10日　法释［2006］6号）

第三条　劳动者以用人单位的工资欠条为证据直接向人民法院起诉，诉讼请求不涉及劳动关系其他争议的，视为拖欠劳动报酬争议，按照普通民事纠纷受理。

❸**《关于贯彻执行〈劳动法〉若干问题的意见》**（1995年8月4日　劳动部发布）

53. 劳动法中的“工资”是指用人单位依据国家有关规定或劳动合同的约定，以货币形式直接支付给本单位劳动者的劳动报酬，一般包括计时工资、计件工资、奖金、津贴和补贴、延长工作时间的工资报酬以及特殊情况下支付的工资等。“工资”是劳动者劳动收入的主要组成部分。劳动者的以下劳动收入不属于工资范围：（1）单位支付给劳动者个人的社会保险福利费用，如丧葬抚恤救济费、生活困难补助费、计划生育补贴等；（2）劳动保护方面的费用，如用人单位支付给劳动者的工作服、解毒剂、清凉饮料费用等；（3）按规定未列入工资总额的各种劳动报酬及其他劳动收入，如根据国家规定发放的创造发明奖、国家星火奖、自然科学奖、科学技术进步奖、合理化建议和技术改进奖、中华技能大奖等，以及稿费、讲课费、翻译费等。

案例链接

❶《上海科玛环保工程有限公司与于学诚追索劳动报酬纠纷上诉案》，参见北大法宝引证码：Pkulaw. cn/CLI. C. 206455。

❷《王得斌与香港鹰皇控股集团有限公司广州代表处等追索劳动报酬纠纷上诉案》，参见北大法宝引证码：Pkulaw. cn/CLI. C. 232717。

学者观点

❶ 丁宇翔：《劳动合同法的属性及规范构成》，参见北大法宝引证码：Pkulaw. cn/CLI. A. 042485。

❷ 王桦宇：《“千呼万唤始出来”的实施细则草案》，参见北大法宝引证码：Pkulaw. cn/CLI. A. 042864。

【社会保险争议】

法律问题解读

保险争议是指因用人单位不缴纳养老、医疗、失业、工伤、生育等社会保险或缴费基数不足与劳动者发生的劳动争议。这些争议往往是当企业与劳动者结束劳动关系时出现。还有一类保险争议，即社会保险行政争议，是指经办机构在依照法律、法规及有关规定经办社会保险事务过程中，与劳动者、用人单位或者其他组织之间发生的争议。有下列情形之一的，公民、法人或者其他组织可以申请行政复议：一是认为经办机构未依法为其办理社会保险登记、变更或者注销手续的；二是认为经办机构未按规定审核社会保险缴费基数的；三是认为经办机构未按规定记录社会保险费缴费情况或者拒绝其查询缴费记录的；四是认为经办机构违法收取费用或者违法要求履行义务的；五是对经办机构核定其社会保险待遇标准有异议的；六是认为经办机构不依法支付其社会保险待遇或者对经办机构停止其享受社会保险待遇有异议的；七是认为经办机构未依法为其调整社会保险待遇的；八是认为经办机构未依法为其办理社会保险关系转移或者接续手续的；九是认为经办机构的其他具体行政行为侵犯其合法权益的。

法条指引

❶《中华人民共和国劳动争议调解仲裁法》（2007年12月29日　国家主席令第80号）

第二条　中华人民共和国境内的用人单位与劳动者发生的下列劳动争议，适用本法：

（一）因确认劳动关系发生的争议；

（二）因订立、履行、变更、解除和终止劳动合同发生的争议；

（三）因除名、辞退和辞职、离职发生的争议；

（四）因工作时间、休息休假、社会保险、福利、培训以及劳动保护发生的争议；

（五）因劳动报酬、工伤医疗费、经济补偿或者赔偿金等发生的争议；

（六）法律、法规规定的其他劳动争议。

❷《社会保险行政争议处理办法》（2001年5月27日　劳动和社会保障部令第13号）

第二条　本办法所称的社会保险行政争议，是指经办机构在依照法律、法规及有关规定经办社会保险事务过程中，与公民、法人或者其他组织之间发生的争议。

本办法所称的经办机构，是指法律、法规授权的劳动保障行政部门所属的专门办理养老保险、医疗保险、失业保险、工伤保险、生育保险等社会保险事务的工作机构。

第六条　有下列情形之一的，公民、法人或者其他组织可以申请行政复议：

（一）认为经办机构未依法为其办理社会保险登记、变更或者注销手续的；

（二）认为经办机构未按规定审核社会保险缴费基数的；

（三）认为经办机构未按规定记录社会保险费缴费情况或者拒绝其查询缴费记录的；

（四）认为经办机构违法收取费用或者违法要求履行义务的；

（五）对经办机构核定其社会保险待遇标准有异议的；

（六）认为经办机构不依法支付其社会保险待遇或者对经办机构停止其享受社会保险待遇有异议的；

（七）认为经办机构未依法为其调整社会保险待遇的；

（八）认为经办机构未依法为其办理社会保险关系转移或者接续手续的；

（九）认为经办机构的其他具体行政行为侵犯其合法权益的；

属于前款第（二）、（五）、（六）、（七）项情形之一的，公民、法人或者其他组织可以直接向劳动保障行政部门申请行政复议，也可以先向作出该具体行政行为的经办机构申请复查，对复查决定不服，再向劳动保障行政部门申请行政复议。

❸《劳动部办公厅关于处理劳动争议案件若干政策性问题的复函》（1994年10月10日　劳办发［1994］322号）

三、职工被开除、除名或辞退后，企业不给本人通知书或证明书也不向待业保险部门转交档案的做法不符合《企业职工奖惩条例》第二十条、《国营企业辞退违纪职工暂行规定》第四条，以及《国有企业职工待业保险规定》第二条、第十一条规定的精神。由此导致职工不能享受待业保险待遇发生的劳动争议，仲裁委员会应当按《企业劳动争议处理条例》第二条第（一）项规定予以受理。给对方当事人造成的经济损失，应由企业负责赔偿。

【福利争议】

法律问题解读

福利争议是指用人单位与劳动者因用人单位用于帮助职工及其家属和举办集体福利事业的费用发生的劳动争议。这类争议包括集体福利费、职工上下班交通补助费、探亲路费、取暖补贴、生活困难补助费等。福利争议很少单独发生，往往是伴随其他类型的劳动争议出现，如在发生辞退争议、工资争议时容易伴之福利争议。

法条指引

❶**《中华人民共和国劳动争议调解仲裁法》**（2007年12月29日 国家主席令第80号）

第二条 中华人民共和国境内的用人单位与劳动者发生的下列劳动争议，适用本法：

（一）因确认劳动关系发生的争议；

（二）因订立、履行、变更、解除和终止劳动合同发生的争议；

（三）因除名、辞退和辞职、离职发生的争议；

（四）因工作时间、休息休假、社会保险、福利、培训以及劳动保护发生的争议；

（五）因劳动报酬、工伤医疗费、经济补偿或者赔偿金等发生的争议；

（六）法律、法规规定的其他劳动争议。

❷**《〈中华人民共和国企业劳动争议处理条例〉若干问题解释》**（1993年9月23日 劳部发[1993]244号）

三、《条例》第二条第（二）项中的“工资、保险、福利、培训、劳动保护”分别包括哪些内容？

答：这里的“工资”是指按照国家统计局规定应统计在职工工资总额中的各种劳动报酬，包括标准工资、有规定标准的各种奖金、津贴和补贴。“保险”是指社会保险，包括工伤保险、医疗保险、生育保险、待业保险、养老保险和病假待遇、死亡丧葬抚恤等社会保险待遇。“福利”是指用人单位用于补助职工及其家属和举办集体福利事业的费用，包括集体福利费、职工上下班交通补助费、探亲路费、取暖补贴、生活困难补助费等。“培训”是指职工在职期间（含转岗）的职业技术培训，包括在各类专业学校（职业技术学校、职工学校、技工学校、高等院校等）和各种职业技术训练班、进修班的培训及与其相关的培训合同、培训费用等。“劳动保护”是指为保障劳动者在劳动过程中获得适宜的劳动条件而采取的各项保护措施，包括工作时间和休息时间、休假制度的规定，各项保障劳动安全与卫生的措施，女职工的劳动保护规定，未成年人的劳动保护规定等。

案例链接

❶《卢某与重庆市嘉卡变速箱有限公司劳动保障行政确认纠纷上诉案》，参见北大法宝引证码：Pkulaw.cn/CLI.C.251727。

❷《李尚春与四川新诚实建筑工程承包有限公司劳动争议纠纷上诉案》，参见北大法宝引证码：Pkulaw.cn/CLI.C.205081。

学者观点

❶ 麻增伟：《劳动争议中社会保险若干疑难问题研究》，参见北大法宝引证码：Pkulaw.cn/CLI.A.046463。

❷ 李迎春：《中华人民共和国劳动合同法软肋汇总》，参见北大法宝引证码：Pkulaw.cn/CLI.A.043027。

【劳动保护争议】

法律问题解读

“劳动保护”是指为保障劳动者在劳动过程中获得适宜的劳动条件而采取的各项保护措施，包括工作时间和休息、休假制度的规定，各项保障劳动安全与卫生的措施，女职工的劳动保护规定，未成年人的劳动保护规定等。因上述内容，劳动关系双方发生的劳动争议，称之为劳动保护争议。这类争议的焦点多是加班加点时间方面的内容，往往伴之以加班加点工资争议；职工孕期、产期、哺乳期内劳动保护的内容，往往伴之以工资待遇、生育保险、解除劳动合同方面的争议；劳动安全方面的内容，主要伴之以工伤保险方面的争议等。

法条指引

❶**《中华人民共和国劳动法》**（1994年7月5日 国家主席令第28号）

第三十六条 国家实行劳动者每日工作时间不得超过8小时、平均每周工作时间不超过44小时的工时制度。

第三十七条 对实行计件工作的劳动者，用人单位应当根据本法第三十六条规定的工时制度合理确定其劳动定额和计件报酬标准。

第三十八条 用人单位应当保证劳动者每周至少休息1日。

第三十九条 企业因生产特点不能实行本法第三十六条、第三十八条规定的，经劳动行政部门批准，可以实行其他工作和休息办法。

第四十条 用人单位在下列节日期间应当依法安排劳动者休假：

（一）元旦；

（二）春节；

（三）国际劳动节；

（四）国庆节；

（五）法律、法规规定的其他休假节日。

第四十一条 用人单位由于生产经营需要，经与工会和劳动者协商后可以延长工作时间，一般每日不得超过1小时；因特殊原因需要延长工作时间的，在保障劳动者身体健康的条件下延长工作时间每日不得超过3小时，但是每月不得超过36小时。

第四十二条 有下列情形之一的，延长工作时间不受本法第四十一条规定的限制：

（一）发生自然灾害、事故或者因其他原因，威胁劳动者生命健康和财产安全，需要紧急处理的；

（二）生产设备、交通运输线路、公共设施发生故障，影响生产和公众利益，必须及时抢修的；

（三）法律、行政法规规定的其他情形。

第四十三条 用人单位不得违反本法规定延长劳动者的工作时间。

第四十四条 有下列情形之一的，用人单位应当按照下列标准支付高于劳动者正常工作时间工资的工资报酬：

（一）安排劳动者延长工作时间的，支付不低于工资的150%的工资报酬；

（二）休息日安排劳动者工作又不能安排补休的，支付不低于工资的200%的工资报酬；

（三）法定休假日安排劳动者工作的，支付不低于工资的300%的工资报酬。

第四十五条 国家实行带薪年休假制度。

劳动者连续工作1年以上的，享受带薪年休假。具体办法由国务院规定。

第五十二条 用人单位必须建立、健全劳动安全卫生制度，严格执行国家劳动安全卫生规程和标准，对劳动者进行劳动安全卫生教育，防止劳动过程中的事故，减少职业危害。

第五十三条 劳动安全卫生设施必须符合国家规定的标准。

新建、改建、扩建工程的劳动安全卫生设施必须与主体工程同时设计、同时施工、同时投入生产和使用。

第五十四条 用人单位必须为劳动者提供符合国家规定的劳动安全卫生条件和必要的劳动防护用品，对从事有职业危害作业的劳动者应当定期进行健康检查。

第五十五条 从事特种作业的劳动者必须经过专门培训并取得特种作业资格。

第五十六条 劳动者在劳动过程中必须严格遵守安全操作规程。

劳动者对用人单位管理人员违章指挥、强令冒险作业，有权拒绝执行；对危害生命安全和身体健康的行为，有权提出批评、检举和控告。

第五十八条 国家对女职工和未成年工实行特殊劳动保护。

未成年工是指年满16周岁未满18周岁的劳动者。

第五十九条 禁止安排女职工从事矿山井下、国家规定的第四级体力劳动强度的劳动和其他禁忌从事的劳动。

第六十条 不得安排女职工在经期从事高处、低温、冷水作业和国家规定的第三级体力劳动强度的劳动。

第六十一条 不得安排女职工在怀孕期间从事国家规定的第三级体力劳动强度的劳动和孕期禁忌从事的劳动。对怀孕7个月以上的女职工，不得安排其延长工作时间和夜班劳动。

第六十二条 女职工生育享受不少于90天的产假。

第六十三条 不得安排女职工在哺乳未满1周岁的婴儿期间从事国家规定的第三级体力劳动强度的劳动和哺乳期禁忌从事的其他劳动，不得安排其延长工作时间和夜班劳动。

第六十四条 不得安排未成年工从事矿山井下、有毒有害、国家规定的第四级体力劳动强度的劳动和其他禁忌从事的劳动。

第六十五条 用人单位应当对未成年工定期进行健康检查。

❷《中华人民共和国劳动争议调解仲裁法》（2007年12月29日 国家主席令第80号）

第二条 中华人民共和国境内的用人单位与劳动者发生的下列劳动争议，适用本法：

（一）因确认劳动关系发生的争议；

（二）因订立、履行、变更、解除和终止劳动合同发生的争议；

（三）因除名、辞退和辞职、离职发生的争议；

（四）因工作时间、休息休假、社会保险、福利、培训以及劳动保护发生的争议；

（五）因劳动报酬、工伤医疗费、经济补偿或者赔偿金等发生的争议；

（六）法律、法规规定的其他劳动争议。

❸**《国务院关于职工工作时间的规定》**（1995年3月25日修订）（略）

❹**《女职工劳动保护规定》**（1988年7月21日 国务院令第9号）（略）

❺**《女职工禁忌劳动范围的规定》**（1990年1月18日 劳安字［1990］2号）（略）

❻**《未成年工特殊保护规定》**（1994年12月9日 劳部发［1994］498号）（略）

❼**《中华人民共和国安全生产法》**（2002年6月29日）（略）

❽**《中华人民共和国职业病防治法》**（2001年10月27日）（略）

案例链接

❶《高建灵与郑州天瑞水泥有限公司劳动争议纠纷上诉案》，参见北大法宝引证码：Pkulaw. cn/CLI. C. 225194。

❷《黄保印与郑州天瑞水泥有限公司劳动争议纠纷上诉案》，参见北大法宝引证码：Pkulaw. cn/CLI. C. 225181。

学者观点

❶ 张淑芳：《社会行政法的范畴及规制模式研究》，参见北大法宝引证码：Pkulaw. cn/CLI. A. 053921。

❷ 窦艳朝：《试论我国劳动争议立法的健全与完善——从司法解释维度探析》，参见北大法宝引证码：Pkulaw. cn/CLI. A. 038800。

【培训争议】

法律问题解读

培训是指职工在职期间（含转岗）的职业技术培训，包括在各类专业学校（职业技术学校、职工学校、技工学校、高等院校等）和各种职业技术训练班、进修班的培训及与其相关的培训合同的执行和培训费用的承付等。因上述内容，劳动关系双方发生的争议，称为培训争议。目前常见的培训争议，多是在员工辞职解除劳动合同时因培训合同、培训费用发生的争议。根据有关规定：用人单位出资（指有支付货币凭证的情况）对职工进行各类技术培训，职工提出与单位解除劳动关系的，如果在试用期内，则用人单位不得要求劳动者支付该项培训费用。如果试用期满，在合同期内，则用人单位可以要求劳动者支付该项培训费用，具体支付方法是：约定服务期的，按服务期等分出资金额，以职工已履行的服务期限递减支付；没约定服务期的，按劳动合同期等分出资金额，以职工已履行的合同期限递减支付；没有约定合同期的，按5年服务期等分出资金额，以职工已履行的服务期限递减支付；双方对递减计算方式已有约定的，从其约定。如果合同期满，职工要求终止合同，则用人单位不得要求劳动者支付该项培训费用。如果是由用人单位出资招用的职工，职工在合同期内（包括试用期）解除与用人单位的劳动合同，则该用人单位可依有关规定向职工索赔出资招用费。实践中培训争议时有发生，因此，用人单位与职工签定劳动合同等有关协议时，要约定为关培训的内容。在签定培训协议时要注意两点：一是培训协议约定的员工服务期限应与劳动合同期限相衔接；二是培训协议中有关培训费的明细应约定明确。

法条指引

❶**《中华人民共和国劳动争议调解仲裁法》**（2007年12月29日 国家主席令第80号）

第二条 中华人民共和国境内的用人单位与劳动者发生的下列劳动争议，适用本法：

（一）因确认劳动关系发生的争议；

（二）因订立、履行、变更、解除和终止劳动合同发生的争议；

（三）因除名、辞退和辞职、离职发生的争议；

（四）因工作时间、休息休假、社会保险、福利、培训以及劳动保护发生的争议；

（五）因劳动报酬、工伤医疗费、经济补偿或者赔偿金等发生的争议；

（六）法律、法规规定的其他劳动争议。

❷**《劳动部办公厅关于处理劳动争议案件若干政策性问题的复函》**（1994年10月10日 劳办

发〔1994〕322号）（略）

❸《违反〈劳动法〉有关劳动合同规定的赔偿办法》（1995年5月10日　劳动部）

第四条　劳动者违反规定或劳动合同的约定解除劳动合同，对用人单位造成损失的，劳动者应赔偿用人单位下列损失：

（一）用人单位招收录用其所支付的费用；

（二）用人单位为其支付的培训费用，双方另有约定的按约定办理；

（三）对生产、经营和工作造成的直接经济损失；

（四）劳动合同约定的其他赔偿费用。

第五条　劳动者违反劳动合同中约定的保密事项，对用人单位造成经济损失的，按《反不正当竞争法》第二十条的规定支付用人单位赔偿费用。

第六条　用人单位招用尚未解除劳动合同的劳动者，对原用人单位造成经济损失的，除该劳动者承担直接赔偿责任外，该用人单位应当承担连带赔偿责任。其连带赔偿的份额应不低于对原用人单位造成经济损失总额的70%。向原用人单位赔偿下列损失：

（一）对生产、经营和工作造成的直接经济损失；

（二）因获取商业秘密给原用人单位造成的经济损失。

赔偿本条第（二）项规定的损失，按《反不正当竞争法》第二十条的规定执行。

第七条　因赔偿引起争议的，按照国家有关劳动争议处理的规定办理。

第八条　本办法自发布之日起施行。

❹《劳动部办公厅关于试用期内解除劳动合同处理依据问题的复函》（1995年10月10日　劳办发〔1995〕264号）

浙江省劳动厅：

你厅《关于试用期内解除劳动合同处理依据问题的请示》（浙劳仲〔1995〕106号）收悉。经研究，答复如下：

三、关于解除劳动合同涉及的培训费用问题

用人单位出资（指有支付货币凭证的情况）对职工进行各类技术培训，职工提出与单位解除劳动关系的，如果在试用期内，则用人单位不得要求劳动者支付该项培训费用。如果试用期满，在合同期内，则用人单位可以要求劳动者支付该项培训费用，具体支付方法是：约定服务期的，按服务期等分出资金额，以职工已履行的服务期限递减支付；没约定服务期的，按劳动合同期等分出资金额，以职工已履行的合同期限递减支付；没有约定合同期的，按5年服务期等分出资金额，以职工已履行的特殊情况的特殊规定，应当继续执行。

❺《中华人民共和国劳动法》（1994年7月5日　国家主席令第28号）

第六十六条　国家通过各种途径，采取各种措施，发展职业培训事业，开发劳动者的职业技能，提高劳动者素质，增强劳动者的就业能力和工作能力。

第六十七条　各级人民政府应当把发展职业培训纳入社会经济发展的规划，鼓励和支持有条件的企业、事业组织、社会团体和个人进行各种形式的职业培训。

第六十八条　用人单位应当建立职业培训制度，按照国家规定提取和使用职业培训经费，根据本单位实际，有计划地对劳动者进行职业培训。

从事技术工种的劳动者，上岗前必须经过培训。

第六十九条　国家确定职业分类，对规定的职业制定职业技能标准，实行职业资格证书制度，由经过政府批准的考核鉴定机构负责对劳动者实施职业技能考核鉴定。

案例链接

❶《昌江黎族自治县国土环境资源局与王梅劳动争议纠纷上诉案》，参见北大法宝引证码：Pkulaw. cn/CLI. C. 87061。

❷《王春华与呈贡元顺房地产开发有限公司事实劳动关系争议纠纷上诉案》，参见北大法宝引证码：Pkulaw. cn/CLI. C. 142701。

【履行劳动合同争议】

法律问题解读

因履行劳动合同发生的争议，可以简称劳动合同争议，是指劳动关系双方当事人就劳动合同有关事项发生的纠纷。它包括因履行、变更、解除、终止劳动合同发生的争议。

有一种情况，企业与职工签订承包合同，如果其中包含有工资、福利等应在劳动合同中规定的劳动权利、义务方面的内容，该承包合同就带有劳动合同的某些属性。双方当事人因合同规定的劳动权利、义务发生的争议，也属于劳动合同争议的范围。

在我国已全面实行劳动合同制、告别固定工制度以后，解除或终止合同争议与辞退争议、辞职争议更是紧密相连，辞退、辞职的概念更加简单、清晰。如果是用人单位提出解除或终止合同而引发的争议，则属于辞退争议；如果是劳动者提出解除或终止合同而引发的争议，则属于辞职争议。由于都是因解除或终止合同发生的争议，所以辞退、辞职争议也可统称劳动合同争议。

法条指引

❶《中华人民共和国劳动争议调解仲裁法》（2007 年 12 月 29 日　国家主席令第 80 号）

第二条　中华人民共和国境内的用人单位与劳动者发生的下列劳动争议，适用本法：

（一）因确认劳动关系发生的争议；

（二）因订立、履行、变更、解除和终止劳动合同发生的争议；

（三）因除名、辞退和辞职、离职发生的争议；

（四）因工作时间、休息休假、社会保险、福利、培训以及劳动保护发生的争议；

（五）因劳动报酬、工伤医疗费、经济补偿或者赔偿金等发生的争议；

（六）法律、法规规定的其他劳动争议。

❷《〈中华人民共和国企业劳动争议处理条例〉若干问题解释》（1993 年 9 月 23 日　劳部发 [1993] 244 号）

五、《条例》第二条第（三）项规定的“因履行劳动合同发生的争议”具体包括哪些内容？

答：“因履行劳动合同发生的争议”包括因执行、变更、解除、终止劳动合同发生的争议。

❸《关于履行企业内部承包责任合同的争议是否受理的复函》（1993 年 12 月 27 日　劳办发 [1993] 224 号）

宁波市劳动局：

你局《关于履行企业内部承包责任合同的争议是否受理的请示》（甬劳仲函字 [1993] 第 011）收悉。经研究，函复如下：

企业实行内部责任制后与职工签订的承包合同与劳动合同有很大差别，一般不属于劳动合同，因此在工作中应防止用承包合同代替劳动合同的倾向。但是，如果承包合同中包含有工资福利等应在劳动合同中规定的劳动权利义务方面的内容，则该合同带有劳动合同的某些属性。职工与企业因执行承包合同中有关劳动权利义务方面的规定发生的争议，属于劳动争议。当地仲裁委员会可根据《中华人民共和国企业劳动争议处理条例》规定的受案范围予以受理。

案例链接

❶《刘香女与于都县伟盛毛织有限公司劳动争议纠纷上诉案》，参见北大法宝引证码：Pkulaw.cn/CLI.C.251802。

❷《袁秀兰与于都县伟盛毛织有限公司劳动争议纠纷上诉案》，参见北大法宝引证码：Pkulaw.cn/CLI.C.251798。

学者观点

❶ 李迎春：《劳动合同法实施条例（草案）逐条完全解读》，参见北大法宝引证码：Pkulaw.cn/CLI.A.042828。

❷ 石先广：《企业规章制度制定的法律要求——实体方面的要求》，参见北大法宝引证码：Pkulaw.cn/CLI.A.043373。

【认定无效劳动合同争议】

法律问题解读

凡是违反法律、行政法规的劳动合同，以及采用欺诈、威胁等手段订立的劳动合同，均属无效劳动合同。无效劳动合同分为全部无效和部分无效两种，全部无效合同从订立的时候起，就没有法律约束力。劳动合同部分无效的，如果不影响其余部分的效力，其余部分仍然有效。劳动合同的无效，由劳动争议仲裁委员会或者人民法院确认。劳动关系双方因劳动合同的有效性发生的劳动争议，称为认定无效劳动合同争议，属于劳动争议处理机构的受理范围。

法条指引

❶《中华人民共和国劳动合同法》（2007 年 6 月 29 日　国家主席令第 65 号）

第二十六条　下列劳动合同无效或者部分无效：

（一）以欺诈、胁迫的手段或者乘人之危，使对方在违背真实意思的情况下订立或者变更劳动合同的；

（二）用人单位免除自己的法定责任、排除劳动者权利的；

（三）违反法律、行政法规强制性规定的。

对劳动合同的无效或者部分无效有争议的，由劳动争议仲裁机构或者人民法院确认。

❷《关于劳动争议仲裁工作几个问题的通知》（1995年9月1日　劳部发［1995］338号）

各省、自治区、直辖市劳动（劳动人事）厅（局）：

《劳动法》实施以来，各地就劳动争议仲裁工作提出一些问题。为了保证此项工作的顺利开展，做好《中华人民共和国企业劳动争议处理条例》（以下简称《条例》）与《劳动法》的衔接工作，经全国人大法制工作委员会同意，现就有关问题通知如下：

一、关于劳动争议受案范围问题

鉴于《劳动法》对劳动争议受案范围未作具体规定，关于受案范围问题，应当继续执行《条例》的规定。同时，根据《劳动法》第二条、第十八条、第二十四条至第三十二条、第九十七条至第九十九条、第一百零二条的规定，劳动争议受案范围还应包括下述内容：

1. 国家机关、事业组织、社会团体和与之建立劳动合同关系的各类人员之间发生的劳动争议。

2. 因认定无效劳动合同、特定条件下订立劳动合同、职工流动、用人单位裁减人员、经济补偿和赔偿发生的争议。

在处理国家机关、事业组织、社会团体和本单位的工人，及与之建立劳动合同关系的其他各类人员之间发生的劳动争议适用法律、法规时，劳动争议仲裁委员会应根据其特殊性，适用该国家机关、事业组织、社会团体目前所执行的法律、法规。

案例链接

❶《洋县运输有限责任公司与白光英等劳动争议纠纷上诉案》，参见北大法宝引证码：Pkulaw.cn/CLI.C.159648。

❷《周淑珍与中国航空技术进出口广州公司劳动合同纠纷上诉案》，参见北大法宝引证码：Pkulaw.cn/CLI.C.107648。

学者观点

❶ 李迎春：《中华人民共和国劳动合同法实务操作逐条解析》，参见北大法宝引证码：Pkulaw.cn/CLI.A.040176。

❷ 李迎春：《中华人民共和国劳动合同法完全点评版》，参见北大法宝引证码：Pkulaw.cn/CLI.A.039172。

【法律、法规规定的其他争议】

法律问题解读

这是一项兜底的规定。除了上述劳动争议事项外，法律、行政法规或者地方性法规规定的其他劳动争议，也要纳入劳动争议调解仲裁法的调整范围。如《劳动争议调解仲裁法》第52条规定："事业单位实行聘用制的工作人员与本单位发生劳动争议的，依照本法执行；法律、行政法规或者国务院另有规定的，依照其规定。"

理论和实践中对于很多案件是否属于劳动争议的范围存在争议，立法条文不可能一一列举。因此，本条的规定就起到了一个查漏补缺的作用。如对于关于劳动者能否对警告、记过处分决定申请劳动仲裁或提起诉讼的问题理论和实务中都有不同的理解和做法。理论上一般认为可以申请劳动仲裁或提起诉讼。实务中除少数劳动争议仲裁委和法院对此予以受理并作出裁判，绝大多数劳动争议仲裁委和法院都不予受理或驳回起诉。其主要理由是《企业劳动争议处理条例》第2条第1项只规定因企业开除、除名、辞退职工发生的争议属于劳动仲裁的受案范围，而用人单位对劳动者作出行政警告、记过处分属于用人单位内部管理行为不应纳入劳动仲裁的受案范围。因为《企业职工奖惩条例》第2条已经规定了此类惩戒决定的救济方式即受处分者对处分决定不服可以向上一级领导机关提出书面申诉而并未规定可以提起仲裁。事实上劳动者受到警告记过处分是违反劳动纪律应负的法律责任而用人单位依法制定的劳动纪律，作为劳动规章制度的组成部分，属于劳动合同的附件，具有补充劳动合同内容的效力。且《劳动法》第19条第1款第5项将劳动纪律作为劳动合同必备条款之一劳动合同法和劳动法都明确规定严重违反劳动规章制度用人单位可以解除劳动合同。这些规定都表明用人单位依据劳动纪律等劳动规章制度对违纪劳动者进行警告或记过处分引起的争议属于履行劳动合同过程中发生的争议。而《劳动争议处理条例》第2条第3项、《企业劳动争议处理条例若干问题解释》第5条、《劳动争议调解仲裁法》第2条第2项规定解释第1条第1项均明确规定"因履行劳动合同发生的争议”或“劳动合同履行过程中的争议”，在劳动争议处理的受案范围之内，劳动仲裁机构和法院应当受理此类争议。

法条指引

❶《中华人民共和国劳动争议调解仲裁法》（2007年12月29日　国家主席令第80号）

第二条　中华人民共和国境内的用人单位与劳动者发生的下列劳动争议，适用本法：

（一）因确认劳动关系发生的争议；

（二）因订立、履行、变更、解除和终止劳动合同发生的争议；

（三）因除名、辞退和辞职、离职发生的争议；

（四）因工作时间、休息休假、社会保险、福利、培训以及劳动保护发生的争议；

（五）因劳动报酬、工伤医疗费、经济补偿或者赔偿金等发生的争议；

（六）法律、法规规定的其他劳动争议。

第五十二条　事业单位实行聘用制的工作人员与本单位发生劳动争议的，依照本法执行；法律、行政法规或者国务院另有规定的，依照其规定。

❷《中华人民共和国劳动法》（1994年7月5日　国家主席令第28号）

第二条　在中华人民共和国境内的企业、个体经济组织（以下统称用人单位）和与之形成劳动关系的劳动者，适用本法。

国家机关、事业组织、社会团体和与之建立劳动合同关系的劳动者，依照本法执行。

第十九条　劳动合同应当以书面形式订立，并具备以下条款：

（一）劳动合同期限；

（二）工作内容；

（三）劳动保护和劳动条件；

（四）劳动报酬；

（五）劳动纪律；

（六）劳动合同终止的条件；

（七）违反劳动合同的责任。

劳动合同除前款规定的必备条款外，当事人可以协商约定其他内容。

❸《中华人民共和国企业劳动争议处理条例》（1993年7月6日施行）

第二条　本条例适用于中华人民共和国境内的企业与职工之间的下列劳动争议：

（一）因企业开除、除名、辞退职工和职工辞职、自动离职发生的争议；

（二）因执行国家有关工资、保险、福利、培训、劳动保护的规定发生的争议；

（三）因履行劳动合同发生的争议；

（四）法律、法规规定应当依照本条例处理的其他劳动争议。

【劳动争议调解】

法律问题解读

“着重调解”是劳动争议处理的重要原则。

第一，调解是处理劳动争议的基本手段，贯穿于劳动争议处理的全过程。企业劳动争议调解委员会完全是运用调解手段，劳动争议仲裁委员会和人民法院也是先行调解，即使在案件裁决或判决之前，还要给当事人一次调解解决争议的机会。

第二，调解应在当事人双方自愿基础上进行，既然是调解，就应当是双方当事人自愿参加，自愿进行。否则，仲裁调解书将不具有法律约束力。

第三，调解应依法进行，既要依实体法，又要依程序法。

法条指引

❶《中华人民共和国劳动争议调解仲裁法》（2007年12月29日　国家主席令第80号）

第三条　解决劳动争议，应当根据事实，遵循合法、公正、及时、着重调解的原则，依法保护当事人的合法权益。

第五条　发生劳动争议，当事人不愿协商、协商不成或者达成和解协议后不履行的，可以向调解组织申请调解；不愿调解、调解不成或者达成调解协议后不履行的，可以向劳动争议仲裁委员会申请仲裁；对仲裁裁决不服的，除本法另有规定的外，可以向人民法院提起诉讼。

第四十二条　仲裁庭在作出裁决前，应当先行调解。

调解达成协议的，仲裁庭应当制作调解书。

调解书应当写明仲裁请求和当事人协议的结果。调解书由仲裁员签名，加盖劳动争议仲裁委员会印章，送达双方当事人。调解书经双方当事人签收后，发生法律效力。

调解不成或者调解书送达前，一方当事人反悔的，仲裁庭应当及时作出裁决。

❷《企业劳动争议调解委员会组织及工作规则》（1993年11月5日　劳部发〔1993〕301号）（略）

案例链接

❶《龙建康诉中洲建筑工程公司、姜建国、永胜县交通局损害赔偿纠纷案》，参见北大法宝引证码：Pkulaw. cn/CLI. C. 66933。

❷《陈维礼诉赖国发雇佣合同纠纷案》，参见北大法宝引证码：Pkulaw. cn/CLI. C. 66934。

【劳动争议调解组织】

法律问题解读

劳动争议调解组织是指在劳动争议处理过程，作为第三方，以说明教育、规劝疏导方式，主持劳动争议双方当事人通过民主协商解决劳动争议的机构。劳动争议调解仲裁法规定："发生劳动争议，当事人可以到下列调解组织申请调解：（1）企业劳动争议调解委员会；（2）依法设立的基层人民调解组织；（3）在乡镇、街道设立的具有劳动争议调解职能的组织。"

企业劳动争议调解委员会，是在职工代表大会领导下，负责调解本企业内劳动争议，协调劳动关系的群众性组织。调解委员会由职工代表、企业行政代表和企业工会代表组成。职工代表由职代会选举产生，行政方由企业方指定，工会代表由企业工会指定。调解委员会的办事机构一般设在企业工会。

《调解仲裁法》在保留"企业劳动争议调解委员会"的基础上，调解渠道增加了司法机关设立的"基层人民调解组织"和"在乡镇、街道设立的具有劳动争议调解职能的组织。"后一种组织指的是区域性行业性劳动争议调解组织，这是近年来各地出现的新型劳动争议调解组织，实践效果较好，这次被写进《调解仲裁法》，其法律地位得到了确认。调解渠道的拓宽，既能够有效利用社会资源，也能够弥补大量非公有制企业缺少调解组织的不足。

法条指引

❶《中华人民共和国劳动争议调解仲裁法》（2007年12月29日　国家主席令第80号）

第十条　发生劳动争议，当事人可以到下列调解组织申请调解：

（一）企业劳动争议调解委员会；

（二）依法设立的基层人民调解组织；

（三）在乡镇、街道设立的具有劳动争议调解职能的组织。

企业劳动争议调解委员会由职工代表和企业代表组成。职工代表由工会成员担任或者由全体职工推举产生，企业代表由企业负责人指定。企业劳动争议调解委员会主任由工会成员或者双方推举的人员担任。

❷《企业劳动争议调解委员会组织及工作规则》（1993年11月5日　劳部发〔1993〕301号）

第二条　调解委员会是调解本企业劳动争议的组织。调解委员会的工作接受企业所在地方工会（或行业工会）和地方劳动争议仲裁委员会（以下简称仲裁委员会）的指导。

第三条　调解委员会依法调解企业与职工之间发生的下列劳动争议：

（一）因企业开除、除名、辞退职工和职工辞职、自动离职发生的争议；

（二）因执行国家有关工资、社会保险、福利、培训、劳动保护的规定发生的争议；

（三）因履行劳动合同发生的争议；

（四）法律、法规规定应当调解的其他劳动争议。

第四条　调解委员会的职责：

（一）调解本企业内发生的劳动争议；

（二）检查督促争议双方当事人履行调解协议；

（三）对职工进行劳动法律、法规的宣传教育，做好劳动争议的预防工作。

第八条　调解委员会由下列人员组成：

（一）职工代表；

（二）企业代表；

（三）企业工会代表。

职工代表由职工代表大会（职（员）工大会，下同）推举产生；企业代表由企业法定代表人指定；企业工会代表由企业工会委员会指定。各方推举或指定的代表只能代表一方参加调解委员会。

调解委员会组成人员的具体人数由职工代表大会提出并与企业法定代表人协商确定。企业代表的人数不得超过调解委员会成员总数的三分之一。

没有成立工会组织的企业，调解委员会的设立及其组成由职工代表与企业代表协商决定。

第九条　调解委员会主任由企业工会代表担任。

调解委员会的办事机构设在企业工会。

案例链接

❶《四川智捷天然气化工有限公司诉申请人刁修贵撤销仲裁申请纠纷案》,参见北大法宝引证码:Pkulaw. cn/CLI. C. 206375。

❷《四川智捷天然气化工有限公司诉戚仁林撤销仲裁申请纠纷案》,参见北大法宝引证码:Pkulaw. cn/CLI. C. 206377。

【劳动争议调解的原则】

法律问题解读

企业劳动争议仲裁委员会进行调解所遵循的特有原则，主要有以下三个：

调解自愿原则。尽管在劳动争议处理的其他程序中要遵循这一原则，但在企业调解程序中，该原则体现的最为充分。首先，调解程序的提起与否，取决于双方当事人的自愿，只要有一方不同意调解，调解委员会就不会立案调解，因此企业调解不是必经程序。其次，企业调解和其他调解程序一样，要基于当事人自愿，协商一致达成调解协议，不得强迫当事人接受调解方案。最后，企业调解所达成的调解协议，由当事人自觉执行，没有法律约束力，这与仲裁调解书是不同的。

民主协商原则。企业调解委员会作为企业内部群众性调解组织，没有任何行政权和准司法权，加上调解程序是一个自愿性程序，这就需要在开展调解工作时，调解主持人更要注意作风民主，耐心听取双方当事人的意见，主动、热情地与当事人协商，以获得双方当事人的信任和支持，使调解工作得以顺利进行。

尊重当事人申请仲裁和诉讼的权利。调解委员会要通过良好服务提高劳动争议办案效率，尽量把纠纷解决在企业内部。如果当事人不愿调解，或者调解后达不成协议，就要及时结案，切记不可超过处理时限，不能耽误当事人申请仲裁的时效，尊重当事人向其他机构申诉或起诉的选择权利。

法条指引

❶**《中华人民共和国劳动争议调解仲裁法》**(2007 年 12 月 29 日　国家主席令第 80 号)

第三条　解决劳动争议，应当根据事实，遵循合法、公正、及时、着重调解的原则，依法保护当事人的合法权益。

第十一条　劳动争议调解组织的调解员应当由公道正派、联系群众、热心调解工作，并具有一定法律知识、政策水平和文化水平的成年公民担任。

第十三条　调解劳动争议，应当充分听取双方当事人对事实和理由的陈述，耐心疏导，帮助其达成协议。

学者观点

❶ 石先广:《劳动争议调解仲裁法焦点透析》,参见北大法宝引证码:Pkulaw. cn/CLI. A. 041198。

【劳动争议调解的申请】

法律问题解读

当事人申请调解，应当自知道或应当知道其权利被侵害之日起 30 日内，以口头或书面形式向调解委员会提出申请，并填写《劳动争议调解申请书》。

调解委员会接到调解申请后，应征询对方当事人的意见，对方当事人不愿调解的，应作好记录，在 3 日内以书面形式通知申请人。调解委员会应在 4 日内作出受理或不受理申请的决定，对不受理的，应向申请人说明理由。对调解委员会无法决定是否受理的案件，由调解委员会主任决定是否受理。

法条指引

❶**《中华人民共和国劳动争议调解仲裁法》**(2007 年 12 月 29 日　国家主席令第 80 号)

第十二条　当事人申请劳动争议调解可以书面申请，也可以口头申请。口头申请的，调解组织应当当场记录申请人基本情况、申请调解的争议事项、理由和时间。

❷**《企业劳动争议调解委员会组织及工作规则》**(1993 年 11 月 5 日　劳部发〔1993〕301 号)

第十四条　当事人申请调解，应当自知道或应当知道其权利被侵害之日起三十日内，以口头或书面形式向调解委员会提出申请，并填写《劳动争议调解申请书》。

第十五条　调解委员会接到调解申请后，应征询对方当事人的意见，对方当事人不愿调解的，应作好记录，在三日内以书面形式通知申请人。

调解委员会应在四日内作出受理或不受理申请的决定，对不受理的，应向申请人说明理由。

对调解委员会无法决定是否受理的案件，由调解委员会主任决定是否受理。

案例链接

❶《广东省南海食品进出口有限公司与郭善权劳动争议纠纷上诉案》，参见北大法宝引证码：Pkulaw. cn/CLI. C. 62664。

❷《广东省南海食品进出口有限公司与李永松劳动争议纠纷上诉案》，参见北大法宝引证码：Pkulaw. cn/CLI. C. 62674。

【劳动争议调解的步骤与时限】

法律问题解读

调解委员会按下列程序进行调解：

一是及时指派调解员对劳动争议事项进行全面调查核实，调查应作笔录，并由调查人签名或盖章。

二是调解委员会主任主持召开有争议双方当事人参加的调解会议，有关单位和个人可以参加调解会议。简单的争议，可由调解委员会指定一至二名调解员主持调解会议。

三是调解委员会应听取双方当事人对争议事实和理由的陈述，在查明事实、分清是非的基础上，依照有关劳动法律、法规，以及依照法律、法规制定的企业规章和劳动合同，实施调解。

四是经调解达成协议的，制作调解协议书，双方当事人应自觉履行。协议书应写明争议双方当事人的姓名（单位、法定代表人）、职务、争议事项、调解结果及其他应说明的事项，由调解委员会主任（简单争议由调解员）以及双方当事人签名或盖章，并加盖调解委员会印章，调解协议书一式三份（争议双方当事人、调解委员会各一份）。

五是调解不成的，应作记录，并在调解意见书上说明情况，由调解委员会主任签名、盖章，并加盖调解委员会印章。调解意见书一式三份（争议双方当事人、调解委员会各一份）。

调解委员会调解劳动争议，应当自当事人申请调解之日起30日内结束。到期未结束的，视为调解不成。

法条指引

❶**《企业劳动争议调解委员会组织及工作规则》**（1993年11月5日　劳部发［1993］301号）

第十七条　调解委员会按下列程序进行调解：

（一）及时指派调解委员对争议事项进行全面调查核实，调查应作笔录，并由调查人签名或盖章；

（二）调解委员会主任主持召开有争议双方当事人参加的调解会议，有关单位和个人可以参加调解会议协助调解，简单的争议，可由调解委员会指定一至二名调解委员进行调解；

（三）调解委员会应听取双方当事人对争议事实和理由的陈述，在查明事实、分清是非的基础上，依照有关劳动法律、法规，以及依照法律、法规制定的企业规章和劳动合同，公正调解；

（四）经调解达成协议的，制作调解协议书，双方当事人应自觉履行，协议书应写明争议双方当事人的姓名（单位、法定代表人）、职务、争议事项、调解结果及其他应说明的事项，由调解委员会主任（简单争议由调解委员会）以及双方当事人签名或盖章，并加盖调解委员会印章，调解协议书一式三份（争议双方当事人、调解委员会各一份）；

（五）调解不成的，应作记录，并在调解意见书上说明情况，由调解委员会主任签名、盖章，并加盖调解委员会印章，调解意见书一式三份（争议双方当事人、调解委员会各一份）。

第十八条　调解委员会调解劳动争议，应当自当事人申请调解之日起三十日内结束。到期未结束的，视为调解不成。

案例链接

❶《杨娅、黄玮诉贵州省烟草公司遵义县公司劳动合同纠纷案》，参见北大法宝引证码：Pkulaw. cn/CLI. C. 11994。

【劳动争议仲裁】

法律问题解读

劳动争议仲裁，是指劳动争议仲裁委员会依据法律规定和劳动争议当事人的申请，以第三者的身份就争议事实与责任居中进行调解或作出裁决。

仲裁包括两种形式，即仲裁调解和仲裁裁决。在仲裁员主持下，由双方当事人自愿协商，互谅互让达成协议以解决争议的方式，叫做仲裁调解。在仲裁调解不成的情况下，由仲裁员对案件作出具有法律约束力的决断的方式，就是仲裁裁决。

法条指引

❶《中华人民共和国劳动争议调解仲裁法》(2007年12月29日 国家主席令第80号)

第五条 发生劳动争议，当事人不愿协商、协商不成或者达成和解协议后不履行的，可以向调解组织申请调解；不愿调解、调解不成或者达成调解协议后不履行的，可以向劳动争议仲裁委员会申请仲裁；对仲裁裁决不服的，除本法另有规定的外，可以向人民法院提起诉讼。

第十九条 劳动争议仲裁委员会由劳动行政部门代表、工会代表和企业方面代表组成。劳动争议仲裁委员会组成人员应当是单数。

劳动争议仲裁委员会依法履行下列职责：

（一）聘任、解聘专职或者兼职仲裁员；

（二）受理劳动争议案件；

（三）讨论重大或者疑难的劳动争议案件；

（四）对仲裁活动进行监督。

劳动争议仲裁委员会下设办事机构，负责办理劳动争议仲裁委员会的日常工作。

第四十二条 仲裁庭在作出裁决前，应当先行调解。

调解达成协议的，仲裁庭应当制作调解书。

调解书应当写明仲裁请求和当事人协议的结果。调解书由仲裁员签名，加盖劳动争议仲裁委员会印章，送达双方当事人。调解书经双方当事人签收后，发生法律效力。

调解不成或者调解书送达前，一方当事人反悔的，仲裁庭应当及时作出裁决。

【劳动争议仲裁委员会】

法律问题解读

劳动争议仲裁委员会是国家授权、依法独立处理劳动争议的专门机构。县、市、市辖区应当设立劳动争议仲裁委员会。省、自治区、直辖市是否设立劳动争议仲裁委员会，由其人民政府根据实际情况自行决定。

劳动争议仲裁委员会最为突出的特点是实行“三方原则”，即由劳动行政部门代表、同级工会代表、用人单位方面的代表组成。主任由劳动行政部门代表担任。实行“三方原则”组成仲裁委员会的优势：一是给劳动争议当事人以公平感和可靠感，从而赢得其信任；二是三方成员具有各自的劳动关系方面的专门知识，能够代表和反映不同方面的利益要求，在处理劳动争议过程中，可以把不同方面的认识相互交流，有利于争议全面、公正地解决；三是处理劳动争议过程中的一些不同意见或不易形成定论的问题和认识，可以由三方代表通过各自的渠道反馈至有关部门，有利于决策和立法机关在日后工作中充分考虑、协调各方的利益，使政策制定和劳动立法更加全面、切实可行；四是当出现集体劳动争议，以及罢工、集体上访的群体性事件或对社会有重大影响的劳动争议时，可以及时介入，运用各方面的力量加以妥善处理，从而保证劳动关系的和谐发展。

劳动争议仲裁委员会的主要职责有四个：一是负责处理所管辖区域内的劳动争议案件；二是聘任专职和兼职仲裁员，并对其进行管理；三是领导和监督仲裁委员会办事机构和仲裁庭开展工作；四是总结并组织交流办案经验。

法条指引

❶《中华人民共和国劳动法》(1994年7月5日 主席令发布)

第八十一条 劳动争议仲裁委员会由劳动行政部门代表、同级工会代表、用人单位方面的代表组成。劳动争议仲裁委员会主任由劳动行政部门代表担任。

❷《中华人民共和国劳动争议调解仲裁法》(2007年12月29日 国家主席令第80号)

第十七条 劳动争议仲裁委员会按照统筹规划、合理布局和适应实际需要的原则设立。省、自治区人民政府可以决定在市、县设立；直辖市人民政府可以决定在区、县设立。直辖市、设区的市也可以设立一个或者若干个劳动争议仲裁委员会。劳动争议仲裁委员会不按行政区划层层设立。

❸《关于〈企业劳动争议处理条例〉若干问题解释》(1993年9月23日 劳部发[1993]244号)

九、省、自治区、直辖市是否可以设立劳动争议仲裁委员会？

答：省、自治区、直辖市是否设立劳动争议仲裁委员会，由省、自治区、直辖市人民政府根据实际情况自行决定。如设立劳动争议仲裁委员会，其受理范围及职责，亦由当地人民政府规定。已经设立劳动争议仲裁委员会的，应予保留。

案例链接

❶《陈某坤与陈某平健康权纠纷上诉案》，参见北大法宝引证码：Pkulaw. cn/CLI. C. 220733。

【劳动争议仲裁管辖】

法律问题解读

劳动争议仲裁管辖，是指确定各个劳动争议仲裁委员会审理劳动争议案件的分工和权限，明确当事人应当到哪一个劳动争议仲裁委员会申请劳动争议仲裁，由哪一个劳动争议仲裁委员会受理的法律制度。劳动争议仲裁管辖应当根据方便劳动争议当事人仲裁，方便劳动争议仲裁委员会审理案件的原则确定。

劳动争议调解仲裁法明确规定，劳动争议仲裁委员会负责管辖本区域内发生的劳动争议。如何确定一个劳动争议是否发生在本劳动仲裁委员会管辖区域范围内？根据《劳动争议调解仲裁法》第21条第2款的规定，劳动争议由劳动合同履行地或者用人单位所在地的劳动争议仲裁委员会管辖。这就是说，只要发生争议的当事人一方的用人单位所在地或者发生争议的当事人之间的劳动合同的履行地是在一个劳动争议仲裁委员会的管辖范围内，则该劳动争议仲裁委员会为有管辖权的劳动争议仲裁委员会。发生劳动争议的当事人必须到有管辖权的劳动争议仲裁委员会去申请仲裁。这里的用人单位所在地一般是指用人单位的注册地，用人单位的注册地与经常营业地不一致的，用人单位所在地指用人单位经常营业地。实践中，大多数情况下，劳动合同的履行地即为用人单位所在地，二者是重合的。选择劳动合同履行或者用人单位所在的劳动争议仲裁委员会进行劳动争议仲裁，既方便劳动者和用人单位参加仲裁活动，又方便劳动争议仲裁委员会对仲裁案件的审理活动；且一旦仲裁裁决发生法律效力，当事人向人民法院申请强制执行时，还便于人民法院进行强制执行。

劳动争议调解仲裁法进一步规定，发生劳动争议的双方当事人分别向劳动合同履行地和用人单位所在地的劳动争议仲裁委员会申请仲裁的，由劳动合同合同履行地的劳动争议仲裁委员会管辖。这主要是为了解决当事人就劳动争议仲裁委员会的管辖权发生争议时，如何确定劳动争议仲裁管辖的问题。根据本条的规定，发生劳动争议的劳动者和用人单位分别向劳动合同履行地或者用人单位所在地的劳动争议仲裁委员会申请仲裁的，则只能由劳动合同履行地的劳动争议仲裁委员会管辖。由此可以看出，我国的劳动争议仲裁实行的是特殊地域管辖。

法条指引

❶《中华人民共和国劳动争议调解仲裁法》
（2007年12月29日　国家主席令第80号）

第二十一条　劳动争议仲裁委员会负责管辖本区域内发生的劳动争议。

劳动争议由劳动合同履行地或者用人单位所在地的劳动争议仲裁委员会管辖。双方当事人分别向劳动合同履行地和用人单位所在地的劳动争议仲裁委员会申请仲裁的，由劳动合同履行地的劳动争议仲裁委员会管辖。

❷《关于劳动争议案件管辖范围的复函》
（1995年4月26日　劳部发［1995］209号）

北京市劳动局：

你局《关于劳动争议案件管辖范围的请示》（京劳仲文［1995］38号）收悉。经研究，并征得国务院法制局同意，现函复如下：

《企业劳动争议处理条例》第十八条规定“发生劳动争议的企业与职工不在同一个仲裁委员会管辖地区的，由职工当事人工资关系所在地的仲裁委员会处理”，主要是为了方便职工向仲裁委员会申诉。你局请示中所述职工系北京市居民，其工资关系在上海市，争议双方当事人是在北京签订并履行劳动合同，根据方便职工的原则，对该类争议的管辖问题，可以比照《中华人民共和国民事诉讼法》有关规定，按因履行合同发生的纠纷由合同签订地或履行地人民法院管辖的原则，由劳动合同履行地的劳动争议仲裁委员会管辖，也可以由劳动关系双方当事人在劳动合同有关仲裁条款中约定的劳动争议仲裁委员会管辖。

案例链接

❶《郑州市金祥物业管理有限公司诉张钟元申请撤销仲裁裁决纠纷案》，参见北大法宝引证码：Pkulaw.cn/CLI.C.197968。

❷《郑州市金祥物业管理有限公司与张钟元申请撤销仲裁裁决纠纷再审案》，参见北大法宝引证码：Pkulaw.cn/CLI.C.210212。

【仲裁申请时效】

法律问题解读

仲裁时效具体来说就是指权利人于一定期间内不行使请求劳动争议仲裁机构保护其民事权利

的请求权，就丧失该请求权的法律制度。仲裁时效具有以下四个方面的突出特征：第一，从仲裁时效的条件上看，仲裁时效是以权利人不行使请求劳动争议仲裁机构保护其权利的事实状态为前提的。第二，在仲裁时效完成后权利人所丧失的并非是向劳动争议仲裁机构申请仲裁的权利。在时效完成后，权利人仍有权向劳动争议仲裁机构申请仲裁，不过劳动争议仲裁机构不再保护其权利。第三，仲裁时效具有强制性。法律关于仲裁时效的规定，属于强制性规范，当事人不得协议排除对仲裁时效的适用，也不得协议变更仲裁时效的期间。第四，仲裁时效具有特殊性。所谓特殊性，是指这里规定的仲裁时效仅适用于劳动争议仲裁案件。

《劳动争议调解仲裁法》将仲裁时效规定为 1 年。关于仲裁时效的期间，《劳动法》第 82 条规定，提出仲裁要求的一方应当自劳动争议发生之日起 60 日内向劳动争议仲裁委员会提出书面申请。而《民法通则》规定的一般民事权利时效为 2 年，特殊的民事权利诉讼时效为 1 年。《劳动法》的这一时效规定区别于民事争议的诉讼时效期间，这是基于劳动争议案件的特殊性而作出的规定，旨在尽快地解决劳动争议。但在实际执行中，由于有些劳动争议案件的情况很复杂，劳动者难以在 60 日内申请仲裁，往往因为超过了仲裁时效而得不到法律保护。尤其是在当前劳动力供大于求的形势下，一些劳动者如刚毕业的大学生、农民工等明知权利被侵害，为了与用人单位维持劳动关系，保住“饭碗”，不会一发生劳动争议就去申请仲裁，往往是最后没有办法，迫不得已才去主张权利，这时候可能已经过了 60 日的仲裁时效期间。因此，在立法过程中，有许多意见认为《劳动法》中规定的 60 日的时效期间过短，不利于保护劳动者的合法权益。劳动争议调解仲裁法参照了民法通则关于特殊民事权利的诉讼时效的规定，延长了申请仲裁的时效期间，将劳动争议仲裁的时效期间规定为 1 年。

仲裁时效的计算。根据《劳动争议调解仲裁法》第 27 条的规定，仲裁时效期间从当事人知道或者应当知道其权利被侵害之日起计算。权利人知道自己的权利遭到了侵害，这是其请求劳动争议仲裁机构保护其权利的基础。从这一时间点开始计算仲裁时效期间，符合仲裁时效是权利人请求仲裁机构保护权利的法定期间的本意。知道权利遭受了侵害，指权利人主观上已了解自己权利被侵害事实的发生。

法条指引

❶《中华人民共和国劳动争议调解仲裁法》（2007 年 12 月 29 日 国家主席令第 80 号）

第二十七条 劳动争议申请仲裁的时效期间为一年。仲裁时效期间从当事人知道或者应当知道其权利被侵害之日起计算。

前款规定的仲裁时效，因当事人一方向对方当事人主张权利，或者向有关部门请求权利救济，或者对方当事人同意履行义务而中断。从中断时起，仲裁时效期间重新计算。

因不可抗力或者有其他正当理由，当事人不能在本条第一款规定的仲裁时效期间申请仲裁的，仲裁时效中止。从中止时效的原因消除之日起，仲裁时效期间继续计算。

劳动关系存续期间因拖欠劳动报酬发生争议的，劳动者申请仲裁不受本条第一款规定的仲裁时效期间的限制；但是，劳动关系终止的，应当自劳动关系终止之日起一年内提出。

❷《最高人民法院关于审理劳动争议案件适用法律若干问题的解释（二）》（2006 年 7 月 10 日 法释［2006］6 号）

第一条 人民法院审理劳动争议案件，对下列情形，视为劳动法第八十二条规定的“劳动争议发生之日”：

（一）在劳动关系存续期间产生的支付工资争议，用人单位能够证明已经书面通知劳动者拒付工资的，书面通知送达之日为劳动争议发生之日。用人单位不能证明的，劳动者主张权利之日为劳动争议发生之日。

（二）因解除或者终止劳动关系产生的争议，用人单位不能证明劳动者收到解除或者终止劳动关系书面通知时间的，劳动者主张权利之日为劳动争议发生之日。

（三）劳动关系解除或者终止后产生的支付工资、经济补偿金、福利待遇等争议，劳动者能够证明用人单位承诺支付的时间为解除或者终止劳动关系后的具体日期的，用人单位承诺支付之日为劳动争议发生之日。劳动者不能证明的，解除或者终止劳动关系之日为劳动争议发生之日。

案例链接

❶《登封市嵩颖电力机械修造有限公司与陈建设劳动争议纠纷上诉案》，参见北大法宝引证码：Pkulaw. cn/CLI. C. 246043。

❷《赵少娟与中国大酒店经济补偿金纠纷上诉案》，参见北大法宝引证码：Pkulaw. cn/CLI. C. 217670。

【仲裁的申诉与答辩】

法律问题解读

当事人申请仲裁，应当在申诉时效内向有管辖权的仲裁委员会提出，并提交申诉书，按照被诉人数提交副本。申诉书应当载明以下事项：一是职工当事人的姓名、职业、住址和工作单位，企业的名称、地址和法定代表人的姓名、职务；二是仲裁请求和所根据的事实和理由；三是证据、证人的姓名和住址。

被诉人应当自收到申诉书副本之日起十日内提交答辩书和有关证据。被诉人没有按时提交或者不提交答辩书的，不影响案件的审理。被诉人可在仲裁庭开庭审理时口头答辩。

法条指引

❶《中华人民共和国劳动争议调解仲裁法》（2007 年 12 月 29 日　国家主席令第 80 号）

第二十九条　劳动争议仲裁委员会收到仲裁申请之日起五日内，认为符合受理条件的，应当受理，并通知申请人；认为不符合受理条件的，应当书面通知申请人不予受理，并说明理由。对劳动争议仲裁委员会不予受理或者逾期未作出决定的，申请人可以就该劳动争议事项向人民法院提起诉讼。

第三十条　劳动争议仲裁委员会受理仲裁申请后，应当在五日内将仲裁申请书副本送达被申请人。

被申请人收到仲裁申请书副本后，应当在十日内向劳动争议仲裁委员会提交答辩书。劳动争议仲裁委员会收到答辩书后，应当在五日内将答辩书副本送达申请人。被申请人未提交答辩书的，不影响仲裁程序的进行。

【仲裁案件受理】

法律问题解读

仲裁委员会应当自收到申诉书之日起 5 日内作出受理或者不予受理的决定。仲裁委员会决定受理的，应当自作出决定之日起 5 日内将申诉书的副本送达被诉人，并组成仲裁庭；决定不予受理的，应当说明理由，并自作出决定之日起 5 日内制作不予受理通知书送达申诉人。因此，当事人可以在提交申诉书后最长两周内得知案件是否被仲裁委员会受理。

法条指引

❶《中华人民共和国劳动争议调解仲裁法》（2007 年 12 月 29 日　国家主席令第 80 号）

第二十九条　劳动争议仲裁委员会收到仲裁申请之日起五日内，认为符合受理条件的，应当受理，并通知申请人；认为不符合受理条件的，应当书面通知申请人不予受理，并说明理由。对劳动争议仲裁委员会不予受理或者逾期未作出决定的，申请人可以就该劳动争议事项向人民法院提起诉讼。

【劳动仲裁员】

法律问题解读

劳动仲裁员是指由当地劳动行政部门推荐，参加国家或省级劳动行政部门或由其认定的有关单位所组织的劳动争议处理专业培训，并参加国家或省级劳动行政部门组织的仲裁员资格考试，取得仲裁员资格者，按规定程序由劳动争议仲裁委员会聘任的，从事劳动争议案件仲裁工作的人员。劳动仲裁员分为专职的和兼职的两种。

专职仲裁员由仲裁委员会从劳动行政主管部门专门从事劳动争议处理工作的人员中聘任。兼职仲裁员由仲裁委员会从劳动行政部门非专职从事劳动争议处理工作的人员、政府其他有关部门的人员、工会工作者、专家学者和律师中聘任。兼职仲裁员与专职仲裁员在执行仲裁公务时享受同等权利。

仲裁员应具备的基本条件：一是拥护党的路线、方针、政策、坚持四项基本原则；二是坚持原则，秉公执法，作风正派，勤政廉洁；三是具有一定的法律、劳动业务知识及分析、解决问题和独立办案的工作能力；四是从事劳动争议处理工作 3 年以上或从事与劳动争议处理工作有关的（劳动、人事、工会、法律等）工作 5 年以上，并经过专业培训；五是具有高中以上文化程度，身体健康，能坚持正常工作。

法条指引

❶《中华人民共和国劳动争议调解仲裁法》

（2007 年 12 月 29 日　国家主席令第 80 号）

第二十条　劳动争议仲裁委员会应当设仲裁员名册。

仲裁员应当公道正派并符合下列条件之一：

（一）曾任审判员的；

（二）从事法律研究、教学工作并具有中级以上职称的；

（三）具有法律知识、从事人力资源管理或者工会等专业工作满五年的；

（四）律师执业满三年的。

【劳动仲裁庭】

法律问题解读

劳动仲裁庭是根据“一案一庭”的原则，由劳动争议仲裁委员会经过一定程序选择出来的仲裁员组成的专门处理劳动争议案件的机构。劳动仲裁庭在劳动争议仲裁委员会领导下处理劳动争议案件。

仲裁庭由一名首席仲裁员、二名仲裁员组成。简单案件，仲裁委员会可以指定一名仲裁员独任处理。仲裁庭的首席仲裁员由仲裁委员会负责人或授权其办事机构负责人指定，另两名仲裁员由仲裁委员会授权其办事机构负责人指定或由当事人各选择一名，具体办法由省、自治区、直辖市自行确定。仲裁庭组成不符合规定的，由仲裁委员会予以撤销，重新组成仲裁庭。

法条指引

❶《中华人民共和国劳动争议调解仲裁法》（2007 年 12 月 29 日　国家主席令第 80 号）

第三十一条　劳动争议仲裁委员会裁决劳动争议案件实行仲裁庭制。仲裁庭由三名仲裁员组成，设首席仲裁员。简单劳动争议案件可以由一名仲裁员独任仲裁。

【仲裁员的回避】

法律问题解读

仲裁员有下列情形之一的，应当回避：一是劳动争议当事人或者当事人近亲属的；二是与劳动争议有利害关系的；三是与本案当事人、代理人有其他关系，可能影响公正裁决的；四是私自会见当事人、代理人，或者接受当事人、代理人的请客送礼的。当事人有权以口头或者书面形式申请仲裁员回避。仲裁委员会主任的回避，由仲裁委员会决定，仲裁委员会其他成员、仲裁员和其他人员的回避由仲裁委员会主任决定。仲裁委员会对回避申请应在 7 日内作出决定，并以口头或者书面方式通知当事人。

法条指引

❶《中华人民共和国劳动争议调解仲裁法》（2007 年 12 月 29 日　国家主席令第 80 号）

第三十三条　仲裁员有下列情形之一，应当回避，当事人也有权以口头或者书面方式提出回避申请：

（一）是本案当事人或者当事人、代理人的近亲属的；

（二）与本案有利害关系的；

（三）与本案当事人、代理人有其他关系，可能影响公正裁决的；

（四）私自会见当事人、代理人，或者接受当事人、代理人的请客送礼的。

劳动争议仲裁委员会对回避申请应当及时作出决定，并以口头或者书面方式通知当事人。

【仲裁案件审理程序】

法律问题解读

国家对仲裁案件审理程序作了原则性的规定，具体程序由各地劳动争议仲裁委员会结合自己的实际情况加以规定。一般来讲，案件审理程序主要有以下几个：

一是应于开庭 5 日前，将仲裁庭组成人员、开庭时间、地点的书面通知送达当事人。当事人接到通知，无正当理由拒不到庭的，或在开庭期间未经仲裁庭同意自行退庭的，仲裁庭对申诉人按撤诉处理，对被诉人作缺席裁决。

二是仲裁庭开庭审理劳动争议案件应先进行庭上调查，包括听取申诉人的申诉和被诉人的答辩，向双方当事人有针对性地进行提问，以及进行举证和质证。

三是进行庭上辩论，由双方当事人围绕争议焦点分别阐述各自的观点。

四是由仲裁庭主持先行调解。只有在双方当事人都表明有调解意愿的情况下，才能协商方案，进行调解。

五是对调解不成的案件，进行当庭裁决、或宣布庭后等待裁决。

六是在管辖区域内有重大影响的案件，以及经仲裁庭合议难作结论的疑难案件，仲裁庭可在查明事实后提交仲裁委员会决定。

法条指引

❶《中华人民共和国劳动争议调解仲裁法》(2007年12月29日 国家主席令第80号)

第三十五条 仲裁庭应当在开庭五日前，将开庭日期、地点书面通知双方当事人。当事人有正当理由的，可以在开庭三日前请求延期开庭。是否延期，由劳动争议仲裁委员会决定。

第三十六条 申请人收到书面通知，无正当理由拒不到庭或者未经仲裁庭同意中途退庭的，可以视为撤回仲裁申请。

被申请人收到书面通知，无正当理由拒不到庭或者未经仲裁庭同意中途退庭的，可以缺席裁决。

第三十七条 仲裁庭对专门性问题认为需要鉴定的，可以交由当事人约定的鉴定机构鉴定；当事人没有约定或者无法达成约定的，由仲裁庭指定的鉴定机构鉴定。

根据当事人的请求或者仲裁庭的要求，鉴定机构应当派鉴定人参加开庭。当事人经仲裁庭许可，可以向鉴定人提问。

【仲裁案件处理时限】

法律问题解读

国家规定仲裁庭处理劳动争议，应在收到仲裁申诉书之日起45日内结案，案情复杂需要延期的，报仲裁委员会批准后可适当延长，但最长延期不得超过15日。也就是说仲裁案件处理时限最长不能超过60天。

另外，由于在案件处理过程中可能遇到一些致使仲裁庭无法继续审理的情况。这些情况可能使得仲裁委员会决定“中止”仲裁审理，而中止仲裁审理的时间，是不计算在上述两个月的期限内的。因此遇有仲裁中止情形，仲裁程序便会要拖延一些时间。

法条指引

❶《中华人民共和国劳动争议调解仲裁法》(2007年12月29日 国家主席令第80号)

第四十三条 仲裁庭裁决劳动争议案件，应当自劳动争议仲裁委员会受理仲裁申请之日起四十五日内结束。案情复杂需要延期的，经劳动争议仲裁委员会主任批准，可以延期并书面通知当事人，但是延长期限不得超过十五日。逾期未作出仲裁裁决的，当事人可以就该劳动争议事项向人民法院提起诉讼。

仲裁庭裁决劳动争议案件时，其中一部分事实已经清楚，可以就该部分先行裁决。

【仲裁调解】

法律问题解读

仲裁庭处理劳动争议应当先行调解，在查明事实的基础上促使当事人双方自愿达成协议。协议内容不得违反法律、法规。调解达成协议的，仲裁庭应当根据协议内容制作仲裁调解书，由双方当事人签字、仲裁员署名并加盖仲裁委员会印章。仲裁调解书自送达之日起具有法律效力。若一方当事人不执行，另一方当事人可以申请人民法院强制执行。调解未达成协议或者调解书送达前当事人反悔的，仲裁庭应当及时裁决。

法条指引

❶《中华人民共和国劳动争议调解仲裁法》(2007年12月29日 国家主席令第80号)

第四十二条 仲裁庭在作出裁决前，应当先行调解。

调解达成协议的，仲裁庭应当制作调解书。

调解书应当写明仲裁请求和当事人协议的结果。调解书由仲裁员签名，加盖劳动争议仲裁委员会印章，送达双方当事人。调解书经双方当事人签收后，发生法律效力。

调解不成或者调解书送达前，一方当事人反悔的，仲裁庭应当及时作出裁决。

【仲裁裁决】

法律问题解读

仲裁裁决是劳动争议仲裁委员会处理劳动争议的方式之一。仲裁庭裁决劳动争议案件，实行少数服从多数的原则。不同意见必须如实记录。仲裁庭作出裁决后，应当制作裁决书，送达双方当事人。当事人对仲裁裁决不服的，自收到裁决书之日起15日内，可以向人民法院起诉；期满不起诉的，裁决书即发生法律效力。如一方当事人不执行，另一方当事人可申请法院强制执行。

法条指引

❶《中华人民共和国劳动争议调解仲裁法》（2007年12月29日　国家主席令第80号）

第四十三条　仲裁庭裁决劳动争议案件，应当自劳动争议仲裁委员会受理仲裁申请之日起四十五日内结束。案情复杂需要延期的，经劳动争议仲裁委员会主任批准，可以延期并书面通知当事人，但是延长期限不得超过十五日。逾期未作出仲裁裁决的，当事人可以就该劳动争议事项向人民法院提起诉讼。

仲裁庭裁决劳动争议案件时，其中一部分事实已经清楚，可以就该部分先行裁决。

第五十条　当事人对本法第四十七条规定以外的其他劳动争议案件的仲裁裁决不服的，可以自收到仲裁裁决书之日起十五日内向人民法院提起诉讼；期满不起诉的，裁决书发生法律效力。

【一裁终局】

法律问题解读

我国对劳动争议案件采取“一调一裁两审”的体制，这对于解决劳动争议、保护劳动者和用人单位双方的合法权益、推动经济体制改革与维护社会稳定发挥了重要作用。在重构先裁后审体制的同时，为了更好地满足案件处理及时的要求，《劳动争议调解仲裁法》第47条规定，下列劳动争议，除法律另有规定的外，仲裁裁决为终局裁决，裁决书自作出之日起发生法律效力：

（1）追索劳动报酬、工伤医疗费、经济补偿或者赔偿金，不超过当地月最低工资标准12个月金额的争议。这一规定包括两个方面的内容：一是限于追索劳动报酬、工伤医疗费、经济补偿或者赔偿金；二是金额限制在不超过当地月最低工资标准12个月。

（2）因执行国家的劳动标准在工作时间、休息休假、社会保险等方面发生的争议。根据《劳动合同法》的规定，用人单位与劳动者签订的劳动合同中应当具备工作时间、休息休假、社会保险等内容。将这些案件列为一裁终局的案件，有利于及时解决劳动争议，并保护劳动者的合法权益。

部分案件实行一裁终局的规定，在缩短劳动争议处理周期、降低劳动者维权成本方面的确能够发挥积极作用。但是，一旦仲裁结果不公正，一裁终局的规定就会限制劳动者行使诉讼权利，使其丧失最终的司法保障。因此，《劳动争议调解仲裁法》对劳动者不服仲裁裁决的情况作出了规定，该法第48条规定：劳动者对本法第47条规定的仲裁裁决不服的，可以自收到仲裁裁决书之日起15日内向人民法院提起诉讼。同时，在该法第49条也规定用人单位在符合6种法定情形之一时，可向法院申请撤销裁决。可见，即使是一裁终局，也并非一锤定音，当事人不服的，可向法院提起诉讼。

法条指引

❶《中华人民共和国劳动争议调解仲裁法》（2007年12月29日　国家主席令第80号）

第四十三条　仲裁庭裁决劳动争议案件，应当自劳动争议仲裁委员会受理仲裁申请之日起四十五日内结束。案情复杂需要延期的，经劳动争议仲裁委员会主任批准，可以延期并书面通知当事人，但是延长期限不得超过十五日。逾期未作出仲裁裁决的，当事人可以就该劳动争议事项向人民法院提起诉讼。

仲裁庭裁决劳动争议案件时，其中一部分事实已经清楚，可以就该部分先行裁决。

第四十七条　下列劳动争议，除本法另有规定的外，仲裁裁决为终局裁决，裁决书自作出之日起发生法律效力：

（一）追索劳动报酬、工伤医疗费、经济补偿或者赔偿金，不超过当地月最低工资标准十二个月金额的争议；

（二）因执行国家的劳动标准在工作时间、休息休假、社会保险等方面发生的争议。

第四十八条　劳动者对本法第四十七条规定的仲裁裁决不服的，可以自收到仲裁裁决书之日起十五日内向人民法院提起诉讼。

第四十九条　用人单位有证据证明本法第四十七条规定的仲裁裁决有下列情形之一，可以自收到仲裁裁决书之日起三十日内向劳动争议仲裁委员会所在地的中级人民法院申请撤销裁决：

（一）适用法律、法规确有错误的；

（二）劳动争议仲裁委员会无管辖权的；

（三）违反法定程序的；

（四）裁决所根据的证据是伪造的；

（五）对方当事人隐瞒了足以影响公正裁决的证据的；

（六）仲裁员在仲裁该案时有索贿受贿、徇私舞弊、枉法裁决行为的。

人民法院经组成合议庭审查核实裁决有前款规定情形之一的，应当裁定撤销。

仲裁裁决被人民法院裁定撤销的，当事人可以自收到裁定书之日起十五日内就该劳动争议事项向人民法院提起诉讼。

❷《最高人民法院关于审理劳动争议案件适用法律若干问题的解释（三）》（2010年9月13日 法释［2010］12号）

第十三条 劳动者依据调解仲裁法第四十七条第（一）项规定，追索劳动报酬、工伤医疗费、经济补偿或者赔偿金，如果仲裁裁决涉及数项，每项确定的数额均不超过当地月最低工资标准十二个月金额的，应当按照终局裁决处理。

第十四条 劳动人事争议仲裁委员会作出的同一仲裁裁决同时包含终局裁决事项和非终局裁决事项，当事人不服该仲裁裁决向人民法院提起诉讼的，应当按照非终局裁决处理。

第十五条 劳动者依据调解仲裁法第四十八条规定向基层人民法院提起诉讼，用人单位依据调解仲裁法第四十九条规定向劳动人事争议仲裁委员会所在地的中级人民法院申请撤销仲裁裁决的，中级人民法院应不予受理；已经受理的，应当裁定驳回申请。

被人民法院驳回起诉或者劳动者撤诉的，用人单位可以自收到裁定书之日起三十日内，向劳动人事争议仲裁委员会所在地的中级人民法院申请撤销仲裁裁决。

第十六条 用人单位依照调解仲裁法第四十九条规定向中级人民法院申请撤销仲裁裁决，中级人民法院作出的驳回申请或者撤销仲裁裁决的裁定为终审裁定。

案例链接

❶《广州市鼎宇网络科技有限公司诉林东荣劳动合同纠纷案》，参见北大法宝引证码：Pkulaw.cn/CLI.C.249106。

学者观点

❶ 孙瑞玺、高月明：《对劳动争议一裁终局及其除外规定的理解》，参见北大法宝引证码：Pkulaw.cn/CLI.A.044062。

❷ 石先广：《劳动争议调解仲裁法焦点透析》，参见北大法宝引证码：Pkulaw.cn/CLI.A.041198。

【仲裁先予执行】

法律问题解读

仲裁庭审理劳动争议案件，从受理到作出仲裁裁决，从裁决生效到当事人自动履行或强制执行需要一个过程。在这段时间里，个别劳动者可能因为经济困难，难以维持正常的生活或者生产经营活动，先予执行制度就是为了解决当事人的燃眉之急，在最终裁决前让被申请人先给付劳动者一定数额的款项或者财物，以维持原告正常的生活或者生产。

所谓当事人之间的权利义务关系明确，是指该案件的事实十分清楚，当事人之间的是非责任显而易见。所谓不先予执行将严重影响申请人的生活，是指申请人是依靠被申请人履行义务而维持正常生活的，在仲裁庭作出裁决前，如果不裁定先予执行，申请人将难以维持正常的生活。

我国民事诉讼程序中有先予执行的规定。《民事诉讼法》第97条规定："人民法院对下列案件，根据当事人的申请，可以裁定先予执行：（一）追索赡养费、扶养费、抚育费、抚恤金、医疗费用的；（二）追索劳动报酬的；（三）因情况紧急需要先予执行的。"民事诉讼程序设置先予执行制度的目的是考虑上述生活困难的当事人在期待权利保障过程中的救急性措施，其中追索劳动报酬案件被列入其中，可见先予执行制度在处理劳动争议程序中的必要性。劳动争议仲裁程序如同诉讼程序一样，在程序进行中，劳动者的生活已经处于非常困难的情况下，可以采取先予执行措施。先予执行措施带有强制性，只能由人民法院采取，但劳动争议仲裁程序作为独立的程序，如果没有该制度的保障，保障当事人合法权益的程序机制就是不完善的。仲裁庭不能直接采取先予执行措施，但仲裁庭可以裁决先予执行，移送人民法院执行。本法所规定的先予执行，有以下几点需要注意：（1）仅对特定类型案件可以申请先予执行。这些特定类型案件是指追索劳动报酬、工伤医疗费、经济补偿或者赔偿金的案件。其他类型的案件不适用先予执行。（2）必须根据当事人的申请。只有当事人申请，仲裁庭才能作出先予执行的裁定。如果当事人不申请，仲裁庭不能主动作出先予执行的裁决。

为了更好地保护劳动者的权益，本法规定："劳动者申请先予执行的，可以不提供担保。"一般来说，提供担保的目的，在于保护被申请人的合法权益，当因申请人申请错误使被申请人遭受损失时，对被申请人的赔偿有保障。在劳动争议仲裁案件中，劳动者生活一般面临暂时性困难，这时候再让劳动者提供担保无异于雪上加霜，考虑到实际情况，法律规定："劳动者申请先予执行的，可以不提供担保。"

法条指引

❶《中华人民共和国劳动争议调解仲裁法》（2007年12月29日　国家主席令第80号）

第四十四条　仲裁庭对追索劳动报酬、工伤医疗费、经济补偿或者赔偿金的案件，根据当事人的申请，可以裁决先予执行，移送人民法院执行。

仲裁庭裁决先予执行的，应当符合下列条件：

（一）当事人之间权利义务关系明确；

（二）不先予执行将严重影响申请人的生活。

劳动者申请先予执行的，可以不提供担保。

案例链接

❶《鹤壁煤电股份有限公司第八煤矿诉张水国劳动争议纠纷案》，参见北大法宝引证码：Pkulaw. cn/CLI. C. 229062。

❷《中盛海天制药有限公司诉王俊霞劳动争议纠纷案》，参见北大法宝引证码：Pkulaw. cn/CLI. C. 223181。

学者观点

❶ 花育萍：《议我国劳动争议处理机制的现状及改革》，参见北大法宝引证码：Pkulaw. cn/CLI. A. 045741。

【仲裁程序中止】

法律问题解读

仲裁庭在审理劳动争议过程中，如遇有某些妨碍仲裁办案进行的客观情况，致使劳动争议无法继续审理时，经劳动仲裁委员会审查同意，可以中止仲裁程序。中止仲裁程序的具体条件，可以参照民事诉讼法中有关诉讼中止的规定办理，如职工当事人死亡，需要等待继承人表明是否参加仲裁的；职工丧失行为能力，尚未确定法定代理人的；一方当事人因不可抗拒的事由，不能参加仲裁的；本案必须以另一案的结果为依据，而另一案尚未结案的等，均可中止审理。另外，对于向上级单位请示处理案件中的问题等待答复、工伤鉴定、仲裁委员会之间委托调查、当事人患病或因故不在本地而不能参加仲裁活动等情形，使得该劳动争议无法继续审理时，也可中止仲裁程序。中止仲裁程序的原因消除后，恢复仲裁审理程序。中止仲裁程序后，仲裁审理时限中止，也就是暂时停止仲裁审理的时间不计入仲裁办案时限内。仲裁办案时限从恢复仲裁之日起继续计算。

案例链接

❶《某某有限责任公司与郭某某劳动争议纠纷上诉案》，参见北大法宝引证码：Pkulaw. cn/CLI. C. 229199。

学者观点

❶ 成尉冰：《从"一个环节，八轮程序"看工伤认定制度之误》，参见北大法宝引证码：Pkulaw. cn/CLI. A. 048939。

【仲裁结案与送达】

法律问题解读

劳动争议仲裁委员会经仲裁调解或仲裁裁决对案件审理结束，应将仲裁调解书或仲裁裁决书及时送达双方当事人，并将审理过程中产生的一系列文书、资料立卷归档，以备事后查阅。

仲裁程序中的送达，是指仲裁机构按规定的方式和要求将具有法律意义的仲裁文书（如申诉书副本、调解书、开庭通知书、裁决书等）送交仲裁参加人的行为。依法送达，便会产生法律规定的后果。送达应按以下方式和步骤进行：

一是仲裁委员会送达仲裁文书，应当直接送交受送达人；本人不在的，交其同住成年亲属签收；受送达人已向仲裁委员会指定代收人的，交代收人签收；受送达人方是企业或单位，又没有向仲裁委员会指定代收人的，可以交其负责收件人签收。

二是受送达人拒绝接受仲裁文书的，送达人应邀请有关组织的代表或其他人到场，说明情况，在送达回执上证明拒收事由和日期，由送达人、见证人签名或盖章，把仲裁文书留在受送达人的住所，即视为送达。

三是直接送达仲裁文书有困难的，可以委托

当事人所在地的仲裁委员会代为送达，或者邮寄送达。邮寄送达，以挂号查询回执上注明的收件日期为送达日期。

四是受送达人下落不明，或者用上述规定的方式无法送达仲裁文书的，可公告送达。自发出公告之日起，经过三十日，即视为送达。

【劳动争议诉讼】

法律问题解读

目前，我国劳动争议诉讼适用《民事诉讼法》规定的程序。

劳动争议当事人向法院提起诉讼的主要条件是：原告是与本案有直接利害关系的公民、法人和其他组织；有明确的被告；有具体的诉讼请求和事实与理由；属于人民法院受理和管辖的范围。此外，还必须符合起诉时效的规定，也就是当事人必须在收到劳动仲裁裁决书之日起 15 日内起诉。因此当事人起诉时应同时提交仲裁裁决书，一方面说明劳动争议已经过了仲裁程序，另一方面也能证明是否符合起诉时效的规定。这里需要说明的是，当事人对仲裁裁决不服，不能把仲裁委员会作为被告，因仲裁委员会不是民事主体，而是公断机构。劳动争议案件诉至法院后，诉讼当事人仍是劳动争议原来的当事人。劳动争议诉讼程序是处理劳动争议的最后一道程序，包括劳动争议案件的起诉、受理、调查取证、审判和执行等一系列程序。

法条指引

❶ **《中华人民共和国劳动法》**（1994 年 7 月 5 日）

第七十九条 劳动争议发生后，当事人可以向本单位劳动争议调解委员会申请调解；调解不成，当事人一方要求仲裁的，可以向劳动争议仲裁委员会申请仲裁。当事人一方也可以直接向劳动争议仲裁委员会申请仲裁。对仲裁裁决不服的，可以向人民法院提起诉讼。

❷ **《最高人民法院关于审理劳动争议案件适用法律若干问题的解释》**（2001 年 4 月 16 日）

为正确审理劳动争议案件，根据《中华人民共和国劳动法》（以下简称《劳动法》）和《中华人民共和国民事诉讼法》（以下简称《民事诉讼法》）等相关法律之规定，就适用法律的若干问题，作如下解释。

第一条 劳动者与用人单位之间发生的下列纠纷，属于《劳动法》第二条规定的劳动争议，当事人不服劳动争议仲裁委员会作出的裁决，依法向人民法院起诉的，人民法院应当受理：

（一）劳动者与用人单位在履行劳动合同过程中发生的纠纷；

（二）劳动者与用人单位之间没有订立书面劳动合同，但已形成劳动关系后发生的纠纷；

（三）劳动者退休后，与尚未参加社会保险统筹的原用人单位因追索养老金、医疗费、工伤保险待遇和其他社会保险费而发生的纠纷。

第二条 劳动争议仲裁委员会以当事人申请仲裁的事项不属于劳动争议为由，作出不予受理的书面裁决、决定或者通知，当事人不服，依法向人民法院起诉的，人民法院应当分别情况予以处理：

（一）属于劳动争议案件的，应当受理；

（二）虽不属于劳动争议案件，但属于人民法院主管的其他案件，应当依法受理。

第四条 劳动争议仲裁委员会以申请仲裁的主体不适格为由，作出不予受理的书面裁决、决定或者通知，当事人不服，依法向人民法院起诉的，经审查，确属主体不适格的，裁定不予受理或者驳回起诉。

第五条 劳动争议仲裁委员会为纠正原仲裁裁决错误重新作出裁决，当事人不服，依法向人民法院起诉的，人民法院应当受理。

第六条 人民法院受理劳动争议案件后，当事人增加诉讼请求的，如该诉讼请求与讼争的劳动争议具有不可分性，应当合并审理；如属独立的劳动争议，应当告知当事人向劳动争议仲裁委员会申请仲裁。

第七条 劳动争议仲裁委员会仲裁的事项不属于人民法院受理的案件范围，当事人不服，依法向人民法院起诉的，裁定不予受理或者驳回起诉。

第八条 劳动争议案件由用人单位所在地或者劳动合同履行地的基层人民法院管辖。

劳动合同履行地不明确的，由用人单位所在地的基层人民法院管辖。

第九条 当事人双方不服劳动争议仲裁委员会作出的同一仲裁裁决，均向同一人民法院起诉的，先起诉的一方当事人为原告，但对双方的诉讼请求，人民法院应当一并作出裁决。

当事人双方就同一仲裁裁决分别向有管辖权的人民法院起诉的，后受理的人民法院应当将案件移送给先受理的人民法院。

第十条 用人单位与其他单位合并的，合并前发生的劳动争议，由合并后的单位为当事人；用人单位分立为若干单位的，其分立前发生的劳动争议，由分立后的实际用人单位为当事人。

用人单位分立为若干单位后，对承受劳动权利义务的单位不明确的，分立后的单位均为当事人。

第十一条 用人单位招用尚未解除劳动合同的劳动者，原用人单位与劳动者发生的劳动争议，可以列新的用人单位为第三人。

原用人单位以新的用人单位侵权为由向人民法院起诉的，可以列劳动者为第三人。

原用人单位以新的用人单位和劳动者共同侵权为由向人民法院起诉的，新的用人单位和劳动者列为共同被告。

第十二条 劳动者在用人单位与其他平等主体之间的承包经营期间，与发包方和承包方双方或者一方发生劳动争议，依法向人民法院起诉的，应当将承包方和发包方作为当事人。

第十三条 因用人单位作出的开除、除名、辞退、解除劳动合同、减少劳动报酬、计算劳动者工作年限等决定而发生的劳动争议，用人单位负举证责任。

第十四条 劳动合同被确认为无效后，用人单位对劳动者付出的劳动，一般可参照本单位同期、同工种、同岗位的工资标准支付劳动报酬。

根据《劳动法》第九十七条之规定，由于用人单位的原因订立的无效合同，给劳动者造成损害的，应当比照违反和解除劳动合同经济补偿金的支付标准，赔偿劳动者因合同无效所造成的经济损失。

第十五条 用人单位有下列情形之一，迫使劳动者提出解除劳动合同的，用人单位应当支付劳动者的劳动报酬和经济补偿，并可支付赔偿金：

（一）以暴力、威胁或者非法限制人身自由的手段强迫劳动的；

（二）未按照劳动合同约定支付劳动报酬或者提供劳动条件的；

（三）克扣或者无故拖欠劳动者工资的；

（四）拒不支付劳动者延长工作时间工资报酬的；

（五）低于当地最低工资标准支付劳动者工资的。

第十六条 劳动合同期满后，劳动者仍在原用人单位工作，原用人单位未表示异议的，视为双方同意以原条件继续履行劳动合同。一方提出终止劳动关系的，人民法院应当支持。

根据《劳动法》第二十条之规定，用人单位应当与劳动者签订无固定期限劳动合同而未签订的，人民法院可以视为双方之间存在无固定期限劳动合同关系，并以原劳动合同确定双方的权利义务关系。

第十七条 劳动争议仲裁委员会作出仲裁裁决后，当事人对裁决中的部分事项不服，依法向人民法院起诉的，劳动争议仲裁裁决不发生法律效力。

第十八条 劳动争议仲裁委员会对多个劳动者的劳动争议作出仲裁裁决后，部分劳动者对仲裁裁决不服，依法向人民法院起诉的，仲裁裁决对提出起诉的劳动者不发生法律效力；对未提出起诉的部分劳动者，发生法律效力，如其申请执行的，人民法院应当受理。

第十九条 用人单位根据《劳动法》第四条之规定，通过民主程序制定的规章制度，不违反国家法律、行政法规及政策规定，并已向劳动者公示的，可以作为人民法院审理劳动争议案件的依据。

第二十条 用人单位对劳动者作出的开除、除名、辞退等处理，或者因其他原因解除劳动合同确有错误的，人民法院可以依法判决予以撤销。

对于追索劳动报酬、养老金、医疗费以及工伤保险待遇、经济补偿金、培训费及其他相关费用等案件，给付数额不当的，人民法院可以予以变更。

第二十一条 当事人申请人民法院执行劳动争议仲裁机构作出的发生法律效力的裁决书、调解书，被申请人提出证据证明劳动争议仲裁裁决书、调解书有下列情形之一，并经审查核实的，人民法院可以根据《民事诉讼法》第二百一十七条之规定，裁定不予执行：

（一）裁决的事项不属于劳动争议仲裁范围，或者劳动争议仲裁机构无权仲裁的；

（二）适用法律确有错误的；

（三）仲裁员仲裁该案时，有徇私舞弊、枉法裁决行为的；

（四）人民法院认定执行该劳动争议仲裁裁决违背社会公共利益的。

人民法院在不予执行的裁定书中，应当告知当事人在收到裁定书之次日起30日内，可以就该劳动争议事项向人民法院起诉。

❸《最高人民法院关于审理劳动争议案件适

用法律若干问题的解释（二）》（2006年7月10日法释［2006］6号）

第一条 人民法院审理劳动争议案件，对下列情形，视为劳动法第八十二条规定的“劳动争议发生之日”：

（一）在劳动关系存续期间产生的支付工资争议，用人单位能够证明已经书面通知劳动者拒付工资的，书面通知送达之日为劳动争议发生之日。用人单位不能证明的，劳动者主张权利之日为劳动争议发生之日。

（二）因解除或者终止劳动关系产生的争议，用人单位不能证明劳动者收到解除或者终止劳动关系书面通知时间的，劳动者主张权利之日为劳动争议发生之日。

（三）劳动关系解除或者终止后产生的支付工资、经济补偿金、福利待遇等争议，劳动者能够证明用人单位承诺支付的时间为解除或者终止劳动关系后的具体日期的，用人单位承诺支付之日为劳动争议发生之日。劳动者不能证明的，解除或者终止劳动关系之日为劳动争议发生之日。

第三条 劳动者以用人单位的工资欠条为证据直接向人民法院起诉，诉讼请求不涉及劳动关系其他争议的，视为拖欠劳动报酬争议，按照普通民事纠纷受理。

第四条 用人单位和劳动者因劳动关系是否已经解除或者终止，以及应否支付解除或终止劳动关系经济补偿金产生的争议，经劳动争议仲裁委员会仲裁后，当事人依法起诉的，人民法院应予受理。

第五条 劳动者与用人单位解除或者终止劳动关系后，请求用人单位返还其收取的劳动合同定金、保证金、抵押金、抵押物产生的争议，或者办理劳动者的人事档案、社会保险关系等移转手续产生的争议，经劳动争议仲裁委员会仲裁后，当事人依法起诉的，人民法院应予受理。

第六条 劳动者因为工伤、职业病，请求用人单位依法承担给予工伤保险待遇的争议，经劳动争议仲裁委员会仲裁后，当事人依法起诉的，人民法院应予受理。

第七条 下列纠纷不属于劳动争议：

（一）劳动者请求社会保险经办机构发放社会保险金的纠纷；

（二）劳动者与用人单位因住房制度改革产生的公有住房转让纠纷；

（三）劳动者对劳动能力鉴定委员会的伤残等级鉴定结论或者对职业病诊断鉴定委员会的职业病诊断鉴定结论的异议纠纷；

（四）家庭或者个人与家政服务人员之间的纠纷；

（五）个体工匠与帮工、学徒之间的纠纷；

（六）农村承包经营户与受雇人之间的纠纷。

第八条 当事人不服劳动争议仲裁委员会作出的预先支付劳动者部分工资或者医疗费用的裁决，向人民法院起诉的，人民法院不予受理。用人单位不履行上述裁决中的给付义务，劳动者依法向人民法院申请强制执行的，人民法院应予受理。

❹《最高人民法院关于审理劳动争议案件适用法律若干问题的解释（三）》（2010年9月13日法释［2010］12号）

为正确审理劳动争议案件，根据《中华人民共和国劳动法》、《中华人民共和国劳动合同法》、《中华人民共和国劳动争议调解仲裁法》、《中华人民共和国民事诉讼法》等相关法律规定，结合民事审判实践，特作如下解释。

第一条 劳动者以用人单位未为其办理社会保险手续，且社会保险经办机构不能补办导致其无法享受社会保险待遇为由，要求用人单位赔偿损失而发生争议的，人民法院应予受理。

第二条 因企业自主进行改制引发的争议，人民法院应予受理。

第三条 劳动者依据劳动合同法第八十五条规定，向人民法院提起诉讼，要求用人单位支付加付赔偿金的，人民法院应予受理。

第四条 劳动者与未办理营业执照、营业执照被吊销或者营业期限届满仍继续经营的用人单位发生争议的，应当将用人单位或者其出资人列为当事人。

第五条 未办理营业执照、营业执照被吊销或者营业期限届满仍继续经营的用人单位，以挂靠等方式借用他人营业执照经营的，应当将用人单位和营业执照出借方列为当事人。

第六条 当事人不服劳动人事争议仲裁委员会作出的仲裁裁决，依法向人民法院提起诉讼，人民法院审查认为仲裁裁决遗漏了必须共同参加仲裁的当事人的，应当依法追加遗漏的人为诉讼当事人。

被追加的当事人应当承担责任的，人民法院应当一并处理。

第七条 用人单位与其招用的已经依法享受养老保险待遇或领取退休金的人员发生用工争议，向人民法院提起诉讼的，人民法院应当按劳务关系处理。

第八条　企业停薪留职人员、未达到法定退休年龄的内退人员、下岗待岗人员以及企业经营性停产放长假人员，因与新的用人单位发生用工争议，依法向人民法院提起诉讼的，人民法院应当按劳动关系处理。

第九条　劳动者主张加班费的，应当就加班事实的存在承担举证责任。但劳动者有证据证明用人单位掌握加班事实存在的证据，用人单位不提供的，由用人单位承担不利后果。

第十条　劳动者与用人单位就解除或者终止劳动合同办理相关手续、支付工资报酬、加班费、经济补偿或者赔偿金等达成的协议，不违反法律、行政法规的强制性规定，且不存在欺诈、胁迫或者乘人之危情形的，应当认定有效。

前款协议存在重大误解或者显失公平情形，当事人请求撤销的，人民法院应予支持。

第十一条　劳动人事争议仲裁委员会作出的调解书已经发生法律效力，一方当事人反悔提起诉讼的，人民法院不予受理；已经受理的，裁定驳回起诉。

第十二条　劳动人事争议仲裁委员会逾期未作出受理决定或仲裁裁决，当事人直接提起诉讼的，人民法院应予受理，但申请仲裁的案件存在下列事由的除外：

（一）移送管辖的；

（二）正在送达或送达延误的；

（三）等待另案诉讼结果、评残结论的；

（四）正在等待劳动人事争议仲裁委员会开庭的；

（五）启动鉴定程序或者委托其他部门调查取证的；

（六）其他正当事由。

当事人以劳动人事争议仲裁委员会逾期未作出仲裁裁决为由提起诉讼的，应当提交劳动人事争议仲裁委员会出具的受理通知书或者其他已接受仲裁申请的凭证或证明。

第十三条　劳动者依据调解仲裁法第四十七条第（一）项规定，追索劳动报酬、工伤医疗费、经济补偿或者赔偿金，如果仲裁裁决涉及数项，每项确定的数额均不超过当地月最低工资标准十二个月金额的，应当按照终局裁决处理。

第十四条　劳动人事争议仲裁委员会作出的同一仲裁裁决同时包含终局裁决事项和非终局裁决事项，当事人不服该仲裁裁决向人民法院提起诉讼的，应当按照非终局裁决处理。

第十五条　劳动者依据调解仲裁法第四十八条规定向基层人民法院提起诉讼，用人单位依据调解仲裁法第四十九条规定向劳动人事争议仲裁委员会所在地的中级人民法院申请撤销仲裁裁决的，中级人民法院应不予受理；已经受理的，应当裁定驳回申请。

被人民法院驳回起诉或者劳动者撤诉的，用人单位可以自收到裁定书之日起三十日内，向劳动人事争议仲裁委员会所在地的中级人民法院申请撤销仲裁裁决。

第十六条　用人单位依照调解仲裁法第四十九条规定向中级人民法院申请撤销仲裁裁决，中级人民法院作出的驳回申请或者撤销仲裁裁决的裁定为终审裁定。

第十七条　劳动者依据劳动合同法第三十条第二款和调解仲裁法第十六条规定向人民法院申请支付令，符合民事诉讼法第十七章督促程序规定的，人民法院应予受理。

依据劳动合同法第三十条第二款规定申请支付令被人民法院裁定终结督促程序后，劳动者就劳动争议事项直接向人民法院起诉的，人民法院应当告知其先向劳动人事争议仲裁委员会申请仲裁。

依据调解仲裁法第十六条规定申请支付令被人民法院裁定终结督促程序后，劳动者依据调解协议直接向人民法院提起诉讼的，人民法院应予受理。

第十八条　劳动人事争议仲裁委员会作出终局裁决，劳动者向人民法院申请执行，用人单位向劳动人事争议仲裁委员会所在地的中级人民法院申请撤销的，人民法院应当裁定中止执行。

用人单位撤回撤销终局裁决申请或者其申请被驳回的，人民法院应当裁定恢复执行。仲裁裁决被撤销的，人民法院应当裁定终结执行。

用人单位向人民法院申请撤销仲裁裁决被驳回后，又在执行程序中以相同理由提出不予执行抗辩的，人民法院不予支持。

❺《最高人民法院关于劳动仲裁委员会逾期不作出仲裁裁决或者作出不予受理通知的劳动争议案件人民法院应否受理的批复》（1998年9月2日）

四川省高级人民法院：

你院川高法［1998］52号“关于未经劳动仲裁的劳动争议案件，当事人向法院起诉人民法院应否受理的请示”收悉。经研究，答复如下：

根据《中华人民共和国劳动法》第七十九条规定的精神，劳动争议案件经劳动争议仲裁委员会仲裁是提起诉讼的必经程序。劳动争议仲裁委员会逾期不作出仲裁裁决或者作出不予受理的决定，当事人不服向人民法院提起行政诉讼的，人民法院不予受理；当事人不服劳动争议仲裁委员会作出的劳动争议仲裁裁决，可以向人民法院提起民事诉讼。

案例链接

❶《李强诉河南富顺面业有限公司劳务合同纠纷再审案》，参见北大法宝引证码：Pkulaw. cn/CLI. C. 240566。

❷《高书琴与河南中医学院第一附属医院劳动争议纠纷再审案》，参见北大法宝引证码：Pkulaw. cn/CLI. C. 211248。

【诉讼时效与处理时限】

法律问题解读

向人民法院请求保护民事权利的诉讼时效为2年。但劳动争议诉讼时效是15日。即当事人对劳动争议仲裁委员会的仲裁裁决书或不予受理决定书、或通知书不服，应自收到该仲裁文书之日起15日内向人民法院起诉，逾期起诉的，人民法院一般不予受理。

一审人民法院适用普通程序审理劳动争议案件的时限是，自立案之日起6个月内审结。有特殊情况需要延长的，由本院院长批准，可以延长六个月。二审人民法院对判决的上诉案件的审理时限是，自第二审立案之日起3个月内审结。有特殊情况需要延长的，由本院院长批准。

法条指引

❶**《中华人民共和国民法通则》**（1986年4月12日）

第一百三十五条 向人民法院请求保护民事权利的诉讼时效期间为2年，法律另有规定的除外。

❷**《中华人民共和国民事诉讼法》**（2007年10月28日修正）

第一百三十五条 人民法院适用普通程序审理的案件，应当在立案之日起6个月内审结。有特殊情况需要延长的，由本院院长批准，可以延长6个月；还需要延长的，报请上级人民法院批准。

第五十九条 委托他人代为诉讼，必须向人民法院提交由委托人签名或者盖章的授权委托书。

授权委托书必须记明委托事项和权限。诉讼代理人代为承认、放弃、变更诉讼请求，进行和解，提起反诉或者上诉，必须有委托人的特别授权。

侨居在国外的中华人民共和国公民从国外寄交或者托交的授权委托书，必须经中华人民共和国驻该国的使领馆证明；没有使领馆的，由与中华人民共和国有外交关系的第三国驻该国的使领馆证明，再转由中华人民共和国驻该第三国使领馆证明，或者由当地的爱国华侨团体证明。

❸**《最高人民法院关于审理劳动争议案件适用法律若干问题的解释》**（2001年3月22日 法释〔2001〕14号）

第三条 劳动争议仲裁委员会根据《劳动法》第八十二条之规定，以当事人的仲裁申请超过六十日期限为由，作出不予受理的书面裁决、决定或者通知，当事人不服，依法向人民法院起诉的，人民法院应当受理；对确已超过仲裁申请期限，又无不可抗力或者其他正当理由的，依法驳回其诉讼请求。

❹**《中华人民共和国劳动法》**（1994年7月5日）

第八十三条 劳动争议当事人对仲裁裁决不服的，可以自收到仲裁裁决书之日起15日内向人民法院提起诉讼。一方当事人在法定期限内不起诉又不履行仲裁裁决的，另一方当事人可以申请人民法院强制执行。

案例链接

❶《王东明诉开封针织厂破产清算组劳动争议纠纷案》，参见北大法宝引证码：Pkulaw. cn/CLI. C. 254395。

❷《李丽青与焦作高新技术产业开发区李万街道办事处劳动争议纠纷上诉案》，参见北大法宝引证码：Pkulaw. cn/CLI. C. 253679。

学者观点

❶ 石先广：《劳动争议调解仲裁法》条文解析与维权点津（一），参见北大法宝引证码：Pkulaw. cn/CLI. A. 041671。

❷ 孙瑞玺：《企业与员工签订技术秘密保密合同各自应注意的问题》，参见北大法宝引证码：Pkulaw. cn/CLI. A. 028518。

【法院审理劳动争议案件的程序】

法律问题解读

法院审理劳动争议案件适用民事诉讼法的规定。其主要程序有一审程序、二审程序、审判监督程序等。一审程序比较复杂。可分为以下几个阶段：

1. 核对双方当事人

开庭审理前，书记员应当查明当事人和其他诉讼参与人是否到庭，宣布法庭纪律。开庭审理时，由审判长核对当事人，宣布案由，宣布审判人员、书记员名单，告知当事人有关诉讼权利义务，询问当事人是否提出回避申请。

2. 法庭调查

先后顺序是：当事人陈述；告知证人的权利义务，证人作证，宣读未到庭的证人证言；出示书证、物证和视听资料；宣读鉴定结论；宣读勘验笔录。

3. 举证和质证

当事人在法庭可以提出新的证据。当事人经法庭许可，可以向证人、鉴定人、勘验人发问。当事人要求重新进行调查、鉴定或者勘验的，是否准许，由人民法院决定。

4. 法庭辩论

先后顺序是：原告及其诉讼代理人发言；被告及其诉讼代理人答辩；第三人及其诉讼代理人发言或者答辩；互相辩论。法庭辩论终结，由审判长按照原告、被告、第三人的先后顺序征询各方最后意见。

5. 判决和调解

法庭辩论终结，应当依法作出判决，判决前能够调解的，还可以进行调解，调解不成的，应当及时判决。

当事人不服一审判决的，可依法提起二审程序。须在一审判决书送达之日起 15 日内向上一级法院提起上诉。上诉状应当通过原审法院提出，并按照对方当事人或者代表人的人数提出副本。二审法院应对上诉请求的有关事实和适用法律进行审查，并应组成合议庭进行开庭审理。合议庭认为不需要开庭审理的，也可径行判决。二审法院作出的判决是终审判决。

审判监督程序是当法院对已经发生法律效力的判决和裁定发现确有错误而需要再审时所进行的程序。当事人也可以申请再审，但须在判决发生法律效力后 2 年内提出。

法条指引

❶**《中华人民共和国民事诉讼法》**（2007 年 10 月 28 日修正）

第一百二十三条　开庭审理前，书记员应当查明当事人和其他诉讼参与人是否到庭，宣布法庭纪律。

开庭审理时，由审判长核对当事人，宣布案由，宣布审判人员、书记员名单，告知当事人有关的诉讼权利义务，询问当事人是否提出回避申请。

第一百二十四条　法庭调查按照下列顺序进行：

（一）当事人陈述；

（二）告知证人的权利义务，证人作证，宣读未到庭的证人证言；

（三）出示书证、物证和视听资料；

（四）宣读鉴定结论；

（五）宣读勘验笔录。

第一百二十五条　当事人在法庭上可以提出新的证据。

当事人经法庭许可，可以向证人、鉴定人、勘验人发问。

当事人要求重新进行调查、鉴定或者勘验的，是否准许，由人民法院决定。

第一百二十七条　法庭辩论按照下列顺序进行：

（一）原告及其诉讼代理人发言；

（二）被告及其诉讼代理人答辩；

（三）第三人及其诉讼代理人发言或者答辩；

（四）互相辩论。

法庭辩论终结，由审判长按照原告、被告、第三人的先后顺序征询各方最后意见。

第一百二十八条　法庭辩论终结，应当依法作出判决。判决前能够调解的，还可以进行调解，调解不成的，应当及时判决。

❷**《最高人民法院关于审理劳动争议案件适用法律若干问题的解释》**（2001 年 4 月 6 日）（略）

案例链接

❶《李军与新疆啤酒（集团）有限责任公司劳动争议纠纷上诉案》，参见北大法宝引证码：Pkulaw. cn/CLI. C. 251291。

❷《徐虎宁与银川泓昌彩色印刷有限责任公

司劳动争议纠纷再审案》，参见北大法宝引证码：Pkulaw. cn/CLI. C. 246473。

学者观点

❶ 黄建中、高圣平：《用人单位内部规章制度的性质与司法控制》，参见北大法宝引证码：Pkulaw. cn/CLI. A. 037658。

❷ 李迎春：《劳动合同法下用人单位用工风险及应对策略》，参见北大法宝引证码：Pkulaw. cn/CLI. A. 040262。

【申请强制执行】

法律问题解读

执行程序是指法院依法对生效的法律文书，通过强制措施迫使当事人履行法律文书规定义务的诉讼活动。强制执行措施主要包括：

（1）向银行查询被执行人的存款情况，有权冻结、划拨被执行人的存款；

（2）扣留、提取被执行人应当履行义务部分的收入；

（3）查封、扣押、冻结、拍卖、变卖被执行人应当履行义务部分的财产；

（4）法院有权发出搜查令，对被执行人及其住所或者财产隐匿地进行搜查；

（5）强制迁出房屋或者强制退出土地。

向法院申请强制执行，应当提交申请执行书和有关法律文书（判决书、裁决书等）。当申请执行法院判决时，当事人应请求第一审人民法院执行；当申请执行仲裁裁决书或仲裁调解书时，应请求被执行人住所地或者被执行的财产所在地法院执行。申请执行劳动争议法律文书的期限为1年，从法律文书规定履行期间的最后1日起计算。

执行工作由法院执行员执行。执行员接到申请执行书后应向被执行人发出执行通知，责令其在指定的期间履行，逾期不履行的，强制执行。最高人民法院曾规定，在执行中，对于企业拒绝给职工安排工作并且不发工资或者不给福利待遇的，人民法院可以通知银行或者信用社扣划应付的工资和应享受的福利待遇，必要时可责令企业赔偿该职工的实际损失。这就是说，人民法院可将用人单位拒绝给职工安排工作一类的行为标的转化为经济标的，强制用人单位执行。

法条指引

❶ **《中华人民共和国劳动法》**（1994年7月5日）

第八十三条 劳动争议当事人对仲裁裁决不服的，可以自收到仲裁裁决书之日起15日内向人民法院提起诉讼。一方当事人在法定期限内不起诉又不履行仲裁裁决的，另一方当事人可以申请人民法院强制执行。

❷ **《中华人民共和国民事诉讼法》**（2007年10月28日修正）

第二百零一条 发生法律效力的民事判决、裁定，以及刑事判决、裁定中的财产部分，由第一审人民法院或者与第一审人民法院同级的被执行的财产所在地人民法院执行。

法律规定由人民法院执行的其他法律文书，由被执行人住所地或者被执行的财产所在地人民法院执行。

第二百三十条 人民法院采取本法第二百一十八条、第二百一十九条、第二百二十条规定的执行措施后，被执行人仍不能偿还债务的，应当继续履行义务。债权人发现被执行人有其他财产的，可以随时请求人民法院执行。

❸ **《最高人民法院对劳动部〈关于人民法院审理劳动争议案件几个问题的函〉的答复》**（1989年8月10日 法经函［1988］53号）

三、劳动争议当事人按规定申请执行人民法院的判决、裁定、调解协议或者仲裁机关的仲裁决定的，人民法院应当依照民事诉讼法（试行）规定的执行程序办理。在执行中，对于企业拒绝给职工安排工作并且不发工资或者不给福利待遇的，人民法院可按民事诉讼法（试行）第一百七十九条的规定，通知银行或者信用社扣划应付的工资和应享受的福利待遇，必要时可责令企业赔偿该职工的实际损失。

❹ **《最高人民法院关于审理劳动争议案件适用法律若干问题的解释》**（2001年4月16日）

第二十一条 当事人申请人民法院执行劳动争议仲裁机构作出的发生法律效力的裁决书、调解书，被申请人提出证据证明劳动争议仲裁裁决书、调解书有下列情形之一，并经审查核实的，人民法院可以根据《民事诉讼法》第二百一十七条之规定，裁定不予执行：

（二）裁决的事项不属于劳动争议仲裁范围，或者劳动争议仲裁机构无权仲裁的；

（二）适用法律确有错误的；

（三）仲裁员仲裁该案时，有徇私舞弊、枉法裁决行为的；

（四）人民法院认定执行该劳动争议仲裁裁决违背社会公共利益的。

人民法院在不予执行的裁定书中，应当告知当事人在收到裁定书之次日起30日内，可以就该劳动争议事项向人民法院起诉。

❺《最高人民法院关于劳动争议仲裁委员会的复议仲裁决定书可否作为执行依据问题的批复》（1996年7月21日）

河南省高级人民法院：

你院（1995）豫法执请字第1号《关于郑劳仲复裁字（1991）第1号复议仲裁决定书能否作为执行依据的请示》收悉。经研究，答复如下：

仲裁一裁终局制度，是指仲裁决定一经作出即发生法律效力，当事人没有提请再次裁决的权利，但这并不排除原仲裁机构发现自己作出的裁决有错误进行重新裁决的情况。劳动争议仲裁委员会发现自己作出的仲裁决定书有错误而进行重新仲裁，符合实事求是的原则，不违背一裁终局制度，不应视为违反法定程序。因此对李双凤申请执行郑州市劳动争议仲裁委员会郑劳仲复裁字（1991）第1号复议仲裁决定书一案，应予立案执行。如被执行人提出申辩称该复议仲裁决定书有其他应不予执行的情形，应按照民诉法第二百一十七条的规定，认真审查，慎重处理。

❻《最高人民法院关于人民法院对经劳动争议仲裁裁决的纠纷准予撤诉或驳回起诉后劳动争议仲裁裁决从何时起生效的解释》（2000年4月4日）

为正确适用法律审理劳动争议案件，对人民法院裁定准予撤诉或驳回起诉后，劳动争议仲裁裁决从何时起生效的问题解释如下：

第一条 当事人不服劳动争议仲裁裁决向人民法院起诉后又申请撤诉，经人民法院审查准予撤诉的，原仲裁裁决自人民法院裁定送达当事人之日起发生法律效力。

第二条 当事人因超过起诉期间而被人民法院裁定驳回起诉的，原仲裁裁决自起诉期间届满之次日起恢复法律效力。

第三条 因仲裁裁决确定的主体资格错误或仲裁裁决事项不属于劳动争议，被人民法院驳回起诉的，原仲裁裁决不发生法律效力。

案例链接

❶《王中燕与河南安飞电子玻璃有限公司劳动争议纠纷上诉案》，参见北大法宝引证码：Pkulaw. cn/CLI. C. 227638。

❷《李强诉河南富顺面业有限公司劳务合同纠纷再审案》，参见北大法宝引证码：Pkulaw. cn/CLI. C. 240566。

学者观点

❶ 蔡定剑：《人民代表大会制度改革与宪政发展》，参见北大法宝引证码：Pkulaw. cn/CLI. A. 052599。

❷ 廖永安：《论我国民事与行政案件类型之界分》，参见北大法宝引证码：Pkulaw. cn/CLI. A. 053219。

【劳动争议诉讼须知】

法律问题解读

当事人提起劳动争议诉讼前，应当了解一些相关知识，以避免以下诉讼风险：

1. 诉讼请求不当的风险。当事人的诉讼请求不完全，未请求部分将被视为弃权，法院不予审理未请求部分。原告增加、变更诉讼请求或被告提出反诉，必须在法定期限内进行，否则，法院将视为当事人放弃该项权利。

2. 不按时交纳诉讼费用的风险。原告起诉、增加诉讼请求、被告反诉、当事人申请保全措施，必须按时交纳费用（有特殊经济困难，提交相关证明，符合减、免、缓交情况的除外），否则，法院将不予受理。

3. 不能充分提供证据的风险。原告起诉或被告反诉，对自己提出诉讼请求所依据的事实或者反驳对方诉讼请求所依据的事实，有责任提供证据加以证明。没有证据或证据不足的，负有举证责任的当事人将承担不利，甚至败诉的后果。

4. 超时提供证据的风险。证据必须在规定期限内提出。超过规定期限提供证据的，该证据不得在法庭上质证（对方当事人同意质证的除外），超时举证方将承担所主张事实不予认定的不利后果。

5. 不能提供原始证据的风险。向法庭提供证据应当提供原件或原物。若证据系在域外形成的，还应履行相应的证明手续，否则将导致该项证据无效的后果。提供证人证言的，证人需亲自出庭作证（特殊情况例外），否则法院将不予采信。

6. 申请法院调查收集证据中的风险。当事人申请法院调查收集证据，必须按照举证通知书的要求在规定期限内提出，否则将承担不利甚至败诉的后果。

7. 不按时出庭的风险。各方当事人必须按照规定时间参加庭审。不按规定时间参加庭审或者迟到30分钟以上的，原告方承担自动撤诉的后果，被告方承担缺席审理的后果。

8. 一方当事人下落不明的风险。一方当事人下落不明，会导致审理时间过长、无财产可供执行及虽交纳诉讼费用却达不到预期目的的不利后果。

9. 一方当事人没有财产或无足够财产可以提供的风险。一方当事人没有财产或不能提供足够财产，会导致财产保全不能实现或不能完全实现和申请保全费用不予退还的风险，还会导致无财产或无足够财产可供执行的风险。

10. 不认真阅读判决书、裁定书的风险。判决书、裁定书送达后，当事人提出上诉的，必须在判决书、裁定书明确的法定上诉期限内提出；申请执行的，必须在生效法律文书法定期限内提出，否则将被视为放弃该项权利，导致判决、裁定无法上诉或无法执行的后果。

法条指引

❶ **《中华人民共和国民事诉讼法》**（2007年10月28日修正）（略）

❷ **《最高人民法院关于民事诉讼证据的若干规定》**（2001年12月21日　法释［2001］33号）（略）

第十七章　劳动保障行政执法与监督

● 本章为读者提供与以下题目有关的法律问题的解读及相关法律文献依据

劳动保障监察（573）　劳动保障监察与劳动争议仲裁的关系（574）　劳动保障监察机构的职责（575）　劳动保障监察机构和人员的权利（577）　劳动保障监察机构和人员的义务（578）　劳动保障监察的内容（579）　常规监察的规则（579）　查处违法行为的程序（580）　劳动保障监察回避制度（580）　劳动保障监察的管辖（581）　劳动保障行政管理相对人（582）　劳动保障行政处罚（582）　劳动保障行政处罚的实施机关（585）　劳动保障行政处罚的基本原则（585）　劳动保障行政处罚的种类设定（586）　劳动保障行政处罚决定书（587）　劳动保障行政处罚决定书的送达（589）　行政处罚决定的当场作出（590）　劳动合同的监督检查（591）　对超时加班加点的处罚（592）　对违反女职工和未成年工保护规定的处罚（592）　对拖欠工资、加班费、经济补偿金的处罚（593）　对安全措施、卫生条件不合规定的处罚（594）　对违反职业培训规定的处罚（594）　对无理阻挠或拒绝监察行为的处罚（596）　对违反社会保险有关规定的处罚（596）　对数次或数种违反《劳动法》行为的处罚（598）　劳动保障行政处罚听证（598）　劳动保障行政处罚听证的程序（600）　劳动保障行政复议（601）　劳动保障行政复议应遵循的原则（601）　劳动保障行政复议的受案范围（602）　对规范性文件的审查（609）　劳动保障行政复议的管辖（610）　劳动保障行政复议的受理（610）　劳动保障行政复议的申请人（612）　行政复议的被申请人（613）　行政复议的第三人（614）　申请行政复议的形式（614）　申请行政复议的期限（615）　行政复议期间具体行政行为的处理（616）　错误的行政行为的赔偿（617）　行政复议决定（618）　行政复议决定的履行（618）　对行政复议决定不服的处理（619）　被申请人的违法责任（619）　行政诉讼（620）　行政诉讼的受理范围（620）　行政诉讼的时效（621）　行政诉讼与行政复议的衔接（622）

【劳动保障监察】

法律问题解读

劳动保障监察是保障国家劳动法律、法规的贯彻实施，维护劳动关系双方合法权益，促进劳动关系和谐、稳定发展的一项行政执法制度。具体是指县级以上人民政府劳动保障行政部门依法对用人单位和社会劳动保障中介服务机构遵守劳动法律、法规和规章情况进行监督检查，并对有违法行为的部门进行制止、责令改正或予以处罚的劳动行政执法制度。理解劳动保障监察应注意以下几点：

（1）劳动保障监察的执法主体，是劳动行政机关的劳动保障监察工作机构，包括劳动保障监察行政部门和劳动保障监察大队。执法对象是中华人民共和国境内的企业、事业单位等用人单位和社会劳动保障中介服务机构。其中，用人单位包括雇工的城镇个体工商户。

（2）劳动保障监察的内容是对行政管理对象执行劳动法律、法规、规章的情况进行监督检查。其范围十分广泛，但并不是一成不变的。随着经济体制改革的深入和劳动关系双方主体地位的确立，劳动关系将越来越复杂化，因而劳动保障监察的内容也将越来越丰富。

（3）劳动保障监察必须依照程序规定进行。执法过程中严格依照法定程序办事对于劳动保障监察的公正性有重要意义。

（4）劳动保障行政主管部门做出的劳动监察

决定是具有法律效力的具体行政行为，当事人必须遵照执行。对劳动保障监察决定不服可以向上一级劳动保障主管部门提出复议申请，也可向人民法院就该具体行政行为提起诉讼。行政执法相对人逾期不申请行政复议，不起诉又不执行处理决定的，劳动保障监察机构可以申请人民法院强制执行。

法条指引

❶《**中华人民共和国劳动法**》（1994 年 7 月 5 日）

第八十五条 县级以上各级人民政府劳动行政部门依法对用人单位遵守劳动法律、法规的情况进行监督检查，对违反劳动法律、法规的行为有权制止，并责令改正。

第八十八条 各级工会依法维护劳动者的合法权益，对用人单位遵守劳动法律、法规的情况进行监督。

任何组织和个人对于违反劳动法律、法规的行为有权检举和控告。

案例链接

❶《丁海端与佛山市南海区劳动和社会保障局行政不作为纠纷上诉案》，参见北大法宝引证码：Pkulaw. cn/CLI. C. 84651。

❷《佛山市城区旺旺海鲜酒家与佛山市禅城区劳动和社会保障局等行政处理决定纠纷上诉案》，参见北大法宝引证码：Pkulaw. cn/CLI. C. 69810。

学者观点

❶ 谢增毅：《英国反就业歧视法与我国立法之完善》，参见北大法宝引证码：Pkulaw. cn/CLI. A. 047753。

❷ 莫纪宏：《宪政新论之五：人民监督的法律保障》，参见北大法宝引证码：Pkulaw. cn/CLI. A. 024839。

【劳动保障监察与劳动争议仲裁的关系】

法律问题解读

劳动保障监察同劳动争议仲裁的基本目的都是保障劳动法律、法规的贯彻执行，维护劳动关系的和谐、稳定，但两者之间存在着本质上的差异：

其一，两者的性质不同。劳动保障行政监察是劳动保障行政部门依法对用人单位、其他单位遵守劳动法律、法规和规章的情况进行监督检查，对违法行为予以矫正和处罚的行政执法行为；而劳动争议仲裁则是根据用人单位或劳动者的仲裁申请，依法对他们之间发生的劳动争议进行公断的带有司法性的行为。

其二，机构不同。劳动保障监察机构是政府的劳动保障行政部门；而劳动争议仲裁机构是劳动争议仲裁委员会。劳动争议仲裁委员会由劳动保障行政部门的代表、政府指定的经济综合管理部门的代表和工会代表等三方人员组成。

其三，程序不同。劳动保障监察是由劳动保障行政部门依照法定职权主动进行；而劳动争议仲裁则是根据劳动争议当事人提出的仲裁申请，被动介入。

其四，法律地位不同。在劳动保障监察过程中，劳动保障行政部门与接受监督检查的单位是行政监督管理关系，而在劳动争议仲裁过程中，仲裁机构是一种“中间人”的角色。

其五，法律后果不同。在劳动保障监察中，劳动保障行政部门一经作出处理决定，立即发生法律效力，有关单位即应执行。若当事人不服处理决定的，可以按照《行政复议法》或《行政诉讼法》的规定申请行政复议或者提起行政诉讼，被申请人或被告人是劳动保障行政部门，在申请复议或行政诉讼期间，不影响决定的执行。而劳动争议仲裁委员会作出的裁决，并不立即发生法律效力，而是处于效力待定状态。当事人对劳动争议仲裁机构的仲裁裁决不服，可以在法定期限内向人民法院起诉。只有法定期限届满，当事人不起诉的，裁决书才发生法律效力。若当事人向法院起诉，也不是以仲裁机构为被告提起行政诉讼，而是以劳动争议的另一方为被告提起普通的民事诉讼，原告和被告仍是劳动争议的双方。

法条指引

❶《**中华人民共和国劳动法**》（1994 年 7 月 5 日）

第八十五条 县级以上各级人民政府劳动行政部门依法对用人单位遵守劳动法律、法规的情况进行监督检查，对违反劳动法律、法规的行为有权制止，并责令改正。

第八十六条 县级以上各级人民政府劳动行

政部门监督检查人员执行公务，有权进入用人单位了解执行劳动法律、法规的情况，查阅必要的资料，并对劳动场所进行检查。

县级以上各级人民政府劳动行政部门监督检查人员执行公务，必须出示证件，秉公执法并遵守有关规定。

第八十七条 县级以上各级人民政府有关部门在各自职责范围内，对用人单位遵守劳动法律、法规的情况进行监督。

第八十八条 各级工会依法维护劳动者的合法权益，对用人单位遵守劳动法律、法规的情况进行监督。

任何组织和个人对于违反劳动法律、法规的行为有权检举和控告。

❷**《中华人民共和国企业劳动争议处理条例》**（1993 年 7 月 6 日 国务院令第 117 号）（略）

案例链接

❶《钟健荣诉广州福寿仙药业有限公司劳动争议纠纷案》，参见北大法宝引证码：Pkulaw. cn/CLI. C. 231322。

❷《周群与佛山市禅城区劳动和社会保障局行政处理决定纠纷上诉案》，参见北大法宝引证码：Pkulaw. cn/CLI. C. 43075。

【劳动保障监察机构的职责】

法律问题解读

劳动保障监察机构在行政执法过程中主要有以下几个方面的职责：

（1）宣传党和国家劳动保障方针政策和劳动保障法律、法规、规章，督促用人单位和社会劳动保障中介机构贯彻执行。

（2）对用人单位和相关单位遵守劳动保障法律、法规、规章情况进行监督检查。劳动保障监察通过管辖分工，主要采取：常规巡视监察、群众举报专案查处、劳动保障年检和专项大检查等方式，由经过特定程序任命的监察人员对企业进行监督检查。

（3）依法纠正和查处违反劳动保障法律、法规、规章的行为。劳动保障行政处罚是劳动保障行政机关对违反劳动保障法律、法规，但尚未构成犯罪的用人单位、有关组织和个人所给予的行政制裁。劳动保障行政处罚分为申诫罚、财产罚和行为罚。

（4）受理对违反劳动保障法律、法规和规章行为的投诉举报。

（5）对劳动保障监察人员进行培训和监督。

（6）法律、法规、规章规定的其他监察职责。

法条指引

❶**《中华人民共和国劳动法》**（1994 年 7 月 5 日）

第八十五条 县级以上各级人民政府劳动行政部门依法对用人单位遵守劳动法律、法规的情况进行监督检查，对违反劳动法律、法规的行为有权制止，并责令改正。

第八十六条 县级以上各级人民政府劳动行政部门监督检查人员执行公务，有权进入用人单位了解执行劳动法律、法规的情况，查阅必要的资料，并对劳动场所进行检查。

县级以上各级人民政府劳动行政部门监督检查人员执行公务，必须出示证件，秉公执法并遵守有关规定。

第八十七条 县级以上各级人民政府有关部门在各自职责范围内，对用人单位遵守劳动法律、法规的情况进行监督。

第八十八条 各级工会依法维护劳动者的合法权益，对用人单位遵守劳动法律、法规的情况进行监督。

任何组织和个人对于违反劳动法律、法规的行为有权检举和控告。

第八十九条 用人单位制定的劳动规章制度违反法律、法规规定的，由劳动行政部门给予警告，责令改正；对劳动者造成损害的，应当承担赔偿责任。

第九十条 用人单位违反本法规定，延长劳动者工作时间的，由劳动行政部门给予警告，责令改正，并可以处以罚款。

第九十一条 用人单位有下列侵害劳动者合法权益情形之一的，由劳动行政部门责令支付劳动者的工资报酬、经济补偿，并可以责令支付赔偿金：

（一）克扣或者无故拖欠劳动者工资的；

（二）拒不支付劳动者延长工作时间工资报酬的；

（三）低于当地最低工资标准支付劳动者工资的；

（四）解除劳动合同后，未依照本法规定给予劳动者经济补偿的。

第九十二条 用人单位的劳动安全设施和劳动卫生条件不符合国家规定或者未向劳动者提供必要的劳动防护用品和劳动保护设施的，由劳动行政部门或者有关部门责令改正，可以处以罚款；情节严重的，提请县级以上人民政府决定责令停产整顿；对事故隐患不采取措施，致使发生重大事故，造成劳动者生命和财产损失的，对责任人员比照刑法第一百八十七条的规定追究刑事责任。

第九十三条 用人单位强令劳动者违章冒险作业，发生重大伤亡事故，造成严重后果的，对责任人员依法追究刑事责任。

第九十四条 用人单位非法招用未满16周岁的未成年人的，由劳动行政部门责令改正，处以罚款；情节严重的，由工商行政管理部门吊销营业执照。

第九十五条 用人单位违反本法对女职工和未成年工的保护规定，侵害其合法权益的，由劳动行政部门责令改正，处以罚款；对女职工或者未成年工造成损害的，应当承担赔偿责任。

第九十六条 用人单位有下列行为之一，由公安机关对责任人员处以15日以下拘留、罚款或者警告；构成犯罪的，对责任人员依法追究刑事责任：

（一）以暴力、威胁或者非法限制人身自由的手段强迫劳动的；

（二）侮辱、体罚、殴打、非法搜查和拘禁劳动者的。

第九十七条 由于用人单位的原因订立的无效合同，对劳动者造成损害的，应当承担赔偿责任。

第九十八条 用人单位违反本法规定的条件解除劳动合同或者故意拖延不订立劳动合同的，由劳动行政部门责令改正；对劳动者造成损害的，应当承担赔偿责任。

第九十九条 用人单位招用尚未解除劳动合同的劳动者，对原用人单位造成经济损失的，该用人单位应当依法承担连带赔偿责任。

第一百条 用人单位无故不缴纳社会保险费的，由劳动行政部门责令其限期缴纳；逾期不缴的，可以加收滞纳金。

第一百零一条 用人单位无理阻挠劳动行政部门、有关部门及其工作人员行使监督检查权，打击报复举报人员的，由劳动行政部门或者有关部门处以罚款；构成犯罪的，对责任人员依法追究刑事责任。

第一百零二条 劳动者违反本法规定的条件解除劳动合同或者违反劳动合同中约定的保密事项，对用人单位造成经济损失的，应当依法承担赔偿责任。

第一百零三条 劳动行政部门或者有关部门的工作人员滥用职权、玩忽职守、徇私舞弊，构成犯罪的，依法追究刑事责任；不构成犯罪的，给予行政处分。

第一百零四条 国家工作人员和社会保险基金经办机构的工作人员挪用社会保险基金，构成犯罪的，依法追究刑事责任。

第一百零五条 违反本法规定侵害劳动者合法权益，其他法律、行政法规已规定处罚的，依照该法律、行政法规的规定处罚。

❷**《中华人民共和国行政处罚法》**（1996年3月17日 国家主席令第63号）

第八条 行政处罚的种类：

（一）警告；

（二）罚款；

（三）没收违法所得、没收非法财物；

（四）责令停产停业；

（五）暂扣或者吊销许可证、暂扣或者吊销执照；

（六）行政拘留；

（七）法律、行政法规规定的其他行政处罚。

第九条 法律可以设定各种行政处罚。

限制人身自由的行政处罚，只能由法律设定。

第十条 行政法规可以设定除限制人身自由以外的行政处罚。

法律对违法行为已经作出行政处罚规定，行政法规需要作出具体规定的，必须在法律规定的给予行政处罚的行为、种类和幅度的范围内规定。

第十一条 地方性法规可以设定除限制人身自由、吊销企业营业执照以外的行政处罚。

法律、行政法规对违法行为已经作出行政处罚规定，地方性法规需要作出具体规定的，必须在法律、行政法规规定的给予行政处罚的行为、种类和幅度的范围内规定。

第十二条 国务院部、委员会制定的规章可以在法律、行政法规规定的给予行政处罚的行为、种类和幅度的范围内作出具体规定。

尚未制定法律、行政法规的，前款规定的国务院部、委员会制定的规章对违反行政管理秩序的行为，可以设定警告或者一定数量罚款的行政处罚。罚款的限额由国务院规定。

国务院可以授权具有行政处罚权的直属机构依照本条第一款、第二款的规定，规定行政处罚。

第十三条　省、自治区、直辖市人民政府和省、自治区人民政府所在地的市人民政府以及经国务院批准的较大的市人民政府制定的规章可以在法律、法规规定的给予行政处罚的行为、种类和幅度的范围内作出具体规定。

尚未制定法律、法规的，前款规定的人民政府制定的规章对违反行政管理秩序的行为，可以设定警告或者一定数量罚款的行政处罚。罚款的限额由省、自治区、直辖市人民代表大会常务委员会规定。

第十四条　除本法第九条、第十条、第十一条、第十二条以及第十三条的规定外，其他规范性文件不得设定行政处罚。

❸**《劳动保障监察条例》**（2004 年 10 月 26 日　国务院令第 423 号）

第十条　劳动保障行政部门实施劳动保障监察，履行下列职责：

（一）宣传劳动保障法律、法规和规章，督促用人单位贯彻执行；

（二）检查用人单位遵守劳动保障法律、法规和规章的情况；

（三）受理对违反劳动保障法律、法规或者规章的行为的举报、投诉；

（四）依法纠正和查处违反劳动保障法律、法规或者规章的行为。

案例链接

❶《郑州椿长仪器仪表有限公司与徐文田劳动争议纠纷上诉案》，参见北大法宝引证码：Pkulaw. cn/CLI. C. 210648。

❷《佛山市南海区交通局地方公路管理站与钟卫洲劳动合同纠纷上诉案》，参见北大法宝引证码：Pkulaw. cn/CLI. C. 81849。

学者观点

❶ 李迎春：《光荣与梦想：劳动合同法九大突破》，参见北大法宝引证码：Pkulaw. cn/CLI. A. 039055。

❷ 夏敏：《“末位淘汰”的法律审视》，参见北大法宝引证码：Pkulaw. cn/CLI. A. 024091。

【劳动保障监察机构和人员的权利】

法律问题解读

根据《劳动法》和其他有关法律、法规的规定，劳动保障监察机构及其工作人员在执行劳动保障行政监督检查任务时享有以下权利：

（1）实地检查权。根据工作需要，监督检查人员可以随时进入有关单位（包括用人单位和就业介绍、就业服务机构）的劳动场所，以及其他应该检查的场所进行实地检查，无需事先通知。任何单位和个人不得拒绝和阻拦。

（2）书面调查权。劳动保障监察机构和监督检查人员有权要求有关单位和个人在限定的期限内就有关问题作出书面解释和说明。按规定向用人单位或有关个人下达《劳动监察询问通知书》，有关单位和个人应自收到通知书之日起 10 日内，据实向劳动保障行政机关作出书面答复。

（3）询问权。监察人员有权向接受检查单位和所有人员包括企业领导和普通劳动者询问情况。

（4）查阅、复制资料权。监察人员认为必要时，有权查阅、复制检查对象单位的有关资料，如职工花名册、临时用工登记本、职工考勤卡、工资发放表、劳动合同书、内部规章制度等，被检查单位有义务及时如实提供。

（5）发现用人单位有违反劳动保障法律法规的行为，有权制止并责令改正，提出处理建议。

为了保证劳动保障行政监督检查机构和监督检查人员行使权利，《劳动法》还规定，用人单位无理阻挠劳动行政部门、有关部门及其工作人员行使监督检查权，打击报复举报人员的，由劳动保障行政部门或者有关部门处以罚款；构成犯罪的，对责任人员依法追究刑事责任。

法条指引

❶**《中华人民共和国劳动法》**（1994 年 7 月 5 日　国家主席令第 28 号）

第八十六条　县级以上各级人民政府劳动行政部门监督检查人员执行公务，有权进入用人单位了解执行劳动法律、法规的情况，查阅必要的资料，并对劳动场所进行检查。

县级以上各级人民政府劳动行政部门监督检查人员执行公务，必须出示证件，秉公执法并遵守有关规定。

第一百零一条　用人单位无理阻挠劳动行政部门、有关部门及其工作人员行使监督检查权，打击报复举报人员的，由劳动行政部门或者有关部门处以罚款；构成犯罪的，对责任人员依法追究刑事责任。

❷《劳动保障监察条例》（2004 年 10 月 26 日 国务院令第 423 号）

第十五条 劳动保障行政部门实施劳动保障监察，有权采取下列调查、检查措施：

（一）进入用人单位的劳动场所进行检查；

（二）就调查、检查事项询问有关人员；

（三）要求用人单位提供与调查、检查事项相关的文件资料，并作出解释和说明，必要时可以发出调查询问书；

（四）采取记录、录音、录像、照相或者复制等方式收集有关情况和资料；

（五）委托会计师事务所对用人单位工资支付、缴纳社会保险费的情况进行审计；

（六）法律、法规规定可以由劳动保障行政部门采取的其他调查、检查措施。

劳动保障行政部门对事实清楚、证据确凿、可以当场处理的违反劳动保障法律、法规或者规章的行为有权当场予以纠正。

【劳动保障监察机构和人员的义务】

法律问题解读

劳动保障监察机构及其工作人员在执行劳动保障行政监督检查活动时，必须履行下列义务：

(1) 开展劳动保障行政监督检查活动时，应有两名以上的监察人员参加；

(2) 在调查、收集证据、进行检查或当场处罚时，应当出示执法证件，表明身份；

(3) 遵守有关法律、法规的规定，秉公执法，不徇私情；

(4) 进入生产场所进行实地检查时，遵守有关的生产纪律；

(5) 替被检查单位保密。对于执行监督检查活动中知晓的被检查单位的生产和商业秘密，要绝对保密；

(6) 替检举和举报人员保密。对检举、举报人员以及反映了不宜公开问题的被询问人的姓名等有关情况，要严守秘密；

(7) 健全行政处罚文书制度，在进行监督检查、行政处罚时，应制作相应的文书。处理决定书应当在 10 日内报送上一级劳动保障行政部门备案。

规定监督检查人员的义务既是保证劳动保障行政监督活动公正合理的需要，也是保护被检查单位和劳动者合法权益的要求。劳动保障监察人员必须严格遵守法律规定，履行法定义务。否则，对劳动保障监察人员违反法定义务，滥用职权、玩忽职守、徇私舞弊的行为，须给予相应的行政处分。构成犯罪的，依法追究刑事责任。

法条指引

❶《中华人民共和国劳动法》（1994 年 7 月 5 日 国家主席令第 28 号）

第一百零三条 劳动行政部门或者有关部门的工作人员滥用职权、玩忽职守、徇私舞弊，构成犯罪的，依法追究刑事责任；不构成犯罪的，给予行政处分。

❷《劳动保障监察条例》（2004 年 10 月 26 日 国务院令第 423 号）

第十条 劳动保障行政部门实施劳动保障监察，履行下列职责：

（一）宣传劳动保障法律、法规和规章，督促用人单位贯彻执行；

（二）检查用人单位遵守劳动保障法律、法规和规章的情况；

（三）受理对违反劳动保障法律、法规或者规章的行为的举报、投诉；

（四）依法纠正和查处违反劳动保障法律、法规或者规章的行为。

第十二条 劳动保障监察员依法履行劳动保障监察职责，受法律保护。

劳动保障监察员应当忠于职守，秉公执法，勤政廉洁，保守秘密。

任何组织或者个人对劳动保障监察员的违法违纪行为，有权向劳动保障行政部门或者有关机关检举、控告。

第十六条 劳动保障监察员进行调查、检查，不得少于 2 人，并应当佩戴劳动保障监察标志、出示劳动保障监察证件。

劳动保障监察员办理的劳动保障监察事项与本人或者其近亲属有直接利害关系的，应当回避。

❸《劳动行政处罚若干规定》（1996 年 9 月 27 日 劳动部令第 1 号）

第十九条 劳动行政部门应建立行政处罚文书制度。劳动行政执法人员在进行行政处罚时，应当填写相应的文书。

第二十条 劳动行政执法人员在调查、收集证据、进行检查或当场处罚时，应出示劳动行政执法证件。劳动行政部门颁发的行政执法证件，由劳动部统一规定。

案例链接

❶《北京市海淀区劳动和社会保障局与北京贝斯特医用仪器有限公司劳动监察行政处罚纠纷上诉案》，参见北大法宝引证码：Pkulaw. cn/CLI. C. 196784。

❷《北京贝斯特医用仪器有限公司不服劳动监察行政处罚案》，参见北大法宝引证码：Pkulaw. cn/CLI. C. 235735。

学者观点

❶ 杨连专：《农村剩余劳动力就业的法律保障问题研究》，参见北大法宝引证码：Pkulaw. cn/CLI. A. 025935。

【劳动保障监察的内容】

法律问题解读

劳动保障监察内容非常广泛，涵盖了劳动保障工作的方方面面，概括起来主要有以下几个方面：

（1）社会劳务中介机构和社会培训机构遵守有关规定的情况。

（2）劳动合同的订立和履行情况。

（3）单位招聘职工的行为。

（4）劳动者的工作时间。

（5）企业遵守企业工资总额宏观调控规定的情况。

（6）用人单位支付职工工资情况。

（7）国有企业经营者的收入情况。

（8）用人单位和劳动者缴纳社会保险费情况。

（9）社会保险金给付情况。

（10）用人单位遵守职工福利规定的情况。

（11）用人单位和劳动者遵守职业技能开发规定的情况。

（12）社会职业技能考核鉴定机构对劳动者职业考核鉴定及发放证书的情况。

（13）承办境外承包工程、对外劳务合作、公民个人出境就业的机构维护境外就业人员合法权益的情况。

（14）法律、法规、规章规定的其他事项。

法条指引

❶ **《劳动保障监察条例》**（2004 年 10 月 26 日国务院令第 423 号）

第八条 劳动保障监察遵循公正、公开、高效、便民的原则。

实施劳动保障监察，坚持教育与处罚相结合，接受社会监督。

❷ **《劳动保障监察条例》**（2004 年 10 月 26 日国务院令第 423 号）

第十一条 劳动保障行政部门对下列事项实施劳动保障监察：

（一）用人单位制定内部劳动保障规章制度的情况；

（二）用人单位与劳动者订立劳动合同的情况；

（三）用人单位遵守禁止使用童工规定的情况；

（四）用人单位遵守女职工和未成年工特殊劳动保护规定的情况；

（五）用人单位遵守工作时间和休息休假规定的情况；

（六）用人单位支付劳动者工资和执行最低工资标准的情况；

（七）用人单位参加各项社会保险和缴纳社会保险费的情况；

（八）职业介绍机构、职业技能培训机构和职业技能考核鉴定机构遵守国家有关职业介绍、职业技能培训和职业技能考核鉴定的规定的情况；

（九）法律、法规规定的其他劳动保障监察事项。

案例链接

❶《梁同力与佛山市南海区劳动和社会保障局行政不作为纠纷上诉案》，参见北大法宝引证码：Pkulaw. cn/CLI. C. 84650。

❷《滕祖送与广东德泽建设工程有限公司劳动争议纠纷上诉案》，参见北大法宝引证码：Pkulaw. cn/CLI. C. 166253。

【常规监察的规则】

法律问题解读

常规监察是劳动保障监察的基本方式之一，是各级劳动保障监察机构对其监察对象执行劳动保障法规的基本情况进行的一般性的、全面的、经常的监督检查。常规监察涉及的内容全面、对象广泛，是监察机构经常性的业务。劳动保障监察人员进行常规监察时，应遵循下列规定：

（1）应有两名以上劳动保障监察员共同进行，并出示中华人民共和国劳动保障监察证件，说明身份；

（2）告知用人单位检查的目的、内容、要求、方法；

（3）了解用人单位遵守劳动保障法律、法规情况，并巡视劳动场所；

（4）现场检查情况应有笔录，笔录应由劳动保障监察员和用人单位法定代表人（或法定代表人委托的代理人）签名或盖章，用人单位法定代表人拒不签名或盖章的，应注明拒签情况。

【查处违法行为的程序】

法律问题解读

劳动保障行政监督检查机构查处违反劳动保障法律、法规行为必须严格遵守法定程序：

1. 登记立案。用人单位有违反劳动保障法律、法规行为，并经过审查，由劳动保障监察机构确认，有违法事实、需要依法追究的，应当登记立案。登记立案应填写立案审批表，报监察机构负责人批准，批准日期为立案起始时间。

2. 调查取证。对已立案的案件，劳动保障监察机构应全面、客观、公正地调查，收集有关证据。

3. 处理。在调查取证后，对需要追究法律责任的案件，劳动保障行政部门应当作出处理决定。处理决定作出前，劳动保障行政部门应当听取当事人申辩。

4. 制作处理决定书。劳动保障行政部门做出处理决定，应当制作处理决定书。处理决定书应当加盖劳动保障行政部门印章，并载明：

（1）当事人姓名、住址等基本情况；

（2）劳动保障行政部门认定的违法事实；

（3）适用的法律、法规、规章或规范性文件；

（4）处理结论；

（5）处理决定的履行日期或者期限；

（6）当事人依法享有申请行政复议或者提起行政诉讼的权利；

（7）作出处理决定的行政机关名称；

（8）作出处理决定的日期。

5. 送达。劳动保障监察机构在处理决定作出之日起 7 日之内，应当将处理决定送达当事人。处理决定书自送达当事人之日起生效。

法条指引

❶ **《劳动保障监察条例》**（2004 年 10 月 26 日国务院令第 423 号）

第十六条 劳动保障监察员进行调查、检查，不得少于 2 人，并应当佩戴劳动保障监察标志、出示劳动保障监察证件。

劳动保障监察员办理的劳动保障监察事项与本人或者其近亲属有直接利害关系的，应当回避。

第十七条 劳动保障行政部门对违反劳动保障法律、法规或者规章的行为的调查，应当自立案之日起 60 个工作日内完成；对情况复杂的，经劳动保障行政部门负责人批准，可以延长 30 个工作日。

第十八条 劳动保障行政部门对违反劳动保障法律、法规或者规章的行为，根据调查、检查的结果，作出以下处理：

（一）对依法应当受到行政处罚的，依法作出行政处罚决定；

（二）对应当改正未改正的，依法责令改正或者作出相应的行政处理决定；

（三）对情节轻微且已改正的，撤销立案。

发现违法案件不属于劳动保障监察事项的，应当及时移送有关部门处理；涉嫌犯罪的，应当依法移送司法机关。

第十九条 劳动保障行政部门对违反劳动保障法律、法规或者规章的行为作出行政处罚或者行政处理决定前，应当听取用人单位的陈述、申辩；作出行政处罚或者行政处理决定，应当告知用人单位依法享有申请行政复议或者提起行政诉讼的权利。

第二十条 违反劳动保障法律、法规或者规章的行为在 2 年内未被劳动保障行政部门发现，也未被举报、投诉的，劳动保障行政部门不再查处。

前款规定的期限，自违反劳动保障法律、法规或者规章的行为发生之日起计算；违反劳动保障法律、法规或者规章的行为有连续或者继续状态的，自行为终了之日起计算。

【劳动保障监察回避制度】

法律问题解读

劳动保障监察回避制度，是指承办查处违法案件的劳动保障监察人员或其他人员，遇有法律、法规规定的需要回避的情形，应当退出本案处理活动的一种法律制度。须申请回避的情形如下：

（1）是用人单位法定代表人近亲属的。

（2）本人或其近亲属与承办查处的案件有利害关系的。

(3) 因其他原因可能影响案件公正处理的。

当事人认为承办人员应当回避的，有权向承办查处工作的劳动保障行政部门申请，要求其回避。当事人申请回避，应采用书面形式。承办人员的回避，由劳动保障监察机构负责人决定；劳动保障监察机构负责人的回避，由劳动保障行政部门负责人决定。回避决定应在收到申请之日起3日内作出。作出回避决定前，承办人员不得停止对案件的调查处理。对驳回回避申请的决定，应当向申请人说明理由。

法条指引

❶ **《劳动保障监察条例》**（2004年10月26日国务院令第423号）

第十六条 劳动保障监察员进行调查、检查，不得少于2人，并应当佩戴劳动保障监察标志、出示劳动保障监察证件。

劳动保障监察员办理的劳动保障监察事项与本人或者其近亲属有直接利害关系的，应当回避。

案例链接

❶《孔玲玲与上海市劳动和社会保障局履行法定职责纠纷上诉案》，参见北大法宝引证码：Pkulaw. cn/CLI. C. 16669。

❷《欧新春与广东德泽建设工程有限公司劳动争议纠纷上诉案》，参见北大法宝引证码：Pkulaw. cn/CLI. C. 166248。

【劳动保障监察的管辖】

法律问题解读

各省、自治区、直辖市对管辖范围一般规定为：

(1) 省级劳动保障行政部门负责中直、省直所属用人单位和社会中介服务机构的劳动保障监察。

(2) 市（地）、县级劳动保障行政部门负责除省级劳动保障行政部门管辖范围以外的用人单位和社会中介服务机构的劳动保障监察，具体管辖范围，由市（地）人民政府规定。

(3) 上级劳动保障行政部门可以将所管辖的劳动保障监察业务委托下级劳动保障行政部门办理；下级劳动保障行政部门也可将案情重大的劳动保障监察案件请求移送上级劳动保障行政部门办理。

(4) 两个或两个以上劳动保障行政部门发生管辖争议的，由发生争议的各方协商解决；协商不成的，由其共同的上一级劳动保障行政部门指定管辖。

法条指引

❶ **《中华人民共和国行政处罚法》**（1996年3月17日）

第二十条 行政处罚由违法行为发生地的县级以上地方人民政府具有行政处罚权的行政机关管辖。法律、行政法规另有规定的除外。

第二十一条 对管辖发生争议的，报请共同的上一级行政机关指定管辖。

❷ **《劳动保障监察条例》**（2004年10月26日国务院令第423号）

第三条 国务院劳动保障行政部门主管全国的劳动保障监察工作。县级以上地方各级人民政府劳动保障行政部门主管本行政区域内的劳动保障监察工作。

县级以上各级人民政府有关部门根据各自职责，支持、协助劳动保障行政部门的劳动保障监察工作。

第四条 县级、设区的市级人民政府劳动保障行政部门可以委托符合监察执法条件的组织实施劳动保障监察。

劳动保障行政部门和受委托实施劳动保障监察的组织中的劳动保障监察员应当经过相应的考核或者考试录用。

劳动保障监察证件由国务院劳动保障行政部门监制。

案例链接

❶《上海一同贸易有限公司与上海市工商行政管理局杨浦分局工商行政处罚纠纷上诉案》，参见北大法宝引证码：Pkulaw. cn/CLI. C. 155238。

❷《重庆市黔江区华兴采石场诉重庆市黔江区安全生产监督管理局行政处罚决定纠纷案》，参见北大法宝引证码：Pkulaw. cn/CLI. C. 101831。

学者观点

❶ 曾五一：《"二法一条例"与公安行政执法》，参见北大法宝引证码：Pkulaw. cn/CLI. A. 027478。

❷ 关保英：《论抽象行政行为主体与具体行政行为主体的分离》，参见北大法宝引证码：Pkulaw. cn/CLI. A. 040270。

【劳动保障行政管理相对人】

法律问题解读

劳动保障行政管理相对人是指依法接受劳动保障行政机关或授权的事业组织管理的公民、法人或者其他组织。因他们与劳动保障行政管理主体相对应，故称为劳动保障行政管理相对人，可以简称相对人。

公民，包括中国公民和外国公民。

法人，包括企业法人、事业法人、机关团体法人等。

其他组织是指合法成立、有一定的组织机构和财产，能够以自己的名义对外开展业务活动的，但又不具备法人资格的组织，包括：

（1）依法登记领取营业执照的私营独资企业、合伙组织；

（2）依法登记领取营业执照的合伙型联营企业；

（3）依法登记领取我国营业执照的中外合作经营企业、外资企业；

（4）经民政部门核准登记领取社会团体登记证的社会团体；

（5）法人依法设立并领取营业执照的分支机构；

（6）中国人民银行、各专业银行设在各地的分支机构；

（8）中国人民保险公司设在各地的分支机构；

（8）经核准登记领取营业执照的乡镇、街道、村办企业；

（9）符合规定条件的其他组织。

法条指引

❶《中华人民共和国行政处罚法》（1996年3月17日）

第三条 公民、法人或者其他组织违反行政管理秩序的行为，应当给予行政处罚的，依照本法由法律、法规或者规章规定，并由行政机关依照本法规定的程序实施。

没有法定依据或者不遵守法定程序的，行政处罚无效。

❷《最高人民法院关于适用〈中华人民共和国民事诉讼法〉若干问题的意见》（1992年7月14日）

40. 民事诉讼法第四十九条规定的其他组织是指合法成立、有一定的组织机构和财产，但又不具备法人资格的组织，包括：

（1）依法登记领取营业执照的私营独资企业、合伙组织；

（2）依法登记领取营业执照的合伙型联营企业；

（3）依法登记领取我国营业执照的中外合作经营企业、外资企业；

（4）经民政部门核准登记领取社会团体登记证的社会团体；

（5）法人依法设立并领取营业执照的分支机构；

（6）中国人民银行、各专业银行设在各地的分支机构；

（7）中国人民保险公司设在各地的分支机构；

（8）经核准登记领取营业执照的乡镇、街道、村办企业；

（9）符合本条规定条件的其他组织。

案例链接

❶《托乎提·阿不力孜不服乌鲁木齐市新市区城市管理执法局拆除违法建筑物决定》，参见北大法宝引证码：Pkulaw. cn/CLI. C. 86493。

❷《四川蜀威会计师事务所有限公司与四川省地方税务局稽查局税务行政处罚纠纷上诉案》，参见北大法宝引证码：Pkulaw. cn/CLI. C. 73916。

学者观点

❶ 余凌云：《听证理论的本土化实践》，参见北大法宝引证码：Pkulaw. cn/CLI. A. 052332。

❷ 朱志辉：《试论撤销学位的行政行为性质——由陈颖诉中山大学案引发的思考》，参见北大法宝引证码：Pkulaw. cn/CLI. A. 044492。

【劳动保障行政处罚】

法律问题解读

劳动保障行政处罚是指劳动保障行政部门依法对违反劳动和社会保障法律、法规，尚未构成犯罪的公民、法人或其他组织，即劳动保障行政管理相对人给予的行政制裁。劳动保障行政处罚主要包括三种：一是申诫罚，指予以告诫并影响声誉的处罚，如警告、通报批评等；二是财产罚，指剥夺财产权的处罚，如罚款、没收违法所得等；三是行为罚，指限制或剥夺行为权的处罚，如吊销许可证、责令停产停业等。应注意的是：

（1）劳动保障行政处罚权由劳动保障行政部

门行使。

（2）劳动保障行政处罚是对劳动保障行政管理相对人违法行为的处罚。

（3）劳动保障行政处罚是一种制裁性的措施，通过对相对人违法行为的制裁，使其今后不再重犯，从而达到维护劳动和社会保障各项秩序的目的。

（4）劳动保障行政处罚所指向的对象是违法者的财产、名誉或其他利益。

法条指引

❶**《中华人民共和国行政处罚法》**（1996年3月17日　国家主席令第63号）

第三条　公民、法人或者其他组织违反行政管理秩序的行为，应当给予行政处罚的，依照本法由法律、法规或者规章规定，并由行政机关依照本法规定的程序实施。

没有法定依据或者不遵守法定程序的，行政处罚无效。

❷**《劳动保障监察条例》**（2004年10月26日　国务院令第423号）

第二十三条　用人单位有下列行为之一的，由劳动保障行政部门责令改正，按照受侵害的劳动者每人1000元以上5000元以下的标准计算，处以罚款：

（一）安排女职工从事矿山井下劳动、国家规定的第四级体力劳动强度的劳动或者其他禁忌从事的劳动的；

（二）安排女职工在经期从事高处、低温、冷水作业或者国家规定的第三级体力劳动强度的劳动的；

（三）安排女职工在怀孕期间从事国家规定的第三级体力劳动强度的劳动或者孕期禁忌从事的劳动的；

（四）安排怀孕7个月以上的女职工夜班劳动或者延长其工作时间的；

（五）女职工生育享受产假少于90天的；

（六）安排女职工在哺乳未满1周岁的婴儿期间从事国家规定的第三级体力劳动强度的劳动或者哺乳期禁忌从事的其他劳动，以及延长其工作时间或者安排其夜班劳动的；

（七）安排未成年工从事矿山井下、有毒有害、国家规定的第四级体力劳动强度的劳动或者其他禁忌从事的劳动的；

（八）未对未成年工定期进行健康检查的。

第二十四条　用人单位与劳动者建立劳动关系不依法订立劳动合同的，由劳动保障行政部门责令改正。

第二十五条　用人单位违反劳动保障法律、法规或者规章延长劳动者工作时间的，由劳动保障行政部门给予警告，责令限期改正，并可以按照受侵害的劳动者每人100元以上500元以下的标准计算，处以罚款。

第二十六条　用人单位有下列行为之一的，由劳动保障行政部门分别责令限期支付劳动者的工资报酬、劳动者工资低于当地最低工资标准的差额或者解除劳动合同的经济补偿；逾期不支付的，责令用人单位按照应付金额50%以上1倍以下的标准计算，向劳动者加付赔偿金：

（一）克扣或者无故拖欠劳动者工资报酬的；

（二）支付劳动者的工资低于当地最低工资标准的；

（三）解除劳动合同未依法给予劳动者经济补偿的。

第二十七条　用人单位向社会保险经办机构申报应缴纳的社会保险费数额时，瞒报工资总额或者职工人数的，由劳动保障行政部门责令改正，并处瞒报工资数额1倍以上3倍以下的罚款。

骗取社会保险待遇或者骗取社会保险基金支出的，由劳动保障行政部门责令退还，并处骗取金额1倍以上3倍以下的罚款；构成犯罪的，依法追究刑事责任。

第二十八条　职业介绍机构、职业技能培训机构或者职业技能考核鉴定机构违反国家有关职业介绍、职业技能培训或者职业技能考核鉴定的规定的，由劳动保障行政部门责令改正，没收违法所得，并处1万元以上5万元以下的罚款；情节严重的，吊销许可证。

未经劳动保障行政部门许可，从事职业介绍、职业技能培训或者职业技能考核鉴定的组织或者个人，由劳动保障行政部门、工商行政管理部门依照国家有关无照经营查处取缔的规定查处取缔。

第二十九条　用人单位违反《中华人民共和国工会法》，有下列行为之一的，由劳动保障行政部门责令改正：

（一）阻挠劳动者依法参加和组织工会，或者阻挠上级工会帮助、指导劳动者筹建工会的；

（二）无正当理由调动依法履行职责的工会工作人员的工作岗位，进行打击报复的；

（三）劳动者因参加工会活动而被解除劳动合同的；

（四）工会工作人员因依法履行职责被解除劳动合同的。

第三十条 有下列行为之一的，由劳动保障行政部门责令改正；对有第（一）项、第（二）项或者第（三）项规定的行为的，处2000元以上2万元以下的罚款：

（一）无理抗拒、阻挠劳动保障行政部门依照本条例的规定实施劳动保障监察的；

（二）不按照劳动保障行政部门的要求报送书面材料，隐瞒事实真相，出具伪证或者隐匿、毁灭证据的；

（三）经劳动保障行政部门责令改正拒不改正，或者拒不履行劳动保障行政部门的行政处理决定的；

（四）打击报复举报人、投诉人的。

违反前款规定，构成违反治安管理行为的，由公安机关依法给予治安管理处罚；构成犯罪的，依法追究刑事责任。

❸《违反〈中华人民共和国劳动法〉行政处罚办法》（1994年12月26日 劳部发［1994］532号）

第二条 县级以上各级人民政府劳动行政部门（以下简称劳动行政部门）依法对本行政区域内的企业、个体经济组织（以下简称用人单位）遵守劳动法律、法规的情况进行监督检查，对违反《劳动法》行为的行政处罚适用本办法。

❹《劳动行政处罚若干规定》（1996年9月27日 劳动部令第1号）

第一条 为规范劳动行政处罚行为，保障和监督劳动行政部门有效实施行政管理，保护公民、法人和其他组织的合法权益，根据《中华人民共和国行政处罚法》（以下简称行政处罚法），制定本规定。

第二条 本规定适用于依法享有行政处罚权的县级以上劳动行政部门。

第三条 劳动行政部门实施行政处罚应当以劳动法律、法规和规章为依据。

第四条 法律、法规和规章以外的规范性文件不得设定行政处罚，但可以在法律、法规和规章规定给予行政处罚的行为、种类和幅度的范围内作出具体规定。在作出处罚决定时若引用该规范性文件，必须首先引用所依据的法律、法规或规章。

第五条 劳动行政处罚的种类包括：警告、罚款、没收违法所得、责令停产停业、吊销许可证。劳动法律、行政法规中规定的通报批评，应根据《行政处罚法》第八条第（七）项的规定视为独立的行政处罚种类。

第六条 责令改正是行政机关在行政管理过程中采取的一种行政管理措施。实施时，按照《行政处罚法》第二十三条的规定执行。

第七条 劳动行政部门为维护劳动行政管理秩序在就业、培训、社会保险、劳动保护等方面颁发的有关证件，不属于《行政处罚法》规定的许可证的范围。

第八条 劳动行政监察机构是劳动行政部门的内设机构，在行使行政处罚权时，应当以所属行政机关的名义作出行政处罚决定。

第九条 劳动行政部门设立的属于事业组织的劳动监察机构经劳动行政部门的依法委托，有权以所属行政机关的名义作出行政处罚。

第十条 乡镇劳动管理机构受派出机关的依法委托，有权以派出机关的名义实施行政处罚。

第十一条 劳动行政部门依照法律、法规或规章的规定，可以委托事业组织或者其他组织在法定职权范围内实施行政处罚。

第十二条 受劳动行政部门委托实施行政处罚的组织在委托的范围内，不得再委托其他任何组织实施行政处罚。

第十三条 劳动规章经国务院或省、自治区、直辖市人大常委会批准上升为劳动法规后，可以授权事业组织或者其他组织实施行政处罚。

第十四条 未经法律、法规授权或未经劳动行政部门依据法律、法规、规章委托的事业组织或者其他组织不得实施行政处罚。

第十五条 劳动行政部门在收集证据时，对可能灭失或者以后难以取得的证据，可以依据法律、行政法规的规定，采取行政强制措施；在法律、行政法规没有赋予采取行政强制措施的情况下，经劳动行政部门负责人批准，可以将证据先行登记，就地保存。

第十六条 劳动行政部门在作出责令停产停业、吊销许可证、处以较大数额罚款等重大行政处罚决定前，应当举行听证。对当事人放弃听证权利的，行政执法机构应将拟作出的重大行政处罚决定送本部门法制工作机构或承担法制工作的机构进行初步审查后，再由劳动行政部门负责人集体讨论决定。

第十七条 县级以上劳动行政部门应当建立对行政处罚的监督制度。劳动行政部门的法制工作机构或承担法制工作的机构应对本级行政机关作出的行政处罚行为实施监督。上级劳动行政部门应对下级劳动行政部门作出的行政处罚行为实施监督。

第十八条　劳动行政部门应当建立健全行政处罚的备案制度和行政处罚案件统计制度。下级劳动行政部门每半年应向上级劳动行政部门报告一次本地区行政处罚案件的发生情况。劳动行政处罚的备案和行政处罚案件的统计工作，由劳动行政部门的职能机构负责。

第十九条　劳动行政部门应建立行政处罚文书制度。劳动行政执法人员在进行行政处罚时，应当填写相应的文书。

第二十条　劳动行政执法人员在调查、收集证据、进行检查或当场处罚时，应出示劳动行政执法证件。劳动行政部门颁发的行政执法证件，由劳动部统一规定。

第二十一条　劳动部颁布的劳动规章，由部长签发部令，在《中国劳动报》上予以公布。

第二十二条　本规定自1996年10月1日起施行。

【劳动保障行政处罚的实施机关】

法律问题解读

劳动保障行政处罚权由县级以上人民政府依法设立的劳动保障行政部门行使。劳动保障行政监察机构是劳动保障行政部门的内设机构，在行使行政处罚权时，应当以所属行政机关的名义作出行政处罚决定。劳动保障行政部门设立的属于事业组织的劳动保障监察机构经劳动保障行政部门的依法委托，有权以所属行政机关的名义作出行政处罚。乡镇劳动管理机构受派出机关的依法委托，有权以派出机关的名义实施行政处罚。劳动保障行政部门依照法律、法规或规章的规定，可以委托事业组织或其他组织在法定职权范围内实施行政处罚。受劳动保障行政部门委托实施行政处罚的组织在委托的范围内，不得再委托其他任何组织实施行政处罚。劳动保障行政机关对受委托的组织实施行政处罚的行为应当负责监督，并对该行为的后果承担法律责任。

法条指引

❶ **《中华人民共和国行政处罚法》**（1996年3月17日　国家主席令第63号）

第十六条　国务院或者经国务院授权的省、自治区、直辖市人民政府可以决定一个行政机关行使有关行政机关的行政处罚权，但限制人身自由的行政处罚权只能由公安机关行使。

第十八条　行政机关依照法律、法规或者规章的规定，可以在其法定权限内委托符合本法第十九条规定条件的组织实施行政处罚。行政机关不得委托其他组织或者个人实施行政处罚。

委托行政机关对受委托的组织实施行政处罚的行为应当负责监督，并对该行为的后果承担法律责任。

受委托组织在委托范围内，以委托行政机关名义实施行政处罚；不得再委托其他任何组织或者个人实施行政处罚。

第十九条　受委托组织必须符合以下条件：

（一）依法成立的管理公共事务的事业组织；

（二）具有熟悉有关法律、法规、规章和业务的工作人员；

（三）对违法行为需要进行技术检查或者技术鉴定的，应当有条件组织进行相应的技术检查或者技术鉴定。

❷ **《劳动行政处罚若干规定》**（1996年9月27日　劳动部令第1号）

第八条　劳动行政监察机构是劳动行政部门的内设机构，在行使行政处罚权时，应当以所属行政机关的名义作出行政处罚决定。

第九条　劳动行政部门设立的属于事业组织的劳动监察机构经劳动行政部门的依法委托，有权以所属行政机关的名义作出行政处罚。

第十条　乡镇劳动管理机构受派出机关的依法委托，有权以派出机关的名义实施行政处罚。

第十一条　劳动行政部门依照法律、法规或规章的规定，可以委托事业组织或者其他组织在法定职权范围内实施行政处罚。

第十二条　受劳动行政部门委托实施行政处罚的组织在委托的范围内，不得再委托其他任何组织实施行政处罚。

第十三条　劳动规章经国务院或省、自治区、直辖市人大常委会批准上升为劳动法规后，可以授权事业组织或者其他组织实施行政处罚。

第十四条　未经法律、法规授权或未经劳动行政部门依据法律、法规、规章委托的事业组织或者其他组织不得实施行政处罚。

【劳动保障行政处罚的基本原则】

法律问题解读

劳动保障行政处罚应遵循的基本原则有三个。

一是法定原则。是指对违反劳动保障行政管理秩序的公民、法人或者其他组织给予行政处罚，必须有由法律、法规和规章规定的依据，由劳动保障行政部门依照法定程序实施。没有法定依据或者不遵守法定程序的劳动保障行政处罚无效。

二是公正、公开原则。即劳动保障行政部门在实施行政处罚时，必须以事实为依据，与违法行为的事实、性质、情节以及社会危害程度相当。同时，对违法行为给予行政处罚的规定必须公布，未经公布的不得作为劳动保障行政处罚的依据。而且劳动保障行政部门对当事人进行处罚时，必须先告知当事人的违法事实、证据和处罚依据，不得“不告而罚”。

三是行政处罚与教育相结合的原则。贯彻处罚与教育相结合的原则：首先，要求劳动保障行政机关端正处罚思想，明确处罚是为了使人们自觉地遵守法律，不是为处罚而处罚，也不得以罚代管、以罚代教，更不得为个人和小团体利益以处罚牟取私利。其次，在处罚过程中，要贯彻说服教育原则，告知违法者错在何处，为什么要给予处罚，告诫其记取教训，自觉守法。

法条指引

❶《中华人民共和国行政处罚法》（1996 年 3 月 17 日 国家主席令第 63 号）

第三条 公民、法人或者其他组织违反行政管理秩序的行为，应当给予行政处罚的，依照本法由法律、法规或者规章规定，并由行政机关依照本法规定的程序实施。

没有法定依据或者不遵守法定程序的，行政处罚无效。

第四条 行政处罚遵循公正、公开的原则。

设定和实施行政处罚必须以事实为依据，与违法行为的事实、性质、情节以及社会危害程度相当。

对违法行为给予行政处罚的规定必须公布；未经公布的，不得作为行政处罚的依据。

第五条 实施行政处罚，纠正违法行为，应当坚持处罚与教育相结合，教育公民、法人或者其他组织自觉守法。

❷《劳动保障监察条例》（2004 年 10 月 26 日 国务院令第 423 号）

第八条 劳动保障监察遵循公正、公开、高效、便民的原则。

实施劳动保障监察，坚持教育与处罚相结合，接受社会监督。

第九条 任何组织或者个人对违反劳动保障法律、法规或者规章的行为，有权向劳动保障行政部门举报。

劳动者认为用人单位侵犯其劳动保障合法权益的，有权向劳动保障行政部门投诉。

劳动保障行政部门应当为举报人保密；对举报属实，为查处重大违反劳动保障法律、法规或者规章的行为提供主要线索和证据的举报人，给予奖励。

❸《劳动行政处罚若干规定》（1996 年 9 月 27 日 劳动部令第 1 号）

第三条 劳动行政部门实施行政处罚应当以劳动法律、法规和规章为依据。

第四条 法律、法规和规章以外的规范性文件不得设定行政处罚，但可以在法律、法规和规章规定给予行政处罚的行为、种类和幅度的范围内作出具体规定。在作出处罚决定时若引用该规范性文件，必须首先引用所依据的法律、法规或规章。

【劳动保障行政处罚的种类设定】

法律问题解读

劳动保障行政处罚种类，应当由劳动法律、法规和规章来设定。法律、法规和规章以外的规范性文件不能设定行政处罚，但可以在法律、法规和规章规定给予行政处罚的行为、种类和幅度的范围内作出具体规定。劳动保障行政部门在作出处罚决定时若引用该规范性文件，必须首先引用所依据的法律、法规和规章。

劳动保障行政处罚主要包括以下几种：

（1）警告。一般适用于那些违反劳动保障行政管理法规程度轻微，对社会危害程度不大的行为。

（2）罚款。是指行政机关依法强制违反行政管理法规的行为人在一定期限内缴纳一定数量货币的行政处罚行为。罚款是一种财产罚，通过处罚使当事人在经济上受到损失，警示其今后不再发生违法行为。罚款是最常用的劳动保障行政处罚种类。

（3）没收违法所得。是指行政机关根据有关行政管理法律法规，将行为人违法所得的财物或非法财物强制无偿收归国有的一项行政处罚措施。

（4）责令停产停业。是对违反法律、法规的法人或其他组织，依法命令其停止生产或营业，进行整顿的一种行政处罚。

（5）吊销许可证。是对违反行政管理法规的法人或者其他组织，依法实行扣留许可证或执照，剥夺其从事某项生产或经营活动权利的行政处罚。这里所说的"许可证"不包括劳动保障行政部门为维护劳动管理秩序在就业、培训、社会保险、劳动保护等方面颁发的有关证件。

（6）其他行政处罚。是指除上述各项行政处罚以外的处罚种类，例如：通报批评等

另外，"责令改正"是行政机关在行政管理过程中采取的一种行政管理措施。是指在实施处罚时，责令当事人改正或者限期改正违法行为的一种措施。

法条指引

❶《中华人民共和国行政处罚法》（1996 年 3 月 17 日　国家主席令第 63 号）

第八条　行政处罚的种类：

（一）警告；

（二）罚款；

（三）没收违法所得、没收非法财物；

（四）责令停产停业；

（五）暂扣或者吊销许可证、暂扣或者吊销执照；

（六）行政拘留；

（七）法律、行政法规规定的其他行政处罚。

第二十三条　行政机关实施行政处罚时，应当责令当事人改正或者限期改正违法行为。

❷《劳动行政处罚若干规定》（1996 年 9 月 27 日　劳动部令第 1 号）

第三条　劳动行政部门实施行政处罚应当以劳动法律、法规和规章为依据。

第四条　法律、法规和规章以外的规范性文件不得设定行政处罚，但可以在法律、法规和规章规定给予行政处罚的行为、种类和幅度的范围内作出具体规定。在作出处罚决定时若引用该规范性文件，必须首先引用所依据的法律、法规或规章。

第五条　劳动行政处罚的种类包括：警告、罚款、没收违法所得、责令停产停业、吊销许可证。劳动法律、行政法规中规定的通报批评，应根据《行政处罚法》第八条第（七）项的规定视为独立的行政处罚种类。

第六条　责令改正是行政机关在行政管理过程中采取的一种行政管理措施。实施时，按照《行政处罚法》第二十三条的规定执行。

第七条　劳动行政部门为维护劳动行政管理秩序，在就业、培训、社会保险、劳动保护等方面颁发的有关证件，不属于《行政处罚法》规定的许可证的范围。

案例链接

❶《上海某某船务实业有限公司诉上海市地方税务局闸北区分局税务行政处理纠纷案》，参见北大法宝引证码：Pkulaw. cn/CLI. C. 153752。

❷《林凤清诉三亚市环境资源局地质矿产纠纷案》，参见北大法宝引证码：Pkulaw. cn/CLI. C. 2101。

学者观点

❶ 时延安：《行政处罚权与刑罚权的纠葛及其厘清》，参见北大法宝引证码：Pkulaw. cn/CLI. A. 047062。

【劳动保障行政处罚决定书】

法律问题解读

劳动保障行政处罚决定书是劳动保障行政部门依法对违反劳动保障法律、法规和规章，尚未构成犯罪的行政管理相对人给予行政制裁时，依法制作并送达的书面制裁决定。劳动保障行政处罚决定书应加盖劳动保障行政主管部门印章，并载明以下内容：

（1）当事人姓名、住址等基本情况；

（2）劳动保障行政主管部门认定的违法事实；

（3）适用的法律、法规、规章或规范性文件；

（4）处理结论；

（5）处理决定的履行日期或者期限；

（6）当事人依法享有的申请行政复议或者提起诉讼的权利；

（7）作出处罚决定的行政机关名称；

（8）作出处罚决定的日期。

劳动保障监察机构在处罚决定作出之日起 7 日内，应当将处罚决定书送达当事人。处罚决定书自送达当事人之日起生效。行政管理相对人对行政处罚决定不服的，可以依照《行政复议法》和《行政诉讼法》的规定，申请行政复议或提起行政诉讼。在法定期限内不申请复议，不起诉又不履行的，劳动保障行政部门可以采取如下措施：

（1）到期不缴纳罚款的，每日按罚款数额的3%加收处罚款。

（2）根据法律规定，将查封、扣押的财物拍卖或者将冻结的存款划拨抵缴罚款。

（3）申请人民法院强制执行。

当事人确有经济困难，需要延期或者分期缴纳罚款的，经当事人申请和行政机关批准，可以暂缓或者分期缴纳。

劳动保障监察机构制作的行政处罚决定书，应当在10日内报送上一级劳动保障监察机构备案。

法条指引

❶**《劳动保障监察条例》**（2004年10月26日 国务院令第423号）

第十七条 劳动保障行政部门对违反劳动保障法律、法规或者规章的行为的调查，应当自立案之日起60个工作日内完成；对情况复杂的，经劳动保障行政部门负责人批准，可以延长30个工作日。

第十八条 劳动保障行政部门对违反劳动保障法律、法规或者规章的行为，根据调查、检查的结果，作出以下处理：

（一）对依法应当受到行政处罚的，依法作出行政处罚决定；

（二）对应当改正未改正的，依法责令改正或者作出相应的行政处理决定；

（三）对情节轻微且已改正的，撤销立案。

发现违法案件不属于劳动保障监察事项的，应当及时移送有关部门处理；涉嫌犯罪的，应当依法移送司法机关。

第十九条 劳动保障行政部门对违反劳动保障法律、法规或者规章的行为作出行政处罚或者行政处理决定前，应当听取用人单位的陈述、申辩；作出行政处罚或者行政处理决定，应当告知用人单位依法享有申请行政复议或者提起行政诉讼的权利。

第二十条 违反劳动保障法律、法规或者规章的行为在2年内未被劳动保障行政部门发现，也未被举报、投诉的，劳动保障行政部门不再查处。

前款规定的期限，自违反劳动保障法律、法规或者规章的行为发生之日起计算；违反劳动保障法律、法规或者规章的行为有连续或者继续状态的，自行为终了之日起计算。

❷**《中华人民共和国行政处罚法》**（1996年3月17日 国家主席令第63号）

第五十一条 当事人逾期不履行行政处罚决定的，作出行政处罚决定的行政机关可以采取下列措施：

（一）到期不缴纳罚款的，每日按罚款数额的3%加处罚款；

（二）根据法律规定，将查封、扣押的财物拍卖或者将冻结的存款划拨抵缴罚款；

（三）申请人民法院强制执行。

第五十二条 当事人确有经济困难，需要延期或者分期缴纳罚款的，经当事人申请和行政机关批准，可以暂缓或者分期缴纳。

❸**《劳动和社会保障部办公厅关于转发最高人民法院办公厅关于对〈关于请解决劳动监察决定强制执行问题的函〉的答复的通知》**（1998年7月23日 劳社厅发［1998］7号）

各省、自治区、直辖市劳动（劳动和社会保障）厅（局），国务院有关部门劳动和社会保障工作机构：

为了加强劳动和社会保障行政执法决定执行工作，解决劳动和社会保障行政部门作出的“行政处理决定”和“行政处罚决定”等劳动监察决定（以下简称劳动监察决定）强制执行问题，最高人民法院办公厅作出了《关于对〈关于请解决劳动监察决定强制执行问题的函〉的答复》（法办［1998］69号，以下简称法办［1998］69号文件）。现予以转发，并就有关问题通知如下：

一、关于《劳动监察责令改正指令书》的适用问题。在劳动和社会保障行政执法中，发现用人单位有违法行为，对违法行为轻微并能及时改正的，应口头责令其改正，对立即改正确有困难的，应下达《劳动监察限期改正指令书》，责令其限期整改，对拒不整改的，劳动和社会保障行政部门应依法给予行政处罚。对单位的违法行为，依法应给予行政处理或行政处罚的，劳动和社会保障行政部门可在责令其改正的同时，给予行政处理或行政处罚。

二、关于行政处理决定和行政处罚决定的执行问题。对用人单位违反劳动法律、法规，侵害劳动者经济权益的行为，劳动和社会保障行政部门应依照《劳动法》、《劳动监察规定》等规定作出有关用人单位履行清偿财产义务内容的行政处理决定。用人单位实施了法律、法规、规章明示规定应给予行政处罚的违法行为，劳动和社会保障行政部门应按照《劳动法》和《行政处罚法》对用人单位作出行政处罚决定。对用人单位不服行政处理决定和行政处罚决定，在法定期限内不申请行政复议或不起诉，又不履行的，劳动和社会保障行政部门可根据《行政诉讼法》和最高人民法院办公厅法办［1998］69号文件有关规定，申请人民法院强制执行。

三、关于申请人民法院强制执行程序问题。劳动和社会保障行政部门在申请人民法院强制执行时，必须提交申请执行书、据以申请执行的行政处理决定书或行政处罚决定书及其他材料，并按规定预交执行费，如预交执行费确有困难的，可以向执行法院提出缓交、减交或者免交的申请。

四、各级劳动和社会保障行政部门要积极采取措施，促进解决劳动监察决定执行难的问题。要加强劳动和社会保险法律知识宣传教育工作，帮助用人单位规范劳动用工行为，督促用人单位自觉履行劳动监察决定规定义务。劳动保障监察机构要加强与人民法院的联系，自觉接受司法监督，并积极争取人民法院对劳动监察决定执行工作的支持，切实保障劳动和社会保险法律、法规的实施。

【劳动保障行政处罚决定书的送达】

法律问题解读

劳动保障行政部门在处罚决定作出之日起7日内，应当将劳动保障监察处罚决定书送达当事人，即被处罚单位或个人。应当注意的是：这里“7日”的期间开始的日期不计算在期间内，应从次日起算；期间届满的最后一日是节假日的，以节假日后第一日为期间届满的日期；期间不包括在途时间，决定书或其他监察文书在期间届满前交邮的，不算过期。送达应有送达回证，送达回证是送达日期的证明，也是送达行为产生效力的凭据。送达日期原则上以受送达人签收的日期为准。送达主要有以下几种方式：

1. 直接送达

是指劳动保障监察机构派专人将处罚决定书直接送交受送达人的送达方式。受送达人是公民的由本人签收；本人不在，交其同住成年家属签收。受送达人是法人或其他组织的，应当由法人的法定代表人、其他组织的主要负责人或者该法人、组织的办公室、收发室、值班室等负责收件的人签收。

2. 留置送达

是指受送达人或者他的同住成年家属拒绝签收劳动保障行政部门向其送达的处罚决定书时，送达人依法将处理决定书留在受送达人住所的送达方式。采用留置送达时，送达人应当邀请有关基层组织或受送达人所在单位的代表及其他见证人到场，说明情况，在送达回执上记明拒收事由和日期，由送达人、见证人签名或盖章；有关基层组织或受送达人所在单位的代表及其他见证人不愿在送达回证上签名或盖章的，由送达人在送达回证上记明情况，把处理决定书留在受送达人的住所，既视为送达。对于向法人或其他组织送达处罚决定书，其负责收件人拒绝签字或盖章的，均适用留置送达。

3. 委托送达

是指劳动保障监察机构直接送达处理决定书有困难，委托有关劳动保障监察机构代为交给受送达人的送达方式。委托其他劳动保障监察机构代为送达的，委托监察机构应当出具委托函，并附需要送达的处罚决定书和送达回证单。

4. 邮寄送达

是指劳动保障监察机构在直接送达有困难的情况下，通过邮局将处罚决定书用挂号信邮寄给受送达人的送达方式。邮寄送达以邮件回执上注明的收件日期为送达日期。

5. 公告送达

是指在受送达人下落不明或者用其他方式无法送达的情况下，劳动保障行政部门通过公告将处罚决定书的有关内容告知受送达人的一种送达方式。自公告发出之日起，经过60日即视为送达。

法条指引

❶**《中华人民共和国民事诉讼法》**（2007年10月28日）

第七十五条 期间包括法定期间和人民法院指定的期间。

期间以时、日、月、年计算。期间开始的时和日，不计算在期间内。

期间届满的最后一日是节假日的，以节假日后的第一日为期间届满的日期。

期间不包括在途时间，诉讼文书在期满前交邮的，不算过期。

第七十八条 送达诉讼文书，应当直接送交受送达人。受送达人是公民的，本人不在交他的同住成年家属签收；受送达人是法人或者其他组织的，应当由法人的法定代表人、其他组织的主要负责人或者该法人、组织负责收件的人签收；受送达人有诉讼代理人的，可以送交其代理人签收；受送达人已向人民法院指定代收人的，送交代收人签收。

受送达人的同住成年家属，法人或者其他组织的负责收件的人，诉讼代理人或者代收人在送达回证上签收的日期为送达日期。

第七十九条 受送达人或者他的同住成年家属拒绝接收诉讼文书的，送达人应当邀请有关基层组织或者所在单位的代表到场，说明情况，在送达回证上记明拒收事由和日期，由送达人、见证人签名或者盖章，把诉讼文书留在受送达人的住所，即视为送达。

❷**《中华人民共和国行政处罚法》**（1996 年 3 月 17 日　国家主席令第 63 号）

第四十条 行政处罚决定书应当在宣告后当场交付当事人；当事人不在场的，行政机关应当在 7 日内依照民事诉讼法的有关规定，将行政处罚决定书送达当事人。

【行政处罚决定的当场作出】

法律问题解读

劳动保障监察员对事实清楚、证据确凿、情节简单并有处罚法律依据的违法行为，对公民处以 50 元以下、对法人或者其他组织处以 1000 元以下罚款或者警告的行政处罚的，可以当场作出行政制裁决定。当事人应当依法履行行政处罚决定。

执法人员当场作出行政处罚决定的，应当向当事人出示执法身份证件，填写预定格式、编有号码的行政处罚决定书。行政处罚决定书应当当场交付当事人。

行政处罚决定书应当载明当事人的违法行为、行政处罚依据、罚款数额、时间、地点以及劳动保障行政机关名称，并由执法人员签名或者盖章。执法人员当场作出的行政处罚决定，必须报所属行政机关备案。

劳动保障行政机关当场作出的行政处罚决定，有下列情形之一，执法人员可以当场收缴罚款：

（1）依法给予 20 元以下罚款的；

（2）不当场收缴事后难以执行的；

（3）在边远、水上交通不便地区，当事人向指定银行缴纳罚款确有困难，并经当事人提出的。

劳动保障行政机关及其执法人员当场收缴罚款的，必须向当事人出具省、自治区、直辖市财政部门统一制发的罚款收据；不出具财政部门统一制发的罚款收据的，当事人有权拒绝缴纳罚款。

当事人对当场作出的行政处罚决定不服的，可以依法申请行政复议或者提起行政诉讼。

法条指引

❶**《中华人民共和国行政处罚法》**（1996 年 3 月 17 日　国家主席令第 63 号）

第三十三条 违法事实确凿并有法定依据，对公民处以 50 元以下、对法人或者其他组织处以 1000 元以下罚款或者警告的行政处罚的，可以当场作出行政处罚决定。当事人应当依照本法第四十六条、第四十七条、第四十八条的规定履行行政处罚决定。

第三十四条 执法人员当场作出行政处罚决定的，应当向当事人出示执法身份证件，填写预定格式、编有号码的行政处罚决定书。行政处罚决定书应当当场交付当事人。

前款规定的行政处罚决定书应当载明当事人的违法行为、行政处罚依据、罚款数额、时间、地点以及行政机关名称，并由执法人员签名或者盖章。

执法人员当场作出的行政处罚决定，必须报所属行政机关备案。

第三十五条 当事人对当场作出的行政处罚决定不服的，可以依法申请行政复议或者提起行政诉讼。

第四十七条 依照本法第三十三条的规定当场作出行政处罚决定，有下列情形之一的，执法人员可以当场收缴罚款：

（一）依法给予 20 元以下的罚款的；

（二）不当场收缴事后难以执行的。

第四十八条 在边远、水上、交通不便地区，行政机关及其执法人员依照本法第三十三条、第三十八条的规定作出罚款决定后，当事人向指定的银行缴纳罚款确有困难，经当事人提出，行政机关及其执法人员可以当场收缴罚款。

第四十九条 行政机关及其执法人员当场收缴罚款的，必须向当事人出具省、自治区、直辖市财政部门统一制发的罚款收据；不出具财政部门统一制发的罚款收据的，当事人有权拒绝缴纳罚款。

案例链接

❶《广西建工集团第二建筑工程有限责任公

司诉宾阳县质量技术监督局行政处罚纠纷案》，参见北大法宝引证码：Pkulaw. cn/CLI. C. 247192。

❷《关闭海南发展银行清算组诉三亚市规划局代为转让处罚纠纷案》，参见北大法宝引证码：Pkulaw. cn/CLI. C. 25808。

【劳动合同的监督检查】

法律问题解读

《劳动合同法》第 73 条规定，国务院劳动行政部门、县级以上地方人民政府劳动行政部门负责全国和本地方的劳动合同制度实施的监督管理。从这一规定可以看出，劳动行政部门专门行使劳动合同制度的监督权。

（1）劳动保障监察的主管部门。根据劳动合同法和国务院有关规定，劳动保障监察主管部门分为三个层次：第一层次：国务院劳动行政部门即劳动与社会保障部负责主管全国的劳动保障监察工作。第二层次：县级以上地方各级人民政府劳动保障行政部门即各县级以上的劳动与社会保障（厅）局主管本行政区域内的劳动保障监察工作。第三个层次：县级以上各级人民政府有关部门根据各自职责，支持、协助劳动保障行政部门的劳动保障监察工作。

（2）劳动保障监察的范围。劳动法、劳动合同法、劳动监察条例和其他有关规定都明确规定了劳动保障监察的职权范围。根据《劳动合同法》第 74 条规定和有关法律法规的规定，县级以上人民政府的劳动行政部门依法对实施劳动合同制度的情况进行监督检查。

（3）劳动监察措施。劳动监察部门在履行劳动监察职权时，可以采取相应的劳动监察措施，保障劳动监察部门可以及时发现、纠正劳动违法行为，收集相关证据资料，保障劳动行政管理部门可以及时、正确地履行职责。

从形式上看，劳动监察措施分为书面检查、劳动场所实地检查两种方式。具体的措施有：查阅与劳动合同、集体合同有关的材料；进入用人单位的劳动场所进行检查；就调查、检查事项询问有关人员；要求用人单位提供与调查、检查事项相关的文件资料，并作出解释和说明，必要时可以发出调查询问书；采取记录、录音、录像、照相或者复制等方式收集有关情况和资料；委托会计师事务所对用人单位工资支付、缴纳社会保险费的情况进行审计；对事实确凿、可以当场处理的违反劳动保障法律、法规或规章的行为当场予以纠正等。

法条指引

❶《中华人民共和国劳动合同法》（2007 年 6 月 29 日　国家主席令第 65 号）

第七十三条　国务院劳动行政部门负责全国劳动合同制度实施的监督管理。

县级以上地方人民政府劳动行政部门负责本行政区域内劳动合同制度实施的监督管理。

县级以上各级人民政府劳动行政部门在劳动合同制度实施的监督管理工作中，应当听取工会、企业方面代表以及有关行业主管部门的意见。

第七十四条　县级以上地方人民政府劳动行政部门依法对下列实施劳动合同制度的情况进行监督检查：

（一）用人单位制定直接涉及劳动者切身利益的规章制度及其执行的情况；

（二）用人单位与劳动者订立和解除劳动合同的情况；

（三）劳务派遣单位和用工单位遵守劳务派遣有关规定的情况；

（四）用人单位遵守国家关于劳动者工作时间和休息休假规定的情况；

（五）用人单位支付劳动合同约定的劳动报酬和执行最低工资标准的情况；

（六）用人单位参加各项社会保险和缴纳社会保险费的情况；

（七）法律、法规规定的其他劳动监察事项。

第七十五条　县级以上地方人民政府劳动行政部门实施监督检查时，有权查阅与劳动合同、集体合同有关的材料，有权对劳动场所进行实地检查，用人单位和劳动者都应当如实提供有关情况和材料。

劳动行政部门的工作人员进行监督检查，应当出示证件，依法行使职权，文明执法。

第七十六条　县级以上人民政府建设、卫生、安全生产监督管理等有关主管部门在各自职责范围内，对用人单位执行劳动合同制度的情况进行监督管理。

案例链接

❶《彭州市军乐富坤建材砂石厂与张楚祥工伤赔偿争议纠纷上诉案》，参见北大法宝引证码：

Pkulaw. cn/CLI. C. 131145。

学者观点

❶ 丁宇翔:《劳动合同法的属性及规范构成》,参见北大法宝引证码:Pkulaw. cn/CLI. A. 042485。

❷ 石先广:《劳动合同法》对企业规章制度的影响,参见北大法宝引证码:Pkulaw. cn/CLI. A. 042824。

【对超时加班加点的处罚】

法律问题解读

用人单位违反规定,延长劳动者工作时间的,由劳动保障行政部门给予警告,责令改正,并可以处以罚款。具体规定是:用人单位未与工会和劳动者协商,强迫劳动者延长工作时间,除给予警告,责令改正外,还可按每名劳动者每延长工作时间1小时罚款100元以下的标准处罚;用人单位每日延长劳动者工作时间超过3小时或每月延长工作时间超过36小时的,除给予警告,责令改正外,仍可按每名劳动者每超过工作时间1小时罚款100元以下的标准处罚。

法条指引

❶ **《中华人民共和国劳动法》**(1994年7月5日 国家主席令第28号)

第九十条 用人单位违反本法规定,延长劳动者工作时间的,由劳动行政部门给予警告,责令改正,并可以处以罚款。

❷ **《违反〈中华人民共和国劳动法〉行政处罚办法》**(1994年12月26日 劳部发[1994]532号)

第四条 用人单位未与工会和劳动者协商,强迫劳动者延长工作时间的,应给予警告,责令改正,并可按每名劳动者每延长工作时间一小时罚款一百元以下的标准处罚。

【对违反女职工和未成年工保护规定的处罚】

法律问题解读

用人单位有下列侵害女职工和未成年工合法权益行为之一的,应当责令改正,并按每侵害1名女职工或未成年工罚款3000元以下的标准处罚:

(1)安排女职工从事矿山井下、国家规定的第4级体力劳动强度的劳动和其他禁忌从事的劳动的;

(2)安排女职工在经期从事高处、低温、冷水作业和国家规定的第3级以上劳动强度的劳动的;

(3)安排女职工在哺乳未满一周岁的婴儿期间从事国家规定的第3级以上体力劳动强度的劳动和哺乳期禁忌从事的其他劳动及安排其延长工作时间和夜班劳动的;

(4)安排未成年工从事矿山井下、有毒有害、国家规定的第4级体力劳动强度的劳动和其他禁忌从事的劳动的;

(5)用人单位安排女职工在怀孕期间从事国家规定的第3级以上体力劳动强度的劳动和孕期禁忌从事的劳动的;

(6)用人单位安排怀孕7个月以上的女职工延长工作时间和从事夜班劳动的;

(7)用人单位违反女职工保护规定,女职工产假低于90天,责令改正而逾期不改的;

(8)用人单位未按规定对未成年工定期进行健康检查,责令改正而逾期不改的。

法条指引

❶ **《中华人民共和国劳动法》**(1994年7月5日 国家主席令第28号)

第九十五条 用人单位违反本法对女职工和未成年工的保护规定,侵害其合法权益的,由劳动行政部门责令改正,处以罚款;对女职工或者未成年工造成损害的,应当承担赔偿责任。

❷ **《违反〈中华人民共和国劳动法〉行政处罚办法》**(1994年12月26日 劳部发[1994]532号)

第十二条 用人单位有下列侵害女职工和未成年工合法权益行为之一的,应责令改正,并按每侵害一名女职工或未成年工罚款三千元以下的标准处罚:

(一)安排女职工从事矿山井下、国家规定的第四级体力劳动强度的劳动和其他禁忌从事的劳动;

(二)安排女职工在经期从事高处、低温、冷水作业和国家规定的第三级以上劳动强度的劳动;

(三)安排女职工在哺乳未满一周岁的婴儿期间从事国家规定的第三级以上体力劳动强度的劳动和哺乳期禁忌从事的其他劳动及安排其延长工作时间和夜班劳动的;

（四）安排未成年工从事矿山井下、有毒有害、国家规定的第四级体力劳动强度的劳动和其他禁忌从事的劳动。

第十三条　用人单位安排女职工在怀孕期间从事国家规定的第三级以上体力劳动强度的劳动和孕期禁忌从事的劳动的，应责令改正，并按每侵害一名女职工罚款三千元以下的标准处罚。

用人单位安排怀孕七个月以上的女职工延长工作时间和从事夜班劳动的，应责令改正，并按每侵害一名女职工罚款三千元以下的标准处罚。

第十四条　用人单位违反女职工保护规定，女职工产假低于九十天的，应责令限期改正；逾期不改的，按每侵害一名女职工罚款三千元以下的标准处罚。

第十五条　用人单位未按规定对未成年工定期进行健康检查的，应责令限期改正；逾期不改的，按每侵害一名未成年工罚款三千元以下的标准处罚。

案例链接

❶《广州市黄埔区茅岗制衣厂与王琼锋事实劳动关系纠纷上诉案》，参见北大法宝引证码：Pkulaw. cn/CLI. C. 107238。

❷《广州市恒发水产有限公司与裴奕鸾事实劳动关系争议纠纷上诉案》，参见北大法宝引证码：Pkulaw. cn/CLI. C. 115789。

学者观点

❶ 韩世远：《损害赔偿：中国法的体系、问题与立法改进》，参见北大法宝引证码：Pkulaw. cn/CLI. A. 038406。

❷ 刘连泰：《平等与偏爱：女性退休年龄规定的合宪性分析》，参见北大法宝引证码：Pkulaw. cn/CLI. A. 037834。

【对拖欠工资、加班费、经济补偿金的处罚】

法律问题解读

依照劳动合同的约定或者依照劳动合同法规定支付劳动者劳动报酬是用人单位的法定义务，如果没有依法或者依据合同的约定履行这一法定义务，就要依法承担相应的法律责任。

根据劳动合同法的规定，用人单位未依照劳动合同的约定或者未依照劳动合同法规定支付劳动者劳动报酬的情形包括以下四种：（1）未按照劳动合同的约定或者国家规定及时足额支付劳动者劳动报酬的；（2）低于当地最低工资标准支付劳动者工资的；（3）安排加班不支付加班费的；（4）解除或者终止劳动合同，未依照本法规定向劳动者支付经济补偿的。

对于上述四类违法行为，本条明确规定了相应的法律责任：由劳动行政部门责令限期支付劳动报酬、加班费或者解除、终止劳动合同的经济补偿；劳动报酬低于当地最低工资标准的，应当支付其差额部分；逾期不支付的，责令用人单位按应付金额50%以上100%以下的标准向劳动者加付赔偿金。

这里应当指出的是，关于“逾期不支付的，责令用人单位按应付金额50%以上100%以下的标准向劳动者加付赔偿金”的规定，从性质上说属于一种类似加处罚款的执行罚措施。行政处罚法规定，当事人逾期不交纳罚款的，行政机关可以按日加收罚款数额3%的罚款，目的是督促当事人履行行政处罚决定。同样道理，对于用人单位逾期不向劳动者支付应当支付的费用的，通过加收一定数额赔偿金的手段，促使用人单位履行支付义务，以保护劳动者的合法权益。因此，责令用人单位加付赔偿金的前提，是用人单位没有按照劳动行政部门规定的履行期限履行其向劳动者支付相关费用的法定义务，如果用人单位发生本条规定的违法行为，在劳动行政部门发出限期支付劳动报酬、加班费或者解除，以及终止劳动合同的经济补偿等费用的责令后，该用人单位即在劳动行政部门规定的期限内履行了其支付义务的，则不必再按应付金额50%以上100%以下的标准向劳动者加付赔偿金。

法条指引

❶**《中华人民共和国劳动合同法》**（2007年6月29日　国家主席令第65号）

第八十五条　用人单位有下列情形之一的，由劳动行政部门责令限期支付劳动报酬、加班费或者经济补偿；劳动报酬低于当地最低工资标准的，应当支付其差额部分；逾期不支付的，责令用人单位按应付金额百分之五十以上百分之一百以下的标准向劳动者加付赔偿金：

（一）未按照劳动合同的约定或者国家规定及时足额支付劳动者劳动报酬的；

（二）低于当地最低工资标准支付劳动者工资的；

（三）安排加班不支付加班费的；

（四）解除或者终止劳动合同，未依照本法规定向劳动者支付经济补偿的。

案例链接

❶《郑州水晶股份有限公司与杨九慎劳务合同纠纷上诉案》，参见北大法宝引证码：Pkulaw. cn/CLI. C. 221696。

❷《重庆捷瑞达通讯器材有限公司与曾凡苹劳动争议纠纷上诉案》，参见北大法宝引证码：Pkulaw. cn/CLI. C. 250887。

学者观点

❶ 高嵩：《劳动合同法》及《实施条例》执行过程中疑难问题探讨（二），参见北大法宝引证码：Pkulaw. cn/CLI. A. 046182。

❷ 谢增毅：《对〈劳动合同法〉若干不足的反思》，参见北大法宝引证码：Pkulaw. cn/CLI. A. 041148。

【对安全措施、卫生条件不合规定的处罚】

法律问题解读

用人单位劳动安全设施和劳动卫生条件不符合国家规定的，须责令限期改正；逾期不改的，可处以5万元以下罚款。

用人单位违反规定造成职工急性中毒事故，或伤亡事故的，须责令制定整改措施，并可按每中毒或重伤或死亡一名劳动者罚款1万元以下的标准处罚；情节严重的，提请同级人民政府决定停产整顿。

用人单位对发生的急性中毒或伤亡事故隐瞒、拖延不报或谎报的，以及故意破坏或伪造事故现场的，除责令改正外，还可处以2万元以下罚款。

用人单位新建、改建、扩建和技术改造项目的劳动安全卫生设施未能与主体工程同时设计、同时施工、同时投入生产和使用，安全卫生设施不符合国家规定标准的，除责令改正外，还可处以5万元以下罚款。

用人单位未向劳动者提供必要的劳动防护用品和劳动保护设施，或未对从事有职业危害作业的劳动者定期检查身体的，除责令改正外，还可处以5000元以下罚款。

法条指引

❶《中华人民共和国劳动合同法》（2007年6月29日　国家主席令第65号）

第八十八条　用人单位有下列情形之一的，依法给予行政处罚；构成犯罪的，依法追究刑事责任；给劳动者造成损害的，应当承担赔偿责任：

（一）以暴力、威胁或者非法限制人身自由的手段强迫劳动的；

（二）违章指挥或者强令冒险作业危及劳动者人身安全的；

（三）侮辱、体罚、殴打、非法搜查或者拘禁劳动者的；

（四）劳动条件恶劣、环境污染严重，给劳动者身心健康造成严重损害的。

❷《违反〈中华人民共和国劳动法〉行政处罚办法》（1994年12月26日　劳部发［1994］532号）

第七条　用人单位劳动安全设施和劳动卫生条件不符合国家规定的，应责令限期改正；逾期不改的，可处以五万元以下罚款。

用人单位违反规定造成职工急性中毒事故，或伤亡事故的，应责令制定整改措施，并可按每中毒或重伤或死亡一名劳动者罚款一万元以下的标准处罚；情节严重的，提请同级人民政府决定停产整顿。

用人单位对发生的急性中毒或伤亡事故隐瞒、拖延不报或谎报的，以及故意破坏或伪造事故现场的，应责令改正，并可处以二万元以下罚款。

第八条　用人单位新建、改建、扩建和技术改造项目的劳动安全卫生设施未能与主体工程同时设计、同时施工、同时投入生产和使用，安全卫生设施不符合国家规定标准的，应责令改正，并可处以五万元以下罚款。

第九条　用人单位未向劳动者提供必要的劳动防护用品和劳动保护设施，或未对从事有职业危害作业的劳动者定期检查身体的，应责令改正，并可处以五千元以下罚款。

【对违反职业培训规定的处罚】

法律问题解读

违反《技师合格证书》、《技术等级证书》、《特种作业人员操作证》核发办法和规定，滥发上述证书的相关培训机构，除应当宣布其所发证书无效外，还应视其情节轻重，由其上级主管部门或者监察机构对有关责任人员给予行政处分，对其中通过滥发证书获取非法收入的，没收其非法所得，并可处以非法所得5倍以下的罚款。

用人单位违反《招用技术工种从业人员规定》招用未取得相应职业资格证书的劳动者从事技术工种工作的，由县级以上劳动保障行政部门给予警告，并可处1000元以下罚款，同时责令用人单位限期对有关人员进行相关培训，取得职业资格证书后再上岗。

法条指引

❶《劳动保障监察条例》（2004年10月26日 国务院令第423号）

第二十八条 职业介绍机构、职业技能培训机构或者职业技能考核鉴定机构违反国家有关职业介绍、职业技能培训或者职业技能考核鉴定的规定的，由劳动保障行政部门责令改正，没收违法所得，并处1万元以上5万元以下的罚款；情节严重的，吊销许可证。

未经劳动保障行政部门许可，从事职业介绍、职业技能培训或者职业技能考核鉴定的组织或者个人，由劳动保障行政部门、工商行政管理部门依照国家有关无照经营查处取缔的规定查处取缔。

❷ 劳动部《工人考核条例》（1990年6月23日 劳动部令第1号）

第二十七条 违反《技师合格证书》、《技术等级证书》、《特种作业人员操作证》的核发办法和规定，滥发上述证书的，除应当宣布其所发证书无效外，还应视情节轻重，由其上级主管部门或者监察机关对有关责任人员给予行政处分；对其中通过滥发证书获取非法收入的，应当没收其非法所得，并可处以非法所得5倍以下的罚款；构成犯罪的，应当依法追究其刑事责任。

❸《招用技术工种从业人员规定》（2000年3月16日 劳动和社会保障部发布）

第一条 为提高劳动者素质，促进劳动者就业，加强就业管理，根据《中华人民共和国劳动法》、《中华人民共和国职业教育法》和国家有关规定，制定本规定。

第二条 国家实行先培训后上岗的就业制度。用人单位招用从事技术复杂以及涉及到国家财产、人民生命安全和消费者利益工种（职业）（以下简称技术工种）的劳动者，必须从取得相应职业资格证书的人员中录用。技术工种范围由劳动和社会保障部确定。省、自治区、直辖市劳动保障行政部门和国务院有关部门劳动保障工作机构根据实际需要，经劳动和社会保障部批准，可增加技术工种的范围。

第三条 国家实行职业资格证书制度，由经过劳动保障行政部门批准的考核鉴定机构对劳动者实施职业技能考核鉴定。国家职业资格分为初级（五级）、中级（四级）、高级（三级）、技师（二级）、高级技师（一级）。

第四条 技工学校、职业（技术）学校、就业训练中心及各类职业培训机构的毕（结）业生，必须取得相应职业资格证书后，才能到技术工种岗位就业。

第五条 对从事技术工种的学徒，用人单位应按照《中华人民共和国工种分类目录》所规定的学徒期进行培训。对转岗从事技术工种的劳动者，用人单位应按照国家职业（技能）标准的要求进行培训，达到相应职业技能要求后再上岗。

第六条 用人单位因特殊需要招用技术性较强，但当地培训机构尚未开展培训的技术工种人员，经劳动保障行政部门批准后，可先招收再培训，达到相应职业技能要求后再上岗。用人单位安排国家政策性安置人员从事技术工种工作的，应当先组织培训，达到相应工种（职业）技能要求后上岗。

第七条 对本规定发布前从事技术工种而不具有相应职业资格证书的在岗人员，用人单位应按照国家职业（技能）标准进行培训，使其达到本工种的职业技能要求。

第八条 职业介绍机构介绍劳动者在本规定第二条规定的技术工种范围内就业时，应当按本规定执行。

第九条 用人单位和职业介绍机构发布技术工种人员招聘广告时，在应聘人员应具备的条件中须注明职业资格要求。

第十条 县级以上地方人民政府劳动保障行政部门依法对用人单位遵守本规定的情况进行监督检查。

第十一条 用人单位违反本规定招用未取得相应职业资格证书的劳动者从事技术工种工作的，由劳动保障行政部门给予警告，责令用人单位限期对有关人员进行相关培训，取得职业资格证书后再上岗，并可处以1000元以下罚款。

第十二条 本规定自2000年7月1日起施行。原劳动部1995年6月11日颁发的《从事技术工种劳动者就业上岗前必须培训的规定》同时废止。

附：持职业资格证书就业的工种（职业）目录

持职业资格证书就业的工种（职业）目录

生产、运输设备操作人员

车工、铣工、磨工、镗工、组合机床操作工、加工中心操作工、铸造工、锻造工、焊工、金属热处理工、冷作钣金工、涂装工、装配钳工、工具钳工、锅炉设备装配工、电机装配工、高低压电器装配工、电子仪器仪表装配工、电工仪器仪表装配工、机修钳工、汽车修理工、摩托车维修工、精密仪器仪表修理工、锅炉设备安装工、变电设备安装工、维修电工、计算机维修工、手工木工、精细木工、音响调音员、贵金属首饰手工制作工、土石方机械操作工、砌筑工、混凝土工、钢筋工、架子工、防水工、装饰装修工、电气设备安装工、管工、汽车驾驶员、起重装卸机械操作工、化学检验工、食品检验工、纺织纤维检验工、贵金属首饰钻石宝玉石检验员、防腐蚀工

农林牧渔水利业生产人员

动物疫病防治员、动物检疫检验员、沼气生产工

商业、服务业人员

营业员、推销员、出版物发行员、中药购销员、鉴定估价师、医药商品购销员、中药调剂员、冷藏工、中式烹调师、中式面点师、西式烹调师、西式面点师、调酒师、营养配餐员、餐厅服务员、前厅服务员、客房服务员、保健按摩师、职业指导员、物业管理员、锅炉操作工、美容师、美发师、摄影师、眼镜验光员、眼镜定配工、家用电子产品维修工、家用电器产品维修工、照相器材维修工、钟表维修工、办公设备维修工、保育员、家政服务员、养老护理员

办事人员和有关人员

秘书、公关员、计算机操作员、制图员、话务员、用户通信终端维修员

【对无理阻挠或拒绝监察行为的处罚】

法律问题解读

用人单位无理阻挠劳动行政部门、有关部门及其工作人员行使监督检查权，由劳动行政部门或有关部门处以罚款；构成犯罪的，对责任人员依法追究刑事责任。用人单位无理阻挠劳动监督检查的行为属于违法行为，根据国务院的通知，国务院各部门均可制定部门规章，对违法行为设定最高罚款标准，劳动保障行政部门依据《违反〈中华人民共和国劳动法〉行政处罚办法》和《社会保险费征缴监督检查办法》，对用人单位无理阻挠劳动保障监督检查行为实施行政处罚时，处2000元以上2万元以下的罚款。

法条指引

❶ **《中华人民共和国劳动法》**（1994年7月5日　国家主席令第28号）

第一百零一条　用人单位无理阻挠劳动行政部门、有关部门及其工作人员行使监督检查权，打击报复举报人员的，由劳动行政部门或者有关部门处以罚款；构成犯罪的，对责任人员依法追究刑事责任。

❷ **《劳动保障监察条例》**（2004年10月26日　国务院令第423号）

第三十条　有下列行为之一的，由劳动保障行政部门责令改正；对有第（一）项、第（二）项或者第（三）项规定的行为的，处2000元以上2万元以下的罚款：

（一）无理抗拒、阻挠劳动保障行政部门依照本条例的规定实施劳动保障监察的；

（二）不按照劳动保障行政部门的要求报送书面材料，隐瞒事实真相，出具伪证或者隐匿、毁灭证据的；

（三）经劳动保障行政部门责令改正拒不改正，或者拒不履行劳动保障行政部门的行政处理决定的；

（四）打击报复举报人、投诉人的。

违反前款规定，构成违反治安管理行为的，由公安机关依法给予治安管理处罚；构成犯罪的，依法追究刑事责任。

案例链接

❶《平煤建工集团有限公司诉平顶山市劳动和社会保障局行政处罚纠纷案》，参见北大法宝引证码：Pkulaw. cn/CLI. C. 197200。

❷《北京市海淀区劳动和社会保障局与北京贝斯特医用仪器有限公司劳动监察行政处罚纠纷上诉案》，参见北大法宝引证码：Pkulaw. cn/CLI. C. 196784。

【对违反社会保险有关规定的处罚】

法律问题解读

缴费单位未按照规定办理社会保险登记、变

更登记，或者未按规定申报应缴纳社会保险费数额的，由劳动保障行政部门责令限期改正；情节严重的，对直接负责的主管人员和其他直接责任人员可以处1000元以上5000元以下的罚款；情节特别严重的，对直接负责的主管人员和其他直接责任人员可以处5000元以上10000元以下的罚款。

用人单位无故不缴纳社会保险费的，应责令其限期缴纳；逾期不缴的，除责令其补交所欠款额外，可以按每日加收所欠款额2‰的滞纳金。缴费单位违反有关财务、会计、统计的法律、行政法规和国家有关规定，对缴费单位有下列行为之一的，依照条例规定从欠缴之日起，按日加收2‰的滞纳金，并对直接主管人员和其他直接责任人员处以5000元以上20000元以下罚款：

(1) 因伪造、变造、故意毁灭有关账册、材料造成社会保险费迟延缴纳的；

(2) 因不设账册造成社会保险费迟延缴纳的；

(3) 因其他违法行为造成社会保险费迟延缴纳的。

法条指引

❶《社会保险费征缴暂行条例》(1999年1月22日 国务院令第259号)

第二十三条 缴费单位未按照规定办理社会保险登记、变更登记或者注销登记，或者未按照规定申报应缴纳的社会保险费数额的，由劳动保障行政部门责令限期改正；情节严重的，对直接负责的主管人员和其他直接责任人员可以处1000元以上5000元以下的罚款；情节特别严重的，对直接负责的主管人员和其他直接责任人员可以处5000元以上10000元以下的罚款。

第二十四条 缴费单位违反有关财务、会计、统计的法律、行政法规和国家有关规定，伪造、变造、故意毁灭有关账册、材料，或者不设账册，致使社会保险费缴费基数无法确定的，除依照有关法律、行政法规的规定给予行政处罚、纪律处分、刑事处罚外，依照本条例第十条的规定征缴；迟延缴纳的，由劳动保障行政部门或者税务机关依照第十三条的规定决定加收滞纳金，并对直接负责的主管人员和其他直接责任人员处5000元以上20000元以下的罚款。

第二十五条 缴费单位的缴费个人对劳动保障行政部门或者税务机关的处罚决定不服的，可以依法申请复议；对复议决定不服的，可以依法提起诉讼。

第二十六条 缴费单位逾期拒不缴纳社会保险费、滞纳金的，由劳动保障行政部门或者税务机关申请人民法院依法强制征缴。

第二十七条 劳动保障行政部门、社会保险经办机构或者税务机关的工作人员滥用职权、徇私舞弊、玩忽职守，致使社会保险费流失的，由劳动保障行政部门或者税务机关追回流失的社会保险费；构成犯罪的，依法追究刑事责任；尚不构成犯罪的，依法给予行政处分。

第二十八条 任何单位、个人挪用社会保险基金的，追回被挪用的社会保险基金；有违法所得的，没收违法所得，并入社会保险基金；构成犯罪的，依法追究刑事责任；尚不构成犯罪的，对直接负责的主管人员和其他直接责任人员依法给予行政处分。

❷《违反〈中华人民共和国劳动法〉行政处罚办法》(1994年12月26日 劳部发〔1994〕532号)

第十七条用人单位无故不缴纳社会保险费的，应责令其限期缴纳；逾期不缴的，除责令其补交所欠款额外，可以按每日加收所欠款额千分之二的滞纳金。滞纳金收入并入社会保险基金。

❸《中华人民共和国社会保险费征缴监督检查办法》(1999年3月19日 劳动和社会保障部发布)

第十二条 缴费单位有下列行为之一，情节严重的，对直接负责的主管人员和其他直接责任人员处以1000元以上5000元以下的罚款；情节特别严重的，对直接负责的主管人员和其他直接责任人员处以5000以上10000元以下的罚款：

(一) 未按规定办理社会保险登记的；

(二) 在社会保险登记事项发生变更或者缴费单位依法终止后，未按规定到社会保险经办机构办理社会保险变更登记或者社会保险注销登记的；

(三) 未按规定申报应当缴纳社会保险费数额的。

第十三条 对缴费单位有下列行为之一的，依照条例第十三条的规定，从欠缴之日起，按日加收千分之二的滞纳金，并对直接负责的主管人员和其他直接责任人员处以5000元以上20000元以下罚款：

(一) 因伪造、变造、故意毁灭有关账册、材料造成社会保险费迟延缴纳的；

（二）因不设账册造成社会保险费迟延缴纳的；

（三）因其他违法行为造成社会保险费迟延缴纳的。

第十四条 对缴费单位有下列行为之一的，应当给予警告，并可以处以5000元以下的罚款：

（一）伪造、变造社会保险登记证的；

（二）未按规定从缴费个人工资中代扣代缴社会保险费的；

（三）未按规定向职工公布本单位社会保险费缴纳情况的。

对上述违法行为的行政处罚，法律、法规另有规定的，从其规定。

第十五条 对缴费单位有下列行为之一的，应当给予警告，并可以处以10000元以下的罚款：

（一）阻挠劳动保障监察人员依法行使监察职权，拒绝检查的；

（二）隐瞒事实真相，谎报、瞒报，出具伪证，或者隐匿、毁灭证据的；

（三）拒绝提供与缴纳社会保险费有关的用人情况、工资表、财务报表等资料的；

（四）拒绝执行劳动保障行政部门下达的监督检查询问书的；

（五）拒绝执行劳动保障行政部门下达的限期改正指令书的；

（六）打击报复举报人员的；

（七）法律、法规及规章规定的其他情况。

对上述违法行为的行政处罚，法律、法规另有规定的，从其规定。

案例链接

❶《李彪与郑州中原电子衡器有限公司劳动合同纠纷上诉案》，参见北大法宝引证码：Pkulaw.cn/CLI.C.246173。

❷《湖北省建材技术装备公司与湖北省劳动和社会保障厅社会保障行政处理纠纷上诉案》，参见北大法宝引证码：Pkulaw.cn/CLI.C.69069。

学者观点

❶ 蒋兴南：《工伤保险制度存在的问题及法律思考》，参见北大法宝引证码：Pkulaw.cn/CLI.A.048231。

❷ 刘翠霄：《法定社会保险基金的筹集》，参见北大法宝引证码：Pkulaw.cn/CLI.A.039819。

【对数次或数种违反《劳动法》行为的处罚】

法律问题解读

所谓“数次违反《劳动法》”是指以下两种情况：一是用人单位实施了违反《劳动法》的行为后，再次实施与前次违法行为同样性质的行为；但对于用人单位实施违反《劳动法》的行为处于连续或继续状态的，在其行为终了时，计算为一次违法行为。二是劳动行政机关实施行政处罚，应当制止违法行为，行政处罚决定执行完毕且违法行为已经得以纠正，如果行政管理相对人再次实施性质相同的违法行为，视为数次违法；但该违法行为未得到制止或完全制止，违法行为仍连续或继续进行的，则视为一次违法。

对数次（二次及以上）违反《劳动法》的，可以加重处罚。加重处罚可按原罚款标准的2至5倍计算罚款金额。

对具有数种违反《劳动法》行为的单位，劳动保障监察部门应分别作出处罚决定，合并执行；不能合并执行的可以从重处罚，即在法律规定的处罚种类中选择较重的处罚，或者在规定的罚款数额内选择较高的处罚。

法条指引

❶《劳动部办公厅对〈关于如何适用违反中华人民共和国劳动法行政处罚办法第19条的请示〉的复函》（1996年4月25日 劳办发［1996］70号）（略）

❷《违反〈中华人民共和国劳动法〉行政处罚办法》（1994年12月26日 劳部发［1994］532号）

第十九条 对具有数种违反《劳动法》行为的，应分别决定处罚，合并执行；不能合并执行的可以从重处罚。

对数次（二次及以上）违反《劳动法》的，可以加重处罚。加重处罚可按原罚款标准的二至五倍计算罚款金额。

【劳动保障行政处罚听证】

法律问题解读

劳动保障行政部门在作出责令停产停业、吊销许可证、处以较大数额罚款等重大行政处罚决定前，应当举行听证。对当事人放弃听证权利的，行政执法机构应将拟作出的重大行政处罚决定送本部门法制工作机构或承担法制工作的机构进行初步审查后，再由劳动保障行政部门负责人集体讨论决定。

劳动保障行政部门作出责令停产停业、吊销许可证、较大数额罚款等行政处罚决定之前，应当告知相对人有要求听证的权利，可以用书面告知，也可以用口头形式告知。以口头形式告知应当制作笔录，并经相对人签名。在告知相对人有权要求听证的同时，必须告知其要求举行听证的期限，即应在告知后3日内提出。相对人要求听证的，应当在接受劳动保障行政部门告知后3日内以书面或者口头形式提出。经口头形式提出的，劳动保障行政部门应制作笔录，并经当事人签名。逾期不提出者，视为放弃听证权。劳动保障行政部门负责听证的机构接到当事人要求听证申请后，应当立即确定听证主持人和听证记录员。由听证主持人在举行听证的7日前送达听证通知书。听证通知书应载明听证主持人和听证记录员姓名、听证时间、听证地点、调查取证人员认定的违法事实、证据及行政处罚建议等内容。除涉及国家秘密、商业秘密或者个人隐私外，听证应当公开进行。对于公开举行的听证，劳动保障行政部门可以先期公布听证案由、听证时间及地点。相对人不承担组织听证的费用。

根据国务院的规定，较大数额罚款的听证范围，由省、自治区、直辖市人大常委会或人民政府确定。

法条指引

❶**《中华人民共和国行政处罚法》**（1996年3月17日　国家主席令第63号）

第四十二条　行政机关作出责令停产停业、吊销许可证或者执照、较大数额罚款等行政处罚决定之前，应当告知当事人有要求举行听证的权利；当事人要求听证的，行政机关应当组织听证。当事人不承担行政机关组织听证的费用。听证依照以下程序组织：

（一）当事人要求听证的，应当在行政机关告知后3日内提出；

（二）行政机关应当在听证的7日前，通知当事人举行听证的时间、地点；

（三）除涉及国家秘密、商业秘密或者个人隐私外，听证公开举行；

（四）听证由行政机关指定的非本案调查人员主持；当事人认为主持人与本案有直接利害关系的，有权申请回避；

（五）当事人可以亲自参加听证，也可以委托1至2人代理；

（六）举行听证时，调查人员提出当事人违法的事实、证据和行政处罚建议；当事人进行申辩和质证；

（七）听证应当制作笔录；笔录应当交当事人审核无误后签字或者盖章。

当事人对限制人身自由的行政处罚有异议的，依照治安管理处罚条例有关规定执行。

❷**《劳动行政处罚若干规定》**（1996年9月27日　劳动部令第1号）

第十六条劳动行政部门在作出责令停产停业、吊销许可证、处以较大数额罚款等重大行政处罚决定前，应当举行听证。对当事人放弃听证权利的，行政执法机构应将拟作出的重大行政处罚决定送本部门法制工作机构或承担法制工作的机构进行初步审查后，再由劳动行政部门负责人集体讨论决定。

❸**《劳动行政处罚听证程序规定》**（1996年9月27日　劳动部令第2号）

第三条　劳动行政部门作出责令停产停业、吊销许可证、较大数额罚款等行政处罚决定之前，应当告知当事人有要求听证的权利；当事人要求听证的，劳动行政部门应当组织听证。当事人不承担组织听证的费用。

根据国务院的规定，较大数额罚款的听证范围，由省、自治区、直辖市人大常委会或人民政府确定。

第十一条　劳动行政部门告知当事人有要求举行听证的权利，可以用书面形式告知，也可以用口头形式告知。以口头形式告知应当制作笔录，并经当事人签名。在告知当事人有权要求听证的同时，必须告知当事人要求举行听证的期限，即应在告知后三日内提出。

当事人要求听证的，应当在接受劳动行政部门告知后三日内以书面或者口头形式提出。经口头形式提出的，劳动行政部门应制作笔录，并经当事人签名。逾期不提出者，视为放弃听证权。

第十二条　劳动行政部门负责听证的机构接到当事人要求听证的申请后，应当立即确定听证主持人和听证记录员。由听证主持人在举行听证的七日前送达听证通知书。听证通知书应载明听证主持人和听证记录员的姓名、听证时间、听证地点、调查取证人员认定的违法事实、证据及行政处罚建议等内容。

劳动行政部门的有关机构或人员接到当事人要求听证的申请后，应当立即告知本部门负责听证的机构。

除涉及国家秘密、商业秘密或者个人隐私外，听证应当公开进行。对于公开举行的听证，劳动行政部门可以先期公布听证案由、听证时间及地点。

案例链接

❶《重庆天盛金属制造有限公司与重庆市财政局不服行政处罚决定纠纷上诉案》，参见北大法宝引证码：Pkulaw. cn/CLI. C. 249320。

❷《丁力业诉中国证券监督管理委员会行政处罚决定纠纷案》，参见北大法宝引证码：Pkulaw. cn/CLI. C. 238415。

学者观点

❶ 蔡定剑：《中国社会转型时期的宪政发展》，参见北大法宝引证码：Pkulaw. cn/CLI. A. 038029。

❷ 刘洪军：《行政处罚听证程序的问题》，参见北大法宝引证码：Pkulaw. cn/CLI. A. 041126。

【劳动保障行政处罚听证的程序】

法律问题解读

劳动保障行政处罚听证会，一般应按以下程序组织：

（1）由听证主持人宣布听证会开始，宣布听证纪律、告知当事人听证中的权利和义务；

（2）由案件的调查取证人员宣布案件的事实、证据、适用的法律、法规和规章，以及拟作出的行政处罚决定的理由；

（3）听证主持人询问当事人、案件调查取证人员、证人和其他有关人员并要求出示有关证据材料；

（4）由当事人或者其代理人从事实和法律上进行答辩，并对证据材料进行质证；

（5）当事人或者其代理人和本案调查取证人员就本案相关的事实和法律问题进行辩论；

（6）辩论结束后，当事人作最后陈述；

（7）听证主持人宣布听证会结束。

（8）听证应当制作笔录，笔录应当交当事人审核无误后签字或者盖章。

当事人对限制人身自由的行政处罚有异议的，依照《治安管理处罚条例》有关规定执行。

法条指引

❶**《中华人民共和国行政处罚法》**（1996年3月17日 国家主席令第63号）

第四十二条 行政机关作出责令停产停业、吊销许可证或者执照、较大数额罚款等行政处罚决定之前，应当告知当事人有要求举行听证的权利；当事人要求听证的，行政机关应当组织听证。当事人不承担行政机关组织听证的费用。听证依照以下程序组织：

（一）当事人要求听证的，应当在行政机关告知后三日内提出；

（二）行政机关应当在听证的七日前，通知当事人举行听证的时间、地点；

（三）除涉及国家秘密、商业秘密或者个人隐私外，听证公开举行；

（四）听证由行政机关指定的非本案调查人员主持；当事人认为主持人与本案有直接利害关系的，有权申请回避；

（五）当事人可以亲自参加听证，也可以委托一至二人代理；

（六）举行听证时，调查人员提出当事人违法的事实、证据和行政处罚建议；当事人进行申辩和质证；

（七）听证应当制作笔录；笔录应当交当事人审核无误后签字或者盖章。

当事人对限制人身自由的行政处罚有异议的，依照治安管理处罚条例有关规定执行。

❷**《劳动行政处罚听证程序规定》**（1996年9月27日 劳动部令第2号）

第十四条 听证应当按照下列程序进行：

（一）由听证主持人宣布听证会开始，宣布听证纪律、告知当事人听证中的权利和义务；

（二）由案件调查取证人员宣布案件的事实、证据、适用的法律、法规和规章，以及拟作出的行政处罚决定的理由；

（三）听证主持人询问当事人、案件调查取证人员、证人和其他有关人员并要求出示有关证据材料；

（四）由当事人或者其代理人从事实和法律上进行答辩，并对证据材料进行质证；

（五）当事人或者其代理人和本案调查取证人员就本案相关的事实和法律问题进行辩论；

（六）辩论结束后，当事人作最后陈述；

（七）听证主持人宣布听证会结束。

第十五条　听证应当制作笔录。笔录由听证记录员制作。听证笔录在听证结束后，应当立即交当事人审核无误后签字或者盖章。

案例链接

❶《长阳土家族自治县气象局与宜昌长城房地产开发有限责任公司气象行政处罚纠纷上诉案》，参见北大法宝引证码：Pkulaw. cn/CLI. C. 135808。

❷《南郑县军干所福苑饭店与汉中市卫生局卫生行政处罚纠纷上诉案》，参见北大法宝引证码：Pkulaw. cn/CLI. C. 23855。

学者观点

❶ 王锡锌：《中国行政程序立法：现状与展望（上）》，参见北大法宝引证码：Pkulaw. cn/CLI. A. 023788。

【劳动保障行政复议】

法律问题解读

劳动保障行政复议是指法律、法规、规章规定的劳动保障行政复议机关通过受理行政管理相对人的复议申请，对引起争议的具体行政行为进行审查并作出裁决的行政行为。劳动保障行政复议是劳动保障行政机关解决行政争议的重要手段，也是劳动保障行政机关内部自我纠正错误的一种监督制度。应注意的是：

（1）劳动保障行政复议是基于劳动保障行政机关上下级领导和被领导、指导和被指导关系而产生的内部层级监督，是依行政管理相对人申请行为而启动的被动的层级监督形式。

（2）劳动保障行政复议具有某些司法活动的特点，必须按照法定程序进行，从复议申请的受理到作出复议决定，复议机关的活动都必须依法进行。对有争议的劳动保障行政行为，经审查后可作出维持、撤销或者变更的裁决。

（3）劳动保障行政复议是可选择的程序。也就是说行政管理相对人与劳动保障行政机关发生行政争议，可以向上一级劳动保障行政部门申请行政复议，也可以向同级人民法院提起行政诉讼。

法条指引

❶**《中华人民共和国行政复议法》**（1999 年 4 月 29 日　国家主席令第 16 号）（略）

【劳动保障行政复议应遵循的原则】

法律问题解读

劳动保障行政复议机关履行行政复议职责，应当遵循合法、公正、公开、及时、便民的原则，坚持有错必纠，保障法律、法规的正确实施。

1. 合法原则

所谓合法原则是指劳动保障行政复议机关必须严格按照法律规定的职责权限，以事实为依据，以法律为准绳，对行政管理相对人申请复议的具体行政行为进行审查，并依法作出复议决定。合法原则包括以下内容：

（1）履行劳动保障行政复议职责的主体及其职权应当合法。一方面，复议机关应当是依法成立并享有复议权的劳动保障行政机关；另一方面，复议机关对其受理的复议案件应当有管辖权。

（2）劳动保障行政复议的依据必须合法。复议机关审查具体行政行为，应以法律、法规、规章及其他规范性文件为依据，在规范性文件相互矛盾时，应适用效力高的规范性文件。

（3）劳动保障行政复议的程序必须合法。复议机关的活动，从受理行政复议申请到作出行政复议决定，都应当严格按照法定程序进行。超过规定期限或者复议文书在形式上违法也属于程序违法。

2. 公正原则

公正原则是合法原则的必要补充，是一项直接关系到劳动保障行政机关社会形象的重要原则。公正原则包括以下内容：

（1）公正对待申请人和被申请人，不能“官官相护”。

（2）以法律规定和社会公认的公正标准对原具体行政行为的适当性进行审查，正确运用自由裁量权。

3. 公开原则

公开原则是劳动保障行政复议民主化的体现。只有行政复议过程的公开，才能保证行政复议结果的公正。公开原则包括以下内容：

（1）允许申请人依法查阅被申请人提出的书面答复、作出具体行政行为的证据、依据和其他有关材料。

（2）充分听取申请人的意见，对申请人提供的证据和申述的理由予以高度重视。

(3) 行政复议的依据和行政复议决定公开。

4. 及时原则

及时原则的核心内容是要求劳动保障行政复议机关在法律规定的期限内，完成行政复议案件的审理工作。其主要内容是：

(1) 及时审查复议申请，并将审查结果告知申请人。

(2) 受理行政复议申请后，及时对具体行政行为进行审查，调查取证，核实证据。

(3) 及时作出复议决定并依法采取措施，保证复议决定的履行。

5. 便民原则

便民原则，就是要求劳动保障行政复议活动方便老百姓，不因行政复议造成累诉。也就是说，在法律规定申请人应承担的义务内，要尽可能为申请人提供方便；在法律规定申请人应承担的义务外，不得增加申请人的负担。

法条指引

❶《中华人民共和国行政复议法》(1999 年 4 月 29 日 国家主席令第 16 号)

第四条 行政复议机关履行行政复议职责，应当遵循合法、公正、公开、及时、便民的原则，坚持有错必纠，保障法律、法规的正确实施。

【劳动保障行政复议的受案范围】

法律问题解读

劳动保障行政复议的受案范围，是指允许公民、法人或者其他组织申请劳动保障行政复议事项的范围。也就是说对劳动保障行政机关作出的哪些具体行政行为，当事人可以提起行政复议。

1. 劳动保障行政复议的受案范围

(1) 对劳动保障行政部门作出的警告、罚款、没收违法所得、没收非法财物、责令停产停业、吊销许可证等行政处罚决定不服的；

(2) 认为符合法定条件，申请劳动保障行政部门办理许可证、资格证等行政许可手续，劳动保障行政部门拒绝办理或者在法定期限内没有依法办理的；

(3) 对劳动保障行政部门作出的有关许可证、资格证等变更、中止、取消的决定不服的；

(4) 认为符合法定条件，申请劳动保障行政部门审批、审核、登记有关事项，劳动保障行政部门没有依法办理的；

(5) 认为劳动保障行政部门侵犯合法的用人自主权、工资分配权等经营自主权的；

(6) 申请劳动保障行政部门依法履行保护劳动者获取劳动报酬权、休息休假权、社会保险权等法定职责，而劳动保障行政部门没有依法履行的；

(7) 认为劳动保障行政部门违法收费或者违法要求履行义务的；

(8) 对劳动保障行政部门认定工伤的具体行政行为不服的；

(9) 认为社会保险经办机构侵犯其合法权益的；

(10) 认为劳动保障行政部门作出的其他具体行政行为侵犯其合法权益的。

2. 对下列事项，劳动保障行政管理相对人不能申请行政复议

(1) 劳动者与用人单位之间在执行劳动保障法律、法规、规章及其他规范性文件中发生的劳动争议。

(2) 不服行政机关作出的行政处分或者其他人事处理决定的。

(3) 对劳动鉴定委员会作出的伤残等级鉴定结论不服的。

(4) 对劳动争议仲裁委员会作出的仲裁决定或者裁决不服的。

(5) 向人民法院提起行政诉讼，人民法院已经依法受理的。

(6) 法律、法规规定的其他情形。

法条指引

❶《人力资源社会保障行政复议办法》(2010 年 2 月 25 日 人力资源和社会保障部令第 6 号)

第一章 总则

第一条 为了规范人力资源社会保障行政复议工作，根据《中华人民共和国行政复议法》(以下简称行政复议法) 和《中华人民共和国行政复议法实施条例》(以下简称行政复议法实施条例)，制定本办法。

第二条 公民、法人或者其他组织认为人力资源社会保障部门作出的具体行政行为侵犯其合法权益，向人力资源社会保障行政部门申请行政复议，人力资源社会保障行政部门及其法制工作机构开展行政复议相关工作，适用本办法。

第三条 各级人力资源社会保障行政部门是

人力资源社会保障行政复议机关（以下简称行政复议机关），应当认真履行行政复议职责，遵循合法、公正、公开、及时、便民的原则，坚持有错必纠，保障法律、法规和人力资源社会保障规章的正确实施。

行政复议机关应当依照有关规定配备专职行政复议人员，为行政复议工作提供财政保障。

第四条 行政复议机关负责法制工作的机构（以下简称行政复议机构）具体办理行政复议事项，履行下列职责：

（一）处理行政复议申请；

（二）向有关组织和人员调查取证，查阅文件和资料，组织行政复议听证；

（三）依照行政复议法实施条例第九条的规定，办理第三人参加行政复议事项；

（四）依照行政复议法实施条例第四十一条的规定，决定行政复议中止、恢复行政复议审理事项；

（五）依照行政复议法实施条例第四十二条的规定，拟订行政复议终止决定；

（六）审查申请行政复议的具体行政行为是否合法与适当，提出处理建议，拟订行政复议决定，主持行政复议调解，审查和准许行政复议和解协议；

（七）处理或者转送对行政复议法第七条所列有关规定的审查申请；

（八）依照行政复议法第二十九条的规定，办理行政赔偿等事项；

（九）依照行政复议法实施条例第三十七条的规定，办理鉴定事项；

（十）按照职责权限，督促行政复议申请的受理和行政复议决定的履行；

（十一）对人力资源社会保障部门及其工作人员违反行政复议法、行政复议法实施条例和本办法规定的行为依照规定的权限和程序提出处理建议；

（十二）研究行政复议过程中发现的问题，及时向有关机关和部门提出建议，重大问题及时向行政复议机关报告；

（十三）办理因不服行政复议决定提起行政诉讼的行政应诉事项；

（十四）办理或者组织办理未经行政复议直接提起行政诉讼的行政应诉事项；

（十五）办理行政复议、行政应诉案件统计和重大行政复议决定备案事项；

（十六）组织培训；

（十七）法律、法规规定的其他职责。

第五条 专职行政复议人员应当具备与履行行政复议职责相适应的品行、专业知识和业务能力，并取得相应资格。各级人力资源社会保障部门应当保障行政复议人员参加培训的权利，应当为行政复议人员参加法律类资格考试提供必要的帮助。

第六条 行政复议人员享有下列权利：

（一）依法履行行政复议职责的行为受法律保护；

（二）获得履行行政复议职责相应的物质条件；

（三）对行政复议工作提出建议；

（四）参加培训；

（五）法律、法规和规章规定的其他权利。

行政复议人员应当履行下列义务：

（一）严格遵守宪法和法律；

（二）以事实为根据，以法律为准绳审理行政复议案件；

（三）忠于职守，尽职尽责，清正廉洁，秉公执法；

（四）依法保障行政复议参加人的合法权益；

（五）保守国家秘密、商业秘密和个人隐私；

（六）维护国家利益、社会公共利益，维护公民、法人或者其他组织的合法权益；

（七）法律、法规和规章规定的其他义务。

第二章 行政复议范围

第七条 有下列情形之一的，公民、法人或者其他组织可以依法申请行政复议：

（一）对人力资源社会保障部门作出的警告、罚款、没收违法所得、依法予以关闭、吊销许可证等行政处罚决定不服的；

（二）对人力资源社会保障部门作出的行政处理决定不服的；

（三）对人力资源社会保障部门作出的行政许可、行政审批不服的；

（四）对人力资源社会保障部门作出的行政确认不服的；

（五）认为人力资源社会保障部门不履行法定职责的；

（六）认为人力资源社会保障部门违法收费或者违法要求履行义务的；

（七）认为人力资源社会保障部门作出的其他具体行政行为侵犯其合法权益的。

第八条 公民、法人或者其他组织对下列事项，不能申请行政复议：

（一）人力资源社会保障部门作出的行政处分或者其他人事处理决定；

（二）劳动者与用人单位之间发生的劳动人事争议；

（三）劳动能力鉴定委员会的行为；

（四）劳动人事争议仲裁委员会的仲裁、调解等行为；

（五）已就同一事项向其他有权受理的行政机关申请行政复议的；

（六）向人民法院提起行政诉讼，人民法院已经依法受理的；

（七）法律、行政法规规定的其他情形。

第三章　行政复议申请

第一节　申请人

第九条　依照本办法规定申请行政复议的公民、法人或者其他组织为人力资源社会保障行政复议申请人。

第十条　同一行政复议案件申请人超过5人的，推选1至5名代表参加行政复议，并提交全体行政复议申请人签字的授权委托书以及全体行政复议申请人的身份证复印件。

第十一条　依照行政复议法实施条例第九条的规定，公民、法人或者其他组织申请作为第三人参加行政复议，应当提交《第三人参加行政复议申请书》，该申请书应当列明其参加行政复议的事实和理由。

申请作为第三人参加行政复议的，应当对其与被审查的具体行政行为有利害关系负举证责任。

行政复议机构通知或者同意第三人参加行政复议的，应当制作《第三人参加行政复议通知书》，送达第三人，并注明第三人参加行政复议的日期。

第十二条　申请人、第三人可以委托1至2名代理人参加行政复议。

申请人、第三人委托代理人参加行政复议的，应当向行政复议机构提交授权委托书。授权委托书应当载明下列事项：

（一）委托人姓名或者名称，委托人为法人或者其他组织的，还应当载明法定代表人或者主要负责人的姓名、职务；

（二）代理人姓名、性别、职业、住所以及邮政编码；

（三）委托事项、权限和期限；

（四）委托日期以及委托人签字或者盖章。

申请人、第三人解除或者变更委托的，应当书面报告行政复议机构。

第二节　被申请人

第十三条　公民、法人或者其他组织对人力资源社会保障部门作出的具体行政行为不服，依照本办法规定申请行政复议的，作出该具体行政行为的人力资源社会保障部门为被申请人。

第十四条　对县级以上人力资源社会保障行政部门的具体行政行为不服的，可以向上一级人力资源社会保障行政部门申请复议，也可以向该人力资源社会保障行政部门的本级人民政府申请行政复议。

对人力资源社会保障部作出的具体行政行为不服的，向人力资源社会保障部申请行政复议。

第十五条　对人力资源社会保障行政部门按照国务院规定设立的社会保险经办机构（以下简称社会保险经办机构）依照法律、法规规定作出的具体行政行为不服，可以向直接管理该社会保险经办机构的人力资源社会保障行政部门申请行政复议。

第十六条　对依法受委托的属于事业组织的公共就业服务机构、职业技能考核鉴定机构以及街道、乡镇人力资源社会保障工作机构等作出的具体行政行为不服的，可以向委托其行使行政管理职能的人力资源社会保障行政部门的上一级人力资源社会保障行政部门申请复议，也可以向该人力资源社会保障行政部门的本级人民政府申请行政复议。委托的人力资源社会保障行政部门为被申请人。

第十七条　对人力资源社会保障部门和政府其他部门以共同名义作出的具体行政行为不服的，可以向其共同的上一级行政部门申请复议。共同作出具体行政行为的人力资源社会保障部门为共同被申请人之一。

第十八条　人力资源社会保障部门设立的派出机构、内设机构或者其他组织，未经法律、法规授权，对外以自己名义作出具体行政行为的，该人力资源社会保障部门为被申请人。

第三节　行政复议申请期限

第十九条　公民、法人或者其他组织认为人力资源社会保障部门作出的具体行政行为侵犯其合法权益的，可以自知道该具体行政行为之日起60日内提出行政复议申请。

前款规定的行政复议申请期限依照下列规定计算：

（一）当场作出具体行政行为的，自具体行政行为作出之日起计算；

（二）载明具体行政行为的法律文书直接送达

的，自受送达人签收之日起计算；

（三）载明具体行政行为的法律文书依法留置送达的，自送达人和见证人在送达回证上签注的留置送达之日起计算；

（四）载明具体行政行为的法律文书邮寄送达的，自受送达人在邮件签收单上签收之日起计算；没有邮件签收单的，自受送达人在送达回执上签名之日起计算；

（五）具体行政行为依法通过公告形式告知受送达人的，自公告规定的期限届满之日起计算；

（六）被申请人作出具体行政行为时未告知公民、法人或者其他组织，事后补充告知的，自该公民、法人或者其他组织收到补充告知的通知之日起计算；

（七）被申请人有证据材料能够证明公民、法人或者其他组织知道该具体行政行为的，自证据材料证明其知道具体行政行为之日起计算。

人力资源社会保障部门作出具体行政行为，依法应当向有关公民、法人或者其他组织送达法律文书而未送达的，视为该公民、法人或者其他组织不知道该具体行政行为。

申请人因不可抗力或者其他正当理由耽误法定申请期限的，申请期限自原因消除之日起继续计算。

第二十条　人力资源社会保障部门对公民、法人或者其他组织作出具体行政行为，应当告知其申请行政复议的权利、行政复议机关和行政复议申请期限。

第四节　行政复议申请的提出

第二十一条　申请人书面申请行政复议的，可以采取当面递交、邮寄或者传真等方式递交行政复议申请书。

有条件的行政复议机构可以接受以电子邮件形式提出的行政复议申请。

对采取传真、电子邮件方式提出的行政复议申请，行政复议机构应当告知申请人补充提交证明其身份以及确认申请书真实性的相关书面材料。

第二十二条　申请人书面申请行政复议的，应当在行政复议申请书中载明下列事项：

（一）申请人基本情况：申请人是公民的，包括姓名、性别、年龄、身份证号码、工作单位、住所、邮政编码；申请人是法人或者其他组织的，包括名称、住所、邮政编码和法定代表人或要负责人的姓名、职务；

（二）被申请人的名称；

（三）申请行政复议的具体行议请求、申请行政复议的主要事实和理由；

（四）申请人签名或者盖章；

（五）日期。

申请人口头申请行政复议的，行政复议机构应当依照前款规定内容，当场制作行政复议申请笔录交申请人核对或者向申请人宣读，并由申请人签字确认。

第二十三条　有下列情形之一的，申请人应当提供相应的证明材料：

（一）认为被申请人不履行法定职责的，提供曾经申请被申请人履行法定职责的证明材料；

（二）申请行政复议时一并提出行政赔偿申请的，提供受具体行政行为侵害而造成损害的证明材料；

（三）属于本办法第十九条第四款情形的，提供发生不可抗力或者有其他正当理由的证明材料；

（四）需要申请人提供证据材料的其他情形。

第二十四条　申请人提出行政复议申请时错列被申请人的，行政复议机构应当告知申请人变更被申请人。

申请人变更被申请人的期间，不计入行政复议审理期限。

第二十五条　依照行政复议法第七条的规定，申请人认为具体行政行为所依据的规定不合法的，可以在对具体行政行为申请行政复议的同时一并提出对该规定的审查申请；申请人在对具体行政行为提出行政复议申请时尚不知道该具体行政行为所依据的规定的，可以在行政复议机关作出行政复议决定前向行政复议机关提出对该规定的审查申请。

第四章　行政复议受理

第二十六条　行政复议机构…政复议申请后，应当在5日内进行审查…下列情况分别作出处理：

（一）对符合行政…施条例第二十八条规定条件的，依法…，制作《行政复议受理通知书》和…提出答复通知书》，送达申请人和…；

（…办法第七条规定的行政复议范围…机关受理范围的，应当书面告知…行政复议机关提出；

…对不符合法定受理条件的，…决定，制作《行政复议不予受理决定书》，应当作出不…申请人，该决定书中应当说明不予受理的理…和依据。

对不符合前款规定的行政复议申请，行政复

议机构应当将有关处理情况告知申请人。

第二十七条 人力资源社会保障行政部门的其他工作机构收到复议申请的，应当及时转送行政复议机构。

除不符合行政复议法定条件或者不属于本机关受理的行政复议申请外，行政复议申请自行政复议机构收到之日起即为受理。

第二十八条 依照行政复议法实施条例第二十九条的规定，行政复议申请材料不齐全或者表述不清楚的，行政复议机构可以向申请人发出补正通知，一次性告知申请人需要补正的事项。

补正通知应当载明下列事项：

（一）行政复议申请书中需要修改、补充的具体内容；

（二）需要补正的证明材料；

（三）合理的补正期限；

（四）逾期未补正的法律后果。

补正期限从申请人收到补正通知之日起计算。

无正当理由逾期不补正的，视为申请人放弃行政复议申请。

申请人应当在补正期限内向行政复议机构提交需要补正的材料。补正申请材料所用时间不计入行政复议审理期限。

第二十九条 申请人依法提出行政复议申请，行政复议机关无正当理由不予受理的，上一级人力资源社会保障行政部门可以根据申请人的申请或者依职权先行督促其受理；经督促仍不受理的，应当责令其限期受理，并且制作《责令受理行政复议申请通知书》；必要时，上一级人力资源社会保障行政部门也可以直接受理。

上一级人力资源社会保障行政部门经审查认为行政复议申请不符合法定受理条件的，应当告知申请人。

第三十条 劳动者与用人单位因工伤保险待遇发生争议，向劳动人事争议仲裁委员会申请仲裁期间，又对人力资源社会保障行政部门作出的工伤认定结论不服向行政复议机关申请行政复议的，如果符合法定条件，应当予以受理。

第五章 行政复议审理

第三十一条 行政复议原则上采取书面审查的办法，但是申请人提出要求或者行政复议机构认为有必要的，可以向有关组织和人员调查情况，听取申请人、被申请人和第三人的意见。

第三十二条 行政复议机构应当自行政复议申请受理之日起7日内，将行政复议申请书副本或者行政复议申请笔录复印件发送被申请人。被申请人应当自收到申请书副本或者申请笔录复印件之日起10日内，提交行政复议答复书，并提交当初作出具体行政行为的证据、依据和其他有关材料。

行政复议答复书应当载明下列事项，并加盖被申请人印章：

（一）被申请人的名称、地址、法定代表人的姓名、职务；

（二）作出具体行政行为的事实和有关证据材料；

（三）作出具体行政行为依据的法律、法规、规章和规范性文件的具体条款和内容；

（四）对申请人行政复议请求的意见和理由；

（五）日期。

被申请人应当对其提交的证据材料分类编号，对证据材料的来源、证明对象和内容作简要说明。

因不可抗力或者其他正当理由，被申请人不能在法定期限内提出书面答复、提交当初作出具体行政行为的证据、依据和其他有关材料的，可以向行政复议机关提出延期答复和举证的书面申请。

第三十三条 有下列情形之一的，行政复议机构可以实地调查核实证据：

（一）申请人或者被申请人对于案件事实的陈述有争议的；

（二）被申请人提供的证据材料之间相互矛盾的；

（三）第三人提出新的证据材料，足以推翻被申请人认定的事实的；

（四）行政复议机构认为确有必要的其他情形。

调查取证时，行政复议人员不得少于2人，并应当向当事人或者有关人员出示证件。

第三十四条 对重大、复杂的案件，申请人提出要求或者行政复议机构认为必要时，可以采取听证的方式审理。

有下列情形之一的，属于重大、复杂的案件：

（一）涉及人数众多或者群体利益的案件；

（二）具有涉外因素的案件；

（三）社会影响较大的案件；

（四）案件事实和法律关系复杂的案件；

（五）行政复议机构认为其他重大、复杂的案件。

第三十五条 公民、法人或者其他组织对人力资源社会保障部门行使法律、法规规定的自由裁量权作出的具体行政行为不服申请行政复议，在行政复议机关作出行政复议决定之前，申请人和被申请人可以在自愿、合法基础上达成和解。申请人和被申请人达成和解的，应当向行政复议机构提交书面和解协议。

书面和解协议应当载明行政复议请求、事实、理由和达成和解的结果，并且由申请人和被申请人签字或者盖章。

行政复议机构应当对申请人和被申请人提交的和解协议进行审查。和解确属申请人和被申请人的真实意思表示，和解内容不违反法律、法规的强制性规定，不损害国家利益、社会公共利益和他人合法权益的，行政复议机构应当准许和解，并终止行政复议案件的审理。

第三十六条 依照行政复议法实施条例第四十一条的规定，行政复议机构中止、恢复行政复议案件的审理，应当分别制发《行政复议中止通知书》和《行政复议恢复审理通知书》，并通知申请人、被申请人和第三人。

第三十七条 依照行政复议法实施条例第四十二条的规定，行政复议机关终止行政复议的，应当制发《行政复议终止通知书》，并通知申请人、被申请人和第三人。

第三十八条 依照行政复议法第二十八条第一款第一项规定，具体行政行为认定事实清楚，证据确凿，适用依据正确，程序合法，内容适当的，行政复议机关应当决定维持。

第三十九条 依照行政复议法第二十八条第一款第二项规定，被申请人不履行法定职责的，行政复议机关应当决定其在一定期限内履行法定职责。

第四十条 具体行政行为有行政复议法第二十八条第一款第三项规定情形之一的，行政复议机关应当决定撤销、变更该具体行政行为或者确认该具体行政行为违法；决定撤销该具体行政行为或者确认该具体行政行为违法的，可以责令被申请人在一定期限内重新作出具体行政行为。

第四十一条 被申请人未依照行政复议法第二十三条的规定提出书面答复、提交当初作出具体行政行为的证据、依据和其他有关材料的，视为该具体行政行为没有证据、依据，行政复议机关应当决定撤销该具体行政行为。

第四十二条 具体行政行为有行政复议法实施条例第四十七条规定情形之一的，行政复议机关可以作出变更决定。

第四十三条 依照行政复议法实施条例第四十八条第一款的规定，行政复议机关决定驳回行政复议申请的，应当制发《驳回行政复议申请决定书》，并通知申请人、被申请人和第三人。

第四十四条 行政复议机关依照行政复议法第二十八条的规定责令被申请人重新作出具体行政行为的，被申请人应当在法律、法规、规章规定的期限内重新作出具体行政行为；法律、法规、规章未规定期限的，重新作出具体行政行为的期限为60日。

公民、法人或者其他组织对被申请人重新作出的具体行政行为不服，可以依法申请行政复议或者提起行政诉讼。

第四十五条 有下列情形之一的，行政复议机关可以按照自愿、合法的原则进行调解：

（一）公民、法人或者其他组织对人力资源社会保障部门行使法律、法规规定的自由裁量权作出的具体行政行为不服申请行政复议的；

（二）当事人之间的行政赔偿或者行政补偿纠纷；

（三）其他适于调解的。

第四十六条 行政复议机关进行调解应当符合下列要求：

（一）在查明案件事实的基础上进行；

（二）充分尊重申请人和被申请人的意愿；

（三）遵循公正、合理原则；

（四）调解结果应当符合有关法律、法规的规定；

（五）调解结果不得损害国家利益、社会公共利益或者他人合法权益。

第四十七条 申请人和被申请人经调解达成协议的，行政复议机关应当制作《行政复议调解书》。《行政复议调解书》应当载明下列内容：

（一）申请人姓名、性别、年龄、住所（法人或者其他组织的名称、地址、法定代表人或者主要负责人的姓名、职务）；

（二）被申请人的名称；

（三）申请人申请行政复议的请求、事实和理由；

（四）被申请人答复的事实、理由、证据和依据；

（五）进行调解的基本情况；

（六）调解结果；

（七）日期。

《行政复议调解书》应当加盖行政复议机关印章。《行政复议调解书》经申请人、被申请人签字或者盖章，即具有法律效力。

调解未达成协议或者调解书生效前一方反悔

的，行政复议机关应当及时作出行政复议决定。

第四十八条 行政复议机关在审查申请人一并提出的作出具体行政行为所依据的规定的合法性时，应当根据具体情况，分别作出下列处理：

（一）如果该规定是由本行政机关制定的，应当在30日内对该规定依法作出处理结论；

（二）如果该规定是由其他人力资源社会保障行政部门制定的，应当在7日内按照法定程序转送制定该规定的人力资源社会保障行政部门，请其在60日内依法处理；

（三）如果该规定是由人民政府制定的，应当在7日内按照法定程序转送有权处理的国家机关依法处理。

对该规定进行审查期间，中止对具体行政行为的审查；审查结束后，行政复议机关再继续对具体行政行为的审查。

第四十九条 行政复议机关对决定撤销、变更具体行政行为或者确认具体行政行为违法并且申请人提出行政赔偿请求的下列具体行政行为，应当在行政复议决定中同时作出被申请人依法给予赔偿的决定：

（一）被申请人违法实施罚款、没收违法所得、依法予以关闭、吊销许可证等行政处罚的；

（二）被申请人造成申请人财产损失的其他违法行为。

第五十条 行政复议机关作出行政复议决定，应当制作《行政复议决定书》，载明下列事项：

（一）申请人的姓名、性别、年龄、住所（法人或者其他组织的名称、地址、法定代表人或者主要负责人的姓名、职务）；

（二）被申请人的名称、住所；

（三）申请人的行政复议请求和理由；

（四）第三人的意见；

（五）被申请人答复意见；

（六）行政复议机关认定的事实、理由，适用的法律、法规、规章以及其他规范性文件；

（七）复议决定；

（八）申请人不服行政复议决定向人民法院起诉的期限；

（九）日期。

《行政复议决定书》应当加盖行政复议机关印章。

第五十一条 行政复议机关应当根据《中华人民共和国民事诉讼法》的规定，采用直接送达、邮寄送达或者委托送达等方式，将行政复议决定送达申请人、被申请人和第三人。

第五十二条 下级行政复议机关应当及时将重大行政复议决定报上级行政复议机关备案。

第五十三条 案件审查结束后，办案人员应当及时将案卷进行整理归档。案卷保存期不少于10年，国家另有规定的从其规定。保存期满后的案卷，应当按照国家有关档案管理的规定处理。

案卷归档材料应当包括：

（一）行政复议申请的处理

1. 行政复议申请书或者行政复议申请笔录、申请人提交的证据材料；

2. 授权委托书、申请人身份证复印件、法定代表人或者主要负责人身份证明书；

3. 行政复议补正通知书；

4. 行政复议受理通知书和行政复议提出答复通知书；

5. 行政复议不予受理决定书；

6. 行政复议告知书；

7. 行政复议答复书、被申请人提交的证据材料；

8. 第三人参加行政复议申请书、第三人参加行政复议通知书；

9. 责令限期受理行政复议申请通知书。

（二）案件审理

1. 行政复议调查笔录；

2. 行政复议听证记录；

3. 行政复议中止通知书、行政复议恢复审理通知书；

4. 行政复议和解协议；

5. 行政复议延期处理通知书；

6. 撤回行政复议申请书；

7. 规范性文件转送函。

（三）处理结果

1. 行政复议决定书；

2. 行政复议调解书；

3. 行政复议终止书；

4. 驳回行政复议申请决定书。

（四）其他

1. 行政复议文书送达回证；

2. 行政复议意见书；

3. 行政复议建议书；

4. 其他。

第五十四条 案卷装订、归档应当达到下列要求：

（一）案卷装订整齐；

（二）案卷目录用钢笔或者签字笔填写，字迹工整；

（三）案卷材料不得涂改；

（四）卷内材料每页下方应当居中标注页码。

第六章　附则

第五十五条　本办法所称人力资源社会保障部门包括人力资源社会保障行政部门、社会保险经办机构、公共就业服务机构等具有行政职能的机构。

第五十六条　人力资源社会保障行政复议活动所需经费、办公用房以及交通、通讯、摄像、录音等设备由各级人力资源社会保障部门予以保障。

第五十七条　行政复议机关可以使用行政复议专用章。在人力资源社会保障行政复议活动中，行政复议专用章和行政复议机关印章具有同等效力。

第五十八条　本办法未规定事项，依照行政复议法、行政复议法实施条例规定执行。

第五十九条　本办法自发布之日起施行。劳动和社会保障部1999年11月23日发布的《劳动和社会保障行政复议办法》（劳动和社会保障部令第5号）同时废止。

案例链接

❶《祝增莉等与成都市劳动和社会保障局劳动局行政复议纠纷上诉案》，参见北大法宝引证码：Pkulaw. cn/CLI. C. 73941。

❷《李党林诉西安市人民政府行政复议案》，参见北大法宝引证码：Pkulaw. cn/CLI. C. 86341。

学者观点

❶ 赵德关：《责令受理制度研究》，参见北大法宝引证码：Pkulaw. cn/CLI. A. 021883。

❷ 沈岿：《制度变迁与法官的规则选择》，参见北大法宝引证码：Pkulaw. cn/CLI. A. 029076。

【对规范性文件的审查】

法律问题解读

公民、法人或者其他组织认为行政机关的具体行政行为所依据的除法律、法规、规章和国务院文件以外的其他规范性文件不合法，在对具体行政行为申请行政复议时，可以一并向复议机关提出对该规范性文件的审查申请。可以提出审查申请的规范性文件包括：

（1）国务院各部门的规定。

（2）县级以上地方各级人民政府及其工作部门的规定。

（3）乡、镇人民政府的规定。

上述所列规定不含国务院部门规章和地方人民政府规章。规章的审查依照法律、行政法规的规定办理。

劳动保障行政复议机关在审查申请人一并提出的作出具体行政行为所依据的有关规定的合法性时，应当根据具体情况，分别作出以下处理：

（1）如果该规定是由本行政机关制定，或本行政复议机关对该规定有权处理的，应当在30日内对该规定依法作出处理结论。

（2）如果该规定是由其他劳动保障行政部门制定的，应当在7日内将有关材料直接移送制定该规定的劳动保障行政部门，请其在60日内依法作出处理结论，并将处理结论告知移送的劳动保障复议机关。

（3）如果该规定是由政府制定的，应当在7日内按照法定程序转送有权处理的国家机关依法处理。

对该规定进行审查期间，中止对具体行政行为的审查；审查结束后，劳动保障行政复议机关再继续本案具体行政行为的审查。中止审查期间，应当将有关中止的情况通知申请人和被申请人。

法条指引

❶**《中华人民共和国行政复议法》**（1999年4月29日　国家主席令第16号）

第七条　公民、法人或者其他组织认为行政机关的具体行政行为所依据的下列规定不合法，在对具体行政行为申请行政复议时，可以一并向行政复议机关提出对该规定的审查申请：

（一）国务院部门的规定；

（二）县级以上地方各级人民政府及其工作部门的规定；

（三）乡、镇人民政府的规定。

前款所列规定不含国务院部、委员会规章和地方人民政府规章。规章的审查依照法律、行政法规办理。

第二十六条　申请人在申请行政复议时，一并提出对本法第七条所列有关规定的审查申请的，行政复议机关对该规定有权处理的，应当在30日内依法处理；无权处理的，应当在7日内按照法定程序转送有权处理的行政机关依法处理，有权处理的行政机关应当在60日内依法处理。处理期间，中止对具体行政行为的审查。

【劳动保障行政复议的管辖】

法律问题解读

劳动保障行政复议的管辖是指行政机关受理行政复议案件的权限和分工。行政管理相对人申请行政复议，按以下情况确定行政复议机关：

（1）对县级以上劳动保障行政部门的具体行政行为不服的，可以向上一级劳动保障行政部门申请复议，也可以向本级人民政府申请复议。做出该具体行政行为的劳动保障行政部门是被申请人。

（2）对依法受委托的属于事业组织的就业服务管理机构、职业技能鉴定指导机构、乡镇劳动工作机构等作出的具体行政行为不服的，可以向委托其行使行政管理职能的劳动保障行政部门的上一级劳动保障行政部门申请复议，也可以向该劳动保障行政部门的同级人民政府申请行政复议。委托的劳动保障行政部门是被申请人。

（3）对劳动保障行政部门和政府其他部门以共同名义作出的具体行政行为不服的，可以向其共同的上一级行政机关申请复议。共同作出具体行政行为的劳动保障行政部门是共同被申请人之一。

（4）对社会保险经办机构作出的具体行政行为不服，可向直接管理该经办机构的劳动保障行政部门申请行政复议。该社会保险经办机构为被申请人。

法条指引

❶《**人力资源社会保障行政复议办法**》（2010年2月25日　人力资源和社会保障部令第6号）

第十三条　公民、法人或者其他组织对人力资源社会保障部门作出的具体行政行为不服，依照本办法规定申请行政复议的，作出该具体行政行为的人力资源社会保障部门为被申请人。

第十四条　对县级以上人力资源社会保障行政部门的具体行政行为不服的，可以向上一级人力资源社会保障行政部门申请复议，也可以向该人力资源社会保障行政部门的本级人民政府申请行政复议。

对人力资源社会保障部作出的具体行政行为不服的，向人力资源社会保障部申请行政复议。

第十五条　对人力资源社会保障行政部门按照国务院规定设立的社会保险经办机构（以下简称社会保险经办机构）依照法律、法规规定作出的具体行政行为不服，可以向直接管理该社会保险经办机构的人力资源社会保障行政部门申请行政复议。

第十六条　对依法受委托的属于事业组织的公共就业服务机构、职业技能考核鉴定机构以及街道、乡镇人力资源社会保障工作机构等作出的具体行政行为不服的，可以向委托其行使行政管理职能的人力资源社会保障行政部门的上一级人力资源社会保障行政部门申请复议，也可以向该人力资源社会保障行政部门的本级人民政府申请行政复议。委托的人力资源社会保障行政部门为被申请人。

第十七条　对人力资源社会保障部门和政府其他部门以共同名义作出的具体行政行为不服的，可以向其共同的上一级行政部门申请复议。共同作出具体行政行为的人力资源社会保障部门为共同被申请人之一。

第十八条　人力资源社会保障部门设立的派出机构、内设机构或者其他组织，未经法律、法规授权，对外以自己名义作出具体行政行为的，该人力资源社会保障部门为被申请人。

❷《**社会保险行政争议处理办法**》（2001年5月27日　劳动和社会保障部令第13号）

第八条　公民、法人或者其他组织对经办机构作出的具体行政行为不服，可以向直接管理该经办机构的劳动保障行政部门申请行政复议。

【劳动保障行政复议的受理】

法律问题解读

劳动保障行政部门的法制机构或者负责法制工作的机构收到复议申请后，应在5日内进行审查并分别情况作出受理与否的决定：

（1）对符合法定受理条件，并属于本机关受理范围的，作出受理决定，制作《行政复议受理通知书》，送达申请人和被申请人，该通知应当告知受理日期；

（2）对符合法定受理条件，但不属于本机关受理范围的，应当书面告知申请人向有关机关提出；

（3）对不符合法定受理条件的，应当作出不予受理决定，并制作《行政复议不予受理决定书》，送达申请人，该决定书中应当说明不予受理的理由。

（4）劳动者与用人单位因工伤保险待遇发生

争议，向劳动争议仲裁委员会申请仲裁期间，对劳动保障行政部门作出的工伤认定结论不服，又向劳动保障复议机关申请复议的，如果符合法定条件，劳动保障复议机关应当受理。

（5）劳动保障行政部门的其他工作机构收到复议申请的，应当立即转送法制机构，除不符合行政复议的法定条件或者不属于本机关受理的复议申请外，行政复议申请自劳动保障复议机关的法制机构收到之日起即为受理。

行政复议申请人如果对《行政复议不予受理决定书》不服，可以向上级劳动保障部门反映，上级劳动保障行政部门在审查后可以作出以下处理决定：

（1）申请人提出的申请符合法定受理条件的，应当责令下级劳动保障行政部门予以受理，其中申请人不服的具体行政行为是依据劳动保障法律、法规、本级以上人民政府制定的规章或者本机关制定的规范性文件作出的，或者上级劳动保障行政部门认为有必要直接受理的，可以直接受理；

（2）上级劳动保障行政部门认为下级劳动保障行政部门不予受理行为确有正当理由，申请人仍然不服的，应当告知申请人可以依法对下级劳动保障行政部门的具体行政行为向人民法院提起行政诉讼。

另外，法律、法规规定应当先向行政复议机关申请行政复议、对行政复议决定不服再向人民法院提起行政诉讼的，对行政复议机关决定不予受理或者受理后超过行政复议期限不作答复的，行政管理相对人可以自收到不予受理决定书之日起或者行政复议期满之日起15日内，依法向人民法院提起行政诉讼。

法条指引

❶《**人力资源社会保障行政复议办法**》（2010年2月25日　人力资源和社会保障部令第6号）

第四章　行政复议受理

第二十六条　行政复议机构收到行政复议申请后，应当在5日内进行审查，按照下列情况分别作出处理：

（一）对符合行政复议法实施条例第二十八条规定条件的，依法予以受理，制作《行政复议受理通知书》和《行政复议提出答复通知书》，送达申请人和被申请人；

（二）对符合本办法第七条规定的行政复议范围，但不属于本机关受理范围的，应当书面告知申请人向有关行政复议机关提出；

（三）对不符合法定受理条件的，应当作出不予受理决定，制作《行政复议不予受理决定书》，送达申请人，该决定书中应当说明不予受理的理由和依据。

对不符合前款规定的行政复议申请，行政复议机构应当将有关处理情况告知申请人。

第二十七条　人力资源社会保障行政部门的其他工作机构收到复议申请的，应当及时转送行政复议机构。

除不符合行政复议法定条件或者不属于本机关受理的行政复议申请外，行政复议申请自行政复议机构收到之日起即为受理。

第二十八条　依照行政复议法实施条例第二十九条的规定，行政复议申请材料不齐全或者表述不清楚的，行政复议机构可以向申请人发出补正通知，一次性告知申请人需要补正的事项。

补正通知应当载明下列事项：

（一）行政复议申请书中需要修改、补充的具体内容；

（二）需要补正的证明材料；

（三）合理的补正期限；

（四）逾期未补正的法律后果。

补正期限从申请人收到补正通知之日起计算。

无正当理由逾期不补正的，视为申请人放弃行政复议申请。

申请人应当在补正期限内向行政复议机构提交需要补正的材料。补正申请材料所用时间不计入行政复议审理期限。

第二十九条　申请人依法提出行政复议申请，行政复议机关无正当理由不予受理的，上一级人力资源社会保障行政部门可以根据申请人的申请或者依职权先行督促其受理；经督促仍不受理的，应当责令其限期受理，并且制作《责令受理行政复议申请通知书》；必要时，上一级人力资源社会保障行政部门也可以直接受理。

上一级人力资源社会保障行政部门经审查认为行政复议申请不符合法定受理条件的，应当告知申请人。

第三十条　劳动者与用人单位因工伤保险待遇发生争议，向劳动人事争议仲裁委员会申请仲裁期间，又对人力资源社会保障行政部门作出的工伤认定结论不服向行政复议机关申请行政复议的，如果符合法定条件，应当予以受理。

❷《**中华人民共和国行政复议法**》（1999年4

月29日　国家主席令第16号）

第十九条　法律、法规规定应当先向行政复议机关申请行政复议、对行政复议决定不服再向人民法院提起行政诉讼的，行政复议机关决定不予受理或者受理后超过行政复议期限不作答复的，公民、法人或者其他组织可以自收到不予受理决定书之日起或者行政复议期满之日起15日内，依法向人民法院提起行政诉讼。

第二十条　公民、法人或者其他组织依法提出行政复议申请，行政复议机关无正当理由不予受理的，上级行政机关应当责令其受理；必要时，上级行政机关也可以直接受理。

案例链接

❶《南京金厦建筑安装工程有限公司不服南京市江宁区劳动和社会保障局工伤认定行政纠纷案》，参见北大法宝引证码：Pkulaw. cn/CLI. C. 235778。

❷《曹溪镇石粉村委会不服龙岩市人民政府山林权属争议复议决定案》，参见北大法宝引证码：Pkulaw. cn/CLI. C. 23063。

学者观点

❶ 龚华生：《论行政不作为的救济方式》，参见北大法宝引证码：Pkulaw. cn/CLI. A. 029783。

【劳动保障行政复议的申请人】

法律问题解读

劳动保障行政复议申请人是指向上级劳动保障行政机关提起行政复议的公民、法人或者其他组织。依照行政复议法的规定，申请人应当符合以下几个条件：

1. 认为劳动保障行政部门的具体行政行为侵犯了自己的合法权益，事实上这种"认为"可能有对有错，但不影响其申请行政复议的权利。

2. 依法向复议机关提出行政复议申请。

3. 对于公民来说，在通常情况下，申请人大多是有权申请行政复议的公民本人，由自己提出复议申请，但有两种情况有权申请行政复议的公民本人不能亲自提出申请：第一种是该公民是无民事行为能力人或者限制民事行为能力人，必须由其法定代理人代为提出申请；第二种是有权申请行政复议的公民死亡，转而由其近亲属申请行政复议，其亲属为申请人。

4. 对于法人或其他组织来说，申请行政复议的多是法定代表人，当然也可以委托代理人提出复议申请。如果有权申请行政复议的法人或者其他组织终止，承受其权利的法人或者其他组织可以依法申请行政复议。

法条指引

❶**《中华人民共和国行政复议法》**（1999年4月29日　国家主席令第16号）

第十条　依照本法申请行政复议的公民、法人或者其他组织是申请人。

有权申请行政复议的公民死亡的，其近亲属可以申请行政复议。有权申请行政复议的公民为无民事行为能力人或者限制民事行为能力人的，其法定代理人可以代为申请行政复议。有权申请行政复议的法人或者其他组织终止的，承受其权利的法人或者其他组织可以申请行政复议。

同申请行政复议的具体行政行为有利害关系的其他公民、法人或者其他组织，可以作为第三人参加行政复议。

公民、法人或者其他组织对行政机关的具体行政行为不服申请行政复议的，作出具体行政行为的行政机关是被申请人。

申请人、第三人可以委托代理人代为参加行政复议。

❷**《人力资源社会保障行政复议办法》**（2010年2月25日　人力资源和社会保障部令第6号）

第九条　依照本办法规定申请行政复议的公民、法人或者其他组织为人力资源社会保障行政复议申请人。

第十条　同一行政复议案件申请人超过5人的，推选1至5名代表参加行政复议，并提交全体行政复议申请人签字的授权委托书以及全体行政复议申请人的身份证复印件。

第十一条　依照行政复议法实施条例第九条的规定，公民、法人或者其他组织申请作为第三人参加行政复议，应当提交《第三人参加行政复议申请书》，该申请书应当列明其参加行政复议的事实和理由。

申请作为第三人参加行政复议的，应当对其与被审查的具体行政行为有利害关系负举证责任。

行政复议机构通知或者同意第三人参加行政复议的，应当制作《第三人参加行政复议通知书》，送达第三人，并注明第三人参加行政复议的日期。

第十二条　申请人、第三人可以委托1至2名代理人参加行政复议。

申请人、第三人委托代理人参加行政复议的，应当向行政复议机构提交授权委托书。授权委托书应当载明下列事项：

（一）委托人姓名或者名称，委托人为法人或者其他组织的，还应当载明法定代表人或者主要负责人的姓名、职务；

（二）代理人姓名、性别、职业、住所以及邮政编码；

（三）委托事项、权限和期限；

（四）委托日期以及委托人签字或者盖章。

申请人、第三人解除或者变更委托的，应当书面报告行政复议机构。

案例链接

❶《马梦为诉六安市裕安区人民政府劳动行政复议纠纷案》，参见北大法宝引证码：Pkulaw. cn/CLI. C. 94012。

❷《陈小凤与佛山市人民政府行政复议决定纠纷上诉案》，参见北大法宝引证码：Pkulaw. cn/CLI. C. 43412。

学者观点

❶ 赵德关：《行政复议第三人浅析》，参见北大法宝引证码：Pkulaw. cn/CLI. A. 022099。

【行政复议的被申请人】

法律问题解读

劳动保障行政复议被申请人是指被公民、法人或者其他组织认为侵犯其合法权益而向行政复议机关"指控"，并由复议机关通知其参加复议的行政机关。成为行政复议的被申请人应具备如下三个条件：

（1）必须是具有行政管理职能的行政机关，或者法律、法规授予行使行政管理职权的组织。没有行政管理职能的行政机关，如人事、监察部门等，不能成为被申请人。

（2）作为被申请人，必须是运用行政权力，实施了经申请人认为侵犯其合法权益的具体行政行为，并且这个具体行政行为与申请人的合法权益之间具有因果关系。没有实施具体行政行为或者虽实施了具体行政行为但与申请人的合法权益之间没有因果关系，不能成为被申请人。

（3）必须是由复议机关通知参加复议的。这是行政复议发生的标志，也是某一行政机关或者组织作为被申请人的必要条件。复议机关没有通知参加行政复议的，不能成为被申请人。

法条指引

❶**《中华人民共和国行政复议法》**（1999年4月29日　国家主席令第16号）

第十三条　对地方各级人民政府的具体行政行为不服的，向上一级地方人民政府申请行政复议。

对省、自治区人民政府依法设立的派出机关所属的县级地方人民政府的具体行政行为不服的，向该派出机关申请行政复议。

第十四条　对国务院部门或者省、自治区、直辖市人民政府的具体行政行为不服的，向作出该具体行政行为的国务院部门或者省、自治区、直辖市人民政府申请行政复议。对行政复议决定不服的，可以向人民法院提起行政诉讼；也可以向国务院申请裁决，国务院依照本法的规定作出最终裁决。

第十五条　对本法第十二条、第十三条、第十四条规定以外的其他行政机关、组织的具体行政行为不服的，按照下列规定申请行政复议：

（一）对县级以上地方人民政府依法设立的派出机关的具体行政行为不服的，向设立该派出机关的人民政府申请行政复议；

（二）对政府工作部门依法设立的派出机构依照法律、法规或者规章规定，以自己的名义作出的具体行政行为不服的，向设立该派出机构的部门或者该部门的本级地方人民政府申请行政复议；

（三）对法律、法规授权的组织的具体行政行为不服的，分别向直接管理该组织的地方人民政府、地方人民政府工作部门或者国务院部门申请行政复议；

（四）对两个或者两个以上行政机关以共同的名义作出的具体行政行为不服的，向其共同上一级行政机关申请行政复议；

（五）对被撤销的行政机关在撤销前所作出的具体行政行为不服的，向继续行使其职权的行政机关的上一级行政机关申请行政复议。

有前款所列情形之一的，申请人也可以向具体行政行为发生地的县级地方人民政府提出行政复议申请，由接受申请的县级地方人民政府依照本法第十八条的规定办理。

【行政复议的第三人】

法律问题解读

劳动保障行政复议的第三人是指与申请人申请劳动保障行政复议的具体行政行为有利害关系并参加劳动保障行政复议的公民、法人或者其他组织。第三人有如下三个基本特征：

1. 与提请行政复议的具体行政行为有利害关系。所谓“利害关系”是指第三人对申请人提出申请复议的具体行政行为有着权利、义务关系。

2. 第三人参加行政复议，与作为被申请人的行政机关之间应当有管理与被管理、支配与被支配的关系。

3. 参加到他人已经开始但尚未终结的行政复议活动中去。如果他人的行政复议活动尚未开始，不发生第三人参加行政复议的问题，如果他人的行政复议活动已经终结，也不存在第三人参加行政复议活动的问题。

在劳动保障行政复议过程中，作为第三人参加行政复议活动的，还有一部分是受劳动保障行政部门委托，行使行政管理职能的属于事业组织的就业服务管理机构、职业技能鉴定指导机构、乡镇劳动保障工作机构等。劳动保障具体行政行为是受委托的事业组织具体作出的，而它们不能作为被申请人参加行政复议，由于其与复议结果有直接利害关系，所以多作为第三人参加行政复议活动。

法条指引

❶**《中华人民共和国行政复议法》**（1999年4月29日　国家主席令第16号）

第十条　依照本法申请行政复议的公民、法人或者其他组织是申请人。

有权申请行政复议的公民死亡的，其近亲属可以申请行政复议。有权申请行政复议的公民为无民事行为能力人或者限制民事行为能力人的，其法定代理人可以代为申请行政复议。有权申请行政复议的法人或者其他组织终止的，承受其权利的法人或者其他组织可以申请行政复议。

同申请行政复议的具体行政行为有利害关系的其他公民、法人或者其他组织，可以作为第三人参加行政复议。

公民、法人或者其他组织对行政机关的具体行政行为不服申请行政复议的，作出具体行政行为的行政机关是被申请人。

申请人、第三人可以委托代理人代为参加行政复议。

❷**《中华人民共和国行政诉讼法》**（1989年4月4日　国家主席令第16号）

第二十七条　同提起诉讼的具体行政行为有利害关系的其他公民、法人或者其他组织，可以作为第三人申请参加诉讼，或者由人民法院通知参加诉讼。

案例链接

❶《陈长言诉汝州市人民政府土地确权纠纷案》，参见北大法宝引证码：Pkulaw. cn/CLI. C. 226440。

❷《陈小凤与佛山市人民政府行政复议决定纠纷上诉案》，参见北大法宝引证码：Pkulaw. cn/CLI. C. 43412。

学者观点

❶ 管君：《法槌下的正当程序》，参见北大法宝引证码：Pkulaw. cn/CLI. A. 040107。

❷ 赵德关：《行政复议第三人浅析》，参见北大法宝引证码：Pkulaw. cn/CLI. A. 022099。

【申请行政复议的形式】

法律问题解读

行政复议申请形式，是指公民、法人或者其他组织表达其复议意愿和要求的具体表现形式，包括书面申请和口头申请两种形式。

1. 书面申请

书面申请是指申请人以向行政复议机关递交行政复议申请书的形式，表达复议请求的意愿。复议申请书是书面申请的具体表现形式，主要包括四项内容：

（1）申请人的基本情况，包括申请人的姓名、性别、年龄、职业、住址和工作单位等；法人或者其他组织的名称、地址、法定代表人的姓名、职务等内容。

（2）被申请人的名称、地址。

（3）申请复议请求的主要事实和理由。复议请求事项主要包括要求撤销或者改变被申请人的何种具体行政行为；要求被申请人作出某种具体行政行为（如发给许可证）；要求被申请人作出何种赔偿等。申请复议的事实和理由包括被申请人作出具体行政行为的时间、地点、事实和法律依据；与复议要求相应的事实和法律依据；申请复议的法律依据以及其他能够说明问题的材料等。

（4）提出复议申请的日期。

2. 口头申请

口头申请是指行政管理相对人以语言的形式向行政复议机关表达其复议请求的意愿。口头申请复议应做到以下三点：

（1）申请人口头向行政机关申请复议的，应当说明自己的姓名、年龄、住址、职业等基本情况，是法定代表人的，还应说明其所在组织的名称、住址等；阐明复议请求、主要事实和理由，指明具体的被申请人等。

（2）申请人应当到行政复议机关所在地向行政复议机关提出复议申请。申请人可以亲自去，也可以委托代理人去，但是必须是到场当面向复议机关提出申请。

（3）行政复议机关对申请人提出的口头申请，应当当场做好详细记录，并询问有关情况，写清申请人的基本情况、复议请求、主要事实、理由、署名、日期等。

法条指引

❶**《中华人民共和国行政复议法》**（1999 年 4 月 29 日　国家主席令第 16 号）

第十一条　申请人申请行政复议，可以书面申请，也可以口头申请；口头申请的，行政复议机关应当当场记录申请人的基本情况、行政复议请求、申请行政复议的主要事实、理由和时间。

案例链接

❶《杨一民诉成都市政府其他行政纠纷案》，参见北大法宝引证码：Pkulaw. cn/CLI. C. 83956。

❷《药志勇与沈阳市城乡建设委员会等城建行政复议纠纷上诉案》，参见北大法宝引证码：Pkulaw. cn/CLI. C. 103561。

学者观点

❶ 韩春晖：《我国公法救济机制规范体系的整合》，参见北大法宝引证码：Pkulaw. cn/CLI. A. 045116。

❷ 赵德关：《行政复议证据制度研究——兼与行政诉讼制度比较》，参见北大法宝引证码：Pkulaw. cn/CLI. A. 022098。

【申请行政复议的期限】

法律问题解读

申请行政复议的期限，是指认为具体行政行为侵犯了其合法权益的公民、法人或者其他组织提出行政复议申请的法定有效期限。公民、法人或者其他组织认为具体行政行为侵犯其合法权益时，只有在法定有效期限内提出行政复议申请，行政复议机关才予受理；否则，行政复议机关不予受理。申请行政复议的期限分为一般期限和特别期限。

1. 申请行政复议的一般期限。

申请行政复议的一般期限是指当事人向行政机关申请行政复议，应当在知道侵犯其合法权益的具体行政行为之日起 60 日之内提出，超过了这个期限提出行政复议申请的，则被视为放弃复议申请权，行政复议机关不予受理。

2. 申请行政复议的特别期限。

申请行政复议的特别期限，是指单行法律、法规对特殊期限有超过 60 日的规定的，应从其规定。这为个别特殊的行政管理领域需要延长复议申请期限提供了法律依据。

3. 申请行政复议期限的中止。

行政复议期限可以中止的情况有两类：一是因不可抗力的发生，耽误了法定申请期限。不可抗力是指不能预见、不能避免和克服的客观情况，如：地震、火灾、水灾、战争等。二是因其他一些正当理由耽误了法定申请期限。其他正当理由是指不可抗力之外的其他可以中止期限的事由，如法人处于合并或者改组阶段，复议申请人病重等。如果出现不可抗力或者其他正当理由，则申请复议期限处于中止状态，当这些障碍消除后，申请复议期限继续计算，而不是重新计算。

4. 申请行政复议期限的计算。

申请行政复议的期限，是从公民、法人或者其他组织知道侵犯其合法权益的具体行政行为之日起计算。也就是行政管理相对人通过法律途径，得以了解具体行政行为已经作出并知晓其内容的时间。在实践中，知道具体行政行为之日主要通过两种途径：一是当场作出的具体行政行为，在行政机关作出具体行政行为的决定书上会注明日期，这个日期就是行政管理相对人知道具体行政行为之日；二是送达具体行政行为决定书之日就是行政管理相对人知道具体行政行为之日，例如通过公告送达，自公告之日起满30日即视为送达，该送达之日就是行政管理相对人知道具体行政行为之日。

法条指引

❶《**中华人民共和国行政复议法**》（1999年4月29日　国家主席令第16号）

第九条　公民、法人或者其他组织认为具体行政行为侵犯其合法权益的，可以自知道该具体行政行为之日起60日内提出行政复议申请；但是法律规定的申请期限超过60日的除外。

因不可抗力或者其他正当理由耽误法定申请期限的，申请期限自障碍消除之日起继续计算。

❷《**人力资源社会保障行政复议办法**》（2010年2月25日　人力资源和社会保障部令第6号）

第十九条　公民、法人或者其他组织认为人力资源社会保障部门作出的具体行政行为侵犯其合法权益的，可以自知道该具体行政行为之日起60日内提出行政复议申请。

前款规定的行政复议申请期限依照下列规定计算：

（一）当场作出具体行政行为的，自具体行政行为作出之日起计算；

（二）载明具体行政行为的法律文书直接送达的，自受送达人签收之日起计算；

（三）载明具体行政行为的法律文书依法留置送达的，自送达人和见证人在送达回证上签注的留置送达之日起计算；

（四）载明具体行政行为的法律文书邮寄送达的，自受送达人在邮件签收单上签收之日起计算；没有邮件签收单的，自受送达人在送达回执上签名之日起计算；

（五）具体行政行为依法通过公告形式告知受送达人的，自公告规定的期限届满之日起计算；

（六）被申请人作出具体行政行为时未告知公民、法人或者其他组织，事后补充告知的，自该公民、法人或者其他组织收到补充告知的通知之日起计算；

（七）被申请人有证据材料能够证明公民、法人或者其他组织知道该具体行政行为的，自证据材料证明其知道具体行政行为之日起计算。

人力资源社会保障部门作出具体行政行为，依法应当向有关公民、法人或者其他组织送达法律文书而未送达的，视为该公民、法人或者其他组织不知道该具体行政行为。

申请人因不可抗力或者其他正当理由耽误法定申请期限的，申请期限自原因消除之日起继续计算。

第二十条　人力资源社会保障部门对公民、法人或者其他组织作出具体行政行为，应当告知其申请行政复议的权利、行政复议机关和行政复议申请期限。

案例链接

❶《张成忠诉新乡市人民政府撤销土地行政复议决定纠纷案》，参见北大法宝引证码：Pkulaw.cn/CLI.C.229539。

❷《羊某某与上海市住房保障和房屋管理局行政复议纠上诉案》，参见北大法宝引证码：Pkulaw.cn/CLI.C.216733。

学者观点

❶ 焦海涛：《纳税人退税权悖论及其克服》，参见北大法宝引证码：Pkulaw.cn/CLI.A.042869。

❷ 方军：《行政行为法律救济中的利益衡量》，参见北大法宝引证码：Pkulaw.cn/CLI.A.037523。

【行政复议期间具体行政行为的处理】

法律问题解读

行政复议期间具体行政行为不停止执行，是行政法理论上所公认的一项原则，也是《行政诉讼法》的原则规定，这主要是因为具体行政行为一旦有效成立，便产生约束力、确定力、执行力。

“行政复议期间具体行政行为不停止执行”只是行政复议的一般原则，并不意味着在任何时候、任何条件下，行政复议期间具体行政行为都不停止执行。确立这个原则的目的是，既要维护国家社会公共利益，而且在一般情况下又不能损害行政管理相对人的合法权益。为了保证正确执行这个原则又不至于损害行政管理相对人的合法权益，出现以下几种情形时，具体行政行为可以停止执行：

1. 被申请人认为需要停止执行的。公民、法人或者其他组织申请行政复议后，被申请人发现作出的具体行政行为有可能违法或者不当，如该具体行政行为不停止执行，有可能给申请人造成不可弥补的损失，被申请人认为需要停止执行的可以停止执行。一般来说，出现被申请人认为其具体行政行为需要停止执行的，主要有以下几种情况：

（1）发现具体行政行为的依据违法，如所依据的法律规范与其上位法律规范相抵触或者已经失效。

（2）行政管理相对人的违法事实出现新情况，或者需要鉴定后才能确定性质的。

（3）发现具体行政行为超越职权或者属于本行政机关工作人员滥用职权的。

2. 行政复议机关认为需要停止执行的。行政复议机关对被申请人有监督的职责，同时对复议申请人也有保护的职责。因此，对被申请人的具体行政行为是否需要停止执行应当认真进行审查。如该具体行政行为不合法或者不适当，执行该具体行政行为可能造成重大行政赔偿，或者对申请人可能造成不可挽回的损失，行政复议机关可以决定停止执行。

3. 申请人申请停止执行，行政复议机关认为其要求合理，决定停止执行的。

4. 法律规定应该停止执行的。

法条指引

❶**《中华人民共和国行政复议法》**（1999 年 4 月 29 日　国家主席令第 16 号）

第二十一条　行政复议期间具体行政行为不停止执行；但是，有下列情形之一的，可以停止执行：

（一）被申请人认为需要停止执行的；

（二）行政复议机关认为需要停止执行的；

（三）申请人申请停止执行，行政复议机关认为其要求合理，决定停止执行的；

（四）法律规定停止执行的。

案例链接

❶《北京书生数字技术有限公司与李明德侵犯著作权纠纷上诉案》，参见北大法宝引证码：Pkulaw. cn/CLI. C. 15375。

❷《韩宝荣诉沈阳市于洪区人民政府不履行城乡建设行政复议职责纠纷案》，参见北大法宝引证码：Pkulaw. cn/CLI. C. 100157。

【错误的行政行为的赔偿】

法律问题解读

申请人在申请行政复议时可以一并提出行政赔偿请求，劳动保障行政复议机关对符合《国家赔偿法》的有关规定应当给予赔偿的，在决定撤销、变更具体行政行为或者确认具体行政行为违法时，应当同时决定被申请人依法给予赔偿。申请人在申请行政复议时没有提出行政赔偿请求的，行政复议机关在依法决定撤销或者变更罚款，撤销违法集资、没收财物、征收财物、摊派费用以及对财产的查封、扣押、冻结等具体行政行为时，应当同时责令被申请人返还财产，解除对财产的查封、扣押、冻结措施，或者赔偿相应的价款。

劳动保障行政复议机关决定撤销、变更具体行政行为或者确认具体行政行为违法并且申请人提出行政赔偿请求的下列具体行政行为，应当在复议决定中同时作出被申请人依法给予赔偿的决定：

（1）被申请人违法实施罚款、吊销许可证、责令停产停业、没收财物等行政处罚行为的。

（2）被申请人非法对财产采取查封、扣押等行政强制措施的。

（3）被申请人造成申请人财产损失的其他违法行为。

法条指引

❶**《中华人民共和国行政复议法》**（1999 年 4 月 29 日　国家主席令第 16 号）

第二十九条　申请人在申请行政复议时可以一并提出行政赔偿请求，行政复议机关对符合国家赔偿法的有关规定应当给予赔偿的，在决定撤销、变更具体行政行为或者确认具体行政行为违法时，应当同时决定被申请人依法给予赔偿。

申请人在申请行政复议时没有提出行政赔偿请求的，行政复议机关在依法决定撤销或者变更罚款，撤销违法集资、没收财物、征收财物、摊派费用以及对财产的查封、扣押、冻结等具体行政行为时，应当同时责令被申请人返还财产，解除对财产的查封、扣押、冻结措施，或者赔偿相应的价款。

❷**《人力资源社会保障行政复议办法》**（2010 年 2 月 25 日　人力资源和社会保障部令第 6 号）

第四十九条　行政复议机关对决定撤销、变更具体行政行为或者确认具体行政行为违法并且申请人提出行政赔偿请求的下列具体行政行为，应当在行政复议决定中同时作出被申请人依法给予赔偿的决定：

（一）被申请人违法实施罚款、没收违法所得、依法予以关闭、吊销许可证等行政处罚的；

（二）被申请人造成申请人财产损失的其他违法行为。

【行政复议决定】

法律问题解读

行政复议决定是行政复议机关根据申请人的要求，对具体行政行为进行审查后所得出的结论性意见，行政复议决定包括维持、撤销、变更、限期履行、确认违法等若干种类，行政复议决定以书面形式作出，并在送达当事人后生效等。

行政复议机关应当自受理申请之日起60日内作出行政复议决定；但是法律规定行政复议期限少于60日的除外。情况复杂，不能在规定期限内作出行政复议决定的，经行政复议机关的负责人批准，可以适当延长，并告知申请人和被申请人；但是延长期限最多不超过30日。行政复议机关作出行政复议决定，应当制作行政复议决定书，并加盖印章。

法条指引

❶《中华人民共和国行政复议法》（1999年4月29日 国家主席令第16号）

第二十七条 行政复议机关在对被申请人作出的具体行政行为进行审查时，认为其依据不合法，本机关有权处理的，应当在30日内依法处理；无权处理的，应当在7日内按照法定程序转送有权处理的国家机关依法处理。处理期间，中止对具体行政行为的审查。

第二十八条 行政复议机关负责法制工作的机构应当对被申请人作出的具体行政行为进行审查，提出意见，经行政复议机关的负责人同意或者集体讨论通过后，按照下列规定作出行政复议决定：

（一）具体行政行为认定事实清楚，证据确凿，适用依据正确，程序合法，内容适当的，决定维持；

（二）被申请人不履行法定职责的，决定其在一定期限内履行；

（三）具体行政行为有下列情形之一的，决定撤销、变更或者确认该具体行政行为违法；决定撤销或者确认该具体行政行为违法的，可以责令被申请人在一定期限内重新作出具体行政行为：

1. 主要事实不清、证据不足的；
2. 适用依据错误的；
3. 违反法定程序的；
4. 超越或者滥用职权的；
5. 具体行政行为明显不当的。

（四）被申请人不按照本法第二十三条的规定提出书面答复、提交当初作出具体行政行为的证据、依据和其他有关材料的，视为该具体行政行为没有证据、依据，决定撤销该具体行政行为。

行政复议机关责令被申请人重新作出具体行政行为的，被申请人不得以同一的事实和理由作出与原具体行政行为相同或者基本相同的具体行政行为。

第三十一条 行政复议机关应当自受理申请之日起60日内作出行政复议决定；但是法律规定的行政复议期限少于60日的除外。情况复杂，不能在规定期限内作出行政复议决定的，经行政复议机关的负责人批准，可以适当延长，并告知申请人和被申请人；但是延长期限最多不超过30日。

行政复议机关作出行政复议决定，应当制作行政复议决定书，并加盖印章。

行政复议决定书一经送达，即发生法律效力。

【行政复议决定的履行】

法律问题解读

行政复议决定的履行，是指行政复议机关作出行政复议决定并依法送达当事人后，即产生法律效力，行政复议各方当事人必须按照行政复议决定书的决定履行。

1. 申请人逾期不起诉又不履行行政复议决定的，或者不履行最终裁决的行政复议决定的，按照下列规定分别处理：

（1）维持具体行政行为的行政复议决定，由作出具体行政行为的行政机关依法强制执行，或者申请人民法院强制执行；

（2）变更具体行政行为的行政复议决定，由行政复议机关依法强制执行，或者申请人民法院强制执行。

2. 被申请人不履行或者无正当理由拖延履行行政复议决定的，行政复议机关或者有关上级行政机关应当责令其限期履行。

被申请人不履行或者无正当理由拖延履行行政复议决定的，对直接负责的主管人员和其他直接责任人员依法给予警告、记过、记大过的行政处分；经责令履行仍拒不履行的，依法给予降级、撤职、开除的行政处分。

法条指引

❶《中华人民共和国行政复议法》（1999年4

月 29 日　国家主席令第 16 号）

第三十一条　行政复议机关应当自受理申请之日起 60 日内作出行政复议决定；但是法律规定的行政复议期限少于 60 日的除外。情况复杂，不能在规定期限内作出行政复议决定的，经行政复议机关的负责人批准，可以适当延长，并告知申请人和被申请人；但是延长期限最多不超过 30 日。

行政复议机关作出行政复议决定，应当制作行政复议决定书，并加盖印章。

行政复议决定书一经送达，即发生法律效力。

第三十二条　被申请人应当履行行政复议决定。

被申请人不履行或者无正当理由拖延履行行政复议决定的，行政复议机关或者有关上级行政机关应当责令其限期履行。

第三十三条　申请人逾期不起诉又不履行行政复议决定的，或者不履行最终裁决的行政复议决定的，按照下列规定分别处理：

（一）维持具体行政行为的行政复议决定，由作出具体行政行为的行政机关依法强制执行，或者申请人民法院强制执行；

（二）变更具体行政行为的行政复议决定，由行政复议机关依法强制执行，或者申请人民法院强制执行。

第三十七条　被申请人不履行或者无正当理由拖延履行行政复议决定的，对直接负责的主管人员和其他直接责任人员依法给予警告、记过、记大过的行政处分；经责令履行仍拒不履行的，依法给予降级、撤职、开除的行政处分。

【对行政复议决定不服的处理】

法律问题解读

公民、法人或者其他组织对行政复议决定不服的，可以依照《中华人民共和国行政诉讼法》的规定向人民法院提起行政诉讼，但是法律规定行政复议决定为最终裁决的除外。

申请人不服行政复议决定的，可以在收到行政复议决定书之日起 15 日内，向有管辖权的人民法院提起行政诉讼。

法条指引

❶**《中华人民共和国行政诉讼法》**（1989 年 4 月 4 日　国家主席令第 16 号）

第三十八条　公民、法人或者其他组织向行政机关申请复议的，复议机关应当在收到申请书之日起两个月内作出决定。法律、法规另有规定的除外。

申请人不服复议决定的，可以在收到复议决定书之日起 15 日内向人民法院提起诉讼。复议机关逾期不作决定的，申请人可以在复议期满之日起 15 日内向人民法院提起诉讼。法律另有规定的除外。

❷**《中华人民共和国行政复议法》**（1999 年 4 月 29 日　国家主席令第 16 号）

第五条　公民、法人或者其他组织对行政复议决定不服的，可以依照行政诉讼法的规定向人民法院提起行政诉讼，但是法律规定行政复议决定为最终裁决的除外。

【被申请人的违法责任】

法律问题解读

被申请人的违法责任是指在行政复议活动中，被申请人不履行法定义务，不配合行政复议机关，阻碍申请人申请行政复议，对复议申请人打击报复陷害的行为应承担的法律责任：

（1）对于被申请人不配合复议机关履行复议职责，不提出书面答复或者不提交作出具体行政行为的证据、依据和其他有关材料的行为，以及阻挠或者变相阻挠公民、法人或者其他组织依法申请行政复议的行为，应对作出具体行政行为的行政机关的直接负责的主管人员和其他直接责任人员依法给予警告、记过、记大过的行政处分；

（2）对于被申请人对申请人进行报复陷害的，行政复议法规定了对直接负责的主管人员和其他直接责任人员依法给予降级、撤职、开除的行政处分。对情节恶劣、后果严重已构成犯罪的，依照《中华人民共和国刑法》第 254 条的规定追究刑事责任。

（3）对被申请人拒绝履行行政复议决定的，按情节轻重分别对被申请人的直接负责的主管人员和其他直接责任的人员依法给予警告、记过、记大过的行政处分。对拒绝履行复议决定经责令仍不履行的，按照情节轻重分别对被申请人的直接负责的主管人员和其他直接责任的人员给予降级、撤职、开除的行政处分。

法条指引

❶**《中华人民共和国行政复议法》**（1999 年 4

月 29 日 国家主席令第 16 号）

第三十六条 被申请人违反本法规定，不提出书面答复或者不提交作出具体行政行为的证据、依据和其他有关材料，或者阻挠、变相阻挠公民、法人或者其他组织依法申请行政复议的，对直接负责的主管人员和其他直接责任人员依法给予警告、记过、记大过的行政处分；进行报复陷害的，依法给予降级、撤职、开除的行政处分；构成犯罪的，依法追究刑事责任。

第三十七条 被申请人不履行或者无正当理由拖延履行行政复议决定的，对直接负责的主管人员和其他直接责任人员依法给予警告、记过、记大过的行政处分；经责令履行仍拒不履行的，依法给予降级、撤职、开除的行政处分。

【行政诉讼】

法律问题解读

行政诉讼是指公民、法人或者其他组织认为行政机关的具体行政行为侵犯其合法权益，依法向人民法院提起诉讼，由人民法院进行审理并作出裁判的司法制度。提起诉讼应当符合下列条件：

（1）原告是认为具体行政行为侵犯其合法权益的公民、法人或者其他组织；

（2）有明确的被告；

（3）有具体的诉讼请求和事实根据；

（4）属于人民法院受案范围和受诉人民法院管辖。

法条指引

❶《中华人民共和国行政诉讼法》（1989 年 4 月 4 日 国家主席令第 16 号）（略）

【行政诉讼的受理范围】

法律问题解读

人民法院受理公民、法人和其他组织对下列具体行政行为不服提起的诉讼：

（1）对拘留、罚款、吊销许可证和执照、责令停产停业、没收财物等行政处罚不服的；

（2）限制人身自由或者对财产的查封、扣押、冻结等行政强制措施不服的；

（3）认为行政机关侵犯法律规定的经营自主权的；

（4）认为符合法定条件申请行政机关颁发许可证和执照。行政机关拒绝颁发或者不予答复的；

（5）申请行政机关履行保护人身权、财产权的法定职责，行政机关拒绝履行或者不予答复的；

（6）认为行政机关没有依法发给抚恤金的；

（7）认为行政机关违法要求履行义务的；

（8）认为行政机关侵犯其他人身权、财产权的。

（9）法律、法规规定可以提起诉讼的其他行政案件。

人民法院不受理公民、法人或者其他组织对下列事项提起的诉讼：

（1）国防、外交等国家行为。

（2）行政法规、规章或者行政机关制定、发布的具有普遍约束力的决定、命令。

（3）行政机关对行政机关工作人员的奖惩、任免等决定。

（4）法律规定由行政机关最终裁决的具体行政行为。

（5）公安、国家安全等机关依照刑事诉讼法的明确授权实施的行为；

（6）调解行为以及法律规定的仲裁行为；

（7）不具有强制力的行政指导行为；

（8）驳回当事人对行政行为提起申诉的重复处理行为；

（9）对公民、法人或者其他组织权利义务不产生实际影响的行为。

法条指引

❶《中华人民共和国行政诉讼法》（1989 年 4 月 4 日 国家主席令第 16 号）

第十一条 人民法院受理公民、法人和其他组织对下列具体行政行为不服提起的诉讼：

（一）对拘留、罚款、吊销许可证和执照、责令停产停业、没收财物等行政处罚不服的；

（二）对限制人身自由或者对财产的查封、扣押、冻结等行政强制措施不服的；

（三）认为行政机关侵犯法律规定的经营自主权的；

（四）认为符合法定条件申请行政机关颁发许可证和执照，行政机关拒绝颁发或者不予答复的；

（五）申请行政机关履行保护人身权、财产权的法定职责，行政机关拒绝履行或者不予答复的；

（六）认为行政机关没有依法发给抚恤金的；

（七）认为行政机关违法要求履行义务的；

（八）认为行政机关侵犯其他人身权、财产权的。

除前款规定外，人民法院受理法律、法规规定可以提起诉讼的其他行政案件。

第十二条　人民法院不受理公民、法人或者其他组织对下列事项提起的诉讼：

（一）国防、外交等国家行为；

（二）行政法规、规章或者行政机关制定、发布的具有普遍约束力的决定、命令；

（三）行政机关对行政机关工作人员的奖惩、任免等决定；

（四）法律规定由行政机关最终裁决的具体行政行为。

❷ 最高人民法院《关于执行〈中华人民共和国行政诉讼法〉若干问题的解释》（2000 年 3 月 8 日　法释［2000］8 号）

第一条　公民、法人或者其他组织对具有国家行政职权的机关和组织及其工作人员的行政行为不服，依法提起诉讼的，属于人民法院行政诉讼的受案范围。

公民、法人或者其他组织对下列行为不服提起诉讼的，不属于人民法院行政诉讼的受案范围：

（一）行政诉讼法第十二条规定的行为；

（二）公安、国家安全等机关依照刑事诉讼法的明确授权实施的行为；

（三）调解行为以及法律规定的仲裁行为；

（四）不具有强制力的行政指导行为；

（五）驳回当事人对行政行为提起申诉的重复处理行为；

（六）对公民、法人或者其他组织权利义务不产生实际影响的行为。

第二条　行政诉讼法第十二条第（一）项规定的国家行为，是指国务院、中央军事委员会、国防部、外交部等根据宪法和法律的授权，以国家的名义实施的有关国防和外交事务的行为，以及经宪法和法律授权的国家机关宣布紧急状态、实施戒严和总动员等行为。

第三条　行政诉讼法第十二条第（二）项规定的"具有普遍约束力的决定、命令"，是指行政机关针对不特定对象发布的能反复适用的行政规范性文件。

第四条　行政诉讼法第十二条第（三）项规定的"对行政机关工作人员的奖惩、任免等决定"，是指行政机关作出的涉及该行政机关公务员权利义务的决定。

第五条　行政诉讼法第十二条第（四）项规定的"法律规定由行政机关最终裁决的具体行政行为"中的"法律"，是指全国人民代表大会及其常务委员会制定、通过的规范性文件。

【行政诉讼的时效】

法律问题解读

行政诉讼的时效规定有如下几种情形：

（1）法律、法规规定应当先向行政复议机关申请行政复议、对行政复议决定不服再向人民法院提起行政诉讼的，对行政复议机关不予受理或者受理后超过行政复议期限不作答复的，公民、法人或者其他组织可以自收到不予受理决定书之日起或者行政复议期满之日起 15 日内，可依法向人民法院提起行政诉讼。

（2）公民、法人或者其他组织向行政机关申请复议的，复议机关应当在收到申请书之日起两个月内作出决定（法律、法规另有规定的除外）。申请人不服行政复议决定的，可以在收到复议决定书之日起 15 日内向人民法院提起诉讼。

（3）公民、法人或者其他组织直接向人民法院提起诉讼的，应当在知道作出具体行政行为之日起三个月内提出。法律另有规定的除外。

（4）公民、法人或者其他组织因不可抗力或者其他特殊情况耽误法定期限的，在障碍消除后的 10 日内，可以申请延长期限，由人民法院决定。

法条指引

❶《中华人民共和国行政复议法》（1999 年 4 月 29 日　国家主席令第 16 号）

第十六条　公民、法人或者其他组织申请行政复议，行政复议机关已经依法受理的，或者法律、法规规定应当先向行政复议机关申请行政复议、对行政复议决定不服再向人民法院提起行政诉讼的，在法定行政复议期限内不得向人民法院提起行政诉讼。

公民、法人或者其他组织向人民法院提起行政诉讼，人民法院已经依法受理的，不得申请行政复议。

❷《中华人民共和国行政诉讼法》（1989 年 4 月 4 日　国家主席令第 16 号）

第三十八条　公民、法人或者其他组织向行政机关申请复议的，复议机关应当在收到申请书之日起两个月内作出决定。法律、法规另有规定的除外。

申请人不服复议决定的，可以在收到复议决定书之日起 15 日内向人民法院提起诉讼。复议机关逾期不作决定的，申请人可以在复议期满之日起 15 日内向人民法院提起诉讼。法律另有规定的除外。

第三十九条 公民、法人或者其他组织直接向人民法院提起诉讼的，应当在知道作出具体行政行为之日起 3 个月内提出。法律另有规定的除外。

第四十条 公民、法人或者其他组织因不可抗力或者其他特殊情况耽误法定期限的，在障碍消除后的 10 日内，可以申请延长期限，由人民法院决定。

【行政诉讼与行政复议的衔接】

法律问题解读

行政诉讼与行政复议有着密切的联系，公民、法人或者其他组织提起行政诉讼与申请行政复议的衔接，主要应注意以下几种情形：

（1）公民、法人或者其他组织申请行政复议，行政复议机关已经依法受理的，或者法律、法规规定应当先向行政复议机关申请复议、对行政复议决定不服再向人民法院提起行政诉讼的，在法定行政复议期限内不得向人民法院提起行政诉讼。

（2）公民、法人或者其他组织向人民法院提起行政诉讼，人民法院已经依法受理的，不得再申请行政复议。

（3）对属于人民法院受案范围的行政案件，公民、法人或者其他组织可以先向上一级行政机关或者法律、法规规定的行政机关申请复议，对复议不服的，再向人民法院提起诉讼；也可以直接向人民法院提起诉讼。劳动行政案件即属于此类案件。

法条指引

❶**《中华人民共和国行政复议法》**（1999 年 4 月 29 日　国家主席令第 16 号）

第十六条 公民、法人或者其他组织申请行政复议，行政复议机关已经依法受理的，或者法律、法规规定应当先向行政复议机关申请行政复议、对行政复议决定不服再向人民法院提起行政诉讼的，在法定行政复议期限内不得向人民法院提起行政诉讼。

公民、法人或者其他组织向人民法院提起行政诉讼，人民法院已经依法受理的，不得申请行政复议。

❷**《中华人民共和国行政诉讼法》**（1989 年 4 月 4 日　国家主席令第 16 号）

第三十七条 对属于人民法院受案范围的行政案件，公民、法人或者其他组织可以先向上一级行政机关或者法律、法规规定的行政机关申请复议，对复议不服的，再向人民法院提起诉讼；也可以直接向人民法院提起诉讼。

法律、法规规定应当先向行政机关申请复议，对复议不服再向人民法院提起诉讼的，依照法律、法规的规定。

第十八章　违反劳动法的法律责任

● 本章为读者提供与以下题目有关的法律问题的解读及相关法律文献依据

违反劳动法的法律责任（623）　**违反劳动法的行政责任**（625）　**违反劳动法的民事责任**（627）　**违反劳动法的刑事责任**（629）　**用人单位制定规章制度违反法律、法规的责任**（631）　**用人单位违反工作时间规定的责任**（631）　**用人单位违反工资规定的责任**（631）　**用人单位违反劳动安全卫生规定的责任**（632）　**用人单位招用童工的责任**（635）　**用人单位违反女职工和未成年工特殊保护规定的责任**（636）　**用人单位侵犯人身权的责任**（637）　**违反劳动合同及相关法律规定的责任**（637）　**劳务派遣单位的违法责任**（640）　**用人单位违反社会保险规定的责任**（641）　**用人单位无理阻挠执行公务的责任**（641）

【违反劳动法的法律责任】

法律问题解读

法律责任是指具有特定主体资格的自然人、法人或组织由于其主观上的过错所实施的、具有一定社会危害性、依照法律应当予以追究的行为所承担的法律后果。因此，法律责任有时也称为违法责任。违反劳动法的法律责任，则是指由于用人单位、劳动者、劳动行政部门和其他有关部门（组织）及其工作人员违反劳动法律法规的规定而应承担的法律后果。

应当注意的是：

第一，法律责任的主体必须具有特定的资格，即具有法定责任能力的自然人、依法设立的法人或其他社会组织等。劳动法律责任主体一般是劳动者、用人单位和劳动保障行政部门。

第二，法律责任必须是行为主体的主观过错所导致的法律后果。所谓主观过错包括故意和过失两种情况，故意是指行为人清楚地了解自己行为将会产生的后果，内心却希望或放任这种结果出现。过失是指行为人由于疏忽大意而不能预料到自己行为所产生后果的危害，或者虽有预料但又自认为可以避免危害后果的发生。

第三，法律责任中行为人的行为后果必须是对社会秩序产生危害。这种危害可以表现为已经给他人或社会造成了现实的危害后果，也可以表现为目前还没有形成、但对未来构成危害的后果。

第四，法律责任必须是违反法律规定的行为导致依法受到处罚的后果。这种违法行为表现为以下几个方面：一是拒不实施法律规定的行为；二是实施了法律明令禁止的行为；三是实施某种行为时违反了法律规定的程序。

法律责任的表现形式有三种，即行政责任、民事责任和刑事责任。

法条指引

❶ **《中华人民共和国劳动法》**（1994 年 7 月 5 日　国家主席令第 28 号）

第八十九条　用人单位制定的劳动规章制度违反法律、法规规定的，由劳动行政部门给予警告，责令改正；对劳动者造成损害的，应当承担赔偿责任。

第九十条　用人单位违反本法规定，延长劳动者工作时间的，由劳动行政部门给予警告，责令改正，并可以处以罚款。

第九十一条　用人单位有下列侵害劳动者合法权益情形之一的，由劳动行政部门责令支付劳动者的工资报酬、经济补偿，并可以责令支付赔偿金：

（一）克扣或者无故拖欠劳动者工资的；

（二）拒不支付劳动者延长工作时间工资报酬的；

（三）低于当地最低工资标准支付劳动者工资的；

（四）解除劳动合同后，未依照本法规定给予劳动者经济补偿的。

第九十二条 用人单位的劳动安全设施和劳动卫生条件不符合国家规定或者未向劳动者提供必要的劳动防护用品和劳动保护设施的，由劳动行政部门或者有关部门责令改正，可以处以罚款；情节严重的，提请县级以上人民政府决定责令停产整顿；对事故隐患不采取措施，致使发生重大事故，造成劳动者生命和财产损失的，对责任人员比照刑法第一百八十七条的规定追究刑事责任。

第九十三条 用人单位强令劳动者违章冒险作业，发生重大伤亡事故，造成严重后果的，对责任人员依法追究刑事责任。

第九十四条 用人单位非法招用未满16周岁的未成年人的，由劳动行政部门责令改正，处以罚款；情节严重的，由工商行政管理部门吊销营业执照。

第九十五条 用人单位违反本法对女职工和未成年工的保护规定，侵害其合法权益的，由劳动行政部门责令改正，处以罚款；对女职工或者未成年工造成损害的，应当承担赔偿责任。

第九十六条 用人单位有下列行为之一，由公安机关对责任人员处以15日以下拘留、罚款或者警告；构成犯罪的，对责任人员依法追究刑事责任：

（一）以暴力、威胁或者非法限制人身自由的手段强迫劳动的；

（二）侮辱、体罚、殴打、非法搜查和拘禁劳动者的。

第九十七条 由于用人单位的原因订立的无效合同，对劳动者造成损害的，应当承担赔偿责任。

第九十八条 用人单位违反本法规定的条件解除劳动合同或者故意拖延不订立劳动合同的，由劳动行政部门责令改正；对劳动者造成损害的，应当承担赔偿责任。

第九十九条 用人单位招用尚未解除劳动合同的劳动者，对原用人单位造成经济损失的，该用人单位应当依法承担连带赔偿责任。

第一百条 用人单位无故不缴纳社会保险费的，由劳动行政部门责令其限期缴纳；逾期不缴的，可以加收滞纳金。

第一百零一条 用人单位无理阻挠劳动行政部门、有关部门及其工作人员行使监督检查权，打击报复举报人员的，由劳动行政部门或者有关部门处以罚款；构成犯罪的，对责任人员依法追究刑事责任。

第一百零二条 劳动者违反本法规定的条件解除劳动合同或者违反劳动合同中约定的保密事项，对用人单位造成经济损失的，应当依法承担赔偿责任。

第一百零三条 劳动行政部门或者有关部门的工作人员滥用职权、玩忽职守、徇私舞弊，构成犯罪的，依法追究刑事责任；不构成犯罪的，给予行政处分。

第一百零四条 国家工作人员和社会保险基金经办机构的工作人员挪用社会保险基金，构成犯罪的，依法追究刑事责任。

第一百零五条 违反本法规定侵害劳动者合法权益，其他法律、行政法规已规定处罚的，依照该法律、行政法规的规定处罚。

❷《中华人民共和国劳动合同法》（2007年6月29日 国家主席令第65号）

第八十条 用人单位直接涉及劳动者切身利益的规章制度违反法律、法规规定的，由劳动行政部门责令改正，给予警告；给劳动者造成损害的，应当承担赔偿责任。

第八十六条 劳动合同依照本法第二十六条规定被确认无效，给对方造成损害的，有过错的一方应当承担赔偿责任。

第八十八条 用人单位有下列情形之一的，依法给予行政处罚；构成犯罪的，依法追究刑事责任；给劳动者造成损害的，应当承担赔偿责任：

（一）以暴力、威胁或者非法限制人身自由的手段强迫劳动的；

（二）违章指挥或者强令冒险作业危及劳动者人身安全的；

（三）侮辱、体罚、殴打、非法搜查或者拘禁劳动者的；

（四）劳动条件恶劣、环境污染严重，给劳动者身心健康造成严重损害的。

第九十五条 劳动行政部门和其他有关主管部门及其工作人员玩忽职守、不履行法定职责，或者违法行使职权，给劳动者或者用人单位造成损害的，应当承担赔偿责任；对直接负责的主管人员和其他直接责任人员，依法给予行政处分；构成犯罪的，依法追究刑事责任。

【违反劳动法的行政责任】

法律问题解读

这是指行为人因违反劳动法律规定，不履行法律规定时，依法应当承担，并由有关行政机关或行为人所在单位以行政制裁方式予以追究的法律责任。

行政制裁一般可分为行政处罚和行政处分两种方式。违反劳动法的行政处罚是指由劳动保障行政部门、公安行政部门和工商行政部门等国家行政管理部门依法对用人单位及其责任人员、劳动者实施的行政制裁。具体形式包括，警告、责令改正、责令停止、查封、吊销执照、行政拘留等。行政处分一般是由行政管理机关对其公务人员或用人单位给予其职工的惩戒，包括警告、记过、记大过、降级、撤职、留用察看、开除等。

法条指引

❶**《中华人民共和国劳动法》**（1994 年 7 月 5 日　国家主席令第 28 号）

第八十九条　用人单位制定的劳动规章制度违反法律、法规规定的，由劳动行政部门给予警告，责令改正；对劳动者造成损害的，应当承担赔偿责任。

第九十条　用人单位违反本法规定，延长劳动者工作时间的，由劳动行政部门给予警告，责令改正，并可以处以罚款。

第九十四条　用人单位非法招用未满 16 周岁的未成年人的，由劳动行政部门责令改正，处以罚款；情节严重的，由工商行政管理部门吊销营业执照。

第九十八条　用人单位违反本法规定的条件解除劳动合同或者故意拖延不订立劳动合同的，由劳动行政部门责令改正；对劳动者造成损害的，应当承担赔偿责任。

第一百条　用人单位无故不缴纳社会保险费的，由劳动行政部门责令其限期缴纳；逾期不缴的，可以加收滞纳金。

第一百零一条　用人单位无理阻挠劳动行政部门、有关部门及其工作人员行使监督检查权，打击报复举报人员的，由劳动行政部门或者有关部门处以罚款；构成犯罪的，对责任人员依法追究刑事责任。

第一百零三条　劳动行政部门或者有关部门的工作人员滥用职权、玩忽职守、徇私舞弊，构成犯罪的，依法追究刑事责任；不构成犯罪的，给予行政处分。

❷**《中华人民共和国劳动合同法》**（2007 年 6 月 29 日　国家主席令第 65 号）

第八十条　用人单位直接涉及劳动者切身利益的规章制度违反法律、法规规定的，由劳动行政部门责令改正，给予警告；给劳动者造成损害的，应当承担赔偿责任。

第八十一条　用人单位提供的劳动合同文本未载明本法规定的劳动合同必备条款或者用人单位未将劳动合同文本交付劳动者的，由劳动行政部门责令改正；给劳动者造成损害的，应当承担赔偿责任。

第八十三条　用人单位违反本法规定与劳动者约定试用期的，由劳动行政部门责令改正；违法约定的试用期已经履行的，由用人单位以劳动者试用期满月工资为标准，按已经履行的超过法定试用期的期间向劳动者支付赔偿金。

第八十四条　用人单位违反本法规定，扣押劳动者居民身份证等证件的，由劳动行政部门责令限期退还劳动者本人，并依照有关法律规定给予处罚。

用人单位违反本法规定，以担保或者其他名义向劳动者收取财物的，由劳动行政部门责令限期退还劳动者本人，并以每人五百元以上二千元以下的标准处以罚款；给劳动者造成损害的，应当承担赔偿责任。

劳动者依法解除或者终止劳动合同，用人单位扣押劳动者档案或者其他物品的，依照前款规定处罚。

第八十五条　用人单位有下列情形之一的，由劳动行政部门责令限期支付劳动报酬、加班费或者经济补偿；劳动报酬低于当地最低工资标准的，应当支付其差额部分；逾期不支付的，责令用人单位按应付金额百分之五十以上百分之一百以下的标准向劳动者加付赔偿金：

（一）未按照劳动合同的约定或者国家规定及时足额支付劳动者劳动报酬的；

（二）低于当地最低工资标准支付劳动者工资的；

（三）安排加班不支付加班费的；

（四）解除或者终止劳动合同，未依照本法规定向劳动者支付经济补偿的。

第八十六条　劳动合同依照本法第二十六条规定被确认无效，给对方造成损害的，有过错的一方应当承担赔偿责任。

第八十八条 用人单位有下列情形之一的，依法给予行政处罚；构成犯罪的，依法追究刑事责任；给劳动者造成损害的，应当承担赔偿责任：

（一）以暴力、威胁或者非法限制人身自由的手段强迫劳动的；

（二）违章指挥或者强令冒险作业危及劳动者人身安全的；

（三）侮辱、体罚、殴打、非法搜查或者拘禁劳动者的；

（四）劳动条件恶劣、环境污染严重，给劳动者身心健康造成严重损害的。

❸《违反〈中华人民共和国劳动法〉行政处罚办法》（1994年12月26日 劳部发［1994］532号）

第一条 为保证《劳动法》的贯彻实施，依法对违反《劳动法》行为进行处罚，根据《中华人民共和国劳动法》有关法律责任的规定，制定本办法。

第二条 县级以上各级人民政府劳动行政部门（以下简称劳动行政部门）依法对本行政区域内的企业、个体经济组织（以下简称用人单位）遵守劳动法律、法规的情况进行监督检查，对违反《劳动法》行为的行政处罚适用本办法。

第三条 用人单位制定的劳动规章制度违反法律、法规规定的，应给予警告，并责令限期改正；逾期不改的，应给予通报批评。

第四条 用人单位未与工会和劳动者协商，强迫劳动者延长工作时间的，应给予警告，责令改正，并可按每名劳动者每延长工作时间一小时罚款一百元以下的标准处罚。

第五条 用人单位每日延长劳动者工作时间超过三小时或每月延长工作时间超过三十六小时的，应给予警告，责令改正，并可按每名劳动者每超过工作时间一小时罚款一百元以下的标准处罚。

第七条 用人单位劳动安全设施和劳动卫生条件不符合国家规定的，应责令限期改正；逾期不改的，可处以五万元以下罚款。

用人单位违反规定造成职工急性中毒事故，或伤亡事故的，应责令制定整改措施，并可按每中毒或重伤或死亡一名劳动者罚款一万元以下的标准处罚；情节严重的，提请同级人民政府决定停产整顿。

用人单位对发生的急性中毒或伤亡事故隐瞒、拖延不报或谎报的，以及故意破坏或伪造事故现场的，应责令改正，并可处以二万元以下罚款。

第八条 用人单位新建、改建、扩建和技术改造项目的劳动安全卫生设施未能与主体工程同时设计、同时施工、同时投入生产和使用，安全卫生设施不符合国家规定标准的，应责令改正，并可处以五万元以下罚款。

第九条 用人单位未向劳动者提供必要的劳动防护用品和劳动保护设施，或未对从事有职业危害作业的劳动者定期检查身体的，应责令改正，并可处以五千元以下罚款。

第十条 用人单位锅炉压力容器无使用证而运行的，或不进行定期检验的，应责令停止运行或查封设备，并可处以一万元以下罚款。

用人单位锅炉压力容器有事故隐患的，应责令限期改正；对逾期不改的应责令停止运行，收回使用证件，并可处以一万元以下罚款。

用人单位压力管道，起重机械、电梯、客运架空索道、厂内机动车辆等特种设备未进行定期检验或安全认证的，应责令改正，并可处以一万元以下罚款。

第十一条 用人单位非法招用未满十六周岁的未成年人的，应责令改正，并按国家有关规定处以罚款。

第十二条 用人单位有下列侵害女职工和未成年工合法权益行为之一的，应责令改正，并按每侵害一名女职工或未成年工罚款三千元以下的标准处罚：

（一）安排女职工从事矿山井下、国家规定的第四级体力劳动强度的劳动和其他禁忌从事的劳动；

（二）安排女职工在经期从事高处、低温、冷水作业和国家规定的第三级以上劳动强度的劳动；

（三）安排女职工在哺乳未满一周岁的婴儿期间从事国家规定的第三级以上体力劳动强度的劳动和哺乳期禁忌从事的其他劳动及安排其延长工作时间和夜班劳动的；

（四）安排未成年工从事矿山井下、有毒有害、国家规定的第四级体力劳动强度的劳动和其他禁忌从事的劳动。

第十三条 用人单位安排女职工在怀孕期间从事国家规定的第三级以上体力劳动强度的劳动和孕期禁忌从事的劳动的，应责令改正，并按每侵害一名女职工罚款三千元以下的标准处罚。

用人单位安排怀孕七个月以上的女职工延长工作时间和从事夜班劳动的，应责令改正，并按每侵害一名女职工罚款三千元以下的标准处罚。

第十四条　用人单位违反女职工保护规定，女职工产假低于九十天的，应责令限期改正；逾期不改的，按每侵害一名女职工罚款三千元以下的标准处罚。

第十五条　用人单位未按规定对未成年工定期进行健康检查的，应责令限期改正；逾期不改的，按每侵害一名未成年工罚款三千元以下的标准处罚。

第十六条　用人单位未按《劳动法》规定的条件解除劳动合同或者故意拖延不订立劳动合同的，应责令限期改正；逾期不改的，应给予通报批评。

第十七条　用人单位无故不缴纳社会保险费的，应责令其限期缴纳；逾期不缴的，除责令其补交所欠款额外，可以按每日加收所欠款额千分之二的滞纳金。滞纳金收入并入社会保险基金。

第十八条　用人单位无理阻挠劳动行政部门及其劳动监察人员行使监督检查权，或者打击报复举报人员的，处以一万元以下罚款。

第十九条　对具有数种违反《劳动法》行为的，应分别决定处罚，合并执行；不能合并执行的可以从重处罚。

对数次（二次及以上）违反《劳动法》的，可以加重处罚。加重处罚可按原罚款标准的二至五倍计算罚款金额。

第二十条　对用人单位处以罚款，应使用财政部门统一制定的罚款票据。所处罚款，应依照财政管理的规定，及时、足额上缴财政。

第二十一条　用人单位对行政处罚决定不服的，可以依照《行政复议条例》和《行政诉讼法》的规定申请复议或起诉。

复议或诉讼期间，不影响行政处罚决定的执行。

第二十二条　省、自治区、直辖市人民政府劳动行政部门可以依据本办法制定实施细则。

第二十三条　本办法自 1995 年 1 月 1 日起施行。

❹《中华人民共和国行政处罚法》（1996 年 3 月 17 日）（略）

❺《中华人民共和国行政监察法》（1997 年 5 月 9 日）（略）

【违反劳动法的民事责任】

法律问题解读

违反劳动法的民事责任，就是指劳动关系一方当事人违反了劳动法的规定或劳动合同的约定而应承担的民事责任。按照《劳动法》及《劳动合同法》的规定，违反劳动法的民事责任分为两种，一种是违反劳动合同及有关劳动合同的法律规定所应承担的民事责任；另一种是损害劳动者或用人单位权利的民事责任。

法条指引

❶《中华人民共和国劳动法》（1994 年 7 月 5 日　国家主席令第 28 号）

第八十九条　用人单位制定的劳动规章制度违反法律、法规规定的，由劳动行政部门给予警告，责令改正；对劳动者造成损害的，应当承担赔偿责任。

第九十一条　用人单位有下列侵害劳动者合法权益情形之一的，由劳动行政部门责令支付劳动者的工资报酬、经济补偿，并可以责令支付赔偿金：

（一）克扣或者无故拖欠劳动者工资的；

（二）拒不支付劳动者延长工作时间工资报酬的；

（三）低于当地最低工资标准支付劳动者工资的；

（四）解除劳动合同后，未依照本法规定给予劳动者经济补偿的。

第九十五条　用人单位违反本法对女职工和未成年工的保护规定，侵害其合法权益的，由劳动行政部门责令改正，处以罚款；对女职工或者未成年工造成损害的，应当承担赔偿责任。

第九十七条　由于用人单位的原因订立的无效合同，对劳动者造成损害的，应当承担赔偿责任。

第九十八条　用人单位违反本法规定的条件解除劳动合同或者故意拖延不订立劳动合同的，由劳动行政部门责令改正；对劳动者造成损害的，应当承担赔偿责任。

第一百零二条　劳动者违反本法规定的条件解除劳动合同或者违反劳动合同中约定的保密事项，对用人单位造成经济损失的，应当依法承担赔偿责任。

❷《中华人民共和国劳动合同法》（2007 年 6 月 29 日　国家主席令第 65 号）

第八十二条　用人单位自用工之日起超过一个月不满一年未与劳动者订立书面劳动合同的，应当向劳动者每月支付二倍的工资。

用人单位违反本法规定不与劳动者订立无固定期限劳动合同的，自应当订立无固定期限劳动合同之日起向劳动者每月支付二倍的工资。

第八十三条 用人单位违反本法规定与劳动者约定试用期的，由劳动行政部门责令改正；违法约定的试用期已经履行的，由用人单位以劳动者试用期满月工资为标准，按已经履行的超过法定试用期的期间向劳动者支付赔偿金。

第八十五条 用人单位有下列情形之一的，由劳动行政部门责令限期支付劳动报酬、加班费或者经济补偿；劳动报酬低于当地最低工资标准的，应当支付其差额部分；逾期不支付的，责令用人单位按应付金额百分之五十以上百分之一百以下的标准向劳动者加付赔偿金：

（一）未按照劳动合同的约定或者国家规定及时足额支付劳动者劳动报酬的；

（二）低于当地最低工资标准支付劳动者工资的；

（三）安排加班不支付加班费的；

（四）解除或者终止劳动合同，未依照本法规定向劳动者支付经济补偿的。

第八十六条 劳动合同依照本法第二十六条规定被确认无效，给对方造成损害的，有过错的一方应当承担赔偿责任。

第八十七条 用人单位违反本法规定解除或者终止劳动合同的，应当依照本法第四十七条规定的经济补偿标准的二倍向劳动者支付赔偿金。

第八十八条 用人单位有下列情形之一的，依法给予行政处罚；构成犯罪的，依法追究刑事责任；给劳动者造成损害的，应当承担赔偿责任：

（一）以暴力、威胁或者非法限制人身自由的手段强迫劳动的；

（二）违章指挥或者强令冒险作业危及劳动者人身安全的；

（三）侮辱、体罚、殴打、非法搜查或者拘禁劳动者的；

（四）劳动条件恶劣、环境污染严重，给劳动者身心健康造成严重损害的。

❸《违反和解除劳动合同的经济补偿办法》（1994年12月3日 劳部发［1994］481号）

第一条 为了规范违反和解除劳动合同对劳动者的经济补偿标准，根据《中华人民共和国劳动法》的规定，制定本办法。

第二条 对劳动者的经济补偿金，由用人单位一次性发给。

第六条 劳动者患病或者非因工负伤，经劳动鉴定委员会确认不能从事原工作、也不能从事用人单位另行安排的工作而解除劳动合同的，用人单位应按其在本单位的工作年限，每满一年发给相当于一个月工资的经济补偿金，同时还应发给不低于六个月工资的医疗补助费。患重病和绝症的还应增加医疗补助费，患重病的增加部分不低于医疗补助费的百分之五十，患绝症的增加部分不低于医疗补助费的百分之百。

第八条 劳动合同订立时所依据的客观情况发生重大变化，致使原劳动合同无法履行，经当事人协商不能就变更劳动合同达成协议，由用人单位解除劳动合同的，用人单位按劳动者在本单位工作的年限，工作时间每满一年发给相当于一个月工资的经济补偿金。

第九条 用人单位濒临破产进行法定整顿期间或者生产经营状况发生严重困难，必须裁减人员的，用人单位按被裁减人员在本单位工作的年限支付经济补偿金。在本单位工作的时间每满一年，发给相当于一个月工资的经济补偿金。

第十一条 本办法中经济补偿金的工资计算标准是指企业正常生产情况下劳动者解除合同前十二个月的月平均工资。

用人单位依据本办法第六条、第八条、第九条解除劳动合同时，劳动者的月平均工资低于企业月平均工资的，按企业月平均工资的标准支付。

第十二条 经济补偿金在企业成本中列支，不得占用企业按规定比例应提取的福利费用。

第十三条 本办法自1995年1月1日起执行。

❹《违反〈劳动法〉有关劳动合同规定的赔偿办法》（1995年5月10日 劳部发［1995］223号）

第一条 为明确违反劳动法有关劳动合同规定的赔偿责任，维护劳动合同双方当事人的合法权益，根据《中华人民共和国劳动法》的有关规定，制定本办法。

第二条 用人单位有下列情形之一，对劳动者造成损害的，应赔偿劳动者损失：

（一）用人单位故意拖延不订立劳动合同，即招用后故意不按规定订立劳动合同以及劳动合同到期后故意不及时续订劳动合同的；

（二）由于用人单位的原因订立无效劳动合同，或订立部分无效劳动合同的；

（三）用人单位违反规定或劳动合同的约定侵害女职工或未成年工合法权益的；

（四）用人单位违反规定或劳动合同的约定解除劳动合同的。

第三条　本办法第二条规定的赔偿，按下列规定执行：

（一）造成劳动者工资收入损失的，按劳动者本人应得工资收入支付给劳动者，并加付应得工资收入25%的赔偿费用；

（二）造成劳动者劳动保护待遇损失的，应按国家规定补足劳动者的劳动保护津贴和用品；

（三）造成劳动者工伤、医疗待遇损失的，除按国家规定为劳动者提供工伤、医疗待遇外，还应支付劳动者相当于医疗费用25%的赔偿费用；

（四）造成女职工和未成年工身体健康损害的，除按国家规定提供治疗期间的医疗待遇外，还应支付相当于其医疗费用25%的赔偿费用；

（五）劳动合同约定的其他赔偿费用。

第四条　劳动者违反规定或劳动合同的约定解除劳动合同，对用人单位造成损失的，劳动者应赔偿用人单位下列损失：

（一）用人单位招收录用其所支付的费用；

（二）用人单位为其支付的培训费用，双方另有约定的按约定办理；

（三）对生产、经营和工作造成的直接经济损失；

（四）劳动合同约定的其他赔偿费用。

第五条　劳动者违反劳动合同中约定的保密事项，对用人单位造成经济损失的，按《反不正当竞争法》第二十条的规定支付用人单位赔偿费用。

第六条　用人单位招用尚未解除劳动合同的劳动者，对原用人单位造成经济损失的，除该劳动者承担直接赔偿责任外，该用人单位应当承担连带赔偿责任。其连带赔偿的份额应不低于对原用人单位造成经济损失总额的70%。向原用人单位赔偿下列损失：

（一）对生产、经营和工作造成的直接经济损失；

（二）因获取商业秘密给原用人单位造成的经济损失。

赔偿本条第（二）项规定的损失，按《反不正当竞争法》第二十条的规定执行。

第七条　因赔偿引起争议的，按照国家有关劳动争议处理的规定办理。

第八条　本办法自发布之日起施行。

【违反劳动法的刑事责任】

法律问题解读

刑事责任的主要内容是对违法行为人的人身进行制裁，是最严厉的一种法律责任，具有强制性。在劳动保障工作领域中，主要是对那些严重侵犯人身权利、财产权利，侵占国家财产或给国家财产造成重大损失的，予以追究刑事责任。刑事责任只能由国家司法机关追究，任何单位和个人都无权对他人实施，否则也将被追究法律责任。

法条指引

❶**《中华人民共和国劳动法》**（1994年7月5日　国家主席令第28号）

第九十二条　用人单位的劳动安全设施和劳动卫生条件不符合国家规定或者未向劳动者提供必要的劳动防护用品和劳动保护设施的，由劳动行政部门或者有关部门责令改正，可以处以罚款；情节严重的，提请县级以上人民政府决定责令停产整顿；对事故隐患不采取措施，致使发生重大事故，造成劳动者生命和财产损失的，对责任人员比照刑法第一百八十七条的规定追究刑事责任。

第九十三条　用人单位强令劳动者违章冒险作业，发生重大伤亡事故，造成严重后果的，对责任人员依法追究刑事责任。

第九十六条　用人单位有下列行为之一，由公安机关对责任人员处以15日以下拘留、罚款或者警告；构成犯罪的，对责任人员依法追究刑事责任：

（一）以暴力、威胁或者非法限制人身自由的手段强迫劳动的；

（二）侮辱、体罚、殴打、非法搜查和拘禁劳动者的。

第一百零三条　劳动行政部门或者有关部门的工作人员滥用职权、玩忽职守、徇私舞弊，构成犯罪的，依法追究刑事责任；不构成犯罪的，给予行政处分。

第一百零四条　国家工作人员和社会保险基金经办机构的工作人员挪用社会保险基金，构成犯罪的，依法追究刑事责任。

❷**《中华人民共和国劳动合同法》**（2007年6月29日　国家主席令第65号）

第八十八条　用人单位有下列情形之一的，依法给予行政处罚；构成犯罪的，依法追究刑事责任；给劳动者造成损害的，应当承担赔偿责任：

（一）以暴力、威胁或者非法限制人身自由的手段强迫劳动的；

（二）违章指挥或者强令冒险作业危及劳动者人身安全的；

（三）侮辱、体罚、殴打、非法搜查或者拘禁劳动者的；

（四）劳动条件恶劣、环境污染严重，给劳动者身心健康造成严重损害的。

第九十三条 对不具备合法经营资格的用人单位的违法犯罪行为，依法追究法律责任；劳动者已经付出劳动的，该单位或者其出资人应当依照本法有关规定向劳动者支付劳动报酬、经济补偿、赔偿金；给劳动者造成损害的，应当承担赔偿责任。

❸《中华人民共和国刑法》（1997年3月14日修订）

第一百三十一条 航空人员违反规章制度，致使发生重大飞行事故，造成严重后果的，处3年以下有期徒刑或者拘役；造成飞机坠毁或者人员死亡的，处3年以上7年以下有期徒刑。

第一百三十二条 铁路职工违反规章制度，致使发生铁路运营安全事故，造成严重后果的，处3年以下有期徒刑或者拘役；造成特别严重后果的，处3年以上7年以下有期徒刑。

第一百三十三条 违反交通运输管理法规，因而发生重大事故，致人重伤、死亡或者使公私财产遭受重大损失的，处3年以下有期徒刑或者拘役；交通运输肇事后逃逸或者有其他特别恶劣情节的，处3年以上7年以下有期徒刑；因逃逸致人死亡的，处7年以上有期徒刑。

第一百三十四条 工厂、矿山、林场、建筑企业或者其他企业、事业单位的职工，由于不服管理、违反规章制度，或者强令工人违章冒险作业，因而发生重大伤亡事故或者造成其他严重后果的，处3年以下有期徒刑或者拘役；情节特别恶劣的，处3年以上7年以下有期徒刑。

第一百三十五条 工厂、矿山、林场、建筑企业或者其他企业、事业单位的劳动安全设施不符合国家规定，经有关部门或者单位职工提出后，对事故隐患仍不采取措施，因而发生重大伤亡事故或者造成其他严重后果的，对直接责任人员，处3年以下有期徒刑或者拘役；情节特别恶劣的，处3年以上7年以下有期徒刑。

第一百三十六条 违反爆炸性、易燃性、放射性、毒害性、腐蚀性物品的管理规定，在生产、储存、运输、使用中发生重大事故，造成严重后果的，处3年以下有期徒刑或者拘役；后果特别严重的，处3年以上7年以下有期徒刑。

第一百三十七条 建设单位、设计单位、施工单位、工程监理单位违反国家规定，降低工程质量标准，造成重大安全事故的，对直接责任人员，处5年以下有期徒刑或者拘役，并处罚金；后果特别严重的，处5年以上10年以下有期徒刑，并处罚金。

第二百三十八条 非法拘禁他人或者以其他方法非法剥夺他人人身自由的，处3年以下有期徒刑、拘役、管制或者剥夺政治权利。具有殴打、侮辱情节的，从重处罚。

犯前款罪，致人重伤的，处3年以上10年以下有期徒刑；致人死亡的，处10年以上有期徒刑。使用暴力致人伤残、死亡的，依照本法第二百三十四条、第二百三十二条的规定定罪处罚。

为索取债务非法扣押、拘禁他人的，依照前两款的规定处罚。

国家机关工作人员利用职权犯前三款罪的，依照前三款的规定从重处罚。

第二百四十四条 用人单位违反劳动管理法规，以限制人身自由方法强迫职工劳动，情节严重的，对直接责任人员，处3年以下有期徒刑或者拘役，并处或者单处罚金。

第二百四十四条之一 违反劳动管理法规，雇用未满16周岁的未成年人从事超强度体力劳动的，或者从事高空、井下作业的，或者在爆炸性、易燃性、放射性、毒害性等危险环境下从事劳动，情节严重的，对直接责任人员，处3年以下有期徒刑或者拘役，并处罚金；情节特别严重的，处3年以上7年以下有期徒刑，并处罚金。

有前款行为，造成事故，又构成其他犯罪的，依照数罪并罚的规定处罚。（2002年12月28日增加）

第二百四十六条 以暴力或者其他方法公然侮辱他人或者捏造事实诽谤他人，情节严重的，处3年以下有期徒刑、拘役、管制或者剥夺政治权利。

前款罪，告诉的才处理，但是严重危害社会秩序和国家利益的除外。

❹《中华人民共和国刑法修正案（四）》（2002年12月28日）

四、刑法第二百四十四条后增加一条，作为第二百四十四条之一："违反劳动管理法规，雇用未满十六周岁的未成年人从事超强度体力劳动的，或者从事高空、井下作业的，或者在爆炸性、易燃性、放射性、毒害性等危险环境下从事劳动，情节严重的，对直接责任人员，处三年以下有期徒刑或者拘役，并处罚金；情节特别严重的，处三年以上七年以下有期徒刑，并处罚金。

"有前款行为，造成事故，又构成其他犯罪的，依照数罪并罚的规定处罚。"

【用人单位制定规章制度违反法律、法规的责任】

法律问题解读

国家规定，用人单位制定的劳动规章制度违反法律、法规规定的，由劳动行政部门给予警告，责令改正；对劳动者造成损害的，应当承担赔偿责任。

用人单位为加强内部管理，规范工作人员的行为，应当依照国家的法律、法规制定规章制度。这是法律授予用人单位的权利，也是为其规定的义务。因此，这些规章制度的内容应该是法律、法规的细化和具体实施办法，不能与法律、法规相抵触，更不能损害劳动者的合法权益。这里的"法律、法规"主要是指劳动法律、行政法规、地方法规和国家技术标准。对于用人单位制定的规章制度违反法律法规规定的，应当承担行政法律责任，劳动行政部门有权给予警告，责令其改正。对劳动者造成了损害的，用人单位还要承担民事法律责任，赔偿劳动者的损失。

法条指引

❶ **《中华人民共和国劳动法》**（1994 年 7 月 5 日 国家主席令第 28 号）

第八十九条 用人单位制定的劳动规章制度违反法律、法规规定的，由劳动行政部门给予警告，责令改正；对劳动者造成损害的，应当承担赔偿责任。

❷ **《中华人民共和国劳动合同法》**（2007 年 6 月 29 日 国家主席令第 65 号）

第八十条 用人单位直接涉及劳动者切身利益的规章制度违反法律、法规规定的，由劳动行政部门责令改正，给予警告；给劳动者造成损害的，应当承担赔偿责任。

❸ **劳动部《关于〈劳动法〉若干条文的说明》**（1994 年 9 月 5 日 劳办发［1994］289 号）

第八十九条 用人单位制定的劳动规章制度违反法律、法规规定的，由劳动行政部门给予警告，责令改正；对劳动者造成损害的，应当承担赔偿责任。

本条中的"法律、法规"主要是指劳动法律、行政法规、地方法规和国家技术标准等。

【用人单位违反工作时间规定的责任】

法律问题解读

国家规定，用人单位违反法律规定，延长劳动者工作时间的，由劳动行政部门给予警告，责令改正，并可处以罚款。

工作时间和休息休假制度是《劳动法》的重要内容之一，休息休假是劳动者的基本权利，如果用人单位违反法律法规规定，侵占了劳动者休息休假的时间，就要承担相应的行政法律责任。根据有关规定，用人单位未与工会和劳动者协商，强迫劳动者延长工作时间，应给予警告，责令改正，并可按每名劳动者每延长工作时间 1 小时罚款 100 元以下的标准处罚。用人单位每日延长劳动者工作时间超过 3 小时或每月延长工作时间超过 36 小时的，应给予警告，责令改正，并可按每名劳动者每超过工作时间 1 小时罚款 100 元以下的标准处罚。

法条指引

❶ **《中华人民共和国劳动法》**（1994 年 7 月 5 日 国家主席令第 28 号）

第九十条 用人单位违反本法规定，延长劳动者工作时间的，由劳动行政部门给予警告，责令改正，并可以处以罚款。

❷ **《违反〈中华人民共和国劳动法〉行政处罚办法》**（1994 年 12 月 26 日 劳部发［1994］532 号）

第四条 用人单位未与工会和劳动者协商，强迫劳动者延长工作时间的，应给予警告，责令改正，并可按每名劳动者每延长工作时间一小时罚款一百元以下的标准处罚。

第五条 用人单位每日延长劳动者工作时间超过三小时或每月延长工作时间超过三十六小时的，应给予警告，责令改正，并可按每名劳动者每超过工作时间一小时罚款一百元以下的标准处罚。

【用人单位违反工资规定的责任】

法律问题解读

劳动者有依法取得劳动报酬的权利，如果用人单位没有按照法律、法规规定和劳动关系双方约定的标准和时间为劳动者支付劳动报酬，应承担相应的行政法律责任和民事赔偿责任，可由劳动行政部门责令支付劳动者的工资报酬，并可以责令支付赔偿金。

按照国家规定，用人单位有下列侵害劳动者合法权益之一的，应责令支付劳动者的工资报酬、经济补偿，并可责令按相当于支付劳动者工资报酬、经济补偿总和的1至5倍支付劳动者赔偿金：

1. 克扣或者无故拖欠劳动者工资的；

2. 拒不支付劳动者延长工作时间工资报酬的；

3. 低于当地最低工资标准支付劳动者工资的；

4. 解除劳动合同后，未依照法律、法规规定给予劳动者经济补偿金的。

法条指引

❶《中华人民共和国劳动法》（1994年7月5日 国家主席令第28号）

第九十一条 用人单位有下列侵害劳动者合法权益情形之一的，由劳动行政部门责令支付劳动者的工资报酬、经济补偿，并可以责令支付赔偿金：

（一）克扣或者无故拖欠劳动者工资的；

（二）拒不支付劳动者延长工作时间工资报酬的；

（三）低于当地最低工资标准支付劳动者工资的；

（四）解除劳动合同后，未依照本法规定给予劳动者经济补偿的。

❷《违反〈中华人民共和国劳动法〉行政处罚办法》（1994年12月26日 劳部发［1994］532号）

第六条 用人单位有下列侵害劳动者合法权益行为之一的，应责令支付劳动者的工资报酬、经济补偿，并可责令按相当于支付劳动者工资报酬、经济补偿总和的一至五倍支付劳动者赔偿金：

（一）克扣或者无故拖欠劳动者工资的；

（二）拒不支付劳动者延长工作时间工资报酬的；

（三）低于当地最低工资标准支付劳动者工资的；

（四）解除劳动合同后，未依照法律、法规规定给予劳动者经济补偿的。

责令用人单位支付劳动者经济补偿按有关规定执行。

❸《最低工资规定》（2004年1月20日 劳动和社会保障部发布）

第十三条 用人单位违反本规定第十一条规定的，由劳动保障行政部门责令其限期改正；违反本规定第十二条规定的，由劳动保障行政部门责令其限期补发所欠劳动者工资，并可责令其按所欠工资的1至5倍支付劳动者赔偿金。

【用人单位违反劳动安全卫生规定的责任】

法律问题解读

法律规定，用人单位必须建立、健全劳动安全卫生制度，严格执行国家劳动安全卫生规程和标准，对劳动者进行安全卫生教育，防止劳动过程中的事故，减少职业危害。这是保护劳动者人身安全，维护劳动者合法权益的重要制度。目前，劳动安全卫生法律、法规在劳动体系中涉及的内容非常庞杂，而且几乎所有的法律、法规都包括详尽的法律责任内容。比较重要的有：

用人单位劳动安全设施和劳动卫生条件不符合国家规定的，应责令限期改正；逾期不改的，可处以5万元以下罚款。

用人单位违反规定造成职工急性中毒事故，或伤亡事故的，应责令制定整改措施，并可按每中毒或重伤或死亡一名劳动者罚款一万元以下的标准处罚；情节严重的，提请同级人民政府决定停产整顿。

用人单位对发生的急性中毒或伤亡事故隐瞒、拖延不报或谎报的，以及故意破坏或伪造事故现场的，应责令改正，并可处以2万元以下罚款。

用人单位新建、改建、扩建和技术改造项目的劳动安全卫生设施未能与主体工程同时设计、同时施工、同时投入生产和使用，安全卫生设施不符合国家规定标准的，应责令改正，并可处以5万元以下罚款。

用人单位未向劳动者提供必要的劳动防护用品和劳动保护设施，或未对从事有职业危害作业的劳动者定期检查身体的，应责令改正，并可处以5000元以下罚款。

用人单位锅炉压力容器无使用证而运行的，或不进行定期检验的，应责令停止运行或查封设备，并可处以1万元以下罚款。

用人单位锅炉压力容器有事故隐患的，应责令限期改正；对逾期不改的应责令停止运行，收回使用证件，并可处以1万元以下罚款。

用人单位压力管道，起重机械、电梯、客运架空索道、厂内机动车辆等特种设备未进行定期检验或安全认证的，应责令改正，并可处以 1 万元以下罚款。

劳动部门和有关部门在进行行政处罚时，其分工在于看其监督检查的范围是否属于劳动工作，凡属于劳动工作，依据《劳动法》第 9 条、第 85 条，由劳动部门行使监督检查权，进行处罚。反之，则应由其他部门在自己的职责范围内依法行使监督权。

除上述规定外，法律还特别规定，用人单位对事故隐患不采取措施，致使发生重大事故，造成劳动者生命和财产损失的，对责任人要追究刑事责任，根据有关规定，可处 2 年以下有期徒刑，或者拘役。用人单位强迫劳动者违章冒险作业，发生重大伤亡事故，造成严重后果的，对责任人员依法追究刑事责任，根据有关规定，可处以 3 年以下有期徒刑或者拘役，情节严重恶劣的，处以 3 年以上 7 年以下的有期徒刑。

法条指引

❶《中华人民共和国劳动法》（1994 年 7 月 5 日 国家主席令第 28 号）

第九十二条 用人单位的劳动安全设施和劳动卫生条件不符合国家规定或者未向劳动者提供必要的劳动防护用品和劳动保护设施的，由劳动行政部门或者有关部门责令改正，可以处以罚款；情节严重的，提请县级以上人民政府决定责令停产整顿；对事故隐患不采取措施，致使发生重大事故，造成劳动者生命和财产损失的，对责任人员比照刑法第一百八十七条的规定追究刑事责任。

第九十三条 用人单位强令劳动者违章冒险作业，发生重大伤亡事故，造成严重后果的，对责任人员依法追究刑事责任。

❷ 劳动部《关于〈劳动法〉若干条文的说明》（1994 年 9 月 5 日 劳办发［1994］289 号）

第九十二条 用人单位的劳动安全设施和劳动卫生条件不符合国家规定或者未向劳动者提供必要的劳动防护用品和劳动保护设施的，由劳动行政部门或者有关部门责令改正，可以处以罚款；情节严重的，提请县级以上人民政府决定责令停产整顿；对事故隐患不采取措施，致使发生重大事故，造成劳动者生命和财产损失的，对责任人员比照刑法第一百八十七条的规定追究刑事责任。

根据本条规定，劳动部门和有关部门在进行行政处罚时，其分工在于看其监督检查的范围是否属于劳动工作，凡属劳动工作，依本法第九条、第八十五条，由劳动部门行使监督检查权，进行处罚。反之，则应由其他部门在自己的职责范围内依法行使监督权。刑法第一百八十七条“国家工作人员由于玩忽职守，致使公共财产、国家和人民利益遭受重大损失的，处五年以下有期徒刑或者拘役。”

第九十三条 用人单位强令劳动者违章冒险作业，发生重大伤亡事故，造成严重后果的，对责任人员依法追究刑事责任。本条中的“对责任人员追究刑事责任”，可根据刑法第一百一十四条处理，即“工厂、矿山、林场、建筑企业或者其他企业、事业单位的职工，由于不服管理、违反规章制度，或强令工人违章冒险作业，因而发生重大事故，造成严重后果的，处以三年以下有期徒刑或者拘役；情节特别恶劣的，处以三年以上七年以下有期徒刑。”

❸《中华人民共和国安全生产法》（2002 年 6 月 29 日）

第八十条 生产经营单位的决策机构、主要负责人、个人经营的投资人不依照本法规定保证安全生产所必需的资金投入，致使生产经营单位不具备安全生产条件的，责令限期改正，提供必需的资金；逾期未改正的，责令生产经营单位停产停业整顿。

有前款违法行为，导致发生生产安全事故，构成犯罪的，依照刑法有关规定追究刑事责任；尚不够刑事处罚的，对生产经营单位的主要负责人给予撤职处分，对个人经营的投资人处 2 万元以上 20 万元以下的罚款。

第八十一条 生产经营单位的主要负责人未履行本法规定的安全生产管理职责的，责令限期改正；逾期未改正的，责令生产经营单位停产停业整顿。

生产经营单位的主要负责人有前款违法行为，导致发生生产安全事故，构成犯罪的，依照刑法有关规定追究刑事责任；尚不够刑事处罚的，给予撤职处分或者处 2 万元以上 20 万元以下的罚款。

生产经营单位的主要负责人依照前款规定受刑事处罚或者撤职处分的，自刑罚执行完毕或者受处分之日起，5 年内不得担任任何生产经营单位的主要负责人。

第八十二条 生产经营单位有下列行为之一的，责令限期改正；逾期未改正的，责令停产停业整顿，可以并处 2 万元以下的罚款：

（一）未按照规定设立安全生产管理机构或者

配备安全生产管理人员的；

（二）危险物品的生产、经营、储存单位以及矿山、建筑施工单位的主要负责人和安全生产管理人员未按照规定经考核合格的；

（三）未按照本法第二十一条、第二十二条的规定对从业人员进行安全生产教育和培训，或者未按照本法第三十六条的规定如实告知从业人员有关的安全生产事项的；

（四）特种作业人员未按照规定经专门的安全作业培训并取得特种作业操作资格证书，上岗作业的。

第八十三条 生产经营单位有下列行为之一的，责令限期改正；逾期未改正的，责令停止建设或者停产停业整顿，可以并处5万元以下的罚款；造成严重后果，构成犯罪的，依照刑法有关规定追究刑事责任：

（一）矿山建设项目或者用于生产、储存危险物品的建设项目没有安全设施设计或者安全设施设计未按照规定报经有关部门审查同意的；

（二）矿山建设项目或者用于生产、储存危险物品的建设项目的施工单位未按照批准的安全设施设计施工的；

（三）矿山建设项目或者用于生产、储存危险物品的建设项目竣工投入生产或者使用前，安全设施未经验收合格的；

（四）未在有较大危险因素的生产经营场所和有关设施、设备上设置明显的安全警示标志的；

（五）安全设备的安装、使用、检测、改造和报废不符合国家标准或者行业标准的；

（六）未对安全设备进行经常性维护、保养和定期检测的；

（七）未为从业人员提供符合国家标准或者行业标准的劳动防护用品的；

（八）特种设备以及危险物品的容器、运输工具未经取得专业资质的机构检测、检验合格，取得安全使用证或者安全标志，投入使用的；

（九）使用国家明令淘汰、禁止使用的危及生产安全的工艺、设备的。

第八十四条 未经依法批准，擅自生产、经营、储存危险物品的，责令停止违法行为或者予以关闭，没收违法所得，违法所得10万元以上的，并处违法所得1倍以上5倍以下的罚款，没有违法所得或者违法所得不足10万元的，单处或者并处2万元以上10万元以下的罚款；造成严重后果，构成犯罪的，依照刑法有关规定追究刑事责任。

第八十五条 生产经营单位有下列行为之一的，责令限期改正；逾期未改正的，责令停产停业整顿，可以并处2万元以上10万元以下的罚款；造成严重后果，构成犯罪的，依照刑法有关规定追究刑事责任：

（一）生产、经营、储存、使用危险物品，未建立专门安全管理制度、未采取可靠的安全措施或者不接受有关主管部门依法实施的监督管理的；

（二）对重大危险源未登记建档，或者未进行评估、监控，或者未制定应急预案的；

（三）进行爆破、吊装等危险作业，未安排专门管理人员进行现场安全管理的。

第八十六条 生产经营单位将生产经营项目、场所、设备发包或者出租给不具备安全生产条件或者相应资质的单位或者个人的，责令限期改正，没收违法所得；违法所得5万元以上的，并处违法所得1倍以上5倍以下的罚款；没有违法所得或者违法所得不足5万元的，单处或者并处1万元以上5万元以下的罚款；导致发生生产安全事故给他人造成损害的，与承包方、承租方承担连带赔偿责任。

生产经营单位未与承包单位、承租单位签订专门的安全生产管理协议或者未在承包合同、租赁合同中明确各自的安全生产管理职责，或者未对承包单位、承租单位的安全生产统一协调、管理的，责令限期改正；逾期未改正的，责令停产停业整顿。

第八十七条 两个以上生产经营单位在同一作业区域内进行可能危及对方安全生产的生产经营活动，未签订安全生产管理协议或者未指定专职安全生产管理人员进行安全检查与协调的，责令限期改正；逾期未改正的，责令停产停业。

第八十八条 生产经营单位有下列行为之一的，责令限期改正；逾期未改正的，责令停产停业整顿；造成严重后果，构成犯罪的，依照刑法有关规定追究刑事责任：

（一）生产、经营、储存、使用危险物品的车间、商店、仓库与员工宿舍在同一座建筑内，或者与员工宿舍的距离不符合安全要求的；

（二）生产经营场所和员工宿舍未设有符合紧急疏散需要、标志明显、保持畅通的出口，或者封闭、堵塞生产经营场所或者员工宿舍出口的。

第八十九条 生产经营单位与从业人员订立协议，免除或者减轻其对从业人员因生产安全事故伤亡依法应承担的责任的，该协议无效；对生产经营单位的主要负责人、个人经营的投资人处2

万元以上10万元以下的罚款。

第九十一条　生产经营单位主要负责人在本单位发生重大生产安全事故时，不立即组织抢救或者在事故调查处理期间擅离职守或者逃匿的，给予降职、撤职的处分，对逃匿的处15日以下拘留；构成犯罪的，依照刑法有关规定追究刑事责任。

生产经营单位主要负责人对生产安全事故隐瞒不报、谎报或者拖延不报的，依照前款规定处罚。

第九十三条　生产经营单位不具备本法和其他有关法律、行政法规和国家标准或者行业标准规定的安全生产条件，经停产停业整顿仍不具备安全生产条件的，予以关闭；有关部门应当依法吊销其有关证照。

第九十五条　生产经营单位发生生产安全事故造成人员伤亡、他人财产损失的，应当依法承担赔偿责任；拒不承担或者其负责人逃匿的，由人民法院依法强制执行。

生产安全事故的责任人未依法承担赔偿责任，经人民法院依法采取执行措施后，仍不能对受害人给予足额赔偿的，应当继续履行赔偿义务；受害人发现责任人有其他财产的，可以随时请求人民法院执行。

❹《中华人民共和国刑法》（1997年3月14日修订）

第一百三十四条　工厂、矿山、林场、建筑企业或者其他企业、事业单位的职工，由于不服管理、违反规章制度，或者强令工人违章冒险作业，因而发生重大伤亡事故或者造成其他严重后果的，处3年以下有期徒刑或者拘役；情节特别恶劣的，处3年以上7年以下有期徒刑。

第一百三十五条　工厂、矿山、林场、建筑企业或者其他企业、事业单位的劳动安全设施不符合国家规定，经有关部门或者单位职工提出后，对事故隐患仍不采取措施，因而发生重大伤亡事故或者造成其他严重后果的，对直接责任人员，处3年以下有期徒刑或者拘役；情节特别恶劣的，处3年以上7年以下有期徒刑。

【用人单位招用童工的责任】

法律问题解读

不满16周岁的未成年人受到国家法律的特殊保护，除法律规定可以招用的情形以外，任何单位和个人不得招用童工从事生产经营活动，违反者将承担相应的行政法律责任。法律规定，用人单位非法招用未满16周岁的未成年人的，由劳动行政部门责令改正，处以罚款；情节严重的，由工商行政管理部门吊销营业执照。国务院也专门就此作了规定，对用人单位法律责任的规定主要有：

（1）用人单位使用童工的，由劳动保障行政部门按照每使用一名童工每月处5000元罚款的标准给予处罚；在有毒物品的作业场所使用童工的，按照《使用有毒物品作业场所劳动保护条例》规定的罚款幅度，或者按照每使用一名童工每月处5000元罚款的标准，从重处罚。劳动保障行政部门并应当责令用人单位限期将童工送回原居住地交其父母或者其他监护人，所需交通和住宿费用全部由用人单位承担。

（2）用人单位经劳动保障行政部门责令限期改正，逾期仍不将童工送交其父母或者其他监护人的，从责令限期改正之日起，由劳动保障行政部门按照每使用一名童工每月处1万元罚款的标准处罚，并由工商行政管理部门吊销其营业执照或者由民政部门撤销民办非企业单位登记；用人单位是国家机关、事业单位的，由有关单位依法对直接负责的主管人员和其他直接责任人员给予降级或者撤职的行政处分或者纪律处分。

（3）单位或者个人为不满16周岁的未成年人介绍就业的，由劳动保障行政部门按照每介绍一个人处5000元罚款的标准给予处罚；职业中介机构为不满16周岁的未成年人介绍就业的，劳动保障行政部门还要吊销其职业介绍许可证。

（4）用人单位未按照规定保存录用登记材料，或者伪造录用登记材料的，由劳动保障行政部门处1万元的罚款。

法条指引

❶《中华人民共和国劳动法》（1994年7月5日　国家主席令第28号）

第九十四条　用人单位非法招用未满16周岁的未成年人的，由劳动行政部门责令改正，处以罚款；情节严重的，由工商行政管理部门吊销营业执照。

❷《禁止使用童工规定》（2002年10月1日　国务院令第364号）

第六条　用人单位使用童工的，由劳动保障行政部门按照每使用一名童工每月处5000元罚款的标准给予处罚；在使用有毒物品的作业场所使用童工的，按照《使用有毒物品作业场所劳动保护条例》规定的罚款幅度，或者按照每使用一名童工每月处5000元罚款的标准，从重处罚。劳动保障行政部门并应当责令用人单位限期将童工送回原居住地交其父母或者其他监护人，所需交通和食宿费用全部由用人单位承担。

用人单位经劳动保障行政部门依照前款规定责令限期改正，逾期仍不将童工送交其父母或者其他监护人的，从责令限期改正之日起，由劳动保障行政部门按照每使用一名童工每月处1万元罚款的标准处罚，并由工商行政管理部门吊销其营业执照或者由民政部门撤销民办非企业单位登记；用人单位是国家机关、事业单位的，由有关单位依法对直接负责的主管人员和其他直接责任人员给予降级或者撤职的行政处分或者纪律处分。

第七条 单位或者个人为不满16周岁的未成年人介绍就业的，由劳动保障行政部门按照每介绍一人处5000元罚款的标准给予处罚；职业中介机构为不满16周岁的未成年人介绍就业的，并由劳动保障行政部门吊销其职业介绍许可证。

第八条 用人单位未按照本规定第四条的规定保存录用登记材料，或者伪造录用登记材料的，由劳动保障行政部门处1万元的罚款。

❸《中华人民共和国刑法修正案（四）》（2002年12月28日）

四、刑法第二百四十四条后增加一条，作为第二百四十四条之一："违反劳动管理法规，雇用未满十六周岁的未成年人从事超强度体力劳动的，或者从事高空、井下作业的，或者在爆炸性、易燃性、放射性、毒害性等危险环境下从事劳动，情节严重的，对直接责任人员，处三年以下有期徒刑或者拘役，并处罚金；情节特别严重的，处三年以上七年以下有期徒刑，并处罚金。

"有前款行为，造成事故，又构成其他犯罪的，依照数罪并罚的规定处罚。"

【用人单位违反女职工和未成年工特殊保护规定的责任】

法律问题解读

女职工和未成年工由于其身体状况的特殊性，在从事生产经营活动时必须给予特殊的保护，违反这些保护规定的，用人单位要承担相应的行政法律责任和民事法律责任。法律规定，用人单位违反本法对女职工和未成年工的保护规定，侵害其合法权益的，由劳动行政部门责令改正，处以罚款；对女职工和未成年工造成损害的，应当承担赔偿责任。具体内容包括：

用人单位有下列侵害女职工和未成年工合法权益行为之一的，应责令改正，并按每侵害一名女职工或未成年工罚款3000元以下的标准处罚：

（1）安排女职工从事矿山井下、国家规定的第四级体力劳动强度的劳动和其他禁忌从事的劳动；

（2）安排女职工在经期从事高处、低温、冷水作业和国家规定的第三级以上劳动强度的劳动；

（3）安排女职工在哺乳未满一周岁的婴儿期间从事国家规定的第三级以上体力劳动强度的劳动和哺乳期禁忌从事的其他劳动及安排其延长工作时间和夜班劳动的；

（4）安排未成年工从事矿山井下、有毒有害、国家规定的第四级体力劳动强度的劳动和其他禁忌从事的劳动。

用人单位安排女职工在怀孕期间从事国家规定的第三级以上体力劳动强度的劳动和孕期禁忌从事的劳动，应责令改正，并按每侵害一名女职工罚款3000元以下的标准处罚。

用人单位安排怀孕7个月以上的女职工延长工作时间和从事夜班劳动的，应责令改正，并按每侵害一名女职工罚款3000元以下的标准处罚。

用人单位违反女职工保护规定，女职工产假低于90天的，应责令限期改正；逾期不改的，按每侵害一名女职工罚款3000元以下的标准处罚。

用人单位未按规定对未成年工定期进行健康检查的，应责令限期改正；逾期不改的，按每侵害一名未成年工罚款3000元以下的标准处罚。

法条指引

❶《中华人民共和国劳动法》（1994年7月5日 国家主席令第28号）

第九十五条 用人单位违反本法对女职工和未成年工的保护规定，侵害其合法权益的，由劳动行政部门责令改正，处以罚款；对女职工或者未成年工造成损害的，应当承担赔偿责任。

❷《违反〈中华人民共和国劳动法〉行政处罚办法》（1994年12月26日 劳部发［1994］532号）

第十二条 用人单位有下列侵害女职工和未成年工合法权益行为之一的，应责令改正，并按每侵害一名女职工或未成年工罚款三千元以下的标准处罚：

（一）安排女职工从事矿山井下、国家规定的第四级体力劳动强度的劳动和其他禁忌从事的劳动；

（二）安排女职工在经期从事高处、低温、冷水作业和国家规定的第三级以上劳动强度的劳动；

（三）安排女职工在哺乳未满一周岁的婴儿期间从事国家规定的第三级以上体力劳动强度的劳动和哺乳期禁忌从事的其他劳动及安排其延长工作时间和夜班劳动的；

（四）安排未成年工从事矿山井下、有毒有害、国家规定的第四级体力劳动强度的劳动和其他禁忌从事的劳动。

第十三条 用人单位安排女职工在怀孕期间从事国家规定的第三级以上体力劳动强度的劳动和孕期禁忌从事的劳动的，应责令改正，并按每侵害一名女职工罚款三千元以下的标准处罚。

用人单位安排怀孕七个月以上的女职工延长工作时间和从事夜班劳动的，应责令改正，并按每侵害一名女职工罚款三千元以下的标准处罚。

第十四条 用人单位违反女职工保护规定，女职工产假低于九十天的，应责令限期改正；逾期不改的，按每侵害一名女职工罚款三千元以下的标准处罚。

第十五条 用人单位未按规定对未成年工定期进行健康检查的，应责令限期改正；逾期不改的，按每侵害一名未成年工罚款三千元以下的标准处罚。

【用人单位侵犯人身权的责任】

法律问题解读

用人单位在生产经营过程中，以暴力、威胁或者非法限制人身自由的手段强迫劳动者劳动的，或者侮辱、体罚、殴打、非法搜查和拘禁劳动者的，由公安机关对责任人员处以十五日以下拘留、罚款或者警告；构成犯罪的，对责任人员依法追究刑事责任。

法条指引

❶ **《中华人民共和国劳动法》**（1994 年 7 月 5 日 国家主席令第 28 号）

第九十六条 用人单位有下列行为之一，由公安机关对责任人员处以 15 日以下拘留、罚款或者警告；构成犯罪的，对责任人员依法追究刑事责任：

（一）以暴力、威胁或者非法限制人身自由的手段强迫劳动的；

（二）侮辱、体罚、殴打、非法搜查和拘禁劳动者的。

❷ **劳动部《关于〈劳动法〉若干条文的说明》**（1994 年 9 月 5 日 劳办发［1994］289 号）

第九十六条 用人单位有下列行为之一，由公安机关对责任人员处以十五日以下拘留、罚款或者警告；构成犯罪的，对责任人员依法追究刑事责任：

（一）以暴力、威胁或者非法限制人身自由的手段强迫劳动的；

（二）侮辱、体罚、殴打、非法搜查和拘禁劳动者的。

对劳动者实施了本条所禁止的行为，公安机关将根据本法和《治安管理处罚条例》第二十二条等、人民法院将根据《刑法》第一百三十四条、第一百四十三条、第一百四十四条等追究当事人的法律责任。

❸ **《中华人民共和国刑法》**（1997 年 3 月 14 日修订）

第二百四十四条 用人单位违反劳动管理法规，以限制人身自由方法强迫职工劳动，情节严重的，对直接责任人员，处 3 年以下有期徒刑或者拘役，并处或者单处罚金。

❹ **《中华人民共和国刑法修正案（四）》**（2002 年 12 月 28 日）

四、刑法第二百四十四条后增加一条，作为第二百四十四条之一："违反劳动管理法规，雇用未满十六周岁的未成年人从事超强度体力劳动的，或者从事高空、井下作业的，或者在爆炸性、易燃性、放射性、毒害性等危险环境下从事劳动，情节严重的，对直接责任人员，处三年以下有期徒刑或者拘役，并处罚金；情节特别严重的，处三年以上七年以下有期徒刑，并处罚金。

"有前款行为，造成事故，又构成其他犯罪的，依照数罪并罚的规定处罚。"

【违反劳动合同及相关法律规定的责任】

法律问题解读

按照法律规定，用人单位与劳动者建立劳动关系，应当依法订立劳动合同，并须严格履行。

如果用人单位出现以下情形，给劳动者造成损害的，应承担相应的赔偿责任：

（1）由于用人单位的原因订立的无效合同。

（2）用人单位违反法律规定的条件解除劳动合同或者故意拖延不订立劳动合同的。

（3）用人单位招用尚未解除劳动合同的劳动者，对原用人单位造成经济损失的（该用人单位应该依法承担连带赔偿责任）。

对于用人单位应赔偿的标准，国家的规定是：

（1）造成劳动者工资收入损失的，按劳动者本人应得工资收入支付给劳动者，并加付应得工资收入50%至100%的赔偿费用。

（2）造成劳动者劳动保护待遇损失的，应按国家规定补足劳动者的劳动保护津贴和用品。

（3）造成劳动者工伤、医疗待遇损失的，除按国家规定为劳动者提供工伤、医疗待遇外，还应支付劳动者相当于医疗费用25%的赔偿费用。

（4）造成女职工和未成年工身体健康损害的，除按国家规定提供治疗期间的医疗待遇外，还应支付相当于其医疗费用25%的赔偿费用。

此外，用人单位招用尚未解除劳动合同的劳动者，对原用人单位造成经济损失的，该用人单位应当承担连带赔偿责任的份额应不低于对原用人单位造成经济损失总额的70%。向原用人单位赔偿的损失包括：

（1）对生产、经营和工作造成的直接经济损失；

（2）因获取商业秘密给原用人单位造成的经济损失（按《反不正当竞争法》第20条的规定计算）。

国家还对用人单位违反劳动合同约定和解除劳动合同的行为，专门规定了向劳动者支付经济补偿金的办法。

如果劳动者违反法律规定或劳动合同约定，给用人单位造成损失的，也应向用人单位承担赔偿责任。其主要内容包括：

（1）用人单位招收录用其所支付的费用。

（2）用人单位为其支付的培训费用，双方另有约定的按约定办理。

（3）对生产、经营和工作造成的直接经济损失。

（4）劳动合同约定的违约金等其他赔偿费用。

另外，劳动者违反劳动合同中约定的保密事项，对用人单位造成经济损失的，应按《反不正当竞争法》第21条的规定支付用人单位赔偿费用。劳动者以不辞而别等方式离职，与原单位未解除劳动关系，而又与其他用人单位建立劳动合同关系，并给原单位造成经济损失的，应当向原单位承担直接赔偿责任，赔偿份额应占总赔偿额的30%以内。

法条指引

❶《中华人民共和国劳动法》（1994年7月5日　国家主席令第28号）

第九十七条　由于用人单位的原因订立的无效合同，对劳动者造成损害的，应当承担赔偿责任。

第九十八条　用人单位违反本法规定的条件解除劳动合同或者故意拖延不订立劳动合同的，由劳动行政部门责令改正；对劳动者造成损害的，应当承担赔偿责任。

第九十九条　用人单位招用尚未解除劳动合同的劳动者，对原用人单位造成经济损失的，该用人单位应当依法承担连带赔偿责任。

第一百零二条　劳动者违反本法规定的条件解除劳动合同或者违反劳动合同中约定的保密事项，对用人单位造成经济损失的，应当依法承担赔偿责任。

❷《违反〈劳动法〉有关劳动合同规定的赔偿办法》（1995年5月10日　劳部发［1995］223号）

各省、自治区、直辖市及计划单列市劳动（劳动人事）厅（局）、国务院有关部门和直属机构，解放军总后勤部生产管理部：

为了明确劳动合同当事人违反劳动法有关劳动合同规定的赔偿责任，我们制定了《违反〈劳动法〉有关劳动合同规定的赔偿办法》，现予发布，请按照执行。

违反《劳动法》有关劳动合同规定的赔偿办法

第一条　为明确违反劳动法有关劳动合同规定的赔偿责任，维护劳动合同双方当事人的合法权益，根据《中华人民共和国劳动法》的有关规定，制定本办法。

第二条　用人单位有下列情形之一，对劳动者造成损害的，应赔偿劳动者损失：

（一）用人单位故意拖延不订立劳动合同，即招用后故意不按规定订立劳动合同以及劳动合同到期后故意不及时续订劳动合同的；

（二）由于用人单位的原因订立无效劳动合同，或订立部分无效劳动合同的；

（三）用人单位违反规定或劳动合同的约定侵害女职工或未成年工合法权益的；

（四）用人单位违反规定或劳动合同的约定解除劳动合同的。

第三条 本办法第二条规定的赔偿，按下列规定执行：

（一）造成劳动者工资收入损失的，按劳动者本人应得工资收入支付给劳动者，并加付应得工资收入25%的赔偿费用；

（二）造成劳动者劳动保护待遇损失的，应按国家规定补足劳动者的劳动保护津贴和用品；

（三）造成劳动者工伤、医疗待遇损失的，除按国家规定为劳动者提供工伤、医疗待遇外，还应支付劳动者相当于医疗费用25%的赔偿费用；

（四）造成女职工和未成年工身体健康损害的，除按国家规定提供治疗期间的医疗待遇外，还应支付相当于其医疗费用25%的赔偿费用；

（五）劳动合同约定的其他赔偿费用。

第四条 劳动者违反规定或劳动合同的约定解除劳动合同，对用人单位造成损失的，劳动者应赔偿用人单位下列损失：

（一）用人单位招收录用其所支付的费用；

（二）用人单位为其支付的培训费用，双方另有约定的按约定办理；

（三）对生产、经营和工作造成的直接经济损失；

（四）劳动合同约定的其他赔偿费用。

第五条 劳动者违反劳动合同中约定的保密事项，对用人单位造成经济损失的，按《反不正当竞争法》第二十条的规定支付用人单位赔偿费用。

第六条 用人单位招用尚未解除劳动合同的劳动者，对原用人单位造成经济损失的，除该劳动者承担直接赔偿责任外，该用人单位应当承担连带赔偿责任。其连带赔偿的份额应不低于对原用人单位造成经济损失总额的70%。向原用人单位赔偿下列损失：

（一）对生产、经营和工作造成的直接经济损失；

（二）因获取商业秘密给原用人单位造成的经济损失。

赔偿本条第（二）项规定的损失，按《反不正当竞争法》第二十条的规定执行。

第七条 因赔偿引起争议的，按照国家有关劳动争议处理的规定办理。

第八条 本办法自发布之日起施行。

❸《违反和解除劳动合同的经济补偿办法》
（1994年12月3日 劳部发［1994］481号）

违反和解除劳动合同的经济补偿办法

第一条 为了规范违反和解除劳动合同对劳动者的经济补偿标准，根据《中华人民共和国劳动法》的定，制规定本办法。

第二条 对劳动者的经济补偿金，由用人单位一次性发给。

第五条 经劳动合同当事人协商一致，由用人单位解除劳动合同的，用人单位应根据劳动者在本单位工作年限，每满一年发给相当于一个月工资的经济补偿金，最多不超过十二个月。工作时间不满一年的按一年的标准发给经济补偿金。

第六条 劳动者患病或者非因工负伤，经劳动鉴定委员会确认不能从事原工作、也不能从事用人单位另行安排的工作而解除劳动合同的，用人单位应按其在本单位的工作年限，每满一年发给相当于一个月工资的经济补偿金，同时还应发给不低于六个月工资的医疗补助费。患重病和绝症的还应增加医疗补助费，患重病的增加部分不低于医疗补助费的百分之五十，患绝症的增加部分不低于医疗补助费的百分之百。

第七条 劳动者不能胜任工作，经过培训或者调整工作岗位仍不能胜任工作，由用人单位解除劳动合同的，用人单位应按其在本单位工作的年限，工作时间每满一年，发给相当于一个月工资的经济补偿金，最多不超过十二个月。

第八条 劳动合同订立时所依据的客观情况发生重大变化，致使原劳动合同无法履行，经当事人协商不能就变更劳动合同达成协议，由用人单位解除劳动合同的，用人单位按劳动者在本单位工作的年限，工作时间每满一年发给相当于一个月工资的经济补偿金。

第九条 用人单位濒临破产进行法定整顿期间或者生产经营状况发生严重困难，必须裁减人员的，用人单位按被裁减人员在本单位工作的年限支付经济补偿金。在本单位工作的时间每满一年，发给相当于一个月工资的经济补偿金。

第十一条 本办法中经济补偿金的工资计算标准是指企业正常生产情况下劳动者解除合同前十二个月的月平均工资。

用人单位依据本办法第六条、第八条、第九条解除劳动合同时，劳动者的月平均工资低于企业月平均工资的，按企业月平均工资的标准支付。

第十二条 经济补偿金在企业成本中列支，不得占用企业按规定比例应提取的福利费用。

第十三条 本办法自1995年1月1日起执行。

❹**《违反〈中华人民共和国劳动法〉行政处罚办法》**（1994年12月26日 劳部发［1994］532号）

第十六条 用人单位未按《劳动法》规定的条件解除劳动合同或者故意拖延不订立劳动合同的，应责令限期改正；逾期不改的，应给予通报批评。

❺**《中华人民共和国反不正当竞争法》**（1993年9月2日）

第十条 经营者不得采用下列手段侵犯商业秘密：

（一）以盗窃、利诱、胁迫或者其他不正当手段获取权利人的商业秘密；

（二）披露、使用或者允许他人使用以前项手段获取的权利人的商业秘密；

（三）违反约定或者违反权利人有关保守商业秘密的要求，披露、使用或者允许他人使用其所掌握的商业秘密。

第三人明知或者应知前款所列违法行为，获取、使用或者披露他人的商业秘密，视为侵犯商业秘密。

本条所称的商业秘密，是指不为公众所知悉、能为权利人带来经济利益、具有实用性并经权利人采取保密措施的技术信息和经营信息。

第二十条 经营者违反本法规定，给被侵害的经营者造成损害的，应当承担损害赔偿责任，被侵害的经营者的损失难以计算的，赔偿额为侵权人在侵权期间因侵权所获得的利润；并应当承担被侵害的经营者因调查该经营者侵害其合法权益的不正当竞争行为所支付的合理费用。

被侵害的经营者的合法权益受到不正当竞争行为损害的，可以向人民法院提起诉讼。

❻**《劳动保障监察条例》**（2004年10月26日 国务院令第423号）

第二十六条 用人单位有下列行为之一的，由劳动保障行政部门分别责令限期支付劳动者的工资报酬、劳动者工资低于当地最低工资标准的差额或者解除劳动合同的经济补偿；逾期不支付的，责令用人单位按照应付金额50%以上1倍以下的标准计算，向劳动者加付赔偿金：

（一）克扣或者无故拖欠劳动者工资报酬的；

（二）支付劳动者的工资低于当地最低工资标准的；

（三）解除劳动合同未依法给予劳动者经济补偿的。

【劳务派遣单位的违法责任】

法律问题解读

劳务派遣单位违反劳动合同法规定应承担的法律责任主要包括行政责任和民事责任。

1. 行政责任

根据劳务派遣单位行政违法行为情节的轻重，其应当承担的行政法律责任分为两种：一是，对一般的违反本法规定的行政违法行为，由主管部门责令改正。责令改正不是一种行政处罚，只是一种补救性的行政责任，是对违法者消除违法状态，恢复合法状态的要求。二是，对情节严重的行政违法行为，由主管部门处以罚款，并由工商行政管理部门吊销营业执照。

2. 民事责任

“给被派遣劳动者权益造成损害的，劳务派遣单位与用工单位承担连带赔偿责任”，这是对被派遣劳动者权益受到损害的民事责任的规定。需要注意的是，劳动派遣单位的违法行为造成被派遣劳动者权益受到损害的，应承担赔偿责任的主体包括劳务派遣单位，还包括用工单位。

劳务派遣具有高灵活、低成本以及用工风险转移等特点，现已经成为一种被广为接受的用工方式。但与一般的劳动关系存在劳动者、用人单位两方当事人，劳动派遣中劳动关系的实质与形式相分离，存在劳务派遣单位、用工单位与劳动者三方，由一个完整的劳动关系割裂为两个残缺的劳动关系，劳动者与派遣单位是有关系没劳动，劳动者与用工单位是有劳动没关系。因此，劳务派遣中出现了一些问题，损害了劳动者的权益，如同工不同酬、责任分担不清，被派遣劳动者的民主参与权利得不到保障等。因此，为防止对被派遣劳动者权益造成损害后，劳务派遣单位和用工单位相互推诿，或者劳务派遣单位没有能力承担赔偿责任，本法规定被派遣劳动者权益受到损害的，劳务派遣单位和用工单位承担连带赔偿责任。

法条指引

❶**《中华人民共和国劳动合同法》**（2007年6月29日 国家主席令第65号）

第九十二条 劳务派遣单位违反本法规定的，由劳动行政部门和其他有关主管部门责令改正；情节严重的，以每人一千元以上五千元以下的标准处以罚款，并由工商行政管理部门吊销营业执照；给被派遣劳动者造成损害的，劳务派遣单位与用工单位承担连带赔偿责任。

【用人单位违反社会保险规定的责任】

法律问题解读

按照法律规定，用人单位和劳动者均应依法参加社会保险，缴纳社会保险费。如果用人单位无故不缴纳社会保险费，则由劳动行政部门责令其限期缴纳；逾期不缴的，除责令其补交所欠款额外，可以按每日加收所欠款额2‰的滞纳金。

法条指引

❶**《中华人民共和国劳动法》**（1994年7月5日 国家主席令第28号）

第一百条 用人单位无故不缴纳社会保险费的，由劳动行政部门责令其限期缴纳；逾期不缴的，可以加收滞纳金。

❷**《违反〈中华人民共和国劳动法〉行政处罚办法》**（1994年12月26日 劳部发［1994］532号）

第十七条 用人单位无故不缴纳社会保险费的，应责令其限期缴纳；逾期不缴的，除责令其补交所欠款额外，可以按每日加收所欠款额千分之二的滞纳金。滞纳金收入并入社会保险基金。

❸**《劳动保障监察条例》**（2004年10月26日 国务院令第423号）

第二十七条 用人单位向社会保险经办机构申报应缴纳的社会保险费数额时，瞒报工资总额或者职工人数的，由劳动保障行政部门责令改正，并处瞒报工资数额1倍以上3倍以下的罚款。

❹**《中华人民共和国社会保险费征缴暂行条例》**（1999年1月22日 国务院令259号）

第二十三条 缴费单位未按照规定办理社会保险登记、变更登记或者注销登记，或者未按照规定申报应缴纳的社会保险费数额的，由劳动保障行政部门责令限期改正；情节严重的，对直接负责的主管人员和其他直接责任人员可以处1000元以上5000元以下的罚款；情节特别严重的，对直接负责的主管人员和其他直接责任人员可以处5000元以上10000元以下的罚款。

第二十四条 缴费单位违反有关财务、会计、统计的法律、行政法规和国家有关规定，伪造、变造、故意毁灭有关账册、材料，或者不设账册，致使社会保险费缴费基数无法确定的，除依照有关法律、行政法规的规定给予行政处罚、纪律处分、刑事处罚外，依照本条例第十条的规定征缴；迟延缴纳的，由劳动保障行政部门或者税务机关依照第十三条的规定决定加收滞纳金，并对直接负责的主管人员和其他直接责任人员处5000元以上20000元以下的罚款。

第二十五条 缴费单位的缴费个人对劳动保障行政部门或者税务机关的处罚决定不服的，可以依法申请复议；对复议决定不服的，可以依法提起诉讼。

第二十六条 缴费单位逾期拒不缴纳社会保险费、滞纳金的，由劳动保障行政部门或者税务机关申请人民法院依法强制征缴。

【用人单位无理阻挠执行公务的责任】

法律问题解读

法律规定，对劳动保障行政部门或有关行政部门执行监督检查公务的工作人员，用人单位应予支持和配合。如果用人单位无理阻挠劳动保障行政部门、有关部门及其工作人员行使监督检查权，打击报复举报人员的，则由劳动行政部门或者有关部门处以罚款，其中劳动保障行政部门可对其处以1万元以下的罚款；构成犯罪的，对责任人员依法追究刑事责任。

另外，为了便于执法，劳动部对“无理阻挠”行为作了界定，主要有以下几种情形：

（1）阻止劳动监督检查人员进入用人单位内（包括进入劳动现场）进行监督检查的；

（2）隐瞒事实真相，出具伪证，或者隐匿、毁灭证据的；

（3）拒绝提供有关资料的；

（4）拒绝在规定的时间和地点就劳动行政部门所提问题作出解释和说明的；

（5）法律、法规和规章规定的其他情况。

法条指引

❶**《中华人民共和国劳动法》**（1994年7月5日 国家主席令第28号）

第一百零一条 用人单位无理阻挠劳动行政部门、有关部门及其工作人员行使监督检查权，打击报复举报人员的，由劳动行政部门或者有关部门处以罚款；构成犯罪的，对责任人员依法追究刑事责任。

❷《违反〈中华人民共和国劳动法〉行政处罚办法》（1994年12月26日 劳部发［1994］532号）

第十八条 用人单位无理阻挠劳动行政部门及其劳动监察人员行使监督检查权，或者打击报复举报人员的，处以一万元以下罚款。

❸《关于贯彻执行〈中华人民共和国劳动法〉若干问题的意见》（1995年8月4日 劳部发［1995］309号）

92. 用人单位实施下列行为之一的，应认定为劳动法第一百零一条中的“无理阻挠”行为：

（1）阻止劳动监督检查人员进入用人单位内（包括进入劳动现场）进行监督检查的；

（2）隐瞒事实真相，出具伪证，或者隐匿、毁灭证据的；

（3）拒绝提供有关资料的；

（4）拒绝在规定的时间和地点就劳动行政部门所提问题作出解释和说明的；

（5）法律、法规和规章规定的其他情况。

本书所引法律规范性文件与北大法宝引证码[①]对照表

法律规范性文件名称（拼音序）	发布日期	实施日期	法宝引证码
一、法律			
中华人民共和国安全生产法	20020629	20021101	CLI. 1. 40273
中华人民共和国兵役法（1998 修正）	19981229	19841001	CLI. 1. 21322
中华人民共和国残疾人保障法（2008 修订）	20080424	20080701	CLI. 1. 104502
中华人民共和国反不正当竞争法	19930902	19931201	CLI. 1. 6359
中华人民共和国工会法（2001 修正）	20011027	20011027	CLI. 1. 37083
中华人民共和国公务员法	20050427	20060101	CLI. 1. 58050
中华人民共和国国家赔偿法（2010 修正）	20100429	19950101	CLI. 1. 129607
中华人民共和国合同法	19990315	19991001	CLI. 1. 21651
中华人民共和国就业促进法	20070830	20080101	CLI. 1. 96793
中华人民共和国矿山安全法	19921107	19930501	CLI. 1. 6022
中华人民共和国劳动法	19940705	19950101	CLI. 1. 9587
中华人民共和国劳动合同法	20070629	20080101	CLI. 1. 94833
中华人民共和国劳动争议调解仲裁法	20071229	20080501	CLI. 1. 100677
中华人民共和国立法法	20000315	20000701	CLI. 1. 26942
中华人民共和国民事诉讼法（2007 修正）	20071028	19910409	CLI. 1. 5110
中华人民共和国企业破产法	20060827	20070601	CLI. 1. 78895
中华人民共和国人口与计划生育法	20011229	20020901	CLI. 1. 38086
中华人民共和国未成年人保护法	19910904	19920101	CLI. 1. 5369
中华人民共和国刑法（1997 修订）	19970314	19971001	CLI. 1. 17010
中华人民共和国行政处罚法	19960317	19961001	CLI. 1. 13910
中华人民共和国行政复议法	19990429	19991001	CLI. 1. 22100
中华人民共和国行政诉讼法	19890404	19901001	CLI. 1. 4274
中华人民共和国职业病防治法	20011027	20020501	CLI. 1. 37088
中华人民共和国职业教育法	19960515	19960515	CLI. 1. 14410
二、其他			
北京市工资支付规定	20031222	20040122	CLI. 11. 49615
北京市劳动和社会保障局、北京市财政局、北京市工商行政管理局关于印发《北京市劳务派遣组织管理暂行办法》的通知	19990628	19990628	CLI. 12. 113193
财政部关于加强和改进外商投资企业提缴使用涉及中方职工权益资金管理的通知	19991228	20000101	CLI. 4. 35875
财政部关于印发《企业国有资本与财务管理暂行办法》的通知	20010428	20010428	CLI. 4. 35512
财政部关于职工探亲路费的规定	19810408	19810408	CLI. 4. 36998
财政部、国家劳动总局关于改进职工宿舍冬季取暖补贴问题的意见	19780220	19780220	CLI. 4. 30534
财政部、劳动保障部关于企业补充医疗保险有关问题的通知	20020521	20020521	CLI. 4. 42576
财政部、劳动部、人事部、国务院台湾事务办公室关于台胞职工赴台探亲路费问题的通知	19890805	19890805	CLI. 4. 37004
残疾人教育条例	19940823	19940823	CLI. 2. 9592
非法用工单位伤亡人员一次性赔偿办法	20030923	20040101	CLI. 4. 49683

① 北大法宝引证码查询系统：http://www.pkulaw.cn/fbm。

（续表）

法律规范性文件名称	发布日期	实施日期	法宝引证码
工会参加平等协商和签订集体合同试行办法	19950817	19950817	CLI. 5. 32224
工人考核条例	19900712	19900712	CLI. 2. 4760
工伤保险条例	20030427	20040101	CLI. 2. 45660
工伤认定办法	20030923	20040101	CLI. 4. 49685
工资基金暂行管理办法	19850924	19850924	CLI. 2. 2559
工资集体协商试行办法	20001108	20001108	CLI. 4. 34700
《关于工资总额组成的规定》若干具体范围的解释	19900101	19900101	CLI. 4. 76031
关于进一步做好军队干部随军家属安置工作意见的通知	19930614	19930614	CLI. 9. 6279
国家工商行政管理局关于禁止侵犯商业秘密行为的若干规定（1998 修订）	19981203	19981203	CLI. 4. 23598
国家机关、事业单位工作人员死亡后遗属生活困难补助暂行规定	19800213	19800213	CLI. 4. 666
国家劳动总局保险福利司关于女职工保胎休息和病假超过六个月后生育时的待遇问题给上海市劳动局的复函	19820327	19820327	CLI. 4. 30331
国家劳动总局、财政部关于国营企业职工请婚丧假和路程假问题的通知	19800220	19800220	CLI. 4. 668
国家劳动总局、财政部关于实行职工宿舍取暖补贴制度的乙类地区的县和县以下全民所有制单位实行取暖补贴制度的通知	19781229	19781229	CLI. 4. 30535
国家税务总局关于企业支付给职工的一次性补偿金在企业所得税税前扣除问题的批复	20011206	20010101	CLI. 4. 39273
国家统计局关于工资总额组成的规定	19900101	19900101	CLI. 4. 4555
国务院办公厅关于将大学生纳入城镇居民基本医疗保险试点范围的指导意见	20081025	20081025	CLI. 2. 111119
国务院办公厅关于印发《在京中央国家机关公务员医疗补助暂行办法》的通知	20010804	20010804	CLI. 2. 37821
国务院办公厅关于转发国家经贸委国有大中型企业建立现代企业制度和加强管理基本规范（试行）的通知	20000928	20000928	CLI. 2. 32020
国务院办公厅关于转发人力资源社会保障部、财政部城镇企业职工基本养老保险关系转移接续暂行办法的通知	20091228	20100101	CLI. 2. 125391
国务院办公厅、中央军委办公厅关于印发《中国人民解放军军人退役医疗保险暂行办法》的通知	19991216	20000101	CLI. 8. 26909
国务院办公厅、中央军委办公厅转发民政部、财政部、总后勤部关于部分牺牲病故军官随军家属易地移交政府安置管理问题意见的通知	19940829	19940829	CLI. 2. 10729
国务院办公厅转发国家发展计划委员会关于做好国有粮食企业减员分流工作意见的通知	19980519	19980519	CLI. 2. 20719
国务院办公厅转发国家经贸委等部门关于解决国有困难企业和关闭破产企业职工基本生活问题若干意见的通知	20030107	20030107	CLI. 2. 44625
国务院办公厅转发国家人事局、国家劳动总局关于西藏干部、工人离休、退休、退职工作中有关问题处理意见的报告的通知	19820424	19820424	CLI. 2. 1271
国务院办公厅转发劳动保障部、财政部关于实行国家公务员医疗补助意见的通知	20000520	20000520	CLI. 2. 29300
国务院办公厅转发劳动保障部等部门关于积极推进劳动预备制度加快提高劳动者素质意见的通知	19990627	19990627	CLI. 2. 23167
国务院办公厅转发民政部等部门关于加快实现社会福利社会化意见的通知	20000227	20000227	CLI. 2. 29257
国务院关于安置老弱病残干部的暂行办法	19780602	19780602	CLI. 2. 442
国务院关于发布《退伍义务兵安置条例》的通知	19871213	19871213	CLI. 2. 3612
国务院关于高级专家离休退休若干问题的暂行规定	19830912	19830912	CLI. 2. 1776
国务院关于工人退休、退职的暂行办法	19780602	19780602	CLI. 2. 443
国务院关于公布《国务院关于职工探亲待遇的规定》的通知	19810314	19810314	CLI. 2. 37093
国务院关于机关和事业单位工作人员工资制度改革问题的通知	19931115	19931115	CLI. 2. 8823
国务院关于建立城镇职工基本医疗保险制度的决定	19981214	19981214	CLI. 2. 21638
国务院关于建立统一的企业职工基本养老保险制度的决定	19970716	19970716	CLI. 2. 18597
国务院关于解决农民工问题的若干意见	20060131	20060131	CLI. 2. 75398
国务院关于进一步加强工资基金管理的通知	19890330	19890330	CLI. 2. 4264

（续表）

法律规范性文件名称	发布日期	实施日期	法宝引证码
国务院关于开展城镇居民基本医疗保险试点的指导意见	20070710	20070710	CLI.2.95492
国务院关于开展新型农村社会养老保险试点的指导意见	20090901	20090901	CLI.2.121222
国务院关于老干部离职休养的暂行规定	19801007	19801007	CLI.2.812
国务院关于企业职工养老保险制度改革的决定	19910626	19910626	CLI.2.5253
国务院关于深化企业职工养老保险制度改革的通知	19950301	19950301	CLI.2.11402
国务院关于实行公民身份号码制度的决定	19990826	19991001	CLI.2.23543
国务院关于实行企业职工基本养老保险省级统筹和行业统筹移交地方管理有关问题的通知	19980806	19980806	CLI.2.21049
国务院关于完善企业职工基本养老保险制度的决定	20051203	20051203	CLI.2.66463
国务院关于修改《国务院关于职工工作时间的规定》的决定（1995）	19950325	19950501	CLI.2.60007
国务院关于印发完善城镇社会保障体系试点方案的通知	20001225	20001225	CLI.2.47392
国务院关于在若干城市试行国有企业兼并破产和职工再就业有关问题的补充通知	19970302	19970302	CLI.2.18123
国务院关于在若干城市试行国有企业破产有关问题的通知	19941025	19941025	CLI.2.10908
国务院批转国家经委等五个部门关于改善纺织、丝绸工人工资待遇的请示的通知	19860326	19860326	CLI.2.30800
国务院侨办、国家人事局、国家劳动总局、财政部、公安部关于归侨、侨眷职工出境探亲待遇问题的通知	19820409	19820409	CLI.4.28726
国务院侨务办公室关于归侨、侨眷职工获批准出境定居退休、退职费发放问题的解答意见	19781127	19781127	CLI.4.28762
国务院侨务办公室、劳动人事部、财政部、国务院港澳办公室关于港澳同胞眷属职工探亲待遇问题的通知	19860401	19860401	CLI.4.28730
国务院、中央军委关于军队执行国务院关于老干部离职休养制度的几项规定的通知	19820608	19820608	CLI.9.18103
国务院、中央军委关于确定军队转业干部工资待遇问题的通知	19950707	19950707	CLI.9.12663
国务院、中央军委关于印发《中国人民解放军士官退出现役安置暂行办法》的通知（99）	19991213	19991213	CLI.7.26923
国务院、中央军委批转公安部、总政治部等部门关于边防、海岛等部队部分农村户口军官家属可在原籍转为城镇户口的意见的通知	19890221	19890221	CLI.2.4213
国务院、中央军委批转劳动保障部等部门关于进一步做好军队干部随军家属劳动就业和社会保障工作意见的通知	20000713	20000713	CLI.2.76203
国务院、中央军委批转民政部、劳动部、总参谋部关于退伍义务兵安置工作随用工单位改革实行劳动合同制意见的通知	19930721	19930721	CLI.9.6317
国务院、中央军委批转民政部、总参谋部等部门关于进一步做好伤病残义务兵退伍和安置工作意见的通知	19920201	19920201	CLI.9.8453
国有企业富余职工安置规定	19930420	19930420	CLI.2.6220
国资委、财政部、劳动保障部、国家税务总局关于进一步明确国有大中型企业主辅分离辅业改制有关问题的通知	20030704	20030704	CLI.4.47493
机关事业单位工作人员带薪年休假实施办法	20080215	20080215	CLI.4.102180
集体合同规定（2004）	20040120	20040501	CLI.4.51461
技工学校工作条例	19861111	19870101	CLI.4.7297
禁止使用童工规定	20021001	20021201	CLI.2.42747
就业服务与就业管理规定	20071105	20080101	CLI.4.99090
就业训练中心管理规定	19910225	19910225	CLI.4.5010
军队转业干部安置暂行办法	20010119	20010119	CLI.7.38092
劳动保障监察条例	20041101	20041201	CLI.2.55940
劳动部办公厅对《关于劳动用工管理有关问题的请示》的复函	19960116	19960116	CLI.4.14846
劳动部办公厅对《关于农民轮换工有关政策问题的请示》的复函	19961003	19961003	CLI.4.16638
劳动部办公厅对“关于如何适用《违反〈中华人民共和国劳动法〉行政处罚办法》第十九条的请示”的复函	19960425	19960425	CLI.4.15282
劳动部办公厅对《关于实行劳动合同制度若干问题的请示》的复函	19970915	19970915	CLI.4.19482
劳动部办公厅对“关于实行劳动合同制有关问题处理意见的报告”的复函	19950210	19950210	CLI.4.12376

（续表）

法律规范性文件名称	发布日期	实施日期	法宝引证码
劳动部办公厅对《关于职工被公安机关“收容教育”企业能否与之解除劳动合同的请示》的复函	19960927	19960927	CLI.4.16637
劳动部办公厅对《关于终止或解除劳动合同计发经济补偿金有关问题的请示》的复函	19960215	19960215	CLI.4.14851
劳动部办公厅对于关于如何理解“同一用人单位连续工作时间”和“本单位工作年限”的复函	19960916	19960916	CLI.4.16635
劳动部办公厅对中国石油天然气管道局《关于对刑满释放后又宣告无罪且有错误的职工工资处理的请示》的复函	19940505	19940505	CLI.4.10370
劳动部办公厅关于处理劳动争议案件若干政策性问题的复函	19941010	19941010	CLI.4.11344
劳动部办公厅关于对劳部发［1996］354号文件有关问题解释的通知	19970205	19970205	CLI.4.17587
劳动部办公厅关于贯彻《外商投资企业劳动管理规定》有关问题的复函	19950714	19950714	CLI.4.13735
劳动部办公厅关于劳动争议受理问题的复函	19940324	19940324	CLI.4.9528
劳动部办公厅关于离退休人员在单位组织外出疗养途中发生意外伤亡问题的复函	19930724	19930724	CLI.4.8708
劳动部办公厅关于履行企业内部承包责任合同的争议是否受理的复函	19931227	19931227	CLI.4.8987
劳动部办公厅关于农民合同制工人续订劳动合同有关问题的复函	19951027	19951027	CLI.4.13744
劳动部办公厅关于企业处理擅自离职职工问题的复函	19930628	19930628	CLI.4.8676
劳动部办公厅《关于取保候审的原固定工不签定劳动合同的请示》的复函	19970303	19970303	CLI.4.18493
劳动部办公厅关于试用期内解除劳动合同处理依据问题的复函	19951010	19951010	CLI.4.14236
劳动部办公厅关于是否受理企业与职工因住房出售等问题发生争议的复函	19940927	19940927	CLI.4.11328
劳动部办公厅关于受理职工违反计划生育政策规定引起的劳动争议问题的复函	19920227	19920227	CLI.4.8462
劳动部办公厅关于通过新闻媒介通知职工回单位并对逾期不归者按自动离职或旷工处理问题的复函	19950731	19950731	CLI.4.13736
劳动部办公厅关于退伍军人招收为劳动合同制职工后如何计算养老金和缴费年限问题的复函	19911005	19911005	CLI.4.30638
劳动部办公厅关于退休职工下落不明期间应从何时停发退休待遇问题的复函	19931022	19931022	CLI.4.86416
劳动部办公厅关于退休职工向企业追索退休金引起的争议如何受理的复函	19930319	19930319	CLI.4.72129
劳动部办公厅关于印发《关于〈劳动法〉若干条文的说明》的通知	19940905	19940905	CLI.4.27173
劳动部办公厅关于印发《职工基本养老保险个人帐户管理暂行办法》的通知	19971222	19980101	CLI.4.19896
劳动部办公厅关于职工被错判宣告无罪释放后，是否应恢复与企业的劳动关系等有关问题的复函	19970429	19970429	CLI.4.18501
劳动部办公厅关于职工因私出境定居而解除劳动合同经济补偿问题的复函	19970507	19970507	CLI.4.18844
劳动部办公厅关于自动离职与旷工除名如何界定的复函	19940208	19940208	CLI.4.9457
劳动部、财政部、全国总工会关于适当提高城镇职工生活困难补助标准的通知	19880601	19880601	CLI.4.30314
劳动部工资局复女职工非婚生育时是否享受劳保待遇问题	19650910	19650910	CLI.4.30330
劳动部、公安部、外交部、外经贸部关于颁发《外国人在中国就业管理规定》的通知	19960122	19960501	CLI.4.14378
劳动部关于颁发《女职工禁忌劳动范围的规定》的通知	19900118	19900118	CLI.4.9328
劳动部关于颁发《企业劳动争议调解委员会组织及工作规则》的通知	19931105	19931105	CLI.4.8971
劳动部关于颁发《未成年工特殊保护规定》的通知	19941209	19950101	CLI.4.11564
劳动部关于颁发《职业技能鉴定规定》的通知	19930709	19930709	CLI.4.8691
劳动部关于订立劳动合同有关问题的通知	19960213	19960213	CLI.4.14849
劳动部关于发布《企业职工患病或非因工负伤医疗期规定》的通知	19941201	19950101	CLI.4.11566
劳动部关于发布《企业职工生育保险试行办法》的通知	19941214	19950101	CLI.4.11585
劳动部关于发布《违反〈劳动法〉有关劳动合同规定的赔偿办法》的通知	19950510	19950510	CLI.4.12735
劳动部关于贯彻落实《社会力量办学条例》的通知	19970812	19970812	CLI.4.19095
劳动部关于贯彻实施《职业教育法》的通知	19960606	19960606	CLI.4.15704
劳动部关于加快养老金社会化发放工作的通知	19961218	19961218	CLI.4.17581
劳动部关于加强提前退休工种审批工作的通知	19930703	19930703	CLI.4.8688

（续表）

法律规范性文件名称	发布日期	实施日期	法宝引证码
劳动部关于界定文艺工作者、运动员、艺徒概念的通知	19920508	19920508	CLI.4.8486
劳动部关于进行岗位技能工资制试点工作的通知	19920107	19920107	CLI.4.8449
劳动部关于进行综合性职业培训基地建设有关事项的通知	19960603	19960603	CLI.4.76202
劳动部关于进一步推行职业资格证书有关问题的通知	19970825	19970825	CLI.4.19097
劳动部关于劳动争议案件管辖范围的复函	19950426	19950426	CLI.4.12593
劳动部关于劳动争议仲裁工作几个问题的通知	19950901	19950901	CLI.4.13442
劳动部关于女职工生育待遇若干问题的通知	19880904	19880901	CLI.4.7318
劳动部关于配偶是军官的工人、职员是否享受探亲假待遇问题的通知	19640727	19640727	CLI.4.76205
劳动部关于企业工会主席签订劳动合同问题的通知	19960412	19960412	CLI.4.15278
劳动部关于企业实施股份制和股份合作制改造中履行劳动合同问题的通知	19980126	19980126	CLI.4.19902
劳动部关于企业实行不定时工作制和综合计算工时工作制的审批办法	19941214	19950101	CLI.4.11467
劳动部关于企业职工流动若干问题的通知	19961031	19961031	CLI.4.17562
劳动部关于深化技工学校教育改革的决定	19930929	19930929	CLI.4.86457
劳动部关于实行劳动合同制度若干问题的通知	19961031	19961031	CLI.4.17563
劳动部关于私营企业劳动管理暂行规定	19890921	19890921	CLI.4.9322
劳动部关于印发《对〈工资支付暂行规定〉有关问题的补充规定》的通知	19950512	19950512	CLI.4.12615
劳动部关于印发《工资支付暂行规定》的通知	19941206	19950101	CLI.4.12313
劳动部关于印发《关于贯彻执行〈中华人民共和国劳动法〉若干问题的意见》的通知	19950804	19950804	CLI.4.13739
劳动部关于印发《就业训练规定》的通知	19941209	19950101	CLI.4.11583
劳动部关于印发《劳动预备制度培训基本要求（试行）》的通知	19970711	19970711	CLI.4.76469
劳动部关于印发《劳动仲裁费和劳动合同鉴证费管理办法》的通知	19921022	19921022	CLI.4.8545
劳动部关于印发《女职工劳动保护规定问题解答》的通知	19890120	19890120	CLI.4.111436
劳动部关于印发《企业经济性裁减人员规定》的通知	19941114	19950101	CLI.4.11582
劳动部关于印发《试点地区工资指导线制度试行办法》的通知	19970130	19970130	CLI.4.17585
劳动部关于印发《违反和解除劳动合同的经济补偿办法》的通知	19941203	19950101	CLI.4.11457
劳动部关于职工工作时间有关问题的复函	19970910	19970910	CLI.4.19481
劳动部关于做好西藏退休职工跨省安置工作的通知	19941230	19941230	CLI.4.12340
劳动部贯彻《国务院关于职工工作时间的规定》的实施办法	19950326	19950326	CLI.4.12530
劳动部、国家计委关于对部分行业、企业实行工资控制线办法的通知	19960607	19960607	CLI.4.15277
劳动部、国家计委关于进一步做好1997年工资控制线工作的通知	19970905	19970905	CLI.4.19089
劳动部、国家经贸委关于印发《企业职工培训规定》的通知	19961030	19961030	CLI.4.17557
劳动部、内贸部、国家粮食储备局关于促进粮食系统扭亏增盈减员增效分流安置富余人员的通知	19971124	19971124	CLI.4.22965
劳动部印发《关于进一步深化岗位技能工资制试点工作的意见》的通知	19930513	19930513	CLI.4.8641
劳动部印发《〈中华人民共和国企业劳动争议处理条例〉若干问题解释》的通知	19930923	19930923	CLI.4.8768
劳动部、中国纺织总会关于做好纺织行业压锭减员分流安置工作的通知	19980205	19980205	CLI.4.20105
劳动部、中国工商银行关于社会保险管理机构委托中国工商银行代发养老金的通知	19961108	19961108	CLI.4.17547
劳动部、中国人民银行关于修改《工资基金管理手册》的通知	19920929	19920929	CLI.4.8533
劳动和社会保障部办公厅对《关于童工问题的请示》的复函	19980813	19980813	CLI.4.20905
劳动和社会保障部办公厅关于城镇灵活就业人员参加基本医疗保险的指导意见	20030526	20030526	CLI.4.46301
劳动和社会保障部办公厅关于对扣发离退休人员基本养老金抵偿债务问题的复函	20020204	20020204	CLI.4.39559
劳动和社会保障部办公厅关于对破产企业离退休人员养老保险有关问题的复函	19990224	19990224	CLI.4.22538
劳动和社会保障部办公厅关于复转军人军龄及有关人员工龄是否作为计算职工经济补偿金年限的答复意见	20020128	20020128	CLI.4.39321
劳动和社会保障部办公厅关于规范企业职工基本养老保险个人帐户管理有关问题的通知	20011018	20011018	CLI.4.38198

（续表）

法律规范性文件名称	发布日期	实施日期	法宝引证码
劳动和社会保障部办公厅关于加强城镇职工基本医疗保险个人帐户管理的通知	20020812	20020812	CLI.4.43095
劳动和社会保障部办公厅关于进一步做好劳动预备制度试点工作的通知	19980812	19980812	CLI.4.32244
劳动和社会保障部办公厅关于开展农民工参加医疗保险专项扩面行动的通知	20060516	20060516	CLI.4.76676
劳动和社会保障部办公厅关于退休人员被判刑后有关养老保险待遇问题的复函	20010308	20010308	CLI.4.35965
劳动和社会保障部办公厅关于妥善解决医疗保险制度改革有关问题的指导意见	20020916	20020916	CLI.4.43091
劳动和社会保障部办公厅关于严格执行职工基本养老保险个人帐户转移政策的通知	19990726	19990726	CLI.4.23519
劳动和社会保障部办公厅关于在劳动和社会保险管理信息系统中使用公民身份号码的通知	19990624	19990624	CLI.4.23946
劳动和社会保障部办公厅关于政法机关撤销和移交企业职工安置意见的函	19980916	19980916	CLI.4.21216
劳动和社会保障部办公厅、人事部办公厅、解放军总后勤部司令部关于对军队机关事业单位职工参加失业保险有关问题的复函	20020222	20020222	CLI.9.39581
劳动和社会保障部、财政部关于调整原行业统筹企业缴纳基本养老保险费比例等有关事项的通知	19990213	19990213	CLI.4.22534
劳动和社会保障部、财政部关于二等乙级以上伤残人民警察医疗待遇问题的通知	20020206	20020206	CLI.4.40119
劳动和社会保障部、财政部关于银行系统单位参加失业保险有关问题的通知	20001108	20001108	CLI.4.35084
劳动和社会保障部、财政部、国家经济贸易委员会、卫生部、国家中医药管理局关于印发加强城镇职工基本医疗保险诊疗项目、医疗服务设施范围和支付标准意见的通知	19990630	19990630	CLI.4.23307
劳动和社会保障部、财政部、国务院国有资产监督管理委员会关于印发国有大中型企业主辅分离辅业改制分流安置富余人员的劳动关系处理办法的通知	20030731	20030731	CLI.4.49519
劳动和社会保障部、财政部、人事部、中央机构编制委员会办公室关于职工在机关事业单位与企业之间流动时社会保险关系处理意见的通知	20010920	20010920	CLI.4.38001
劳动和社会保障部、财政部、卫生部、国家安全生产监督管理局关于工伤保险费率问题的通知	20031029	20031029	CLI.4.50691
劳动和社会保障部等部委关于加强国有企业下岗职工管理和再就业服务中心建设有关问题的通知	19980803	19980803	CLI.4.20901
劳动和社会保障部关于非全日制用工若干问题的意见	20030530	20030530	CLI.4.46751
劳动和社会保障部关于贯彻两个条例扩大社会保险覆盖范围加强基金征缴工作的通知	19990320	19990320	CLI.4.22544
劳动和社会保障部关于加快技工学校改革工作的通知	20000520	20000520	CLI.4.30879
劳动和社会保障部关于加快实行养老金社会化发放的通知	20000418	20000418	CLI.4.30878
劳动和社会保障部关于建立劳动力市场工资指导价位制度的通知	19991025	19991025	CLI.4.26744
劳动和社会保障部关于进一步规范基本养老金社会化发放工作的通知	20011221	20011221	CLI.4.38690
劳动和社会保障部关于农民工参加工伤保险有关问题的通知	20040601	20040601	CLI.4.53276
劳动和社会保障部关于完善城镇职工基本养老保险政策有关问题的通知	20011222	20011222	CLI.4.38691
劳动和社会保障部关于印发2003年劳动和社会保障工作要点的通知	20030122	20030122	CLI.4.76225
劳动和社会保障部关于印发《关于大力推进职业资格证书制度建设的若干意见》的通知	20001208	20001208	CLI.4.34829
劳动和社会保障部关于印发国家基本医疗保险药品目录的通知	20000525	20000525	CLI.4.31157
劳动和社会保障部关于印发进一步深化企业内部分配制度改革指导意见的通知	20001106	20001106	CLI.4.34763
劳动和社会保障部关于印发《劳动和社会保障事业发展总体规划（1998—2002年）》的通知	19990301	19990301	CLI.4.22991
劳动和社会保障部关于印发《社会保险登记管理暂行办法》的通知	19990319	19990319	CLI.4.22542
劳动和社会保障部关于印发《社会保险费申报缴纳管理暂行办法》的通知	19990319	19990319	CLI.4.22543
劳动和社会保障部关于印发《社会保险费征缴监督检查办法》的通知	19990319	19990319	CLI.4.22540
劳动和社会保障部关于职工全年月平均工作时间和工资折算问题的通知（2008）	20080103	20080103	CLI.4.100987
劳动和社会保障部关于制止和纠正违反国家规定办理企业职工提前退休有关问题的通知	19990309	19990309	CLI.4.22539
劳动和社会保障部关于做好当前农村养老保险工作的通知	20030709	20030709	CLI.4.49246

（续表）

法律规范性文件名称	发布日期	实施日期	法宝引证码
劳动和社会保障部、国家发展计划委员会、国家经贸委、财政部、卫生部、国家药品监督管理局、国家中医药管理局关于印发《城镇职工基本医疗保险用药范围管理暂行办	19990512	19990512	CLI. 4. 22974
劳动和社会保障部、国家计委、财政部、卫生部、国家中医药管理局关于确定城镇职工基本医疗保险医疗服务设施范围和支付标准的意见	19990630	19990630	CLI. 4. 64294
劳动和社会保障部、国家计委、国家经贸委等部门关于贯彻落实《中共中央、国务院关于进一步做好下岗失业人员再就业工作的通知》若干问题的意见	20021125	20021125	CLI. 4. 43879
劳动和社会保障部、国家经济贸易委员会关于切实做好纺织行业压锭减员分流安置工作的补充通知	19980618	19980618	CLI. 4. 20902
劳动和社会保障部、国家药品监督管理局关于印发《城镇职工基本医疗保险定点零售药店管理暂行办法》的通知	19990426	19990426	CLI. 4. 22963
劳动和社会保障部、教育部、人事部关于进一步推动职业学校实施职业资格证书制度的意见	20021129	20021129	CLI. 4. 44867
劳动和社会保障部、民政部、审计署关于做好农村社会养老保险和被征地农民社会保障工作有关问题的通知	20070817	20070817	CLI. 4. 97976
劳动和社会保障部、人事部、卫生部、中华全国总工会、中国企业联合会关于劳动能力鉴定有关问题的通知	20030926	20030926	CLI. 4. 49983
劳动和社会保障部、铁道部关于铁路系统职工参加基本医疗保险有关问题的通知	19990621	19990621	CLI. 4. 23941
劳动和社会保障部、卫生部、国家中医药管理局关于印发《城镇职工基本医疗保险定点医疗机构管理暂行办法》的通知	19990511	19990511	CLI. 4. 22964
劳动人事部、财政部、公安部、中国银行关于台胞职工出境探亲待遇的通知	19830406	19830406	CLI. 4. 28727
劳动人事部、财政部关于职工工资、保健、福利等问题给青海省人民政府的复函	19830805	19830801	CLI. 4. 28919
劳动人事部工资局关于受处分人员的工资待遇问题的复文	19850913	19850913	CLI. 4. 43347
劳动人事部关于父母已经去世的归侨职工探望亲兄弟姐妹问题的复函	19830909	19830909	CLI. 4. 37001
劳动人事部关于工作人员被判处徒刑缓刑、免刑后的工作和工资问题的复函	19840429	19840429	CLI. 4. 43326
劳动人事部关于如何执行《关于西藏干部、工人离休、退休、退职工作中有关问题处理意见的报告》的函	19821124	19821124	CLI. 4. 28753
劳动人事部关于台属职工和台胞职工探亲问题的补充通知	19840814	19840814	CLI. 4. 28728
劳动行政处罚若干规定	19960927	19961001	CLI. 4. 15294
劳动行政处罚听证程序规定	19960927	19961001	CLI. 4. 15293
民办非企业单位登记管理暂行条例	19981025	19981025	CLI. 2. 21052
女职工劳动保护规定	19880721	19880901	CLI. 2. 3935
聘请科学技术人员兼职的暂行办法	19820315	19820315	CLI. 4. 1226
企业职工带薪年休假实施办法	20080918	20080918	CLI. 4. 108957
全国人大常委会关于批准《国务院关于职工探亲待遇的规定》的决议	19810306	19810314	CLI. 1. 923
全国人大常委会关于批准《准予就业最低年龄公约》的决定	19981229	19981229	CLI. 1. 21321
人力资源和社会保障部、财政部关于基本医疗保险异地就医结算服务工作的意见	20091231	20091231	CLI. 4. 126144
人力资源和社会保障部、财政部关于做好 2008 年城镇居民基本医疗保险试点工作的通知	20080610	20080610	CLI. 4. 107436
人力资源和社会保障部关于印发国家基本医疗保险工伤保险和生育保险药品目录部分药品名称剂型调整规范的通知	20100628	20100628	CLI. 4. 134913
人力资源和社会保障部关于印发国家基本医疗保险、工伤保险和生育保险药品目录的通知	20091127	20091127	CLI. 4. 124581
人力资源社会保障行政复议办法	20100316	20100316	CLI. 4. 129351
人事部关于对违反计划生育政策超生子女可否列为职工供养直系亲属等问题的意见	19900805	19900805	CLI. 4. 43357
人事部、中国人民银行关于印发《国家机关、事业单位工资基金管理暂行办法》的通知	19901109	19901109	CLI. 4. 30195
社会保险费征缴暂行条例	19990122	19990122	CLI. 2. 21639
社会保险行政争议处理办法	20010527	20010527	CLI. 4. 35547

（续表）

法律规范性文件名称	发布日期	实施日期	法宝引证码
社会福利机构管理暂行办法	19991230	19991230	CLI.4.26827
失业保险金申领发放办法	20001108	20010101	CLI.4.31931
失业保险条例	19990122	19990122	CLI.2.21640
台湾香港澳门居民在内地就业管理规定	20050614	20051001	CLI.4.58753
违反《中华人民共和国劳动法》行政处罚办法	19941226	19950101	CLI.4.11393
卫生部、劳动人事部、财政部、中华全国总工会关于职业病范围和职业病患者处理办法的规定	19871105	19880101	CLI.4.9311
研究辽宁部分有色金属和煤炭企业关闭破产有关问题的会议纪要	19990501	19990501	CLI.2.76507
因工死亡职工供养亲属范围规定	20030923	20040101	CLI.4.49684
招用技术工种从业人员规定	20000316	20000701	CLI.4.27118
职工带薪年休假条例	20071214	20080101	CLI.2.100312
职工工伤与职业病致残程度鉴定标准	19960314	19961001	CLI.4.27172
职业病诊断与鉴定管理办法	20020328	20020501	CLI.4.39628
职业资格证书规定	19940222	19940222	CLI.4.9471
中共中央办公厅、国务院办公厅关于进一步做好资源枯竭矿山破产工作的通知	20000601	20000601	CLI.2.47477
中共中央办公厅、国务院办公厅关于转发劳动和社会保障部等部门《关于积极推进企业退休人员社会化管理服务工作的意见》的通知	20030619	20030619	CLI.2.48289
中共中央、国务院关于切实做好国有企业下岗职工基本生活保障和再就业工作的通知	19980609	19980609	CLI.2.20218
中共中央、国务院关于职工休假问题的通知	19910615	19910615	CLI.2.37092
中共中央组织部、人事部、劳动部关于到西藏连续工作满八年的大中专毕业生和毕业研究生内调问题的通知	19920315	19920315	CLI.4.8470
中共中央组织部、人事部、劳动部关于印发《西藏汉族干部、工人内调、退（离）休回内地安置工作会议纪要》的通知	19890331	19890331	CLI.5.30276
中国残联关于印发《残疾人就业服务机构建设规范（试行）》的通知	20100618	20100618	CLI.5.134699
中华人民共和国国务院关于管理外国企业常驻代表机构的暂行规定	19801030	19801030	CLI.2.824
中华人民共和国矿山安全法实施条例	19961030	19961030	CLI.2.15724
中华人民共和国劳动保险条例（1953修正）	19530102	19530102	CLI.2.20
中华人民共和国劳动保险条例实施细则修正草案	19530126	19530101	CLI.4.55
中华人民共和国劳动合同法实施条例	20080918	20080918	CLI.2.108577
中华人民共和国企业劳动争议处理条例	19930706	19930706	CLI.2.6308
中华人民共和国人事部关于退休干部失踪后待遇如何处理问题的复函	20000228	20000228	CLI.4.29090
中华人民共和国外国人入境出境管理法实施细则（1994修订）	19940715	19861227	CLI.2.9589
中央组织部、劳动人事部关于做好西藏干部、工人内调工作的通知	19870729	19870729	CLI.5.30275
子女教育保险（B）条款（1999）	19990629	19990629	CLI.4.23079
最低工资规定	20040120	20040301	CLI.4.51460
最高人民法院对劳动部《关于人民法院审理劳动争议案件几个问题的函》的答复	19890810	19890810	CLI.3.4380
最高人民法院关于民事诉讼证据的若干规定	20011221	20020401	CLI.3.38083
最高人民法院关于审理劳动争议案件适用法律若干问题的解释	20010416	20010416	CLI.3.35573
最高人民法院关于审理劳动争议案件适用法律若干问题的解释（二）	20060814	20061001	CLI.3.79057
最高人民法院关于审理劳动争议案件适用法律若干问题的解释（三）	20100913	20100914	CLI.3.137857
最高人民法院关于实行社会保险的企业破产后各种社会保险统筹费用应缴纳至何时的批复	19961122	19961122	CLI.3.17104
最高人民法院关于执行《中华人民共和国行政诉讼法》若干问题的解释	20000308	20000310	CLI.3.26982
最高人民法院关于《中华人民共和国国家赔偿法》溯及力和人民法院赔偿委员会受案范围问题的批复	19950129	19950129	CLI.3.54196
最高人民法院印发《关于适用〈中华人民共和国民事诉讼法〉若干问题的意见》的通知	19920714	19920714	CLI.3.5840

本书所引司法案例与北大法宝引证码[①]对照索引表

司法案例名称（拼音序）	法宝引证码	页码
安远县高云山矿业有限公司与杜美旺等劳动争议纠纷上诉案	CLI. C. 194968	161
鞍钢集团矿业公司生活协力中心与庄志新劳动争议纠纷上诉案	CLI. C. 213736	7
白五魁与河南骆驼胶带有限公司工伤保险待遇纠纷上诉案	CLI. C. 254335	482
北京贝斯特医用仪器有限公司不服劳动监察行政处罚案	CLI. C. 235735	579
北京达内科技有限公司上海分公司诉邓远辉等劳动合同纠纷案	CLI. C. 231083	79
北京高信达通信技术有限公司诉王志新劳动争议纠纷案	CLI. C. 240546	503
北京国玉大酒店有限公司诉北京市朝阳区劳动和社会保障局工伤认定行政纠纷案	CLI. C. 123429	468、491
北京盛杰佳鑫科技有限公司等与北京盛泰达科技有限公司侵犯商业秘密纠纷上诉案	CLI. C. 183935	61
北京市海淀区劳动和社会保障局与北京贝斯特医用仪器有限公司劳动监察行政处罚纠纷上诉案	CLI. C. 196784	579、596
北京市花乡海华金属结构厂不服北京市丰台区劳动和社会保障局行政处理案	CLI. C. 123498	326
北京书生数字技术有限公司与李明德侵犯著作权纠纷上诉案	CLI. C. 15375	617
曹溪镇石粉村委会不服龙岩市人民政府山林权属争议复议决定案	CLI. C. 23063	612
曹小伍等与舞钢市金海纺织有限公司劳动争议纠纷上诉案	CLI. C. 224693	73、461
曹训鹤诉清丰县双庙供销合作社劳动争议纠纷案	CLI. C. 237325	327
昌江黎族自治县国土环境资源局与王梅劳动争议纠纷上诉案	CLI. C. 87061	548
长阳土家族自治县气象局与宜昌长城房地产开发有限责任公司气象行政处罚纠纷上诉案	CLI. C. 135808	601
常高印等与郑国付劳动争议纠纷上诉案	CLI. C. 253836	315、486
常利强诉孔备播水泥管道厂劳动争议纠纷案	CLI. C. 225245	314、515
陈爱葵与佛山市南海区劳动和社会保障局行政失当纠纷上诉案	CLI. C. 43253	477
陈长言诉汝州市人民政府土地确权纠纷案	CLI. C. 226440	614
陈成法与人浙江中兴海运有限公司海上人身损害赔偿纠纷上诉案	CLI. C. 247190	474
陈复进与广东万家乐燃气具有限公司劳动争议纠纷上诉案	CLI. C. 49534	129
陈海洋与远成集团有限公司劳动合同纠纷上诉案	CLI. C. 232803	527
陈建诉开封亚太啤酒有限公司劳动争议纠纷案	CLI. C. 226200	69
陈君英与重庆龙璋纸业有限公司劳动争议纠纷上诉案	CLI. C. 249858	448
陈某坤与陈某平健康权纠纷上诉案	CLI. C. 220733	555
陈树青诉商丘市天宇电力工程有限公司劳动争议纠纷案	CLI. C. 240431	82
陈维礼诉赖国发雇佣合同纠纷案	CLI. C. 66934	3、5、552
陈小凤与佛山市人民政府行政复议决定纠纷上诉案	CLI. C. 43412	613、614
陈招山与海南宝华海景大酒店管理有限公司劳动争议纠纷上诉案	CLI. C. 90398	156
陈志平与广东海丰鞋业有限公司劳动争议纠纷上诉案	CLI. C. 232999	235
程雪昌诉重庆和康机械制造有限公司劳动争议纠纷案	CLI. C. 249211	64
程永权与广州市嘉逸国际酒店有限公司追索劳动报酬纠纷上诉案	CLI. C. 232853	166
重庆广益摩托车有限公司与重庆康尔威药业股份有限公司破产还债纠纷上诉案	CLI. C. 249268	153
重庆捷瑞达通讯器材有限公司与舒文静劳动争议纠纷上诉案	CLI. C. 250884	509
重庆捷瑞达通讯器材有限公司与尹生英劳动争议纠纷上诉案	CLI. C. 250885	509

① 北大法宝引证码查询系统：http://www.pkulaw.cn/fbm。

（续表）

司法案例名称	法宝引证码	页码
重庆捷瑞达通讯器材有限公司与曾凡苹劳动争议纠纷上诉案	CLI. C. 250887	594
重庆科华建材（集团）有限公司与綦江县劳动和社会保障局等劳动行政监督纠纷上诉案	CLI. C. 251761	441
重庆尚联置业有限公司与熊安劳动争议纠纷上诉案	CLI. C. 168767	144、419
重庆市垫江西山煤炭有限责任公司诉垫江县劳动和社会保障局劳动、社会保障行政确认纠纷案	CLI. C. 106113	215
重庆市黔江区华兴采石场诉重庆市黔江区安全生产监督管理局行政处罚决定纠纷案	CLI. C. 101831	581
重庆天盛金属制造有限公司与重庆市财政局不服行政处罚决定纠纷上诉案	CLI. C. 249320	600
重庆通顺建筑安装工程有限公司与重庆市巴南区劳动和社会保障局等劳动和社会保障行政确认纠纷上诉案	CLI. C. 252435	473
重庆西铝华川工程承包开发总公司与重庆市九龙坡区劳动和社会保障局等劳动和社会保障行政确认纠纷上诉案	CLI. C. 253029	473
重庆中天大桥混凝土工程有限责任公司诉汪坤明劳动争议纠纷案	CLI. C. 249986	199
大连思创信息材料有限公司诉张连斌侵犯商业秘密纠纷案	CLI. C. 133836	79
登封市少林水泥有限公司与栗仁义劳动争议纠纷上诉案	CLI. C. 227610	80
登封市少林水泥有限公司与刘志高劳动争议纠纷上诉案	CLI. C. 246040	56
登封市嵩颖电力机械修造有限公司与陈建设劳动争议纠纷上诉案	CLI. C. 246043	143、315、557
登封市嵩颖电力机械修造有限公司与刘瑞红劳动争议纠纷上诉案	CLI. C. 246055	82
邓表全等诉卢卫明等水上工伤事故赔偿纠纷案	CLI. C. 77511	194
邓远银与成都市锦江区老兵搬家服务队工伤保险待遇纠纷上诉案	CLI. C. 252529	462
丁海端与佛山市南海区劳动和社会保障局行政不作为纠纷上诉案	CLI. C. 84651	574
丁力业诉中国证券监督管理委员会行政处罚决定纠纷案	CLI. C. 238415	600
东营市皮肤病防治站与广饶县人事局工伤行政确认纠纷上诉案	CLI. C. 181560	463
杜少育与河南恒力液压机械技术有限公司劳动争议纠纷上诉案	CLI. C. 210201	240
杜寅峰与上海明芳汽车零件有限公司劳动合同纠纷上诉案	CLI. C. 226681	64
范葆丽诉深圳市社会保险管理局养老保险待遇处理决定纠纷案	CLI. C. 13464	338、375
封红艳诉南京市劳动和社会保障局不依法履行法定职责案	CLI. C. 46704	508
佛山市城区旺旺海鲜酒家与佛山市禅城区劳动和社会保障局等行政处理决定纠纷上诉案	CLI. C. 69810	574
佛山市美津陶瓷有限公司与梁杨光劳动合同纠纷上诉案	CLI. C. 49037	162
佛山市南海区交通局地方公路管理站与钟卫洲劳动合同纠纷上诉案	CLI. C. 81849	577
佛山市石湾华艺盛腰线工艺厂与李廷双等劳动争议纠纷上诉案	CLI. C. 28078	196
佛山市顺德区创虹广告有限公司与任秋华劳动合同纠纷上诉案	CLI. C. 54947	159
佛山市顺德区粤鸿基房产有限公司与罗肖娟劳动争议纠纷上诉案	CLI. C. 68281	146
符玉花与中国人民财产保险股份有限公司三亚市分公司劳动争议纠纷上诉案	CLI. C. 121069	318
福州市劳动和社会保障局与福建丽景天下大酒店有限公司行政处理决定纠纷上诉案	CLI. C. 42005	162
付胜军诉四川和益电力股份有限公司解除劳动合同案	CLI. C. 47783	122
甘佩霞与广州市番禺区旧水坑丰达电机厂劳动合同纠纷上诉案	CLI. C. 230789	182
赣州福珍针织制衣有限公司与张兰花事实劳动关系纠纷上诉案	CLI. C. 259097	63
高广东与广州市启艺金银珠宝有限公司大罗塘工业区第三十三分公司劳动争议纠纷上诉案	CLI. C. 119030	239
高建灵与郑州天瑞水泥有限公司劳动争议纠纷上诉案	CLI. C. 225194	151、547
高敏与南海富丽达制衣有限公司劳动合同纠纷上诉案	CLI. C. 59629	226
高书琴与河南中医学院第一附属医院劳动争议纠纷再审案	CLI. C. 211248	568
郜红谱与郑州市钻石精密制造有限公司其他合同纠纷上诉案	CLI. C. 188122	283、332
耿家明诉上海第九化学纤维厂下岗争议案	CLI. C. 630	275
龚惠德与彭水苗族土家族自治县劳动和社会保障局不履行法定职责纠纷再审案	CLI. C. 44032	436
缑秋霞与郑州豫欣纺织有限公司劳动争议纠纷上诉案	CLI. C. 246084	75
关闭海南发展银行清算组诉三亚市规划局代为转让处罚纠纷案	CLI. C. 25808	591

（续表）

司法案例名称	法宝引证码	页码
广东大厦与龚炎辉劳动争议纠纷上诉案	CLI. C. 230759	54
广东省南海食品进出口有限公司与郭善权劳动争议纠纷上诉案	CLI. C. 62664	554
广东省畜产进出口集团公司与何茂全劳动争议纠纷上诉案	CLI. C. 231145	339、375、406
广西建工集团第二建筑工程有限责任公司诉宾阳县质量技术监督局行政处罚纠纷案	CLI. C. 247192	590
广州趣园食品有限公司与王艳琼劳动争议纠纷上诉案	CLI. C. 249116	255
广州市白云区明伟胶合板厂与向凯元劳动争议纠纷上诉案	CLI. C. 235370	498
广州市鼎宇网络科技有限公司诉林东荣劳动合同纠纷案	CLI. C. 249106	562
广州市恒发水产有限公司与裴奕鸾事实劳动关系争议纠纷上诉案	CLI. C. 115789	258、593
广州市黄埔区茅岗制衣厂与王琼锋事实劳动关系纠纷上诉案	CLI. C. 107238	257、593
广州市荣鑫物业管理有限公司与刘宇劳动争议纠纷上诉案	CLI. C. 109868	258
广州市伍壹壹服务有限公司与李玉芬劳动合同纠纷上诉案	CLI. C. 119293	253
广州市壹年食季春夏秋冬餐饮有限公司诉叶少琼劳动合同纠纷案	CLI. C. 232339	256
广州市艺源装饰艺术有限公司与谢彦忠工伤事故损害赔偿纠纷上诉案	CLI. C. 107622	488
广州新快达媒体服务有限公司诉谢创立劳动争议纠纷案	CLI. C. 235478	49、154、185
广州正坤信息咨询有限公司诉李逸啸劳动合同纠纷案	CLI. C. 232750	144
郭晓凡与中国抽纱广东进出口公司劳动争议纠纷上诉案	CLI. C. 116057	402
海口港集团公司与彭湃劳动争议纠纷上诉案	CLI. C. 83848	147
海南百家网传媒投资有限公司因与林强等劳动争议纠纷上诉案	CLI. C. 90239	321
海南航空股份有限公司与姚金虎劳动合同纠纷上诉案	CLI. C. 103319	145
海南吉信进出口公司长春分公司与长春市教育局变更主办单位及法定代表人、颁发民办学校办学许可证纠纷再审案	CLI. C. 104072	293
海南金昌金矿有限公司与昌江黎族自治县人事劳动保障局工伤认定纠纷上诉案	CLI. C. 159288	220、226
韩宝荣诉沈阳市于洪区人民政府不履行城乡建设行政复议职责纠纷案	CLI. C. 100157	617
何宝娥与广州市第一建筑工程有限公司劳动争议纠纷上诉案	CLI. C. 97396	185
何伦玉等与重庆轮船（集团）有限公司劳动争议纠纷上诉案	CLI. C. 101705	361
何启明与广东京投节能有限公司劳动合同纠纷上诉案	CLI. C. 115206	149
河南绿业电脑职业培训学校与朱小辉劳动争议纠纷上诉案	CLI. C. 246097	64
河南省济源市济世药业有限公司诉李立军劳动争议纠纷案	CLI. C. 225227	496
河南省平顶山市中原（集团）有限公司与胡进忠劳动争议纠纷上诉案	CLI. C. 253148	89
河南省永安建筑安装工程有限公司与张坤胜劳动争议纠纷上诉案	CLI. C. 246113	489、494
贺礼华与上海仟代中田阀门有限公司劳动合同纠纷上诉案	CLI. C. 201616	61
鹤壁煤电股份有限公司第八煤矿诉张水国劳动争议纠纷案	CLI. C. 229062	563
红桥灯具厂不服劳动仲裁裁决以其不应赔偿失业保险金为理由诉李建红等121人劳动争议案	CLI. C. 22566	513
胡贺诉中山大学达安基因股份有限公司劳动合同纠纷案	CLI. C. 249145	72
湖北鼎峰钢结构有限公司与武汉市东西湖区劳动和社会保障局劳动行政确认纠纷上诉案	CLI. C. 249518	464
湖北省建材技术装备公司与湖北省劳动和社会保障厅社会保障行政处理纠纷上诉案	CLI. C. 69069	598
黄保印与郑州天瑞水泥有限公司劳动争议纠纷上诉案	CLI. C. 225181	547
黄金成诉泉州市供销社车队应为其办理社会保险和医疗保险案	CLI. C. 25039	326
黄莉诉浦北县贸易总公司劳动争议纠纷案	CLI. C. 93248	235
黄泽洪与广州医学院第一附属医院劳动合同纠纷上诉案	CLI. C. 231970	306
季志勇与北京鸿联九五信息产业有限公司河南省分公司劳动争议纠纷上诉案	CLI. C. 178000	36
蒋光元与成都飞大置业有限公司劳动争议纠纷上诉案	CLI. C. 112137	114、135
蒋先学与东方市大广坝桂峰土方工程施工队工伤事故损害赔偿纠纷上诉案	CLI. C. 13699	489
焦作市海博工贸有限公司与王胜利劳动争议纠纷上诉案	CLI. C. 253390	482
焦作市科艺纺织有限公司与席某等劳动合同纠纷上诉案	CLI. C. 251601	181、196
康俊英与郑州豫欣纺织有限公司劳动争议纠纷上诉案	CLI. C. 246171	75

（续表）

司法案例名称	法宝引证码	页码
柯尊享诉中国人寿喀什分公司在应当给付的医疗保险金中扣除社保机构支付的费其保险金利益受损请求支付保险金案	CLI. C. 44866	426
孔玲玲与上海市劳动和社会保障局履行法定职责纠纷上诉案	CLI. C. 16669	383、581
昆明老拨云堂药业有限公司与司洋劳动争议纠纷上诉案	CLI. C. 133599	45
赖盛翘与广东万家乐燃气具有限公司劳动争议纠纷上诉案	CLI. C. 36688	148
雷某与重庆市九龙坡区劳动和社会保障局不服工伤性质认定纠纷上诉案	CLI. C. 252971	473
黎平生与黄成洪工伤保险待遇纠纷上诉案	CLI. C. 252948	493
李彪与郑州中原电子衡器有限公司劳动合同纠纷上诉案	CLI. C. 246173	316、327、505、598
李党林诉西安市人民政府行政复议案	CLI. C. 86341	609
李军与新疆啤酒（集团）有限责任公司劳动争议纠纷上诉案	CLI. C. 251291	569
李丽青与焦作高新技术产业开发区李万街道办事处劳动争议纠纷上诉案	CLI. C. 253679	568
李某与郭某等道路交通事故人身损害赔偿纠纷上诉案	CLI. C. 48202	263
李某与河南省临颍县国家税务局劳动争议纠纷上诉案	CLI. C. 251590	18
李啟珍与云南省昆明市第十八中学一般劳动争议纠纷上诉案	CLI. C. 122224	359
李强诉河南富顺面业有限公司劳务合同纠纷再审案	CLI. C. 240566	568、571
李尚春与四川新诚实建筑工程承包有限公司劳动争议纠纷上诉案	CLI. C. 205081	545
李绍兰诉聊城市劳动和社会保障局工伤行政复议决定案	CLI. C. 176014	194
李文龙与上海奇泓生物科技有限公司郑州分公司劳动争议纠纷上诉案	CLI. C. 246216	505
李兮然诉梅地亚电视中心有限公司解除劳动合同上诉案	CLI. C. 4308	253、254
李彦荣与河南晋开化工投资控股集团有限责任公司劳动合同纠纷上诉案	CLI. C. 229295	496
李玉珍诉江西省安福县第三中学劳动合同纠纷案	CLI. C. 207299	337、377
李毓刚与安阳钢铁股份有限公司等劳动争议纠纷上诉案	CLI. C. 240853	66
李志伟与汪安琼劳动争议纠纷上诉案	CLI. C. 119391	235
李治雄与广州市番禺区旧水坑丰达电机厂劳动合同纠纷上诉案	CLI. C. 230785	154
利津县城镇职工医疗保险事业处与高山社会保障行政给付上诉案	CLI. C. 33590	406、426、441
梁鹿与重庆市沙坪坝区劳动和社会保障局等行政审批纠纷上诉案	CLI. C. 249434	369
梁梅兰诉韶关市北江环境卫生管理所劳动争议纠纷案	CLI. C. 12455	502
梁同力与佛山市南海区劳动和社会保障局行政不作为纠纷上诉案	CLI. C. 84650	579
梁文放与雅来（佛山）制药有限公司劳动合同纠纷上诉案	CLI. C. 50453	122
梁英姿诉中国光大银行三亚支行劳动纠纷案	CLI. C. 3870	257
廖永刚等诉浙江鸿佳鞋业有限公司劳动争议纠纷案	CLI. C. 80031	195
林凤清诉三亚市环境资源局地质矿产纠纷案	CLI. C. 2101	587
林启可诉龙岩市劳动鉴定委员会工伤重新鉴定结论案	CLI. C. 86215	477
铃王公司诉无锡市劳动局工伤认定决定行政纠纷案	CLI. C. 67422	473
刘凡与武汉市江岸社会保险管理处劳动社会保障行政确认纠纷上诉案	CLI. C. 137092	338
刘惠英与广州市硕园贸易有限公司劳动争议纠纷案	CLI. C. 230749	159
刘某与佛山市石湾东龙陶瓷有限公司工伤事故损害赔偿纠纷上诉案	CLI. C. 51937	267
刘香女与于都县伟盛毛织有限公司劳动争议纠纷上诉案	CLI. C. 251802	549
刘信用与李山伟、郑州市金水区国涛电焊经营部劳动争议纠纷上诉案	CLI. C. 179721	491
刘叶文与中国长城铝业公司劳动争议纠纷上诉案	CLI. C. 208388	10
刘志刚诉安徽省天长市司法局公证管理行政处理案	CLI. C. 47990	369
龙建康诉中洲建筑工程公司、姜建国、永胜县交通局损害赔偿纠纷案	CLI. C. 66933	5、552
卢某与重庆市嘉卡变速箱有限公司劳动保障行政确认纠纷上诉案	CLI. C. 251727	545
泸州建新标准件工业有限公司诉泸州市劳动和社会保障局工伤认定案	CLI. C. 81816	43
吕艳飞诉阳泉市民政局不履行安置退伍兵法定职责案	CLI. C. 23863	18
罗学年与梁荣炼人身损害赔偿纠纷上诉案	CLI. C. 60931	207

（续表）

司法案例名称	法宝引证码	页码
罗玉环与佛山市南海丝厂劳动争议纠纷上诉案	CLI. C. 28056	318
骆泽玉与四川电力建设二公司劳动争议纠纷上诉案	CLI. C. 100024	476
漯河市某药业有限公司诉王某劳动争议纠纷案	CLI. C. 253942	151、234、240
马红丽与郑州豫欣纺织有限公司劳动争议纠纷上诉案	CLI. C. 246246	80
马梦为诉六安市裕安区人民政府劳动行政复议纠纷案	CLI. C. 94012	613
麦广源与广州携程国际旅行社有限公司追索劳动报酬纠纷上诉案	CLI. C. 234962	147
毛正贤诉张掖市第二中学劳动争议纠纷案	CLI. C. 95928	323、500
某服务公司诉吴某等劳动合同纠纷案	CLI. C. 247375	38
某某有限责任公司与郭某某劳动争议纠纷上诉案	CLI. C. 229199	563
南海市兴桂房地产有限公司与郑国发劳动争议纠纷上诉案	CLI. C. 59493	163
南京金厦建筑安装工程有限公司不服南京市江宁区劳动和社会保障局工伤认定行政纠纷案	CLI. C. 235778	612
南平鸿志兴包装装潢有限公司诉周淑英等工伤保险待遇案	CLI. C. 121463	462、487
南郑县军干所福苑饭店与汉中市卫生局卫生行政处罚纠纷上诉案	CLI. C. 23855	601
欧新春与广东德泽建设工程有限公司劳动争议纠纷上诉案	CLI. C. 166248	581
彭德志与广东顺安达太平货柜有限公司工伤事故损害赔偿纠纷上诉案	CLI. C. 52418	465
彭州市东升机械厂与杨帮敏劳动争议纠纷上诉案	CLI. C. 261240	493
彭州市军乐富坤建材砂石厂与张楚祥工伤赔偿争议纠纷上诉案	CLI. C. 131145	591
平煤建工集团有限公司诉平顶山市劳动和社会保障局行政处罚纠纷案	CLI. C. 197200	596
戚金成诉中国煤炭地质总局江苏煤炭地质局要求撤销干部退休证案	CLI. C. 123836	362
秦钧诉河南省漯周界高速公路有限责任公司劳动争议纠纷案	CLI. C. 242599	37
秦录萍与郑州豫欣纺织有限公司劳动争议纠纷上诉案	CLI. C. 246254	54
清流县优恩电力有限责任公司诉叶国雄劳动争议纠纷案	CLI. C. 42012	369
邱世专与苏亚林等工伤事故损害赔偿纠纷上诉案	CLI. C. 87509	475
屈光荣诉湖南通达联运有限责任公司等投保年限更改纠纷案	CLI. C. 46983	180、402
任明江与东营市广饶县胜源工贸有限责任公司工伤事故赔偿纠纷上诉案	CLI. C. 33787	267
任小英不服北京市海淀区劳动和社会保障局退休审核案	CLI. C. 235734	362
日通储运（深圳）有限公司诉陈某劳动合同纠纷案	CLI. C. 96785	249
三门峡市中医院与张念环劳动争议纠纷上诉案	CLI. C. 238626	56
上海核所日环光电仪器有限公司与闵某劳动合同纠纷上诉案	CLI. C. 194232	182
上海靓邦皮鞋厂与上海市浦东新区社会发展局行政处罚决定纠纷上诉案	CLI. C. 149911	216、218、231
上海康大泵业制造有限公司与蒋玉娥一般劳动争议纠纷上诉案	CLI. C. 208400	350、441、500
上海科玛环保工程有限公司与于学诚追索劳动报酬纠纷上诉案	CLI. C. 206455	543
上海某某船务实业有限公司诉上海市地方税务局闸北区分局税务行政处理纠纷案	CLI. C. 153752	587
上海某某广告有限公司诉苏某某追索劳动报酬纠纷案	CLI. C. 203888	57
上海市某某教育进修学院诉孙某某劳动合同纠纷案	CLI. C. 202719	210、280
上海熊猫玩具有限公司诉江九月劳动报酬案	CLI. C. 517	166
上海一同贸易有限公司与上海市工商行政管理局杨浦分局工商行政处罚纠纷上诉案	CLI. C. 155238	581
深圳亿亨投资有限公司诉郑州市人民政府行政批复纠纷案	CLI. C. 119972	449
沈阳齿轮厂与吴汉忠劳动保险合同纠纷上诉案	CLI. C. 103028	228
沈阳杂技团等与辽宁歌舞团人事争议纠纷上诉案	CLI. C. 117241	45
时保平与上海市民办金苹果学校劳动合同纠纷上诉案	CLI. C. 211969	4
实密精工（上海）有限公司与杨某某劳动合同纠纷上诉案	CLI. C. 192443	220
四川成都拓宇印务有限公司与魏勇工伤事故损害赔偿纠纷上诉案	CLI. C. 112234	475
四川航空川江仪器厂诉曾荣彬一般劳动争议纠纷案	CLI. C. 36482	209、218、229
四川蜀威会计师事务所有限公司与四川省地方税务局稽查局税务行政处罚纠纷上诉案	CLI. C. 73916	582
四川智捷天然气化工有限公司诉戚仁林撤销仲裁申请纠纷案	CLI. C. 206377	553

（续表）

司法案例名称	法宝引证码	页码
四川智捷天然气化工有限公司诉申请人刁修贵撤销仲裁申请纠纷案	CLI. C. 206375	326、353
宋朝胜诉中钢耐火材料有限公司劳动争议纠纷案	CLI. C. 194536	220
宋建山诉临泽县保安服务公司等劳动合同纠纷案	CLI. C. 168714	487
宋玉宗诉淄博天堂山电器仪表成套设备有限公司经济补偿金纠纷案	CLI. C. 240674	359
孙光祥诉重庆弘扬建材（集团）有限公司劳动争议纠纷案	CLI. C. 202482	64
孙立兴诉天津园区劳动局工伤认定行政纠纷案	CLI. C. 67405	469
孙某某诉刘军等工伤事故损害赔偿纠纷案	CLI. C. 251892	486
孙庆国诉濮阳市园林绿化队追索工资案	CLI. C. 228001	14
孙彦军与濮阳市商务局劳动争议纠纷上诉案	CLI. C. 204016	4
索某诉上海某电子线材有限公司追索劳动报酬纠纷案	CLI. C. 165397	35
谈玉杏与佛山华国光学器材有限公司工伤赔偿纠纷上诉案	CLI. C. 47516	470、478
谭维文与广东万家乐燃气具有限公司劳动争议纠纷上诉案	CLI. C. 49015	149
谭正天与中国交通建设集团有限公司劳动争议纠纷上诉案	CLI. C. 112424	464
汤冬阳与佛山市南海廷安机动车配件有限公司劳动合同纠纷上诉案	CLI. C. 81858	239
汤高杰与关华华劳动争议纠纷上诉案	CLI. C. 253668	474
汤晋诉当涂县劳动局不履行保护人身权、财产权法定职责案	CLI. C. 66810	130
唐友泉诉新余市社会保险事业管理局社会保险退休待遇纠纷案	CLI. C. 85019	361、369
滕祖送与广东德泽建设工程有限公司劳动争议纠纷上诉案	CLI. C. 166253	579
田丰银与重庆冠忠公共交通有限公司劳动争议纠纷上诉案	CLI. C. 183250	156
田海芳诉庞六工伤赔偿纠纷案	CLI. C. 244329	314
田焕亭诉周口石油化工股份有限公司河南周口扶沟石油分公司等劳动争议案	CLI. C. 243426	317
托乎提·阿不力孜不服乌鲁木齐市新市区城市管理执法局拆除违法建筑物决定	CLI. C. 86493	582
王春华与呈贡元顺房地产开发有限公司事实劳动关系争议纠纷上诉案	CLI. C. 142701	548
王得斌与香港鹰皇控股集团有限公司广州代表处等追索劳动报酬纠纷上诉案	CLI. C. 232717	543
王东明诉开封针织厂破产清算组劳动争议纠纷案	CLI. C. 254395	568
王红梅与郑州豫欣纺织有限公司劳动争议纠纷上诉案	CLI. C. 246291	54
王捷与广东京投节能有限公司劳动合同纠纷上诉案	CLI. C. 115241	149
王立新与郑州市三江华宇物流有限公司劳动争议纠纷上诉案	CLI. C. 211374	533
王莲与上海市社会保险事业基金结算管理中心调整连续工龄纠纷上诉案	CLI. C. 154876	197
王某诉上海某通讯设备有限公司劳动合同纠纷案	CLI. C. 244228	48
王绍杰与民办培正商学院劳动争议纠纷上诉案	CLI. C. 119218	541
王细春与广州市番禺区旧水坑丰达电机厂劳动合同纠纷上诉案	CLI. C. 230794	185
王晓钰不服北京市石景山区劳动和社会保障局劳动行政确认案	CLI. C. 86523	215
王学均与四川新诚实建筑工程承包有限公司劳动争议纠纷上诉案	CLI. C. 205087	516
王衍华与佛山市顺德区德胜电厂有限公司劳动争议纠纷上诉案	CLI. C. 43757	321
王中燕与河南安飞电子玻璃有限公司劳动争议纠纷上诉案	CLI. C. 227638	571
韦调庆诉上海市社会保险事业基金结算管理中心不履行法定职责案	CLI. C. 46678	378
魏林生等与郑州一棉有限责任公司等劳动争议纠纷上诉案	CLI. C. 221702	476
武汉市红桥灯具厂诉刘美华劳动争议、赔偿失业保险费纠纷案	CLI. C. 4595	508
武化昌诉中信物流有限公司劳动争议纠纷案	CLI. C. 251752	78、158、484、486
武陟县安居建材有限公司与武陟县劳动和社会保障局工伤行政确认纠纷上诉案	CLI. C. 253694	469
西宁冶炼厂破产案	CLI. C. 234780	449
郗谦与广州康臣药业有限公司劳动报酬支付纠纷上诉案	CLI. C. 111187	161
夏莉娜与广州舒曼钢琴培训学校劳动合同纠纷上诉案	CLI. C. 118916	54
项城市机关事业单位养老保险处与项城市人民政府招待所养老保险金纠纷上诉案	CLI. C. 221433	350
肖春林与王天彩劳动合同纠纷上诉案	CLI. C. 49522	245

(续表)

司法案例名称	法宝引证码	页码
肖合正诉河南万向系统制动器有限公司等劳动争议纠纷案	CLI. C. 255106	326
新密市白寨镇光武陈永太建材厂与李马庄劳动争议纠纷上诉案	CLI. C. 246304	486、489、494
新密市密州中学与杨晓丽劳动争议纠纷上诉案	CLI. C. 179336	249
新乡市白鹭化纤集团有限责任公司诉郝长洲劳动争议纠纷案	CLI. C. 240675	89
徐虎宁与银川泓昌彩色印刷有限责任公司劳动争议纠纷再审案	CLI. C. 246473	569
徐连华与仙居县人民医院劳动争议纠纷再审案	CLI. C. 209471	465
徐玉娟与中国大酒店经济补偿金纠纷上诉案	CLI. C. 217679	71
许某诉某投资顾问（上海）有限公司劳动合同纠纷案	CLI. C. 248487	73
闫文彬诉商丘市天宇电力工程有限公司劳动争议纠纷案	CLI. C. 224495	66
晏玉仙不服内江市市中区社会保险事业管理局核定养老金决定案	CLI. C. 231769	339
羊某某与上海市住房保障和房屋管理局行政复议纠上诉案	CLI. C. 216733	616
杨保安诉周口市电器开关厂偿还养老保险费纠纷案	CLI. C. 220262	499
杨国彬与中国银行股份有限公司重庆市分行等劳动争议纠纷上诉案	CLI. C. 101711	245
杨梁建坤等诉长泰马洋漂流公司等其子在工间休息时下漂流公司改造过的河道游泳溺亡人身损害赔偿案	CLI. C. 23532	20
杨孟杰与广东金羊发行有限公司劳动争议纠纷上诉案	CLI. C. 109734	43
杨某与赵某、建水县碗窑砖厂人身损害赔偿纠纷案	CLI. C. 5948	20
杨守成与中国民用航空学院洛阳分院劳动争议纠纷上诉案	CLI. C. 202795	533
杨文伟诉宝二十冶公司人身损害赔偿纠纷案	CLI. C. 67447	468、492
杨娅、黄玮诉贵州省烟草公司遵义县公司劳动合同纠纷案	CLI. C. 11994	554
杨一民诉成都市政府其他行政纠纷案	CLI. C. 83956	615
杨勇章诉方亮人身损害赔偿纠纷案	CLI. C. 7048	461
洋县运输有限责任公司与白光英等劳动争议纠纷上诉案	CLI. C. 159648	275、300、550
药志勇与沈阳市城乡建设委员会等城建行政复议纠纷上诉案	CLI. C. 103561	615
叶桂云诉淮阳县水利工程二公司等拖欠退休工资纠纷案	CLI. C. 258902	317
叶丽红与广州东峻物业管理有限公司劳动合同纠纷上诉案	CLI. C. 118931	235
易三红与武汉市劳动和社会保障局劳动和社会保障行政确认纠纷上诉案	CLI. C. 249113	468
荥阳市城关中原一面馆与杨宁劳动争议纠纷上诉案	CLI. C. 184720	491
荥阳市医药公司诉辛东升劳动争议纠纷案	CLI. C. 245704	323
游海刚诉洛阳巨尔乳业有限公司劳动争议纠纷案	CLI. C. 194654	238
于彦苹等与开封金明智晟信息咨询有限公司劳动争议纠纷上诉案	CLI. C. 251632	69
余焕文与中国抽纱广东进出口公司劳动争议纠纷上诉案	CLI. C. 116081	402
余庆明与徐晓航船员劳务派遣合同纠纷上诉案	CLI. C. 226519	39
禹州市古城镇李黄村二组石料厂与何兆申工伤事故损害赔偿纠纷上诉案	CLI. C. 252986	484
袁某诉上海某家具有限公司劳动合同纠纷案	CLI. C. 247333	48
袁秀兰与于都县伟盛毛织有限公司劳动争议纠纷上诉案	CLI. C. 251798	549
袁子雄与乌鲁木齐辉昊杰装卸有限责任公司劳动争议纠纷上诉案	CLI. C. 251285	63
岳成春与辽宁省人事厅工伤认定处理纠纷上诉案	CLI. C. 103683	228
云南烟草物业管理有限公司与杨庆华一般劳动争议纠纷上诉案	CLI. C. 139982	402
张成忠诉新乡市人民政府撤销土地行政复议决定纠纷案	CLI. C. 229539	616
张欢与广州市南沙区黄阁镇东里村民委员会劳务（雇佣）合同纠纷上诉案	CLI. C. 114914	3
张蕾与上海兴邦餐饮服务有限公司劳动合同纠纷上诉案	CLI. C. 203112	238、244
张路与武汉市人力资源和社会保障局劳动行政确认纠纷上诉案	CLI. C. 249568	468
张素珍诉泰州友谊印刷总厂劳动福利争议案	CLI. C. 232711	180
张义昌与辽宁省劳动和社会保障厅企业职工退休及基本养老保险待遇审批纠纷上诉案	CLI. C. 103719	383
张永强与河南亚神环保工程公司劳动争议纠纷上诉案	CLI. C. 183367	527
张仲文诉某全民所有制企业工伤保险待遇纠纷案	CLI. C. 259054	488

（续表）

司法案例名称	法宝引证码	页码
张自勇诉许昌恒源发制品股份有限公司劳动争议纠纷案	CLI. C. 258355	143
赵长有诉罗广轩追索劳动报酬纠纷案	CLI. C. 259612	161
赵梅娟与佛山市顺德区龙江镇龙峰纸类塑料制品厂工伤认定纠纷上诉案	CLI. C. 38654	207
赵少娟与中国大酒店经济补偿金纠纷上诉案	CLI. C. 217670	558
赵学群与重庆天缔光电有限公司失业保险待遇纠纷上诉案	CLI. C. 250973	508
赵玉红与郑州市金水区人民政府劳动争议纠纷上诉案	CLI. C. 246847	76、324
赵玉金诉新乡市天龙装卸有限公司劳动争议纠纷案	CLI. C. 254875	78、158、484
赵媛斌与河南省郑州市服装进出口公司破产清算组劳动争议纠纷上诉案	CLI. C. 239430	70
赵中武与郑州市惠济区人民医院劳动争议纠纷上诉案	CLI. C. 246848	315、498
浙江金丽温高速公路有限公司诉李伟明道路交通事故财产损害赔偿纠纷案	CLI. C. 79967	332
甄雪峰诉河南省尚品家具有限公司工伤事故损害赔偿纠纷案	CLI. C. 222833	35
郑某与焦作韩王工业有限责任公司等非因公死亡待遇纠纷上诉案	CLI. C. 253759	499
郑州椿长仪器仪表有限公司与徐文田劳动争议纠纷上诉案	CLI. C. 210648	577
郑州亨利制冷设备有限公司与张洪柱劳动争议纠纷上诉案	CLI. C. 214237	483
郑州交通运输集团有限责任公司与金国庆劳动争议纠纷上诉案	CLI. C. 246933	315、316
郑州市金祥物业管理有限公司诉张钟元申请撤销仲裁裁决纠纷案	CLI. C. 197968	556
郑州市金祥物业管理有限公司与张钟元申请撤销仲裁裁决纠纷再审案	CLI. C. 210212	556
郑州水晶股份有限公司与杨九慎劳务合同纠纷上诉案	CLI. C. 221696	153、594
郑州豫源建筑有限公司与吴少祥等劳动争议纠纷上诉案	CLI. C. 227621	482、483
郑州致和药业有限公司与李甄劳动合同争议纠纷上诉案	CLI. C. 177307	503
中国核工业第二二建设公司与曾庆财工伤事故损害赔偿纠纷上诉案	CLI. C. 29709	280
中国石油化工股份有限公司河南郑州登封石油分公司与景金峰工伤事故损害赔偿纠纷上诉案	CLI. C. 189401	478
中国太平洋财产保险股份有限公司佛山中心支公司与叶晓儿债务纠纷上诉案	CLI. C. 61152	145
中国太平洋财产保险股份有限公司顺德支公司与林某等道路交通事故损害赔偿纠纷上诉案	CLI. C. 102527	419
中科越秀（广州）信息产业发展有限公司与詹小燕劳动合同纠纷上诉案	CLI. C. 113200	147
中牟县恒大百货有限责任公司与张仁旺劳动争议纠纷上诉案	CLI. C. 211572	72
中盛海天制药有限公司诉王俊霞劳动争议纠纷案	CLI. C. 223181	563
中铁四局集团第六工程有限公司诉陈某劳动争议纠纷案	CLI. C. 167400	244
钟健荣诉广州福寿仙药业有限公司劳动争议纠纷案	CLI. C. 231322	575
钟宁秀等与武平县社会劳动保险公司保险金赔偿纠纷上诉案	CLI. C. 211630	470
周爱菊等与武汉市黄陂区劳动和社会保障局履行劳动和社会保障法定职责纠纷上诉案	CLI. C. 249565	337
周坚与海口市海甸港务公司劳动争议纠纷上诉案	CLI. C. 90179	199、209
周建华与广州双叶汽车部件有限公司劳动争议纠纷上诉案	CLI. C. 233673	220
周建新等与北京市翔宇中学与公司有关纠纷上诉案	CLI. C. 180119	293
周口市隆发药业有限公司与王国治劳动争议纠纷上诉案	CLI. C. 242783	153
周群与佛山市禅城区劳动和社会保障局行政处理决定纠纷上诉案	CLI. C. 43075	130、324、575
周淑珍与中国航空技术进出口广州公司劳动合同纠纷上诉案	CLI. C. 107648	283、300、550
朱秋月诉广州市万婴教育咨询有限公司追索劳动报酬及解除劳动合同经济补偿金纠纷案	CLI. C. 232737	146
朱文和与上海市社会保险事业基金结算管理中心社会保障行政管理纠纷上诉案	CLI. C. 16673	197
朱宣万与酉阳土家族苗族自治县百货文化用品公司劳动争议纠纷上诉案	CLI. C. 89415	163
祝增莉等与成都市劳动和社会保障局劳动局行政复议纠纷上诉案	CLI. C. 73941	609
祝增莉等与金堂县就业服务管理局履行法定职责纠纷上诉案	CLI. C. 102362	508、511
邹汉英诉孙立根、刘珍工伤事故损害赔偿纠纷案	CLI. C. 215800	463、481、482、484

本书所引法学论文与北大法宝引证码[①]对照索引表

法学论文名称（拼音序）	作者	法宝引证码	页码
帮助劳动者成功要回应得提成款的律师建议	麻增伟	CLI. A. 046906	419
北京市劳动者依法享受社会保险的种类、缴纳比例及待遇标准	麻增伟	CLI. A. 046461	317
北京市女职工产假若干问题研究	麻增伟	CLI. A. 045634	249
不歧视原则与中国农民权利	龚刃韧	CLI. A. 045478	35、464
处理非法用工致害案件的二个问题探讨	余一平	CLI. A. 050961	469、491
从《劳动合同法》谈劳动关系	吴永新	CLI. A. 041636	5
从起点公平到过程公平——公平价值的经济法解读及对“十一五”规划实施的启示	蓝寿荣、董灵娟	CLI. A. 043880	436、438
从“一个环节，八轮程序”看工伤认定制度之误	成尉冰	CLI. A. 048939	468、492、563
德国劳动法中的解雇保护制度	黄卉	CLI. A. 053454	64
对《劳动合同法》若干不足的反思	谢增毅	CLI. A. 041148	594
对劳动争议一裁终局及其除外规定的理解	孙瑞玺、高月明	CLI. A. 044062	562
多重劳动关系的法律保护	齐精至	CLI. A. 053930	45
“二法一条例”与公安行政执法	曾五一	CLI. A. 027478	581
法槌下的正当程序	管君	CLI. A. 040107	614
法定社会保险基金的筹集	刘翠霄	CLI. A. 039819	318、598
法律援助：保护私企财产受伤不属工伤?	成尉冰、麦仲康	CLI. A. 046153	468
法律援助经典：工伤一年后的成功索赔	成尉冰、麦仲康	CLI. A. 046154	475
拂去工伤赔偿案件的“劳动争议”金钟罩	陆通	CLI. A. 050489	489
服刑人员不应停止享受工伤保险待遇	杨修庚	CLI. A. 038498	488
工伤保险赔偿请求权与普通人身损害赔偿请求权的关系（下）	张新宝	CLI. A. 038929	478
《工伤保险条例》及配套法规存在的若干法律问题	蔡庆发	CLI. A. 034068	483、494
工伤保险与侵权损害赔偿责任适用关系问题研究	曹险峰	CLI. A. 051681	471、477、478
工伤保险制度存在的问题及法律思考	蒋兴南	CLI. A. 048231	463、598
工伤认定申请期限辨析	何福平、詹文天	CLI. A. 048955	473、474
工伤事故中侵权损害赔偿与工伤保险补偿如何适用	班金云	CLI. A. 039828	491
工亡赔偿金怎么分割	陈晓云	CLI. A. 046725	195、481、486
构成工伤不能主张人身伤害赔偿——兼评一例工伤案例判决	吴春林	CLI. A. 035348	475、486
关于取消工伤认定制度的必要性和可行性研究	蔡吉恒	CLI. A. 035370	462
关于延长工作时间、报酬及救济的问答	孙瑞玺、信鸿狄	CLI. A. 031328	146、151、244
关于《中华人民共和国劳动合同法实施条例》有关规定的辨析及对策建议	许中伟	CLI. A. 044509	481、484
关注您的权利，律师带您深度解读劳动争议最新司法解释（中）	石先广	CLI. A. 034377	493
光荣与梦想：劳动合同法九大突破	李迎春	CLI. A. 039055	577
广东省就业促进立法的有益尝试	蔡吉恒	CLI. A. 053294	275
国企改制与职工劳动报酬权保护	王桦宇	CLI. A. 039997	143

① 北大法宝引证码查询系统：http://www. pkulaw. cn/fbm。

（续表）

法学论文名称	作者	法宝引证码	页码
国庆期间，加班工资究竟该如何拿	石先广	CLI. A. 034676	234
河南省卫生厅的选择性执法	成尉冰	CLI. A. 049795	233
患病员工真的很难管理吗？	王桦宇、金佳	CLI. A. 046571	66
货款要不回能不能扣工资？	朱海波	CLI. A. 053888	163
集体争议处理机制初探	彭光华	CLI. A. 043271	135
将抑郁自杀判决为因公死亡有损公正	段明学	CLI. A. 044615	469
解除或终止劳动合同经济补偿操作指引	李迎春	CLI. A. 042950	390
解聘“先跑老师”范美忠违反劳动合同法	李迎春	CLI. A. 043262	69
金钱诚可贵，生命价更高——姚丽事件的法律意义	陈朝晖	CLI. A. 031072	70
金融危机专题：经济性裁员与实务操作分析	李迎春	CLI. A. 045150	71
竞业禁止协议和保密协议的区别	麻增伟	CLI. A. 045552	62
竞业限制协议未约定经济补偿与协议的效力	李迎春	CLI. A. 052168	62
“开胸验肺”事件的法律分析和现实解读之一	成尉冰	CLI. A. 049466	220
劳动法有关职工培训的思考	冯其江	CLI. A. 025117	283
劳动关系法律适用研究	张国华	CLI. A. 0301	5
劳动规章制度与劳动合同之效力冲突	胡立峰	CLI. A. 050082	54
劳动合同单方解除权研究	李军	CLI. A. 044433	483
劳动合同法的属性及规范构成	丁宇翔	CLI. A. 042485	543、592
《劳动合同法》对企业规章制度的影响	石先广	CLI. A. 042824	592
《劳动合同法》及《实施条例》执行过程中疑难问题探讨（二）	高嵩	CLI. A. 046182	594
劳动合同法实施条例（草案）逐条完全解读	李迎春	CLI. A. 042828	549
劳动合同法下用人单位向劳动者支付经济补偿情形探析	王潜	CLI. A. 039150	461
劳动合同法下用人单位用工风险及应对策略	李迎春	CLI. A. 040262	570
《劳动合同法》之下企业规章制度的重要性	石先广	CLI. A. 042760	37
劳动合同法中的经济赔偿金、经济补偿金、代通知金区别与运用	金剑	CLI. A. 046562	78
劳动合同法中经济补偿金的定性及其制度构建	董保华	CLI. A. 053262	78
劳动合同解除的经济补偿问题法规总结	旷继东	CLI. A. 051834	82
劳动合同立法争论中需要澄清的几个基本问题	王全兴	CLI. A. 037917	533
劳动合同违约金纠纷——兼谈“户口管理违约金”	宋晓锋	CLI. A. 053945	79
劳动者的病假如何认定	朱慧、陈慧颖	CLI. A. 047353	436
劳动者工伤期间严重违反规章制度，用人单位仍可解除劳动合同	麻增伟	CLI. A. 053302	72
劳动争议调解仲裁法焦点透析	石先广	CLI. A. 041198	516、553、562
《劳动争议调解仲裁法》条文解析与维权点津（一）	石先广	CLI. A. 041671	568
劳动争议中社会保险若干疑难问题研究	麻增伟	CLI. A. 046463	314、332、489、516、527、545
劳务派遣及非全日制用工相关法律问题	李迎春	CLI. A. 042773	43
劳务派遣相关法律问题分析	李迎春	CLI. A. 045717	38
律师与律师事务所非劳动关系分析	谢会生、王瑞杰	CLI. A. 042919	4
论残疾人的劳动权与企业尊重残疾人劳动权双赢的发展	金剑	CLI. A. 046995	14
论抽象行政行为主体与具体行政行为主体的分离	关保英	CLI. A. 040270	581
论丑女的法律保护	李绍章	CLI. A. 032967	35
论当与工伤保险给付请求权竞合时工伤职工民事赔偿请求权时效期间的起算点	王怡	CLI. A. 050325	471
论兼职劳动关系的劳动法律规制	蒋月	CLI. A. 044098	45
论劳动权的法律保障	林嘉	CLI. A. 040706	314

（续表）

法学论文名称	作者	法宝引证码	页码
论我国民事与行政案件类型之界分	廖永安	CLI. A. 053219	571
论我国宪法上的劳动权与劳动义务	王楷	CLI. A. 049218	508
论行政不作为的救济方式	龚华生	CLI. A. 029783	612
论学生创业及其法律保障	陈朝晖	CLI. A. 031074	263
民事赔偿？工伤待遇？——对一起工伤事故案件的法理评析	朱友学	CLI. A. 029391	463
“末位淘汰”的法律审视	夏敏	CLI. A. 024091	577
纳税人退税权悖论及其克服	焦海涛	CLI. A. 042869	616
男女退休不同龄制度的宪法学思考	张步峰	CLI. A. 052504	10、359
年终奖法律概念及年终奖法律纠纷预防策略	王桦宇	CLI. A. 039973	419
农村剩余劳动力就业的法律保障问题研究	杨连专	CLI. A. 025935	533、579
女职工生育期间权利研究	陈兴杰	CLI. A. 035089	159、249、256
平等与偏爱：女性退休年龄规定的合宪性分析	刘连泰	CLI. A. 037834	593
评议《职工带薪年休假规定（草案）》（征求意见稿）	黄秩和	CLI. A. 040568	154、182
破产立法中的若干疑难问题探讨	王利明	CLI. A. 030259	449
企业规章制度与劳动合同、集体合同的关系	石先广	CLI. A. 042786	114
企业规章制度制定的法律要求——实体方面的要求	石先广	CLI. A. 043373	549
企业与员工签订技术秘密保密合同各自应注意的问题	孙瑞玺	CLI. A. 028518	568
“千呼万唤始出来”的实施细则草案	王桦宇	CLI. A. 042864	543
浅析工伤保险之法律适用	刘忠二	CLI. A. 042012	473、482、494
人民代表大会制度改革与宪政发展	蔡定剑	CLI. A. 052599	571
荣县人民法院呼吁尽快出台关于“人损解释”	虞应斗、李文超	CLI. A. 045292	465、476
三问河南省卫生厅	谭卫山	CLI. A. 049259	233
社会保障与法制建设初探二	贾俊玲	CLI. A. 028421	448
社会保障与法制建设	贾俊玲	CLI. A. 02695	427
社会行政法的范畴及规制模式研究	张淑芳	CLI. A. 053921	547
生育津贴该给谁？	张绍明	CLI. A. 047818	253
实施经济性裁员需要掌握的几个问题	甄灵宇	CLI. A. 052032	71
试论撤销学位的行政行为性质——由陈颖诉中山大学案引发的思考	朱志辉	CLI. A. 044492	582
试论我国劳动争议立法的健全与完善——从司法解释维度探析	窦艳朝	CLI. A. 038800	461、547
试论我国社会保障筹资形式的选择与社会保障税的开征	杨秀芝	CLI. A. 043845	427
谁说兼职大学生不是劳动者	李燚	CLI. A. 043660	3
损害赔偿：中国法的体系、问题与立法改进	韩世远	CLI. A. 038406	593
听证理论的本土化实践	余凌云	CLI. A. 052332	582
为大龄女青年鸣不平	胡健	CLI. A. 041327	257
违反公司规章伤亡是否属于工伤	于杨宁、夏红旗	CLI. A. 048272	468、492
我国公法救济机制规范体系的整合	韩春晖	CLI. A. 045116	615
我国劳动派遣连带责任规定之法理分析	侯玲玲	CLI. A. 050848	39
我国劳动派遣连带责任规定之法理分析我国劳动派遣连带责任规定之法理分析	侯玲玲	CLI. A. 050848	527
无固定期限劳动合同实务操作指引	李迎春	CLI. A. 051969	54、56、80
宪政新论之五：人民监督的法律保障	莫纪宏	CLI. A. 024839	574
新劳动合同法下试用期法律适用指引	李迎春	CLI. A. 039398	57、541
新破产法别除权制度的特点及完善	程相锋、王媛媛	CLI. A. 038258	449
信息产业部充当保护伞——电信企业嚣张北京高院沉默不语——电信用户遭殃	韩甫政	CLI. A. 020489	461

（续表）

法学论文名称	作者	法宝引证码	页码
行政处罚权与刑罚权的纠葛及其厘清	时延安	CLI. A. 047062	587
行政处罚听证程序的问题	刘洪军	CLI. A. 041126	600
行政复议第三人浅析	赵德关	CLI. A. 022099	613、614
行政复议证据制度研究——兼与行政诉讼制度比较	赵德关	CLI. A. 022098	615
行政行为法律救济中的利益衡量	方军	CLI. A. 037523	616
修改《工伤保险条例》的五大建议	段明学	CLI. A. 048944	462
议我国劳动争议处理机制的现状及改革	花育萍	CLI. A. 045741	563
英国反就业歧视法与我国立法之完善	谢增毅	CLI. A. 047753	574
用人单位内部规章制度的性质与司法控制	黄建中、高圣平	CLI. A. 037658	37、570
用人单位试用期疑难法律问题解析与操作指引	李迎春	CLI. A. 042482	57、541
有偿志愿者的劳动者性	田思路	CLI. A. 044632	3
在给付行政理念下检视医疗保险相关规范的制度逻辑	陈无风	CLI. A. 044702	417、441
在校大学生勤工俭学应签订劳动合同的讨论	苟亿强	CLI. A. 041016	48
责令受理制度研究	赵德关	CLI. A. 021883	609
这起行政行为似乎有违法嫌疑	马志江	CLI. A. 037699	377
知情权之私法保护	曹艳春	CLI. A. 039136	219
职工工伤与职工患病或非因工负伤医疗期及待遇规定的不同	孙瑞玺	CLI. A. 026940	153、158、406、421、482、488
职工最低工资能否抵扣"三金"	孙瑞玺、信鸿狄	CLI. A. 028590	338、346、406、417、442
制度变迁与法官的规则选择	沈岿	CLI. A. 029076	609
中国残疾人就业立法及其实施状况	刘翠霄	CLI. A. 040031	14
中国社会转型时期的宪政发展	蔡定剑	CLI. A. 038029	600
中国实施反贫困战略的法学分析	李昌麒	CLI. A. 030118	166
中国行政程序立法：现状与展望（上）	王锡锌	CLI. A. 023788	601
中国养老保险制度研究——立法进程、改革现状和立法思考	叶静漪	CLI. A. 030253	337
中国足球运动员转会费的法律性质浅析	陈华荣	CLI. A. 044943	300
中华人民共和国劳动合同法软肋汇总	李迎春	CLI. A. 043027	545
中华人民共和国劳动合同法实务操作逐条解析	李迎春	CLI. A. 040176	550
中华人民共和国劳动合同法完全点评版	李迎春	CLI. A. 039172	550
左氏评析：《杨庆峰诉无锡市劳动和社会保障局工伤认定行政纠纷案》	左明	CLI. A. 052893	474

法律问题拼音索引

B

被判刑退休人员的养老金 …… 381
被申请人的违法责任 …… 619
本单位工作年限 …… 82
本人工资 …… 486
标准工作时间制度 …… 234
病假工资 …… 156
补贴 …… 149
哺乳期及哺乳时间 …… 257
不定时工作时间制度 …… 235
不定时和综合计算工时工作制的审批 …… 239
不能认定为工伤的情形 …… 469

C

参加社会活动工资 …… 155
残疾人就业 …… 11
查处违法行为的程序 …… 580
产假 …… 518
常规监察的规则 …… 579
城镇居民基本医疗保险 …… 406
城镇居民社会养老保险 …… 353
城镇企业事业单位如何参加失业保险 …… 499
城镇职工基本医疗保险覆盖范围 …… 441
出境定居归侨、侨眷职工的医疗保险 …… 456
除名争议 …… 539
辞退争议 …… 539
辞职争议 …… 541
错误的行政行为的赔偿 …… 617

D

带薪假期 …… 181
订立劳动合同的原则 …… 48
对安全措施、卫生条件不合规定的处罚 …… 594
对超时加班加点的处罚 …… 592
对个人负担较重患者的措施 …… 458
对规范性文件的审查 …… 609
对数次或数种违反《劳动法》行为的处罚 …… 598
对拖欠工资、加班费、经济补偿金的处罚 …… 593
对违反女职工和未成年工保护规定的处罚 …… 592
对违反社会保险有关规定的处罚 …… 596
对违反职业培训规定的处罚 …… 594
对无理阻挠或拒绝监察行为的处罚 …… 596
对行政复议决定不服的处理 …… 619
对异地就医人员的措施 …… 458
对职工方集体协商代表的特殊保护 …… 122

F

法定解除 …… 66
法律、法规规定的其他争议 …… 550
法院审理劳动争议案件的程序 …… 569
非法经营单位伤亡人员的处理 …… 489
非全日制劳动者 …… 41
福利争议 …… 545

G

岗位工资制 …… 168
岗位技能工资制 …… 168
岗位薪点工资制 …… 174
岗效薪级工资制 …… 172
高级专家离退休年龄 …… 366
高原地区工作的工人退休金标准 …… 378
个人储蓄性养老保险 …… 402
个人社会保障号码 …… 327
个人账户养老金 …… 372
工厂停工等特殊情况下的产假工资 …… 256
工会在解除合同中维护职工的职责 …… 73
工会组织在防止职业病危害中的作用 …… 221
工龄 …… 196
工伤保险储备金 …… 466
工伤保险待遇 …… 478
工伤保险的适用范围 …… 462
工伤保险费率 …… 465
工伤保险基金 …… 464
工伤保险纠纷的处理 …… 492
工伤保险责任的承继 …… 488
工伤保险制度 …… 462
工伤认定 …… 471
工伤认定举证 …… 473
工伤认定申请时限 …… 474
工伤认定申请时效 …… 474
工伤医疗待遇 …… 481
工种分类目录 …… 306
工资 …… 143
工资基金管理手册 …… 176
工资集体协商 …… 177
工资集体协商和工资协议 …… 138
工资控制线 …… 175
工资争议 …… 543
工资支付对象和方式 …… 161

工资支付时间 …… 161
工资支付项目 …… 161
工资支付形式 …… 161
工资指导价位 …… 176
工资指导线 …… 175
工资总额 …… 144
工作场所避免职业病危害的规定 …… 216
工作时间 …… 233
公派出国留学人员回国休假 …… 190
公派出国研究生配偶的探亲假 …… 191
供养亲属的范围 …… 486
股权激励 …… 167
国家工作人员违反《禁止使用童工规定》的责任 …… 270
国家公务员的医疗补助 …… 450
国家公务员退休条件 …… 365
国家禁止招用童工的规定 …… 267
国有企业安置富余人员的主要方式 …… 88
过错解除 …… 67
过渡性养老金 …… 374

H

合同解除、终止的法律责任 …… 76
户籍不在参保地的人员退休手续的办理 …… 361
婚假与丧假 …… 185
婚丧假工资 …… 155

J

机关离退休费的计发办法 …… 390
机关事业单位养老保险制度 …… 362
机关、事业单位因公（工）致残人员的退休费 …… 392
基本工资制度 …… 167
基本养老保险 …… 333
基本养老保险待遇 …… 371
基本养老保险费率 …… 337
基本养老保险覆盖范围 …… 349
基本养老保险个人账户 …… 339
基本养老保险个人账户的继承 …… 349
基本养老保险基金统筹 …… 339
基本养老保险缴费基数 …… 338
基本养老保险金的社会化发放 …… 375
基本养老金不能抵偿债务 …… 393
基本养老金的停发 …… 394
基本养老金调整机制 …… 374
基本医疗保险待遇 …… 443
基本医疗保险定点零售药店 …… 437
基本医疗保险定点医疗机构 …… 433
基本医疗保险费率 …… 417
基本医疗保险个人账户 …… 424
基本医疗保险基金 …… 421
基本医疗保险缴费基数 …… 417
基本医疗保险社会化管理与服务 …… 438
基本医疗保险统筹 …… 419
基本医疗保险统筹基金 …… 421
基本医疗保险医疗服务设施范围 …… 432
基本医疗保险用药范围 …… 427
基本医疗保险诊疗项目 …… 430
基础养老金 …… 372
集体合同 …… 108
集体合同草案的审议 …… 125
集体合同的变更 …… 130
集体合同的订立 …… 126
集体合同的公布 …… 128
集体合同的解除 …… 131
集体合同的履行 …… 129
集体合同的内容 …… 116
集体合同的期限 …… 118
集体合同的审查和生效 …… 126
集体合同的无效 …… 133
集体合同的效力 …… 128
集体合同的续订 …… 132
集体合同的终止 …… 132
集体合同争议 …… 134
集体合同制度的适用范围 …… 115
集体协商 …… 114
集体协商代表 …… 121
集体协商的程序 …… 118
集体协商的原则 …… 120
集体协商的中止 …… 124
集体协商会议 …… 123
集体协商义务与责任 …… 121
计件工资 …… 146
计时工资 …… 145
技工学校 …… 284
加班加点工资 …… 149
见习期、学徒期、实习期 …… 57
建国前参加革命工作的老工人的养老待遇 …… 377
建设单位违反职业病防治规定的责任 …… 231
奖金 …… 147
交通事故引起的工伤 …… 491
接触职业病危害作业者的保护措施 …… 220
结构工资制 …… 168
解除和终止劳动合同的经济补偿 …… 80
津贴 …… 147
进藏内调大中专毕业生的安置 …… 105
进城务工的农村居民参加工伤保险 …… 464
进城务工的农村居民参加养老保险 …… 353
进城务工的农村居民参加医疗保险 …… 416
经济补偿金的纳税 …… 83
经济性裁员的解除 …… 70
经营者年薪制 …… 166
境外就业中介机构 …… 30
就业前培训 …… 275
就业训练中心 …… 290
就业与就业登记 …… 9
就业准入制度 …… 305

拒不缴纳失业保险费的责任 …… 504
军队随军家属的安置 …… 85
军队转业干部工资 …… 159
军龄与本单位工作年限 …… 197
军人配偶随军未就业的养老保险 …… 385
军人配偶随军未就业期间的基本生活补贴 …… 86
军人配偶随军未就业期间的医疗保险 …… 454
军人退役的医疗保险 …… 452
军人退役随迁未就业配偶的失业保险待遇 …… 510

K

科研等单位转制前离退休人员养老待遇的调整 …… 386
可不参加失业保险的单位 …… 498
克扣及拖欠工资的违法责任 …… 162
矿山安全 …… 199

L

劳动保护 …… 198
劳动保护争议 …… 545
劳动保障监察 …… 573
劳动保障监察的管辖 …… 581
劳动保障监察的内容 …… 579
劳动保障监察回避制度 …… 580
劳动保障监察机构的职责 …… 575
劳动保障监察机构和人员的权利 …… 577
劳动保障监察机构和人员的义务 …… 578
劳动保障监察与劳动争议仲裁的关系 …… 574
劳动保障行政处罚 …… 582
劳动保障行政处罚的基本原则 …… 585
劳动保障行政处罚的实施机关 …… 585
劳动保障行政处罚的种类设定 …… 586
劳动保障行政处罚决定书 …… 587
劳动保障行政处罚决定书的送达 …… 589
劳动保障行政处罚听证 …… 598
劳动保障行政处罚听证的程序 …… 600
劳动保障行政复议 …… 601
劳动保障行政复议的管辖 …… 610
劳动保障行政复议的申请人 …… 612
劳动保障行政复议的受案范围 …… 602
劳动保障行政复议的受理 …… 610
劳动保障行政复议应遵循的原则 …… 601
劳动保障行政管理相对人 …… 582
劳动法上的劳动者 …… 1
劳动防护用品 …… 207
劳动关系 …… 4
劳动关系与劳务关系的联系与区别 …… 6
劳动合同 …… 45
劳动合同变更 …… 63
劳动合同的监督检查 …… 591
劳动合同的内容 …… 52
劳动合同的生效 …… 62
劳动合同的续订 …… 79
劳动合同解除 …… 64
劳动合同解除与终止的手续 …… 75
劳动合同期限 …… 54
劳动合同试用期 …… 56
劳动合同中的违约金 …… 78
劳动合同中止 …… 64
劳动合同终止 …… 73
劳动能力鉴定 …… 475
劳动能力鉴定的程序 …… 477
劳动能力鉴定委员会 …… 476
劳动预备制度 …… 293
劳动者的基本权利和义务 …… 34
劳动者的职业卫生保护权 …… 219
劳动者对职业危害的知情权 …… 218
劳动争议 …… 525
劳动争议处理法律依据 …… 533
劳动争议处理方式 …… 528
劳动争议处理机构 …… 530
劳动争议处理原则 …… 529
劳动争议处理制度 …… 527
劳动争议当事人 …… 534
劳动争议当事人的举证责任 …… 537
劳动争议当事人的权利 …… 536
劳动争议当事人的义务 …… 537
劳动争议的分类 …… 533
劳动争议的受理范围 …… 538
劳动争议第三人 …… 536
劳动争议调解 …… 551
劳动争议调解的步骤与时限 …… 554
劳动争议调解的申请 …… 553
劳动争议调解的原则 …… 553
劳动争议调解组织 …… 552
劳动争议诉讼 …… 564
劳动争议诉讼须知 …… 571
劳动争议仲裁 …… 554
劳动争议仲裁委员会 …… 555
劳动争仲裁管辖 …… 556
劳动仲裁庭 …… 559
劳动仲裁员 …… 558
劳务关系 …… 5
劳务派遣 …… 37
劳务派遣单位的违法责任 …… 640
劳务派遣中各方的权利义务 …… 38
离退休人员的聘用 …… 41
离休 …… 367
离职 …… 369
灵活就业人员参加基本医疗保险 …… 442
领取失业保险金的条件 …… 508
履行劳动合同争议 …… 548

N

年休假 …… 182
年休假工资 …… 154
农民合同制工人一次性生活补助 …… 511

女工“三期”内工资 …… 158
女职工保胎、怀孕反应、葡萄胎、宫外孕的休息 …… 255
女职工产假 …… 254
女职工非婚生育待遇 …… 256
女职工怀孕流产的假期 …… 255
女职工禁忌从事劳动范围 …… 249
女职工经期劳动保护及禁忌 …… 250
女职工劳动保护 …… 247
女职工生育保险权益的保护 …… 520
女职工孕期劳动保护 …… 250
女职工在病伤假期间生育待遇 …… 256
女职工在孕期、产期、哺乳期间工资发放 …… 257

P

派遣出境职工的工伤保险关系 …… 489
培训争议 …… 547
骗取失业保险待遇人员的责任 …… 506
破产企业工资 …… 152
破产企业离退休人员的医疗保险 …… 448
破产企业离退休人员基本养老金的支付 …… 388
破产企业职工安置 …… 89

Q

七至十级伤残待遇 …… 484
其他失业保险待遇 …… 509
企业补充医疗保险 …… 454
企业年金 …… 394
企业职工培训 …… 281
欠薪保障制度 …… 174
区域性集体合同和行业性集体合同 …… 138

R

人员招聘 …… 39
认定无效劳动合同争议 …… 549

S

擅自从事职业病检查诊断的责任 …… 233
商业秘密的保护 …… 58
设备、材料供应商违反职业病防治规定的责任 …… 232
社会保险 …… 313
社会保险变更登记 …… 323
社会保险登记 …… 321
社会保险登记注销 …… 324
社会保险费征缴 …… 315
社会保险费滞纳金 …… 327
社会保险基金 …… 314
社会保险基金监督机构 …… 318
社会保险基金经办机构 …… 317
社会保险基金统筹 …… 315
社会保险缴费方式 …… 326
社会保险缴费申报 …… 324
社会保险金 …… 316
社会保险争议 …… 328、544
社会福利 …… 180
社会平均工资 …… 152
社会统筹基金起付标准与最高支付限额 …… 445
社会统筹基金与个人账户基金分开管理 …… 426
申请强制执行 …… 570
申请行政复议的期限 …… 615
申请行政复议的形式 …… 614
生活护理费 …… 482
生育保险待遇 …… 517
生育保险定点医疗机构 …… 521
生育保险费率 …… 517
生育保险基金 …… 516
生育保险适用范围 …… 516
生育保险制度 …… 514
生育津贴 …… 518
生育医疗费 …… 519
失业保险调剂金 …… 506
失业保险费率 …… 500
失业保险费征收 …… 502
失业保险覆盖范围 …… 496
失业保险关系转迁 …… 512
失业保险基金 …… 503
失业保险基金统筹 …… 506
失业保险金标准 …… 507
失业保险制度 …… 495
失业与失业登记 …… 8
事假期间的待遇 …… 156
事业单位退休费的计发办法 …… 391
视同工伤的情形 …… 468
收入分配制度 …… 140
双重劳动关系 …… 43
诉讼时效与处理时限 …… 568
缩短工作时间 …… 245

T

台港澳居民在内地就业 …… 22
探亲假 …… 185
探亲假工资 …… 154
特殊情况下支付的工资 …… 152
特殊群体培训 …… 280
特殊群体人员的就业 …… 10
特殊群体人员的医疗待遇 …… 446
特殊人员劳动合同的订立与变更 …… 49
特殊人员失业保险待遇的享受 …… 510
特种作业 …… 209
特种作业人员培训 …… 279
提前退休工种 …… 359
停工停产工资 …… 153
停止领取失业保险金的情形 …… 508
停止享受工伤保险待遇的情形 …… 487
童工 …… 266
童工问题的处理 …… 268

童工与未成年工 …… 18
退休人员死亡后其家属等人冒领基本养老金的处理 …… 393
退休制度与退休年龄 …… 358
退役军人就业 …… 15
退职 …… 369

W

外国人在华就业 …… 20
违反集体合同的责任 …… 133
违反计划生育规定怀孕、生育问题的处理 …… 256
违反劳动法的法律责任 …… 623
违反劳动法的民事责任 …… 627
违反劳动法的刑事责任 …… 629
违反劳动法的行政责任 …… 625
违反劳动合同及相关法律规定的责任 …… 637
违纪职工的处理 …… 69
未按规定报告职业病的处罚 …… 231
未成年工 …… 259
未成年工的使用和登记 …… 266
未成年工患病或有缺陷禁忌劳动范围 …… 264
未成年工禁忌劳动范围 …… 263
未成年工特殊保护 …… 263
未成年工体检 …… 265
无固定期限的劳动合同 …… 54
五至六级伤残待遇 …… 483

X

西藏内调人员安置 …… 102
下岗职工安置 …… 98
下落不明退休人员的养老金 …… 381
享受生育保险的手续 …… 520
协商解除合同 …… 72
新、扩、改建项目避免职业病危害的规定 …… 216
新型农村合作医疗 …… 411
新型农村社会养老保险 …… 350
信息披露义务 …… 123
行政处罚决定的当场作出 …… 590
行政复议的被申请人 …… 613
行政复议的第三人 …… 614
行政复议决定 …… 618
行政复议决定的履行 …… 618
行政复议期间具体行政行为的处理 …… 616
行政诉讼 …… 620
行政诉讼的时效 …… 621
行政诉讼的受理范围 …… 620
行政诉讼与行政复议的衔接 …… 622
学徒培训 …… 278

Y

延长工作时间制度 …… 240
养老保险关系的转移接续 …… 346
养老保险缴费年限 …… 357
一裁终局 …… 561
一至四级伤残待遇 …… 482
医疗保险基金的管理与监督 …… 440
医疗期 …… 459
医疗期的延长 …… 461
“医疗照顾人员”的医疗待遇 …… 455
已婚待孕、孕期、哺乳期禁忌的劳动保护 …… 253
因工死亡待遇 …… 484
因工死亡职工供养亲属抚恤金 …… 194
因履行集体合同发生的争议 …… 137
因签订集体合同发生的争议 …… 136
因私出境离退休人员基本养老金的领取 …… 379
银行系统如何参加失业保险 …… 498
应认定为工伤的情形 …… 467
用人单位 …… 3
用人单位的规章制度 …… 35
用人单位缴纳医疗保险费的列支 …… 422
用人单位解除劳动合同的限制 …… 71
用人单位侵犯人身权的责任 …… 637
用人单位违反工资规定的责任 …… 631
用人单位违反工作时间规定的责任 …… 631
用人单位违反《禁止使用童工规定》的责任 …… 269
用人单位违反劳动安全卫生规定的责任 …… 632
用人单位违反女职工和未成年工特殊保护规定的责任 …… 636
用人单位违反社会保险规定的责任 …… 641
用人单位违反职业病防治规定的责任 …… 229
用人单位无理阻挠执行公务的责任 …… 641
用人单位与职工违反工伤保险规定的法律责任 … 493
用人单位遇有特殊情形劳动合同的订立与变更 …… 51
用人单位招用童工的责任 …… 635
用人单位制定规章制度违反法律、法规的责任 … 631
原行业统筹企业 1999 年以后退休人员的基本养老保险待遇 …… 384
原行业统筹企业移交地方前已离退休人员的养老待遇 …… 382
原行业统筹移交地方后基本养老保险费的缴纳 … 354
孕期、产期、哺乳期劳动合同的解除 …… 257
孕期、产期、哺乳期劳动合同的终止 …… 258

Z

再次发生工伤的处理 …… 489
在机关、事业单位与企业之间流动人员参加养老保险的规定 …… 353
招用不满 16 周岁文体工作者和艺徒的规定 …… 267
职工冬季取暖补贴 …… 193
职工福利 …… 180
职工供养亲属医疗及死亡待遇 …… 195
职工基本医疗保险制度 …… 403
职工计划生育手术费列支渠道 …… 457
职工生活困难补助 …… 193
职工探亲路费补贴 …… 189
职工遗属待遇 …… 195

职业病 …………………………………………… 210、469
职业病防治管理措施 ………………………………… 217
职业病工资 …………………………………………… 156
职业病危害的救治和控制 ………………………… 220
职业病诊断 …………………………………………… 222
职业病诊断鉴定委员会 …………………………… 228
职业病诊断鉴定委员会人员受贿的责任 ………… 233
职业病诊断异议 ……………………………………… 226
职业分类大典 ………………………………………… 307
职业技能鉴定 ………………………………………… 296
职业技能鉴定机构 …………………………………… 308
职业介绍机构 ………………………………………… 23
职业培训 ……………………………………………… 272
职业培训和职业介绍补贴 ………………………… 511
职业培训机构 ………………………………………… 283
职业卫生监督制度 …………………………………… 215
职业卫生、诊断机构违反职业病防治规定的
责任 ………………………………………………… 232
职业资格证书制度 …………………………………… 301
制度工时 ……………………………………………… 238
中外合资合作职业介绍机构 ………………………… 28
仲裁案件处理时限 …………………………………… 560
仲裁案件审理程序 …………………………………… 559
仲裁案件受理 ………………………………………… 558
仲裁裁决 ……………………………………………… 560
仲裁程序中止 ………………………………………… 563
仲裁的申诉与答辩 …………………………………… 558
仲裁调解 ……………………………………………… 560
仲裁结案与送达 ……………………………………… 563
仲裁申请时效 ………………………………………… 556
仲裁先予执行 ………………………………………… 562
仲裁员的回避 ………………………………………… 559
资源枯竭矿山关闭破产企业职工安置 ……………… 95
自动离职争议 ………………………………………… 542
综合计算工作时间制度 ……………………………… 235
综合培训基地和培训集团 ………………………… 292
组织劳动者加班加点不受限制的情形 …………… 244
最低工资 ……………………………………………… 163